नवोदय विद्यालय समिति द्वारा संचालित

जवाहर नवोदय विद्यालय

प्रवेश परीक्षा–2026

कक्षा–6

संजीव कुमार

www.prabhatexam.com

अनुसूचित जाति/अनुसूचित जनजाति/बालिकाओं के लिए आरक्षण

(क) अनुसूचित जाति एवं अनुसूचित जनजाति के अभ्यर्थियों के लिए स्थान आरक्षण का प्रावधान है।

(ख) किसी भी प्रकार के पिछड़े वर्ग के अभ्यर्थियों के लिए आरक्षण का प्रावधान नहीं है।

परीक्षा के विषय में जानकारी

चयन-परीक्षा में तीन प्रश्न-पत्र अर्थात् मानसिक योग्यता परीक्षण, अंकगणित परीक्षण और भाषा परीक्षण से सम्बन्धित होते हैं। परीक्षा प्रश्न-पुस्तिका 21 भाषाओं में मुद्रित रहती है। अभ्यर्थियों को उसी भाषा की पुस्तिका दी जाती है, जिस भाषा में वह कक्षा-5 में पढ़ रहा है। चयन परीक्षा मे 100 अंकों के कुल 80 वस्तुनिष्ठ प्रश्न होते हैं।

भाषाओं की सूची

1. हिन्दी
2. गुजराती
3. कन्नड़
4. असमिया
5. गारो
6. बंगला
7. अंग्रेजी
8. खासी
9. मलयालम
10. मिजो
11. मराठी
12. ओड़िया
13. मणिपुरी
14. पंजाबी
15. तमिल
16. सिन्धी (अरबी)
17. तेलुगू
18. उर्दू
19. बोडो
20. नेपाली
21. सिन्धी (देवनागरी)

परीक्षा का भाषा माध्यम

परीक्षा का भाषा-माध्यम वही होगा, जिस माध्यम से अभ्यर्थी पाँचवीं कक्षा में पढ़ रहा/रही है।

परीक्षा की संरचना

चयन परीक्षा की अवधि 2 घंटे की होगी और इसके तीन खण्ड होंगे। प्रत्येक खण्ड में केवल वस्तुनिष्ठ प्रकार के प्रश्न होंगे। प्रश्नों की कुल संख्या 80 होगी और अधिकतम प्राप्तांक 100 होंगे।

	परीक्षण का प्रकार	खण्ड	प्रश्नों की संख्या	अंक	समयावधि (मिनटों में)
1.	मानसिक योग्यता परीक्षण	खण्ड-I	1 से 40 = 40 प्रश्न	50	60 मिनट
2.	अंकगणित परीक्षण	खण्ड-II	41 से 60 = 20 प्रश्न	25	30 मिनट
3.	भाषा परीक्षण (हिन्दी)	खण्ड-III	61 से 80 = 20 प्रश्न	25	30 मिनट
		कुल योग	80	100	120 मिनट

प्रत्येक अभ्यर्थी को एक परीक्षण पुस्तिका दी जाएगी जिसमें तीन अनुभाग होंगे।

उत्तर अंकित करने की विधि

(क) अलग से एक उत्तर पत्रिका दी जाएगी। अभ्यर्थियों से अपेक्षा है कि वे अपने उत्तरों को उपयुक्त स्थल पर संकेतित करें। उत्तर-पत्रिका बुद्धि चरित्र अभिज्ञान (ICR)/(Optical Character Recognition) OCR का होगा।

(ख) केवल नीले/काले बॉल प्वाइंट पेन ही उत्तर लिखने के लिए प्रयोग करें। अभ्यर्थी अपने बॉल प्वाइंट पेन लाएँ। पेंसिल से उत्तर लिखना सख्त मना है।

(ग) प्रत्येक प्रश्न के चार संभावित उत्तर हैं जिनमें केवल एक सही है। अभ्यर्थी से सही उत्तर चुनने और अंकित करने की अपेक्षा है जो संभावित संख्याओं (a, b, c, d) में से एक होगा। किसी और तरीके; जैसे- 1, 2, 3, 4 या क, ख, ग, घ से अंकित करने पर उत्तर अमान्य होगा। उदाहरण के लिए, प्रश्न संख्या 37 का उत्तर (c) है तो ऐसे लिखें : 37 (a) (b) (c) (d)

(घ) लिखित उत्तर में किसी प्रकार के परिवर्तन की अनुमति नहीं है। काटना, लिखे पर दुबारा लिखना तथा मिटाने की अनुमति नहीं है।

(ङ) नकारात्मक अंक नहीं मिलेगा।

निर्देश और उदाहरण के सम्बन्ध में

(क) प्रत्येक अभ्यर्थी परीक्षण-पुस्तिका के आवरण पृष्ठ पर दिए गए निर्देशों का प्रत्येक अनुभाग के प्रत्येक खण्ड के उत्तर लिखने के पूर्व ध्यानपूर्वक अध्ययन करे।

(ख) प्रत्येक अभ्यर्थी को यह सलाह दी जाती है कि वह यह सुनिश्चित कर ले कि परीक्षण पुस्तिका उसी भाषा में है जिसकी उसने स्वीकृति दी थी। यदि परीक्षण-पुस्तिका किसी अन्य भाषा में है तो अभ्यर्थी परीक्षा प्रारंभ होने के पूर्व इसे बदलवा ले। यह अभ्यर्थी की जिम्मेदारी है कि वह अपनी इच्छित भाषा की परीक्षण-पुस्तिका जिसकी आवेदन पत्र में उसने स्वीकृति दी थी; प्राप्ति करे। परीक्षा समाप्त हो जाने पर इस सम्बन्ध में किसी प्रकार की अभियाचना पर विचार नहीं किया जाएगा।

(ग) प्रत्येक प्रश्न के उत्तर के लिए लगभग 1-1 मिनट के समय की अपेक्षा है। इसलिए किसी खास प्रश्न पर अधिक समय नहीं लगाना चाहिए। अगर कोई प्रश्न अधिक कठिन प्रतीत हो तो अभ्यर्थी अगले प्रश्न पर विचार करे। यह समय बचाने में सहायक होगा। जब अभ्यर्थी सारे प्रश्नों को हल कर लेता है तो फिर उसे छूटे हुए प्रश्नों पर ध्यान देना चाहिए।

(घ) बिना किसी अंतराल के कुल समय दो घंटे का होगा।

(ङ) तीनों खण्डों की जाँच में प्रत्येक में अर्हतांक प्राप्त करना आवश्यक है। प्रत्येक खण्ड में अभ्यर्थी अनुशंसित समय से अधिक समय न लगाएँ। हाँ, वे एक खण्ड में बचत किए गए समय का दूसरे में समायोजन करने को स्वतंत्र हैं।

(च) प्रत्येक 30 मिनट के बाद एक घंटी बजेगी।

(i) उपयुक्त प्रवेश-पत्र के बिना किसी अभ्यर्थी को परीक्षा में सम्मिलित होने की अनुमति नहीं होगी।

(ii) परीक्षा प्रारंभ होने के 30 मिनट बाद किसी अभ्यर्थी को परीक्षा भवन में प्रवेश नहीं मिलेगा।

(iii) 30 मिनट के पहले किसी भी परीक्षार्थी को परीक्षा छोड़कर परीक्षा भवन/कक्ष से निकलने की अनुमति नहीं होगी।

परीक्षा-केन्द्र

अभ्यर्थी के प्रवेश-पत्र पर अंकित परीक्षा केन्द्र से ही वह चयन परीक्षा दे सकता है। किसी भी अभ्यर्थी को अन्य किसी भी परीक्षा केन्द्र में बैठने नहीं दिया जाएगा। परीक्षा केन्द्र के परिवर्तन के सम्बन्ध में किसी की कोई भी प्रार्थना नहीं मानी जाएगी। किसी भी अभ्यर्थी को उचित प्रवेश-पत्र के बिना चयन परीक्षा में नहीं बैठने दिया जाएगा। केवल जवाहर नवोदय विद्यालय के प्राचार्य ही प्रवेश पत्र जारी करने हेतु सक्षम अधिकारी हैं।

परीक्षा का परिणाम निम्नलिखित कार्यालयों में लगा दिया जाएगा :

(1) सम्बन्धित जवाहर नवोदय विद्यालय में।

(2) जिला शिक्षा अधिकारी के कार्यालय में।

(3) जिलाधिकारी के कार्यालय में।

(4) क्षेत्र की नवोदय विद्यालय समिति के उप-निदेशक के कार्यालय में।

(5) सहायक निदेशक, उपक्षेत्रीय कार्यालय नवोदय विद्यालय समिति में।

चयनित अभ्यर्थियों को सम्बन्धित जवाहर नवोदय विद्यालय के प्राचार्य द्वारा भी रजिस्टर्ड डाक से सूचना दी जाएगी। समिति वेबसाइट **http://www.navodaya.nic.in** पर भी परिणाम प्राप्त कर सकते हैं।

चयन तथा प्रवेश

(क) केवल चयन परीक्षा में सफल होने पर ही अभ्यर्थी को जवाहर नवोदय विद्यालय में प्रवेश पाने का अधिकारी नहीं समझा जाएगा। प्रवेश प्राप्त करने के समय प्रत्येक चयनित अभ्यर्थी को नवोदय विद्यालय समिति द्वारा निर्धारित आवश्यक प्रमाण-पत्र दिखाने होंगे। तब तक चयन अस्थायी माना जाएगा।

(ख) किसी भी आपत्ति की स्थिति में नवोदय विद्यालय समिति का निर्णय अन्तिम होगा, जो अभ्यर्थी को मान्य होगा।

(ग) चयन परीक्षा में सम्मिलित अभ्यर्थियों (चयनित अथवा जो चयनित नहीं हुए हैं) को उनके प्राप्तांक सूचित नहीं किए जाएँगे।

(घ) उत्तर-पत्रिकाओं के पुन: मूल्यांकन का कोई प्रावधान नहीं है, क्योंकि परिणाम कम्प्यूटर की सहायता से तैयार किया जाता है और परिणाम तैयार करते समय गलती को सुधारने के प्रति अति सावधानी बरती जाती है। अत: अंकों के पुन: योग का कोई आग्रह स्वीकार नहीं किया जाएगा।

(ङ) अभ्यर्थी तथा माता-पिता/अभिभावक ध्यान दें कि नवोदय विद्यालय की योजना के अनुसार जब विद्यार्थी कक्षा-9 में जाएगा, तब उसे हिन्दी-भाषी राज्य में स्थित एक जवाहर नवोदय विद्यालय से अहिन्दी-भाषी राज्य में स्थित दूसरे जवाहर नवोदय विद्यालय में जाना पड़ सकता है। इसी प्रकार अहिन्दी-भाषी राज्य में स्थित जवाहर नवोदय विद्यालय के छात्र को हिन्दी-भाषी राज्य में स्थित जवाहर नवोदय विद्यालय में जाना पड़ सकता है। इस प्रकार के प्रव्रजन हेतु चुने गए छात्र द्वारा इनकार किए जाने पर उसको नवोदय विद्यालय में अध्ययन जारी रखने की अनुमति नहीं दी जाएगी।

(च) अभ्यर्थी तथा उनके माता-पिता/अभिभावक ध्यान दें कि चयनित छात्र/छात्रा को उसी जिले के जवाहर नवोदय विद्यालय में प्रवेश दिया जाएगा, जहाँ से वह चयन परीक्षा में सम्मिलित हुआ था। किसी भी परिस्थिति में चयनित परीक्षार्थी को अन्य जवाहर नवोदय विद्यालय में प्रवेश नहीं दिया जाएगा। चयनित परीक्षार्थी के सम्बन्धित जवाहर नवोदय विद्यालय में पढ़ाई के मध्य अथवा माता-पिता/अभिभावक के अन्य जिले/राज्य में स्थानान्तरण के आधार पर स्थानान्तरण हेतु दिए गए प्रार्थना-पत्र पर कोई विचार नहीं किया जाएगा।

(छ) चयन होने पर अनुसूचित जाति अथवा अनुसूचित जनजाति के अभ्यर्थियों को प्रवेश के समय जाति का प्रमाण-पत्र प्रस्तुत करना पड़ेगा। ऐसा प्रमाण-पत्र सक्षम अधिकारी से प्रत्येक प्रवेश-वर्ष के 15 जुलाई से पहले प्राप्त करना होगा, ताकि वह प्रवेश के समय सम्बन्धित जवाहर नवोदय विद्यालय के प्रधानाचार्य को दिया जा सके।

(ज) यदि चयनित अभ्यर्थी किसी भी प्रकार की विकलांग श्रेणी में आता है, तो उसे प्रवेश लेते समय स्वजनपद के मुख्य चिकित्सा अधिकारी द्वारा प्रमाणित चिकित्सा प्रमाण-पत्र अनिवार्य रूप से प्रस्तुत करना पड़ेगा।

चयन-परीक्षा के प्रश्नों का स्वरूप

खण्ड-I : मानसिक योग्यता परीक्षण

यह पूर्णतः अशाब्दिक (नॉन-वर्बल) परीक्षा है। इसमें प्रश्न केवल चित्रों के आधार पर होंगे। ऐसे प्रश्नों का उद्देश्य अभ्यर्थी की अन्तर्निहित योग्यता को परखना है। इस खण्ड में दस भाग होंगे और प्रत्येक भाग में 4-4 प्रश्न होंगे। कुछ उदाहरण नीचे दिए जा रहे हैं :

प्रकार-1

निर्देश : प्रश्न में चार चित्र (a), (b), (c) और (d) दर्शाए गए हैं। इन चार चित्रों में से तीन चित्र किसी विधि से एकसमान हैं, जबकि एक चित्र अन्य से भिन्न है। अन्य से भिन्न चित्र का चयन करें। अपने उत्तर को दर्शाने के लिए ओ. एम. आर. उत्तर-पत्रिका में प्रश्न की संगत संख्या के सामने वाले वृत्त को काला करें।

उदाहरण 1.

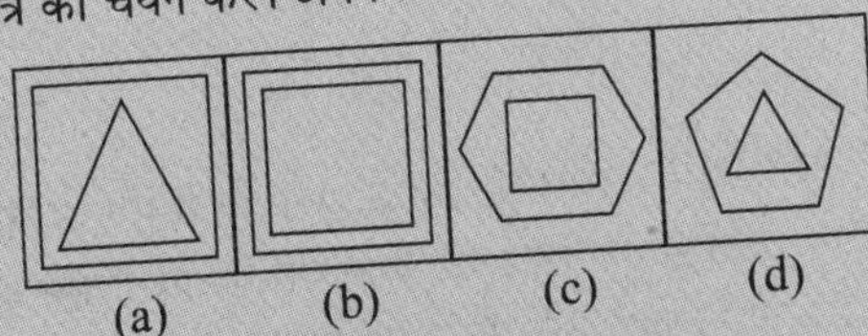

(a) (b) (c) (d)

उत्तर : (b)

स्पष्टीकरण : उदाहरण 1 में दिए गए चार चित्रों में से चित्र (a), (c) और (d) में भीतरी आकृति की शक्ल बाहरी आकृति की शक्ल से भिन्न है, जबकि चित्र-(b) में भीतरी तथा बाहरी आकृतियों की शक्लें किसी विधि से एकसमान हैं। अतः क्रमांक (b) सही है, इसलिए उत्तर-पत्रिका में (b) अंकित गोले को काला किया गया है।

प्रकार-2

निर्देश : प्रश्न में, बाईं ओर एक प्रश्न-चित्र दिया गया है तथा दाईं ओर (a), (b), (c) और (d) से चिह्नित चार उत्तर-चित्र दिए गए हैं। उत्तर-चित्रों से प्रश्न-चित्र के समरूप चित्र को चुनें तथा अपने उत्तर को दर्शाने के लिए ओ. एम. आर. उत्तर-पत्रिका में प्रश्न की संगत संख्या के सामने वाले वृत्त को काला करें।

उदाहरण 2. प्रश्न-चित्र

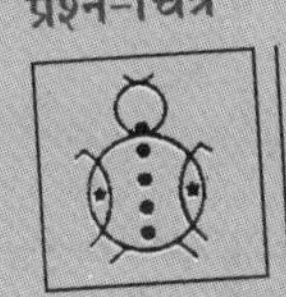

उत्तर-चित्र

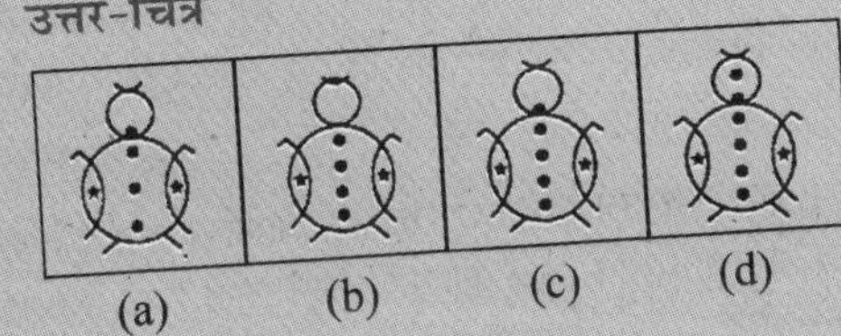

(a) (b) (c) (d)

उत्तर : (c)

स्पष्टीकरण : उदाहरण 2 में दिए गए चार उत्तर-चित्रों में से उत्तर-चित्र-(c) प्रश्न- चित्र के समान है। अतः क्रमांक (c) सही है, इसलिए उत्तर-पत्रिका में (c) अंकित गोले को काला किया गया है।

प्रकार-3

निर्देश : प्रश्न में, बाईं ओर एक प्रश्न- चित्र दिया गया है जिसका एक भाग लुप्त दर्शाया गया है। दाईं ओर दिए गए उत्तर-चित्र (a), (b), (c) और (d) पर गौर करें तथा उस उत्तर-चित्र का पता लगाएँ जिसको बिना दिशा परिवर्तन के प्रश्न-चित्र का पैटर्न पूरा करने के लिए प्रश्न-चित्र के लुप्त भाग में बिठाया जा सके। अपने उत्तर को दर्शाने के लिए ओ. एम. आर. उत्तर-पत्रिका में प्रश्न की संगत संख्या के सामने वाले वृत्त को काला करें।

उदाहरण 3. प्रश्न-चित्र

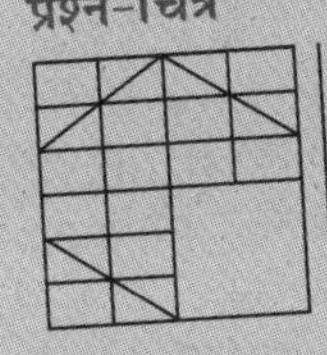

उत्तर-चित्र

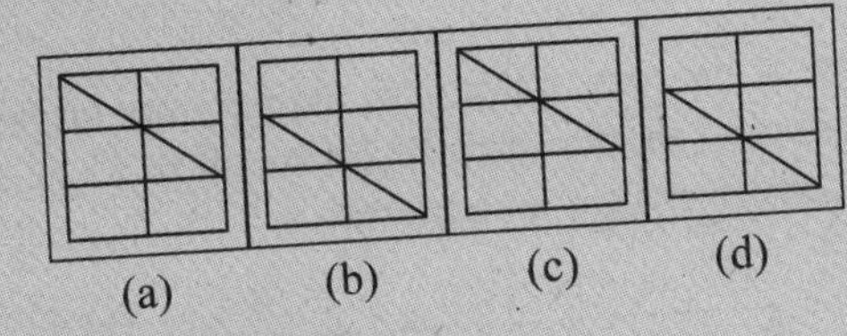

(a) (b) (c) (d)

उत्तर : (a)

स्पष्टीकरण : उदाहरण 3 में दिए गए चार उत्तर-चित्रों में से उत्तर-चित्र-(a) प्रश्न- चित्र के गायब भाग में ठीक बैठता है और प्रश्न-चित्र का पैटर्न पूरी तरह बन जाता है। इस प्रकार उत्तर-चित्र (a) सही उत्तर है, इसलिए उत्तर में (a) अंकित गोले को काला किया गया है।

प्रकार-4

निर्देश : प्रश्न में, बाईं ओर तीन प्रश्न-चित्र दर्शाए गए हैं तथा चौथे चित्र के लिए स्थान छोड़ा गया है। प्रश्न-चित्र श्रेणीक्रम में हैं। श्रेणीक्रम को पूरा करने के लिए दाईं ओर उपलब्ध उत्तर-चित्रों में से एक चित्र का चयन करें जिसे प्रश्न-चित्र के खाली स्थान में प्रतिस्थापित किया जा सके। अपने उत्तर को दर्शाने के लिए ओ. एम. आर. उत्तर पत्रिका में प्रश्न की संगत संख्या के सामने वाले वृत्त को काला करें।

उदाहरण 4.

प्रश्न-चित्र

उत्तर-चित्र

(a) (b) (c) (d)

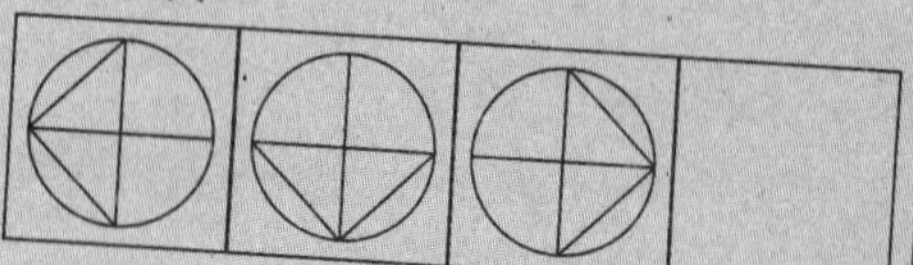

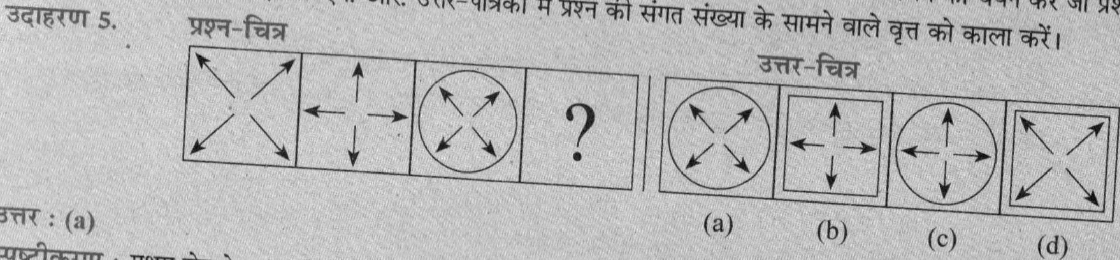

उत्तर : (c)

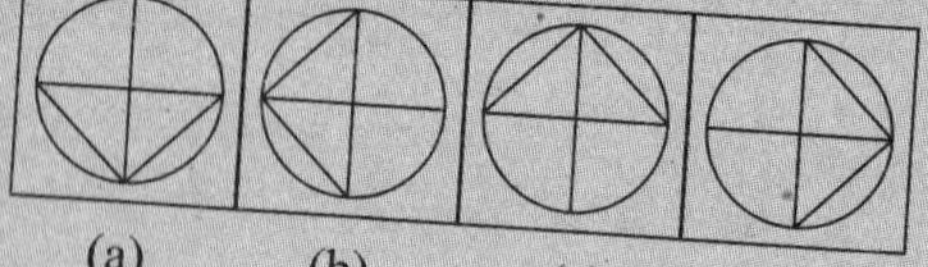

स्पष्टीकरण : उदाहरण 4 में प्रश्न-चित्र (+) घड़ी की सूइयों की विपरीत दिशा में चल रही है। इस नियम का पालन करते हुए उत्तर-चित्र के क्रमांक-(c) अंकित गोले को काला किया गया है।

प्रकार-5

निर्देश : प्रत्येक प्रश्न में दो प्रश्न-चित्रों के दो सेट दिए गए हैं। दूसरे सेट में एक प्रश्नचिह्न (?) है। प्रथम सेट के दो प्रश्न-चित्रों में एक निश्चित सम्बन्ध है। इसी तरह का सम्बन्ध दूसरे सेट के तीसरे तथा चौथे प्रश्न-चित्र में भी होना आवश्यक है। उत्तर-चित्रों से उस चित्र का चयन करें जो प्रश्नचिह्न को प्रतिस्थापित करेगा। अपने उत्तर को दर्शाने के लिए ओ. एम. आर. उत्तर-पत्रिका में प्रश्न की संगत संख्या के सामने वाले वृत्त को काला करें।

उदाहरण 5.

प्रश्न-चित्र

उत्तर-चित्र

(a) (b) (c) (d)

उत्तर : (a)

स्पष्टीकरण : प्रथम सेट के प्रश्न-चित्रों में परस्पर एक सम्बन्ध है। इस सम्बन्ध को ध्यान से देखेंगे, तो आपको पता लगेगा कि इसी प्रकार का सम्बन्ध तीसरी तथा चौथे प्रश्न-चित्रों के बीच भी होना चाहिए, इसलिए उत्तर-पत्रिका के (a) अंकित गोले को काला किया गया है।

प्रकार-6

निर्देश : प्रश्न-चित्र के रूप में ज्यामितीय चित्र (त्रिभुज, वर्ग तथा वृत्त) के एक भाग को बाईं ओर दर्शाया गया है तथा दाईं ओर दूसरे भाग को उत्तर-चित्र के रूप में (a), (b), (c) और (d) से दर्शाया गया है। दाईं ओर के चित्र से ज्यामितीय चित्र को पूर्ण करने वाले चित्र को ज्ञात करें तथा अपने उत्तर को दर्शाने के लिए ओ. एम. आर. उत्तर-पत्रिका में प्रश्न की संगत संख्या के सामने वाले वृत्त को काला करें।

उदाहरण 6.

प्रश्न-चित्र

उत्तर-चित्र

(a) (b) (c) (d)

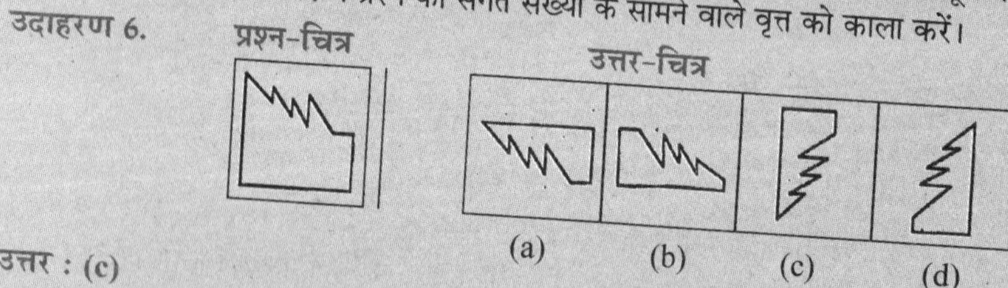

उत्तर : (c)

स्पष्टीकरण : इस उदाहरण में उत्तर-चित्र-(c) प्रश्न-चित्र में दिए गए अधूरे वर्ग को पूरा करता है, इसलिए उत्तर पत्रिका में उदाहरण 6 के सामने (c) अंकित गोले को काला किया गया है।

प्रकार-7

निर्देश : प्रश्न में, बाईं ओर प्रश्न-चित्र में दर्शाए अनुसार कागज के एक टुकड़े को तह देकर पंच किया गया तथा दाईं ओर (a), (b), (c) और (d) से चिह्नित चार उत्तर-चित्र दर्शाए गए हैं। कागज के टुकड़े की तह को खोलने पर वह जिस प्रकार दिखेगा वैसा ही चित्र उत्तर-चित्र से चुनें तथा अपने उत्तर को दर्शाने के लिए ओ. एम. आर. उत्तर-पत्रिका में प्रश्न की संगत संख्या के सामने वाले वृत्त को काला करें।

उदाहरण 7.

प्रश्न-चित्र

उत्तर-चित्र

(a) (b) (c) (d)

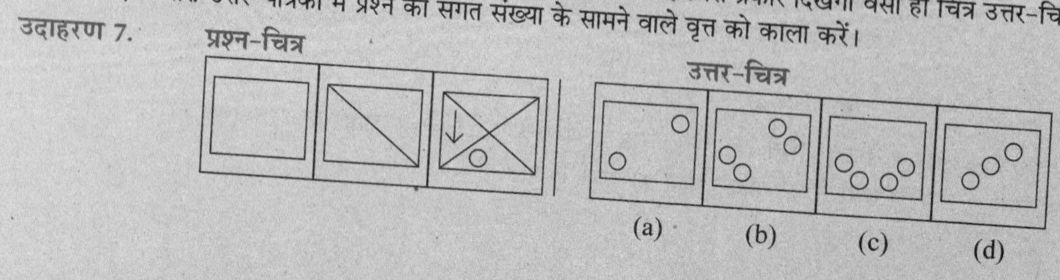

उत्तर : (b)

स्पष्टीकरण : इस उदाहरण में चूँकि मुड़े हुए कागज का टुकड़ा चार फोल्ड में है। अतः उसमें दो वृत्त नीचे वाले कोने में तथा दो वृत्त ऊपर दाएँ कोने में होंगे जो उत्तर-आकृति-(b) में है। अतः सही उत्तर (b) होगा।

प्रकार-8

निर्देश : प्रश्न में, बाईं ओर प्रश्न-चित्र दर्शाया गया है तथा दाईं ओर (a), (b), (c) और (d) से चिह्नित चार उत्तर-चित्र दर्शाए गए हैं। किसी दर्पण को XY के अनुदिश रखे जाने पर प्रश्न-चित्र के सही दर्पण प्रतिबिम्ब को उत्तर-चित्र से चुनें तथा अपने उत्तर को दर्शाने के लिए ओ. एम. आर. उत्तर पत्रिका में प्रश्न की संगत संख्या के सामने वाले वृत्त को काला करें।

उदाहरण 8. प्रश्न-चित्र उत्तर-चित्र

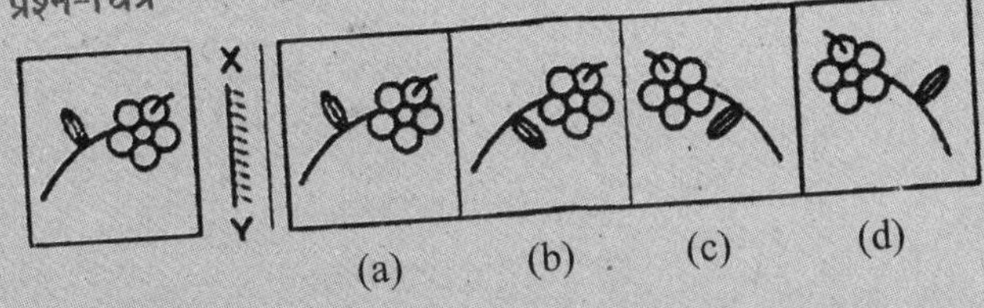

उत्तर : (d)

स्पष्टीकरण : इस उदाहरण में दर्शाए गए दर्पण में प्रश्न-चित्र का प्रतिबिम्ब उत्तर-चित्र-(d) की आकृति के समान बनेगा। अतः सही उत्तर (d) होगा।

प्रकार-9

निर्देश : प्रश्न में, बाईं ओर एक प्रश्न-चित्र दिया गया है तथा दाईं ओर (a), (b), (c) और (d) से चिह्नित चार उत्तर-चित्र दर्शाए गए हैं। उत्तर-चित्रों से, उस चित्र को चुनें जिसमें प्रश्न-चित्र छिपा/सम्मिलित है। अपने उत्तर को दर्शाने के लिए ओ. एम. आर. उत्तर-पत्रिका में प्रश्न की संगत संख्या के सामने वाले वृत्त को काला करें।

उदाहरण 9. प्रश्न-चित्र उत्तर-चित्र

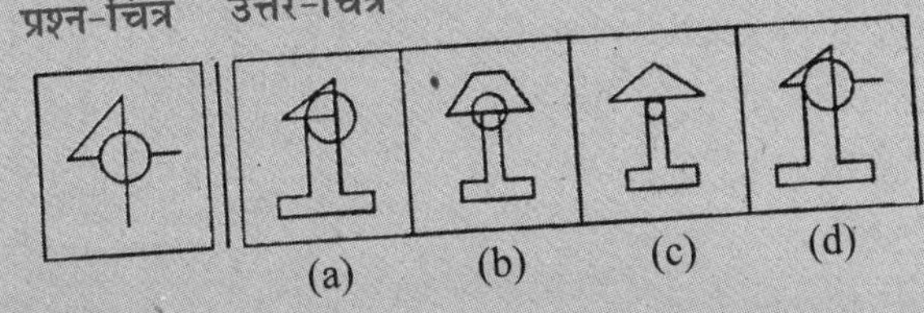

उत्तर : (d)

स्पष्टीकरण : इस उदाहरण में उत्तर-चित्र-(d) की आकृति अन्तर्निहित है। अतः सही उत्तर (d) होगा।

प्रकार-10

निर्देश : प्रश्न में, बाईं ओर एक प्रश्न-चित्र दिया गया है तथा दाईं ओर (a), (b), (c) और (d) से चिह्नित चार उत्तर-चित्र दर्शाए गए हैं। उत्तर-चित्र से उस चित्र का चयन करें जिसे प्रश्न-चित्र में उपलब्ध कट आउट से बनाया जा सकता हो। अपने उत्तर को दर्शाने के लिए ओ. एम. आर. उत्तर पत्रिका में प्रश्न की संगत संख्या के सामने वाले वृत्त को काला करें।

उदाहरण 10. चार उत्तर-चित्रों में से कौन-सी एक प्रश्न-चित्र में दिए गए कटे हुए टुकड़ों से बनाई जा सकती है ?

प्रश्न-चित्र उत्तर-चित्र

(a) (b) (c) (d)

उत्तर : (b)

स्पष्टीकरण : इस उदाहरण में दिए गए प्रश्न-चित्र का ध्यानपूर्वक अवलोकन करने पर स्पष्ट है कि उत्तर-चित्रों की आकृति-(b) प्रश्न-चित्र के टुकड़ों से बनाई जा सकती है। अतः अभीष्ट उत्तर (b) होगा।

मानसिक योग्यता- परीक्षण

विगत 2010 से 2025 तक पूछे गए प्रश्नों का अध्यायवार संख्यात्मक वर्गीकरण

परीक्षा वर्ष	अध्याय/शीर्षक										
	शृंखला या श्रेणीक्रम	वर्ग-पूर्ति	सम-सम्बन्ध या सादृश्यता	आकृति-पूर्ति	समान आकृति की खोज	वर्गीकरण भिन्न या विजातीय आकृति की खोज	छिपी हुई आकृति का चयन	दर्पण-प्रतिबिम्ब पर प्रश्न	आकृति निर्माण	कागज के टुकड़ों को मोड़ना एवं काटना	कुल प्रश्न
2025 फेज-II	4	4	4	4	4	4	4	4	4	4	40
2025 फेज-I	4	4	4	4	4	4	4	4	4	4	40
2024 फेज-II	4	4	4	4	4	4	4	4	4	4	40
2024 फेज-I	4	4	4	4	4	4	4	4	4	4	40
2023	4	4	4	4	4	4	4	4	4	4	40
2022	4	4	4	4	4	4	4	4	4	4	40
2021	4	4	4	4	4	4	4	4	4	4	40
2020	4	4	4	4	4	4	4	4	4	4	40
2019	4	4	4	4	4	4	4	4	4	4	40
2018	5	5	5	5	5	5	5	5	5	5	50
2017	5	5	5	5	5	5	5	5	5	5	50
2016	5	5	5	5	5	5	5	5	5	5	50
2015	5	5	5	5	5	5	5	5	5	5	50
2014	5	5	5	5	5	5	5	5	5	5	50
2013	5	5	5	5	5	5	5	5	5	5	50
2012	5+5	5	5+5	5+5	5	5+5	—	—	—	—	50
2011	5+5	5	5	5+5	5+5	5+5	—	—	—	—	50
2010	5	5+5	5+5	5	5+5	5+5	—	—	—	—	50

खण्ड-II : अंकगणित परीक्षण

इस परीक्षा का मुख्य उद्देश्य अभ्यर्थियों की अंकगणित में मौलिक दक्षता को मापना है। इस परीक्षा के सभी 20 (बीस) प्रश्न निम्नलिखित विषयों/धारणाओं पर आधारित होंगे:

1. संख्या और संख्या पद्धति, 2. पूर्ण संख्याओं पर चार आधारभूत संक्रियाएँ, 3. भिन्नात्मक संख्याएँ और उन पर चार आधारभूत संक्रियाएँ, 4. गुणनखण्ड और गुणांक एवं उनके गुण, 5. संख्याओं का लघुतम समापवर्त्य तथा महत्तम समापवर्तक, 6. दशमलव तथा उन पर आधारभूत संक्रियाएँ, 7. भिन्नों को दशमलव में तथा दशमलव को भिन्नों में बदलना, 8. मापन लम्बाई, द्रव्यमान, धारिता, समय, धन आदि संख्याओं का अनुप्रयोग, 9. दूरी, समय तथा गति, 10. व्यंजकों का सन्निकटन, 11. संख्यात्मक व्यंजकों का सरलीकरण, 12. प्रतिशतता तथा उनके अनुप्रयोग, 13. लाभ तथा हानि, 14. साधारण ब्याज, 15. परिमाप, क्षेत्रफल तथा आयतन।

टिप्पणी : धारणाओं तथा उनसे सम्बन्धित दक्षताओं के बोध तथा उनके अनुप्रयोग के परीक्षण पर अधिक बल दिया जाएगा। अंकगणित की परीक्षा में आनेवाले संभावित प्रश्नों के प्रकारों के विषय में अभ्यर्थियों के मार्गदर्शन हेतु नीचे कुछ उदाहरण दिए गए हैं।

उदाहरण 1. बोध का परीक्षण करना

1000 का अभाज्य गुणनखण्ड क्या है ?

(a) $10 \times 10 \times 10$ (b) $2 \times 5 \times 5 \times 10$ (c) $2 \times 5 \times 2 \times 5 \times 10$ (d) $2 \times 2 \times 2 \times 5 \times 5 \times 5$

उत्तर : 1 (d)

स्पष्टीकरण : किसी भी संख्या के गुणनखण्डों को अभाज्य गुणनखण्ड कहते हैं। (1) सभी गुणनखण्डों का गुणन (प्रत्येक गुणनखण्ड को इतनी बार गुणा करना, जितनी बार वह आया है) दी गई संख्या के बराबर हो तथा (2) प्रत्येक गुणनखण्ड अभाज्य संख्या हो। इस उदाहरण में केवल क्रमांक (d) की संख्याएँ उपर्युक्त दोनों शर्तों को पूरा करती हैं, इसलिए उत्तर-पत्रिका में (d) को काला किया गया है।

उदाहरण 2. योग का परीक्षण करना

पहली चार विषम संख्याओं का औसत क्या है ?

(a) 2.5 (b) 4 (c) 5 (d) 16

उत्तर : 2 (b)

स्पष्टीकरण : पहली चार विषम संख्याएँ 1, 3, 5 तथा 7 हैं, इसलिए इनका औसत हुआ (b) जो सही उत्तर है, इसलिए उत्तर पत्रिका में (b) को काला किया जाएगा।

उदाहरण 3. अनुप्रयोग का परीक्षण करना

एक मालगाड़ी की लम्बाई एक किलोमीटर है। एक किलोमीटर प्रति 3 मिनट की गति से चलती हुई मालगाड़ी 2 किलोमीटर लम्बी सुरंग को पार करने में कितना समय लेगी ?

(a) 1 मिनट (b) 3 मिनट (c) 6 मिनट (d) 9 मिनट

उत्तर : 3 (d)

स्पष्टीकरण : सुरंग की लम्बाई 2 किमी तथा गाड़ी की लम्बाई 1 किमी है। सुरंग को पार करने में गाड़ी को 3 किमी की दूरी तय करनी पड़ेगी। यदि गाड़ी की गति 1 किमी प्रति 3 मिनट है, तो गाड़ी को सुरंग पार करने में 9 मिनट लगेंगे, इसलिए उत्तर-पत्रिका में (d) को काला किया गया है।

अंकगणित परीक्षण

जवाहर नवोदय विद्यालय 2010 से 2025 तक पूछे गए प्रश्नों का अध्यायवार संख्यात्मक वर्गीकरण

क्र० सं०	अध्याय/शीर्षक	वर्ष																	
		2025 फेज-II	2025 फेज-I	2024 फेज-II	2024 फेज-I	2023	2022	2021	2020	2019	2018	2017	2016	2015	2014	2013	2012	2011	2010
1.	संख्या-पद्धति	1	2	2	3	3	2	1	3	4	4	5	4	6	5	5	3	4	3
2.	विभाजकता	1	—	—	—	1	—	—	3	2	2	3	1	2	1	1	3	3	—
3.	ल. स. एवं म. स.	—	—	—	1	1	2	3	—	—	1	3	2	—	3	3	2	1	1
4.	सरलीकरण	2	3	—	1	1	1	2	2	2	2	1	2	1	1	1	5	2	2
5.	सरल भिन्न	1	1	4	4	1	2	1	2	2	2	1	1	1	1	1	—	2	1
6.	दशमलव भिन्न	2	—	2	2	—	3	2	2	2	2	2	3	2	3	3	1	2	2
7.	वर्ग एवं वर्गमूल	—	2	—	—	1	—	1	—	—	—	—	—	—	—	—	—	—	1
8.	औसत	—	—	—	—	—	1	1	—	—	—	—	—	—	—	—	—	—	—
9.	प्रतिशत	—	—	1	—	2	—	2	2	2	2	3	2	3	2	2	3	3	—
10.	एकिक नियम	—	—	—	—	—	—	1	—	—	—	—	—	—	—	—	1	—	3
11.	अनुपात और समानुपात	1	—	—	—	—	—	—	—	—	—	—	1	1	—	—	—	—	—
12.	लाभ और हानि	2	2	2	2	2	2	1	1	1	2	1	1	1	2	2	—	1	2
13.	साधारण ब्याज	—	—	—	—	—	—	1	1	1	2	1	1	1	2	2	—	1	2
14.	दूरी-निर्धारण	—	—	2	2	—	—	1	1	1	1	1	—	—	—	—	—	1	1
15.	समय और दूरी	—	2	—	—	2	2	2	—	—	—	1	1	1	—	—	—	—	—
16.	समय और कार्य	—	—	—	—	—	—	—	—	—	—	1	—	—	1	1	1	—	—
17.	समय-पद्धति	—	—	—	—	1	2	—	1	1	1	—	—	—	1	1	1	1	1
18.	रुपये पैसे की पद्धति	—	—	—	—	—	—	—	—	—	—	—	—	—	—	—	—	—	—
19.	क्षेत्रमिति	4	3	3	2	2	1	1	1	1	2	1	1	1	1	1	2	1	3
20.	रेखागणित	2	2	1	—	—	—	—	—	—	—	—	—	—	—	—	—	—	1
21.	दण्ड-चार्ट (ग्राफ)	1	1	1	1	—	—	—	1	1	2	1	1	1	1	2	2	1	1
22.	विविध/अन्य	3	2	2	2	3	2	—	—	—	—	—	4	4	2	1	—	2	1
	कुल	20	20	20	20	20	20	20	20	20	25	25	25	25	25	25	25	25	25

खण्ड-III : भाषा-परीक्षण (हिन्दी)

इस परीक्षा का मुख्य उद्देश्य अभ्यर्थी में पढ़ने के बोध को मापना है। इसमें चार अनुच्छेद होंगे जिनमें प्रत्येक पर पाँच प्रश्न होंगे। अभ्यर्थी अनुच्छेद को ध्यान से पढ़कर उन प्रश्नों के उत्तर देंगे।

उदाहरण के लिए अनुच्छेद और सम्बन्धित प्रश्न नीचे दिए गए हैं :

अनुच्छेद—कुछ वर्ष पहले जापान में रहनेवाले बच्चों ने जवाहरलाल नेहरू को पत्र लिखा और उनसे प्रार्थना की कि वे उनको एक हाथी भेज दें। भारत के बच्चों की ओर से उन्होंने उनको एक सुन्दर हाथी भेज दिया। यह हाथी मैसूर से आया था। उसे समुद्री मार्ग से जापान भेजा गया था। जब वह टोकियो पहुँचा, तो हजारों बच्चे उसे देखने आए। उनमें से बहुतों ने कभी हाथी नहीं देखा था। वह राजसी पशु उनके लिए भारत का एक प्रतीक बन गया। इस प्रकार जापान और भारत के बच्चे एक-दूसरे से जुड़ गए। नेहरूजी को इस बात से बहुत प्रसन्नता हुई कि उनके इस उपहार से जापान के अनेक बच्चे प्रसन्न हुए और हमारे देश के विषय में सोचने लगे।

1. ''उन्होंने उनको एक सुन्दर हाथी भेज दिया।'' इस वाक्य में 'उनको' शब्द का प्रयोग निम्नलिखित में से किसके लिए किया गया है ?
   (a) मैसूर के बच्चों के लिए
   (b) जापान के बच्चों के लिए
   (c) टोकियो के लोगों के लिए
   (d) जापान के चिड़ियाघर के लिए
2. हाथी ने भारत से जापान की यात्रा कैसे की ?
   (a) जहाज द्वारा
   (b) रेलगाड़ी द्वारा
   (c) वायुयान द्वारा
   (d) सड़क द्वारा
3. हजारों जापानी बच्चे हाथी को देखने टोकियो आए, क्योंकि :
   (a) वह भारत से भेजा गया था
   (b) वह एक पालतू हाथी था
   (c) वह एक राजसी पशु था
   (d) इससे पहले उन्होंने कभी हाथी नहीं देखा था
4. नेहरूजी प्रसन्न थे, क्योंकि :
   (a) उन्होंने जापान को एक हाथी भेजा था
   (b) उनके उपहार से जापानी बच्चे हमारे देश के बारे में सोचने लगे
   (c) हाथी ने समुद्री मार्ग से एक लम्बी यात्रा की थी
   (d) हाथी जापान में प्रसन्न था
5. नेहरूजी ने एक हाथी जापान भेजा, क्योंकि :
   (a) उन्हें हाथी पसन्द था
   (b) हाथी राजसी पशु है
   (c) जापानी बच्चों ने एक हाथी माँगा था
   (d) जापान की सरकार ने एक हाथी माँगा था

उत्तर : **1.** (b) **2.** (a) **3.** (d) **4.** (b) **5.** (c)

नोट : कभी-कभी गद्यांश की संख्या कम करके अभ्यर्थी के व्याकरण ज्ञान एवं लेखन कौशल को मापने के लिए 10 प्रश्न पूछे जाते हैं।

उत्तर पत्रिका / ANSWER SHEET

पृष्ठ -1 SIDE-1

नीचे दिये गये रिक्त स्थानों को केवल नीले/काले बॉल प्वाइंट पेन से भरें
FILL IN THE FOLLOWING ENTRIES WITH BLUE/BLACK BALL POINT PEN ONLY

अनुक्रमांक/ROLL NUMBER

अभ्यर्थी का नाम (बड़े अक्षरों में)
NAME OF THE CANDIDATE (IN CAPITAL LETTERS)

पिता का नाम (बड़े अक्षरों में)
FATHER'S NAME (IN CAPITAL LETTERS)

पृष्ठ–2 पर उत्तर अंकित करने के लिये अनुदेश
INSTRUCTIONS FOR MARKING RESPONSE ON SIDE-2

USE BLUE OR BLACK BALL POINT PEN

1. केवल नीले/काले बॉल पेन से सही गोले को गहरे निशान से भरिए।
   Use Only Blue/Black Ball Point Pen to darken the appropriate circle.
2. कृपया पूरे गोले को गहरे निशान से भरिए।
   Please darken the complete circle.
3. प्रत्येक प्रश्न का उत्तर केवल एक ही पूरे गोले में गहरा निशान लगाकर दीजिए जैसा नीचे दिखाया गया है।
   Darken ONLY ONE CIRCLE for each Question as shown below:

गलत WRONG	गलत WRONG	गलत WRONG	गलत WRONG	सही CORRECT
● Ⓑ Ⓒ ●	⊗ Ⓑ Ⓒ ●	⊗ Ⓑ Ⓒ ⊘	◉ Ⓑ Ⓒ Ⓓ	Ⓐ Ⓑ Ⓒ ●

4. किसी उत्तर के लिए एक बार गोले में निशान लगाने के पश्चात कोई परिवर्तन अनुमन्य नहीं है।
   No Change in the Answer once marked is allowed.
5. उत्तर पत्रिका पर अन्य कहीं कोई निशान न लगाएं।
   Please do not make any stray mark on the OMR Sheet.
6. इस ओ.एम.आर. उत्तर पत्रिका पर कच्चा काम करना मना है।
   Rough work must not be done on the OMR Sheet.
7. प्रत्येक प्रश्न का उत्तर, उत्तर–पत्रिका में दिए गए क्रमांक के सामने संगत गोले में निशान लगाकर दीजिए।
   Mark your answer only in the appropriate space in the OMR Sheet against the Number corresponding to the question.

उदाहरण:- पृष्ठ-2 को भरने की विधी (केवल नीले/काले बॉल पेन से भरिए)
EXAMPLE - HOW TO FILL AND MARK ON SIDE-2 (WITH BLUE/BLACK BALL POINT PEN ONLY)

अगर आपका अनुक्रमांक 1732172 है। If your Roll No. is 1732172

अनुक्रमांक Roll No.						
1	7	3	2	1	7	2

अगर आपकी मुख्य प्रश्न पुस्तिका नं. 0512467 है। If your Main Test Booklet No. is 0512467

मुख्य प्रश्न पुस्तिका Main Test Booklet No.						
0	5	1	2	4	6	7

अगर आपका राज्य 03,जिला 10, खण्ड 01, केन्द्र 01 है। If your State 03, Disst. 10, Block 01, & Centre 01

State		Distt.		Block		Centre	
0	3	1	0	0	1	0	1

अगर प्रश्न नं. 08 का उत्तर A है If your Response to Question number 08 is (A)

Q.No.	Response
08	● Ⓑ Ⓒ Ⓓ

महत्वपूर्ण IMPORTANT

अभ्यर्थी इस बात का ध्यान रखें कि मुख्य प्रश्न पुस्तिका में छपा हुआ कोड और उत्तर पत्रिका के पृष्ठ-2 में छपा हुआ मुख्य पुस्तिका कोड समान हो। अगर ऐसा नहीं है तो तुरन्त कक्षनिरीक्षक को सूचित करें और अपनी मुख्य प्रश्न पुस्तिका एवं उत्तर पत्रिका बदलवाएं।

The candidate should check carefully that the Main Booklet Code printed on Side-2 of the OMR Sheet is the same as printed on Main Test Booklet. In case of discrepancy, the candidate should immediately report the matter to the Invigilator for replacement of both the Main Test Booklet and the OMR Sheet.

पृष्ठ-2 SIDE-2

(TO BE FILLED BY CANDIDATE)

अनुक्रमांक Roll No.	प्रश्न पुस्तिका क्रमांक Test Booklet No.
0 1 2 3 4 5 6 7 8 9	0 1 2 3 4 5 6 7 8 9

अभ्यर्थी का नाम (बड़े अक्षरों में)
NAME OF THE CANDIDATE (IN CAPITAL LETTERS)

पिता का नाम (बड़े अक्षरों में)
FATHER'S NAME (IN CAPITAL LETTERS)

(TO BE FILLED BY INVIGILATOR)

State	Distt.	Block	Centre
0 1 2 3 4 5 6 7 8 9	0 1 2 3 4 5 6 7 8 9	0 1 2 3 4 5 6 7 8 9	0 1 2 3 4 5 6 7 8 9

ओ.एम.आर. उत्तर पत्रिका सं./Answer Sheet No. 2022108

पुस्तिका कोड Booklet Code

A

ANSWERS

Q.No.	Response	Q.No.	Response	Q.No.	Response	Q.No.	Response
01	Ⓐ Ⓑ Ⓒ Ⓓ	21	Ⓐ Ⓑ Ⓒ Ⓓ	41	Ⓐ Ⓑ Ⓒ Ⓓ	61	Ⓐ Ⓑ Ⓒ Ⓓ
02	Ⓐ Ⓑ Ⓒ Ⓓ	22	Ⓐ Ⓑ Ⓒ Ⓓ	42	Ⓐ Ⓑ Ⓒ Ⓓ	62	Ⓐ Ⓑ Ⓒ Ⓓ
03	Ⓐ Ⓑ Ⓒ Ⓓ	23	Ⓐ Ⓑ Ⓒ Ⓓ	43	Ⓐ Ⓑ Ⓒ Ⓓ	63	Ⓐ Ⓑ Ⓒ Ⓓ
04	Ⓐ Ⓑ Ⓒ Ⓓ	24	Ⓐ Ⓑ Ⓒ Ⓓ	44	Ⓐ Ⓑ Ⓒ Ⓓ	64	Ⓐ Ⓑ Ⓒ Ⓓ
05	Ⓐ Ⓑ Ⓒ Ⓓ	25	Ⓐ Ⓑ Ⓒ Ⓓ	45	Ⓐ Ⓑ Ⓒ Ⓓ	65	Ⓐ Ⓑ Ⓒ Ⓓ
06	Ⓐ Ⓑ Ⓒ Ⓓ	26	Ⓐ Ⓑ Ⓒ Ⓓ	46	Ⓐ Ⓑ Ⓒ Ⓓ	66	Ⓐ Ⓑ Ⓒ Ⓓ
07	Ⓐ Ⓑ Ⓒ Ⓓ	27	Ⓐ Ⓑ Ⓒ Ⓓ	47	Ⓐ Ⓑ Ⓒ Ⓓ	67	Ⓐ Ⓑ Ⓒ Ⓓ
08	Ⓐ Ⓑ Ⓒ Ⓓ	28	Ⓐ Ⓑ Ⓒ Ⓓ	48	Ⓐ Ⓑ Ⓒ Ⓓ	68	Ⓐ Ⓑ Ⓒ Ⓓ
09	Ⓐ Ⓑ Ⓒ Ⓓ	29	Ⓐ Ⓑ Ⓒ Ⓓ	49	Ⓐ Ⓑ Ⓒ Ⓓ	69	Ⓐ Ⓑ Ⓒ Ⓓ
10	Ⓐ Ⓑ Ⓒ Ⓓ	30	Ⓐ Ⓑ Ⓒ Ⓓ	50	Ⓐ Ⓑ Ⓒ Ⓓ	70	Ⓐ Ⓑ Ⓒ Ⓓ
11	Ⓐ Ⓑ Ⓒ Ⓓ	31	Ⓐ Ⓑ Ⓒ Ⓓ	51	Ⓐ Ⓑ Ⓒ Ⓓ	71	Ⓐ Ⓑ Ⓒ Ⓓ
12	Ⓐ Ⓑ Ⓒ Ⓓ	32	Ⓐ Ⓑ Ⓒ Ⓓ	52	Ⓐ Ⓑ Ⓒ Ⓓ	72	Ⓐ Ⓑ Ⓒ Ⓓ
13	Ⓐ Ⓑ Ⓒ Ⓓ	33	Ⓐ Ⓑ Ⓒ Ⓓ	53	Ⓐ Ⓑ Ⓒ Ⓓ	73	Ⓐ Ⓑ Ⓒ Ⓓ
14	Ⓐ Ⓑ Ⓒ Ⓓ	34	Ⓐ Ⓑ Ⓒ Ⓓ	54	Ⓐ Ⓑ Ⓒ Ⓓ	74	Ⓐ Ⓑ Ⓒ Ⓓ
15	Ⓐ Ⓑ Ⓒ Ⓓ	35	Ⓐ Ⓑ Ⓒ Ⓓ	55	Ⓐ Ⓑ Ⓒ Ⓓ	75	Ⓐ Ⓑ Ⓒ Ⓓ
16	Ⓐ Ⓑ Ⓒ Ⓓ	36	Ⓐ Ⓑ Ⓒ Ⓓ	56	Ⓐ Ⓑ Ⓒ Ⓓ	76	Ⓐ Ⓑ Ⓒ Ⓓ
17	Ⓐ Ⓑ Ⓒ Ⓓ	37	Ⓐ Ⓑ Ⓒ Ⓓ	57	Ⓐ Ⓑ Ⓒ Ⓓ	77	Ⓐ Ⓑ Ⓒ Ⓓ
18	Ⓐ Ⓑ Ⓒ Ⓓ	38	Ⓐ Ⓑ Ⓒ Ⓓ	58	Ⓐ Ⓑ Ⓒ Ⓓ	78	Ⓐ Ⓑ Ⓒ Ⓓ
19	Ⓐ Ⓑ Ⓒ Ⓓ	39	Ⓐ Ⓑ Ⓒ Ⓓ	59	Ⓐ Ⓑ Ⓒ Ⓓ	79	Ⓐ Ⓑ Ⓒ Ⓓ
20	Ⓐ Ⓑ Ⓒ Ⓓ	40	Ⓐ Ⓑ Ⓒ Ⓓ	60	Ⓐ Ⓑ Ⓒ Ⓓ	80	Ⓐ Ⓑ Ⓒ Ⓓ

ओ.एम.आर. उत्तर पत्रिका निरीक्षक को सौंपने से पहले परीक्षार्थी को यह जाँच करनी चाहिए कि अनुक्रमांक एवं प्रश्न पुस्तिका संख्या सही ढंग से भर दिये गए और चिन्हित कर दिये गये हैं।
Before handing over the OMR Answer Sheet to the Invigilator, the candidate should check that Roll Number and test booklet number are filled in and marked correctly.

Signature of Candidate in running hand

Signature of Invigilator

INVIGILATOR PUT CENTRE STAMP INDICATING STATE, DISTT., BLOCK & CENTRE CODE

STATE	DISTT	BLOCK	CENTRE

जवाहर नवोदय विद्यालय प्रवेश परीक्षा, 2025
(कक्षा-VI) सॉल्व्ड पेपर

फेज-II, परीक्षा तिथि : 12 अप्रैल, 2025

खण्ड-I मानसिक योग्यता परीक्षण

भाग-1

निर्देश (प्र. सं. 1-4): निम्नलिखित प्रत्येक प्रश्न में चार चित्र (a), (b), (c) और (d) दर्शाए गए हैं। इन चार चित्रों में से तीन चित्र किसी विधि से एकसमान हैं, जबकि एक चित्र अन्य से भिन्न है। अन्य से भिन्न चित्र का चयन करें।

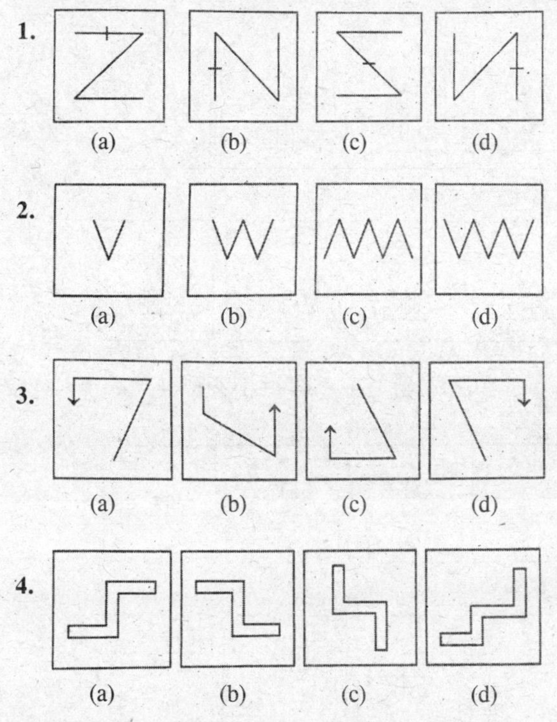

भाग-2

निर्देश (प्र. सं. 5-8): निम्न प्रश्नों में एक प्रश्न चित्र दिया गया है तथा (a), (b), (c) और (d) से चिन्हित चार उत्तर चित्र दिए गए हैं। उत्तर चित्रों से प्रश्न चित्र के समरूप चित्र को चुनें।

5. प्रश्न चित्र

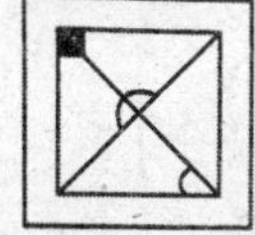

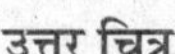

उत्तर चित्र

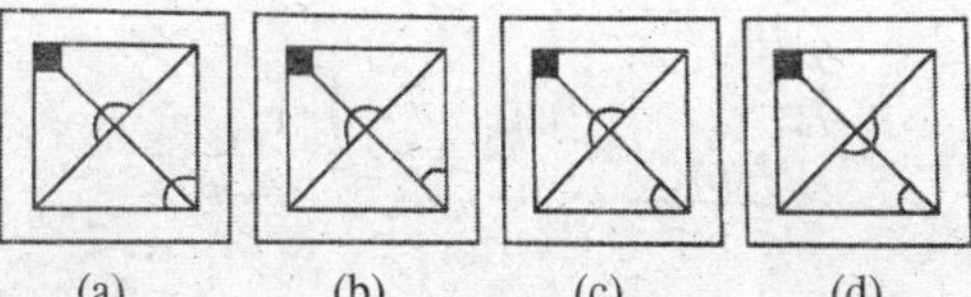

(a) (b) (c) (d)

6. प्रश्न चित्र

उत्तर चित्र

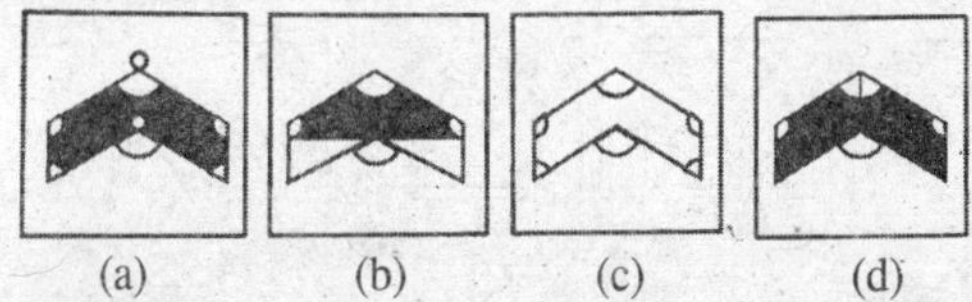

(a) (b) (c) (d)

7. प्रश्न चित्र

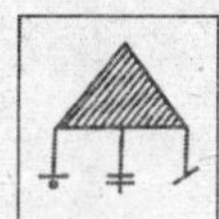

उत्तर चित्र

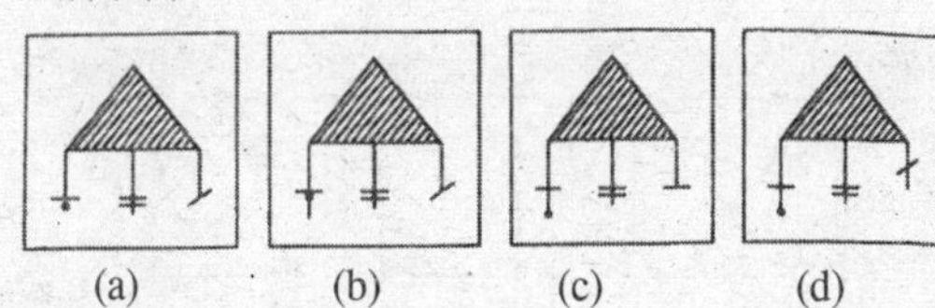

(a) (b) (c) (d)

8. प्रश्न चित्र

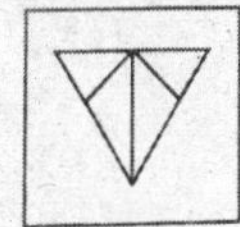

उत्तर चित्र

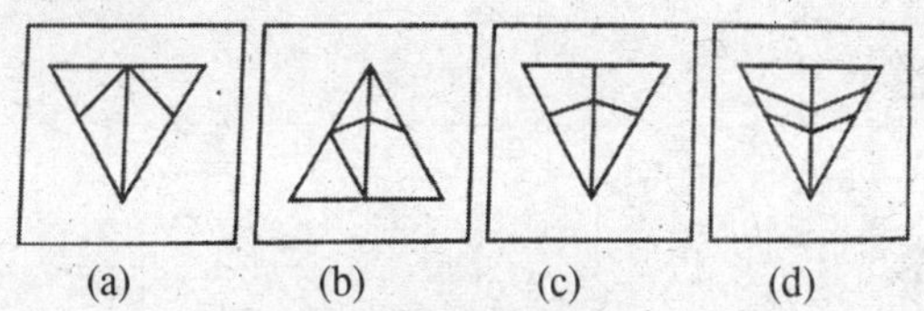

(a) (b) (c) (d)

भाग-3

निर्देश (प्र. सं. 9-12): निम्न प्रश्नों में एक प्रश्न चित्र दिया गया है, जिसका एक भाग लुप्त दर्शाया गया है। दिए गए उत्तर चित्र (a), (b), (c) और (d) पर गौर करे तथा उस उत्तर चित्र का पता लगाएँ जिसको बिना दिशा परिवर्तन के प्रश्न चित्र पैटर्न को पूरा करने के लिए प्रश्न चित्र के लुप्त भाग में बिठाया जा सके।

9. प्रश्न चित्र

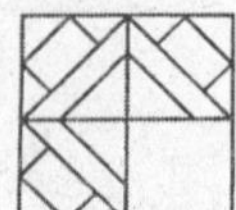

उत्तर चित्र

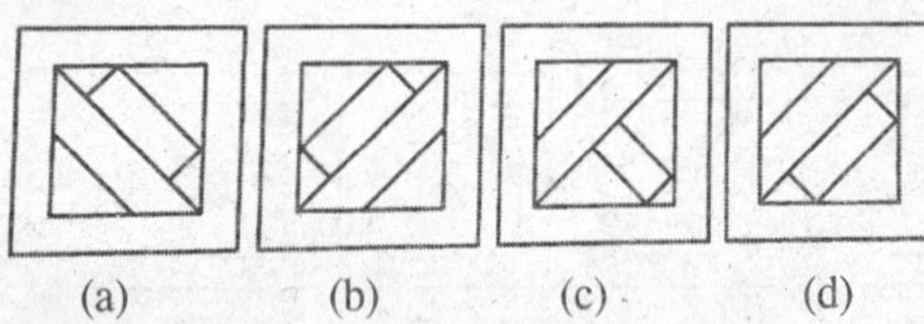

(a) (b) (c) (d)

10. प्रश्न चित्र

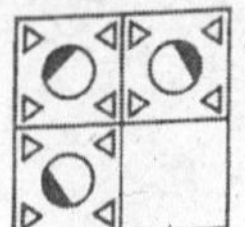

उत्तर चित्र

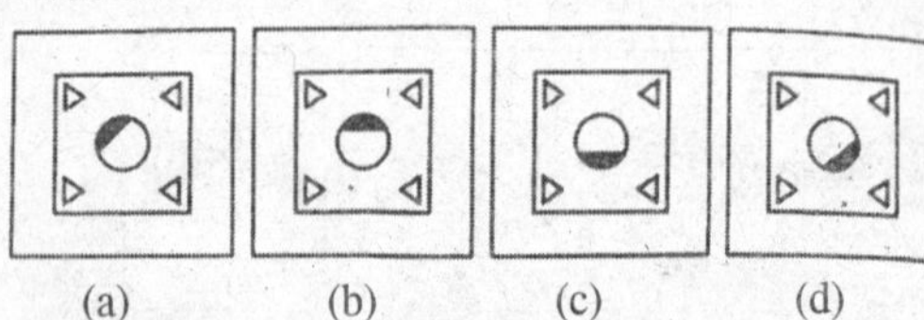

(a) (b) (c) (d)

11. प्रश्न चित्र

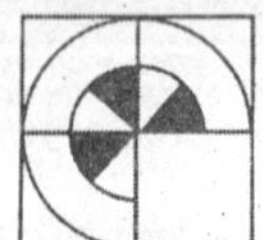

उत्तर चित्र

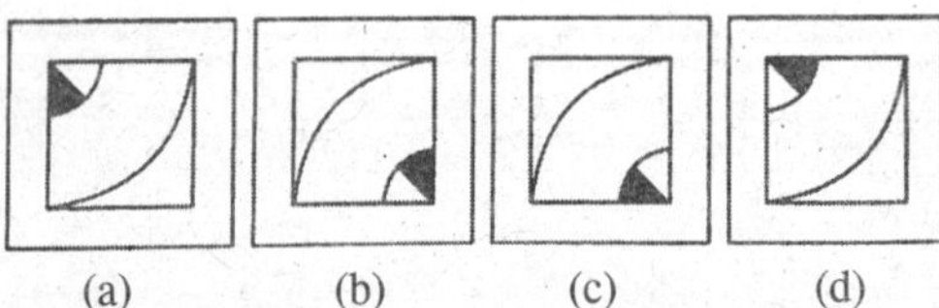

(a) (b) (c) (d)

12. प्रश्न चित्र

उत्तर चित्र

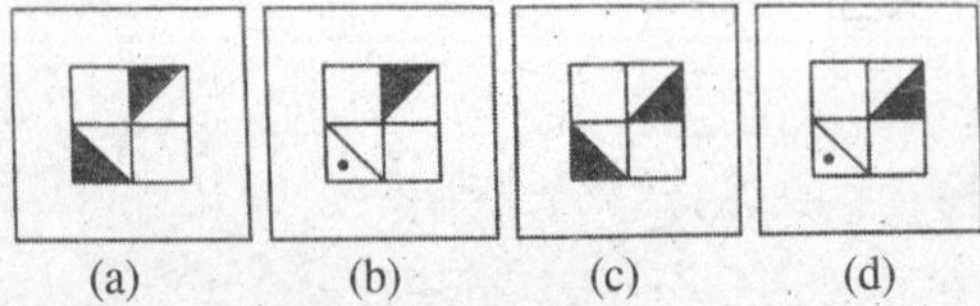

(a) (b) (c) (d)

भाग-4

निर्देश (प्र. सं. 13-16): निम्न प्रश्नों में तीन प्रश्न चित्र दर्शाए गए हैं तथा चौथे चित्र के लिए स्थान छोड़ा गया है। प्रश्न चित्र श्रेणीक्रम में हैं। श्रेणीक्रम को करने के लिए उपलब्ध उत्तर चित्रों में से एक चित्र का चयन करें जिसे बाईं ओर दिए गए प्रश्न चित्र के खाली स्थान में प्रतिस्थापित किया जा सके।

13. प्रश्न चित्र

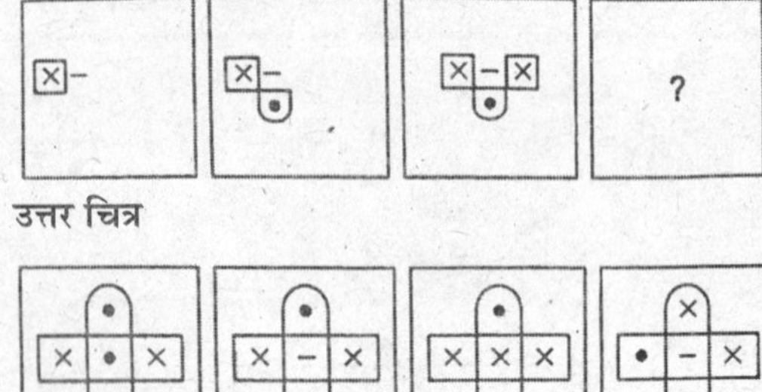

उत्तर चित्र

(a) (b) (c) (d)

14. प्रश्न चित्र

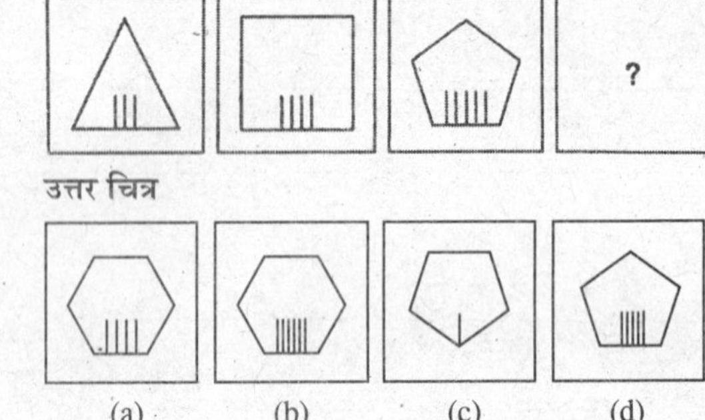

उत्तर चित्र

(a) (b) (c) (d)

15. प्रश्न चित्र

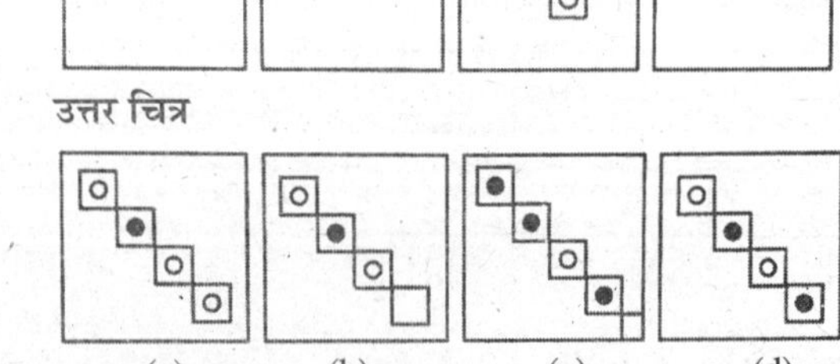

उत्तर चित्र

(a) (b) (c) (d)

16. प्रश्न चित्र

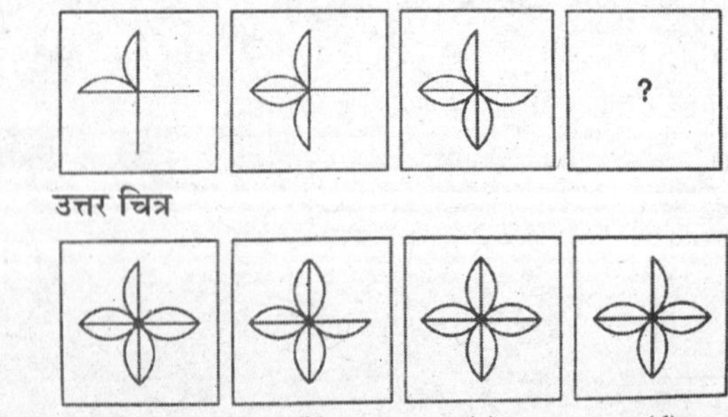

उत्तर चित्र

(a) (b) (c) (d)

भाग-5

निर्देश (प्र. सं. 17-20): निम्नलिखित प्रत्येक प्रश्न में दो प्रश्न चित्रों के दो सेट दिए गए हैं। दूसरे सेट में एक प्रश्न चिह्न (?) है। प्रथम सेट के दो प्रश्न चित्रों में एक निश्चित सम्बन्ध है। इसी तरह का सम्बन्ध दूसरे सेट के तीसरे तथा चौथे चित्र में भी होना आवश्यक है। उत्तर चित्रों से उस चित्र का चयन करें जो प्रश्न चिह्न को प्रतिस्थापित करेगा।

17. प्रश्न चित्र

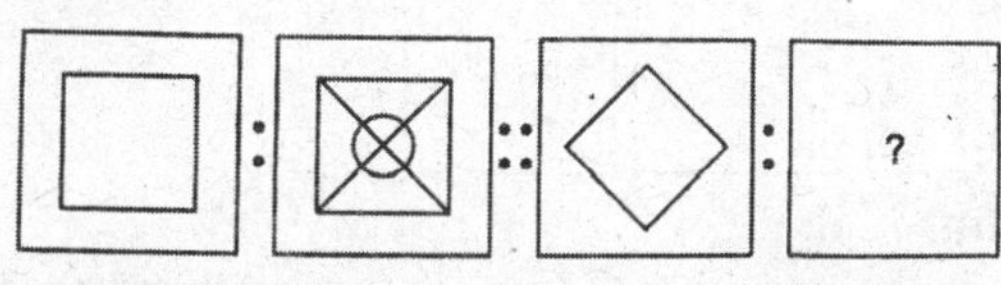

उत्तर चित्र

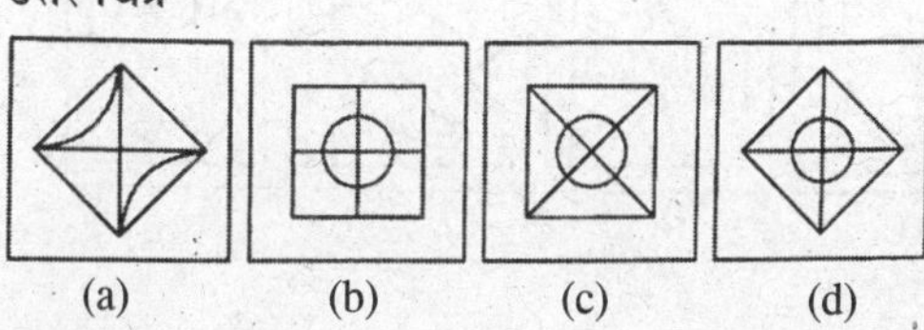

(a) (b) (c) (d)

18. प्रश्न चित्र

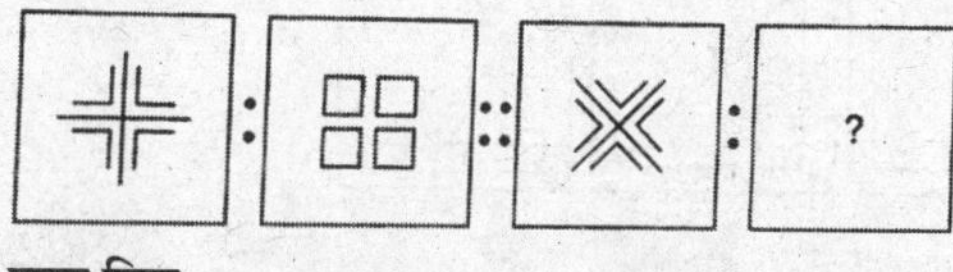

उत्तर चित्र

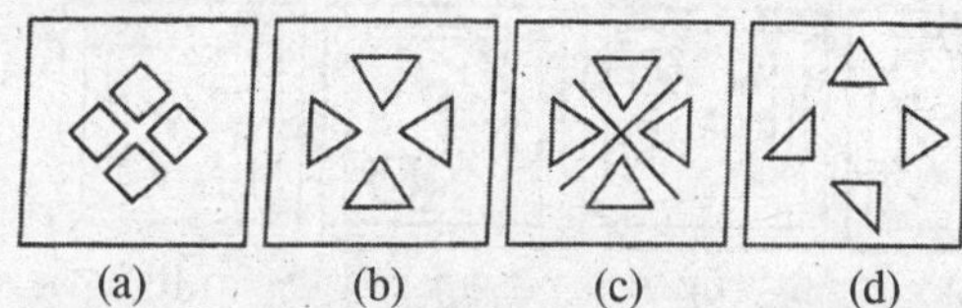

(a) (b) (c) (d)

19. प्रश्न चित्र

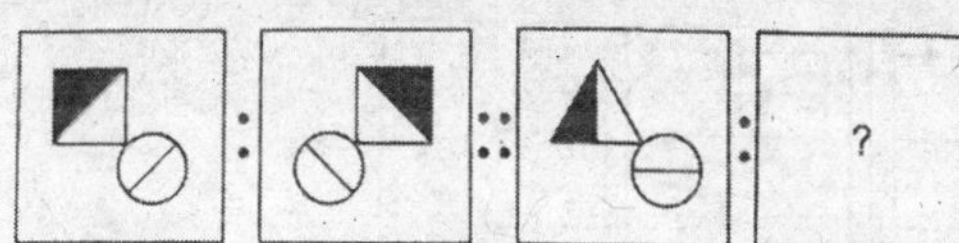

उत्तर चित्र

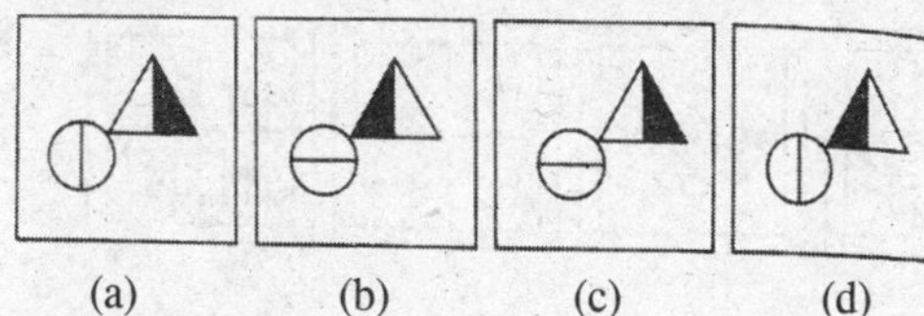

(a) (b) (c) (d)

20. प्रश्न चित्र

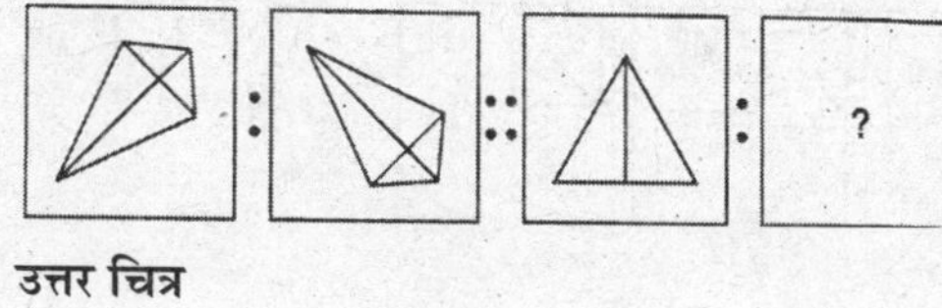

उत्तर चित्र

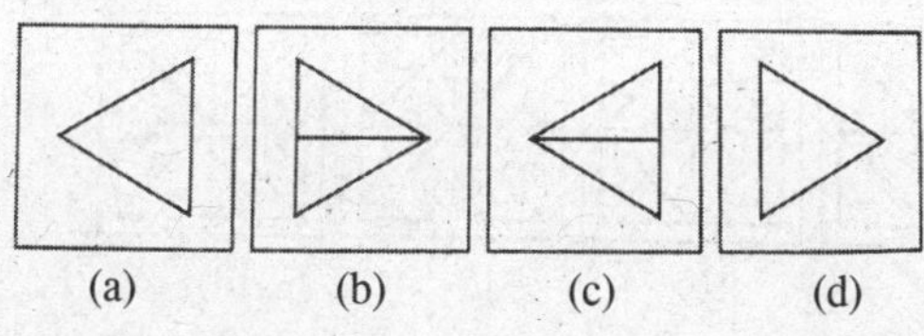

(a) (b) (c) (d)

भाग-6

निर्देश (प्र. सं. 21-24): निम्न प्रश्नों में प्रश्न चित्र के रूप में ज्यामितीय चित्र (त्रिभुज, वर्ग, वृत्त) के एक भाग को दर्शाया गया है तथा दूसरे भाग को चार उत्तर चित्रों के रूप में (a), (b), (c) और (d) से दर्शाया गया है। उत्तर चित्र से ज्यामितीय चित्र को पूर्ण करने वाले चित्र को ज्ञात करें।

21. प्रश्न चित्र

उत्तर चित्र

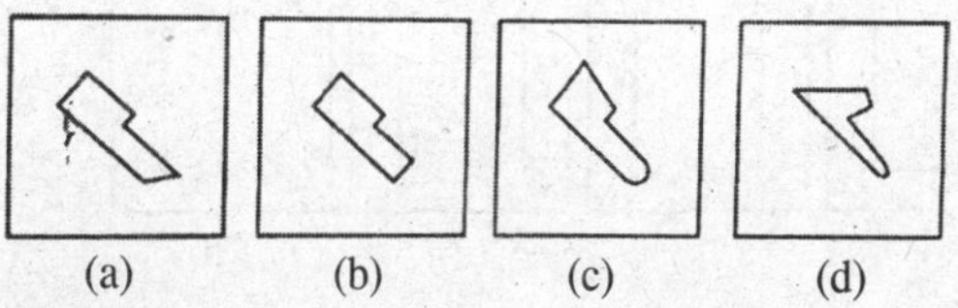

(a) (b) (c) (d)

22. प्रश्न चित्र

उत्तर चित्र

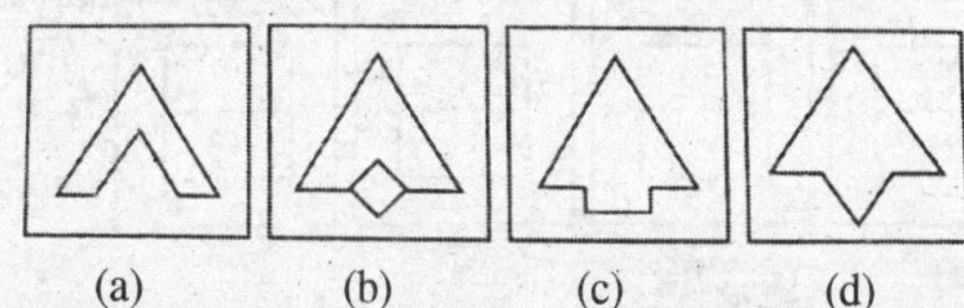

(a) (b) (c) (d)

23. प्रश्न चित्र

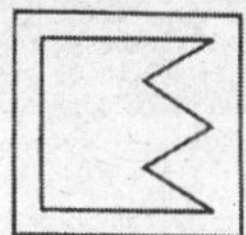

उत्तर चित्र

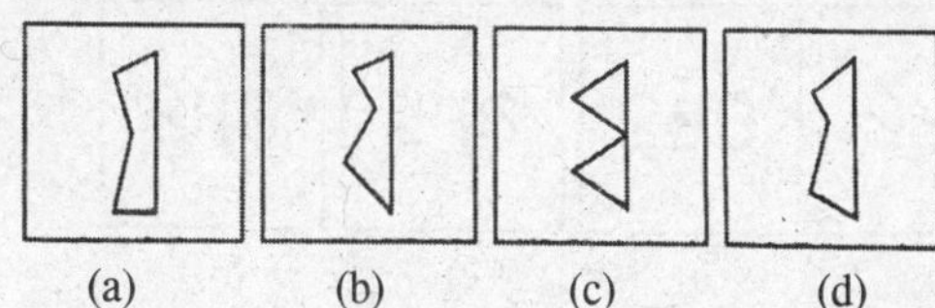

(a) (b) (c) (d)

24. प्रश्न चित्र

उत्तर चित्र

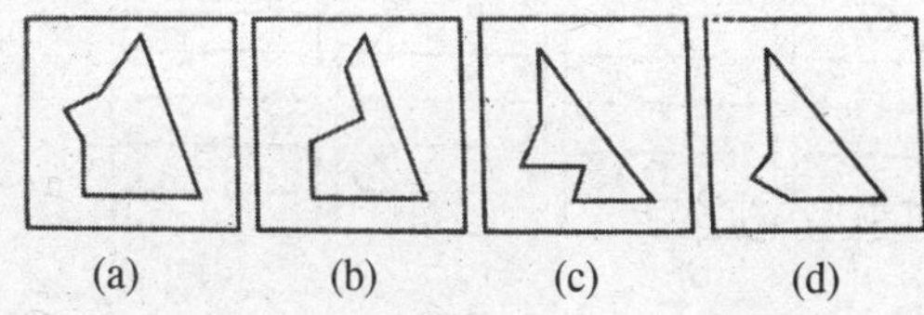

(a) (b) (c) (d)

भाग-7

निर्देश (प्र. सं. 25-28): निम्न प्रश्नों में एक प्रश्न चित्र दर्शाया गया है तथा (a), (b), (c) और (d) से चिह्नित चार उत्तर चित्र दर्शाए गए हैं। किसी दर्पण को XY के अनुदिश रखें जाने पर प्रश्न चित्र के सही प्रतिबिम्ब को उत्तर चित्र से चुनें।

25. प्रश्न चित्र

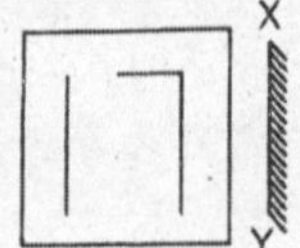

उत्तर चित्र

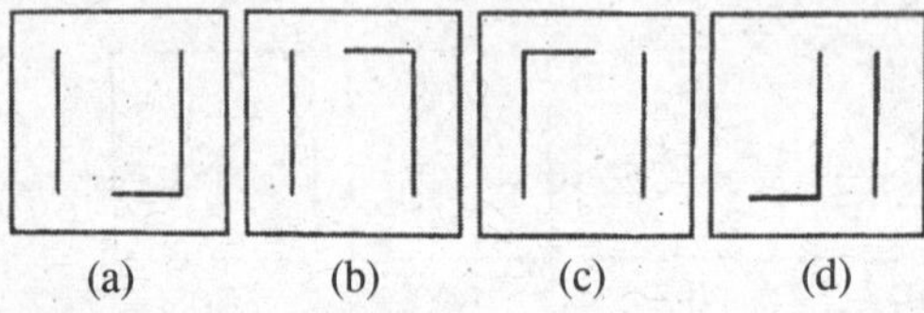

26. प्रश्न चित्र

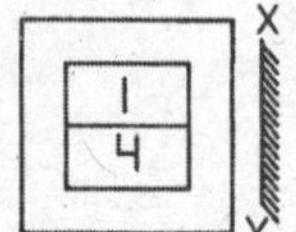

उत्तर चित्र

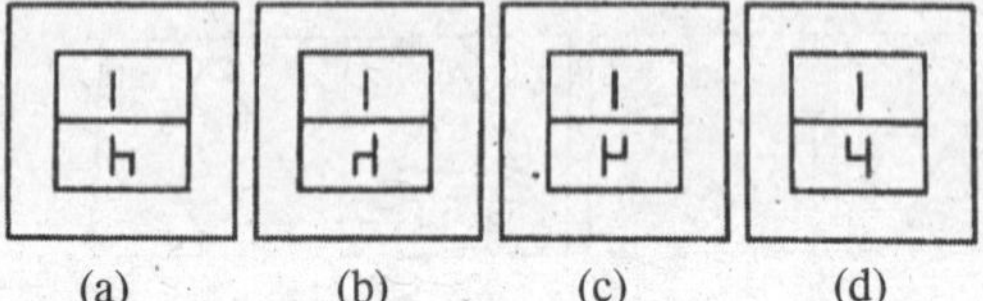

27. प्रश्न चित्र

उत्तर चित्र

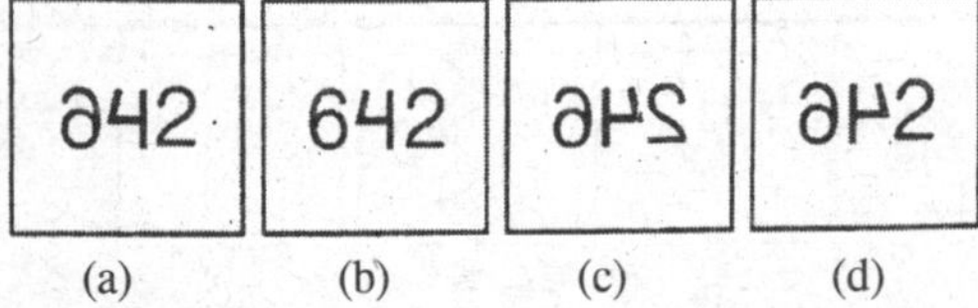

28. प्रश्न चित्र

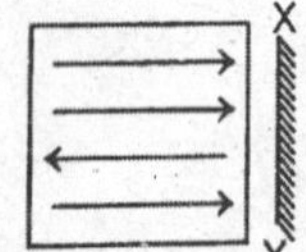

उत्तर चित्र

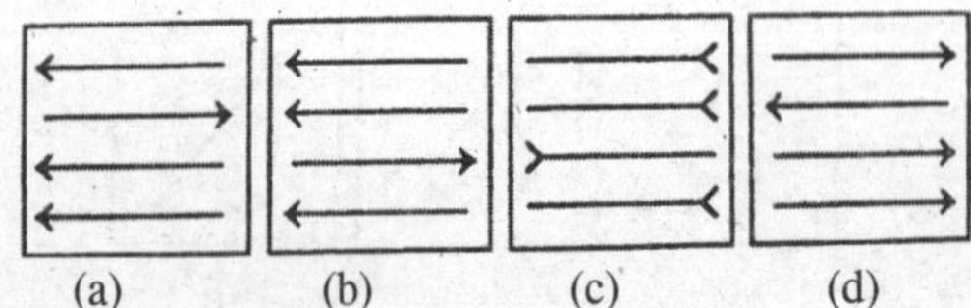

भाग-8

निर्देश (प्र. सं. 29-32): निम्न प्रश्नों में प्रश्न चित्र में दर्शाए अनुसार कागज के एक टुकडे को मोड़कर पंच किया गया तथा (a), (b), (c) और (d) से चिह्नित चार उत्तर चित्र दर्शाए गए हैं। कागज के टुकड़ों की तह को खोलने पर वह जिस आकृति के जैसा दिखाई देगा वैसा ही चित्र उत्तर चित्र से चुनें।

29. प्रश्न चित्र

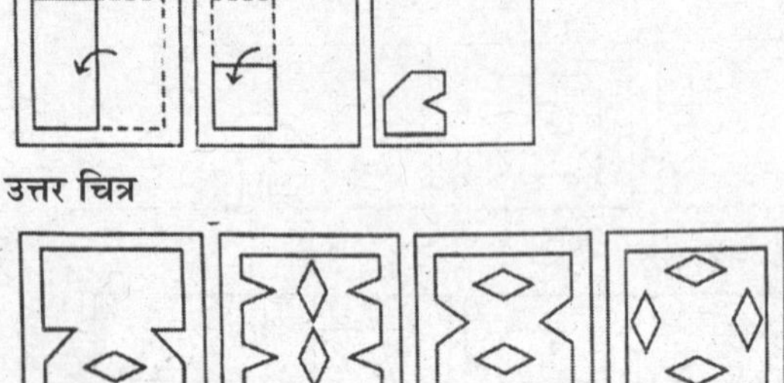

30. प्रश्न चित्र

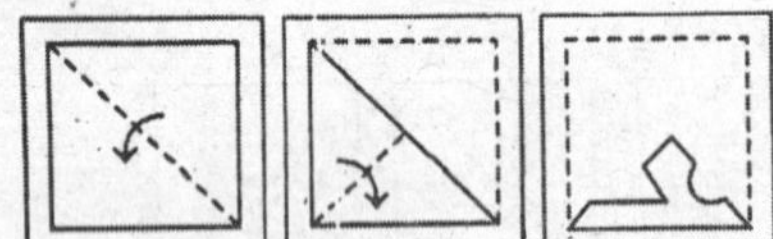

उत्तर चित्र

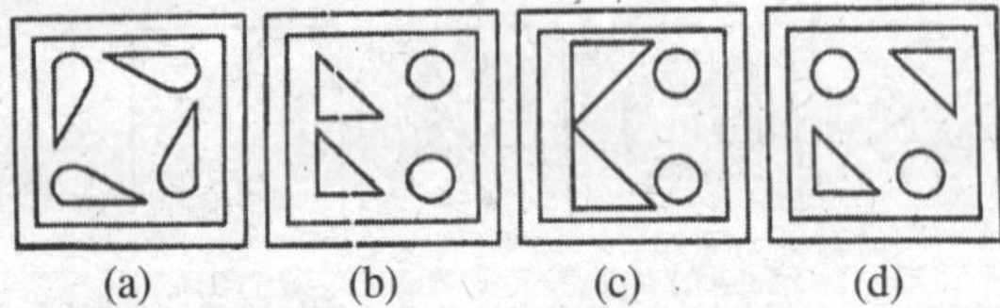

31. प्रश्न चित्र

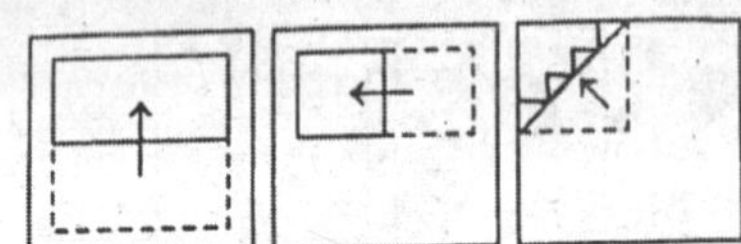

उत्तर चित्र

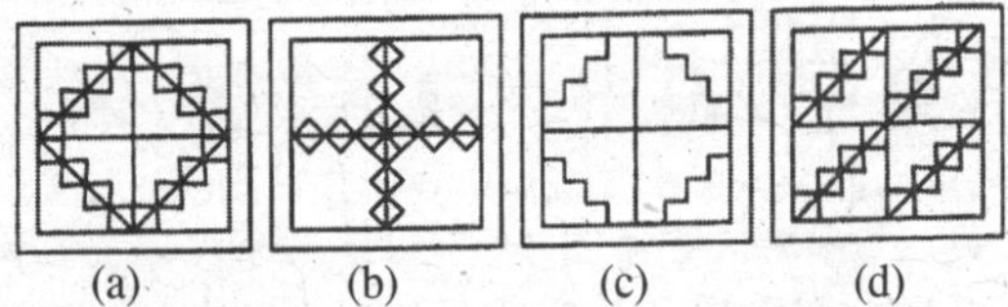

32. प्रश्न चित्र

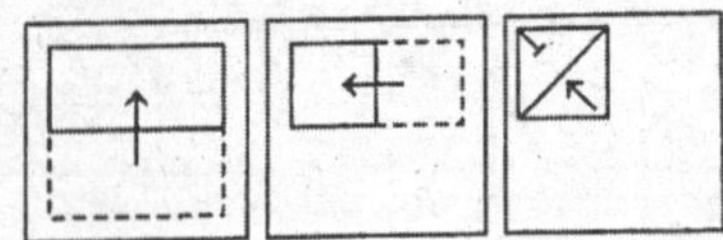

उत्तर चित्र

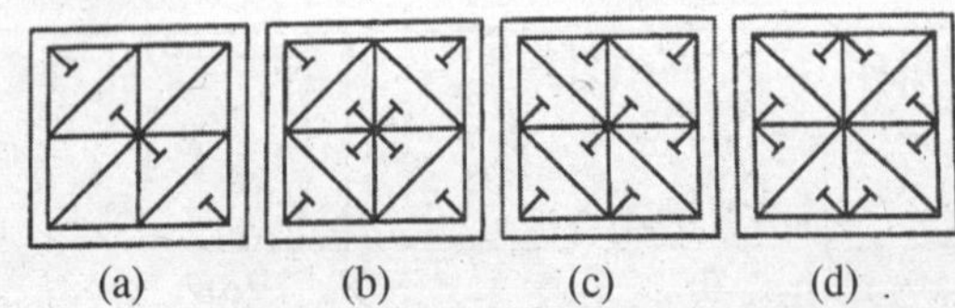

भाग-9

निर्देश (प्र. सं. 33-36): निम्न प्रश्नों में एक प्रश्न चित्र दिया गया है तथा (a), (b), (c) और (d) से चिह्नित चार उत्तर चित्र दर्शाए गए हैं। उत्तर चित्रों से उस चित्र का चयन करें जिसे प्रश्न चित्र में उपलब्ध कट-आउट टुकड़ों से बनाया जा सकता हो।

33. प्रश्न चित्र

उत्तर चित्र

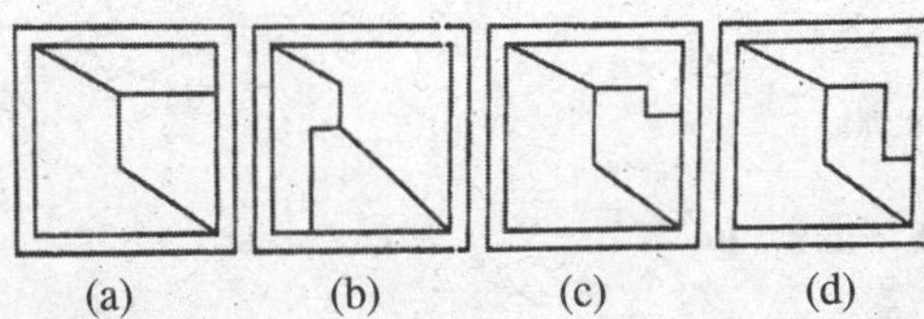

(a) (b) (c) (d)

34. प्रश्न चित्र

उत्तर चित्र

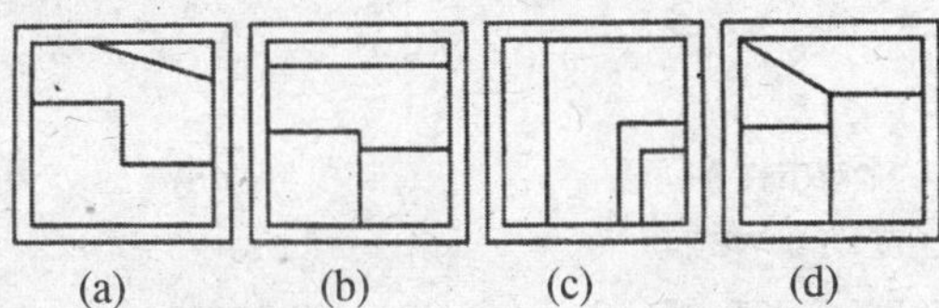

(a) (b) (c) (d)

35. प्रश्न चित्र

उत्तर चित्र

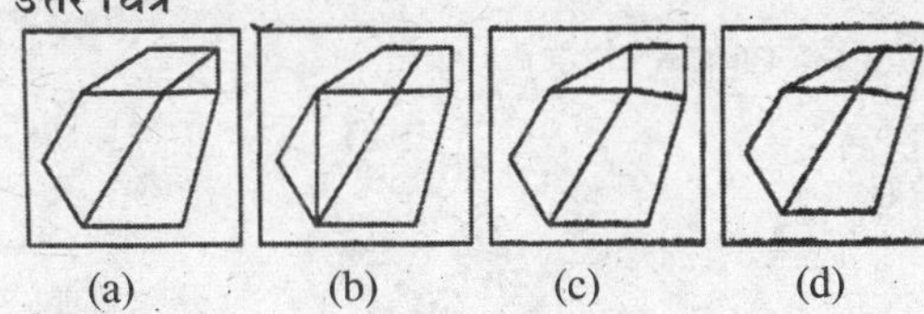

(a) (b) (c) (d)

36. प्रश्न चित्र

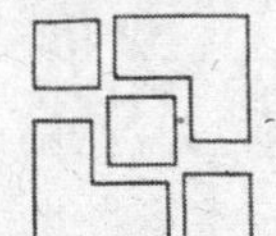

उत्तर चित्र

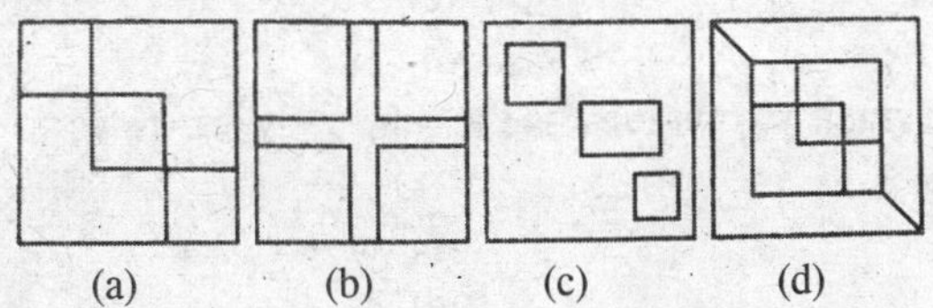

(a) (b) (c) (d)

भाग-10

निर्देश (प्र. सं. 37-40): निम्न प्रश्नों में एक प्रश्न चित्र दिया गया है तथा (a), (b), (c) और (d) से चिह्नित चार उत्तर चित्र दर्शाए गए हैं। उत्तर चित्रों से उस चित्र को चुनें जिसमें प्रश्न चित्र छिपा/सम्मिलित है।

37. प्रश्न चित्र

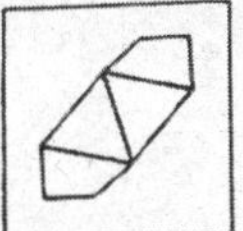

उत्तर चित्र

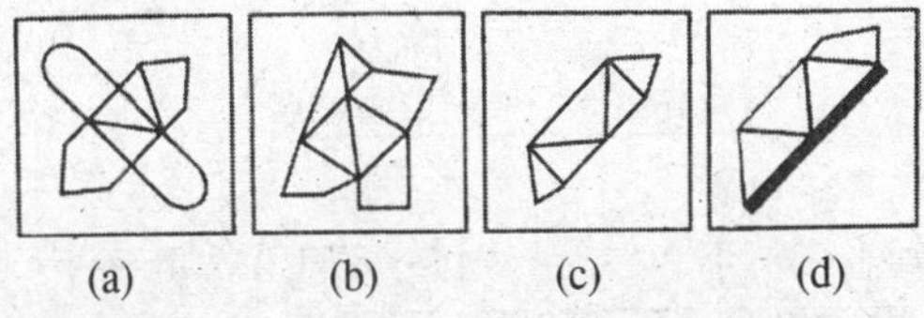

(a) (b) (c) (d)

38. प्रश्न चित्र

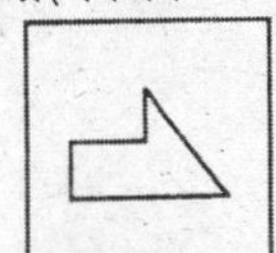

उत्तर चित्र

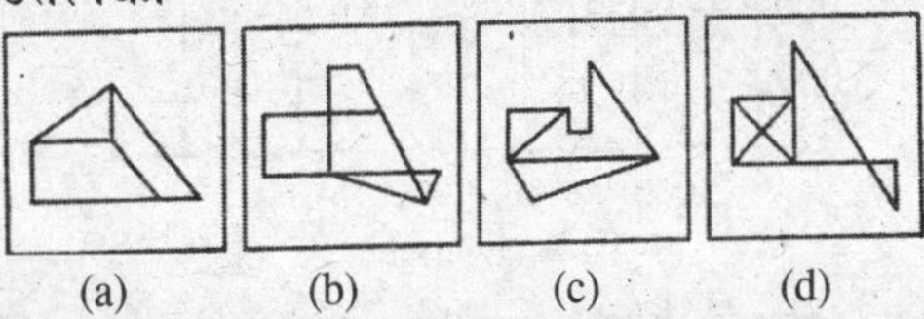

(a) (b) (c) (d)

39. प्रश्न चित्र

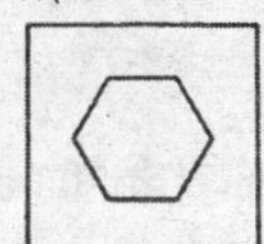

उत्तर चित्र

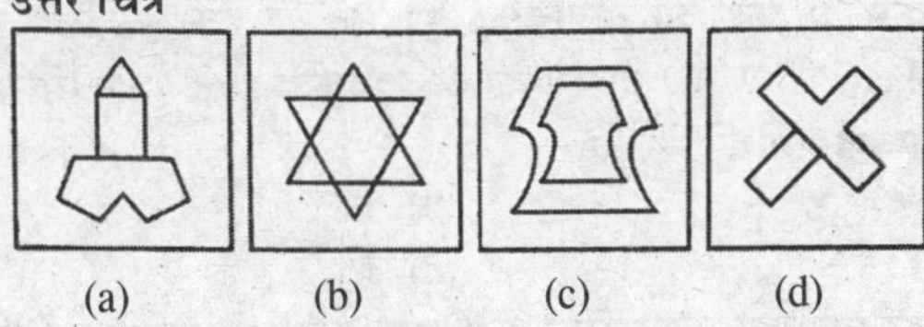

(a) (b) (c) (d)

40. प्रश्न चित्र

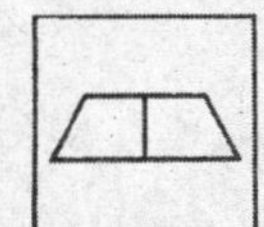

उत्तर चित्र

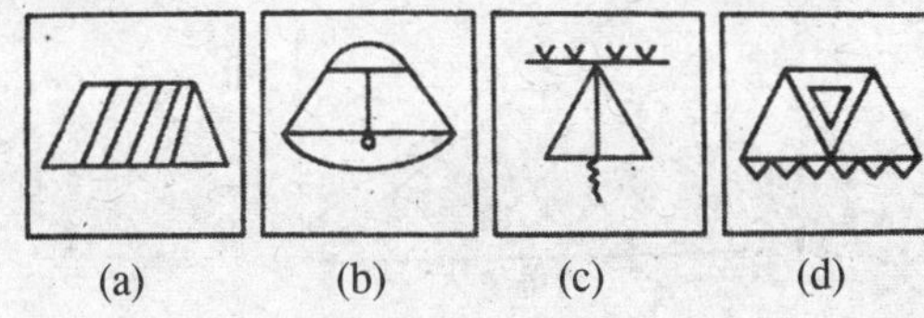

(a) (b) (c) (d)

खण्ड-II अंकगणित परीक्षण

निर्देश (प्र. सं. 41-60): निम्नलिखित प्रत्येक प्रश्न के लिए चार सम्भावित उत्तर दिए गए हैं, जिन्हें (a), (b), (c) और (d) क्रम दिया गया है। इनमें से केवल एक उत्तर सही है।

41. दी गई आकृति में, कौन-कौन से कोण समकोण से बड़े हैं ?

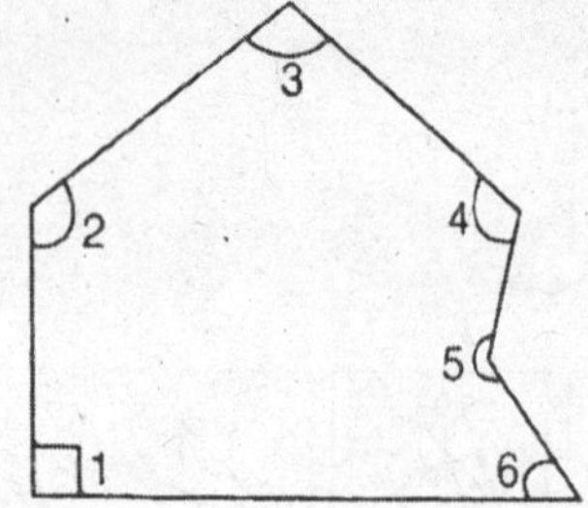

(a) केवल 2 और 3 (b) केवल 3, 4 और 5
(c) केवल 4, 5 और 6 (d) केवल 2, 3, 4 और 5

42. दण्ड ग्राफ बेची गई कारों की संख्या दर्शाता है।

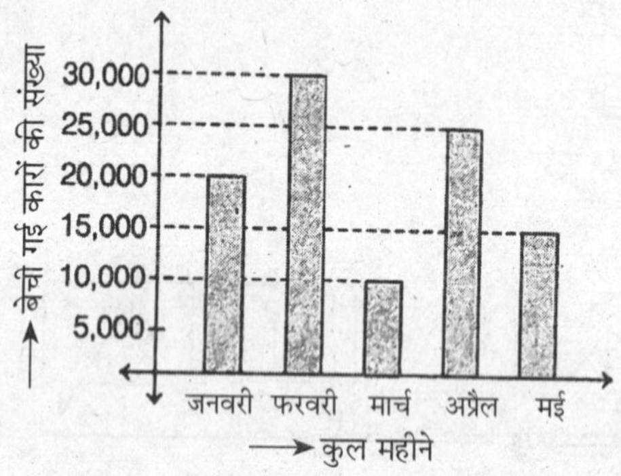

दिए गए दण्ड ग्राफ से, जनवरी, मार्च तथा मई में बेची गई कारों की कुल संख्या है-

(a) 35,000 (b) 40,000
(c) 45,000 (d) 50,000

43. दिशाओं उत्तर-पूर्व तथा दक्षिण-पूर्व के मध्य बने कोण की माप है ?

(a) 180° (b) 90°
(c) 270° (d) 45°

44. एक कमरे के फर्श की चौड़ाई 9m है। फर्श को ढ़कने के लिए 15 cm × 12 cm की 7,500 टाइलों की आवश्यकता होती है। कमरे के फर्श की लम्बाई (मीटरों में) है-

(a) 9 (b) 10
(c) 12 (d) 15

45. एक दुकानदार ने कुछ पेंसिलें ₹ 48 प्रति दर्जन की दर से खरीदी तथा प्रति पेंसिल ₹ 4.50 की दर से बेची। उसका प्रति दर्जन लाभ है-

(a) ₹ 8 (b) ₹ 6
(c) ₹ 6.50 (d) ₹ 8.50

46. आयत ABCD का परिमाप है-

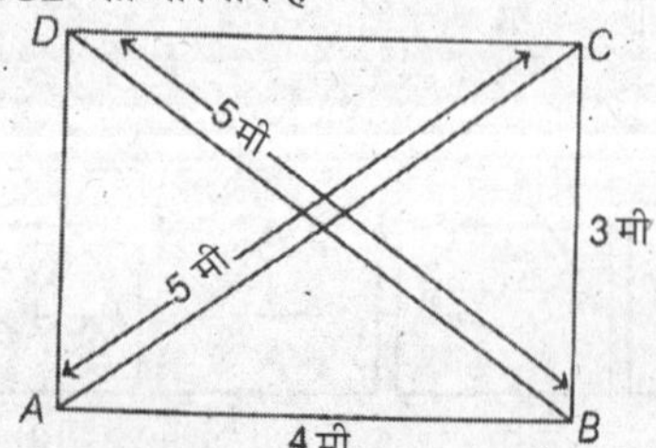

(a) 7 मी (b) 14 मी
(c) 19 मी (d) 24 मी

47. एक आयताकार आँगन जिसकी लम्बाई 25 मी है, में 11,250 वर्गाकार टाइलें जिनकी प्रत्येक भुजा 20 सेमी है, लगाई गई है। आँगन का परिमाप है-

(a) 18 मी (b) 43 मी
(c) 86 मी (d) 172 मी

48. एक मोबाइल फोन को ₹ 6,000 में बेचने पर एक दुकानदार इसके क्रय मूल्य का $\frac{3}{5}$ भाग लाभ कमाता है। मोबाइल फोन का क्रय मूल्य है-

(a) ₹ 3,500 (b) ₹ 3,750
(c) ₹ 4,000 (d) ₹ 4,250

49. यदि A = 6 है, तो $\frac{A}{A+4}+\frac{A+2}{12-2}-\frac{3}{10}$ बराबर है-

(a) $\frac{9}{10}$ (b) 1
(c) $\frac{11}{10}$ (d) $\frac{13}{10}$

50. एक बर्तन में 14.7 लीटर तेल है। इससे 245 मिली आयतन की कितनी बोतलें भरी जा सकती हैं ?

(a) 50 (b) 60
(c) 65 (d) 70

51. 127 घण्टे बराबर हैं-

(a) 3 दिन 14 घण्टे (b) 5 दिन 7 घण्टे
(c) 6 दिन 1 घण्टा (d) 7 दिन 2 घण्टे

52. $\frac{248}{13}+\frac{168}{26}+\frac{513}{39}$ बराबर है-

(a) $\frac{530}{13}$ (b) $\frac{503}{13}$
(c) $\frac{611}{13}$ (d) $\frac{539}{13}$

53. 0.125 का भिन्ननात्मक रूप है।

(a) $\frac{125}{100}$ (b) $\frac{25}{2}$
(c) $\frac{1}{8}$ (d) $\frac{5}{4}$

54. भिन्न $\frac{152}{125}$ का दशमलव रूप है-

(a) 12.16 (b) 1.216
(c) 1.0216 (d) 0.1216

55. 36 के कुल गुणनखण्डों की संख्या है-

(a) 8 (b) 9
(c) 6 (d) 18

56. दो संख्याओं का गुणनफल 384 है। यदि एक संख्या 16 है, तो दूसरी संख्या है-

(a) 6 (b) 12
(c) 18 (d) 24

57. 3.5 + 3.05 +3.005 + 4 × 3.05 बराबर है-

(a) 15.575 (b) 15.755
(c) 21.575 (d) 21.755

58. 12.0625 के समान भिन्न है-

(a) $\frac{195}{16}$ (b) $\frac{197}{16}$
(c) $\frac{193}{16}$ (d) $\frac{199}{16}$

59. 5-अंकों की बड़ी-से-बड़ी तथा छोटी-से-छोटी संख्या जो अंकों 2, 1, 9, 0 तथा 4 के प्रयोग से बनी है, में अन्तर है-

(a) 92961 (b) 81720
(c) 83961 (d) 89000

60. $\frac{1}{7}$ [17+36 × 3 × 7 - 5 × 2] बराबर है-

(a) 114 (b) 113
(c) 107 (d) 109

खण्ड-III भाषा परीक्षण

निर्देश (प्र.सं. 61-80) : इस खण्ड मे चार अनुच्छेद हैं। प्रत्येक अनुच्छेद पर पाँच प्रश्न हैं। प्रत्येक अनुच्छेद को सावधानी से पढ़ें और उसके नीचे दिए गए प्रश्नों के उत्तर दें। प्रत्येक प्रश्न के लिए चार सम्भावित उत्तर दिए गए हैं, जिनकी क्रम संख्या (a), (b), (c) और (d) है, इनमें से केवल एक उत्तर ही सही है।

अनुच्छेद-1

कुत्ते बहुत समझदार पशु हैं। उनकी सूँघने की शक्ति मनुष्यों से कई गुना अधिक होती है। वे किसी सूँघी हुई वस्तु को दोबारा सूँघने पर आसानी से पहचान सकते हैं। सूँघने की अच्छी शक्ति के कारण कुत्तों का उपयोग विस्फोटकों का पता लगाने में भी किया जाता है। उनकी सुनने की शक्ति मनुष्यों से पाँच गुना अधिक होती है। कुत्ते जब जन्म लेते हैं, तो वे बहरे, अंधे और दंतहीन होते हैं। उन्हें समूहों में रहना प्रिय है, किंतु कुछ अकेले रहना पसंद करते हैं। अलास्कन मालाम्यूट नामक प्रजाति में - 70 डिग्री तापमान को भी सहन करने की शक्ति होती है।

सचमुच, यदि कुत्तों की देखभाल ठीक होगी और उनका सम्मान किया जाएगा, तो वे अविश्वसनीय रूप से प्यारे, चंचल और बुद्धिमान साथी हो सकते हैं।

61. बम निरोधक दस्ते कुत्तों का उपयोग करते हैं, क्योंकि-

(a) उनकी सुनने की शक्ति अच्छी होती है
(b) अपनी सूँघने की क्षमता से वे विस्फोटकों का पता लगा सकते हैं
(c) वे अच्छे मित्र होते हैं
(d) वे निष्ठावान और विश्वसनीय होते हैं

62. 'अलास्कन मालाम्यूट' चरम शीत वाली जलवायु में रह सकते हैं, क्योंकि ....।

(a) उन्हें बहुत देखभाल चाहिए होती है
(b) वे गर्म और आर्द्र जलवायु को सह सकते हैं
(c) वे -70 डिग्री तक के तापमान को सह सकते हैं
(d) वे बहरे, अंधे और दन्तहीन होते हैं

63. कुत्तों के साथ भी सम्मान से व्यवहार किया जाना चाहिए, क्योंकि ...... ।

(a) वे जीवधारी है
(b) वे बोल नहीं सकते और बहरे होते हैं
(c) वे मनुष्यों के निष्ठावान सेवक हो सकते हैं
(d) वे मनुष्यों के विश्वसनीय साथी हो सकते हैं

64. 'विश्वसनीय' का विलोम है ....।

(a) निष्ठावान (b) बिना झिझक
(c) अविश्वस्त (d) समर्पित

65. 'अविश्वसनीय' का सबसे उपयुक्त अर्थ है ....।

(a) विश्वास करना असम्भव (b) होने की सम्भावना
(c) विश्वास के योग्य (d) सुनने में असमर्थ

अनुच्छेद-2

ख़ानाबदोश लोगों का ऐसा समूह है, जो अपने घरों को गिराकर दूसरे नए स्थानों पर हर साल चले जाते हैं। अधिकांश खानाबदोशों के समूह रेगिस्तान में अपने घर बना लेते हैं जहाँ जल के कुछ स्रोत रहते हैं जो मजबूत होते हैं फिर भी आसानी से अलग किए जा सकते हैं। जब चलने का समय आता है तो वे अपने सभी सामानों को ऊँटों पर रख लेते हैं और नए स्थान की तलाश में निकल जाते हैं।

वे लंबे-चौड़े रेगिस्तान में रास्ता खोज लेते हैं, रात में तारों और ग्रहों की सहायता से और दिन में पैरों के निशान देखकर। आदिम जीवन शैली होने के बावजूद इनके समुदायों में अधिक्रमिक वर्ग संरचना विद्यमान है। ऊँट संपन्नता का प्रतीक माने जाते हैं। अधिक्रमिक संरचना का आधार यह होता है कि किसके पास ऊँटों की संख्या कितनी है।

ऐसा लग सकता है कि ख़ानाबदोशों का जीवन शहर के जीवन की जटिलताओं से रहित है। लेकिन वे अपने जीवन में अनेक समस्याओं में घिरे हुए हैं।

66. ख़ानाबदोश नए स्थान पर क्यों चले जाते हैं ?

(a) उन्हें यात्रा करना पसन्द है।
(b) वे टेंटों में रहते हैं जिन्हें आसानी से समेटा जा सकता है।
(c) प्राकृतिक संसाधनों पर निर्भर करते हैं जो शीघ्र समाप्त हो जाते हैं।
(d) उनके ऊँटों को चलने की आदत होती है।

67. कौन-सा विशेषण ख़ानाबदोशों के घरों की ठीक से व्याख्या कर सकता है ?

(a) अस्थायी (b) टेंट
(c) मज़बूत (d) बलुई

68. अधिक्रमिक वर्ग संरचना .... पर आधारित है।

(a) परिवार के आकार (b) टेंटों की संख्या
(c) ऊँटों की संख्या (d) कार्य की मात्रा

69. किसी विशिष्ट दिशा का पता लगाने के लिए ख़ानाबदोशों को किससे सहायता मिलती है ?

(a) नक्शे (b) ऊँट
(c) जनजाति के वृद्ध व्यक्ति (d) तारे और ग्रह

70. 'घिरे होना' शब्द का अभिप्राय है ?

(a) द्वारा प्रभावित (b) के साथ जुड़ी
(c) हल की हुई (d) खतरे वाली

अनुच्छेद-3

चिड़ियाँ हमारे पर्यावरण में महत्त्वपूर्ण भूमिका का निर्वाह करती हैं तथा हमारी भोजन श्रृंखला का आवश्यक भाग हैं। वे प्रकृति के पूर्ण सतुलन को बनाए रखने में सहायता करती हैं। उदाहरण के लिए, वनों में कुछ चिड़ियाँ पौधों से भोजन प्राप्त करती हैं जबकि अन्य छोटे कीड़ों और केंचुओं को खाकर जीवित रहती हैं। चिड़ियाँ और चिड़ियों के अंडे बदले में लोमड़ी और साँप जैसे बड़े जानवरों के भोजन का आधार बनते हैं। भोजन की ऐसी आदतें और संबंध किसी भी प्रजाति को बहुत बड़ा होने से रोकती हैं।

भोजन की श्रृंखला का हिस्सा होने के साथ-साथ चिड़ियाँ अन्य महत्त्वपूर्ण भूमिका भी निभाती हैं। कीड़ों को खाकर वे पीड़कों से पौधों की रक्षा करती हैं। मकरंद खिलाने वाली कुछ चिड़ियाँ परागणकर्ता (पोलीनेटर्स) कहलाती हैं क्योंकि मकरंद पीने

के लिए जब वे फूल पर बैठती हैं, तो कुछ पराग उनके शरीर पर चिपक जाता है और जब वे दूसरे फूल पर बैठती हैं तो वह वहाँ गिर जात है। इस तरह वे नए पौधों का सृजन करने में सहायता करती हैं।

71. निम्नलिखित में से भोजन श्रृंखला का उचित क्रम क्या है ?

(a) चिड़ियाँ - कीड़े और केचुएँ - लोमड़ी और साँप - चिड़िया के अण्डे

(b) चिड़िया के अण्डे - चिड़ियाँ - छोटे कीड़े और केचुएँ - लोमड़ी और साँप

(c) कीड़े और केचुएँ - लोमड़ी और साँप - चिड़िया के अण्डे - चिड़ियाँ

(d) कीड़े और केचुएँ - चिड़ियाँ - चिड़िया के अण्डे - लोमड़ी और साँप

72. पौधों और अन्य कीड़ों या जानवरों को खाकर चिड़ियाँ .... बनाए रखने में सहायता करती हैं।

(a) पारिस्थितिकी सन्तुलन (b) भोजन श्रृंखला

(c) वन (d) सम्बन्ध

73. अनुच्छेद में .... का 'परागणकर्ता' (पोलीनेटर्स) के रूप में उल्लेख किया गया है।

(a) कीड़ों (b) फूल

(c) चिड़ियों (d) साँप

74. अनुच्छेद में प्रयुक्त किस शब्द-युग्म का समान अर्थ है ?

(a) आवश्यक/महत्त्वपूर्ण (b) आवश्यक/पूर्ण

(c) महत्त्वपूर्ण/सन्तुलन (d) महत्त्वपूर्ण/अनेक

75. चिड़िया .... को छोड़कर निम्नलिखित में से सभी में सहायता करती हैं।

(a) पारिस्थितिकी में सन्तुलन बनाए रखने

(b) पीड़कों से पौधों की रक्षा करने

(c) पराग फैलाने में सहायता करने

(d) शहद बनाने में मदद करने

अनुच्छेद-4

कचरा पर्यावरण के लिए बहुत बड़ा संकट है। इससे बीमारियाँ पैदा होती हैं। फेंके जाने वाले कूड़े में बहुत-सी ऐसी वस्तुएँ होती हैं, जिनका पुन:चक्रण हो सकता है और फिर से काम में लाई जा सकती हैं, जैसे- कागज़, धातुएँ, काँच जिन्हें निकटतम पुन:चक्रण केंद्र भेजा जा सकता है या कबाड़ी को दिया जा सकता है। इसमें जैविक पदार्थ भी होते हैं जैसे पत्तियाँ, जो मिट्टी का उपजाऊपन बढ़ा सकती हैं। किसी सुविधाजनक स्थान पर कम्पोस्ट का गड्ढा बनाकर वहाँ बीच-बीच में मिट्टी की परतें और पानी का छिड़काव किया जाना चाहिए। इससे वह आसानी से सड़ जाएगा और मूल्यवान उर्वरक बन जाएगा। इससे उस प्रदूषण को भी रोका जा सकेगा, जो प्राय: ऐसे जैविक कचरे को जलाने से होता है।

76. निम्नलिखित में से कौन-सा शब्द 'संकट' का समानार्थी है ?

(a) कूड़ा (b) खतरा

(c) कचरा (d) निपटाना

77. निम्नलिखित में से किस पदार्थ का पुन: चक्रण नहीं हो सकता है ?

(a) कागज (b) काँच

(c) धातु (d) प्लास्टिक

78. निम्नलिखित में से कौन-सा कम्पोस्ट का गड्ढा बनाने का लाभ नहीं है ?

(a) इससे प्रदूषण रुकता है।

(b) कम्पोस्ट गड्ढे में पत्तियाँ मिट्टी को उपजाऊ बना सकती हैं।

(c) इससे हमारे आस - पास सुन्दरता बढ़ती है।

(d) इससे मूल्यवान उर्वरक बनता है।

79. निम्नलिखित में से कौन-सा शब्द 'मूल्यवान' का विपरीतार्थक है ?

(a) सम्पन्न (b) व्यर्थ

(c) जैविक (d) निपटाया गया

80. पुन: चक्रण केन्द्र में निपटाई गई सामग्री का क्या होता है ?

(a) इसे फेंक दिया जाता है।

(b) इसे पुन: प्रयोग के लिए तैयार किया जाता है।

(c) इसे कूड़ा उठाने वालों को बेच दिया जाता है।

(d) इसे जमीन में गाड़ दिया जाता है।

व्याख्या सहित उत्तर

1. (c) आकृति (c) को छोड़कर, सभी आकृतियों में एक छोटी रेखा 'Z' की ऊपरी रेखा या निचली रेखा को काटती है जबकि आकृति (c) में छोटी रेखा 'Z' की मध्य रेखा को काटती है।

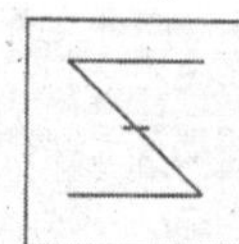

2. (c) आकृति (c) को छोड़कर सभी आकृतियों में 'V' का मुँह ऊपर की ओर खुला है।

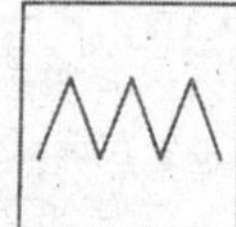

3. (b) आकृति (b) को छोड़कर, सभी आकृतियाँ एक जैसी आकृति से बनी हैं।

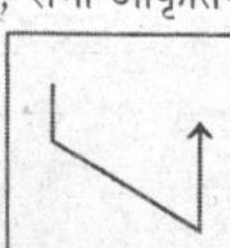

4. (d) आकृति (b) को छोड़कर, सभी आकृतियाँ एक जैसी आकृति से बनी हैं।

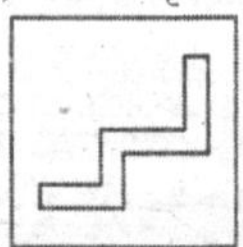

5. (c) उत्तर आकृति (c) प्रश्न आकृति के समान है।

6. (a) उत्तर आकृति (a) प्रश्न आकृति के समान है।

7. (a) उत्तर आकृति (a) प्रश्न आकृति के समान है।

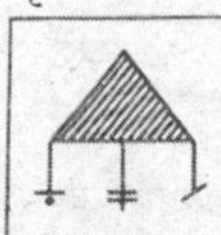

8. (a) उत्तर आकृति (a) प्रश्न आकृति के समान है।

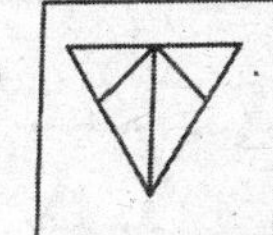

9. (d) उत्तर आकृति (d), दी गई प्रश्न आकृति को पूरा करेगी।

10. (d) उत्तर आकृति (d), दी गई प्रश्न आकृति को पूरा करेगी।

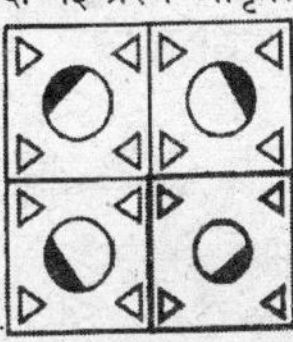

11. (a) उत्तर आकृति (a), दी गई प्रश्न आकृति को पूरा करेगी।

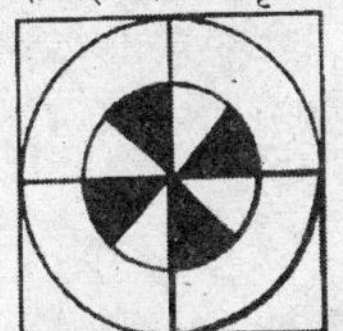

12. (b) उत्तर आकृति (b), दी गई प्रश्न आकृति को पूरा करेगी।

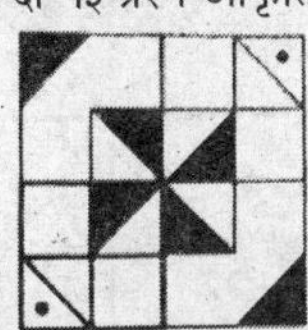

13. (b) प्रत्येक आकृति में [●] और [×] पहली आकृति के साथ एकान्तर क्रम में वामावर्त दिशा में जुड़ रहे है। इस प्रकार, उत्तर आकृति (b) शृंखला में अगली आकृति होगी ।

14. (b) दी गई आकृति शृंखला में प्रत्येक आकृति में एक रेखा बढ़ रही है, साथ ही मुख्य आकृति के अंदर एक छोटी रेखा भी बढ़ रही है। इस प्रकार, उत्तर आकृति (b) दी गई शृंखला को पूरा करेगी।

15. (d) प्रत्येक आकृति में [○] और [●] को एकान्तर क्रम में जोड़ा गया है। इस प्रकार उत्तर आकृति (d) शृंखला में अगली आकृति होगी।

16. (c) प्रत्येक आकृति में दो आधी पत्तियाँ (◗) वामावर्त दिशा में जोड़ी गई हैं। इस प्रकार, उत्तर आकृति (c) दी गई आकृति शृंखला में अगली आकृति होगी।

17. (d) जिस प्रकार, पहली आकृति को दक्षिणावर्त दिशा में 45° घुमाकर तीसरी आकृति प्राप्त होती है। उसी प्रकार, दूसरी आकृति को दक्षिणावर्त दिशा में 45° घुमाने पर, हमें चौथी आकृति के स्थान पर उत्तर आकृति (d) प्राप्त होती है।

18. (a) जिस प्रकार, पहली आकृति को दक्षिणावर्त दिशा में 45° घुमाकर तीसरी आकृति प्राप्त होती है। उसी प्रकार, दूसरी आकृति को दक्षिणावर्त दिशा में 45° घुमाने पर, चौथी आकृति के स्थान पर उत्तर आकृति (a) प्राप्त होगी।

19. (c) जिस प्रकार, दूसरी आकृति पहली आकृति का दर्पण प्रतिबिम्ब है। उसी प्रकार, तीसरी आकृति की दर्पण प्रतिबिम्ब उत्तर आकृति (c) है।

20. (b) जिस प्रकार, दूसरी आकृति पहली आकृति को दक्षिणावर्त दिशा में 90° घुमाने पर प्राप्त होती है। उसी प्रकार, तीसरी आकृति को दक्षिणावर्त दिशा में 90° घुमाने पर, हमें चौथी आकृति के स्थान पर उत्तर आकृति (b) प्राप्त होती है।

21. (b) उत्तर आकृति (b) को प्रश्न आकृति के साथ जोड़ने पर हमें पूर्ण वृत्त प्राप्त होता है।

22. (d) उत्तर आकृति (d) को प्रश्न आकृति के साथ जोड़ने पर हमें पूर्ण त्रिभुज प्राप्त होता है।

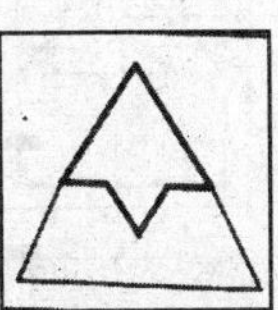

23. (c) उत्तर आकृति (c) को प्रश्न आकृति के साथ जोड़ने पर हमें पूर्ण वर्ग प्राप्त होता है।

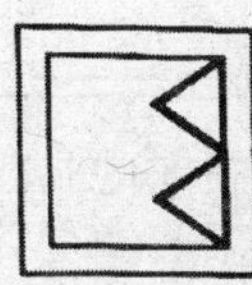

24. (c) उत्तर आकृति (c) को प्रश्न आकृति के साथ जोड़ने पर हमें पूर्ण त्रिभुज प्राप्त होता है।

25. (c) उत्तर आकृति (c), दी गई आकृति का सही दर्पण प्रतिबिम्ब है।

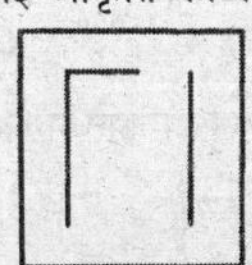

26. (c) उत्तर आकृति (c), दी गई आकृति का सही दर्पण प्रतिबिम्ब है।

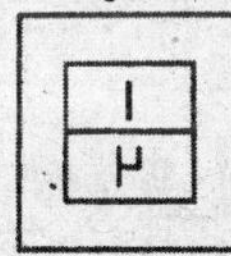

27. (c) उत्तर आकृति (c), दी गई आकृति का सही दर्पण प्रतिबिम्ब है।

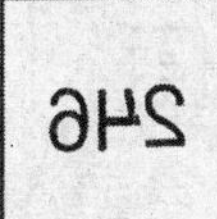

28. (b) उत्तर आकृति (b), दी गई आकृति का सही दर्पण प्रतिबिम्ब है।

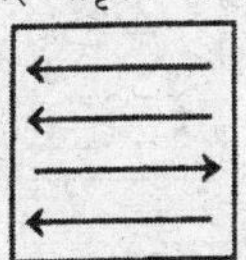

29. (c) कागज को खोलने पर यह उत्तर आकृति (c) जैसा दिखाई देगा।

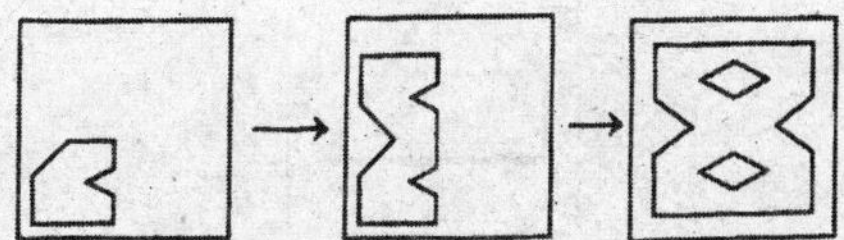

30. (d) कागज को खोलने पर यह उत्तर आकृति (d) जैसा दिखाई देगा।

31. (a) कागज को खोलने पर यह उत्तर आकृति (a) जैसा दिखाई देगा।

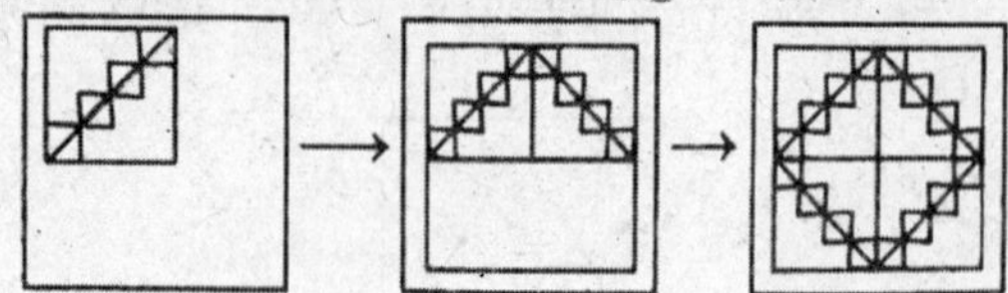

32. (b) कागज को खोलने पर यह उत्तर आकृति (b) जैसा दिखाई देगा।

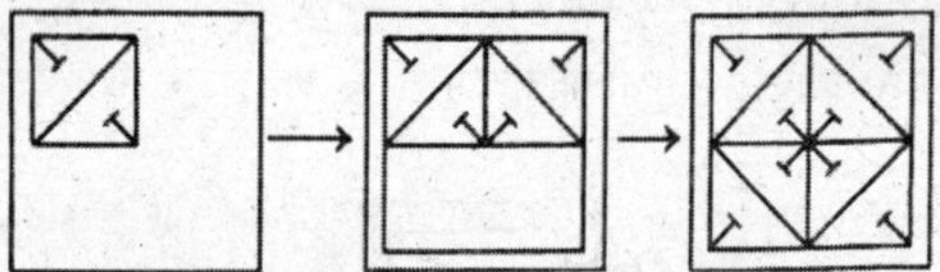

33. (c) उत्तर आकृति (c) प्रश्न आकृति में दिए गए टुकड़ों से बनाई जा सकती है।

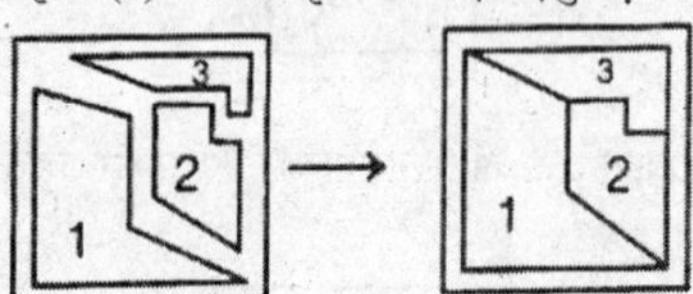

34. (a) उत्तर आकृति (a) प्रश्न आकृति में दिए गए टुकड़ों से बनाई जा सकती है।

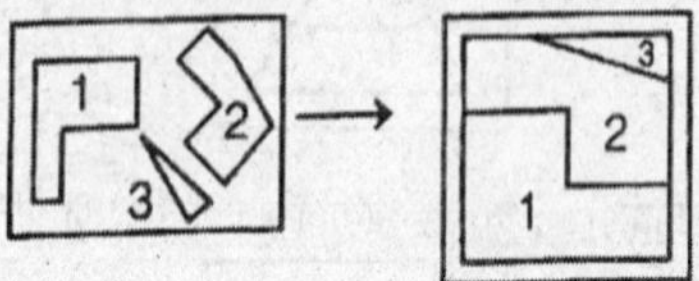

35. (d) उत्तर आकृति (d) प्रश्न आकृति में दिए गए टुकड़ों से बनाई जा सकती है।

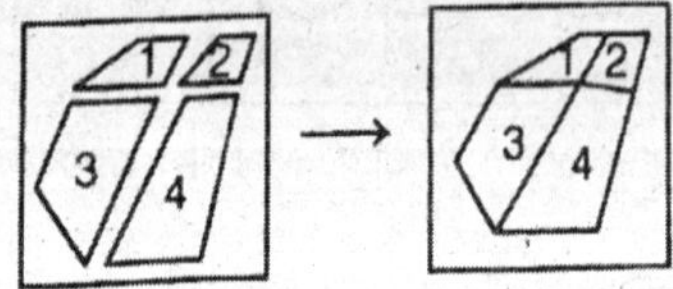

36. (a) उत्तर आकृति (a) प्रश्न आकृति में दिए गए टुकड़ों से बनाई जा सकती है।

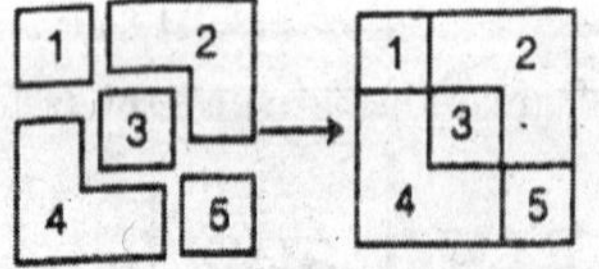

37. (b) दी गई प्रश्न आकृति उत्तर आकृति (b) में निहित है।

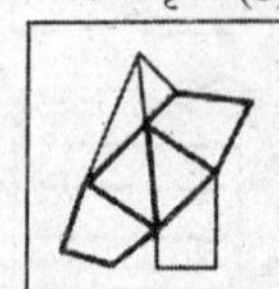

38. (a) दी गई प्रश्न आकृति उत्तर आकृति (a) में निहित है।

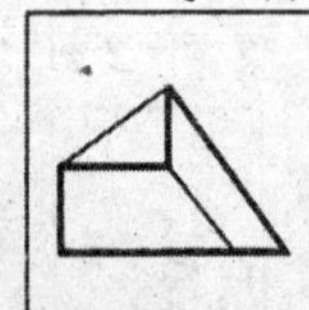

39. (b) दी गई प्रश्न आकृति उत्तर आकृति (b) में निहित है।

40. (b) दी गई प्रश्न आकृति उत्तर आकृति (b) में निहित है।

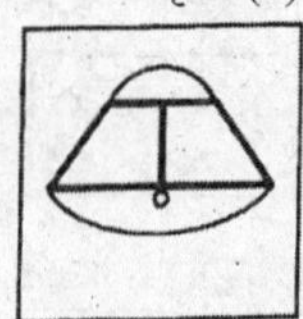

41. (d) दिए गए चित्र से,

कोण $\angle 2$, $\angle 3$, $\angle 4$ और $\angle 5$ समकोण अर्थात् $90°$ से अधिक के कोण है।

42. (c) जनवरी में बेची गई कारों की संख्या = 20000

मार्च में बेची गई कारों की संख्या = 10000

मई में बेची गई कारों की संख्या = 15000

$\therefore$ तीनों महीनों में बेची गई कारों की कुल संख्या

$= 20000 + 10000 + 15000 = 45000$

43. (b)

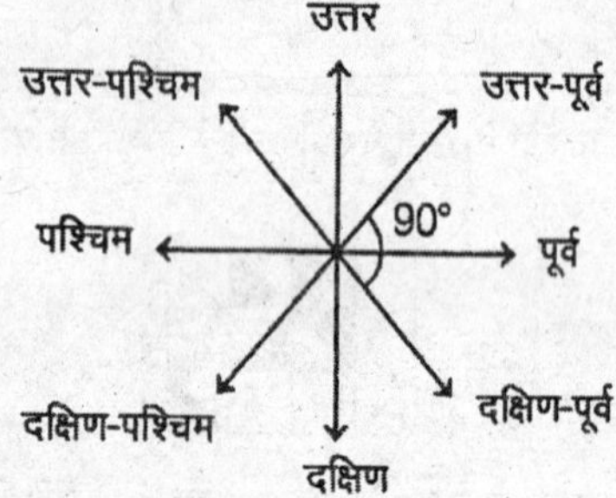

अत: उत्तर-पूर्व तथा दक्षिण-पूर्व दिशाओं के बीच $90°$ का कोण होता है।

44. (d) माना कमरे के फर्श की लम्बाई = l मी

दिया है, फर्श की चौड़ाई = 9 मी

$\therefore$ 1 टाईल की माप = 15 सेमी × 12 सेमी

= 0.15 मी × 0.12 मी

$\therefore$ 1 टाईल का क्षेत्रफल = $0.15 \times 0.12 = 0.018$ मी^{2}

प्रश्नानुसार,

$$\text{टाईलों की संख्या} = \frac{\text{कमरे के फर्श का क्षेत्रफल}}{\text{1 टाईल का क्षेत्रफल}}$$

$$\Rightarrow \quad 7500 = \frac{l \times 9}{0.018}$$

$$\Rightarrow \quad l \times 9 = 7500 \times 0.018 = 135$$

$$\Rightarrow \quad l = \frac{135}{9} = 15 \text{ मी}$$

45. (b) दिया है,

12 पेंसिलों का क्रय मूल्य = ₹48

और 1 पेंसिल का विक्रय मूल्य = ₹4.50

$\therefore$ 12 पेंसिलों का विक्रय मूल्य = 4.5×12 = ₹ 54

$\therefore$ 1 दर्जन (12) पेंसिलों पर प्राप्त लाभ = 54 − 48 = ₹6

46. (b) दिए गए चित्र से,
अभीष्ट परिमाप = 2 (लम्बाई + चौड़ाई)
$= 2(4+3) = 2 \times 7 = 14$ मी

47. (c) दिया है, आयताकार आँगन की लम्बाई = 25 मी
तथा 1 वर्गाकार टाईल की भुजा = 20 सेमी या 0.2 मी
माना आयताकार आँगन की चौड़ाई = b मी

$\therefore$ टाईलों की कुल संख्या $= \dfrac{\text{आँगन का क्षेत्रफल}}{\text{1 वर्गाकार टाईल का क्षेत्रफल}}$

$\Rightarrow 11250 = \dfrac{\text{लम्बाई} \times \text{चौड़ाई}}{(\text{भुजा})^2}$

$\Rightarrow 11250 = \dfrac{25b}{0.04}$

$\Rightarrow 25b = 11250 \times 0.04 = 450$

$\therefore b = \dfrac{450}{25} = 18$ मी

अत: आँगन का परिमाप =2(लम्बाई + चौड़ाई)
$= 2(18+25)$
$= 2 \times 43 = 86$ मी

48. (b) माना फोन का क्रय मूल्य = ₹ x तब, लाभ = ₹ $\dfrac{3}{5}x$
दिया है, फोन का विक्रय मूल्य = ₹ 6000
$\therefore$ क्रय मूल्य + लाभ = विक्रय मूल्य

$\Rightarrow x + \dfrac{3x}{5} = 6000$

$\Rightarrow \dfrac{8x}{5} = 6000$

$\Rightarrow 8x = 30000$

$\therefore x = \dfrac{30000}{8} =$ ₹ 3750

49. (c) दिया है, $A = 6$

$\therefore \dfrac{A}{A+4} + \dfrac{A+2}{12-2} - \dfrac{3}{10}$

$= \dfrac{6}{6+4} + \dfrac{6+2}{10} - \dfrac{3}{10}$

$= \dfrac{6}{10} + \dfrac{8}{10} - \dfrac{3}{10}$

$= \dfrac{6+8-3}{10} = \dfrac{14-3}{10} = \dfrac{11}{10}$

50. (b) बोतलों की अभीष्ट संख्या $= \dfrac{\text{तेल की सम्पूर्ण मात्रा}}{\text{1 बोतल में तेल की मात्रा}}$

$= \dfrac{14.7 \text{ ली}}{245 \text{ मिली}}$

$= \dfrac{14700}{245}$ [$\because$ 1 ली = 1000 मिली]

$= 60$

51. (b) 127 घण्टे = 120 घण्टे + 7 घण्टे
= (24 × 5) घण्टे + 7 घण्टे
= 5 दिन 7 घण्टे [$\because$ 1 दिन = 24 घण्टे]

52. (b) $\dfrac{248}{13} + \dfrac{168}{26} + \dfrac{513}{39}$

$= \dfrac{248}{13} + \dfrac{84}{13} + \dfrac{171}{13}$

$= \dfrac{248+84+171}{13} = \dfrac{503}{13}$

53. (c) $0.125 = \dfrac{125}{1000} = \dfrac{125}{125 \times 8} = \dfrac{1}{8}$

54. (b) $\dfrac{152}{125} = 1.216$

```
125)152(1.216
    125
    ---
    270
    250
    ---
    200
    125
    ---
    750
    750
    ---
     ×
```

55. (b) 36 के गुणनखण्डों की कुल संख्या
= 1, 2, 3, 4, 6, 9, 12, 18, 36 = 9

56. (d) माना दूसरी संख्या = x
तब 16 = 384

$\Rightarrow x = \dfrac{384}{16} = 24$

57. (d) $3.5 + 3.05 + 3.005 + 4 \times 3.05$
$= 3.5 + 3.05 + 3.005 + 12.2$
$= 21.755$

58. (c) $120625 = \dfrac{120625}{10000} = \dfrac{965}{80} = \dfrac{193}{16}$

59. (c) 2, 1, 9, 0 और 4 से बनी,
5- अंकों की बड़ी से बड़ी संख्या = 94210
तथा 5-अंकों की छोटी-से-छोटी संख्या = 10249
$\therefore$ अभीष्ट अन्तर = 94210 − 10249 = 83961

60. (d) $\dfrac{1}{7}[17 + 36 \times 3 \times 7 - 5 \times 2]$

$= \dfrac{1}{7}[17 + 756 - 10]$

$= \dfrac{1}{7}[773 - 10]$

$= \dfrac{1}{7} \times 763 = 109$

61. (b) अनुच्छेद में स्पष्ट रूप से बताया गया है कि कुत्तों की सूँघने की शक्ति मनुष्यों की तुलना में कई गुना अधिक होती है। यही कारण है कि उनका उपयोग विस्फोटकों का पता लगाने जैसे कार्यों में किया जाता है। सूँघी हुई वस्तु को वे आसानी से पहचान सकते हैं, जो बम जैसी वस्तुओं को पहचानने में सहायक होता है।

62. (c) अनुच्छेद में बताया गया है कि यह कुत्तों की एक विशेष प्रजाति है जो −70 डिग्री तापमान सहन कर सकती है। यह दर्शाता है कि वे अत्यधिक ठंडे क्षेत्रों में भी आराम से रह सकते हैं।

63. (d) अनुच्छेद में यह विचार प्रमुख रूप से व्यक्त किया गया है कि यदि कुत्तों की उचित देखभाल की जाए और उनका सम्मान किया जाए, तो वे न केवल प्यारे व चंचल बल्कि बुद्धिमान और विश्वसनीय साथी भी बन सकते हैं।

64. (c) 'विश्वसनीय' का अर्थ है जिस पर विश्वास किया जा सके। इसका विलोम होगा 'अविश्वस्त' यानी जिस पर विश्वास न किया जा सके।

65. (a) 'अविश्वसनीय' का अर्थ होता है- ऐसा व्यक्ति या वस्तु जिस पर विश्वास करना कठिन या असम्भव हो। अत: विकल्प (a) सही अर्थ देता है।

66. (c) अनुच्छेद के अनुसार, ख़ानाबदोश ऐसे लोग हैं जो हर साल अपने घर छोड़कर नए स्थानों पर चले जाते हैं। इसका कारण यह है कि वे जल जैसे प्राकृतिक संसाधनों पर निर्भर करते हैं, जो सीमित मात्रा में होते हैं और जल्दी समाप्त हो जाते हैं। इसलिए उन्हें जीविका के लिए नए स्थान की तलाश करनी पड़ती है।

67. (a) ख़ानाबदोश अपने घर इस तरह बनाते हैं कि उन्हें आसानी से गिराया और फिर से बनाया जा सके। इसलिए ये स्थायी नहीं बल्कि अस्थायी (temporary) घर होते हैं।

68. (c) अनुच्छेद में बताया गया है कि ख़ानाबदोश समाज में वर्ग व्यवस्था ऊँटों की संख्या पर आधारित होती है। जिनके पास अधिक ऊँट होते हैं, वे अधिक सम्पन्न माने जाते हैं।

69. (d) रेगिस्तान में दिशा-निर्धारण कठिन होता है, लेकिन ख़ानाबदोश रात में तारे और ग्रहों की सहायता से रास्ता ढूंढ लेते हैं। यह उनकी पारंपरिक ज्ञान और अनुभव की गवाही देता है।

70. (d) अनुच्छेद में कहा गया है कि ख़ानाबदोशों का जीवन कई समस्याओं से घिरा होता है, जिसका अर्थ है कि वे अनेक खतरों और कठिनाइयों से घिरे रहते हैं। यहाँ 'घिरे होना' का तात्पर्य है - संकट या खतरे में होना।

71. (d) अनुच्छेद के अनुसार, चिड़ियाँ कीड़े और केंचुओं को खाती हैं, और बदले में उनके अंडे और वे स्वयं लोमड़ी और साँप जैसे बड़े जानवरों का भोजन बनती हैं। अत: सही क्रम: कीड़े और केचुएँ → चिड़ियाँ → चिड़िया के अंडे → लोमड़ी और साँप।

72. (a) चिड़ियाँ कीड़ों को खाकर उनकी जनसंख्या नियंत्रित करती हैं और परागण में सहायता करती हैं, जिससे प्रकृति में संतुलन बना रहता है। इसलिए वे पारिस्थितिकी तंत्र को संतुलित बनाए रखने में मदद करती हैं।

73. (c) अनुच्छेद में बताया गया है कि कुछ चिड़ियाँ मकरंद पीने के दौरान फूलों पर बैठती हैं और पराग एक फूल से दूसरे फूल पर पहुँचाती हैं। इसलिए उन्हें परागणकर्ता कहा गया है।

74. (a) 'आवश्यक' और 'महत्त्वपूर्ण' दोनों ही ऐसे शब्द हैं जो किसी वस्तु या विषय की अनिवार्यता और उपयोगिता को दर्शाते हैं। अनुच्छेद में इनका प्रयोग चिड़ियों की भूमिका को रेखांकित करने के लिए किया गया है।

75. (d) चिड़ियाँ परागण, कीट नियंत्रण और पारिस्थितिकी संतुलन में मदद करती हैं, लेकिन शहद बनाना मधुमक्खियों का कार्य है। अत: चिड़ियाँ इसमें कोई भूमिका नहीं निभातीं।

76. (b) संकट' का अर्थ है किसी कठिन परिस्थिति या गंभीर समस्यां का होना। इसका पर्यायवाची शब्द 'खतरा' हो सकता है, क्योंकि कचरा पर्यावरण के लिए एक खतरा या संकट उत्पन्न करता है।

77. (d) यद्यपि कुछ प्रकार की प्लास्टिक पुन:चक्रित की जा सकती है, परंतु अधिकांश प्लास्टिक का पुन:चक्रण कठिन या असंभव होता है और यह पर्यावरण के लिए सबसे अधिक हानिकारक होता है। इसलिए इसे पुन:चक्रण न होने वाला पदार्थ माना गया है।

78. (c) कम्पोस्ट गड्ढा बनाने से प्रदूषण में कमी आती है, उपजाऊ मिट्टी मिलती है और उर्वरक प्राप्त होता है, लेकिन इससे सीधे तौर पर सौंदर्य में वृद्धि नहीं होती। गड्ढा अक्सर जमीन में होता है और इसकी उपस्थिति सौंदर्यवर्धक नहीं मानी जाती।

79. (b) 'मूल्यवान' का अर्थ है कीमती या उपयोगी, जबकि इसका विपरीत 'व्यर्थ' है, जिसका अर्थ है बिना किसी उपयोग या महत्त्व के।

80. (b) पुन:चक्रण केन्द्र का उद्देश्य ही होता है कि उपयोग की गई वस्तुओं को संसाधित कर उन्हें दोबारा उपयोग के योग्य बनाया जाए। इसलिए वहाँ सामग्री को फेंका नहीं जाता, बल्कि पुन: प्रयोग के लिए तैयार किया जाता है।

❑❑❑

जवाहर नवोदय विद्यालय प्रवेश परीक्षा, 2025
(कक्षा-VI) सॉल्व्ड पेपर

फेज-I, परीक्षा तिथि : 18 जनवरी, 2025

खण्ड-I मानसिक योग्यता परीक्षण

भाग-1

निर्देश (प्र. सं. 1-4): प्रत्येक प्रश्न में चार चित्र (a), (b), (c) और (d) दर्शाए गए हैं। इन चार चित्रों में से तीन चित्र किसी विधि से एकसमान हैं, जबकि एक चित्र अन्य से भिन्न है। अन्य से भिन्न चित्र का चयन करें। अपने उत्तर को दर्शाने के लिए ओ. एम. आर. उत्तर-पत्रिका में प्रश्न की संगत संख्या के सामने वाले वृत्त को काला करें।

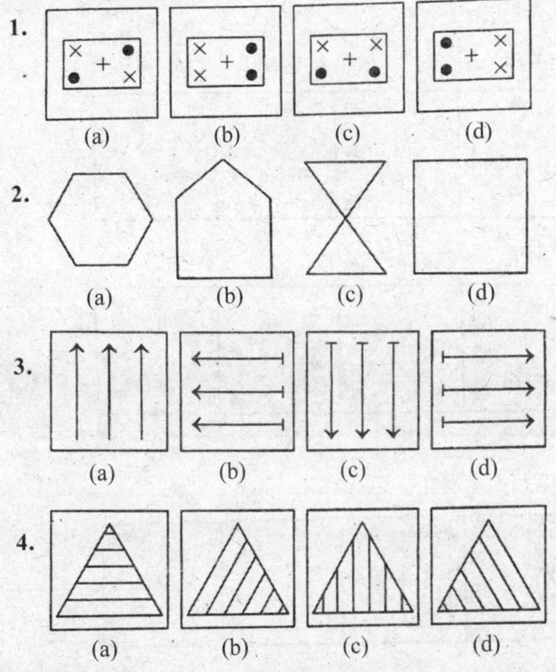

भाग-2

निर्देश (प्र. सं. 5-8): बाईं ओर एक प्रश्न चित्र दिया गया है तथा दाईं ओर (a), (b), (c) और (d) से चिह्नित चार उत्तर चित्र दिए गए हैं। उत्तर चित्रों में से प्रश्न के समरूप चित्र को चुनें तथा अपने उत्तर को दर्शाने के लिए ओ.एम. आर. उत्तर-पत्रिका में प्रश्न की संगत संख्या के सामने वाले वृत्त को काला करें।

5. प्रश्न चित्र

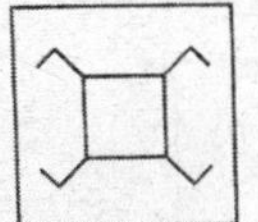

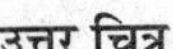

उत्तर चित्र

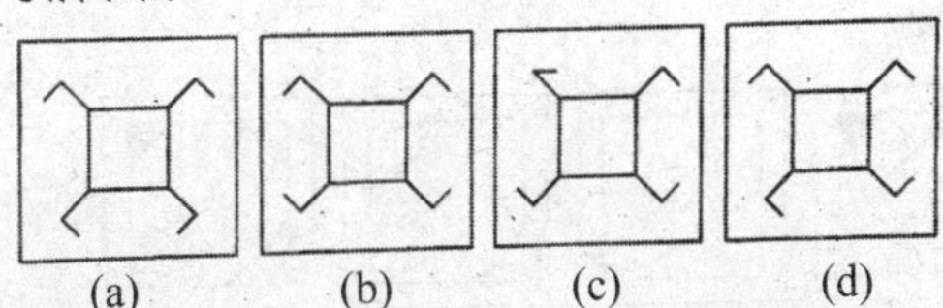

6. प्रश्न चित्र

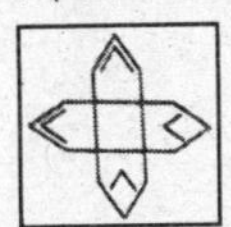

उत्तर चित्र

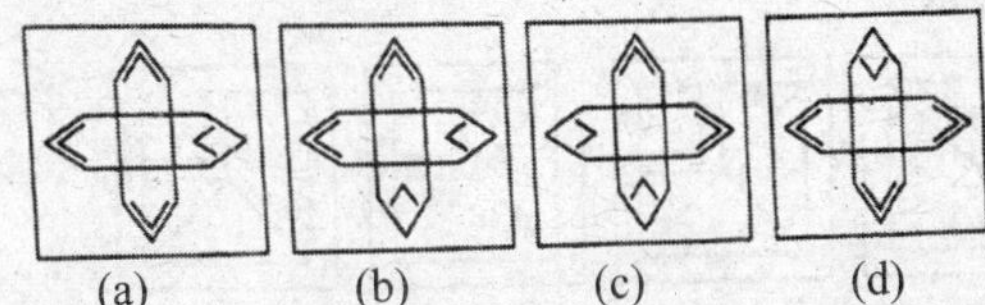

7. प्रश्न चित्र

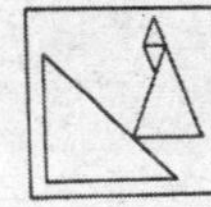

उत्तर चित्र

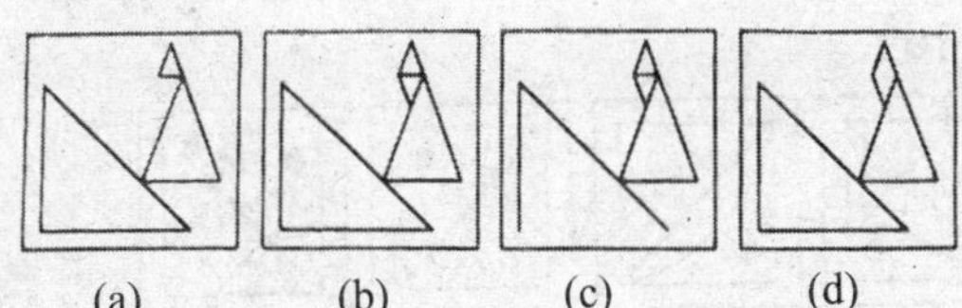

8. प्रश्न चित्र

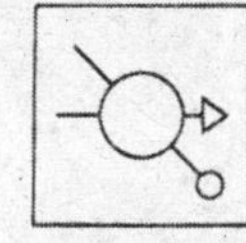

उत्तर चित्र

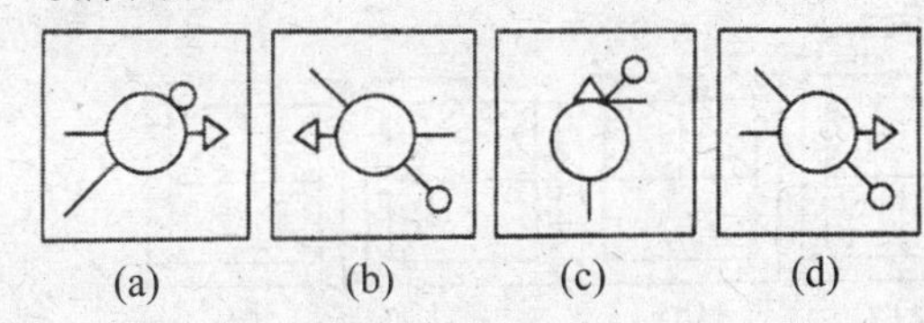

भाग-3

निर्देश (प्र. सं. 9-12): बाईं ओर एक प्रश्न चित्र दिया गया है, जिसका एक भाग लुप्त दर्शाया गया है। दाईं ओर दिए गए उत्तर चित्र (a), (b), (c) और (d) पर गौर करें तथा उस उत्तर चित्र का पता लगाएँ जिसको बिना दिशा परिवर्तन के प्रश्न चित्र के पैटर्न को पूरा करने के लिए प्रश्न चित्र के लुप्त भाग में बिठाया जा सके। अपने उत्तर को दर्शाने के लिए ओ. एम. आर. उत्तर-पत्रिका में प्रश्न की संगत संख्या के सामने वाले वृत्त को काला करें।

9. प्रश्न चित्र

उत्तर चित्र

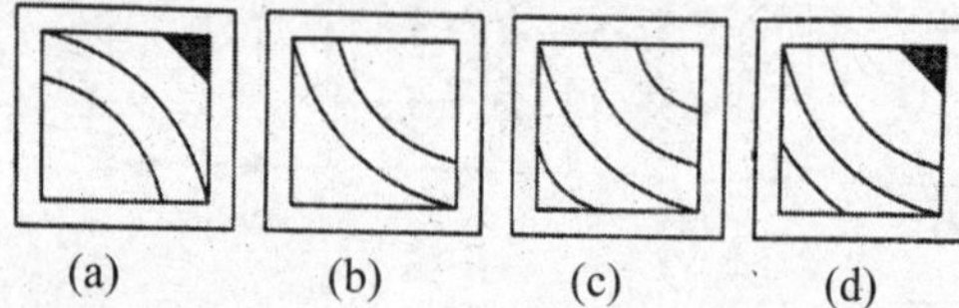

(a) (b) (c) (d)

10. प्रश्न चित्र

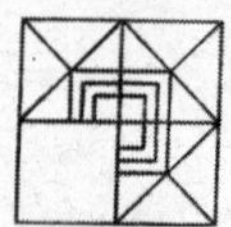

उत्तर चित्र

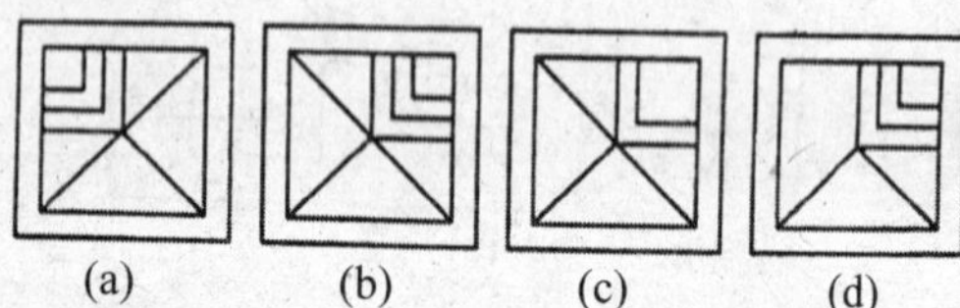

(a) (b) (c) (d)

11. प्रश्न चित्र

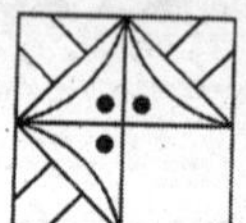

उत्तर चित्र

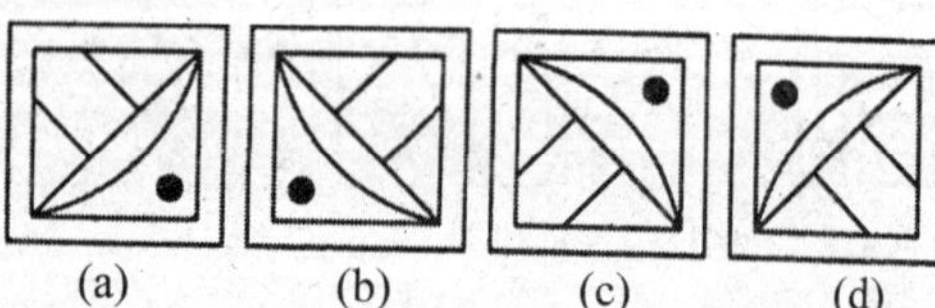

(a) (b) (c) (d)

12. प्रश्न चित्र

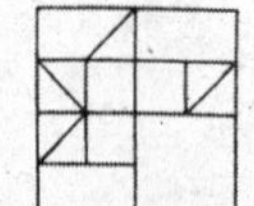

उत्तर चित्र

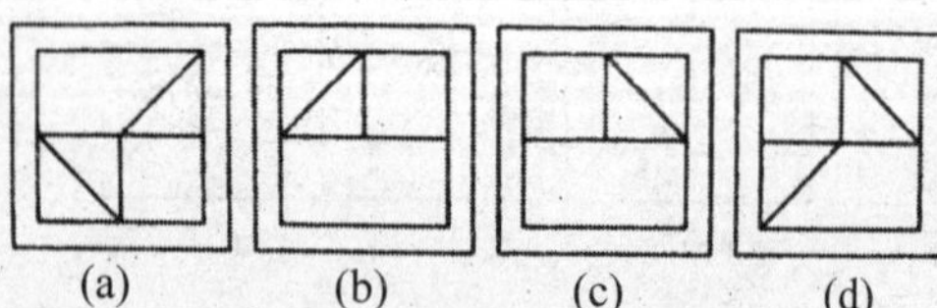

(a) (b) (c) (d)

भाग-4

निर्देश (प्र. सं. 13-16): बाईं ओर तीन प्रश्न चित्र दर्शाए गए हैं तथा चौथे के लिए स्थान छोड़ा गया है। प्रश्न चित्र श्रेणीक्रम को पूरा करने के लिए दाईं और उपलब्ध उत्तर चित्रों में से एक चित्र का चयन करें जिसे बाईं ओर दिए गए प्रश्न चित्र के खाली स्थान में प्रतिस्थापित किया जा सके। अपने उत्तर को दर्शाने के लिए ओ. एम. आर. उत्तर-पत्रिका में प्रश्न की संगत संख्या के सामने वाले वृत्त को काला करें।

13. प्रश्न चित्र

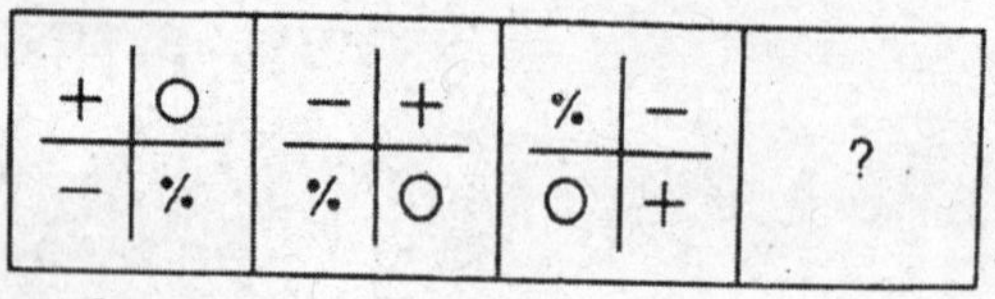

+ O / − %	− + / % O	% − / O +	?

उत्तर चित्र

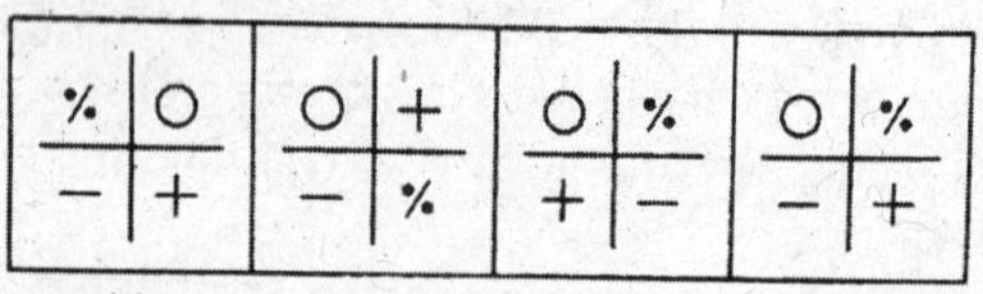

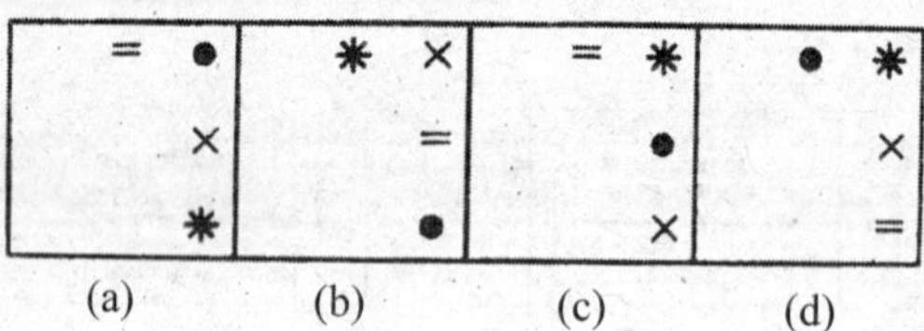

(a) (b) (c) (d)

14. प्रश्न चित्र

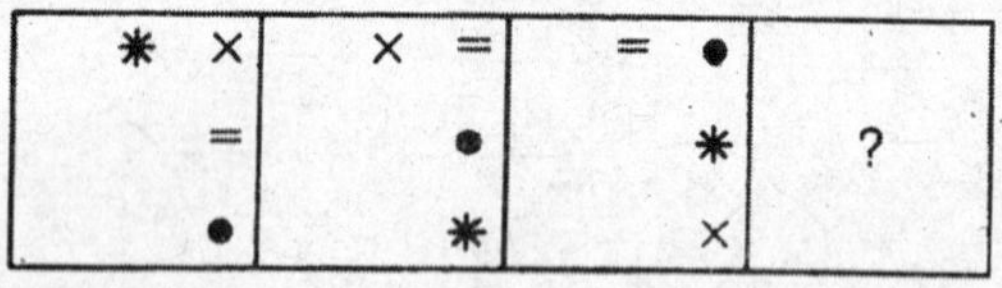

✳ × / = / ●	× = / ● / ✳	= ● / ✳ / ×	?

उत्तर चित्र

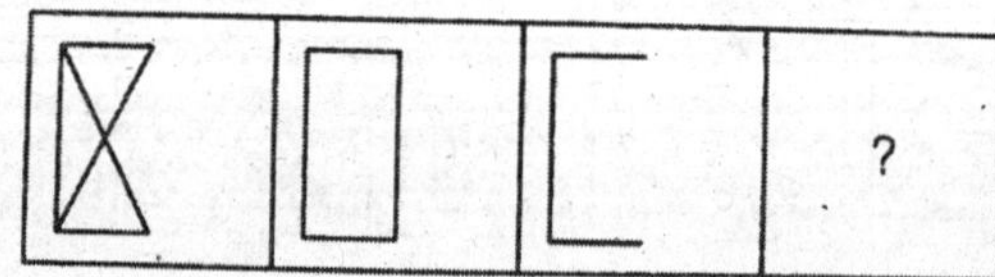

(a) (b) (c) (d)

15. प्रश्न चित्र

उत्तर चित्र

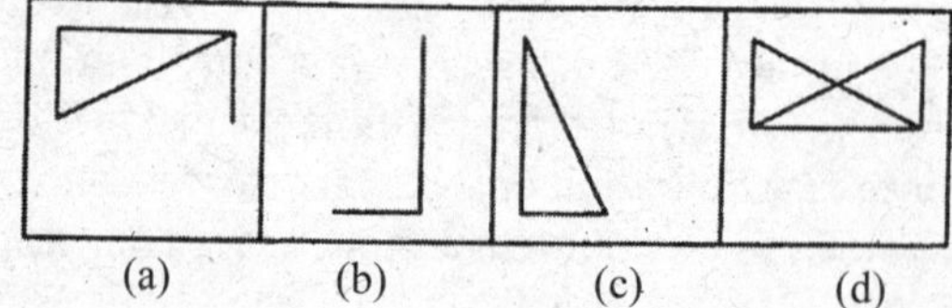

(a) (b) (c) (d)

16. प्रश्न चित्र

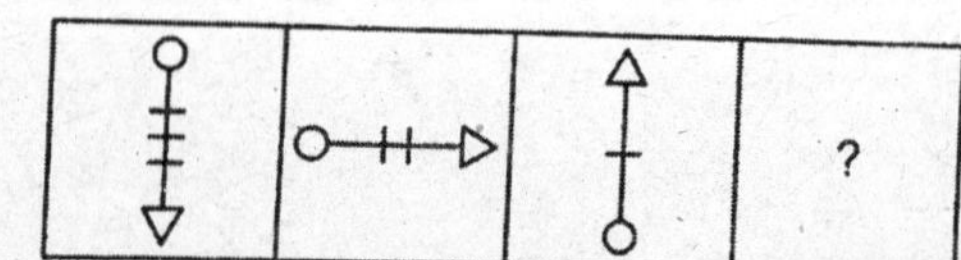

उत्तर चित्र

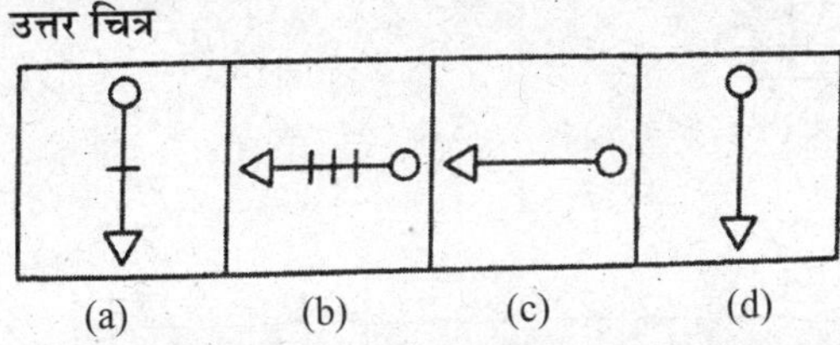

उत्तर चित्र

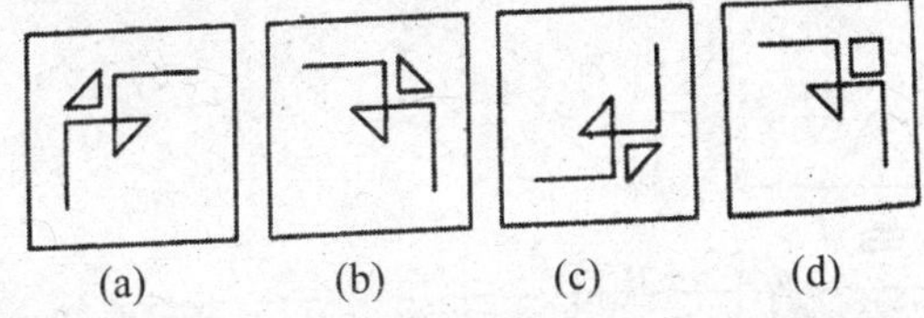

भाग-5

निर्देश (प्र. सं. 17-20): प्रत्येक प्रश्न में दो प्रश्न चित्रों के दो सेट दिए गए हैं। दूसरे सेट में एक प्रश्न चिह्न (?) है। प्रथम सेट के दो प्रश्न चित्रों में एक निश्चित सम्बन्ध है। इसी तरह का सम्बन्ध दूसरे सेट के तीसरे तथा चौथे प्रश्न चित्र में भी होना आवश्यक है। उत्तर चित्रों में से उस चित्र का चयन करें, जो प्रश्न चिह्न को प्रतिस्थापित करेगा। अपने उत्तर को दर्शाने के लिए ओ.एम. आर उत्तर-पत्रिका में प्रश्न की संगम संख्या के सामने वाले वृत्त को काला करें।

17. प्रश्न चित्र

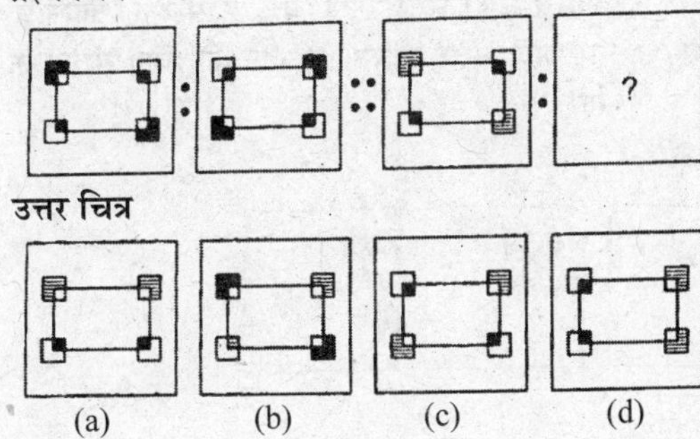

18. प्रश्न चित्र

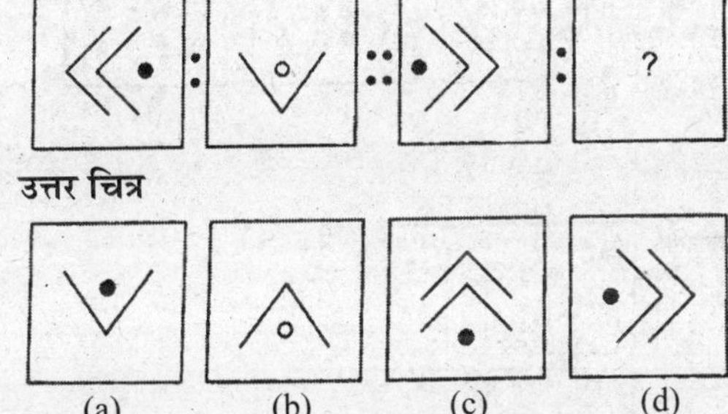

19. प्रश्न चित्र

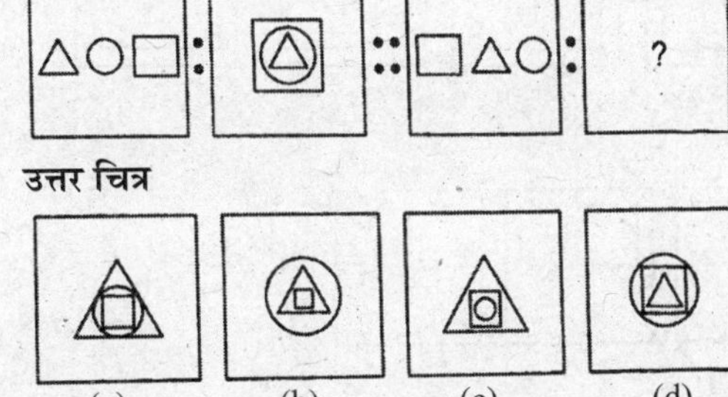

20. प्रश्न चित्र

भाग-6

निर्देश (प्र. सं. 21-24): प्रश्न चित्र के रूप में ज्यामितीय चित्र (त्रिभुज, वर्ग, वृत्त) के एक भाग को बाईं ओर दर्शाया गया है तथा दाईं ओर दूसरे भाग को चार उत्तर चित्रों के रूप में (a), (b), (c) और (d) से दर्शाया गया है। दाईं ओर के चित्रों में से ज्यामितीय चित्र को पूर्ण करने वाले चित्र को ज्ञात करें। अपने उत्तर को दर्शाने के लिए ओ. एम. आर. उत्तर-पत्रिका में प्रश्न की संगत संख्या के सामने वाले वृत्त को काला करें।

21. प्रश्न चित्र

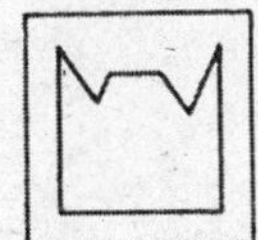

उत्तर चित्र

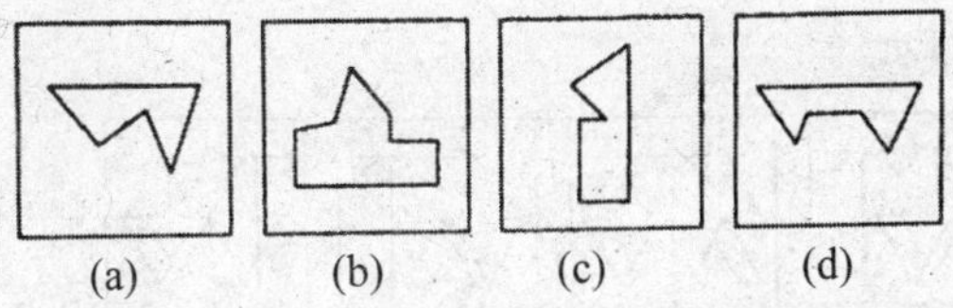

22. प्रश्न चित्र

उत्तर चित्र

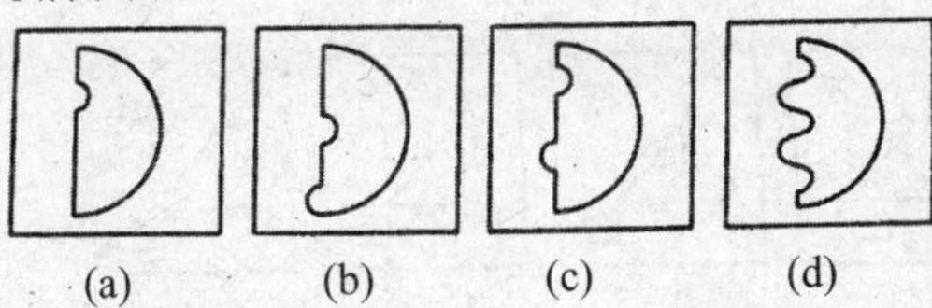

23. प्रश्न चित्र

उत्तर चित्र

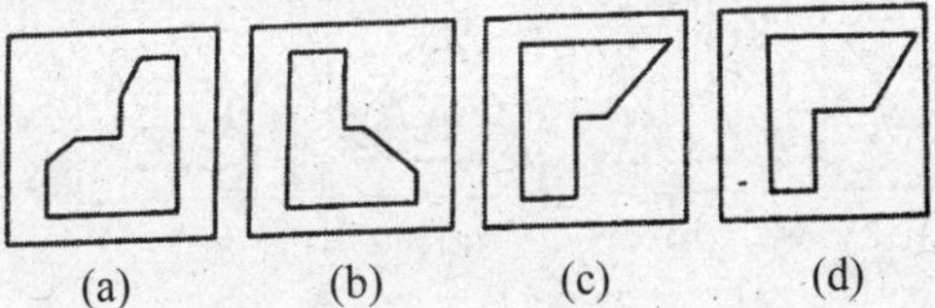

24. प्रश्न चित्र

उत्तर चित्र

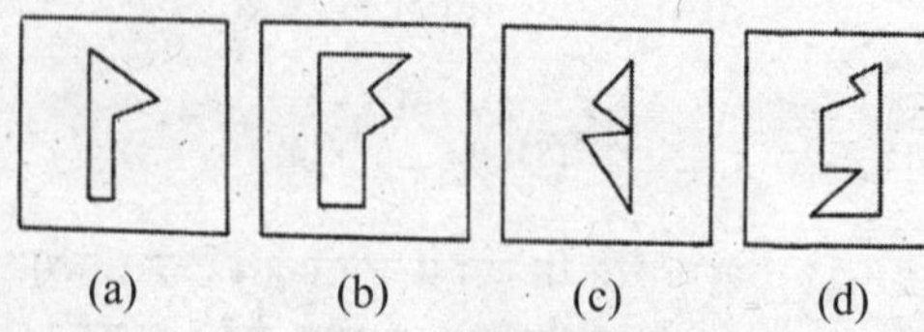

(a) (b) (c) (d)

28. प्रश्न चित्र

उत्तर चित्र

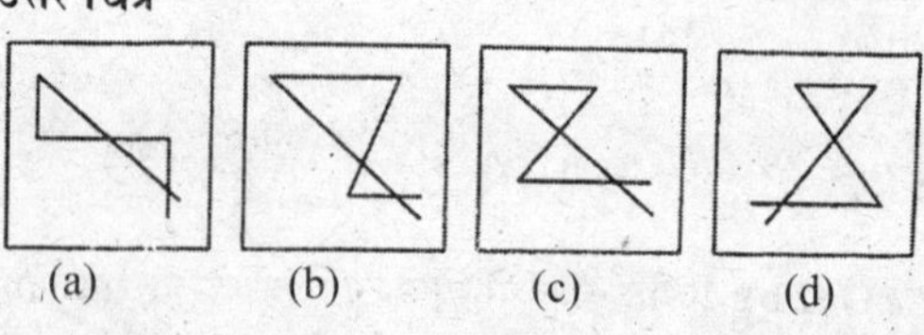

(a) (b) (c) (d)

भाग-7

निर्देश (प्र. सं. 25-28): बाईं ओर प्रश्न चित्र दर्शाया गया है तथा दाईं ओर (a), (b), (c) और (d) से चिह्नित चार उत्तर चित्र दर्शाए गए हैं। किसी दर्पण को XY के अनुदिश रखे जाने पर प्रश्न चित्र के सही दर्पण प्रतिबिम्ब को उत्तर चित्रों में से चुनें। अपने उत्तर को दर्शाने के लिए ओ. एम. आर. उत्तर-पत्रिका में प्रश्न की संगत संख्या के सामने वाले वृत्त को काला करें।

25. प्रश्न चित्र

उत्तर चित्र

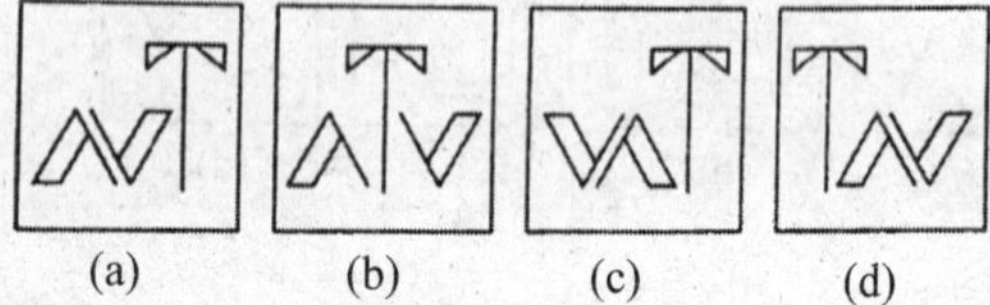

(a) (b) (c) (d)

26. प्रश्न चित्र

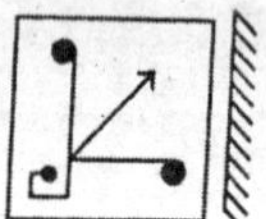

उत्तर चित्र

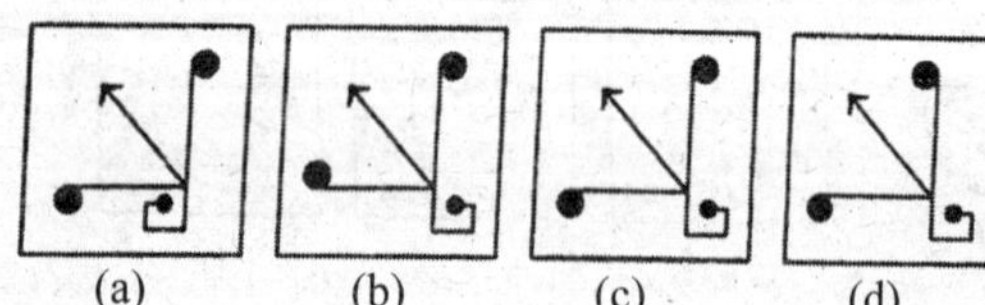

(a) (b) (c) (d)

27. प्रश्न चित्र

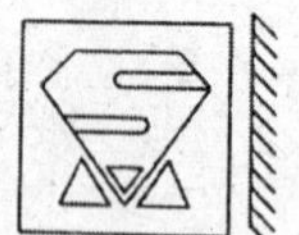

उत्तर चित्र

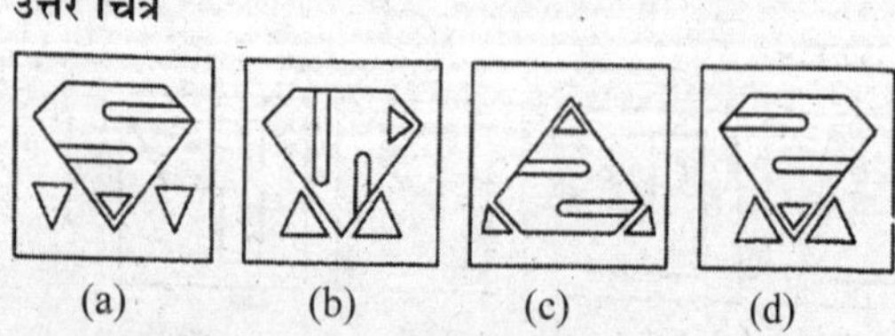

(a) (b) (c) (d)

भाग-8

निर्देश (प्र. सं. 29-32): बाईं ओर प्रश्न चित्र में दर्शाए अनुसार कागज़ के एक टुकड़े को मोड़कर पंच किया गया तथा दाईं ओर (a), (b), (c) और (d) से चिह्नित चार उत्तर चित्र दर्शाए गए हैं। कागज़ के टुकड़े की तह को खोलने पर वह जिस प्रकार दिखेगा वैसा ही चित्र उत्तर चित्रों में से चुनें। अपने उत्तर को दर्शाने के लिए ओ. एम. आर. उत्तर-पत्रिका में प्रश्न की संगत संख्या के सामने वाले वृत्त को काला करें।

29. प्रश्न चित्र

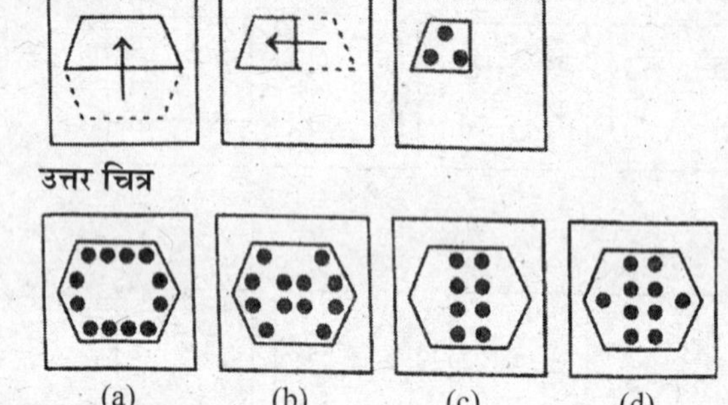

उत्तर चित्र

(a) (b) (c) (d)

30. प्रश्न चित्र

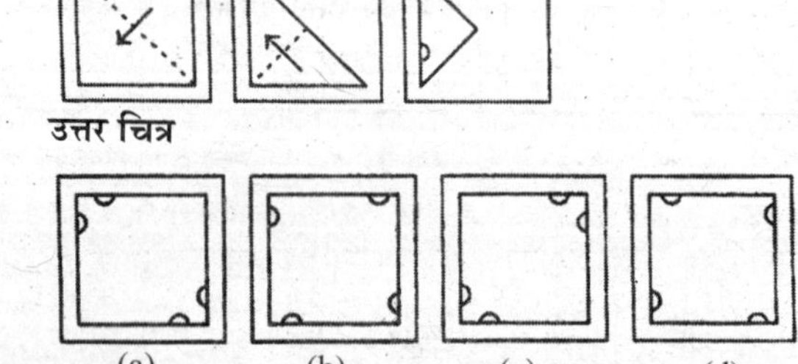

उत्तर चित्र

(a) (b) (c) (d)

31. प्रश्न चित्र

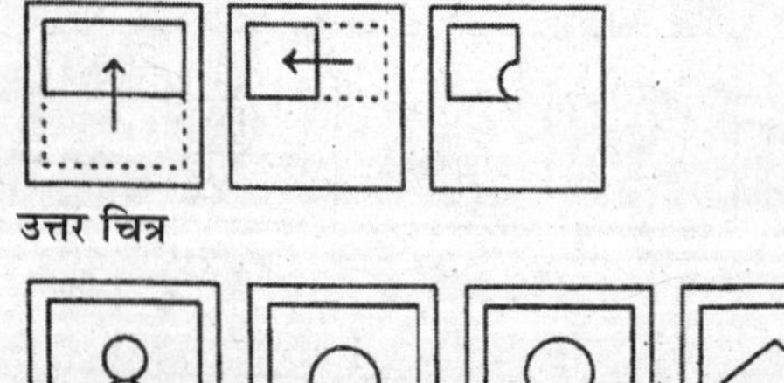

उत्तर चित्र

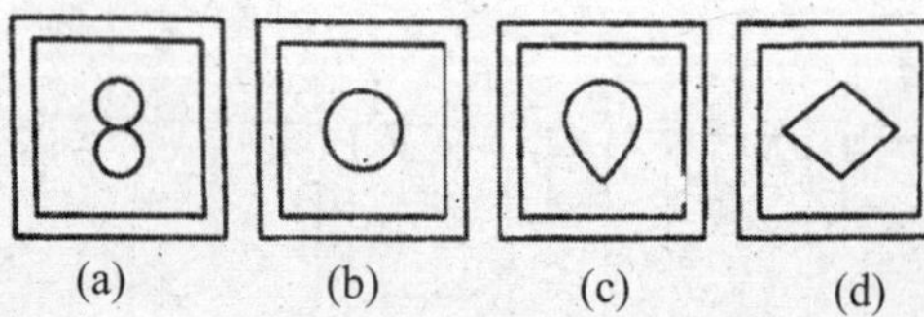

(a) (b) (c) (d)

32. प्रश्न चित्र

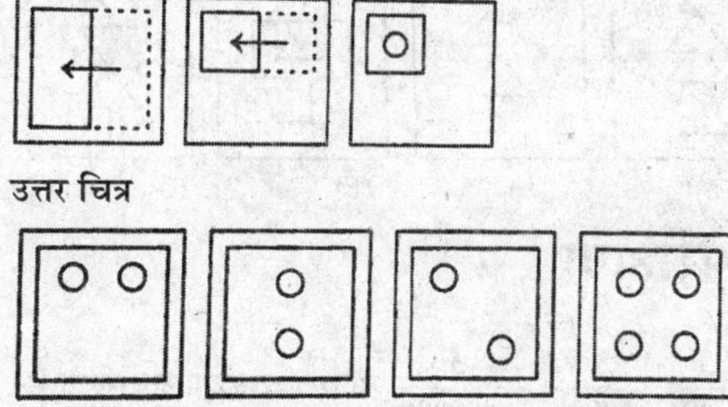

उत्तर चित्र

(a) (b) (c) (d)

भाग-9

निर्देश (प्र. सं. 33-36): बाईं ओर एक प्रश्न चित्र दिया गया है तथा दाईं ओर (a), (b), (c) और (d) से चिह्नित चार उत्तर चित्र दर्शाए गए हैं। उत्तर चित्रों में से उस चित्र का चयन करें जिसे प्रश्न चित्र में उपलब्ध कट-आउट टुकड़ों से बनाया जा सकता हो । अपने उत्तर को दर्शाने के लिए ओ. एम. आर. उत्तर-पत्रिका में प्रश्न की संगत संख्या के सामने वाले वृत्त को काला करें।

33. प्रश्न चित्र

उत्तर चित्र

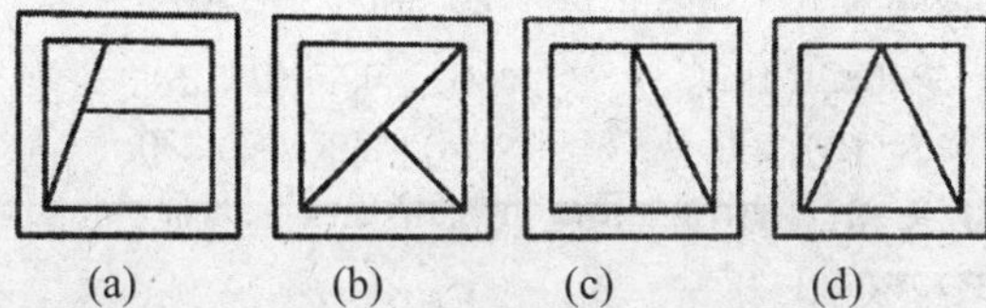

(a) (b) (c) (d)

34. प्रश्न चित्र

उत्तर चित्र

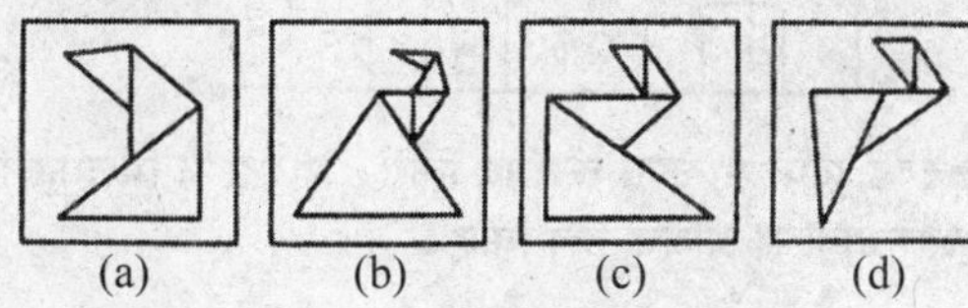

(a) (b) (c) (d)

35. प्रश्न चित्र

उत्तर चित्र

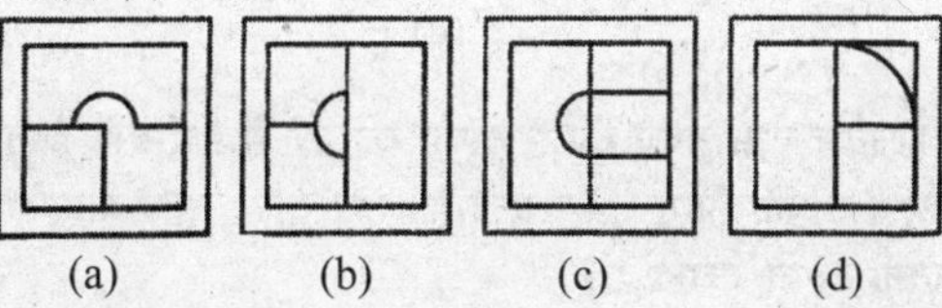

(a) (b) (c) (d)

36. प्रश्न चित्र

उत्तर चित्र

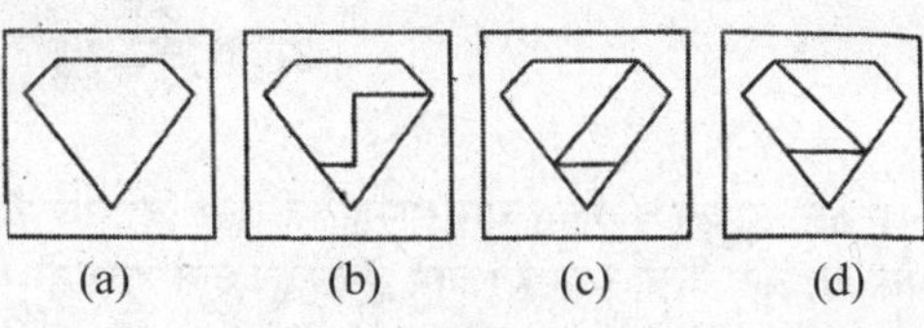

(a) (b) (c) (d)

भाग-10

निर्देश (प्र. सं. 37-40): बाईं ओर एक प्रश्न चित्र दिया गया है तथा दाईं ओर (a), (b), (c) और (d) से चिह्नित चार उत्तर चित्र दर्शाए गए हैं। उत्तर चित्रों में से उस चित्र को चुनें जिसमें प्रश्न चित्र छिपा/सम्मिलित है। अपने उत्तर को दर्शाने के लिए ओ.एम. आर. उत्तर-पत्रिका में प्रश्न की संगत संख्या के सामने वाले वृत्त को काला करें।

37. प्रश्न चित्र

उत्तर चित्र

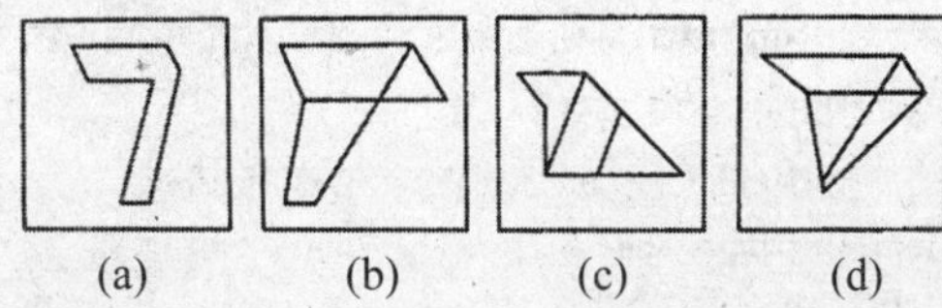

(a) (b) (c) (d)

38. प्रश्न चित्र

उत्तर चित्र

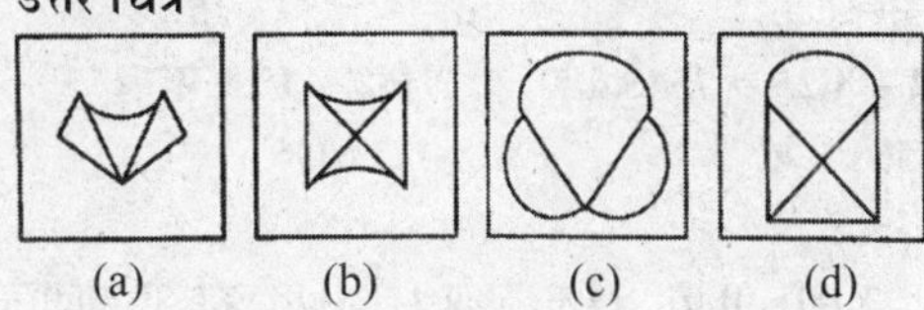

(a) (b) (c) (d)

39. प्रश्न चित्र

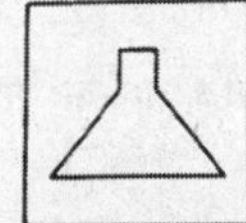

उत्तर चित्र

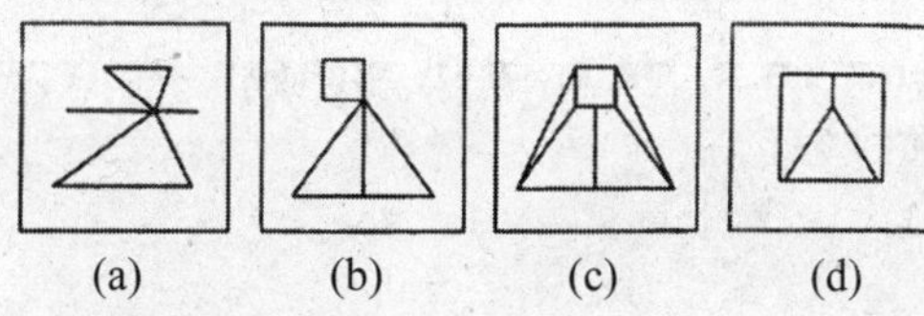

(a) (b) (c) (d)

40. प्रश्न चित्र

उत्तर चित्र

(a) (b) (c) (d)

खण्ड-II अंकगणित परीक्षण

निर्देश (प्र. सं. 41-60): प्रश्न के लिए चार सम्भावित उत्तर दिए गए हैं, जिन्हें (a), (b), (c) और (d) क्रम दिया गया है। इनमें से केवल एक उत्तर ही सही है। सही उत्तर चुनें तथा उत्तर को दर्शाने के लिए ओ. एम. आर. उत्तर-पत्रिका में प्रश्न की संगत संख्या के सामने वाले वृत्त को काला करें।

41. 300 mL की पानी की 17 बोतलों तथा 130mL की जूस की 30 बोतलों को एक जग में खाली किया गया। जग में लीटर में कुल द्रव है-

(a) 8 (b) 9

(c) 10 (d) 11

42. 20.0925 का सरलतम भिन्न रूप है-

(a) $\frac{803.7}{400}$ (b) $\frac{3037}{400}$

(c) $\frac{8037}{400}$ (d) $\frac{8037}{4000}$

43. सुरेश अपने चाचा से मिलने के लिए प्रातः 9:00 बजे अपने घर से चला। वह 10 मिनट पैदल चला, 1 घण्टा 05 मिनट बस से यात्रा की और फिर 15 मिनट पैदल चलकर अपने चाचा के घर पहुँचा। वह वहाँ 3 घण्टा 20 मिनट रुका और सांय 3:30 बजे अपने घर पहुँच गया। वापसी की यात्रा में उसे कितना समय लगा ?

(a) 1 घण्टा 30 मिनट (b) 1 घण्टा 35 मिनट

(c) 1 घण्टा 40 मिनट (d) 1 घण्टा 45 मिनट

44. सभी अंकों 4, 2, 0 और 7 के प्रयोग से बनने वाली 4 अंकों की सबसे बड़ी संख्या और सबसे छोटी संख्या में अन्तर है-

(a) 5000 (b) 5300

(c) 5373 (d) 5720

45. 90 का अभाज्य गुणनखण्ड है-

(a) 9×10 (b) $3 \times 6 \times 5$

(c) $2 \times 3^2 \times 5$ (d) $2 \times 3 \times 15$

46. यदि 9432 ÷ 1.25 = 7545.6 हो, तो 9.432 ÷ 12.5 बराबर है-

(a) 7.5456 (b) 0.75456

(c) 75.456 (d) 754.56

47. 1.1, 1.01, 1.001, 0.01, 11.01 तथा 111.1001 का योगफल है-

(a) 125.2312 (b) 126.2311

(c) 125.2311 (d) 125.2321

48. निम्नलिखित में से वह कौन-सी संख्या है जो सदैव प्रत्येक अभाज्य संख्या का एक गुणनखण्ड है ?

(a) 1 (b) 2

(c) 4 (d) 7

49. भाग के एक प्रश्न में, यदि भाजक 51, भागफल 16 और शेषफल 27 है, तो भाज्य है-

(a) 843 (b) 483

(c) 9 (d) 1393

50. $3 + \frac{3}{100} + \frac{3}{1000} + \frac{3}{1000000}$ **के बराबर दशमलव संख्या है-**

(a) 3.030333 (b) 3.033003

(c) 3.003303 (d) 3.0303003

51. सायं 6:00 बजे, घण्टे व मिनट की सुइयों के मध्य बना कोण है-

(a) न्यून कोण (b) समकोण

(c) अधिक कोण (d) सरल कोण

52. एक साइकिल के पहिए में कुल 24 तीलियाँ हैं। दो संलग्न तीलियों के बीच का कोण है-

(a) 10° (b) 15°

(c) 24° (d) 30°

53. निम्नलिखित आयतों में से किसका क्षेत्रफल सबसे अधिक है और कितना है (सेमी^{2} में) ?

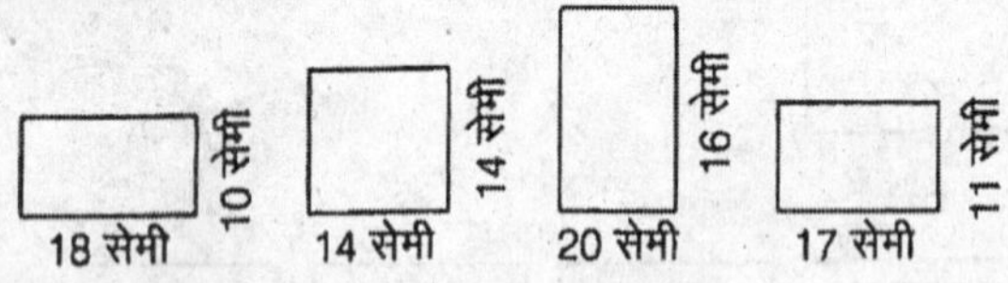

(a) आयत (C), 192 (b) आयत (B), 196

(c) आयत (A), 212 (d) आयत (A), 280

54. P, Q, R और S द्वारा हल किए गए प्रश्नों की संख्या को दण्ड ग्राफ द्वारा दर्शाया गया है।

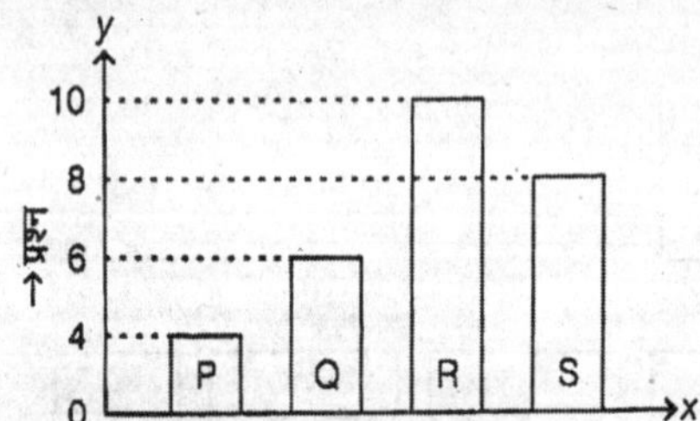

उपर्युक्त दण्ड ग्राफ से, ज्ञात कीजिए कि Q और R ने मिलकर कितने प्रश्न P और दोनों से अधिक हल किए-

(a) 4 (b) 2

(c) 16 (d) 12

55. $\frac{33}{40}$ **में क्या घटाया जाए कि** $\frac{11}{40}$ **प्राप्त हो ?**

(a) $\frac{11}{20}$ (b) 22

(c) $\frac{11}{40}$ (d) $\frac{3}{5}$

56. एक दुकानदार एक रुपये की 5 टॉफी की दर से खरीदता है तथा एक रुपये की 4 टॉफी की दर से बेचता है। ₹125 का लाभ कमाने के लिए वह कितनी टॉफी बेचता है ?

(a) 1200 (b) 1500
(c) 2000 (d) 2500

57. एक वर्गाकार पार्क की भुजा 50 मीटर है। इसमें अन्दर की ओर चारों ओर 2.5 मीटर चौड़ा पथ है। इस पथ को समतल कराने पर ₹10 प्रति वर्ग मीटर की दर से (₹ में) कितना व्यय होगा ?

(a) 4500 (b) 4750
(c) 5000 (d) 5250

58. टीना ने एक स्कूटर ₹55000 में खरीदा। उसने ₹3400 स्कूटर की मरम्मत पर खर्च किए और स्कूटर अपने मित्र को ₹56030 में बेचा। उसका लाभ या हानि है-

(a) ₹2370 का लाभ (b) ₹2370 की हानि
(c) ₹1030 का लाभ (d) ₹1030 की हानि

59. $\frac{5}{22}+\frac{7}{22}-\frac{3}{22}+\frac{9}{22}-\frac{1}{22}$ **को सरल करने पर प्राप्त होता है-**

(a) $\frac{15}{22}$ (b) $\frac{17}{22}$
(c) $\frac{19}{22}$ (d) $\frac{13}{22}$

60. $8 - [18 - \{16 - (5 - \overline{4 - 1})\}]$ **बराबर है-**

(a) 2 (b) 3
(c) 4 (d) 5

खण्ड-III भाषा परीक्षण

निर्देश (प्र.सं. 61-80) : इस खण्ड में चार अनुच्छेद हैं। प्रत्येक अनुच्छेद पर पाँच प्रश्न हैं। प्रत्येक अनुच्छेद को सावधानी से पढ़ें और उसके नीचे दिए गए प्रश्नों के उत्तर दें। प्रत्येक प्रश्न के लिए चार सम्भावित उत्तर दिए गए हैं, जिनकी क्रम संख्या (a), (b), (c) और (d) है। इनमें से केवल एक उत्तर ही सही है। सही उत्तर चुनें तथा अपने उत्तर को दर्शाने के लिए ओ. एम. आर. उत्तर-पत्रिका में प्रश्न की संगत संख्या के सामने वाले वृत्त को काला करें।

अनुच्छेद-1

सभी मकड़ियाँ जाले बुनती हैं। जालों से मकड़ियों को तीन कार्य करने में मदद मिलती है। वे मकड़ियों के अण्डे उठाए रखने में, खतरे से छिपने में और भोजन पकड़ने में सहायक होते हैं।

अधिकांश मकड़ियाँ गहरे मटमैले, भूरे या काले रंग की होती हैं, जबकि मकड़ी के जाले हल्के रंग के सफेद या धुंधले होते हैं। जब मकड़ियाँ अपने जाले में छिपती हैं, तो उन्हें देख पाना कठिन होता है। जाले मकड़ियों को भोजन पकड़ने में भी सहायक होते हैं। मकड़ी के जाले चिपचिपे होते हैं। कोई कीड़ा जाले में आया, तो चिपक जाता है। वह निकलना चाहता है, पर नहीं निकल सकता। वह फँस जाता है। जाले का हिलना अनुभव करके मकड़ियाँ समझ जाती हैं कि कीड़ा फँस चुका है। इसलिए जाले के बिना मकड़ियाँ वैसे नहीं रह पातीं जैसे रहती हैं। अत: जाले मकड़ियों के अस्तित्व के लिए जरूरी हैं।

61. यह अनुच्छेद किसके बारे में है ?

(a) मकड़ी के जाले का महत्त्व
(b) मकड़ियों के लिए कीड़ों का महत्त्व
(c) अण्डे देने का महत्त्व
(d) मकड़ियों का स्वभाव

62. मकड़ियों के जालों के बारे में क्या सही नहीं है ?

(a) वे अण्डे पकड़े रहते हैं। (b) वे भोजन पकड़ते हैं।
(c) वे जल ढूँढ़ते हैं। (d) वे शत्रुओं से रक्षा करते हैं।

63. 'फँसा' का समानार्थी शब्द है-

(a) चिपका (b) छिपा
(c) खाया (d) भागा

64. मकड़ियाँ कैसे जान लेती हैं कि उनके जाल में कुछ फँस गया है ?

(a) वे सुन लेती हैं। (b) वे सूँघ लेती हैं।
(c) वे अनुभव करती हैं। (d) वे चख लेती हैं।

65. अनुच्छेद के अन्तिम वाक्य में प्रयुक्त 'अस्तित्व' शब्द का भाव है ....।

(a) जीवित रहना (b) छिपा हुआ
(c) पकड़ा गया (d) सुरक्षा

अनुच्छेद-2

पुस्तकें मानव प्रयत्नों के सर्वाधिक समय तक रहने वाले उत्पाद हैं। मन्दिर खण्डहरों के रूप में ढह जाते हैं, चित्र और मूर्तियाँ क्षय हो जाती हैं, किन्तु पुस्तकें जीवित रहती हैं। पुस्तकें महान विचारों को नष्ट नहीं होने देती जो आज भी उतने ही ताजा हैं, जितने तब थे, जब लेखक के मन में थे। ये विचार मुद्रित पृष्ठों के माध्यम से बोलते हैं। समय का केवल इतना प्रभाव होता है कि वह चलन से बाहर के अनुचित उत्पादों को बाहर कर देता है। साहित्य में ऐसी कोई चीज़ अधिक जीवित नहीं रहती जो अच्छी न हो। अच्छी पुस्तकों ने जीवन के अनेक क्षेत्रों में मनुष्य की सदा सहायता की है। इसमें आश्चर्य नहीं कि विश्व अपनी पुस्तकों को बड़ी सावधानी से रखता है।

66. मानव प्रयत्नों के सभी उत्पादों में पुस्तकें सबसे कृतियाँ हैं।

(a) ध्यान रखने वाली (b) अनुचित
(c) समय खर्च करने वाली (d) उपयोगी

67. अच्छी पुस्तकें समय के परीक्षण में बची रह सकी हैं, क्योंकि उनमें .... है।

(a) लेखक का मन (b) महान विचार
(c) अनुचित उत्पाद (d) मुद्रित सामग्री

68. निम्नलिखित में से कौन-सा शब्द 'अनुचित' का समानार्थी है ?

(a) बीमारी (b) अनजान
(c) उपयुक्त (d) अनुपयुक्त

69. विश्व अपनी पुस्तकों को सावधानी से सम्भालता है, क्योंकि वे ....।

(a) हमें प्रशिक्षित करती हैं
(b) विविध क्षेत्रों में हमारी सहायता करती हैं
(c) समय से परे होती हैं
(d) मानवीय प्रयास का उत्सव मनाती हैं

70. अनुच्छेद में 'ढहना' शब्द का प्रयोग .... के अर्थ में हुआ है।

(a) बिखर जाना (b) अलग कर देना
(c) हटा देना (d) काटना

अनुच्छेद-3

सुनहरा बाज अधिकतर अपने घने भूरे परों और सुनहरे पंखों के कारण सरलता से पहचाना जा सकता है। युवा पक्षियों में, मादा नर के समान ही होती है, किन्तु प्राय: बड़ी होती है।

यह शानदार प्राणी उत्तरी गोलार्द्ध में खुले क्षेत्रों में अपना घर बनाता है। वे पेड़ों पर या खड़ी चट्टानों की दीवारों पर अपना बड़ा घोंसला बनाते हैं, जिससे उन्हें घात लगाने के लिए अधिक स्थान मिल जाता है। सुनहरा बाज तिरने में दक्ष होता है। अपने पंखों के विस्तृत फैलाव और गर्म हवा की ऊपर उठती मात्रा की सहायता से इसे बड़ी देर तक तिरता हुआ देखना बड़ा सुन्दर दृश्य होता है। ऊपर उठती हवा इसके लिए महत्त्वपूर्ण होती है, क्योंकि वह सुनहरे बाज़ को विशाल ऊँचाइयों तक बिना पंख फड़काए उठा सकती है।

71. सुनहरा बाज अधिकतर .... में पाया जाता है।
(a) कम पवन व गर्म हवा वाले क्षेत्रों
(b) भवनों वाले क्षेत्रों
(c) दक्षिणी गोलार्द्ध
(d) उत्तरी गोलार्द्ध

72. मादा सुनहरे बाज़ को .... से पहचाना जा सकता है।
(a) अधिक घने रंग के परों (b) अधिक चमकदार पंखों
(c) घने भूरे परों (d) बड़े आकार

73. घोंसला बनाने के लिए इस पक्षी को कैसा स्थान चाहिए?
(a) खुला क्षेत्र (b) वनस्पति रहित क्षेत्र
(c) विशाल ऊँचाइयाँ (d) भवनों वाला खुला क्षेत्र

74. 'शानदार' के समान अर्थ वाला शब्द कौन-सा है?
(a) स्वर्णिम (b) विनम्र
(c) भव्य (d) सुशील

75. निम्नलिखित शब्दों में से कौन-सा शब्द 'विशाल' का विलोम नहीं है?
(a) छोटा (b) विस्तृत
(c) नन्हा (d) भारहीन

अनुच्छेद-4

रोबोट एक विशेष यन्त्र होता है। यह कम्प्यूटर में प्राप्त निर्देशों के अनुसार चलता है और काम करता है। एक यन्त्र होने के कारण यह न गलतियाँ करता है, न थकता है। यह कभी शिकायत नहीं करता।

रोबोट हमारे चारों ओर हैं। कुछ रोबोट चीजें बनाने में प्रयुक्त होते हैं। उदाहरणस्वरूप, रोबोट कारें बनाने में सहायता कर सकते हैं। कुछ रोबोट खतरनाक स्थानों के अन्वेषण में प्रयुक्त होते हैं, जैसे ज्वालामुखी। कुछ रोबोट घरों की साफ-सफाई में सहायता कर सकते हैं। कुछ रोबोट शब्दों को भी पहचान सकते हैं। वे टेलीफोन कॉल का उत्तर देने में सहायता कर सकते हैं। कुछ रोबोट मानव जैसे दिखाई देते हैं। अधिकांश रोबोट मशीनों जैसे ही दिखाई देते हैं।

76. 'थका' का समानार्थी शब्द है ....।
(a) अन्वेषण (b) निढ़ाल
(c) निर्वात (d) खतरनाक

77. रोबोट गलतियाँ नहीं करते, क्योंकि वे ....।
(a) यन्त्र हैं
(b) कम्प्यूटर द्वारा दिए गए निर्देशों का पालन करते हैं
(c) मानव जैसे दिखाई देते हैं
(d) थके हुए नहीं दिखाई देते

78. अनुच्छेद के अनुसार, निम्नलिखित में से किस कार्य के लिए रोबोट का उपयोग नहीं होता?
(a) घर की साफ-सफाई करना (b) टेलीफोन कॉल का उत्तर देना
(c) कारें बनाना (d) बच्चों को पढ़ाना

79. निम्नलिखित शब्दों में से कौन-सा शब्द 'खतरनाक' का विपरीतार्थक है?
(a) अन्वेषण (b) सुरक्षित
(c) थका हुआ (d) पहचानना

80. रोबोट के बारे में निम्नलिखित में से कौन-सा कथन सही नहीं है?
(a) अधिकांश रोबोट यन्त्र जैसे दिखाई देते हैं।
(b) रोबोट गलतियाँ नहीं करते हैं।
(c) रोबोट बहुत उपयोगी हैं।
(d) अधिकांश रोबोट मानव जैसे दिखाई देते हैं।

व्याख्या सहित उत्तर

1. (a) विकल्प आकृति (a) के अतिरिक्त, अन्य सभी आकृतियों में गुणा (×) के दोनों चिह्न एकसाथ है तथा दोनों बिन्दु भी एकसाथ है जबकि विकल्प आकृति (a) में गुणा व बिन्दु एकान्तर क्रम में है।

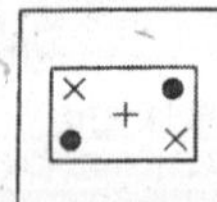

2. (c) विकल्प (c) को छोड़कर, अन्य किसी भी विकल्प आकृति में कोई भी दो रेखाएँ एक-दूसरे को नहीं काटती है।

3. (a) विकल्प (a) को छोड़कर, अन्य सभी विकल्प आकृति में प्रत्येक तीर के चिह्न मे पिछली तरफ एक सीधी रेखा जोड़ी गई है।

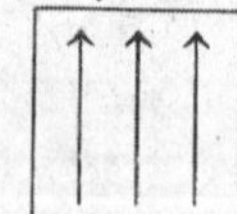

4. (c) विकल्प आकृति (c) के अतिरिक्त, अन्य सभी आकृतियों में त्रिभुज के अन्दर 5 रेखाएँ है जबकि विकल्प (c) की आकृति में त्रिभुज के अन्दर 6 रेखाएँ है।

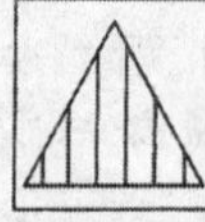

5. (b) विकल्प आकृति (b) में दी गई आकृति, प्रश्न-आकृति के समान है।

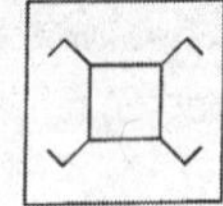

6. (b) विकल्प आकृति (b) में दी गई आकृति प्रश्न-आकृति के समान है।

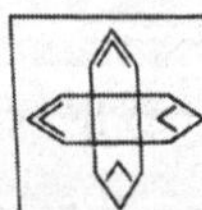

7. (b) विकल्प आकृति (b) में दी गई आकृति, प्रश्न-आकृति के समान है।

8. (d) विकल्प आकृति (d) में दी गई आकृति, प्रश्न-आकृति के समान है।

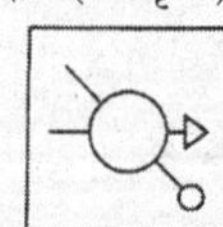

9. (d) विकल्प आकृति (d) में दी गई आकृति, प्रश्न-आकृति को पूरा करेगी।

10. (b) विकल्प आकृति (b) में दी गई आकृति, प्रश्न-आकृति को पूरा करेगी।

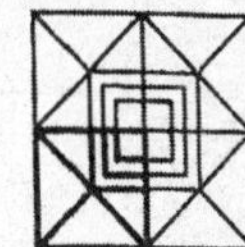

11. (d) विकल्प आकृति (d) में दी गई आकृति, प्रश्न-आकृति को पूरा करेगी।

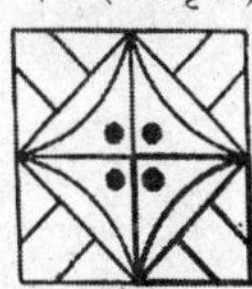

12. (d) विकल्प आकृति (d) में दी गई आकृति, प्रश्न- आकृति को पूरा करेगी।

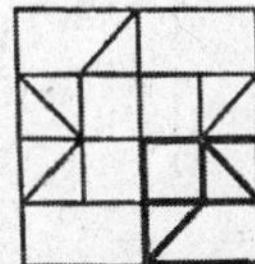

13. (c) दी गई आकृति शृंखला में प्रत्येक चिन्ह एक स्थान दक्षिणावर्त घूम जाती है। इस प्रकार अनुक्रम में अगली आकृति, विकल्प (c) में दी गई आकृति होगी ।

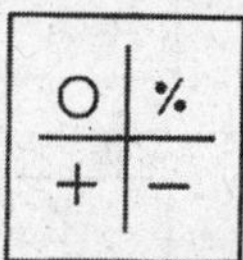

14. (d) दी गई आकृति का क्रम निम्न प्रकार है-

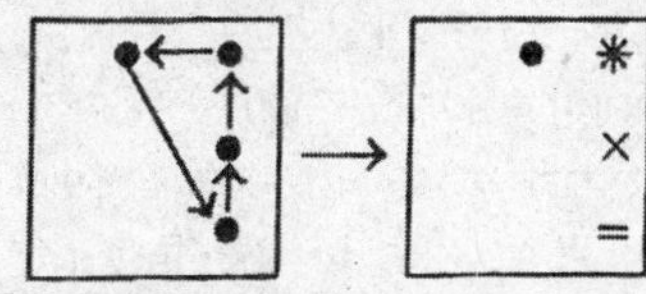

अत: अगली आकृति, विकल्प (d) में दी गई आकृति होगी।

15. (b) दी गई आकृति में क्रमशः एक-एक रेखाएँ घट रही है। इस प्रकार अनुक्रम की अगली आकृति, विकल्प (b) में दी गई आकृति होगी।

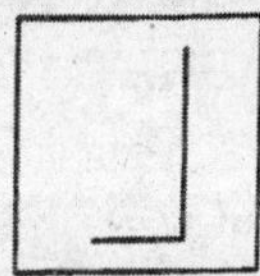

16. (c) दी गई शृंखला आकृति में, तीर का चिह्न प्रत्येक अगली आकृति में 90° वामावर्त घूमता है तथा तीर के बीच की रेखाएँ एक-एक कम होती जा रही है। इसी क्रम में अगली आकृति, विकल्प (c) में दी गई आकृति होगी।

17. (c) जिस प्रकार पहली आकृति का दर्पण प्रतिबिम्ब दूसरी आकृति है उसी प्रकार तीसरी आकृति का दर्पण प्रतिबिम्ब, विकल्प (c) में दी गई आकृति होगी।

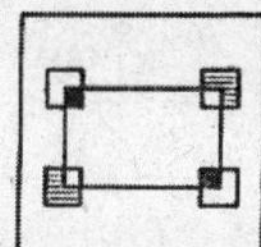

18. (b) जिस प्रकार, पहली आकृति को 180° घुमाने से तीसरी आकृति प्राप्त होती है। उसी प्रकार, प्रश्न आकृति 2 से विकल्प आकृति (b) प्राप्त होगी।

19. (b) जिस प्रकार, पहली आकृति की तीसरी आकृति के अन्दर, दूसरी आकृति तथा दूसरी आकृति के अन्दर पहली आकृति के आने से द्वितीय आकृति प्राप्त होती है। इसी अनुक्रम के अनुसार तीसरी आकृति से विकल्प (b) की आकृति प्राप्त होगी।

20. (c) जिस प्रकार, पहली आकृति को 90° वामावर्त घुमाने पर द्वितीय आकृति प्राप्त होती है। उसी प्रकार तृतीय आकृति को 90° वामावर्त घुमाने पर विकल्प (c) आकृति प्राप्त होगी।

21. (d) विकल्प (d) में दिया गया चित्र, प्रश्न में दिए गए ज्यामितीय चित्र को पूरा करेगा।

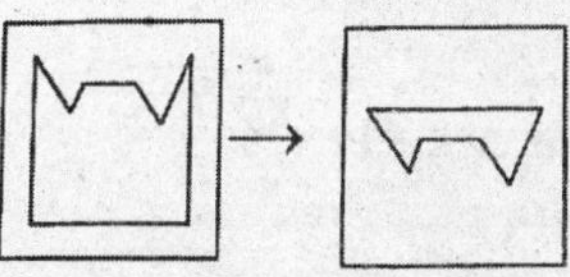

22. (c) विकल्प (c) में दिया गया चित्र, प्रश्न में दिए गए ज्यामितीय चित्र को पूरा करेगा।

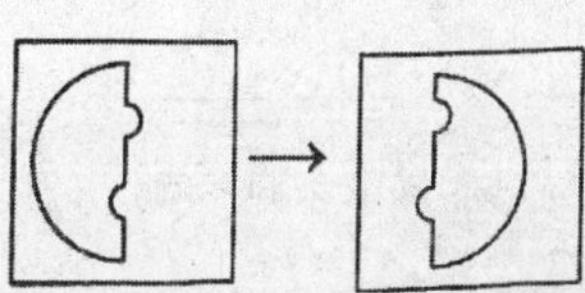

23. (a) विकल्प (a) में दिया गया चित्र, प्रश्न में दिए गए ज्यामितिय चित्र को पूरा करेगा।

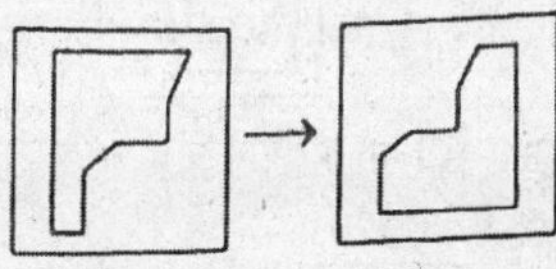

24. (c) विकल्प (c) में दिया गया चित्र, प्रश्न में दिए गए ज्यामितीय चित्र को पूरा करेगा।

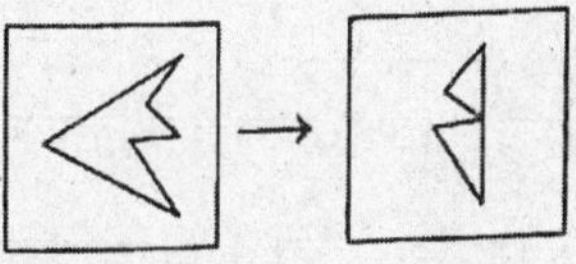

25. (a) विकल्प (a) में दी गई आकृति, प्रश्न आकृति का सही दर्पण प्रतिबिम्ब है।

26. (c) विकल्प (c) में दिया गया चित्र, प्रश्न चित्र का सही दर्पण प्रतिबिम्ब है।

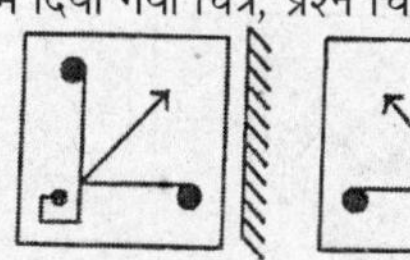

27. (d) विकल्प (d) में दिया गया चित्र, प्रश्न चित्र का सही दर्पण प्रतिबिम्ब है।

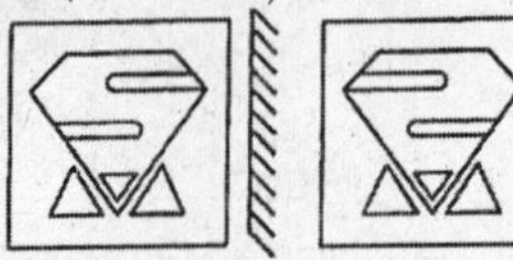

28. (c) विकल्प (c) में दिया गया चित्र, प्रश्न चित्र का सही दर्पण प्रतिबिम्ब है।

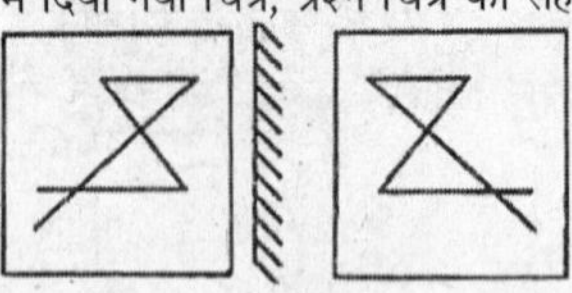

29. (b) कागज के टुकड़े की तह को खोलने पर वह विकल्प आकृति (b) की तरह दिखेगा।

30. (c) कागज के टुकड़े की तह को खोलने पर वह विकल्प आकृति (c) की तरह दिखेगा।

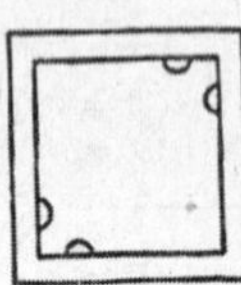

31. (a) कागज के टुकड़े की तह को खोलने पर वह विकल्प आकृति (a) की तरह दिखेगा।

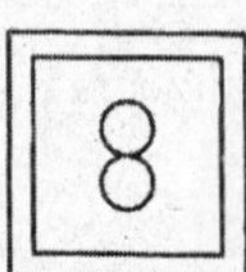

32. (d) कागज के टुकड़े की तह को खोलने पर वह विकल्प आकृति (d) की तरह दिखेगा।

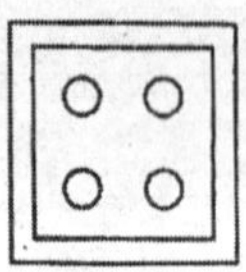

33. (a) प्रश्न आकृति में दिए गए टुकड़ो से विकल्प (a) की आकृति बनाई जा सकती है।

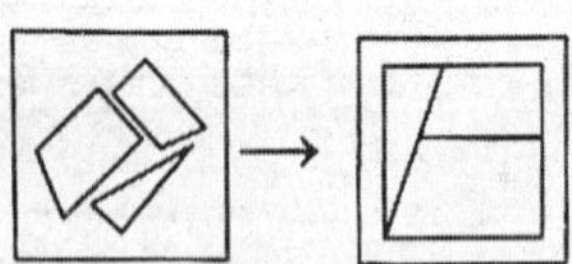

34. (c) प्रश्न आकृति में दिए गए टुकड़ो से विकल्प (c) की आकृति बनाई जा सकती है।

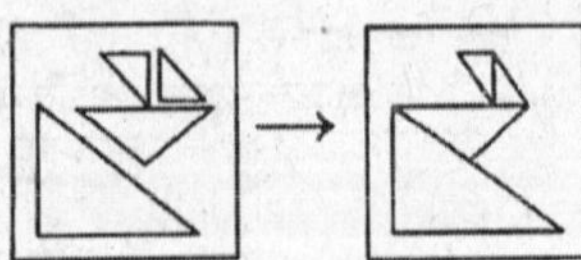

35. (b) प्रश्न आकृति में दिए गए टुकड़ो से विकल्प (b) की आकृति बनाई जा सकती है।

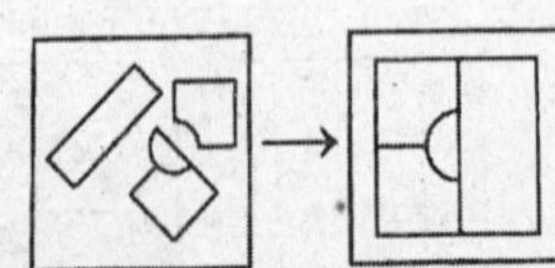

36. (d) प्रश्न आकृति में दिए गए टुकड़ो से विकल्प (d) की आकृति बनाई जा सकती है।

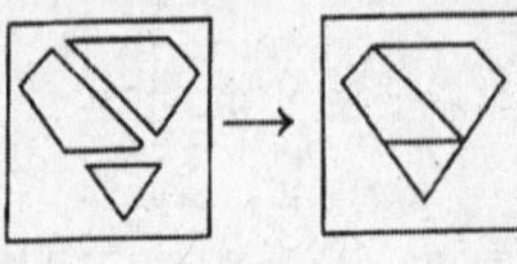

37. (c) दी गई प्रश्न आकृति, उत्तर आकृति (c) में सन्निहित है।

38. (c) दी गई. आकृति, उत्तर आकृति (c) में सन्निहित है

39. (c) प्रश्न में दी गई आकृति, उत्तर आकृति (c) में सन्निहित है।

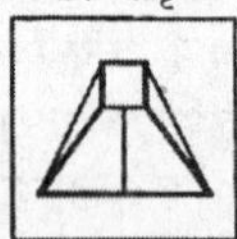

40. (a) प्रश्न में दी गई आकृति, उत्तर आकृति (a) में सन्निहित है।

41. (b) 17 बोतलों में कुल पानी = 300 × 17 मिली = 5100 मिली

30 बोतलों में कुल पानी = 130 × 30 मिली = 3900 मिली

अब जग में कुल पानी = (5100 + 3900) मिली

= 9000 मिली $\frac{9000}{1000}$ लीटर = 9 लीटर

42. (c) $20.0925 = \frac{200925}{10000} = \frac{8037}{400}$

43. (c) सुरेश द्वारा जाने में लगा समय

= 10 मिनट + 65 मिनट + 15 मिनट

= 90 मिनट = 1 घण्टा 30 मिनट

विश्राम में लगा समय = 3 घण्टा 20 मिनट

∴ अब समय = 9:00 am + (1 घण्टा 30 मिनट + 3 घण्टा 20 मिनट)

= 9 : 00 am + (4 घण्टे 50 मिनट) = 1 : 50 pm

सुरेश घर पहुँचता है = 3 : 30 pm

∴ वापसी का समय = 3 : 30 pm = 1 : 50 pm

= 1 : 40 घण्टे = 1 घण्टा 40 मिनट

44. (c) 0, 2, 4 और 7 से बनने वाली 4 अंकों की बड़ी संख्या = 7420

तथा 4 अंको की छोटी संख्या = 2047

∴ अभीष्ट अन्तर = 7420 - 2047 = 5373

45. (c) 90 के गुणनखण्ड करने पर,

2	90
3	45
3	15
	5

$\therefore \quad 90 = 2 \times 3 \times 3 \times 5$

$= 2 \times 3^2 \times 5$

46. (b) $\frac{9432}{1.25} = 7545.6$

$\Rightarrow \quad \frac{9432}{1.25} = \frac{7545.6}{100}$ ...(i)

अब, $\frac{9.432}{1.25} = \frac{9432}{125} \times \frac{10}{1000}$

$= \frac{7545.6}{100} \times \frac{10}{1000}$

$= 0.75456$

47. (c)

$$\begin{array}{r} 1.1000 \\ 1.0100 \\ 1.0010 \\ 0.0100 \\ 11.0100 \\ +111.1001 \\ \hline 125.2311 \\ \hline \end{array}$$

48. (a) '1' सभी अभाज्य संख्या का एक गुणनखण्ड होती है।

49. (a) भाज्य = भाजक × भागफल + शेषफल

$= 51 \times 16 + 27$

$= 816 + 27 = 843$

50. (b) $3 + \frac{3}{100} + + \frac{3}{1000} + \frac{3}{1000000}$

$= 3 + 0.03 + 0.003 + 0.000003$

$= 3.033003$

51. (d) सांय 6 बजे, घण्टे और मिनट की सुइयों के मध्य कोण 180° (सरल कोण) होता है।

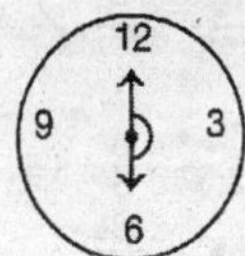

52. (b) कुल तीलियाँ = 24

कुल कोण = 360°

$\therefore$ अभीष्ट कोण = $\frac{360°}{24} = 15°$

53. (b) चित्र (A) से,

आयत का क्षेत्रफल = लम्बाई × चौड़ाई

$= 18 \times 10 = 180$ सेमी^{2}

चित्र (B) से,

आयत का क्षेत्रफल = $14 \times 14 = 196$ सेमी^{2}

चित्र (C) से,

आयत का क्षेत्रफल = $12 \times 16 = 192$ सेमी^{2}

चित्र (D) से,

आयत का क्षेत्रफल = $17 \times 11 = 187$ सेमी^{2}

$\therefore$ चित्र (b) के आयत का क्षेत्रफल सबसे अधिक तथा 196 सेमी^{2} है।

54. (a) Q तथा R द्वारा हल किए गए प्रश्न = 6 + 10 = 16

तथा P तथा S द्वारा हल किए गए प्रश्न = 4 + 8 = 12

$\therefore$ अभीष्ट अन्तर = 16 – 12 = 4

55. (a) माना कि x घटाया जाएगा।

$\therefore \quad \frac{33}{40} - x = \frac{11}{40}$

$\Rightarrow \quad x = \frac{33}{40} - \frac{11}{40}$

$\Rightarrow \quad = \frac{33-11}{40} = \frac{22}{40} = \frac{11}{20}$

56. (d) 5 टॉफी का क्रय मूल्य = ₹ 1

$\Rightarrow$ 20 टॉफी का क्रय मूल्य = ₹ 4

अब, 4 टॉफी का विक्रय मूल्य = ₹ 1

$\Rightarrow$ 20 टॉफी का विक्रय मूल्य = ₹ 5

$\therefore$ 20 टॉफी पर लाभ = ₹ (5 – 4) = ₹1

अर्थात् ₹ 1 का लाभ = 20 टॉफी पर

$\Rightarrow$ ₹125 का लाभ = 20 × 125 टॉफी = 2500 टॉफी

57. (b) प्रश्नानुसार,

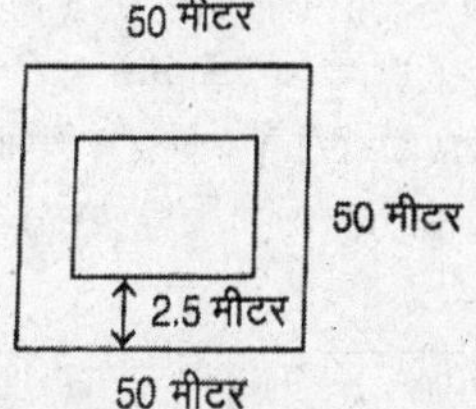

वर्ग का क्षेत्रफल = भुजा × भुजा = 50 × 50 = 2500

अब रास्ते को छोड़कर शेष भाग का क्षेत्रफल

$= (50 - 5) \times (50 - 5)$

$= 45 \times 45 = 2025$

$\therefore$ रास्ते का क्षेत्रफल = 2500–2025 = 475 मी^{2}

$\therefore$ रास्ते को समतल करने का व्यय = 475 × 10 = ₹ 4750

58. (b) स्कूटर का कुल क्रय मूल्य

= 55000 + 3400 = ₹ 58400

स्कूटर का विक्रय मूल्य = ₹ 56030

$\therefore$ हानि = क्रय मूल्य-विक्रय मूल्य

= 58400 – 56030 = ₹ 2370

59. (b) $\frac{5}{22} + \frac{7}{22} - \frac{3}{22} + \frac{9}{22} - \frac{1}{22}$

$= \frac{5+7-3+9-1}{22}$

$= \frac{21-4}{22} = \frac{17}{22}$

60. (c) $8 - [18 - \{16 - (5 - \overline{4-1})\}]$

[BODMAS से]

= 8 – [18 – (16 (5 – 3)}]

= 8 – [18 – (16 – 2}]

= 8 – [18 – 14]

= 8 – 4 = 4

61. (a) इस अनुच्छेद में मुख्य रूप से मकड़ी के जालों के बारे में बताया गया है। इसमें यह समझाया गया है कि मकड़ियाँ जाल क्यों बनाती हैं, जाल उन्हें किन-किन कार्यों में सहायक होते हैं- जैसे- अंडों को सुरक्षित रखना, खतरे से छिपना और भोजन पकड़ना। यह सभी बातें जाल के महत्त्व को दर्शाती हैं।

62. (c) अनुच्छेद में स्पष्ट रूप से तीन कार्य बताए गए हैं जिनमें मकड़ी के जाले मदद करते हैं:

अंडों को सुरक्षित रखना,

खतरे से छिपना,

भोजन पकड़ना।

इनमें "जल ढूँढ़ना" कहीं नहीं बताया गया है। अत: यह कथन गलत है।

63. (a) अनुच्छेद में लिखा है कि कीड़ा जब मकड़ी के जाले में आता है तो वह चिपक जाता है और निकल नहीं पाता — यानी वह "फँस जाता है"। इस सन्दर्भ में 'फँसा' शब्द का समानार्थी 'चिपका' है, क्योंकि दोनों शब्द उस स्थिति को दर्शाते हैं जिसमें कीड़ा जाल से बाहर नहीं निकल सकता।

64. (c) अनुच्छेद में बताया गया है कि जब कोई कीड़ा जाले में फँसता है, तो जाला हिलता है। मकड़ी इस हिलने को अनुभव कर लेती है और समझ जाती है कि कोई कीड़ा जाले में फँस चुका है। यहाँ "अनुभव करना" का अर्थ है - स्पर्श या गति के माध्यम से जान लेना।

65. (a) अनुच्छेद के अंतिम वाक्य में कहा गया है कि "जाले मकड़ियों के अस्तित्व के लिए जरूरी हैं। यहाँ अस्तित्व का तात्पर्य मकड़ियों के जीवित रहने से है।

66. (d) अनुच्छेद में बताया गया है कि समय के साथ मंदिर ढह जाते हैं, चित्र और मूर्तियाँ नष्ट हो जाती हैं, पर पुस्तकें बची रहती हैं। इसका तात्पर्य यह है कि पुस्तकें सबसे टिकाऊ और उपयोगी हैं क्योंकि वे विचारों को जीवित रखती हैं। अत: सही उत्तर "उपयोगी" है, जो यह दर्शाता है कि पुस्तकें समय के प्रभाव को सहने की क्षमता रखती हैं।

67. (b) अनुच्छेद में कहा गया है कि साहित्य में वही चीज़ें बची रहती हैं जो अच्छी होती हैं। पुस्तकें महान विचारों को नष्ट नहीं होने देतीं। इसी वजह से समय का प्रभाव सिर्फ खराब या अनुचित पुस्तकों को मिटाता है। इसका अर्थ है कि अच्छी किताबें समय की कसौटी पर खरी उतरती हैं, क्योंकि उनमें महान विचार होते हैं।

68. (d) 'अनुचित' शब्द का अर्थ होता है - जो सही न हो, जो उपयुक्त न हो। इसका समानार्थी है 'अनुपयुक्त', जिसका अर्थ भी वही है - जो योग्य या सही न हो। बाकी विकल्प जैसे 'बीमारी', 'अनजान', 'उपयुक्त' अर्थ में मेल नहीं खाते।

69. (b)अनुच्छेद के अंतिम भाग में लिखा है कि "अच्छी पुस्तकों ने जीवन के अनेक क्षेत्रों में मनुष्य की सदा सहायता की है", और इसी कारण "विश्व अपनी पुस्तकों को बड़ी सावधानी से रखता है"। यह दर्शाता है कि पुस्तकों का महत्त्व केवल ज्ञान तक सीमित नहीं, बल्कि वे जीवन के हर क्षेत्र में उपयोगी होती हैं।

70. (a) यह वाक्य था — "मन्दिर खण्डहरों के रूप में रह जाते हैं", जिसका अर्थ है कि समय के साथ मंदिर टूट-फूट कर नष्ट हो जाते हैं। 'ढहना' का अर्थ है बिखर जाना या गिरकर समाप्त हो जाना। अत: सही उत्तर है (a) बिखर जाना। अन्य विकल्प जैसे "अलग कर देना" या "काटना" संदर्भ में फिट नहीं बैठते।

71. (d) अनुच्छेद में स्पष्ट रूप से उल्लेख किया गया है कि "यह शानदार प्राणी उत्तरी गोलार्द्ध में खुले क्षेत्रों में अपना घर बनाता है।"

72. (d) पाठ में बताया गया है कि मादा और नर सुनहरे बाज़ समान दिखते हैं, लेकिन मादा आकार में प्राय: बड़ी होती है। यही अंतर उन्हें पहचानने में सहायक होता है। रंग या परों की बनावट में विशेष अंतर का ज़िक्र नहीं है, इसलिए अन्य विकल्प सही नहीं हैं।

73. (a) अनुच्छेद में कहा गया है कि सुनहरा बाज "उत्तरी गोलार्द्ध में खुले क्षेत्रों में अपना घर बनाता है।" वह पेड़ों या खड़ी चट्टानों पर घोंसले बनाता है ताकि घात लगाने के लिए उसे अधिक स्थान मिल सके। इसका तात्पर्य यह है कि खुले क्षेत्र उसकी जीवन-शैली के लिए अनुकूल होते हैं।

74. (c) 'शानदार' का अर्थ होता है - देखने में आकर्षक, शानदार दृश्य, प्रभावशाली या मनोहारी। इसका समानार्थी शब्द 'भव्य' है।

'स्वर्णिम' का अर्थ होता है - सुनहरे रंग जैसा

'विनम्र' का अर्थ होता है - नम्र या सौम्य

'सुशील' का अर्थ होता है - अच्छा व्यवहार इनमें से केवल 'भव्य' ही 'शानदार' का अर्थ प्रकट करता है।

75. (d) विशाल का अर्थ होता है- बहुत बड़ा या विस्तृत। इसके विलोम शब्द होंगे: जबकि भारहीन आकार की नहीं बल्कि वजन की स्थिति को बताता है।

76. (b) 'थका' शब्द का अर्थ होता है- जिस पर थकावट छाई हो, ऊर्जा खत्म हो गई हो। इसका समानार्थी शब्द है 'निढ़ाल', जिसका अर्थ भी है- बहुत थका हुआ या कमजोर पड़ा हुआ।

'अन्वेषण' का अर्थ है खोज या अनुसंधान

'निर्वात' का अर्थ है खाली स्थान (वैक्यूम)

'खतरनाक' का अर्थ है जो जोखिम भरा हो।

77. (b) अनुच्छेद के अनुसार, "यह (रोबोट) कम्प्यूटर में प्राप्त निर्देशों के अनुसार चलता है और काम करता है।" इसी वजह से वह गलतियाँ नहीं करता। विकल्प (a) "यन्त्र हैं" भी सही दिशा में है, लेकिन (b) ज्यादा सटीक है क्योंकि यन्त्र होना ही पर्याप्त नहीं, निर्देशों का सही पालन करना ही गलती न करने का कारण है।

78. (d) अनुच्छेद में रोबोट के निम्नलिखित उपयोगों का उल्लेख है:

कार बनाना

खतरनाक स्थानों की खोज (जैसे ज्वालामुखी)

घर की सफ़ाई

टेलीफोन कॉल का उत्तर देना

लेकिन बच्चों को पढ़ाने का कोई उल्लेख नहीं किया गया है। अत: यह कार्य सूची में नहीं आता।

79. (b) 'खतरनाक' का अर्थ होता है - जोखिमपूर्ण या जान को खतरा देने वाला। इसका विलोम या विपरीतार्थक शब्द है 'सुरक्षित', जिसका अर्थ होता है - जो खतरे से मुक्त हो।

80. (d) अनुच्छेद में स्पष्ट रूप से कहा गया है, "कुछ रोबोट मानव जैसे दिखाई देते हैं। अधिकांश रोबोट मशीनों जैसे ही दिखाई देते हैं।"

इसका मतलब है कि अधिकतर रोबोट इंसानों जैसे नहीं, बल्कि यन्त्र जैसे दिखते हैं। अत: (d) कथन गलत है। बाकी सभी विकल्प अनुच्छेद में वर्णित तथ्यों पर आधारित हैं और सही हैं।

❑❑❑

जवाहर नवोदय विद्यालय प्रवेश परीक्षा, 2024
(कक्षा-VI) सॉल्व्ड पेपर

फेज-II, परीक्षा तिथि : 20 जनवरी, 2024

खण्ड-I मानसिक योग्यता परीक्षण

भाग-1

निर्देश (प्र. सं. 1-4): निम्नलिखित प्रत्येक प्रश्न में चार चित्र (a), (b), (c) और (d) दर्शाए गए हैं। इन चार चित्रों में से तीन चित्र किसी विधि से एकसमान हैं, जबकि एक चित्र अन्य से भिन्न है। अन्य से भिन्न चित्र का चयन करें।

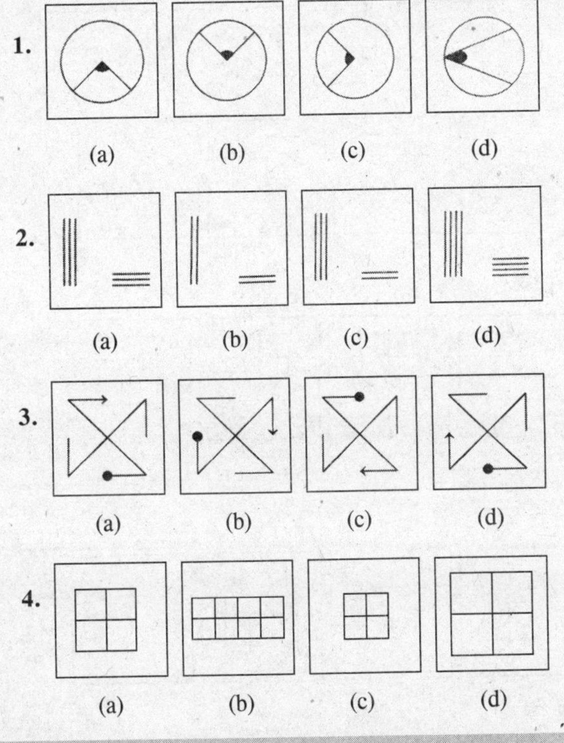

भाग-2

निर्देश (प्र. सं. 5-8): निम्न प्रश्नों में एक प्रश्न चित्र दिया गया है तथा (a), (b), (c) और (d) से चिन्हित चार उत्तर चित्र दिए गए हैं। उत्तर चित्रों से प्रश्न चित्र के समरूप चित्र को चुनें।

5. प्रश्न चित्र

उत्तर चित्र

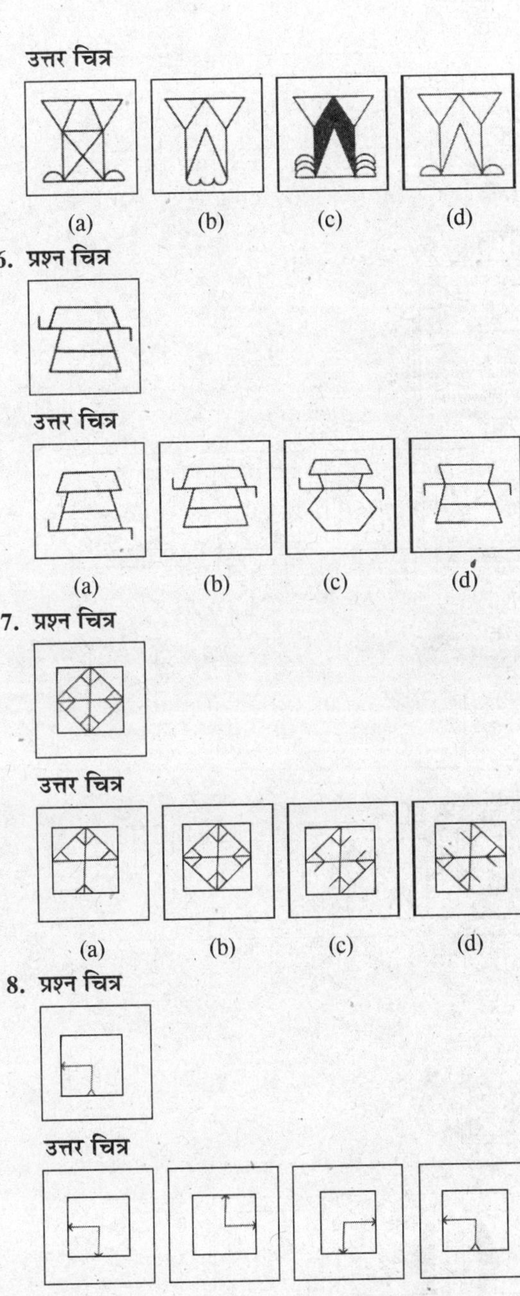

भाग-3

निर्देश (प्र. सं. 9-12): निम्न प्रश्नों में एक प्रश्न चित्र दिया गया है, जिसका एक भाग लुप्त दर्शाया गया है। दिए गए उत्तर चित्र (a), (b), (c) और (d) पर गौर करे तथा उस उत्तर चित्र का पता लगाएँ जिसको बिना दिशा परिवर्तन के प्रश्न चित्र पैटर्न को पूरा करने के लिए प्रश्न चित्र के लुप्त भाग में बिठाया जा सके।

9. प्रश्न चित्र

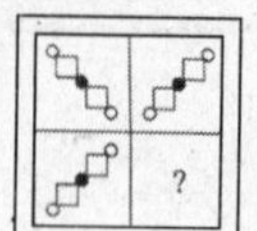

उत्तर चित्र

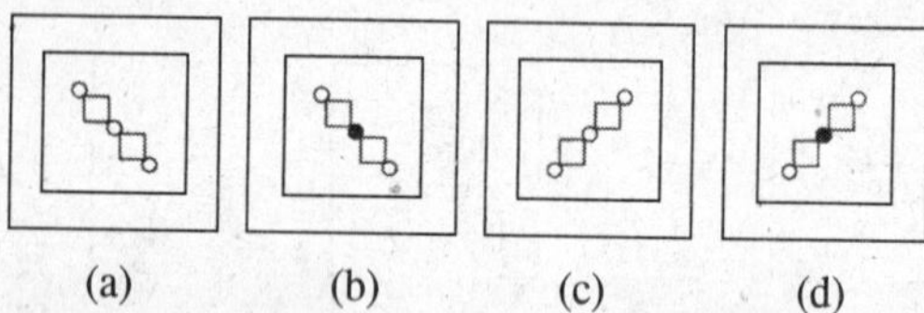

(a) (b) (c) (d)

10. प्रश्न चित्र

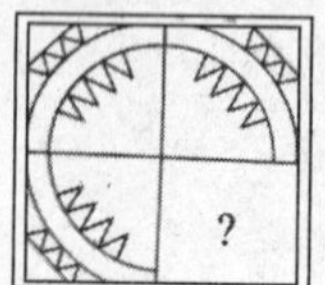

उत्तर चित्र

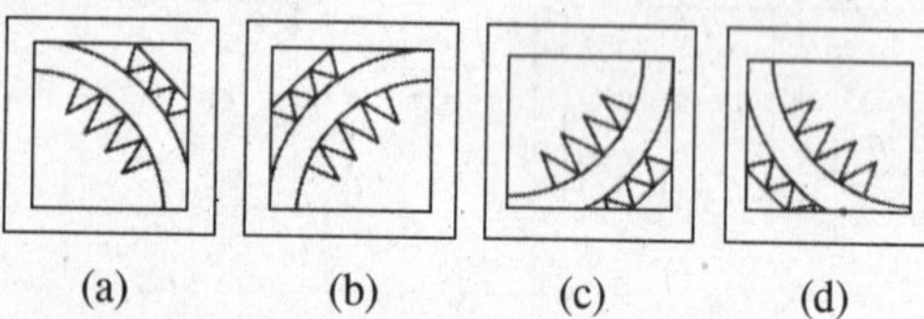

(a) (b) (c) (d)

11. प्रश्न चित्र

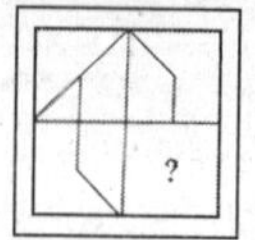

उत्तर चित्र

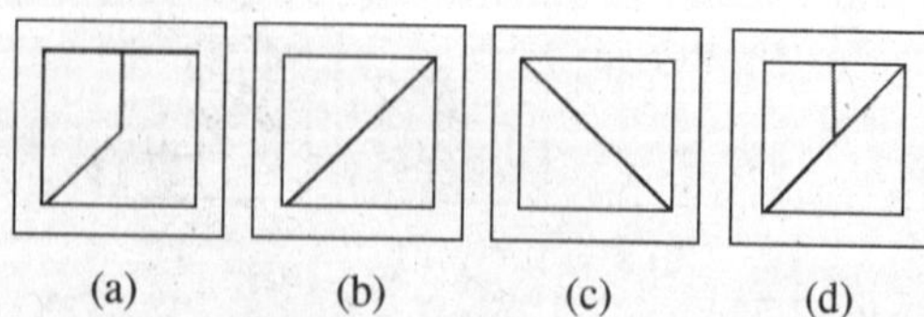

(a) (b) (c) (d)

12. प्रश्न चित्र

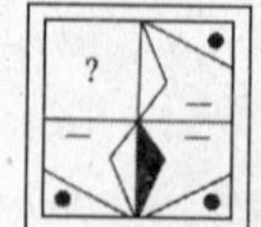

उत्तर चित्र

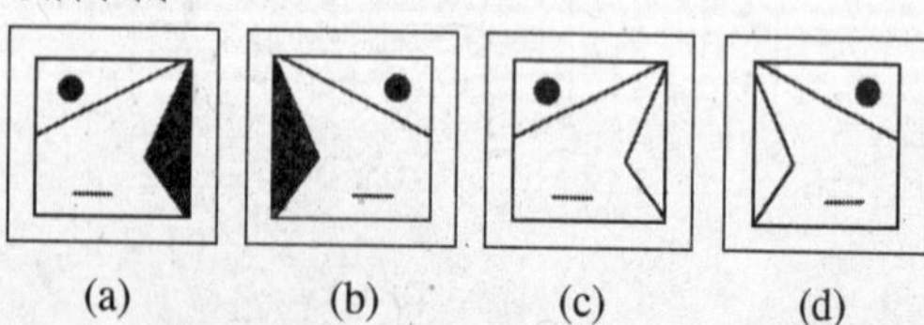

(a) (b) (c) (d)

भाग-4

निर्देश (प्र. सं. 13-16): निम्न प्रश्नों में तीन प्रश्न चित्र दर्शाए गए हैं तथा चौथे चित्र के लिए स्थान छोड़ा गया है। प्रश्न चित्र श्रेणीक्रम में हैं। श्रेणीक्रम को करने के लिए उपलब्ध उत्तर चित्रों में से एक चित्र का चयन करें जिसे बाई ओर दिए गए प्रश्न चित्र के खाली स्थान में प्रतिस्थापित किया जा सके।

13. प्रश्न चित्र

उत्तर चित्र

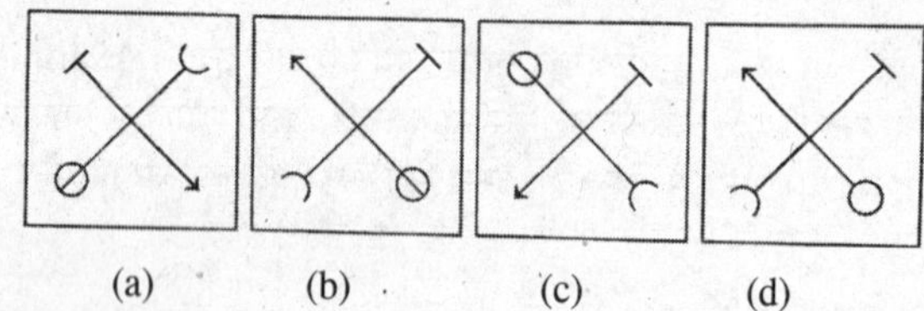

(a) (b) (c) (d)

14. प्रश्न चित्र

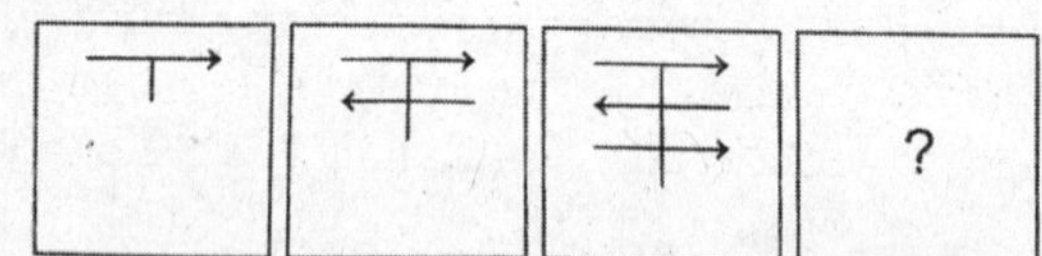

उत्तर चित्र

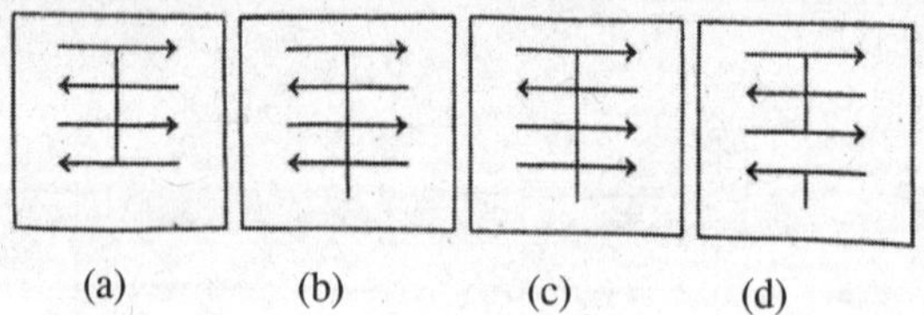

(a) (b) (c) (d)

15. प्रश्न चित्र

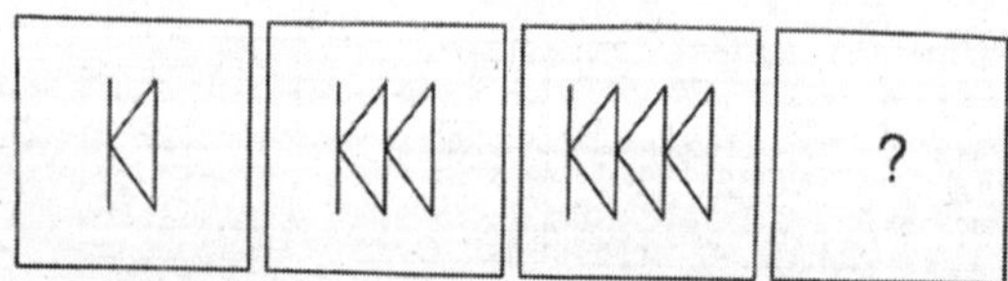

उत्तर चित्र

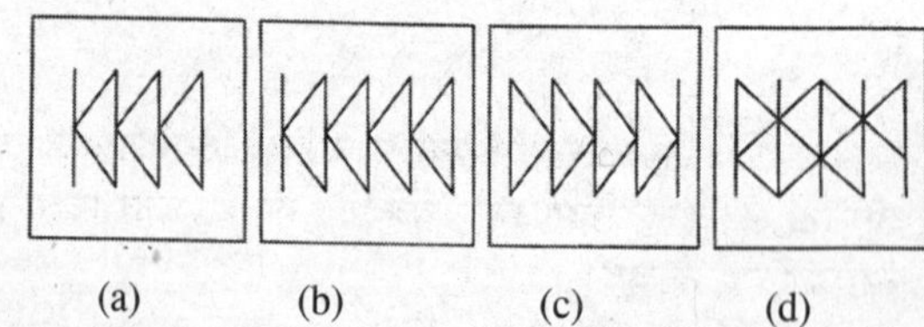

(a) (b) (c) (d)

16. प्रश्न चित्र

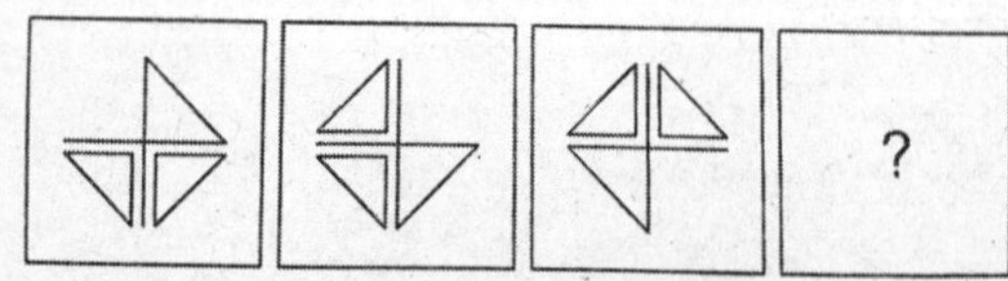

उत्तर चित्र

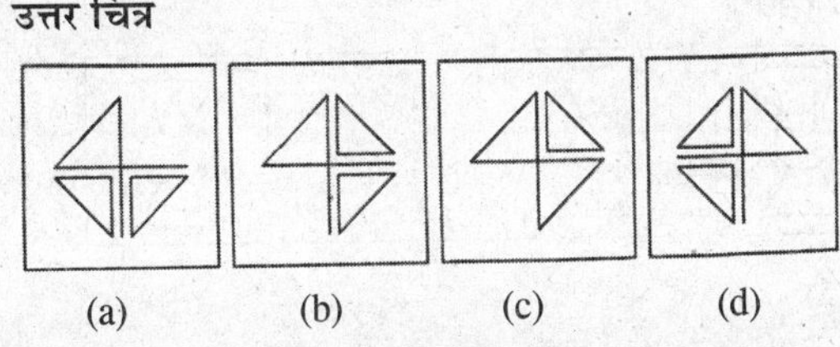

भाग-5

निर्देश (प्र. सं. 17-20): निम्नलिखित प्रत्येक प्रश्न में दो प्रश्न चित्रों के दो सेट दिए गए हैं। दूसरे सेट में एक प्रश्न चिह्न (?) है। प्रथम सेट के दो प्रश्न चित्रों में एक निश्चित सम्बन्ध है। इसी तरह का सम्बन्ध दूसरे सेट के तीसरे तथा चौथे चित्र में भी होना आवश्यक है। उत्तर चित्रों से उस चित्र का चयन करें जो प्रश्न चिह्न को प्रतिस्थापित करेगा।

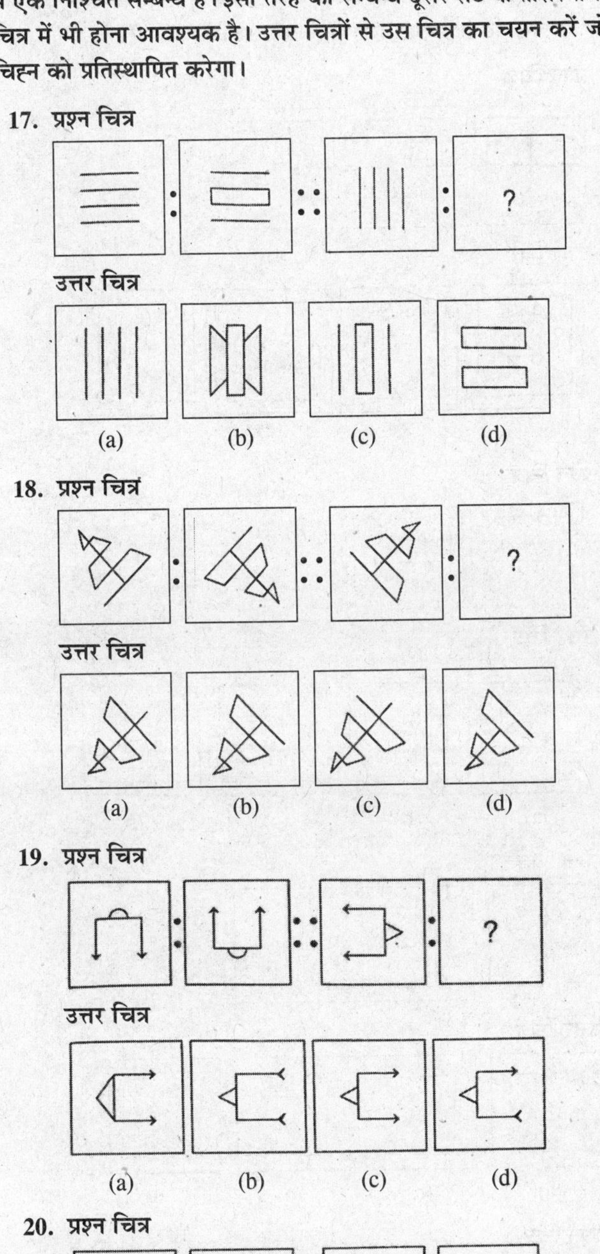

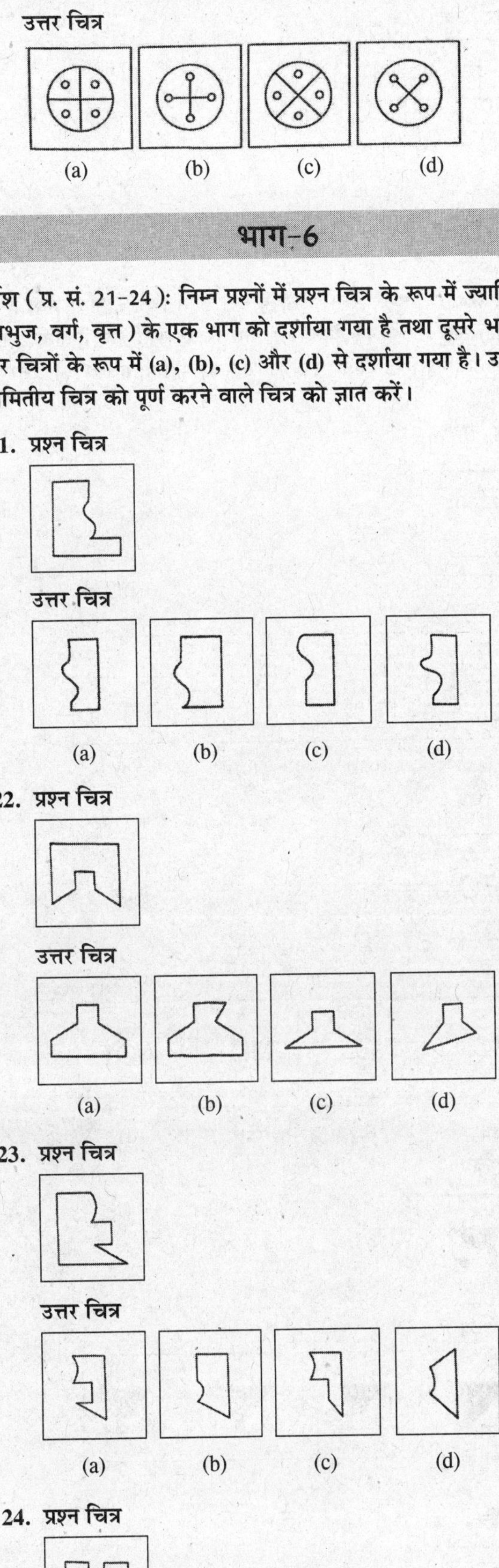

भाग-6

निर्देश (प्र. सं. 21-24): निम्न प्रश्नों में प्रश्न चित्र के रूप में ज्यामितीय चित्र (त्रिभुज, वर्ग, वृत्त) के एक भाग को दर्शाया गया है तथा दूसरे भाग को चार उत्तर चित्रों के रूप में (a), (b), (c) और (d) से दर्शाया गया है। उत्तर चित्र से ज्यामितीय चित्र को पूर्ण करने वाले चित्र को ज्ञात करें।

उत्तर चित्र

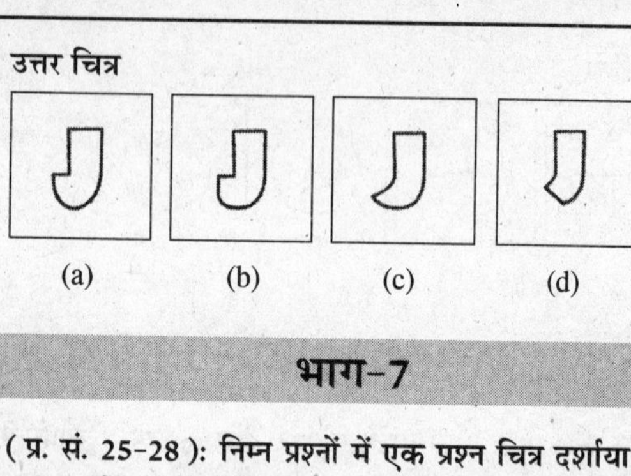

(a) (b) (c) (d)

भाग-7

निर्देश (प्र. सं. 25-28): निम्न प्रश्नों में एक प्रश्न चित्र दर्शाया गया है तथा (a), (b), (c) और (d) से चिह्नित चार उत्तर चित्र दर्शाए गए हैं। किसी दर्पण को XY के अनुदिश रखें जाने पर प्रश्न चित्र के सही प्रतिबिम्ब को उत्तर चित्र से चुनें।

25. प्रश्न चित्र

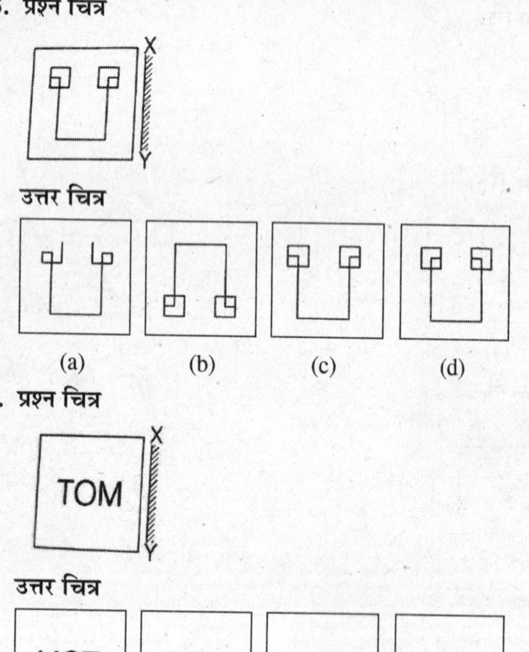

उत्तर चित्र

(a) (b) (c) (d)

26. प्रश्न चित्र

उत्तर चित्र

(a) (b) (c) (d)

27. प्रश्न चित्र

उत्तर चित्र

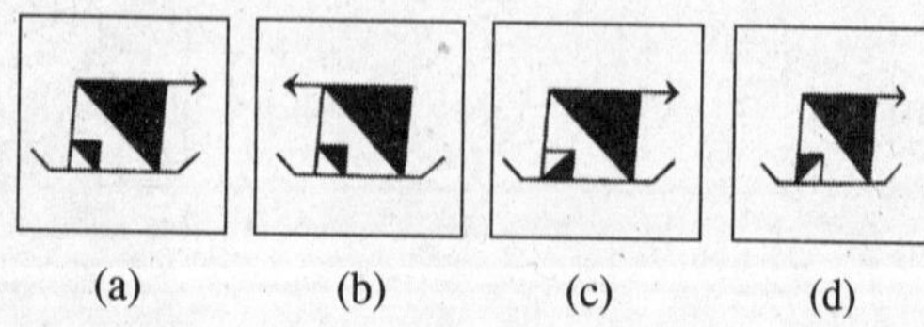

(a) (b) (c) (d)

28. प्रश्न चित्र

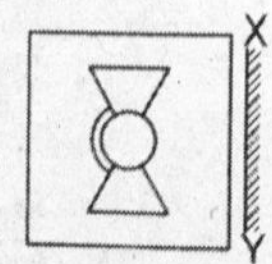

उत्तर चित्र

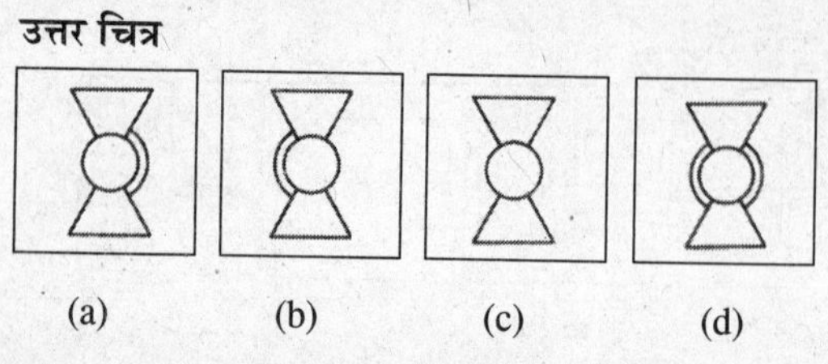

(a) (b) (c) (d)

भाग-8

निर्देश (प्र. सं. 29-32): निम्न प्रश्नों में प्रश्न चित्र में दर्शाए अनुसार कागज के एक टुकड़े को मोड़कर पंच किया गया तथा (a), (b), (c) और (d) से चिह्नित चार उत्तर चित्र दर्शाए गए हैं। कागज के टुकड़ों की तह को खोलने पर वह जिस आकृति के जैसा दिखाई देगा वैसा ही चित्र उत्तर चित्र से चुनें।

29. प्रश्न चित्र

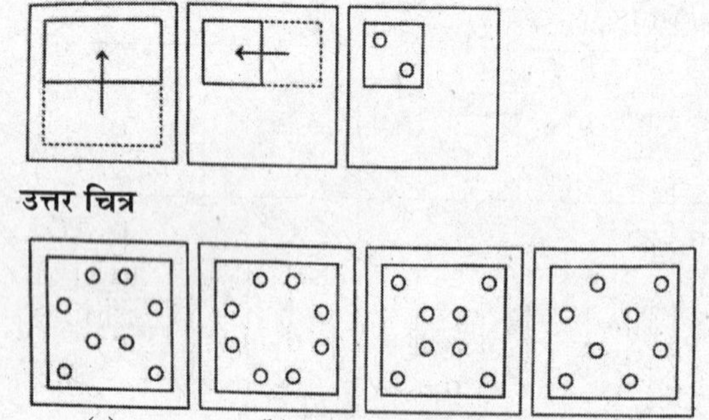

उत्तर चित्र

(a) (b) (c) (d)

30. प्रश्न चित्र

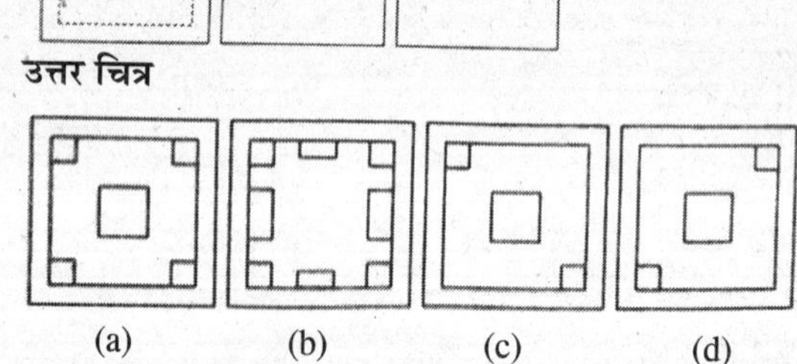

उत्तर चित्र

(a) (b) (c) (d)

31. प्रश्न चित्र

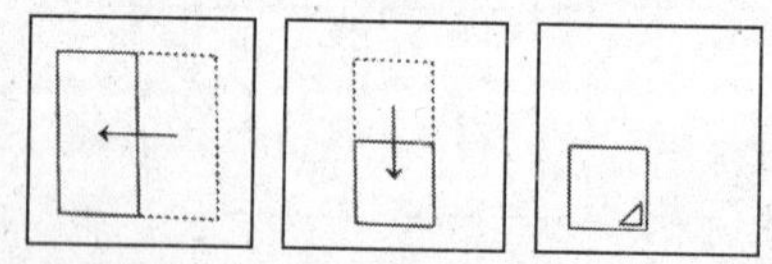

उत्तर चित्र

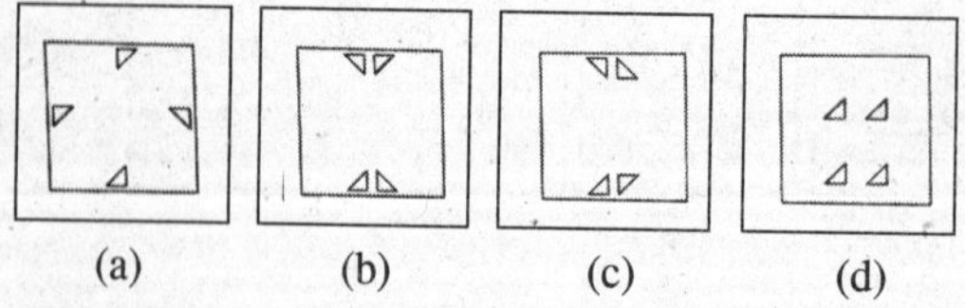

(a) (b) (c) (d)

32. प्रश्न चित्र

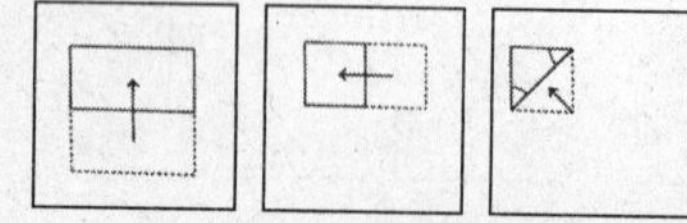

उत्तर चित्र

(a) (b) (c) (d)

भाग-9

निर्देश (प्र. सं. 33-36): निम्न प्रश्नों में एक प्रश्न चित्र दिया गया है तथा (a), (b), (c) और (d) से चिह्नित चार उत्तर चित्र दर्शाए गए हैं। उत्तर चित्र से उस चित्र का चयन करें जिसे प्रश्न चित्र में उपलब्ध कट-आउट टुकड़ों से बनाया जा सकता हो।

33. प्रश्न चित्र

उत्तर चित्र

(a) (b) (c) (d)

34. प्रश्न चित्र

उत्तर चित्र

(a) (b) (c) (d)

35. प्रश्न चित्र

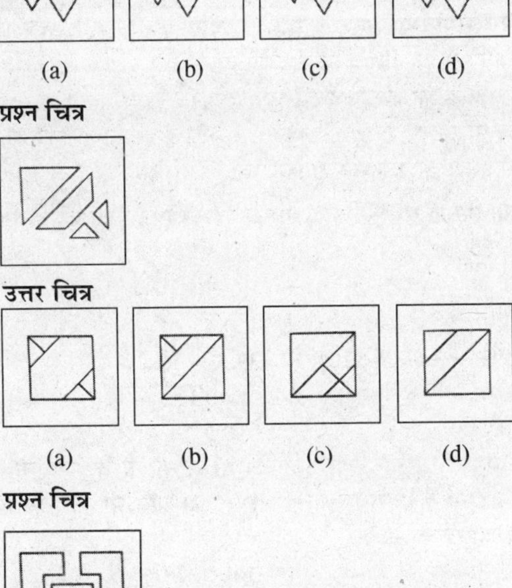

उत्तर चित्र

(a) (b) (c) (d)

36. प्रश्न चित्र

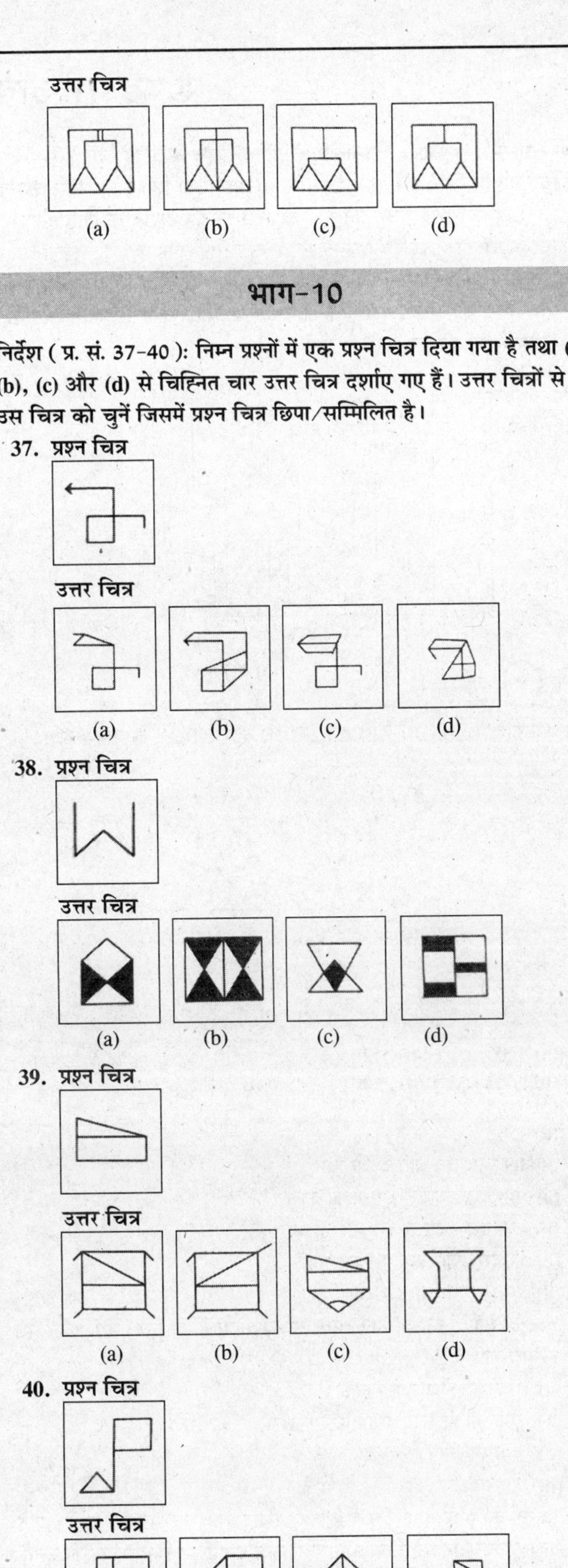

उत्तर चित्र

(a) (b) (c) (d)

भाग-10

निर्देश (प्र. सं. 37-40): निम्न प्रश्नों में एक प्रश्न चित्र दिया गया है तथा (a), (b), (c) और (d) से चिह्नित चार उत्तर चित्र दर्शाए गए हैं। उत्तर चित्रों से उस चित्र को चुनें जिसमें प्रश्न चित्र छिपा/सम्मिलित है।

37. प्रश्न चित्र

उत्तर चित्र

(a) (b) (c) (d)

38. प्रश्न चित्र

उत्तर चित्र

(a) (b) (c) (d)

39. प्रश्न चित्र

उत्तर चित्र

(a) (b) (c) (d)

40. प्रश्न चित्र

उत्तर चित्र

(a) (b) (c) (d)

खण्ड-II अंकगणित परीक्षण

निर्देश (प्र. सं. 41-60): निम्नलिखित प्रत्येक प्रश्न के लिए चार सम्भावित उत्तर दिए गए हैं, जिन्हें (a), (b), (c) और (d) क्रम दिया गया है। इनमें से केवल एक उत्तर सही है। सही उत्तर चुनें तथा अपने उत्तर को दर्शाने के लिए ओ.एम.आर. उत्तर-पत्रिका में प्रश्न की संगत संख्या के सामने वाले वृत्त को काला करें।

41. दिया गया दण्डचार्ट विभिन्न देशों की क्रिकेट टीमों द्वारा एक वर्ष में खेले गए मैचों की संख्या दर्शाता है। ऑस्ट्रेलिया की टीम द्वारा पाकिस्तान की टीम से कितने मैच अधिक खेले गए ?

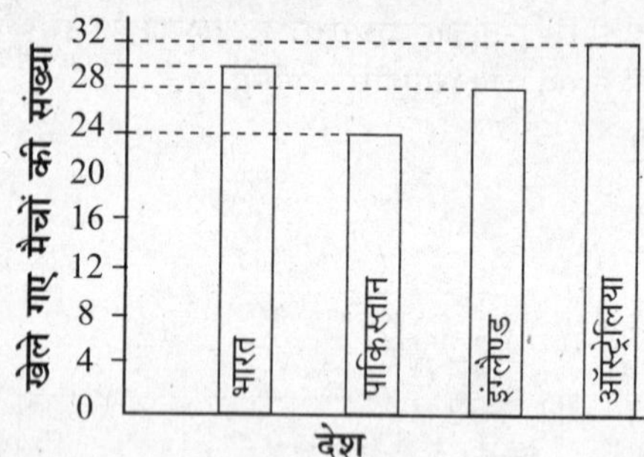

(a) 3 (b) 2
(c) 4 (d) 8

42. आकृति में ∠AOB, ∠BOC, ∠COD तथा ∠DOE के माप क्रमशः हैं-

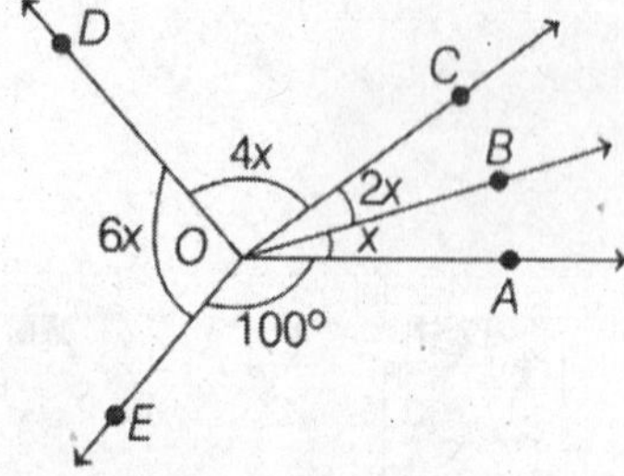

(a) 20°, 40°, 80°, 120°
(b) 30°, 30°, 70°, 130°
(c) 40°, 30°, 120°, 70°
(d) 50°, 20°, 80°, 110°

43. 30009 का मान वही है जो कि-

(a) 30 दस हजार तथा 9 दहाई का
(b) 30 दस हजार तथा 9 सैकड़ा का
(c) 3 दस हजार तथा 9 इकाई का
(d) 3 दस हजार तथा 9 दहाई का

44. यदि दो कोणों का योगफल एक अधिककोण है, तो निम्न में से कौन-सा सम्भव नहीं है ?

(a) एक समकोण तथा न्यूनकोण
(b) एक अधिककोण तथा एक न्यूनकोण
(c) दो न्यूनकोण
(d) दो समकोण

45. सुमित का भार 107 किग्रा है तथा संजय का भार 82 किग्रा है। यदि प्रत्येक के वजन को निकटतम दहाई तक पूर्णांकित किया जाए तो उनके वजन का अन्तर है-

(a) 30 किग्रा (b) 100 किग्रा
(c) 40 किग्रा (d) 20 किग्रा

46. यदि एक वर्ग की प्रत्येक भुजा अपनी एक-तिहाई हो जाए, तो वर्ग का क्षेत्रफल घटकर हो जाएगा-

(a) एक सातवाँ (b) एक-तिहाई
(c) एक आठवाँ (d) एक नवाँ

47. एक मशीन एक मिनट में 12 पृष्ठ छाप सकती है। 5760 पृष्ठों को छापने में कितना समय लगेगा ?

(a) 7 घण्टे (b) 8 घण्टे
(c) $8\frac{1}{2}$ घण्टे (d) 9 घण्टे

48. एक वस्तु को ₹2540 में बेचने पर जो लाभ प्राप्त होता है वहीं उसी वस्तु को ₹1850 में बेचने पर जो हानि होती है, के बराबर है। वस्तु का क्रय मूल्य है-

(a) ₹2095 (b) ₹2195
(c) ₹2010 (d) ₹2020

49. $5\frac{3}{8} \times 8\frac{1}{8} - 3\frac{1}{8} \times 5\frac{5}{8}$ को हल करने पर प्राप्त होता है (लगभग)-

(a) 25 (b) 26
(c) 27 (d) 30

50. एक पुस्तक का क्रय मूल्य ₹100 है। दुकानदार ऐसी 3 पुस्तकों को ₹275 में बेचता है। लाभ या हानि क्या है ?

(a) लाभ, ₹175 (b) लाभ, ₹25
(c) हानि, ₹175 (d) हानि, ₹25

51. एक संख्या के अंकों का जोड़ संख्या से घटाया जाता है। परिणामी संख्या हमेशा भाज्य होगी-

(a) 2 से (b) 7 से
(c) 5 से (d) 9 से

52. $31\frac{7}{16}$ को दशमलव में परिवर्तित करने पर आता है-

(a) 314.375 (b) 3.14375
(c) 31.4375 (d) 32.475

53. एक भिन्न समान या समतुल्य रहती है, यदि-

(a) एक ही संख्या अंश व हर में जोड़ी जाए।
(b) एक ही संख्या अंश व हर से घटा दी जाए।
(c) एक ही संख्या, शून्य को छोड़कर, से अंश व हर को गुणा किया जाए।
(d) इसे इसके व्युत्क्रम से गुणा किया जाए।

54. 30 किग्रा मिठाई से $\frac{2}{3}$ किग्रा भार के कितने मिठाई के पैकेट बनाए जा सकते हैं ?

(a) 20 (b) 30
(c) 40 (d) 45

55. यदि 4392 ÷ 3.66 = 1200, तो 439.2 ÷ 36.6 =

(a) 12 (b) 0.12
(c) 1.02 (d) 1.2

56. एक आयताकार प्लॉट का क्षेत्रफल 616 वर्ग मी है, जबकि इसकी चौड़ाई 22 मी है। इसके चारों ओर ₹7.50 प्रति मी की दर से बाड़ लगवाने का खर्चा है-

(a) ₹1500 (b) ₹ 375
(c) ₹4620 (d) ₹750

57. एक वर्ग का परिमाप उस आयत के परिमाप के समान है जिसकी लम्बाई 17 मी तथा चौड़ाई 11 मी है। इस वर्ग का क्षेत्रफल (वर्ग मी में) है-

(a) 196 (b) 14
(c) 187 (d) 121

58. यदि $\frac{a}{b}$ एक भिन्न है, जिसमें $a = b - 3$ तथा $\frac{a+10}{b} - \frac{a}{b} = \frac{10}{7}$ है, तो $\frac{a}{b}$ है-

(a) $\frac{8}{11}$ (b) $\frac{2}{5}$
(c) $\frac{4}{7}$ (d) $\frac{5}{8}$

59. 3 अंकों की बड़ी से बड़ी संख्या तथा 3 अंकों की छोटी-से-छोटी संख्या, जो कि अंक 9, 6 तथा 0 से बनी है, का गुणनफल है-

(a) 66240 (b) 999000
(c) 584640 (d) 869760

60. यदि हम 1 से 100 तक की सभी संख्याओं को लिखते हैं, तो अंक 9 कितनी बार आएगा ?

(a) 19 (b) 20
(c) 21 (d) 23

खण्ड-III भाषा परीक्षण

निर्देश (प्र.सं. 61-80) : इस खण्ड मे चार अनुच्छेद हैं। प्रत्येक अनुच्छेद पर पाँच प्रश्न हैं। प्रत्येक अनुच्छेद को सावधानी से पढ़ें और उसके नीचे दिए गए प्रश्नों के उत्तर दें। प्रत्येक प्रश्न के लिए चार सम्भावित उत्तर दिए गए हैं, जिनकी क्रम संख्या (a), (b), (c) और (d) है, इनमें से केवल एक उत्तर ही सही है। सही उत्तर को दर्शाने के लिए ओ.एम.आर. उत्तर पत्रिका में प्रश्न की संगत संख्या के सामने वाले वृत को काला करें।

अनुच्छेद-1

आपने महान पर्यावरणवादी और सामाजिक कार्यकर्ता सुंदरलाल बहुगुणा के बारे में अवश्य सुना होगा। उनका जन्म उत्तराखण्ड के एक छोटे से गाँव में हुआ था। उनका गाँव ऊँची पहाड़ियों पर हरे-भरे वनों से घिरा हुआ था। वन मूल्यवान वृक्षों से भरे हुए थे। खेल का सामान बनाने वाली अनेक कम्पनियों ने, सामान बनाने के लिए, पेड़ों की कटाई शुरू कर दी। इसका परिणाम यह हुआ कि आस-पास के क्षेत्रों में विनाशकारी बाढ़ आनी शुरू हो गयी। बाढ़ से लोगों को अनेक समस्याओं का सामना करना पड़ा। उन्हें अपने जीवन में वनों का महत्त्व समझ में आया।

61. सुन्दरलाल बहुगुणा एक महान ....थे।

(a) पर्यावरणवादी (b) वैज्ञानिक
(c) अध्यापक (d) चिकित्सक

62. उनका गाँव घिरा हुआ था।

(a) गहरे वनों से (b) भूरे वनों से
(c) हरे-भरे वनों से (d) सूखे वनों से

63. वनों की कटाई के परिणामस्वरूप .... आने लगी।

(a) विनाशकारी बाढ़ (b) जलद्वार
(c) अनावृष्टि (d) तीव्र रोशनी

64. सुन्दरलाल बहुगुणा' .... संज्ञा हैं।

(a) जातिवाचक (b) समूहवाचक
(c) भाववाचक (d) व्यक्तिवाचक

65. 'मूल्यवान' .... का पर्यायवाची है।

(a) घृणास्पद (b) अप्रिय
(c) अमूल्य (अनमोल) (d) अनुपयोगी

अनुच्छेद-2

विनम्रता एक महान सद्गुण है। इसका अभिप्राय है विनम्र, कोमल और सुशील होना। यह घमण्डी होने के उलट है। यह स्वयं पर नियंत्रण रखने की गुणवत्ता है। ऐसा व्यक्ति जिद्दी नहीं होता। वह दूसरों से सलाह लेता है और उनके अनुभव से सीखता है। वह अपना स्वयं का विशेषज्ञ है। वह आसानी से नाराज नहीं होता। एक विनम्र व्यक्ति अपनी गलतियों और कमियों को मुस्कराने के साथ स्वीकार करता है। क्योंकि वह आत्मकेन्द्रित नहीं है, इसलिए वह विचारवान् है।

66. विनम्रता एक महान .... है।

(a) गुण (b) बुराई
(c) पाप (d) दोष

67. विनम्रता का अभिप्राय .... है।

(a) अक्खड़ होना (b) सविनय होना
(c) क्रूर होना (d) दयाहीन

68. विनम्र व्यक्ति .... से सीखता है।

(a) दूसरों के अनुभव (b) स्वयं के अनुभव
(c) अध्यापकों के अनुभव (d) अभिभावकों के अनुभव

69. घमण्डी किसका पर्यायवाची है ?

(a) विनम्र (b) कोमल
(c) सुशील (d) अक्खड़

70. जिद्दी का विलोम है

(a) अटल (b) कठोर
(c) सहमत (d) स्वेच्छाचारी

अनुच्छेद-3

कृतज्ञता ज्ञापन एक महान सद्गुण है जो प्रत्येक मनुष्य में होना चाहिए। यह एक अनुभूति है जिसके द्वारा हम किसी के प्रति धन्यवाद अभिव्यक्त करते हैं। हम अनेक रूपों में अपनी कृतज्ञता ज्ञापित कर सकते हैं। हम अपने विचारों, शब्दों और कार्यों में कृतज्ञ हो सकते हैं। जब हम 'धन्यवाद' कहते हैं उसका अर्थ होगा हम 'कृतज्ञ' हैं। हमें उन सबके प्रति कृतज्ञ होना चाहिए जो हमारी मद्द करते हैं। हमें भगवान का कृतज्ञ होना चाहिए क्योंकि उसने हमें अनेक अच्छी वस्तुएँ प्रदान की। हमें उसे अपने हृदय के अंतरतम से धन्यवाद देना चाहिए।

71. 'धन्यवाद' का अर्थ है कि हम .... हैं।

(a) उच्च (b) उदास
(c) दुःखी (d) कृतज्ञ

72. महान सद्गुण क्या है ?

(a) क्रूरता प्रदर्शन (b) कृतज्ञता प्रदर्शन
(c) दुःख व्यक्त करना (d) कष्ट बताना

73. अपने/अपनी .... में भी कोई कृतज्ञ हो सकता है।

(a) सद्गुणों (b) कर्तव्यों
(c) विचारों (d) आमदनी

74. 'सहायक' शब्द .... है।

(a) संज्ञा (b) सर्वनाम
(c) क्रिया (d) विशेषण

75. 'सद्गुण' का अर्थ है ....

(a) गुण (b) नायकवाद (वीरता)
(c) बुराई (d) शांति

अनुच्छेद-4

वैज्ञानिक और चिकित्सक हमारे शरीर के विभिन्न तंत्रों और अंगों पर टी.वी. के खतरनाक प्रभावों के बारे में हमें चेतावनी देते हैं। प्रत्येक व्यक्ति प्रतिदिन औसतन तीन से चार घण्टे टी.वी. देखता है, जिससे हमारी दृष्टि कमजोर होती है। बच्चों पर सबसे

अधिक प्रभाव पड़ता है, क्योंकि वे निकट से टी.वी. देखते हैं, जो अधिक हानिकारक है। इसके परिणामस्वरूप सिरदर्द की सामान्य शिकायत भी आती है।

लम्बे समय तक टी.वी. देखना हमारे शारीरिक स्वास्थ्य और मानसिक विकास के लिए हानिकारक है। नृत्य, संगीत, लड़ाई के विभिन्न कार्यक्रमों की ऊँची आवाज से बहरापन आ सकता है। एक ही मुद्रा में लगातार टी.वी. देखने से जोड़ों में दर्द, पीठ में दर्द और मांसपेशियों में दर्द भी होता है। टी.वी. देखते हुए खाना खाने से हमारी पाचन क्रिया ढ़ीली हो जाती है और मोटापा बढ़ता है। आतंक और हिंसा के दृश्यों से युवकों में मनोवैज्ञानिक समस्याएँ जन्म लेती हैं।

76. लम्बे समय तक लगातार टी.वी. देखने से हमारा/हमारी प्रभावित नहीं होता/होती है।

(a) मानसिक स्वास्थ्य (b) ऊँचाई
(c) पाचन क्रिया (d) भार

77. "आंतक और हिंसा" के दृश्यों से युवकों में मनोवैज्ञानिक समस्याएँ जन्म लेती हैं। 'मनोवैज्ञानिक समस्याओं' का सम्बन्ध .... से सम्बन्धित समस्याओं से है।

(a) दिमाग (b) हृदय
(c) पाचन क्रिया (d) श्रवण क्षमता

78. टी.वी. देखने का प्रभाव बच्चों की दृष्टि पर सबसे अधिक पड़ता है, क्योकि ....।

(a) उनकी पाचन क्रिया ढीली हो जाती है
(b) टी.वी. देखते हुए वे गलत मुद्रा में बैठते हैं
(c) वे टी.वी. को बहुत निकट से देखते हैं
(d) वे टी.वी. देखते हुए खाना खाते हैं

79. ढीली का समानार्थी शब्द .... है।

(a) शक्तिपूर्ण (b) व्यस्त
(c) धीरे (d) तीव्र

80. अनुच्छेद में प्रयुक्त 'हानिकारक' शब्द का विलोम है

(a) अहितकर (b) निराशाजनक
(c) उपयोगी (d) खतरनाक

व्याख्या सहित उत्तर

1. (d)

2. (c) चित्र (c) को छोड़कर अन्य सभी चित्रों में ऊर्ध्वाधर और क्षैतिज रेखाओं की संख्या बराबर हैं।

3. (d) चित्र (d) को छोड़कर अन्य सभी चित्रों में चिह्न (⟶) और (⟵) एक-दूसरे के विपरीत हैं।

4. (b)

5. (d) उत्तर आकृति (d) प्रश्न आकृति के समरूप है।

6. (b) उत्तर आकृति (b) प्रश्न आकृति के समरूप है।

7. (b) उत्तर आकृति (b) प्रश्न आकृति के समरूप है।

8. (d) उत्तर आकृति (d) प्रश्न आकृति के समरूप है।

9. (b) उत्तर आकृति (b) प्रश्न आकृति को पूरा करेगा।

10. (c) उत्तर चित्र (c) प्रश्न चित्र को पूरा करेगा।

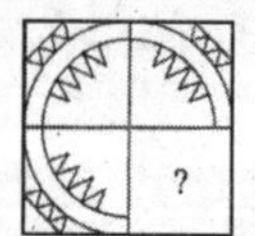
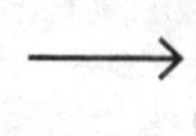

11. (d) उत्तर चित्र (d) प्रश्न चित्र को पूरा करेगा।

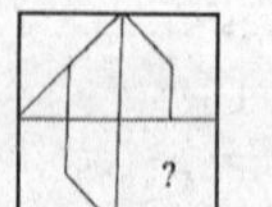
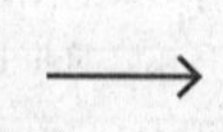
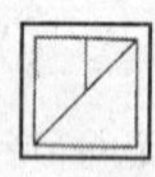

12. (a)

13. (a) आकृतियों के क्रमबद्ध व्यवस्थिकरण को शृंखला कहते हैं जिनमें आकृतियाँ एक निश्चित क्रम में व्यवस्थित होती हैं। इस प्रकार पूरी आकृति 90° दक्षिणावर्त दिशा में घूम रही है इसलिए विकल्प (a) सही है।

14. (b) प्रश्न आकृति के अनुसार उत्तर आकृति का चयन करने पर प्रत्येक अगले चित्र में तीर विपरीत दिशा में मुख करके जुड़ रहें हैं तथा मध्य की रेखा में एक रेखा की वृद्धि हो रही है।

15. (b) प्रश्न आकृति के आधार पर उत्तर आकृति का चयन करने पर प्रत्येक अगले चित्र में त्रिभुजों की संख्या में एक की वृद्धि हो रही है।

16. (b)

17. (c) आकृति (1) से (2) में मध्य की रेखाएँ आयत में परिवर्तित हो जाती हैं। समान पैटर्न (3) से (4) में भी होगा। अत: विकल्प (c) सही है।

18. (b) आकृति (1) से (2) में, चित्र 180° दक्षिणावर्त या वामावर्त घूम जाता है। समान पैटर्न (3) से (4) में भी होगा। अत: विकल्प (b) सही है।

19. (c)

20. (c) आकृति (1) से (2) में वृत्त से जुड़ी रेखाएँ लुप्त हो जाती हैं। समान पैटर्न (3) से (4) में भी होगा। अत: विकल्प (c) सही हैं।

21. (b)

22. (a) उत्तर चित्र (a) और प्रश्न चित्र को मिलाकर वर्ग बनेगा।

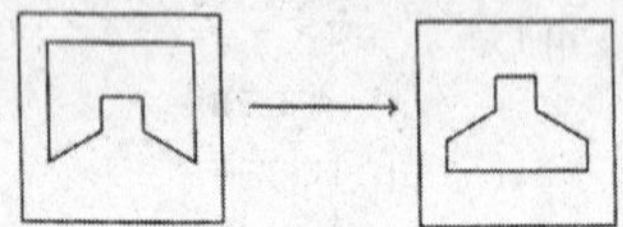

23. (a)

24. (c) उत्तर चित्र (c) और प्रश्न चित्र को मिलाकर वर्ग बनेगा।

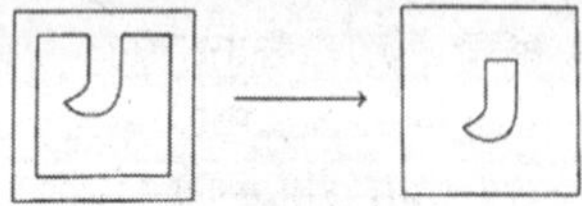

25. (c) दर्पण प्रतिबिम्ब में सदैव वस्तु के ऊपर का भाग और नीचे का भाग समान रहता है। अत: उत्तर चित्र (c) प्रश्न चित्र का सही दर्पण प्रतिबिम्ब है।

26. (a) दर्पण प्रतिबिम्ब में वस्तु का दायाँ और बायाँ भाग एक-दूसरे से परिवर्तित हो जाता है जिसे पार्श्विक उत्क्रमण (Later Inversion) कहा जाता है, इस प्रकार उत्तर चित्र (a) प्रश्न चित्र का सही दर्पण प्रतिबिम्ब है।

27. (a) दर्पण में दिखाई देने वाले प्रतिबिम्ब मूल आकृति के समरूप होते हैं, इसलिए उत्तर चित्र (a) प्रश्न चित्र का सही दर्पण प्रतिबिम्ब है।

28. (a)

29. (c) कागज को खोलने पर उत्तर चित्र (c) प्राप्त होगा।

30. (a) कागज को खोलने पर उत्तर चित्र (a) प्राप्त होगा।

31. (b) कागज को खोलने पर उत्तर चित्र (b) प्राप्त होगा।

32. (a) कागज को खोलने पर उत्तर चित्र (a) प्राप्त होगा।

33. (a) दिए गए कट आउट का प्रयोग करके उत्तर चित्र (a) बनाया जा सकता है।

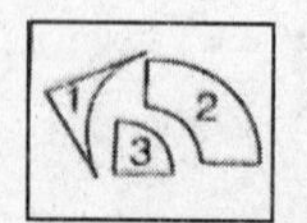

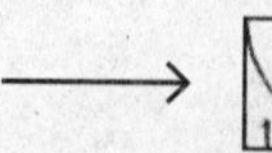
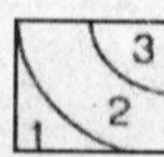

34. (c)

35. (b) दिए गए कट-आउट का प्रयोग करके उत्तर चित्र (b) बनाया जा सकता है।

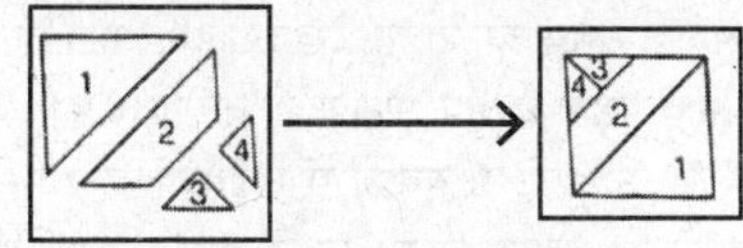

36. (d)

37. (c) प्रश्न चित्र उत्तर चित्र (c) में निहित है।

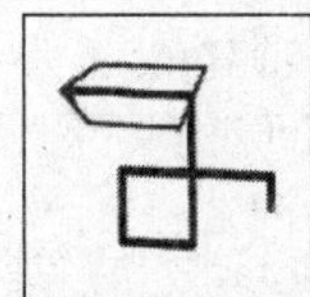

38. (a)

39. (c) प्रश्न चित्र उत्तर चित्र (c) में निहित है।

40. (a)

41. (d) दण्डचार्ट में दी गई जानकारी के अनुसार, अभीष्ट मैचों की संख्या = ऑस्ट्रेलिया द्वारा खेले गये मैचों की संख्या − पाकिस्तान द्वारा खेले गये मैचों की संख्या

$=32 - 24 = 8$

42. (a) आकृति से,

$\angle AOB + \angle BOC + \angle COD + \angle DOE + \angle AOE = 360°$

$\Rightarrow x + 2 + 4x + 6x + 100° = 360°$

$\Rightarrow \quad 13x = 360° - 100°$

$\Rightarrow \quad x = \frac{260°}{13} = 120°$

$\therefore \angle AOB = 20°, \angle BOC = 2 \times 20° = 40°,$

$\angle COD = 4 \times 20° = 80°$

$\angle DOE = 6 \times 20° = 120°$

43. (c) **44.** (d)

45. (a) सुमित का भार = 107 किग्रा

निकटतम दहाई में सुमित का वजन = 110 किग्रा

संजय का भार = 82 किग्रा

निकटतम दहाई में संजय का वजन 80 किग्रा

$\therefore$ अभीष्ट अन्तर = 110 − 80 = 30 किग्रा

46. (d) माना वर्ग की प्रत्येक भुजा a है।

$\therefore$ वर्ग का क्षेत्रफल = a^2

$\therefore$ वर्ग की नई भुजा = $\frac{a}{3}$

$\therefore$ वर्ग का नया क्षेत्रफल = $\frac{a^2}{9} = \frac{1}{9} \times$ मूल क्षेत्रफल = $\frac{1}{9}$ वाँ

47. (b) मशीन 12 पेज छापती है = 1 मिनट में

$\therefore$ 1 पेज छपेगा = $\frac{1}{12}$ मिनट में

$\Rightarrow$ 5760 पेज छपेंगें = $\frac{1}{12} \times 5760$ मिनट में = 480 मिनट

$= \frac{480}{60} = 8$ घण्टे में

48. (b) **49.** (b)

50. (d) 1 पुस्तक का क्रय मूल्य = ₹100

दुकानदार द्वारा बेची गई 3 पुस्तकों का क्रय मूल्य = 3 × 100 = ₹300

ऐसी ही 3 पुस्तकों का विक्रय मूल्य = ₹275

यहाँ, क्रय मूल्य > विक्रय मूल्य

$\therefore$ हानि = क्रय मूल − विक्रय मूल्य = 300 − 275 = ₹25

51. (d) प्रश्नानुसार, माना एक दो अंकों की संख्या में इकाई और दहाई के अंक क्रमश: x और y हैं।

$\therefore$ परिणाम = $10y + x - (x + y) = 9y$, अत: यह 9 से विभाज्य है।

52. (c) **53.** (c)

54. (d) 30 kg भार से बनने वाले मिठाई के पैकेटों की संख्या = $30 \div \frac{2}{3}$

$= 30 \times \frac{3}{2} = 45$

55. (a)

56. (d) आयताकार प्लॉट का क्षेत्रफल = लम्बाई × चौड़ाई

616 = लम्बाई × 22

$\Rightarrow$ लम्बाई = $\frac{616}{22} = 28$

$\therefore$ प्लॉट का परिमाप = 2 (लम्बाई + चौड़ाई) = 2(28 + 22)

= 2 (50) = 100 मी

$\therefore$ बाड़ लगाने का खर्च = 7.50 × 100 = ₹750

57. (a) वर्ग का परिमाप = आयत का परिमाप

4 × भुजा = 2 (लम्बाई + चौड़ाई) $\Rightarrow$ 4 × भुजा = 2 (17+11)

$\Rightarrow$ भुजा = $\frac{2 \times 28}{4} = 14$

$\therefore$ वर्ग का क्षेत्रफल = (भुजा)^2 = $(14)^2$ = 196मी^{2}

58. (c) $\frac{a + 10}{b} - \frac{a}{b} = \frac{10}{7}$

$\Rightarrow \quad \frac{b - 3 + 10}{b} - \frac{b - 3}{b} = \frac{10}{7} \qquad [\therefore a = b - 3]$

$\Rightarrow \quad \frac{b + 7 - b + 3}{b} = \frac{10}{7} = \frac{10}{b} = \frac{10}{7}$

$\Rightarrow \quad b = 7 \quad \Rightarrow a = b - 3 = 7 - 3 = 4$

अत: $\frac{a}{b} = \frac{4}{7}$

59. (c) **60.** (b)

61. (a) अनुच्छेद के अनुसार, सुन्दरलाल बहुगुणा एक महान पर्यावरणवादी तथा सामाजिक कार्यकर्ता थे।

62. (c) सुन्दरलाल बहुगुणा का गाँव ऊँची पहाड़ियों पर हरे-भरे वनों से घिरा हुआ था।

63. (a) वनों की कटाई के परिणामस्वरूप विनाशकारी बाढ़ आने लगी।

64. (d) सुन्दरलाल बहुगुणा एक विशेष व्यक्ति का नाम है। अत: यह व्यक्तिवाचक संज्ञा का उदाहरण है।

जिन शब्दों से किसी विशेष व्यक्ति, स्थान या वस्तु के नाम का पता चले, उसे व्यक्तिवाचक संज्ञा कहते है।

65. (c) मूल्यवान 'अमूल्य' (अनमोल) का पर्यायवाची है। इसके अन्य पर्यायवाची हैं- कीमती, बहुमूल्य श्रेष्ठ आदि ।

66. (a) अनुच्छेद के अनुसार, विनम्रता एक महान गुण है, जिसके द्वारा मनुष्य स्वयं पर नियन्त्रण रख सकता है।

67. (b) विनम्रता का अभिप्राय होता है- सविनय होना अर्थात् अपना स्वभाव सरल व सहज बनाए रखना।

68. (a) विनम्र व्यक्ति दूसरों के अनुभव से सीखता है एवं जिद्दी नहीं होता। वह दूसरों से सलाह लेता है और उनके अनुभव से सीखता हैं।

69. (d) 'घमंडी' अक्खड़ का पर्यायवाची है। इसके अन्य पर्यायवाची शब्द होते हैं- गर्वित, अभिमानी आदि।

70. (c) 'जिद्दी' का विलोम शब्द है सहमत एवं 'जिद्दी' का अर्थ- जो दूसरों की बात नहीं मानता, अपनी ही जिद या हठ पर अड़ा रहता है।

71. (d) दिए गए गद्यांश के अनुसार, 'धन्यवाद' का अर्थ है कि हम कृतज्ञ उन सबके प्रति कृतज्ञ होने चाहिए, जो हमारे लिए सहायक हैं।

72. (b) महान सद्गुण 'कृतज्ञता ज्ञापन या प्रदर्शन' है। इसका अर्थ है- किसी के प्रति धन्यवाद प्रकट करना।

73. (c) अपने विचारों में भी कोई कृतज्ञ हो सकता है। अनुच्छेद के अनुसार, हम अपने विचारों, शब्दों और कार्यों में भी कृतज्ञ हो सकते हैं।

74. (d) 'सहायक' शब्द विशेषण है, जैसे- सहायक व्यक्ति या सहायक नदी आदि। विशेषण संज्ञा या सर्वनाम की विशेषता बताते हैं। अन्य विकल्पों में संज्ञा किसी वस्तु, व्यक्ति, स्थान, आदि के नाम का बोध कराती है। सर्वनाम संज्ञा के स्थान पर प्रयुक्त होने वाला शब्द है। क्रिया द्वारा कोई कार्य किया जाता है या स्वयं हो जाता है।

75. (a) सद्गुण का अर्थ- अच्छा गुण होता है।

76. (b) लम्बे समय तक लगातार टी. वी. देखने से हमारी ऊँचाई अर्थात् लम्बाई प्रभावित नहीं होती है। परन्तु अधिक समय तक टी.वी. देखने से हमारे मानसिक स्वास्थ्य व पाचन क्रिया पर विपरीत प्रभाव पड़ता है और मोटापा भी बढ़ जाता है।

77. (a) 'आतंक और हिंसा के दृश्यों से युवकों में मनोवैज्ञानिक समस्याएँ जन्म लेती हैं। मनोवैज्ञानिक समस्याओं का सम्बन्ध मानस अर्थात् हमारे मन-मस्तिष्क से है।

78. (c) टी.वी. देखने का प्रभाव बच्चों की दृष्टि पर सबसे अधिक पड़ता है, क्योंकि वे टी. वी. को बहुत निकट से देखते हैं, जिससे आँखों से सम्बन्धित रोग हो जाते हैं, जैसे- आँखों की, धुधलापन का होना, रोशनी कम होना आदि।

79. (c) यहाँ, 'ढीली' का समानार्थी शब्द 'धीरे' होगा। धीमा, मन्द आदि इसके अन्य समानार्थी शब्द हैं।

80. (c) अनुच्छेद में प्रयुक्त 'हानिकारक शब्द' का विलोम 'उपयोगी' है। अन्य विकल्पों के विलोम निम्न प्रकार है-

निराशाजनक - आशाजनक
अहितकर - हितकर
खतरनाक - सुविधाजनक

❑❑❑

जवाहर नवोदय विद्यालय प्रवेश परीक्षा, 2024
(कक्षा-VI) सॉल्व्ड पेपर

फेज-I, परीक्षा तिथि : 4 नवंबर, 2023

खण्ड-I मानसिक योग्यता परीक्षण

भाग-1

निर्देश (प्र. सं. 1-4) : निम्नलिखित प्रत्येक प्रश्न में चार चित्र (a), (b), (c) और (d) दर्शाए गए हैं। इन चार चित्रों में से तीन चित्र किसी विधि से एक समान हैं, जबकि एक चित्र अन्य से भिन्न है। अन्य से भिन्न चित्र का चयन करें।

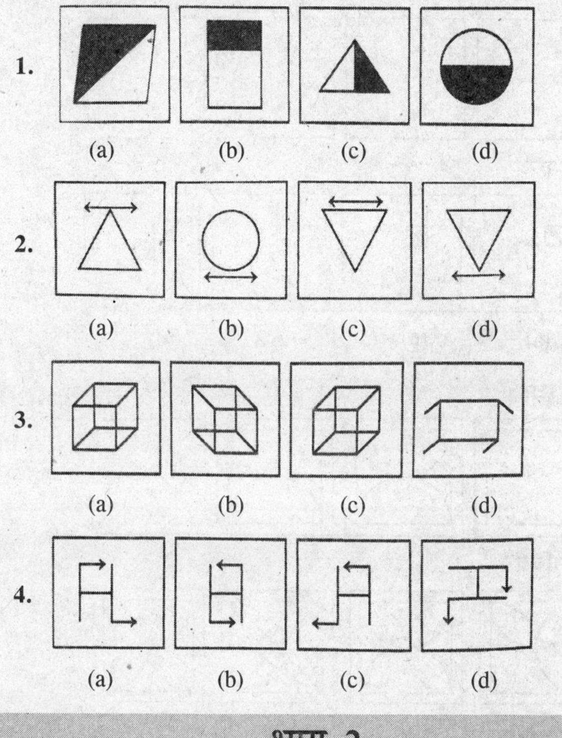

भाग-2

निर्देश (प्र. सं. 5-8) : निम्न प्रश्नों में एक प्रश्न चित्र दिया गया है तथा (a), (b), (c) और (d) से चिन्हित चार उत्तर चित्र दिए गए हैं। उत्तर चित्रों से प्रश्न चित्र के समरूप चित्र को चुनें।

5. प्रश्न चित्र

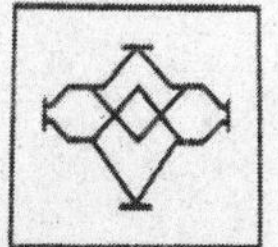

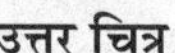

उत्तर चित्र

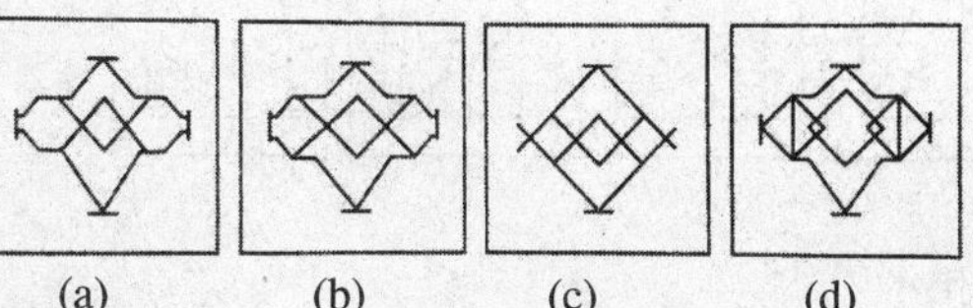

(a) (b) (c) (d)

6. प्रश्न चित्र

उत्तर चित्र

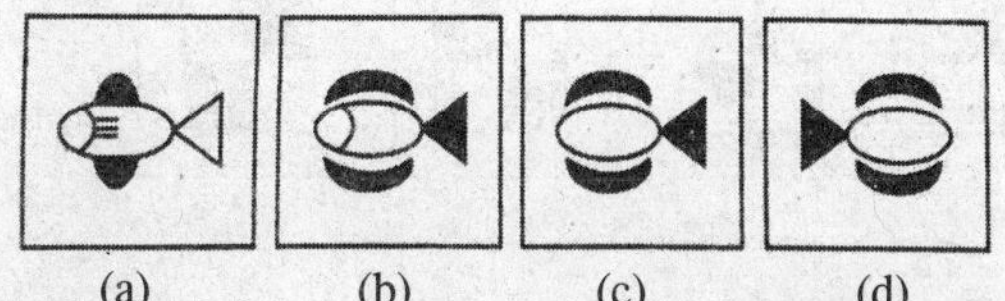

(a) (b) (c) (d)

7. प्रश्न चित्र

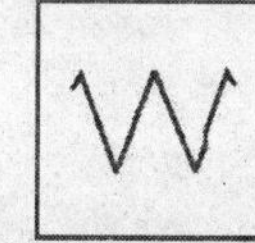

उत्तर चित्र

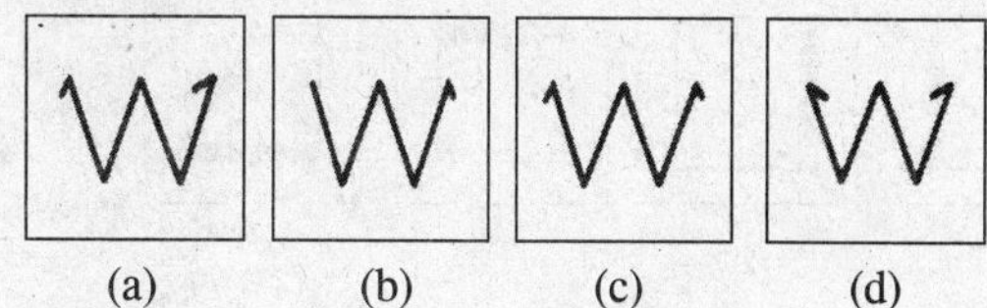

(a) (b) (c) (d)

8. प्रश्न चित्र

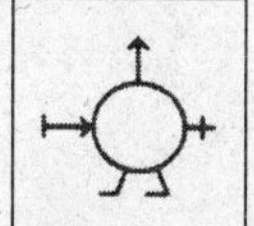

उत्तर चित्र

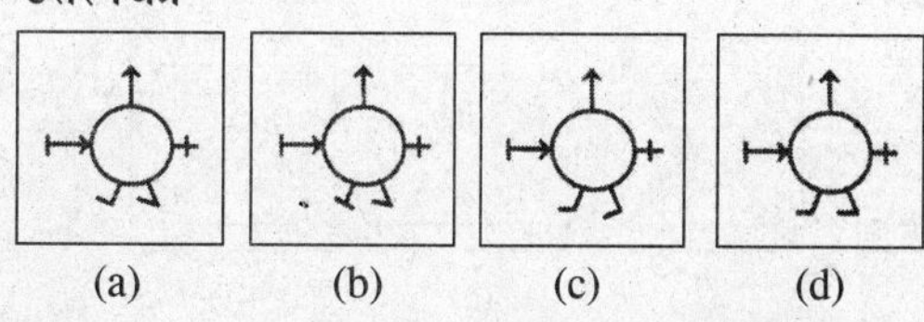

(a) (b) (c) (d)

भाग-3

निर्देश (प्र. सं. 9-12) : निम्न प्रश्नों में एक प्रश्न चित्र दिया गया है, जिसका एक भाग लुप्त है। उत्तर चित्र (a), (b), (c) और (d) पर गौर करें तथा उस उत्तर चित्र का पता लगाएँ जिसको बिना दिशा परिवर्तन के प्रश्न चित्र के पैटर्न को पूरा करने के लिए प्रश्न चित्र के लुप्त भाग में बिठाया जा सके।

9. प्रश्न चित्र

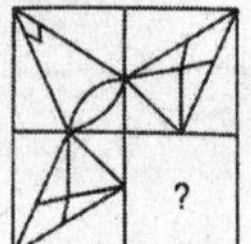

उत्तर चित्र

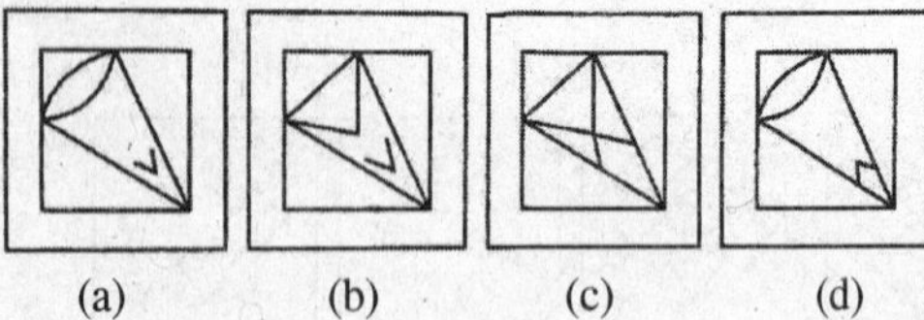

(a) (b) (c) (d)

10. प्रश्न चित्र

उत्तर चित्र

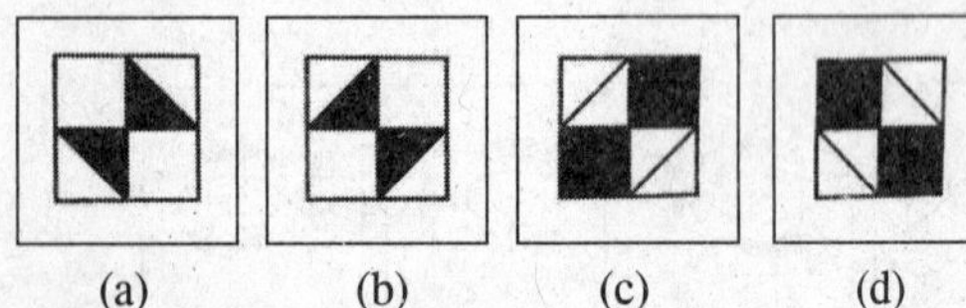

(a) (b) (c) (d)

11. प्रश्न चित्र

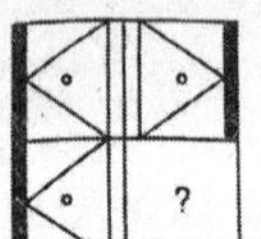

उत्तर चित्र

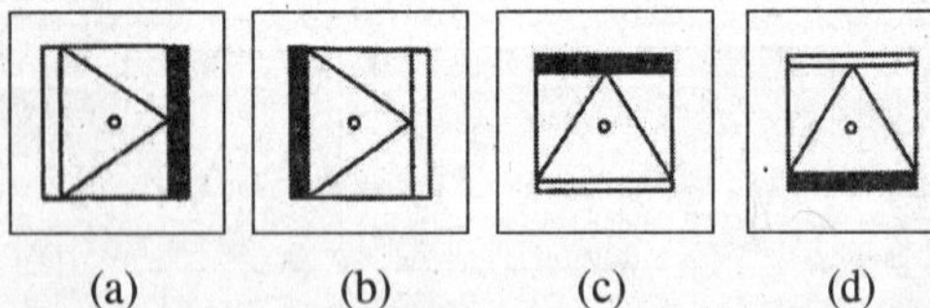

(a) (b) (c) (d)

12. प्रश्न चित्र

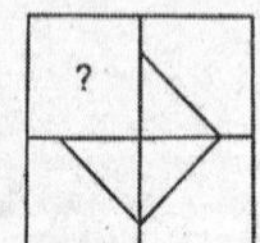

उत्तर चित्र

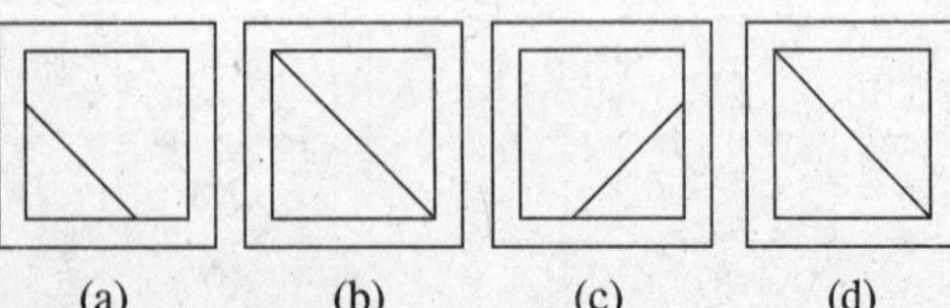

(a) (b) (c) (d)

भाग-4

निर्देश (प्र. सं. 13-16) : निम्न प्रश्नों में तीन प्रश्न चित्र दर्शाए गए हैं तथा चौथे चित्र के लिए स्थान छोड़ा गया है। प्रश्न चित्र श्रेणीक्रम में हैं। श्रेणीक्रम को पूरा करने के लिए उपलब्ध उत्तर चित्रों (a), (b), (c) और (d) में से एक चित्र का चयन करें जिसे प्रश्न चित्र के खाली स्थान में प्रतिस्थापित किया जा सके।

13. प्रश्न चित्र

उत्तर चित्र

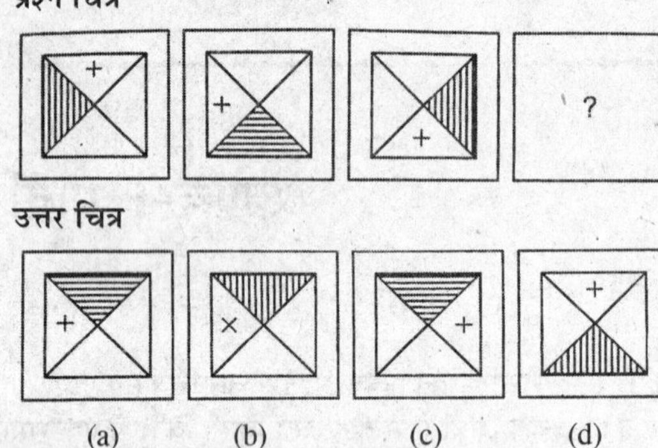

(a) (b) (c) (d)

14. प्रश्न चित्र

उत्तर चित्र

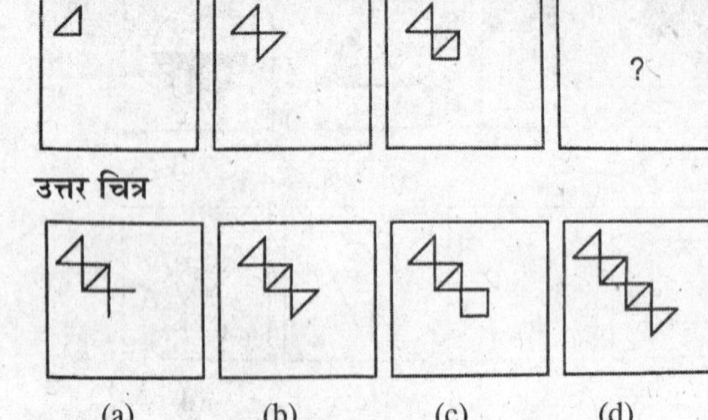

(a) (b) (c) (d)

15. प्रश्न चित्र

उत्तर चित्र

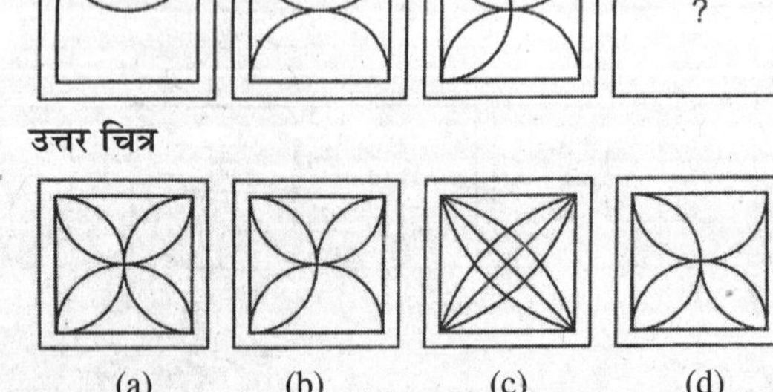

(a) (b) (c) (d)

16. प्रश्न चित्र

उत्तर चित्र

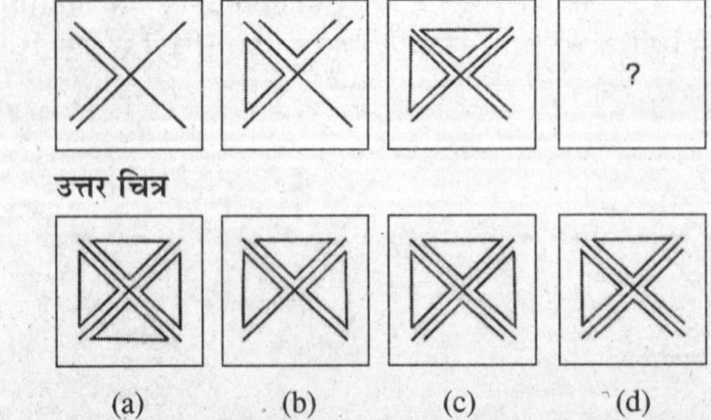

(a) (b) (c) (d)

भाग-5

निर्देश (प्र. सं. 17-20) : निम्नलिखित प्रत्येक प्रश्नों में दो चित्रों के दो सेट दिए गए हैं। दूसरे सेट में एक प्रश्न चिन्ह (?) है। प्रथम सेट के दो प्रश्न चित्रों में एक निश्चित सम्बन्ध है। इसी तरह का सम्बन्ध दूसरे सेट के तीसरे तथा चौथे प्रश्न चित्रों में भी होना आवश्यक है। उत्तर चित्र से उस उत्तर का चयन करें जो प्रश्न चिह्न को प्रतिस्थापित करेगा।

17. प्रश्न चित्र

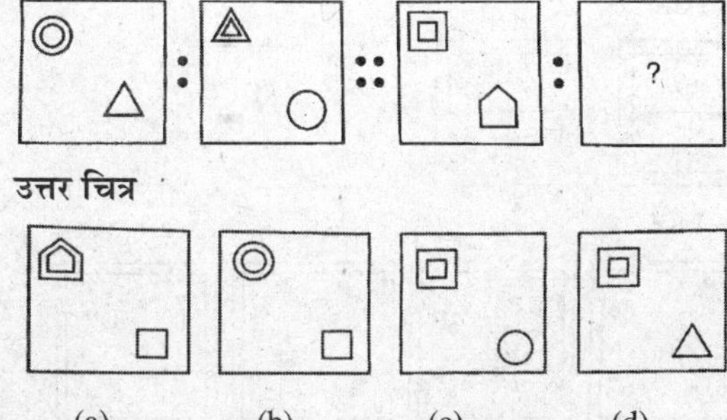

उत्तर चित्र

(a) (b) (c) (d)

18. प्रश्न चित्र

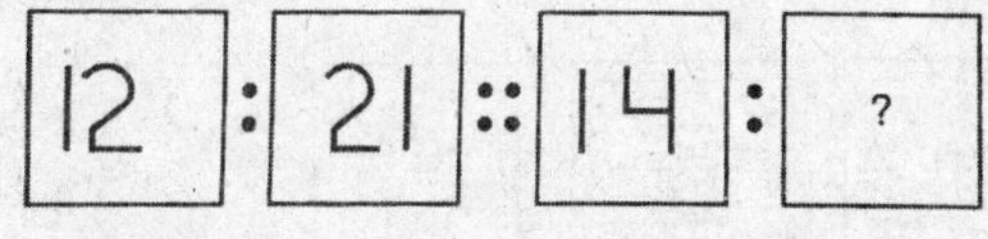

उत्तर चित्र

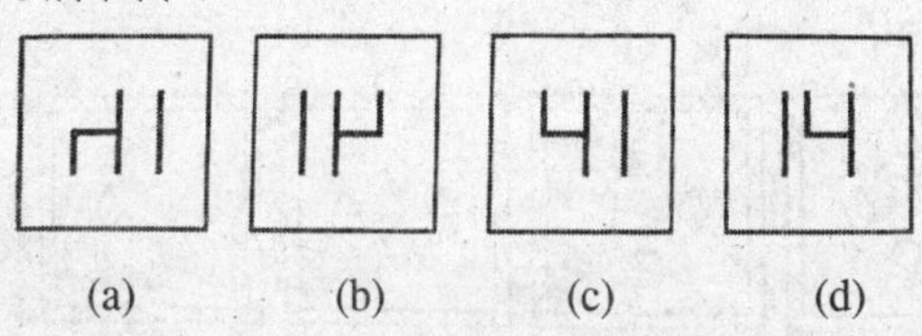

(a) (b) (c) (d)

19. प्रश्न चित्र

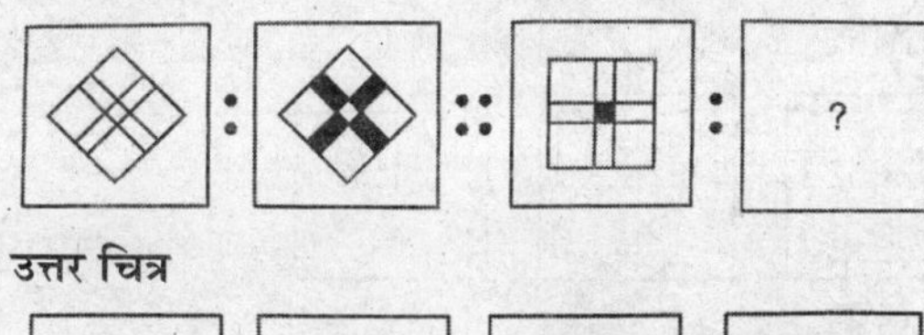

उत्तर चित्र

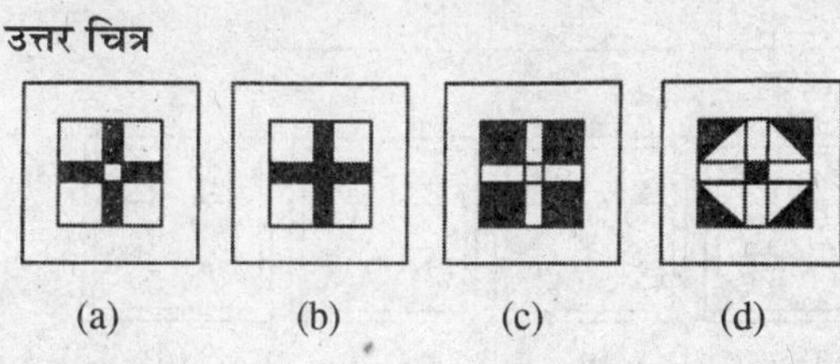

(a) (b) (c) (d)

20. प्रश्न चित्र

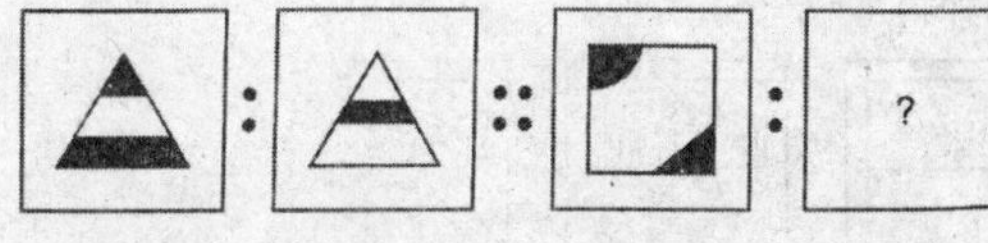

उत्तर चित्र

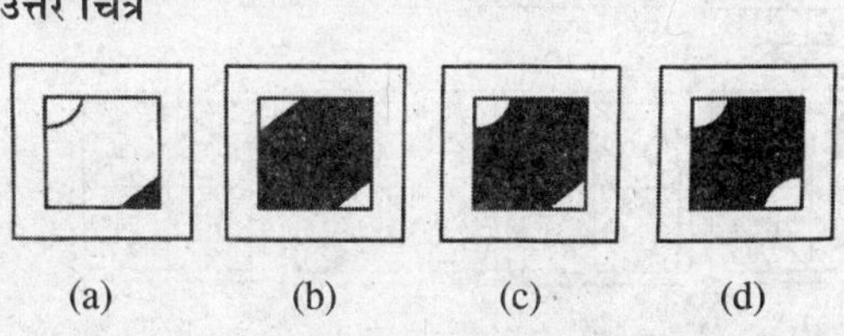

(a) (b) (c) (d)

भाग-6

निर्देश (प्र. सं. 21-24) : निम्न प्रश्नों में प्रश्न चित्र के रूप में ज्यामितीय चित्र (त्रिभुज, वर्ग, वृत्त) के एक भाग को दर्शाया गया है तथा दूसरे भाग को उत्तर चित्र के रूप में (a), (b), (c) और (d) से दर्शाया गया है। उत्तर चित्र से ज्यामितीय चित्र को पूर्ण करने वाले चित्र को ज्ञात करें।

21. प्रश्न चित्र

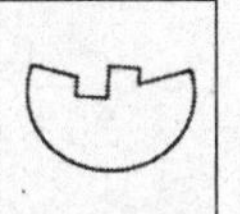

उत्तर चित्र

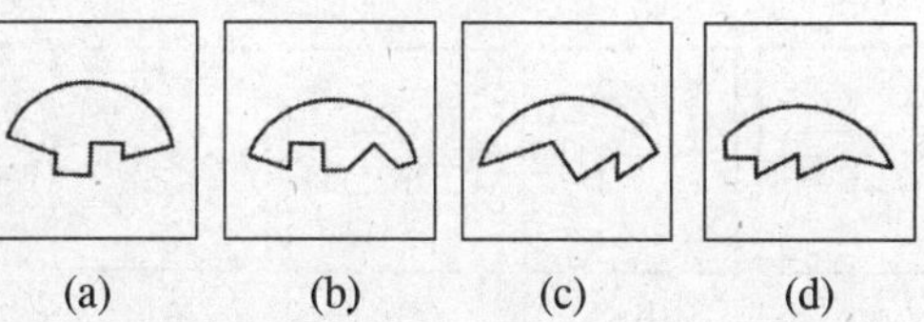

(a) (b) (c) (d)

22. प्रश्न चित्र

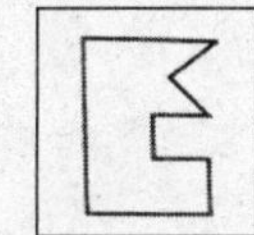

उत्तर चित्र

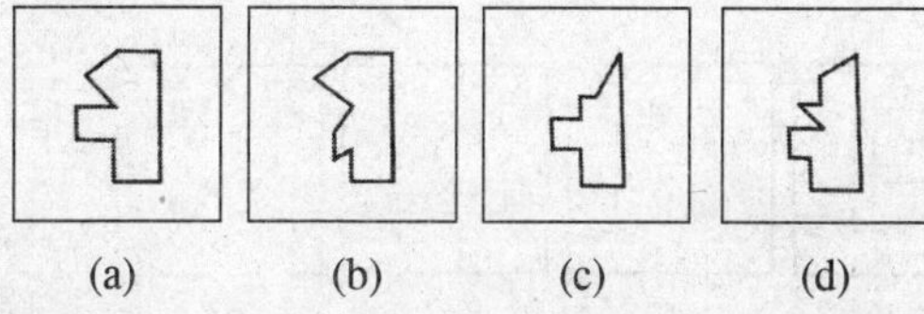

(a) (b) (c) (d)

23. प्रश्न चित्र

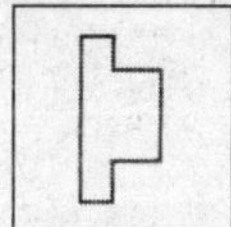

उत्तर चित्र

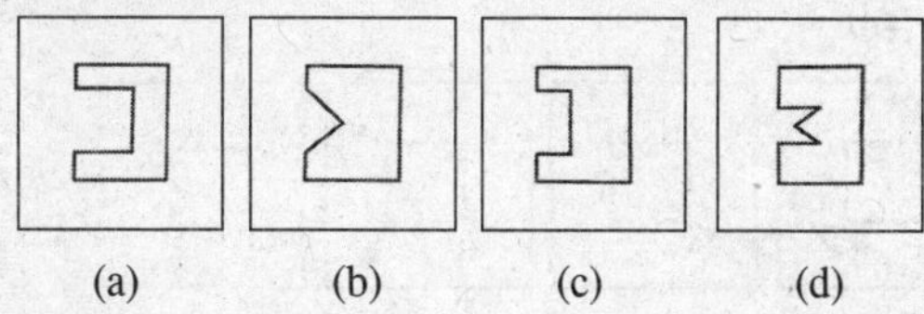

(a) (b) (c) (d)

24. प्रश्न चित्र

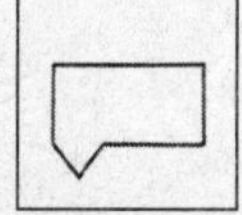

उत्तर चित्र

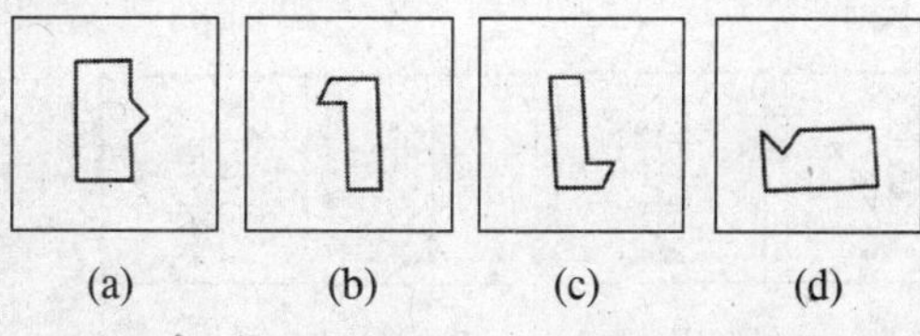

(a) (b) (c) (d)

भाग-7

निर्देश (प्र. सं. 25-28) : निम्न प्रश्नों में एक प्रश्न चित्र दर्शाया गया है तथा (a), (b), (c) और (d) से चिन्हित चार उत्तर चित्र दर्शाए गए हैं। किसी दर्पण को XY के अनुदिश रखे जाने पर प्रश्न चित्र के सही दर्पण प्रतिबिम्ब को उत्तर चित्र से चुनें।

25. प्रश्न चित्र

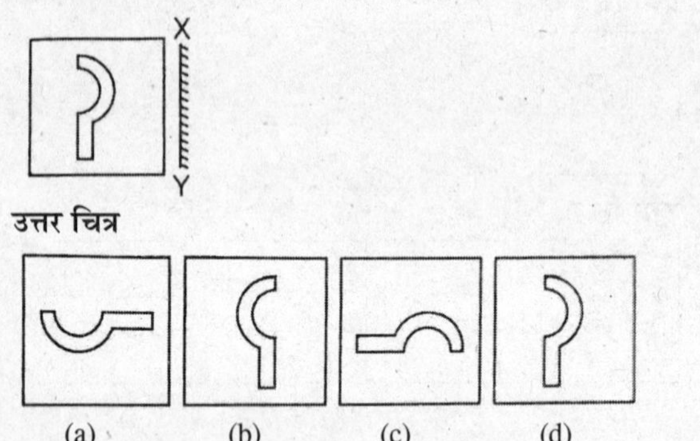

उत्तर चित्र

(a) (b) (c) (d)

26. प्रश्न चित्र

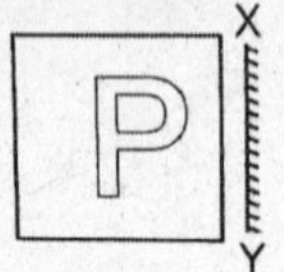

उत्तर चित्र

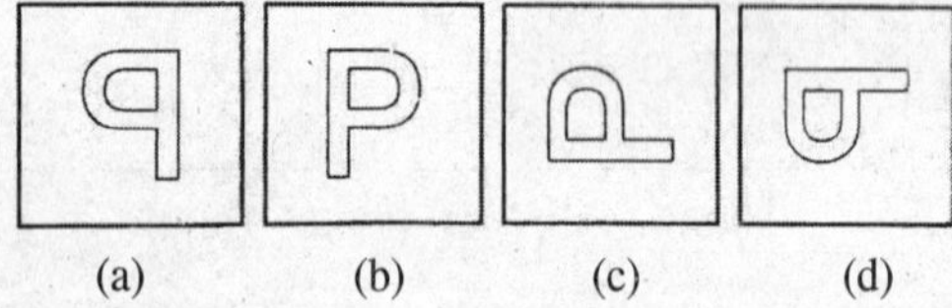

(a) (b) (c) (d)

27. प्रश्न चित्र

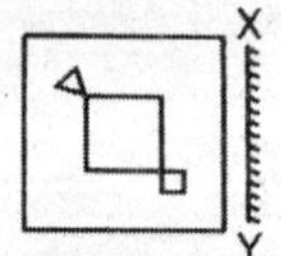

उत्तर चित्र

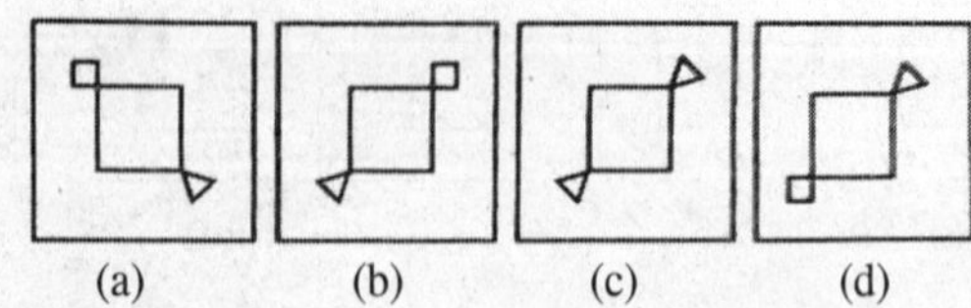

(a) (b) (c) (d)

28. प्रश्न चित्र

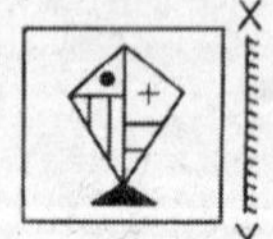

उत्तर चित्र

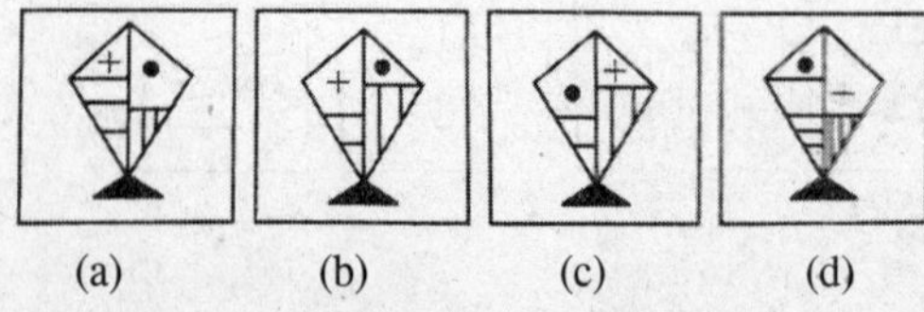

(a) (b) (c) (d)

भाग-8

निर्देश (प्र. सं. 29-32) : निम्न प्रश्नों में चित्र में दर्शाए अनुसार कागज के एक टुकड़े को तह देकर पंच किया गया है तथा (a), (b), (c) और (d) से चिन्हित चार उत्तर चित्र दर्शाए गए हैं। कागज के एक टुकडे की तह को खोलने पर वह किस प्रकार दिखेगा वैसा ही चित्र उत्तर चित्रों से चुनें। अपने उत्तर को दर्शाने के लिए ओ. एम. आर. उत्तर-पत्रिका में प्रश्न के संगत संख्या के सामने वाले वृत्त को काला करें।

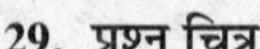

29. प्रश्न चित्र

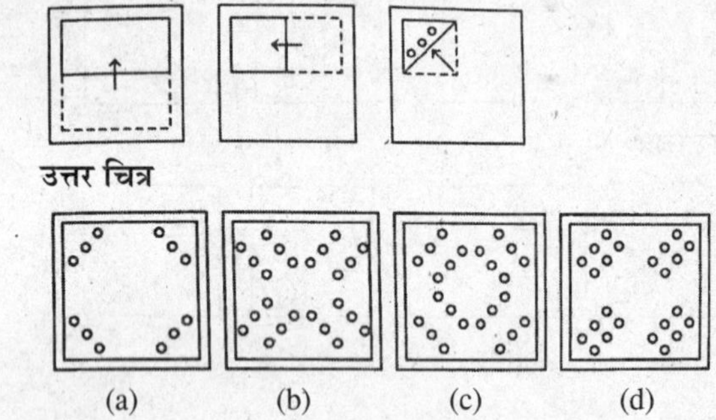

उत्तर चित्र

(a) (b) (c) (d)

30. प्रश्न चित्र

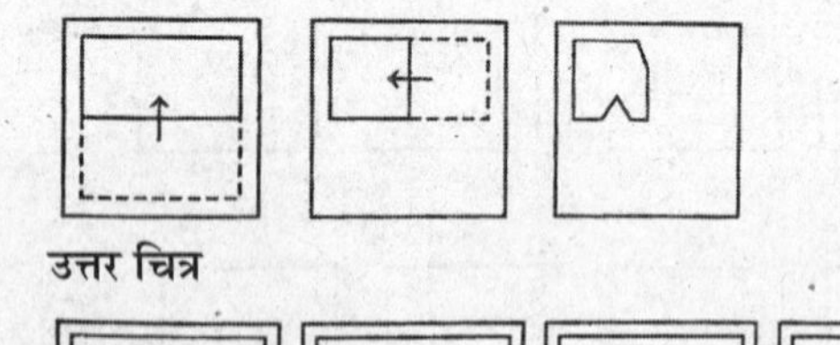

उत्तर चित्र

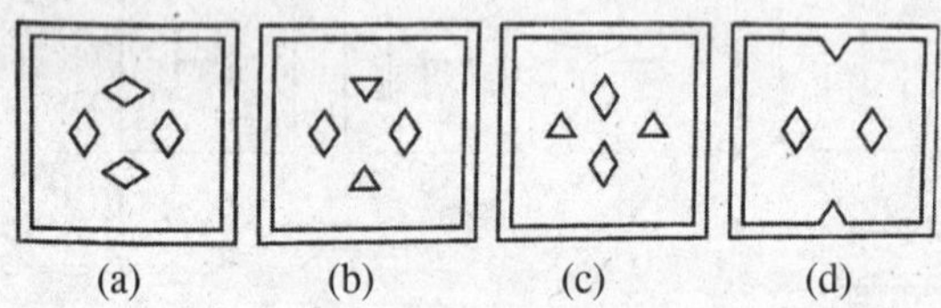

(a) (b) (c) (d)

31. प्रश्न चित्र

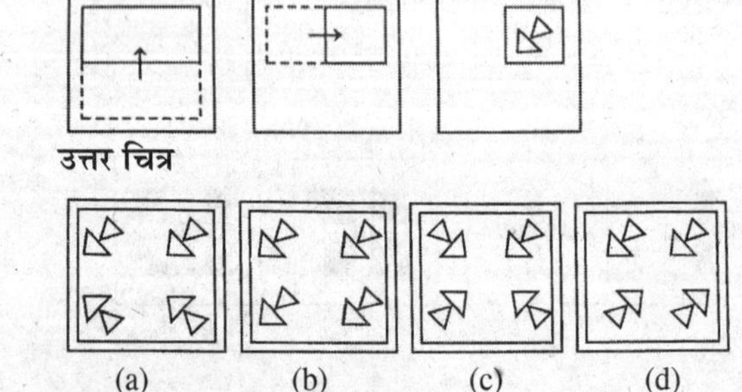

उत्तर चित्र

(a) (b) (c) (d)

32. प्रश्न चित्र

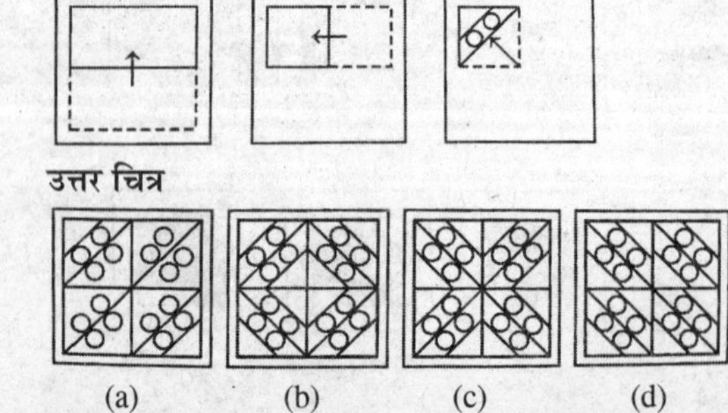

उत्तर चित्र

(a) (b) (c) (d)

भाग-9

निर्देश (प्र. सं. 33-36) : निम्न प्रश्नों में एक प्रश्न चित्र दिया गया है तथा (a), (b), (c) और (d) से चिन्हित चार उत्तर चित्र दर्शाए गए हैं। उत्तर चित्रों से उस चित्र का चयन करें जिसे प्रश्न चित्र में उपलब्ध कट-आउट से बनाया जा सकता हो।

33. प्रश्न चित्र

उत्तर चित्र

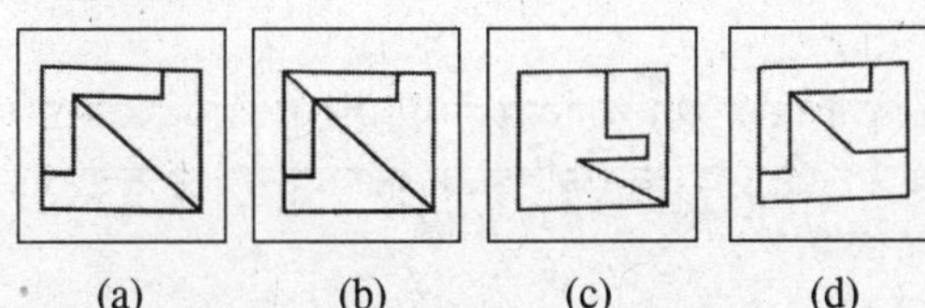

(a) (b) (c) (d)

34. प्रश्न चित्र

उत्तर चित्र

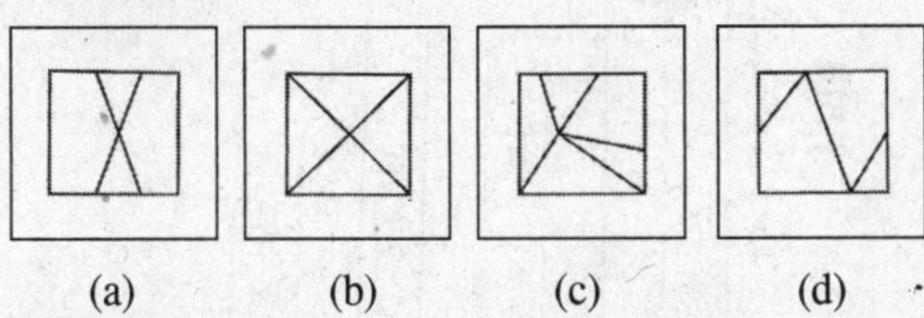

(a) (b) (c) (d)

35. प्रश्न चित्र

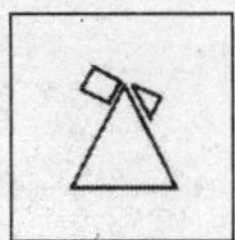

उत्तर चित्र

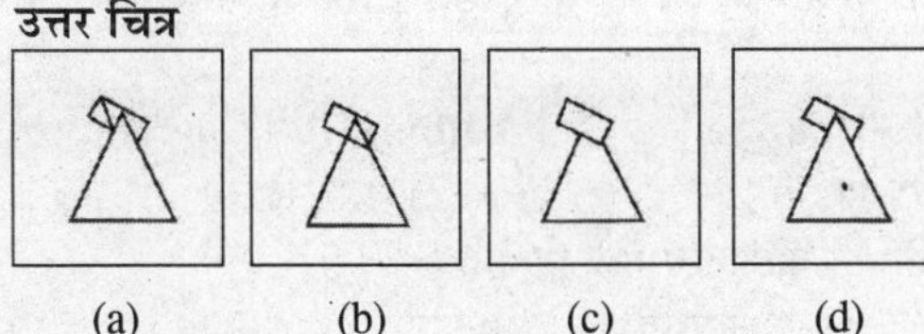

(a) (b) (c) (d)

36. प्रश्न चित्र

उत्तर चित्र

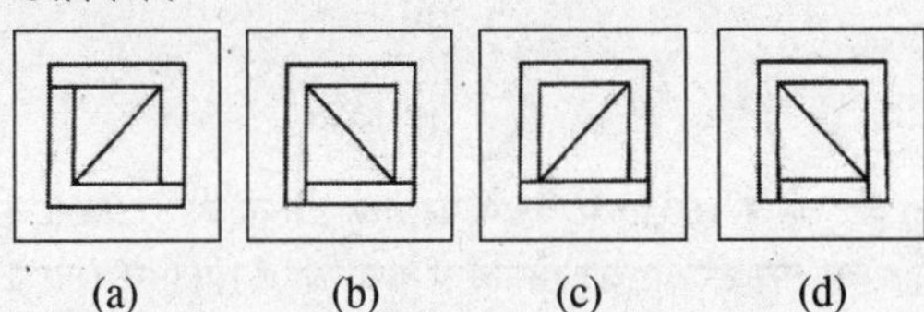

(a) (b) (c) (d)

भाग-10

निर्देश (प्र. सं. 37-40) : निम्न प्रश्न में एक प्रश्न चित्र दिया गया है तथा (a), (b), (c) और (d) से चिन्हित चार उत्तर चित्र दर्शाए गए हैं। उत्तर चित्रों से उस चित्र को चुनें जिसमें प्रश्न चित्र छिपा/सम्मिलित है।

37. प्रश्न चित्र

उत्तर चित्र

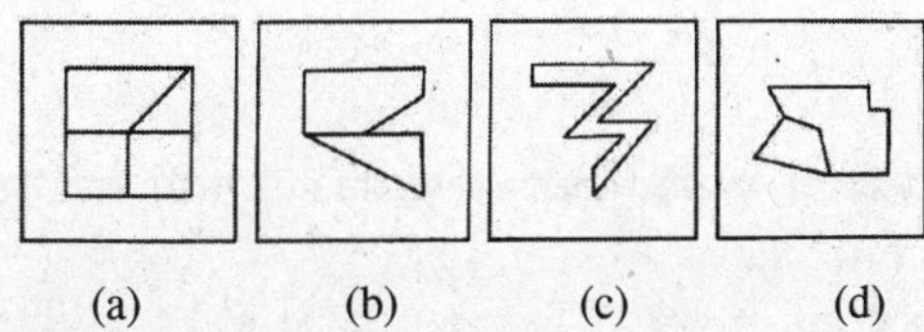

(a) (b) (c) (d)

38. प्रश्न चित्र

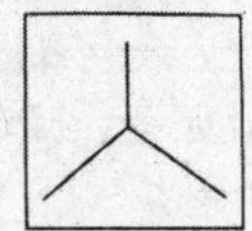

उत्तर चित्र

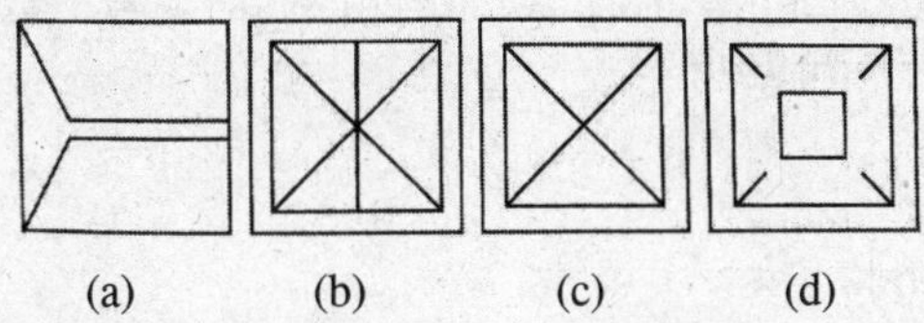

(a) (b) (c) (d)

39. प्रश्न चित्र

उत्तर चित्र

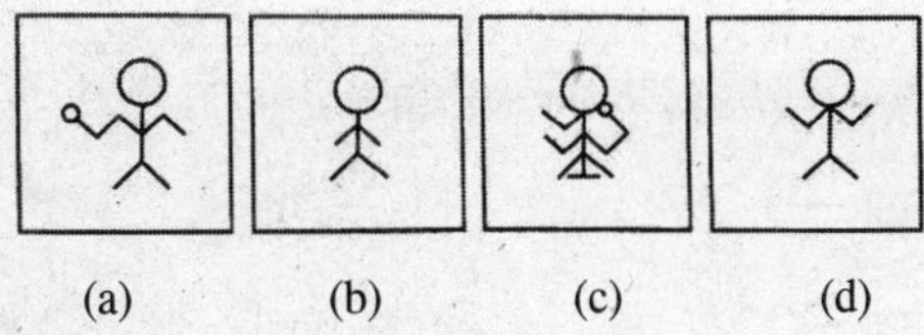

(a) (b) (c) (d)

40. प्रश्न चित्र

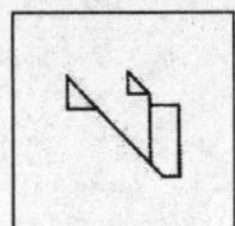

उत्तर चित्र

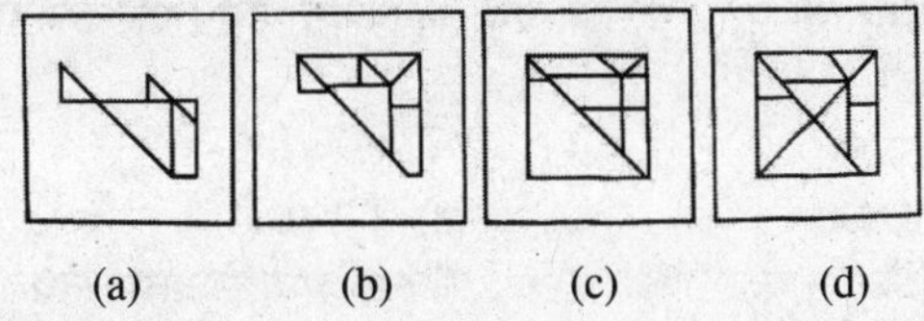

(a) (b) (c) (d)

खण्ड-II अंकगणित परीक्षण

निर्देश (प्र. सं. 41-60) : निम्न प्रश्नों में प्रश्न के लिए चार सम्भावित उत्तर हैं, जिन्हें (a), (b), (c) और (d) क्रम में दिया गया है। इनमें से केवल एक उत्तर सही है। सही उत्तर चुनें।

41. $5 + \frac{77}{10} + \frac{7}{100} + \frac{77}{1000}$, **को सरल करने पर प्राप्त होता है—**

(a) 12.151 (b) 12.777
(c) 7.240 (d) 12.847

42. कितने $\frac{1}{6}$ को मिलाने से $41\frac{2}{3}$ प्राप्त होगा ?

(a) 125 (b) 150
(c) 250 (d) 350

43. 7-अंकों की बड़ी-से-बड़ी संख्या तथा 8-अंकों की सबसे छोटी संख्या का योगफल है—

(a) 19999999 (b) 1999999
(c) 10999999 (d) 1000999

44. तीन घंटियाँ क्रमश: 9, 12, 15 मिनट के अन्तराल पर बजती हैं। यदि वे प्रात: 8 बजे एक साथ बजें, तो फिर दोबारा एक साथ कब बजेंगी ?

(a) प्रात: 10 बजे (b) प्रात: 11 बजे
(c) दोपहर 12 बजे (d) दोपहर 1 बजे

45. सबसे छोटी विषम अभाज्य संख्या तथा 2 अंकों की सबसे बड़ी अभाज्य संख्या का योगफल है—

(a) 98 (b) 99
(c) 100 (d) 103

46. निम्नलिखित में से कौन-सा सही है ?

(a) 5 मी 8 सेमी = 580 सेमी (b) 7 मी 55 सेमी = 7055 सेमी
(c) 2 किमी 70 मी = 270 मी (d) 6 किमी 11 मी = 6011 मी

47. 5.50, 0.05, 0.55, 0.005, 5.0005 का बढ़ता हुआ (आरोही) क्रम है—

(a) $0.005 < 0.05 < 0.55 < 5.0005 < 5.50$
(b) $5.50 < 5.0005 < 0.005 < 0.05 < 0.55$
(c) $5.0005 < 5.50 < 0.55 < 0.05 < 0.005$
(d) $0.05 < 0.005 < 0.55 < 5.50 < 5.0005$

48. निम्नलिखित में से कौन-से समतुल्य नहीं हैं ?

(a) $\frac{3}{5}$ तथा $\frac{18}{30}$ (b) $\frac{20}{28}$ तथा $\frac{5}{7}$
(c) $\frac{6}{9}$ तथा $\frac{24}{30}$ (d) $\frac{9}{18}$ तथा $\frac{36}{72}$

49. एक परिवार का मासिक खर्च निम्न प्रकार से है
रसोई खर्च = ₹ 9378
शिक्षा = ₹ 3780
परिवहन = ₹ 2817
विविध खर्च = ₹ 4388
इस परिवार का कुल मासिक खर्च सन्निकटन द्वारा निकटतम हजार के मान में है—

(a) ₹ 21000 (b) ₹ 24000
(c) ₹ 20000 (d) ₹ 23000

50. एक विक्रेता ने कुछ नींबू ₹ 7 के 5 नींबू के भाव से खरीदे तथा ₹ 3.50 के 2 नींबू के भाव में बेचे। इस प्रकार 100 नींबू बेचने पर उसका लाभ या हानि है—

(a) ₹ 35 की हानि (b) ₹ 35 का लाभ
(c) ₹ 0.35 का लाभ (d) ₹ 25 का लाभ

51. 80 और 90 के बीच की सभी अभाज्य संख्याओं का गुणनफल है—

(a) 83 (b) 89
(c) 7387 (d) 598347

52. $5\frac{2}{3} - 2\frac{5}{6} - 3\frac{1}{12}$ **को सरल करने पर प्राप्त होता है—**

(a) $\frac{1}{4}$ (b) $-\frac{1}{4}$
(c) $-3\frac{1}{12}$ (d) $\frac{1}{3}$

53. 1.3 मी भुजा वाली चार वर्गाकार मेजों को किनारे से किनारा मिलाकर इस प्रकार रखा गया कि एक बड़ी आयताकार मेज प्राप्त हुई। इस बड़ी मेज का परिमाप है—

(a) 5.2 मी (b) 10.4 मी
(c) 13 मी (d) 20.8 मी

54. दिया गया दण्डचार्ट एक विद्यार्थी द्वारा चार विषयों में प्राप्त अंकों को दर्शाता है। इस विद्यार्थी के प्राप्तांकों का औसत है—

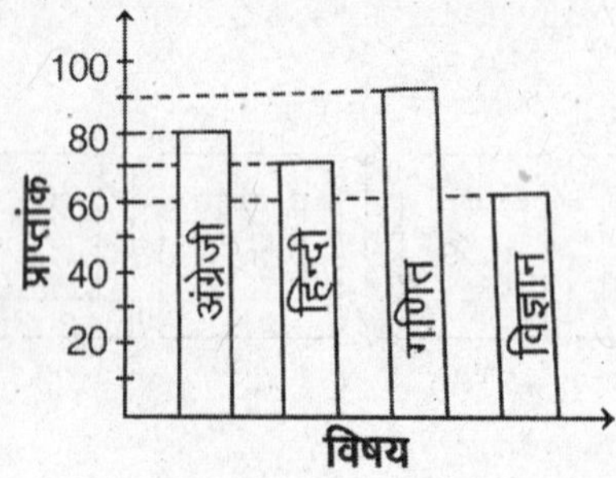

(a) 80 (b) 75
(c) 70 (d) 60

55. एक वर्ग तथा एक आयत के क्षेत्रफल बराबर हैं। यदि वर्ग की प्रत्येक भुजा 42 मी है तथा आयत की चौड़ाई 28 मी है, तो आयत का परिमाप है—

(a) 91 मी (b) 121 मी
(c) 175 मी (d) 182 मी

56. एक प्रतिवर्ती कोण की माप होती है—

(a) 90° से अधिक परन्तु 180° से कम
(b) 180° से अधिक परन्तु 270° से कम
(c) 180° से अधिक परन्तु 360° से कम
(d) 90° से कम

57. संख्या $\frac{7}{13}$ को $\frac{25}{26}$ में से घटाने पर प्राप्त होता है—

(a) $\frac{11}{26}$ (b) $\frac{18}{13}$
(c) $\frac{32}{39}$ (d) $\frac{18}{26}$

58. एक टी.वी. को ₹ 16920 में बेचने पर एक डीलर को ₹ 1080 की हानि होती है। वह इस टी.वी. को कितने में बेचे कि ₹ 1080 का लाभ हो ?

(a) ₹ 18000 (b) ₹ 19080
(c) ₹ 20000 (d) ₹ 20080

59. छायांकित भाग का क्षेत्रफल है—

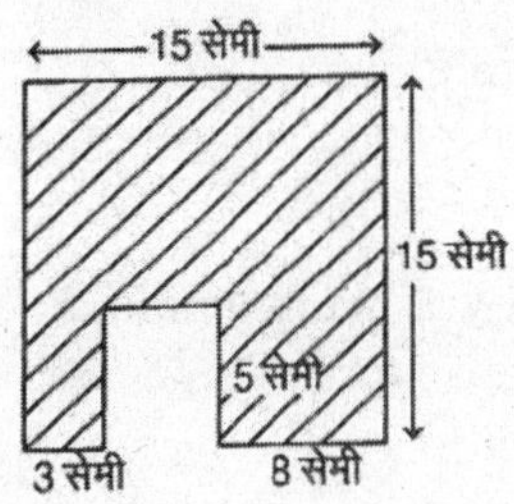

(a) 205 वर्ग सेमी (b) 150 वर्ग सेमी
(c) 120 वर्ग सेमी (d) 140 वर्ग सेमी

60. आकृति में दर्शाए गए कोण का प्रकार है—

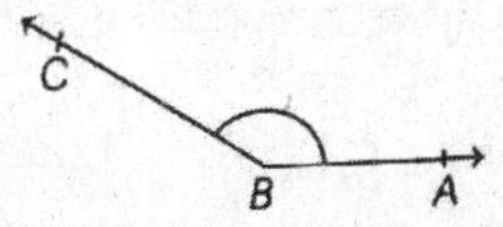

(a) न्यून कोण (b) समकोण
(c) प्रतिवर्ती कोण (d) अधिक कोण

खण्ड-III भाषा परीक्षण

निर्देश (प्र. सं. 61-80) : इस खण्ड में चार अनुच्छेद हैं। प्रत्येक अनुच्छेद पर आधारित पाँच प्रश्न हैं। प्रत्येक अनुच्छेदों को सावधानी से पढ़ें और उसके नीचे दिए गए प्रश्नों के उत्तर दें। प्रत्येक प्रश्न के लिए चार सम्भावित उत्तर दिए गए हैं, जिसकी क्रम संख्या (a), (b), (c) और (d) है। इनमें से केवल एक उत्तर सही है।

अनुच्छेद-1

गौरव और सफलता प्राप्त करने के लिए दृढ़ संकल्प होना चाहिए। कठिन परिश्रम और सतत् प्रयासों से मनुष्य बहुत-सी चीजें प्राप्त कर सकता है। प्रत्येक व्यक्ति भिन्न और अद्वितीय होता है। उसके पास विशेष छिपे हुए गुण होते हैं। इन क्षमताओं का उपयोग जीवन में प्रसिद्धि और सफलता प्राप्त करने में किया जाना चाहिए। व्यक्ति को अपनी क्षमताओं का अनुभव कर उनका उचित उपयोग करना चाहिए। दृढ इच्छाशक्ति अथवा अटलता सफलता की कुंजी हैं। सबके प्रति सहनशीलता, साहस और सबसे ऊपर उद्देश्य प्राप्त करने की दृढ़ इच्छाशक्ति अवश्य होनी चाहिए।

61. **मनुष्य के पास .... प्राप्त करने का दृढ़ संकल्प होना चाहिए।**
(a) शक्ति (b) बल
(c) सफलता (d) असफलता

62. **......... सफलता की कुंजी है।**
(a) दृढ़ इच्छाशक्ति (b) अनियोजित कार्य
(c) हठ (d) मस्तिष्क की अस्थिरता

63. **प्रसिद्धि पाने के लिए .... का उपयोग ठीक से किया जाना चाहिए।**
(a) अपनी असफलता (b) अपनी क्षमताओं
(c) अपनी भावनाओं (d) अपनी कमजोरियों

64. **'विशेष' .... का विलोमार्थक शब्द है।**
(a) साधारण (b) प्रिय
(c) विशिष्ट (d) शौकीन

65. **'छिपे' से तात्पर्य है ....।**
(a) दिखाई देने वाले (b) न दिखाई देने वाले
(c) प्राप्त (d) स्पष्ट

अनुच्छेद-2

भारत ने अनेक महान वैज्ञानिकों को जन्म दिया है और जगदीश चन्द्र बोस उनमें से एक थे। उन्होंने अपना जीवन वनस्पति विज्ञान को समर्पित कर दिया था और वे भारत में ही नहीं विदेशों में भी सम्मानित थे। उनका जन्म 30 नवम्बर, 1858 को मैमनसिंह में हुआ था। उनका जन्म एक साधारण परिवार में हुआ और उनके माता-पिता सदैव गरीबों और जरूरतमंदों की सहायता करने को तत्पर रहते थे। वनस्पति विज्ञान के प्रति उनकी रुचि बहुत कम आयु से ही प्रारम्भ हो गई थी। उन्होंने किसानों के साथ खेतों में अपना बहुत-सा समय बिताया। अपने बचपन से ही उन्हें प्रयोग करना और प्रकृति के नियमों को समझना अच्छा लगता था।

66. **जगदीश चन्द्र बोस एक महान .... थे।**
(a) चिकित्सक (b) कृषक
(c) वैज्ञानिक (d) शिक्षक

67. **जगदीश चन्द्र बोस की जन्म तिथि है ....।**
(a) 30 दिसम्बर, 1858 (b) 30 नवम्बर, 1868
(c) 30 नवम्बर, 1858 (d) 30 नवम्बर, 1848

68. **......... उनकी रुचि बहुत कम आयु से ही प्रारम्भ हो गई थी।**
(a) पशुओं में (b) साहित्य में
(c) दवाओं में (d) वनस्पति-विज्ञान में

69. **'समर्पित' का आशय है ....।**
(a) प्रिय लगना (b) प्रारम्भ करना
(c) सौंपना (d) सम्मानित होना

70. **'भारत से बाहर' के लिए अनुच्छेद में प्रयुक्त शब्द .... है।**
(a) मैमनसिंह (b) बांग्लादेश
(c) बाहर (d) विदेशों

अनुच्छेद-3

हेलेन केलर, एक अमेरिकी लेखिका थीं। वह पूर्णत: दृष्टिहीन थी, किन्तु फिर भी उन्होंने इतनी पुस्तकें पढ़ीं जितनी दृष्टि वाले व्यक्ति भी नहीं पढ़ सकते। उन्होंने पुस्तकें भी लिखीं। वह बहरी थी फिर भी संगीत का आनन्द उनसे अधिक लेती थी, जो सुन सकते हैं। नौ लम्बे वर्षों तक वह बोल नही सकती थी किन्तु बाद में अमेरिका के अनेक स्थानों में उन्होंने भाषण दिए। यही नहीं, उन्होंने अपने जीवन पर चलचित्र बनाए और उनमें अभिनय भी किया। यह सब अपनी सभी अक्षमताओं को दूर करने के लिए हेलेन केलर की दृढ़ इच्छाशक्ति के कारण सम्भव हुआ।

71. **हेलेन केलर देख नहीं सकती थी, क्योंकि वह .... थी।**
(a) बहरी (b) गूँगी
(c) भूखी (d) दृष्टिहीन

72. **बहरी होते हुए भी वह .... का अति आनन्द लेती थी।**
(a) कला (b) विज्ञान
(c) संगीत (d) नृत्य

73. **लेखक उसको कहा जाता है, जो ....।**
(a) शासन करता है। (b) चलचित्रों को बनाता है।
(c) चलचित्रों में काम करता है। (d) पुस्तकें लिखता है।

74. **हेलेन ने .... के बारे में कुछ चलचित्रों का निर्माण किया था।**
(a) अमेरिकियों के जीवन (b) दृष्टिहीनों के जीवन
(c) अपने जीवन (d) मानव व्यवहार

75. **अनुच्छेद में 'उद्देश्य की दृढ़ता' के लिए .... शब्द का प्रयोग किया गया है।**
(a) सम्भव हुआ (b) दूर करना
(c) दृढ़ इच्छाशक्ति (d) लिखीं

अनुच्छेद-4

ईमानदारी का तात्पर्य है सत्यता। इसका अर्थ है हर प्रकार के बुरे उद्देश्यों से मुक्ति। ईमानदारी का आशय है स्वच्छ और निष्कपट होना, न केवल दूसरों के प्रति अपने

व्यवहार में बल्कि अपने प्रति भी ईमानदार होना। जब कोई व्यक्ति अपने चरित्र और व्यवहार से स्वच्छ और निष्कपट होता है, तो हम कहते हैं कि वह ईमानदार व्यक्ति है। ईमानदार व्यक्ति का सब सम्मान करते हैं। समाज में उसकी स्थिति सम्मानजनक होती है। ईमानदारी एक महान गुण है, जो सदा लाभकारी होता है। किसी को भी सच्चाई की अनदेखी नहीं करनी चाहिए।

76. ईमानदारी का अर्थ है ....।
(a) बुराई (b) उदासी
(c) सच्चाई (d) फलदायी

77. ईमानदारी का तात्पर्य है हर प्रकार के .... उद्देश्यों से मुक्ति।
(a) बुरे (b) अच्छे
(c) सकारात्मक (d) महान

78. ईमानदार व्यक्ति के प्रति सब लोग सदा .... करते हैं।
(a) घृणा
(b) अवहेलना (उपेक्षा)
(c) सम्मान
(d) अपमानित

79. 'ईमानदार' शब्द .... का विपरीतार्थक है।
(a) नकली (b) बेईमान
(c) स्पष्ट (d) खुला

80. 'निष्कपट' शब्द .... है।
(a) क्रिया (b) विशेषण
(c) संज्ञा (d) क्रिया-विशेषण

व्याख्या सहित उत्तर

1. (b) आकृति (b) को छोड़कर, अन्य सभी का आधा भाग छायांकित है।

2. (b) आकृति (b) को छोड़कर, अन्य सभी चित्रों में त्रिभुज की आकृति है।

3. (d) आकृति (d) को छोड़कर, अन्य सभी चित्रों में पूर्ण घन की आकृति है।

4. (b) आकृति (b) को छोड़कर, अन्य सभी चित्रों में दोनों तीर समान दिशा की ओर हैं।

5. (a) उत्तर विकल्प (a) प्रश्न चित्र के समरूप है।

6. (c) उत्तर विकल्प (c) प्रश्न चित्र के समरूप है।

7. (c) उत्तर विकल्प (c) प्रश्न चित्र के समरूप है।

8. (d) उत्तर विकल्प (d) प्रश्न चित्र के समरूप है।

9. (d) उत्तर विकल्प (d) प्रश्न चित्र को पूरा करेगा।

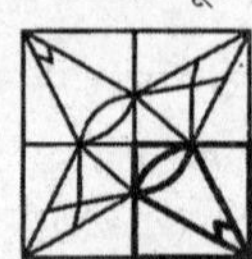

10. (a) उत्तर चित्र में विकल्प (a) प्रश्न चित्र को पूरा करेगा।

11. (a) उत्तर चित्र में विकल्प (a) प्रश्न चित्र को पूरा करेगा।

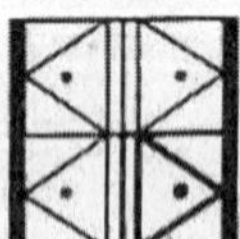

12. (c) उत्तर चित्र में विकल्प (c) प्रश्न चित्र को पूरा करेगा।

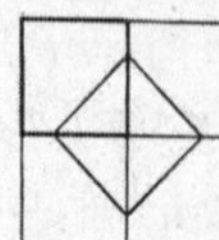

13. (c) प्रश्न चित्र में पूरी आकृति 90° वामावर्त दिशा में घूम रही है।

14. (b) प्रत्येक अगले चित्र में त्रिभुजों की संख्या में एक त्रिभुज और बढ़ता जा रहा है।

15. (a) प्रत्येक अगले चित्र में अर्ध-वृत्तों की संख्या में एक की वृद्धि हो रही है इसलिए विकल्प (a) सही है।

16. (c) प्रत्येक अगले चित्र में घड़ी की सुई की दिशा में तीन रेखाओं की वृद्धि हो रही है।

17. (a) आकृति (1) से (2) में दोनों आकृति परस्पर अपना स्थान परिवर्तित कर लेती हैं तथा ऊपर वाली आकृति नीचे आकर दो से एक में बदल जाती है तथा नीचे वाली आकृति ऊपर जाकर एक से दो में बदल जाती है। पैटर्न (3) को देखने पर (4) में यही संबंध मिलता है।
अत: विकल्प (a) सही है।

18. (c) आकृति (1) से (2) में दोनों संख्याएँ परस्पर अपना स्थान परिवर्तित कर लेती हैं तथा आगे वाली पीछे और पीछे वाली संख्या आगे आ जाती है। समान पैटर्न (3) से (4) में भी होगा।
अत: विकल्प (c) सही है।

19. (b) आकृति (1) से (2) में उभयनिष्ठ रास्ता समान रहता है तथा अन्य सभी रास्ते छायांकित हो जाते हैं। उसी प्रकार आकृति (3) से (4) में उभयनिष्ठ रास्ता समान रहेगा तथा अन्य सभी रास्ते छायांकित हो जाएंगे। अत: विकल्प (b) सही है।

20. (c) जिस प्रकार आकृति (1) से (2) में सफेद भाग काला तथा काला भाग सफेद हो जाता है। उसी प्रकार (3) से (4) में भी सफेद भाग काला तथा काला भाग सफेद होगा।
अत: विकल्प (c) सही है।

21. (a) यदि प्रश्न चित्र के ऊपर उत्तर चित्र (a) को रखते हैं तो वृत्त बनेगा। अत: विकल्प (a) सही है।

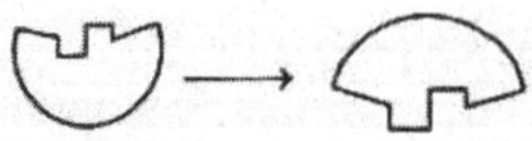

22. (a) दिए गए प्रश्न चित्र में विकल्प (a) की आकृति को मिलाने पर एक वर्ग प्राप्त होगा। अत: विकल्प (a) सही है।

23. (c) प्रश्न चित्र और उत्तर चित्र (c) को मिलाकर वर्ग बनेगा।

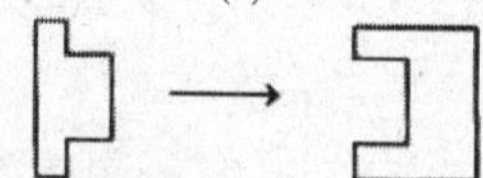

24. (d) दिए गए प्रश्न चित्र में विकल्प (d) की आकृति को मिलाने पर एक वर्ग प्राप्त होगा। अत: विकल्प (d) सही है।

25. (b) दर्पण प्रतिबिम्ब में आकृति का बायाँ भाग दायीं ओर तथा दायाँ भाग बायीं ओर दिखता है। इसलिए चित्र (b) सही दर्पण प्रतिबिम्ब है।

26. (a) दर्पण को XY के अनुदिश रखे जाने पर प्रश्न चित्र का सही दर्पण प्रतिबिम्ब विकल्प (a) की आकृति होगी।

27. (d) आकृति के दाएँ और बाएँ भाग एक-दूसरे की जगह पर परिवर्तित हो जाते हैं, इसलिए आकृत्ति (d) सही दर्पण प्रतिबिम्ब है।

28. (b) दर्पण को XY के अनुदिश रखे जाने पर प्रश्न चित्र का सही दर्पण प्रतिबिम्ब विकल्प (b) की आकृति होगी।

29. (c) दिए गए प्रश्न चित्र को कागज के एक टुकड़े की तह खोलने पर विकल्प (c) की आकृति प्राप्त होगी।

30. (d) वर्गाकार कागज पर अंकित बिन्दुमय रेखा पर दर्पण प्रतिबिम्ब के आधार पर उस भाग को मोड़ना है। मोड़ने के बाद वह आधा भाग दूसरे आधे भाग पर अग्रसारित किया जाएगा तथा प्रतिबिम्ब डिजाइन दर्पण प्रतिबिम्ब के स्वरूप में शेष आधे भाग पर अग्रसारित हो जाएगा। अत: उत्तर चित्र (d) होगा।

31. (c) दिए गए प्रश्न चित्र को कागज के एक टुकड़े की तह खोलने पर विकल्प (c) की आकृति प्राप्त होगी।

32. (b) दिए गए प्रश्न आकृति को कागज के एक टुकड़े की तह खोलने पर विकल्प (b) की आकृति प्राप्त होगी।

33. (a) दिए गए कट आउट से उत्तर चित्र (a) बनाया जा सकता है।

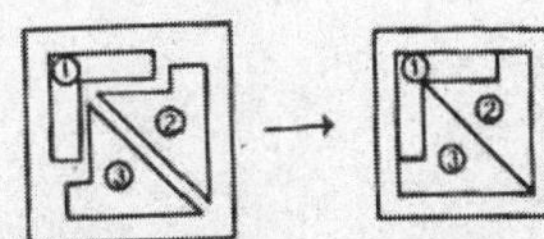

34. (a) दिए गए प्रश्न चित्र से विकल्प (a) के चित्र को बनाया जा सकता है।

35. (d) दिए गए कट आउट से उत्तर चित्र (d) बनाया जा सकता है।

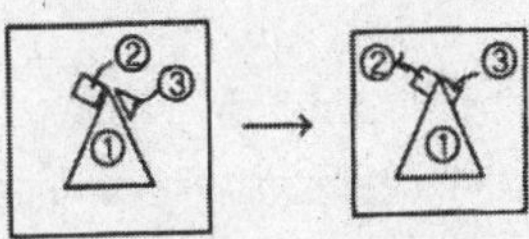

36. (c) दिए गए प्रश्न चित्र से विकल्प (a) के चित्र को बनाया जा सकता है।

37. (a) विकल्प (a) में दिए गए चित्र में प्रश्न चित्र सम्मिलित है। अत: विकल्प (a) सही उत्तर है।

38. (b) प्रश्न चित्र, उत्तर चित्र (b) में निहित है।

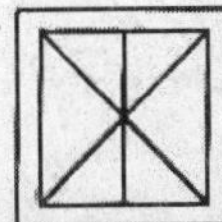

39. (d) प्रश्न चित्र, उत्तर चित्र (d) में निहित है।

40. (b) विकल्प (b) में दिए गए चित्र में प्रश्न चित्र सम्मिलित है। अत: विकल्प (b) सही उत्तर है।

41. (d) $5+\frac{77}{10}+\frac{77}{100}+\frac{77}{1000}$

$= 5 + 7.7 + 0.07 + 0.077$

$= 5 + 7.700 + 0.070 + 0.077$

$= 12.847$

अत विकल्प (d) सही है।

42. (c) अभीष्ट संख्या $= 41\frac{2}{3} \div \frac{1}{6} = \frac{125}{3} \times \frac{6}{1} = 250$

अत: 250, $\frac{1}{6}$ को मिलाने से $41\frac{2}{3}$ प्राप्त होता है।

43. (a) 7 अंकों की सबसे बड़ी संख्या = 9999999

8 अंको की सबसे छोटी संख्या = 10000000

अभीष्ट योग 7 अंकों की बड़ी से बड़ी संख्या + 8 अंकों की छोटी से छोटी संख्या = 9999999 + = 19999999

44. (b) 9, 12, 15 के अभाज्य गुणनखण्ड,

$9 = 3 \times 3$; $12 = 2 \times 2 \times 3$; $15 = 3 \times 5$

तीनों घण्टियों के पुन: एक साथ बजने का समय

= प्रात: 8 : 00 + (9, 12, 15 का ल. स.) मिनट

= प्रात: 8 : 00 + ($2 \times 2 \times 3 \times 3 \times 5$) मिनट

= प्रात: 8 : 00 + 180 मिनट

= प्रात: 8 : 00 + 3 घण्टे ($\because$ 1 घण्टा = 60 मिनट)

= प्रात: 11 : 00

45. (c) अभीष्ट योग = सबसे छोटी विषम अभाज्य संख्या + 2-अंकों की सबसे बड़ी अभाज्य संख्या = 3 + 97 = 100

46. (d) दिए गए विकल्पों की जाँच करने पर ,

(a) 5 मी. 8 सेमी. = 508 सेमी. $\neq$ 580 सेमी.

(b) 7 मी. 55 सेमी. = 755 मी. $\neq$ 7055 सेमी.

(c) 2 किमी. 70 मी. = 2070 मी. $\neq$ 270 सेमी.

(d) 6 किमी. 11 मी. = 6011 मी.

अत: विकल्प (d) सही उत्तर है।

47. (a) 5.50, 0.05, 0.55, 0.005, 5.0005 का आरोही क्रम

$0.005 < 0.05 < 0.55 < 5.0005 < 5.50$

48. (c) विकल्प (a) से,

$\frac{3}{5}$ तथा $\frac{18}{30}$ $\Rightarrow$ $\frac{3}{5}$ तथा $\frac{3}{5}$ समतुल्य है।

विकल्प (b) से,

$\frac{20}{28}$ तथा $\frac{5}{7}$ $\Rightarrow$ $\frac{5}{7}$ तथा $\frac{5}{7}$ समतुल्य है।

विकल्प (c) से,

$\frac{6}{9}$ तथा $\frac{24}{30}$ $\Rightarrow$ $\frac{2}{3}$ तथा $\frac{4}{5}$ समतुल्य नहीं है।

विकल्प (d) से,

$\frac{9}{18}$ तथा $\frac{36}{72}$ $\Rightarrow$ $\frac{1}{2}$ तथा $\frac{1}{2}$ समतुल्य है।

अत: विकल्प (c) सही उत्तर है।

49. (c) परिवार का कुल मासिक खर्च

$= 9378 + 3780 + 2817 + 4388 = 20363$

निकटतम हजार में मासिक खर्च = ₹ 20000

50. (b) 1 नींबू का क्रय मूल्य = ₹ $\frac{7}{5}$; 1 नींबू का विक्रय मूल्य = ₹ $\frac{7}{4}$

$\therefore$ विक्रय मूल्य > क्रय मूल्य

$\therefore$ 1 नींबू पर कुल लाभ $= \frac{7}{4} - \frac{7}{5} = \frac{35-28}{20} = \frac{7}{20}$

100 नींबुओं पर कुल लाभ $= 100 \times \frac{7}{20} =$ ₹ 35

51. (c) 80 और 90 के बीच अभाज्य संख्याएँ = 83 और 89

$\therefore$ अभीष्ट गुणनफल = $83 \times 89 = 7387$

52. (b) $5\frac{2}{3} - 2\frac{5}{6} - 3\frac{1}{12} = (5-2-3) + \left(\frac{2}{3} - \frac{5}{6} - \frac{1}{12}\right)$

$= (5-5) + \frac{2\times4 - 5\times2 - 1}{12}$

$= \frac{8-10-1}{12} = \frac{-3}{12} = -\frac{1}{4}$

53. (c) बड़ी आयताकार मेज की लम्बाई = $4 \times 1.3 = 5.2$ मी;

चौड़ाई = 1.3 मी

आयतकार मेज का परिमाप = 2 (लम्बाई + चौड़ाई)

= 2 (5.2 + 1.3)

= 2 × 6.5 = 13 मी

54. (b) अभीष्ट औसत $= \frac{80+70+90+60}{4}$

$= \frac{300}{4} = 75$

55. (d) आयत का क्षेत्रफल = वर्ग का क्षेत्रफल

लम्बाई × चौड़ाई = (भुजा)^2

लम्बाई × 28 = 42 × 42

⇒ लम्बाई $= \frac{42 \times 42}{28} = 63$ मी

∴ आयत का परिमाप = 2 (लम्बाई + चौड़ाई)

= 2 (63 + 28) = 2 × 91 = 182 मी

56. (c) एक प्रतिवर्ती कोण की माप 180° से अधिक किन्तु 360° से कम होती है।

57. (a) प्रश्नानुसार,

$\frac{25}{26} - \frac{7}{13}$

$= \frac{25 - 14}{26}$

$= \frac{11}{26}$

58. (b) क्रय मूल्य = विक्रय मूल्य + हानि

= 16920 + 1080 = 18000

जब, लाभ = 1080

तब विक्रय मूल्य = क्रय मूल्य + लाभ

= 18000 + 1080 = ₹ 19080

59. (a) छायांकित भाग का क्षेत्रफल = संपूर्ण वर्ग का क्षेत्रफल – अछायांकित आयात का क्षेत्रफल

= 15 × 15 – 5 × 4

= 225 – 20 = 205 सेमी^{2}

60. (d) आकृति में दर्शाया गया कोण अधिक कोण है।

61. (c) मनुष्य के पास सफलता प्राप्त करने का दृढ़ संकल्प होना चाहिए। अत: विकल्प (c) सही है।

कठिन परिश्रम व दृढ़ता से अपने लक्ष्य पर लगातार डटे रहने से मनुष्य के लिए कुछ भी प्राप्त करना सरल है।

62. (a) प्रदत्त अनुच्छेद के अनुसार, दृढ़ इच्छाशक्ति सफलता की कुँजी है।

63. (b) प्रसिद्धि पाने के लिए मनुष्य को अपनी क्षमताओं का उपयोग ठीक से करना चाहिए।

64. (a) 'विशेष' साधारण का विलोमार्थक शब्द है। किसी शब्द के विपरीत अर्थ वाले शब्द विलोमार्थक शब्द होते हैं।

65. (b) छिपे से तात्पर्य है- न दिखाई देने वाले।

66. (c) जगदीश चन्द्र बोस एक महान वैज्ञानिक थे। उन्होंने अपना पूरा जीवन वनस्पति विज्ञान के अध्ययन में समर्पित कर दिया था।

67. (c) जगदीश चन्द्र बोस की जन्म तिथि है- 30 नवम्बर, 1858 तथा उनका जन्म एक साधारण परिवार में हुआ था।

68. (d) वनस्पति-विज्ञान में 'जगदीश चन्द्र बोस की रुचि बहुत कम आयु से ही प्रारम्भ हो गई थी। उन्होंने किसानों के साथ खेतों में अपना बहुत समय बिताया।

69. (c) अनुच्छेद में समर्पित का अर्थ है- सौंपना।

70. (d) 'भारत से बाहर' के लिए अनुच्छेद में 'विदेशों' शब्द को प्रयुक्त किया गया है।

71. (d) हेलेन केलर देख नहीं सकती थी, क्योंकि वह पूर्ण रूप से दृष्टिहीन थी।

72. (c) बहरी होते हुए भी हेलेन केलर संगीत का अति आनन्द लेती थी।

73. (d) लेखक उस व्यक्ति को कहा जाता है, जो पुस्तकें लिखता है।

74. (c) हेलेन ने अपने जीवन के बारे में कुछ चलचित्रों का निर्माण किया था। साथ ही उनमें अभिनय भी किया था।

75. (c) अनुच्छेद में 'उद्देश्य की दृढ़ता' के लिए दृढ़ इच्छाशक्ति शब्द का प्रयोग किया गया है।

76. (c) ईमानदार का अर्थ है–- सच्चाई। जहाँ सत्य होता है, वहाँ किसी भी तरह की बेईमानी नहीं ठहरती।

77. (a) अनुच्छेद के अनुसार, ईमानदारी का तात्पर्य है हर प्रकार के बुरे उद्देश्यों से मुक्ति।

78. (c) 'ईमानदार' व्यक्ति के प्रति सभी लोग सदैव सम्मान करते हैं।

79. (b) 'ईमानदार' शब्द बेईमान का विपरीतार्थक है। अन्य विकल्पों में नकली – असली, स्पष्ट – अस्पष्ट, खुला – बन्द एक-दूसरे के विलोम हैं।

80. (c) 'निष्कपट' शब्द संज्ञा है। संज्ञा किसी वस्तु, व्यक्ति, स्थान तथा भाव के नाम का बोध कराती है।

❑❑❑

जवाहर नवोदय विद्यालय प्रवेश परीक्षा, 2023 (कक्षा-VI) सॉल्व्ड पेपर

खण्ड-I मानसिक योग्यता परीक्षण

भाग-1

निर्देशः प्रश्न संख्या 1 से 4 में, प्रत्येक प्रश्न में चार चित्र (a), (b), (c) और (d) दर्शाए गए हैं। इन चार चित्रों में से तीन चित्र किसी विधि से एक समान हैं, जबकि एक चित्र अन्य से भिन्न है। अन्य से भिन्न चित्र का चयन करें-

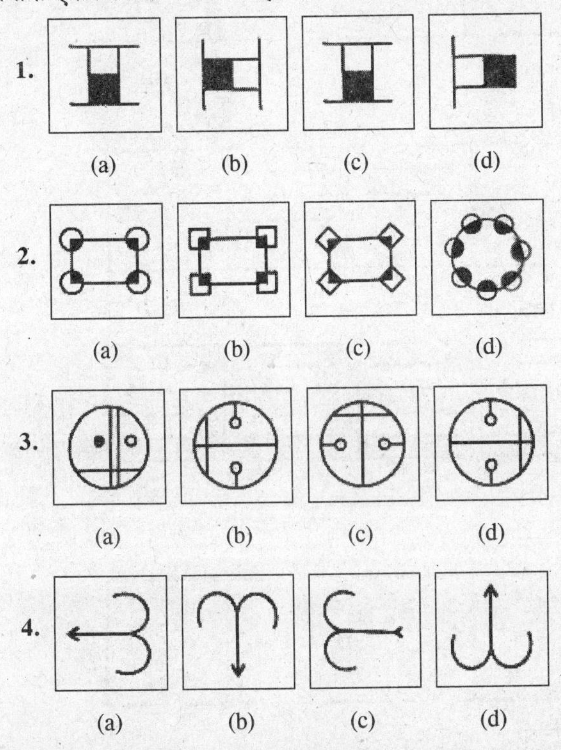

भाग-2

निर्देश : प्रश्न संख्या 5 से 8 में, बाईं ओर एक प्रश्न चित्र दिया गया है तथा दाईं ओर (a), (b), (c) और (d) से चिह्नित चार उत्तर चित्र दिए गए हैं। उत्तर चित्रों से प्रश्न चित्र के समरूप चित्र को चुने-

5. प्रश्न चित्र

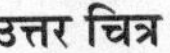

उत्तर चित्र

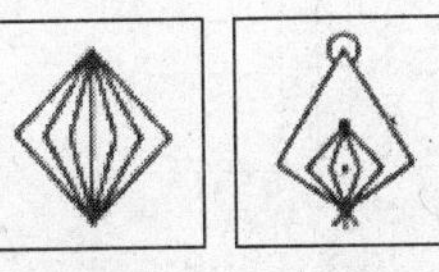
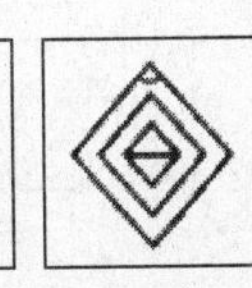
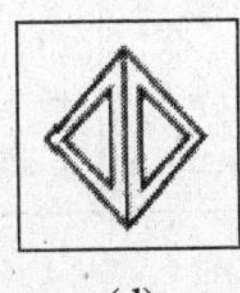

(a) (b) (c) (d)

6. प्रश्न चित्र

उत्तर चित्र

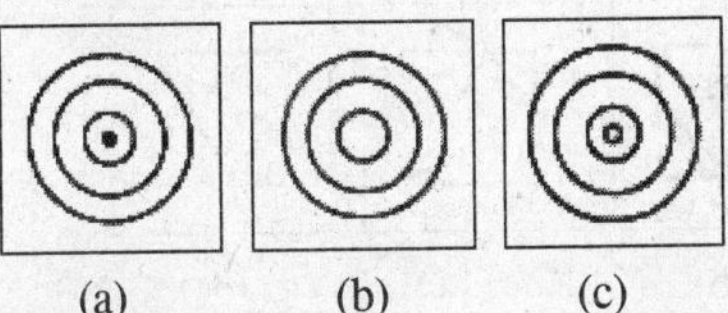

(a) (b) (c) (d)

7. प्रश्न चित्र

उत्तर चित्र

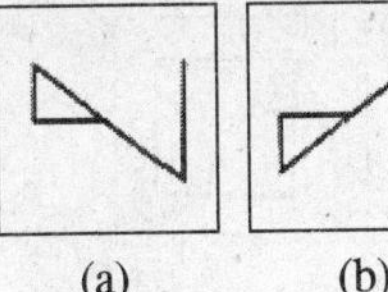

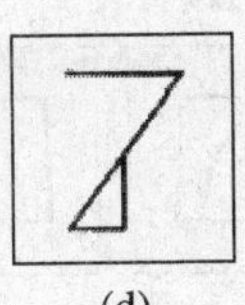

(a) (b) (c) (d)

8. प्रश्न चित्र

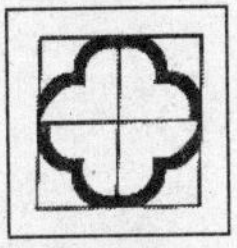

उत्तर चित्र

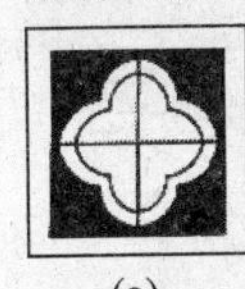

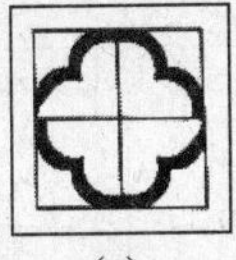

(a) (b) (c) (d)

भाग-3

निर्देशः प्रश्न संख्या 9 से 12 में, बाईं ओर एक प्रश्न चित्र दिया गया है, जिसका एक भाग लुप्त दर्शाया गया है। दाईं ओर दिए गए उत्तर चित्र (a), (b), (c) और (d) पर गौर करें तथा उस उत्तर चित्र का पता लगाएँ जिसको बिना दिशा परिवर्तन के प्रश्न चित्र के पैटर्न को पूरा करने के लिए प्रश्न चित्र के लुप्त भाग में बिठाया जा सके।

9. प्रश्न चित्र

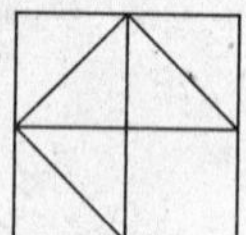

उत्तर चित्र

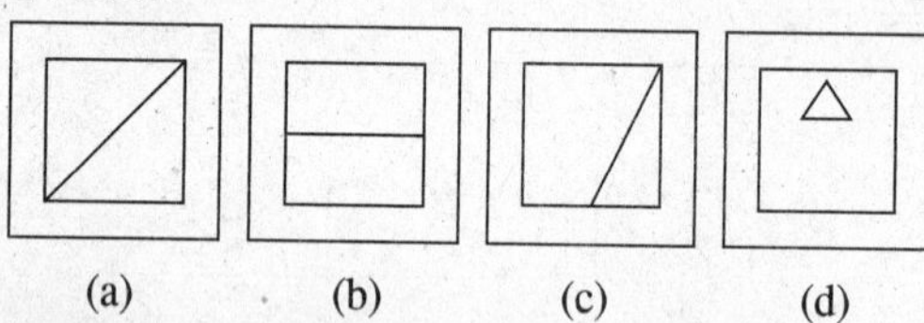

(a) (b) (c) (d)

10. प्रश्न चित्र

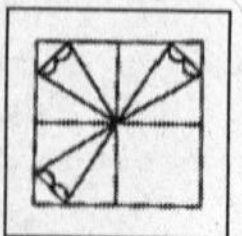

उत्तर चित्र

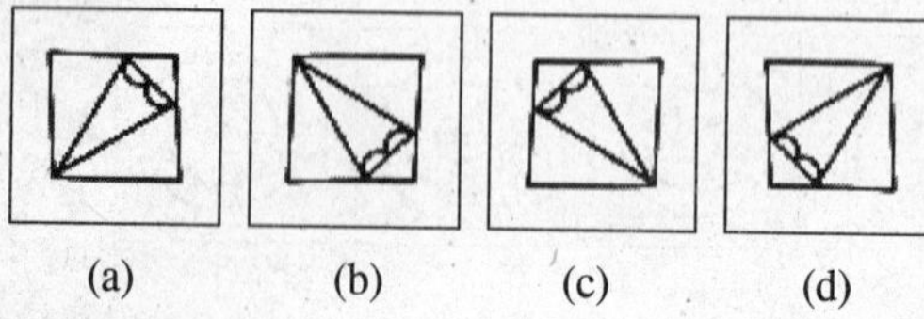

(a) (b) (c) (d)

11. प्रश्न चित्र

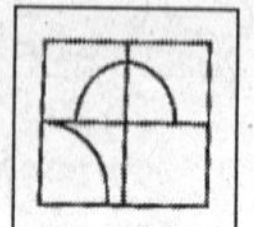

उत्तर चित्र

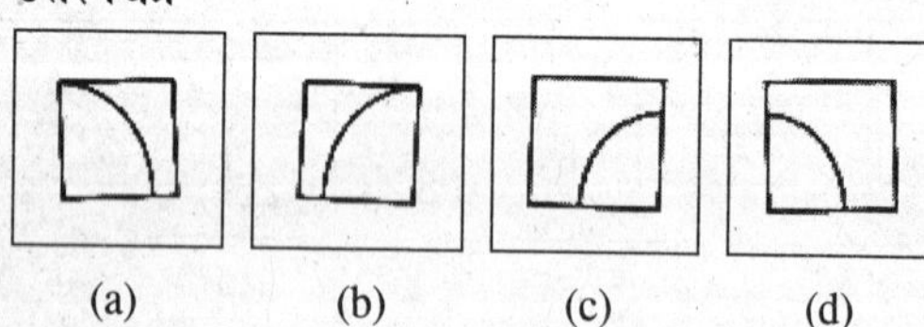

(a) (b) (c) (d)

12. प्रश्न चित्र

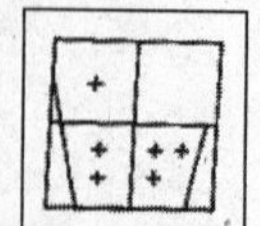

उत्तर चित्र

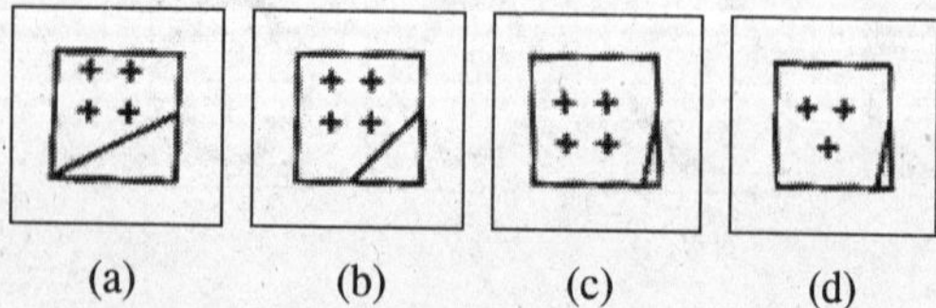

(a) (b) (c) (d)

भाग-4

निर्देश : प्रश्न संख्या 13 से 16 में, बाईं ओर तीन प्रश्न चित्र दर्शाए गए हैं तथा चौथे चित्र के लिए स्थान छोड़ा गया है। प्रश्न चित्र श्रेणीक्रम में हैं। श्रेणीक्रम को पूरा करने के लिए दाईं ओर उपलब्ध उत्तर चित्रों में से एक चित्र का चयन करें जिसे बाईं ओर दिए गए प्रश्न चित्र के खाली स्थान में प्रतिस्थापित किया जा सके।

13. प्रश्न चित्र

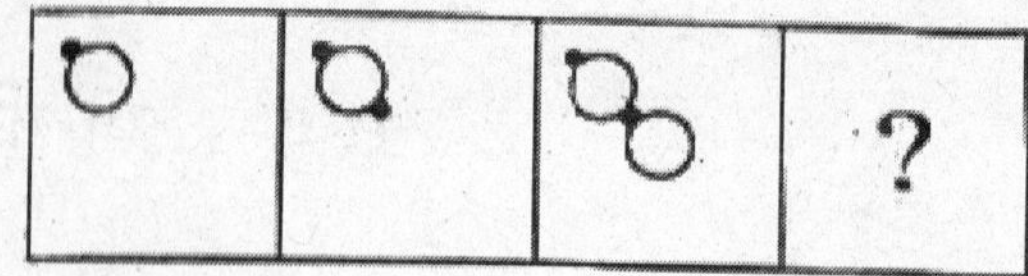

उत्तर चित्र

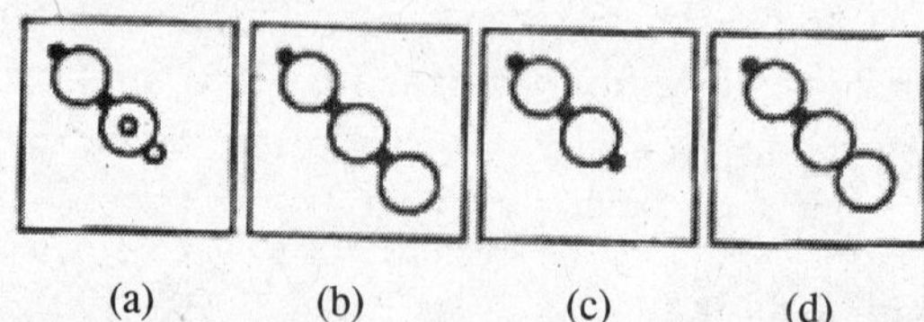

(a) (b) (c) (d)

14. प्रश्न चित्र

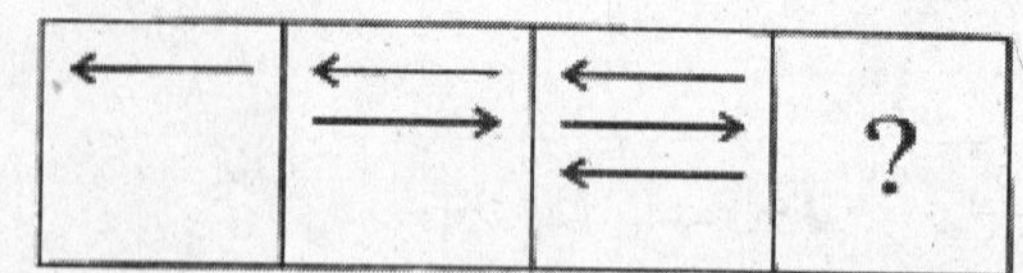

उत्तर चित्र

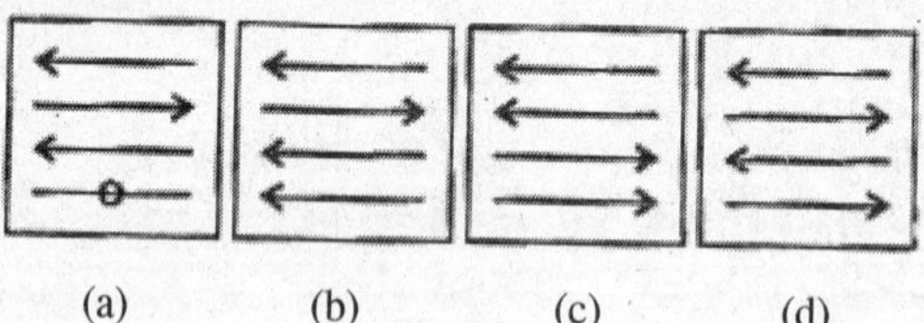

(a) (b) (c) (d)

15. प्रश्न चित्र

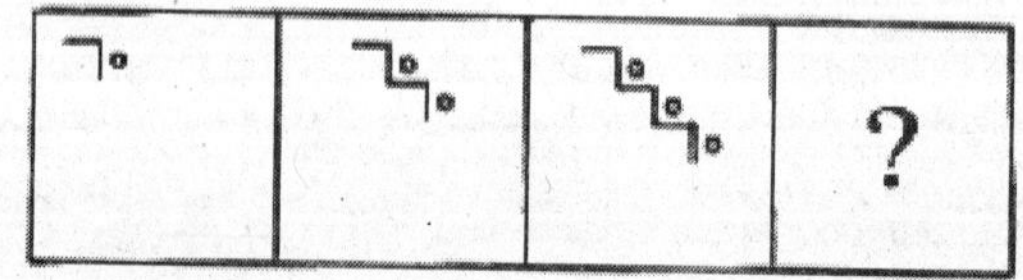

उत्तर चित्र

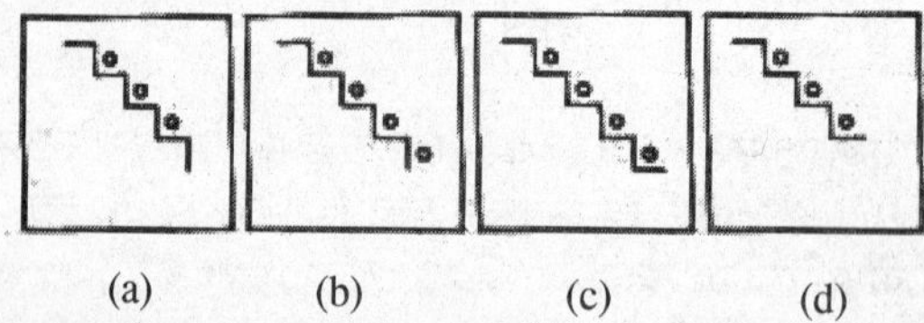

(a) (b) (c) (d)

16. प्रश्न चित्र

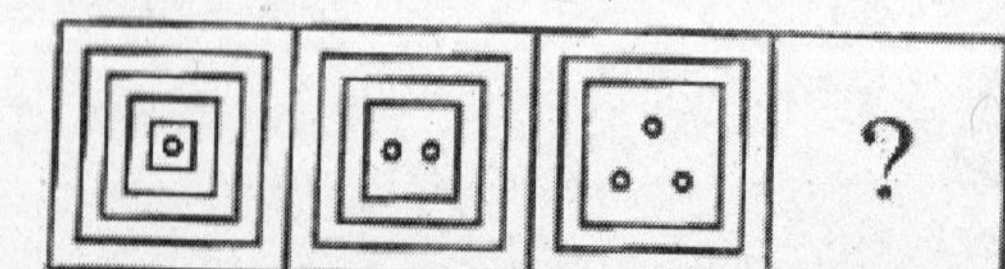

उत्तर चित्र

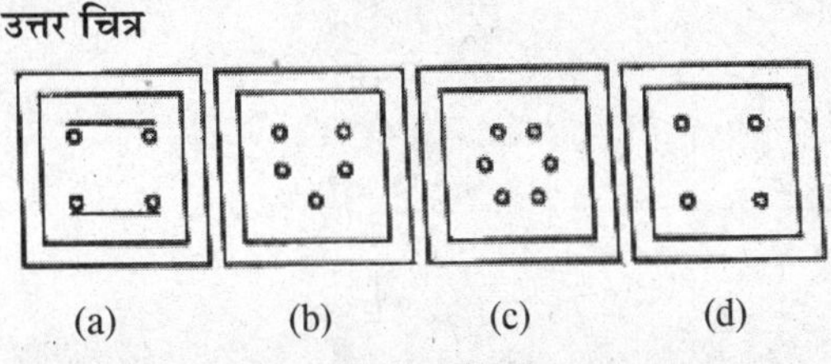

भाग-5

निर्देश: प्रश्न संख्या 17 से 20 में, प्रत्येक प्रश्न में दो प्रश्न चित्रों के दो सेट दिए गए हैं। दूसरे सेट में एक प्रश्न चिह्न (?) है। प्रथम सेट के दो प्रश्न चित्रों में एक निश्चित सम्बन्ध है। इसी तरह का सम्बन्ध दूसरे सेट के तीसरे तथा चौथे प्रश्न चित्र में भी होना आवश्यक है। उत्तर चित्रों से उस चित्र का चयन करें जो प्रश्न चिह्न को प्रतिस्थापित करेगा।

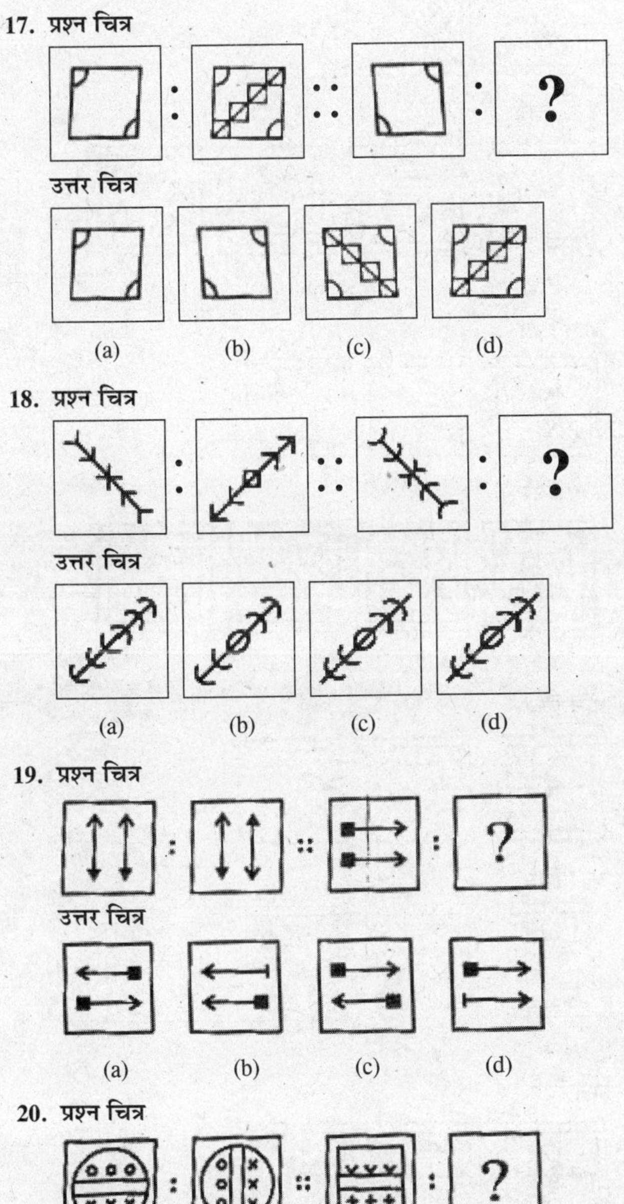

उत्तर चित्र

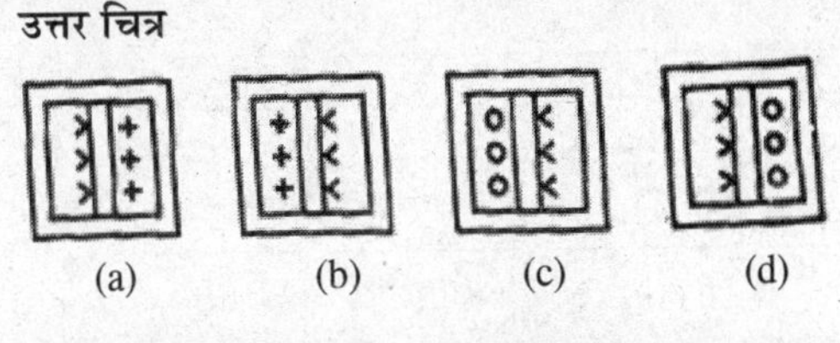

भाग-6

निर्देश : प्रश्न संख्या 21 से 24 में, प्रश्न चित्र के रूप में ज्यामितीय चित्र (त्रिभुज, वर्ग, वृत्त) के एक भाग को बाईं ओर दर्शाया गया है तथा दाईं ओर दूसरे भाग को चार उत्तर चित्रों के रूप में (a), (b), (c) और (d) से दर्शाया गया है। दाईं ओर के चित्र से ज्यामितीय चित्र को पूर्ण करने वाले चित्र को ज्ञात करें।

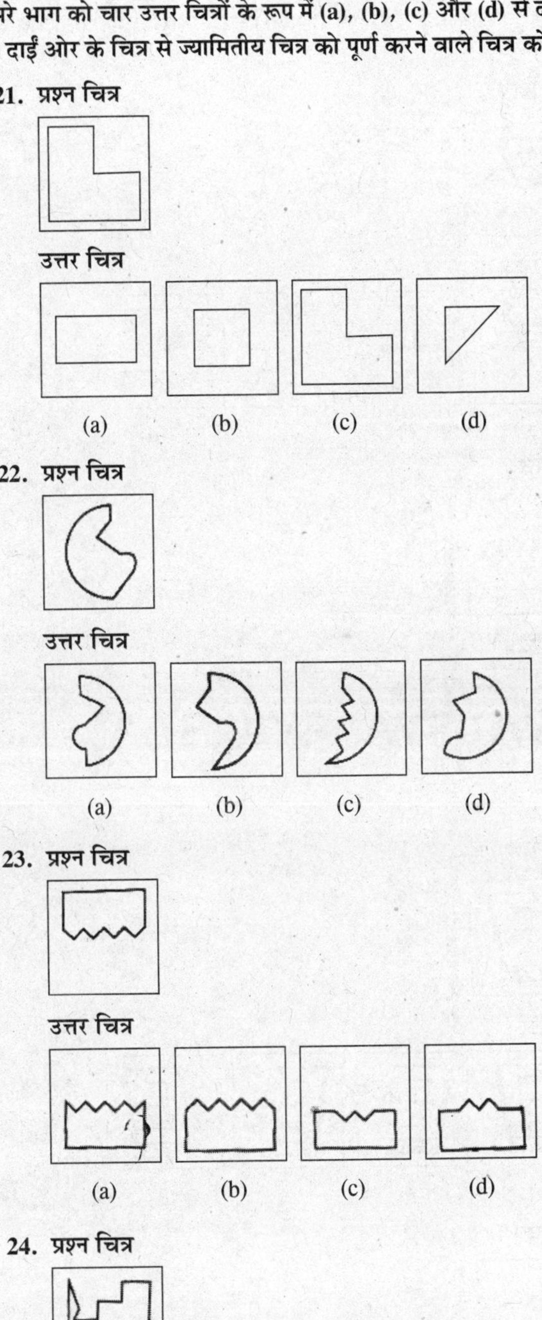

उत्तर चित्र

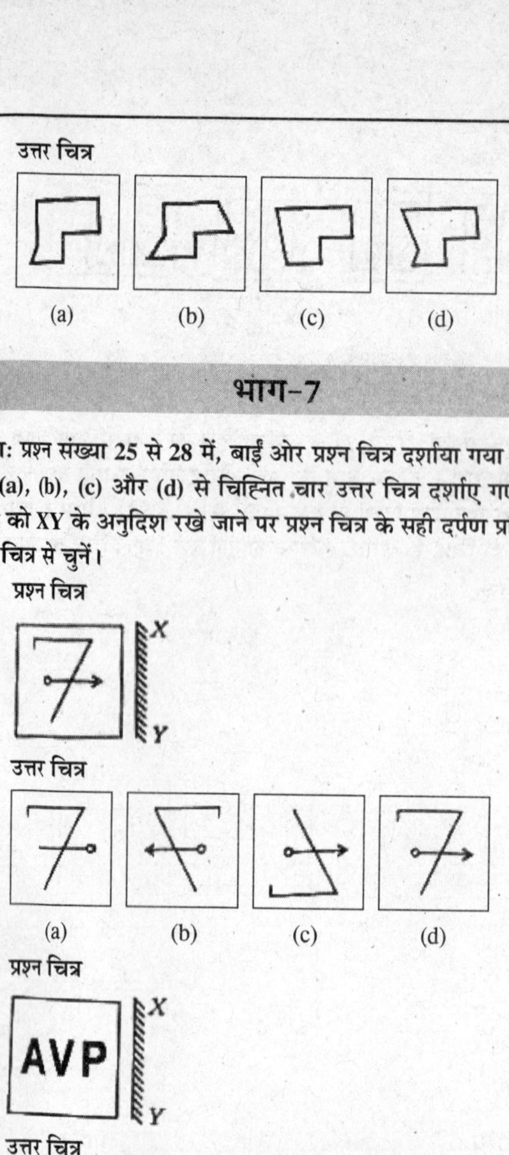

(a) (b) (c) (d)

उत्तर चित्र

(a) (b) (c) (d)

भाग-7

निर्देशः प्रश्न संख्या 25 से 28 में, बाईं ओर प्रश्न चित्र दर्शाया गया है तथा दाईं ओर (a), (b), (c) और (d) से चिह्नित चार उत्तर चित्र दर्शाए गए हैं। किसी दर्पण को XY के अनुदिश रखे जाने पर प्रश्न चित्र के सही दर्पण प्रतिबिम्ब को उत्तर चित्र से चुनें।

25. प्रश्न चित्र

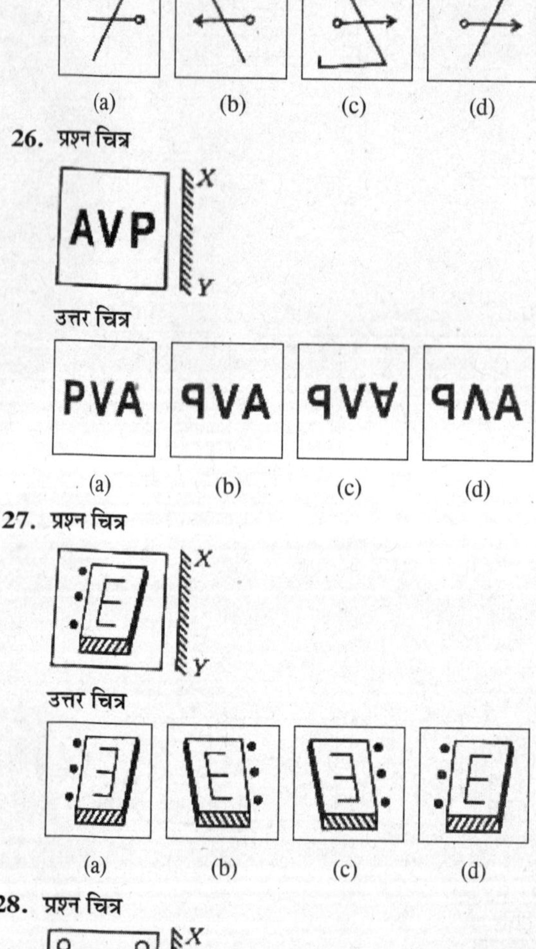

उत्तर चित्र

(a) (b) (c) (d)

26. प्रश्न चित्र

उत्तर चित्र

(a) (b) (c) (d)

27. प्रश्न चित्र

उत्तर चित्र

(a) (b) (c) (d)

28. प्रश्न चित्र

भाग-8

निर्देशः प्रश्न संख्या 29 से 32 में, बाईं ओर प्रश्न चित्र में दर्शाए अनुसार कागज के एक टुकड़े को मोड़कर पंच किया गया तथा दाईं ओर (a), (b), (c) और (d) से चिह्नित चार उत्तर चित्र दर्शाए गए हैं। कागज के टुकड़े की तह को खोलने पर वह जिस प्रकार दिखेगा वैसा ही चित्र उत्तर चित्र से चुनें।

29. प्रश्न चित्र

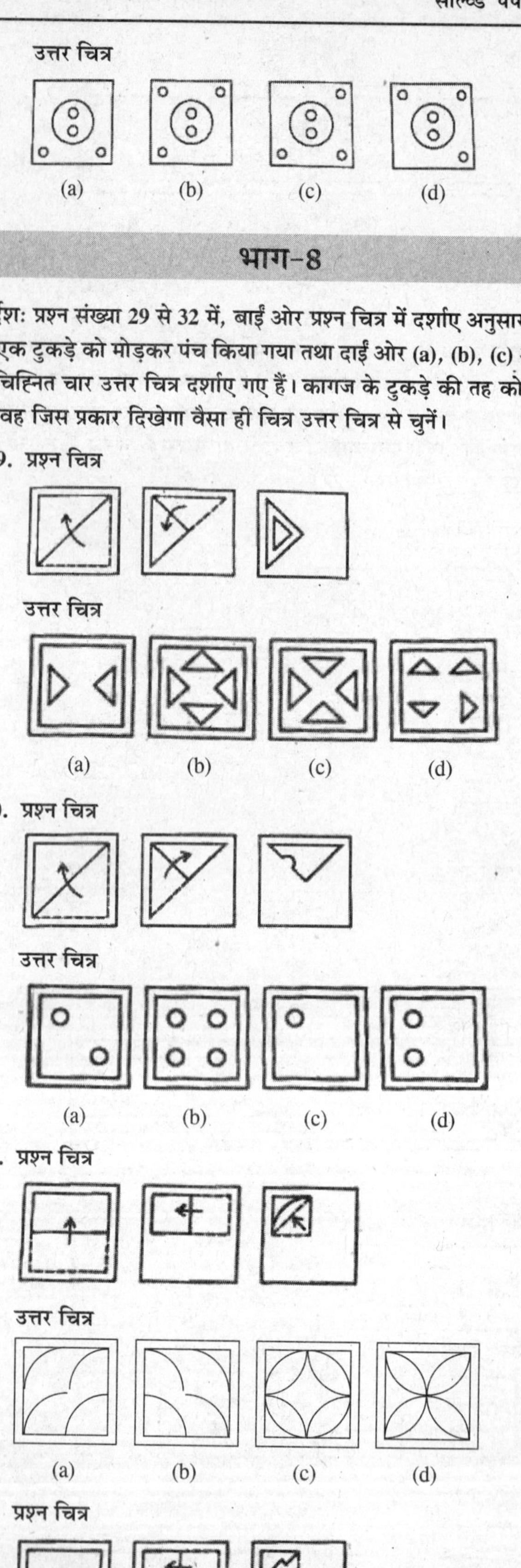

उत्तर चित्र

(a) (b) (c) (d)

30. प्रश्न चित्र

उत्तर चित्र

(a) (b) (c) (d)

31. प्रश्न चित्र

उत्तर चित्र

(a) (b) (c) (d)

32. प्रश्न चित्र

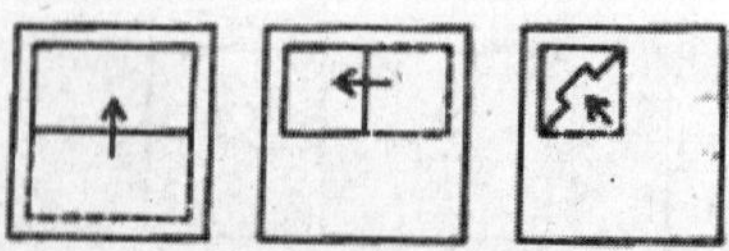

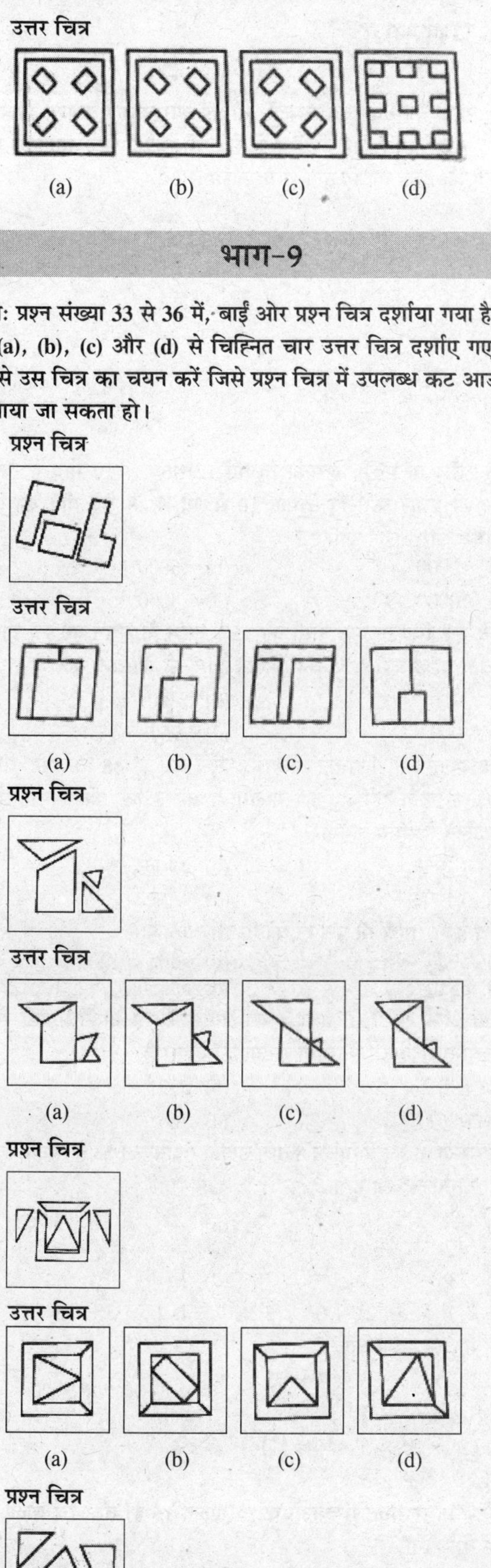

उत्तर चित्र

भाग-9

निर्देशः प्रश्न संख्या 33 से 36 में, बाईं ओर प्रश्न चित्र दर्शाया गया है तथा दाईं ओर (a), (b), (c) और (d) से चिह्नित चार उत्तर चित्र दर्शाए गए हैं। उत्तर चित्र से उस चित्र का चयन करें जिसे प्रश्न चित्र में उपलब्ध कट आउट टुकड़ों से बनाया जा सकता हो।

33. प्रश्न चित्र

उत्तर चित्र

34. प्रश्न चित्र

उत्तर चित्र

35. प्रश्न चित्र

उत्तर चित्र

36. प्रश्न चित्र

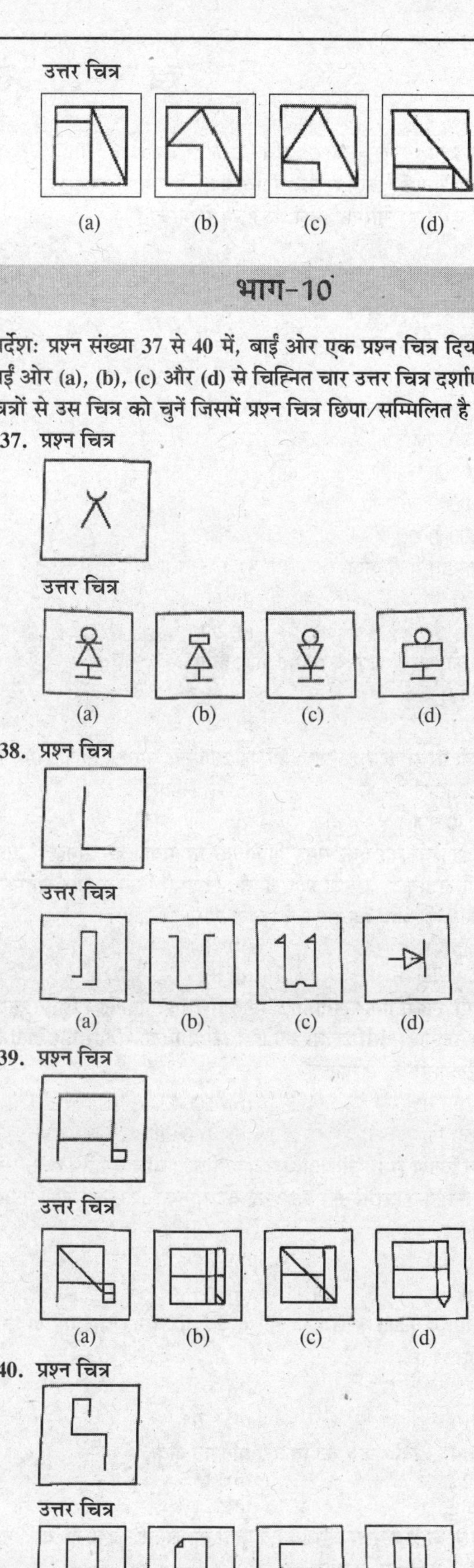

उत्तर चित्र

भाग-10

निर्देशः प्रश्न संख्या 37 से 40 में, बाईं ओर एक प्रश्न चित्र दिया गया है तथा दाईं ओर (a), (b), (c) और (d) से चिह्नित चार उत्तर चित्र दर्शाए गए हैं। उत्तर चित्रों से उस चित्र को चुनें जिसमें प्रश्न चित्र छिपा/सम्मिलित है।

37. प्रश्न चित्र

उत्तर चित्र

38. प्रश्न चित्र

उत्तर चित्र

39. प्रश्न चित्र

उत्तर चित्र

40. प्रश्न चित्र

उत्तर चित्र

खण्ड-II अंकगणित परीक्षण

निर्देश: प्रत्येक प्रश्न के लिए चार संभावित उत्तर हैं, जिन्हें (a), (b), (c) और (d) क्रम में दिया गया है। इनमें से केवल एक उत्तर ही सही है। सही उत्तर चुनें।

41. संख्या, जो 4 या अधिक अंकों की है, 8 से भाज्य है, यदि :
(a) संख्या सम है
(b) अंतिम अंक 8 से भाज्य है
(c) अंतिम दो अंक 8 से भाज्य हैं
(d) अंतिम तीन अंक 8 से भाज्य हैं

42. 5 से० मी० को किलोमीटर में लिखते हैं-
(a) 0.005 कि. मी.
(b) 0.0005 कि. मी.
(c) 0.00005 कि. मी.
(d) 0.000005 कि. मी.

43. निम्नलिखित में से कौन-सी संख्या 3, 4, 5 तथा 6 से विभाज्य है?
(a) 36 (b) 60
(c) 80 (d) 90

44. 4.239 को 0.9 से भाग करने पर प्राप्त होता है-
(a) 0.471 (b) 4.7
(c) 47.1 (d) 471

45. मेरी घड़ी पर समय 7:05 प्रातः है। यह 25 मिनट आगे है। सही समय है-
(a) 7:30 प्रातः (b) 7:50 प्रातः
(c) 6:40 प्रातः (d) 5:40 प्रातः

46. 80 विद्यार्थियों का एक समूह पिकनिक पर गया। इस समूह में 20% विद्यार्थी लड़कियाँ हैं तथा शेष लड़के हैं। इसमें कितनी और लड़कियाँ सम्मिलित की जाएँ कि समूह में लड़के 70% हो जाएँ?
(a) 16 (b) 24
(c) 122 (d) 8

47. 1250 मी. लम्बी एक रेलगाड़ी 2 मिनट में 1 कि. मी. की दूरी तय करती है। यह रेलगाड़ी दूसरी खड़ी रेलगाड़ी को 4 मिनट में पार कर लेती है। खड़ी रेलगाड़ी की लम्बाई है-
(a) 1250 मी. (b) 500 मी.
(c) 750 मी. (d) 1000 मी.

48. रहीम ने दिनेश से 10 अंक अधिक प्राप्त किए। जॉर्ज ने रहीम से 25 अंक कम प्राप्त किए। सभी तीनों के अंकों का योगफल 235 है। जॉर्ज ने अंक प्राप्त किए-
(a) 80 (b) 65
(c) 90 (d) 75

49. $10 \times 10 + [400 + (100 - (50 - \overline{3 \times 10})\}]$ **का सरलीकरण करने पर प्राप्त होता है-**
(a) 265 (b) 65
(c) 310 (d) 105

50. 360 ग्राम, 3 कि० ग्रा० का कितना प्रतिशत अंक?
(a) 12% (b) 15%
(c) 18% (d) 21%

51. एक वस्तु के क्रय मूल्य और विक्रय मूल्य का अन्तर ₹ 240 है। यदि लाभ 20% है, तो विक्रय मूल्य है-
(a) ₹ 1,200 (b) ₹ 1,440
(c) ₹ 1,800 (d) ₹ 2,440

52. एक पानी की टंकी की लम्बाई, चौड़ाई और ऊँचाई क्रमशः 11 मी, 10 मी० व 9 मी. है। यह टंकी पानी से 6 मी. की ऊंचाई तक भरी हुई है। पानी की टंकी का कितना भाग खाली है?
(a) $\frac{1}{4}$
(b) $\frac{1}{3}$
(c) $\frac{1}{6}$
(d) $\frac{2}{3}$

53. एक हॉल के फर्श, जिसकी बिमाएं 12 मी० × 10 मी० हैं, को पूरी तरह से ढकने के लिए विमाएँ 10 से. मी. × 8 से० मी० की कितनी आयताकार टाइलें चाहिए?
(a) 12000 (b) 15000
(c) 10000 (d) 18000

54. यदि एक विक्रेता एक कुर्सी को 15% लाभ के स्थान पर 8% लाभ पर बेचता है, तो उसे ₹ 56 कम मिलते हैं। कुर्सी का क्रय मूल्य है-
(a) ₹ 700 (b) ₹ 800
(c) ₹ 900 (d) ₹ 950

55. एक मालगाड़ी, जिसकी लम्बाई 1 कि. मी. है, 45 कि. मी./घंटा की चाल से चल रही है। इस मालगाड़ी को 2 कि. मी. लम्बी सुरंग से निकलने में समय लगेगा-
(a) 1 मिनट (b) 2 मिनट
(c) 3 मिनट (d) 4 मिनट

56. पाँच हजार पाँच सौ पचपन को लिखा जाता है।
(a) 5055 (b) 5505
(c) 5550 (d) 55550

57. सभी अंकों 9, 7, 0 तथा 4 का प्रयोग कर 4-अंकीय बड़ी-से-बड़ी संख्या तथा छोटी-से-छोटी संख्या का अन्तर है-
(a) 8991 (b) 5391
(c) 9261 (d) 5661

58. दो संख्याओं का योगफल 8 तथा उनका गुणनफल 15 है। इनके व्युत्क्रमों का योगफल क्या होगा?
(a) $\frac{8}{15}$ (b) $\frac{15}{8}$
(c) 23 (d) 7

59. $2^3 \times 3^3 \times 5^5$, $2^3 \times 3^2 \times 5^2 \times 7$ **तथा** $2^4 \times 3^4 \times 5 \times 7^2 \times 13$ **का महत्तम समापवर्तक है-**
(a) $2^2 \times 3^2 \times 5 \times 7 \times 13$
(b) $2^4 \times 3^4 \times 5^5$
(c) $2^4 \times 3^4 \times 5^2 \times 7 \times 11$
(d) $2^3 \times 3^2 \times 5$

60. यदि तीन क्रमागत संख्याओं का योगफल 15 है, तो बीच वाली संख्या का वर्ग होगा-
(a) 16 (b) 25
(c) 368 (d) 49

खण्ड-III भाषा परीक्षण

निर्देश : इस खण्ड में चार अनुच्छेद हैं। प्रत्येक अनुच्छेद पर पाँच प्रश्न हैं। प्रत्येक अनुच्छेद को सावधानी से पढ़ें और उसके नीचे दिए गए प्रश्नों के उत्तर दें। प्रत्येक प्रश्न के लिए चार संभावित उत्तर दिए गए हैं, जिनकी क्रम संख्या (a), (b), (c) और (d) है। इनमें से केवल एक उत्तर ही सही है। सही उत्तर चुनें।

अनुच्छेद-1

एक ही तरह का काम करते-करते हम कभी-कभी ऊब जाते हैं। इससे हमारी कार्यक्षमता कम हो जाती है, इसलिए हमें मनोरंजन द्वारा स्वयं को तरोताजा करना चाहिए। इससे हम अपना काम उसी क्षमता और उत्साह से पुन: आरंभ कर सकते हैं। तनाव या चिंता हमारे स्वास्थ्य के शत्रु हैं। हंसना अवांछित तनाव या चिंता को दूर करने की सबसे अच्छी दवा है। हम अपने तनाव को कम करने के लिए पार्कों, संग्रहालयों, अभयारण्यों आदि में भी जा सकते हैं। शारीरिक व्यायाम करना उतना ही महत्त्वपूर्ण है जितना कि खेल खेलना।

61. हम .... तरह का काम करते-करते ऊब जाते हैं।

(a) भिन्न-भिन्न (b) पृथक्
(c) समान (d) अलग

62. कुछ मनोरंजन करने के बाद हम अपना काम .... कर सकते हैं।

(a) समाप्त (b) पूर्ण
(c) बंद (d) पुन: आरंभ

63. हँसने से हमें .... दूर करने में मदद मिलती है।

(a) केवल आनुवंशिक बीमारियाँ
(b) अवांछित तनाव
(c) केवल अप्रत्याशित समस्याएँ
(d) विषाणुजनित बीमारियाँ

64. 'पुनः आरंभ' का अर्थ .... है।

(a) वापस लेना (b) फिर से शुरू करना
(c) समाप्त करना (d) रोक देना

65. 'क्षमता' .... का विपरीतार्थक है।

(a) धारदार (b) प्रभावकारिता
(c) अक्षमता (d) भावपूर्णता

अनुच्छेद-2

किसी व्यक्ति का आकलन हम केवल उसकी बाहरी दिखावट से नहीं कर सकते। बाहरी रूपरंग प्राय: धोखा देते हैं। एक बार देख लेने पर किसी व्यक्ति के सद्गुण या विशेषताएँ जानना कठिन होता है। कभी-कभी हम किसी अव्यक्ति की ओर उसके बाहरी रूपरंग से आकर्षित हो जाते हैं। किंतु बाद में हम अनुभव करते हैं कि हमने उसे गलत समझा। बाहर से अनेक चीजें आकर्षक लगती हैं। परंतु प्राय: चीजें वैसी नहीं होतीं जैसी दिखाई देती हैं। हमें किसी व्यक्ति या चीज के वास्तविक स्वभाव को जानना चाहिए।

66. बाहरी रूपरंग प्राय: ....।

(a) धोखा देते हैं (b) सबल होते हैं
(c) स्पष्ट होते हैं (d) सत्य होते हैं

67. एक ही नजर में क्या जानना कठिन है ?

(a) किसी का नाम (b) किसी का पता
(c) किसी के सद्गुण (d) किसी की आकांक्षा

68. अधिकतर हम किसी व्यक्ति के .... से आकृष्ट हो जाते हैं।

(a) भीतरी दर्शन (b) आकर्षक व्यक्तित्व
(c) बाहरी रूपरंग (d) मानसिक शक्ति

69. 'आकर्षक' .... का पर्यायवाची नहीं है।

(a) सुंदर (b) दर्शनीय
(c) प्रिय (d) असुंदर

70. 'वास्तविक' शब्द .... है।

(a) क्रिया-विशेषण (b) क्रिया
(c) विशेषण (d) संज्ञा

अनुच्छेद-3

लाल बहादुर शास्त्री भारत के द्वितीय प्रधानमंत्री थे। उन्हें भारत के श्रेष्ठ राजनेताओं में गिना जाता है। लेकिन उनके आरंभिक जीवन के बारे में बहुत कम लोग जानते हैं। उन्होंने अपनी पढ़ाई पूर्ण करने के लिए अपने जीवन में अनेक बाधाओं के विरुद्ध संघर्ष किया। अपनी पढ़ाई पूरी करने के बाद उन्होंने कोई नौकरी नहीं की। वे स्वाधीनता आंदोलन से जुड़ना चाहते थे। शीघ्र ही वे एक जन नेता बन गए। वे 1964 में भारत के प्रधानमंत्री बने। वे बहुत मेहनती व्यक्ति थे और प्रतिदिन कम से-कम अठारह घंटे काम करते थे।

71. लाल बहादुर शास्त्री भारत के .... प्रधानमंत्री थे।

(a) द्वितीय (b) प्रथम
(c) तृतीय (d) चतुर्थ

72. उन्होंने अपने जीवन में अनेक बाधाओं .... संघर्ष किया।

(a) के लिए (b) के विरुद्ध
(c) में (d) को

73. वह .... नेता बन गए।

(a) एक व्यक्ति के (b) कुछ व्यक्तियों के
(c) भीड़ के (d) जन

74. 'बन गए' क्रिया का .... काल है।

(a) वर्तमान (b) भूत
(c) भविष्य (d) अनिश्चित

75. 'पूरा करना' .... का पर्यायवाची है।

(a) आरंभ करना (b) जारी रखना
(c) सम्पन्न करना (d) खुलना

अनुच्छेद-4

ज्वालामुखी जलता हुआ पर्वत है जिसमें पृथ्वी में गहराई तक जाने वाला एक बड़ा छिद्र होता है। इसके खुले हुए मुँह को ज्वालामुखी का 'मुख-विवर' कहा जाता है। कभी- कभी कोई ज्वालामुखी शताब्दियों तक शांत रहकर अचानक सक्रिय हो सकता है। इसे 'ज्वालामुखी का विस्फोट' कहा जाता है, और राख, धूल, गैस तथा भाप के बड़े बादल बड़ी आवाज सहित ज्वालामुखी के मुख-विवर से उठते हैं। कुछ समय के बाद गर्म पिघली हुई चट्टान, जिसे लावा कहा जाता है, पहाड़ से नीचे बहने लगता है। यह अनेक दिनों या सप्ताहों तक जारी रह सकता है। फिर ज्वालामुखी दुबारा 'सो जाता' है, या अनेक वर्षों तक 'सुप्तावस्था' में रहता है। बहुत-से ज्वालामुखी समुद्र के निकट पाए जाते हैं, जो द्वीपों का निर्माण करते हैं।

76. ज्वालामुखी के बारे में क्या सही नहीं है ?

(a) यह बड़ी जंगली आग-सा होता है।
(b) यह राख, धूल और लावा फेंकता है।
(c) यह अधिकांशत: समुद्र के निकट पाया जाता है।
(d) इसमें पृथ्वी से नीचे तक बड़ा गहरा छिद्र होता है।

77. जब किसी ज्वालामुखी का विस्फोट होता है, तो उसे .... कहा जाता है।

(a) सुप्त (b) सोया हुआ
(c) सक्रिय (d) मौन

78. पहाड़ से नीचे बहने वाला लावा .... में होता है।

(a) ठोस (b) द्रव
(c) वाध्य (d) गैसीय

79. 'शांत' का यहाँ विलोम .... है।
(a) निश्चल (b) सुंदर
(c) स्थिर (d) सक्रिय

80. अनुच्छेद में प्रयुक्त 'सहित' का अर्थ .... है।
(a) के साथ (b) पीछे से
(c) घटित (d) निरंतर

व्याख्या सहित उत्तर

1. (d) दिये गए चित्रानुसार चित्र (d) के अतिरिक्त अन्य सभी दिशा नियमों का पालन करते हैं। केवल चित्र (d) ही उनसे भिन्न है।

2. (d) दिये गए चित्रानुसार चित्र (d) वृत्ताकार है जबकि अन्य चतुर्भुजाकार हैं। अत: चित्र (d) भिन्न है।

3. (a) दिये गए चित्र में से चित्र (a) ही भिन्न है क्योंकि चित्र (d) में दो रेखाएँ और एक बिन्दू भी है।

4. (c) दिये गए चित्रों में से चित्र (c) ही भिन्न है क्योंकि इसमें नीचे का नुकीला कोण बाहर की तरफ नहीं बल्कि ऊपर (अंदर) की ओर है। अत: (c) सही विकल्प है।

5. (b) उत्तर (b) ही समरूप है बाकी विकल्प असंगत हैं। अत: विकल्प (b) सही है।

6. (b) उत्तर (b) ही समरूप है बाकी विकल्प असंगत हैं। अत: विकल्प (b) सही है।

7. (a) उत्तर (a) ही समरूप है बाकी विकल्प असंगत हैं।

8. (c) उत्तर (c) ही समरूप है बाकी विकल्प असंगत हैं।

9. (a) विकल्प (a) ही लुप्त भाग है। बाकी सभी विकल्प असंगत हैं।

10. (b) चित्र (b) ही लुप्त भाग है।

11. (b) चित्र (b) ही लुप्त भाग है। बाकी चित्र एकदम भिन्न हैं।

12. (c) चित्र (c) में चार तारों के कारण यह लुप्त भाग है। बाकी चित्र भिन्न हैं।

13. (b) चित्र (b) में तीनों वृत आपस में एक-एक मिलान हुक से मुड़ी हुई हैं। अत: उत्तर (b) सही है।

14. (d) चित्र (d) को खाली स्थान में प्रतिस्थापित किया जा सकता है क्योंकि वह एक सही पैटर्न का पालन कर रहा है। अत: चित्र (d) सही उत्तर है।

15. (b) चित्र (b) को खाली स्थान में प्रतिस्थापित किया जा सकता है क्योंकि वह बढ़ते हुए पैटर्न का पालन कर रहा है। अत: चित्र (b) सही उत्तर है।

16. (d) चित्र (d) को खाली स्थान में प्रतिस्थापित किया जा सकता है क्योंकि वह बढ़ते हुए पैटर्न का पालन कर रहा है। अत: चित्र (d) सही उत्तर है।

17. (c) चित्र (c) का प्रश्न के चित्र से गहरा संबंध है। अत: चित्र (c) सही उत्तर है।

18. (b) चित्र (b) का प्रश्न वाले बॉक्स तीन से गहरा संबंध है। अत: सही उत्तर चित्र (b) है।

19. (c) चित्र (c) का प्रश्न वाले बॉक्स तीन की आवृत्ति से गहरा संबंध है। अत: सही उत्तर चित्र (c) है।

20. (b) प्रश्न के तीसरे बॉक्स के चित्रानुसार चित्र (b) ही उसके एक निश्चित पैटर्न (प्रणाली) के अनुसार सही है। अत: सही उत्तर चित्र (b) है।

21. (b) चित्र (b) को मिलाने पर वह वर्ग बन जाएगा। अत: सही उत्तर चित्र (b) है।

22. (b) चित्र (b) को मिलाने पर वह वृत बन जाएगा। अत: सही उत्तर चित्र (b) है।

23. (b) प्रश्न चित्र में आयत के दूसरे टूटे हुए हिस्से में तीन कोण बने हुए हैं। अत: चित्र (b) को मिलाने पर वह आयत बन जाएगा। अत: सही उत्तर चित्र (b) है।

24. (d) प्रश्न चित्र में आयत के टूटे हुए हिस्से में आकृति (d) मिलाने से आयत पूर्ण हो जाएगा। अत: सही उत्तर (d) है।

25. (b) प्रश्न चित्र के दपर्ण XY बिन्दू का दर्पण प्रतिबिम्ब चित्र (b) हो जाएगा क्योंकि तीर उल्टी दिशा में दिखेगा। अत: सही उत्तर चित्र (b) है।

26. (b) प्रश्न चित्र के दपर्ण XY बिन्दू का दर्पण प्रतिबिम्ब चित्र (b) की आकृति की तरह उल्टा दिखेगा। अत: सही उत्तर चित्र (b) है।

27. (c) प्रश्न चित्र के दपर्ण XY बिन्दू का दर्पण प्रतिबिम्ब (c) की आकृति की तरह उल्टा दिखेगा। अत: सही उत्तर चित्र (c) है।

28. (b) प्रश्न चित्र के दपर्ण XY बिन्दू का दर्पण प्रतिबिम्ब (b) की आकृति की तरह उल्टा दिखेगा। वर्ग के अंदर वाला बिन्दु उल्टी दिशा में दिखेगा। अत: सही उत्तर चित्र (b) है।

29. (d) प्रश्न चित्र के कागज के टुकड़े की तह को खोलने पर चित्र (d) की तरह की आकृति दिखेगी। अत: सही उत्तर चित्र (d) है।

30. (a) प्रश्न चित्र के कागज के टुकड़े की तह को खोलने पर चित्र (a) के समान आकृति दिखेगी। अत: सही उत्तर चित्र (a) है।

31. (d) प्रश्न में दिए गए चित्रानुसार एक कोष्ठक (⬭) के कागज की तह को खोलने के बाद विकल्प (d) की तरह की आकृति आयेगी। अत: सही उत्तर चित्र (d) है।

32. (c) प्रश्न में दिए गए चित्रानुसार तीर के साथ कोष्ठक को चार बार मोड़ने के बाद उस चार बार तह किए गए कागज को खोलने के बाद चित्र (c) की तरह की आकृति दिखेगी। अत: सही उत्तर चित्र (c) है।

33. (d) प्रश्न में दिए गए कट आउट चित्र को जोड़ने पर चित्र (d) की तरह की आकृति बनेगी। अत: सही उत्तर चित्र (d) है।

34. (b) प्रश्न में दिए गए कट आउट टुकड़ों को मिलाने पर चित्र (b) की तरह आकृति दिखेगी। अत: सही उत्तर चित्र (b) है।

35. (a) प्रश्न में दिए गए कट आउट टुकड़ों में तीन त्रिभुज हैं। तीनों त्रिभुजों को एक साथ जोड़ने पर चित्र (a) की तरह आकृति बनेगी। अत: सही उत्तर चित्र (a) है।

36. (b) प्रश्न में दिए गई समस्या कट आउट टुकड़ों में एक आयत, दो त्रिभुज और एक अन्य कट आउट है। इन सभी को मिलाने पर चित्र की तरह की आकृति बनेगी अत: सही उत्तर चित्र (b) है।

37. (a) प्रश्न चित्र में दर्शाई गई आकृति का बचा हुआ भाग उत्तर चित्र (a) की आकृति में छिपा हुआ है। अत: सही उत्तर चित्र (a) है।

38. (b) प्रश्न चित्र में दर्शाए गए चित्र आकृति का चित्र (b) की आकृति में छिपा हुआ है। अत: सही उत्तर चित्र (b) है।

39. (a) प्रश्न चित्र में दर्शाए गए चित्र आकृति का भाग उत्तर चित्र की आकृति (a) में छुपा हुआ है। अत: सही उत्तर चित्र (a) है।

40. (d) प्रश्न चित्र में दर्शाए गए चित्र आकृति का भाग उत्तर चित्र की आकृति (d) में छुपा हुआ है। अत: सही उत्तर चित्र (d) है।

41. (d) दिए गए विकल्पों में से विकल्प (d) सही है क्योंकि संख्या जो 4 या अधिक अंकों की है और 8 से भाज्य भी है तो वह अंतिम तीन अंक 8 से भाज्य हैं।

42. (c) दिये गए विकल्पों में से विकल्प (c) 0.00005 कि. मी. सही है क्योंकि लम्बाई की इकाईयों में सेन्टीमीटर सबसे छोटी इकाई है जबकि 1000 मीटर 1 किलोमीटर होता है। अत: 5 से.मी. को हम $\frac{5\text{ cm}}{100000} = 0.00005$ कि. मी. के रूप में लिखते हैं।

43. (b) उत्तर (b) 60 सही है क्योंकि प्रश्नानुसार 3, 4, 5 तथा 6 से विभाज्य संख्या है-

2	3, 4, 5, 6
2	3, 2, 5, 3
3	3, 1, 5, 3
5	1, 1, 5, 1
	1, 1, 1, 1

अत: $2 \times 2 \times 3 \times 5 = 60$ होता है।

अत: विकल्प (b) 60 सही है।

44. (b) 4.7 या 4.71 सही हैं क्योंकि 4.239 को 0.9 से भाग करने के ऊपरांत $\frac{4.239}{.9} = \frac{42.39}{9} = 4.71$ प्राप्त होता है। अत: 4.239 को 0.9 से भाग करने पर विकल्प (b) 4.71 या 4.7 प्राप्त होता है।

45. (c) सही

46. (b) 80 विद्यार्थियों के एक समूह में 20% लड़कियाँ हैं तो 80 का 20 प्रतिशत = 16 लड़कियाँ हैं। इसमें 10% और जोड़ दिया जाए तो कुल 8 लड़कियाँ और जुड़ेंगी।

अत: 80 का 30% लड़कियों की संख्या = 16 + 8 = 24 है और लड़कों का प्रतिशत 100 – 30 = 70% है।

47. (c) रेलगाड़ी की गति $= \frac{1000 \text{ मीटर}}{2 \text{ मिनट}}$

$= 500$ मीटर/मिनट

खड़ी रेलगाड़ी की लम्बाई

$= 500 \times 4 - 1250$

$= 2000 - 1250$

$= 750$

48. (b) माना दिनेश ने x अंक प्राप्त किये

प्रश्नानुसार,

रहीम के अंक $= x + 10$

जॉर्ज के अंक $= (x + 10) - 25$

$x + (x + 10) + (x + 10) - 25 = 235$

$3x + 20 - 25 = 235$

$3x - 5 = 235$

$3x = 240 = x = 80$

जॉर्ज के अंक $= (80 + 10) - 25$

$= 90 - 25 = 65$

49. (d) $10 \times 10 + [400 \div \{100 - 50\ (\overline{3 \times 10})\}]$

$= 10 \times 10 + [400 \div \{100 - (50 - 30)\}]$

$= 10 \times 10 + [400 \div \{100 - 20\}]$

$= 10 \times 10 + [400 \div 80]$

$= 10 \times 10 + 5$

$= 100 + 5 = 105$

50. (a) 1 किग्रा. = 1000 ग्राम

3 किग्रा. = 3000 ग्राम

अभीष्ट प्रतिशत $= \frac{300}{3000} \times 100 = 12\%$

51. (b) लाभ प्रतिशत $= \frac{\text{विक्रय मूल्य-क्रय मूल}}{\text{क्रय मूल्य}} \times 100$

$20 = \frac{240}{\text{विक्रय मूल्य}} \times 100$

क्रय मूल्य $= \frac{240}{20} \times 100$

$= 1200$

विक्रय मूल्य $= 1200 \times \frac{120}{100} =$ ₹ 1440

52. (d) टंकी का कुल आयतन

$= 9 \times 10 \times 11$

$= 990$ मीटर^3

पानी का आयतन

$= 11 \times 10 \times 6$

$= 660$

पानी की टंकी का खाल भाग $= \frac{660}{990} = \frac{2}{3}$

53. (b) अभीष्ट आयताकार टाइलों की संख्या

$= \frac{1200 \times 1000}{10 \times 8}$

$= 15000$

54. (b) $15\% - 8\% = 56$

$7\% = 56$

$100\% = \frac{56}{7} \times 100 = 800$

55. (d) मालगाड़ी की लम्बाई 1 किलोमीटर है और उसकी चाल 45 किमी./घंटा है, तो उसे 2 किमी. लम्बी सुरंग को पार करने में कुल 4 मिनट का समय लगेगा। क्योंकि कुल दूरी में मालगाड़ी की लम्बाई भी जुड़ेगी। अत: सही उत्तर 4 मिनट है।

समय $= \frac{1+2}{45} = \frac{3}{45} = \frac{1}{15}$ घंटे $= \frac{1}{15} \times 60 = 4$ मिनट।

56. (*) पाँच हजार पाँच सौ पचपन

$= 5555$

57. (d) 9, 7, 0 और 4 का प्रयोग कर

4 अंकों की बड़ी-से-बड़ी संख्या = 9740

4 अंकों से छोटी-से-छोटी संख्या = 4097

अंतर = 9740 – 4979 = 5661

58. (a) माना दो संख्याएँ क्रमश: m और n हैं।

प्रश्नानुसार,

$m + n = 8$ (1)

$m + n = 15$ (2)

$(m - n)^2 = (m + n)^2 - 4\,m\,n$

$64 - 4 \times 15$

$64 - 60 = 4$

$(m - n) = \sqrt{4}$

$m - n = 2$ (3)

सभी (1) और (3) को हल करने पर

$2\,m = 10$

$m = 5$

$n = 3$

$\frac{1}{m} + \frac{1}{n} = \frac{1}{5} + \frac{1}{3} = \frac{3+3}{15} = \frac{8}{15}$

59. (d) $2^3 \times 3^3 \times 5^5$, $2^3 \times 3^2 \times 5^2 \times 7$ तथा

$2^4 \times 3^4 \times 5 \times 7^2 \times 13$ का महत्तम समापवर्तक

$2^3 \times 3^2 \times 5$

60. (b) माना तीन क्रमागत संख्याएँ क्रमश:

$x - 1, x, x + 1$ हैं।

प्रश्नानुसार

$$x - 1 + x + x + 1 = 15$$
$$3x = 15$$
$$x = 5$$

बीच वाली संख्या = $(5)^2 = 25$ का वर्ग

61. (c) दिये गए विकल्पों में से विकल्प (c) सही है क्योंकि हम एक ही तरह का कार्य/काम करते ऊब जाते हैं। अत: हम समान तरह का काम करते-करते ऊब जाते हैं।

62. (d) दिये गए विकल्पों में से विकल्प (d) पुन: आरंभ करना सही है। क्योंकि अगर हम लगातार एक ही तरह का कार्य करते हैं तो ऊब जाते हैं। अत: काम करने की अवधि के दौरान बीच-बीच में मनोरंजन करके हम पुन: ऊर्जावान होकर कार्य करने लगते हैं। अत: कुछ मनोरंजन करने के बाद हम अपना काम पुन: आरंभ कर सकते हैं।

63. (b) दिए गए विकल्पों में से विकल्प (b) अवांछित तनाव सही है, क्योंकि हँसने से हमें अवांछित तनाव दूर करने में मदद मिलेगी। एक ही तरह की जीवन-शैली और एक ही तरह का काम करने से हममें एकरसता का भाव पैदा होने लगता है जिसका प्रभाव हमारी कार्य-शैली पर पड़ता है। अत: हँसने से हमें अवांछित तनाव दूर करने में मदद मिलती है।

64. (b) 'पुन: आरंभ' का अर्थ है-'फिर से शुरू करना।' अत: दिए गए विकल्पों में से विकल्प (b) फिर से शुरू करना सही है।

65. (c) 'क्षमता' का विपरीतार्थक शब्द 'अक्षमता' होता है। अत: दिये गए विकल्पों में से विकल्प (c) अक्षमता है।

66. (a) दिये गए विकल्पों में से विकल्प (a) धोखा देते हैं। सही है क्योंकि किसी भी व्यक्ति का बाहरी रूपरंग प्राय: धोखा देता है।

67. (c) दिये गए विकल्पों में से विकल्प (c) किसी के सद्‌गुण सही है क्योंकि एक ही नजर में किसी के सद्‌गुण या उनके व्यक्तित्व को जानना कठिन होता है।

68. (c) दिये गए विकल्पों में से विकल्प (c) बाहरी रूपरंग सही है क्योंकि अधिकतर हम किसी व्यक्ति के बाहरी रूपरंग या उसके कपड़ों से प्रभावित या आकृष्ट हो जाते हैं।

69. (d) 'आकर्षक' का पर्यायवाची (d) असुंदर नहीं है क्योंकि सुंदर, दर्शनीय प्रिय ये सभी आकर्षक के ही पर्यायवाची शब्द हैं जबकि 'असुंदर' का अर्थ जो 'सुंदर' नहीं है उससे है। अत: दिए गए विकल्पों में से विकल्प (d) असुंदर सही है।

70. (c) दिये गए विकल्पों में से विकल्प (c) विशेषण सही है। वस्तुत: हमें किसी व्यक्ति या चीज के वास्तविक स्वभाव को जानना चाहिए। यहाँ व्यक्ति या चीज संज्ञा है जबकि स्वभाव का वास्तविक या अवास्तविक होना उसका विशेषण है। अत: वास्तविक विशेषण है।

71. (a) दिये गए विकल्पों में से विकल्प (a) द्वितीय सही है। क्योंकि भारत के प्रथम प्रधानमंत्री पंडित जवाहलाल नेहरू थें। जिनका कार्यकाल 26 जनवरी, 1950 से 27 मई, 1964 तक था। जबकि भारत के द्वितीय प्रधानमंत्री लालबहादुर शास्त्री का कार्यकाल 09 जून, 1964 से 11 जनवरी, 1966 लगभग अठारह महीने तक था। इस प्रमुख पद पर उनका कार्यकाल अद्वितीय रहा। भारत-पाकिस्तान के बीच-युद्ध के विरुद्ध शान्ति समझौते को लेकर की गई बैठक वर्तमान उज्जबेकिस्तान के ताशकंद नामक जगह पर 'ताशकंद समझौते' के दौरान ही हो गई थी। उन्होंने 'जय-जवान जय-किसान' का नारा दिया था।

72. (b) दिये गए विकल्पों में विकल्प (b) के विरुद्ध सही है क्योंकि भारत के द्वितीय प्रधानमंत्री लाल बहादुर शास्त्री का प्रारंभिक जीवन बहुत ही गरीबी एवं संघर्षों में गुजरा। उन्होंने अपने छात्र-जीवन एवं राजनैतिक जीवन में अनेक बाधाओं एवं संघर्ष का सामना किया। अत: विकल्प (b) के विरुद्ध सही है कि उन्होंने अपने जीवन में अनेक बाधाओं के विरुद्ध संघर्ष किया।

73. (d) वह जन नेता बन गए। दिये गए विकल्पों में से विकल्प (d) जन नेता सही है क्योंकि भारत के द्वितीय प्रधानमंत्री लाल बहादुर शास्त्री सही अर्थों में जन नेता थे। 'जन नेता' का अर्थ 'जनता का प्रिय नेता' होता है।

74. (b) बन गए क्रिया का भूत काल है क्योंकि कोई भी कार्य जो आज से या वर्तमान समय से पहले हो गया है वह भूतकाल कहलाता है। अत: विकल्प (b) भूतकाल सही है।

75. (c) 'पूरा करना' का पर्यायवाची शब्द सम्पन्न करना होता है। अत: विकल्प (c) सम्पन्न करना सही है।

76. (a) दिये गए विकल्पों में से विकल्प (a) यह बड़ा जंगली आग-सा होता है सही नहीं है क्योंकि ज्वालामुखी के संदर्भ में विकल्प (b) यह राख, धूल और लावा फेंकता है। सही है। विकल्प (c) यह अधिकांशत: समुद्र के निकट पाया जाता है। यह भी सही है। वहीं विकल्प (d) इसमें पृथ्वी से नीचे तक गहरा छिद्र होता है भी सही है किन्तु विकल्प (a) यह बड़ी-जंगली आग-सा होता है। सही नहीं है क्योंकि ज्वालामुखी एक जलता हुआ पर्वत होता है, जंगली आग नहीं। अत: विकल्प (a) सही नहीं है।

77. (c) दिये गए विकल्पों में से विकल्प (c) सक्रिय सही है, क्योंकि जब किसी ज्वालामुखी का विस्फोट होता है तो उसे सक्रिय ज्वालामुखी कहा जाता है।

78. (b) दिये गए विकल्पों में से विकल्प (b) द्रव या द्रवीय अवस्था सही है क्योंकि पहाड़ से नीचे बहने वाला लावा द्रव अवस्था (Liquid form) में होता है।

79. (d) 'शांत' का विलोम शब्द 'अशांत' होता है। किन्तु प्रश्नगत कथन ज्वालामुखी के संदर्भ में है। अत: 'शांत' का अर्थ यहाँ 'सक्रिय' होगा। इसीलिए दिये गए विकल्पों में से विकल्प (d) सक्रिय सही है।

80. (a) अनुच्छेद में प्रयुक्त 'सहित' का अर्थ के साथ है, क्योंकि ज्वालामुखी का विस्फोट, राख, धूल, गैस तथा भाप के बड़े बादल बड़ी आवाज सहित (के साथ) ज्वालामुखी के मुख-विवर से उठते हैं। कुछ समय के बाद गर्म, पिघली हुई चट्टान। जिसे लावा कहा जाता है, पहाड़ के नीचे बहने लगती है। अत: दिये गए विकल्पों में से (a) विकल्प के साथ सही है क्योंकि अनुच्छेद में प्रयुक्त सहित का अर्थ के साथ है।

❑❑❑

जवाहर नवोदय विद्यालय प्रवेश परीक्षा, 2022 (कक्षा-VI) सॉल्व्ड पेपर

खण्ड-I मानसिक योग्यता परीक्षण

भाग-1

निर्देश- (प्र.सं. 1-4) प्रत्येक प्रश्न में चार चित्र (a), (b), (c) और (d) दर्शाए गए हैं। इन चार चित्रों में से तीन चित्र किसी विधि से एकसमान हैं, जबकि एक चित्र अन्य से भिन्न है। अन्य से भिन्न चित्र का चयन करें।

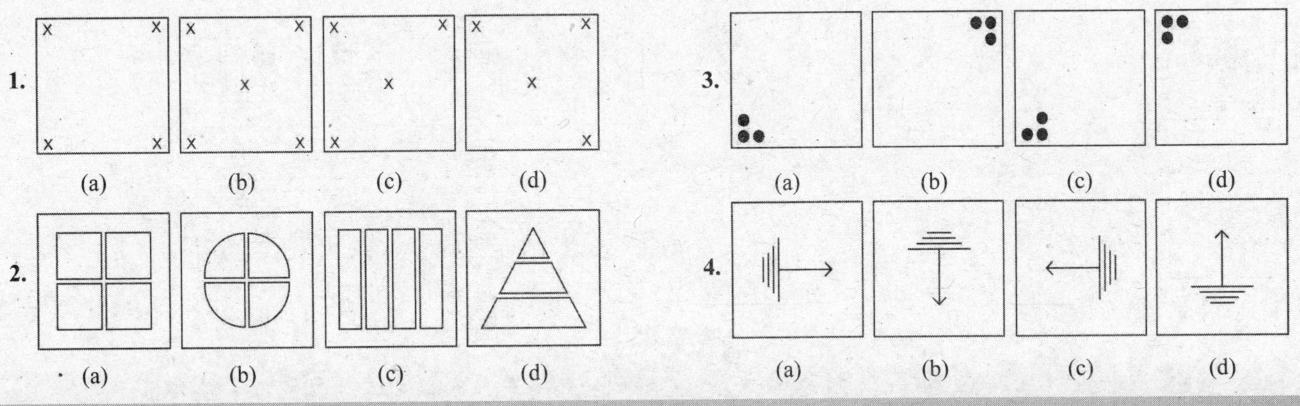

भाग-2

निर्देश- (प्र.सं. 5-8) बाईं ओर एक प्रश्न चित्र दिया गया है तथा दाईं ओर (a), (b), (c) और (d) से चिह्नित चार उत्तर चित्र दिए गए हैं। उत्तर चित्रों से प्रश्न चित्र के समरूप चित्र को चुनें।

समस्या आकृति

5.

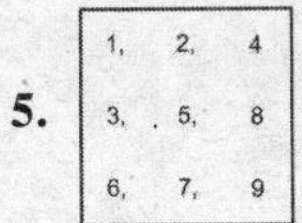

6.

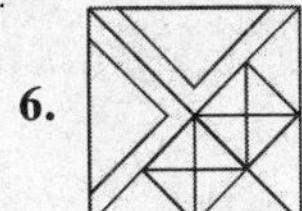

7.

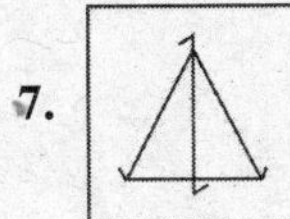

8.

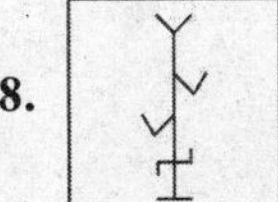

उत्तर आकृतियाँ

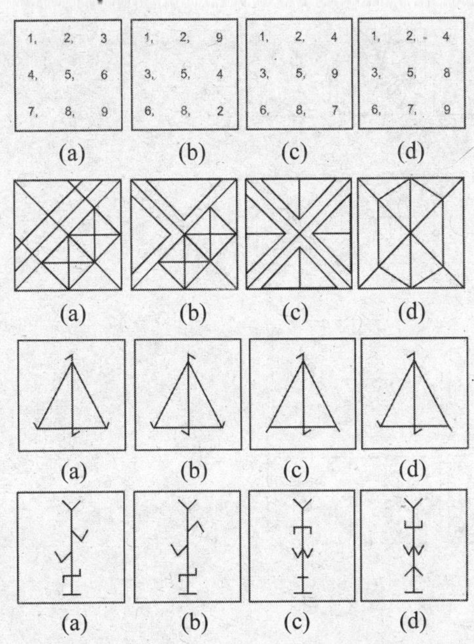

भाग-3

निर्देश- (प्र.सं. 9-12) बाईं ओर एक प्रश्न चित्र दिया गया है जिसका एक भाग लुप्त दर्शाया गया है। दाईं ओर दिए गए उत्तर चित्र (a), (b), (c) और (d) पर गौर करें तथा उस उत्तर चित्र का पता लगाएँ जिसको बिना दिशा परिवर्तन के प्रश्न चित्र का पैटर्न पूरा करने के लिए प्रश्न चित्र के लुप्त भाग में बिठाया जा सके।

समस्या आकृति उत्तर आकृतियाँ

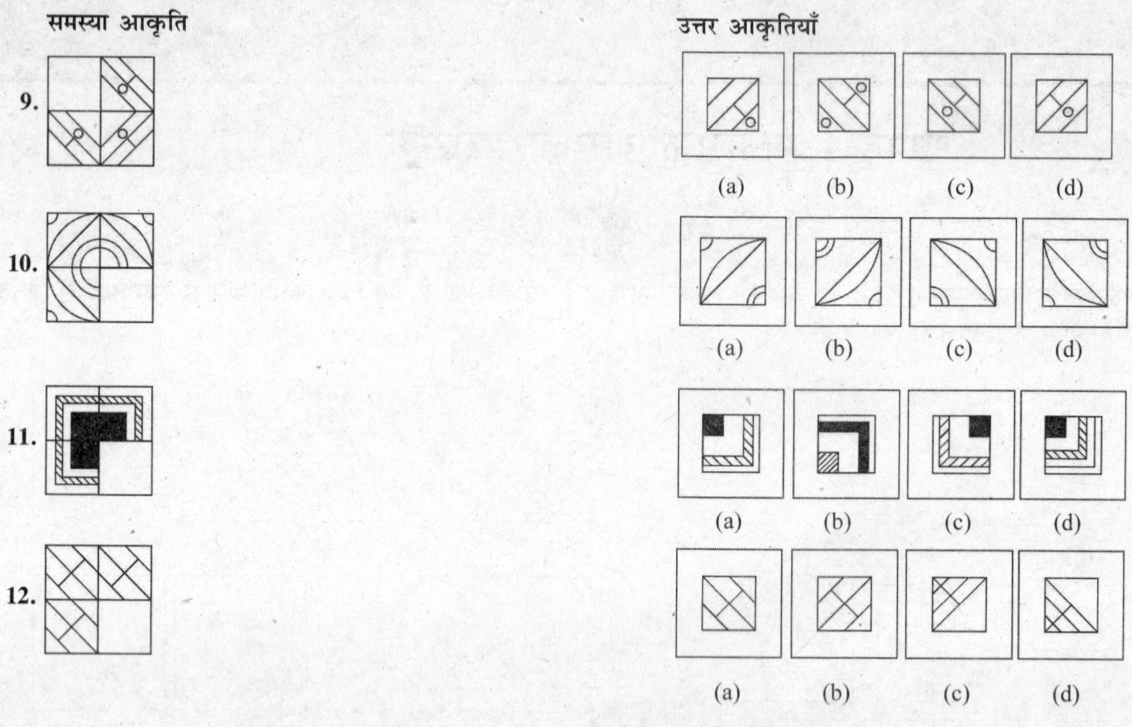

भाग-4

निर्देश- (प्र.सं. 13-16) बाईं ओर तीन प्रश्न चित्र दर्शाए गए हैं तथा चौथे चित्र के लिए स्थान छोड़ा गया है। प्रश्न चित्र श्रेणीक्रम में हैं। श्रेणीक्रम को पूरा करने के लिए दाईं ओर उपलब्ध उत्तर चित्रों में से एक चित्र का चयन करें जिसे प्रश्न चित्र के खाली स्थान में प्रतिस्थापित किया जा सके।

समस्या आकृतियाँ उत्तर आकृतियाँ

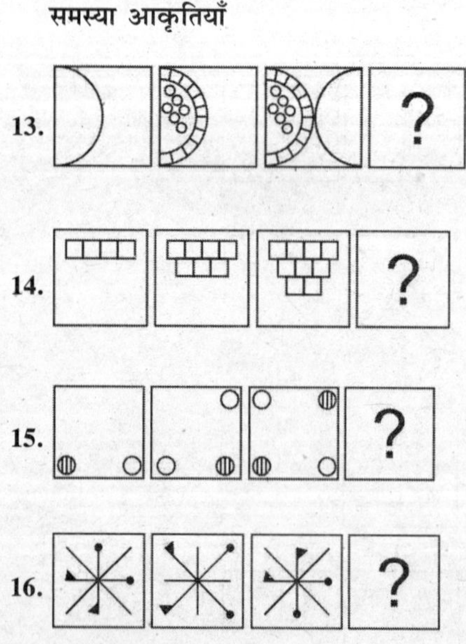

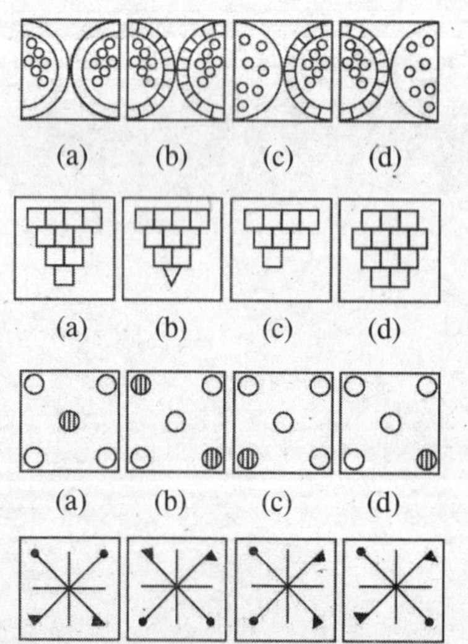

भाग-5

निर्देश- (प्र.सं. 17-20) प्रत्येक प्रश्न में दो प्रश्न चित्रों के दो सेट दिए गए हैं। दूसरे सेट में एक प्रश्नचिह्न (?) है। प्रथम सेट के दो प्रश्न-चित्रों में एक निश्चित सम्बन्ध है। इसी तरह का सम्बन्ध दूसरे सेट के तीसरे तथा चौथे प्रश्न चित्र में भी होना आवश्यक है। उत्तर-चित्रों में से उस चित्र का चयन करें, जो प्रश्नचिह्न को प्रतिस्थापित करेगा।

समस्या आकृतियाँ

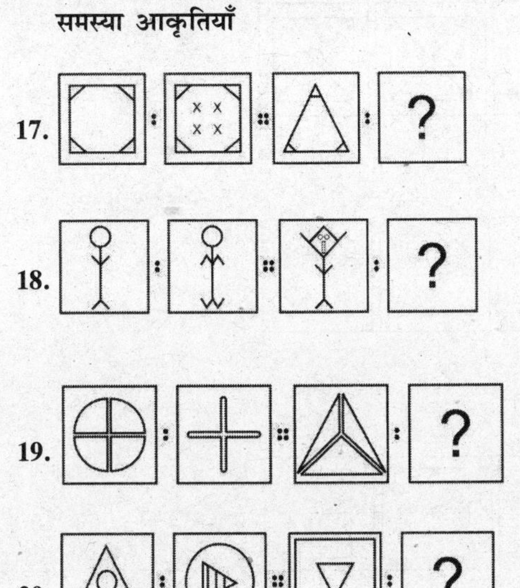

उत्तर आकृतियाँ

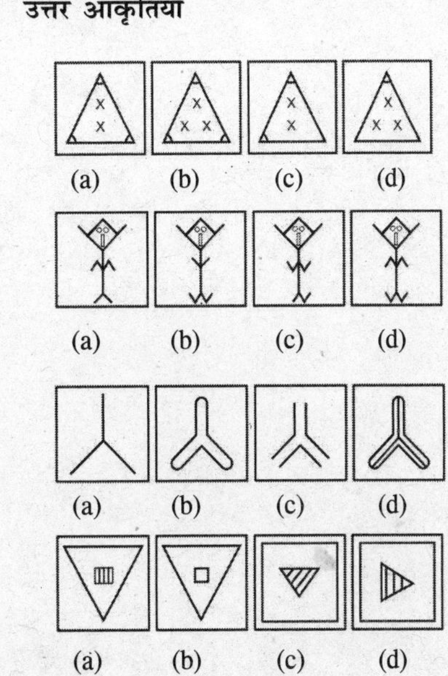

भाग-6

निर्देश- (प्र.सं. 21-24) प्रश्न चित्र के रूप में ज्यामितीय चित्र (त्रिभुज, वर्ग तथा वृत्त) के एक भाग को बाईं ओर दर्शाया गया है तथा दाईं ओर दूसरे भाग को चार उत्तर चित्रों के रूप में (a), (b), (c) और (d) से दर्शाया गया है। दाईं ओर के चित्र से ज्यामितीय चित्र को पूर्ण करने वाले चित्र को ज्ञात करें।

समस्या आकृति

21. 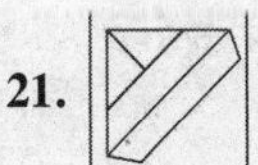

22. 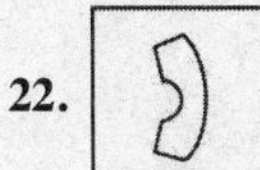

23. 

24. 

उत्तर आकृतियाँ

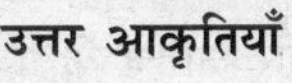

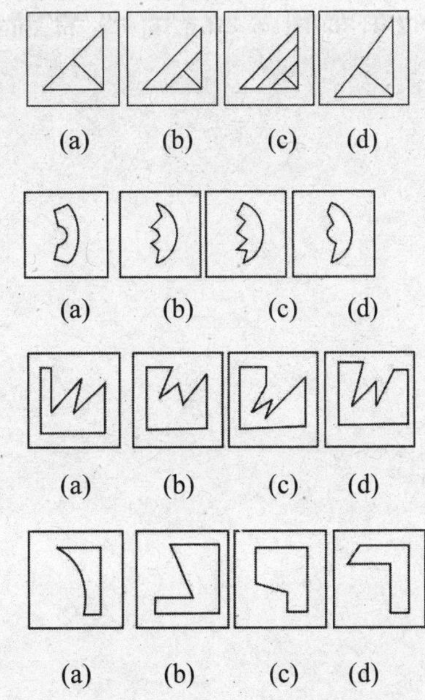

भाग-7

निर्देश- (प्र.सं. 25-28) बाईं ओर प्रश्न चित्र दर्शाया गया है तथा दाईं ओर (a), (b), (c) और (d) से चिह्नित चार उत्तर चित्र दर्शाए गए हैं। किसी दर्पण को XY के अनुदिश रखे जाने पर प्रश्न चित्र के सही दर्पण प्रतिबिम्ब को उत्तर चित्र से चुनें।

समस्या आकृति | उत्तर आकृतियाँ

25. X Y

(a) (b) (c) (d)

26. X Y

(a) (b) (c) (d)

27. X Y

(a) (b) (c) (d)

28. CROP X Y

(a) PORC (b) ꟼOЯƆ (c) ꟼЯƆO (d) ƆЯOꟼ

भाग-8

निर्देश- (प्र.सं. 29-32) बाईं ओर प्रश्न चित्र में दर्शाए अनुसार कागज के एक टुकड़े को तह देकर पंच किया गया तथा दाईं ओर (a), (b), (c) और (d) से चिह्नित चार उत्तर चित्र दर्शाए गए हैं। कागज के टुकड़े की तह को खोलने पर वह जिस प्रकार दिखेगा वैसा ही चित्र उत्तर चित्र से चुनें।

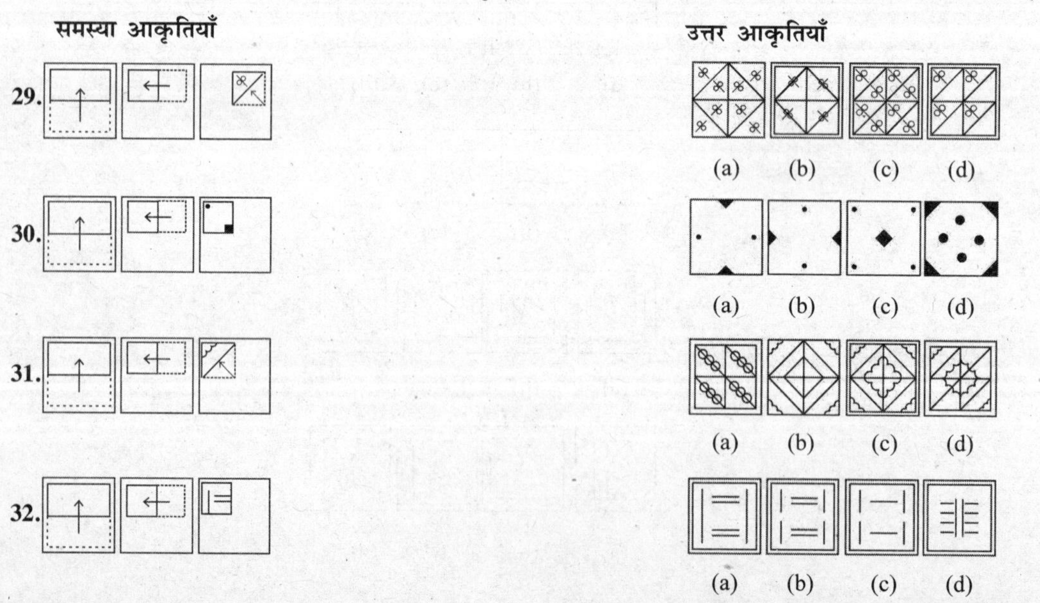

भाग-9

निर्देश- (प्र.सं. 33-36) बाईं ओर एक प्रश्न चित्र दिया गया है तथा दाईं ओर (a), (b), (c) और (d) से चिह्नित चार उत्तर चित्र दर्शाए गए हैं। उत्तर चित्र से उस चित्र का चयन करें जिसे प्रश्न चित्र में उपलब्ध कट-आउट से बनाया जा सकता हो।

समस्या आकृति | उत्तर आकृतियाँ

33. 

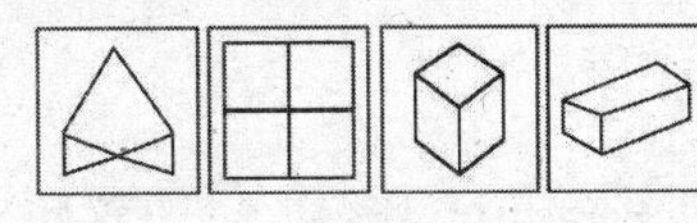

(a) (b) (c) (d)

34. 

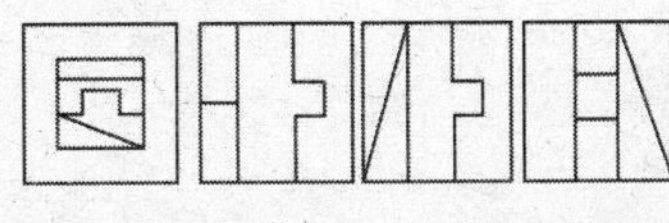

(a) (b) (c) (d)

35. 

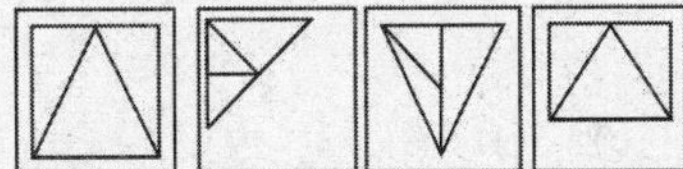

(a) (b) (c) (d)

36. 

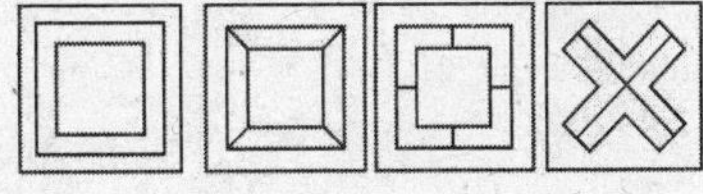

(a) (b) (c) (d)

भाग-10

निर्देश- (प्र.सं. 37-40) बाईं ओर एक प्रश्न चित्र दिया गया है तथा दाईं ओर (a), (b), (c) और (d) से चिह्नित चार उत्तर चित्र दर्शाए गए हैं। उत्तर चित्रों से उस चित्र को चुनें जिसमें प्रश्न चित्र छिपा/सम्मिलित है।

समस्या आकृति | उत्तर आकृतियाँ

37. 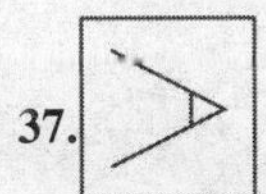

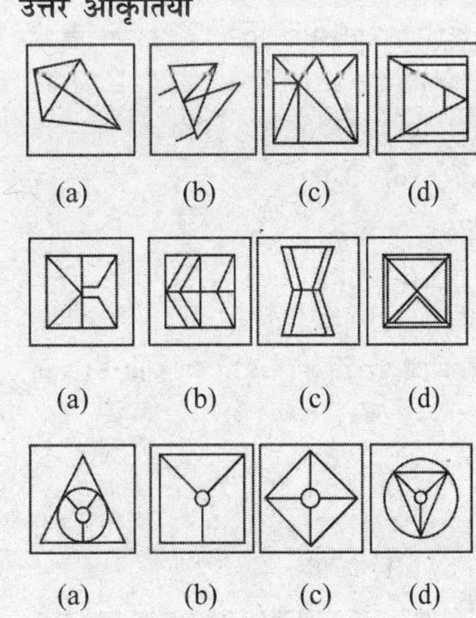

(a) (b) (c) (d)

38. 

(a) (b) (c) (d)

39. 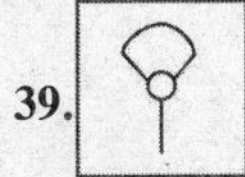

(a) (b) (c) (d)

40. 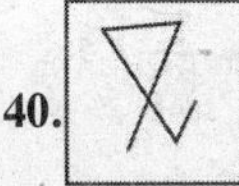

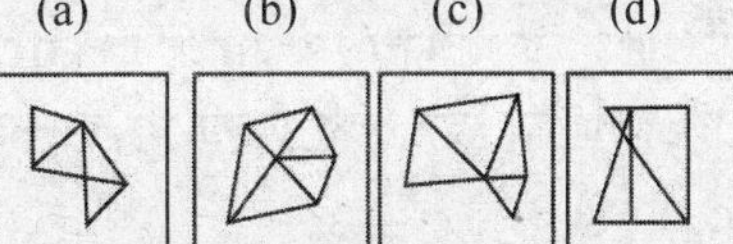

(a) (b) (c) (d)

खण्ड-II अंकगणित परीक्षण

निर्देश- प्रत्येक प्रश्न के चार संभावित उत्तर है, जिन्हें (a), (b), (c) और (d) क्रम में दिया गया है। इनमें से केवल एक उत्तर ही सही है। सही उत्तर चुनें।

41. 25, 45 तथा 75 का लघुत्तम समापवर्त्य (LCM) है-
(a) 450 (b) 125
(c) 175 (d) 225

42. 4 अंकों की छोटी-से-छोटी संख्या को अभाज्य संख्याओं के गुणनफल के रूप में व्यक्त करने पर प्राप्त होता है-
(a) $5 \times 5 \times 5 \times 8$
(b) $5 \times 5 \times 5 \times 4 \times 2$
(c) $5 \times 5 \times 5 \times 2 \times 2 \times 2$
(d) $10 \times 10 \times 10$

43. यदि 72 तथा 180 का महत्तम समापवर्तक 36 है, तो इनका लघुत्तम समापवर्त्य है-
(a) 180 (b) 360
(c) 540 (d) 720

44. निम्न का सरलीकरण करने पर परिणाम आता है-
$2\frac{1}{17} + \frac{7}{10} \times 1\frac{1}{33}$
(a) $3\frac{1}{33}$ (b) $2\frac{1}{33}$
(c) $4\frac{1}{22}$ (d) $\frac{100}{17}$

45. एक रेलगाड़ी एक स्टेशन से 72 कि.मी./घंटे की गति से 2:15 p.m. पर चलती है। 90 किमी. दूर एक स्टेशन पर यह कितने बजे पहुँचेगी?
(a) 3:00 p.m. (b) 3:30 p.m.
(c) 4:00 p.m. (d) 4:30 p.m.

46. एक हॉल की लंबाई तथा चौड़ाई में 23 मी. का अंतर (लंबाई > चौड़ाई) है। यदि हॉल के फर्श का परिमाप 206 मी. है, तो इसके फर्श का क्षेत्रफल (वर्ग मी. में) है-
(a) 2420 (b) 2520
(c) 2640 (d) 2760

47. $12\frac{1}{16}$ का दशमलव समतुल्य है-
(a) 12.625 (b) 12.6025
(c) 12.0625 (d) 12.0525

48. 8% वार्षिक दर से साधारण ब्याज पर कितने वर्ष में ₹1,500, ₹1,800 हो जाएंगे?
(a) $1\frac{1}{2}$ वर्ष (b) 2 वर्ष
(c) $2\frac{1}{2}$ वर्ष (d) 3 वर्ष

49. एक साइकिल की कीमत में 20% की घटोतरी पर उसकी खरीदारी (माँग) में 20% की बढ़ोतरी होती है। दुकान की बिक्री पर इसका असर है-
(a) 4% कमी (b) 4% बढ़ोतरी
(c) 10% कमी (d) 10% बढ़ोतरी

50. $(20 \div 5) \div 2 + (16 \div 8) \times 2 + (10 \div 5) \times (3 + 2)$ का मान है-
(a) 12 (b) 15
(c) 16 (d) 18

51. ₹600 की एक राशि साधारण ब्याज पर 4 वर्ष में ₹720 हो जाती है। यदि ब्याज की दर 2% अधिक कर दी जाए, तो राशि 4 वर्ष में कितनी हो जाएगी?
(a) ₹648 (b) ₹768
(c) ₹668 (d) ₹968

52. एक तार $2\frac{3}{4}$ मी. लंबा है, वह दो भागों में टूट जाता है। एक भाग दूसरे भाग से $\frac{5}{8}$ मी. बड़ा है। तार के बड़े भाग की लंबाई है-
(a) $1\frac{11}{16}$ मी. (b) $1\frac{1}{16}$ मी.
(c) 2 मी. (d) $\frac{3}{4}$ मी.

53. एक सीसे के घन, जिसकी भुजा 6 सेमी. है, को पिघलाकर 27 एकसमान घन बनाए जाते हैं। इस प्रकार के प्रत्येक घन की भुजा की लंबाई है-
(a) 1.5 सेमी. (b) 2.0 सेमी.
(c) 3.0 सेमी. (d) 4.0 सेमी.

54. 2100 का अभाज्य गुणनखंड है-
(a) $2 \times 2 \times 7 \times 15 \times 5$
(b) $2 \times 2 \times 3 \times 5 \times 35$
(c) $2 \times 2 \times 3 \times 5 \times 5 \times 7$
(d) $4 \times 3 \times 5 \times 5 \times 7$

55. एक कमरे की लंबाई 15 मी. है। इकसे संपूर्ण फर्श पर 15 सेमी. × 12 सेमी. विमाओं की 7500 टाइलें लगती हैं। कमरे की चौड़ाई है-
(a) 9 मी. (b) 10 मी.
(c) 12 मी. (d) 10.5 मी.

56. दो अंकों वाली प्राकृत संख्याओं की संख्या है-
(a) 89 (b) 90
(c) 91 (d) 99

57. एक संख्या से उसके अंकों का योगफल घटा दिया जाता है। परिणामस्वरूप प्राप्त संख्या सर्वदा विभाजित होगी-
(a) 2 से (b) 5 से
(c) 8 से (d) 9 से

58. $\frac{1}{13}[7+2 \times 5 \times 11 + 2 \times 3]$ का सरलीकरण करने पर परिणाम आता है-
(a) 13 (b) 9
(c) 11 (d) 12

59. 6.6, 6.06, 6.006 व 66.6006 का योगफल क्या है?
(a) 74.2666 (b) 85.2666
(c) 84.0606 (d) 84.0666

60. 0.0725 को सरलतम भिन्न के रूप में लिखने पर प्राप्त होता है-
(a) $\frac{29}{4000}$ (b) $\frac{29}{400}$
(c) $\frac{29}{40}$ (d) $\frac{129}{400}$

खण्ड-III भाषा परीक्षण

निर्देश– इस खण्ड में चार अनुच्छेद हैं। प्रत्येक अनुच्छेद में पाँच प्रश्न हैं। प्रत्येक अनुच्छेद को सावधानी से पढ़ें और उसके नीचे दिए गए प्रश्नों के उत्तर दें। प्रत्येक प्रश्न के चार सम्भावित उत्तर दिए गए हैं, जिनकी क्रम संख्या (a), (b), (c) और (d) है। इनमें से केवल एक उत्तर ही सही है। सही उत्तर चुनें।

अनुच्छेद-1

साँप रेंगने वाले कहे जाने वाले प्राणियों की श्रेणी में आते हैं। इस समूह में मगरमच्छ, छिपकलियाँ और कछुओं को भी शामिल किया जाता है। साँप वनों, मरुस्थलों और झीलों आदि सभी जगह पाए जाते हैं। वे साल भर बर्फ से ढके रहने वाले स्थानों में जीवित नहीं रह सकते हैं। साँपों की दृष्टि बहुत कमजोर होती है। क्षति से बचने और भोजन पाने के लिए वे अन्य इंद्रियों का उपयोग करते हैं। कुछ साँप अपनी नाक से सूँघते हैं पर अधिकतर वे जीभ से सूँघते हैं। साँप का शरीर कोशिकाओं की परतों से बनी शल्कों से ढका रहता है। वर्ष में कई बार साँप अपनी मृत चमड़ी की बाहरी परत छोड़ देता है। उसके नीचे की कोशिकाएँ तुरंत बाहरी परत का निर्माण कर देती हैं, जो साँप की सुरक्षा करती है।

61. साँपों को .... कहा जाता है।
(a) छिपकली (b) शल्क
(c) रेंगने वाला (d) कछुआ

62. साँप कहाँ जीवित नहीं रह सकते हैं?
(a) बर्फ में जमे स्थानों (b) मरुस्थलों
(c) वनों (d) झीलों

63. साँपों का/की .... कमजोर होता/होती है।
(a) सूँघने का बोध (b) सुनना
(c) स्पर्श-बोध (d) दृष्टि

64. .... साँप को चोट लगने से बचाता/बचाती है।
(a) जीभ (b) शल्क
(c) मृत चमड़ी (d) नाक

65. 'जीवित रहना' शब्द का अभिप्राय .... है।
(a) जीना (b) चलना
(c) पलायन करना (d) संबंधित होना

अनुच्छेद-2

दूध सबसे अच्छा भोजन है। इसमें पानी, चीनी, चर्बी (वसा), विटामिन और प्रोटीन होते हैं। लोग भिन्न-भिन्न पशुओं के दूध पीते हैं। इंग्लैंड और अनेक अन्य ठंडे देशों में गाय होती हैं। अरब और मध्य एशिया जैसे गर्म शुष्क स्थानों में ऊँट होते हैं। भारत में गाय और भैंस दोनों हैं। अनेक स्थानों पर बकरियाँ होती हैं। यदि लोग गाय और अन्य पशु रखते हैं, तो उनको बहुत दूध मिलता है। दूध से वे मक्खन और चीज बना सकते हैं। यह जरूरी है कि जिस दूध का हम उपयोग करते हैं, वह शुद्ध और विषाणु-मुक्त होना चाहिए। अशुद्ध दूध से मानव शरीर को लाभ की बजाय हानि अधिक होती है।

66. लोग .... पशुओं का दूध पीते हैं।
(a) एक जैसे (b) भिन्न-भिन्न
(c) समान (d) उसी तरह से

67. .... स्थानों में ऊँट होते हैं-
(a) शीतल (b) जमे हुए
(c) गर्म (d) ठंडे

68. यदि लोग गाय जैसे पशु रखते हैं, तो उन्हें .... दूध मिलता है।
(a) बहुत कम (b) कम
(c) थोड़ा (d) बहुत सारा

69. यह .... है कि जिस दूध का हम उपयोग करते हैं, वह शुद्ध हो।
(a) आवश्यक (b) अनावश्यक
(c) अनपेक्षित (d) गैर-जरूरी

70. 'हानि' का अर्थ .... के समान है।
(a) लाभ (b) मरम्मत
(c) क्षति (d) स्थिर

अनुच्छेद-3

एक बार हम गाँव गए, जहाँ अनेक परिवार अपने बनाए हुए चिकनी मिट्टी के बर्तन बेच रहे थे। वहाँ हमें किसी परिवार के बनाए कृत्रिम फल व सब्जियों ने बहुत आकर्षित किया। हमने वहाँ ऐसे उत्तम आकारों और रंगों के बने सेब, संतरे और टमाटर देखे कि असली और उनमें अंतर करना मुश्किल था। प्रत्येक ने उनकी बहुत प्रशंसा की।

71. कुछ परिवारों ने चिकनी मिट्टी के .... बनाए।
(a) मेज और कुर्सियाँ (b) फल और सब्जियाँ
(c) खिलौने और बर्तन (d) गुल्लक (पिगी बैंक) और गेंद

72. हम मुश्किल से ही .... फलों और असली में अंतर कर सकें।
(a) प्राकृतिक (b) कृत्रिम
(c) मूल (d) यथार्थ

73. 'ऐसे' (such) शब्द .... है।
(a) क्रिया (b) क्रिया-विशेषण
(c) विशेषण (d) समुच्चयबोधक

74. .... 'भेद' का समानार्थी है।
(a) अंतर (b) मिश्रण
(c) भ्रम (d) अशुद्धि

75. 'प्रत्येक' का वही अर्थ है, जो .... का है।
(a) विशिष्ट (b) सटीक
(c) हरेक (d) कुछ

अनुच्छेद-4

यह रविवार का दिन था। हरीश पार्क में अपने मित्रों के साथ खेल रहा था। निकट में एक तालाब था। हरीश तैरना चाहता था। वह छपाक के साथ तालाब में कूद गया। तालाब के दूसरे छोर पर पानी में कुछ बत्तखें थीं। हरीश ठंडे पानी और हल्की धूप का आनंद लेते हुए तैरा। अचानक उसने जोर की आवाज सुनी और पानी छितरा गया। उसने चारों तरफ देखा कि कहीं किसी ने तालाब में गोता तो नहीं लगाया। उसे कोई दिखाई नहीं दिया।

76. हरीश पार्क में अपने .... के साथ खेल रहा था।
(a) भाइयों (b) सहपाठियों
(c) मित्रों (d) टोली

77. हरीश .... तालाब में कूदा।
(a) तैरने के लिए (b) मछली पकड़ने के लिए
(c) बत्तखों का पीछा करने के लिए (d) स्नान करने के लिए

78. मौसम .... था।
(a) बहुत गरम
(b) थोड़ा गरम
(c) बहुत ठंडा
(d) ठंडा और वर्षा वाला

79. तालाब में और कौन था?
(a) कुछ बत्तखें
(b) दो लड़के
(c) हरीश के मित्र
(d) मछुआरे

80. 'गोता लगाना' शब्द का वैसा ही अर्थ है जैसा .... का।
(a) फिसलना (b) गिर जाना
(c) कूदना (d) चढ़ना

व्याख्या सहित उत्तर

1. (b) आकृति (b) अन्य आकृतियों से भिन्न है क्योंकि इसमें वर्ग के अंदर गुणा के 5 चिन्ह हैं तथा बची हुई सभी आकृतियों में गुणा के 4 चिन्ह हैं।

2. (d) आकृति (d) अन्य आकृतियों से भिन्न है। क्योंकि इस आकृति को 3 भागों में विभाजित किया गया है तथा बची सभी आकृतियों को 4 भागों में विभाजित किया गया है।

3. (c) आकृति (c) अन्य आकृतियों से भिन्न है। इस आकृति का मुख बाहर की ओर है तथा बची सभी आकृतियों का मुख केंद्र की ओर है।

4. (c) आकृति (c) अन्य आकृतियों से भिन्न है। क्योंकि इसमें तीर के निशान की लाइन बढ़ते हुए क्रम में है तथा बची सभी आकृतियों में तीर के निशान की लाइन घटते हुए क्रम में है।

5. (d) उत्तर चित्र की आकृति (d) और प्रश्न में दी गई आकृति एक समान है।

6. (b) उत्तर चित्र की आकृति (b) और प्रश्न में दी गई आकृति एक समान है।

7. (a) उत्तर चित्र की आकृति (a) और प्रश्न में दी गई आकृति एक समान है।

8. (a) उत्तर चित्र की आकृति (a) और प्रश्न में दी गई आकृति एक समान है।

9. (a) उत्तर चित्र की आकृति (a) प्रश्न चित्र की आकृति के पैटर्न को पूरा करेगी।

10. (b) उत्तर चित्र की आकृति (b) प्रश्न चित्र की आकृति के पैटर्न को पूरा करेगी।

11. (a) उत्तर चित्र की आकृति (a) प्रश्न चित्र की आकृति के पैटर्न को पूरा करेगी।

12. (a) उत्तर चित्र की आकृति (a) प्रश्न चित्र की आकृति के पैटर्न को पूरा करेगी।

13. (b) उत्तर चित्र की आकृति (b) प्रश्न चित्र में दी गई आकृति में प्रश्नवाचक चिन्ह के स्थान पर आएगी।

14. (a) उत्तर चित्र की आकृति (a) प्रश्न चित्र में दी गई आकृति में प्रश्नवाचक चिन्ह के स्थान पर आएगी।

15. (b) उत्तर चित्र की आकृति (b) प्रश्न चित्र में दी गई आकृति में प्रश्नवाचक चिन्ह के स्थान पर आएगी।

16. (b) उत्तर चित्र की आकृति (b) प्रश्न चित्र में दी गई आकृति में प्रश्नवाचक चिन्ह के स्थान पर आएगी।

17. (b) आकृति (b) प्रश्न में दी गई आकृति में प्रश्नवाचक चिन्ह के स्थान पर आएगी क्योंकि आयत की चार भुजाओं के कारण उसके अंदर गुणा के चार चिन्ह आए। इसलिए त्रिभुज में तीन भुजाएं होने के कारण उसमें 3 गुणा के चिन्ह आएंगे।

18. (d) आकृति (d) प्रश्न में दी गई आकृति में प्रश्नवाचक चिन्ह के स्थान पर आएगी क्योंकि यही आकृति प्रश्न आकृति को पूरा करेगी।

19. (b) आकृति (b) प्रश्न में दी गई आकृति में प्रश्नवाचक चिन्ह के स्थान पर आएगी। क्योंकि यह आकृति के बीच का स्थान है जिसके किनारे बंद हैं।

20. (a) आकृति (a) प्रश्न में दी गई आकृति में प्रश्नवाचक चिन्ह के स्थान पर आएगी। क्योंकि प्रश्न आकृति में त्रिभुज के अंदर गोला है बाद में गोले के अंदर छायादार त्रिभुज है। इसी प्रकार दूसरी आकृति में वर्ग के अंदर त्रिभुज है। बाद में त्रिभुज के अंदर छायादार वर्ग होगा।

21. (a) उत्तर चित्र में दी गई आकृति (a) प्रश्न में दिए गए वर्ग को पूरा करेगी।

22. (a) उत्तर चित्र में दी गई आकृति (a) प्रश्न में दिए गए वृत्त को पूरा करेगी।

23. (c) प्रश्न चित्र में दी गई आकृति उत्तर चित्र (c) वाले वर्ग को पूरा करती है।

24. (c) उत्तर चित्र में दी गई आकृति (c) प्रश्न में दिए गए वर्ग को पूरा करेगी।

25. (a) दिए गए उत्तर चित्रों को यदि बाएं से दाएं उलटते हुए प्रश्न आकृति पर रखने की कल्पना करते है तो हम पाते हैं कि उत्तर विकल्प (a) दर्पण की आकृति से मेल खा रहा है। अत: इसका सही विकल्प (a) होगा।

26. (c) दिए हुए प्रश्न चित्रों को बाएं से दाएं उलटा किया जाए तो वह विकल्प (c) की तरह दिखाई देगा। अत: इस प्रश्न का सही विकल्प (c) होगा।

27. (b) यदि प्रश्न चित्र को बाएं से दाएं उलटा किया जाए तो वह विकल्प (b) की तरह दिखाई देगा अत: उत्तर (b) सही होगा।

28. (d) चूंकि दर्पण दाहिने तरफ लगा है इसलिए प्रश्न में जो अक्षर सबसे दाहिने तरफ है वह प्रतिबिंब में सबसे शुरू में आ जाएगा और इसी प्रकार सभी अक्षर क्रमश: आते जाएंगे। ये सभी अक्षर साथ में बाएं से दाएं उलटकर आएंगे। इस प्रकार विकल्प (d) सही होगा।

29. (a) प्रश्न चित्र में दिए हुए कागज के टुकड़ों की तह खोलने पर वह उत्तर चित्र (a) के जैसा दिखाई देगा।

30. (c) प्रश्न चित्र में दिए हुए कागज के टुकड़ों की तह खोलने पर वह उत्तर चित्र (c) के जैसा दिखाई देगा।

31. (c) प्रश्न चित्र में दिए हुए कागज के टुकड़ों की तह खोलने पर वह उत्तर चित्र (c) के जैसा दिखाई देगा।

32. (a) प्रश्न चित्र में दिए हुए कागज के टुकड़ों की तह खोलने पर वह उत्तर चित्र (a) के जैसा दिखाई देगा।

33. (b) प्रश्न चित्र में दिए गए कट-आउट से उत्तर चित्र (b) को बनाया जा सकता है।

34. (c) प्रश्न चित्र में दिए गए कट-आउट से उत्तर चित्र (c) को बनाया जा सकता है।

35. (b) प्रश्न चित्र में दिए गए कट-आउट से उत्तर चित्र (b) को बनाया जा सकता है।

36. (d) प्रश्न चित्र में दिए गए कट-आउट से उत्तर चित्र (d) को बनाया जा सकता है।

37. (d)

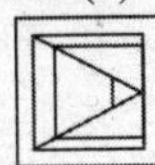

प्रश्न चित्र, उत्तर चित्र (d) में छिपा हुआ है।

38. (c)

प्रश्न चित्र, उत्तर चित्र (c) में छिपा हुआ है।

39. (a)

प्रश्न चित्र, उत्तर चित्र (a) में छिपा हुआ है।

40. (a)

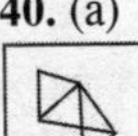

प्रश्न चित्र, उत्तर चित्र (a) में छिपा हुआ है।

41. (d) 25, 45 तथा 75 का लघुत्तम समापवर्त्य-

3	25,	45,	75
3	25	15	25
5	25	5	25
5	5	1	5
1	1	1	1

लघुत्तम समापर्त्य (LCM) $= 3 \times 3 \times 5 \times 5 \times 1 = 225$

42. (c) 4 अंकों की छोटी से छोटी संख्या = 1000

1000 के गुणनखंड करने पर,

2	1000
2	500
2	250
5	125
5	25
5	5
1	1

1000 के अभाज्य गुणक $= 5 \times 5 \times 5 \times 2 \times 2 \times 2$

43. (b) संख्या 72 तथा 180 का महत्तम समापवर्तक = 36

लघुत्तम समापवर्तक = ?

72, 180 का LCM = ?

2	72	180
2	36	90
2	18	45
3	9	45
3	3	15
5	1	5
1	1	1

लघुत्तम समापवर्तक $= 2 \times 2 \times 2 \times 3 \times 3 \times 5 \times 1 = 360$

44. (a) $2\frac{1}{17} \div \frac{7}{10} \times 1\frac{1}{33} = \frac{35}{17} \div \frac{7}{10} \times \frac{34}{33}$

भाग का चिन्ह, गुणा में बदलने पर हर व अंश भी बदल जाएंगे-

$= \frac{35}{17} \times \frac{10}{7} \times \frac{34}{33} = \frac{5 \times 10 \times 2}{33} = \frac{100}{33} = 3\frac{1}{33}$

45. (b) रेलगाड़ी की गति = 72 किमी./घंटा

रेलगाड़ी के चलने का समय = 2 : 15 pm

तय की जाने वाली दूरी = 90 किमी.

माना पहुँचने का समय $= x$

प्रश्नानुसार,

1 घंटा = 60 मिनट

60 मिनट में रेलगाड़ी द्वारा चली गई दूरी = 72 किमी.

बची दूरी = 90 – 72 = 18 किमी.

60 मिनट में तय की गई दूरी = 72 किमी.

1 मिनट में तय की गई दूरी $= \frac{72}{60}$ किमी.

18 किमी. दूरी तय करने में लगा समय $= \frac{\text{दूरी}}{\text{चाल}} = \frac{18}{\frac{72}{60}}$

$= \frac{18}{72} \times 60 = 15$ मिनट

90 किमी. की दूरी तय करने में लगा समय = 60 + 15 = 75 मिनट

= 1 घंटा 15 मिनट

स्टेशन पर पहुँचने का समय = 2 : 15 + 1 : 15 = 3 : 30 pm

46. (b) माना हॉल की लंबाई $= x$ मी.

हॉल की चौड़ाई $= x - 23$ मी.

फर्श का परिमाप = 206 मी.

फर्श का क्षेत्रफल = ?

आयत का परिमाप = 2(लंबाई + चौड़ाई)

$\therefore 2(x + x - 23) = 206$

$2(2x - 23) = 206$

$4x - 46 = 206$

$4x = 206 + 46$

$4x = 252$

$x = 63$

हॉल की लंबाई $(x) = 63$ मी.

हॉल की चौड़ाई $= x - 23 = 63 - 23 = 40$ मी.

Formula,

आयत का क्षेत्रफल = लंबाई × चौड़ाई

फर्श का क्षेत्रफल = 63 × 40 = 2520 वर्ग मी.

47. (c) $12\frac{1}{16}$ का दशमलव रूप

$= \frac{193}{16}$

```
16 )193(12.0625
    16
    33
    32
    100
     96
     40
     32
     80
     80
      0
```

दशमलव समतुल्य = 12.0625

48. (c) मूलधन = 1500

दर = 8%

समय = t

Formula, साधारण ब्याज = 1800 – 1500 = 300

$$\text{साधारण ब्याज} = \frac{\text{मूलधन} \times \text{दर} \times \text{समय}}{100}$$

$$300 = \frac{1500 \times 8 \times t}{100}$$

$$300 = 120\,t$$

$$t = \frac{300}{120}$$

$$t = \frac{5}{2} = 2\frac{1}{2} \text{ वर्ष}$$

49. (a) माना साइकिल की कीमत = 100 रुपए

कीमत में हानि = 20% = (100 – 20) = 80%

खरीददारी पर लाभ = 20% = (100 + 20) = 120%

$$\text{दुकान की बिक्री पर असर} = 100 \times \frac{80}{100} \times \frac{120}{100} = 8 \times 12 = 96$$

हानि = (100 – 96) = 4%

Short Method

हानि (a) = –20

लाभ (b) = +20

Formula,

$$a + b + \frac{a \times b}{100}$$

$$= -20 + 20 - \frac{20 \times 20}{100}$$

हानि = –4%

50. (c) $(25 \div 5) \div 2 + (16 \div 8) \times 2 + (10 \div 5) \times (3 + 2)$

$$= \frac{(20 \div 5)}{2} + (16 \div 8) \times 2 + (10 \div 5) \times 5$$

$$= \frac{4}{2} + 2 \times 2 + 2 \times 5$$

$$= 2 + 4 + 10 = 16$$

51. (b) मूलधन = 600

समय = 4 वर्ष

साधारण ब्याज = 720 – 600 = 120

दर = 4%

Formula,

$$\text{साधारण ब्याज} = \frac{\text{मूलधन} \times \text{दर} \times \text{समय}}{100}$$

$$120 = \frac{600 \times r \times 4}{100}$$

$$120 = 24r$$

दर $r = 5\%$

दर को 2% बढ़ाने पर

नई दर = 5 + 2 = 7%

$$\text{नया साधारण ब्याज} = \frac{\text{मूलधन} \times \text{दर} \times \text{समय}}{100}$$

$$= \frac{600 \times 7 \times 4}{100} = 168$$

कुल धन = मूलधन + ब्याज

कुल धन = 600 + 168 = 768

52. (a) तार की लंबाई $= 2\frac{3}{4} = \frac{11}{4}$ मी.

तार का एक भाग = x मी.

तार का दूसरा भाग $= x + \frac{5}{8}$ मी.

प्रश्नानुसार,

$$x + x + \frac{5}{8} = \frac{11}{4}$$

$$\frac{8x + 8x + 5}{8} = \frac{11}{4}$$

$$16x + 5 = 22$$

$$16x = 17$$

$$x = \frac{17}{16} \text{ मी.}$$

तार का बड़ा भाग $= x + \frac{5}{8}$

$$= \frac{17}{16} + \frac{5}{8} = \frac{17 + 10}{16} = \frac{27}{16} = 1\frac{11}{16} \text{ मी.}$$

53. (b) घन की भुजा = 6 cm

घन का आयतन $= \frac{4}{3}\pi r^3 = \frac{4}{3}\pi \times 6 \times 6 \times 6$

बनाए जाने वाले घन = 27

नए घनों का आयतन $= 27 \times \frac{4}{3}\pi r^3$

प्रश्नानुसार,

दोनों घनों के आयतन बराबर हैं-

$$27 \times \frac{4}{3}\pi r^3 = \frac{4}{3}\pi \times 6 \times 6 \times 6$$

$$27r^3 = 6 \times 6 \times 6$$

$$r^3 = \frac{6 \times 6 \times 6}{27}$$

$$r^3 = \frac{216}{27}$$

$$r^3 = 8$$

$r = 2$ सेमी.

प्रत्येक घन की भुजा = 2 सेमी.

54. (c) 2100 के अभाज्य गुणनखंड

2	2100
2	1050
3	525
5	175
5	35
7	7
1	1

अभाज्य गुणनखंड = 2 × 2 × 3 × 5 × 5 × 7

55. (a) कमरे की लंबाई = 15 मी.

टाइल की संख्या = 7500

फर्श की विमाएं = 15 सेमी. × 12 सेमी.

कमरे की चौड़ाई = x

प्रश्नानुसार,

टाइल्स का क्षेत्रफल = लंबाई × चौड़ाई

= 15 × 12 सेमी.

= 180 सेमी.

7500 टाइल्स का क्षेत्रफल = 180 × 7500 सेमी.

= 1350000 सेमी.^{2}

$= \frac{1350000}{10000}$ सेमी.^{2} = 135 मी.^{2}

कमरे का क्षेत्रफल = लंबाई × चौड़ाई

$135 = 15 \times x$

$135 = 15x$

$x = 9$ मी.

56. (b) प्राकृत संख्याएं = 1, 2, 3, 4, ... ∞

दो अंकों वाली प्राकृत संख्याएं

= 10, 11, 12 99

कुल संख्याएं = 90

57. (d) माना संख्या = 11 माना संख्या = 34

= 11 – 2 = 34 – 7

= 9 = 27

माना संख्या = 25 माना संख्या = 48

= 25– 7 = 48 – 12

= 18 = 36

इस प्रकार कोई भी संख्या लेने पर उसके अंकों का योगफल संख्या से घटाने पर वह संख्या सर्वदा 9 से विभाजित होगी।

58. (c) $\frac{1}{13}[7 + 2 \times 5 \times 11 + 2 \times 13]$

$= \frac{1}{13}[7 + 110 + 26]$

$= \frac{1}{13}[143]$

$= \frac{1}{13} \times 143 = 11$

59. (b) $6.6 + 6.06 + 6.006 + 66.6006$

$= \frac{66}{10} + \frac{606}{100} + \frac{6006}{1000} + \frac{666006}{10000}$

$= \frac{66000 + 60600 + 60060 + 666006}{10000}$

$= \frac{852666}{1000} = 85.2666$

60. (c) 0.0725 का भिन्न रूप-

$= \frac{725}{1000} = \frac{29}{40}$

61. (c) साँप रेंगने वाले प्राणियों की श्रेणी में आता है। इस समूह में मगरमच्छ, छिपकलियाँ और कछुओं को भी शामिल किया जाता है।

62. (a) साँप वनों, मरुस्थलों और झीलों आदि सभी जगह जीवित रह सकते हैं। पर वे बर्फ से जमे स्थानों पर जीवित नहीं रह सकते हैं।

63. (d) साँपों की दृष्टि बहुत कमजोर होती है। अपने बचाव व भोजन पाने के लिए वे अन्य इंद्रियों का उपयोग करते हैं। कुछ साँप अपनी नाक से सूँघते हैं पर अधिकतर वे जीभ से सूँघते हैं।

64. (b) साँप का शरीर कोशिकाओं की परतों से बने शल्कों से ढँका रहता है। वर्ष में कई बार साँप अपनी मृत चमड़ी की बाहरी परत छोड़ देता है। उसके नीचे की कोशिकाएं तुरंत बाहरी परत का निर्माण कर देती हैं जो साँप की सुरक्षा करती है।

65. (a) 'जीवित रहना' शब्द का अर्थ 'जीने' से है। मनुष्य का असल काम जीना है, जीवित रहना नहीं।

66. (b) लोग भिन्न-भिन्न पशुओं का दूध पीते हैं। दूध एक अच्छा भोजन माना जाता है, क्योंकि इसमें पानी, चीनी, वसा, विटामिन और प्रोटीन होते हैं। विभिन्न स्थानों के लोग विभिन्न पशुओं का दूध पीते है।

67. (c) अरब और मध्य एशिया जैसे गर्म शुष्क स्थानों में ऊँट पाए जाते हैं। इन्हें रेगिस्तान का जहाज भी कहा जाता है।

68. (d) यदि लोग गाय जैसे पशु रखते हैं जो उन्हें बहुत सारा दूध प्राप्त होता है। दूध से वे मक्खन और चीज बना सकते हैं।

69. (a) यह आवश्यक है कि जिस दूध का हम उपयोग करते हैं वह शुद्ध तथा विषाणुमुक्त हो। अशुद्ध दूध से मनुष्य को लाभ की बजाय हानि अधिक होती है।

70. (c) 'हानि' का अर्थ क्षति के समान होता है। ये एक-दूसरे के पर्यायवाची हैं।

71. (b) कुछ परिवारों ने चिकनी मिट्टी के कृत्रिम फल और सब्जियाँ बनाए थे जो बहुत आकर्षक लग रहे थे।

72. (b) हम मुश्किल से ही कृत्रिम फलों और असली फलों में अंतर कर पा रहे थे। क्योंकि वे फल और सब्जियाँ ऐसे उत्तम आकार व रंगों के थे कि उनमें भेद कर पाना मुश्किल था।

73. (b) 'ऐसे' शब्द यहाँ पर एक क्रिया विशेषण है।

74. (a) भेद का समानार्थी शब्द अंतर होता है।

75. (c) 'प्रत्येक' शब्द का अर्थ हरेक या सभी से लगाया जाता है। ये एक-दूसरे के पर्यायवाची हैं।

76. (c) हरीश पार्क में अपने मित्रों के साथ खेल रहा था। यह रविवार का दिन था और पार्क के निकट एक तालाब था।

77. (a) हरीश तैरने के लिए तालाब में कूदा।

78. (b) मौसम थोड़ा गरम था। हरीश ठंडे पानी और हल्की धूप का आनंद लेते हुए तैर रहा था।

79. (a) तालाब के एक छोर पर हरीश तथा दूसरे छोर पर पानी में कुछ बत्तखें थीं।

80. (c) 'गोता लगाना' शब्द का वैसा ही अर्थ है जैसा कि कूदना।

❑❑❑

जवाहर नवोदय विद्यालय प्रवेश परीक्षा, 2021 (कक्षा-VI) सॉल्व्ड पेपर

खण्ड-I मानसिक योग्यता परीक्षण

भाग-1

निर्देश: प्रश्न संख्या 1 से 4 में, प्रत्येक प्रश्न में चार चित्र (a), (b), (c) और (d) दर्शाए गए हैं। इन चार चित्रों में से तीन चित्र किसी विधि से एक समान हैं, जबकि एक चित्र अन्य से भिन्न है। अन्य से भिन्न चित्र का चयन करें-

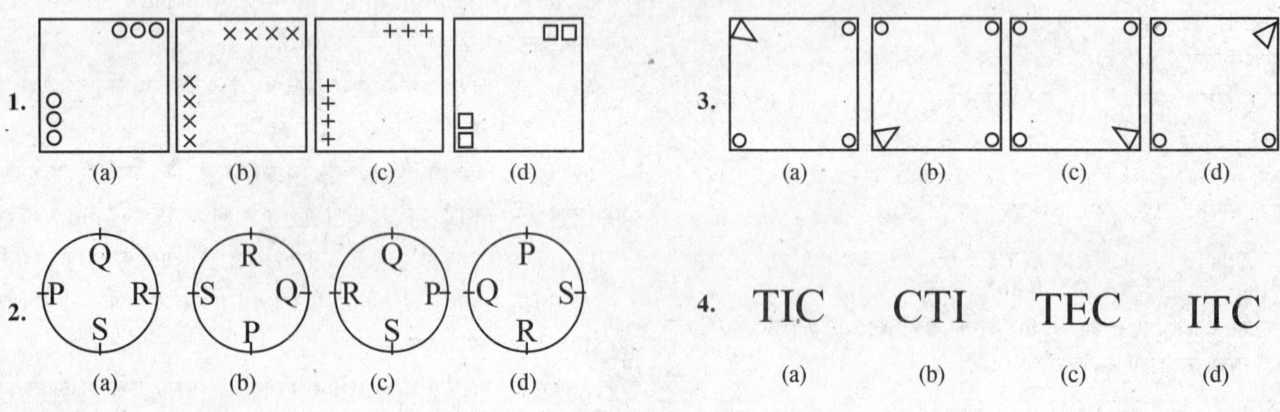

भाग-2

निर्देश: प्रश्न संख्या 5 से 8 में, बाई ओर एक प्रश्न चित्र दिया गया है तथा दाई ओर (a), (b), (c) और (d) से चिन्हित चार उत्तर चित्र दिए गए हैं। उत्तर चित्रों से प्रश्न चित्र के समरूप चित्र को चुनें-

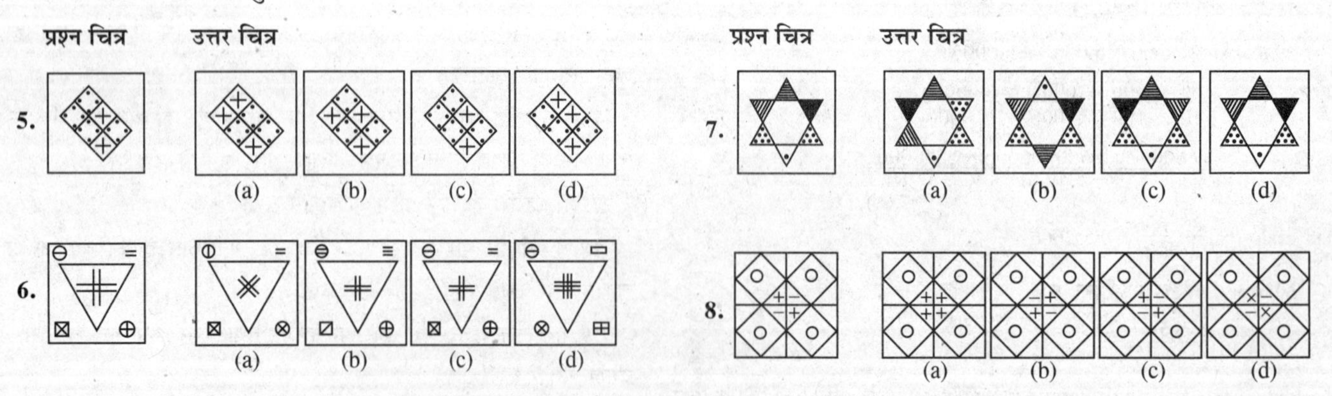

भाग-3

निर्देश: प्रश्न संख्या 9 से 12 में, बाई ओर एक प्रश्न चित्र दिया गया है, जिसका एक भाग लुप्त दर्शाया गया है। दाई ओर दिए गए उत्तर चित्र (a), (b), (c) और (d) पर गौर करें तथा उस उत्तर चित्र का पता लगाएँ जिसको बिना दिशा परिवर्तन के प्रश्न चित्र के पैटर्न को पूरा करने के लिए प्रश्न चित्र के लुप्त भाग में बिठाया जा सके-

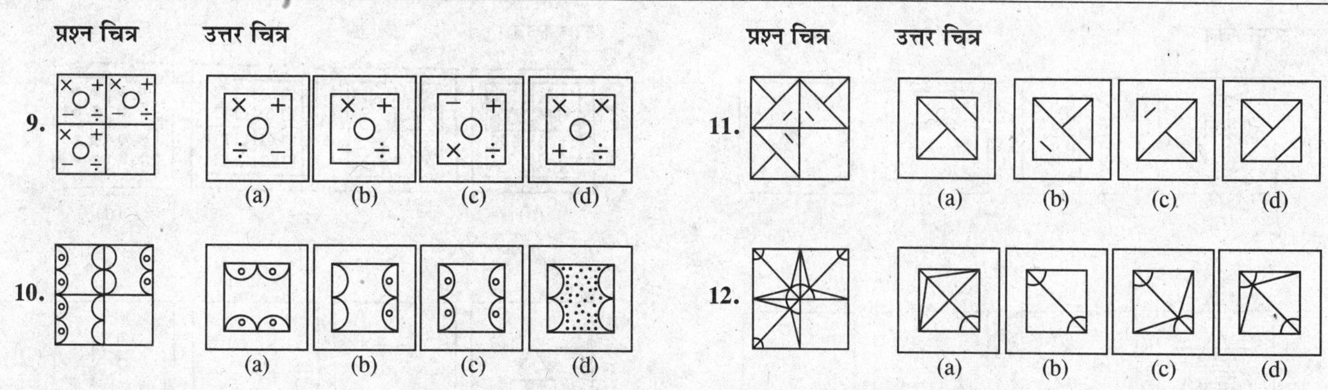

भाग-4

निर्देश: प्रश्न संख्या 13 से 16 में, बाई ओर तीन प्रश्न चित्र दर्शाए गए हैं तथा चौथे चित्र के लिए स्थान छोड़ा गया है। प्रश्न चित्र श्रेणीक्रम में हैं। श्रेणीक्रम को पूरा करने के लिए दाई ओर उपलब्ध उत्तर चित्रों में से एक चित्र का चयन करें जिसे प्रश्न चित्र के खाली स्थान में प्रतिस्थापित किया जा सके-

प्रश्न चित्र उत्तर चित्र

13. 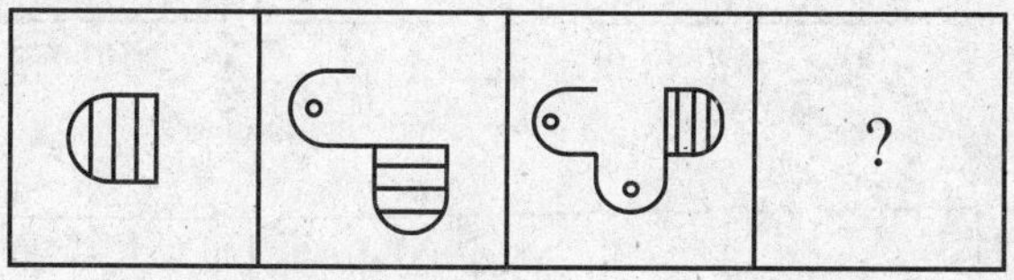 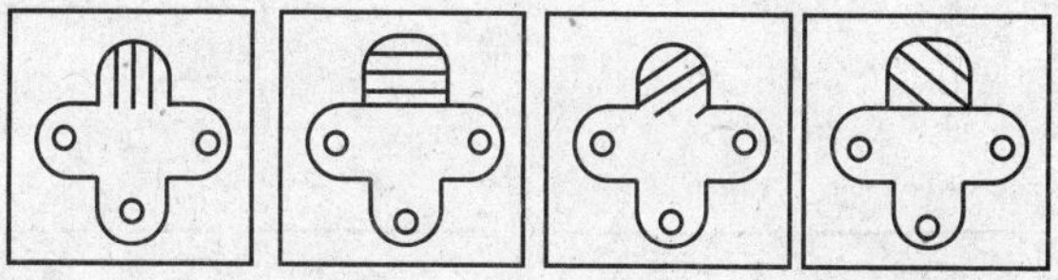 ?

(a) (b) (c) (d)

14. 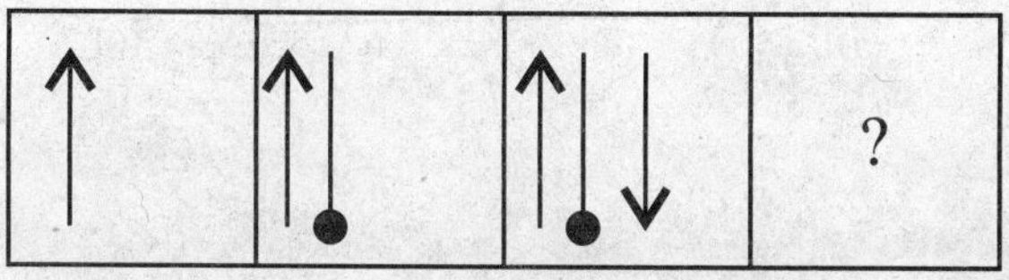 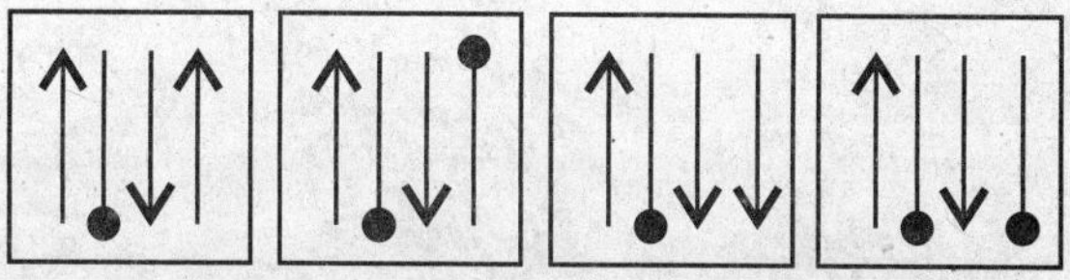 ?

(a) (b) (c) (d)

15. 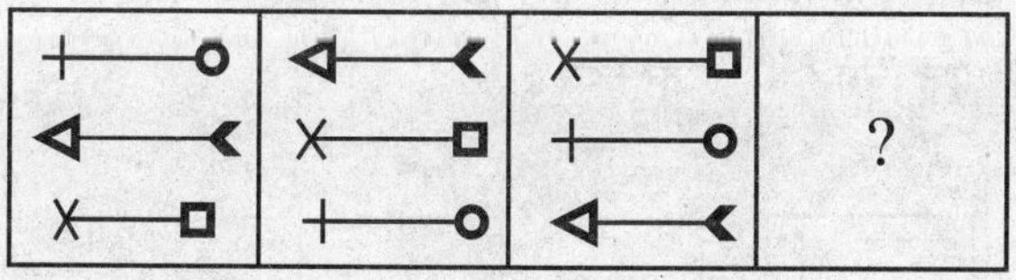 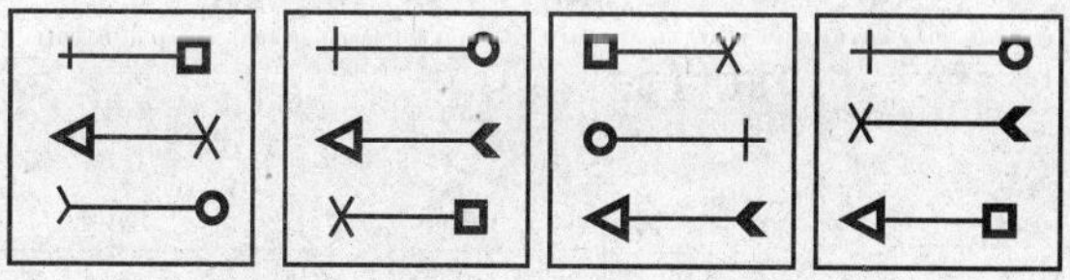 ?

(a) (b) (c) (d)

16. 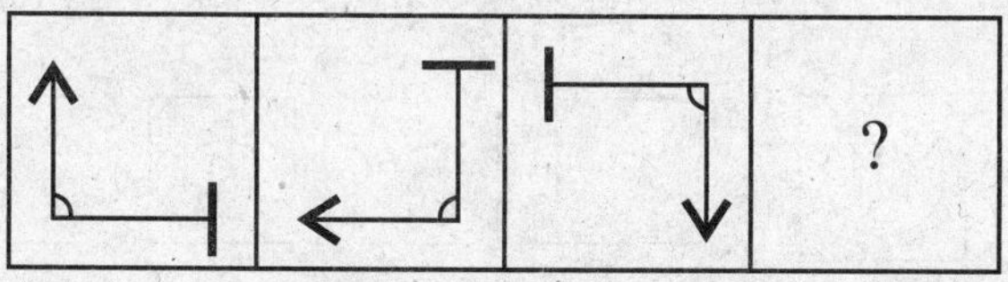 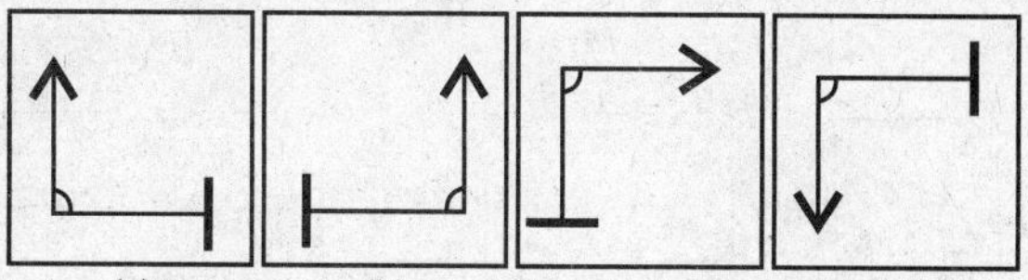 ?

(a) (b) (c) (d)

भाग-5

निर्देश: प्रश्न संख्या 17 से 20 में, प्रत्येक प्रश्न में दो प्रश्न चित्रों के दो सेट दिए गए हैं। दूसरे सेट में एक प्रश्न चिह (?) है। प्रथम सेट के दो प्रश्न चित्रों में एक निश्चित संबंध है। इसी तरह का संबंध दूसरे सेट के तीसरे तथा चौथे प्रश्न चित्र में भी होना आवश्यक है। उत्तर चित्रों से उस चित्र का चयन करें जो प्रश्न चिन्ह को प्रतिस्थापित करेगा-

प्रश्न चित्र | उत्तर चित्र

17. 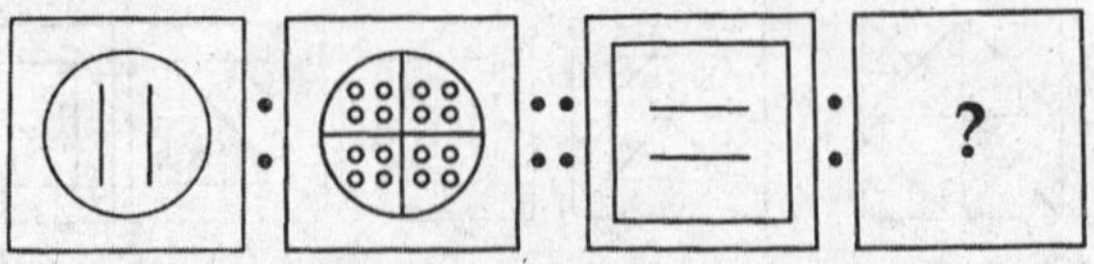 ? (a) (b) (c) (d)

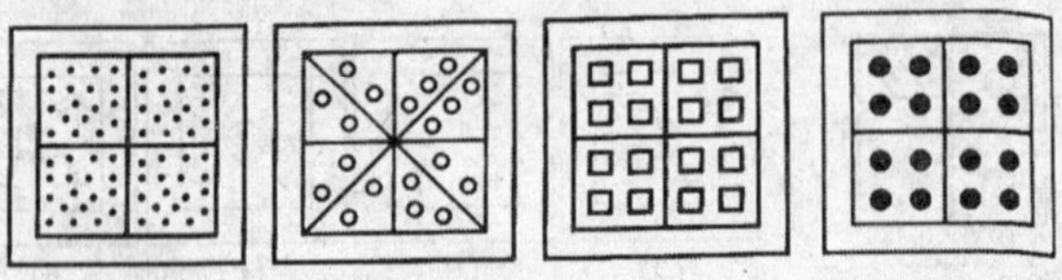

18. 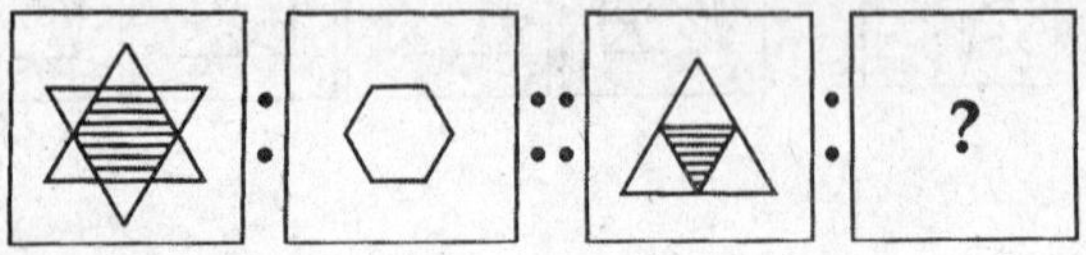 ? (a) (b) (c) (d)

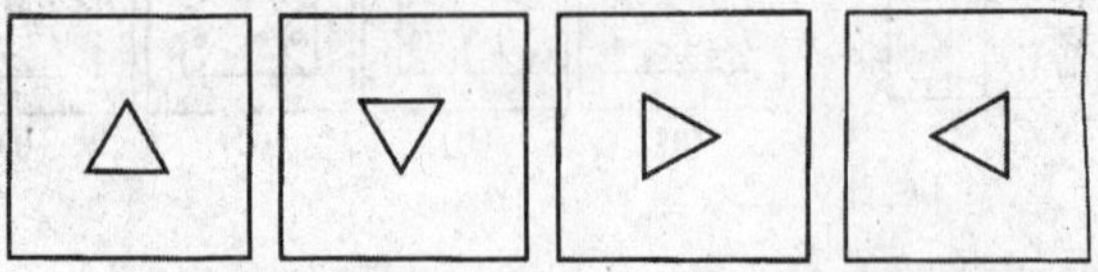

19. 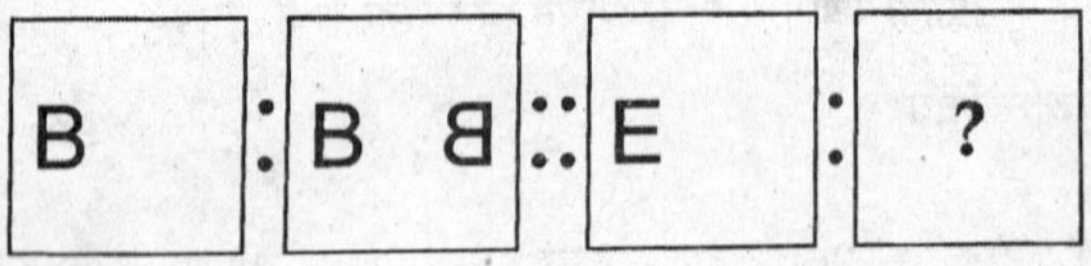 B : B B :: E : ? | (a) E Ǝ (b) Ǝ Ǝ (c) E E (d) Ǝ E

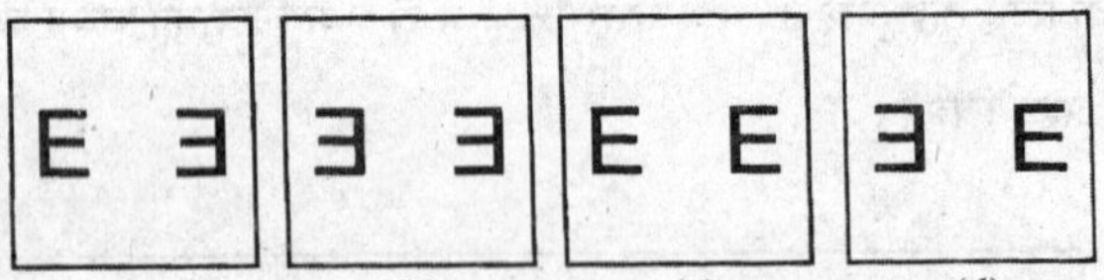

20. 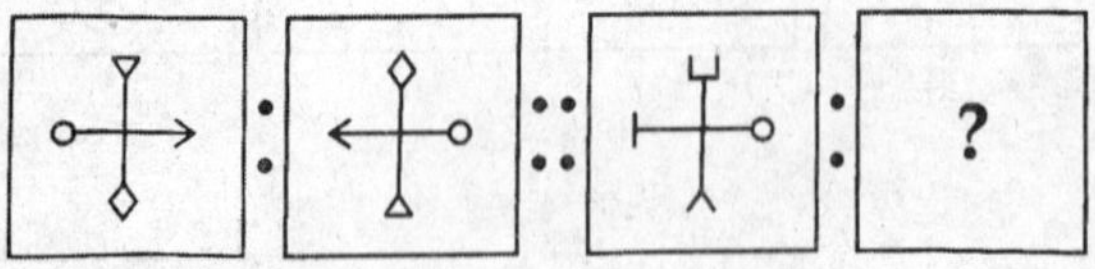 ? (a) (b) (c) (d)

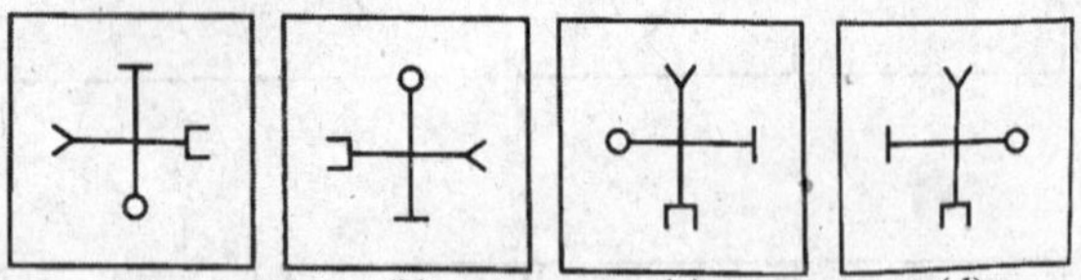

भाग-6

निर्देश: प्रश्न संख्या 21 से 24 में, प्रश्न चित्र के रूप में ज्यामितीय चित्र (त्रिभुज, वर्ग, वृत्त) के एक भाग को बाईं ओर दर्शाया गया है तथा दाईं ओर दूसरे भाग को चार उत्तर चित्रों के रूप में (a), (b), (c) और (d) से दर्शाया गया है। दाईं ओर के चित्र से ज्यामितीय चित्र को पूर्ण करने वाले चित्र को ज्ञात करें-

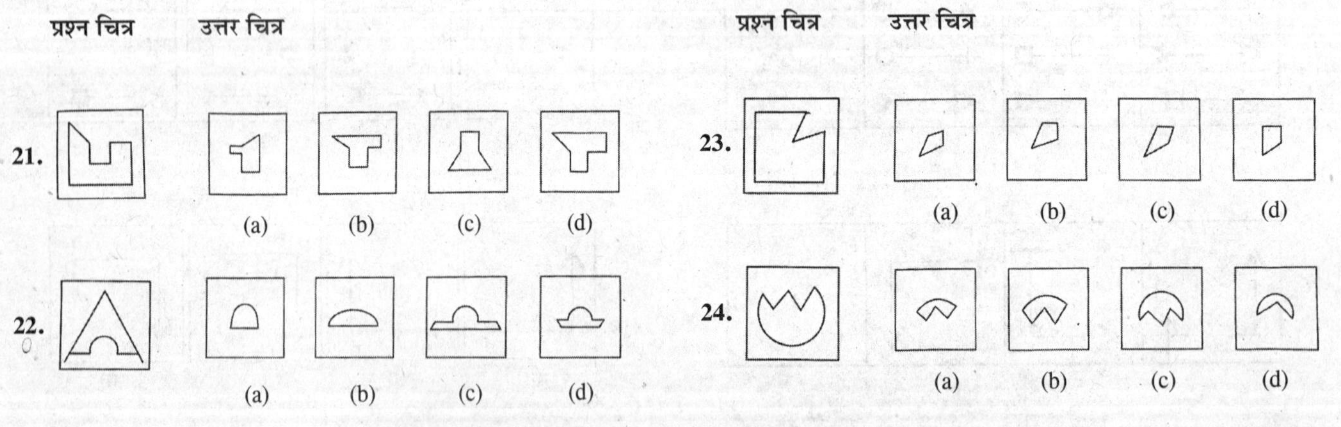

भाग-7

निर्देश: प्रश्न संख्या 25 से 28 में, बाईं ओर प्रश्न चित्र दर्शाया गया है तथा दाईं ओर (a), (b), (c) और (d) से चिन्हित चार उत्तर चित्र दर्शाए गए हैं। किसी दर्पण को XY के अनुदिश रखे जाने पर प्रश्न चित्र के सही दर्पण प्रतिबिम्ब को उत्तर चित्र से चुनें-

प्रश्न चित्र उत्तर चित्र

25.

(a) (b) (c) (d)

26.

(a) (b) (c) (d)

प्रश्न चित्र उत्तर चित्र

27.

(a) (b) (c) (d)

28.

(a) (b) (c) (d)

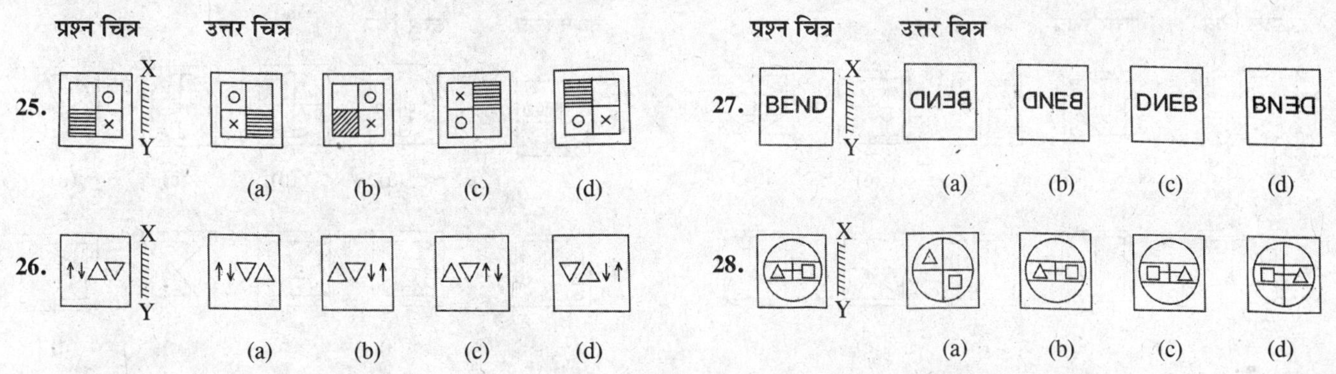

भाग-8

निर्देश: प्रश्न संख्या 29 से 32 में, बाई ओर प्रश्न चित्र में दर्शाए अनुसार कागज़ के एक टुकड़े को मोड़कर पंच किया गया तथा बाई ओर (a), (b), (c) और (d) से चिन्हित चार उत्तर चित्र दर्शाए गए हैं। कागज के टुकड़े को खोलने पर वह जिस प्रकार दिखेगा वैसा ही चित्र उत्तर चित्र से चुनें-

प्रश्न चित्र उत्तर चित्र

29.

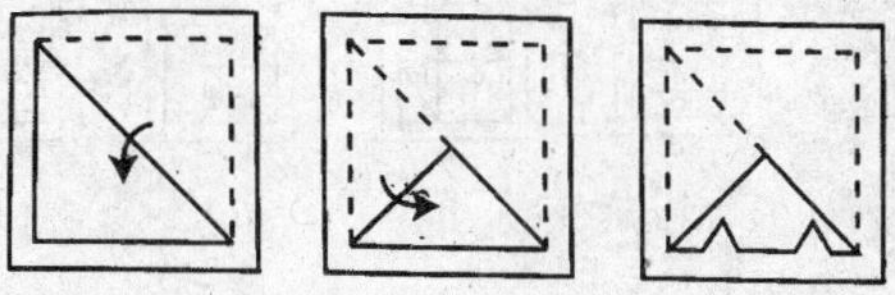

(a) (b) (c) (d)

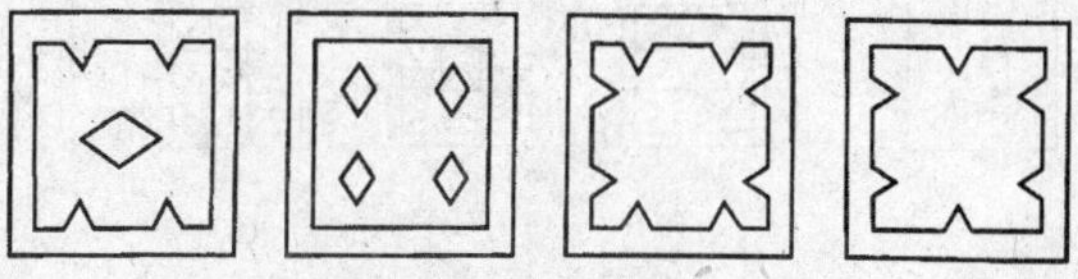

30.

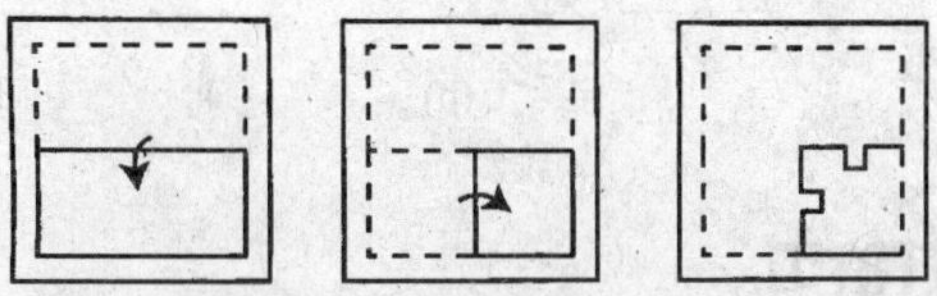

(a) (b) (c) (d)

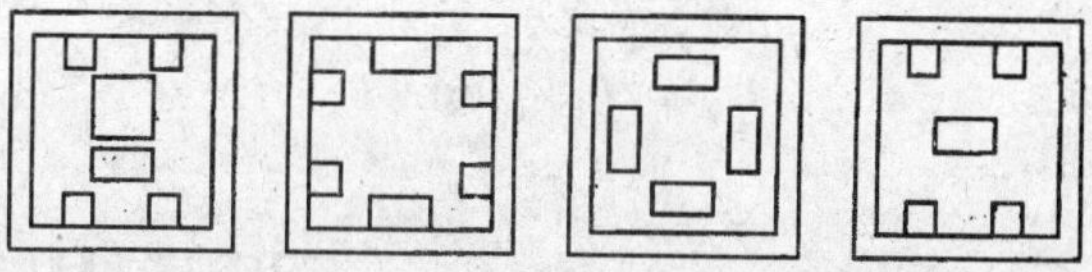

31.

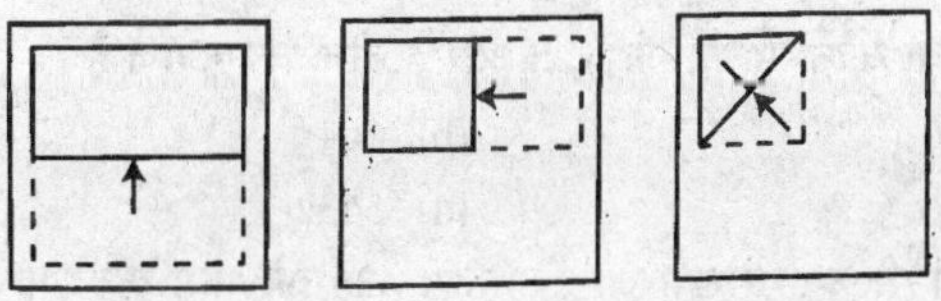

(a) (b) (c) (d)

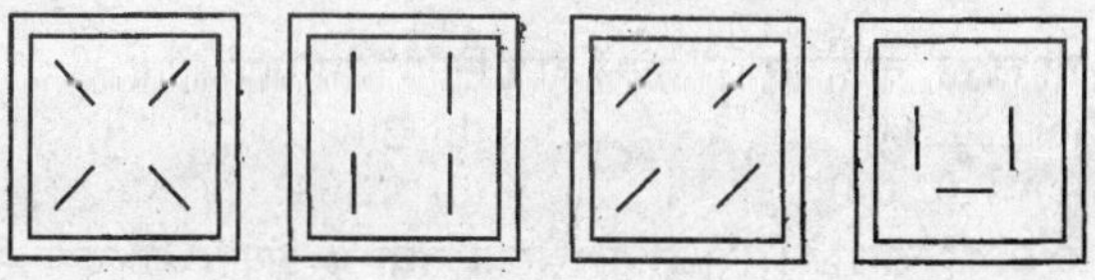

32.

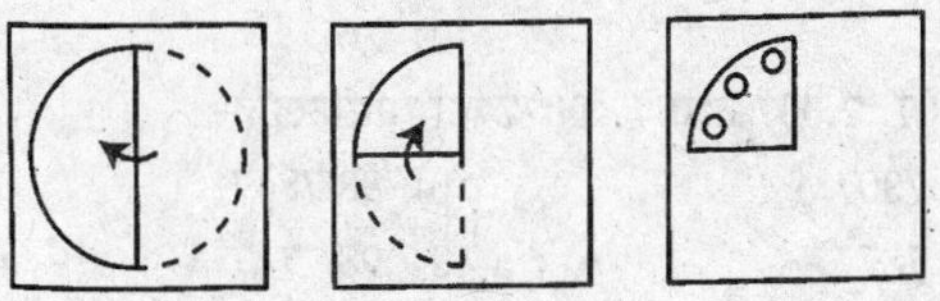

(a) (b) (c) (d)

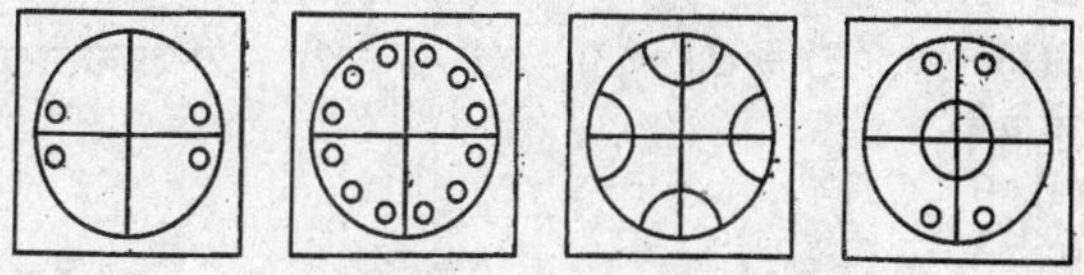

भाग-9

निर्देश: प्रश्न संख्या 33 से 36 में, बाई ओर एक प्रश्न चित्र दिया गया है तथा दाई ओर (a), (b), (c) और (d) से चिन्हित चार उत्तर चित्र दर्शाए गए हैं। उत्तर चित्र से उस चित्र का चयन करें जिसे प्रश्न चित्र में उपलब्ध कट-आउट टुकड़ों से बनाया जा सकता हो-

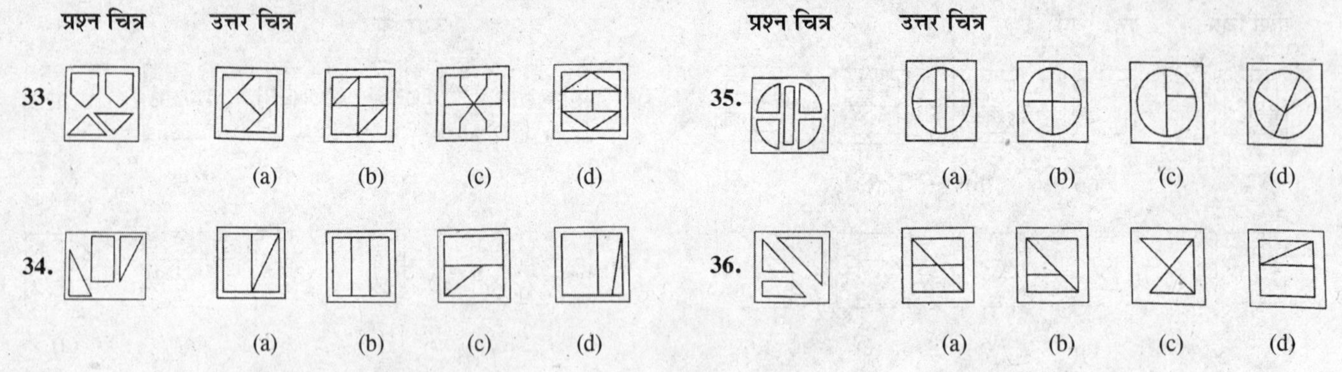

भाग-10

निर्देश: प्रश्न संख्या 37 से 40 में, बाईं ओर एक प्रश्न चित्र दिया गया है तथा दाईं ओर (a), (b), (c) और (d) से चिन्हित चार उत्तर चित्र दर्शाए गए हैं। उत्तर चित्रों से उस चित्र को चुनें जिसमें प्रश्न चित्र छिपा/सम्मिलित है-

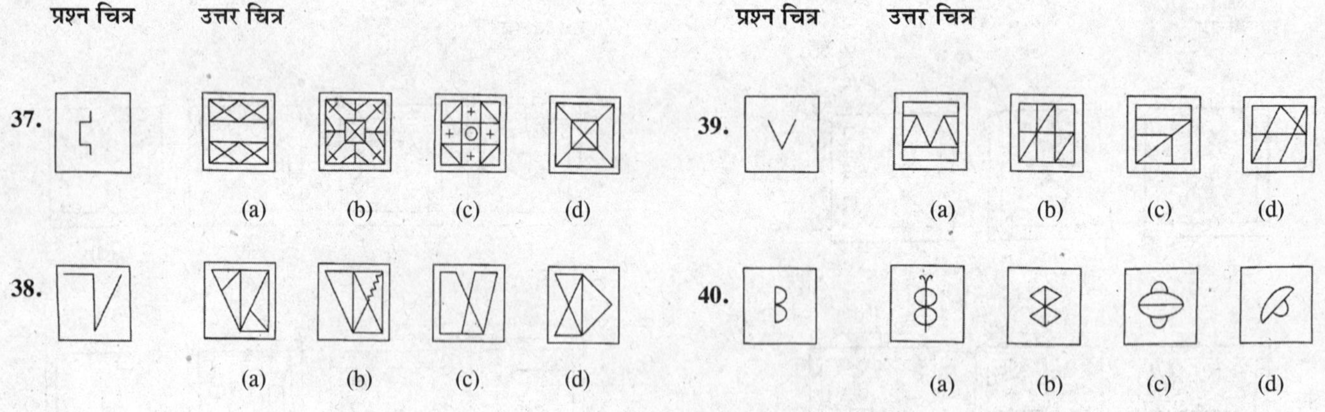

खण्ड-II अंकगणित परीक्षण

निर्देश: प्रत्येक प्रश्न के लिए चार सम्भावित उत्तर हैं, जिन्हें (a), (b), (c) और (d) क्रम दिया गया है। इनमें से केवल एक उत्तर ही सही है। सही उत्तर चुनें-

41. दो लाख, दो हजार को अंकों द्वारा लिखने पर प्राप्त होता है-
(a) 20,200 (b) 2,00,200
(c) 2,02,000 (d) 22,000

42. 6-अंकों की छोटी-से-छोटी संख्या तथा 4-अंकों की बड़ी-से-बड़ी संख्या में अंतर है-
(a) 1 (b) 90000
(c) 90001 (d) 900001

43. $3(13 + 6 \times 7) \div (11 \times 3) - (12 - 4 \times 2)$ को सरल करने पर प्राप्त होता है-
(a) 0 (b) 1
(c) 2 (d) 9

44. प्रथम चार अभाज्य संख्याओं का योगफल क्या है ?
(a) 10 (b) 11
(c) 26 (d) 17

45. $12\frac{1}{16}$ का दशमलव समतुल्य है-
(a) 12.625 (b) 12.6025
(c) 12.0625 (d) 12.0525

46. वह संख्या कौन-सी है, जो 4, 8 और 6 तीनों का गुणज है ?
(a) 396 (b) 664
(c) 696 (d) 5432

47. वह बड़ी-से-बड़ी संख्या जो 270 तथा 426 को भाग करने पर, प्रत्येक में 6 शेषफल देती है, है-
(a) 12 (b) 22
(c) 30 (d) 36

48. 7.7, 7.07, 7.007 तथा 77.0077 का योगफल है-
(a) 98.7807 (b) 98.7847
(c) 98.7877 (d) 98.7777

49. $3.003 \times 15 + 0.0123 + 5.002575$ को सरल करने पर लगभग मान आता है-
(a) 48 (b) 49
(c) 50 (d) 51

50. एक रेलगाड़ी दिल्ली से 8:15 a.m. पर चलती है तथा अजमेर 2:30 p.m. पर पहुँचती है। रेलगाड़ी द्वारा दिल्ली से अजमेर पहुँचने में लगा समय है-

(a) 10 घंटे 45 मिनट (b) 6 घंटे 15 मिनट
(c) 6 घंटे 30 मिनट (d) 6 घंटे

51. एक मैच कुल आधा घंटा चलता है। मैच के समय का $\frac{1}{10}$ भाग टाइम-आउट के लिए लिया जाता है। यह टाइम-आउट कितने मिनट का होता है?

(a) 5 मिनट (b) 3 मिनट
(c) 6 मिनट (d) 4 मिनट

52. यदि $\frac{x}{25} = \frac{196}{x}$ है, तो x बराबर है-

(a) 56 (b) 70
(c) 84 (d) 42

53. एक वस्तु ₹ 7,500 में खरीदी जाती है और ₹ 8,400 में बेची जाती है। लाभ प्रतिशत है-

(a) 8% (b) 10%
(c) 12% (d) $10\frac{5}{7}$ %

54. 'A' एक रेडियो को उसके अंकित मूल्य के $\frac{3}{4}$ में खरीदता है तथा इसे अंकित मूल्य से 20% अधिक पर बेच देता है। 'A' का प्रतिशत लाभ क्या है?

(a) 30 (b) 45
(c) 60 (d) 75

55. निम्नलिखित व्यंजक का (पूर्ण संख्या में) निकटतम मान ज्ञात कीजिए-
$349 \times 51 + (632 \div 31)$

(a) 17522 (b) 17520
(c) 17821 (d) 17521

56. एक धनराशि 16 वर्ष में साधारण ब्याज से दुगुनी हो जाती है। वार्षिक दर होगी-

(a) 10% (b) $6\frac{1}{4}$ %
(c) 8% (d) 16%

57. यदि एक समकोण त्रिभुज की दो लम्बवत् भुजाएँ 5 सेमी. तथा 12 सेमी. हैं, तो इस त्रिभुज का परिमाप है-

(a) 13 सेमी. (b) 17 सेमी.
(c) 27 सेमी. (d) 30 सेमी.

58. दिया गया है कि $154 \times 18 = 2772$, तो $27.72 \div 1.8$ का मान क्या है?

(a) 1.54 (b) 15.4
(c) 154 (d) 1540

59. एक क्रिकेट के खिलाड़ी की 24 पारियों में रनों का औसत 28 रन है। वह 25वीं पारी में कितने रन बनाए ताकि उसका औसत 29 हो जाए?

(a) 1 (b) 24
(c) 35 (d) 53

60. एक विद्यालय में, $\frac{3}{5}$ बच्चे लड़के हैं तथा लड़कियों की संख्या 800 है। लड़कों की संख्या है-

(a) 800 (b) 1000
(c) 1200 (b) 2000

खण्ड-III भाषा परीक्षण

निर्देशः इस खण्ड में चार अनुच्छेद हैं। प्रत्येक अनुच्छेद पर पाँच प्रश्न हैं। प्रत्येक अनुच्छेद को सावधानी से पढ़ें और उसके नीचे दिए गए प्रश्नों के उत्तर दें। प्रत्येक प्रश्न के लिए चार संभावित उत्तर दिए गए हैं, जिनकी क्रम संख्या (a), (b), (c) और (d) है। इनमें से केवल एक उत्तर ही सही है। सही उत्तर को चुनें-

अनुच्छेद-1

शरद ऋतु गर्मी और जाड़े के मौसम के बीच आती है। इस सुंदर ऋतु में बहुत से परिवर्तन होते हैं। दिन छोटे हो जाते हैं। पेडों की पत्तियाँ हरे रंग से बदलकर जीवंत लाल, पीली और नारंगी हो जाती हैं। वस्तुत: पत्तियों को हरा बनाए रखने के लिए पेड़ों को धूप चाहिए। धूप के बिना पत्तियाँ पीली हो जाती हैं। घास पर अब ओस नहीं बिछी होती, बल्कि प्राय: प्रत्येक प्रात:काल को पाला पड़ता है क्योंकि तापमान हिमबिन्दु तक जा पहुँचता है। पशु जाड़े के लंबे महीनों के लिए पर्याप्त भोजन एकत्र करने लगते हैं। ये परिवर्तन तब होते हैं जब हम ग्रीष्मकाल की गर्मी से शीतकाल की सर्दी के अनुकूल हो रहे होते हैं।

61. ग्रीष्म और ______ के बीच शरद ऋतु आती है।

(a) जनवरी (b) वसंत
(c) शीत (d) अयनांत

62. शरद ऋतु में निम्नलिखित में से क्या परिवर्तन हो सकता है?

(a) दिन छोटे होते हैं।
(b) इसमें बहुत गर्मी पड़ती है।
(c) दिन बड़े होते हैं।
(d) अधिक धूप होती है।

63. शरद ऋतु में पत्तियाँ पीली हो जाती हैं क्योंकि-

(a) उन्हें पर्याप्त ऑक्सीजन नहीं मिलती।
(b) उन्हें पर्याप्त प्रकाश नहीं मिलता।
(c) उन्हें पर्याप्त जल नहीं मिलता।
(d) उनमें बहुत अधिक ऑक्सीजन एकत्रित होती है।

64. शरद ऋतु के बीतने की तैयारी करते हुए पशु क्या करते हैं?

(a) भोजन एकत्र करते हैं। (b) कम भोजन खाते हैं।
(c) फर गिरा देते हैं। (d) रंग बदल लेते हैं।

65. 'बिछी होती' के लिए दूसरा शब्द हो सकता है-

(a) घास वाली (b) ऊनी
(c) ढकी हुई (d) बढ़ती हुई

अनुच्छेद-2

शरीर का भार कम करने या स्वस्थ भार बनाए रखने के लिए केवल दो साधारण नियम हैं। वे हैं कम वसा और शर्करा वाला संतुलित भोजन करना और अधिक व्यायाम करना। भार कम करने के लिए आपको भूखे रहने की कोई आवश्यकता नहीं है। यदि आप चीनी, केक, बिस्कुट कम लें तथा अधिक फल और सब्जियां खाएं और पर्याप्त पानी पिएं, तो आपका भार कम हो जाएगा और आप अधिक स्वस्थ हो जाओगे। प्रतिदिन सैर के लिए जाएँ या साइकिल चलाएँ। टेलीविज़न देखने या वीडियो गेम्स खेलने के स्थान पर अधिक सक्रिय रहें।

66. हम स्वस्थ कैसे रह सकते हैं?

(a) केवल बिस्कुट खाकर
(b) केवल व्यायाम करके
(c) संतुलित भोजन खाकर और व्यायाम करके
(d) अधिक फल खाकर

67. भार कम करने के लिए हमें क्या अधिक खाना चाहिए?

(a) चीनी और केक (b) फल और सब्जियाँ
(c) बिस्कुट और चीनी (d) बिस्कुट और फल

68. स्वस्थ रहने के लिए हमें क्या अधिक पीना चाहिए?

(a) कोला पेय (b) फलों का रस
(c) पानी (d) सब्जियों का रस

69. कौन-सा व्यायाम सबके लिए अच्छा है?

(a) सैर करना और साइकिल चलाना
(b) पतंग उड़ाना
(c) वीडियो गेम्स खेलना
(d) टेलीविज़न देखना

70. 'सक्रिय' शब्द का विलोम शब्द क्या है?

(a) सुस्त (b) निष्क्रिय
(c) इच्छुक (d) ऊर्जावान

अनुच्छेद-3

क्या आपने रस्सा-कशी खेल खेला है? यह एक रोचक खेल है। रस्सा-कशी का खेल खेलने के लिए आपको कुछ खुली जगह, एक लंबी एवं मज़बूत रस्सी और खिलाड़ियों की दो टीमों की आवश्यकता होती है। खेल तभी रोचक होगा जब दोनों टीमें बराबर मज़बूत होंगी। दोनों टीमों के बीच एक रेखा खींच दी जाती है। जो टीम खींची जाती है और बीच की रेखा पार करने को बाध्य कर दी जाती है, खेल हार जाती है।

टीम के सबसे शक्तिशाली सदस्य को मज़बूती से रस्सी के अंतिम छोर को पकड़े रहना चाहिए और टीम को संगठित होकर रस्सी को खींचना चाहिए। खेलने के स्थान से पत्थरों को साफ कर देना चाहिए। अन्यथा उनसे चोटें लग सकती हैं।

71. 'रस्सा-कशी' _______ है।

(a) एक युद्ध (b) एक रस्सी
(c) एक खेल (d) एक लड़ाई

72. 'रस्सा-कशी' में हम _______।

(a) मुक्केबाज़ी करते हैं (b) छुपा-छुपी करते हैं
(c) रस्सी खींचते हैं (d) बल्लेबाज़ी और गेंदबाज़ी करते हैं

73. रस्सी के अंतिम छोर को पकड़ने वाला टीम का _______ सदस्य होता है।

(a) सबसे लम्बा (b) सबसे छोटा
(c) सबसे शक्तिशाली (d) सबसे युवा

74. टीम जो बीच की रेखा के पार खींच ली जाती है _______।

(a) विजयी होती है
(a) हार जाती है
(c) सफल होती है
(d) उसको दूसरा अवसर दिया जाता है

75. 'संगठित' शब्द का आशय है-

(a) साथ-साथ (b) लड़ाई
(c) खींचना (d) विजयी होना

अनुच्छेद-4

दीपक उत्साहित था। वह अपने चाचाजी और चचेरे भाई-बहन प्रीत और रिया के साथ रविवार को पिकनिक पर जा रहा था। उसने अपने तैराकी के सामान, नाश्ते और खेलने के सामान को अपने एक पिट्ठू बैग में रख लिया। वे सुबह छ: बजे चल दिए। बहुत दूर तक गाड़ी चलाने के बाद वे पिकनिक के स्थान पर सुबह नौ बजे पहुँच गए। यह स्थान गाँव में एक फार्महाउस था। उन्होंने गाँव के चारों ओर घूमकर धान के खेत देखे और जाना कि चावल कैसे उगाया जाता है। वे पेड़ों पर चढ़े और आम तथा अमरूद तोड़े। दोपहर को एक पेड़ के नीचे बैठकर उन्होंने दोपहर का भोजन किया। जब चाचाजी ने कहा कि अब घर लौटने का समय है तो वे और देर तक ठहरना चाहते थे क्योंकि उन्हें गाँव बहुत अच्छा लगा।

76. 'उत्साहित' शब्द का अर्थ है-

(a) विश्वस्त (b) बहुत प्रसन्न
(c) व्यस्त (d) निराश

77. दीपक और उसके चचेरे भाई-बहन _______।

(a) गाँव में ऊब गए (b) ने पिकनिक का आनंद लिया
(c) घर वापस आना चाहते थे (d) पेड़ों पर न चढ़ सके

78. दीपक अपने _______ के साथ पिकनिक पर गया।

(a) माता-पिता (b) चाचा और चचेरे भाई-बहन
(c) मित्रों (d) बहन

79. पिकनिक का स्थान एक _______ में था।

(a) पार्क (b) समुद्र-तट
(c) गाँव (d) तरण-ताल

80. चाचाजी ने दीपक को दिखाया कि कैसे _______।

(a) हम खाते हैं (b) तैरते हैं
(c) गाड़ी चलाते हैं (d) चावल उगाते हैं

व्याख्या सहित उत्तर

1. (c) प्रश्न संख्या (c) के अतिरिक्त अन्य सभी में भीतरी आकृति की संख्या एक समान है।

2. (a) प्रश्न संख्या (a) के अतिरिक्त अन्य सभी में अक्षर घड़ी की सुई की दिशा के विपरीत क्रम में है।

3. (d) प्रश्न संख्या (d) के अतिरिक्त अन्य सभी में त्रिभुज की दो भुजा आकृति से सटी हुई हैं।

4. (c) प्रश्न संख्या (c) के अतिरिक्त अन्य सभी में अक्षर 'I' सभी में मौजूद है।

5. (c) उत्तर आकृति (c) प्रश्न चित्र के समरूप है।

6. (c) उत्तर आकृति (c) प्रश्न चित्र के समरूप है।

7. (d) उत्तर आकृति (d) प्रश्न चित्र के समरूप है।

8. (c) उत्तर आकृति (c) प्रश्न चित्र के समरूप है।

9. (b) उत्तर आकृति (b) प्रश्न चित्र के समरूप है।

10. (b) उत्तर आकृति (b) को प्रश्न चित्र के पैटर्न को पूरा करने के लिए खाली भाग में भरा जा सकता है।

11. (c) उत्तर आकृति (c) को प्रश्न चित्र के पैटर्न को पूरा करने के लिए खाली भाग में भरा जा सकता है।

12. (d) उत्तर आकृति (d) को प्रश्न चित्र के पैटर्न को पूरा करने के लिए खाली भाग में भरा जा सकता है।

13. (b) प्रत्येक अगली आकृति में घड़ी की सुई की दिशा के विपरीत एक आकृति जुड़ जाती है।

14. (b) एक आकृति एक नियमित पैटर्न में अगली आकृति में जुड़ जाती है।

15. (b) प्रश्न चित्र के खाली स्थान पर आकृति (b) आएगी।

16. (c) प्रत्येक अगली आकृति में सुई की दिशा के विपरीत आगे बढ़ जाती है।

17. (c) वृत्त के भीतर की रेखाएँ चार भाग में विभाजित होकर वृत्त छोटे रूप में हो जाते हैं तथा चार की संख्या में ही प्रत्येक भाग में आ जाते हैं।

18. (b) भीतरी भाग की आकृति अगली चित्र आकृति में छायांकित नहीं रहती है।

19. (a) अगली आकृति में अक्षर दर्पण प्रतिबिंब है।

20. (c) चित्र अपनी दिशा बदलता है उत्तर से दक्षिण तथा पूर्व से पश्चिम दिशा की तरफ एक नियमित पैटर्न के रूप में बदलता है।

21. (b) उत्तर आकृति (b) प्रश्न आकृति के ज्यामितीय चित्र को पूर्ण करती है।

22. (c) उत्तर आकृति (c) प्रश्न आकृति के ज्यामितीय चित्र को पूर्ण करती है।

23. (b) उत्तर आकृति (b) प्रश्न आकृति के ज्यामितीय चित्र को पूर्ण करती है।

24. (b) उत्तर आकृति (b) प्रश्न आकृति के ज्यामितीय चित्र को पूर्ण करती है।

25. (a) प्रश्न चित्र का सही दर्पण प्रतिबिंब विकल्प (a) होगा।

26. (d) यदि प्रश्न चित्र को बाएँ से दाएँ उलटा किया जाए, तो वह विकल्प चित्र (d) की तरह दिखाई देगा। अतः इस प्रश्न का सही उत्तर (d) होगा।

27. (a) चूँकि दर्पण को दाहिने तरफ लगाया है इसलिए प्रश्न में जो अक्षर सबसे दाहिने तरफ है वह प्रतिबिम्बि में सबसे शुरू में आ जाएगा एवं उसी प्रकार उसके पहले के अक्षर प्रतिबिम्ब में उसके बाद क्रमशः आते जाएंगे। ये सभी अक्षर साथ में अपने स्थान पर भी दाएँ-बाएँ उलट रहे हैं अर्थात शब्द BEND को दाएँ-बाएँ उलट देने से विकल्प (a) प्राप्त होगा।

28. (c) यदि प्रश्न चित्र को बाएँ से दाएँ उलटा किया जाए, तो वह विकल्प चित्र (c) की तरह दिखाई देगा। अतः इस प्रश्न का सही उत्तर (c) होगा।

29. (c) प्रश्न चित्रों में दिखाए अनुसार कागज को मोड़कर काटने तथा खोलने खोलने के बाद वह उत्तर चित्र (c) जैसा दिखाई देगी।

30. (c) प्रश्न चित्रों में दिखाए अनुसार कागज को मोड़कर काटने तथा खोलने के बाद वह उत्तर चित्र (c) जैसा दिखाई देगा।

31. (a) प्रश्न चित्रों में दिखाए अनुसार कागज को मोड़कर काटने तथा खोलने के बाद वह उत्तर चित्र (a) जैसा दिखाई देगा।

32. (b) प्रश्न चित्रों में दिखाए अनुसार कागज को मोड़कर काटने तथा खोलने के बाद वह उत्तर चित्र (b) जैसा दिखाई देगा।

33. (a) प्रश्न चित्र में उपलब्ध सभी कट-आउट टुकड़ों की सहायता से उत्तर चित्र (a) को बनाया जा सकता है।

34. (a) प्रश्न चित्र में उपलब्ध सभी कट-आउट टुकड़ों की सहायता से उत्तर चित्र (a) को बनाया जा सकता है।

35. (a) प्रश्न चित्र में उपलब्ध सभी कट-आउट टुकड़ों की सहायता से उत्तर चित्र (a) को बनाया जा सकता है।

36. (b) प्रश्न चित्र में उपलब्ध सभी कट-आउट टुकड़ों की सहायता से उत्तर चित्र (b) को बनाया जा सकता है।

37. (b) उत्तर चित्र (b) में प्रश्न आकृति छिपी/सम्मिलित है।

38. (a) उत्तर चित्र (a) में प्रश्न आकृति छिपी/सम्मिलित है।

39. (a) उत्तर चित्र (a) में प्रश्न आकृति छिपी/सम्मिलित है।

40. (a) उत्तर चित्र (a) में प्रश्न आकृति छिपी/सम्मिलित है।

41. (c) दो लाख, दो हजार अंकों में = 2,02,000

42. (c) 6 अंकों की छोटी से छोटी संख्या = 1,00,000
4 अंकों की बड़ी से बड़ी संख्या = 9,999
अभीष्ट अंतर = 1,00,000 – 9,999 = 90,001

43. (b) $3(13 + 6 \times 7) \div (11 \times 3) - (12 - 4 \times 2)$
$= 3(13 + 42) \div (33) - (12 - 8)$
$= 3(55) \div (33) - 4$
$= 3 \times \frac{55}{33} - 4$
$= 5 - 4 = 1$

44. (d) प्रथम चार अभाज्य संख्या = 2, 3, 5, 7
प्रथम चार अभाज्य संख्याओं का योगफल = 2 + 3 + 5 + 7 = 17

45. (c) $12\frac{1}{16}$ का दशमलव समतुल्य = 12.0625

46. (c)

4) 696 (174	8) 696 (87	6) 696 (116
4	64	6
29	56	9
28	56	6
16	×	36
16		36
×		×

अतः 4, 8 और 6 तीनों का गुणज 696 है।

47. (a)

12) 270 (22	12) 426 (35
24	36
30	66
24	60
6	6
शेषफल = 6	शेषफल = 6

48. (b)
77.0077
7.0070
7.0700
7.7000
98.7847

49. (c) $3.003 \times 15 + 0.0123 + 5.002575$
$= 45.045 + 0.0123 + 5.002575$
$= 50.059875$
लगभग मान = 50

50. (b) रेलगाड़ी का दिल्ली के लिए चलने का समय = 8:15 am
रेलगाड़ी का अजमेर पहुँचने का समय = 2:30 pm या 14:30
दिल्ली से अजमेर पहुँचने में लिया गया समय
= 14:30 – 8:15 = 6:15 घंटा
अतः रेलगाड़ी द्वारा लिया गया समय 6 घंटा 15 मिनट है।

51. (b) पूरा मैच खत्म होने में लगा समय = 30 मिनट या आधा घंटा
टाइम आउट के लिए लिया गया समय = $\frac{1}{10} \times 30$ मिनट
= 3 मिनट

52. (b) $\frac{x}{25} = \frac{196}{x}$
$x^2 = 25 \times 196$
$x = \sqrt{25 \times 196}$
$x = \sqrt{5 \times 5 \times 2 \times 2 \times 7 \times 7}$
$x = \sqrt{5^2 \times 2^2 \times 7^2}$
$x = 5 \times 2 \times 7$
$x = 70$

53. (c) वस्तु का क्रय मूल्य = ₹ 7500
वस्तु का विक्रय मूल्य = ₹ 8400
लाभ = विक्रय मूल्य – क्रय मूल्य
= 8400 – 7500 = 900
लाभ प्रतिशत = $\frac{900}{7500} \times 100 = 12$

54. (c) माना रेडियो का अंकित मूल्य = ₹ 100

रेडियों का क्रय मूल्य = $100 \times \frac{3}{4}$ = ₹ 75

विक्रय मूल्य = अंकित मूल्य से 20% अधिक

$= 100 + 100 \times \frac{20}{100}$

$= 100 + 20 = 120$

लाभ = 120 – 75 = ₹ 45

A का लाभ प्रतिशत = $\frac{45}{75} \times 100 = 60$

55. (b) $349 \times 51 + (632 \div 31)$

$= 350 \times 50 + (600 \div 30)$

$= 17500 + 20$

$= 17520$

56. (b) माना कि वह राशि x रुपए है तथा दर $y\%$ वार्षिक है।

16 वर्ष के बाद मिश्रधन = $2x$

साधारण ब्याज = मिश्रधन – मूलधन

$= 2x - x = x$ रुपए

साधारण ब्याज = $\frac{\text{समय} \times \text{दर} \times \text{मूलधन}}{100}$

$x = \frac{16 \times y \times x}{100}$

$y = \frac{16 \times y \times x}{100}$

$= 6\frac{1}{4}\%.$

57. (d)

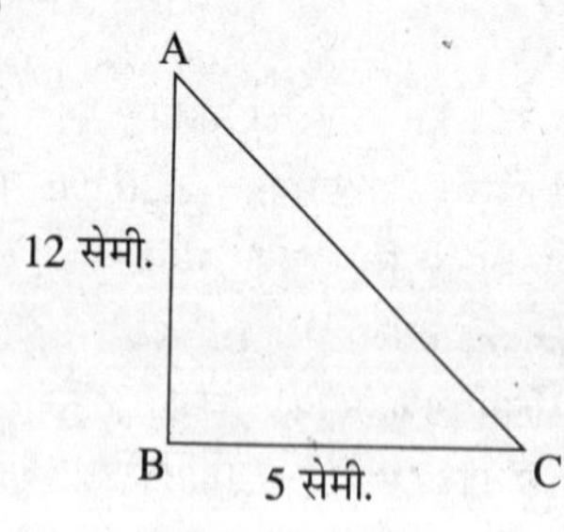

$AC = \sqrt{(AB)^2 + (BC)^2}$

$AC = \sqrt{(12)^2 + (5)^2}$

$AC = \sqrt{144 + 25} = \sqrt{169} = 13$ सेमी.

त्रिभुज का परिमाप = 13 + 12 + 5 = 30 सेमी.

58. (b) दिया है, $154 \times 18 = 2772$

तब, $27.72 \div 1.8 = 15.4$

59. (d) 24 पारियों में कुल रनों की संख्या = $24 \times 28 = 672$

25 पारियों में कुल रनों की संख्या = $25 \times 29 = 725$

25वीं पारी में बनाएँ गए रनों की संख्या = $725 - 672 = 53$

60. (c) माना कुल बच्चों की संख्या x है।

प्रश्नानुसार,

कुल लड़कों की संख्या + कुल लड़कियों की संख्या = कुल बच्चों की संख्या

$\frac{3}{5} \times x + 800 = x$

$\frac{3}{5}x + 800 = x$

$800 = x - \frac{3}{5}x$

$800 = \frac{5x - 3x}{5}$

$800 = \frac{2x}{5}$

$x = \frac{800 \times 5}{2} = 2000$

लड़कों की कुल संख्या = 2000 – 800 = 1200

61. (c) ग्रीष्म और शीत ऋतु के बीच शरद ऋतु आती है।

62. (a) शरद ऋतु में दिन छोटे होते हैं।

63. (b) शरद ऋतु में पत्तियाँ पीली हो जाती हैं, क्योंकि उन्हें पर्याप्त प्रकाश नहीं मिलता है।

64. (a) शरद ऋतु के बीतने की तैयारी करते हुए पशु भोजन एकत्र करते हैं।

65. (c) 'बिछी होती' के लिए दूसरा शब्द 'ढकी हुई' हो सकता है।

66. (c) हम संतुलित भोजन खाकर और व्यायाम करके स्वस्थ रह सकते हैं।

67. (b) भार कम करने के लिए हमें फल और सब्जियाँ अधिक खानी चाहिए।

68. (c) स्वस्थ रहने के लिए हमें पानी अधिक मात्रा में पीना चाहिए।

69. (a) सैर करना और साइकिल चलाना सबसे अच्छा व्यायाम है।

70. (b) 'सक्रिय' शब्द का सही विलोम 'निष्क्रिय' है।

71. (c) 'रस्सा-कशी' एक खेल है।

72. (c) 'रस्सा-कशी' में हम रस्सी को खींचते हैं।

73. (c) रस्सी के अंतिम छोर को पकड़ने वाला टीम का सबसे शक्तिशाली सदस्य होता है।

74. (b) टीम जो बीच की रेखा पर खींच ली जाती है, हार जाती है।

75. (a) 'संगठित' शब्द का अर्थ साथ-साथ है।

76. (b) 'उत्साहित' शब्द का अर्थ है-बहुत प्रसन्न होना।

77. (b) दीपक और उसके चचेरे भाई-बहन ने पिकनिक का आनंद लिया।

78. (b) दीपक अपने चाचा और चचेरे भाई-बहन के साथ पिकनिक पर गया।

79. (c) पिकनिक का स्थान एक गाँव में था।

80. (d) चाचा जी ने दीपक को दिखाया कि कैसे चावल उगाते हैं।

❑❑❑

जवाहर नवोदय विद्यालय प्रवेश परीक्षा, 2020
(कक्षा-VI) सॉल्व्ड पेपर

खण्ड-I मानसिक योग्यता परीक्षण

भाग-1

निर्देश- (प्र.सं. 1-4) प्रत्येक प्रश्न में चार चित्र (a), (b), (c) और (d) दर्शाए गए हैं। इन चार चित्रों में से तीन चित्र किसी विधि से एकसमान हैं, जबकि एक चित्र अन्य से भिन्न है। अन्य से भिन्न चित्र का चयन करें। अपने उत्तर को दर्शाने के लिए ओ.एम.आर. उत्तर-पत्रिका में प्रश्न की संगत संख्या के सामने वाले वृत्त को काला करें।

भाग-2

निर्देश- (प्र.सं. 5-8) बाईं ओर एक प्रश्न चित्र दिया गया है तथा दाईं ओर (a), (b), (c) और (d) से चिह्नित चार उत्तर चित्र दिए गए हैं। उत्तर चित्रों से प्रश्न चित्र के समरूप चित्र को चुनिए तथा अपने उत्तर को दर्शाने के लिए ओ.एम.आर. उत्तर-पत्रिका में प्रश्न की संगत संख्या के सामने वाले वृत्त को काला करें।

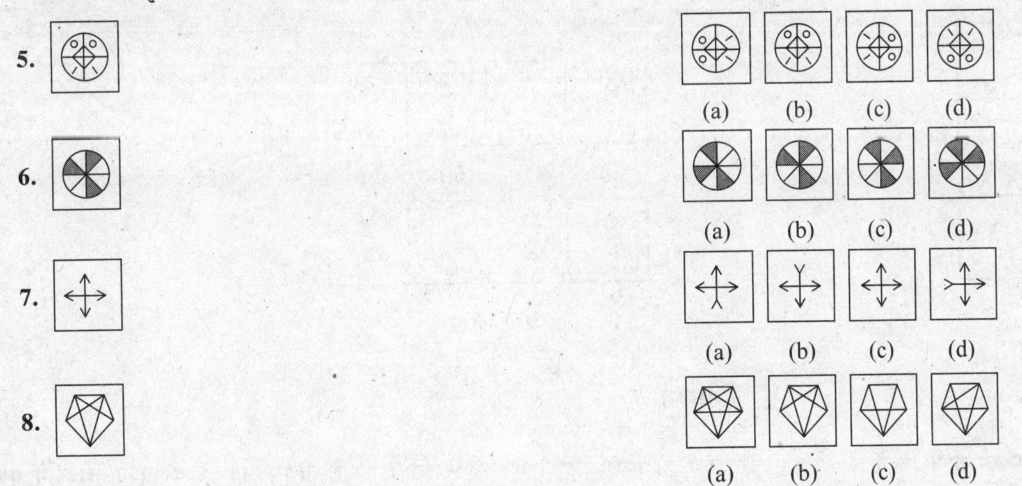

भाग-3

निर्देश- (प्र.सं. 9-12) बाईं ओर एक प्रश्न चित्र दिया गया है जिसका एक भाग लुप्त दर्शाया गया है। दाईं ओर दिए गए उत्तर चित्र (a), (b), (c) और (d) पर गौर करें तथा उस उत्तर चित्र का पता लगाएँ जिसको बिना दिशा परिवर्तन के प्रश्न चित्र का पैटर्न पूरा करने के लिए प्रश्न चित्र के लुप्त भाग में बिठाया जा सके। अपने उत्तर को दर्शाने के लिए ओ.एम.आर. उत्तर-पत्रिका में प्रश्न की संगत संख्या के सामने वाले वृत्त को काला करें।

समस्या आकृति — उत्तर आकृतियाँ

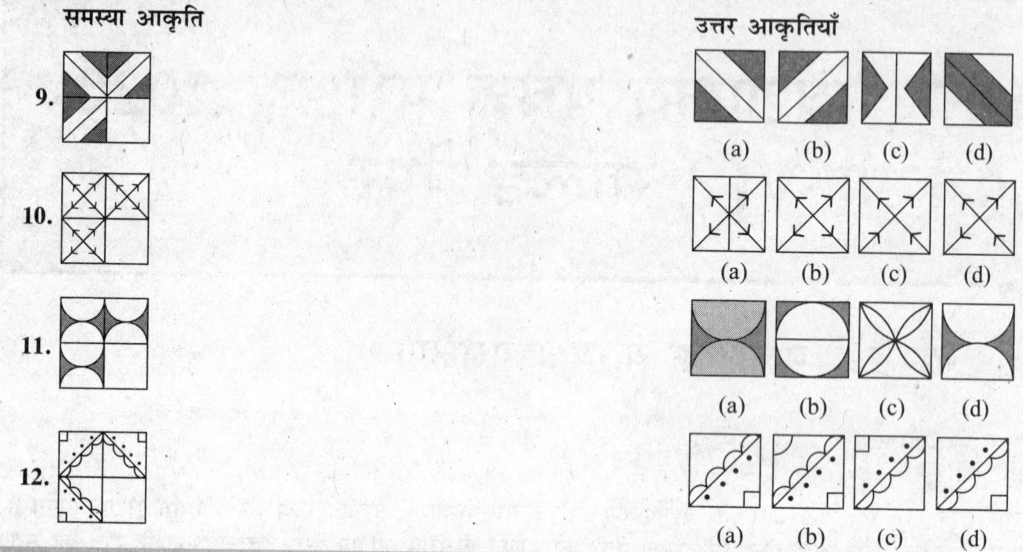

भाग-4

निर्देश- (प्र.सं. 13-16) बाईं ओर तीन प्रश्न चित्र दर्शाए गए हैं तथा चौथे चित्र के लिए स्थान छोड़ा गया है। प्रश्न चित्र श्रेणीक्रम में हैं। श्रेणीक्रम को पूरा करने के लिए दाईं ओर उपलब्ध उत्तर चित्रों में से एक चित्र का चयन करें जिसे प्रश्न चित्र के खाली स्थान में प्रतिस्थापित किया जा सके। अपने उत्तर को दर्शाने के लिए ओ.एम.आर. उत्तर-पत्रिका में प्रश्न की संगत संख्या के सामने वाले वृत्त को काला करें।

समस्या आकृतियाँ — उत्तर आकृतियाँ

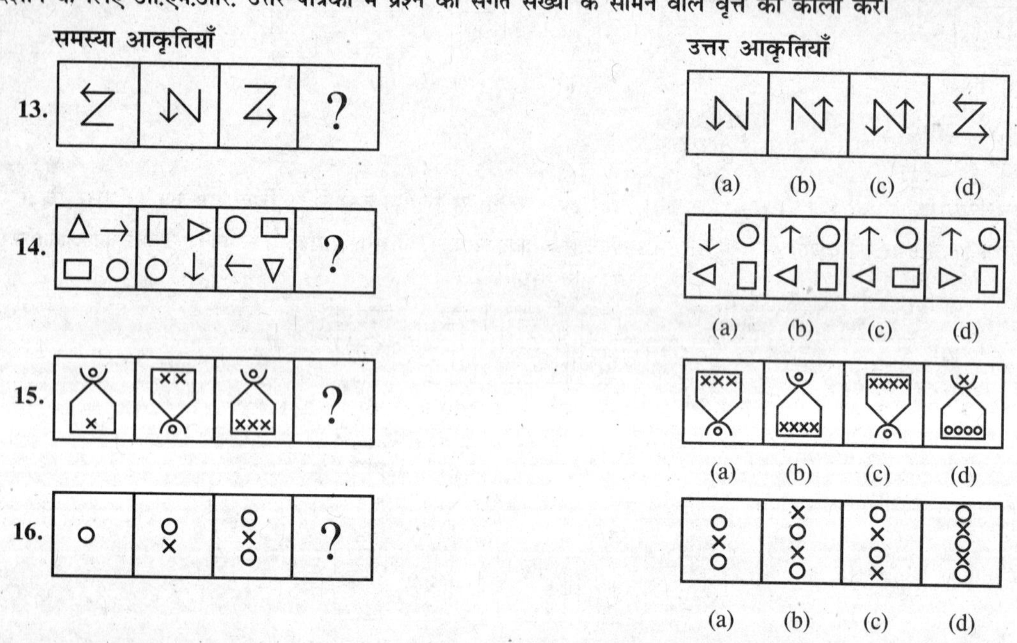

भाग-5

निर्देश- (प्र.सं. 17-20) प्रत्येक प्रश्न में दो प्रश्न चित्रों के दो सेट दिए गए हैं। दूसरे सेट में एक प्रश्नचिह्न (?) है। प्रथम सेट के दो प्रश्न-चित्रों में एक निश्चित सम्बन्ध है। इसी तरह का सम्बन्ध दूसरे सेट के तीसरे तथा चौथे प्रश्न चित्र में भी होना आवश्यक है। उत्तर-चित्रों में से उस चित्र का चयन करें, जो प्रश्नचिह्न को प्रतिस्थापित करेगा। अपने उत्तर को दर्शाने के लिए ओ.एम.आर. उत्तर-पत्रिका में प्रश्न की संगत संख्या के सामने वाले वृत्त को काला करें।

समस्या आकृतियाँ — उत्तर आकृतियाँ

समस्या आकृतियाँ

उत्तर आकृतियाँ

18.  : ?

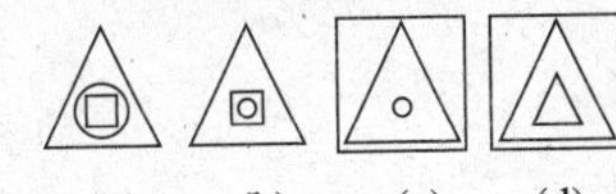

(a) (b) (c) (d)

19. ?

(a) (b) (c) (d)

20. : :: : ?

(a) (b) (c) (d)

भाग-6

निर्देश- (प्र.सं. 21-24) प्रश्न चित्र के रूप में ज्यामितीय चित्र (त्रिभुज, वर्ग तथा वृत्त) के एक भाग को बाईं ओर दर्शाया गया है तथा दाईं ओर दूसरे भाग को उत्तर चित्र के रूप में (a), (b), (c) और (d) से दर्शाया गया है। दाईं ओर के चित्र से ज्यामितीय चित्र को पूर्ण करने वाले चित्र को ज्ञात करें तथा अपने उत्तर को दर्शाने के लिए ओ.एम.आर. उत्तर-पत्रिका में प्रश्न की संगत संख्या के सामने वाले वृत्त को काला करें।

समस्या आकृति

उत्तर आकृतियाँ

21.

(a) (b) (c) (d)

22.

(a) (b) (c) (d)

23.

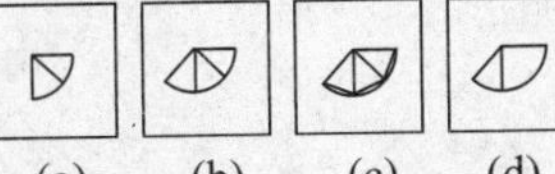

(a) (b) (c) (d)

24.

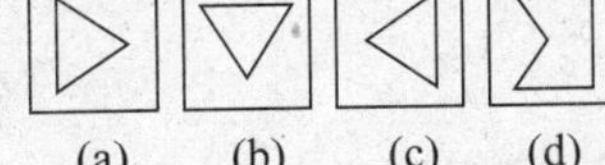

(a) (b) (c) (d)

भाग-7

निर्देश- (प्र.सं. 25-28) बाई ओर प्रश्न चित्र दर्शाया गया है तथा दाई ओर (a), (b), (c) और (d) से चिह्नित चार उत्तर चित्र दर्शाए गए हैं। किसी दर्पण को XY के अनुदिश रखे जाने पर प्रश्न चित्र के सही दर्पण प्रतिबिम्ब को उत्तर चित्र से चुनें तथा अपने उत्तर को दर्शाने के लिए ओ.एम.आर. उत्तर-पत्रिका में प्रश्न की संगत संख्या के सामने वाले वृत्त को काला करें।

समस्या आकृति

उत्तर आकृतियाँ

25. 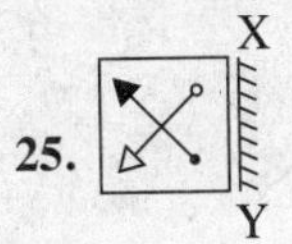

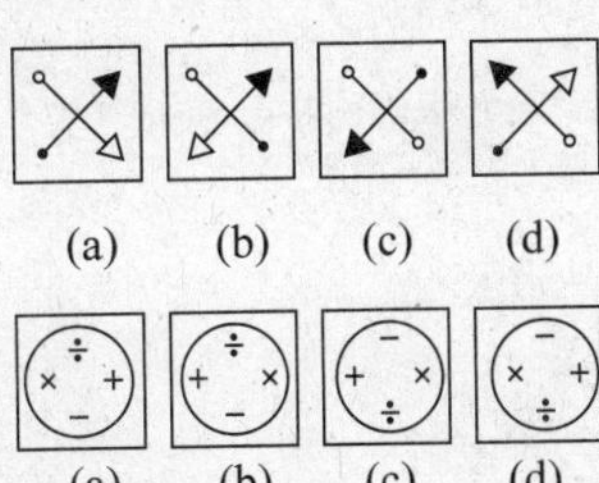

(a) (b) (c) (d)

26. X Y

(a) (b) (c) (d)

समस्या आकृति

उत्तर आकृतियाँ

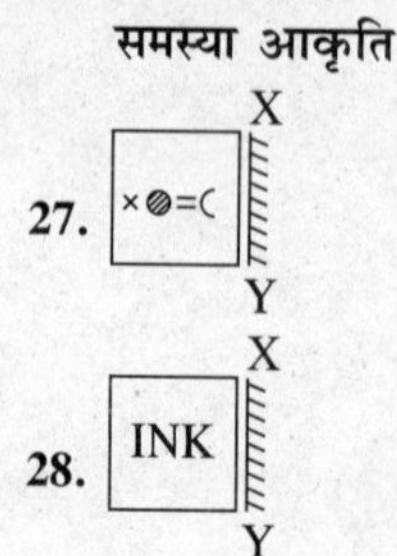

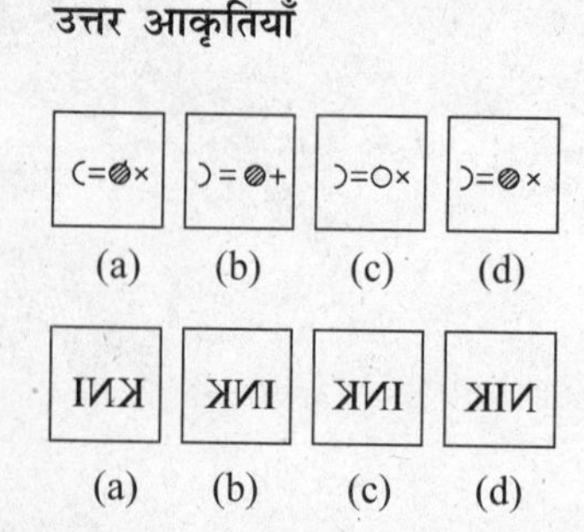

भाग-8

निर्देश- (प्र.सं. 29-32) बाईं ओर प्रश्न चित्र में दर्शाए अनुसार कागज के एक टुकड़े को तह देकर पंच किया गया तथा दाईं ओर **(a)**, **(b)**, **(c)** और **(d)** से चिह्नित चार उत्तर चित्र दर्शाए गए हैं। कागज के टुकड़े की तह को खोलने पर वह जिस प्रकार दिखेगा वैसा ही चित्र उत्तर चित्र से चुनें तथा अपने उत्तर को दर्शाने के लिए ओ.एम.आर. उत्तर-पत्रिका में प्रश्न की संगत संख्या के सामने वाले वृत्त को काला करें।

समस्या आकृतियाँ

उत्तर आकृतियाँ

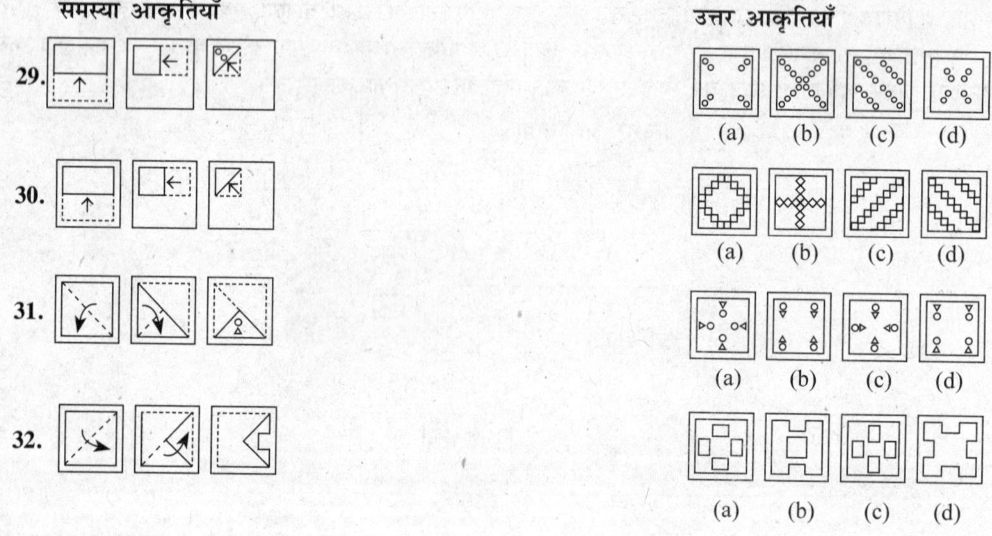

भाग-9

निर्देश- (प्र.सं. 33-36) बाईं ओर एक प्रश्न चित्र दिया गया है तथा दाईं ओर **(a)**, **(b)**, **(c)** और **(d)** से चिह्नित चार उत्तर चित्र दर्शाए गए हैं। उत्तर चित्र से उस चित्र का चयन करें जिसे प्रश्न चित्र में उपलब्ध कट-आउट से बनाया जा सकता हो। अपने उत्तर को दर्शाने के लिए ओ.एम.आर. उत्तर-पत्रिका में प्रश्न की संगत संख्या के सामने वाले वृत्त को काला करें।

समस्या आकृति

उत्तर आकृतियाँ

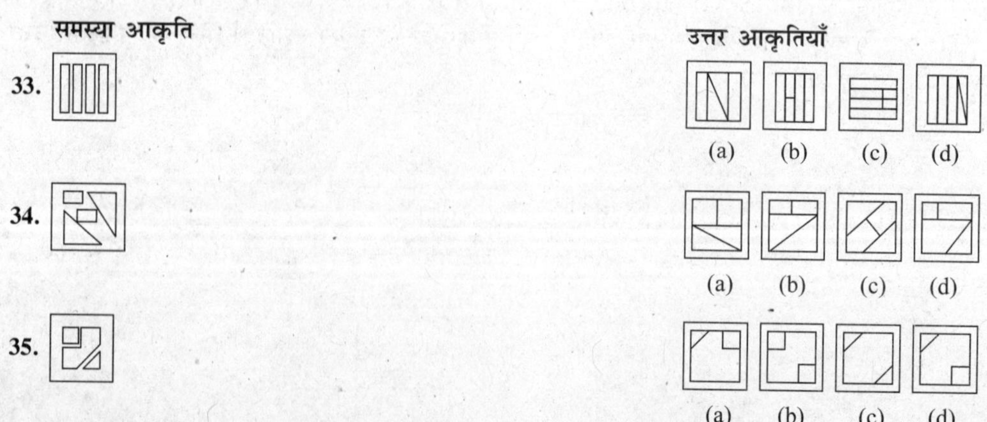

समस्या आकृति

36. 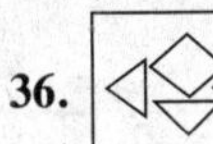

उत्तर आकृतियाँ

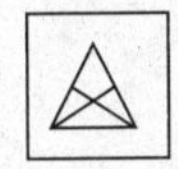 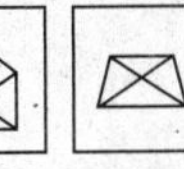  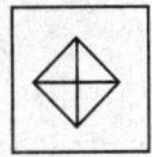

(a) (b) (c) (d)

भाग-10

निर्देश- (प्र.सं. 37-40) बाईं ओर एक प्रश्न चित्र दिया गया है तथा दाईं ओर (a), (b), (c) और (d) से चिह्नित चार उत्तर चित्र दर्शाए गए हैं। उत्तर चित्रों से उस चित्र को चुनें जिसमें प्रश्न चित्र छिपा/सम्मिलित है। अपने उत्तर को दर्शाने के लिए ओ.एम.आर. उत्तर-पत्रिका में प्रश्न की संगत संख्या के सामने वाले वृत्त को काला करें।

समस्या आकृति

37. 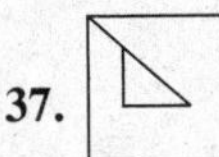

38. 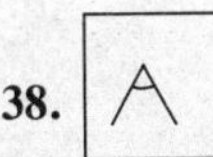

39. 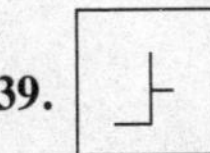

40. 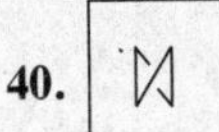

उत्तर आकृतियाँ

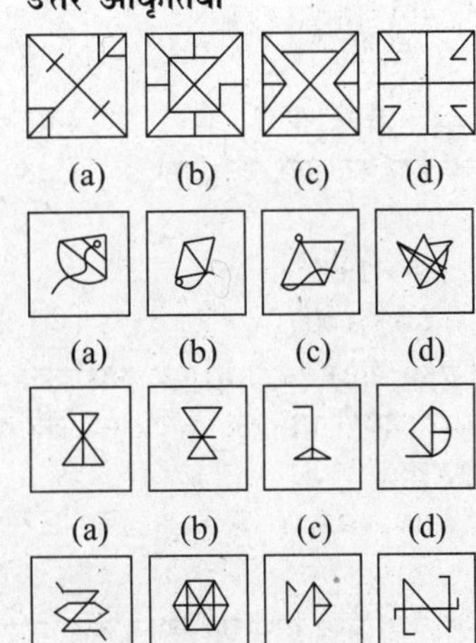

खण्ड-II अंकगणित परीक्षण

निर्देश- (प्र.सं. 41-60) प्रत्येक प्रश्न के लिए चार सम्भावित उत्तर हैं जिन्हें (a), (b), (c) और (d) क्रम दिया गया है। इनमें से केवल एक उत्तर सही है। सही उत्तर चुनें तथा अपने उत्तर को दर्शाने के लिए ओ.एम.आर. उत्तर-पुस्तिका में प्रश्न के संगत संख्या के सामने वाले वृत्त को काला करें।

41. 7 अंकों की बड़ी-से-बड़ी संख्या तथा 4 अंकों की छोटी-से-छोटी संख्या में कितना अंतर है?

(a) 9990999
(b) 9993999
(c) 9996999
(d) 9998999

42. 6 अंकों की बड़ी-से-बड़ी संख्या तथा 5 अंकों की बड़ी-से-बड़ी संख्या का अंतर क्या है?

(a) 100000 (b) 100001
(c) 99999 (d) 900000

43. निम्नलिखित में से कौन-सा 25 के बराबर नहीं है?

(a) $50 - (100 \div 4)$
(b) $20 + (20 \div 4)$
(c) $10 + (5 \times 2) + (10 - 5)$
(d) $24 + (2 \times 1)$

44. $0.9 \div (0.3 \times 0.3)$ का मान है–

(a) 0.01 (b) 0.1
(c) 1 (d) 10

45. x का वह मान जिसके लिए निम्न कथन सत्य है, हैं–

$$\left[3\frac{7}{11} \times \frac{11}{5}\right] \div \left[\frac{3}{7} \times x\right] = \frac{4}{3}$$

(a) $\frac{7}{2}$ (b) 14
(c) 7 (d) 28

46. 45, 60 तथा 75 के महत्तम समापवर्तक (HCF) तथा लघुत्तम समापवर्त्य (LCM) का योगफल है–

(a) 330 (b) 960
(c) 915 (d) 630

47. यदि $15 - 15 \div 15 \times 6 = x$ है, तो x का मान है–

(a) 6 (b) 0
(c) 9 (d) 84

48. $\frac{3}{8} \div \left[\frac{5}{3} - \frac{1}{6}\right] + \frac{5}{8}$ बराबर है–

(a) $\frac{3}{8}$ (b) $2\frac{5}{8}$
(c) $\frac{7}{8}$ (d) $1\frac{1}{8}$

49. एक संख्या B एक अन्य संख्या C से 10% कम है तथा C, 150 से 5% अधिक है, तो B बराबर है–

(a) 157.85 (b) 153.85
(c) 151.75 (d) 141.75

50. 175 ग्राम के 10% का 5% बराबर है–

(a) 8.75 ग्राम (b) 0.5 ग्राम
(c) 0.875 ग्राम (d) 17.5 ग्राम

51. पक्षियों के एक झुंड के एक-चौथाई पक्षी नदी के किनारे पर हैं तथा झुंड के $\frac{1}{5}$ भाग के पक्षी अपने घोंसले में हैं। बाकी बचे 22 पक्षी भोजन की तलाश में घूम रहे हैं। घोंसले में कितने पक्षी हैं?

(a) 40 (b) 18
(c) 10 (d) 8

52. 8 मी. लम्बी, 6 मी. ऊँची तथा 22.5 सेमी. मोटी एक दीवार बनाने हेतु कितनी ईटें चाहिए यदि एक ईट का माप 25 सेमी × 11.25 सेमी × 6 सेमी है?

(a) 640 (b) 1380
(c) 6400 (d) 7600

53. एक पार्क 1500 मीटर लंबा तथा 750 मीटर चौड़ा है। एक साइकिल सवार को इस पार्क के चार चक्कर लगाने हैं। 4.5 किमी/घंटा की चाल से उसे कितना समय लगेगा?

(a) 40 घण्टे (b) 20 घण्टे
(c) 10 घण्टे (d) 4 घण्टे

54. कितने वर्षों में ₹ 1,200 की राशि 5% वार्षिक साधारण ब्याज की दर से ₹ 1,800 हो जाएगी?

(a) 10 (b) 20
(c) 15 (d) 25

55. निम्नलिखित व्यंजक का निकटतम परिणाम (पूर्ण संख्या में) है–
49.6 × 10.2 – 7.1 × 29.7 – 5.1 × 20.1

(a) 390 (b) 290
(c) 209 (d) 190

56. हम अपने गंतव्य स्थान पर $4\frac{1}{2}$ घण्टे यात्रा करने के पश्चात 2 : 45 pm पर पहुँचे। हमने यात्रा कितने बजे आरम्भ की थी?

(a) 9 : 00 am (b) 10 : 00 am
(c) 10 : 15 am (d) 8 : 15 am

57. अमित ने एक मेज ₹ 1,200 में खरीदी तथा इसकी मरम्मत पर ₹ 200 व्यय किये। फिर इसको ₹ 1,680 में बेच दी। उसका प्रतिशत लाभ अथवा हानि है।

(a) 12% लाभ (b) $16\frac{2}{3}$ % लाभ
(c) 20% हानि (d) 20% लाभ

58. 140.75 × 0.01 बराबर है–

(a) 140.75 (b) 1400.75
(c) 1.4075 (d) 0.14075

59. 640 का अभाज्य गुणनखण्ड है–

(a) 2 × 2 × 2 × 2 × 2 × 5
(b) 2 × 2 × 2 × 2 × 2 × 2 × 5
(c) 2 × 2 × 2 × 2 × 2 × 5 × 5
(d) 2 × 2 × 2 × 2 × 2 × 2 × 2 × 5

60. एक वर्ग तथा एक आयत के परिमाप समान हैं। यदि वर्ग की भुजा 16 मी. है तथा आयत की लम्बाई 18 मी. है, तो आयत की चौड़ाई है–

(a) 14 मी. (b) 15 मी.
(c) 16 मी. (d) 17 मी.

खण्ड-III भाषा परीक्षण

निर्देश– (प्र.सं. 61-80) इस खण्ड में चार अनुच्छेद हैं। प्रत्येक अनुच्छेद में पाँच प्रश्न हैं। प्रत्येक अनुच्छेद को सावधानी से पढ़ें और उसके नीचे दिए गए प्रश्नों के उत्तर दें। प्रत्येक प्रश्न के चार सम्भावित उत्तर दिए गए हैं, जिनकी क्रम संख्या (a), (b), (c) और (d) है। इनमें से केवल एक उत्तर ही सही है। सही उत्तर चुनें तथा अपने उत्तर को दर्शाने के लिए ओ.एम.आर. उत्तर-पत्रिका में प्रश्न के संगत संख्या के सामने वाले वृत्त को काला करें।

अनुच्छेद-1

प्रति वर्ष करोड़ों रुपयों और असंख्य जीवनों की हानि के लिए आग को दोष दिया जाता है। अग्निशमनकर्ता चोट और हानि से लोगों की और उनकी संपत्ति की रक्षा करने में सहायक होते हैं। उन्हें जब भी कोई सूचना मिलती है, हर बार वे अपना जीवन हथेली पर लेकर प्रस्तुत रहते हैं। जब भी काम पर हों तो अग्निशमनकर्ता को किसी भी घटना के घटित होने पर कुछ ही मिनटों में तैयार होकर प्रस्तुत होना होता है। प्रत्येक अग्निकांड के स्थल पर एक वरिष्ठ अधिकारी नियंत्रण संभालता है और घटना स्थल पर मौजूद सभी लोगों को काम का आदेश देता है। कुछ अग्निशमनकर्ता होज़ पाइप को पानी के नलकों से जोड़ते हैं। अन्य लोग होज़ों तक पानी भेजने के लिए हाथों से पंप चलाते हैं। अग्निशमनकर्ताओं के दल ऊँची जगहों तक पहुँचने के लिए सीढ़ियों का उपयोग भी करते हैं।

61. अग्निशमनकर्ताओं के बारे में क्या सत्य नहीं है?

(a) वे बहादुर होते हैं।
(b) वे प्राय: अपने जीवन को खतरे में डालते हैं।
(c) वे अपने जीवन पर कभी कोई संकट नहीं आने देते।
(d) उन्हें उच्च प्रशिक्षण मिला होता है।

62. किसी अग्निशमनकर्ता को आग बुझाने के लिए तैयार होना पड़ता है।

(a) मिनटों में (b) घंटों में
(c) दिनों में (d) सप्ताहों में

63. अग्निशमनकर्ता 'जान हथेली पर लेकर प्रस्तुत रहते हैं' का अर्थ है–

(a) वे एक पंक्ति में खड़े रहते हैं।
(b) वे आग बुझाते हैं।
(c) वे अपना जीवन संकट में डालते हैं।
(d) वे पंप से होज़ पाइप को जोड़ते हैं।

64. 'अपने हाथों से चलाने' से आशय है–

(a) वे एक पंक्ति में खड़े रहते हैं।
(b) वे आग बुझाते हैं।

(c) किसी मशीन का उपयोग करना।

(d) अपने शरीर का उपयोग करना।

65. शब्द 'घटित होना' का अर्थ वही है जो_______का है।

(a) आना (b) होना

(c) बुलाना (d) आग लगाना

अनुच्छेद-2

पर्यटन मनोरंजक और शैक्षिक दोनों ही होता है। इसे सदा ही शिक्षा का महत्वपूर्ण अंग माना गया है। यूरोप में किसी नवयुवक को तभी पूर्ण शिक्षित माना जाता है जब वह यूरोप के बहुत से देशों में भ्रमण कर चुका हो। प्राचीन भारत में भी हमारे ऋषि पर्यटन के महान मूल्य को समझते थे। उन्होंने इसे सबका पवित्र कर्म बना दिया कि वे भारत के विभिन्न भागों में स्थित तीर्थस्थानों में घूमें। इससे भारतीयों में एकता की भावना को प्रोत्साहन मिला।

66. यदि कोई वास्तविक शिक्षा पाना चाहे तो उसके लिए ______करना महत्वपूर्ण है।

(a) अध्ययन (b) कार्य

(c) पर्यटन (d) ध्यान

67. निम्नलिखित में से कौन-सा शब्द "मनोरंजक" का समानार्थी है?

(a) शैक्षिक (b) मनभावन

(c) थकाने वाला (d) दृश्यावलोकन

68. ____स्थानों की यात्रा करना प्राचीन भारत में पवित्र समझा जाता था।

(a) प्रशिक्षण (b) तीर्थ

(c) शहरी (d) व्यापारिक

69. लोग यदि अधिक_______करें तो उन्हें दूसरों के साथ एकता का अनुभव होता है।

(a) पर्यटन (b) बातचीत

(c) खेल (d) प्रश्न

70. ऋषि वह व्यक्ति है जो_______होता है।

(a) विद्वान (b) चतुर

(c) स्वतंत्र (d) धूर्त

अनुच्छेद-3

हेमा अपने बिस्तर पर लेटी अपने कमरे की छत पर लगे तारों को एकटक देख रही थी। यह खिन्न थी क्योंकि कोई भी कपड़ा उस पर फिट नहीं लग रहा था। उसने उन्हें एक-एक कर दुबारा पहना किंतु वे या तो बहुत तंग थे या बहुत छोटे। एक अलमारी कपड़ों से भरी हुई थी किंतु वह उनमें से एक भी नहीं पहन सकती। तब उसे एक विचार आया। उसकी आँखों में चमक आ गई और वह माँ के कमरे की ओर भागी। उसने कहा, "माँ मुझे नए कपड़े चाहिए, किंतु तभी जब मैं अपने सारे पुराने कपड़े दान कर दूँ। अब अधिक कपड़े संग्रह करने की आवश्यकता नहीं।" उसकी माँ मुसकराई और उसे गले से लगा लिया। उसकी लड़की दयालु थी।

71. हेमा अपने बिस्तर पर लेटी थी क्योंकि वह–

(a) थक गई थी।

(b) तारे देखना पसंद करती थी।

(c) सोच रही थी कि क्या पहना जाए।

(d) आलसी लड़की थी।

72. वह कोई भी कपड़ा नहीं पहन सकी क्योंकि–

(a) वे फैशन के अनुसार नहीं थे।

(b) वे बहुत रंगीन थे।

(c) उसे पता नहीं था कि क्या पहनना है।

(d) कपड़े उसे फिट नहीं बैठे।

73. 'संग्रह' का समानार्थक शब्द है–

(a) इकट्ठा करना। (b) बाँटना।

(c) साझा करना। (d) उपहार देना।

74. हेमा है–

(a) लालची (b) दानी

(c) स्वार्थी (d) कंजूस

75. 'दान करना' का विपरीतार्थक है–

(a) सौंपना (b) लेना

(c) बाँटना (d) खर्च करना

अनुच्छेद-4

चुस्त और स्वस्थ रहने के लिए आपको शारीरिक रूप से सक्रिय रहना आवश्यक है। नियमित शारीरिक सक्रियता से भार बढ़ना, हृदय रोग, कैंसर, मानसिक रोग, मधुमेह और गठिया जैसे गंभीर रोगों से सुरक्षित रहते हैं। निष्क्रिय जीवनशैली से जुड़ी स्वास्थ्य समस्याओं के खतरे को कम करने के उपायों में सर्वश्रेष्ठ है नियमित रूप से साइकिल की सवारी करना। साइकिल चलाना स्वस्थ, न्यून-आघात वाला व्यायाम है जिसका आनंद छोटे बच्चों से लेकर बड़ी उम्र के प्रौढ़ों तक सभी उठा सकते हैं। यह आनंददायक, सस्ते होने के साथ-साथ पर्यावरण के लिए भी अच्छा है। काम पर जाने या दुकान पर जाने के लिए इसकी सवारी करना समय की सर्वाधिक बचत करने वाला उपाय है जिससे नियमित व्यायाम को दैनिक गतिविधियों से जोड़ा जा सकता है। आवागमन, मनोरंजन और खेल के लिए प्रतिदिन एक अरब लोगों के द्वारा साइकिल का उपयोग किए जाने का अनुमान है। भार घटाने के लिए साइकिल चलाना एक अच्छा उपाय है क्योंकि इससे मांसपेशियों का निर्माण होता है और शरीर की वसा जलती है। शोधों ने संकेत किया है कि प्रतिदिन आधे घंटे साइकिल चलाने से हम एक वर्ष में कम-से-कम 5 किलो भार कम कर सकते हैं।

76. अनुच्छेद का मुख्य उद्देश्य_______के लाभ बताना है।

(a) स्वस्थ रहने (b) साइकिल चलाने

(c) व्यायाम करने (d) भार कम करने

77. जब लेखक ने कहा है कि "साइकिल चलाना पर्यावरण के लिए अच्छा है", तो निम्नलिखित में से कौन-सा सही नहीं है?

(a) इससे कोई अस्वास्थ्यकर गैस नहीं निकलती।

(b) इसे पेट्रोल अथवा डीजल के बिना चलाया जा सकता है।

(c) इससे वातावरण प्रदूषित नहीं होता।

(d) इसकी सवारी सभी आयु वर्ग के लोग कर सकते हैं।

78. 'निष्क्रिय' शब्द का विपरीतार्थक शब्द है–

(a) सक्रिय (b) आलसी

(c) बेकार (d) काम से बँधा

79. न्यून-आघात वाला व्यायाम वह है–

(a) जो थकाए नहीं।

(b) जिस पर अधिक व्यय न आए।

(c) जो कार्यकुशल न हो।

(d) जो उबाऊ न हो।

80. नियमित रूप से साइकिल चलाना हमारे लिए निम्नलिखित सभी में सहायक होता है, केवल इसे छोड़कर–

(a) वसा कम करके मांसपेशियों को सशक्त करने में

(b) काम को आनंद से जोड़ने में

(c) गंभीर दुर्घटनाओं से बचने में

(d) स्वस्थ बने रहने में

व्याख्या सहित उत्तर

1. (b) आकृति (b) के अतिरिक्त अन्य सभी त्रिभुज में 90º का कोण बन रहा है।

2. (d) आकृति (d) के अतिरिक्त अन्य सभी में अंग्रेजी वर्णमाला के तीन अक्षर K, I तथा T का प्रयोग किया गया है।

3. (d) आकृति (d) के अतिरिक्त अन्य सभी में बड़े वृत्त के भीतर छोटा वृत्त है।

4. (a) आकृति (a) के अतिरिक्त अन्य सभी में वर्ग की भुजा में कट का चिह्न लगा हुआ है।

5. (b) उत्तर आकृति (b), प्रश्न आकृति के बिल्कुल सदृश है।

6. (b) उत्तर आकृति (b), प्रश्न आकृति के बिल्कुल सदृश है।

7. (c) उत्तर आकृति (c), प्रश्न आकृति के बिल्कुल सदृश है।

8. (b) उत्तर आकृति (b), प्रश्न आकृति में बिल्कुल सदृश है।

9. (a)

10. (b)

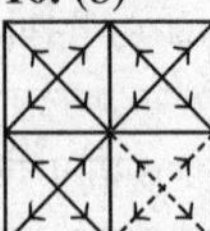

11. (d)

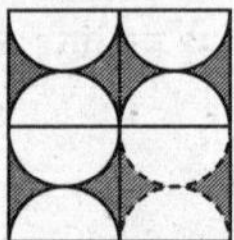

12. (a)

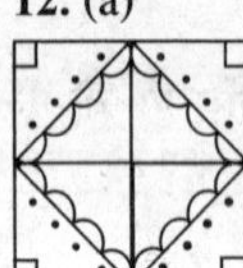

13. (b) प्रश्न चिह्न (?) के स्थान पर उत्तर चित्र (b) को प्रतिस्थापित किया जाएगा क्योंकि दी गई आकृति घड़ी की सुई की दिशा में आगे बढ़ रही है।

14. (b) प्रश्न चिह्न (?) के स्थान पर उत्तर चित्र (b) को प्रतिस्थापित किया जाएगा क्योंकि दी गई आकृति घड़ी की सुई की दिशा में आगे बढ़ रही है।

15. (c) प्रश्न चिह्न (?) के स्थान पर उत्तर चित्र (b) को प्रतिस्थापित किया जाएगा क्योंकि दी गई आकृति ऊपर से नीचे की ओर पलट रही है तथा एक 'X' अगली आकृति में जुड़ जाता है।

16. (c) प्रश्न चिह्न (?) के स्थान पर उत्तर चित्र (c) को प्रतिस्थापित किया जाएगा क्योंकि दी गई आकृति में एक 'X' तथा 'O' जुड़ जाता है।

17. (c) प्रश्न चित्र के दूसरे सेट में दिए गए तीसरे चित्र का सीधा संबंध उत्तर चित्र (c) से है। अत: प्रश्न चिह्न (?) के स्थान पर उत्तर चित्र (c) आएगा।

18. (b) प्रश्न चित्र के दूसरे सेट में दिए गए तीसरे चित्र का सीधा संबंध उत्तर चित्र (b) से है। अत: प्रश्न चिह्न (?) के स्थान पर उत्तर चित्र (b) आएगा।

19. (c) प्रश्न चित्र के दूसरे सेट में दिए गए तीसरे चित्र का सीधा संबंध उत्तर चित्र (c) से है। अत: प्रश्न चिह्न (?) के स्थान पर उत्तर चित्र (c) आएगा।

20. (a) प्रश्न चित्र के दूसरे सेट में दिए गए तीसरे चित्र का सीधा संबंध उत्तर चित्र (a) से है। अत: प्रश्न चिह्न (?) के स्थान पर उत्तर चित्र (a) आएगा।

21. (b) उत्तर चित्र (b) में दिए गए एक भाग को प्रश्न चित्र में जोड़ने पर ज्यामितीय चित्र (वर्ग) पूर्ण हो जाएगा।

22. (c) उत्तर चित्र (c) में दिए गए एक भाग को प्रश्न चित्र में जोड़ने पर ज्यामितीय चित्र (वर्ग) पूर्ण हो जाएगा।

23. (c) उत्तर चित्र (c) में दिए गए एक भाग को प्रश्न चित्र में जोड़ने पर ज्यामितीय चित्र (त्रिभुज) पूर्ण हो जाएगा।

24. (b) उत्तर चित्र (b) में दिए गए एक भाग को प्रश्न चित्र में जोड़ने पर ज्यामितीय चित्र (वर्ग) पूर्ण हो जाएगा।

25. (a) दर्पण को XY के अनुदिश रखें जाने पर प्रश्न चित्र का सही दर्पण प्रतिबिम्ब उत्तर चित्र (a) होगा।

26. (c) दर्पण को XY के अनुदिश रखें जाने पर प्रश्न चित्र का सही दर्पण प्रतिबिम्ब उत्तर चित्र (c) होगा।

27. (d) दर्पण को XY के अनुदिश रखे जाने पर प्रश्न चित्र का सही दर्पण प्रतिबिम्ब उत्तर (d) होगा।

28. (b) दर्पण को XY के अनुदिश रखें जाने पर प्रश्न चित्र का सही दर्पण प्रतिबिम्ब उत्तर चित्र (b) होगा।

29. (b) प्रश्न चित्र में दिए गए कागज के टुकड़े की तह को खोलने पर वह उत्तर चित्र (b) के जैसा दिखाई देगा।

30. (a) प्रश्न चित्र में दिए गए कागज के टुकड़े की तह को खोलने पर वह उत्तर चित्र (a) के जैसा दिखाई देगा।

31. (a) प्रश्न चित्र में दिए गए कागज के टुकड़े की तह को खोलने पर वह उत्तर चित्र (a) के जैसा दिखाई देगा।

32. (d) प्रश्न चित्र में दिए गए कागज के टुकड़े की तह को खोलने पर वह उत्तर चित्र (d) के जैसा दिखाई देगा।

33. (b) प्रश्न चित्र में दिए गए कट-आउट से उत्तर चित्र (b) को बनाया जा सकता है।

34. (b) प्रश्न चित्र में दिए गए कट-आउट से उत्तर चित्र (b) को बनाया जा सकता हैं।

35. (d) प्रश्न चित्र में दिए गए कट-आउट से उत्तर चित्र (d) को बनाया जा सकता है।

36. (b) प्रश्न चित्र में दिए गए कट-आउट से उत्तर चित्र (b) को बनाया जा सकता है।

37. (b)

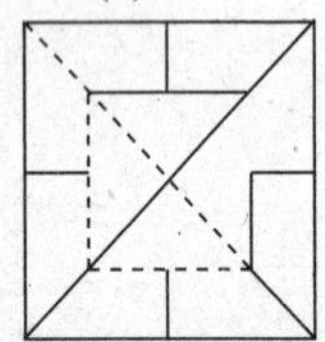

38. (c)

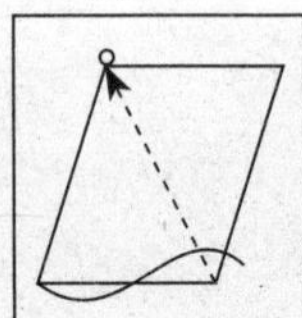

39. (d)

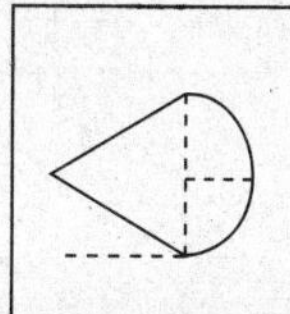

40. (b)

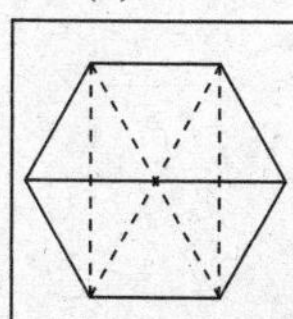

41. (d) 7 अंकों की बड़ी-से-बड़ी संख्या = 99,99,999

4 अंकों की छोटी-से-छोटी संख्या = 1,000

अंतर = 99,99,999 - 1,000

= 99,98,999

42. (d) 6 अंकों की बड़ी-से-बड़ी संख्या = 9,99,999

5 अंकों की बड़ी-से-बड़ी संख्या = 99,999

अंतर = 9,99,999 - 99,999

= 9,00,000

43. (d) 50 - (100 ÷ 4) = 50 - 25 = 25

20 + (20 ÷ 4) = 20 + 5 = 25

10 + (5 × 2) + (10 - 5) = 10 + 10 + 5 = 25

24 + (2 × 1) = 24 + 2 = 26

44. (d) 0.9 ÷ (0.3 × 0.3) = 0.9 ÷ 0.09

$$= \frac{0.9}{0.09} = \frac{9}{0.9} = \frac{90}{9} = 10$$

45. (b) $\left(3\frac{7}{11} \times \frac{11}{5}\right) \div \left(\frac{3}{7} \times x\right) = \frac{4}{3}$

$$= \left(\frac{40}{11} \times \frac{11}{5}\right) \div \left(\frac{3x}{7}\right) = \frac{4}{3}$$

$$\left(\frac{40}{5}\right) \div \left(\frac{3x}{7}\right) = \frac{4}{3}$$

$$\frac{8}{\frac{3x}{7}} = \frac{4}{3}$$

$$\frac{8 \times 7}{3x} = \frac{4}{3}$$

$$3x = 56 \times \frac{3}{4}$$

$$\therefore x = \frac{14 \times 3}{3} = 14$$

46. (c) 45, 60 तथा 75 का ल.स. = 3 × 3 × 4 × 5 × 5 = 900

3	45,	60,	75
5	15,	20,	25
	3,	4,	5

45, 60 तथा 75 म.स. = 15

ल.स. तथा म.स. का योगफल = 900 + 15 = 915

47. (c) 15 - 15 ÷ 15 × 6 = x

(BODMAS का नियम लगाएँ)

$$x = 15 - \frac{15}{15} \times 6$$

x = 15 - 1 × 6

$\therefore x$ = 15 - 6 = 9

48. (c) $\frac{3}{8} \div \left(\frac{5}{3} - \frac{1}{6}\right) + \frac{5}{8}$

$$= \frac{3}{8} \div \left(\frac{10-1}{6}\right) + \frac{5}{8} = \frac{3}{8} \div \left(\frac{9}{6}\right) + \frac{5}{8}$$

$$= \frac{3}{8} \div \frac{3}{2} + \frac{5}{8} = \frac{3}{8} \times \frac{2}{3} + \frac{5}{8} = \frac{1}{4} + \frac{5}{8} = \frac{2+5}{8}$$

$$= \frac{7}{8}$$

49. (d) c = 150 + 150 का 5%

$$150 + 150 \times \frac{5}{100} = 150 + 7.5 = 157.5$$

B = C का 10% = $157.5 \times \frac{10}{100} = 15.75$

= 157.5 - 15.75 = 141.75

50. (c) 175 ग्रा. का 10% का 5%

$$= 175 \times \frac{10}{100} \times \frac{5}{100}$$

$\frac{875}{1000} = 0.875$ ग्रा.

51. (d) कुल पक्षी = x

नदी के किनारे पक्षी = $\frac{x}{4}$

घोंसले में पक्षी $\frac{x}{5}$

$$x - \left(\frac{x}{4} + \frac{x}{5}\right)$$

$$x - \left(\frac{5x + 4x}{20}\right) = x - \frac{9x}{20} = \frac{20x - 9x}{20} = \frac{11x}{20}$$

$$\frac{11x}{20} = 22$$

$$x = 40$$

घोंसले में पक्षी = $\frac{x}{5} = \frac{40}{5} = 8$

52. (c) मीटर को सेमी. में दीवार बदलने के बाद, ईंटों की संख्या =

$$\frac{800 \times 600 \times 22.5}{25 \times 11.25 \times 6} = 6400$$

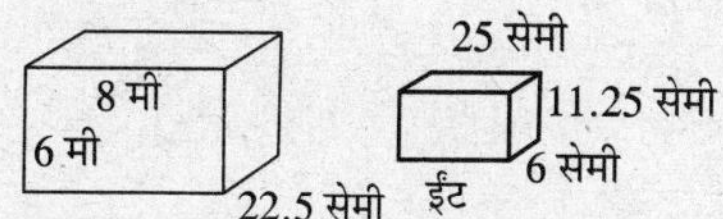

53. (d)

परिमाप = 2(1500 + 750)

= 4500 मी = 4.5 किमी

$\text{समय} = \frac{\text{दूरी}}{\text{गति}}$

$\text{समय} = \frac{4 \times 4.5 \text{ किमी}}{4.5 \text{ किमी}} = 4 \text{ घण्टे}$

54. (a) मिश्रधन = ₹ 1200

मूलधन = ₹ 1800

$\text{साधारण ब्याज} = \frac{P \times R \times T}{100} = \frac{1200 \times 5 \times T}{100}$

$600 = \frac{1200 \times 5 \times T}{100}$

$T = \frac{600 \times 100}{1200 \times 5} = 10$ वर्ष

अत: ₹ 1200 की राशि 10 वर्ष में ₹ 1800 हो जाएगी।

55. (d) 49.6 × 10.2 – 7.1 × 29.7 – 5.1 × 20.1

सन्निकट मान लेने पर,

50 × 10 – 7 × 30 – 5 × 20

= 500 – 210 – 100 = 500 – 310 = 190

56. (c) यात्रा का समय = $4\frac{1}{2}$ घण्टे

पहुँचने पर समय = 2 : 45 pm

2 : 45 pm से 4 घण्टे 30 मिनट घटाने पर, यात्रा आरम्भ का समय = 10 : 15 am

57. (d) क्रय मूल्य ₹ 1,200

मरम्मत पर खर्च = ₹ 200

कुल खर्च = ₹ 1,200 + ₹ 200 = ₹ 1,400

विक्रय मूल्य = ₹ 1,680

लाभ = 1680 – 1400 = ₹ 280

$\text{लाभ प्रतिशत} = \frac{280}{1400} \times 100 = 20\%$

58. (c) $140.75 \times 0.01 = 140.75 \times \frac{1}{100}$

= 1.4075

59. (d)

2	640
2	320
2	160
2	80
2	40
2	20
2	10
5	5
	1

अभाज्य गुणनखण्ड = 2 × 2 × 2 × 2 × 2 × 2 × 2 × 5

60. (a)

16 मी

18 मी

वर्ग का परिमाप = आयत का परिमाप

4 × a = 2 (ल. + चौ.)

4 × 16 = 2 (18 + चौ.)

64 = 36 + 2 चौ.

64 – 36 = 2 चौ.

$\text{चौड़ाई} = \frac{28}{2} = 14$ मी.

61. (c) विकल्प (c) के कथन के अतिरिक्त अन्य सभी विकल्पों के कथन सत्य हैं।

62. (a) अग्निशमनकर्ता को आग बुझाने के लिए घटना स्थल पर कुछ ही मिनटों में तैयार होकर पहुँचना पड़ता है।

63. (c) अग्निशमनकर्ता 'जान हथेली पर लेकर प्रस्तुत रहते हैं'–का अर्थ है वे अपना जीवन संकट में डालते हैं।

64. (b) 'अपने हाथों से चलाने' का अर्थ है 'अपने हाथों से काम करना अर्थात् अपने हाथों से पंप को चलाना है।

65. (b) शब्द 'घटित होना' का अर्थ है 'होना।'

66. (c) वास्तविक शिक्षा पाने के लिए किसी का भी पर्यटन करना महत्वपूर्ण है।

67. (b) शब्द 'मनोरंजक' का समानार्थी शब्द 'मन-भावन' है।

68. (b) प्राचीन भारत में तीर्थ स्थलों की यात्रा करना पवित्र माना जाता था।

69. (a) लोगों के द्वारा अधिक पर्यटन करने पर उन्हें दूसरों के साथ एकता का अनुभव होता है।

70. (a) ऋषि वह व्यक्ति है जो विद्वान होता है तथा वे पर्यटन के महान मूल्यों को समझते हैं।

71. (c) हेमा अपने बिस्तर पर लेटी हुई यह सोच रही थी कि कौन-से कपड़े पहने जाएँ।

72. (d) वह कोई भी कपड़ा न पहन सकी क्योंकि कोई भी कपड़ा उस पर फिट नहीं लग रहा था।

73. (a) 'संग्रह' का समानार्थक शब्द 'इकट्ठा करना' है।

74. (b) हेमा एक दानी लड़की है।

75. (b) 'दान करना' का विपरीतार्थक शब्द 'लेना' है।

76. (a) दिए गए अनुच्छेद का मुख्य उद्देश्य हमें स्वस्थ रहने के लाभ बताना है।

77. (a) विकल्प (a) के अतिरिक्त अन्य सभी विकल्पों में दिए गए कथन सही हैं तथा अनुच्छेद में दिए गए हैं।

78. (a) 'निष्क्रिय' शब्द का विपरीतार्थक शब्द 'सक्रिय' है।

79. (a) न्यून-आघात वाला व्यायाम वह है जिसमें थकावट न हो।

80. (c) विकल्प (c) के अतिरिक्त अन्य सभी विकल्पों में दिए गए कथन सही हैं तथा अनुच्छेद से लिए गए हैं।

❑❑❑

जवाहर नवोदय विद्यालय प्रवेश परीक्षा, 2019 (कक्षा-VI) सॉल्व्ड पेपर

खण्ड-I मानसिक योग्यता परीक्षण

भाग-1

निर्देश- (प्र.सं. 1-4) प्रत्येक प्रश्न में चार चित्र (a), (b), (c) और (d) दर्शाए गए हैं। इन चार चित्रों में से तीन चित्र किसी विधि से एकसमान हैं, जबकि एक चित्र अन्य से भिन्न है। अन्य से भिन्न चित्र का चयन करें। अपने उत्तर को दर्शाने के लिए ओ.एम.आर. उत्तर-पत्रिका में प्रश्न की संगत संख्या के सामने वाले वृत्त को काला करें।

भाग-2

निर्देश- (प्र.सं. 5-8) बाईं ओर एक प्रश्न चित्र दिया गया है तथा दाईं ओर (a), (b), (c) और (d) से चिह्नित चार उत्तर चित्र दिए गए हैं। उत्तर चित्रों से प्रश्न चित्र के समरूप चित्र को चुनिए तथा अपने उत्तर को दर्शाने के लिए ओ.एम.आर. उत्तर पत्रिका में प्रश्न की संगत संख्या के सामने वाले वृत्त को काला करें।

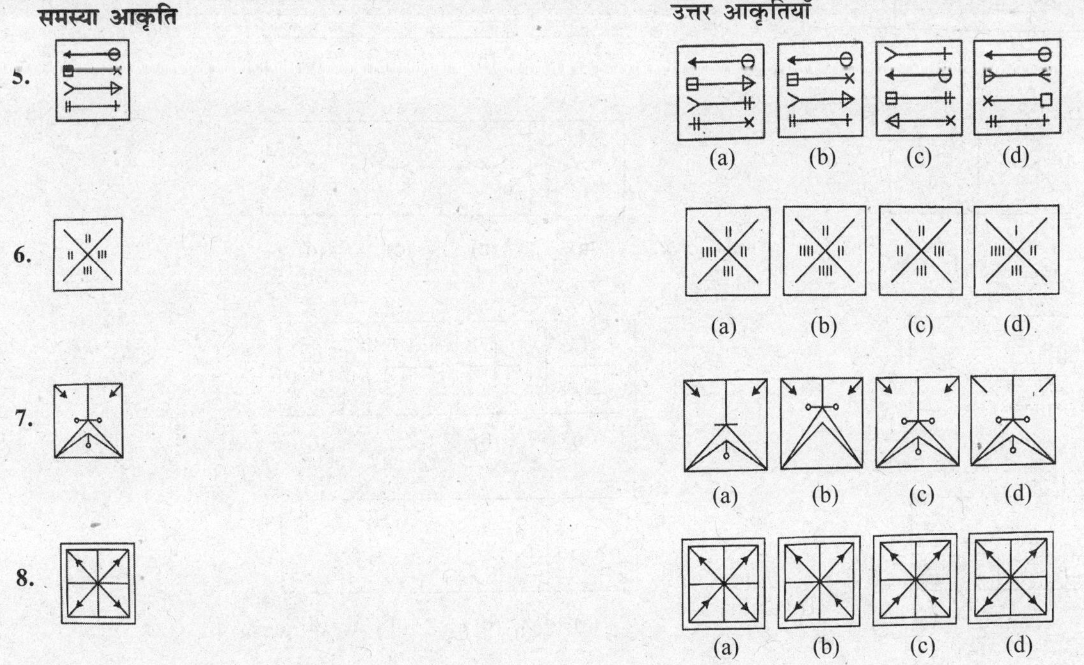

भाग-3

निर्देश- (प्र.सं. 9-12) बाईं ओर एक प्रश्न चित्र दिया गया है जिसका एक भाग लुप्त दर्शाया गया है। दाईं ओर दिए गए उत्तर चित्र (a), (b), (c) और (d) पर गौर करें तथा उस उत्तर चित्र का पता लगाएँ जिसको बिना दिशा परिवर्तन के प्रश्न चित्र का पैटर्न पूरा करने के लिए प्रश्न चित्र के लुप्त भाग में बिठाया जा सके। अपने उत्तर को दर्शाने के लिए ओ.एम.आर. उत्तर-पत्रिका में प्रश्न की संगत संख्या के सामने वाले वृत्त को काला करें।

समस्या आकृति | उत्तर आकृतियाँ

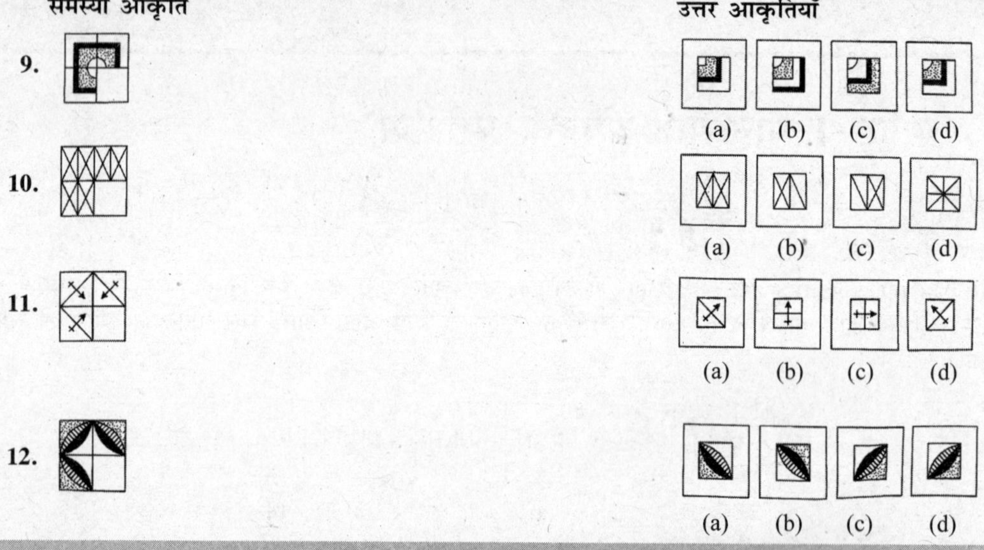

भाग-4

निर्देश- (प्र.सं. 13-16) बाईं ओर तीन प्रश्न चित्र दर्शाए गए हैं तथा चौथे चित्र के लिए स्थान छोड़ा गया है। प्रश्न चित्र श्रेणीक्रम में हैं। श्रेणीक्रम को पूरा करने के लिए दाईं ओर उपलब्ध उत्तर चित्रों में से एक चित्र का चयन करें जिसे प्रश्न चित्र के खाली स्थान में प्रतिस्थापित किया जा सके। अपने उत्तर को दर्शाने के लिए ओ.एम.आर. उत्तर-पत्रिका में प्रश्न की संगत संख्या के सामने वाले वृत्त को काला करें।

समस्या आकृति | उत्तर आकृतियाँ

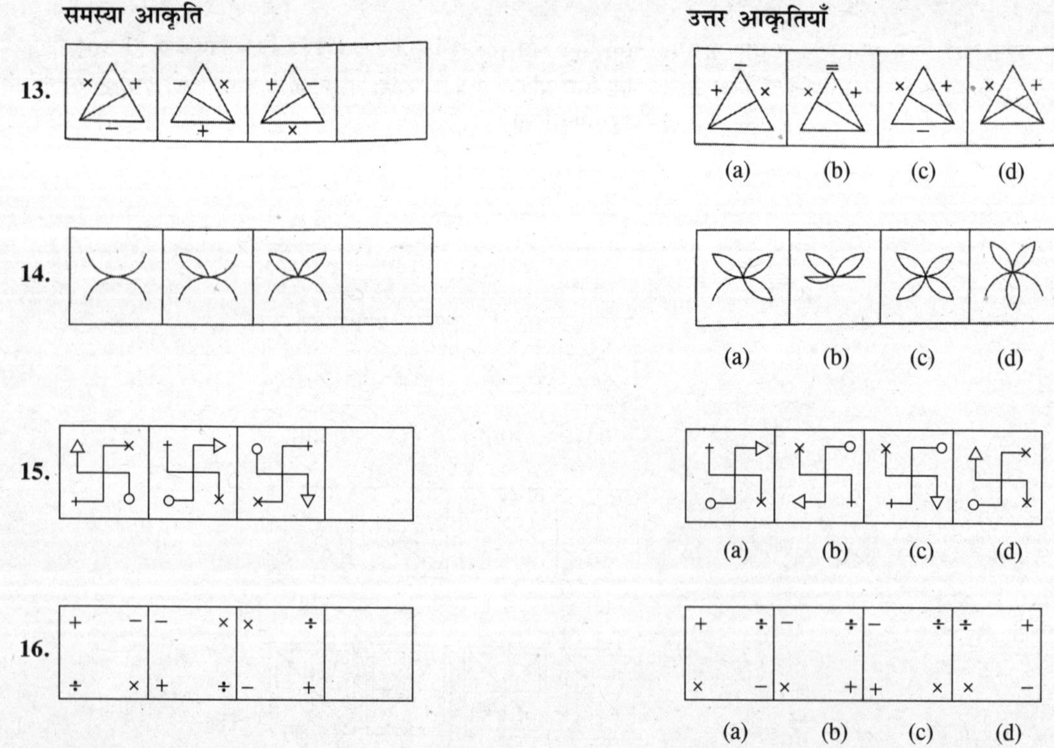

भाग-5

निर्देश- (प्र.सं. 17-20) प्रत्येक प्रश्न में दो प्रश्न चित्रों के दो सेट दिए गए हैं। दूसरे सेट में एक प्रश्नचिह्न (?) है। प्रथम सेट के दो प्रश्न-चित्रों में एक निश्चित सम्बन्ध है। इसी तरह का सम्बन्ध दूसरे सेट के तीसरे तथा चौथे प्रश्न चित्र में भी होना आवश्यक है। उत्तर- चित्रों में से उस चित्र का चयन करें, जो प्रश्नचिह्न को प्रतिस्थापित करेगा। अपने उत्तर को दर्शाने के लिए ओ.एम.आर. उत्तर-पत्रिका में प्रश्न की संगत संख्या के सामने वाले वृत्त को काला करें।

समस्या आकृतियाँ — उत्तर आकृतियाँ

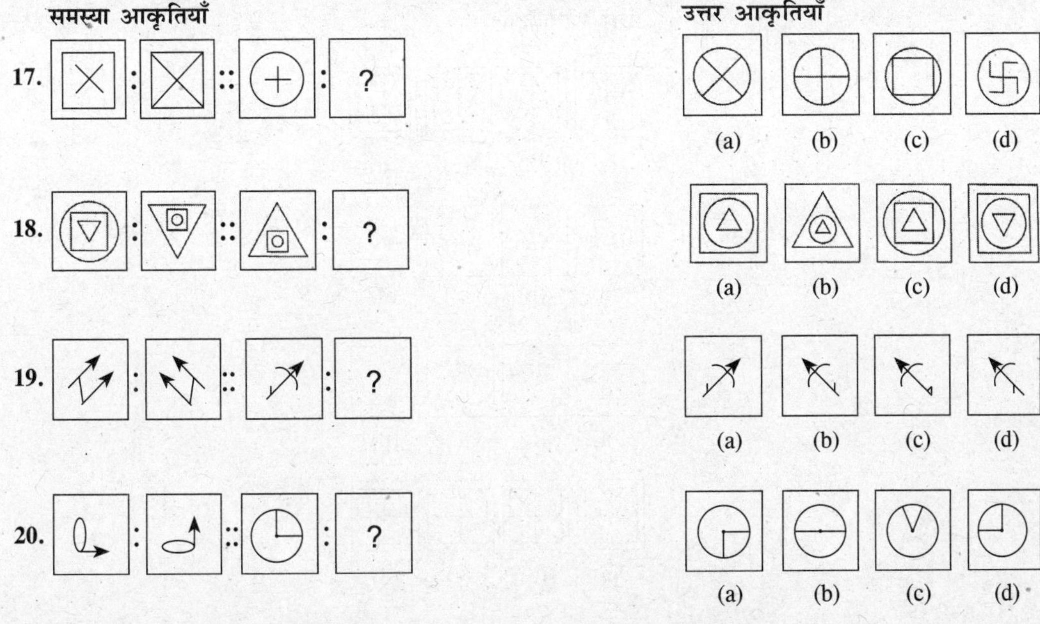

17\. (a) (b) (c) (d)

18\. (a) (b) (c) (d)

19\. (a) (b) (c) (d)

20\. (a) (b) (c) (d)

भाग-6

निर्देश- (प्र.सं. 21-24) प्रश्न चित्र के रूप में ज्यामितीय चित्र (त्रिभुज, वर्ग तथा वृत्त) के एक भाग को बाईं ओर दर्शाया गया है तथा दाईं ओर दूसरे भाग को उत्तर चित्र के रूप में (a), (b), (c) और (d) से दर्शाया गया है। दाईं ओर के चित्र से ज्यामितीय चित्र को पूर्ण करने वाले चित्र को ज्ञात करें तथा अपने उत्तर को दर्शाने के लिए ओ.एम.आर. उत्तर-पत्रिका में प्रश्न की संगत संख्या के सामने वाले वृत्त को काला करें।

समस्या आकृति — उत्तर आकृतियाँ

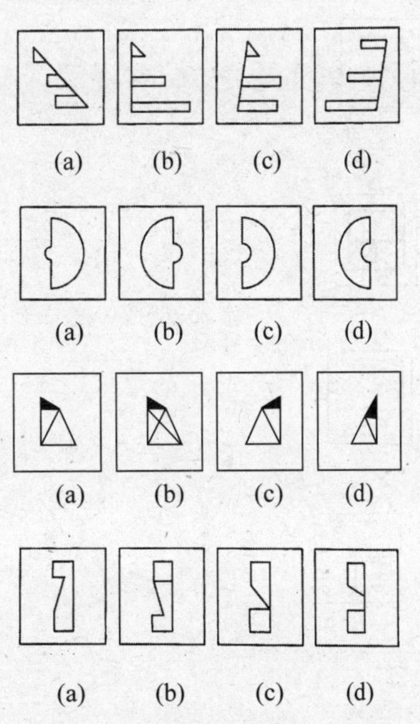

21\. (a) (b) (c) (d)

22\. (a) (b) (c) (d)

23\. (a) (b) (c) (d)

24\. (a) (b) (c) (d)

भाग-7

निर्देश- (प्र.सं. 25-28) बाईं ओर प्रश्न चित्र दर्शाया गया है तथा दाईं ओर (a), (b), (c) और (d) से चिह्नित चार उत्तर चित्र दर्शाए गए हैं। किसी दर्पण को XY के अनुदिश रखे जाने पर प्रश्न चित्र के सही दर्पण प्रतिबिम्ब को उत्तर चित्र से चुनें तथा अपने उत्तर को दर्शाने के लिए ओ.एम.आर. उत्तर-पत्रिका में प्रश्न की संगत संख्या के सामने वाले वृत्त को काला करें।

समस्या आकृति उत्तर आकृतियाँ

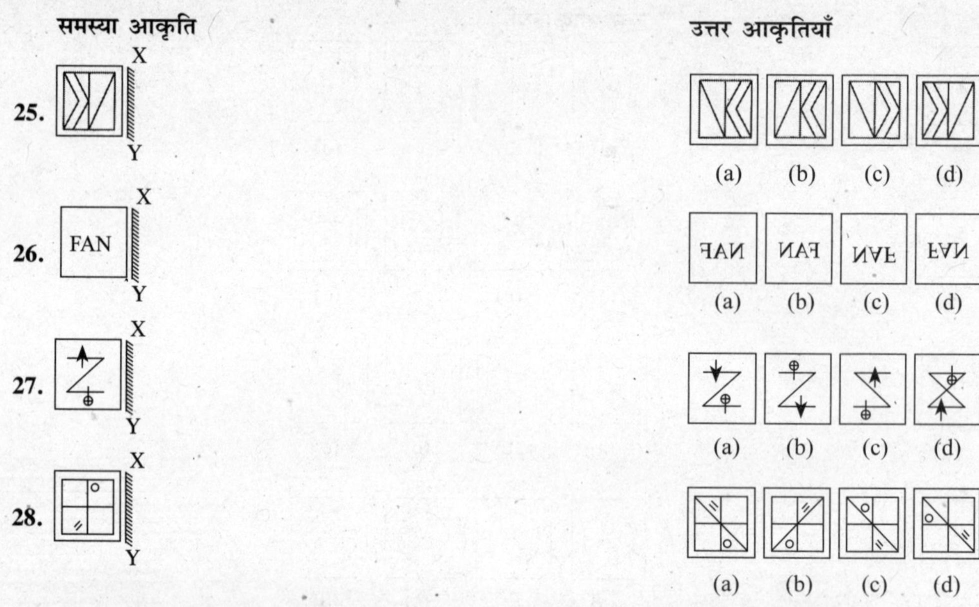

भाग-8

निर्देश- (प्र.सं. 29-32) बाईं ओर प्रश्न चित्र में दर्शाए अनुसार कागज के एक टुकड़े को तह देकर पंच किया गया तथा दाईं ओर (a), (b), (c) और (d) से चिह्नित चार उत्तर चित्र दर्शाए गए हैं। कागज के टुकड़े की तह को खोलने पर वह जिस प्रकार दिखेगा वैसा ही चित्र उत्तर चित्र से चुनें तथा अपने उत्तर को दर्शाने के लिए ओ.एम.आर. उत्तर-पत्रिका में प्रश्न की संगत संख्या के सामने वाले वृत्त को काला करें।

समस्या आकृतियाँ उत्तर आकृतियाँ

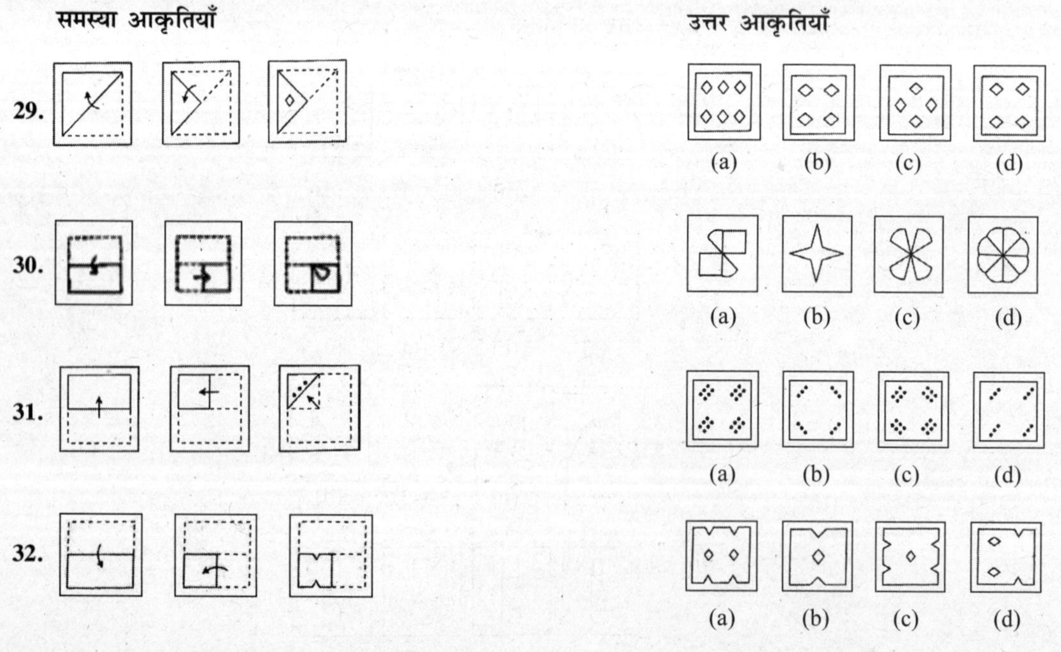

भाग-9

निर्देश- (प्र.सं. 33-36) बाईं ओर एक प्रश्न चित्र दिया गया है तथा दाईं ओर (a), (b), (c) और (d) से चिह्नित चार उत्तर चित्र दर्शाए गए हैं। उत्तर चित्र से उस चित्र का चयन करें जिसे प्रश्न चित्र में उपलब्ध कट-आउट से बनाया जा सकता हो। अपने उत्तर को दर्शाने के लिए ओ.एम.आर. उत्तर-पत्रिका में प्रश्न की संगत संख्या के सामने वाले वृत्त को काला करें।

समस्या आकृति | उत्तर आकृतियाँ

33. 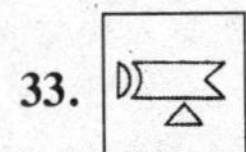
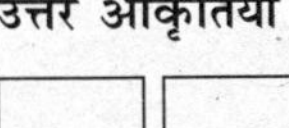
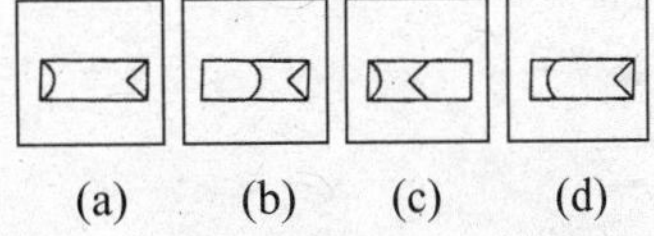
(a) (b) (c) (d)

34. 
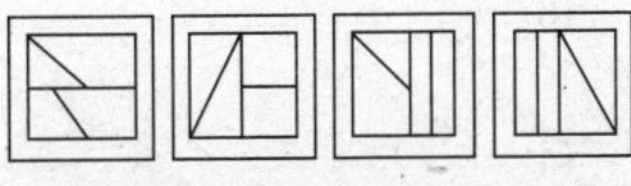
(a) (b) (c) (d)

35. 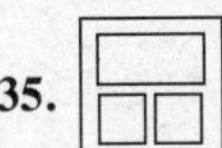
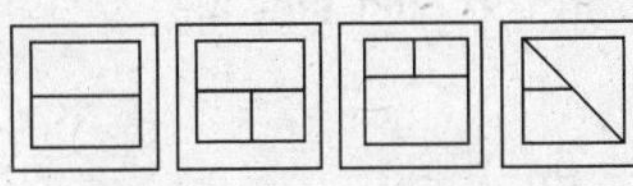
(a) (b) (c) (d)

36. 
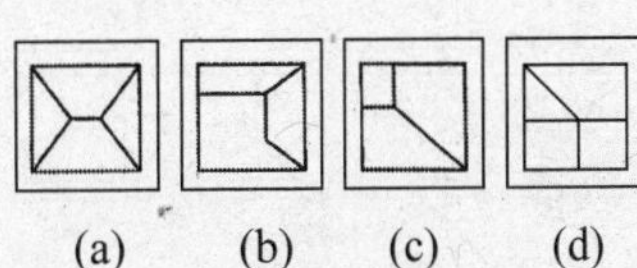
(a) (b) (c) (d)

भाग-10

निर्देश- (प्र.सं. 37-40) बाईं ओर एक प्रश्न चित्र दिया गया है तथा दाईं ओर (a), (b), (c) और (d) से चिह्नित चार उत्तर चित्र दर्शाए गए हैं। उत्तर चित्रों से उस चित्र को चुनें जिसमें प्रश्न चित्र छिपा/सम्मिलित है। अपने उत्तर को दर्शाने के लिए ओ.एम.आर. उत्तर-पत्रिका में प्रश्न की संगत संख्या के सामने वाले वृत्त को काला करें।

समस्या आकृति | उत्तर आकृतियाँ

37. 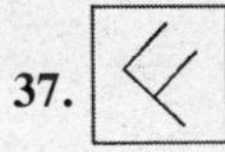
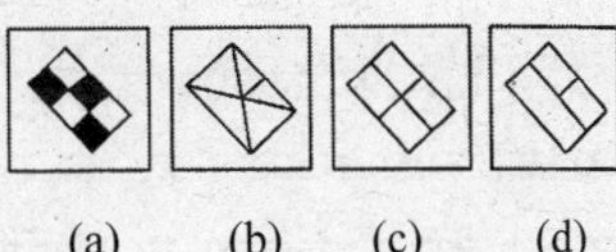
(a) (b) (c) (d)

38. 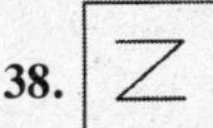
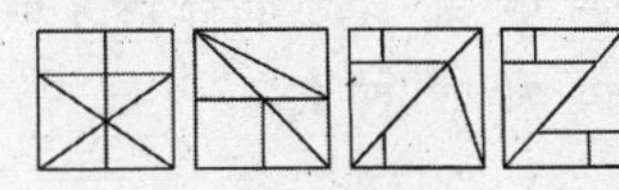
(a) (b) (c) (d)

39. 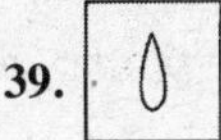

(a) (b) (c) (d)

40. 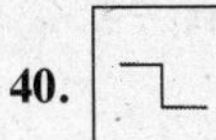
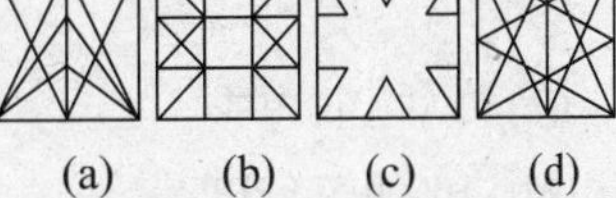
(a) (b) (c) (d)

खण्ड-II अंकगणित परीक्षण

निर्देश- (प्र.सं. 41-60) प्रत्येक प्रश्न के लिए चार सम्भावित उत्तर हैं जिन्हें (a), (b), (c) और (d) क्रम दिया गया है। इनमें से केवल एक उत्तर सही है। सही उत्तर चुनें तथा अपने उत्तर को दर्शाने के लिए ओ.एम.आर. उत्तर-पुस्तिका में प्रश्न के संगत संख्या के सामने वाले वृत्त को काला करें।

41. जब - 1 को - 1 से 100 बार गुणा किया जाए, तो गुणनफल है–

(a) 1 (b) - 1

(c) 100 (d) - 100

42. निम्नलिखित को सरल करने से प्राप्त होता है–

$15\frac{1}{2}-\left[\frac{12}{5}\times\frac{5}{8}+\left(7\div1\frac{3}{4}\right)\right]\times2$

(a) $\frac{2}{9}$ (b) $\frac{7}{2}$

(c) $\frac{9}{2}$ (d) $\frac{11}{2}$

43. निम्न को भिन्न के रूप में सरल करने पर प्राप्त होता है–

2.75 -1.25 + 4.75 - 3.80

(a) $2\frac{9}{20}$ (b) $2\frac{9}{10}$

(c) $1\frac{9}{10}$ (d) $5\frac{9}{20}$

44. 150% बराबर है–

(a) 1.5 (b) 5.1

(c) 0.15 (d) 15.0

45. दोपहर बाद, 3 बजकर 5 मिनट को लिखा जाता है–

(a) 5:30 a.m. (b) 5:30 p.m.

(c) 3:50 p.m. (d) 3:05 p.m.

46. एक यात्री गाड़ी, जो 80 किमी/घण्टा की चाल से चलती है, स्टेशन से एक मालगाड़ी के रेलवे स्टेशन से जाने के 6 घण्टे बाद चलती है तथा 4 घण्टों में मालगाड़ी से आगे हो जाती है। मालगाड़ी की चाल क्या है?

(a) 32 किमी/घण्टा (b) 48 किमी/घण्टा

(c) 60 किमी/घण्टा (d) 50 किमी/घण्टा

47. यदि एक व्यक्ति 30 किमी/घण्टा की चाल से जाता है, तो वह अपने गंतव्य स्थान पर 10 मिनट की देरी से पहुँचता है, जबकि 42 किमी/घण्टा की चाल से चलने पर वह अपने गंतव्य स्थान पर 10 मिनट पहले पहुँच जाता है। तय की गई दूरी है–

(a) 36 किमी (b) 35 किमी

(c) 40 किमी (d) 42 किमी

48. 5,045 ग्राम बराबर है–

(a) 50 किग्रा, 45 ग्राम (b) 5 किग्रा, 45 ग्राम

(c) 5 किग्रा, 450 ग्राम (d) 50 किग्रा, 450 ग्राम

49. 10 सेमी भुजा वाले दो ठोस घनों को साथ-साथ रखने पर प्राप्त घनाभ का आयतन क्या है?

(a) 500 घन सेमी (b) 2000 घन सेमी

(c) 1000 घन सेमी (d) 10000 घन सेमी

50. एक आयताकार प्लॉट की लम्बाई इसकी चौड़ाई की दोगुनी है। 8 मी भुजा वाला एक वर्गाकार तरणताल इस प्लॉट का $\frac{1}{8}$ भाग घेरता है। प्लॉट की लम्बाई है।

(a) 64 मी (b) 32 मी

(c) 16 मी (d) 12 मी

51. एक डिब्बे में 500 अण्डे हैं। $\frac{3}{25}$ अण्डे टूट गए, शेष अण्डों का $\frac{4}{5}$ भाग बेच दिया गया। शेष बचे अण्डों की संख्या है–

(a) 80 (b) 88

(c) 40 (d) 36

52. 12 मी x 10 मी के कक्ष के फर्श को पूरा ढकने के लिए 10 सेमी x 8 सेमी की कितनी आयताकार पट्टियों की आवश्यकता है?

(a) 12000 (b) 15000

(c) 10000 (d) 18000

53. कौन-सी राशि 8% वार्षिक साधारण ब्याज की दर से 4 वर्षों में ₹ 6,600 हो जाएगी?

(a) ₹ 6,000 (b) ₹ 5,000

(c) ₹ 4,000 (d) ₹ 6,200

54. एक वस्तु को 500 में बेचने पर हानि होती है। यदि इस वस्तु को ₹ 700 में बेचा जाता, तो दुकानदार को पहले होने वाली हानि से तीन गुना लाभ होता। इस वस्तु का क्रय मूल्य क्या हैं?

(a) ₹ 525 (b) ₹ 550

(c) ₹ 600 (d) ₹ 650

55. एक फल विक्रेता एक रुपए के 2 के हिसाब से नींबू खरीदता है तथा तीन रुपए के 5 के हिसाब से बेचता है। उसका प्रतिशत लाभ क्या है?

(a) 8% (b) 10%

(c) 15% (d) 20%

56. निम्न में से कौन-सा कथन सत्य है?

(a) शून्य एक विषम संख्या है।

(b) शून्य एक सम संख्या है।

(c) शून्य एक अभाज्य संख्या है।

(d) शून्य न तो विषम और न सम संख्या है

57. बड़े-से-बड़ी तथा छोटे-से-छोटी 5 अंकों की संख्याएँ, जो अंकों 0, 3, 6, 7 तथा 9 से बनती हैं जब कोई अंक दोबारा नहीं आए, का अंतर है

(a) 93951 (b) 67061

(c) 66951 (d) 60840

58. संख्या 5,84,356 में अंक 5 के स्थानीय मूल्यों का योग क्या है?

(a) 10 (b) 50,050

(c) 5,050 (d) 5,00,050

59. प्रथम 100 प्राकृत संख्याओं में 3 और 5 दोनों से भाग हो जाने वाली संख्याओं की संख्या है–

(a) 10 (b) 9

(c) 7 (c) 6

60. निम्न में से कौन-सी एक संख्या 3, 4, 5 तथा 6 से भाज्य है?

(a) 36 (b) 60

(c) 80 (d) 90

खण्ड-III भाषा परीक्षण

निर्देश– (प्र.सं. 61-80) इस खण्ड में चार अनुच्छेद हैं। प्रत्येक अनुच्छेद में पाँच प्रश्न हैं। प्रत्येक अनुच्छेद को सावधानी से पढ़ें और उसके नीचे दिए गए प्रश्नों के उत्तर दें। प्रत्येक प्रश्न के चार सम्भावित उत्तर दिए गए हैं, जिनकी क्रम संख्या (a), (b), (c) और (d) है। इनमें से केवल एक उत्तर ही सही है। सही उत्तर चुनें तथा अपने उत्तर को दर्शाने के लिए ओ.एम.आर. उत्तर- पत्रिका में प्रश्न के संगत संख्या के सामने वाले वृत्त को काला करें।

अनुच्छेद-1

अपने बीजों, छाल और पत्तियों के औषधीय लाभों के कारण नीम के वृक्ष को गाँव का औषधालय कहा जाता है। संस्कृत में इसे 'अरिष्ट' कहा जाता है जिसका अर्थ है निर्दोष, नष्ट न होने वाला। पूर्ण कीटों के नियंत्रण में नीम का तेल महत्वपूर्ण भूमिका अदा करता है और इसका उपयोग मच्छर प्रतिरोधक के विकल्प के रूप में भी किया जा सकता है। नीम के बीजों की खली उर्वरक के रूप में प्रयुक्त होती है। नीम की पत्तियों का लेप चेचक की चिकित्सा में काम में आता है। नीम की टहनियाँ, जिन्हें सामान्यत: 'दातून' कहते हैं, गाँवों में दाँत के ब्रुश के रूप में प्रयुक्त होती हैं। मक्खियों और पशुओं की किलनियों पर, उनके नियंत्रण के लिए छाल और जड़ों का उपयोग भी चूर्ण के रूप में होता है।

61. औषधालय है–

(a) कृषि-भूमि (b) औषध भंडार

(c) खेल का मैदान (d) फार्म हाउस

62. नीम के पेड़ का किसान के लिए उपयोगी भाग है–

(a) बीज (b) छाल

(c) टहनियाँ (d) पत्तियाँ

63. निम्नलिखित में से कौन-सा शब्द 'निर्दोष' का पर्यायवाची नहीं है?

(a) दोष रहित (b) त्रुटिहीन

(c) बेजोड़ (d) कुरूप

64. अनुच्छेद में शब्द 'कीट' से तात्पर्य है–

(a) फसल नष्ट करने वाले कीड़े-मकोड़े

(b) क्रुद्ध व्यक्ति

(c) गंदा पानी

(d) प्रदूषण

65. गाँवों में नीम की .... का उपयोग दाँत के ब्रुश के रूप में किया जाता है।

(a) जड़ों (b) पत्तियों

(c) टहनियों (d) बीज की खली

अनुच्छेद-2

चबाने की गोंद (च्युइंग गम) की खोज मेक्सिको के जंगलों में मायन लोगों ने एक हजार वर्ष पूर्व की थी। उन्होंने पाया कि एक सैपोडिला पेड़ से कोई तरल पदार्थ बह रहा है। जब वह बाहर निकल आता तो गाढ़ा हो जाता था, वे इसे चिकल कहते थे, जो चबाया जा सकता था और स्वादिष्ट होता था। आज भी चिकलेरो कहे जाने वाले श्रमिक चिकल का संग्रह करते हैं। चिकल को उसका पानी हटाने के लिए उबाला जाता है। इसके बाद इसके बड़े टुकड़े प्रत्येक लगभग 30 पौंड या 14 किलोग्राम के बनाए जाते हैं। इन टुकड़ों को गोंद की फैक्टरी में भेजा जाता है। वहाँ इसे मीठा, नरम, सुगंधित और रंगीन बनाने के लिए अनेक चीजों के साथ मिलाया जाता है.

66. .... ने चबाने वाली गोंद की खोज की।

(a) मायन (b) सैपोडिला

(c) चिकलेरी (d) गोंद की फैक्टरी

67. .... वे श्रमिक होते हैं, जो चिकल एकत्र करते हैं।

(a) सैपोडिला (b) मायन

(c) चिकलेरो (d) गमर

68. चिकल के बड़े टुकड़े कहाँ भेजे जाते हैं?

(a) पुनर्चक्रण केन्द्रों में (b) गोंद की फैक्टरी में

(c) मेक्सिको के जंगलों में (d) कैंडी स्टोरों में

69. चिकल में बहुत से पदार्थ निम्न सभी के लिए मिलाए जाते हैं, सिवाय .... के लिए।

(a) नरम बनाने (b) सुगंधित बनाने

(c) गाढ़ा करने (d) मीठा बनाने

70. इस अनुच्छेद के लिए उपयुक्त शीर्षक चुनिए–

(a) गोंद (b) चिकलेरो

(c) चिकलेरों की कथा (d) च्युइंगम की कथा

अनुच्छेद-3

भारत तीर्थयात्रियों और तीर्थयात्राओं का देश है। ये पवित्र स्थान, चाहे पहाड़ों पर हों या मैदानों में, सामान्यतया या तो नदियों के तटों पर स्थित हैं या समुद्र के तटों पर। इन तीर्थस्थानों पर जाने वाले केवल धार्मिक लोग ही नहीं होते, वरन सारे भारत से और विदेशों से पर्यटक और सैर-सपाटे वाले लोग भी यहाँ आते हैं। जहाँ कहीं दो या अधिक नदियाँ मिलती हैं, तीर्थयात्री वहाँ स्नान और पूजा करते हैं, क्योंकि माना जाता है कि वह स्थान पवित्र होता है। ऐसा ही एक स्थान हरिद्वार है, जो गंगा नदी के तट पर स्थित है।

71. पवित्र स्थानों पर जाने वाले लोग होते हैं धार्मिक, सैर-सपाटा करने वाले और–

(a) बच्चे (b) पर्यटक

(c) व्यापारी (d) समुद्री यात्री

72. निम्नलिखित में कौन-सा शब्द 'सामान्यतया' का पर्यायवाची है?

(a) आमतौर पर (b) सार्वजनिक रूप से

(c) कभी-कभी (d) परिणामस्वरूप

73. उस स्थान को 'पवित्र' माना जाता है, जहाँ दो या अधिक नदियाँ मिलती हैं। इस कथन में शब्द 'पवित्र' का विलोम है–

(a) ईश्वरीय (b) धार्मिक

(c) अपावन (d) धर्मनिष्ठ

74. लोग गंगा नदी में स्नान और पूजा के लिए आते हैं, क्योंकि इनका जल है–

(a) पवित्र (b) साफ और स्वच्छ

(c) शीतल (d) स्वास्थ्यवर्द्धक

75. लोग तीर्थयात्रा पर जाते हैं, क्योंकि वे .... होते हैं।

(a) उत्सुक (b) धार्मिक

(c) खोजी (d) वृद्ध

अनुच्छेद-4

अजित का जन्मदिन था। उसके सभी मित्र और सम्बन्धी एकत्र हुए थे। उसे कई भेंट मिली उनमें किताबें, खिलौने और कपड़े थे। अजित की चाची ने उसे एक आश्चर्यजनक भेंट दी। वह था गुलाब का एक पौधा। अजित को चाची की भेंट सबसे अधिक पसंद आई और वह भागकर बगीचे में गया और उसे वहाँ रोप दिया। अजित रोज ही उसे सींचता था। वह ज्यों ही सुबह जागता, भागकर देखने जाता कि वह कितना बड़ा हो गया है। एक दिन उसने देखा कि दो छोटी कलियाँ बाहर झाँक रही थीं। वह कलियों को सुंदर पीला गुलाब बनते देखता रहा। वह प्रसन्न और रोमांचित था। उसने अपनी माँ की मदद से फूल तोड़े उसने वे पहले दो गुलाब अपनी माँ और बहन को भेंट किए, अजित ने निर्णय किया कि वह अपने बगीचे में और भी पौधे लगाएगा।

76. जन्मदिन पर अजित की सबसे अच्छी भेंट थी–

(a) रेस कार (b) कमीज

(c) गुलाब का पौधा (d) किताब

77. ज्यों ही अजित जागता, वह–

(a) पढ़ना प्रारम्भ कर देता (b) पौधे की ओर दौड़ता

(c) स्नान करता (d) स्कूल चल देता

78. पहले गुलाब में कितनी कलियाँ आईं?

(a) एक (b) चार

(c) दो (d) बहुत-सी

79. अजित ने पहले दो गुलाब किसे भेंट किए?

(a) मित्रों को (b) चाची को

(c) माँ और बहन को (d) माँ और चाची को

80. 'रोमांचित' शब्द का अर्थ है–

(a) उदास (b) उत्तेजित

(c) भयभीत (d) चकित

व्याख्या सहित उत्तर

1. (b) आकृति (b) को छोड़कर, अन्य सभी आकृतियाँ दक्षिणावर्त (घड़ी की सुई की दिशा में) 90° के कोण पर घूम रही हैं।

2. (b) आकृति (b) को छोड़कर, अन्य सभी के भीतरी चित्र की भुजाओं के बराबर ही बाहरी वृत्त बने हुए हैं।

3. (c) आकृति (c) को छोड़कर, अन्य सभी में अंग्रेजी के वही तीन अक्षर हैं जो अन्य में मौजूद हैं।

4. (d) आकृति (d) को छोड़कर, अन्य सभी में वृत्त के भीतर के छोटे वृत्त दो एक साथ तथा एक अलग से जुड़ा हुआ है।

5. (b) प्रश्न चित्र, उत्तर चित्र (b) के बिल्कुल समरूप है।

6. (c) प्रश्न चित्र, उत्तर चित्र (c) के बिल्कुल समरूप है।

7. (c) प्रश्न चित्र, उत्तर चित्र (c) के बिल्कुल समरूप है।

8. (d) प्रश्न चित्र, उत्तर चित्र (b) के बिल्कुल समरूप हैं।

9. (d) उत्तर आकृति (d), प्रश्न चित्र के पैटर्न को पूरा करेगी।

10. (a) उत्तर आकृति (a), प्रश्न चित्र के पैटर्न को पूरा करेगी।

11. (d) उत्तर आकृति (d), प्रश्न चित्र के पैटर्न को पूरा करेगी।

12. (c) उत्तर आकृति (c), प्रश्न चित्र के पैटर्न को पूरा करेगी।

13. (c) प्रत्येक प्रश्न चित्र में, डिजाइन एक स्थान दक्षिणावर्त दिशा में खिसकती जाती हैं। इस क्रम से उत्तर चित्र (c) सही उत्तर है।

14. (a) प्रत्येक प्रश्न चित्र में, एक पत्ती दाईं ओर की तरफ जुड़ जाती हैं। इस क्रम से उत्तर चित्र (a) सही उत्तर है।

15. (b) प्रत्येक प्रश्न चित्र में, स्वास्तिक के छोर पर लगी डिजाइन एक स्थान दक्षिणावर्त्त दिशा में बढती रहती हैं। इस क्रम से उत्तर चित्र (b) सही उत्तर है।

16. (d) प्रत्येक प्रश्न चित्र में, गणितीय चिह्न एक स्थान वामावर्त्त (घड़ी की सुईं की दिशा के विपरीत) बढ़ती रहती है। इस क्रम से उत्तर चित्र (d) सही उत्तर है।

17. (b) जिस प्रकार, प्रश्न चित्र I से II में भीतरी आकृति बड़ी होकर कोनों को छूती है उसी प्रकार का परिवर्तन प्रश्न चित्र III से उत्तर चित्र में होगा। इस क्रम में उत्तर चित्र (b) होगा।

18. (c) जिस प्रकार, प्रश्न चित्र I से II में भीतरी आकृति बडी होकर बाहर तथा बाहरी आकृति छोटी होकर भीतर चली जाती हैं। उसी प्रकार का परिवर्तन प्रश्न चित्र III से उत्तर चित्र में होगा। इस क्रम में उत्तर चित्र (c) होगा।

19. (b) जिस प्रकार, प्रश्न चित्र I से II में तीर आकृति पलट रही है उसी प्रकार का परिवर्तन प्रश्न चित्र III से उत्तर चित्र में होगा। इस क्रम में उत्तर चित्र (b) होगा।

20. (d) जिस प्रकार, प्रश्न चित्र I से II में आकृति 90° वामावर्त चल रही है उसी प्रकार का परिवर्तन प्रश्न चित्र III से उत्तर चित्र में होगा। इस क्रम में उत्तर चित्र (d) होगा।

21. (a) उत्तर चित्र (a), प्रश्न चित्र की ज्यामितीय आकृति को पूर्ण बनाती है।

22. (b) उत्तर चित्र (b), प्रश्न चित्र की ज्यामितीय आकृति को पूर्ण बनाती है।

23. (a) उत्तर चित्र (a), प्रश्न चित्र की ज्यामितीय आकृति को पूर्ण बनाती है।

24. (c) उत्तर चित्र (c), प्रश्न चित्र की ज्यामितीय आकृति को पूर्ण बनाती है।

25. (a)

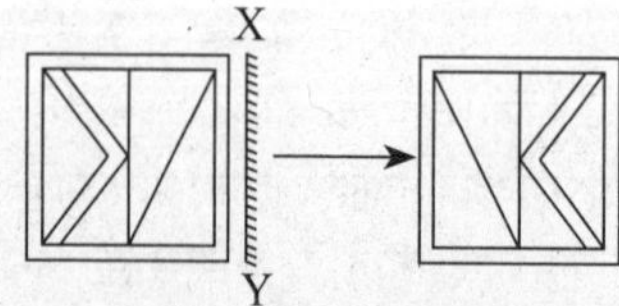

प्रश्न चित्र का सही दर्पण प्रतिबिम्ब उत्तर चित्र (a) है।

26. (b)

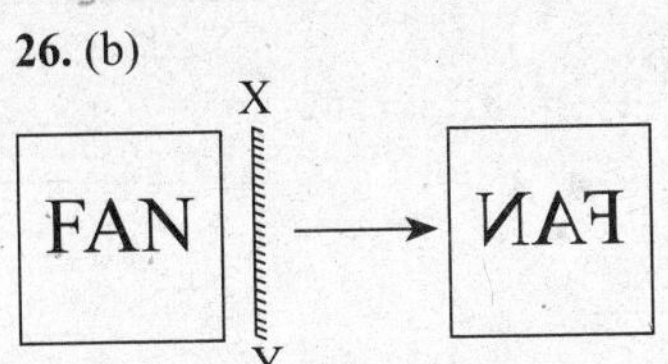

प्रश्न चित्र का सही दर्पण प्रतिबिम्ब उत्तर चित्र (b) है।

27. (c)

प्रश्न चित्र का सही दर्पण प्रतिबिम्ब उत्तर चित्र (c) है।

28. (c)

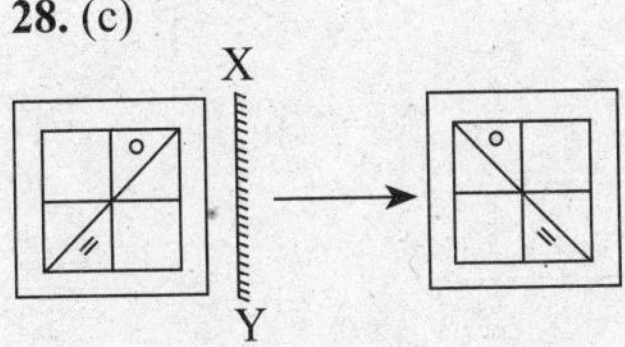

प्रश्न चित्र का सही दर्पण प्रतिबिम्ब उत्तर चित्र (c) है।

29. (c) प्रश्न चित्र को मोड़ने, पंच करने तथा खोलने के बाद उत्तर चित्र (c) दिखाई देगा।

30. (c) प्रश्न चित्र को मोड़ने, पंच करने तथा खोलने के बाद उत्तर चित्र (c) दिखाई देगा ।

31. (c) प्रश्न चित्र को मोड़ने, पंच करने तथा खोलने के बाद उत्तर चित्र (c) दिखाई देगा ।

32. (a) प्रश्न चित्र को मोड़ने, पंच करने तथा खोलने के बाद उत्तर चित्र (a) दिखाई देगा ।

33. (a)

प्रश्न चित्र में दिए गए टुकड़ों से उत्तर चित्र (a) बनाया जा सकता है।

34. (c)

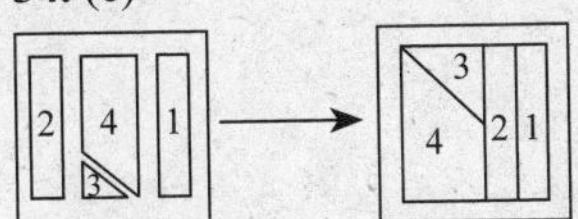

प्रश्न चित्र में दिए गए टुकड़ों से उत्तर चित्र (c) बनाया जा सकता है।

35. (b)

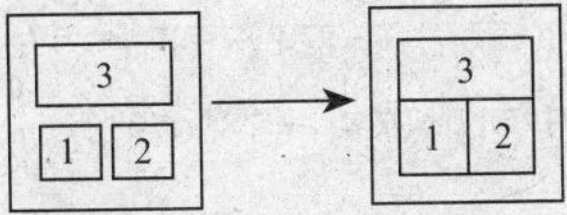

प्रश्न चित्र में दिए गए टुकड़ों से उत्तर चित्र (b) बनाया जा सकता है।

36. (b)

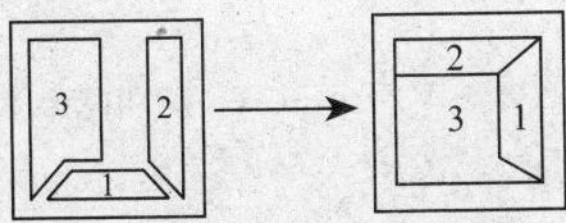

प्रश्न चित्र में दिए गए टुकड़ों से उत्तर चित्र (b) बनाया जा सकता है।

37. (c)

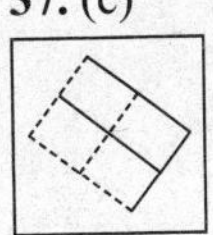

प्रश्न चित्र, उत्तर चित्र (c) में छिपा हुआ है।

38. (d)

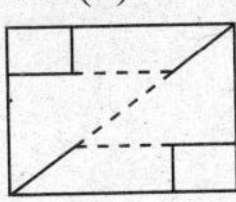

प्रश्न चित्र, उत्तर चित्र (d) में छिपा हुआ है।

39. (b)

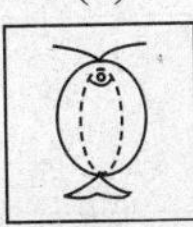

प्रश्न चित्र, उत्तर चित्र (b) में छिपा हुआ है।

40. (b)

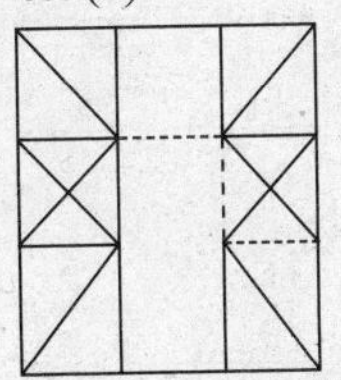

प्रश्न चित्र, उत्तर चित्र (b) में छिपा हुआ है।

41. (a) –1 को –1 से 100 बार गुणा करने पर प्राप्त होगा = + 1

42. (c) $15\frac{1}{2}-\left[\frac{12}{5}\times\frac{5}{8}+\left(7\div1\frac{3}{4}\right)\right]\times 2$

$=\frac{31}{2}-\left[\frac{3}{2}+\left(7\div\frac{7}{4}\right)\right]\times 2$

$=\frac{31}{2}-\left[\frac{3}{2}+\frac{7\times4}{7}\right]\times$

$=\frac{31}{2}-\left[\frac{3}{2}+4\right]\times 2$

$=\frac{31}{2}-\frac{11}{2}\times 2=\frac{31}{2}-\frac{22}{2}=\frac{9}{2}$

43. (a) $2.75-1.25+4.75-3.80$

$=1.50+0.95$

$=2.45=\frac{245}{100}=\frac{49}{20}=2\frac{9}{20}$

44. (a) $150\%=\frac{150}{100}=1.5$

45. (d) दोपहर बाद, 3 बजकर 5 मिनट

= 3 : 05pm

46. (a) माल गाडी की चाल = x किमी/घण्टा

माना, गाडी द्वारा 6 + 4 =10 घण्टे में

चली दूरी $= x \times 10$ किमी

यात्री गाडी द्वारा 4 घण्टे में चली दूरी

$= 80 \times 4 = 320$ किमी

$10x = 320$

$x = 32$ किमी/घण्टा

47. (b) निर्धारित समय $= x$ घण्टा

प्रश्न से, $30\left(x+\frac{10}{60}\right)=42\left(x-\frac{10}{60}\right)$

$\Rightarrow 30\left(x+\frac{1}{6}\right)=42\left(x-\frac{1}{6}\right)$

$\Rightarrow 30x+30\times\frac{1}{6}$

$=42x-42\times\frac{1}{6}$

$\Rightarrow 30x+5=42x-7$

$\Rightarrow 30x-42x=-7-5$

$\Rightarrow -12x=-12$

$\therefore x=1$

वास्तविक दूरी

$=30\left(x+\frac{1}{6}\right)=30\left(1+\frac{1}{6}\right)=\frac{30\times 2}{6}$

$= 5 \times 7 = 35$ किमी/घण्टा

48. (b) $5045=\frac{5045}{1000}$ किमी = 5 किग्रा, 45 ग्राम

49. (b) घनाभ का आयतन = (10 + 10) 10 × 10 घन सेमी

= 20 × 100 घन सेमी

= 2000 घन सेमी

50. (b) आयताकार प्लॉट की चौड़ाई $= x$ मी.

$\therefore$ प्लॉट की लम्बाई $= 2x$

8 मी. भुजा वाले वर्गाकार तरणताल का क्षेत्रफल = 8 × 8 वर्ग मी.

$\therefore \frac{2x\times x}{8}=8\times 8$

$\Rightarrow 2x^2=8\times 8\times 8$

$\Rightarrow x^2=\frac{8\times 8\times 8}{2}=4\times 8\times 8$

$\Rightarrow x=2\times 8$

$\therefore x=16$

प्लॉट की लम्बाई = 2 × 16 = 32 मी

51. (b) कुल अण्डे = 500

टूटे अण्डों की संख्या $= \frac{3}{25}\times 500=60$

बिके अण्डों की संख्या $=\frac{440\times 4}{5}=88\times 4=352$

शेष अण्डे = 440 −352 = 88

52. (b) आयताकार पट्टियों की संख्या

$=\frac{12\times 100\times 10\times 100}{10\times 8}=15,000$

53. (b) राशि = ₹ P

साधारण ब्याज (SI) $=\frac{P\times 8\times 4}{100}=\frac{8P}{25}$

प्रश्न से, $P+\frac{8P}{25}=6,600$

$\Rightarrow P=\frac{6600\times 25}{33}$

$\Rightarrow P=200\times 25$

$\therefore$ P = ₹5000

54. (b) वस्तु का क्रय मूल्य = ₹ x

हानि = क्रय मूल्य − विक्रय मूल्य

$= x - 500$

लाभ = विक्रय मूल्य − क्रय मूल्य

$= 700 - x$

प्रश्न से, $700 - x = 3(x - 1500)$

$\Rightarrow 700 - x = 3(x - 1500)$

$\Rightarrow -4x = -2200$

$\Rightarrow 4x = 2200$

$\therefore x =$ ₹550

55. (d) 2 नींबुओं का क्रय मूल्य = ₹ 1

$\therefore$ 1 नींबू का क्रय मूल्य = ₹ $\frac{1}{2}$

5 नींबुओं का विक्रय मूल्य = ₹ 3

$\therefore$ 1 नींबू का विक्रय मूल्य = ₹ $\frac{3}{5}$

$\therefore$ लाभ प्रतिशत $=\frac{\frac{3}{5}-\frac{1}{2}}{\frac{1}{2}}\times 100$

$=\frac{1}{10}\times 2\times 100=20\%$

56. (d) शून्य न तो विषम संख्या है, न सम संख्या है अर्थात् शून्य न तो धनात्मक है, न ही ऋणात्मक है।

57. (c) अंकों 0, 3, 6, 7 और 9 से बनी बडी -से-बडी संख्या = 97630

अंकों 0, 3, 6, 7, 9 से बनी छोटी-से-छोटी संख्या = 30679

अन्तर = 97630 − 30679 = 66951

58. (d) संख्या 584356 में 5 के स्थानीय मानों का योग

= 500000 + 50 = 500050

59. (d) प्रथम 100 प्राकृत संख्याओं में 3 और 5 दोनों से विभाजित होने वाली संख्याएँ = 15, 30, 45, 60, 75, 90

$\therefore$ कुल संख्याएँ = 6

60. (b) 3, 4, 5, 6 का ल.स.

2	3,	4,	5,	6
3	3,	2,	5,	3
	1,	2,	5,	1

ल. स. $= 2 \times 3 \times 2 \times 5 = 60$

61. (b) औषध भंडार को ही औषधालय कहा जाता है।

62. (a) नीम के बीज की खली को किसान उर्वरक के रूप में प्रयोग करता है।

63. (d) कुरूप शब्द निर्दोष का पर्यायवाची शब्द नहीं है।

64. (a) अनुच्छेद में शब्द 'कीट' से तात्पर्य 'फसल नष्ट करने वाले कीड़े-मकोड़े' से है।

65. (c) गाँव में लोग नीम की टहनी को दाँत के ब्रुश के रूप में प्रयोग करते हैं।

66. (a) मायन ने चबाने वाली गोंद की खोज की थी।

67. (c) चिकलेरो वो श्रमिक होते हैं, जो चिकल एकत्र करते हैं।

68. (b) चिकल के बड़े टुकड़े गोंद की फैक्ट्री में भेजे जाते हैं।

69. (c) फैक्ट्री में चिकल को मीठा, नरम, सुगंधित और रंगीन बनाने के लिए अनेक चीजों के साथ मिलाया जाता है।

70. (d) उपयुक्त शीर्षक- च्युइंगम की कथा

71. (b) पवित्र स्थलों पर जाने वाले लोग धार्मिक, सैर-सपाटा करने वाले तथा पर्यटक होते हैं।

72. (a) 'सामान्यतया' का पर्यायवाची 'आमतौर पर' है।

73. (c) कथन में शब्द 'पवित्र' का विलोम 'अपावन' है।

74. (a) गंगा नदी का जल पवित्र है इसलिए लोग इसमें स्नान और पूजा करने के लिए आते हैं।

75. (b) लोग तीर्थयात्रा पर इसलिए जाते हैं क्योंकि वे धार्मिक होते हैं।

76. (c) 'गुलाब का पौधा' अजित को जन्मदिन की सबसे अच्छी भेंट थी।

77. (b) अजित सुबह उठकर पौधे को देखने के लिए दौड़ पड़ता था।

78. (c) एक दिन अजित ने गुलाब में दो छोटी कलियों को निकलते देखा।

79. (c) अजित ने पहले दो गुलाब माँ और बहन को भेंट किए।

80. (b) 'रोमांचित' शब्द का अर्थ 'उत्तेजित' है।

❑❑❑

खण्ड–I
अंकगणित परीक्षण

अध्याय 1

संख्या पद्धति

संख्या (Numbers)

किसी भी संख्या को व्यक्त करने के लिए जिन संकेतों 0, 1, 2, 3, 4, 5, 6, 7, 8 व 9 का प्रयोग करते हैं, उन्हें अंक (digit) कहा जाता है तथा इन अंकों के समूह को संख्यांक कहा जाता है।

संख्याओं को लिखने व पढ़ने के लिए तीन विधियों का प्रयोग होता है, जो निम्नवत् हैं:

1. हिन्दू-अरेबिक प्रणाली
2. अंतर्राष्ट्रीय प्रणाली
3. रोमन संख्यांक प्रणाली

हिन्दू अरेबिक प्रणाली

भारतीय गणना प्रणाली को हिन्दू-अरेबिक प्रणाली कहते हैं। इसमें संख्याओं को लिखने के लिए क्रमशः इकाई, दहाई, सैकड़ा, हजार, दस हजार, लाख, दस लाख, करोड़, दस करोड़ आदि स्थान होते हैं।

क्रम	संख्या	शब्दों में	अंकों में	घातों में
1.	अरब	दस अरब	10000000000	10^{10}
		एक अरब	1000000000	10^9
2.	करोड़	दस करोड़	100000000	10^8
		एक करोड़	10000000	10^7
3.	लाख	दस लाख	1000000	10^6
		एक लाख	100000	10^5
4.	हजार	दस हजार	10000	10^4
		एक हजार	1000	10^3
5.	इकाइयाँ	सैकड़ा	100	10^2
		दहाई	10	10^1
		इकाई	1	10^0

अन्तर्राष्ट्रीय प्रणाली

यह प्रणाली पूरे विश्वभर में सर्वाधिक चलन में है। इसे निम्न प्रकार से प्रदर्शित किया जाता है।

क्रम	संख्या	शब्दों में	अंकों में	घातों में
1.	बिलियन	सौ बिलियन	100000000000	10^{11}
		दस बिलियन	10000000000	10^{10}
		एक बिलियन	1000000000	10^9
2.	मिलियन	सौ मिलियन	100000000	10^8
		दस मिलियन	10000000	10^7
		एक मिलियन	1000000	10^6
3.	हजार	सौ हजार	100000	10^5
		दस हजार	10000	10^4
		हजार	1000	10^3
4.	इकाइयाँ	सैकड़ा	100	10^2
		दहाई	10	10^1
		इकाई	1	10^0

रोमन संख्यांक प्रणाली

रोमन संख्यांक प्रणाली में सात अलग-अलग प्रतीक होते हैं, जो निम्नवत् हैं–

I	V	X	L	C	D	M

इन्हीं की सहायता से सभी रोमन संख्याओं का निर्माण किया जाता है। रोमन संख्यांक प्रणाली स्थानीय मान के नियम का अनुसरण नहीं करती हैं।

रोमन संख्यांक प्रणाली तथा हिन्दू-अरेबिक प्रणाली में सम्बन्ध–

रोमन प्रणाली	I	V	X	L	C	D	M
हिन्दू-अरेबिक प्रणाली	1	5	10	50	100	500	1000

1 से 20 तक की संख्याओं को रोमन प्रणाली में लिखना।

हिंदू-अरेबिक प्रणाली	1	2	3	4	5	6	7	8	9	10
रोमन प्रणाली	I	II	III	IV	V	VI	VII	VIII	IX	X
हिंदू-अरेबिक प्रणाली	11	12	13	14	15	16	17	18	19	20
रोमन-प्रणाली	XI	XII	XIII	XIV	XV	XVI	XVII	XVIII	XIX	XX

रोमन संख्यांक प्रणाली और हिन्दू-अरेबिक प्रणाली में अन्तर

	हिन्दू-अरेबिक प्रणाली	रोमन प्रणाली
1.	हिन्दू-अरेबिक प्रणाली में दस प्रतीक होते हैं, 0, 1, 2, 3, 4, 5, 6, 7, 8, 9	रोमन प्रणाली में केवल सात प्रतीक होते हैं–I, V, X, L, C, D, M
2.	हिन्दू-अरेबिक प्रणाली में एक या एक से अधिक संकेतों को मिलाकर संख्या प्राप्त की जाती है। जैसे–183, 1543 आदि।	रोमन प्रणाली में भी एक या एक से अधिक प्रतीकों को मिलाने पर संख्या प्राप्त की जा सकती है।

3.	हिन्दू-अरेबिक प्रणाली में प्रत्येक अंक का एक स्थानीय मान होता है। जैसे–183 = (100 + 80 + 3)	रोमन प्रणाली स्थानीय मान के नियम का पालन नहीं करती है। इसमें प्रत्येक प्रतीक का मान भिन्न होता है।

I	V	X	L	C	D	M
1	5	10	50	100	500	1000

उदाहरण 1. LXI का मान ज्ञात कीजिए।

हल: रोमन प्रणाली में L → 50, X → 10 तथा I → 1

∴ L X I = (50 + 10 + 1) = 61

स्थानीय मान व जातीय मान

1. **स्थानीय मान (Place Value) :** किसी संख्या में किसी अंक का वह मान जो उसकी स्थिति विशेष के अनुसार बदलता है, स्थानीय मान कहलाता है। जैसे: संख्या 8763213 में प्रत्येक अंक का स्थानीय मान निम्नलिखित है:

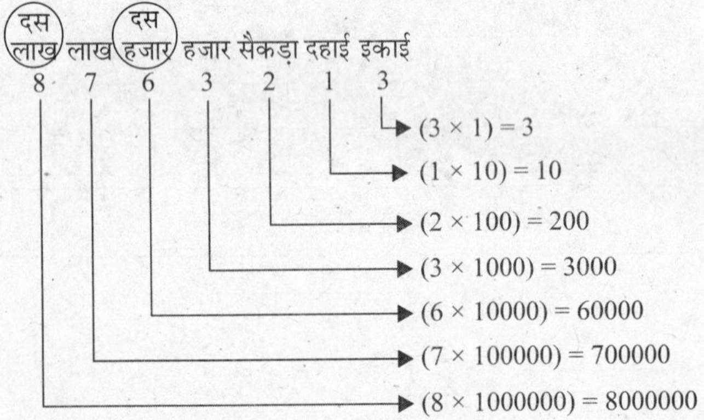

उदाहरण 2. संख्या 854320 में 3 तथा 4 का स्थानीय मान ज्ञात कीजिए।

हल: संख्या 854320 में, 3 सैकड़ा के स्थान पर है

∴ 3 का स्थानीय मान = 3 × 100 = 300

संख्या 854320 में 4 हजार के स्थान पर है।

∴ 4 का स्थानीय मान = 4 × 1000 = 4000

2. **जातीय मान (Face Value) :** किसी भी संख्या में किसी अंक का जातीय मान उसका स्वयं का अपना मान होता है, चाहे वह अंक किसी भी स्थान पर हो।

जैसे: संख्या 8763213 में 2 का जातीय मान 2, 3 का जातीय मान 3, 6 का जातीय मान 6, 9 का जातीय मान 9 और इसी प्रकार आगे भी।

उदाहरण 3. संख्या 43542 में सभी अंकों के जातीयमान ज्ञात कीजिए।

हल: ज्ञात है, किसी संख्या का जातीय मान उसका स्वयं का अपना मान होता है।

4 का जातीयमान = 4
3 का जातीयमान = 3
5 का जातीयमान = 5
4 का जातीयमान = 4
2 का जातीयमान = 2

3. **पूर्ववर्ती संख्याएँ (Predecessor Numbers) :** किसी भी प्राकृतिक संख्या से ठीक पहले की संख्या पूर्ववर्ती संख्या कहलाती है। अर्थात् यह कह सकते हैं, कि किसी दी गई प्राकृतिक संख्या की पूर्ववर्ती संख्या प्राप्त करने के लिए उस प्राकृतिक संख्या संख्या में एक घटा दिया जाता है।

जैसे–(i) 19 की पूर्ववर्ती संख्या = (19–1) = 18

(ii) 51 की पूर्ववर्ती संख्या = (51–1) = 50

4. **अनुवर्ती या परवर्ती संख्याएँ (Successor Numbers) :** किसी भी प्राकृतिक संख्या के ठीक बाद (अगली) संख्या उसकी अनुवर्ती या परवर्ती संख्या कहलाती है। दूसरे शब्दों में यह कह सकते हैं, कि किसी दी गई प्राकृतिक संख्या की अनुवर्ती संख्या प्राप्त करने के लिए उस प्राकृतिक संख्या में 1 जोड़ दिया जाता है।

संख्याओं के प्रकार

(i) प्राकृतिक संख्याएँ (Natural Numbers) : ऐसी संख्याएँ जिसका प्रयोग केवल वस्तुओं की गणना के लिए किया जाता है, उन्हें प्राकृतिक संख्याएँ कहते हैं। इन्हे 'N' से प्रदर्शित करते हैं।

$N = \{1, 2, 3, ..., \infty\}$

(ii) पूर्ण संख्याएँ (Whole Numbers) : यदि प्राकृतिक संख्याओं में शून्य को भी सम्मिलित कर लिया जाए, तो उन्हें पूर्ण संख्याएँ कहते हैं, इन्हे 'W' से प्रदर्शित करते हैं।

$W = \{0, 1, 2, 3, ..., \infty\}$

(iii) पूर्णांक (Integers) : यदि पूर्ण संख्याओं में ऋणात्मक संख्याओं को सम्मिलित कर लिया जाए, तो प्राप्त संख्याओं को पूर्णाक कहते हैं, इन्हें 'I' या 'Z' से प्रदर्शित करते हैं।

$I = \{-\infty..., -4, -3, -1, 0, +1, +2, +3, +4, ...\infty\}$

धनात्मक पूर्णाकों को I^+ तथा ऋणात्मक पूर्णाकों को I^- से प्रदर्शित करते हैं:

∴ $I^+ = \{+1, +2, +3, +4, +5, +6 ...\}$

$I^- = \{-1, -2, -3, -4, -5, -6 ...\}$

(iv) सम संख्याएँ (Even Numbers) : ऐसी संख्याएँ जो 2 से पूर्णतः विभाजित हो जाती हैं, सम संख्याएँ कहलाती हैं।

जैसे– 2, 4, 6, 8, 10, 12, 14, 16 ...

(v) विषम संख्याएँ (Odd Numbers) : ऐसी संख्याएँ जो 2 से पूर्णतः विभाजित नही होती हैं, विषम संख्याएँ कहलाती हैं।

जैसे– 1, 3, 5, 7, 9, 11, 13, 15, 17 ...

(vi) परिमेय संख्याएँ (Rational Numbers) : ऐसी संख्याएँ जिन्हें $\frac{p}{q}$ के रूप में प्रदर्शित किया जा सकता है। (जहाँ p व q पूर्णांक हैं तथा $q \neq 0$), परिमेय संख्याएँ कहलाती हैं।

जैसे– $\frac{2}{5}, \frac{3}{4}, \frac{11}{7}$ आदि।

(vii) अपरिमेय संख्याएँ (Irrational Numbers) : ऐसी संख्याएँ जिन्हें $\frac{p}{q}$ के रूप में प्रदर्शित नहीं किया जा सकता है। अपरिमेय संख्याएँ कहलाती हैं।

जैसे– $\sqrt{5}, \sqrt{7}, \sqrt{10} - \sqrt{3}, \pi$ आदि।

(viii) भाज्य संख्याएँ (Composite Numbers) : ऐसी संख्याएँ जिनका 1 व स्वयं के अतिरिक्त कम से कम एक गुणनखण्ड अवश्य होता है, भाज्य संख्याएँ कहलाती हैं।

जैसे– 4, 6, 8, 9, 10, 12 ...

(ix) अभाज्य संख्याएँ (Prime Numbers) : ऐसी संख्याएँ जिनका स्वयं और 1 के अतिरिक्त कोई अन्य गुणनखण्ड नहीं होता है अभाज्य संख्याएँ कहलाती हैं।

जैसे– 2, 3, 5, 7, 11, 13, 17, 19, 23, 29, 31 ....

(x) वास्तविक संख्याएँ (Real Numbers) : यदि परिमेय और अपरिमेय संख्याओं को सम्मिलित कर लिया जाए, तो संख्याएँ वास्तविक संख्याएँ कहलाती हैं। इन्हें 'R' से प्रदर्शित करते हैं।

$$R = \frac{1}{\sqrt{2}}, \frac{2}{3}, \sqrt{3}, \pi, (\pi - e) \text{ आदि।}$$

- **जोड़ना (Addition) :** जब एक या एक से अधिक संख्याओं को किसी अन्य संख्या में सम्मिलित किया जाता है, तो इस प्रक्रिया को योग कहते हैं। इसे '+' चिह्न द्वारा प्रदर्शित किया जाता है।

कुछ महत्वपूर्ण नियम

(i) प्रथम 'n' प्राकृतिक संख्याओं का योगफल

$$\frac{\text{अंतिम संख्या} \times (\text{अंतिम संख्या} + 1)}{2}$$

अतः $1 + 2 + 3 + ... + n = \frac{n(n+1)}{2}$

(ii) प्रथम 'n' सम संख्याओं का योगफल

= अंतिम संख्या × (अंतिम संख्या + 1)

अतः $2 + 4 + 6 + 8 + ... + n$ (सम संख्या) $= n(n + 1)$

(iii) प्रथम 'n' विषम संख्याओं का योगफल = (अंतिम संख्या)^2

$1 + 3 + 5 + ... + n$ (विषम संख्या) $= n^2$

- **घटाना (Subtraction) :** जब किसी संख्या में से एक या एक से अधिक संख्याओं को अलग किया जाता है, तो इस प्रक्रिया को अंतर या घटाव कहते हैं। इसे '–' चिह्न से प्रदर्शित किया जाता है।
- **गुणा (Multiplication) :** यदि एक संख्या दूसरी संख्या में उतनी बार जोड़ी जाए, जितनी दूसरी संख्या है या दूसरी संख्या उतनी ही बार जोड़ी जाए, जितनी पहली संख्या दी गई है, तो यह क्रिया गुणन कहलाती है। इसे '×' चिह्न द्वारा प्रदर्शित करते हैं। दो संख्याओं का आपस में गुणा करने पर प्राप्त परिणाम को उन संख्याओं का गुणनफल कहते हैं।
- **भाग (Division) :** यदि किसी संख्या को दूसरी संख्या से विभाजित किया जाता है। तो यह प्रक्रिया भाग कहलाती है। इसे '÷' चिह्न द्वारा प्रदर्शित किया जाता है।

$$\text{भाज्य} = \text{भाजक} \times \text{भागफल} + \text{शेषफल}$$

$$\text{भागफल} = \frac{\text{भाज्य} - \text{शेषफल}}{\text{भाजक}}$$

$$\text{भाजक} = \frac{\text{भाज्य} - \text{शेषफल}}{\text{भागफल}}$$

विशेष स्मरणीय बिन्दु

- 2 केवल एक मात्र सम अभाज्य संख्या है।
- सभी प्राकृतिक संख्याएँ पूर्ण, पूर्णांक परिमेय एवं वास्तविक होती हैं।
- 0 न तो धनात्मक है, न ही ऋणात्मक है।
- एक अंक वाली संख्याओं की संख्या = 9
- दो अंकों वाली संख्याओं की संख्या = 90
- तीन अंकों वाली संख्याओं की संख्या = 900
- चार अंकों वाली संख्याओं की संख्या = 9000
- एक अंक की सबसे बड़ी संख्या 9 तथा सबसे छोटी संख्या 1 है।
- दो अंकों की सबसे बड़ी संख्या 99 तथा सबसे छोटी संख्या 10 है।
- तीन अंकों की सबसे बड़ी संख्या 999 तथा सबसे छोटी संख्या 100 है।
- चार अंकों की सबसे बड़ी संख्या 9999 तथा सबसे छोटी संख्या 1000 है।
- पाँच अंकों की सबसे बड़ी संख्या 99999 तथा सबसे छोटी संख्या 10000 है।

हल सहित उदाहरण

उदाहरण 1. हिन्दू-अरेबिक पद्धति में LXX को क्या लिखा जायेगा?

(a) 75 (b) 70
(c) 80 (d) 60

हलः (b) हिन्द-अरेबिक पद्धति में,

$L \rightarrow 50$

$X \rightarrow 10$

$\therefore$ LXX = (50 + 10 + 10) = 70

उदाहरण 2. 11111 + 1111 + 111 + 11 + 1 का मान होगा–

(a) 12345
(b) 13245
(c) 14325
(d) 15432

हलः (a)

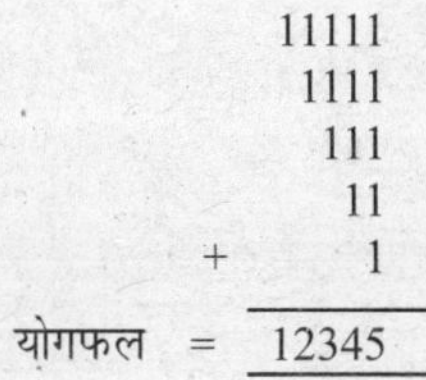

11111
1111
111
11
+ 1
योगफल = 12345

उदाहरण 3. संख्या 43251 में 3 से स्थानीय मान तथा 2 के जातीय मान का योगफल है–

(a) 3200 (b) 3020
(c) 3002 (d) 3005

हलः (c) संख्या 43251 में 3 हजारवें स्थान पर है।

अतः 3 का स्थानीय मान

= (3 × 1000) = 3000

2 का जातीय मान = 2

$\therefore$ अभीष्ट योगफल = (3000 + 2) = 3002

उदाहरण 4. संख्या 2000 की अनुवर्ती एवं पूर्ववर्ती का योगफल होगा–

(a) 4001 (b) 4010
(c) 4100 (d) 4000

हलः (d) 2000 की अनुवर्ती संख्या

= (2000 + 1) = 2001

2000 की पूर्ववर्ती संख्या

= (2000 − 1) = 1999

∴ अभीष्ट योगफल

= (2001 + 1999) = 4000

उदाहरण 5. 40 और 50 के बीच आने वाली अभाज्य संख्याओं का योगफल है–

(a) 131 (b) 133

(c) 135 (d) 141

हल: (a) 40 और 50 के बीच आने वाली अभाज्य संख्याएँ 41, 43 व 47

∴ इनका योगफल = (41 + 43 + 47)

= 131

उदाहरण 6. प्रथम 25 प्राकृतिक संख्याओं का योग है–

(a) 345 (b) 320

(c) 325 (d) 340

हल: (c) प्रथम 'n' प्राकृतिक संख्याओं का योगफल

$= n\left(\frac{n+1}{2}\right)$

यहाँ $n = 25$

प्रथम 25 प्राकृतिक संख्याओं का योगफल

$= 25\left(\frac{25+1}{2}\right) = \left(\frac{25 \times 26}{2}\right)$

$= 25 \times 13 = 325$

उदाहरण 7. 9999 + 999 + 99 + 9 का मान ज्ञात कीजिए।

(a) 11, 112 (b) 11, 150

(c) 11, 106 (d) 11, 112

हल: (c) (9999 + 999 + 99 + 9) = 11,106

उदाहरण 8. 101 को 10 बार जोड़कर उसमें चार अंकों की सबसे छोटी संख्या घटाने पर परिणाम क्या प्राप्त होता है?

(a) 15 (b) 10

(c) 18 (d) 20

हल: (b) 101 को 10 बार जोड़ने पर परिणाम = (101 × 10) = 1010

∴ चार अंकों की सबसे छोटी संख्या = 1000

∴ अभीष्ट उत्तर = (1010 − 1000)

= 10

उदाहरण 9. संख्या 17568 में 7 के स्थानीय मान व जातीय मान का अंतर क्या है?

(a) 6700 (b) 6320

(c) 6993 (d) 6990

हल: (c) संख्या 17568 में 7 का स्थानीय मान 7000 तथा जातीय मान 7 है।

∴ अभीष्ट अंतर = (7000 − 7) = 6993

उदाहरण 10. हिन्दू अरेबिक पद्धति में LXV + MC + LXI का मान होगा-

(a) 11250 (b) 1050

(c) 10226 (d) 1310

हल: (c) हिन्दू अरेबिक पद्धति में

$L \rightarrow 50, \quad X \rightarrow 10, \quad V \rightarrow 5$

$M \rightarrow 1000, \quad C \rightarrow 100$

∴ (LXV + MC + LXI)

= (50 + 10 + 5) + (1000 + 100) + (50 + 10 + 1)

= 65 + 10100 + 61 = 10226

अभ्यास-1

1. **राम को परीक्षा में श्याम से 8 अंक अधिक मिले। अनिल को उसी परीक्षा में राम से 4 अंक अधिक मिले। यदि तीनों को मिलाकर कुल 128 अंक मिले हों, तो राम को मिलने वाले अंक हैं–**

(a) 36 (b) 44

(c) 48 (d) 54

2. **निम्न में से सबसे छोटी संख्या कौन-सी है?**

(a) 7413 (b) 7130

(c) 7985 (d) 7545

3. **9680 × 10 × 14 × 0 × 8 से परिणाम मिलता है–**

(a) 561260 (b) 642976

(c) 912040 (d) शून्य

4. **6-अंकीय छोटी-से-छोटी संख्या तथा 4-अंकीय बड़ी-से-बड़ी संख्या में अंतर है–**

(a) 90001 (b) 91000

(c) 90100 (d) 90010

5. **56 तथा 84 दोनों के लिए निम्न में से कौन-सा सत्य है?**

(a) दोनों अभाज्य संख्याएँ हैं

(b) दोनों सहअभाज्य संख्याएँ हैं

(c) दोनों 14 के गुणज हैं

(d) दोनों विषम संख्याएँ हैं

6. **राम ने एक पुस्तक ₹ 178.50 में ₹ 248.25 की दवाइयाँ खरीदकर ₹ 500 का नोट दुकानदार को दिया। शेष बची राशि है–**

(a) ₹ 126.50 (b) ₹ 70.50

(c) ₹ 75.50 (d) ₹ 73.25

7. **अंकों 7, 2, 4, 8 तथा 0 से बनने वाली बड़ी-से-बड़ी पाँच-अंकीय संख्या, जब एक अंक एक ही बार प्रयोग हो, है–**

(a) 80742 (b) 87042

(c) 87420 (d) 87402

8. **11 तथा 21 के लिए निम्न से क्या तात्पर्य है?**

(a) दोनों भाज्य संख्याएँ हैं

(b) दोनों सम संख्याएँ हैं

(c) दोनों सह-अभाज्य हैं

(d) दोनों 3 के गुणज हैं

9. **7 विभिन्न अंकों से बनी न्यूनतम संख्या तथा 6 विभिन्न अंकों से बनी अधिकतम संख्या का अंतर है–**

(a) 1 (b) 35802

(c) 38502 (d) 999998

10. **5 अंकीय बड़ी-से-बड़ी विषम संख्या, जो अंकों 3, 5, 7, 9 तथा 0 से बनाई जा सकती है–**

(a) 90573

(b) 97530

(c) 97503

(d) 97053

11. **5 अंको वाली बड़ी-से-बड़ी तथा छोटी-से-छोटी संख्या, जो अंकों 0, 3, 6, 8 तथा 9 से बनती है, (प्रत्येक अंक केवल एक बार प्रयोग करने पर) का अंतर है–**

(a) 94941 (b) 61821

(c) 61740 (d) 67941

12. **5 अंकों की बड़ी-से-बड़ी सम संख्या, जो 3, 0, 5, 7 तथा 8 से बनी है, है–**

(a) 83570 (b) 85703

(c) 87530 (d) 87350

13. 1, 3, 0, 9, 7 की सहायता से बनने वाली बड़ी-से-बड़ी संख्या, जब एक अंक का प्रयोग केवल एक बार करना हो, है–
(a) 13079 (b) 97310
(c) 90731 (d) 79031

14. बड़ी-से-बड़ी 7 अंकों की संख्या तथा छोटी-से-छोटी 8 अंकों की संख्या का अंतर है–
(a) 10 (b) 1
(c) 101 (d) 100

15. निम्नलिखित संख्याओं में से सबसे बड़ी संख्या कौन-सी है?
(a) 7122 (b) 7211
(c) 7212 (d) 7221

16. 4300 × 3 × 10 × 0 × 10 का मान है–
(a) 1290000 (b) 4300000
(c) 12900 (d) 0

17. चार अंकों की सबसे बड़ी तथा सबसे छोटी संख्याओं का योगफल है–
(a) 8999 (b) 10999
(c) 11110 (d) 11111

18. सोलह लाख आठ सौ तेरह को लिखा जाता है?
(a) 16813 (b) 160830
(c) 1600813 (d) 160813

19. संख्या 214.56 में अंक का 5 के स्थानीय मान क्या है?
(a) 5 इकाई (b) 5 दहाई
(c) 5 दसवें (d) 5 सौवें

20. 7, 0, 1, 2 तथा 3 से बनने वाली पाँच अंकों की छोटी-से-छोटी सम संख्या क्या है?
(a) 10372 (b) 10237
(c) 73210 (d) 12370

21. निम्नलिखित में से कौन-सी अभाज्य संख्या है?
(a) 91 (b) 93
(c) 95 (d) 97

22. 1 से 25 तक की संख्याओं का योगफल क्या होगा?
(a) 322 (b) 325
(c) 340 (d) 285

23. चार अंकों की सबसे बड़ी संख्या कौन-सी है जिसमें प्रत्येक अंक अलग-अलग हैं?
(a) 9876 (b) 9768
(c) 9867 (d) 9786

24. संख्या 30746 में किस अंक का स्थान-मान सबसे अधिक है?
(a) 3 (b) 7
(c) 4 (d) 6

25. अंको 4, 0 तथा 9 से बनने वाली पाँच अंकों की छोटी-से-छोटी संख्या क्या है?
(a) 40940 (b) 40009
(c) 99940 (d) 90004

26. छोटी-से-छोटी विषम संख्या जो अंकों 1, 0, 3, 4 तथा 5 से बनाई जा सकती है, होगी?
(a) 10345 (b) 10453
(c) 10543 (d) 10534

27. वह छोटी-से-छोटी सम संख्या बताइए जिसका निर्माण 0, 1, 2, 3 से हुआ हो?
(a) 3210 (b) 3201
(c) 1023 (d) 1032

28. चार अंकों की कुल कितनी संख्याएँ बन सकती है?
(a) 9999 (b) 9990
(c) 9000 (d) 8999

29. 1 से 50 के बीच कितनी अभाज्य संख्याएँ हैं?
(a) 15 (b) 14
(c) 25 (d) 24

30. 87, 96, 132 के अंकों से बनी सबसे बड़ी व सबसे छोटी संख्या का अंतर ज्ञात कीजिए?
(a) 5637932 (b) 7863952
(c) 8593532 (d) 8639532

31. सबसे छोटी अभाज्य संख्या क्या है?
(a) 0 (b) 1
(c) 2 (d) 3

32. यदि किन्हीं तीन क्रमागत विषम प्राकृतिक संख्याओं का योग 147 हो, तो बीच वाली संख्या होगी–
(a) 47 (b) 48
(c) 49 (d) 51

33. 1 से लेकर 20 तक की सभी सम संख्याओं का योगफल ज्ञात कीजिए?
(a) 90 (b) 110
(c) 165 (d) 132

34. प्रथम 15 विषम संख्याओं का योगफल क्या होगा?
(a) 156 (b) 225
(c) 256 (d) 129

35. 30 से 50 के बीच कितनी भाज्य संख्याएँ हैं?
(a) 14 (b) 12
(c) 13 (d) 15

36. 857956 में 7 के स्थानीय व जातीय मान में क्या अंतर है?
(a) 7 (b) 6993
(c) 7007 (d) इनमें से कोई नहीं

37. 50 तथा 90 के बीच की सभी अभाज्य संख्याओं का योग कितना है?
(a) 485 (b) 572
(c) 722 (d) 635

उत्तर (हल/संकेत)

1. (b) माना परीक्षा में श्याम को मिले अंक $= x$
तब परीक्षा में राम को मिले अंक $= (x + 8)$
तथा परीक्षा में अनिल को मिले अंक
$= (x + 8 + 4) = (x + 12)$
प्रश्नानुसार,
$x + x + 8 + x + 12 = 128$
$\Rightarrow \quad 3x + 20 = 128$
$\Rightarrow \quad 3x = 128 - 20$
$\Rightarrow \quad 3x = 108$
$\therefore \quad x = \frac{108}{3} = 36$
परीक्षा में राम को मिले अंक $= (x + 8)$
$= (36 + 8) = 44$

2. (b) दी गई सभी संख्याएँ 4 अंकों की हैं। अत: जिस संख्या में सैकड़ा व हजारवें स्थान का मान सबसे कम होगा वही सबसे छोटी संख्या होगी। अत: सबसे छोटी संख्या = 7130

3. (d) हम जानते हैं कि यदि किसी संख्या को शून्य से गुणा किया जाए, तो गुणनफल भी शून्य प्राप्त होता है।
$\therefore \quad 9680 \times 10 \times 14 \times 0 \times 8 = 0$

4. (a) 6 अंकों की सबसे छोटी संख्या = 100000
4 अंकों की सबसे बड़ी संख्या = 9999
$\therefore$ अभीष्ट अंतर = (100000 – 9999)
= 90001

5. (c) $56 = 14 \times 4$ तथा $84 = 14 \times 6$
अत: स्पष्ट है कि दोनों संख्याएँ, 14 की गुणज हैं।

6. (d) राम द्वारा पुस्तक तथा दवाइयाँ खरीदने में खर्च की गई कुल राशि = ₹(178.50 + 248.25)
= ₹426.75
तब दुकानदार द्वारा राम को वापस की गई राशि = ₹(500 – 426.75) = ₹ 73.25

7. (c) यदि हमें दिए गए अंकों का प्रयोग करके सबसे बड़ी संख्या बनाना हो, तो हम इकाई के स्थान पर सबसे छोटी संख्या, दहाई के स्थान पर उससे बड़ी संख्या, सैकड़ा के स्थान पर दहाई से बड़ी संख्या और इसी प्रकार आगे भी क्रम से रखकर सबसे बड़ी संख्या का निर्माण करते हैं।

अत: अंकों 7, 2, 4, 8 तथा 0 से बनने वाली बड़ी-से-बड़ी पाँच-अंकीय संख्या = 87420

8. (c) यदि दो संख्याएँ जिनका म.स. 1 हो, तो वह सह अभाज्य संख्याएँ कहलाती हैं।

11 तथा 21 दोनों सह-अभाज्य हैं।

9. (a) 7 अंकों की न्यूनतम संख्या = 1000000

6 अंकों की अधिकतम संख्या = 999999

अभीष्ट अंतर = (1000000 – 999999) = 1

10. (c) अंक 35, 7, 9 तथा 0 का प्रयोग करके अंकों की बड़ी-से-बड़ी विषम संख्या = 97503

11. (d) 0, 3, 6, 8 व 9 बड़ी-से-बड़ी संख्या = 98630

0, 3, 6, 8 तथा 9 से बनने वाली छोटी-से-छोटी संख्या = 30689

अभीष्ट अंतर = (98630 – 30689) = 67941

12. (c) 3, 0, 5, 7 व 8 अंकों का प्रयोग करके बनने वाली बड़ी-से-बड़ी 5 अंकीय सम संख्या = 87530

13. (b) 1, 3, 6, 9, 7 अंकों का प्रयोग करके बनने वाली बड़ी-से-बड़ी संख्या = 97310

14. (b) 7 अंकों की बड़ी-से-बड़ी संख्या = 9999999

8 अंकों की छोटी-से-छोटी संख्या = 10000000

अभीष्ट अंतर = (10000000 – 9999999) = 1

15. (d) वह संख्या सबसे बड़ी संख्या वह होगी जिसके अंक घटते क्रम में होंगे। ऐसी संख्या 7221 है।

16. (d) किसी भी संख्या में शून्य से गुणा करने पर गुणनफल सदैव शून्य प्राप्त होता है।

अत: $4300 \times 3 \times 10 \times 0 \times 10 = 0$

17. (b) चार अंकीय सबसे बड़ी संख्या = 9999

चार अंकीय सबसे छोटी संख्या = 1000

अभीष्ट योगफल = (9999 + 1000) = 10999

18. (c)

दस लाख	लाख	दस हजार	हजार	सैकड़ा	दहाई	इकाई
1	6	0	0	8	1	3

अत: सोलह लाख आठ सौ तेरह = 1600813

19. (c) 214.56 में, अंक 5, $\frac{1}{10}$ वें स्थान पर है।

अत: 5 का स्थानीयमान = $\frac{5}{10}$

20. (b) 7, 0, 1, 2 व 3 अंकों का प्रयोग करके बनने वाली छोटी-से-छोटी संख्या = 10237

21. (d) $91 = 13 \times 7$; $93 = 31 \times 3$; $95 = 19 \times 5$

किंतु संख्या 97 किसी भी संख्या से विभाजित नहीं होती है। अत: 97 एक अभाज्य संख्या है।

22. (b) 1 से 25 तक की सम संख्याओं का योग

$$\frac{\text{अंतिम संख्या (अंतिम संख्या} + 1)}{2}$$

(यहाँ अंतिम संख्या = 25)

∴ 1 से 25 तक की सम संख्याओं का योग

$= \frac{25(25+1)}{2} = \frac{25 \times 26}{2}$

$= 13 \times 25 = 325$

23. (a) चार अंकों की बड़ी-से-बड़ी ऐसी संख्या के अंक 9, 8, 7 व 6 होंगे। अभीष्ट संख्या = 9876

24. (a) स्पष्ट है, जो संख्या हिंदू-अरेबिक प्रणाली के अनुसार सबसे बड़े स्थान पर होगी, उसका स्थानीयमान सर्वाधिक होगा। अत: दी गई संख्या 30746 में 3 दस हजारवें स्थान पर है। अत: अंक 3 का स्थानीयमान सर्वाधिक होगा।

25. (b) 4, 0 तथा 9 से बनने वाली पाँच अंकों की छोटी-से-छोटी संख्या = 40009

26. (a) 1, 0, 3, 4 तथा 5 से बनाई जाने वाली छोटी-से-छोटी संख्या = 10345

27. (d) अंक 0, 1, 2 तथा 3 से मिलकर बनने वाली छोटी सम संख्या = 1032

28. (c) चार अंकों की बड़ी-से-बड़ी संख्या = 9999

तीन अंकों की संख्या = 999

चार अंकों की कुल संख्याएँ = (9999 – 999) = 9000

29. (a) 1 से 50 के बीच की अभाज्य संख्या = 2, 3, 5, 7, 11, 13, 17, 19, 23, 29, 31, 37, 41, 43 तथा 47

अत: कुल अभाज्य संख्याएँ = 15

30. (d) 87, 97 तथा 132 के अंकों से बनी सबसे बड़ी-से-बड़ी संख्या = 9876321

इन्हीं अंकों से बनी सबसे छोटी-से-छोटी संख्या = 1236789

अभीष्ट अंतर = (9876321 – 1236789) = 8639532

31. (c) सबसे छोटी अभाज्य संख्या 2 है।

32. (a) माना तीन क्रमागत प्राकृति विषम संख्याएँ क्रमशः x, $(x + 2)$ तथा $(x + 4)$ है।

प्रश्नानुसार,

$\Rightarrow \quad x + x + 2 + x + 4 = 147$

$\Rightarrow \quad 3x + 6 = 147$

$\Rightarrow \quad 3x = (147 - 6) = 141$

$\Rightarrow \quad x = \frac{141}{3} = 47$

बीच वाली संख्या = $(x + 2) = (47 + 2) = 49$

33. (b) 1 से 20 तक कुल सम संख्याएँ = 10

∴ प्रथम 'n' सम संख्याओं का योगफल = अंतिम संख्या (अंतिम संख्या + 1)

यहाँ $n = 10$

∴ प्रथम 10 सम संख्याओं का योगफल = 10 (10 + 1) = (10 × 11) = 110

34. (b) प्रथम n विषम संख्याओं का योगफल = (अंतिम संख्या)^2

यहाँ अंतिम संख्या = 15

∴ 15 विषम संख्याओं का योगफल = $15^2 = 225$

35. (a) 30 से 50 के बीच अभाज्य संख्याएँ– 31, 37, 41, 43 तथा 47 होंगी।

30 से 50 के बीच कुल संख्याएँ

अत: भाज्य संख्याएँ = (19 – 5) = 14

36. (b) संख्या 857956 में अंक 7 हजारवें स्थान पर है।

∴ 7 का स्थानीय मान = 7 × 1000 = 7000

7 का जातीय मान = 7

अभीष्ट अंतर = (7000 – 7) = 6993

37. (d) 50 तथा 90 के बीच अभाज्य संख्याएँ = 53, 59, 61, 67, 71, 73, 79, 83 तथा 89

अभीष्ट योग = (53 + 59 + 61 + 67 + 71 + 73 + 79 + 83 + 89) = 635

अभ्यास–2

1. यदि 23200 ÷ 145 = 160 है, 232 ÷ 1.45 बराबर है–

(a) 160 (b) 16
(c) 1.60 (d) 0.16

2. निम्न में से किन संख्याओं के बीच में केवल एक ही अभाज्य संख्या है?

(a) 40 तथा 50 (b) 60 तथा 70
(c) 80 तथा 90 (d) 90 तथा 100

3. 5 अंकीय बड़ी-से-बड़ी तथा छोटी-से-छोटी संख्याओं, जिनमें सभी अंक भिन्न हों, का अन्तर है–

(a) 41976 (b) 88531
(c) 98531 (d) 10899

4. विभिन्न अंकों का प्रयोग 4 अंकीय सबसे छोटी संख्या, जिसमें 9 दहाई के स्थान पर हो, है–

(a) 1290 (b) 1092
(c) 2091 (d) 2190

5. 5, 1, 6 अंकों में से किन्हीं दो अंकों को कितनी ही बार प्रयोग में लाकर बनने वाली 5 अंकों वाली छोटी-से-छोटी संख्या कौन-सी है?

(a) 11656
(b) 51156
(c) 11556
(d) 11655

6. अंकों 4, 0, 6, 7, 3 तथा 8 से बनने वाली पाँच अंकों की बड़ी से बड़ी सम संख्या क्या है?

(a) 70648 (b) 87643
(c) 87634 (d) 87640

7. दो संख्याओं का गुणनफल 18.75 है। यदि एक संख्या दूसरी संख्या की तिगुनी है, बड़ी संख्या है—

(a) 2.5 (b) 3.5
(c) 4.5 (d) 7.5

8. तीन अंकों की बड़ी-से-बड़ी तथा चार अंकों की छोटी-से-छोटी संख्या का योग है—

(a) 1 (b) 1999
(c) 1099 (d) 0999

9. निम्नलिखित चार संख्याओं में से सबसे बड़ी संख्या कौन-सी है?

8080, 8800, 8008, 8880

(a) 8080 (b) 8008
(c) 8880 (d) 8800

10. तेईस लाख छब्बीस हजार पन्द्रह को निम्नलिखित रूप से लिखा जाता है—

(a) 2326045 (b) 232615
(c) 2326015 (d) 23260015

11. 38685 में आठ के स्थानीय मानों का अन्तर है—

(a) 38600 (b) 8685
(c) 7290 (d) 7920

12. 5008×200 के बराबर है—

(a) 1001600 (b) 101600
(c) 1000160 (d) 100160

13. 4350 तथा 2675 के योगफल में और क्या जोड़ना चाहिए, जिससे प्राप्त योगफल 10,000 हो जाए?

(a) 2975 (b) 3075
(c) 2085 (d) 275

14. 5005, 5055, 55055 और 555 का योग क्या होगा?

(a) 65520 (b) 65670
(c) 66520 (d) 66620

15. निम्न में से कौन-सी संख्या सबसे बड़ी है?

45600, 45606, 46506, 40566

(a) 45600 (b) 45606
(c) 46506 (d) 4566

16. चार अंकों की सबसे छोटी संख्या जिसमें प्रत्येक अंक भिन्न है—

(a) 1000 (b) 1023
(c) 1032 (d) 1230

17. पाँच अंकों की सबसे बड़ी संख्या और छः अंकों की सबसे छोटी संख्या का अन्तर है—

(a) 1 (b) 11
(c) 11111 (d) 89999

18. निम्नलिखित में से कौन-सी संख्या एक अभाज्य संख्या नहीं है?

(a) 19 (b) 23
(c) 29 (d) 33

19. निम्नलिखित को आरोही क्रम में लिखिए—

11023, 11032, 12031, 12013

(a) 11023, 12031, 12013, 11032
(b) 11032, 12013, 11023, 12031
(c) 11023, 11032, 12013, 12031
(d) 11032, 11023, 12013, 12031

20. निम्नलिखित में से कौन-सी अभाज्य संख्या है?

(a) 91 (b) 93
(c) 95 (d) 97

21. अंक 1, 0, 5 तथा 7 का प्रयोग कर, चार अंकों की सबसे बड़ी संख्या है—

(a) 1075 (b) 1057
(c) 5017 (d) 7510

22. निम्नलिखित में से सबसे छोटी संख्या कौन-सी है?

(a) 33719 (b) 71933
(c) 91337 (d) 37193

23. 10170 तथा 8369 में कितना अन्तर है?

(a) 1809 (b) 1801
(c) 18439 (d) 18539

24. चार अंकों की कुल कितनी संख्याएँ बन सकती हैं?

(a) 9999 (b) 9990
(c) 9000 (d) 8999

25. संख्या 30,746 में किस अंक का स्थानीय मान सबसे अधिक है?

(a) 3 (b) 7
(c) 4 (d) 6

26. अंक 4, 0 तथा 9 से बनने वाली पाँच अंकों की छोटी-से-छोटी संख्या क्या है?

(a) 40,940 (b) 40,009
(c) 99,940 (d) 90,004

27. दो अंकों की बड़ी-से-बड़ी अभाज्य संख्या है—

(a) 93 (b) 97
(c) 91 (d) 99

28. एक मोपेड का मूल्य ₹ 7,250 है तथा एक स्कूटर का मूल्य उससे ₹ 3,750 अधिक है। दोनों का मिलाकर मूल्य क्या है?

(a) 18,250 रुपए
(b) 11,000 रुपए
(c) 14,750 रुपए
(d) 3,500 रुपए

29. 5 अंकों वाली बड़ी-से-बड़ी संख्या जो अंकों 9, 6, 3 तथा 0 (कोई अंक दो बार प्रयोग किया जा सकता है) से बनती है, है—

(a) 96630 (b) 96300
(c) 99630 (d) 90963

30. निम्नलिखित में से कौन-सी संख्या न्यूनतम है?

(a) 70,707 (b) 70,077
(c) 70,770 (d) 70,070

31. दो संख्याओं का योग 11,009 है। यदि एक संख्या 9,999 है, तो दूसरी संख्या है—

(a) 1,010 (b) 1,110
(c) 2,110 (d) 21,008

32. अंकों 0, 9 तथा 6 से बनी तीन अंकों की बड़ी-से-बड़ी तथा छोटी-से-छोटी संख्याओं का गुणनफल हैं—

(a) 99,900 (b) 5,84,640
(c) 66,240 (d) 8,69,760

33. दो संख्याओं का योग 987654 है। यदि एक संख्या दूसरी संख्या से 20,100 अधिक है, तो बड़ी संख्या क्या है?

(a) 483777 (b) 493877
(c) 503870 (d) 503877

34. अंकों 4, 5, 0 तथा 3 का प्रयोग करके 5 अंकों वाली छोटी-से-छोटी संख्या क्या है (अंकों की पुनरावृत्ति सम्भव है)?

(a) 30450
(b) 30045
(c) 34500
(d) 30540

35. निम्न संख्याओं को बढ़ते क्रम में लगाइए—
98230, 98023, 89320, 98032

(a) 98230, 98023, 89320, 98032
(b) 89320, 98230, 98032, 98023
(c) 89320, 98032, 98023, 98230
(d) 89320, 98023, 98032, 98230

36. अंकों 9, 8 तथा 0 का प्रयोग कर (जब प्रत्येक अंक को केवल एक बार ही प्रयोग किया जा सकता है) कुल कितनी प्राकृत संख्याएँ बनाई जा सकती हैं?

(a) 4 (b) 7
(c) 8 (d) 10

37. 2-अंकीय ऐसी अभाज्य संख्याएँ कितनी होंगी, जिनका प्रत्येक अंक भी अभाज्य संख्या हो?

(a) 3 (b) 4
(c) 6 (d) 9

38. संख्याओं 45405, 45450, 45504, 45449 का घटता क्रम है—

(a) 45504, 45450, 45449, 45405
(b) 45405, 45449, 45450, 45504
(c) 45450, 45504, 45405, 45449
(d) 45504, 45405, 45449, 45450

39. 5 अंकीय बड़ी-से-बड़ी विषम तथा छोटी-से-छोटी विषम संख्याओं, जो अंकों 0, 3, 6, 7 तथा 9 (अंकों की पुनरावृत्ति नहीं करनी है) से बनी हैं, में अन्तर है—

(a) 66951
(b) 66924
(c) 20700
(d) 19564

40. संख्या 59368 में सबसे अधिक स्थानीय मान किसका है?

(a) 9 का (b) 8 का
(c) 5 का (d) 6 का

41. पाँच अंकों की बड़ी-से-बड़ी तथा छोटी-से-छोटी संख्याओं का योगफल कितना होगा?

(a) 100999
(b) 10999
(c) 109999
(d) 1009999

उत्तर (हल/संकेत)

1. (b) दिया है, 23200 ÷ 145= 160

$\therefore \quad 232 \div 1.45 = \dfrac{2320}{145} = 16$

2. (d) संख्या 90 और 100 के बीच केवल एक अभाज्य संख्या '97' है।

3. (b) 5 अंक की सबसे बड़ी संख्या = 98765
तथा 5 अंक की सबसे छोटी संख्या = 10234
$\therefore$ अभीष्ट अन्तर = 98765 – 10234 = 88531

4. (b) 4 अंकों की सबसे छोटी संख्या जिसके दहाई के स्थान पर 9 हो, 1092 है।

5. (c) अंक 5, 1, 6 से बनी 5 अंकों की सबसे छोटी संख्या (किन्हीं दो संख्याओं का दो बार प्रयोग करके) = 11556

6. (d) अंकों की 4, 0, 6, 7, 3 और 8 से बनने वाली पाँच अंकों की बड़ी-से-बड़ी सम संख्या = 87640

7. (d) माना बड़ी संख्या और छोटी संख्या क्रमशः x और y हैं।

प्रश्नानुसार, $xy = 18.75$
$x = 3y$ (दिया है)
$3y^2 = 18.75 \Rightarrow y^2 = 6.25$
$\Rightarrow \quad y = 2.5$
अतः बड़ी संख्या $x = 3y = 3 \times 2.5 = 7.5$

8. (b) तीन अंकों की सबसे बड़ी संख्या = 999
चार अंकों की सबसे छोटी संख्या = 1000
अभीष्ट योगफल = (1000 + 999)
= 1999

9. (c) अभीष्ट सबसे बड़ी संख्या = 8880

10. (c) $\therefore$

दस लाख	लाख	दस हजार	हजार	सैंकड़ा	दहाई	इकाई
2	3	2	6	0	1	5

11. (d) संख्या 38685 में 8 के स्थानीय मान क्रमशः 8000 और 80 हैं।
$\therefore$ अभीष्ट अन्तर = 8000 – 80 = 7920

12. (a) 5008 × 200 = 1001600

13. (a) अभीष्ट संख्या
= 10000 – (4350 + 2675)
= 10000 – 7025
= 2975

14. (b) 5005 + 5055 + 55055 + 555 = 65670

15. (c) सबसे बड़ी संख्या = 46506

16. (b) दी गई संख्या में से चार अंकों की सबसे छोटी संख्या = 1023

17. (a) 100000 (छह अंकों की सबसे छोटी संख्या)
– 099999 (पाँच अंकों की सबसे बड़ी संख्या)
00000 1 अभीष्ट उत्तर = 1

18. (d) 33 = 11 × 3

19. (c) दी गई संख्याओं का आरोही क्रम 11023 < 11032 < 12013 < 12031

20. (d) $\because$ 91 ÷ 7 = 13
93 ÷ 3 = 31
95 ÷ 5 = 19

लेकिन 97 एक ऐसी संख्या है, जो 1 और 97 के अलावा किसी संख्या से भाग देने पर पूर्णतः विभाजित नहीं होगी।

21. (d) अंक 1, 0, 5, 7 का प्रयोग करके चार अंकों की सबसे बड़ी संख्या 7510 होगी।

22. (a) अंकों को घटते हुए क्रम में लगाने पर
91337 > 71933 > 37193 > 33719
अतः सबसे छोटी संख्या 33719 होगी।

23. (b) अभीष्ट अन्तर = 10170 – 8369
= 1801

24. (c) चार अंकों की कुल संख्याएँ
= 4 अंकों की सबसे बड़ी संख्या – 3 अंकों की सबसे बड़ी संख्या
= 9999 – 999 = 9000

25. (a) संख्या 30,746 में अंक 3 दस हजार के स्थान पर है। अतः तीन का स्थानीय मान सबसे अधिक है।

26. (b) अंक 4, 0 तथा 9 से बनने वाली 5 अंकों की छोटी से छोटी संख्या = 40,009

27. (b) दो अंकों की बड़ी-से-बड़ी अभाज्य संख्या = 97

28. (a) $\because$ मोपेड का मूल्य =7250 रु.
$\therefore$ स्कूटर का मूल्य = (7250 + 3750) रु.
= 11000 रु.
अतः मोपेड व स्कूटर का कुल मूल्य
= 7250 + 11000
= 18250 रु.

29. (c) 9, 6, 3 तथा 0 अंक से बनने वाली 5 अंकों की बड़ी-से-बड़ी संख्या (कोई अंक दो बार प्रयोग किया जाता है) = 99630

30. (d) न्यूनतम संख्या = 70,070

31. (a) दो संख्याओं का योग = 11,009
$\because$ एक संख्या = 9,999
$\because$ दूसरी संख्या = 11,009 – 9,999
= 1,010

32. (b) अंकों 0, 9 और 6 बनी तीन अंकों की बड़ी-से-बड़ी संख्या = 960
छोटी-से-छोटी संख्या = 609

अभीष्ट गुणनफल = 960 × 609

= 5,84,640

33. (d) माना छोटी संख्या = x

तब, बड़ी संख्या = $(x + 20100)$

प्रश्नानुसार,

$$x + (x + 20100) = 987654$$
$$\Rightarrow 2x + 20100 = 987654$$
$$\Rightarrow 2x = (987654 - 20100) = 967554$$
$$\Rightarrow x = \frac{967554}{2} = 483777$$

$\therefore$ बड़ी संख्या $= (x + 20100) = (483777+20100) = 503877$

34. (b) 4, 5, 0, 3 अंकों का प्रयोग करके 5 अंकों की छोटी-से-छोटी संख्या (अंकों की पुनरावृत्ति सम्भव है) = 30045

35. (d) संख्याओं का बढ़ता हुआ क्रम : 89320 < 98023 < 98032 < 98230

36. (d) अंकों 9, 8 व 0 का प्रयोग करके बनने वाली संख्याएँ

= 8, 9, 80, 89, 90, 98, 809, 890, 908 व 980

$\therefore$ अभीष्ट संख्याएँ = 10

37. (b) दो अंकों की अभाज्य संख्याएँ, जो कि अभाज्य संख्याओं से बनेंगी 23, 37, 53 और 73 होंगी।

38. (a) संख्याओं का घटता हुआ क्रम–

45504 > 45450 > 45449 > 45405

अत: 45504, 45450, 45449 व 45405

39. (b) अंक 0, 3, 6, 7 व 9 का प्रयोग करके बनाई गई पाँच अंकों की बड़ी-से-बड़ी विषम संख्या = 97603

अंक 0, 3, 6, 7 व 9 का प्रयोग करके बनाई गई पाँच अंकों की सबसे छोटी विषम संख्या = 30679

अभीष्ट अन्तर = (97603 – 30679) = 66,924

40. (c) 59368 में 5 का स्थानीय मान = 50000

59368 में 9 का स्थानीय मान = 9000

59368 में 3 का स्थानीय मान = 300

59368 में 6 का स्थानीय मान = 60

59368 में 8 का स्थानीय मान = 8

अत: दी गई संख्या में 5 का स्थानीय मान सबसे अधिक है।

41. (c) पाँच अंकों की सबसे बड़ी संख्या

= 99,999

पाँच अंकों की सबसे छोटी संख्या = 10,000

$\therefore$ अभीष्ट योगफल = 99999 + 10000

= 109999

❑❑❑

अध्याय

2

पूर्ण संख्याएँ

मौलिक संक्रियाएँ (Fundamental Operations) : यदि a, b व c धन पूर्णांक संख्याएँ हैं, तो ये संख्याएँ निम्नलिखित नियमों का पालन करती हैं–

(i) संवरक नियम (Closure Law) : इसके अंतर्गत पूर्ण संख्याएँ जोड़ तथा गुणन की क्रियाओं को संतुष्ट करती है।

(a) $a + b =$ धन पूर्णांक संख्या (योग के लिए)

जैसे, $3 + 4 = 7$

$8 + 9 = 17$

(b) $a \times b =$ धन पूर्णांक संख्या (गुणन के लिए)

जैसे, $4 \times 3 = 12$

$7 \times 5 = 35$

(ii) क्रमविनिमेय नियम (Commutative Law) :

(a) $a + b = b + a$ (योग के लिए)

जैसे, $(5 + 7) = (5 + 7) = 12$

$(9 + 8) = (8 + 9) = 17$

(b) $a \times b = b \times a$ (गुणन के लिए)

जैसे, $4 \times 5 = 5 \times 4 = 20$

$7 \times 6 = 6 \times 7 = 42$

(iii) साहचर्य नियम (Associative Law) :

(a) $a + (b + c) = (a + b) + c$ (योग के लिए)

जैसे, $2 + (3 + 4) = (2 + 3) + 4 = 9$

$5 + (6 + 8) = (5 + 6) + 8 = 19$

(b) $a \times (b \times c) = (a \times b) \times c$ (गुणन के लिए)

जैसे, $2 \times (3 \times 4) = (2 \times 3) \times 4 = 24$

$4 \times (5 \times 6) = (4 \times 5) \times 6 = 120$

(iv) बंटन नियम (Distributive Law) :

(a) $a \times (b + c) = a \times b + a \times c$

जैसे, $4 \times (5 + 6) = 4 \times 5 + 4 \times 6$

$= (20 + 24) = 44$

$2 \times (3 + 4) = 2 \times 3 + 2 \times 4$

$= (6 + 8) = 14$

(b) $(a + b) \times c = a \times c + b \times c$

जैसे, $(2 + 3) \times 5 = 2 \times 5 + 3 \times 5$

$= (10 + 15) = 25$

$(3 + 4) \times 6 = 3 \times 6 + 4 \times 6$

$= (18 + 24) = 42$

संख्या में इकाई का अंक ज्ञात करना : यदि कोई बड़ी घात वाली संख्या में इकाई का अंक ज्ञात करना होता है, तो इस स्थिति में दी गई घात में 4 का भाग दिया जाता है तथा जो शेष प्राप्त होता है। उसे उस संख्या की घात मानते हैं। हम चार का भाग इसलिए देते हैं, कि प्रत्येक 4 की घात के पुनरावृत्ति होने पर इकाई का वही अंक प्राप्त होता है।

जैसे–

$(2)^1 = 2$ $(2)^5 = 32$

$(2)^2 = 4$ $(2)^6 = 64$

$(2)^3 = 8$ $(2)^7 = 128$

$(2)^4 = 16$ $(2)^8 = 256$

स्पष्ट है 4 की घात के बाद इकाई अंक की पुनरावृत्ति होती है।

$(2)^4$ के गुणजों में इकाई का अंक $= 6$

$(3)^4$ के गुणजों में इकाई का अंक $= 1$

$(4)^4$ के गुणजों में इकाई का अंक $= 6$

$(5)^4$ के गुणजों में इकाई का अंक $= 5$

$(6)^4$ के गुणजों में इकाई का अंक $= 6$

$(7)^4$ के गुणजों में इकाई का अंक $= 1$

$(8)^4$ के गुणजों में इकाई का अंक $= 6$

$(9)^4$ के गुणजों में इकाई का अंक $= 1$

उदाहरण 1 **$(619)^{58}$ में इकाई का अंक ज्ञात कीजिए।**

हल: 619 में इकाई का अंक $= 9$

$\therefore$ $(9)^{58}$ में इकाई का अंक $= \left\{(9^4)^{14} \times 9^2\right\}$ में इकाई का अंक

$= (1 \times 9^2)$ में इकाई का अंक

$= 81$ में इकाई का अंक $= 1$

विभाज्यता की जाँच

2 से विभाज्यता (Divisibility by 2) : यदि किसी संख्या का इकाई का अंक शून्य या 2 का गुणज हो, तो वह संख्या सदैव 2 से विभाज्य होगी।

जैसे– 2544, 3754, 15000 आदि 2 से विभाज्य हैं।

3 से विभाज्यता (Divisibility by 3) : यदि किसी संख्या के अंकों का योग 3 से विभाज्य हो, तो वह संख्या सदैव 3 से विभाज्य होगी।

जैसे– 18762, 137622 आदि 3 से विभाज्य हैं।

4 से विभाज्यता (Divisibility by 4) : यदि किसी संख्या के अंतिम दो अंक 4 से विभाज्य हों, तो वह संख्या सदैव 4 से विभाज्य होगी।

जैसे– 1848, 17624, 15832 आदि 4 से विभाज्य हैं।

5 से विभाज्यता (Divisibility by 5) : यदि किसी संख्या के इकाई का अंक 0 या 5 हो, तो वह संख्या सदैव 5 से विभाज्य होगी।

जैसे– 18725, 17565, 10000 आदि 5 से विभाज्य हैं।

6 से विभाज्यता (Divisibility by 6) : यदि कोई संख्या 2 व 3 दोनों से पूर्णतः विभाज्य हो, तो वह संख्या 6 से सदैव पूर्णतः विभाज्य होगी।

जैसे– 1296, 7776, दोनों संख्याएँ 2 व 3 से विभाज्य हैं। इसलिए ये संख्याएँ सदैव 6 से पूर्णतः विभाज्य होंगी।

7 से विभाज्यता (Divisibility by 7) : यदि किसी संख्या के अंतिम अंक में 2 से गुणा करके शेष बची संख्या में घटाने पर प्राप्त संख्या 7 से विभाजित हो, तो वह संख्या सदैव 7 से विभाज्य होगी। यदि संख्या अधिक बड़ी हो, तो यह क्रिया तब तक दोहराते हैं, जब तक कि हमें 9से विभाज्य सबसे छोटी संख्या प्राप्त न हो जाए।

उदाहरण **16807, 7 से विभाज्य है या नहीं, जाँच कीजिए।**

हल: 16807 में इकाई का अंक = 7

इकाई के अंक में 2 का गुणा करने पर प्राप्त गुणनफल = 2 × 7 = 14

अब शेष बची संख्या = 1680

इस संख्या में 14 घटाने पर प्राप्त संख्या = (1680 – 14) = 1666

पुन: इस संख्या के इकाई के अंक में 2 से गुणा करने पर प्राप्त गुणनफल

= 6 × 2 = 12

अब शेष बची संख्या = 166

इस संख्या में 12 घटाने पर,

166 – 12 = 154

∴ 154, 7 से पूर्णतः विभाज्य है

∴ संख्या 16807, 7 से पूर्णतः विभाज्य होगी।

8 से विभाज्यता (Divisibility by 8) : यदि किसी संख्या के अंतिम तीन अंक 8 से विभाज्य हो, तो वह संख्या सदैव 8 से पूर्णतः विभाज्य होगी।

जैसे– 18816, 235328 आदि 8 से विभाज्य हैं।

9 से विभाज्यता (Divisibility by 9) : यदि किसी संख्या के अंकों का योग 9 से विभाज्य हो, तो वह संख्या अवश्य ही 9 से विभाज्य होगी।

जैसे– 1562562 में संख्या के अंकों का योग

= (1 + 5 + 6 + 2 + 5 + 6 + 2) = 27

∴ 27, 9 से पूर्णतः विभाज्य है

∴ संख्या 1562562, 9 से पूर्णतः विभाज्य होगी।

10 से विभाज्यता (Divisibility by 10) : यदि किसी संख्या के इकाई का अंक 0 शून्य हो, तो वह संख्या सदैव 10 से विभाज्य होगी।

जैसे– 15870, 10000 आदि संख्याएँ 10 से पूर्णतः विभाज्य हैं।

11 से विभाज्यता (Divisibility by 11) : यदि किसी संख्या के सम तथा विषम स्थानों के अंकों के योग का अंतर 0 या 11 से पूर्णतः विभाज्य हो, तो वह संख्या सदैव 11 से पूर्णतः विभाज्य होगी।

उदाहरण **161051, 11 से विभाज्य है या नहीं जाँच कीजिए।**

हल: संख्या के सम स्थानों का योग = (6 + 0 + 1) = 7

संख्या के विषम स्थानों का योग = (1 + 1 + 5) = 7

अंतर = (7 – 7) = 0

∴ यह अंतर 0 है, अतः संख्या 161051, 11 से पूर्णतः विभाज्य है।

12 से विभाज्यता (Divisibility by 12) : यदि कोई संख्या 3 व 4 से पूर्णतः विभाज्य हो, तो वह संख्या सदैव 12 से पूर्णतः विभाज्य होगी।

जैसे– 16812, 61788 आदि 3 व 4 से विभाज्य है इसलिए ये संख्याएँ सदैव 12 से पूर्णतः विभाज्य होंगी।

13 से विभाज्यता (Divisibility by 13) : यदि किसी संख्या के अंतिम अंक को 4 से गुणा करके शेष बची संख्या में जोड़ने पर प्राप्त संख्या 13 से विभाज्य हो, तो वह संख्या 13 से पूर्णतः विभाज्य होगी। यदि संख्या बड़ी हो, तो यह क्रिया तब तक दोहराते हैं जब तक कि 13 से विभाज्य सबसे छोटी संख्या प्राप्त न हो जाए।

उदाहरण **28561, 13 से विभाज्य है या नहीं, जाँच कीजिए।**

हल: 28561 में अंतिम अंक = 1

अंतिम अंक में 4 का गुणा करने पर प्राप्त गुणनफल = 1 × 4 = 4

अब अंतिम अंक को हटा देने पर शेष बची संख्या = 2856

इस संख्या में 4 को जोड़ने पर प्राप्त संख्या = (2856 + 4) = 2860

इस संख्या का अंतिम अंक = 0

इस संख्या के अंतिम अंक में 4 का गुणा करने पर प्राप्त गुणनफल = 0

शेष बची संख्या = 286

इस संख्या का अंतिम अंक = 6

अब इस संख्या के अंतिम अंक में 4 का गुणा करने पर प्राप्त गुणनफल

= (6 × 4) = 24

अंतिम अंक को हटा देने पर शेष बीच संख्या = 28

इस संख्या में 24 जोड़ने पर प्राप्त संख्या = (28 + 24) = 52

∴ 52, 13 से विभाज्य है

∴ संख्या 28561, 13 से विभाज्य है।

14 से विभाज्यता (Divisibility by 14) : यदि कोई संख्या 2 व 7 दोनों से पूर्णतः विभाज्य हो, तो वह संख्या 14 से सदैव विभाज्य होगी।

जैसे– संख्या 2744, 2 व 7 दोनों से विभाज्य है, इसलिए संख्या 2744, 14 से पूर्णतः विभाज्य है।

15 से विभाज्यता (Divisibility by 15) : यदि कोई संख्या 5 व 3 दोनों से विभाज्य हो, तो वह संख्या 15 से सदैव विभाज्य होगी।

जैसे– संख्या 3375, 5 व 3 दोनों से विभाज्य है। इसलिए संख्या 3375, 15 से पूर्णतः विभाज्य है।

25 से विभाज्यता (Divisibility by 25) : यदि किसी संख्या के अंतिम दो अंक 25 से विभाज्य हों, तो वह संख्या सदैव 25 से विभाज्य होगी।

जैसे–18700, 16525, 17175 आदि सभी संख्याएँ 25 से पूर्णतः विभाज्य हैं।

हल सहित उदाहरण

उदाहरण 1. रीमा ने ₹ 491 की एक घड़ी खरीदी तथा ₹ 612 का एक पर्श खरीदा। रीमा ने दुकानदार को ₹ 1500 दिए, तो दुकानदार उसको कितने रुपए वापस करेगा?

(a) ₹ 397 (b) ₹ 395
(c) ₹ 315 (d) ₹ 318

हल: (a) रीमा द्वारा सामान खरीदने में खर्च किया गया धन

= ₹ (491 + 612) = ₹ 1103

∴ दुकानदार द्वारा रीमा को वापस मिले रुपए

= ₹ (1500 – 1103) = ₹ 397

उदाहरण 2. यदि किसी संख्या को 32 से भाग देने पर 29 शेषफल बचता है, तो उसी संख्या को 8 से भाग देने पर शेषफल ज्ञात कीजिए।

(a) 4 (b) 5
(c) 3 (d) 6

हल: (b) माना भागफल = x

तब संख्या = $32x + 29$

$= 8 \times 4x + (8 \times 3) + 5 = 8(4x + 3) + 5$

अतः शेषफल = 5

उदाहरण 3. संख्या 2 * 425, यदि 9 से पूर्णतः विभाजित हो, तो ' के स्थान पर कौन-सा अंक आयेगा?

(a) 4 (b) 5
(c) 6 (d) 7

हलः (a) यदि किसी संख्या के अंकों का योग 9 से विभाज्य हो, तो वह संख्या सदैव 9 से विभाज्य होती है।

अतः $(2 + * + 4 + 3 + 5) = (14 + *)$,

$\because$ 14 से निकटतम 9 से विभाज्य संख्या 18 है।

अतः $(14 + *) = 18$

$\Rightarrow * = (18 - 14) = 4$

उदाहरण 4. 4 अंकों की सबसे छोटी संख्या तथा तीन अंकों की सबसे बड़ी संख्या का गुणनफल ज्ञात कीजिए।

(a) 110000 (b) 215000
(c) 945000 (d) 999000

हलः (d) 4 अंकों की सबसे छोटी संख्या = 1000

3 अंकों की सबसे बड़ी संख्या = 999

$\therefore$ अभीष्ट गुणनफल = (999×1000)

= 999000

उदाहरण 5. $(729)^{59}$ में इकाई का अंक है–

(a) 3 (b) 9
(c) 4 (d) 1

हलः (b) $(729)^{59}$ में इकाई का अंक = $(9)^{59}$ में इकाई का अंक

= $(9^4)^{14} \times 9^3$ में इकाई का अंक

= (1×729) में इकाई का अंक = 9

उदाहरण 6. चार अंकों की वह बड़ी से बड़ी संख्या क्या होगी, जो 88 से पूरी तरह विभाजित हो जाए?

(a) 9983 (b) 9944
(c) 9937 (d) 9930

हलः (b) चार अंकों की सबसे बड़ी संख्या = 9999

$\therefore$ 9999 में 88 से भाग देने पर शेषफल = 55

$\therefore$ अभीष्ट संख्या = $(9999 - 55) = 9944$

उदाहरण 7. यदि किसी संख्या को 84 से विभाजित किया जाता है, तो शेषफल 37 बचता है। यदि उसी संख्या को 21 से विभाजित किया जाए, तो शेषफल कितना बचेगा?

(a) 16 (b) 8
(c) 12 (d) 15

हलः (a) माना किसी सख्या को 84 से विभाजित करने पर भागफल = K

$\therefore$ संख्या = $84K + 37$

= $21 \times 4K + 21 \times 1 + 16$

= $21(4K + 1) + 16$

अतः संख्या को 21 से भाग देने पर शेषफल 16 बचेगा।

उदाहरण 8. यदि 24446 को किसी संख्या से विभाजित करने पर भागफल 79 तथा शेषफल 35 बचता है, तो संख्या है?

(a) 301 (b) 302
(c) 309 (d) 311

हल : (c) भाज्य = भाजक × भागफल + शेषफल

24446 = भाजक × 79 + 35

$\Rightarrow$ भाजक × 79 = 24446 – 35

$\Rightarrow$ भाजक = $\frac{24411}{79} = 309$

$\therefore$ अभीष्ट संख्या = 309

अभ्यास–1

1. 5–अंकीय छोटी-से-छोटी संख्या, जो 75 से पूर्णतया विभाजित है, है–

(a) 10025 (b) 10005
(c) 10075 (d) 10050

2. 893645 तथा 635489 के योग से जो संख्या घटाने पर संख्या 1000000 प्राप्त हो, वह संख्या है–

(a) 106355 (b) 364511
(c) 51329 (d) 529134

3. प्रथम दस अभाज्य संख्याओं के गुणनफल में इकाई के स्थान का अंक है–

(a) 6 (b) 4
(c) 2 (d) 0

4. (3207 × 12 × 17 × 13) के गुणनफल में इकाई का अंक है–

(a) 0 (b) 3
(c) 4 (d) 7

5. दो संख्याओं का योग 234560 है। यदि एक संख्या दूसरी संख्या से 10010 अधिक है, तो बड़ी संख्या क्या होगी?

(a) 112275 (b) 122285
(c) 132285 (d) 117280

6. संख्या 5.029 को किस संख्या से भाग किया जाए, कि 50.29 प्राप्त हो?

(a) 0.01 (b) 0.1
(c) 1.0 (d) 10.0

7. अमित अपने जन्मदिन पर कक्षा में सभी छात्रों को एक पार्टी देता है। इसके लिए उसने बिस्कुट के 4 डिब्बे खरीदे प्रत्येक डिब्बे में 8 बिस्कुट हैं। यदि उसकी कक्षा में 28 छात्र हों, तो प्रत्येक छात्र को एक बिस्कुट देने के बाद निम्न में से कौन-सा व्यंजक बचे हुए बिस्कुटों की संख्या दर्शाता है?

(a) (4 × 8) – 28 = _____
(b) 36 – (4 × 8) = _____
(c) (28 – 8) × 4 = _____
(d) (4 × 8) – 28 = _____

8. 959595 इनमें से बड़ी-से-बड़ी संख्या जिससे विभाज्य है–

(a) 47 (b) 17
(c) 19 (d) 37

9. एक कार पार्क में 14 पंक्तियाँ हैं। प्रत्येक पंक्ति में 420 कारों के खड़े करने का स्थान है। पार्क में कुल कितनी कारें खड़ी हो सकती है?

(a) 5880 (b) 434
(c) 406 (d) 30

10. एक स्कूल में 26 कमरे हैं। प्रत्येक कमरे में 4 पौधे लगाए गए हैं। यदि 1 पौधे में 2 कप पानी डाला जाता हो, तो कुल कितने कप पानी सभी पौधों के लिए चाहिए?

(a) 32 (b) 106
(c) 112 (d) 208

11. * के किस मान के लिए संख्या 56 * 890, 13 से पूर्णतया विभाजित होगी?

(a) 1 (b) 3
(c) 5 (d) 7

12. यदि तीन संख्याओं का गुणनफल 7980 है जिनमें दो संख्याओं का गुणनफल 228 है, तो तीसरी संख्या क्या है?
(a) 25 (b) 15
(c) 16 (d) 35

13. 4006, 4055, 44004 और 444 का योगफल क्या होगा?
(a) 52209 (b) 52409
(c) 52509 (d) 52309

14. किस संख्या में 17 से भाग देने पर भागफल 23 और शेष 7 बचता है?
(a) 368 (b) 328
(c) 358 (d) 398

15. 5618 और 3845 में और क्या जोड़ना चाहिए जिससे प्राप्त योगफल 12850 हो जाए?
(a) 3387 (b) 3247
(c) 3347 (d) 3267

16. 2408 × 200 बराबर है–
(a) 480160 (b) 480016
(c) 481600 (d) 461600

17. 93.40 को 0.015 से भाग देने पर लगभग उत्तर क्या होगा?
(a) 0.6 (b) 60
(c) 600 (d) 6000

18. भाग के प्रश्न में यदि भाजक 51, भागफल 16 तथा शेषफल 27 है, तो भाज्य होगा–
(a) 843 (b) 483
(c) 94 (d) 1393

19. 13013 संख्या 13 से विभक्त होती है। पाँच अंकों की छोटी-से-छोटी संख्या ढूँढ़िए जो 14 से आरम्भ होती हो और 13 विभक्त होती हो।
(a) 140027 (b) 14014
(c) 14040 (d) 14001

20. 10101 को 17 से गुणा करने पर गुणनफल होता है–
(a) 171717 (b) 170017
(c) 17017017 (d) 1717017

21. 10170 तथा 8369 में कितना अंतर है?
(a) 1801 (b) 18539
(c) 1809 (d) 18439

22. 7587 + 1613 – 2600 बराबर है–
(a) 6600 (b) 7200
(c) 6500 (d) 5630

23. 5632 × 997 बराबर है–
(a) 5615100
(b) 4973228
(c) 787500
(d) इनमें से कोई नहीं

24. 39497 में कौन-सी छोटी संख्या जोड़ी जाए कि योगफल 3 से पूर्णत: विभाजित हो जाए?
(a) 0 (b) 1
(c) 2 (d) 4

25. 56879 – 17652 – 12625 बराबर है–
(a) 36832 (b) 26602
(c) 17587 (d) 26502

26. संख्या 1253750 निम्नलिखित से विभाज्य है–
(a) 5, 7 (b) 2, 3
(c) 5, 10 (d) 1, 4

27. यदि 5432*7, 9 से विभाज्य हो, तो * के स्थान पर जो अंक होगा, वह है–
(a) 0 (b) 1
(c) 6 (d) 9

28. 500 तक ऐसी कितनी संख्याएँ हैं, जो 3 या 5 दोनों से विभाज्य है?
(a) 250 (b) 240
(c) 233 (d) 210

29. $x * y = (x + 2)^2 (y - 2)$, हो, तो 7*5 का मान क्या है?
(a) 175 (b) 205
(c) 213 (d) 243

30. निम्नलिखित में से कौन-सी संख्या 4 से विभाजित होगी?
(a) 14568 (b) 14971
(c) 45679 (d) 23681

31. निम्नलिखित में से कौन-सी संख्या 45 से विभाजित होगी?
(a) 181560 (b) 331145
(c) 202860 (d) इनमें से कोई नहीं

32. 33 को किस संख्या से भाग देने पर भागफल 55 होगा?
(a) $\frac{2}{5}$ (b) $\frac{3}{5}$
(c) $\frac{6}{5}$ (d) $\frac{4}{5}$

33. 4318 में किस संख्या से भाग दें कि भागफल 17 आए?
(a) 253 (b) 254
(c) 259 (d) 364

34. 9554 को 39 से गुणा करने पर इकाई स्थान पर अंक होगा?
(a) 1
(b) 3
(c) 8
(d) इनमें से कोई नहीं

35. गुणनफल 584 × 128 × 617 × 413 में इकाई का अंक क्या होगा?
(a) 2 (b) 3
(c) 4 (d) 5

36. बिना भाग की क्रिया के यह ज्ञात कीजिए कि संख्या 1234567895 संख्या 11 से पूर्णत: विभाजित होगी या नहीं।
(a) हाँ
(b) नहीं
(c) दोनों
(d) ज्ञात नहीं किया जा सकता

37. पाँच अंकों की वह बड़ी से बड़ी संख्या कौन-सी है, जो 91 से पूर्णतया विभक्त है?
(a) 99918 (b) 99921
(c) 99981 (d) 99971

38. 845 में 5 घटाने पर संख्या 42 से पूर्णतया विभाजित होती है, तो भागफल बताइए?
(a) 22 (b) 20
(c) 21 (d) 24

39. 45^4 में इकाई स्थान पर अंक होगा–
(a) 0
(b) 5
(c) 9
(d) इनमें से कोई नहीं

40. सन् 1968 के जनवरी, फरवरी तथा मार्च के महीनों के दिनों का योगफल ज्ञात कीजिए?
(a) 89 (b) 90
(c) 91 (d) 92

उत्तर (हल/संकेत)

1. (d) 5 अंकों की छोटी से छोटी संख्या
= 10000

10000 से 75 से भाग करने पर

```
75) 10000 (133
    75
    250
    225
     250
     225
      25
```

अत: 75 से पूर्णत: विकल्प

संख्या = 10000 + (75 – 25)
= (10000 + 50)
= 10050

2. (d) प्रश्नानुसार, (893645 + 635489)
= 1529134

∴ घटाई जाने वाली संख्या
= 1529134 – 1000000 = 529134

3. (d) प्रथम दस अभाज्य संख्याएँ निम्नवत् है:
2, 3, 5, 7, 11, 13, 17, 19, 23, 29

इनके गुणनफल में अभीष्ट इकाई अंक इस प्रकार होगा–

2 × 3 × 5 × 7 × 11 × 13 × 17 × 19 × 23 × 29

में इकाई अंक = 0

नोट क्योंकि 2 × 5 = 10 में किसी भी संख्या का गुणा करें, तो इकाई अंक शून्य प्राप्त होगा।

4. (c) $(3207 \times 12 \times 17 \times 13)$ के गुणनफल में इकाई का अंक

यहाँ 3207 में इकाई का अंक = 7

12 में इकाई का अंक = 2

17 में इकाई का अंक = 7

13 में इकाई का अंक = 3

$\therefore$ $(7 \times 2 \times 7 \times 3)$ में इकाई का अंक

= 294 में इकाई का अंक

= 4

5. (a) माना एक संख्या x है,

तब दूसरी संख्या $= (x + 10010)$

प्रश्नानुसार, $x + (x + 10010)$

$= 234560$

$\Rightarrow$ $2x = (234560 - 10010)$

$\Rightarrow$ $2x = 224550$

$\therefore$ $x = \frac{224550}{2}$ 112275

6. (b) माना 5.029 में संख्या x से भाग दिया जाए, तो प्रश्नानुसार,

$5.029 \div x = 50.29$

$\Rightarrow \frac{5.029}{x} = 50.29$

$\therefore x = \frac{5.029 \times 1000}{50.29 \times 100}$

$= \frac{5029}{50290} = \frac{1}{10} = 0.1$

7. (a) बिस्कुट के कुल डिब्बे = 4

प्रत्येक डिब्बे में बिस्कुटों की संख्या = 8

डिब्बों में कुल बिस्कुट $= 8 \times 4 = 32$

कक्षा में छात्रों की संख्या = 28

प्रत्येक छात्र को एक बिस्कुट देने के बाद शेष बचे बिस्कुट $4 \times 8 - 28 = (32 - 28) = 4$

8. (d) संख्या 959595,19 व 37 से पूर्णत: विभाज्य है।

अत: बड़ी-से-बड़ी विभाज्य संख्या = 37

9. (a) पार्क में कुल पंक्तियों की संख्या = 14

14 पंक्तियों में कोरों की कुल संख्या

$\therefore = 14 \times 420 = 5880$

10. (d) स्कूल में कुल कमरों की संख्या = 26

प्रत्येक कमरे में लगाए गए पौधे = 4

कुल पौधे $= 26 \times 4 = 104$

$\because$ 1 पौधे में पानी डाला जाता है = 2 कप

$\therefore$ 104 पौधों में पानी डाला जाएगा

$= 2 \times 104 = 208$ कप

11. (c) 56 * 890 में यदि * के स्थान पर 5 को रख दिया जाए, तो 565890, 13 से विभाज्य होगी।

```
13) 565890 (43530
    52
     45
     39
      68
      65
       39
       39
        ×
```

12. (d) तीसरी संख्या

$= \frac{\text{तीन संख्याओं का गुणनफल}}{\text{दो संख्याओं का गुणनफल}}$

$= \frac{7980}{228} = 35$

13. (c) अभीष्ट योगफल

```
=   04006
    04055
    44004
+   00444
    52509
```

14. (d) भाजक =170, भागफल = 23,

शेष = 7

भाज्य = भाजक × भागफल + शेषफल

$= 17 \times 23 + 7$

$= (391 + 7)$

$= 398$

15. (a) सर्वप्रथम हम 5618 तथा 3845 का योगफल ज्ञात करते हैं

अत:

```
    5618
+   3845
    9463
```

अत: अभीष्ट जोड़ी जाने वाली संख्या

$= (12850 - 9463) = 3387$

16. (c)

```
  2408 × 200
     0000
    0000×
   4816×
   481600
```

17. (d) $\frac{93.40}{0.015}$

$= \frac{9340 \times 1000}{15 \times 100}$

$= \frac{93400}{15}$

$= 6226.66$

$\simeq 6000$ (लगभग)

18. (a) भाज्य = भाजक × भागफल + शेषफल

$= 51 \times 16 + 27 = 816 + 27 = 843$

19. (d) पाँच अंकों की छोटी-से-छोटी संख्या, जो 14 से प्राम्भ होती है = 14000

अब इस संख्या को 13 से विभाजित करने पर

```
13) 14000 (1076
    13
     100
      91
       90
       78
       12
```

$\therefore$ 14 से प्रारम्भ होकर 13 से विभाज्य छोटी-से-छोटी पाँच अंकों की संख्या

$= 14000 + (13 - 12)$

$= 14000 + 1 = 14001$

20. (a) 10101×17

$= (10000 + 100 + 1) \times 17$

$= 170000 + 1700 + 17$

$= 171717$

21. (a) अभीष्ट अंतर $= (10170 - 8369)$

$= 1801$

22. (a) व्यंजक

$= (7587 + 1613 - 2600)$

$= (9200 - 2600)$

$= 6600$

23. (d) व्यंजक

$= 5632 \times 997$

$= 5632 \times (1000 - 3)$

$= 5632000 - 5632 \times 3$

$= (5632000 - 16896)$

$= 5615104$

24. (b) यदि किसी संख्या के अंकों का योगफल 3 से विभाजित हो, तो संख्या निश्चित रूप से 3 से विभाजित होगी।

अत: $39497 = (3 + 9 + 4 + 9 + 7) = 32$,

स्पष्ट है,

32 के निकटतम, 3 से विभाज्य संख्या

= 33

$\therefore$ जोड़ी जाने वाली अभीष्ट संख्या

$= (33 - 32) = 1$

25. (b) व्यंजक

$= 56879 - 17652 - 12625$

$= (56879 - 30277)$

$= 26602$

26. (c) यदि किसी संख्या का अंतिम अंक 5 या शून्य हो, तो वह संख्या 5 से विभाज्य होगी।

यदि किसी संख्या का अंतिम अंक शून्य हो तो वह संख्या 10 से पूर्णत: विभाजित होगी।

अत: स्पष्ट है, संख्या 1253750, 5 तथा 10 दोनों से विभाज्य है।

27. (c) यदि किसी संख्या के अंकों का योग 9 से विभाजित हो, तो वह संख्या 9 से विभाजित हो जाएगी।

5 + 4 + 3 + 2 + * + 7 = 21 + * के निकटतम 9 से विभाज्य संख्या = 27

$\therefore$ 21 + * = 27

$\Rightarrow$ * = (27 – 21)

= 6

28. (c) अभीष्ट संख्याएँ

= उसे विभाज्य संख्याएँ + 5 से विभाज्य संख्या - 15 से विभाज्य संख्याएँ

3 से विभाज्य संख्याएँ $= \frac{500}{3} = 166$

5 से विभाज्य संख्याएँ = 100

15 से विभाज्य संख्याएँ = 33

$\therefore$ अभीष्ट संख्याएँ

= (166 + 100 – 33)

= (266 – 33)

= 233

29. (d) $x*y = (x+2)^2 . (y-2)$

(7*5) में, x = 7 तथा y = 5

$(7*5) = (7+2)^2 .(5-2)$

$= (9)^2 \times 3 = 81 \times 3$

= 243

30. (a) जिस संख्या के अंतिम दो अंक 4 से विभाजित है, तो वह संख्या निश्चित रूप से 4 से पूर्णत: विभाजित होगी।

$$\frac{14568}{4} = 3642$$

31. (c) ऐसी संख्या, जो 9 तथा 5 दोनों से विभाज्य होगी, वह संख्या 45 से भी पूर्णत: विभाज्य होगी।

संख्या के अंकों का योग करने पर

2 + 0 + 2 + 8 + 6 + 0 = 18

जो 9 से विभाजित होता है।

32. (b) माना यदि 33 को संख्या x से भाग देने पर 55 आता है।

अत: $33 \div x = 55$

$\Rightarrow \frac{33}{x} = 55$

$\Rightarrow x = \frac{33}{55} = \frac{3}{5}$

33. (b) प्रश्नानुसार,

भाज्य = 4318, भाजक = x, भागफल = 17,

शेष = 0

अत: भाज्य = भाजक × भागफल + शेष

$4318 = x \times 17 + 0$

$\Rightarrow x = \frac{4318}{17} = 254$

34. (d) (9554 × 39) में इकाई का अंक ज्ञात करना

9554 में इकाई का अंक = 4

39 में इकाई का अंक = 9

$\therefore$ (4 × 9) में इकाई का अंक

= 36 में इकाई का अंक = 6

35. (a) गुणनफल $58\underline{4} \times 12\underline{8} \times 61\underline{7} \times 41\underline{3}$ में इकाई का अंक

$= 4 \times 8 \times 7 \times 3 = 3\underline{2} \times 2\underline{1}$

2 × 1 = 2

36. (a) यदि किसी संख्या के सम एवं विषम स्थानों के अंकों के योग का अंतर 0 या 11 का गुणज हो, तो वह संख्या सदैव, 11 से पूर्णत: विभाज्य होगी।

37. (a) 5 अंकों की बड़ी-से-बड़ी संख्या

= 99999

99999 को 91 से भाग देने पर, शेषफल = 81

$\therefore$ अभीष्ट संख्या = (99999 – 81)

= 99918

38. (b) 845 में 5 घटाने पर प्राप्त संख्या

= (845 – 5) = 840

840 को 42 से विभाजित करने पर

42) 840 (20
840
×

अत: भागफल = 20

39. (b) 45^4 में इकाई का अंक

$= (5)^4$ में इकाई का अंक

= (5 × 5 × 5 × 5) में इकाई का अंक

= 625 में इकाई का अंक = 5

40. (c) सन् 1968 एक लीप वर्ष है, क्योंकि यह 4 से विभाजित हो रहा है तथा फरवरी में दिनों की संख्या 29 होगी।

$\therefore$ जनवरी + फरवरी + मार्च

= (31 + 29 + 31)

= 91

अभ्यास-2

1. 76076 को 13 से भाग देने पर भागफल है—

(a) 5652 (b) 5852

(c) 5762 (d) 5662

2. एक स्टोर 5 सेबों के पैकेट को ₹25 में तथा एक सेब ₹ 6 में बेचता है। यदि एक औरत 27 सेब खरीदती है, तो उसे कितनी राशि देनी होगी?

(a) ₹ 128 (b) ₹ 130

(c) ₹ 137 (d) ₹ 150

3. काकू ने बक्शी से 7 अंक कम पाए , जबकि रमन ने काकू से 3 अंक अधिक पाए। यदि उनके कुल प्राप्तांक 76 हैं, तो रमन ने कितने अंक पाए?

(a) 22 (b) 25

(c) 29 (d) 31

4. चॉकलेट के दो ब्राण्ड 10 व 12 की पैकिंग में उपलब्ध हैं। यदि मुझे दोनों ब्राण्डों की एक समान संख्या में चाकलेट लेनी हों, तो प्रत्येक ब्राण्ड के कम-से-कम कितने-कितने पैक खरीदने चाहिए?

(a) 10 के 2 पैक व 12 के 2 पैक

(b) 10 के 6 पैक व 12 के 5 पैक

(c) 10 के 12 पैक व 12 के 10 पैक

(d) प्रत्येक के 22 पैक

5. वह छोटी-से-छोटी संख्या जो 42, 98 तथा 70 से विभाजित हो जाती है, है—

(a) 1470 (b) 1740

(c) 1070 (d) 980

6. करण ने परीक्षा में भावना से 10 अंक अधिक प्राप्त किए। ईशा ने भावना से 5 अंक कम

प्राप्त किए हैं। करण ने कितने अंक प्राप्त किए, जब तीनों के अंकों का योग 140 है?

(a) 40 (b) 45
(c) 50 (d) 55

7. एक कलम का मूल्य 12 रु. है तथा कॉपी का मूल्य 7 रु. है। मोहन ने 8 कलमें तथा 6 कॉपियाँ खरीदीं, तो उसने कुल कितना व्यय किया?

(a) 138 रु. (b) 145 रु.
(c) 156 रु. (d) 162 रु.

8. यदि तीन संख्याओं का गुणनफल 6720 है जिनमें दो संख्याओं का गुणनफल 240 है तो तीसरी संख्या है—

(a) 28 (b) 24
(c) 16 (d) 15

9. कौन-सी संख्या में 15 से भाग देने पर भाग. फल 15 एवं शेष 5 बचता है?

(a) 220 (b) 240
(c) 305 (d) 230

10. 1 से 25 तक की संख्याओं के गुणनफल में कितने शून्य होंगे—

(a) 6 (b) 5
(c) 4 (d) 2

11. 400 तक की कुल कितनी संख्याएँ हैं, जिनमें 3 या 7 दोनों से भाग ले सकें?

(a) 133 (b) 171
(c) 190 (d) 195

12. वह कौन-सी संख्या है, जिसे 27 से भाग देने पर भागफल 25 एवं शेष 13 आता है?

(a) 588 (b) 598
(c) 688 (d) 788

13. यदि संख्या 325 – 6, 3 से विभाजित हो जाती है, तो रिक्त स्थान का अंक है—

(a) 1 (b) 2
(c) 3 (d) 4

14. अंक गणितीय कथन 8 – 5 = 3 का बीजगणितीय कथन से मिलान कीजिए।

(a) $a \times b = c$ (b) $a + b = c$
(c) $a - b = c$ (d) $a + b = b + a$

15. एक ट्रक 475 बोरे सीमेण्ट ले जा सकता है। 58,425 बोरों को ले जा सकने के लिए कितने ट्रकों की आवश्यकता होगी?

(a) 120 (b) 121
(c) 125 (d) 123

16. तीन अंकों की छोटी-से-छोटी संख्या जो 4, 6, 8 तथा 12 से पूर्णतया विभाजित हो, क्या है?

(a) 104 (b) 120
(c) 240 (d) 984

17. संख्या 52,792 में छोटी-से-छोटी कौन-सी संख्या जोड़ी जाए कि वह 15 से पूर्णतया विभाजित हो जाए?

(a) 6
(b) 7
(c) 8
(d) 15

18. * किस मान के लिए संख्या 56*891, 11 से पूर्णतया विभाजित होगी?

(a) 1 (b) 3
(c) 5 (d) 7

19. संख्या 143865 निम्नलिखित से विभाज्य है—

(a) 3, 4 और 8
(b) 5, 2 और 9
(c) 2, 3 और 5
(d) 3, 5 और 9

20. निम्नलिखित में से कौन-सी संख्या 8 से विभाज्य है?

(a) 1324 (b) 1432
(c) 3142 (d) 3214

21. 60 × 7 + 3 × 60 का मान है—

(a) 420 (b) 580
(c) 600 (d) 680

22. एक दुकानदार एक बॉल पेन ₹ 12 का तथा 10 बॉल पेन का एक पैकेट ₹ 100 का बेचता है। श्रीमती स्वाति यदि 24 बॉल पेन खरीदती है, तो उनका क्रय मूल्य कितना होगा?

(a) ₹ 212 (b) ₹ 238
(c) ₹ 248 (d) ₹ 258

23. संख्या 13,013 संख्या 13 से पूर्णतया विभक्त है। पाँच अंकों की छोटी-से-छोटी संख्या जो 14 से प्रारम्भ होती हो तथा 13 से विभक्त हो, होगी—

(a) 14,040
(b) 14,001
(c) 14,014
(d) 14,027

24. एक व्यापारी एक बॉलपेन ₹ 15 का तथा या 10 बॉलपेन एक पैकेट ₹ 120 में बेचता है। यदि अनीशा 22 बॉलपेन लेती है, तो उसे कितना मूल्य देना पड़ेगा?

(a) ₹ 330 (b) ₹ 264
(c) ₹ 270 (d) ₹ 280

25. एक परीक्षा में करीम ने रहीम से 15 अंक अधिक प्राप्त किए। मदन ने रहीम से 10 अंक कम प्राप्त किए। यदि उनके कुल प्राप्तांक 110 हैं, तो करीम ने कितने अंक प्राप्त किए?

(a) 25 (b) 35
(c) 40 (d) 50

26. यदि 7657658 को 765 से भाग किया जाए तो भागफल तथा शेषफल हैं, क्रमशः—

(a) 101, 8 (b) 1001, 18
(c) 10010, 8 (d) 1010, 18

27. 1 और 100 के बीच ऐसी कितनी संख्याएँ हैं, जो 6 से पूर्णतया विभाजित हों?

(a) 15 (b) 17
(c) 16 (d) 19

28. निम्नलिखित में से कौन-सी संख्या 3, 4, 5 तथा 6 से विभाजित है?

(a) 1440 (b) 1448
(c) 1720 (d) 1472

29. 133 तथा 80 के गुणनफल से क्या घटाया जाए कि परिणाम 10600 आए?

(a) 140 (b) 40
(c) 60 (d) 160

30. कुछ विद्यार्थियों ने पिकनिक के लिए कुल ₹ 2,160 एकत्रित किए। यदि प्रत्येक विद्यार्थी ने ₹ 45 दिए, तो विद्यार्थियों की संख्या है—

(a) 48 (b) 42
(c) 45 (d) 50

31. संख्या 396591 को 13 से भाग देने पर भागफल आता है—

(a) 30570 (b) 30527
(c) 30507 (d) 3057

32. 5314 को 13 से भाग करने पर क्या शेषफल प्राप्त होता है—

(a) 5 (b) 10
(c) 15 (d) 20

33. एक वृद्धाश्रम के लिए गोपाल ने 36.5 किग्रा चावल एकत्र किए, शेखर ने 45.5 किग्रा चावल एकत्र किए। यदि उन्हें कुल 100 किग्रा चावल की आवश्यकता है, तो उन्हें और कितना चावल खरीदना पड़ेगा?

(a) 22 किग्रा (b) 18 किग्रा
(c) 25 किग्रा (d) 18.5 किग्रा

34. दो संख्याओं का योग 234560 है। यदि एक संख्या दूसरी संख्या से 10,010 अधिक है, तो बड़ी संख्या क्या होगी?

(a) 112275
(b) 122285
(c) 132285
(d) 117280

उत्तर (हल/संकेत)

1. (b) 13) 76076 (5852 (भागफल)

$$\begin{array}{r} 65 \\ \hline 110 \\ 104 \\ \hline 67 \\ 65 \\ \hline 26 \\ 26 \\ \hline \times \end{array}$$

00 (शेषफल)

2. (c) दिया है,

5 सेबों के पैकेट की कीमत = ₹ 25

तथा 1 सेब की कीमत = ₹ 6

यदि एक औरत 27 सेब खरीदती है, तो कुल अदा राशि = 5

सेबों के पैकेट की कीमत + 2 सेब की कीमत

$= 5 \times 25 + 2 \times 6 = 125 + 12$

= ₹ 137

3. (b) माना बक्शी द्वारा प्राप्त अंक x है।

प्रश्नानुसार, काकू के द्वारा प्राप्त अंक = $(x-7)$ अंक

तथा रमन के द्वारा प्राप्त अंक = $(x-7)+3=(x-4)$ अंक

उनका कुल प्राप्तांक = 76 अंक (दिया है)

$\therefore\ x+(x-7)+(x-4)=76$

$\Rightarrow 3x-11=76$

$\Rightarrow 3x=87$

$\therefore\ x=\frac{87}{3}=29$

अत: रमन के द्वारा प्राप्त अंक = $(x-4)=29-4$ = 25 अंक

4. (c) 10 तथा 12 का लघुत्तम समापवर्त्य (LCM) = 120

ब्राण्ड 10 के आवश्यक पैकेट = $\frac{120}{10}=12$

ब्राण्ड 12 के आवश्यक पैकेट = $\frac{120}{12}=10$

5. (a) अभीष्ट छोटी-से-छोटी संख्या = 42, 98 तथा 70 का ल.स.

2	42, 98, 70
7	21, 49, 35
3	3, 7, 5
7	1, 7, 5
5	1, 1, 5
	1, 1, 1

संख्या $= 2\times7\times3\times7\times5=1470$

6. (d) माना परीक्षा में भावना द्वारा प्राप्त किए गए अंक = x

$\therefore$ परीक्षा में करण द्वारा प्राप्त किए गए अंक = $(x+10)$

$\therefore$ परीक्षा में ईशा द्वारा प्राप्त किए गए अंक = $(x-5)$

प्रश्नानुसार,

$x+(x+10)+(x-5)=40$

$\Rightarrow 3x+5=140$

$\Rightarrow 3x=140-5=135$

$\Rightarrow x=\frac{135}{3}=45$

$\therefore$ करण द्वारा प्राप्त किए गए अंक = $(x+10)$

$=(45+10)=55$

7. (a) 8 कलम का मूल्य= $12\times8=96$ रु.

7 कॉपी का मूल्य = $7\times6=42$ रु.

$=96+42=138$ रु.

8. (a) तीसरी संख्या = $\frac{6720}{240}=28$

9. (d) भाज्य = भाजक × भागफल + शेष

$=15\times15+5$

$=225+5=230$

10. (a) 1 से 25 तक की संख्याओं में–

– इकाई पर शून्य वाली संख्याएँ = 10, 20

कुल शून्य = 2

– इकाई पर 5 वाली संख्याएँ = 15, 25

$\left.\begin{array}{r} 5\times2=10 \\ 15\times12=180 \\ 25\times4=100 \end{array}\right\}$ कुल शून्य = 4

अत: गुणनफल में कुल शून्य = 4 + 2 = 6

11. (b) अभीष्ट संख्या = $\frac{400}{3}$ का पूर्णांक + $\frac{400}{7}$ का पूर्णांक

$-\frac{400}{7\times3}$ का पूर्णांक

$=133\frac{1}{3}+57\frac{1}{7}-19\frac{1}{21}$

$=133+57-19$

$=190-19=171$

12. (c) अभीष्ट संख्या = $25\times27+13$

$=675+13=688$

13. (b) हम जानते हैं कि किसी संख्या के अंकों का योग यदि 3 से पूर्णत: विभाजित हो, तो वह पूरी संख्या भी 3 से पूर्णत: विभाज्य होती है।

यहाँ 3 + 2 + 5 + 6 = 16

और = 16 + 2 = 18

18, 3 से पूर्णत: विभाज्य है, जबकि अन्य विकल्प

16 + 1 = 17 तीन से पूर्णत: विभाज्य नहीं है।

16 + 3 = 19 तीन से पूर्णत: विभाज्य नहीं है।

16 + 4 = 20 तीन से पूर्णत: विभाज्य नहीं है।

अभीष्ट उत्तर = 2

14. (c) a – b = c

15. (d) ट्रकों की अभीष्ट संख्या

$=\frac{58425}{475}=123$

16. (b) 4, 6, 8 और 12 का ल.स.प.

2	4, 6, 8, 12
2	2, 3, 4, 6
3	1, 3, 2, 3
2	1, 2, 1

$\therefore$ ल.स.प. $=2\times2\times3\times2=24$

$\therefore$ अत: तीन अंकों की छोटी-से-छोटी संख्या

$=24\times5=120$

17. (c) 15) 52 792 (3519

$$\begin{array}{r} 45 \\ \hline 77 \\ 75 \\ \hline 29 \\ 15 \\ \hline 142 \\ 135 \\ \hline 7 \end{array}$$

$\therefore$ अभीष्ट संख्या = 15 – 7 = 8

क्योंकि, 52792 + 8 = 52800

और 52800 ÷ 15 = 3520

18. (a) विकल्प (a) से 561891 ÷ 11

= $\boxed{51081}$

विकल्प (b) से 563891 ÷ 11 = 57262.8181

विकल्प (c) से 565891 ÷ 11 = 51444.6363

विकल्प (d) से 567891 ÷ 11 = 51626.4545

$\therefore$ चिह्न * के स्थान पर 1 होगा।

19. (d) संख्या 143865 का इकाई का अंक 5 है, अत: यह संख्या 5 से विभाजित हो जाएगी। साथ ही इस संख्या के अंकों का योग 1 + 4 + 3 + 8 + 6 + 5 = 27 है, जो 3 तथा 9 दोनों से विभाज्य है।

अत: संख्या 3, 5 तथा 9 से विभाजित हो जाएगी।

20. (b) कोई संख्या 8 से विभाजित होगी, यदि संख्या के सैकड़ा, दहाई तथा इकाई के अंकों से बनी संख्या 8 से विभाजित हो जाती है। चूँकि 1432 की अन्तिम तीन अंकों की संख्या 432 है, जो 8 से विभाजित हो जाती है, अत: 1432, 8 से विभाजित हो जाएगी।

21. (c) $60\times7=420$

$3\times60=180$

$420+180=600$

22. (c) 1 पैकेट = 10 बाल पेन
प्रश्नानुसार,
एक पेन का मूल्य = ₹ 12
∴ 4 पेनों का मूल्य = (12 × 4) = ₹ 48
10 पेनों के एक पैकेट का मूल्य = ₹ 100
∴ 2 पैकटों का मूल्य = (100 × 2) = ₹ 200
24 पेनों का कुल मूल्य = ₹ (200 + 48)
= ₹ 248

23. (b) पाँच अंकों की छोटी-से-छोटी संख्या, जो 14 से प्रारम्भ हो = 14,000
अत: 14,000 ÷ 13
= 1,076·92
= 1,077
∵ 1,077 × 13 = 14,001

24. (c) 10 पेन = 1 पैकेट
∴ 22 पेन = 10 × 2 + 2
= 2 पैकट + 2 पेन
एक पैकेट (10 पेन) का मूल्य = ₹ 120
∴ 2 पैकेट (20 पेन) का मूल्य = 120 × 2
= ₹ 240
एक पेन का मूल्य = ₹ 15
∴ 2 पेनों का मूल्य = 15 × 2 = ₹ 30
∴ 22 पेनों का कुल मूल्य = 240 + 30
= ₹ 270

25. (d) माना परीक्षा में रहीम के अंक = x
तब, परीक्षा में करीम के अंक = $(x + 15)$
∴ मदन के परीक्षा में अंक = $(x - 10)$
प्रश्नानुसार,
$x + x + 15 + x - 10 = 110$
∴ $3x + 5 = 110$
∴ $3x = 110 - 5 = 105$
∴ $x = \frac{105}{3} = 35$
अत: करीम के अंक (35 + 15) = 50

26. (c) 765)7657658 (10010
765
×765
765
× 8
अत: भागफल 10010 और शेष 8 होगा।

27. (c) 1 और 100 के बीच 6 से विभाजित संख्या = 100 ÷ 6
6)100(16
6
40
36
4
अत: अभीष्ट संख्या = 16

28. (a) 3, 4, 5 तथा 6 का ल. स. ज्ञात करने पर

2	3, 4, 5, 6
3	3, 2, 5, 3
2	1, 2, 5, 1
5	1, 1, 5, 1
	1, 1, 1, 1

ल.स. = 2 × 3 × 2 × 5 = 60
विकल्प A से = $\frac{1440}{60} = 24$
विकल्प B से = $\frac{1448}{60} = 24.13$
विकल्प C से = $\frac{1720}{60} = 28.66$
विकल्प D से = $\frac{1472}{60} = 24.53$
∵ केवल संख्या 1440 ही 60 से पूर्णत: विभाजित है।
अत: संख्या 1440 ही दी हुई संख्याओं से विभाजित होगी।

29. (b) माना x घटाया जाए, तब
प्रश्नानुसार,
$133 \times 80 - x = 10600$
⇒ $10640 - x = 10600$
⇒ $x = (10640 - 10600) = 40$

30. (a) विद्यार्थियों द्वारा एकत्रित राशि = ₹ 2160
प्रत्येक विद्यार्थी द्वारा दी गई राशि = ₹ 45
विद्यार्थियों की अभीष्ट संख्या
$= \frac{2160}{45} = 48$

31. (c) 13) 396591 (30507
39
65
65
91
91
×
∴ अभीष्ट भागफल = 30507

32. (b) 13) 5314 (408
52
114
104
10
अत: शेषफल = 10

33. (b) गोपाल द्वारा एकत्र किए गए चावल = 36.5 किग्रा
शेखर द्वारा एकत्र किए गए चावल = 45.5 किग्रा
दोनों के द्वारा एकत्र किए गए कुल चावल
= 365 + 45.5 = 82 किग्रा
आवश्यक चावल की मात्रा (100 – 82) किग्रा = 18 किग्रा

34. (b) माना छोटी संख्या = x
तब, बड़ी संख्या = $(x + 10010)$
प्रश्नानुसार,
$x + (x + 10010) = 234560$
∴ $2x + 10010 = 234560$
∴ $2x = (234560 - 10010)$
∴ $= 224550$
∴ $x = \frac{224550}{2}$
∴ $x = 112275$
अत: बड़ी संख्या $= (x + 10010)$
$= (112275 + 10010)$
$= 122285$

❑❑❑

अध्याय 3

भिन्न और भिन्नों पर आधारित संक्रियाएँ

भिन्न

भिन्न (Fraction) : यदि किसी संख्या 'a' को 'b' भागों में विभाजित करना है, तो 'a' को 'b' से भाग देना पड़ेगा तथा इसे $\frac{a}{b}$ से प्रदर्शित करेंगे व प्रत्येक भाग का मान $\frac{a}{b}$ होगा।

$\frac{a}{b}$ को भिन्न कहते हैं। a को अंश (Numerator) व b को हर (Denominator) कहते हैं।

जैसे–

(i) छायांकित भाग का अछायांकित भाग से भिन्न $= \frac{2}{8} = \frac{1}{4}$.

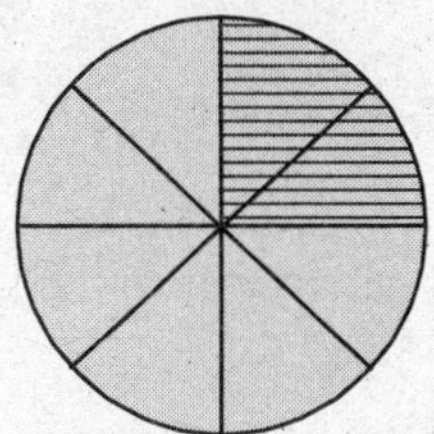

नोट–

(i) यदि किसी भिन्न के अंश व हर समान हों, तो उस भिन्न का मान सदैव 1 होता है।

(ii) यदि किसी भिन्न के अंश व हर में समान संख्या से गुणा किया जाए, तो भिन्न का मान सदैव अपरिवर्तित रहता है।

(iii) यदि भिन्न अपने सरलतम रूप में है, तो भिन्न के अंश व हर का म.स. सदैव 1 होता है।

भिन्नों के प्रकार

(i) उचित भिन्न (Proper Fraction) : वह भिन्न जिसका अंश, हर से सदैव छोटा होता है उचित भिन्न कहलाती है।

जैसे– $\frac{1}{2}, \frac{2}{3}, \frac{11}{12}, \frac{13}{15}$ आदि।

(ii) अनुचित भिन्न (Improper Fraction) : वह भिन्न जिसका अंश, सदैव हर से बड़ा होता है, अनुचित भिन्न कहलाती है।

जैसे– $\frac{6}{5}, \frac{8}{3}, \frac{7}{5}$ आदि।

(iii) इकाई भिन्न (Unit Fraction) : वह भिन्न जिसका अंश 1 होता है, इकाई भिन्न कहलाती है

जैसे– $\frac{1}{3}, \frac{1}{4}, \frac{1}{5}, \frac{1}{6}$ आदि।

(iv) मिश्रित भिन्न (Mixed Fraction) : वह भिन्न जो एक पूर्णांक तथा एक भिन्न से मिलकर बनी होती है, मिश्रित भिन्न कहलाती है।

जैसे– $1\frac{1}{2}$, $2\frac{1}{3}$, $3\frac{1}{4}$ आदि।

(v) जटिल भिन्न (Complex Fraction) : यदि किसी भिन्न का अंश या हर या दोनों भिन्न के रूप में हों, तो इस प्रकार की भिन्न जटिल भिन्न कहलाती है।

जैसे– $\frac{\frac{1}{4}}{5}, \frac{\frac{7}{8}}{\frac{11}{5}}$ आदि।

(vi) सतत् भिन्न (Continued Fraction) : वह भिन्न जिसका अंश या हर या दोनों भिन्न के रूप में आगे बढ़ रहे हों, सतत् भिन्न कहलाती है।

जैसे– $1+\cfrac{1}{3+\cfrac{1}{2+\cfrac{1}{2}}}$, $\cfrac{2}{1-\cfrac{3}{2+\cfrac{1}{2-\cfrac{1}{2}}}}$

भिन्नों का ल.स. व म.स.

(i) $\text{भिन्नों का ल.स.} = \frac{\text{भिन्नों के अंश का ल.स.}}{\text{भिन्नों के हर का म.स.}}$

(ii) $\text{भिन्नों का म.स.} = \frac{\text{भिन्नों के अंश का म.स.}}{\text{भिन्नों के हर का ल.स.}}$

भिन्नों का योग

योग

(हरों का ल.स. ÷ भिन्न का हर) × भिन्न का अंश

$= \frac{(\text{हरों का ल.स.} \div \text{भिन्न का हर}) \times \text{भिन्न का अंश} + \ldots\ldots}{\text{हरों का ल.स.}}$

भिन्नों का घटाना

भिन्न

(हरों का ल.स. ÷ भिन्न का हर) × भिन्न का अंश

$= \frac{(\text{हरों का ल.स.} \div \text{भिन्न का हर}) \times \text{भिन्न का अंश} + \ldots\ldots}{\text{हरों का ल.स.}}$

भिन्नों की गुणा

भिन्नों का गुणनफल निकालने के लिए अंश की अंश से तथा हर की हर से गुणा करते हैं।

जैसे– $\frac{1}{6} \times \frac{6}{4} = \frac{1 \times 6}{6 \times 4} = \frac{6}{24} = \frac{1}{4}$

भिन्नों का भाग

भिन्नों का भागफल ज्ञात करने के लिए पहली भिन्न को दूसरी भिन्न की व्युत्क्रम भिन्न से गुणा करते हैं।

जैसे– $\frac{5}{4} \div \frac{7}{2} = \frac{5}{4} \times \frac{2}{7} = \frac{5}{14}$

महत्वपूर्ण स्मरणीय बिन्दु

1. यदि दो या दो से अधिक भिन्नों के हर बराबर हों, तो जिस भिन्न का अंश बड़ा होगा, वह भिन्न बड़ी होगी तथा जिस भिन्न का अंश छोटा होगा। वह भिन्न छोटी होगी।

   जैसे– $\frac{1}{12}, \frac{5}{12}, \frac{7}{12}$ व $\frac{11}{12}$ में

   $\frac{1}{12} < \frac{5}{12} < \frac{7}{12} < \frac{11}{12}$

   अत: सबसे छोटी भिन्न $\frac{1}{12}$ व सबसे बड़ी भिन्न $\frac{11}{12}$ होगी।

2. यदि दो या दो से अधिक भिन्नों के अंश समान हों, तथा हर असमान हों, तो जिस भिन्न का हर बड़ा होगा। वह सबसे छोटी भिन्न तथा जिस भिन्न का हर छोटा होगा, वह सबसे बड़ी भिन्न होगी।

   जैसे– $\frac{11}{3}, \frac{11}{4}, \frac{11}{5}$ व $\frac{11}{2}$ में

   $\therefore \quad \frac{11}{5} < \frac{11}{4} < \frac{11}{3} < \frac{11}{2}$

   अत: सबसे छोटी भिन्न $\frac{11}{5}$ व सबसे बड़ी भिन्न $\frac{11}{2}$ है।

3. यदि दी गई दो या दो से अधिक भिन्नों के हर व अंश समांतर क्रम में हों, तो सबसे बड़े अंश वाली भिन्न बड़ी होगी।

   जैसे–$\frac{3}{4}, \frac{4}{5}, \frac{5}{6}, \frac{6}{7}$ में सबसे बड़ी भिन्न $\frac{6}{7}$ व सबसे छोटी भिन्न $\frac{3}{4}$ होगी।

4. यदि $\frac{a}{b}$ तथा $\frac{c}{d}$ दो भिन्न हों, तब,

   (i) यदि $ad > bc$, तो $\frac{a}{b} > \frac{c}{d}$

   (ii) यदि $ad < bc$, तो $\frac{a}{b} < \frac{c}{d}$

5. यदि किसी भिन्न का अंश, हर से छोटा हो, तो भिन्न का मान 1 से कम होगा।

6. यदि किसी भिन्न का अंश, हर से बड़ा हो, तो भिन्न का मान 1 से अधिक होता है।

हल सहित उदाहरण

उदाहरण 1. $14\frac{2}{17} + 29\frac{3}{17}$ का मान है-

(a) $43\frac{1}{17}$ (b) $43\frac{5}{17}$

(c) $42\frac{2}{17}$ (d) $42\frac{1}{17}$

हल: (b) व्यंजक $14\frac{2}{17} + 29\frac{3}{17} = 14 + 29 + \frac{2+3}{17}$

$= 43 + \frac{5}{17} = 43\frac{5}{17}$

उदाहरण 2. $31\frac{1}{9} - 17\frac{1}{9}$ का मान हैं-

(a) 14 (b) 16

(c) $17\frac{1}{2}$ (d) $18\frac{1}{2}$

हल: (a) $31\frac{1}{9} - 17\frac{1}{9} = (31-17) + \left(\frac{1}{9} - \frac{1}{9}\right) = 14$

उदाहरण 3. $4\frac{1}{2} \times 2\frac{4}{5}$ को सरलतम मान है-

(a) $11\frac{1}{5}$ (b) $12\frac{3}{5}$

(c) $13\frac{1}{5}$ (d) $13\frac{2}{5}$

हल: (b) $4\frac{1}{2} \times 2\frac{4}{5} = \frac{9}{2} \times \frac{14}{5}$

$= \frac{9 \times 14}{2 \times 5} = \frac{9 \times 7}{5} = \frac{63}{5} = 12\frac{3}{5}$

उदाहरण 4. $1190\frac{1}{2} \div 8\frac{1}{2}$ का सरलतम मान है-

(a) $130\frac{1}{17}$ (b) $132\frac{2}{11}$

(c) $141\frac{3}{17}$ (d) $140\frac{1}{17}$

हल: (d) $1190\frac{1}{2} \div 8\frac{1}{2} = \frac{2381}{2} \div \frac{17}{2}$

$= \frac{2381}{2} \times \frac{2}{17} = \frac{2381}{17} = 140\frac{1}{17}$

उदाहरण 5. $\frac{4}{9}-\frac{11}{12}+\frac{8}{3}-\frac{1}{8}$ **का मान है–**

(a) $2\frac{5}{72}$ (b) $3\frac{1}{2}$

(c) $2\frac{1}{27}$ (d) $1\frac{1}{72}$

हल: (a) व्यंजक $=\frac{4}{9}-\frac{11}{12}+\frac{8}{3}-\frac{1}{8}$

$=\frac{32-66+192-9}{72}$

$=\frac{149}{72}$

$=2\frac{5}{72}$

उदाहरण 6. $3+\cfrac{1}{3+\cfrac{1}{3+\cfrac{1}{3+\cfrac{1}{3}}}}$ **का मान है–**

(a) $\frac{360}{107}$ (b) $\frac{360}{109}$

(c) $\frac{361}{111}$ (d) $\frac{112}{97}$

हल: (b) व्यंजक $=3+\cfrac{1}{3+\cfrac{1}{3+\cfrac{1}{3+\cfrac{1}{3}}}}$

$=3+\cfrac{1}{3+\cfrac{1}{3+\cfrac{3}{10}}}=3+\cfrac{1}{3+\cfrac{10}{33}}$

$=3+\frac{33}{109}=\frac{(3\times 109)+33}{109}=\frac{(327+33)}{109}=\frac{360}{109}$

उदाहरण 7. राजू एक किताब का $\frac{1}{4}$ भाग 60 मिनट में पढ़ता हैं। यदि वह 150 मिनट किताब पढ़ता है, तो किताब का कितना भाग वह पढ़ पायेगा?

(a) $\frac{1}{4}$ (b) $\frac{2}{5}$

(c) $\frac{5}{8}$ (d) $\frac{7}{8}$

हल: (c) ∵ राजू 60 मिनट में पढ़ता है, किताब का $\frac{1}{4}$ भाग

∴ राजू 1 मिनट में पढ़ता है, किताब का $\left(\frac{1}{4}\times\frac{1}{60}\right)$ भाग

∴ राजू 150 मिनट में पढ़ता है, किताब का भाग

$=\left(\frac{1}{4}\times\frac{1}{60}\times 150\right)=\frac{150}{240}=\frac{5}{8}$

उदाहरण 8. नीरज के पास 4 दर्जन केले हैं। वह इनमें से $\frac{1}{4}$ भाग अपने पड़ोसी को शेष का $\frac{1}{3}$ अपने भाई को दे देता हैं तथा शेष बचे केलों में 5 केले बाँट देता है। अब उसके पास कितने केले बचेगें?

(a) 19 (b) 18

(c) 17 (d) 12

हल: (a) 4 दर्जन केले $=4\times 12=48$ केले

∴ पड़ोसी को दिए गए केले $=\left(48\times\frac{1}{4}\right)=12$

शेष बचे केले $=(48-12)=36$

भाई को दिए गए केले $=36\times\frac{1}{3}=12$

शेष बचे केले $=(36-12)=24$

∴ उसके द्वारा बाँटे गए केले = 5

∴ उसके पास शेष बचे केले $=(24-5)=19$

उदाहरण 9. $18\frac{3}{11}+7\frac{4}{3}+17\frac{1}{6}$ **का मान ज्ञात कीजिए।**

(a) $43\frac{21}{66}$ (b) $43\frac{51}{66}$

(c) $42\frac{1}{2}$ (d) $41\frac{1}{2}$

हल: (b) $18\frac{3}{11}+7\frac{4}{3}+17\frac{1}{6}=18+7+17+\left(\frac{3}{11}+\frac{4}{3}+\frac{1}{6}\right)$

$=42+\left(\frac{18+88+11}{66}\right)=42+\frac{117}{66}=43\frac{51}{66}$

उदाहरण 10. रीमा ने ₹ 491 की एक घड़ी खरीदी तथा ₹ 612 का एक पर्श खरीदा। रीमा ने दुकानदार को ₹ 1500 दिए, तो दुकानदार उंसको कितने रुपए वापस करेगा?

(a) ₹ 397 (b) ₹ 395

(c) ₹ 315 (d) ₹ 318

हल: (a) रीमा द्वारा सामान खरीदने में खर्च किया गया धन

= ₹ (491 + 612) = ₹ 1103

∴ दुकानदार द्वारा रीमा को वापस मिले रुपए = ₹(1500 – 1103)

= ₹ 397

अभ्यास-1

1. एक पानी की टंकी दो-तिहाई भरी हुई है। यदि टंकी पूरी भरने के लिए 50 लीटर और पानी की आवश्यकता है, तो टंकी की पूरी क्षमता क्या है?

(a) 150 लीटर (b) 120 लीटर
(c) 100 लीटर (d) 90 लीटर

2. एक पानी की टंकी, जिसकी पूरी भरी होने पर धारिता 36 किलो लीटर है, आधी भरी है। यदि उसमें से $\frac{1}{3}$ भाग पानी निकाल लिया गया हो, और कितना पानी (किलो लीटर में) डालने पर पूरा भर जाएगा?

(a) 24 (b) 21
(c) 18 (d) 15

3. एक ड्रम का $\frac{1}{5}$ भाग दूध से भरा हुआ है। यदि इसको पूरा भरने के लिए 28 लीटर और दूध चाहिए, तो ड्रम की धारिता है–

(a) 30 लीटर (b) 32 लीटर
(c) 35 लीटर (d) 140 लीटर

4. एक ड्रम पानी से एक-तिहाई भरा हुआ है। यदि इसको भरने के लिए 60 लीटर और पानी की आवश्यकता है, तो ड्रम की धारिता क्या है?

(a) 120 लीटर (b) 90 लीटर
(c) 60 लीटर (d) 30 लीटर

5. किसी संख्या के $\frac{5}{7}$वें भाग एवं $\frac{7}{11}$वें भाग का अन्तर 6 है, तो वह संख्या कितनी है?

(a) 55 (b) 66
(c) 77 (d) 88

6. $81\frac{2}{7} \times 7\frac{5}{9}$ बराबर है–

(a) $149\frac{10}{63}$ (b) $614\frac{10}{63}$
(c) $169\frac{10}{63}$ (d) 179

7. निम्न को सरल करने से क्या प्राप्त होगा?

$$1\frac{1}{24} - 1 + \frac{7}{36}$$

(a) $\frac{17}{72}$ (b) $1\frac{17}{72}$
(c) $\frac{7}{90}$ (d) $2\frac{7}{60}$

8. $\left(\frac{3}{5} + \frac{1}{5} \div \frac{3}{10}\right) \times \left(\frac{36}{45} + \frac{16}{5}\right)$ को हल करने पर परिणाम क्या होगा?

(a) $\frac{1}{3}$ (b) $\frac{76}{15}$
(c) $\frac{32}{25}$ (d) $\frac{64}{125}$

9. $5 - \left(2\frac{1}{2} - \frac{3}{4}\right) + \left(3\frac{1}{2} - 1\frac{1}{4}\right)$ का मान है–

(a) $4\frac{1}{2}$ (b) $5\frac{1}{2}$
(c) $5\frac{1}{4}$ (d) $3\frac{1}{2}$

10. 4.4% निम्नलिखित में से किसे समतुल्य है?

(a) $\frac{4.4}{10}$ (b) $\frac{4.4}{100}$
(c) $\frac{44}{10}$ (d) $\frac{44}{100}$

11. निम्न में से कौन-सी संख्याएँ बढ़ते क्रम में लगी हैं?

(a) $\frac{1}{3}, \frac{1}{2}$, 025 (b) 025, $\frac{1}{2}, \frac{1}{3}$
(c) 0.25, $\frac{1}{3}, \frac{1}{2}$ (d) $\frac{1}{2}, \frac{1}{3}$, 025

12. 80% को भिन्न के रूप में निम्न प्रकार से लिखा जा सकता है–

(a) $\frac{8}{10}$ (b) $\frac{8}{100}$
(c) $\frac{100}{8}$ (d) $\frac{10}{8}$

13. 1.25 को भिन्न के रूप में बदलने पर परिणाम मिलता है–

(a) $3\frac{1}{25}$ (b) $3\frac{1}{8}$
(c) $3\frac{1}{125}$ (d) $1\frac{1}{4}$

14. भिन्नों $\frac{4}{3}$, $\frac{5}{9}$ तथा $\frac{6}{18}$ का योग है–

(a) $\frac{22}{9}$ (b) $\frac{20}{7}$
(c) $\frac{22}{7}$ (d) $\frac{20}{9}$

15. $\frac{1}{4}, \frac{1}{2}, \frac{2}{3}$ व $\frac{3}{4}$ में सबसे बड़ी भिन्न कौन-सी है?

(a) $\frac{1}{2}$ (b) $\frac{3}{4}$
(c) $\frac{2}{3}$ (d) $\frac{1}{4}$

16. दो संख्याओं का गुणनफल $\frac{23}{50}$ है। यदि एक संख्या $\frac{46}{50}$ है, तो दूसरी संख्या ज्ञात कीजिए।

(a) $\frac{2}{3}$ (b) $\frac{1}{3}$
(c) $\frac{1}{2}$ (d) $\frac{1}{50}$

17. $\frac{3}{5}$ किग्रा सोने का मूल्य ₹ 240 है, तो $\frac{1}{2}$ किग्रा सोने का मूल्य क्या होगा?

(a) ₹ 200 (b) ₹ 400
(c) ₹ 300 (d) ₹ 500

18. $\frac{1}{2}, \frac{3}{4}, \frac{5}{6}, \frac{10}{11}$ में सबसे छोटी भिन्न कौन-सी है?

(a) $\frac{1}{2}$ (b) $\frac{3}{4}$
(c) $\frac{5}{6}$ (d) $\frac{10}{11}$

19. $\frac{17}{21}, \frac{17}{23}, \frac{17}{29}, \frac{17}{25}$ को आरोही क्रम में लिखिए।

(a) $\frac{17}{23}, \frac{17}{21}, \frac{17}{29}, \frac{17}{25}$
(b) $\frac{17}{29}, \frac{17}{25}, \frac{17}{23}, \frac{17}{21}$
(c) $\frac{17}{25}, \frac{17}{29}, \frac{17}{23}, \frac{17}{21}$
(d) $\frac{17}{21}, \frac{17}{23}, \frac{17}{25}, \frac{17}{29}$

20. $\frac{8}{13}, \frac{5}{13}, \frac{11}{13}, \frac{7}{15}$ को आरोही क्रम में लिखिए।

(a) $\frac{5}{13}, \frac{7}{13}, \frac{8}{13}, \frac{11}{13}$
(b) $\frac{8}{13}, \frac{11}{13}, \frac{7}{13}, \frac{5}{13}$

(c) $\frac{7}{13}, \frac{5}{13}, \frac{8}{13}, \frac{11}{13}$

(d) $\frac{11}{13}, \frac{8}{13}, \frac{7}{13}, \frac{5}{13}$

21. $\frac{2}{3}, \frac{3}{7}, \frac{5}{8}, \frac{4}{5}$ **को आरोही क्रम में लिखिए।**

(a) $\frac{3}{7}, \frac{2}{3}, \frac{4}{5}, \frac{5}{8}$

(b) $\frac{3}{7}, \frac{2}{3}, \frac{5}{8}, \frac{4}{5}$

(c) $\frac{4}{5}, \frac{2}{3}, \frac{5}{8}, \frac{3}{7}$

(d) $\frac{3}{7}, \frac{4}{5}, \frac{5}{8}, \frac{2}{3}$

22. $\frac{3}{4}, \frac{5}{16}, \frac{7}{8}, \frac{11}{16}$ **को आरोही क्रम में लिखिए।**

(a) $\frac{5}{16}, \frac{7}{8}, \frac{11}{16}, \frac{3}{4}$

(b) $\frac{3}{4}, \frac{11}{16}, \frac{7}{8}, \frac{5}{16}$

(c) $\frac{11}{16}, \frac{7}{8}, \frac{5}{16}, \frac{3}{4}$

(d) $\frac{7}{8}, \frac{3}{4}, \frac{11}{16}, \frac{5}{16}$

23. एक छड़ी का $\frac{2}{15}$ भाग कीचड़ में, $\frac{1}{5}$ भाग पानी में तथा शेष 2 मीटर ऊपर है, तो छड़ी की लम्बाई क्या है?

(a) 2 मी (b) 3 मी

(c) 4 मी (d) 5 मी

24. किसी संख्या का $\frac{1}{3}$ भाग 800 है, तो उसका $\frac{2}{5}$ भाग क्या होगा?

(a) 560 (b) 670

(c) 980 (d) 960

25. $\frac{3}{7}$ **एवं** $\frac{5}{9}$ **का योग है–**

(a) $\frac{3+6}{7+9}$

(b) $\frac{3\times9+5\times7}{7\times9}$

(c) $\frac{5\times9+5\times7}{7+9}$

(d) $\frac{5+4}{9+7}$

26. $\frac{13}{15}$ **में क्या जोड़ा जाए कि योग 1 हो?**

(a) $\frac{1}{6}$ (b) $\frac{2}{13}$

(c) $\frac{2}{15}$ (d) $\frac{2}{14}$

27. $\frac{4}{5}-\frac{3}{4}$ **का मान क्या होगा?**

(a) $\frac{1}{20}$ (b) $\frac{1}{24}$

(c) $\frac{1}{26}$ (d) $\frac{1}{28}$

28. किसी संख्या का $\frac{2}{3}$ भाग 66 है, तो उसका $\frac{9}{11}$ भाग क्या होगा?

(a) 80 (b) 81

(c) 82 (d) 83

29. $\frac{5}{14}$ **में से क्या घटाया जाए कि प्राप्त भिन्न** $\frac{7}{42}$ **हो?**

(a) $\frac{2}{11}$

(b) $\frac{2}{13}$

(c) $\frac{4}{21}$

(d) $\frac{4}{23}$

30. $16\frac{1}{5}\times16\frac{4}{5}$ **का मान होगा–**

(a) $256\frac{1}{5}$ (b) $256\frac{4}{25}$

(c) $276\frac{4}{25}$ (d) $272\frac{4}{25}$

31. $\frac{3}{8}$ **के तुल्य भिन्न होगी–**

(a) $\frac{9}{16}$ (b) $\frac{6}{24}$

(c) $\frac{6}{16}$ (d) इनमें से कोई नहीं

उत्तर (हल/संकेत)

1. (a) माना कि टंकी का पूर्ण भाग 1 है।

उसमें टंकी का भरा हुआ भाग है $=\frac{2}{3}$

टंकी का रिक्त भाग है $=1-\frac{2}{3}=\frac{1}{3}$

प्रश्न के अनुसार,

टंकी के $\frac{1}{3}$ भाग को भरने हेतु आवश्यक पानी = 50 लीटर

$\therefore$ 1 पूरे भाग को भरने के लिए आवश्यक पानी $=50\times3=150$ लीटर

अत: टंकी की क्षमता = 150 लीटर

2. (a) टंकी में पानी की मात्रा $=36\times\frac{1}{2}$ = 18 किलो लीटर

टंकी में से निकाले गए पानी की मात्रा $=18\times\frac{1}{3}=6$ किलो मीटर

टंकी में बचे हुए पानी की मात्रा = 18 – 6 = 12 किलो लीटर

टंकी को पूर्ण रूप से भरने हेतु डाले जाने वाली पानी की मात्रा = 36 –12 = 24 किलो लीटर

अत: 24 किलो लीटर पानी डालने पर टंकी पूरी भर जाएगी।

3. (c) माना ड्रम का पूरा भाग है = 1

ड्रम का दूध से भरा हुआ भाग $=\frac{1}{5}$

अत: ड्रम का खाली भाग है $=1-\frac{1}{5}=\frac{4}{5}$

$\because$ $\frac{4}{5}$ भाग = 28 लीटर

$\therefore$ 4 भाग $=28\times5$ लीटर

तथा 1 भाग $=\frac{25\times5}{4}$ लीटर = 35 लीटर

अत: ड्रम की धारिता 35 लीटर है।

4. (b) माना पानी के ड्रम की धारिता $=x$ लीटर

ड्रम में भरा हुआ पानी $=\frac{x}{3}$ लीटर

प्रश्न के अनुसार,

$x-\frac{x}{3}=60$

$\Rightarrow \frac{3x-x}{3}=60$

$\Rightarrow 2x=60\times3$

$\Rightarrow x=90$ लीटर

अत: ड्रम की धारिता 90 लीटर है।

5. (c) माना संख्या x है।

$\therefore\ x\times\frac{5}{7}-x\times\frac{7}{11}=6$

$\Rightarrow \frac{55x-49x}{77}=6$

$\Rightarrow x=77$

6. (b) $81\frac{2}{7} \times 7\frac{5}{9} = ?$

$\Rightarrow ? = \frac{569}{7} \times \frac{68}{9} = 614\frac{10}{63}$

7. (a) $1\frac{1}{24} - 1 + \frac{7}{36}$

$= \frac{25}{24} - 1 + \frac{7}{36} = \frac{25-24}{24} + \frac{7}{36}$

$= \frac{1}{24} + \frac{7}{36}$

$= \frac{1}{4}\left[\frac{1}{6} + \frac{7}{9}\right] = \frac{1}{4}\left[\frac{3+14}{18}\right]$

$= \frac{1 \times 17}{72} = \frac{17}{72}$

8. (b) $\left(\frac{3}{5} + \frac{1}{5} \div \frac{3}{10}\right) \times \left(\frac{36}{45} + \frac{16}{5}\right)$

$= \left(\frac{3}{5} + \frac{2}{3}\right) \times \left(\frac{180}{45}\right)$

$= \frac{19}{15} \times 4 = \frac{76}{15}$

9. (b) $5 - \left(2\frac{1}{2} - \frac{3}{4}\right) + \left(3\frac{1}{2} - 1\frac{3}{4}\right)$

$= 5 - \left(\frac{5}{2} - \frac{3}{4}\right) + \left(\frac{7}{2} - \frac{5}{4}\right)$

$= 5 - \left(\frac{10-3}{4}\right) + \left(\frac{14-5}{4}\right)$

$= 5 - \frac{7}{2} + \frac{9}{4}$

$= \frac{20-7+9}{4} + \frac{13+9}{4} = \frac{22}{4}$

$= 5\frac{2}{4} = 5\frac{1}{2}$

10. (b) $4.4\% = \frac{4.4}{100}$

11. (c) $0.25, \frac{1}{3} = 0.333 ...., \frac{1}{2} = 0.5$

अत: $0.25 < 0.333 > 0.5$ या $0.25, \frac{1}{3}, \frac{1}{2}$

12. (a) $80\% = \frac{80}{100} = \frac{8}{10}$

13. (d) $1.25 = 1\frac{25}{100} = 1\frac{1}{4}$

14. (d) $\frac{4}{3} + \frac{5}{9} + \frac{6}{18} = \frac{24+10+6}{18}$

$= \frac{40}{18} = \frac{20}{9}$

15. (b) 0.25, 0.50, 0.66, 0.75

अत: सबसे बड़ी भिन्न $\frac{3}{4}$ है।

16. (c) माना दूसरी संख्या है $= x$

प्रश्न के अनुसार

$x \times \frac{46}{50} = \frac{23}{50} \Rightarrow \frac{46x}{50} = \frac{23}{50}$

$x = \frac{23 \times 50}{50 \times 46} = \frac{1}{2}$

17. (a) प्रश्न के अनुसार

$\frac{3}{5}$ किग्रा का मूल्य = ₹ 240

तब 1 किग्रा सोने का मूल्य

$= \frac{240 \times 5 \times 1}{3 \times 2} =$ ₹ 240

अत: $\frac{1}{2}$ किग्रा सोने का मूल्य ₹ 200 होगा।

18. (a) $\frac{1}{2} = 0.50, \frac{3}{4} = 0.57, \frac{5}{6} = 0.83,$

$\frac{10}{11} = 0.90$

अत: सबसे छोटी भिन्न $\frac{1}{2}$ है।

19. (b) $\frac{17}{21}, \frac{17}{23}, \frac{17}{29}, \frac{17}{25}$

∵ सभी भिन्नों के अंश समान हैं।

∴ बड़े हर वाली भिन्न सबसे छोटी होगी तथा छोटे हर वाली भिन्न सबसे बड़ी होगी।

अत: भिन्नों का आरोही क्रम होगा

$= \frac{17}{29}, \frac{17}{25}, \frac{17}{23}, \frac{17}{21}$

20. (a) $\frac{8}{13}, \frac{5}{13}, \frac{11}{13}, \frac{7}{13}$

∵ सभी भिन्नों के हर समान हैं।

∴ छोटी अंश वाली भिन्न छोटी तथा बड़े अंश वाली भिन्न बड़ी होगी।

अत: भिन्नों का आरोही क्रम होगा

$= \frac{5}{13}, \frac{7}{13}, \frac{8}{13}, \frac{11}{13}$

21. (c) $\frac{2}{3} = 0.66, \frac{3}{7} = 0.42, \frac{5}{8} = 0.625,$

$\frac{4}{5} = 0.80$

अत: भिन्नों का अवरोही क्रम होगा

$= \frac{4}{5}, \frac{2}{3}, \frac{5}{8}, \frac{3}{7}$

22. (d) $\frac{3}{4} = 0.75, \frac{5}{16} = 0.31, \frac{7}{8} = 0.875,$

$\frac{11}{16} = 0.68$

अत: भिन्नों का अवरोही क्रम होगा

$= \frac{7}{8}, \frac{3}{4}, \frac{11}{16}, \frac{5}{16}$

23. (b) प्रश्न के अनुसार,

पानी तथा कीचड़ में छड़ी का भाग

$= \frac{2}{15} + \frac{1}{5} = \frac{2+3}{15} = \frac{5}{15} = \frac{1}{4}$

∴ शेष भाग $= 1 - \frac{1}{3} = \frac{2}{3}$ भाग

प्रश्नानुसार, $\frac{2}{3}$ भाग = 2 मी

$\Rightarrow$ 1 भाग $= \frac{2 \times 3}{2} = 3$ मी

24. (d) प्रश्न के अनुसार,

∴ संख्या का $\frac{1}{3}$ भाग है = 800

∴ संख्या का 1 भाग होगा $= 800 \times 3 = 2400$

∴ संख्या का $\frac{2}{5}$ भाग होगा

$= 2400 \times \frac{2}{5} = 960$

25. (b) $\frac{3}{7} + \frac{5}{9} = \frac{3 \times 9 + 5 \times 7}{7 \times 9}$

26. (c) $1 - \frac{13}{15} = \frac{15-13}{15} = \frac{2}{15}$

27. (a) $\frac{4}{5} - \frac{3}{4} = \frac{16-15}{20} = \frac{1}{20}$

28. (b) माना संख्या x है।

प्रश्न के अनुसार, $x\frac{2}{3} = 66$

$\Rightarrow x = \frac{66 \times 3}{2} = 99$

अत: x संख्या का $\frac{9}{11}$ भाग 81 होगा।

29. (c) माना घटायी जाने वाली संख्या x है।

$\frac{5}{14} - x = \frac{7}{42}$

$\Rightarrow x = \frac{5}{14} - \frac{7}{42} = \frac{15-7}{42} = \frac{8}{42} = \frac{4}{21}$

30. (d) $16\frac{1}{5} \times 16\frac{4}{5} = \left(16 + \frac{1}{5}\right) = \left(16 + \frac{4}{5}\right)$

$= 256 + 16 + \frac{1}{5} \times \frac{4}{5}$

$= 272\frac{4}{25}$

31. (c) $\frac{3}{8} = \frac{3}{8} \times \frac{2}{2} = \frac{6}{16}$

अत: $\frac{5}{14}$ में से $\frac{4}{21}$ घटाने पर $\frac{4}{42}$ प्राप्त होगा।

अभ्यास-2

1. $1\frac{3}{7}$ और $2\frac{1}{3}$ का गुणनफल है—

(a) $2\frac{1}{7}$ (b) $3\frac{2}{5}$

(c) $3\frac{1}{3}$ (d) $3\frac{3}{8}$

2. यदि किसी राशि का दो-तिहाई 180 के एक तिहाई के बराबर है, तो वह राशि क्या है?

(a) 60 (b) 90

(c) 120 (d) 130

3. निम्नलिखित में से कौन-सी संख्याएँ आरोही क्रम में लिखी हुई है?

(a) $\frac{13}{19}, \frac{13}{22}, \frac{13}{28}, \frac{13}{35}$

(b) $\frac{13}{22}, \frac{13}{19}, \frac{13}{28}, \frac{13}{35}$

(c) $\frac{13}{35}, \frac{13}{28}, \frac{13}{22}, \frac{13}{19}$

(d) $\frac{13}{28}, \frac{13}{19}, \frac{13}{22}, \frac{13}{35}$

4. $\frac{5}{7} \div \frac{2}{7}$ का मान बताइए—

(a) $\frac{5}{2}$ (b) $\frac{5}{7}$

(c) $\frac{7}{2}$ (d) $\frac{2}{7}$

5. 1·25 के तुल्य भिन्न है—

(a) $1\frac{1}{4}$ (b) $12\frac{1}{2}$

(c) $1\frac{1}{8}$ (d) $12\frac{1}{4}$

6. दो संख्याओं का गुणनफल $\frac{5}{4}$ है। यदि एक संख्या $\frac{5}{6}$ हो तो दूसरी संख्या ज्ञात कीजिए—

(a) 2 (b) $\frac{1}{2}$

(c) $\frac{3}{2}$ (d) $\frac{2}{3}$

7. भिन्नों $\frac{2}{9}, \frac{4}{3}$ तथा $\frac{6}{18}$ का योग है—

(a) $\frac{17}{9}$ (b) $\frac{16}{9}$

(c) $\frac{2}{5}$ (d) $\frac{11}{18}$

8. एक बाँस का 3/10 भाग कीचड़ में, 3/5 भाग पानी में तथा शेष 5 मी पानी की सतह से ऊपर हो, तो बाँस की लम्बाई क्या होगी?

(a) 50 मी (b) 70 मी

(C) 80 मी (d) 40 मी

9. यदि महेश अपनी कक्षा के छात्रों के बीच 5 किग्रा. मिठाई बाँटता है, तो प्रत्येक छात्र को $\frac{1}{8}$ किग्रा. मिठाई मिलती है। गणना कीजिए कक्षा में कि कुल कितने छात्र थे?

(a) 50 (b) 40

(c) 70 (d) 30

10. $\frac{1}{2}+\frac{3}{4}$ का दशमलव समतुल्य है—

(a) 1.5 (b) 2.5

(c) 1.75 (d) 1.25

11. $\frac{2}{5}+\frac{2}{25}-\frac{1}{4}$ का दशमलव समतुल्य है—

(a) 0.77 (b) 0.37

(c) 0.27 (d) 0.60

12. $17\frac{1}{16}$ का दशमलव समतुल्य है—

(a) 17.625 (b) 17.6025

(c) 17.0625 (d) 17.0525

उत्तर (हल/संकेत)

1. (c) $1\frac{3}{7} = \frac{10}{7}$

$2\frac{1}{3} = \frac{7}{3}$

∴ अभीष्ट गुणनफल $= \frac{10}{7} \times \frac{7}{3} = \frac{10}{3} = 3\frac{1}{3}$

2. (b) माना अभीष्ट राशि $= x$

तो प्रश्न से,

$x = \frac{2}{3} = 180 \times$

$x = \frac{180 \times 3}{2 \times 3} = 90$

3. (c) $\frac{13}{19} = 0{\cdot}684, \frac{13}{22} = 0{\cdot}591$

$\frac{13}{28} = 0{\cdot}464, \frac{13}{35} = 0{\cdot}371$

∴ अभीष्ट आरोही क्रम $= \frac{13}{35}, \frac{13}{28}, \frac{13}{22}, \frac{13}{19}$

4. (a) $\frac{5}{7} \times \frac{2}{7} = \frac{5}{7} \times \frac{7}{2} = \frac{5}{2}$

5. (a) $1.25 = \frac{125}{100} = \frac{5}{4} = 1\frac{1}{4}$

6. (c) माना दूसरी संख्या $= x$

प्रश्नानुसार, $\frac{5}{6}x = \frac{5}{4}$

$\Rightarrow \quad x = \frac{5}{4} \times \frac{6}{5} = \frac{6}{4} = \frac{3}{2}$

7. (a) $\frac{2}{9} + \frac{4}{3} + \frac{6}{18}$

$= \frac{4 + 24 + 6}{18} = \frac{34}{18} = \frac{17}{9}$

8. (a) कीचड़ में बाँस का भाग $= \frac{3}{10}$

पानी में बाँस का भाग $= \frac{3}{5}$

कीचड़ और पानी में बाँस का भाग $= \frac{3}{10} + \frac{3}{5}$

$= \frac{3+6}{10} = \frac{9}{10}$ भाग

∴ पानी की सतह के ऊपर का भाग

$= 1 - \frac{9}{10} = \frac{10-9}{10} = \frac{1}{10}$ भाग

∵ $\frac{1}{10}$ भाग = 5 मी

∴ 1 भाग $= 5 \div \frac{1}{10} = \frac{5 \times 10}{1} = 50$ मी

9. (b) छात्रों की संख्या = कुल मिठाई की तौल ÷ प्रत्येक के हिस्से में मिली मिठाई की तौल $= 5 \div \frac{1}{8}$

$= 5 \times \frac{8}{1} = 40$

10. (d) व्यंजक $= \frac{1}{2} + \frac{3}{4}$

$= \frac{2+3}{4} = \frac{5}{4} = 1.25$

11. (c) $\frac{2}{5} + \frac{3}{25} - \frac{1}{4} = \frac{40+12-25}{100}$

$= \frac{52-25}{100} = \frac{27}{100} = 0{\cdot}27$

12. (c) दी गई भिन्न $= 17\frac{1}{16}$

$= \left(17 + \frac{1}{16}\right) = 17 + 0.0625$

$= 17.0625$

□□□

अध्याय 4

गुणनखण्ड एवं गुणज पर आधारित संक्रियाएँ

गुणनखण्ड

यदि कोई संख्या दूसरी संख्या से पूर्णत: विभाजित हो जाती है, तब दूसरी संख्या पहली संख्या का गुणनखण्ड कहलाती है। अत: किसी संख्या को पूर्णतया विभाजित करने वाली संख्याएँ उस संख्या का गुणनखण्ड कहलाती हैं।

जैसे–8 के गुणनखण्ड 1, 2, 4 और 8 हैं।

उभयनिष्ठ गुणनखण्ड

वे संख्याएँ जो दी गई दो या दो से अधिक संख्याओं में प्रत्येक का गुणनखण्ड होती हैं, उन्हें उस संख्या का उभयनिष्ठ गुणनखण्ड कहा जाता है।

जैसे–15 के अभाज्य गुणनखण्ड $= 3 \times 5$

गुणज

किसी संख्या के गुणज उस संख्या को किसी अन्य संख्या से गुणा करने पर प्राप्त होते हैं। अत: किसी संख्या से पूर्णत: विभाजित होने वाली संख्याएँ, उस संख्या के गुणज कहलाती हैं।

जैसे–4 के गुणज 4, 8, 12, 16.......... आदि हैं।

$4 \times 1 = 4, 4 \times 2 = 8, 4 \times 3 = 12, 4 \times 4 = 16$

विशेष	
(i)	1 प्रत्येक संख्या का गुणनखण्ड है।
(ii)	प्रत्येक संख्या स्वयं का गुणनखण्ड होती है।
(iii)	किसी संख्या का गुणनखण्ड या तो उस संख्या से कम या बराबर होता है।
(iv)	प्रत्येक संख्या के गुणनखण्डों की संख्या निश्चित होती है।
(v)	किसी संख्या का गुणज, उस संख्या और प्राकृतिक संख्या का गुणनफल होता है।
(vi)	प्रत्येक संख्या स्वयं की गुणज है।
(vii)	किसी संख्या का गुणज या तो उसके बराबर या उससे बड़ा होता है।
(viii)	किसी प्राकृतिक संख्या के गुणजों की गिनती करना सम्भव नहीं है।

हल सहित उदाहरण

उदाहरण 1. 6 के सभी गुणनखण्ड लिखिए।

हल: 6 के गुणनखण्ड = 1, 2, 3, 6

उदाहरण 2. 6 के प्रथम पाँच गुणज लिखिए।

हल: 6 के प्रथम पाँच गुणज = 6, 12, 18, 24, 30

उदाहरण 3. $7^5 \times 9^7 \times 11^9$ के अभाज्य गुणनखण्ड कुल कितने होंगे?

हल: $7^5 \times 9^7 \times 11^9 = 7^5 \times 3^7 \times 3^7 \times = 11^9$

अत: कुल अभाज्य गुणनखण्डों की संख्या

$= 5 + 7 + 7 + 9 = 28$

उदाहरण 4. 8 और 11 में उभयनिष्ठ गुणनखण्ड ज्ञात कीजिए।

हल: 8 के गुणनखण्ड = 1, 2, 4, 8

11 के गुणनखण्ड = 1, 11

उभयनिष्ठ गुणनखण्ड = 1

अभ्यास–1

1. 6 के पहले चार गुणजों का योग है–

(a) 66 (b) 56
(c) 72 (d) 60

2. 6 के प्रथम 5 गुणजों का योग है–

(a) 90 (b) 54
(c) 30 (d) 84

3. 6 के प्रथम पाँच गुणजों के योग से आने वाली संख्या के दहाई तथा इकाई के स्थान पर आए अंकों का अन्तर है–

(a) 6 (b) 7
(c) 8 (d) 9

4. 13 के प्रथम 7 गुणजों का योग किसके निकटतम है?

(a) 360 (b) 365
(c) 370 (d) 375

5. 30 के गुणक हैं–

(a) 2, 3, 5
(b) 1, 2, 3, 5, 10
(c) 1, 2, 3, 10, 15
(d) 1, 2, 3, 5, 6, 10, 15, 30

6. एक संख्या–
– 50 से कम है।
– 7 की गुणज है।
– के कुल 3 गुणनखण्ड हैं।
वह संख्या क्या है?

(a) 14 (b) 42
(c) 49 (d) 70

7. 12 तथा 15 के सर्वनिष्ठ गुणनखण्ड हैं–

(a) 1, 2, 4 (b) 1, 3, 15
(c) 1, 12 (d) 1, 3

8. 37800 का अभाज्य गुणनखण्ड क्या है?

(a) $2 \times 2 \times 3 \times 3 \times 5 \times 5 \times 7 \times 7$
(b) $2 \times 2 \times 2 \times 3 \times 3 \times 3 \times 5 \times 5 \times 7$
(c) $8 \times 27 \times 25 \times 7$
(d) $2 \times 4 \times 25 \times 27 \times 7$

9. निम्न में से 316 का कौन गुणनखण्ड नहीं है?

(a) 1 (b) 158
(c) 79 (d) 8

10. $(4^{11} \times 7^5 \times 11^3)$ **के अभाज्य गुणनखण्ड कुल कितने हैं?**

(a) 8 (b) 30
(c) 111 (d) इनमें से कोई नहीं

11. 30 के सभी गुणनखण्ड कितने होंगे?

(a) 8 (b) 9
(c) 10 (d) 11

12. 24 तथा 30 में उभयनिष्ठ गुणनखण्डों की संख्या होगी–

(a) 4 (b) 5
(c) 6 (d) 8

13. 45 के गुणनखण्ड हैं–

(a) 1, 3, 5, 7
(b) 1, 3, 5, 6, 8
(c) 1, 3, 5, 9, 15, 45
(d) 1, 3, 6, 7, 8, 9

14. निम्नलिखित में से कौन-सी संख्या 12 का गुणज है?

(a) 144 (b) 110
(c) 109 (d) 113

15. निम्नलिखित में से कौन-सी संख्या अभाज्य है?

(a) 6 (b) 5
(c) 9 (d) 12

16. निम्नलिखित में से कौन-सी संख्या भाज्य है?

(a) 123 (b) 109
(c) 59 (d) 61

17. वह छोटी-से छोटी संख्या क्या है जिसे 72 से गुणा करने पर 112 का गुणज प्राप्त होता है?

(a) 6 (b) 12
(c) 14 (d) 18

18. निम्नलिखित में से कौन-सी संख्या 1 से 17 के बीच की सभी अभाज्य संख्याओं से विभक्त होती है?

(a) 515513 (b) 440440
(c) 345345 (d) 510510

19. निम्नलिखित में से कौन-सी संख्या 45 से विभक्त होगी?

(a) 181560 (b) 331145
(c) 202860 (d) 2023550

20. 75 के अभाज्य गुणनखण्ड हैं–

(a) $2 \times 3 \times 4$ (b) $3 \times 5 \times 5$
(c) $3 \times 4 \times 6$ (d) $4 \times 3 \times 4$

21. 40 से छोटे 5 के गुणजों की संख्या है–

(a) 5 (b) 6
(c) 7 (d) 8

उत्तर (हल/संकेत)

1. (d) 6 के प्रथम 4 गुणज हैं = 6, 12, 18 और 24

तब अभीष्ट योगफल होगा = 6 + 12 + 18 + 24 = 60

2. (a) 6 के प्रथम 5 गुणज हैं

= 6, 12, 18, 24, 30

अत: अभीष्ट योग होगा

= 6 + 12 + 18 + 24 + 30 = 90

3. (d) 6 के प्रथम पाँच गुणजों का योग

$= 6 \times 1 + 6 \times 2 + 6 \times 3 + 6 \times 4 + 6 \times 5$

= 6 + 12 + 18 + 23 + 30 = 90

दहाई एवं इकाई के अंकों का अन्तर

= 9 – 0 = 9

4. (b) 13 के प्रथम 7 गुणजों का योग

$= 13 \times 1 + 13 \times 2 + 13 \times 3 + 13 \times 4 + 13 \times 5 + 13 \times 6 + 13 \times 7$

= 13 + 26 + 39 + 52 + 65 + 78 + 91

= 364 = 365 (लगभग)

5. (d) $30 = 1 \times 30, 2 \times 15 = 30, 5 \times 6 = 30$

अत: 30 के गुणक 1, 2, 3, 5, 6, 10, 15, 30 हैं।

6. (b) अभीष्ट संख्या = 42

$\therefore$ 42 के गुणनखण्ड $= 2 \times 3 \times 7$

7. (d) $12 = 1 \times 2 \times 2 \times 3$

$15 = 1 \times 3 \times 5$

अत: सर्वनिष्ठ गुणनखण्ड = 1, 3

8. (b) 37800 का अभाज्य गुणनखण्ड

2	37800
2	18900
2	9450
3	4725
3	1575
3	525
5	175
5	35
7	7
	1

$2 \times 2 \times 2 \times 3 \times 3 \times 3 \times 5 \times 5 \times 7$

9. (d) 8 से 316 विभाजित नहीं होता

अत: यह उसका गुणनखंड नहीं है।

10. (b) $(4^{11} \times 7^5 \times 11^3) = 2^{11} \times 2^{11} \times 7^5 \times 11^3$

अत: कुल अभाज्य गुणनखण्डों की संख्या

= (11 + 11 + 5 + 3)

= 30

11. (a) 30 के गुणनखण्ड = 1 2, 3, 5, 6, 10, 15, 30 हैं।

अत: 30 के गुणनखण्डों की संख्या = 8

12. (a) 24 के गुणनखण्ड

= [1], [2], [3], 4, [6], 8, 12, 24

30 के गुणनखण्ड = [1], [2], [3], 5, [6], 10, 15, 30

उभयनिष्ठ गुणनखण्डों की संख्या = 4

13. (c) 45 के गुणनखण्ड = 1, 3, 5, 9, 15, 45

14. (a) 144, 12 का गुणज है।

15. (b) अभाज्य संख्या = 5

16. (a) भाज्य संख्या = 123

17. (c) ऐसी संख्या जो 72 तथा 112 दोनों से विभक्त हो, का लघुत्तम समापवर्तय 1008 होगा।

1008 को 72 से भाग देने पर भागफल = 14

अत: अभीष्ट संख्या = 14

18. (d) 515513 तथा 345345 में से कोई भी संख्या 2 से पूर्णत: विभाजित नहीं होती 440440 भी 3 से विभाजित नहीं होती।

510510, 1 से 17 के बीच की सभी अभाज्य संख्याओं से विभाजित होता है।

19. (c) दी गई संख्याओं में इकाई का अंक 5 अथवा 0 है। अत: सभी संख्याएँ 5 से विभाजित होती हैं। इनमें से 202860 के अंकों का योग ही 9 से विभाजित होता है।

अत: 45 से विभाजित होने वाली संख्या 202860 है।

20. (b) 75 के अभाज्य गुणनखण्ड $= 3 \times 5 \times 5$

21. (c) 40 से छोटे 5 गुणज $= 5 \times 1 = 5, 5 \times 2 = 10, 5 \times 3 = 15, 5 \times 4 = 30, 5 \times 5 = 25, 5 \times 6 = 30, 5 \times 7 = 35$ अर्थात् 7 है।

अभ्यास-2

1. 9 तथा 7 दोनों का एक उभयनिष्ठ गुणज संख्या A है। यह संख्या 1200 तथा 1300 के बीच में है। संख्या A क्या है?

(a) 1197 (b) 1260
(c) 1206 (d) 1266

2. 3 के प्रथम पाँच गुणजों का औसत है—

(a) 7 (b) 8
(c) 9 (d) 12

3. 24 के गुणनखण्डों की संख्या है—

(a) 8 (b) 10
(c) 24 (d) 42

4. वह कौन-सी छोटी-से-छोटी संख्या है, जिसके गुणनखण्ड 2, 3, 5 और 11 हैं?

(a) 130 (b) 155
(c) 166 (d) 330

5. 6 के सभी गुणनखण्ड लिखिए—

(a) 1, 5, 2 (b) 1, 2, 3, 6
(c) 1, 4, 3, 6 (d) 1, 5, 3

6. 6 के प्रथम पाँच गुणज लिखिए—

(a) 16, 17, 36, 60, 42
(b) 6, 10, 14, 12, 16
(c) 6, 20, 30, 40, 60
(d) 6, 12, 18, 24, 30

7. 6 के सभी गुणनखण्डों का योग है—

(a) 5 (b) 6
(c) 12 (d) 36

8. 2730 के अभाज्य गुणनखण्डों की संख्या क्या है?

(a) 1 (b) 3
(c) 5 (d) 4

9. 7 के प्रथम 6 गुणजों के योग में परिणामी संख्या के सभी अंकों का योग है—

(a) 9 (b) 6
(c) 7 (d) 12

10. 11 के प्रथम 7 गुणजों का योग है—

(a) 328 (b) 308
(c) 318 (d) 338

उत्तर (हल/संकेत)

1. (b) संख्या A का एक उभयनिष्ठ गुणज 9 और 7 है। तब, वह संख्या 9 और 7 पूर्णत: विभाजित होगी।

हम देखते हैं कि केवल दो संख्याएँ 1197 और 1260 ऐसी हैं। जो 9 और 7 से पूर्णत: विभाजित होती हैं।

लेकिन, केवल संख्या 1260, 1200 और 1300 के बीच हैं।

अत: संख्या A, 1260 है।

2. (c) 3 के प्रथम पाँच गुणज हैं—

$3 \times 1 = 3$
$3 \times 2 = 6$
$3 \times 3 = 9$
$3 \times 4 = 12$
$3 \times 5 = 15$

∴ अभीष्ट औसत

$$= \frac{3+6+9+12+15}{5} = \frac{45}{9} = 9$$

3. (a) $24 = 24 \times 1 = 12 \times 2 \times 1$
$= 4 \times 3 \times 2 \times 1$
$= 2 \times 2 \times 3 \times 2 \times 1$

∴ गुणनखण्ड = 1, 2, 3, 4, 6, 8, 12, 24

∴ गुणनखण्डों की अभीष्ट संख्या = 8

4. (d) अभीष्ट संख्या 2, 3, 5 व 11 का ल. संख्या होगी।

∴ संख्या $= 2 \times 3 \times 5 \times 11 = 330$

5. (b) 6 के गुणनखण्ड = 1, 2, 3, 6

6. (d) 6 के प्रथम पाँच गुण हैं—

$6 \times 1 = 6$
$6 \times 2 = 12$
$6 \times 3 = 18$
$6 \times 4 = 24$
$6 \times 5 = 30$

7. (c) 6 के सभी गुणनखण्ड = 1, 2, 3 और 6 हैं।

∵ अभीष्ट योगफल = (1 + 2 + 3 + 6) = 12

8. (c) 2730 के अभाज्य गुणनखण्ड करने पर

2	2730
3	1365
5	455
7	91
13	13
	1

$2730 = 2 \times 3 \times 5 \times 7 \times 13$

अत: अभाज्य गुणनखण्डों की संख्या 5 है।

9. (d) 7 के प्रथम 6 गुणज

= 7, 14, 21, 28, 35, 42

∴ इनका योगफल

$= 7 + 14 + 21 + 28 + 35 + 42 = 147$

∴ परिणामी संख्या के सभी अंकों का योगफल

= (1 + 4 + 7) = 12

10. (b) 11 के प्रथम 7 गुणज

= 11, 22, 33, 44, 55, 66, 77

अभीष्ट योग = 11 + 22 + 33 + 44 + 55 + 66
= 308

❑❑❑

अध्याय 5

लघुत्तम समापवर्त्य एवं महत्तम समापवर्तक

लघुत्तम समापवर्त्य

दो या दो से अधिक संख्याओं का लघुत्तम समापवर्त्य वह छोटी से छोटी संख्या है, जो दी गई सभी संख्याओं से पूर्णतय: विभाजित हो जाती है।

जैसे– 16, 12, 20 का ल. स. = 60

लघुत्तम समापवर्त्य ज्ञात करने की विधियाँ

(i) अभाज्य गुणनखण्ड विधि

(ii) भाग विधि

(i) अभाज्य गुणनखण्ड विधि (Prime Factorisation Method) : इस विधि में सर्वप्रथम दी गई संख्या के अभाज्य गुणनखण्ड प्राप्त करते हैं। प्रत्येक गुणनखण्ड में आने वाली सभी अभाज्य संख्याओं को उनकी अधिकतम घातों के रूप में लिखते हैं। तथा अधिकतम घातों वाले सभी पदों का गुणनफल करने पर जो परिणाम प्राप्त होता है. वह उन संख्याओं का ल.स. कहलाता है।

जैसे– 32, 75 व 60 का ल. स. ज्ञात कीजिए।

हल: 32 के अभाज्य गुणनखण्ड $= 2 \times 2 \times 2 \times 2 \times 2 = 2^5$

75 के अभाज्य गुणनखण्ड $= 3 \times 5 \times 5 = 3^1 \times 5^2$

60 के अभाज्य गुणनखण्ड $= 2 \times 2 \times 3 \times 5 = 2^2 \times 3^1 \times 5^1$

$\therefore$ 32, 75 व 60 का ल. स. $= (2^5 \times 3^1 \times 5^2)$

$= 32 \times 3 \times 25$

$= 32 \times 75 = 2400$

(ii) भागविधि (Division Method) : सर्वप्रथम दी गई संख्याओं को एक पंक्ति में व्यवस्थित करते हैं, अब हम दी गई संख्याओं को ऐसी छोटी से छोटी संख्या से विभाजित करते हैं, जो दी गई संख्याओं में से कम से कम दो संख्या को पूर्णत: विभाजित करें। यह क्रिया तब तक दोहराते हैं जब तक कि सभी अभाज्य संख्याएँ प्राप्त न हो जाएँ। सभी भाजकों व अंतिम पंक्ति की संख्याओं को आपस में गुणा करने पर प्राप्त परिणाम ही दी गई संख्याओं का ल. स. कहलाती है।

जैसे– 6, 12, 18, 36 का ल. स. भागविधि द्वारा ज्ञात कीजिए।

हल:

2	6	12	18	36
2	3	6	9	18
3	3	3	9	9
	1	1	1	1

अत: 6, 12, 18 व 36 का ल. स. $= (2 \times 2 \times 3 \times 3) = 36$

महत्तम समापवर्तक

दो या दो से अधिक संख्याओं का महत्तम समापवर्तक वह बड़ी से बड़ी संख्या है, जो दी गई प्रत्येक संख्या को पूर्णत: विभाजित करती है।

जैसे- 15, 20 व 25 का म. स. = 5

महत्तम समापवर्तक ज्ञात करने की विधियाँ

(i) अभाज्य गुणनखण्ड विधि

(ii) भाग विधि

(i) अभाज्य गुणनखण्ड विधि (Prime Factorisation Method) : सर्वप्रथम दी गई संख्याओं के अभाज्य गुणनखण्ड प्राप्त करते हैं। इस प्रकार प्राप्त परिणाम ही दी गई संख्याओं का म. स. है।

जैसे- 40, 80 व 120 का म. स. ज्ञात कीजिए।

हल: संख्याओं के अभाज्य गुणनखण्ड करने पर-

$40 = 2 \times 2 \times 2 \times 5$

$80 = 2 \times 2 \times 2 \times 2 \times 5$

$120 = 2 \times 2 \times 2 \times 3 \times 5$

$\therefore$ संख्याओं का म. स. $= 2 \times 2 \times 2 \times 5 = 40$

(ii) भागविधि (Division Method) : इस विधि में सर्वप्रथम दी गई संख्याओं में से सबसे छोटी संख्या से उससे बड़ी संख्या में भाग दिया जाता है तथा प्राप्त शेष से भाजक को विभाजित किया जाता है। यह क्रिया तब तक चलती है जब तक शेष शून्य प्राप्त न हो जाए, इस प्रकार प्राप्त अंतिम भाजक को ही दी गई संख्याओं का म. स. कहते हैं।

जैसे- 36, 64 व 144 का म. स. ज्ञात कीजिए।

हल:

```
36)64(1
   36
   28)36(1
      28
       8)28(3
         24
          4)8(2
            8
            ×
```

अत: 36, 64 व 144 का म. स. = 4

महत्वपूर्ण सूत्र

(i)	भिन्नों का म.स. = $\frac{\text{अशों का म. स.}}{\text{हरों का ल. स.}}$
(ii)	भिन्नों का ल.स. = $\frac{\text{अशों का ल. स.}}{\text{हरों का म. स.}}$
(iii)	दो संख्याओं का गुणनफल = उनका ल.स. × उनका म.स.
(iv)	संख्याओं का ल.स. × म.स. = पहली संख्या × दूसरी संख्या
(v)	पहली संख्या = $\frac{\text{उनका ल. स.} \times \text{उनका म. स.}}{\text{दूसरी संख्या}}$
(vi)	दूसरी संख्या = $\frac{\text{उनका ल. स.} \times \text{उनका म. स.}}{\text{पहली संख्या}}$

हल सहित उदाहरण

उदाहरण 1. $\frac{14}{33}, \frac{21}{22}, \frac{42}{55}$ **का म.स. हैं-**

(a) $\frac{7}{330}$ (b) $\frac{42}{550}$

(c) $\frac{3}{321}$ (d) $\frac{21}{350}$

हलः (a) भिन्नों का म.स.

$= \frac{\text{उनके अंश का म.स.}}{\text{उनके हर का ल.स.}}$

अतः $\frac{14}{33}, \frac{21}{22}, \frac{42}{55}$ का म.स.

$= \frac{\text{14, 21 तथा 42 का म. स.}}{\text{33, 32 तथा 55 का ल. स.}} \quad \frac{7}{330}$

$= \frac{7}{330}$

उदाहरण 2. दो संख्याओं का महत्तम समापवर्तक 13 और उनका लघुत्तम समापवर्तक 1989 है। यदि उनमें से एक संख्या 117 है, तो दूसरी संख्या है-

(a) 224 (b) 223

(c) 221 (d) 225

हलः (c) पहली संख्या × दूसरी संख्या

= ल.स. × म.स.

117 × दूसरी संख्या = 1989 × 13

⇒ दूसरी संख्या = $\frac{1989 \times 13}{117} = 221$

उदाहरण 3. चार घंटिया क्रमशः 5, 6, 8 तथा 9 संकण्डों के अंतरालों पर बजती हैं। एक साथ बजना प्रारम्भ करने के बाद के अगली बार कितने समय एक साथ बजेंगी।

(a) 6 मिनट

(b) 12 मिनट

(c) 18 मिनट

(d) 24 मिनट

हलः (a) सर्वप्रथम 5, 6, 8 तथा 9 का ल.स. ज्ञात करते हैं।

∴ ल.स. = 2 × 3 × 2 × 5 × 2 × 3

= 360

2	5, 6, 8, 9
3	5, 3, 4, 9
2	5, 1, 4, 3
	5, 1, 2, 3

अतः वह घंटिया पुनः एक साथ 360 सेकेण्ड अर्थात् 6 मिनट बाद पुनः एक साथ बजेंगी।

उदाहरण 4. $\frac{1}{3}, \frac{2}{9}, \frac{5}{6}$ **व** $\frac{4}{27}$ **का लघुत्तम समापवर्त्य ज्ञात कीजिए।**

(a) $6\frac{2}{3}$ (b) $7\frac{1}{2}$

(c) 8 (d) 10

हलः (a) $\frac{1}{3}, \frac{2}{9}, \frac{5}{6}$ व $\frac{4}{27}$ का ल. स.

$= \frac{\text{1, 2, 5, व 4 का ल. स.}}{\text{3, 9, 6 व 27 का म. स.}}$

$= \frac{20}{3} = \frac{20}{3} = 6\frac{2}{3}$

उदाहरण 5. वह छोटी से छोटी संख्या ज्ञात कीजिए जिसमें 8 जोड़ने पर प्राप्त संख्या 24, 32, 36, व 54 में से प्रत्येक से पूर्णतः विभाजित हो जाए।

(a) 856

(b) 1050

(c) 1120

(d) 1180

हलः (a) अभीष्ट संख्या

= (24, 32, 36 व 54 का ल.स.) – 8

= (864 – 8) = 856

उदाहरण 6. 6 घंटियाँ एक साथ बजना आरम्भ करती हैं। यदि वे घंटियाँ क्रमशः 2, 4, 6, 8, 10, व 12 सेकण्ड के अंतराल से बजे, तो वे कितने मिनट पश्चात् पुनः एक साथ बजेगी?

(a) 3 मिनट (b) 5 मिनट

(c) 6 मिनट (d) 2 मिनट

हलः (d) अभीष्ट समय

= 2, 4, 6, 8, 10 व 12 का ल. स.

= 120 सेकेण्ड

= 2 मिनट

अभ्यास-1

1. दो संख्याओं का महत्तम समापवर्तक 38 और उनका लघुत्तम समापवर्त्य 98154 है। यदि एक संख्या 1558 है, तो दूसरी संख्या होगी–
(a) 1197 (b) 2394
(c) 4932 (d) 2384

2. 128, 288 तथा 160 का म.स. (HCF) है–
(a) 16 (b) 24
(c) 32 (d) 48

3. यदि दो सह-अभाज्य संख्याओं का गुणनफल 117 है, तो उनका ल.स. (LCM) है–
(a) 9 (b) 13
(c) 39 (d) 117

4. वह बड़ी-से-बड़ी संख्या प्राप्त कीजिए, जिससे यदि 1277 और 1368 को भाग किया जाए, जो प्रत्येक स्थिति में 3 शेष बचे।
(a) 68 (b) 77
(c) 91 (d) 37

5. 114 तथा 95 का ल.स. (LCM) है–
(a) 570 (b) 950
(c) 1140 (d) 5700

6. वह बड़ी-से-बड़ी संख्या, जिससे यदि 280 और 1245 को भाग किया जाए, तो शेषफल क्रमशः 4 और 3 प्राप्त होंगे हैं–
(a) 138 (b) 148
(c) 145 (d) 178

7. तीन घण्टियाँ क्रमशः 12, 15 तथा 18 मिनट के अंतराल में बजती है। यदि वह प्राप्तः 9:00 बजे एक साथ बजीं, तो वह कब फिर एक साथ बजेंगी?
(a) प्रातः 10 : 00 बजे
(b) प्रातः 11 : 00 बजे
(c) 12 : 00 बजे दोपहर
(d) 1 : 00 बजे दोपहर

8. वह छोटी-से-छोटी संख्या जो 42, 98 तथा 70 से विभाजित हो जाती है–
(a) 1470 (b) 1740
(c) 1070 (d) 980

9. 45, 75 तथा 165 का म.स. है–
(a) 15 (b) 45
(c) 75 (d) 2475

10. श्रीमती भटिया अपनी कक्षा के विद्यार्थियों में बराबर-बराबर 75 पेंसिले व 60 रबड़ बाँटती है। उनकी कक्षा में अधिकतम कितने विद्यार्थी हैं?
(a) 5 (b) 15
(c) 25 (d) 60

11. छोटी-से-छोटी संख्या जो 15, 25 तथा 30 से विभाजित हो जाती है, हैं–
(a) 160 (b) 140
(c) 150 (d) 170

12. तीन ट्रैफिक बत्तियाँ क्रमशः 10, 15 तथा 20 मिनट के पश्चात् चमकती है। एक साथ वह प्रात 6:10 बजे चमकती है। इसके पश्चात् एकसाथ वह कब चमकेंगी?
(a) प्रातः 7 : 00 बजे
(b) प्रातः 7 : 20 बजे
(c) प्रातः 7 : 10 बजे
(d) प्रातः 7 : 30 बजे

13. 2/7 तथा 4/17 का म.स. है–
(a) 62 (b) $\frac{62}{119}$
(c) $\frac{4}{119}$ (d) $\frac{2}{119}$

14. चाकलेट के दो ब्राण्ड 10 व 12 की पैकिंग में उपलब्ध है। यदि मुझे दोनों ब्राण्डों की एकसमान संख्या में चाकलेटें लेनी हों, तो प्रत्येक ब्राण्ड के कम-से-कम कितने-कितने पैक खरीदने चाहिए?
(a) 10 के 2 व 12 के 2 पैक
(b) 10 के 6 पैक व 12 के 5 पैक
(c) 10 के 12 पैक व 12 के 10 पैक
(d) प्रत्येक के 22 पैक

15. तीन अंकों की छोटी-से-छोटी संख्या जो 4, 8 तथा 12 से पूर्णतः विभाजित हो, है–
(a) 104 (b) 120
(c) 240 (d) 984

16. तीन गिरजाघरों की घंटियाँ क्रमशः 10, 12 तथा 15 मिनट के अंतराल पर बजती है। यदि वह एक साथ प्रातः 8:30 बजे बजीं, तो अगली दफा/बार वह कब एक साथ बजेंगी?
(a) 9 : 00 बजे प्रातः
(b) 9 : 30 बजे प्रातः
(c) 10 : 00 बजे प्रातः
(d) 12 : 00 बजे प्रातः

17. 48, 144 और 576 का म.स. क्या होगा?
(a) 576 (b) 144
(c) 48 (d) 1

18. 16, 80 तथा 48 का ल.स. क्या है?
(a) 8 (b) 16
(c) 240 (d) 480

19. 30, 36 तथा 90 के ल.स. तथा म.स. में अंतर है–
(a) 366 (b) 354
(c) 186 (d) 174

20. तीन घंटियाँ प्रत्येक बार 12, 15 तथा 18 सेकण्ड के पश्चात् क्रमशः बजती हैं। यदि वह पहली बार 8:35 बजे प्रातः एक साथ बजी हों, तो सबसे पहले अगली बार वह कितने बजे एक साथ बजेंगी?
(a) 8 : 38 बजे प्रातः
(b) 8 : 40 बजे प्रातः
(c) 8 : 41 बजे प्रातः
(d) 8 : 45 बजे प्रातः

21. दो सह-अभाज्य संख्याओं का म.स. है–
(a) 1 (b) 0
(c) दोनों का योग (d) दोनों का अंतर

22. तीन घंटियाँ एक साथ प्रातः 7:30 बजे बजीं। यदि वह क्रमशः 4, 5 तथा 6 मिनट के बाद बार-बार बजती हों, तो कितने बजे वह फिर एक साथ बजेंगी?
(a) 8 : 30 बजे (b) 8 : 45 बजे
(c) 9 : 30 बजे (d) 10 : 45 बजे

23. 4, 6, 20 तथा 36 का ल.स. है–
(a) 120 (b) 360
(c) 180 (d) 420

24. 12, 24 तथा 30 का ल.स. है–
(a) 120 (b) 60
(c) 30 (d) 2

25. 32, 64, 128 का ल.स. ज्ञात कीजिए–
(a) 32 (b) 128
(c) 64 (d) 160

26. 23 का वह छोटे-से-छोटा समापवर्त्य ज्ञात कीजिए, जिसे 18, 21 तथा 24 से भाग देने पर प्रत्येक दशा में 11, शेष बचता है–
(a) 313 (b) 414
(c) 515 (d) 616

27. 18, 24, 72 का म.स. ज्ञात कीजिए–
(a) 6 (b) 8
(c) 12 (d) 18

28. चार अंकों की वह बड़ी-से-बड़ी संख्या ज्ञात कीजिए, जिसे 15, 18, 21 तथा 24 में से प्रत्येक से भाग देने पर हर दशा में 4 शेष बचे।
(a) 7555 (b) 7553
(c) 7564 (d) 7556

29. वह छोटी-से-छोटी संख्या ज्ञात कीजिए, जो 16, 24, 30 तथा 42 में से प्रत्येक से पूर्णतया विभक्त हो जाए–

(a) 1580 (b) 1680
(c) 1780 (d) 1880

30. 6, 14, 18, 26 का म.स. होगा–
(a) 10 (b) 2
(c) 3 (d) 14

31. 5, 7, 9 और 10 का ल.स. होगा–
(a) 415 (b) 720
(c) 630 (d) 360

32. 8, 12, 18 का ल.स. ज्ञात कीजिए–
(a) 36 (b) 144
(c) 72 (d) इनमें से कोई नहीं

33. 25, 50, 75 का ल.स. निकालिए–
(a) 25 (b) 75
(c) 50 (d) 150

34. 9, 36 तथा 108 का म.स. क्या है?
(a) 36 (b) 9
(c) 343 (d) 27

35. वह बड़ी-से-बड़ी संख्या जिससे 121, 342 तथ 415 को भाग देने पर क्रमशः 10, 9 तथा 8 शेष बचे, होगी–
(a) 37 (b) 74
(c) 111 (d) 3

36. वह सबसे छोटी पूर्ण वर्ग संख्या निकालिए, जो 6, 8, 15, 24 से पूरी-पूरी बँट जाए?
(a) 3500 (b) 3600
(c) 3700 (d) 3800

37. 800 और 900 के बीच एक ऐसी संख्या निकालिए जो 12, 16 और 18 से पूर्णतः विभाजित हो जाए?
(a) 864 (b) 964
(c) 1064 (d) 1164

38. $\frac{18}{25}, \frac{21}{40}, \frac{35}{75}$ **का म.स. निकालिए–**
(a) 4 (b) 5
(c) 6 (d) 7

39. 144, 126 तथा 162 का म.स. निकालिए–
(a) 16 (b) 17
(c) 18 (d) 19

40. दो संख्याओं का म.स. 2 है तथा ल.स. 24 है। यदि एक संख्या 6 हो, तो दूसरी संख्या निकालिए–
(a) 5 (b) 6
(c) 7 (d) 8

41. वह सबसे छोटी संख्या निकालिए, जिसको यदि 12, 16 और 18 से भाग दे, तो प्रत्येक अवस्था में 5 शेष रहे–
(a) 146 (b) 147
(c) 148 (d) 149

42. 106, 208, 300 का ल.स. निकालिए–
(a) 826800 (b) 826881
(c) 826992 (d) 826994

उत्तर (हल/संकेत)

1. (b) पहली संख्या × दूसरी संख्या
= महत्तम समापवर्तक × लघुत्तम समापवर्तक

दूसरी संख्या

$$= \frac{\text{महत्तम समापवर्तक} \times \text{लघुत्तम समापवर्तक}}{\text{पहली संख्या}}$$

$$= \frac{38 \times 98154}{1558} = 2394$$

2. (c) $128 = 2 \times 2 \times 2 \times 2 \times 2 \times 2 \times 2$
$= 2^7$
$288 = 2 \times 2 \times 2 \times 2 \times 2 \times 3 \times 3$
$= 2^5 \times 3^2$
$160 = 2 \times 2 \times 2 \times 2 \times 2 \times 5$
$= 2^5 \times 5$
तब अभीष्ट म.स. $= 2^5$
$= 2 \times 2 \times 2 \times 2 \times 2 = 32$

3. (d) $117 = 3 \times 3 \times 13 = 9 \times 13$
यहाँ 9 और 13 परस्पर सह-अभाज्य संख्याएँ हैं।
अतः अभीष्ट ल.स. $= 9 \times 13 = 117$

4. (c) बड़ी-से-बड़ी संख्या = (1277 – 3) तथा (1368 – 3) का म.स. = 1274 तथा 1365 का म.स.

1274) 1365 (1
1274
तथा 91) 1365 (15
1365
×
91) 1274 (14
1274
×

अतः अभीष्ट संख्या = 91

5. (a)

2	114,	95
3	57,	95
19	19,	95
5	1,	5
	1,	1

∴ अभीष्ट ल.स. $= 2 \times 3 \times 19 \times 5$
$= 570$

6. (a) अभीष्ट संख्या = (280 – 4) तथा (1245 – 3) का म.स. = 276 व 1242 का म.स.

276) 1242 (4
1104
138) 276 (2
276
×

अतः अभीष्ट संख्या = 138

7. (c) सर्वप्रथम हम 12, 15 तथा 18 का ल.स. ज्ञात करेंगें।

∴ 12, 15, 18 का ल.स.
$= 3 \times 2 \times 2 \times 5 \times 3 = 180$

3	12,	15,	18
2	4,	5,	6
	2,	5,	3

अतः 180 मिनट
$= \frac{180}{60} = 3$ घंटे
अतः एक साथ बजने का अभीष्ट समय
= प्रातः 9 : 00 बजे + 180 मिनट
= 9 : 00 बजे + 3 घंटे
= 12 : 00 बजे दोपहर

8. (a) 42, 98 तथा 70 का ल.स. ज्ञात करने पर,

2	42,	98,	70
7	21,	49,	35
3	3,	7,	5
5,	1,	7,	5
7,	1,	7,	1
	1,	1,	1

ल.स. $= 2 \times 7 \times 3 \times 5 \times 7 = 1470$
∴ अभीष्ट संख्या = 1470

9. (a) 45, 75 तथा 165 का म.स. ज्ञात करने पर,

45) 75 (1
45
30) 45 (1
30
15) 30 (2
30
×

15) 165 (11
15
15
15
×

अभीष्ट म.स. = 15

10. (b) कक्षा में अधिकतम छात्रों की संख्या
= 75 तथा 60 का म.स.
$75 = 2 \times 2 \times 2 \times = 5^2 \times 3$
$60 = 2 \times 2 \times 2 \times 2 \times = 2^2 \times 3 \times 5$
म.स. $= 3 \times 5 = 15$
अतः अधिकतम छात्रों की संख्या = 15

11. (c) अभीष्ट संख्या
= 15, 25 तथा 30 का ल.स.

2	15,	25,	30
3	15,	25,	15
5	5,	25,	5
5	1,	5,	1
	1,	1,	1

ल.स. $= 2 \times 3 \times 5 \times 5 = 150$
अभीष्ट संख्या = 150

12. (c) तीनों ट्रैफिक बत्तियों का पुनः एक साथ चमकने का समय = 10, 15 तथा 20 मिनट का ल.स.

2	10,	15,	20
2	5,	15,	10
5	5,	15,	5
	1,	3,	1

ल.स. $= 2 \times 2 \times 5 \times 3 = 60$

अत: अभीष्ट समय

= प्रात: 6:10 + 60 मिनट

= प्रात: 6:10 + 1 घंटा

= प्रात: 7:10 बजे

13. (d) भिन्नों का म.स.

$= \dfrac{\text{उनके अंशों का म.स.}}{\text{उनके हरों का ल.स.}}$

$\therefore$ $\dfrac{2}{7}$ तथा $\dfrac{4}{17}$ का म.स.

$= \dfrac{\text{2,4 का म.स.}}{\text{7,17 का ल.स.}} = \dfrac{2}{119}$

14. (b) 10 एवं 12 का ल.स.

$= 2 \times 2 \times 5 \times 3 = 60$

2	10, 12
2	5, 6
	5, 3

$\therefore$ 10 की पैकिंग की संख्या

12 की पैकिंग की संख्या $= \dfrac{60}{12} = 5$

अत: 10 के 6 पैक तथा 12 के 5 पैक लेने पड़ेंगे।

15. (b) अभीष्ट संख्या = 4, 8 तथा 12 का ल.स. का गुणज

2	4, 8, 12
2	2, 4, 6
	1, 2, 3

4, 8 तथा 12 का ल.स.

$= 2 \times 2 \times 2 \times 3 = 24$

24 की गुणज सबसे छोटी तीन अंकों की संख्या

$= (24 \times 5) = 120$

16. (b) $\because$ सर्वप्रथम हम इसमें 10, 12 और 15 का ल.स. ज्ञात करते हैं।

2	10, 12, 5
3	5, 6, 15
5	5, 2, 5
	1, 2, 1

$\therefore$ ल.स. $= 2 \times 3 \times 5 \times 2$

= 60 मिनट = 1 घंटा

अत: वह तीनों घंटियाँ 1 घंटा पश्चात् अर्थात् 8:30 + 1 घंटा

= 9:30 बजे प्रात: एक साथ बजेंगी।

17. (c) 48, 144 तथा 576 का म.स.

48) 144 (3
144
×

48) 576 (12
48
96
96
×

अत: 48, 144 तथा 576 का म.स. = 48

18. (c) सर्वप्रथम 16, 80 तथा 48 का ल.स. ज्ञात करने पर,

2	16, 80, 48
2	8, 40, 24
2	4, 20, 12
2	2, 10, 6
	1, 5, 3

16, 80 तथा 48 का ल.स.

$= 2 \times 2 \times 2 \times 2 \times 5 \times 3 = 240$

19. (d) 30, 36 तथा 90 का ल.स. = 180

तथा 30, 36 तथा 90 का म.स. = 6

$\therefore$ अभीष्ट अंतर = 180 − 6 = 174

20. (a) 12, 15 तथा 18 का अभीष्ट ल.स.

= 180 सेकेंड $= \dfrac{180}{60}$ मिनट = 3 मिनट

घंटियाँ अगली बार बजेंगी

= 8:35 + 0:03 = 8:38 बजे।

21. (a) दो सह-अभाज्य संख्याओं का म.स. सदैव 1 होता है।

22. (a) 4, 5 तथा 6 का ल.स.

= 60 मिनट = 1 घंटा

तीनों घंटियाँ एक साथ बजेंगी प्रात: 7 : 30 + 1 : 00 = 8 : 30 बजे बजेंगी।

23. (c) 4, 6, 20 तथा 36 का ल.स. ज्ञात करने पर

2	4, 6, 20, 36
2	2, 3, 10, 18
2	1, 3, 5, 9
	1, 1, 5, 3

ल.स. $= 2 \times 2 \times 3 \times 5 \times 3 = 180$

24. (a) 12, 24 तथा 30 का ल.स. निकालने पर

2	12, 24, 30
2	6, 12, 15
3	3, 6, 15
	1, 2, 5

अभीष्ट ल.स. $= 2 \times 2 \times 3 \times 2 \times 5 = 120$

25. (b) सर्वप्रथम हम 32, 64 तथा 128 का ल.स. भाग विधि द्वारा ज्ञात करने पर

2	32, 64, 128
2	16, 32, 64
2	8, 16, 32
2	4, 8 16
2	2, 4, 8
2	1, 2, 4
	1, 1, 2

ल.स. $= 2 \times 2 \times 2 \times 2 \times 2 \times 2 \times 2$

= 128

26. (c) 23 का छोटा से छोटा समापवर्त्य

= (18, 21 तथा 24 का + 11)

3	18, 21, 24
3	6, 7, 8
2	2, 7, 8
2	1, 7, 4
	1, 7, 2

$\therefore$ 18, 21 तथा 24

का ल.स. $= 3 \times 3 \times 2 \times 2 \times 2 \times 7$

= 504

$\therefore$ अभीष्ट संख्या = (504 + 11) = 515

27. (a) 18, 24 तथा 72 का म.स. ज्ञात करने पर,

18) 24 (1
18
6) 18 (3
18
×

6) 72 (12
6
12
12
×

अत: 18, 24 तथा 72 का म.स. = 6

28. (c)

2	15, 18, 21, 24
3	15, 9, 21, 12
2	5, 3, 7, 4
	5, 3, 7, 2

ल.स. $= 2 \times 3 \times 5 \times 3 \times 7 \times 4 = 2520$

चार अंकों की बड़ी-से-बड़ी संख्या

अब 9999 को 2520 से भाग देने पर शेषफल

= 2439

2520 से विभक्त होने वाली 4 अंकों की बड़ी-से-बड़ी संख्या

= (9999 − 2439) = 7560

$\therefore$ अभीष्ट संख्या = (7560 + 4) = 7564

29. (b) सर्वप्रथम 16, 24, 30 तथा 42 का ल.स. भाग विधि से ज्ञात करने पर,

2	16, 24, 30, 42
2	8, 12, 15, 21
2	4, 6, 15, 21
3	2, 3, 15, 21
	2, 1, 5, 7

ल.स. $= 2 \times 2 \times 2 \times 3 \times 2 \times 5 \times 7 = 1680$

30. (b)

6	=	2×3
14	=	2×7
18	=	$2 \times 3 \times 3$
26	=	2×13
म.स.	=	2

31. (c)

2	5, 7, 9, 10
2	5, 7, 9, 5
3	1, 7, 9, 1
	1, 7, 3, 1

ल.स. $= 2 \times 3 \times 3 \times 5 \times 7 = 630$

32. (c) $8 = 2 \times 2 \times 2 = 2^3$

$12 = 2 \times 2 \times 3 = 2^2 \times 3$

$18 = 2 \times 3 \times 3 = 2 \times 3^2$

$26 = 2 \times 13$

ल.स. $= 2^3 \times 3^2$

$= 2 \times 2 \times 2 \times 3 \times 3 = 72$

33. (d) 25, 50 तथा 75 का ल.स. भाग विधि से ज्ञात करने पर

5	25,	50,	75
5	5,	10,	15
	1,	2,	3

ल.स. $= 5 \times 5 \times 2 \times 3 = 150$

34. (b) 9, 36 तथा 108 का म.स. भाग विधि से ज्ञात करने पर,

9) 36 (4
36
×

9) 108 (12
9
18
18
×

म.स. = 9

35. (a) अभीष्ट संख्या

$= (121 - 10), (342 - 9), (415 - 8)$ का म.स.

= 111, 333 एवं 407 का म.स.

333) 407 (1
333
74) 333 (4
296
37) 74 (2
74
×

म.स. = 37

36. (b) सर्वप्रथम 6, 8, 15 तथा 24 का ल.स. निकालते हैं:

2	6,	8,	15,	24
2	3,	4,	15,	12
2	3,	2,	15,	6
3	3,	1,	15,	3
	1,	1,	5,	1

ल.स. $= 2 \times 2 \times 2 \times 3 \times 5 = 120$

∴ अत: पूर्ण वर्ग संख्या बनाने के लिए हमें $2 \times 3 \times 5$ का गुणा करना होगा।

वर्ग संख्या $= 2^2 \times 2^2 \times 3^2 \times 5^2$

$= 4 \times 4 \times 9 \times 25 = 3600$

37. (a)

2	12,	16,	18
2	6,	8,	9
3	3,	4,	9
	1,	4,	3

∴ 12, 16, 18 का ल.स.

$= 2 \times 2 \times 3 \times 4 \times 3 = 144$

पुन: 144) 900 (6
864
36

∴ अभीष्ट संख्या $= 900 - 36 = 864$

38. (b) $\frac{18}{25}, \frac{21}{40}, \frac{35}{75}$ का ल.स.

$= \frac{18, 21, 35 \text{ का ल.स.}}{25, 40, 75 \text{ का म.स.}}$

3	18,	21,	35
7	6,	7,	35
	6,	1,	5

ल.स. $= 3 \times 7 \times 6 \times 5 = 630$

25, 40, 75 का म.स.

25) 40 (1
25
15) 25 (1
15
10) 15 (1
10
5) 10 (2
10
×

5) 75 (15
5
25
25
×

म.स. = 5

39. (c) 144) 162 (1
144
18) 144 (8
144
×

18) 126 (7
126
×

∴ अभीष्ट म.स. = 18

40. (d) म.स. × ल.स.

= पहली संख्या × दूसरी संख्या

⇒ $2 \times 24 = 6 \times$ दूसरी संख्या

∴ दूसरी संख्या $= \frac{48}{6} = 8$

41. (d) अभीष्ट संख्या

= (12, 16 तथा 8 का ल.स.) + 5

2	12,	16,	18
2	6,	8,	9
3	3,	4,	9
	1,	4,	3

∴ ल.स. $= 2 \times 2 \times 3 \times 3 \times 4 = 144$

∴ अभीष्ट संख्या $= (144 + 5) = 149$

42. (a)

2	106,	208,	300
2	53,	104,	150
2	53,	52,	75
2	53,	26,	75
5	53,	13,	75
5	53,	13,	15
	53,	13,	3

ल.स. $= 2 \times 2 \times 2 \times 2 \times 5 \times 5 \times 53 \times 13 \times 3$

$= 826800$

अभ्यास–2

1. संख्याओं 14 और 28 का महत्तम समापवर्तक (HCF) 14 है। इनका लघुत्तम समापवर्त्य (LCM) क्या होगा?

(a) 28 (b) 196

(c) 298 (d) 98

2. दो संख्याओं का महत्तम समापवर्त्तक 3 तथा उनका गुणनफल 93 है, तो उनका लघुत्तम समापवर्तक क्या है?

(a) 27 (b) 31

(c) 33 (d) 36

3. 20, 8, 12, 15 का लघुत्तम समापवर्त्य है—

(a) 80 (b) 96

(c) 108 (d) 120

4. 37, 111 एवं 222 का म. स. क्या होगा?

(a) 222 (b) 111

(c) 37 (d) 1

5. $2 \times 2 \times 3$ और $2 \times 2 \times 2 \times 2 \times 3 \times 5$ का लघुत्तम समापवर्त्य है—

(a) 2×2

(b) $2 \times 2 \times 3$

(c) $2 \times 2 \times 2 \times 2$

(d) $2 \times 2 \times 2 \times 2 \times 3 \times 5$

6. 12, 24 तथा 30 का लघुत्तम समापवर्त्य है—

(a) 2 (b) 30

(c) 60 (d) 120

7. तीन व्यक्तियों ने 3 रुपये, 5·25 रुपये तथा 6·75 रुपये के कुछ सन्तरे खरीदे। एक सन्तरे की अधिकतम कीमत क्या हो सकती है?

(a) 25 पैसे (b) 75 पैसे

(c) 1 रुपया (d) 1·25 रुपये

8. तीन घण्टियाँ एक साथ प्रातः 8 : 30 बजे बजीं। यदि वह प्रत्येक 4, 5 तथा 6 मिनट के बाद बार-बार बजती हों, तो कितने बजे वह फिर एक साथ बजेंगी?

(a) 8 : 45 बजे प्रातः (b) 9 : 30 बजे प्रातः
(c) 9 : 45 बजे प्रातः (d) 10 : 15 बजे प्रातः

9. 8, 12, 20 तथा 36 का ल. स. (LCM) है—

(a) 120 (b) 180
(c) 360 (d) 720

10. 8, 12, 15 का लघुत्तम समापवर्त्य ज्ञात कीजिए—

(a) 121 (b) 120
(c) 140 (d) 130

11. 3^{-8}, 3^{-11} तथा 3^{-10} का ल.स. ज्ञात कीजिए—

(a) 3^{-8} (b) 3^{-11}
(c) 3^{-10} (d) 3^{-12}

12. 126, 91 तथा 84 का म. स. (HCF) क्या है?

(a) 42 (b) 36
(c) 21 (d) 7

13. यदि दो संख्याओं का म. स. तथा ल. स. क्रमशः 19 तथा 570 है तथा एक संख्या 95 है, तो दूसरी संख्या है—

(a) 114 (b) 57
(c) 190 (d) 228

14. चार घण्टियाँ 5, 10, 15 और 20 मिनट के अन्तराल पर बजती हैं, यदि वे प्रातः 9 : 00 बजे एक साथ बजती हैं, तो वे कितने बजे दुबारा एक साथ बजेंगी?

(a) प्रातः 10 : 00 बजे
(b) प्रातः 10 : 30 बजे
(c) प्रातः 11 : 00 बजे
(d) प्रातः 10 : 30 बजे

उत्तर (हल/संकेत)

1. (a) हम जानते हैं कि दो संख्याओं का गुणनफल = दोनों संख्याओं का म. स. × ल. स.

$\therefore$ 14 × 28 = 14 × ल. स.

$\Rightarrow$ ल. स. $= \frac{14\times20}{14} = 28$

2. (b) लघुत्तम समापवर्त्य

$= \frac{\text{दोनों संख्याओं का गुणनफल}}{\text{दोनों संख्याओं का म. स.}} = \frac{93}{3} = 31$

3. (d)

2,	20, 8, 12, 15
2,	10, 4, 6, 15
3,	5, 2, 3, 15
5,	5, 2, 1, 5
2	1, 2, 1, 1
	1, 1, 1, 1

$\therefore$ अभीष्ट ल. स. = 2 × 2 × 3 × 5 × 2 = 120

4. (c) 37 = 37 × 1

111 = 37 × 3

222 = 37 × 3 × 2

$\therefore$ म. स. = 37

5. (d) 2 × 2 × 3 तथा 2 × 2 × 2 × 2 × 3 × 5 का ल.स.

= 2 × 2 × 2 × 2 × 3 × 5 होगा।

6. (d)

2	12, 24, 30
2	6, 12, 15
2	3, 6, 15
3	3, 3, 15
5	1, 1, 5
	1, 1, 1

अतः अभीष्ट ल. स. = 2 × 2 × 2 × 3 × 5 = 120

7. (b) एक सन्तरे की अधिकतम कीमत = ₹ 3, ₹ 5.25 तथा ₹ 6.75 का म. स.

= 300 पै., 525 पै. तथा 675 पैसे का म. स.

5300 = 2 × 2 × 3 × 5 × 5

525 = 3 × 5 × 5 × 7

675 = 3 × 3 × 3 × 5 × 5

अतः अभीष्ट म. स. = 3 × 5 × 5 = 75 पैसे

8. (b) 4, 5, 6 का ल. स. प.

2	4, 5, 6
2	2, 5, 3
3	1, 5, 3
5	1, 5, 1
	1, 1, 1

= 2 × 5 × 2 × 3

= 60

यदि प्रथम बार तीनों घण्टियाँ 8·30 बजे प्रातः पर एक साथ बजती हैं तो 60 मिनट बाद अर्थात् 9·30 बजे प्रातः पर तीनों पुनः एक साथ बजेंगीं।

9. (c)

2	8, 12, 20, 36
2	4, 6, 10, 8
2	2, 3, 5, 9
3	1, 5, 3, 9
3	1, 5, 1, 3
5	1, 5, 1, 1
	1, 1, 1, 1

अभीष्ट ल. स. = 2 × 2 × 3 × 2 × 5 × 3

= 360

10. (b)

2	8,12,15
2	4,6,15
2	2,3,15
3	1,3,15
5	1,1,5
	1,1,1

$\therefore$ ल. स. = 2 × 2 × 2 × 3 × 5 = 120

11. (a) आधार समान होने पर अधिकतम घात वाली संख्या ल. स. होगी। अतः ल. स. = 3^{-8} है

12. (d)

```
91) 126 ( 1
    91
    35 ) 91 ( 2
         70
         21 ) 35 ( 1
              21
              14 ) 21 ( 1
                   14
                    7 ) 14 ( 2
                        14
                        ×
7 ) 84 ( 12
    84
    ×
```

अतः 126, 91 और 84 का म.स.प. = 7

13. (a) पहली संख्या × दूसरी संख्या = ल.स. × म.स.

दूसरी संख्या $= \frac{\text{म.स.} \times \text{ल.स.}}{\text{पहली संख्या}}$

$= \frac{19\times570}{95} = 114.$

14. (a) 5, 10, 15, 20 का ल. स.

5	5, 10, 15, 20
2	1, 2, 3, 4
3	1, 1, 3, 2
3	1, 1, 3, 1
	1, 1, 1, 1

ल.स. = 5 × 2 × 3 × 2 = 60

60 मिनट = 1 घण्टा

अतः दोबारा घण्टियाँ प्रातः (9 + 1) 10 बजे एक साथ बजेंगी।

❑❑❑

अध्याय

6

दशमलव एवं दशमलव पर आधारित संक्रियाएँ

दशमलव भिन्न

वह भिन्न जिसका हर 10 या 10 की किसी घात के रूप में होता है। दशमलव भिन्न कहलाती है।

जैसे– $\frac{2}{10}, \frac{2}{100}, \frac{5}{1000}$ आदि।

दशमलव भिन्नों के प्रकार

(i) शांत दशमलव भिन्न (Terminating Decimal Fraction) : ऐसी दशमलव भिन्न जिसमें भाग की क्रिया कुछ चरणों के पश्चात् खत्म हो जाती है शांत दशमलव भिन्न कहलाती हैं।

जैसे– $\frac{1}{8} = 0.125$, $\frac{12}{25} = 0.48$, $\frac{22}{50} = 0.46$ आदि।

(ii) पुनरावृत्त दशमलव भिन्न (Recurring Decimal Fraction) : ऐसी भिन्न, जिसमें दशमलव के बाद एक अंक या एक से अधिक अंकों की बार-बार पुनरावृत्ति हो, पुनरावृत्त दशमलव भिन्न कहलाती है।

जैसे– (i) $\frac{4}{3} = 1.3333\ldots\ldots\ldots\ldots = 1.3$

(ii) $\frac{1}{9} = 0.1111\ldots\ldots\ldots\ldots = 0.1$

(iii) $\frac{1}{6} = 0.16666\ldots\ldots\ldots\ldots = 0.16$

(iii) शुद्ध पुनरावृत्त दशमलव भिन्न (Pure Recurring Decimal Fraction) : ऐसी भिन्न जिसमें दशमलव के बाद के सभी अंकों की पुनरावृत्ति हो, शुद्ध पुनरावृत्त दशमलव भिन्न कहते हैं।

जैसे– (i) $\frac{1}{3} = 1.3333\ldots\ldots\ldots\ldots = 1.3$

(ii) $\frac{4}{9} = 0.444\ldots\ldots\ldots\ldots = 0.4$

(iii) $\frac{1}{7} = 0.142857\ 142857\ldots\ldots\ldots\ldots = 0.142857$

(iv) मिश्रित पुनरावृत्त दशमलव भिन्न (Mixed Recurring Decimal fractions) : ऐसी दशमलव भिन्न जिसमें दशमलव बिन्दु के बाद केवल कुछ अंकों की ही बार-बार पुनरावृत्ति होती है, मिश्रित पुनरावृत्त दशमलव भिन्न कहलाती है।

जैसे– (i) $0.4\overline{6}$, (ii) $2.0\overline{5}$, (iii) $1.53\overline{6}$

दशमलव भिन्न को साधारण भिन्न में बदलना

सर्वप्रथम दी गई दशमलव संख्या में दशमलव को ध्यान में न रखते हुए उस संख्या को अंश में लिखा जाता है तथा हर में एक लिखकर उतने शून्य लगाते हैं, जितने कि संख्या में दशमलव के बाद अंक हैं।

उदाहरण–(i) $0.75 = \frac{75}{100} = \frac{3}{4}$, (ii) $1.254 = \frac{1254}{1000} = \frac{627}{500}$

दशमलव पर संक्रियाएँ

दशमलव संख्याओं का योग

दशमलव संख्याओं का योग करने के लिए दशमलव संख्याओं को पंक्ति में एक के नीचे एक इस प्रकार लिखते हैं, कि प्रत्येक संख्या का दशमलव बिन्दु एक ही सीध में हो, इसके बाद जोड़ की सामान्य प्रक्रिया से उनका योग प्राप्त करते हैं।

उदाहरण : 1.725, 4.302, 0.0125 का योग ज्ञात कीजिए।

हल :

$$\begin{array}{r} 1.7250 \\ +\ 4.3020 \\ 0.0125 \\ \hline 6.0395 \\ \hline \end{array}$$

दशमलव संख्याओं का घटाव

जोड़ की प्रक्रिया के अनुसार ही हम घटाव की प्रक्रिया भी संपन्न करते हैं।

उदाहरण : 1.7491 में 0.03152 घटाइए।

हल :

$$\begin{array}{r} 1.74910 \\ -\ 0.03152 \\ \hline 1.71758 \\ \hline \end{array}$$

दशमलव संख्याओं का 10 या 10 की किसी घात से गुणा

जब दी गई दशमलव संख्या में 10 या 10 की किसी घात का गुणा किया जाता है, तो दशमलव संख्या में दशमलव स्थान के दाईं ओर उतने ही अंक के आगे दशमलव ले जाते हैं, जितनी 10 की घात होती है।

जैसे– (i) $1.725 \times 100 = 172.5$, (ii) $0.0725 \times 1000 = 72.5$

दशमलव संख्याओं का पूर्णांक से गुणा

सर्वप्रथम हम दी गई दशमलव संख्या में दशमलव को ध्यान में न रखते हुए, दिए गए पूर्णांक से गुणा करते हैं, इसके पश्चात् प्राप्त गुणनफल में उतने अंक बाद दशमलव लगाते हैं जितने अंक बाद दशमलव दी गई भिन्न में है

जैसे– 1.725×4

दशमलव बिन्दु को ध्यान में न रखते हुए गुणा करने पर

$1725 \times 4 = 6900$

दशमलव का संख्या के बाद स्थान = 3

$\therefore 1.725 \times 4 = 6.9$

दशमलव संख्या का दशमलव संख्या से गुणा

सर्वप्रथम दशमलव संख्याओं के दशमलव स्थान को ध्यान में न रखते हुए गुणन की सामान्य प्रक्रिया से गुणा किया जाता है, इसके पश्चात् दोनों संख्याओं के दशमलव स्थानों का योग करके प्राप्त गुणनफल में दशमलव बिन्दु उतने अंक बाद लगाते हैं जितना कि योग है।

जैसे– 1.425×25

हल– दशमलव संख्याओं को ध्यान में न रखते हुए गुणा करने पर

$1425 \times 25 = 35625$

दोनों संख्याओं में दशमलव स्थानों का योग = $(3 + 1) = 4$

$\therefore 1.425 \times 2.5 = 3.5625$

दशमलव संख्याओं 10 या 10 की किसी घात से भाग

दी गई दशमलव संख्या में दशमलव स्थान के बाएँ उतने ही अंक के आगे दशमलव ले जाते हैं, जितनी कि 10 की घात होती है।

जैसे– $45.485 \div 10 = 4.5485$

$418.53 \div 100 = 4.1853$

$3.743 \div 1000 = 0.003743$

दशमलव संख्याओं का पूर्णांक से भाग

सर्वप्रथम दी गई दशमलव भिन्न में दशमलव को ध्यान में न रखते हुए दी गई संख्या से भाग की सामान्य प्रक्रिया करते हैं तथा भागफल में उतने ही स्थान पहले दशमलव लगाते हैं, जितने कि दी गई दशमलव भिन्न में है।

जैसे– $125.85 \div 15$

दशमलव बिन्दु को ध्यान में न रखते हुए भाग की क्रिया करने पर

$\therefore \quad 12585 \div 15 = 839$

अतः दी गई दशमलव भिन्न में $125.85 \div 15 = 8.37$

दशमलव संख्याओं का दशमलव भिन्नों से भाग

सर्वप्रथम हम दी गई दशमलव भिन्नों के अंश व हर से दशमलव हटाकर उन्हें 10 की घातों के रूप में लिखते हैं। तत्पश्चात्, भाग की सामान्य प्रक्रिया द्वारा भाग करते हैं।

जैसे– (i) $\dfrac{0.1755}{1.5} = \dfrac{1755}{15000} = 0.117$

(ii) $\dfrac{0.8257}{32.5} = \dfrac{8257 \times 10}{325 \times 10000} = \dfrac{8257}{325000} = 0.0254$

☞ ध्यान दें

- यदि दशमलव संख्याएं $0.a$, $0.b$ व $0.abc$ के रूप में दी गई हों, तो इन्हें परिमेय संख्या $\dfrac{p}{q}$ के रूप में निम्न प्रकार से व्यक्त किया जाता है।

  $0.a = \dfrac{a}{10}, \quad 0.ab = \dfrac{.ab}{100}, \quad$ व $\quad 0.abc = \dfrac{abc}{1000}$

- यदि शुद्ध पुनरावृत्त दशमलव संख्याएं $0.\overline{a}, 0.\overline{ab}$ व $0.\overline{abc}$ के रूप में दी गई हों, तो इन्हें परिमेय संख्या में निम्न प्रकार से बदला जा सकता है।

  $0.\overline{a} = \dfrac{a}{9}, \; 0.\overline{ab} = \dfrac{ab}{99}, \; 0.\overline{abc} = \dfrac{abc}{999}$

- यदि मिश्रित पुनरावृत्त दशमलव संख्याएं $0.a\overline{b}$, $0.a\overline{bcd}$ के रूप में हों, तो इन्हें परिमेय संख्या $\dfrac{p}{q}$ के रूप में निम्न प्रकार से व्यक्त किया जा सकता है।

  $0.a\overline{b} = \dfrac{ab - a}{90}, \; 0.a\overline{bc} = \dfrac{abc - a}{990},$

  $0.a\overline{bcd} = \dfrac{abcd - a}{9990}$

- यदि मिश्रित पुनरावृत्त दशमलव संख्याएं $0.ab\overline{c}$ व $0.abc\overline{d}$ के रूप में हों, तो इन्हें परिमेय संख्या $\dfrac{p}{q}$ के रूप में निम्न प्रकार से बदला जा सकता है।

  $0.ab\overline{c} = \dfrac{abc - ab}{900}, \quad 0.abc\overline{d} = \dfrac{abcd - abc}{9000}$

हल सहित उदाहरण

उदाहरण 1. $337.62 + 8.591 + 34.4$ का मान है–

(a) 380.611 (b) 382.511

(c) 381.661 (d) 338.651

हलः (a)

$$\begin{array}{r} 337.620 \\ 8.591 \\ +\ 34.400 \\ \hline 380.611 \\ \hline \end{array}$$

उदाहरण 2. $0.\overline{27} + 0.3\overline{71}$ का मान है–

(a) $\dfrac{581}{999}$ (b) $\dfrac{638}{990}$

(c) $\dfrac{581}{990}$ (d) $\dfrac{881}{990}$

हलः (b) माना $x = 0.\overline{27} = 27\ 27\ 27$ ...(i)

$100x = 27.27\ 27...$ ...(ii)

समीकरण (ii) में समीकरण (i) घटाने पर

$99x = 27.2727\ ... - 0.272727$

$\Rightarrow \quad 99x = 27$

$\Rightarrow \quad x = \dfrac{27}{99} = \dfrac{9}{33} = \dfrac{3}{11}$

तथा $0.3\overline{71} = \frac{371-3}{990} = \frac{368}{990}$

$\therefore\ 0.\overline{27} + 0.3\overline{71} = \frac{3}{11} + \frac{368}{990}$

$\frac{270+368}{990} = \frac{638}{990}$

उदाहरण 3. $100 \times 0.2 + 0.01 \times 100 + 110$ का मान होगा-

(a) 110.5 (b) 168.60
(c) 145.5 (d) 140

उत्तर: (d) व्यंजक $= 100 \times 0.2 + 0.01 \times 1000 + 110$
$= 20 + 10 + 110$
$= 140$

उदाहरण 4. $\frac{50}{0.2} \div \frac{0.5}{5}$ बराबर है-

(a) 250 (b) 50
(c) 2500 (d) 500

उत्तर: (d) व्यंजक $= \frac{50}{0.2} \div \frac{0.5}{5}$

$= \frac{50 \times 10}{2} \div \frac{5}{50}$

$= \frac{50 \times 10}{2} \times \frac{50}{5} = 2500$

उदाहरण 5. $0.\bar{3} + 0.\bar{4} + 0.\bar{5}$ का मान ज्ञात कीजिए।

(a) $1.\bar{2}$ (b) $1.\bar{3}$
(c) $1.\bar{4}$ (d) $0.\bar{2}$

हल: (b) माना $x = 0.\bar{3} = 0.333$ ...(i)

$10x = 3.333$ ...(ii)

समीकरण (ii) में समी. (i) घटाने पर

$9x = 3$

$\Rightarrow\ x = \frac{3}{9} = \frac{1}{3}$

इसी प्रकार $y = \frac{4}{9}$

तथा $z = \frac{5}{9}$

$\therefore\ x + y + z = 0.\bar{3} + 0.\bar{4} + 0.\bar{5}$

$= \frac{1}{3} + \frac{4}{9} + \frac{5}{9} = \frac{12}{9}$

$= \frac{4}{3} = 1.333 = 1.\bar{3}$

उदाहरण 6. $(0.\overline{63} + 0.\overline{37} + 0.\overline{80})$ का सरलीकृत मान है–

(a) $1.\overline{80}$ (b) $1.\bar{8}$
(c) $1.\overline{81}$ (d) $1.\overline{82}$

हल: (c) व्यंजक $= 0.\overline{63} + 0.\overline{37} + 0.\overline{80}$

$= \left(\frac{63}{99} + \frac{37}{99} + \frac{80}{99}\right)$

$= \frac{180}{99} = \frac{20}{11} = 1.818181... = 1.\overline{81}$

उदाहरण 7. $\frac{15.50 - x}{3.6 + 0.6}$ 5 हो, तो x का मान है-

(a) 15.50 (b) 14.50
(c) 16.50 (d) 13.50

हल: (b) $\frac{15.50 + x}{3.6 \div 0.6} = 5$

$\Rightarrow\ \frac{15.50 + x}{6} = 5$

$\Rightarrow\ 15.50 + x = 30$

$\Rightarrow\ x = (30 - 15.50)$
$= 14.50$

उदाहरण 8. यदि $\frac{1}{6.198} = 0.16134$ हो, तो $\frac{1}{0.0006198}$ का मान है-

(a) 1725.15 (b) 1612.5
(c) 1516.5 (d) इनमें से कोई नहीं

हल: (d) $\frac{1}{6.198} = 0.16134$ ...(i)

$\therefore\ \frac{1}{0.0006198} = \frac{1 \times 10000}{6.198}$

समीकरण (i) से

$\therefore\ \frac{1}{0.0006198} = \frac{1}{6.198} \times 10000$

$= 0.16134 \times 10000 = 1613.4$

अभ्यास–1

1. दो दशमलवों का गुणनफल 20.7326 है। यदि एक दशमलव संख्या का मान 4.13 है, तो दूसरा दशमलव है–

(a) 5.12 (b) 4.82
(c) 5.23 (d) 5.02

2. यदि $4.75 \times 0.7 = 3.325$ है, तो 475×0.7 बराबर है–

(a) 332.5 (b) 33.25
(c) 3.325 (d) 0

3. यदि $4854.3 \div 3.3 = 1471$ है, तो $48.543 \div 33$ किसके बराबर है?

(a) 1.471
(b) 14.71
(c) 147.1
(d) 0.1471

4. 26.2% बराबर है–

(a) 2.62
(b) 0.262
(c) 0.0262
(d) 262.0

5. $\frac{3}{4}+\frac{4}{5}+\frac{8}{25}$ का दशमलव समतुल्य है–
(a) 1.870 (b) 18.70
(c) 187.0 (d) 1870.0

6. यदि 3.65 × 0.5 = 1.825 है, तो 365 × 0.5 का मान है–
(a) 182.5 (b) 18.25
(c) 1.825 (d) 365

7. दिया है कि 4015 ÷ 11 = 365 तो 40.15 ÷ 1.1 बराबर है–
(a) 36.5 (b) 3.65
(c) 0.365 (d) 0.0365

8. जब 90.0675 हो 15 से भाग दिया जाता है, तो भागफल है–
(a) 6.0045 (b) 6.0450
(c) 60.0450 (d) 0.6045

9. $\frac{0.1}{0.01}+\frac{0.01}{0.1}$ का मान है–
(a) $\frac{101}{10}$ (b) $\frac{1101}{100}$
(c) $\frac{11}{10}$ (d) $\frac{1001}{100}$

10. $17\frac{1}{16}$ का दशमलव समतुल्य है–
(a) 17.625 (b) 17.6025
(c) 17.0625 (d) 17.0525

11. 7.7, 7.07, 7.007 तथा 77.0077 का योगफल क्या है?
(a) 98.7777 (b) 98.7877
(c) 98.7807 (d) 98.7847

12. 2 × 0.5 + 9 ÷ 0.3 + 10 × 0.92 का मान है–
(a) 33 (b) 40.2
(c) 6 (d) 31.2

13. दो दशमलवों का गुणनफल 14.837 है। यदि इसमें से एक 4.01 है, तो दूसरा दशमलव क्या है?
(a) 37 (b) 3.7
(c) 3.07 (d) 3.007

14. 20.08 + 20.008 + 20.0008 + 20 क्या है?
(a) 80.0642 (b) 80.8000
(c) 81.0888 (d) 80.0888

15. 275.0003 × 3.005 का लगभग मान है–
(a) 825 (b) 830
(c) 810 (d) 835

16. 13.3, 1.33, 1.0033 तथा 1.0333 का सम क्या है?
(a) 16.6060 (b) 16.3066
(c) 16.3333 (d) 16.666

17. यदि 25 को 09.93 से गुणा किया जाए, तो निकटतम गुणनफल क्या होगा?
(a) 300 (b) 375
(c) 447 (d) 250

18. सरल कीजिए–
$(0.50 + 0.15 \div 0.05) \times \frac{2}{7}$
(a) 1 (b) 0
(c) 3 (d) 5

19. 16268 का सन्निकट मान क्या है?
(a) 16200 (b) 16300
(c) 16260 (d) 16270

20. $\frac{1}{125}$ का मान है–
(a) 0.8 (b) 0.08
(c) 0.008 (d) 0.0008

21. $1\frac{5}{8}$ का तुल्य दशमलव में क्या है?
(a) 1.58 (b) 1.62
(c) 1.622 (d) 1.625

22. 93.40 को 0.015 से भाग देने पर लगभग उत्तर क्या होगा?
(a) 0.6 (b) 60
(c) 600 (d) 6000

23. जब 18.24 को 20.2 से गुणा किया जाता है, तो परिणाम को दशमलव के बिना पूर्ण संख्या में बदलने पर मिलता है–
(a) 365 (b) 368
(c) 364 (d) 362

24. निम्नलिखित में से कौन 9 के बराबर है?
(a) 15 × 0.006 (b) 15 × 0.060
(c) 150 × 0.600 (d) 15 × 0.600

25. निम्नलिखित में से 1.09 × 5.908 का निकटतम मान क्या है?
(a) 5 (b) 6
(c) 10 (d) 12

26. 2.05 + 1.01 × 2.99 के निकटतम मान क्या होगा?
(a) 4 (b) 5
(c) 6 (d) 7

27. $\frac{3}{10}+\frac{5}{100}+\frac{8}{1000}$ के योगफल का मान दशमलव में होगा–
(a) 0.853 (b) 0.358
(c) 3.58 (d) 8.35

28. निम्नलिखित में से कौन-सी संख्याएँ अवरोह (घटते हुए) क्रम में लिखी हुई हैं?
(a) 12.075, 12.705, 12.750
(b) 12.750, 12.705, 12.075
(c) 12.750, 12.075, 12.705
(d) 12.075, 12.750, 12.705

29. 0.008 × 0.01 × 0.072 ÷ (0.12 × 0.0004) का मान है–
(a) 1.2 (b) 0.12
(c) 0.012 (d) 1.02

30. 0.01 + 2 × 1.02 ÷ 0.2 – 0.5 का मान कितना होगा?
(a) 7.32 (b) 9.71
(c) 4.32 (d) 4.91

31. 3 सैकड़ा + 9 दहाई + 5 हजारवाँ का योगफल क्या होगा?
(a) 39500 (b) 3.950
(c) 305.005 (d) 390.005

32. 39804.076 में 8 का स्थानीय मान क्या होगा?
(a) 800.076 (b) 800
(c) 804 (d) 8

33. $\frac{81}{4.5}$ का मान क्या होगा?
(a) 17 (b) 18
(c) 19 (d) 20

उत्तर (हल/संकेत)

1. (d) प्रश्न में दिया गया है
दो दशमलवों का गुणनफल = 20.7326
एक दशमलव संख्या का मान = 4.13
ज्ञात करना है दूसरी दशमलव संख्या का मान
तब $x \times 4.13 = 20.7326$
$\therefore \ x = \frac{20.7326}{4.13} = 5.02$

2. (a) ∵ 475 × 0.7 = 3.325
अत: 475 × 0.7 = 332.5

3. (a) ∵ 4854.3 ÷ 3.3 = 14.71
अत: 48.543 ÷ 33 = 1.471

4. (b) $26.2\% = \frac{26.2}{100} = 0.262$

5. (a) अभीष्ट दशमलव मान $= \frac{3}{4} + \frac{4}{5} + \frac{8}{25}$

$= 0.75 + 0.80 + 0.32 = 1.87$

6. (a) दिया है, $3.65 \times 0.5 = 1.825$

अत: $365 \times 0.5 = 1.825 \times 100 = 182.5$

7. (a) $4015 \div 11 = 365$ (दिया है)

$40.15 = \frac{4015}{100}$ तथा $1.1 = \frac{11}{10}$

अत: $40.15 \div 1.1 = \frac{\frac{4015}{100}}{\frac{10}{11}} = \frac{4015}{100} \times \frac{10}{11}$

$= \left(\frac{4015}{11}\right) \times \left(\frac{10}{100}\right) = 365 \times 0.1 = 36.5$

8. (a) $90.0675 \div 15$

```
15) 900675 (60045
    900
    ----
      675
       60
      ---
       75
       75
      ---
        ×
```

अत: अभीष्ट मान = 6.0045

9. (a) $\frac{0.1}{0.001} + \frac{0.01}{0.1}$

$= \frac{1 \times 100}{1 \times 10} + \frac{1 \times 10}{1 \times 100}$

$= \frac{100}{10} + \frac{10}{100}$

$= 10 + \frac{1}{10} + \frac{100+1}{10} = \frac{101}{10}$

10. (c) $17\frac{1}{16}$ का दशमलव समतुल्य

$\frac{16 \times 17 + 1}{16} = \frac{272 + 1}{16} = \frac{273}{16}$

$= 17.0625$

11. (d) योगफल = 7.7

```
  7.07
  7.007
+ 77.0077
---------
  98.7847
---------
```

12. (b) $? = 2 \times 0.5 + 9 \div 0.3 + 10 \times 0.92$

$= 1 + 30 + 9.2 = 31 + 9.2 = 40.2$

13. (b) प्रश्न में दिया गया है

दो दशमलवों का गुणनफल = 14.837

एक दशमलव संख्या का मान = 4.01

ज्ञात करना है दूसरी दशमलव संख्या का मान

माना दूसरा दशमलव $= x$

तब, $x \times 4.01 = 14.832$

$\Rightarrow \quad x = \frac{14.832}{4.01} = 3.69 \approx 3.7$

14. (d) $20.08 + 20.008 + 20.0008 + 20 = 80.0888$

15. (a) $275.003 \times 3.005 = 826.3759 \approx 825$

16. (d) $\therefore$ अभीष्ट सम $= 13.3 + 1.33 + 1.0033 + 1.0333 = 16.666$

17. (d) $\therefore$ अभीष्ट निकटतम गुणनफल

$= 25 \times 09.93 = 248.25 \approx 250$

18. (a) $(0.50 + 0.15 \div 0.05) \times \frac{2}{7}$

$= (0.50 + 3) \times \frac{2}{7} = 3.50 \times \frac{2}{7}$

$= \frac{7}{7} = 1$

19. (d) 16268 का निकटतम मान है = 16270

20. (c) $\frac{1}{125}$ का मान है $= \frac{1}{125} = 0.008$

अभीष्ट मान = 0.008

21. (d) $1\frac{5}{8} = \frac{13}{8}$

$\frac{13}{8} = 1.625$

22. (d) $9340 \div 0.015 = \frac{93.40}{0.015}$

$= \frac{93400}{15} = 6226.67$ (लगभग)

23. (b) $18.24 \times 20.2 = 368.448 = 368$

24. (d) $15 \times 0.005 = 0.090$

$15 \times 0.060 = 0.90$

$150 \times 0.600 = 90$

$15 \times 0.600 = 9$

25. (b) $1.09 \times 5.908 = 6.43972 \approx 6$

26. (b) $2.05 + 1.01 \times 2.99$

$= 2.05 + 3.01999 = 5.0699 = 5$ (लगभग)

27. (b) $\frac{3}{10} + \frac{5}{100} + \frac{8}{1000}$

$= 0.3 + 0.05 + 0.008 = 0.358$

28. (b) 12.750, 12.705, 12.075

29. (b) दिया गया व्यंजक

$= \frac{0.008 \times 0.01 \times 0.072}{0.12 \times 0.0004} = \frac{8 \times 72}{12 \times 4 \times 100}$

$= \frac{12}{100} = 0.12$

30. (b) $0.01 + 2 \times 1.02 \div 0.2 - 0.5$

$= 0.01 + 2 \times \frac{1.02}{0.2} - 0.5$

$= 0.01 + 2 \times \frac{102}{20} - 0.5$

$= 0.01 + \frac{102}{10} - 0.5$

$= 0.01 + 10.2 - 0.5$

$= 10.21 - 0.5 = 9.71$

31. (d) 3 सैकड़ा + 9 दहाई + 5 हजारवाँ

$= 300 + 90 + \frac{5}{1000} = 390.005$

32. (b) 39804.076 में 8 का स्थानीय मान 8 सैकड़ा अर्थात् 800 होगा।

33. (b) $\frac{81}{4.5} = \frac{81.0}{4.5} = \frac{810}{45} = 18$

अभ्यास–2

1. 7.7 + 7.77 + 7.777 + 7.7777 का योग है—

(a) 28.2828 (b) 28.2847
(c) 30.0247 (d) 31.0247

2. 3 × 0.3 × 0.03 × 0 × 30 बराबर है—

(a) 81 (b) 8.1
(c) 0.81 (d) 0

3. दो दशमलवों का गुणनफल 14.837 है। यदि इसमें से एक 4.01 है, तो दूसरा दशमलव क्या है?

(a) 37 (b) 3.7
(c) 3.07 (d) 3.007

4. $\frac{61}{10000}$ को दशमलव में कैसे लिखा जाता है?

(a) 610000
(b) 0.61000
(c) 0.000061
(d) 0.0061

5. 0·3 × 0·09 × 0·03 बराबर है—

(a) 0.0081
(b) 81.00005
(c) 0.00801
(d) 0.00081

6. 5.05 + 55.55 बराबर है—

(a) 60.60 (b) 55.60
(c) 6·60 (d) 65.60

7. $\frac{1}{250}$ का मान है—
(a) 0.4 (b) 0.04
(c) 0.004 (d) 0.0004

8. $\frac{3}{10}+\frac{5}{100}+\frac{9}{1000}$ + का मान होगा—
(a) 0.539 (b) 0.359
(c) 0.953 (d) 0.395

9. $0.4 \times 0.04 \times 0.004$ का मान है, होगा—
(a) 0.0045 (b) 0.00064
(c) 0.000064 (d) 0.064

10. 5.5 – 0.005 का मान है—
(a) 5.0045 (b) 5.045
(c) 5.45 (d) 5.495

11. 13.3, 1.33, 1.0033 तथा 1.0333 का योग क्या है?
(a) 16.6060 (b) 16.3066
(c) 16.3333 (d) 16.6666

12. $0.5 \times 0.5 \times 0.5$ बराबर है—
(a) 0.125 (b) 0.0125
(c) 0.00125 (d) 1.25

13. 0.231 – 0.02 बराबर है—
(a) 0.233 (b) 0.229
(c) 0.211 (d) 0.033

14. निम्नलिखित में से कौन-सी संख्याएँ अवरोही (घटते हुए) क्रम में लिखी हुई हैं?
(a) 12.075, 12.705, 12.750
(b) 12.750, 12.705, 12.075
(c) 12.750, 12.075, 12.705
(d) 12.075, 12.750, 12.705

15. यदि $178 \times 34 = 6052$, तो $60.52 \div 17{\cdot}8$ का मान क्या होगा?
(a) 34 (b) 3.4
(c) 0.34 (d) 0.034

16. $1\frac{5}{8}$ का तुल्य दशमलव में क्या है?
(a) 1.58 (b) 1.62
(c) 1.622 (d) 1.625

17. जब 20.2 को 18.01 से गुणा किया जाता है, तो परिणाम को दशमलव के बिना पूर्ण संख्या में बदलने पर मिलता है—
(a) 360 (b) 362
(c) 364 (d) 365

18. 5.125 को भिन्न के रूप में बदलने पर परिणाम मिलता है—
(a) $5\frac{1}{125}$ (b) $5\frac{1}{25}$
(c) $5\frac{1}{8}$ (d) $51\frac{1}{4}$

19. 5.5, 5.05, 5.005 तथा 55.5555 का योग क्या है?
(a) 71.1150 (b) 71.11
(c) 70.5555 (d) 71.1105

20. दो दशमलवों का योग 167.25 है। यदि एक संख्या दूसरी से 18.50 बड़ी है, तो बड़ी संख्या है—
(a) 92.875 (b) 74.875
(c) 75.475 (d) 93.275

21. $26\frac{5}{8}$ का दशमलव समतुल्य है—
(a) 26.605 (b) 26.625
(c) 25.0625 (d) 26.6025

22. दिए गए चिह्नों द्वारा निम्न में रिक्त स्थान भरिए—
$(2.78 + 27.22) \times 0 + 10$ .... $(27.22 + 2.78) \times 10 + 0$
(a) >
(b) <
(c) =
(d) उपर्युक्त में से कोई नहीं

23. $23.0 \times 13.2 \times 7.5 \times 0.0 \times 75.32$ बराबर है—
(a) 270775.0 (b) 47077.5
(c) 17077.5 (d) 0

24. 435.88 तथा 37 के योग से क्या घटाया जाए, जिससे परिणाम 4.08 प्राप्त हो?
(a) 476.96 (b) 477.68
(c) 488.68 (d) 468.80

25. 5.50, 0.05, 0.55, 0.005, 5.0005 को आरोही क्रम में लिखिए—
(a) 0.005 < 0.05 < 0.55 < 5.0005 < 5.50
(b) 0.05 < 0.005 < 0.55 < 5.50 < 5.0005
(c) 5.50 < 5. 0005 < 0.005 < 0.05 < 0.55
(d) 5.0005 < 5.50 < 0.55 < 0.05 < 0.005

26. 75.432 ÷ 14 का मान ज्ञात कीजिए—
(a) 6.382 (b) 5.388
(c) 3.372 (d) 4.358

27. 5.05, 5.005, 0.505 तथा 55.0005 का योगफल क्या है?
(a) 65.0565 (b) 65.5065
(c) 65.5605 (d) 56.5605

28. यदि $2.55 \times 0.5 = 1.275$ है, तो 255×0.5 का मान है—
(a) 255 (b) 127.5
(c) 12.75 (d) 25.55

29. $18.05 \times 2 \times 0.5 \times 0 \times 10 =$
(a) 18.5 (b) 18.05
(c) 185 (d) 0

30. संख्या 5.029 को किस संख्या से भाग किया जाए कि 50.29 प्राप्त हो?
(a) 0.01 (b) 0.1
(c) 1.0 (d) 10.0

31. 2,200 के 4% का 7.5% दशमलव समतुल्य क्या है?
(a) 13.2 (b) 6.6
(c) 3.3 (d) 26.4

32. 7.7, 7.07, 7.007 तथा 77.0077 का योगफल क्या है?
(a) 98.7777 (b) 98.7877
(c) 98.7807 (d) 98.7847

उत्तर (हल/संकेत)

1. (d)
```
      7.7777
      7.7770
      7.7700
  +   7.7000
योग = 31.0247
```

2. (d) किसी भी संख्या में शून्य का गुणा करने पर परिणाम हमेशा शून्य ही होता है।
$\therefore\ ? = 3 \times 0.3 \times 0.03 \times 0 \times 30$
$\Rightarrow\ ? = 0$

3. (b) माना दूसरा दशमलव $= x$
तब, $x \times 4.01 = 14.837$
$\Rightarrow\ x = \frac{14.837}{4.01} = 3.7$

4. (d) $\frac{61}{10,000} = 0.0061$

5. (d) $0.3 \times 0.09 \times 0.03$
$= 0.027 \times 0.03 = 0.00081$

6. (a)
```
   5.05
 + 55.55
   60.60
```

7. (c) $\frac{1}{250} = \frac{1}{250} \times \frac{1000}{1000} = \frac{4}{1000} = 0.004$

8. (b) $\frac{3}{10}+\frac{5}{100}+\frac{9}{1000}$
$= 0.3 + 0.05 + 0.009$
$= 0.359$

9. (c) $0.4 \times 0.04 \times 0.004$
$= 0.016 \times 0.004 = 0.000064$

10. (d) $5.500 - 0.005 = 5.495$

11. (d) $13.3 + 1.33 + 1.0033 + 1.0333 = 16.6666$

12. (a) $0.5 \times 0.5 \times 05 = 0.125$

13. (c) $0.231 - 0.02 = 0.211$

14. (b) $12.750 > 12.705 > 12.075$

15. (b) यदि $178 \times 34 = 6052$

तो $\frac{6052}{178} = 34$

$\Rightarrow \frac{60.52 \times 10}{17.8} = 34$

$\Rightarrow \frac{60.52}{17.8} = \frac{34}{10}$

$\therefore \frac{60.52}{17.8} = 3.4$

16. (d) $1\frac{5}{8}$ का तुल्य दशमलव में मान

$= 1\frac{5}{8} = \frac{13}{8} = 1.625$

17. (c) $20.2 \times 18.01 = 363.801$

पूर्ण संख्या में परिणाम = 364

18. (c) 5,125 का भिन्न रूप $= \frac{5,125}{1,000}$

$= 5\frac{1}{8}$

19. (d) $5.5 + 5.05 + 5.005 + 55.5555 = 71.1105$

20. (a) माना छोटी संख्या = x

तब बड़ी संख्या = $(x + 18.50)$

प्रश्नानुसार,

$x + (x + 18.50) = 167.25$

$\Rightarrow 2x + 18.50 = 167.25$

$2x = (167.25 - 18.50)$

$= 148.75$

$\Rightarrow x = \frac{148.75}{2} = 74.375$

$\therefore$ बड़ी संख्या $= (x + 18.50)$

$= (74.375 + 18.50)$

$= 92.875$

21. (b) $26\frac{5}{8} = 26 + \frac{5}{8} = (26 + 0.625) = 26.625$

22. (b) $(2.78 + 27.22) \times 0 + 10 ... (27.22 + 2.78) \times 10 + 0$

$= 0 + 10 .... 30 \times 10 = 10..... 300 = 10 < 300$

23. (d) $23.0 \times 13.2 \times 7.5 \times 0.0 \times 75.32 = 0$

24. (d) माना 435.88 व 37 के योगफल में x घटाया जाए।

तब, प्रश्नानुसार,

$435.88 + 37 - x = 4.08$

$\Rightarrow 472.88 - x = 4.08$

$\Rightarrow x = (472.88 - 4.08) = 468.80$

25. (a) 5.50, 0.05, 0.55, 0.005, 5.0005

$\Rightarrow \frac{550}{100}, \frac{5}{100}, \frac{55}{100}, \frac{5}{1000}, \frac{50005}{10000}$

$\Rightarrow \frac{5}{1000} < \frac{5}{100}, < \frac{55}{100}, < \frac{50005}{10000} < \frac{550}{100}$

अत: आरोही क्रम

$= 0.005 < 0.05 < 0.55 < 5.0005 < 5.50$

26. (b) 14)75.432(5.388

```
 70
  54
  42
  123
  112
   112
   112
    X
```

$\therefore$ अभीष्ट भागफल = 5.388

27. (c) अभीष्ट योगफल $= 5.05 + 5.005 + 0.505 + 55.0005$

$= 65.5605$

28. (b) $2.55 \times 0.5 = 1.275$

$\therefore 255 \times 0.5 = 1.275 \times 100 = 127.5$

29. (d) $18.05 \times 2 \times 0.5 \times 0 \times 10 = 0$

क्योंकि किसी भी संख्या में शून्य का गुणा करने पर गुणनफल शून्य ही प्राप्त होता है।

30. (b) माना संख्या 5.029 में x से भाग दिया जाए।

तब, प्रश्नानुसार,

$5.029 \div x = 50.29$

$\Rightarrow \frac{5.029}{x} = 50.29$

$\Rightarrow x = \frac{5.029}{50.29} = 0.1$

31. (b) (2200 का 4%) का 7.5%

$= \left(\frac{2200 \times 4}{100} \times \frac{7.5}{100}\right) = 6.6$

32. (d) $7.7 + 7.07 + 7.007 + 77.0077$
$= 98.7847$

❑❑❑

अध्याय

7

वर्गमूल तथा घनमूल

वर्ग (Square) : जब किसी संख्या को स्वयं से गुणा किया जाता है, तो प्राप्त गुणनफल उस संख्या का वर्ग कहलाता है।

जैसे– (i) 4 का वर्ग $= 4 \times 4 = 16$

(ii) 12 का वर्ग $= 12 \times 12 = 144$

वर्गमूल (Square Root) : किसी संख्या का वर्गमूल वह संख्या है, जिसे स्वयं से गुणा करने पर दी गई संख्या प्राप्त होती है इसे '$\sqrt{}$' चिन्ह से प्रदर्शित करते हैं।

(i) 25 का वर्गमूल $= \sqrt{5 \times 5} = 5$

(ii) 36 का वर्गमूल $= \sqrt{6 \times 6} = 6$

वर्गमूल ज्ञात करने की विधियां

(i) अभाज्य गुणनखण्ड विधि (Prime Factorisation Method) : सर्वप्रथम जिस संख्या का वर्गमूल ज्ञात करना होता है, उसके अभाज्य गुणनखण्ड ज्ञात करते हैं, फिर प्रत्येक संख्याओं को जोड़ों में रखते हैं प्रत्येक जोड़े में से एक संख्या लेकर उनका आपस में गुणा करते हैं, इस प्रकार से प्राप्त गुणनफल ही संख्या का अभीष्ट वर्गमूल होता है।

उदाहरण– 441 का वर्गमूल ज्ञात कीजिए।

$$\sqrt{441} = \sqrt{21 \times 21}$$

$$\sqrt{441} = 21$$

(ii) भाग विधि (Division Method) : जब संख्या बहुत बड़ी होती है तथा उसके गुणनखण्ड ज्ञात करना जटिल होता है, तो इस विधि का प्रयोग किया जाता है।

भाग विधि से वर्गमूल ज्ञात करने का विवरण विभिन्न चरणों के रूप में स्पष्ट करेंगे।

चरण–1 : सर्वप्रथम दी गई संख्या के दाईं ओर से बायीं ओर की ओर जोड़े बनाते हैं।

चरण–2 : अब हम ऐसी संख्या लेते हैं, जिसका वर्ग पहले जोड़े या केवल एक ही संख्या (जैसा कि संख्या में स्पष्ट हो) के वर्ग के बराबर या कम हो।

चरण–3 : अब भागफल को दो गुना करके रखते हैं और शेष बची संख्या के आगे दूसरा जोड़ा रखते हैं।

चरण–4 : अब भाजक के साथ नई संख्या लेते हैं, जिससे भाजक को गुणा करने पर प्राप्त गुणनफल भाज्य के बराबर या उससे कम हो।

चरण–5 : चरण (3, 4) की प्रक्रिया को तब तक दोहराते हैं, जब तक कि सभी युग्म समाप्त न हो जाएं और इस प्रकार प्राप्त भागफल ही दी गई संख्या का अभीष्ट वर्गमूल है।

उदाहरण– 331776 का वर्गमूल ज्ञात कीजिए।

हल:

	576
5	33 17 76
5	25
107	817
+7	749
1146	6876
	6876
	×

अत: $\sqrt{331776} = 576$

(iii) दशमलव संख्याओं का वर्गमूल ज्ञात करना : सर्वप्रथम हम दी गई दशमलव संख्याओं में दशमलव के बाद की संख्या को शून्य लगाकर सम बना लेते हैं, अब दाईं ओर से प्रारंभ करते हुए बायीं ओर की तरफ बढ़कर दो-दो अंकों के जोड़े बनाते हैं इसके पश्चात् भाग विधि से वर्गमूल निकालने की साधारण विधि की सहायता से वर्गमूल ज्ञात कर लेते हैं।

उदाहरण– 20957.773824 का वर्गमूल दशमलव के तीन स्थानों तक ज्ञात कीजिए।

हल: यहां पर दी गई दशमलव संख्या में दशमलव के बाद के अंकों की संख्या सम है अत: हम भाग विधि से वर्गमूल प्राप्त करेंगे।

	144.768
1	2 09 57 77 38 24
+1	1
24	109
+4	96
284	1357
+4	1136
2887	22177
+7	20209
28946	196838
+6	173676
289528	2316224
	2316224
	×××

नोट– छोटी दशमलव संख्याओं का वर्गमूल ज्ञात करने के लिए हम इस संख्या को दशमलव हटाकर भिन्न के रूप में परिवर्तित कर लेते हैं और इसके पश्चात् भिन्न के अंश व हर का अलग-अलग वर्गमूल ज्ञात करते हैं, इसके पश्चात् प्राप्त भिन्न के अंश में हर का भाग देकर दशमलव का वर्गमूल प्राप्त किया जाता है।

उदाहरण– $\sqrt{40.96}$ **का मान ज्ञात कीजिए।**

हल: $\sqrt{40.96} = \sqrt{\frac{4096}{100}}$

$= \sqrt{\frac{2\times2\times2\times2\times2\times2\times2\times2\times2\times2\times2\times2}{2\times2\times5\times5}}$

$= \frac{2\times2\times2\times2\times2\times2}{2\times5} = \frac{64}{10} = 6.4$

उदाहरण– $\sqrt{6.25}$ **का मान ज्ञात कीजिए।**

हल: $\sqrt{6.25} = \sqrt{\frac{625}{100}} = \sqrt{\frac{25\times25}{10\times10}} = \frac{25}{10} = 2.5$

घन (Cube): किसी संख्या का आपस में तीन बार गुणा करने पर प्राप्त गुणनफल उस संख्या का घन कहलाता है।

जैसे– (i) 6 का घन $= 6 \times 6 \times 6 = 6^3 = 216$

(ii) $\sqrt{3}$ का घन $= \sqrt{3}\times\sqrt{3}\times\sqrt{3} = \sqrt[3]{3}$

घनमूल (Cube Root) : किसी दी गई संख्या का घनमूल वह संख्या होती है, जिसकी तीसरे घात से दी गई संख्या प्राप्त होती है, इसे $\sqrt[3]{\ }$ चिह्न से प्रदर्शित करते हैं।

घनमूल ज्ञात करने की अभाज्य गुणनखण्ड विधि : सर्वप्रथम दी गई संख्या के अभाज्य गुणनखण्ड प्राप्त करते हैं प्राप्त गुणनखण्डों में संख्याओं के तीन-तीन के जोड़े बनाते हैं। इसके पश्चात् प्रत्येक समूह से एक-एक संख्या निकालकर उनका आपस में गुणा करने पर प्राप्त गुणनफल ही संख्या का अभीष्ट घनमूल होता है।

उदाहरण– 3375 का घनमूल ज्ञात कीजिए।

हल: $3375 = 3 \times 3 \times 3 \times 5 \times 5 \times 5$

$\sqrt[3]{3375}$

$= 3 \times 5 = 15$

उदाहरण– 1331 का घनमूल ज्ञात कीजिए।

हल:

11	1331
11	121
11	11
	1

$1331 = 11 \times 11 \times 11$

$3\sqrt{1331} = 11$

महत्वपूर्ण नियम

- यदि किसी संख्या में n अंक हों, तो उसके वर्ग में अंकों की संख्या $2n$ या $(2n-1)$ होती है।
- कसी भी संख्या के वर्ग में इकाई के स्थान पर 2, 3, 7 व 8 कभी भी नहीं आता है।
- 1 से छोटी संख्या का वर्गमूल सदैव उस संख्या से बड़ा होता है।
- यदि किसी संख्या में दशमलव के बाद अंकों की संख्या विषम हो तो अंत में एक शून्य लगाएं।
- कसी संख्या में दशमलव के बाद जितने अंक होते हैं, वर्गमूल में दशमलव के बाद उसके आधे अंक होते हैं।

जैसे– $\sqrt{0.0064} = 0.08$

- एक या दो अंकों वाली संख्या का वर्गमूल एक अंक वाली संख्या होती है तीन या चार अंक वाली संख्या का वर्गमूल दो अंकों वाली संख्या होती है 5 या 6 अंकों वाली संख्या का वर्गमूल 3 अंकों वाली संख्या तथा 6, 7 व 8 अंकों वाली संख्या का वर्गमूल 4 अंकों वाली संख्या होती है।
- सम संख्या का वर्गमूल सम और विषम संख्या का वर्गमूल विषम संख्या होती है।
- कसी भी पूर्ण वर्ग संख्या के अंत में शून्यों की संख्या कभी भी विषम नहीं होती है।
- दो अंकों की सबसे बड़ी पूर्ण वर्ग संख्या 81 है।
- तीन अंकों की सबसे बड़ी पूर्ण वर्ग संख्या 961 है
- चार अंकों की सबसे बड़ी पूर्ण संख्या 9801 है।
- यदि किसी संख्या में इकाई के स्थान पर 0, 1, 2, 3, 4, 5, 6, 7, 8 व 9 हो, तो उसके घनमूल में इकाई के स्थान पर क्रमशः 0, 1, 8, 7, 4, 5, 6, 3, 2 व 9 होगा।

हल सहित उदाहरण

उदाहरण 1. $\sqrt{\frac{1225}{49}}$ **का मान है–**

(a) $3\frac{3}{7}$ (b) $\frac{35}{49}$

(c) 5 (d) $2\frac{1}{7}$

हल: (c) व्यंजक $= \sqrt{\frac{1225}{49}} = \sqrt{\frac{5\times5\times7\times7}{7\times7}} = \sqrt{5\times5} = 5$

उदाहरण 2. 0.0081 का वर्गमूल क्या है?

(a) 0.09 (b) 0.9

(c) 0.91 (d) 0.009

हल: (a) $\sqrt{0.00881} = \sqrt{\frac{81}{10000}}$

$= \sqrt{\frac{3\times3\times3\times3}{10\times10\times10\times10}}$

$= \frac{3\times3}{10\times10}$

$= \frac{9}{100} = 0.09$

उदाहरण 3. किस संख्या का वर्ग 64 के घन के बराबर है?

(a) 128 (b) 512

(c) 1024 (d) 256

हल: (b) माना संख्या x का वर्ग 64 के घन के बराबर है।

तब प्रश्नानुसार,

$x^2 = (64)^3$

$\Rightarrow x^2 = 64 \times 64 \times 64$

$\Rightarrow x^2 = 8 \times 8 \times 8 \times 8 \times 8 \times 8$

$\Rightarrow x = \sqrt{\underline{8\times8}\times\underline{8\times8}\times\underline{8\times8}}$

$= 8 \times 8 \times 8 = 512$

उदाहरण 4. वह छोटी से छोटी संख्या ज्ञात कीजिए, जिससे 20184 को गुणा करने पर गुणनफल एक पूर्ण वर्ग प्राप्त हो।

(a) 16 (b) 6
(c) 7 (d) 15

हल: (b) 20184 का गुणनखण्ड करने पर

2	20184
2	10092
2	5046
3	2523
29	841
29	29
	1

$\therefore 20184 = \underline{2 \times 2} \times 2 \times 3 \times \underline{29 \times 29}$

स्पष्ट है, कि $(2 \times 3) = 6$ का गुणा करने पर संख्या एक पूर्ण वर्ग बन जाएगी।

उदाहरण 5. चार अंकों की सबसे बड़ी संख्या में कौन-सी न्यूनतम संख्या घटाई जाए कि संख्या पूर्ण वर्ग बन जाए?

(a) 9800
(b) 9900
(c) 9801
(d) 9891

हल: (c)

	99
9	99 99
+9	81
189	1899
	1701
	198

चार अंकों की सबसे बड़ी संख्या = 9999

घटाई जाने वाली न्यूनतम संख्या = (9999 – 198) = 9801

उदाहरण 6. 122825 में कौन-सी छोटी से छोटी संख्या का गुणा किया जाए, ताकि गुणनफल एक पूर्ण घन बन जाए?

(a) 4
(b) 6
(c) 7
(d) इनमें से कोई नहीं

हल: (d)

5	122825
5	24565
17	4913
17	289
17	17
	1

122825

$= 5 \times 5 \times 17 \times 17 \times 17$

$\therefore$ स्पष्ट है पूर्ण घन संख्या बनाने के लिए हमें संख्या में 5 का गुणा करना होगा।

अभ्यास–1

1. एक स्कूल में विद्यार्थियों से ₹ 2304 फीस के लिए गए। यदि प्रत्येक विद्यार्थी ने उतने पैसे दिए जितनी विद्यार्थियों की संख्या थी, तो विद्यार्थियों की संख्या कितनी थी?

(a) 24 (b) 46
(c) 48 (d) 44

2. $\sqrt{1089 \div 121}$ का मान बताइए–

(a) 3 (b) 13
(c) 33 (d) 53

3. $\sqrt[3]{0.008}$ का मान है–

(a) 0.2 (b) 0.02
(c) 0.002 (d) 0.0002

4. $\sqrt{169} + \sqrt{144} - \sqrt{255}$ को हल कीजिए–

(a) 10 (b) 11
(c) 12 (d) 13

5. 0.04 का वर्गमूल ज्ञात कीजिए–

(a) 0.1 (b) 0.2
(c) 0.3 (d) 0.4

6. $4\frac{29}{49}$ का वर्गमूल ज्ञात कीजिए–

(a) $2\frac{1}{7}$ (b) $3\frac{1}{7}$
(c) $4\frac{1}{7}$ (d) $5\frac{1}{7}$

7. 1849 का वर्गमूल ज्ञात कीजिए–

(a) 30 (b) 31
(c) 32 (d) 43

8. 289 का वर्गमूल ज्ञात कीजिए–

(a) 15 (b) 16
(c) 17 (d) 18

9. 800 में से कम-से-कम किस संख्या को घटाया जाए कि इस प्रकार से प्राप्त संख्या एक पूर्ण वर्ग हो?

(a) 16 (b) 14
(c) 12 (d) 10

10. सरल कीजिए $\frac{\sqrt{1.69} + \sqrt{0.25}}{\sqrt{1.44} - \sqrt{0.36}}$

(a) 4 (b) 3
(c) 2 (d) 1

11. सरल कीजिए $\sqrt{289} + \sqrt{144} - \sqrt{255}$

(a) 14 (b) 15
(c) 16 (d) 17

12. $\frac{12}{\sqrt{324}} + \frac{\sqrt{144}}{18}$ को सरल कीजिए–

(a) 1 (b) $\frac{4}{3}$
(c) $\frac{11}{2}$ (d) $\frac{4}{9}$

13. $\frac{150}{\sqrt{225}} \times \frac{1}{10}$ को सरल कीजिए–

(a) 1.5 (b) 10
(c) 0.1 (d) 1

14. $\frac{18 \times 72 \times 105}{48 \times 315} = \sqrt{?}$, तब ? का मान क्या है?

(a) 81 (b) 729
(c) 9 (d) 1.732

15. $\sqrt{(133-89)+(25\times4)}$ को सरल कीजिए–

(a) 13 (b) 11
(c) 12 (d) 15

16. यदि $\sqrt{256} \times 4^2 = x$, तो x का मान होगा–

(a) 256 (b) 196
(c) 64 (d) 1224

17. यदि $\frac{\sqrt{x}}{16} = \frac{15}{8}$, तो x का मान होगा–

(a) 700 (b) 900
(c) 400 (d) 600

18. 6 अंकों की सबसे छोटी संख्या ज्ञात कीजिए, जो पूर्ण वर्ग हो–

(a) 100490 (b) 100489
(c) 100500 (d) 200100

19. 625 का वर्गमूल निकालिए–

(a) 23 (b) 25
(c) 27 (d) 29

20. 1600 का वर्गमूल निकालिए–
(a) 40 (b) 50
(c) 60 (d) 70

21. उस न्यूनतम संख्या को बताइए, जिससे 1260 को भाग देने पर एक पूर्ण वर्ग संख्या बन जाए–
(a) 15 (b) 25
(c) 36 (d) 45

22. 8 का वर्गमूल निकालिए–
(a) 1.414 (b) 4.141
(c) 2.828 (d) 8.282

23. यदि $\sqrt{1+\frac{x}{144}}=\frac{13}{12}$ हो, तो x का मान है–
(a) 1 (b) 12
(c) 13 (d) 25

उत्तर (हल/संकेत)

1. (c) माना विद्यार्थियों की संख्या $= x$

$\therefore$ विद्यार्थियों द्वारा दिए गए पैसे $= x$

प्रश्नानुसार,

$x \times x = 2304$

$\Rightarrow x^2 = 2304$

$\Rightarrow x = \sqrt{2304}$

2	2304
2	1152
2	576
2	288
2	144
2	72
2	36
2	18
2	9
3	3
3	1

$\therefore x = \sqrt{\underline{2\times2}\times\underline{2\times2}\times\underline{2\times2}\times\underline{2\times2}\times\underline{3\times3}}$

$x = 2\times2\times2\times2\times3$

$x = 48$

अत: विद्यार्थियों की संख्या $= 48$

2. (a) व्यंजक

$= \sqrt{1089 \div 121}$

$= \sqrt{\frac{1089}{121}} = \sqrt{9}$

$= \sqrt{3\times3} = 3$

3. (a) व्यंजक

$= \sqrt[3]{0.008}$

$= \sqrt[3]{\frac{8}{1000}}$

$= \sqrt[3]{\frac{2\times2\times2}{10\times10\times10}}$

$= \sqrt[3]{\frac{(2)^3}{(10)^3}} = \frac{2}{10}$

$= \frac{1}{5} = 0.2$

4. (a) व्यंजक

$= \sqrt{169}+\sqrt{144}-\sqrt{225}$

$= \sqrt{13\times13}+\sqrt{12\times12}-\sqrt{15\times15}$

$= 13+12-15$

$= (25-15) = 10$

5. (b) 0.04 का वर्गमूल $= \sqrt{0.04}$

$= \sqrt{\frac{4}{100}} = \sqrt{\frac{2\times2}{10\times10}}$

$= \sqrt{\left(\frac{2}{10}\right)^2}$

$= \frac{2}{10} = 0.2$

6. (a) $4\frac{29}{49}$ का वर्गमूल

$= \frac{4\times49+29}{49}$ का वर्गमूल

$= \frac{(196+29)}{49}$ का वर्गमूल

$= \sqrt{\frac{225}{49}} = \sqrt{\frac{15\times15}{7\times7}}$

$= \frac{15}{7} = 2\frac{1}{7}$

7. (d) 1849 का वर्गमूल

$= \sqrt{1849}$

$= \sqrt{43\times43} = 43$

8. (c) 289 का वर्गमूल $= \sqrt{289}$

$= \sqrt{17\times17} = 17$

9. (a) सर्वप्रथम 800 के गुणनखण्ड प्राप्त करते हैं, जो निम्नवत् है:

2	800
2	400
2	200
2	100
2	50
5	25
5	5
	1

$\therefore 800 = \underline{2\times2}\times\underline{2\times2}\times2\times\underline{5\times5}$

800 के निकट पूर्ण की संख्या

$= (28)^2 = 784$

$\therefore$ घटाई जाने वाली संख्या $= (800-784) = 16$

10. (d) व्यंजक

$= \frac{\sqrt{1.69}+\sqrt{0.25}}{\sqrt{1.44}-\sqrt{0.36}}$

$= \frac{\sqrt{\frac{169}{100}}+\sqrt{\frac{25}{100}}}{\sqrt{\frac{144}{100}}-\sqrt{\frac{36}{100}}}$

$= \frac{\sqrt{\frac{13\times13}{10\times10}}+\sqrt{\frac{5\times5}{10\times10}}}{\sqrt{\frac{12\times12}{10\times10}}+\sqrt{\frac{6\times6}{10\times10}}}$

$= \frac{\left(\frac{13}{10}+\frac{5}{10}\right)}{\left(\frac{12}{10}+\frac{6}{10}\right)} = \frac{\frac{18}{10}}{\frac{18}{10}}$

$= \frac{18\times10}{10\times18} = 1$

11. (a) व्यंजक

$= \sqrt{289}+\sqrt{144}-\sqrt{225}$

$= \sqrt{17\times17}+\sqrt{12\times12}-\sqrt{15\times15}$

$= (17+12-15)$

$= (29-15) = 14$

12. (b) व्यंजक

$= \frac{12}{\sqrt{324}}+\frac{\sqrt{144}}{18}$

$= \frac{12}{\sqrt{18\times18}}+\frac{\sqrt{12\times12}}{18}$

$= \left(\frac{12}{18}+\frac{12}{18}\right)$

$= \frac{24}{18} = \frac{4}{3}$

13. (d) व्यंजक

$= \frac{150}{\sqrt{225}} \times \frac{1}{10}$

$= \frac{150}{\sqrt{15\times15}} \times \frac{1}{10}$

$= \left(\frac{150}{15} \times \frac{1}{10}\right)$

$= \left(10 \times \frac{1}{10}\right) = 1$

14. (a) $\sqrt{?} = \frac{18\times72\times105}{48\times315}$

$\sqrt{?} = \frac{18\times6\times1}{4\times3}$

$= \frac{36}{4} = 9$

$\because \quad \sqrt{?} = 9$

$\therefore \quad \sqrt{?} = (9)^2 = 81$

15. (c) व्यंजक

$= \sqrt{(133-89)+(25\times4)}$

$= \sqrt{44+100}$

$= \sqrt{144} = \sqrt{12\times12} = 12$

16. (a) $\sqrt{256}\times4^2 = x$

$\Rightarrow \quad x = \sqrt{16\times16}\times4^2$

$= 16\times4^2$

$= (16 \times 16) = 256$

17. (b) $\frac{\sqrt{x}}{16} = \frac{15}{8}$

$\Rightarrow \quad \sqrt{x}\times8 = 16\times15$

$\Rightarrow \quad \sqrt{x} = \frac{16\times15}{8} = 15 \times 2$

$\Rightarrow \quad \sqrt{x} = 30$

$\therefore \quad x = (30)^2$

$= 30 \times 30 = 900$

18. (b) 6 अंकों की सबसे छोटी संख्या

= 100000

इसका वर्गमूल भाग विधि से निकालने पर,

	316
3	10 00 00
+ 3	9
61	1 00
+ 1	61
626	3900
	3756
	144

अत: 6 अंकों की सबसे छोटी पूर्ण वर्ग संख्या 317 का वर्ग होगी।

$\therefore$ अभीष्ट संख्या $= (317)^2$

$= (317 \times 317) = 100489$

19. (b) 625 का वर्गमूल

$= \sqrt{625}$

$= \sqrt{\underline{5\times5}\times\underline{5\times5}}$

$= \sqrt{(5)^2\times(5)^2}$

$= 5\times5 = 25$

20. (a) $\sqrt{1600} = \sqrt{(4)^2\times(10)^2} = 40$

21. (c) विकल्प (a) से,

$1260 \div 15 = \frac{1260}{15}$

= 84 (पूर्ण वर्ग नहीं है)

विकल्प (b) से,

$1260 \div 25 = \frac{1260}{25}$

$= \frac{252}{5}$ (पूर्ण वर्ग नहीं है)

विकल्प (c) से,

$1260 \div 35 = \frac{1260}{35} = 36$

$= (6)^2$ (पूर्ण वर्ग संख्या)

22. (c) 8 का वर्गमूल भाग विधि द्वारा ज्ञात करने पर

	2.828
2	8.00 00 00
+ 2	4
48	400
+ 8	384
562	1600
+ 2	1124
5648	47600
	45184
	2416

अत: $\sqrt{8} = 2.828$

23. (d) $\sqrt{1+\frac{x}{144}} = \frac{13}{12}$

दोनों ओर वर्ग करने पर

$1+\frac{x}{144} = \left(\frac{13}{12}\right)^2$

$\Rightarrow \quad 1+\frac{x}{144} = \frac{169}{144}$

$\Rightarrow \quad \frac{x}{144} = \left(\frac{169}{144}-1\right)$

$\Rightarrow \quad \frac{x}{144} = \frac{25}{144}$

$\therefore \quad x = 25$

अभ्यास-2

1. $\sqrt{3+\frac{33}{289}} = -3\,i\,\frac{x}{17}$ **हो, तो x का मान क्या होगा?**

(a) 17 (b) 27
(c) 81 (d) 49

2. 5625 का वर्गमूल ज्ञात कीजिए—

(a) 65 (b) 85
(c) 75 (d) 55

3. 0.08042896 का वर्गमूल ज्ञात कीजिए—

(a) 0.2846 (b) 0.2836
(c) 0.1456 (d) 0.3562

4. एक व्यक्ति अपने खेत में 5776 पेड़ लगाता है। यदि प्रत्येक कतार में वह उतने ही पेड़ लगाता है, जितनी कुल कतारें हैं, तो ज्ञात करें कि कतार में कितने पड़े हैं—

(a) 76 (b) 56
(c) 75 (d) 86

5. $\sqrt{\frac{5808}{48}}$ **का मान ज्ञात करें—**

(a) 112 (b) 113
(c) 121 (d) 11

6. वह छोटी-से-छोटी संख्या, जिसे 275 से गुणा करने पर प्राप्त संख्या पूर्ण वर्ग हो, होगी—

(a) 12 (b) 13
(c) 5 (d) 11

7. $\sqrt{1\frac{9}{16}}$ **बराबर है—**

(a) $1\frac{1}{4}$ (b) $1\frac{3}{4}$
(c) 1.5 (d) 1.1

8. $\sqrt{100\frac{1}{4}}$ **बराबर है—**

(a) 10.5
(b) 11.5
(c) 10.25
(d) 19.5

9. वह छोटी-छोटी संख्या लिखिए, जिससे 1350 में भाग देने पर पूर्ण वर्ग बन जाए हैं—

(a) 3 (b) 2
(c) 5 (d) 6

10. वह छोटी-से-छोटी संख्या, जो एक पूर्ण वर्ग हो तथा 9, 12, 32 में से प्रत्येक से पूर्णतया विभाजित हो जाए हैं—

(a) 212 (b) 576
(c) 424 (d) 532

उत्तर (हल/संकेत)

1. (c) x का मान 81 होगा।

2. (c)

	75
7	5625
7	49
145	725
5	725
	×

$\therefore \quad \sqrt{5625} = 75$

3. (b)

	0.2836
2	0.08042896
2	4
48	404
8	384
563	2028
3	1689
5666	33996
6	33996
	×

$\therefore \quad \sqrt{0.08042896} = 0.2836$

4. (a) एक कतार में पेड़ों की संख्या $= \sqrt{5776}$

$$5776 = \underline{2 \times 2} \times \underline{2 \times 2} \times \underline{19 \times 19}$$

$$\therefore \quad \sqrt{5776} = 2 \times 2 \times 19 = 76$$

5. (d) $\sqrt{\dfrac{5808}{48}} = \sqrt{\dfrac{5808 \div 48}{48 \div 48}}$

$$= \sqrt{\frac{121}{1}} = \sqrt{11 \times 11} = 11$$

6. (d) $275 = 5 \times 5 \times 11$

275 को गुणा करने पर प्राप्त संख्या पूर्ण वर्ग $= 11$

7. (a) $\sqrt{1\dfrac{9}{16}} = \dfrac{\sqrt{25}}{\sqrt{16}} = \dfrac{5}{4} = 1\dfrac{1}{4}$

8. (a) $\sqrt{110\dfrac{1}{4}} = \sqrt{\dfrac{441}{4}} = \dfrac{\sqrt{441}}{\sqrt{4}}$

$$= \frac{21}{2} = 10.5$$

9. (d) $1350 = 2 \times \underline{5 \times 5} \times 3 \times \underline{3 \times 3}$

1350 को $2 \times 3 = 6$ से भाग करने पर प्राप्त संख्या पूर्ण वर्ग होगी।

10. (b) 9, 12 तथा 32 का ल.स. $= 2 \times 2 \times 2 \times 2 \times 2 \times 3 \times 3 = 288$

अभीष्ट संख्या $= 288 \times 2 = 576$.

❑❑❑

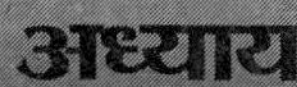

8

मापन के अनुप्रयोग

गणित में विभिन्न प्रकार की गणनाएँ इकाइयों के आधार पर की जाती हैं, जैसे समय, भार लम्बाई इत्यादि जब किसी संख्या के साथ इकाइयाँ प्रदर्शित की जाती हैं, जब वह संख्या भार, लम्बाई एवं समय को निरूपित करती है।

लम्बाई मापने की इकाइयाँ

लम्बाई को मुख्यत: किलोमीटर, हेक्टोमीटर, डेकामीटर, मीटर, डेसीमी, सेमी तथा मिमी आदि भौतिक इकाइयों द्वारा मापा जाता है।

लम्बाई मापने की इकाइयाँ एवं उनमें सम्बन्ध

1 मीटर	=	1000 मिलीमीटर
1 मीटर	=	100 सेंटीमीटर
1 मीटर	=	10 डेसीमीटर
1 मीटर	=	$\frac{1}{10}$ डेकामीटर
10 डेकामीटर	=	1 हेक्टोमीटर
10 हेक्टोमीटर	=	1 किलोमीटर
1 किलोमीटर	=	1000 मीटर
1 हेक्टोमीटर	=	100 मीटर
1 इंच	=	2.54 सेमी (लगभग)
1 फुट	=	0.3048 मीटर
1 यार्ड	=	0.9144 मीटर
1 मील	=	1760 यार्ड = 1.6 किमी

धारिता मापने की इकाइयाँ

धारिता को मुख्यत: लीटर, सेंटीलीटर, मिलीलीटर आदि भौतिक इकाइयों द्वारा मापा जाता है।

धारिता मापने की राशियाँ एवं उनमें सम्बन्ध

1 लीटर	=	1000 मिलीलीटर
1 लीटर	=	100 सेंटीलीटर
1 लीटर	=	10 डेसीलीटर
10 लीटर	=	1 डेकालीटर
10 डेकालीटर	=	1 हेक्टोलीटर
1 किलोलीटर	=	1000 लीटर
1 सेंटीलीटर	=	$\frac{1}{100}$ लीटर
1 मिली लीटर	=	$\frac{1}{1000}$ लीटर

द्रव्यमान मापने की इकाइयाँ

द्रव्यमान को मुख्यत: टन, क्विंटल, किलोग्राम, ग्राम, मिलीग्राम आदि भौतिक इकाइयों द्वारा मापा जाता है।

द्रव्यमान को मापने की इकाइयाँ एवं उनमें सम्बन्ध

1 टन	=	10 क्विंटल = 1000 किलोग्राम
1 क्विंटल	=	100 किलोग्राम
1 किलोग्राम	=	10 हेक्टोग्राम
1 किलोग्राम	=	1000 ग्राम
1 किलोग्राम	=	10,000 डेसीग्राम
1 किलोग्राम	=	10,0000 सेंटीग्राम
1 किलोग्राम	=	10,00000 मिलीग्राम
1 औंस	=	28.35 ग्राम
1 पाउण्ड	=	454 ग्राम

समय मापने की इकाइयाँ

समय को मुख्यत: घंटा, मिनट तथा सेकण्ड आदि भौतिक इकाइयों द्वारा मापा जाता है।

समय मापने की इकाइयाँ तथा उनमें सम्बन्ध

1 सामान्य वर्ष	=	365 दिन
1 लीप वर्ष	=	366 दिन
1 वर्ष	=	12 माह
1 दिन	=	24 घंटे
1 घंटा	=	60 मिनट
1 मिनट	=	60 सेकण्ड
1 सेकण्ड	=	$\frac{1}{60}$ मिनट

आयतन की इकाइयों का रूपान्तरण

1 घन फुट = 6.23 गैलन

1 लीटर = 0.22 गैलन

1 घन इंच = 16.4 घन सेमी = 0.00001639 घन मी

1 लीटर = 1000 घन सेमी

1 घन फुट = 0.028 घन मीटर = 28.317 लीटर

1 लीटर = 0.028 घन मीटर = 28.317 लीटर

1 गैलन = 4.546 लीटर = 0.1605 घन फुट

1 घन सेमी = 0.061 घन इंच

1 घन मी = 35.3148 घन फुट = 1000 लीटर

= 1.30795 घन गज

लग्गी सम्बन्धी मापन

1 वर्ग लग्गी = 1 धूर

20 वर्ग लग्गी = 20 धूर = 1 कट्ठा

400 वर्ग लग्गी = 400 धूर = 20 कट्ठा = 1 बीघा

थर्मामीटर सम्बन्धी माप

सेल्सियस तथा फारेनहाट में सम्बन्ध

$$\frac{F-32}{C}=\frac{9}{5}$$

कैलेण्डर

कैलेण्डर से सम्बन्धित प्रश्नों में कुछ अस्पष्ट सूचनाएं दी गई होती हैं। दिन या तिथि के सन्दर्भ में दो व्यक्तियों द्वारा अलग-अलग किसी निश्चित घटना की अनुमानित जानकारी दी जाती है जो बिल्कुल सत्य होती है। एक व्यक्ति द्वारा दी गई जानकारी के आधार पर निश्चित तिथि या दिन या निर्धारण सम्भव नहीं है परन्तु दो व्यक्तियों द्वारा दी गई सूचनाओं के आधार पर उचित दिन या तिथि ज्ञात की जा सकती है।

इस प्रकार के प्रश्नों का उत्तर देने के लिए हमें दिन, सप्ताह, वर्ष आदि के बारे में उचित जानकारी होनी चाहिए। इस प्रकार के प्रश्न सामान्यत: किसी निश्चित तिथि, दिन या समय से सम्बन्धित होते हैं। प्रश्न के कथन में कुछ जानकारी दी गई होती है जिनका विश्लेषण करके हम सही उत्तर प्राप्त कर सकते हैं। प्रश्न में दी गई जानकारी अप्रत्यक्ष व अस्पष्ट होती है। उस जानकारी को हमें क्रमबद्ध करना होता है तथा कुछ अन्य अवधारणाओं के आधार पर निश्चित निष्कर्ष निकालना होता है। किसी भी सप्ताह के सातवें भाग को दिन कहते हैं। उसी प्रकार किसी भी 5वें, 6वें, 7वें .... दिन को तिथि कहते हैं। सामान्यत: 1 वर्ष में 365 दिन होते हैं परन्तु लीप वर्ष में 366 दिन होते हैं। एक दिन में 24 घण्टे, 1 घण्टे में 60 मिनट तथा 1 मिनट में 60 सेकण्ड होते हैं।

तिथि एवं समय परीक्षण सम्बन्धित कुछ महत्वपूर्ण परिणाम

- वह वर्ष जिसमें 4 का भाग पूरा-पूरा चला जाए, लीप वर्ष (Leap Year) कहलाता है।
- लीप वर्ष में 366 दिन तथा फरवरी 29 दिन की होती है।
- ऐसी शताब्दी जिसमें 400 का भाग पूरा-पूरा चला जाए। वह शताब्दी लीप वर्ष की होती है।
  जैसे—400, 800, 1200, 1600, 2000 .... आदि।
- जिस दिनांक को जो दिन होता है उससे सातवीं अगली दिनांक को भी वही दिन होगा।

सप्ताह के दिन निकालने की विधि

- किसी महीने के दिए हुए दिनांक के n दिन बाद पड़ने वाले सप्ताह का दिन निम्न प्रकार ज्ञात किया जाता है :
  (i) n में 7 का भाग देकर प्राप्त शेषफल से पड़ने वाला दिन निकाला जाता है।
- यदि शेषफल शून्य होता है तो दिन वही रहता है।
- यदि शेषफल 1 होता है तो दिन उससे आगे वाला होता है।
- यदि शेषफल 2 होता है तो दिन उस दिन के बाद दूसरा होगा और इसी प्रकार आगे भी यह क्रम जारी रहता है।

सन् के दिनांक से दिन निकालना

(i) सर्वप्रथम सन् को 400 के गुणज में बांटें।
(ii) शेष को 100 के गुणज में बांटें।
(iii) अन्तिम दो अंकों की संख्या को 4 के गुणज में बांटें।
(iv) प्रत्येक खण्ड के विषम दिनों का योगफल निकालें।
(v) 400 के गुणज में विषम दिन शून्य (0) होता है।
(vi) 300 वर्ष में विषम दिन 1 होता है।
(vii) 200 वर्ष में विषम दिन 3 होता है।
(viii) 100 वर्ष में विषम दिन 5 होता है।
(ix) अब वर्तमान महीनों के विषम दिन और दिनांक उपर्युक्त योगफल में जोड़ें।

महीने	विषम दिन	महीने	विषम दिन
जनवरी	3	जुलाई	3
फरवरी	0/4 (लीप वर्ष में)	अगस्त	3
मार्च	3	सितम्बर	2
अप्रैल	2	अक्टूबर	3
मई	3	नवम्बर	2
जून	2	दिसम्बर	3

किसी दिनांक का साप्ताहिक दिन निकालनें का सूत्र

सूत्र = [A + B + C + शेष दिनों की संख्या + दिनांक] ÷ 7

(i) यहां A = शताब्दी के पूर्ण वर्षों की संख्या

जैसे—15 अगस्त, 1947 में पूर्ण वर्षों की संख्या

= (47 – 1) = 46

(ii) B = शताब्दी के बाद पड़ने वाले लीप वर्षों की संख्या

अत: 46 वर्ष में 11 लीप वर्ष होंगे।

(iii) (a) C = 5, यदि 400 के गुणज के बाद 100 शेष बचे।
C = 3, यदि 400 के गुणज के बाद 200 शेष बचे।
C = 1, यदि 400 के गुणज के बाद 300 शेष बचे।
C = 0, यदि शताब्दी 400 का गुणज हो।

इकाइयाँ

गणित में सभी प्रकार की गणनाएँ इकाइयों (Units) के आधार पर की जाती हैं जैसे– लम्बाई, भार, समय आदि। किसी संख्या के साथ जब इकाइयाँ प्रदर्शित की जाती हैं, तब वह संख्या लम्बाई, भार तथा समय के मान को व्यक्त करता है। काई से रहित अनुप्रायोगिक संख्या का कोई अर्थ नहीं होता। इसलिए गणित के प्रश्नों में इकाइयों का प्रयोग करना आवश्यक है। हमारे दैनिक कार्यों में भी इकाइयों का विशेष महत्त्व है।

मीट्रिक प्रणाली

माप एवं इकाइयों का अध्ययन मुख्य रूप से मीट्रिक प्रणाली में किया जाता है। माप की मीट्रिक प्रणाली (Metric System) मुख्यतया दशमलव प्रणाली है। इस प्रणाली में लम्बाई (Length), भार (Weight), समय (Time), क्षेत्रमिति

(Mensuration) आदि को विभिन्न इकाइयाँ (Units) परस्पर दशमलव सम्बन्ध से जुड़ी होती हैं।

अतः मीट्रिक प्रणाली का अर्थ उस प्रणाली से है जिसमें माप का आधार मीटर (Metre) होता है। विश्व के अधिकांश देशों में मानक इकाइयों की मीट्रिक प्रणाली प्रचलित है और व्यावहारिक रूप से सभी वैज्ञानिक कार्यों में इसका प्रयोग किया जाता है।

मीट्रिक प्रणाली की मुख्य इकाइयों के अन्तर्राष्ट्रीय नाम इस प्रकार हैं–

- **लम्बाई (Length)** = 1 मीटर
- **भार (Weight)** = 1 ग्राम
- **समय (Time)** = 1 सेकण्ड
- **क्षेत्रफल (Area)** = 1 वर्ग सेमी या 1 वर्ग मी.
- **आयतन (Volume)** = 1 घन सेमी या 1 घन मी.

मापन

हम अपने दैनिक जीवन में विभिन्न वस्तुओं/आकृतियों की लम्बाई एवं भार को भिन्न-भिन्न इकाइयों में दर्शाते हैं। ये इकाइयाँ उस वस्तु की मात्रा या माप का आभास कराती हैं। इसी प्रकार समय के लिए प्रयुक्त की गई इकाइयाँ; जैसे– घण्टा, मिनट, सेकण्ड आदि उसकी अवधि का बोध कराती हैं। ये सभी नाम-तौल व इकाई मापन (Measurement) के ही आयाम हैं।

मापन के अन्तर्गत हम निम्नलिखित मापों का अध्ययन करते हैं–

1. लम्बाई का मापन
2. धारिता का मापन
3. भार का मापन
4. समय का मापन

कैलेण्डर से सम्बन्धित प्रश्नों में कुछ अस्पष्ट सूचनाएं दी गई होती हैं। दिन या तिथि के सन्दर्भ में दो व्यक्तियों द्वारा अलग-अलग किसी निश्चित घटना की अनुमानित जानकारी दी जाती है जो बिल्कुल सत्य होती है। एक व्यक्ति द्वारा दी गई जानकारी के आधार पर निश्चित तिथि या दिन या निर्धारण सम्भव नहीं है परन्तु दो व्यक्तियों द्वारा दी गई सूचनाओं के आधार पर उचित दिन या तिथि ज्ञात की जा सकती है।

इस प्रकार के प्रश्नों का उत्तर देने के लिए हमें दिन, सप्ताह, वर्ष आदि के बारे में उचित जानकारी होनी चाहिए। इस प्रकार के प्रश्न सामान्यतः किसी निश्चित तिथि, दिन या समय से सम्बन्धित होते हैं। प्रश्न के कथन में कुछ जानकारी दी गई होती है जिनका विश्लेषण करके हम सही उत्तर प्राप्त कर सकते हैं। प्रश्न में दी गई जानकारी अप्रत्यक्ष व अस्पष्ट होती है। उस जानकारी को हमें क्रमबद्ध करना होता है तथा कुछ अन्य अवधारणाओं के आधार पर निश्चित निष्कर्ष निकालना होता है। किसी भी सप्ताह के सातवें भाग को दिन कहते हैं। उसी प्रकार किसी भी 5वें, 6वें, 7वें .... दिन को तिथि कहते हैं। सामान्यतः 1 वर्ष में 365 दिन होते हैं परन्तु लीप वर्ष में 366 दिन होते हैं। एक दिन में 24 घण्टे, 1 घण्टे में 60 मिनट तथा 1 मिनट में 60 सेकण्ड होते हैं।

हल सहित उदाहरण

उदाहरण 1. 15 मीटर में कितने डेसीमीटर होंगे?

(a) 150 (b) 140
(c) 160 (d) 1600

हलः (a) ∵ 1 मीटर = 10 डेसीमीटर

∴ 15 मीटर = 10 × 15 डेसीमीटर = 150 डेसीमीटर

उदाहरण 2. 8 लीटर में कितने मिलीलीटर होंगे?

(a) 800 (b) 8000
(c) 80000 (d) 800000

हलः (b) 1 लीटर = 1000 मिलीलीटर

∴ 8 लीटर = 1000 × 8 = 8000 मिलीलीटर

उदाहरण 3. 15 टन में कितने किलोग्राम होंगे?

(a) 150 (b) 1500
(c) 15000 (d) 1500000

हलः (c) 1 टन = 1000 किलोग्राम

∴ 15 टन = 1000 × 15 = 15,000 किलोग्राम

उदाहरण 4. 3 घंटे में कितने सेकण्ड होते हैं?

(a) 1080 (b) 10808
(c) 10080 (d) इनमें से कोई नहीं

हलः (d) 1 घंटा = 60 मिनट

1 मिनट = 60 सेकण्ड

∴ 1 घंटा = 60 × 60 = 3600 सेकण्ड

∴ 3 घंटा = 3 × 3600 = 10800 सेकण्ड

उदाहरण 5. यदि बीते हुए कल से तीन दिन पहले बुधवार था तो आगामी, कल के दो दिन बाद कौन-सा दिन होगा,

(a) बुधवार (b) रविवार
(c) शनिवार (d) बृहस्पतिवार

हलः (a) बीते हुए कल से तीन दिन पहले बुधवार था।

∴ आज का दिन = (बुधवार + 4)
= रविवार

∴ आगामी कल का दिन = (रविवार + 1)
= सोमवार

∴ सोमवार के दो दिन बाद का दिन = (सोमवार + 2)
= बुधवार

उदाहरण 6. 4 जनवरी 2015 को कौन-सा दिन होगा?

(a) सोमवार (b) रविवार
(c) शनिवार (d) शुक्रवार

हलः (b) (2015–1) = 2014 तक कुल विषम दिन
= (11 × 1 + 3 × 2)
= 17 विषम दिन
= 2 सप्ताह + 3 विषम दिन

∴ 4 जनवरी 2015 तक कुल विषम दिन
= (3 + 4) दिन
= 7 विषम दिन
= 1 सप्ताह + 0 विषम दिन

∴ 4 जनवरी 2015 को रविवार था।

उदाहरण 7. राम को ठीक से याद है कि उसकी माता का जन्मदिन 16 अगस्त से पहले किन्तु 13 अगस्त के बाद है। उसकी बहन को याद है, कि उसकी माँ का जन्मदिन 14 अगस्त के बाद किंतु 18 अगस्त को पहले हुआ है। तो उसकी माता के जन्मदिन की सही तिथि है?

(a) 15 अगस्त (b) 16 अगस्त
(c) 17 अगस्त (d) 18 अगस्त

हलः (a) राम के अनुसार उसकी माता का जन्मदिन
= 14 अगस्त या 15 अगस्त

राम की बहन के अनुसार उसकी माता का जन्मदिन

= 15 अगस्त या 16 अगस्त या 18 अगस्त

दोनों के अनुसार उभयनिष्ठ तिथि

= 15 अगस्त

अत: स्पष्ट है, राम की माता के जन्मदिन की सही तारीख

= 15 अगस्त

उदाहरण 8. कुछ आमों का भार 2 किलो 600 ग्राम है तथा कुछ सेबों का भार 1 किलो 450 ग्राम है। आमों का भार सेबों के भार से कितना अधिक है?

(a) 1 किलो 200 ग्राम

(b) 150 ग्राम

(c) 4 किलो 50 ग्राम

(d) 1 किलो 150 ग्राम

हल: (d)

आमों का भार = 2 किलो 600 ग्राम

सेबों का भार = 1 किलो 450 ग्राम

1 किलो 150 ग्राम

अत: आमों का भार सेबों के भार से 1 किलो 150 ग्राम अधिक है।

उदाहरण 9. यदि अब समय 2 : 17 अपराहन है, तो अब से ठीक 11 घंटे 59 मिनट के पश्चात् समय क्या होगा?

(a) 2 : 17 पूर्वाह्न (b) 11 : 57 पूर्वाह्न

(c) 9 : 59 पूर्वाह्न (d) 2 : 16 पूर्वाह्न

हल: (d) अब समय = 2 : 17 अपराह्न

अत: 12 घंटे बाद का समय = (2:17+12) = 14: 17 पूर्वाह्न

= 2: 17 पूर्वाह्न

∴ 11 घंटे 59 बाद का समय = (2:17−1)= 2 :16 पूर्वाह्न

उदाहरण 10. 6 घंटों में सेकण्डों की संख्या कितने दिनों में मिनटों की संख्या के बराबर हैं?

(a) 4 (b) 10

(c) 15 (d) 2

हल: (c) 1 घंटें में कुल सेकण्ड = (60×60) = 3600

∴ 6 घंटें में कुल सेकण्ड = (60×3600) = 21600

∴ अभीष्ट दिनों की संख्या = $\frac{21600}{24 \times 60} = 15$

उदाहरण 11. एक टंकी में 240 लीटर 128 मिली. दूध है। इस दूध को 16 जारों में, जो एक ही साइज के हैं, में भरा जाता है। ऐसे ही 22 जारों में कितना दूध होगा?

(a) 330 ली. 176 मिली.

(b) 331 ली. 760 मिली.

(c) 330 ली. 175 मिली.

(d) 330 लीटर 650 मिली.

हल: (a) 1 लीटर = 1000 मिली.

∴ (240 लीटर 128 मिली.) = $(240 \times 1000 + 128)$ मिली.

= (240000×128) मिली.

= 24128) मिली.

16 जारों में दूध भरा है = 240128 मिली.

∴ 1 जार में दूध भरा है = $\frac{240128}{16}$ मिली.

∴ 22 जारों में दूध भरा है = $\left(\frac{240128}{16} \times 22\right)$ मिली.

= 330176 मिली.

= (330 लीटर + 176 मिली.)

उदाहरण 12. एक मानचित्र का $\frac{1}{2}$ सेमी, भूमि पर 125 किमी. को दर्शाता है। यदि दो नगरों के बीच की दूरी भूमि पर 20000 किमी. है, तो मानचित्र पर उनके बीच की दूरी होगी–

(a) 7 सेमी. (b) 8 सेमी.

(c) 5 सेमी. (d) 4 सेमी.

हल: (b) प्रश्नानुसार, 125 किमी. = $\frac{1}{2}$ सेमी.

∴ 2000 किमी. = $\left(\frac{1}{2} \times \frac{2000}{125}\right)$ सेमी. = 8 सेमी.

अत: दो नगरों के बीच मानचित्र में दूरी = 8 सेमी.

उदाहरण 13. 16 जनवरी, 1997 को बृहस्पतिवार था। 4 जनवरी, 2000 को कौन-सा दिन था?

(a) मंगलवार (b) बुधवार

(c) शनिवार (d) रविवार

हल: (a) 1997, 1998, 1999 में कोई भी लीप वर्ष नहीं है।

अत: 1998 एवं 1999 को मिलाकर विषम दिनों की संख्या = 2

1997 में शेष दिन = (365 − 16) दिन

= 349 दिन

= 49 सप्ताह + 6 दिन

4 जनवरी, 2000 में विषम दिन = 4

∴ कुल विषम दिन = (2 + 6 + 4) दिन

= 12 दिन

= 1 सप्ताह 5 दिन

अत: 4 जनवरी, 2000 को (बृहस्पतिवार + 5 दिन)

= मंगलवार होगा

उदाहरण 14. सीता की घड़ी में 9 : 35 a.m. बजे थे, जो सही समय था। गीता ने उसे बताया कि बस स्टॉप से अन्तिम बस 9 : 25 बजे छूटी है। गीता की घड़ी 5 मिनट आगे है। बस हर 20 मिनट में चलती है। अगली बस पकड़ने के लिए सीता को कितनी देर इंतजार करना पड़ेगा?

(a) 4 मिनट (b) 5 मिनट

(c) 7 मिनट (d) 6 मिनट

हल: (b) अन्तिम बस के छूटने का समय

= (9 : 25 − 0.05)

= 9 : 20 बजे

∴ अगली बस छूटने का समय

= (9 : 20 + 20 मिनट)

= 9 : 40 बजे

अत: सीता को 5 मिनट इंतजार करना पड़ेगा।

अभ्यास–1

1. एक बस नई दिल्ली से प्रातः 9:10 बजे चलना आरम्भ करती है और सायं 4:20 बजे चण्डीगढ़ पहुँच जाती है। पूरी यात्रा में लगा समय होगा–
(a) 7 घण्टे 10 मिनट
(b) ठीक 7 घण्टे
(c) 6 घण्टे 30 मिनट
(d) 7 घण्टे 20 मिनट

2. अमृता अपना गृहकार्य सायं 4:45 बजे आरम्भ करती है। कार्य समाप्त करने पर घड़ी की और देखती है। उसने कितने समय तक गृहकार्य किया?

(a) 40 मिनट (b) 45 मिनट
(c) 50 मिनट (d) 55 मिनट

3. राम रात को 10:30 बजे सो जाता है तथा प्रातः 5:50 बजे उठता है। वह कितने समय सोता है?
(a) 7 घण्टे
(b) 7 घण्टे 10 मिनट
(c) 7 घण्टे 20 मिनट
(d) 8 घण्टे 20 मिनट

4. 3 घन मी तेल से 375 मिली वाली कितनी बोतलें भरी जा सकती हैं?
(a) 80 (b) 800
(c) 8000 (d) 1000

5. यदि 1 अप्रैल, 2005 को शुक्रवार था, तो 1 मई, 2005 को कौन-सा दिन होगा?
(a) शुक्रवार (b) शनिवार
(c) रविवार (d) सोमवार

6. 300 मिली धारिता की कितनी बोतलें एक बर्तन, जिसमें 2.85 घन मी तेल है, में से भरी जा सकती हैं?
(a) 950 (b) 9050
(c) 9500 (d) 9550

7. 12 सेमी लम्बे व 6.5 सेमी चौड़े आयत का क्षेत्रफल क्या होगा?
(a) 78 वर्ग सेमी (b) 78 घन सेमी
(c) 37 घन सेमी (d) 37 सेमी

8. एक ₹ 5 के सिक्के का भार 9 ग्राम है। अनु के बैग में ₹ 5 के सिक्कों का कुलभार 9 किग्रा है। बैग में कुल कितने सिक्के हैं?
(a) 10 (b) 100
(c) 1000 (d) 10000

9. अमीता ने घोड़े का चित्र 11:55 am पर शुरू किया और 12.05 pm पर पूरा किया। चित्र बनाने में उसने कितना समय लिया?
(a) 50 मिनट
(b) 1 घण्टा 50 मिनट
(c) 10 मिनट
(d) 1 घण्टा 10 मिनट

10. यदि किसी वर्ष को 31 मई को बृहस्पतिवार है, तो उसी वर्ष के 30 जून को कौन-सा दिन होगा?
(a) रविवार (b) शुक्रवार
(c) शनिवार (d) बृहस्पतिवार

11. सम्पूर्ण क्रान्ति एक्सप्रेस संध्या 5:50 बजे पटना से खुलकर अगले दिन प्रातः 8:15 बजे नई दिल्ली पहुँचाती है। यात्रा का कुल समय क्या है?
(a) 12 घण्टे 25 मिनट
(b) 14 घण्टे 35 मिनट
(c) 14 घण्टे 25 मिनट
(d) 12 घण्टे 35 मिनट

12. 24 घण्टों में कितने सेकण्ड होते हैं?
(a) 30 (b) 60
(c) 3600 (d) 86400

13. एक बस दिल्ली से अमृतसर के लिए किसी दिन सायं 5:30 बजे चली तथा अगले दिन प्रातः 7:36 बजे अमृतसर पहुँची। बस द्वारा अमृतसर पहुँचने में लगा समय है–
(a) 2 घण्टे 6 मिनट
(b) 14 घटे 6 मिनट
(c) 13 घण्टे 6 मिनट
(d) 12 घण्टे 6 मिनट

14. एक लड़की सोमवार रात्रि 9:45 बजे सोई तथा अगली प्रातः 5:30 बजे जागी। वह कितने समय तक सोई?
(a) 4 घण्टे 15 मिनट
(b) 7 घटे 15 मिनट
(c) 8 घण्टे 15 मिनट
(d) 7 घण्टे 45 मिनट

15. एक बस देहली से देहरादून के लिए 10:15 प्रातः चली। यात्रा पूरी करने में 6 घण्टे 30 मिनट लगे। बस देहरादूर कितने बजे पहुँची?
(a) 4:45 सायं
(b) 4:30 सायं
(c) 4:15 सायं
(d) 5:00 साय़ं

16. 6 ग्राम, 3 डेसीग्राम, 9 सेटीग्राम में कुल कितने मिग्रा होंगे?
(a) 6495 (b) 6320
(c) 6390 (d) 6450

17. एक किमी को एक मील के दशमलव में बदलिए।
(a) 0.621 (b) 0.622
(c) 0.623 (d) 0.624

18. एक आयताकार प्लॉट में 5 धूर का क्षेत्रफल सेमी^{2} में ज्ञात कीजिए। यदि 5 बीघा प्लॉट का क्षेत्रफल 5000000 वर्ग सेमी है।
(a) 1200 (b) 1250
(c) 1256 (d) 12500

19. एक आयतकार प्लॉट 5 बीघे का है, तो उसका कुल क्षेत्रफल ज्ञात कीजिए। यदि एक लग्गी 10 सेमी बराबर है–
(a) 200000 वर्ग सेमी
(b) 220000 वर्ग सेमी
(c) 260000 वर्ग सेमी
(d) 230000 वर्ग सेमी

20. यदि एक एकड़ में गेहूँ का उपज 580 किग्रा है, तो एक हेक्टेयर में कितना टन गेहूँ का उत्पादन होगा?
(a) 3.4313 (b) 0.4316
(c) 2.4316 (d) 1.4326

21. यदि 14 व्यक्ति या 16 औरतें किसी काम को 18 दिनों में करते हैं, तो उसके दोगुने काम को करने में कितने जोड़े व्यक्तियों या औरतों की आवश्यकता पड़ेगी?
(a) 14 जोड़े व्यक्ति या 16 जोड़े औरतें
(b) 15 जोड़े व्यक्ति या 18 जोड़े औरतें
(c) 19 जोड़े व्यक्ति या 19 जोड़े औरतें
(d) 20 जोड़े व्यक्ति या 21 जोड़े औरतें

22. खलील ने दिल्ली के एक दुकान से 5 ग्रोस पेन खरीदा, तो उसे आप दर्जन में बदलिए।
(a) 40 दर्जन (b) 50 दर्जन
(c) 60 दर्जन (d) 70 दर्जन

23. 90 किमी/घण्टा, कितने मी/से के बराबर होगा?

(a) 23 मी/से (b) 24 मी/से
(c) 25 मी/से (d) 26 मी/से

24. 30 बीघा 12 कट्ठा को हेक्टेयर में बदलिए। जबकि 1 एकड़ = 4050 वर्ग मी. है।

(a) 7.75 हेक्टेयर (b) 7.79 हेक्टेयर
(c) 7.80 हेक्टेयर (d) 9.02 हेक्टेयर

25. 35 मी/से को मिली/घण्टा में बदलिए।

(a) 124 किमी/घण्टा
(b) 126 किमी/घण्टा
(c) 130 किमी/घण्टा
(d) 128 किमी/घण्टा

26. एक एकड़ को बीघ में बदलिए। जबकि 1 कट्ठा = 1361 वर्ग फीट

(a) 1.6 बीघा (b) 1.8 बीघा
(c) 1.6 बीघा (d) 1.10 बीघा

27. एक हेक्टेयर को बीघा में बदलिए।

(a) 7.50 बीघा (b) 7.52 बीघा
(c) 7.54 बीघा (d) 7.47 बीघा

28. 5 बीघा को वर्ग फीट में बदलिए।

(a) 1361 वर्ग फीट
(b) 137011 वर्ग फीट
(c) 136120 वर्ग फीट
(d) 136125 वर्ग फीट

29. एक कट्ठा कितने वर्ग फीट के बराबर होता है, यदि लग्गी की लम्बाई 7.5 फीट हो?

(a) 114.25 वर्ग फीट
(b) 112.50 वर्ग फीट
(c) 115.50 वर्ग फीट
(d) 116.75 वर्ग फीट

30. 5 मील को किमी में बदलिए।

(a) 8.04728 किमी
(b) 8.04672 किमी
(c) 8.09378 किमी
(d) 8.3654 किमी

31. 10 महीने, 15 सप्ताह और 13 दिन मिलाकर कुल कितने दिन होंगे?

(a) 416 दिन (b) 417 दिन
(c) 418 दिन (d) 419 दिन

32. 45° फारेनहाइट का सेल्सियम में मान कितनी होगा?

(a) 14°C (b) 7.2°C
(c) 7.5°C (d) 7.8°C

33. एक रेलगाड़ी दिल्ली से मंगलवार को प्रातः 8:20 बजे प्रस्थान करती है। वह नागपुर बुधवार को 15:30 बजे पहुँचती है। रेलगाड़ी दिल्ली पहुँचने में कितनी समय लेती है?

(a) 9 घण्टे
(b) 31 घण्टे 10 मिनट
(c) 24 घण्टे
(d) 32 घण्टे

34. एक विद्यालय शीलकाल में 15 अक्टूबर से बन्द हुआ और 20 नवम्बर को पुनः खुला। विद्यालय कितने दिनों के लिए बन्द रहा?

(a) 32 दिन
(b) 33 दिन
(c) 34 दिन
(d) 36 दिन

उत्तर (हल/संकेत)

1. (a) दिल्ली से चण्डीगढ़ पहुँचने में लगा समय

$= (12 - 9:10) + 4:20$

$= 2:50 + 4:20 = 6:(60 + 10)$

$= (6 + 1):10 = 7:10 =$ 7 घण्टे 10 मिनट

2. (c) अमृता को गृहकार्य समाप्त करने में लगा समय

= गृह कार्य समाप्त करने का समय − गृह कार्य प्रारम्भ करने का समय

$= 5:35 - 4:45 =$ 50 मिनट

3. (c) राम ने सोने में समय लिया

$= (12 - 10:30) + 5:50$

$= 1:30 + 5:50 = 6:(60 + 20)$

$= (6 + 2):10 = 7:20$

4. (c) ∵ 1 घन मी = 1000 लीटर

1 घन मी = 1000 × 1000 मिली

= 1000000 मिली

अतः अभीष्ट बोतलों की संख्या

$= \frac{3 \times 1000000}{375} = 8000$

5. (c) यदि 1 अप्रैल, 2005 को शुक्रवार है, तो 15, 22 तथा 29 अप्रैल को भी शुक्रवार होगा।

अतः 1 मई = 29 अप्रैल, + 2 दिन = शुक्रवार + 2 दिन = रविवार

6. (c) अभीष्ट बोलतें $= \frac{285 \times 1000000}{300}$

$= \frac{285 \times 100}{3} = 9500$

7. (a) आयत का क्षेत्रफल = लम्बाई × चौड़ाई = 12 × 6.5 = 78 सेमी^{2}

8. (c) ∵ 1 किग्रा = 1000 ग्राम

∴ 9 किग्रा = 1000 × 9 = 9000

∵ 9 ग्राम भार = 1 सिक्के का

∵ 1 ग्राम भार $= \frac{1}{9}$ सिक्के का

∴ 9000 ग्राम भार $= \frac{1}{9} \times 9000$

= 1000 सिक्के का

9. (c) कुल समय = 12.05 − 11.55 = 10 मिनट

10. (c) 31 मई = बृहस्पतिवार

31 मई से 30 जून = 30 दिन

विषम दिन $= \frac{30}{7} = 2$ (शेषफल)

अतः 30 जून = बृहस्पतिवार + 2 = शनिवार

11. (c) 5:50 बजे संध्या से 5:50 बजे प्रातः = 12 घण्टे

5:50 बजे प्रातः से 8:15 बजे प्रातः = 2 घण्टे 25 मिनट

अभीष्ट यात्रा में लगा कुल समय = 14 घण्टे 25 मिनट

12. (d) ∵ 1 मिनट में 60 सेकण्ड होते हैं।

∴ 60 मिनट (1 घण्टा) में = 60 × 60

= 3600 सेकण्ड

∴ 24 घण्टे में 24 × 3600 = 86400 सेकण्ड

13. (b) सांय 5:30 से 12:00 रात तक का समय

= 6:30 घण्टा

रात 12:00 बजे से 7:30 बजे सुबह तक का समय

= 7:36 घण्टा

∴ अभीष्ट समय = 14:06 घण्टा

यात्रा में लगा कुल समय =

12 बजे से पूर्व लगने वला समय +

12 बजे के बाद लगने वाला समय

= 6:30 + 7:36 = 14:6 घण्टे

14. (d) रात्रि 9:45 से 12:00 तक का समय = 2:15

रात्रि 12:00 बजे से प्रातः 5:30 बजे तक का समय = 5:30

कुल घंटे सोई = 12 बजे से पूर्व का समय + 12 बजे के बाद का समय = 2:15 + 5:30 = 7:45

कुल सोने का समय = 7:45 अर्थात् 7 घण्टे 45 मिनट

15. (a) बस के चलने का समय = 10:15

यात्रा में लगा समय = 6:30

पहुँचने का समय = 16:45

अर्थात् सायं 4 बजकर 45 मिनट

16. (c) 6 ग्राम, 3 डेसीग्राम, 9 सेंटी

= 6 × 1000 मिग्रा + 3 × 100 मिग्राम + 9 × 100 मिग्रा

= 6000 + 300 + 90 मिग्राम = 6390 मिग्रा

17. (a) 1 किमी = 1 × 1000 मी

और एक मील = 1760 × 3 × 12 इंच

लेकिन 1 मी = 39.37 इंच

$\therefore$ 1000 मी = 1000 × 39.37 इंच

$\therefore$ अभीष्ट भिन्न $= \frac{1000 \times 39.37}{1760 \times 3 \times 12} = 0.621$

18. (d) 5 बीघा = 5 × 400 धूर

= 5000000 वर्ग सेमी

$\Rightarrow$ 5 धूर $= \frac{5000000}{400} = 12500$ वर्ग सेमी

19. (a) $\because$ 1 बीघा = 400 वर्ग लग्गी

$\therefore$ 5 बीघा = 5 × 400 वर्ग लग्गी

$\therefore$ कुल क्षेत्रफल = $5 \times 400 \times (10)^2$ वर्ग सेमी

= 200000 वर्ग सेमी

20. (d) 1 हेक्टेयर = 2.47 एकड

प्रश्न से, चूँकि 1 एकड़ में 580 किग्रा गेहूँ उपजता है।

अत: एक हेक्टेयर में कुल उपज

= 2.47 × 580 किग्रा

$= \frac{2.47 \times 580}{1000}$

= 2.47 × 0.58 टन

= 1.4326 टन

21. (a) दोगुने कार्य के लिए कुल श्रमिकों की संख्या = 2[14 व्यक्ति या 15 औरतें]

= 28 व्यक्ति या 32 औरतें

$= \frac{\text{28 व्यक्ति या 32 औरतें}}{2}$

= 14 जोड़े व्यक्ति या 16 जोड़े औरतें।

22. (c) $\because$ 1 ग्रोस 12 दर्जन

$\therefore$ 2 गोस = 12 × 5 = 60 दर्जन

23. (c) 90 किमी = 90 × 1000 मी

1 घण्टा = 60 × 60 सेकण्ड

3600 सेकण्ड

$= \frac{\text{3600 सेकण्ड}}{36000} = 25$ मी/से

24. (a) 30 बीघा 12 कट्ठा 30 × 20 + 12 = 612 कट्ठा

$\because$ 32 कट्ठा = 1 एकड़

$\therefore$ 612 कट्ठा $= \frac{612}{32} = \frac{153}{8}$ एकड़

$\because$ 1 एकड़ = 4050 वर्ग मी

$= \frac{4050}{100 \times 100}$ हेक्टेयर

$\therefore$ $\frac{153}{8}$ एकड़ $= 0.405 \times \frac{153}{8}$

= 7.745625 हेक्टेयर

= 7.75 हेक्टेयर (लगभग)

25. (b) 35 मी $= \frac{35}{1000}$ किमी

1 सेकण्ड $= \frac{1}{60 \times 60}$ घण्टा

$= \frac{35}{1000} \times 60 \times 60$

= 126 किमी/घण्टा

26. (a) 1 एकड़ = 4840 वर्ग गज = 4840 × 9 वर्ग फीट

($\because$ 1 वर्ग गज = 9 फीट)

प्रश्न से

कट्ठा $= \frac{4840 \times 9}{1361}$

$\therefore$ बीघा $= \frac{4840 \times 9}{1361 \times 20} = 1.6$ बीघा

27. (d) 1 हेटेयर = 1000 वर्ग मी

$= \frac{10000}{66.9}$ कट्ठा

$= \frac{10000}{66.9 \times 20}$ बीघा = 7.47 बीघा

($\because$ 20 कट्ठा = 1 बीघा)

28. (d) 5 बीघा = 5 × 20 कट्ठा

= 5 × 20 × 20 धूर

= 2000 वर्ग लग्गी

= 2000 × 8.25

= 136125 वर्ग फीट

29. (b) 1 कट्ठा = 20 धूर = 20 लग्गी^{2}

= 20 × 1 लग्गी × 1 लग्गी

= 20 × 7.5 फीट × 7.5 फीट

= 20 × 56.25 = 112.50 वर्ग फीट

30. (b) 5 मील = 5 × 1760 × 3 × 12 इंच

= 5 × 1760 × 3 × 12 × 2.54 सेमी

$= \frac{5 \times 1760 \times 3 \times 12 \times 2.54}{100 \times 1000}$ किमी

$= \frac{804672}{100000}$ किमी

= 8.04672 किमी

31. (c) 10 महीने = 10 × 30 = 300 दिन

15 सप्ताह = 15 × 7 = 105 दिन

13 दिन = 13 × 1 = 13 दिन

= 418 दिन

32. (b) $\frac{F-32}{C} = \frac{9}{5}$

$C = \frac{5(45-32)}{9}$

$= \frac{5 \times 13}{9} = 7.2°C$

33. (b) मंगलवार सुबह 8:20 बजे से बुधवार सुबह 8:20 बजे = 24 घटे

8:20 बजे सुबह से 15:30 बजे शाम तक समय = 7 घटे 10 मिनट

$\therefore$ कुल समय = 24 + 7 घण्टे 10 मिनट

= 31 घण्टे 10 मिनट

34. (d) अक्टूबर में बन्द दिनों की संख्या = 17 दिन

नवम्बर में बन्द दिनों की संख्या = 19 दिन दिन = 36 दिन

अभ्यास–2

1. अमिता ने घोड़े का चित्र 11.55 बजे पूर्वाह्न पर शुरू किया और 12.05 बजे अपराह्न पर पूरा किया। चित्र बनाने में उसने कितना समय लिया?

(a) 50 मिनट

(b) 1 घण्टा 50 मिनट

(c) 10 मिनट

(d) 1 घण्टा 10 मिनट

2. एक रेलगाड़ी प्रात: 5 : 40 बजे गन्तव्य स्थान हेतु प्रस्थान करती है तथा संध्या 6 : 55 बजे गन्तव्य स्थान पर पहुँच जाती है, तो रेलगाड़ी की यात्रा में कुल कितना समय लगा?

(a) 12 घण्टे 15 मिनट

(b) 13 घण्टे 15 मिनट

(c) 13 घण्टे 25 मिनट

(d) 12 घण्टे 25 मिनट

3. एक बस दिल्ली से 10:25 में खुलती है, तो जयपुर 4 :05 में पहुँचती है। यात्रा का समय क्या है?

(a) 6 घण्टा 20 मिनट

(b) 5 घण्टा 40 मिनट

(c) 5 घण्टा 30 मिनट

(d) 15 घण्टा 50 मिनट

4. किसी लीप वर्ष की 1 फरवरी रविवार को होती है, तो 1 मार्च कौन-सा दिन होगा?

(a) रविवार (b) शनिवार
(c) बुधवार (d) सोमवार

5. एक रेलगाड़ी मद्रास से रविवार को 07:10 बजे प्रस्थान करती है। यह दिल्ली सोमवार को 16:05 बजे पहुँचती है। रेलगाड़ी दिल्ली पहुँचने में कुल कितना समय लेती है?

(a) 23 घण्टे 15 मिनट
(b) 16 घण्टे 50 मिनट
(c) 32 घण्टे 55 मिनट
(d) इनमें से कोई नहीं

6. 7 लीटर तेल में से 350 मिली लीटर वाली कितनी बोतलें भरी जा सकती हैं?

(a) 2 (b) 20
(c) 200 (d) 245

7. एक रेलगाड़ी 6 घण्टे 30 मिनट की यात्रा के बाद अपने निर्धारित गंतव्य पर रात्रि 9 बजे पहुँची। उस रेलगाड़ी ने चलना कब प्रारम्भ किया था—

(a) सायं 2:30 बजे
(b) प्रात: 2:30 बजे
(c) सायं 3:30 बजे
(d) प्रात: 3:30 बजे

8. एक रेलगाड़ी A से सायं 5:15 पर चलती है तथा B पर अगले दिन सुबह 10:40 पर पहुँचती है। रेलगाड़ी द्वारा यात्रा में लिया गया कुल समय कितना है?

(a) 5 घण्टे 25 मिनट
(b) 15 घण्टे 55 मिनट
(c) 17 घण्टे 25 मिनट
(d) 22 घण्टे 40 मिनट

9. यदि 1 जनवरी, 2003 को शुक्रवार था तो 31 जनवरी, 2003 को कौन-सा वार होगा?

(a) रविवार (b) सोमवार
(c) मंगलवार (d) बुधवार

10. एक बर्तन दो-तिहाई भरा हुआ है। यदि इस बर्तन को पूरा भरने के लिए 50 लीटर और चाहिए तो बर्तन की क्षमता क्या होगी?

(a) 150 लीटर (b) 120 लीटर
(c) 100 लीटर (d) 90 लीटर

11. एक बस दिल्ली से देहरादून के लिए 10 : 15 प्रात: चली। यात्रा पूरी करने में 6 घण्टे 30 मिनट लगे। बस देहरादून कितने बजे पहुँची?

(a) 4 : 15 सायं (b) 4 : 30 सायं
(c) 4 : 45 सायं (d) 5 : 00 सायं

12. यदि 1 सेमी = 10 मिमी है, तो 10 घन सेमी किसके बराबर है?

(a) 100 घन मिमी
(b) 1000 घन मिमी
(c) 10000 घन मिमी
(d) 100000 घन मिमी

13. 24 घण्टों में कितने सेकेण्ड होते हैं?

(a) 30 (b) 60
(c) 3600 (d) 86,400

14. एक लड़का 9 : 45 बजे रात्रि को सोया तथा अगली प्रात: 5 : 30 बजे जागा। वह कितने समय तक सोया?

(a) 4 घण्टे 15 मिनट (b) 7 घण्टे 15 मिनट
(c) 7 घण्टे 45 मिनट (d) 8 घण्टे 15 मिनट

15. किसी वर्ष प्रथम अप्रैल को सोमवार था। 18 अप्रैल को उसी वर्ष कौन-सा दिन होगा?

(a) बृहस्पतिवार (b) शुक्रवार
(c) शनिवार (d) बुधवार

16. एक बर्तन का $\frac{1}{5}$ भाग पानी से भरा हुआ है। यदि इसको पूरा भरने के लिए 40 लीटर और पानी चाहिए, तो बर्तन की धारिता क्या है?

(a) 40 लीटर (b) 45 लीटर
(c) 50 लीटर (d) 60 लीटर

17. 5 पैसे को रुपयों में लिखने पर प्राप्त होता है—

(a) ₹ 0.55 (b) ₹ 0.05
(c) ₹ 0.50 (d) ₹ 0.005

18. 30 दिन वाले मास का पहला दिन रविवार है, तो 30वें दिन को कौन-सा वार है?

(a) रविवार (b) सोमवार
(c) मंगलवार (d) बुधवार

19. एक दूध बेचने वाले के पास 37 लीटर 475 मिली लीटर दूध था। इसमें से उसने 5 लीटर 250 मिली लीटर एक घर में, 25 लीटर 180 मिली लीटर दूसरे घर में तथा 4 लीटर 350 मिली लीटर तीसरे घर में दिया। शेष दूध को अपने लिए रख लिया। अपने लिए रखे दूध की मात्रा थी—

(a) 2.695 लीटर (b) 3.695 लीटर
(c) 1.580 लीटर (d) 4.285 लीटर

20. तीन साबुन की टिकियों, जिनमें से प्रत्येक का भार 125 ग्राम है तथा चार कपड़े धोने के साबुन की टिकियों, जिनमें से प्रत्येक का भाग 275 ग्राम है, का कुल भार है—

(a) 1 किग्रा 200 ग्राम
(b) 1 किग्रा 475 ग्राम
(c) 1 किग्रा 350 ग्राम
(d) 1 किग्रा 500 ग्राम

21. श्याम ने 13 मई, 2007 को प्रात: 11 : 55 बजे रेलगाड़ी से यात्रा आरम्भ की और वह कोयम्बटूर 15 मई, 2007 को प्रात: 9 : 30 बजे पहुँचा। यात्रा की कुल अवधि ज्ञात कीजिए।

(a) 46 घण्टे 36 मिनट
(b) 45 घण्टे 35 मिनट
(c) 45 घण्टे 50 मिनट
(d) 44 घण्टे 36 मिनट

22. 12 घनन मीटर तेल द्वारा 200 मिली. वाली कितनी बोतलें भरी जा सकती हैं?

(a) 600 (b) 6000
(c) 60000 (d) 6600

23. एक बच्चे को 39.5° सेल्सियस का बुखार है। उसका बुखार फारेनहाइट डिग्री में है—

$\left(\frac{F-32}{180}=\frac{C}{100}\right.$ का प्रयोग कीजिए$\left.\right)$

(a) 100.1°F (b) 102.4°F
(c) 103.7°F (d) 103.1°F

उत्तर (हल/संकेत)

1. (c) अमिता ने चित्र बनाना आरम्भ किया 11:55 बजे पूर्वाह्न

अमिता ने चित्र पूरा किया –12:05 बज अपराह्न

चित्र मापने में कुल लगा समय

= 12.05 – 11.55

= 10 मिनट

2. (b) प्रात: 5 : 40 बजे से संध्या 5 : 40 बजे तक, कुल अवधि = 12 घण्टा संध्या 5 : 40 बजे से संध्या 6 : 55 बजे तक, कुल अवधि = 1 घण्टा 15 मिनट।

∴ कुल समय = 1 घण्टा 15 मिनट + 12 घण्टा = 13 घण्टा 15 मिनट

3.(b) यात्रा का समय

(12 : 00 – 10 : 15) + 4 : 05

= 1 : 35 + 4 : 05

= 5 घण्टा 40 मिनट

4. (d) फरवरी के दिन रविवार होगा = 1, 8, 15, 22, 29

अत: 1 मार्च को होगा = सोमवार

5. (c) रविवार 7:10 बजे से सोमवार 7:10 बजे तक = 24 घण्टे सोमवार 7:10 बजे से 16:05 बजे तक = 8 घण्टे 55 मिनट

कुल समय = 32 घण्टे 55 मिनट

6. (b) 350 मि. लीटर = $\frac{350}{1000}$ लीटर

$=\frac{35}{100}$ लीटर

अतः 7 लीटर तेल भरने के लिए $\frac{35}{100}$ लीटर की बोतलों की संख्या

$= 7 \div \frac{35}{100} = \frac{7 \times 100}{35}$

$= 20$

7. (a) रेलगाड़ी के चलने का समय

$= 9:00 - 6:30 = 2:30$ सायं

अतः सही उत्तर (a) होगा।

8. (c) सायं 5 : 15 से रात्रि 12.00 बजे तक का समय = 6 घण्टे 45 मिनट

रात्रि 12 : 00 बजे से प्रातः 10 : 40 बजे तक का समय = 10 घण्टे 40 मिनट

∴ रेलगाड़ी द्वारा यात्रा में लिया गया कुल समय = 17 घण्टे 25 मिनट

9. (a) 31 – 1 = 30 दिन

30 ÷ 7 करने पर शेष = 2

अतः 2 दिन आगे रविवार होगा।

10. (a) माना बर्तन की क्षमता = x लीटर

∵ बर्तन का भरा भाग = $\frac{2}{3}x$ लीटर

∴ बर्तन का खाली भाग $= x - \frac{2}{3}x$

$= \frac{3x - 2x}{3} = \frac{x}{3}$ लीटर

प्रश्नानुसार, $\frac{x}{3} = 50$

$\Rightarrow x = 3 \times 50 = 150$ लीटर

अतः बर्तन की क्षमता 150 लीटर होगी।

11. (c) बस का दिल्ली से देहरादून पहुँचने का समय

= 10 : 15 + 6 : 30

= 16 : 45

= 4 बजकर 45 मिनट (सायं)

12. (c) 10 घन सेमी = 10(1 सेमी × 1 सेमी × 1 सेमी)

= 10(10 मिमी × 10 मिमी × 10 मिमी)

= 10,000 घन मिमी।

13. (d) 1 घण्टे में मिनट = 60

24 घण्टे में मिनट = 60 × 24

1 मिनट में सेकेण्ड = 60

∴ 60 × 24 मिनट में सेकेण्ड = 60 × 60 × 24

= 86,400 सेकेण्ड

14. (c) 9 : 45 बजे रात्रि से 12 : 00 तक का समय

= 2 घण्टा 15 मिनट

12 : 00 से 5·30 प्रातः तक का समय

= 5 घण्टा 30 मिनट

कुल समय = 7 घण्टा 45 मिनट

15. (a) यदि 1 अप्रैल को सोमवार है तो 8 व 15 अप्रैल को भी सोमवार ही होगा। अतः 18 अप्रैल को बृहस्पतिवार होगा।

16. (c) बर्तन का भरा हुआ भाग $= \frac{1}{5}$

शेष भाग $= \left(1 - \frac{1}{5}\right) = \frac{4}{5}$

$\frac{4}{5}$ भाग में भरता है = 40 ली. पानी

∴ पूरे बर्तन में पानी की मात्रा $= \frac{40 \times 5}{4} = 50$ लीटर

17. (b) 5 पैसे = ₹ $\frac{5}{100}$

= ₹ 0.05

18. (b) माह का पहला दिन (1 तारीख) को रविवार था।

अतः 8, 15, 22 व 29 तारीख को रविवार होगा।

अतः 30 वें दिन (रविवार + 1 दिन) = सोमवार होगा।

19. (a) दूध बेचने वाले के पास कुल दूध

= 37 लीटर 475 मिलीलीटर

= 37.475 लीटर

तीनों घरों में दिया गया कुल दूध

= (5.250 + 25.180 + 4.350) लीटर

= 34.780 लीटर

दूध वाले के पास बचा दूध

= (37.475 – 3.780) लीटर = 2.695 लीटर

20. (b) तीन साबुन की टिकियों का भार = 3 × 125 = 375 ग्राम

चार कपड़े धोने के लिए साबुन की टिकियों का भार

= (4 × 275) ग्राम = 1100 ग्राम

कुल भार = (375 + 1100) ग्राम = 1475 ग्राम

= 1 किग्रा और 475 ग्राम

21. (b) 13 मई, 2007 के प्रातः 11 : 55 बजे से 14 मई, 2007 के प्रातः 11 : 55 बजे तक कुल समय = 24 घण्टे

14 मई, 2007 के प्रातः 11 : 55 बजे से मध्य रात्रि 12 बजे तक का समय = 12 घण्टे 5 मिनट

मध्य रात्रि (14 -15 मई, 2007) 12 बजे से 15 मई, प्रातः 9 : 30 बजे तक का समय = 9 घण्टे 30 मिनट

कुल समय = 24 घण्टे + 12 घण्टे 5 मिनट + 9 घण्टे 30 मिनट = 45 घण्टे 35 मिनट

अतः यात्रा की कुल अवधि 45 घण्टे 35 मिनट थी।

22. (c) 12 घन मीटर = (12 × 100 × 100 × 100) घन सेमी.

∴ 1000 घन सेमी. = 1 लीटर

∴ 12 घन मीटर $= \frac{12 \times 100 \times 100 \times 100}{1000}$ लीटर

= 12000 लीटर

= 12000 × 1000 मिली लीटर

बोतलों की अभीष्ट संख्या

$= \frac{12000000}{200}$

= 60000

अतः 12 घन मीटर तेल द्वारा 200 मिली. की 60,000 बोतलें भरी जा सकती हैं

23. (d) ∴ $\frac{F - 32}{180} = \frac{C}{100}$ सूत्र से,

$\Rightarrow F - 32 = \frac{C \times 180}{100}$

$\Rightarrow F - 32 = 1.8\,C$

$\therefore C = 39.5$

$\Rightarrow F - 32 = 1.8 \times 39.5$

$\Rightarrow F - 32 = 71.10$

$\therefore F = (71.10 + 32) = 103.1°$

❑❑❑

अध्याय 9

सन्निकटन एवं सरलीकरण

सन्निकटन

किसी संख्या के आधे या आधे से अधिक भाग का निकटतम या लगभग मान उसके पूरे मान के बराबर माना जाता है। सन्निकटीकरण में हमेशा संख्या के अन्तिम कुछ अंकों को छोड़ दिया जाता है। जिस स्थान तक मान ज्ञात करना हो यदि उसके दाएँ ओर के स्थान का अंक 5 या 5 से अधिक हो तो अभीष्ट स्थान वाले अंक में 1 जोड़ देते हैं।

संख्याओं का सन्निकटन

सन्निकटीकरण की प्रक्रिया में किसी संख्या के दिए हुए स्थान, जैसे दहाई, सैकड़ा, हजार आदि में सन्निकटन करने के दौरान उसके दाएँ वाले अंक के 5 से अधिक होने पर उस दिए हुए स्थान वाले अंक में 1 जोड़ दिया जाता है तथा उसके दाएँ स्थान वाले सभी अंकों को शून्य में बदल दिया जाता है।

जैसे–327 का दहाई में सन्निकटन = 330

22694 का सैकड़े में सन्निकटन = 22700

1262567 का हजार में सन्निकटन = 127000

दशमलव संख्याओं का सन्निकटन

दशमलव संख्या का सन्निकटन करते समय यदि दशमलव के बाद का अंक 5 या 5 से अधिक होता है तो दशमलव से पहले स्थान वाले अंक में 1 जोड़ दिया जाता है तथा दशमलव व उसके बाद वाले अंकों को हटा दिया जाता है।

जैसे–19.8 = 20, 23.68 = 24

सरलीकरण

जटिल गणितीय संक्रियाओं जैसे गुणा, भाग, जोड़, कोष्ठक आदि से युक्त व्यंजक को सरल करने की क्रिया को सरलीकरण कहते हैं।

सरलीकरण की क्रिया के द्वारा व्यंजक को सरल करने के लिए हम एक महत्वपूर्ण नियम 'VBODMAS' का प्रयोग करते हैं।

'VBODMAS' के अक्षरों का अर्थ निम्न प्रकार है–

V $\rightarrow$ Viniculum (रेखा कोष्ठक)

B $\rightarrow$ Bracket (कोष्ठक)

O $\rightarrow$ OF (का)

D $\rightarrow$ Division (भाग)

M $\rightarrow$ Multiplication (गुणन)

A $\rightarrow$ Addition (योग)

S $\rightarrow$ Substraction (अंतर)

किसी भी व्यंजक को सरल करने के लिए हम सबसे पहले रेखा कोष्ठक, उसके पश्चात् छोटा कोष्ठक () तत्पश्चात् मझला कोष्ठक {} उसके पश्चात् बड़ा कोष्ठक [] फिर 'का' का उसके बाद भाग (÷) फिर गुणा (×) इसके पश्चात् योग (+) तथा सबसे अंत में घटाव (–) की क्रिया की जाती है।

चिह्नों की गुणा के नियम

$(+) \times (+) = +$

$(-) \times (-) = +$

$(-) \times (+) = -$

$(+) \times (-) = -$

चिह्नों के नियम

$(+) \div (+) = +, (+) \div (-) = 1$

$(-) \div (+) = -$

$(-) \div (-) = +$

हल सहित उदाहरण

उदाहरण 1. $25 \times 6 \div 3 + 27 - 2$ को सरल कीजिए।

हल: $25 \times 6 \div 3 + 27 - 2 = 25 \times 2 + 27 - 2$

$= 50 + 27 - 2 = 77 - 2 = 75.$

अभ्यास-1

1. सरलीकरण कीजिए–

$$\frac{\frac{7}{3} \times \frac{2}{3} \div \frac{3}{5}}{2 + 1\frac{2}{3}}$$

(a) 99/70 (b) 70/99
(c) 33/30 (d) 70/27

2. (641664 ÷ 16) को सरल करने पर प्राप्त होता है–

(a) 4104 (b) 40104
(c) 41404 (d) 41004

3. 24 + [6 – (5 – 2(4 – 3)}] को सरल करने पर परिणाम आता है–

(a) 22 (b) 23
(c) 24 (d) 27

4. एक परीक्षा में करन ने भावना से 10 अंक अधिक प्राप्त किए। ईशा ने भावना से 5 अंक कम प्राप्त किए। यदि तीनों

के कुल प्राप्तांक 170 हैं, तो ईशा के प्राप्तांक क्या है?
(a) 65 (b) 55
(c) 50 (d) 45

5. $81 + [159 - 2\{7 \times 8 + (13 - \overline{2 \times 5})\}]$ को सरल करने पर प्राप्त होता है–
(a) 20 (b) 121
(c) 122 (d) 221

6. व्यंजक $2.5 \div 0.5 \times 0.1 - 0.05$ को सरल करने पर क्या परिणाम आता है?
(a) 0.45 (b) 49.95
(c) 0.25 (d) 100

7. $10 + 4 \div 2 - 3 \times 2 + 3 \div 2 \times 2 - 4$ को सरल करने पर परिणाम आता है–
(a) 0 (b) 1
(c) 6 (d) 8

8. $5 \div 5 + 5 \times 5 - 5$ को सरल करने पर परिणाम आता है–
(a) 20 (b) 5
(c) 21 (d) 31

9. यदि $178 \times 34 = 6052$ हो, तो $60.52 \div 17.8$ का मान क्या होगा?
(a) 34 (b) 3.4
(c) 0.34 (d) 0.034

10. $3 - \{4 - (5 - \overline{4 - 3})\}$ का मान निकालिए।
(a) 1 (b) 2
(c) 3 (d) 4

11. $2\frac{3}{4} - 1\frac{5}{6} + 5\frac{2}{3}$ का मान निकालिए।
(a) $6\frac{7}{12}$ (b) $6\frac{8}{13}$
(c) $6\frac{7}{13}$ (d) $5\frac{8}{11}$

12. $3\frac{1}{2} + 4\frac{2}{3} + 1\frac{1}{2}$ का मान निकालिए।
(a) $10\frac{1}{2}$ (b) $11\frac{5}{7}$
(c) $9\frac{2}{3}$ (d) $8\frac{3}{4}$

13. $6\frac{2}{7} - 5\frac{3}{4}$ का मान निकालिए।
(a) $\frac{14}{27}$ (b) $\frac{7}{5}$
(c) $\frac{9}{11}$ (d) $\frac{15}{28}$

14. $7 - \{6 - (5 - 3)\}$ का मान निकालिए।
(a) 3 (b) 4
(c) 5 (d) 6

15. सरल कीजिए $9\frac{1}{3} \div \frac{3}{5}$ का $\frac{7}{9} \times \frac{4}{5}$
(a) 13 (b) 14
(c) 15 (d) 16

16. सरल कीजिए $10 + 8$ का $\frac{1}{4} - 12 \div 6 + 3 \times 2 - 2$ का $\frac{1}{2}$
(a) 15 (b) 16
(c) 17 (d) 18

17. सरल कीजिए $\frac{3}{8} \div \left(1\frac{7}{8} - \frac{3}{4}\right)$
(a) $\frac{1}{2}$ (b) $\frac{1}{3}$
(c) $\frac{1}{4}$ (d) $\frac{1}{5}$

18. $\frac{1}{5} + \left(\frac{1}{3} - \frac{1}{2}\right)$ का मान निकालिए।
(a) $\frac{1}{10}$ (b) $\frac{1}{20}$
(c) $\frac{1}{30}$ (d) $\frac{1}{40}$

19. सरल कीजिए
$$\frac{(25)^{1/2} \times (64)^{1/2} \times (36)^{1/2}}{(9)^{1/2} \times (4)^{1/2}}$$
(a) 30
(b) 40
(c) 50
(d) 60

20. $(1.32)^2 \div 0.33 \times 4.8$ को सरल कीजिए।
(a) 26.344 (b) 27.344
(c) 36.344 (d) 25.344

21. $\frac{0.0135 \times 0.142}{0.184}$ का मान है–
(a) 0.0104184 (b) 0.01044
(c) 0.01045 (d) 0.01046

22. $\frac{5}{4} \times \frac{8}{10} \times \frac{7}{8}$ का मान निकालिए।
(a) $\frac{6}{7}$ (b) $\frac{5}{4}$
(c) $\frac{8}{10}$ (d) $\frac{7}{8}$

23. $7 - \{4 + (5 - 2)\}$ को सरल कीजिए।
(a) 1 (b) 2
(c) 0 (d) $\frac{1}{2}$

24. सरल कीजिए–
$$\frac{0.1 \times 0.1 \times 0.1 + 0.01 \times 0.01 \times 0.01}{0.2 \times 0.2 \times 0.2 \times 0.02 \times 0.02 \times 0.02}$$
(a) 0.0125 (b) 0.0126
(c) 0.0127 (d) 0.0128

25. $\frac{4\frac{3}{4}}{5\frac{1}{6}} - \frac{99}{310}$ और 0.06 के अन्तर को दशमलव में व्यक्त कीजिए।
(a) 0.54 (b) 0.55
(c) 0.56 (d) 0.57

26. सरल कीजिए–
$$\frac{\frac{7}{8} \text{ का } \frac{4}{7} \times \frac{1}{2} - \frac{1}{4} \times 0.25}{\frac{1}{4} + \frac{7}{8} \text{ का } \frac{4}{7}}$$
(a) $\frac{1}{2}$ (b) $\frac{1}{3}$
(c) $\frac{1}{4}$ (d) $\frac{1}{5}$

उत्तर (हल/संकेत)

1. (b)
$$\frac{\frac{7}{3} \times \frac{2}{3} \div \frac{3}{5}}{2 + 1\frac{2}{3}} = \frac{\frac{7}{3} \times \frac{2}{3} \times \frac{5}{3}}{2 + \frac{5}{3}}$$
$$= \frac{\frac{7 \times 2 \times 5}{3 \times 3 \times 3}}{\frac{11}{3}}$$
$$= \frac{7 \times 2 \times 5}{3 \times 3 \times 3} \times \frac{3}{11} = \frac{70}{99}$$

2. (b) $\frac{641664}{16} = 40104$
अभीष्ट मान $= 40104$

3. (d) $24 + [6 - \{5 - 2(4 - 3)\}]$
$= 24 + [6 - \{5 - 2 \times 1\}]$
$= 24 + [6 - \{3\}] = 24 + 3 = 27$

4. (c) माना करन, भावना एवं ईशा ने क्रमशः व x, y व z अंक प्राप्त किए।
प्रश्नानुसार, $x + y + 10$
$z = y - 5 \Rightarrow y = z + 5$ ...(i)
$z + y + z = 170$ ...(ii)
$(y + 10) + (y) + z = 170$
(x का मान रखने पर)
$(z + 5 + 10) + (z + 5) + z = 170$

(y का मान रखने पर)

$3z + 15 + 5 = 170$

$3z = 170 - 20$

$z = \frac{150}{3} = 50$

अत: ईशा के प्राप्तांक 50 हैं।

5. (c) $81 + [159 - 2\{7 \times 8 + (13 - \overline{2 \times 5})\}]$
$= 81 + [159 - 2\{56 + (13 - 10)\}]$
$= 81 + [159 - 2\{56 + 3\}]$
$= 81 + [159 - 2\{59\}]$
$= 81 + [159 - 118]$
$= 81 + 41 = 122$

6. (a) $2.5 \div 0.5 \times 0.1 - 0.05$
$= 2.5 \times \frac{1}{0.5} \times 0.1 - 0.05$
$= 5 \times 0.1 - 0.05$
$= 0.5 - 0.05 = 0.45$

7. (c) $10 + 4 \div 2 - 3 \times 2 + 4 \div 2 \times 2 - 4$
$= 10 + 2 - 3 \times 2 + 2 \times 2 - 4$
$= 10 + 2 - 6 + 4 - 4 = 6$

8. (c) $5 \div 5 + 5 \times 5 - 5$
$= 5 + 5 \times 5 - 5$
$= 1 + 25 - 5 = 26 - 5 = 21$

9. (a) $178 \times 34 = 6052$
या $6052 \div 178 = 34$

10. (c) $3 - \{4 - (5 - \overline{4 - 3})\}$
$= 3 - \{4 - (5 - 1)\}$
$= 3 - \{4 - 4\} = 3 - 0 = 3$

11. (a) $2\frac{3}{4} - 1\frac{5}{6} + 5\frac{2}{3}$
$= \frac{11}{4} - \frac{11}{6} + \frac{17}{3} = \frac{11}{4} + \frac{17}{3} - \frac{11}{6}$
$= \frac{33 + 68 - 22}{12}$
$= \frac{101 - 22}{12} = \frac{79}{12} = 6\frac{7}{12}$

12. (c) $3\frac{1}{2} + 4\frac{2}{3} + 1\frac{1}{2}$
$= \frac{7}{2} + \frac{14}{3} + \frac{3}{2}$
$= \frac{21 + 28 + 9}{6}$
$= \frac{58}{6} = \frac{29}{3} = 9\frac{2}{3}$

13. (d) $6\frac{2}{7} - 5\frac{3}{4} = \frac{44}{7} - \frac{23}{4}$
$= \frac{176 - 161}{28} = \frac{15}{28}$

14. (a) $7 - \{6 - (5 - 3)\} = 7 - \{6 - 2\}$
$= 7 - 4 = 3$

15. (d) $9\frac{1}{3} \div \frac{3}{5}$ का $\frac{7}{9} \times \frac{4}{5}$
$= \frac{28}{3} \div \frac{3}{5} \times \frac{7}{9} \times \frac{4}{5}$
$= \frac{28}{3} \times \frac{15}{7} \times \frac{4}{5} = 16$

16. (a) $10 + 8$ का $\frac{1}{4} - 12 \div 6 + 3 \times 2 - 2 \times \frac{1}{2}$
$= 10 + 8 \times \frac{1}{4} - 12 \div 6 + 3 \times 2 - 2 \times \frac{1}{2}$
$= 10 + 2 - 12 \times \frac{1}{6} + 3 \times 2 - 1$
$= 10 + 2 - 2 + 6 - 1 = 12 - 2 + 6 - 1$
$= 18 - 3 = 15$

17. (b) $\frac{3}{8} \div \left(1\frac{7}{8} - \frac{3}{4}\right) = \frac{3}{8} \div \left(\frac{15}{8} - \frac{3}{4}\right)$
$= \frac{3}{8} \div \left(\frac{15 - 6}{8}\right) = \frac{3}{8} \div \frac{9}{8}$
$= \frac{3}{8} \times \frac{8}{9} = \frac{3}{9} = \frac{1}{3}$

18. (c) $\frac{1}{5} + \left(\frac{1}{3} - \frac{1}{2}\right) = \frac{1}{5} + \left(\frac{2 - 3}{6}\right)$
$= \frac{1}{5} + \left(\frac{-1}{6}\right) = \frac{1}{5} - \frac{1}{6} = \frac{6 - 5}{30} = \frac{1}{30}$

19. (b) $\frac{(25)^{1/2} \times (64)^{1/2} \times (36)^{1/2}}{(9)^{1/2} \times (4)^{1/2}}$
$\frac{(5^2)^{1/2} \times (8^2)^{1/2} \times (6^2)^{1/2}}{(3^2)^{1/2} \times (2^2)^{1/2}}$
$= \frac{5 \times 8 \times 6}{3 \times 2} = 40$

20. (d) $\frac{1.32 \times 1.32}{0.33} \times 4.8 = 4 \times 1.32 \times 4.8$
$= 5.258 \times 4.8 = 25.344$

21. (a) $\frac{0.0135 \times 0.142}{0.184} = \frac{0.001917}{0.184}$
$= 0.0104184$

22. (d) $\frac{5}{4} \times \frac{8}{10} \times \frac{7}{8} = \frac{7}{8}$

23. (c) $7 - \{4 + (3)\} = 7 - (4 + 3) = 7 - 7 = 0$

24. (a) $\frac{0.001 + 0.000001}{0.008 + 0.000008}$
$= \frac{0.000001}{0.000008}$
$= \frac{1001}{8008} = \frac{1}{8} = 0.0125$

25. (a) $\frac{19}{4} \times \frac{6}{31} - \frac{19 \times 3}{2 \times 31} - \frac{99}{310}$
$= \frac{57}{62} - \frac{99}{310}$
$= \frac{285 - 99}{310} - \frac{186}{310}$
$= \frac{93}{155} = 0.60$

अत: $0.60 - 0.06 = 0.54$

26. (c) $\frac{\frac{1}{2} \times \frac{1}{2} - \frac{1}{4} \times \frac{25}{100}}{\frac{1}{4} + \frac{1}{2}}$
$= \frac{\frac{1}{4} - \frac{1}{4} \times \frac{1}{4}}{\frac{1}{4} + \frac{1}{2}}$
$= \frac{\frac{1}{4} - \frac{1}{16}}{\frac{1}{4} + \frac{1}{2}} = \frac{\frac{4 - 1}{16}}{\frac{1 + 2}{4}} = \frac{3}{16} \times \frac{4}{3} = \frac{1}{4}$

अभ्यास–2

1. निम्न को सरल करने से क्या प्राप्त होता है ?

$$1\frac{1}{24} - 1 + \frac{7}{36}$$

(a) $\frac{17}{72}$ (b) $1\frac{17}{72}$
(c) $\frac{7}{60}$ (d) $2\frac{7}{60}$

2. 275.0003 × 3.005 का लगभग मान है—
(a) 825 (b) 830
(c) 810 (d) 835

3. व्यंजक 24 – 15 + 48 ÷ 8 बराबर है—
(a) 15 (b) 20
(c) 7 (d) 23

4. व्यंजक 5 + 4 × 8 – 6 ÷ 3 का मान है—
(a) 35 (b) 40
(c) 42 (d) 48

5. $22\ [58 - \{36 - (23 - \overline{5 - 8}) - 6\} - 3]$ **का मान होगा—**
(a) 922 (b) 1024
(c) 1218 (d) 1122

6. $\frac{9 \times 36 \div 3 + 7}{16 \div 4 + 3^2 \div 3}$ **का मान होगा—**
(a) $16\frac{3}{7}$ (b) $16\frac{2}{7}$
(c) $16\frac{5}{7}$ (d) $16\frac{1}{7}$

7. संख्या 12056 का सन्निकट मान क्या है?

(a) 12000 (b) 12060

(c) 12100 (d) 12150

8. सरल करें—

$(0.25 + 0.50 \div 0.25) \times \frac{4}{9}$

(a) 1 (b) $\frac{9}{4}$

(c) $\frac{4}{9}$ (d) $\frac{4}{3}$

9. घातांक रूप $3 \times b \times b \times b \times a \times a$ है—

(a) $3b^3a^2$ (b) $3b^3a^3$

(c) $9ba^2$ (d) $9ab^3$

10. $\left(\frac{3}{5}+\frac{1}{5}-\frac{3}{10}\right)\times\left(\frac{36}{45}\div\frac{16}{5}\right)$ का हल करने पर परिणाम क्या आता है?

(a) $\frac{1}{8}$ (b) $\frac{1}{20}$

(c) $\frac{32}{25}$ (d) $\frac{64}{125}$

11. यदि 2.5 को 149.93 से गुणा किया जाए, तो निकटतम गुणनफल क्या है?

(a) 300 (b) 375

(c) 447 (d) 450

12. $15 \times 4 - 10 \div 5$ को संक्षिप्त करने पर, हमें मिला—

(a) 10 (b) 30

(c) 58 (d) 120

13. संख्या 37504 को निकटतम सैकड़े तक लिखिए—

(a) 37000 (b) 37500

(c) 40000 (d) 30000

14. व्यंजक $2.5 \div 0.5 \times 0.1 - 0.05$ को सरल करने पर क्या परिणाम आता है?

(a) 0.45 (b) 49.95

(c) 0.25 (d) 100

15. संख्या 915 का निकटतम सैकड़े तक सन्निकट मान है—

(a) 900 (b) 1000

(c) 910 (d) 920

16. $6 \div 6 + 6 \times 6 - 6$ को सरल करने पर परिणाम आता है—

(a) 1 (b) 7

(c) 31 (d) 36

17. 14510 की निकटतम हजारों में लिखी संख्या तथा 8849 की निकटतम सैकड़ों में लिखी संख्या का अन्तर है—

(a) 5200 (b) 5700

(c) 6200 (d) 6150

18. $80 + (800 \div 8) \times 2$ को सरल करने पर प्राप्त होता है—

(a) 130 (b) 220

(c) 280 (d) 55

19. $1500 \div 3 \div 5 \div 10$ का मान क्या है?

(a) 12 (b) 11

(c) 10 (d) 17

20. 56789 तथा 98765 का 10 हजार में सन्निकटन कीजिए—

(a) 59000, 10009

(b) 60000, 100000

(c) 59900, 10080

(d) 62000, 10675

21. 14.444 तथा 20.468 का निकटतम सौवें तक मान ज्ञात कीजिए—

(a) 14.40, 20.40

(b) 14.44, 20.47

(c) 14.45, 20.46

(d) 14.50, 20.41

22. $2 \times [42 - \{13 + (8 \times 2)\}]$ को सरल करने पर क्या परिणाम आएगा?

(a) 13 (b) 26

(c) 12 (d) 52

23. यदि 102.005 को 7.002 से गुणा किया जाए, तो लगभग मान क्या है?

(a) 714 (b) 716

(c) 715 (d) 7.14

24. निम्नलिखित को सरल करने पर परिणाम किसके निकटतम होगा?

$571.0002 \times 4 + 302.005 \times 7 - 40 \times 10.005$

(a) 4020 (b) 3998

(c) 3980 (d) 3972

25. $76 - 15 \times \{13 - (6 \times 2)\} \times 3$ को सरल करने पर परिणाम आता है—

(a) 61 (b) 51

(c) 71 (d) 31

उत्तर (हल/संकेत)

1. (a) $1\frac{1}{24} - 1 + \frac{7}{36} = \frac{25}{24} - 1 + \frac{7}{36}$

$= \frac{1}{24} + \frac{7}{36}$

$= \frac{3+14}{72}$

$= \frac{17}{72}$

2. (a) $275.003 \times 3.005 = 826.3759$

$\cong 825$

3. (a) $24 - 15 + 48 \div 8$

$= 24 - 15 + 6 = 30 - 15 = 15$

4. (a) व्यंजक $= 5 + 4 \times 8 - 6 \div 3$

$= 5 + 4 \times 8 - 2$

$= 5 + 32 - 2$

$= 37 - 2 = 35$

5. (d) सही मान होगा = 1122

6. (a) $\frac{9 \times 36 \div 3 + 7}{16 \div 4 + 3^2 \div 3} = \frac{9 \times 12 \times 7}{4 \times 9 \div 3}$

$= \frac{108 \times 7}{4 \times 3} = \frac{115}{7} = 16\frac{3}{7}$

7. (b) 12056 का सन्निकट मान = 12060

8. (a) $\left(\frac{25}{100} + \frac{50}{100} \times \frac{1}{0.25}\right) \times \frac{4}{9}$

$= \left(\frac{1}{4} + \frac{50}{100} \times \frac{100}{25}\right) \times \frac{4}{9}$

$= \left(\frac{1}{4} + 2\right) \times \frac{4}{9}$

$= \frac{9}{4} \times \frac{4}{9} = 1$

9. (a) $3.b.b.b.a.a = 3b^3\,a^2$

10. (a) $\left(\frac{3}{5}+\frac{1}{5}-\frac{3}{10}\right)\times\left(\frac{36}{45}\div\frac{16}{5}\right)$

$= \left(\frac{6+2-3}{10}\right) \times \left(\frac{36}{45} \times \frac{5}{16}\right)$

$= \frac{5}{10} \times \left(\frac{9 \times 1}{9 \times 4}\right)$

$= \frac{5}{10} \times \frac{1}{4} = \frac{1}{2} \times \frac{1}{4} = \frac{1}{8}$

11. (b)

```
 149.93
  ×2.5
 74965
29986
374825
```

$149.93 \times 2.5 = 374.825$

अत: निकटतम गुणनफल 375 होगा।

12. (c) $15 \times 4 - 10 + 5 = 60 - 2 = 58$

13. (b) चूँकि 37504 में दहाई के स्थान पर आने वाला अंक 0 है, जो कि 5 से कम है, अत: संख्या का निकटतम सैकड़े तक सन्निकट मान 37500 होगा।

14. (a) $2\cdot5 + 0\cdot5 \times 0\cdot1 - 0\cdot05$

$= \frac{2\cdot5}{0\cdot5} \times 0\cdot1 - 0\cdot05$

$= 5 \times 0\cdot1 - 0\cdot05$

$= 0\cdot5 - 0\cdot05$

$= 0\cdot45$

15. (a) संख्या 915 का निकटतम सैकड़े तक सन्निकट मान है $= 900$

16. (c) $6 \div 6 + 6 \times 6 - 6$

$= \frac{6}{6} + 36 - 6$

$= 1 + 30$

$= 31$

17. (b) $14510 \sim 8849 = 5661 \approx 5700$

18. (c) व्यंजक $= 80 + (800 \div 8) \times 2$

$= 80 + 100 \times 2 = 80 + 200 = 280$

19. (c) अभीष्ट भागफल $= \frac{1500}{3 \times 5 \times 10}$

$= \frac{1500}{150} = 10$

20. (b) $56789 = 60000$ तथा 98765

$= 100000$

21. (b) $14.444 = 14.44$ तथा 20.468

$= 20.47$

22. (b) व्यंजक $= 2 \times [42 - \{13 + (8 \times 2)\}]$

$= 2 \times [42 - \{13 + 16\}]$

$= 2 \times [42 - 29]$

$= 2 \times 13 = 26$

23. (a) $102\cdot005 \times 7\cdot002 \simeq 102 \times 7$

$\simeq 714$

24. (b) व्यंजक $571.0002 \times 4 + 302.005 \times 7 - 40 \times 10.005$

निकटतम मान

$= 571 \times 4 + 302 \times 7 - 40 \times 10$

$= 2284 + 2114 - 400 = 3998$

25. (d) $76 - 15 \times \{13 - (6 \times 2)\} \times 3$

$= 76 - 15 \times \{13 - 12\} \times 3$

$= 76 - 15 \times 3$

$= 76 - 45 = 31$

❑❑❑

अध्याय

10

औसत

सन्निकटन

औसत : समान प्रकार की राशियों के योगफल को उन राशियों की संख्या से भाग देने पर प्राप्त परिणाम औसत कहलाता है।

$$\therefore \text{ औसत} = \frac{\text{राशियों का योग}}{\text{राशियों की संख्या}}$$

उदाहरणः एक व्यक्ति की एक सप्ताह की दैनिक मजदूरी क्रमशः ₹160, ₹220, ₹340, ₹260, ₹280, ₹160 व ₹210 है। उस व्यक्ति की औसत मजदूरी कितनी हैं?

हलः व्यक्ति की औसत मजदूरी

$$= \frac{160+220+340+260+280+160+210}{7}$$

$$= ₹\,232.85$$

कुछ महत्वपूर्ण बिन्दु

(i) प्रथम '*n*' प्राकृतिक संख्याओं का औसत $= \left(\frac{n+1}{2}\right)$

(ii) प्रथम '*n*' सम संख्याओं का औसत $= (n+1)$

(iii) प्रथम '*n*' विषम संख्याओं का औसत $= n$

(iv) प्रथम '*n*' प्राकृतिक संख्याओं के वर्गों का औसत $= \frac{(n+1)(2n+1)}{6}$

(v) प्रथम '*n*' प्राकृतिक संख्याओं के घनों का औसत $= n\left(\frac{n+1}{2}\right)^2$

(vi) 1 से लेकर '*n*' तक की विषम संख्याओं का औसत

$$= \frac{\text{अंतिम विषम संख्या} + 1}{2}$$

(vii) 1 से लेकर '*n*' तक की सम संख्याओं का औसत

$$= \frac{\text{अंतिम सम संख्या} + 1}{2}$$

(viii) किसी संख्या *x* के '*n*' गुणजों का औसत $= \frac{(n+1)}{2} \times x$

महत्वपूर्ण स्मरणीय बिन्दु

(i) एक व्यक्ति किसी निश्चित दूरी को जाते समय *a* किमी. प्रति घंटा की चाल से तथा वापस लौटते समय उसी दूरी को *b* किमी प्रति घण्टा की चाल से तय करता है, तब,

पूरी यात्रा के दौरान व्यक्ति की औसत चाल

$$= \left(\frac{2ab}{a+b}\right) \text{ किमी./घण्टा}$$

(ii) एक व्यक्ति किसी निश्चित दूरी को तीन असमान चालों क्रमश *a* किमी./घण्टा, *b* किमी./घण्टा व, *c* किमी./घण्टा की चाल से तय करता है। तब,

$$\text{व्यक्ति की औसत चाल} = \left[\frac{3abc}{ab+bc+ca}\right] \text{ किमी./घण्टा}$$

(iii) यदि *m* संख्याओं का औसत *a* है तथा *n* संख्याओं का औसत *b* हैं तब, शेष संख्याओं का औसत

(i) यदि $m > n$

$$\text{शेष संख्याओं का औसत} = \left[\frac{ma-by}{m-n}\right]$$

(ii) यदि $n > m$

$$\text{शेष संख्याओं का औसत} = \left[\frac{nb-ma}{n-m}\right]$$

(iii) *N* व्यक्तियों के एक समूह में एक *T* वर्ष के व्यक्ति के स्थान पर नया व्यक्ति आ जाता है, जिससे औसत वायु में *t* वर्ष की कमी या वृद्धि हो जाती है। तब,

(i) यदि औसत आयु में वृद्धि होती है, तब
नए व्यक्ति की आयु $= (T+Nt)$ वर्ष

(ii) यदि औसत आयु में कमी तब होती है, तब
नए व्यक्ति की औसत आयु $= (T-Nt)$ वर्ष

हल सहित उदाहरण

उदाहरण 1. 40 लड़कों की एक कक्षा की औसत आयु 20 वर्ष थी। इनमें से 12 की औसत आयु 22 वर्ष और अन्य 18 की औसत आयु 17 वर्ष थी। शेष लड़कों की औसत आयु ज्ञात कीजिए।

हलः 40 लड़कों की एक कक्षा की औसत आयु $= (40 \times 50)$ वर्ष $= 800$ वर्ष

12 लड़कों की कुल आयु $= (12 \times 22)$ वर्ष $= 264$ वर्ष

18 लड़कों की कुल आयु $= (18 \times 17)$ वर्ष $= 306$ वर्ष

$$\therefore \text{ शेष 10 लड़कों की औसत आयु} = \frac{800-(264+360)}{10}$$

$$= \frac{800-570}{10} = \frac{230}{10} = 23 \text{ वर्ष}$$

उदाहरण 2. 5 सदस्यों की एक समिति की औसत आयु 40 वर्ष है। यदि उनमें से 35 वर्ष का एक सदस्य त्यागपत्र दे दें तथा उसके स्थान पर 25 वर्ष का एक अन्य सदस्य आ जाए, तो नए सदस्यों की समिति की आयु ज्ञात कीजिए।

हलः 5 सदस्यों की कुल आयु = (50×40) वर्ष = 200 वर्ष

35 वर्ष के सदस्य के चले जाने तथा 25 वर्ष के सदस्य के आ जाने के कारण आयु में कमी = $(35 - 25)$ वर्ष = 10 वर्ष

$\therefore$ नई समिति का औसत = $\left(\frac{200-10}{5}\right)$ वर्ष = $\frac{190}{5}$ वर्ष = 38 वर्ष

उदाहरण 3. 4 लड़कों की औसत आयु 20 वर्ष है। उनके समूह में एक नया लड़का शामिल हो जाता है, तो लड़कों के समूह की औसत आयु 21 वर्ष हो जाती है। तो उस नए लड़कों की आयु ज्ञात कीजिए।

हलः 4 लड़कों की कुल आयु = (4×20) वर्ष = 80 वर्ष

नए लड़के के शामिल हो जाने पर

5 लड़कों की कुल आयु = (5×21) वर्ष = 105 वर्ष

$\therefore$ नई लड़के की आयु = $(105 - 80)$ वर्ष = 25 वर्ष

उदाहरण 4. पारूल ने अपनी प्रथम तीन परीक्षाओं में 88, 86 व 90 अंक प्राप्त किए, उसके चौथी परीक्षा में प्राप्तांक कितने होने चाहिए। ताकि उसका औसत प्राप्तांक 91 हो जाए?

हलः माना पारूल के चौथी परीक्षा में प्राप्तांक = x

तब, $91 = \frac{88+86+90+x}{4}$

$\Rightarrow 264 + x = 364 \Rightarrow x = 100$

उदाहरण 5. 9 छात्रों के एक समूह की औसत आयु 16 वर्ष है। 36 वर्ष की आयु के अध्यापक को सम्मिलित किए जाने पर उनकी औसत आयु में कितनी वृद्धि होगी?

हलः 9 छात्रों की कुल आयु = (9×16) वर्ष = 144 वर्ष

(9 छात्र + 1 अध्यापक) की कुल आयु = $(144 + 36)$ वर्ष = 180 वर्ष

$\therefore$ 10 लोगों की औसत आयु = $\frac{180}{10}$ वर्ष = 18 वर्ष

$\therefore$ औसत आयु में वृद्धि = $(18 - 16)$ वर्ष = 2 वर्ष

उदाहरण 6. तीन बच्चों की औसत आयु 15 वर्ष है। यदि इनकी आयु का अनुपात 3 : 5 : 7 हो, तो सबसे बड़े बच्चें की आयु कितनी है?

हलः माना तीन बच्चों की आयु क्रमशः $3x$ वर्ष, $5x$ वर्ष व $7x$ वर्ष, है।

प्रश्नानुसार, $\frac{3x+5x+7x}{3} = 15$

$\Rightarrow 15x = 45 \quad \Rightarrow x = 3$ वर्ष

$\therefore$ बड़े बच्चें की आयु = (7×3) वर्ष = 21 वर्ष

अभ्यास-1

1. 20 सामानों का औसत 18 है। यदि प्रत्येक सामान से 3 घटा दिया जाए, जो सामानों का नया औसत क्या होगा?

(a) 21 (b) 15
(c) 16 (d) 17

2. निम्नलिखित सेट के परिणामों का औसत कितना है?
सेट के परिणाम : 567, 434, 323, 290, 401

(a) 398 (b) 412
(c) 407 (d) 403

3. 20 प्रेक्षणों का माध्य 65 पाया गया किन्तु बाद में यह पाया गया कि 69 के स्थान पर 96 पढ़ लिया गया। इस प्रकार सही माध्य कितना होना चाहिए?

(a) 40.27 (b) 83.20
(c) 68.60 (d) 63.65

4. प्रथम चार विषम संख्याओं का औसत क्या होगा?

(a) 3 (b) 4
(c) 5 (d) 6

5. प्रथम पाँच विषम संख्याओं का औसत क्या होगा?

(a) 4 (b) 5
(c) 6 (d) 7

6. यात्रा का एक-तिहाई हिस्सा 25 किमी/घण्टा की दर से जाता है, एक-चौथाई हिस्सा किमी/घण्टा की दर से जाता है और बचे हुए भाग का 50 किमी/घण्टा की दर से जाता है, तो पूरी यात्रा की औसत चाल क्या होगी?

(a) 30 किमी/घण्टा (b) 33 किमी/घण्टा
(c) $33\frac{1}{3}$ किमी/घण्टा (d) 32 किमी/घण्टा

7. चार संख्याओं का औसत 40 है। यदि पहली तीन संख्याओं का योग 75 है, तो चौथी संख्या बताइए।

(a) 30 (b) 45
(c) 25 (d) 85

8. कक्षा 5 के 10 विद्यार्थियों द्वारा प्राप्त अंक इस प्रकार हैं 18, 24, 36, 44, 10, 92, 17, 52, 72, 80 इनका औसत निकालिए।

(a) 43.5 (b) 44.5
(c) 45.5 (d) 46.5

9. सचिन ने 40, 86, 120 एवं 36 रन और गांगुली ने 54, 24, 140 एवं 74 रन बनाए, बताइए किसके द्वारा बना गए रनों का औसत अधिक है?

(a) सचिन
(b) गांगुली
(c) (1) और (2) दोनों
(d) इनमें से कोई नहीं

10. तीन संख्याओं का औसत 9 है, यदि पहली दो संख्याओं का औसत 12 हो, तो तीसरी संख्या ज्ञात कीजिए।

(a) 1 (b) 2
(c) 3 (d) 4

11. एक क्रिकेट खिलाड़ी विभिन्न मैचों में 13, 0, 19, 17 और 6 रन बनाता है, उसके रनों का मध्यमान (औसत) बताइए।

(a) 11 (b) 13
(c) 15 (d) 17

12. संख्याओं 3, 6, 9, 6 का औसत बताइए।

(a) 2 (b) 3
(c) 4 (d) 6

13. एक व्यापारी ने 5 टिन डालडा ₹ 210 प्रति टिन की दर से, 7 टिन डाला ₹ 215 प्रति टिन की दर से और 8 टिन डालडा ₹ 200 प्रति टिन की दस से खरीदा। डालडा का औसत मूल्य ज्ञात कीजिए।

(a) ₹ 208.75 (b) ₹ 209.75
(c) ₹ 211.75 (d) ₹ 207.75

14. तीन संख्याओं का औसत 7 है, यदि पहली दो संख्याओं का औसत 5 हो, तो तीसरी संख्या ज्ञात कीजिए।

(a) 9 (b) 10
(c) 11 (d) 12

15. किसी कक्षा के 30 विद्यार्थियों की औसत आयु 15 वर्ष है, यदि अध्यापक को भी शामिल कर लिया जाए, जो औसत आयु में 1 वर्ष की बढ़त हो जाती है, तो अध्यापक की आयु ज्ञात कीजिए।

(a) 40 वर्ष (b) 45 वर्ष
(c) 46 वर्ष (d) 48 वर्ष

16. प्रथम 5 विषय संख्याओं का औसत होगा–

(a) 5 (b) 6
(c) 7 (d) 12.5

17. एक स्थान पर एक सप्ताह में सोमवार, मंगलवार, बुधवार तथा बृहस्पतिवार के तापवान का औसत 35.5°C तथा बृहस्पतिवार, शुक्रवार, शनिवार तथा रविवार के तापमान का औसत 40°C था, यदि उसे पूरे सप्ताह के औसत ताप का मान 38°C रहा हो, तो बृहस्पतिवार के ताप का मान ज्ञात कीजिए।

(a) 30°C (b) 38°C
(c) 34°C (d) 36°C

18. 6 संख्याओं का औसत 8 हे, एक संख्या और जोड़ देने पर उनका औसत 10 हो जाता है, अतः सातवीं संख्या ज्ञात कीजिए।

(a) 20 (b) 22
(c) 21 (d) 23

19. 15, 10, 13, 14, 5, 78, 66, 23 का औसत निकालिए।

(a) 25 (b) 26
(c) 27 (d) 28

20. दस संख्याओं का औसत 13.7 है। पहली पाँच संख्याओं का औसत 12.4 है तथा अन्त की छः संख्याओं का औसत 14.5 है। पाँचवी संख्या का मान ज्ञात कीजिए।

(a) 10 (b) 11
(c) 12 (d) 13

21. 10 दिशावरी भैसों का औसत मूल्य ₹ 950 है और 5 मुर्रा भैसों का औसत मूल्य ₹ 821 है। सभी भैसों का औसत मूल्य ज्ञात कीजिए।

(a) ₹ 907 (b) ₹ 909
(c) ₹ 908 (d) ₹ 910

22. एक भोजनालय का मासिक औसत व्यय प्रति सदस्य ₹ 60.25 है और उसके महीने भर का सभी सदस्यों पर व्यय ₹ 903.75 है। भोजनालय में सदस्यों की संख्या ज्ञात कीजिए।

(a) 14 (b) 16
(c) 15 (d) 17

23. स्कूल में उमेश की 11 महीनों की कुल उपस्थिति 396 मीटिंग है, उसकी प्रति मास की औसत उपस्थिति ज्ञात कीजिए

(a) 36 (b) 36
(c) 37 (d) 39

24. एक कक्षा के 9 लड़कों का औसत भार 42 किग्रा है। उस कक्षा में एक एक लड़का आ जाने से मध्यमान भार 42.5 किग्रा हो जाता है। नये लड़के का भारत ज्ञात कीजिए।

(a) 45 किग्रा
(b) 46 किग्रा
(c) 47 किग्रा
(d) 38 किग्रा

उत्तर (हल/संकेत)

1. (b) प्रश्नानुसार
कुल सामानों की संख्या = 20
सामानों का औसत = 18
कुल सामान का मान = 20 × 18 = 360
नई व्यवस्था के अनुसार = 360 − 3 × 20
= 360 − 60 = 300
∴ नया औसत $= \frac{300}{20} = 15$

2. (d) अभीष्ट औसत
$= \frac{567+434+323+290+401}{5}$
$= \frac{2015}{5} = 403$

3. (d) 20 प्रेक्षणों का माध्य = 65
∴ 20 प्रेक्षणों का कुल मान = 65 × 20 = 1300
त्रुटि का मान = 96 − 69 = 27
अतः 27 अधिक लिया गया तब सही मान था
= 1300 − 27 = 1273
अतः सही माध्य $= \frac{1273}{20} = 63.65$

4. (b) प्रथम चार विषय संख्याएँ 1, 3, 5, 7 हैं
अतः प्रथम चार विषय संख्याओं का औसत
अतः प्रथम चार विषय $= \frac{1+3+5+7}{4}$
$= \frac{16}{4} = 4$
संख्याओं का औसत = 4

5. (c) प्रथम पाँच सम संख्याएँ 2, 4, 6, 9, 10 हैं।
अतः प्रथम पाँच सम संख्याओं का औसत
$= \frac{2+4+6+8+10}{5} = \frac{30}{5} = 6$
अतः प्रथम पाँच सम संख्याओं का औसत = 6

6. (c) माना कुल यात्रा x किमी है।
तब 25 किमी/घण्टा से $\frac{x}{3}$ भाग पूरा होता है।
30 किमी/घण्टा से $\frac{x}{4}$ भाग पूरा होता है।
शेष दूरी $x = -\frac{x}{3} - \frac{x}{4}$
$= \frac{12x - 4x - 3x}{12}$
$= \frac{5x}{12}$ दूरी 50 किमी/घण्टा से
∴ यात्रा के दौरान लगने वाला समय
$= \frac{x}{75} + \frac{5x}{120} + \frac{5x}{12 \times 50} = \frac{18x}{600}$
$= \frac{3x}{100}$ घण्टा
औसत गति $= \frac{x}{\frac{x}{100}} = \frac{100}{3} = 33\frac{1}{3}$ किमी/घण्टा
अतः यात्रा की औसत चाल $33\frac{1}{3}$ किमी/घण्टा थी।

7. (d) चार संख्याओं का औसत = 10
चार संख्याओं का कुल योग = 4 × 40 = 160 और
प्रथम तीन संख्याओं का कुल योग = 75
चौथी संख्या = 160 − 75 = 85

8. (b) 10 विद्यार्थियों द्वारा प्राप्त किए गए कुल अंकों का योग
= 18 + 24 + 36 + 44 + 10 + 92 + 17 + 52 + 72 + 80 = 445
औसत $= \frac{445}{10} = 44.5$

9. (b) सचिन का रन बनाने का औसत
$= \frac{40+86+120+36}{4} = \frac{282}{4} = 70.50$
गांगुली का रन बनाने का औसत
$= \frac{54+24+140+74}{4} = \frac{292}{4} = 73$ रन
अतः गांगुली का रन बनाने का औसत सचिन से अधिक है।

10. (c) ∵ तीन संख्याओं का औसत = 9
∴ तीनों संख्याओं का योग = 9 × 3 = 27
प्रथम दो संख्याओं का औसत = 12
प्रथम दो संख्याओं का योग = 12 × 2 = 24
अतः तीसरी संख्या = 27 − 24 = 3

11. (a) खिलाड़ी द्वारा बनाए गए रन
= 13 + 0 + 19 + 17 + 6 = 55
मैचों की संख्या = 5
रन बनाने का औसत
$= \frac{13+0+19+17+16}{4} = \frac{55}{5} = 11$

12. (d) संख्याओं का योग $= 3+6+9+6 = 24$

कुल संख्याएँ $= 4$

औसत $= \frac{3+6+9+6}{4} = \frac{24}{4} = 6$

13. (d) प्रश्नानुसार

5 टिन डालडा का कुल मूल्य

$= 210 \times 5 =$ ₹ 1050

7 टिन डालडा का कुल मूल्य

$= 215 \times 7 =$ ₹ 1505

8 टिन डालडा का कुल मूल्य

$= 200 \times 8 =$ ₹ 1600

कुल मूल्य $=$ ₹ 4155

कुल टिन $= 20$

डालडा का औसत मूल्य

$= \frac{4155}{20} =$ ₹ 207.75

14. (c) तीन संख्याओं का औसत $= 7$

तीनों संख्याओं का कुल योग $= 7 \times 3 = 21$

प्रथम दो संख्याओं का कुल योग $= 5 \times 2 = 10$

तीसरी संख्या $= 21 - 10 = 11$

अत: तीसरी संख्या 11 है।

15. (c) विद्यार्थियों की औसत आयु $= 15$

कक्षा में विद्यार्थियों की संख्या $= 30$

30 विद्यार्थियों की कुल आयु

$= 30 \times 15 = 450$ वर्ष

अध्यापक के साथ कक्षा की कुल आयु

$= 31 \times 16 = 496$ वर्ष

अध्यापक की आयु $= 496 - 450 = 46$ वर्ष

16. (a) प्रथम 5 विषम संख्याएँ 1, 3, 5, 7, 9

संख्याओं का योग $= 1+3+5+7+9 = 25$

औसत $= \frac{25}{5} = 5$

17. (d) सोमवार + मंगलवार + बुधवार + बृहस्पतिवार

$= 35.5° \times 4 = 142°C$

बृहस्पतिवार + शुक्रवार + शनिवार + रविवार

$= 40° \times 4 = 160°C$

पूरे सप्ताह का तापमान $38 \times 7 = 266°C$

सोमवार + मंगलवार + बुधवार का तापमान

$= 266° - 160° = 106°C$

बृहस्पतिवार का तापमान

$= 142° - 106° = 36°C$

18. (b) 6 संख्याओं का औसत $= 8$

6 संख्याओं का कुल योग $= 8 \times 6 = 48$

1 संख्या जोड़ देने पर कुल योग $= 10 \times 7 = 70$

सातवीं संख्या $= 70 - 48 = 22$

19. (d) संख्याओं का योग $= 224$

$\frac{15+10+13+14+5+78+66+23}{8}$

कुल संख्याएँ $= 8$

औसत $= \frac{224}{8} = 28$

20. (c) दस संख्याओं का मान

$= 13.7 \times 10 = 137$

प्रथम पाँच संख्याओं का मान

$= 12.4 \times 5 = 62$

अन्तिम छ: संख्याओं का मान

$= 14.5 \times 6 = 87$

पाँचवीं संख्या का मान

$= (62 + 87)\ 137 = 12$

21. (a) 10 दिशावरी भैसों का मूल्य

$= 950 \times 10 =$ ₹ 9500

5 मूर्रा भैसों का मूल्य

$= 821 \times 5 =$ ₹ 4105

सभी भैसों का मूल्य

$= 9500 + 4105 =$ ₹ 13605

औसत $= \frac{13605}{15} =$ ₹ 907

सभी भैसों का औसत मूल्य $=$ ₹ 907

22. (c) प्रश्नानुसार,

प्रति व्यक्ति मासिक औसत व्यय $=$ ₹ 6025

सभी सदस्यों पर व्यय $=$ ₹ 903.25

औसत व्यक्ति $= \frac{903.75}{60.25} = 15$

23. (a) प्रश्नानुसार,

उमेश की स्कूल में उपस्थिति $= 396$

स्कूल की उपस्थिति की अवधि $= 11$ माह

औसत उपस्थिति $= \frac{396}{11} = 36$

24. (c) 9 लड़कों का भार $= 42 \times 9 = 378$ किग्रा

10 लड़कों का भार $42.5 \times 10 = 425$ किग्रा

नये लड़के का भार $= 425 - 378 = 47$ किग्रा

अभ्यास–2

1. प्रथम 5 विषम संख्याओं का औसत है—

(a) 4 (b) 5
(c) 6 (d) 7

2. 5 लड़कों की अवस्था क्रमशः 13, 15, 11, 9 और 8 वर्ष है। इन बच्चों की औसत अवस्था क्या होगी?

(a) 11 वर्ष (b) $11\frac{1}{5}$ वर्ष
(c) $11\frac{1}{2}$ वर्ष (d) 12 वर्ष

3. संख्याओं 10, 19, 21, 22 और 28 का औसत क्या है?

(a) 21 (b) 20
(c) 19 (d) 18

4. चार संख्याओं का औसत 30 है। यदि पहली तीन संख्याओं का योग 85 है, तो चौथी संख्या है—

(a) 30 (b) 35
(c) 45 (d) 55

5. नीचे दी गई संख्याओं का औसत है—

5, 3, 7, 2, 8, 9, 1

(a) 3 (b) 5
(c) 7 (d) 9

6. किन्हीं 11 संख्याओं का योग 132 है, तो इनका मध्यमान क्या होगा?

(a) 10 (b) 11
(c) 12 (d) 13

उत्तर (हल/संकेत)

1. (b) प्रथम पाँच विषम संख्याएँ हैं—

1, 3, 5, 7, 9

$\therefore$ अभीष्ट औसत $= \frac{1+3+5+7+9}{5} = 5$

2. (b) अभीष्ट औसत आयु

$= \frac{13+15+11+9+8}{5}$

$= \frac{56}{5} = 11\frac{1}{5}$ वर्ष

3. (b) अभीष्ट औसत

$= \frac{10+19+21+22+28}{5}$

$= \frac{100}{5} = 20$

4. (b) चार संख्याओं का औसत $= 30$

कुल संख्या का योग $= 30 \times 4 = 120$

तीन संख्याओं का योग $= 85$

$\therefore$ चौथी संख्या $= 120 - 85 = 35$

5. (b) अभीष्ट औसत $= \frac{\text{संख्याओं का योग}}{\text{कुल संख्याएँ}}$

$= \frac{5+3+7+2+8+9+1}{7} = \frac{35}{7} = 5$

6. (c) अभीष्ट मध्यमान

$= \frac{\text{संख्याओं का योग}}{\text{कुल संख्याएँ}} = \frac{132}{11} = 12$

❑❑❑

अध्याय

11

प्रतिशतता एवं उसके अनुप्रयोग

प्रतिशत

प्रतिशत का अर्थ है प्रति सौ अर्थात् 'प्रत्येक 100 पर' अत: यह कह सकते हैं कि प्रतिशत वह भिन्न है जिसका हर 100 तथा अंश कोई अन्य संख्या होती है। अंश को प्रतिशत दर (Rate Percent) कहते हैं। इसे '%' चिह्न से प्रदर्शित करते हैं।

जैसे: $x\% = \frac{x}{100}$

$$10\% = \frac{10}{100} = \frac{1}{10}$$

$$18\% = \frac{18}{100} = \frac{9}{50}$$

☞ ध्यान दें

1. साधारण भिन्न या दशमलव भिन्न को प्रतिशत भिन्न में बदलने के लिए उस भिन्न में 100 से गुणा करते हैं।

जैसे: $\frac{1}{5} = \left(\frac{1}{5} \times 100\right)\% = 20\%$

$$0.75 = (0.75 \times 100)\% = 75\%$$

$$\frac{1}{12} = \left(\frac{1}{12} \times 100\right)\% = \frac{25}{3}\% = 8\frac{1}{3}\%$$

2. प्रतिशत को दशमलव या साधारण भिन्न में बदलने के लिए उसमें 100 से भाग करते हैं।

जैसे: $40\% = \frac{40}{100} = \frac{2}{5}$

$$60\% = \frac{60}{100} = 0.6$$

$$75\% = \frac{75}{100} = \frac{3}{4}$$

3. जब किसी संख्या A का B% ज्ञात करना है, तब

A का B प्रतिशत $= A \times B \times \frac{1}{100} = \frac{AB}{100}$

जैसे: 300 का 30% $= 300 \times 30 \times \frac{1}{100}$

$$= 3 \times 30 = 90$$

122 का 15% $= 122 \times 15 \times \frac{1}{100}$

$$= \frac{1830}{100} = 18.3$$

4. जब संख्या A, B का कितना प्रतिशत है, ज्ञात करना है, तब

A का प्रतिशत $= \left(\frac{A}{B} \times 100\right)\%$

जैसे: एक संख्या 350, 200 की कितने प्रतिशत है, तब

A अभीष्ट प्रतिशत $= \left(\frac{350}{200} \times 100\right)\%$

$$= 175\%$$

महत्वपूर्ण सूत्र

- माना एक शहर की वर्तमान जनसंख्या P है और शहर की जनसंख्या $r\%$ वार्षिक दर से बढ़ रही है। तब,

  (i) n वर्ष बाद शहर की जनसंख्या $= P\left[1 + \frac{r}{100}\right]^n$

  (ii) n वर्ष पहले शहर की जनसंख्या $= P\left[1 - \frac{r}{100}\right]^n$

- माना एक मशीन का वर्तमान मूल्य ₹ P है। माना मशीन की कीमत $r\%$ वार्षिक दर से घट रही है। तब,

  (i) n वर्ष बाद मशीन का मूल्य $= P\left[1 - \frac{r}{100}\right]^n$

  (ii) n वर्ष पहले मशीन का मूल्य $= P\left[1 - \frac{r}{100}\right]^{-n}$

- यदि किसी संख्या को $P\%$ बढ़ाया जाए, फिर $q\%$ बढ़ाया जाए और फिर $r\%$ बढ़ाया जाए, तो संख्या N प्राप्त होती है। तब,

  प्रारंभिक संख्या

  $= N\left(\frac{100}{100+P}\right)\left(\frac{100}{100+q}\right)\left(\frac{100}{100+r}\right)$

- यदि किसी शहर की जनसंख्या P पहले वर्ष $r_1\%$, दूसरे वर्ष $r_2\%$ तथा तीसरे वर्ष $r_3\%$ बढ़ जाती है। तब,

  3 वर्ष बाद शहर की जनसंख्या

  $= P\left(1+\frac{r_1}{100}\right)\left(1+\frac{r_2}{100}\right)\left(1+\frac{r_3}{100}\right)$

हल सहित उदाहरण

उदाहरण 1. एक संख्या 420 का 50% कितना होगा?

(a) 195 (b) 200
(c) 210 (d) 220

हल: (c) 420 का $50\% = 420 \times \frac{50}{100} = (42 \times 5) = 210$

उदाहरण 2. एक संख्या 480, 600 का कितने प्रतिशत है?

(a) 43% (b) 80%
(c) 12% (d) 18%

हल: (b) अभीष्ट प्रतिशत $= \left(\frac{480}{600} \times 100\right)\% = 80\%$

उदाहरण 3. एक कार्यालय में 40% महिला-कर्मचारी हैं उनमें से 40% महिलाओं और 60% पुरुषों ने मेरे पक्ष में मतदान किया, तो मेरे मतों का प्रतिशत कितना रहा?

(a) 52% (b) 54%
(c) 58% (d) 47%

हल: (a) माना कार्यालय में कुल कर्मचारी = 100

कार्यालय में महिला कर्मचारी = 40

∴ कार्यालय में पुरुष कर्मचारी = (100 – 40) = 60

कुल मतो की संख्या $= \frac{40 \times 40}{100} + \frac{60 \times 60}{100}$

$= (16 + 36) = 52$

अत: मतों का प्रतिशत = 52%

उदाहरण 4. एक व्यक्ति के वेतन में 25% की वृद्धि हुई उसको पुराने वेतन स्तर लाने के लिए कितने प्रतिशत कटौती करनी चाहिए?

(a) 25% (b) 20%
(c) 21% (d) 21½%

हल: (b) वेतन में आवश्यक प्रतिशत कटौती

$= \frac{x}{100+x} \times 100$

$= \frac{25}{100+25} \times 100 = 20\%$

उदाहरण 5. यदि किसी संख्या के $\frac{4}{5}$ का $\frac{3}{4}$ का 40%, 48 है तो उस संख्या का एक प्रतिशत कितना है?

(a) 5 (b) 0.5
(c) 2 (d) 10

हल: (c) माना संख्या x है।

x के $\frac{4}{5}$ का $\frac{3}{4}$ का 40% = 48

$x \times \frac{4}{5} \times \frac{3}{4} \times \frac{40}{100} = 48$

$x = \frac{48 \times 5 \times 4 \times 100}{4 \times 3 \times 40} = 200$

200 का 1% $= 200 \times \frac{1}{100} = 2$

उदाहरण 6. एक आयत की लम्बाई और चौड़ाई में 200% की वृद्धि करने पर, आयत के क्षेत्रफल में कितने प्रतिशत वृद्धि होगी?

(a) 800% (b) 867%
(c) 788% (d) 378%

हल: (a) आयत की लम्बाई x तथा चौडाई y है।

तब, आयत का क्षेत्रफल $= xy$

लम्बाई तथा चौडाई में 200% की वृद्धि करने पर

आयत की नई लम्बाई $= \left(x + \frac{x \times 200}{100}\right) = 3x$

आयत की नई चौड़ाई $= \left(y + \frac{y \times 200}{100}\right) = 3y$

क्षेत्रफल में वृद्धि $= \left(\frac{9xy - xy}{xy}\right) \times 100\%$

$= \left(\frac{8xy}{xy} \times 100\right)\% = 800\%$

उदाहरण 7. किसी परीक्षा में 55% छात्र अंग्रेजी में तथा 45% छात्र गणित में उत्तीर्ण हुए। दोनों विषयों में 15% छात्र उत्तीर्ण हुए। कुल कितने प्रतिशत छात्र उत्तीर्ण नहीं हुए?

(a) 10% (b) 12%
(c) 18% (d) इनमें से कोई नहीं

हल: (d) अग्रेंजी में उत्तीर्ण छात्र = 55%

गणित में उत्तीर्ण छात्र = 45%

दोनों विषयों में उत्तीर्ण छात्र = 15%

∴ कुल उत्तीर्ण छात्र = (55 + 45 – 15) = 85%

∴ कुल अनुत्तीर्ण छात्र = (100 – 85) = 15%

उदाहरण 8. यदि A की आय, B से 150% अधिक है तो B की आय A की आय से कितने प्रतिशत कम है?

(a) 40% (b) 44%
(c) 55% (d) 60%

हल: (d) माना B की आय = ₹ 100

∴ A की आय ₹ (100 + 150) = ₹ 250

∴ A की आय ₹ 250 है तो B की आय

$= \frac{100 \times 100}{250}$ = ₹ 40

∴ A और B की आय में अन्तर = (100 – 40) = ₹ 60

अर्थात् B की आय A की आय से 60% कम है।

अभ्यास-1

1. एक विद्यार्थी पहले टेस्ट में 25 अंक में से 18 अंक प्राप्त करता है, दूसरे टेस्ट में 25 अंक में से 22 अंक प्राप्त करता है, दूसरे टेस्ट में पहले टेस्ट से कितने ज्यादा अंक प्राप्त किए?
(a) 4% (b) 8%
(c) 16% (d) 50%

2. 300 का 90% + 90 का 30% का मान है–
(a) 287 (b) 297
(c) 237 (d) 277

3. एक संगठन में 3450 कर्मचारी हैं। इनमें से 42% कर्मचारियों ने पदोन्नति प्राप्त की हो, तो कुल कितने कर्मचारी पदोन्नत हुए?
(a) 1449 (b) 1518
(c) 1587 (d) 1656

4. एक वार्षिक परीक्षा में हार्दिक 725 अंकों में से 500 अंक प्राप्त करता है। परीक्षा में उसके कितने प्रतिशत अंक है?
(a) 88 (b) 79
(c) 54 (d) 70

5. $\frac{17}{25}$ का प्रतिशत रूप है–
(a) 34 (b) 68
(c) 17 (d) 25

6. निम्न में से कौन-सी 1.01 के समतुल्य है?
(a) 101% (b) 10.1%
(c) 31.01% (d) 1010%

7. टमाटर के भार में 90% पानी होता है। 25 किग्रा टमाटरों में पानी का भार है–
(a) 24 किग्रा. (b) 21 किग्रा.
(c) 22.5 किग्रा. (d) 19.5 किग्रा.

8. (₹ 2220 का 4%) dk 7.5% दशमलव समतुल्य क्या है?
(a) ₹ 13.2 (b) ₹ 6.6
(c) ₹ 3.3 (d) ₹ 26.4

9. 500 ग्राम, 4 किग्रा. का कितने प्रतिशत है?
(a) 12.5 (b) 25
(c) 50 (d) 125

10. मोहन की मासिक आय ₹ 1500 है। वह मकान के किराए पर ₹ 200, शिक्षा पर ₹ 500 तथा अन्य वस्तुओं पर ₹ 350 व्यय करता है। वह अपनी आय का कितना प्रतिशत बचाता है?
(a) 25 (b) 35
(c) 30 (d) 45

11. 270 किग्रा. का कितने प्रतिशत 108 किग्रा. है?
(a) 40 (b) 36
(c) 30 (d) 25

12. एक कक्षा में 15 लड़के तथा 10 लड़कियाँ हैं। कक्षा में लड़कियों का कितना प्रतिशत है?
(a) 30 (b) 15
(c) 40 (d) 25

13. राधा ने सुनीता को ₹ 500 दिए, सुनीता ने उससे 20% कम रीना को दिए और रीना ने 10% कम कमला को दिए, तो कमला को कितने रुपए मिले?
(a) ₹ 360
(b) ₹ 365
(c) ₹ 375
(d) इनमें से कोई नहीं

14. ₹ 2000 का 7.5% क्या है?
(a) ₹ 1.50 (b) ₹ 15.00
(c) ₹ 150.00 (d) ₹ 1500.00

15. 0.05% का मान है–
(a) 0.0005 (b) 0.005
(c) 0.05 (d) 0.5

16. प्रतिशत में, 10.01 किस प्रकार लिखा जाएगा?
(a) 10.01% (b) 10%
(c) 1001% (d) 100100%

17. 20 मी., 20 किमी. का कितना प्रतिशत है?
(a) 0.1 (b) 1
(c) 20 (d) 10

18. 0.075 को प्रतिशत रूप में लिखिए–
(a) 7.5% (b) 0.075%
(c) 75% (d) 0.75%

19. 500 का 10% निम्न में से कौन-सा होगा?
(a) 20 (b) 100
(c) 30 (d) 50

20. 0.02 को प्रतिशत में लिखिए–
(a) 1% (b) 4%
(c) 8% (d) 2%

21. 1 पैसा ₹1 का कितने प्रतिशत है?
(a) 1 (b) 2
(c) 5 (d) 10

22. ₹ 400 का 30% ज्ञात कीजिए–
(a) ₹ 120 (b) ₹ 150
(c) ₹ 160 (d) ₹ 165

23. एक कक्षा में 20% लड़कियाँ हैं। यदि कक्षा में लड़कियों की संख्या 6 है, तो उस कक्षा में कुल बच्चों की संख्या ज्ञात कीजिए–
(a) 30 (b) 40
(c) 35 (d) 50

24. एक व्यक्ति ने फीते से 1000 मी. को 1006 मी. नापा, तो प्रतिशत त्रुटि ज्ञात कीजिए–
(a) 0.6% (b) 0.7%
(c) 0.8% (d) 0.9%

25. किस धन का 30%, ₹ 120 होगा?
(a) ₹ 200 (b) ₹ 300
(c) ₹ 400 (d) ₹ 500

26. एक रेलगाड़ी में 80% यात्री पुरुष थे, 15% यात्री स्त्रियाँ थीं और शेष यात्री बच्चे थे। कितने प्रतिशत यात्री बच्चे थे?
(a) 6 (b) 12
(c) 10 (d) 5

27. $\frac{1}{5}$ का मान प्रतिशत में ज्ञात कीजिए–
(a) 30% (b) 20%
(c) 25% (d) 35%

28. वह संख्या ज्ञात कीजिए, जिसके 5% का मान 3 के बराबर हो–
(a) 100 (b) 130
(c) 60 (d) 62

29. किसी धन का $18\frac{3}{4}$% ₹ 150 है, तो धन निकालिए–
(a) ₹ 600 (b) ₹ 700
(c) ₹ 750 (d) ₹ 800

30. किसी राशि का 80% उसका कौन-सा हिस्सा होगा?
(a) $\frac{2}{3}$ (b) $\frac{4}{5}$
(c) 25 (d) 42

31. किसी शहर में 53% हिंदु, 39% मुसलमान एवं शेष 1256 अन्य धर्मावलम्बी हैं, बताइए शहर में कितने हिंदू हैं?
(a) 8321 (b) 8324
(c) 8326 (d) 8328

32. कोई परीक्षार्थी 170 अंक प्राप्त करता है, तो वह 34% है। यदि प्राप्तांक 200 हों, तो वह कितना प्रतिशत होगा?
(a) 20 (b) 30
(c) 40 (d) 50

33. किसी वर्ग की एक भुजा, यदि 10% बढ़ा दी जाए, तो उसके क्षेत्रफल में कितने प्रतिशत की वृद्धि होगी?
(a) 11 (b) 21
(c) 31 (d) 41

34. 24 का 25% + x का 20% = 16, तो x का मान ज्ञात कीजिए–
(a) 20 (b) 30
(c) 40 (d) 50

उत्तर (हल/संकेत)

1. (c) पहले टेस्ट में विद्यार्थी द्वारा 25 में से प्राप्त अंक = 18 अंक

पहले टेस्ट में प्राप्तांक प्रतिशत में

$= \frac{18}{25} \times 100 = 72\%$

दूसरे टेस्ट में विद्यार्थी 25 में से प्राप्त अंक = 22 अंक

दूसरे टेस्ट में प्राप्तांक प्रतिशत में $\frac{22}{25} \times 100 = 88\%$

दोनों टेस्ट में प्राप्तांको में अंतर

$= (188 - 72)\% = 16\%$

2. (b) $\frac{300 \times 90}{100} = 270$

$\frac{90 \times 30}{100} = 27$

300 का 90% + 90 का 30%

$= 270 + 27 = 297$

3. (a) संगठन में कर्मचारियों की संख्या = 3450

पदोन्नत कर्मचारियों का प्रतिशत = 42%

ज्ञात करना है पदोन्नत कर्मचाारियों की संख्या = ?

पदोन्नत कर्मचारियों की संख्या

$\frac{3450 \times 42}{100} = 1449$

अत: 1449 कर्मचारियों को पदोन्नति दी गई।

4. (d) वार्षिक परीक्षा हेतु अधिकतम अंक = 725

हार्दिक द्वारा प्राप्तांक = 500

ज्ञात करना है प्राप्तांकों का प्रतिशत = ?

प्राप्तांक प्रतिशत $= \frac{500}{725} \times 100 = 68.9\%$

अत: हार्दिक ने परीक्षा में 68.9 ≈ 70% अंक प्राप्त किए।

5. (b) $\frac{17}{25}$ का प्रतिशत $= \frac{17}{25} \times 100 = 68\%$

6. (a) $1.01 = \frac{1.01 \times 100}{100}$

$= \frac{101}{100} = 101 \times \left(\frac{1}{100}\right)$

$= 101\%$

7. (c) ∵ 1 किग्रा. टमाटर में 90% पानी है।

∴ 1 किग्रा. टमाटर में कुल पानी

$= \frac{1 \times 90}{100} = \frac{9}{10}$ किग्रा. पानी

अत: 25 किग्रा. टमाटर में कुल पानी

$= \frac{25 \times 9}{10} = 22.5$ किग्रा. पानी

अत: 25 किग्रा. टमाटरों में 22.5 किग्रा. पानी है।

8. (b) $2200 \times \frac{4}{100} \times \frac{7.5}{100} =$ ₹ 6.6

9. (a) ∴ 1 किग्रा. = 1000 ग्राम

4 किग्रा. = 4× 1000 = 4000 किग्रा.

$\Rightarrow \quad 400 \times \frac{x}{100} = 500$

$\Rightarrow \quad = \frac{500 \times 100}{4000} = \frac{50}{4}$

$\therefore \quad x = 12.5\%$

10. (c) प्रश्न से, मोहन की मासिक आय

= ₹ 1500

मकान के किराए पर व्यय = ₹ 200

शिक्षा पर व्यय = ₹ 500

अन्य वस्तुओं पर व्यय = ₹ 350

∴ मोहन द्वारा बचाई गई राशि

$= 1500 - (200 + 500 + 350)$

$= 1500 - 1050 =$ ₹ 450

अत: अभीष्ट बचत प्रतिशत

$= \frac{450}{1500} \times 100 = 30\%$

11. (a) अभीष्ट प्रतिशत

$= \frac{108}{270} \times 100 = 40\%$

12. (c) कक्षा में कुल लड़कों की संख्या = 15

कक्षा में कुल लड़कियों की संख्या = 10

कक्षा में कुल छात्रों की संख्या

$= 15 + 10 = 25$

अत: लड़कियों का अभीष्ट प्रतिशत

$= \frac{10}{25} \times 100 = 40\%$

13. (a) सुनीता द्वारा रीना का दिया गया धन

$= 500 - \frac{500 \times 20}{100}$

= ₹ 400

कमला का दिया गया धन

$= 400 - \frac{400 \times 10}{100}$

= ₹ 360

14. (c) ₹ 200 का 7.5%

$= 2000 \times \frac{7.5}{100}$

$= 20 \times 7.5 = 150$

15. (a) $0.05\% = \frac{0.05}{100}$

$= \frac{100 \times 0.05}{100 \times 100}$

$= \frac{5}{100 \times 100} = 0.0005$

16. (c) 10.01 को प्रतिशत में निम्न तरह से लिखा जाएगा।

$10.01 = 10.01 \times 100 = 1001\%$

17. (a) ∴ अभीष्ट प्रतिशत

$= \frac{20}{20000} \times 100 = 0.1\%$

18. (a) $= \frac{75}{1000} \times 100 = 7.5\%$

19. (d) $500 \times \frac{10}{100} = 50$

20. (d) $0.02 \times 100 = 2\%$

21. (a) ∵ ₹ 1 = 100 पैसे

$= \frac{1}{100} \times 100 = 1\%$

22. (a) $400 \times \frac{30}{100} =$ ₹ 120

23. (a) प्रश्नानुसार,

कक्षा में लड़कियों का प्रतिशत 20%

कक्षा में लड़कियों की कुल संख्या = 6

$\because \quad 20\% = 6 \quad \therefore \quad 1\% = \frac{6}{20}$

$\therefore \quad 100\% = \frac{6}{20} \times 100 = 30$

24. (a) प्रतिशत त्रुटि $= \frac{6}{1000} \times 100 = 0.6\%$

25. (c) माना धन = x

प्रश्न से,

x का 30% = 120

$\Rightarrow \quad x \times \frac{30}{100} = 120$

$\Rightarrow \quad x \times \frac{120 \times 100}{30}$

= ₹ 400

26. (d) प्रश्नानुसार,

रेल में पुरुष यात्रियों की संख्या = 80%

रेल में महिला यात्रियों की संख्या = 15%

बच्चों की संख्या = 100 % पुरुष यात्री + महिला यात्री

= 80 + 15

= 100 – 95 = 5%

27. (b) $\frac{1}{5} \times 100\% = 20\%$

28. (c) माना संख्या x है।

$\therefore$ x का 5% = 3

$\Rightarrow x \times \frac{5}{100} = 3$

$\Rightarrow x = \frac{3 \times 100}{5} = 60$

29. (d) माना धन ₹ x है।

$\therefore$ x का $18\frac{3}{4}\% = 150$

$\Rightarrow x \times \frac{75}{4} \times \frac{1}{100} = 150$

$\Rightarrow x = \frac{150 \times 400}{75}$ = ₹ 800

30. (b) $\frac{80}{100} = \frac{4}{5}$

31. (a) शहर में अन्य धर्मों को मानने वालों का प्रतिशत = 100 – (53 + 39) = 100 – 92 = 8%

$\because$ 8% जनसंख्या = 1256

$\therefore$ 1% जनसंख्या = $\frac{1256}{8}$

$\therefore$ 53% जनसंख्या = $\frac{1256}{8} \times 53$

= 8321

32. (c) प्रश्न से,

$\because$ कोई परीक्षार्थी 170 अंक प्राप्त करता है, तो वह 34% है।

$\therefore$ को परीक्षार्थी 1 अंक प्राप्त करता है, तो वह $\frac{34}{170}\%$ होगा।

$\therefore$ कोई परीक्षार्थी 170 अंक प्राप्त करता है, तो वह $\frac{34}{170} \times 200\%$ होगा।

$= \frac{34}{170} \times 200 = 40\%$

33. (b) माना कि वर्ग की भुजा 100 मी. है।

$\therefore$ क्षेत्रफल = $(100)^2$ = 10000 वर्ग मी.

वृद्धि बढ़ने के बाद वर्ग क्षेत्रफल

= $(110)^2$ = 12100 वर्ग मी.

वृद्धि = 12100 – 10000

$= \frac{2100}{10000} \times 100 = 21\%$

34. (d) प्रश्न से,

24 का 25% + x का 20% = 16

$\Rightarrow 24 \times \frac{25}{100} + x \times \frac{20}{100} = 16$

$\Rightarrow 6 + \frac{x}{5} = 16$

$\Rightarrow \frac{x}{5} = 10$

$\Rightarrow x = 50$

अभ्यास-2

1. 84% बराबर है–

(a) $\frac{42}{100}$ (b) $\frac{42}{50}$

(c) $\frac{84}{225}$ (d) 8.4

2. एक जिले की जनसंख्या 20 लाख है। यदि प्रतिवर्ष जनसंख्या में 1.1% की वृद्धि होती हो, तो एक वर्ष के अन्त में इस जिले की जनसंख्या क्या होगी ?

(a) 21.1 लाख

(b) 22 लाख

(c) 22.2 लाख

(d) 20.22 लाख

3. किसी स्कूल में 640 विद्यार्थियों में 128 लड़कियाँ हैं, तो लड़कियों का प्रतिशत कितना है?

(a) 15 (b) 20

(c) 25 (d) 40

4. 0.01% का मान है–

(a) 0.1 (b) 0.01

(c) 0.02 (d) 0.0001

5. एक वार्षिक परीक्षा में हार्दिक 725 अंकों में से 500 अंक प्राप्त करता है। परीक्षा में उसके कितने प्रतिशत अंक हैं?

(a) 88 (b) 79

(c) 54 (d) 69

6. एक संगठन में 3450 कर्मचारी हैं। इनमें से 42% कर्मचारियों ने पदोन्नति प्राप्त की हो, तो कुल कितने कर्मचारी पदोन्नत हुए ?

(a) 1449 (b) 1518

(c) 1587 (d) 1656

7. किसी विद्यालय में छात्रों की कुल संख्या 500 है। यदि 125 छात्र अनुपस्थित हों, तो उपस्थित छात्रों का प्रतिशत होगा–

(a) 7·5% (b) 25%

(c) 50% (d) 75%

8. 35 का कितना प्रतिशत 14 होगा?

(a) 20% (b) 25%

(c) 30% (d) 40%

9. ₹ 2,000 का 7.5% क्या है?

(a) ₹ 1.50 (b) ₹ 15.00

(c) ₹ 150.00 (d) ₹ 1500.00

10. 240 का 50%, 400 के 50% से कितना कम है?

(a) 80 (b) 200

(c) 120 (d) 320

11. 600 विद्यार्थियों में से 240 बालिकाएँ हैं। बालिकाओं का प्रतिशत है–

(a) 250% (b) 60%

(c) 40% (d) 24%

12. 48 का कितना प्रतिशत 18 है?

(a) 25·5% (b) 30·5%

(c) 37·5% (d) 40%

13. किसी विद्यालय में 800 छात्र हैं। यदि 250 छात्र अनुपस्थित हों तो उपस्थित छात्रों का प्रतिशत होगा–

(a) 70% (b) 60%

(c) 68·75% (d) 55·87%

14. 0·075 को प्रतिशत के रूप में लिखिए–

(a) 75% (b) 7·5%

(c) 0·75% (d) 0·075%

15. 4·4% निम्नलिखित में से किसके समतुल्य है?

(a) $\frac{4.4}{10}$ (b) $\frac{4.4}{100}$

(c) $\frac{44}{10}$ (d) $\frac{44}{100}$

16. 350 विद्यार्थियों में 210 बालिकाएँ है। बालिकाओं का प्रतिशत है–

(a) 70% (b) 65%

(c) 62% (d) 60%

17. 10 मी, 10 किमी. का कितना प्रतिशत है?

(a) 0·1% (b) 1·0%
(c) 10·0% (d) 40·0%

18. 1800 के 4% के 15% का दशमलव समतुल्य क्या है?

(a) 10.80 (b) 108.0
(c) 1.08 (d) 1080

19. 80 से 10% अधिक बड़ी संख्या है—

(a) 72 (b) 80
(c) 88 (d) 90

20. प्राकृत संख्याओं 1 से 20 तक में अभाज्य संख्याओं की संख्या का प्रतिशत क्या है?

(a) 24% (b) 25%
(c) 36% (d) 40%

21. 29.4 संख्या 42 का कितना प्रतिशत है?

(a) $\frac{7}{1000}\%$ (b) $\frac{100}{7}\%$
(c) 7% (d) 70%

22. 300 का 30% = ?

(a) 90 (b) 80
(c) 60 (d) 70

23. 500 के 30% के $\frac{2}{4}$ का $\frac{56}{25}$ = ?

(a) 179 (b) 142
(c) 160 (d) 168

24. ₹ 5,000 के 20% के 12% का मान क्या है?

(a) ₹ 1,200 (b) ₹ 120
(c) ₹ 12 (d) ₹ 240

25. $\frac{3}{8}\%$ का दशमलव समतुल्य क्या है?

(a) 0.0375 (b) 0.375
(c) 0.000375 (d) 0.00375

26. 480 का 20% किसके बराबर है?

(a) 48 (b) 96
(c) 16 (d) 24

27. अंकों 2, 3, 4 तथा 5 के प्रयोग से दो-अंकीय संख्याएँ बनाई जाती हैं। कुल बनी संख्याओं में से सम संख्याओं का प्रतिशत है—

(a) 30% (b) 40%
(c) 50% (d) 60%

28. 500 ग्राम, 4 किग्रा का कितने प्रतिशत है?

(a) 12.5% (b) 25%
(c) 50% (d) 125%

उत्तर (हल/संकेत)

1. (b) $84\% = \frac{84}{100} = \frac{42}{50}$

2. (d) एक वर्ष बाद जिले की जनसंख्या

$= 2000000 + 2000000 \times 1.1\%$

$= 2000000 + 2000000 \times \frac{1.1}{100}$

$= 2000000 + 22000$

$= 2022000 = 20.22$ लाख

3. (b) स्कूल में कुल विद्यार्थियों की संख्या $= 640$

स्कूल में लड़कियों की संख्या $= 128$

अभीष्ट प्रतिशत $= \frac{128 \times 100}{640} = 20$

4. (d) $0.01\% = \frac{0.01}{100} = 0.0001$

5. (d) हार्दिक द्वारा परीक्षा में प्राप्तांक $= 500$

परीक्षा में अधिकतम अंक $= 725$

हार्दिक द्वारा प्राप्त अंकों का प्रतिशत

$= \frac{500}{725} \times 100 = 68.96$

$= 68.96 \cong 69$

6. (a) संगठन में कर्मचारियों की संख्या $= 3450$

पदोन्नत कर्मचारियों का प्रतिशत $= 42$

पदोन्नत कर्मचारियों की संख्या

$= \frac{3450 \times 42}{100} = 1449$

7. (d) उपस्थित छात्रों की संख्या

$= 500 - 125 = 375$

∴ उपस्थित छात्रों की प्रतिशत

$= \frac{375}{500} \times 100 = 75\%$

8. (d) अभीष्ट प्रतिशत

$= \frac{14}{35} \times 100 = 40\%$

9. (c) 2000 का 7.5 = ?

$? = \frac{2000 \times 7.5}{100} =$ ₹ 150

10. (a) 400 का 50% – 240 का 50%

$= \frac{400 \times 50}{100} - \frac{240 \times 50}{100}$

$= 200 - 120 = 80$

11. (c) बालिकाओं का प्रतिशत

$= \frac{\text{बालिकाओं की संख्या}}{\text{कुल विद्यार्थियों की संख्या}} \times 100$

$= \frac{240}{600} \times 100 = 40\%$

12. (c) माना अभीष्ट प्रतिशत $= x$

तो, $48 \times \frac{x}{100} = 18$

$x = \frac{18 \times 100}{48}$

∴ अभीष्ट प्रतिशत $= 37·5$

13. (c) उपस्थित छात्रों की संख्या

$= 800 - 250 = 550$

उपस्थित छात्रों का प्रतिशत

$= \frac{550 \times 100}{800} = 68.75$

14. (b) $0·075 = 0·075 \times 100\% = 7·5\%$

15. (b) $4·4\% = \frac{4.4}{100}$

16. (d) बालिकाओं का अभीष्ट प्रतिशत

$= \frac{210 \times 100}{350}$

$= 60\%$

17. (a) 10 किमी $= 1,000 \times 10$ मी

∴ 10 मी, 10,000 मी का

$= \frac{10 \times 100}{10,000}\% = 0·1\%$

18. (a) 1800 के 4% का 15%

$= \frac{1800 \times 4}{100} \times \frac{15}{100}$

$= \frac{72 \times 15}{100} = \frac{1080}{100} = 10.80$

19. (c) 80 से 10% अधिक बड़ी संख्या

$= \left(80 + \frac{80 \times 10}{100}\right)$

$= (80 + 8) = 88$

20. (d) 1 से 20 तक की अभाज्य संख्याएँ

$= 2, 3, 5, 7, 11, 13, 17, 19 = 8$

अभाज्य संख्याओं का प्राकृतिक संख्याओं से प्रतिशत

$= \left(\frac{8}{20} \times 100\right)\% = 40\%$

21. (d) अभीष्ट प्रतिशत

$= \left(\frac{29.4 \times 100}{42}\right)\%$

$= \frac{2940}{42}\% = 70\%$

22. (a) $? = 300 \times \frac{30}{100} = 90$

23. (d) $? = 500 \times \frac{30}{100} \times \frac{2}{4} \times \frac{56}{25}$

$= \frac{500 \times 30 \times 2 \times 56}{100 \times 100} = 168$

24. (b) ₹ 5000 के 20% के 12% का मान

$= ₹\ \frac{5000 \times 20}{100} \times \frac{12}{100}$

= ₹ 120

25. (d) $\frac{3}{8}\% = \frac{3}{8 \times 100}$

$= \frac{3}{800} = 0.00375$

26. (b) 480 का 20% $= \frac{20 \times 480}{100} = 96$

27. (c) अंकों 2, 3, 4 और 5 से निर्मित दो अंकों की संख्याएँ = 23, 32, 24, 42, 25, 52, 34, 43, 35, 53, 45, 54

कुल संख्याएँ = 12

कुल सम संख्याएँ = 6

सम संख्याओं का प्रतिशत

$= \frac{6 \times 100}{12} = 50\%$

28. (a) 4 किग्रा = (4 × 1000) ग्राम

= 4000 ग्राम

अभीष्ट प्रतिशत

$= \left(\frac{500}{4000} \times 100\right)\% = 12.5\%$

❑❑❑

अध्याय

12

लाभ एवं हानि

- **क्रय मूल्य (Cost Price) :** वह मूल्य जिस पर कोई वस्तु खरीदी जाती है, उसे उस वस्तु का क्रय मूल्य कहते हैं।
- **विक्रय मूल्य (Selling Price) :** वह मूल्य जिस पर कोई वस्तु बेंची जाती है, उसे उस वस्तु का विक्रय मूल्य कहते हैं।
- **लाभ (Profit) :** यदि किसी वस्तु का विक्रय मूल्य, क्रय मूल्य से अधिक हो, तो विक्रय मूल्य और क्रय मूल्य के अंतर को लाभ कहते हैं।
  विक्रय मूल्य – क्रय मूल्य = लाभ
- **हानि (Loss) :** यदि किसी वस्तु का विक्रय मूल्य, क्रय मूल्य से कम हो, तो क्रय मूल्य और विक्रय मूल्य के अंतर को हानि कहते हैं।
  क्रय मूल्य – विक्रय मूल्य = हानि
- **बट्टा (Discount) :** किसी वस्तु को खरीदते समय उस पर दी जाने वाली छूट को बट्टा कहते हैं।
- **अंकित मूल्य (Marked Price) :** किसी वस्तु का सूची मूल्य या छपा हुआ मूल्य उस वस्तु का अंकित मूल्य कहलाता है।

नोट– छूट, सदैव अंकित मूल्य पर ही दी जाती है।

महत्वपूर्ण सूत्र

- लाभ प्रतिशत $= \left(\frac{\text{लाभ}}{\text{क्रय मूल्य}} \times 100\right)\%$
- हानि प्रतिशत $= \left(\frac{\text{हानि}}{\text{क्रय मूल्य}} \times 100\right)\%$
- विक्रय मूल्य $= \frac{(100 + \text{लाभ}\%)}{100} \times$ क्रय मूल्य
- विक्रय मूल्य $= \frac{(100 - \text{हानि}\%)}{100} \times$ क्रय मूल्य
- क्रय मूल्य $= \frac{100}{(100 + \text{लाभ}\%)} \times$ विक्रय मूल्य
- क्रय मूल्य $= \frac{100}{(100 - \text{हानि}\%)} \times$ क्रय मूल्य
- बट्टा = अंकित मूल्य – विक्रय मूल्य
- बट्टा प्रतिशत $= \left(\frac{\text{बट्टा}}{\text{अंकित मूल्य}} \times 100\right)\%$
- विक्रय मूल्य = अंकित मूल्य $\left(1 - \frac{\text{बट्टा}\%}{100\%}\right)$
- फुटकर बट्टा $= \left(\frac{\text{अंकित मूल्य} \times \text{बट्टे की दर}}{100}\right)$

हल सहित उदाहरण

उदाहरण 1. रीमा ने ₹ 700 के अंगूर खरीदकर ₹ 840 में बेंच दिए। उसे कुल कितने प्रतिशत का लाभ हुआ?

(a) 18% (b) 20%
(c) 21% (d) 25%

हल: (b) अंगूर का क्रम मूल्य = ₹ 700

अंगूर का विक्रय मूल्य = ₹ 840

∴ लाभ = विक्रय-क्रय मूल्य

= ₹ (840 – 700)

= ₹ 140

लाभ प्रतिशत $= \frac{140}{700} \times 100 = 20\%$

उदाहरण 2. एक वस्तु को ₹ 36 में बेचनें पर 20% की हानि होती है। वस्तु का लागत मूल्य है-

(a) ₹ 45 (b) ₹ 42
(c) ₹ 40 (d) ₹ 44

हल: (a) वस्तु का लागत मूल्य

$= \frac{100}{(100 \pm \text{लाभ/हानि}\%)} \times$ विक्रय मूल्य

$= \frac{100}{(100 - 20\%)} \times 36$

$= \left(\frac{100}{80} \times 36\right) = ₹\ 45$

उदाहरण 3. एक दुकानदार को ₹ 200 में एक घड़ी को बेचने पर उतनी ही हानि होती है जितना ₹ 250 में बेचने पर लाभ होता है। घड़ी का क्रय मूल्य क्या है?

(a) ₹ 260 (b) ₹ 250
(c) ₹ 225 (d) ₹ 240

हल: (c) माना घड़ी का क्रय मूल्य = ₹ x

तब, प्रश्नानुसार $(x - 200) = (250 + x)$

$\Rightarrow \quad 2x = (250 + 200)$

$\Rightarrow \quad x = \frac{450}{2} = ₹ 225$

उदाहरण 4. एक विक्रेता अपने माल पर अंकित मूल्य, लागत मूल्य से 20% अधिक अंकित करता है और अपने ग्राहकों को 10% की छूट देता है। उसका लाभ प्रतिशत कितना है?

(a) $6\frac{1}{2}\%$ (b) 7%

(c) $7\frac{1}{2}\%$ (d) 8%

हलः (d) माना वस्तु का लागत मूल्य = ₹ 100

तब अंकित मूल्य = ₹ 120

10% छूट के बाद

वस्तु का विक्रय मूल्य $= \frac{120 \times 90}{100} = ₹ 108$

$\therefore$ लाभ = ₹ (108 – 100)

= ₹ 8

$\therefore$ लाभ % = 8%

उदाहरण 5. एक टी. वी. को ₹ 8000 में बेचनें पर क्रय मूल्य के $\frac{1}{5}$ भाग के बराबर हानि होती है। तो टी. वी. का क्रय मूल्य ज्ञात कीजिए।

(a) ₹ 10,000 (b) ₹ 10,500

(c) ₹ 11,000 (d) ₹ 11,500

हलः (a) माना टी.वी. का क्रय मूल्य = ₹ x

टी.वी. का विक्रय मूल्य = ₹ 8000

$\therefore$ हानि = ₹ $(x - 8000)$

प्रश्नानुसार, $(x - 8000) = \frac{x}{5}$

$\Rightarrow \quad 5x - 40,000 = x$

$\Rightarrow \quad 4x = 40,000$

$\Rightarrow \quad x = ₹ 10,000$

उदाहरण 6. किसी वस्तु को ₹ 860 में बेचने पर उतना ही लाभ होता है, जितना कि उसे ₹ 640 में बेचने पर हानि होती है। तो वस्तु का क्रय मूल्य ज्ञात कीजिए।

(a) ₹ 775 (b) ₹ 765

(c) ₹ 695 (d) ₹ 750

हलः (d) वस्तु का क्रयमूल्य = ₹ $\left(\frac{x+y}{2}\right)$

$= ₹ \left(\frac{860+640}{2}\right) = ₹ \left(\frac{1500}{2}\right) = ₹ 750$

उदाहरण 7. एक बेईमान दुकानदार 1 किग्रा. के स्थान पर 960 ग्राम बाँट का प्रयोग करता है। दुकानदार का लाभ प्रतिशत कितना होगा? यदि वह सामान को क्रय मूल्य पर ही बेचता है?

(a) 5% (b) 6%

(c) $5\frac{1}{4}\%$ (d) $4\frac{1}{6}\%$

हलः (d) दुकानदार का लाभ प्रतिशत

$= \left(\frac{1000 - x}{x} \times 100\right)\%$

(यहाँ $x = 960$ ग्राम)

$\therefore$ दुकानदार का लाभ प्रतिशत $= \left(\frac{1000 - 960}{960}\right) \times 100\%$

$= \left(\frac{40}{960} \times 100\right)\% = 4\frac{1}{6}\%$

उदाहरण 8. यदि 7 वस्तुओं का विक्रय मूल्य, 6 वस्तुओं के क्रय मूल्य के बराबर हो, तो लाभ प्रतिशत ज्ञात कीजिए।

(a) $11\frac{1}{2}\%$ (b) $12\frac{1}{3}\%$

(c) $16\frac{2}{3}\%$ (d) इनमें से कोई नहीं

हलः (c) $\therefore$ लाभ प्रतिशत $= \left(\frac{x - y}{y}\right) \times 100\%$

$= \left(\frac{7-6}{6}\right) \times 100\% = \left(\frac{1}{6} \times 100\right)\% = 16\frac{2}{3}\%$

उदाहरण 9. दो घड़ियों का क्रयमूल्य ₹ 840 है। एक घड़ी को 16% लाभ पर तथा दूसरी को 12% हानि पर बेचा जाता है। कुल सौदे में न उसे लाभ होता है न ही हानि। जिस घड़ी को दुकानदार लाभ पर बेचता है तो उसका क्रय मूल्य कितना होगा?

(a) ₹ 440 (b) ₹ 560

(c) ₹ 480 (d) ₹ 360

हलः (d) माना पहली घड़ी का क्रयमूल्य = ₹ x

तब, दूसरी घड़ी का क्रयमूल्य = ₹ $(840 - x)$

प्रश्नानुसार,

$= \left(x \times \frac{116}{100}\right) + (840 - x) \times \frac{88}{100} = 840$

$\Rightarrow 116x - 88x = 8400 - 840 \times 88 \Rightarrow 28x = 10080 \Rightarrow x = ₹ 360$

अभ्यास–1

1. ₹ 30 प्रति दर्जन की दर से पेंसिल बेचने पर दुकानदार को ₹ 10 का लाभ होता है, तो उसका प्रतिशत लाभ होगा–

(a) 20 (b) 35

(c) 50 (d) 66

2. 18 % छूट देने के बाद एक वॉशिंग मशीन ₹ 13489 में मिलती है। वॉशिंग मशीन का अंकित मूल्य कितना है?

(a) ₹ 16540 (b) ₹ 15450

(c) ₹ 16450 (d) ₹ 15540

3. एक सेलफोन ₹ 150 में खरीदकर ₹ 1650 में बेचा गया। प्रतिशत लाभ क्या है?

(a) 10

(b) 15

(c) 20

(d) 16

4. एक पुस्तक ₹ 150 में खरीदी गई तथा ₹ 180 में बेची गई। उस पर लाभ प्रतिशत है–
(a) 20 (b) 25
(c) 30 (d) 33

5. एक दुकानदार एक बॉलपेन ₹ 12 का या 10 बॉलपेन का एक पैकेट ₹ 100 का बेचता है। श्रीमती स्वाति यदि 24 बॉलपेन खरीदती है, तो उनका क्रय मूल्य कितना होगा?
(a) ₹ 212 (b) ₹ 238
(c) ₹ 248 (d) ₹ 258

6. एक व्यक्ति ने एक साइकिल ₹ 1200 में खरीदकर ₹ 1500 में बेच दी। लाभ का प्रतिशत है–
(a) 30 (b) 20
(c) 25 (d) 28

7. चंद्रकांत ने एक घन ₹ 200000 में खरीदा तथा उसकी मरम्मत पर ₹ 50000 लगाए। यदि वह उसे बेचने पर 20% लाभ पाना चाहता हो, तो घर का विक्रय मूल्य है–
(a) ₹ 200000 (b) ₹ 300000
(c) ₹ 30000 (d) ₹ 500000

8. किसी वस्तु के क्रय एवं विक्रय मूल्य का अनुपात 5 : 6 है, तो लाभ प्रतिशत क्या है?
(a) 25 (b) 20
(c) 15 (d) 10

9. किसी दुकानदार को ₹ 16 प्रति किग्रा. की दर से चीनी बेचने पर 20% की हानि होती है। वह किस दर से चीनी बेचे कि उसे 10% का लाभ हो?
(a) ₹ 20 प्रति किग्रा.
(b) ₹ 18 प्रति किग्रा.
(c) ₹ 22 प्रति किग्रा.
(d) ₹ 24 प्रति किग्रा.

10. एक व्यक्ति ने एक पुरानी साइकिल ₹ 450 में खरीदी और उसकी मरम्मत पर ₹ 50 व्यय किए। यदि उसने पुरानी साइकिल ₹ 600 में बेची, तो उसका लाभ प्रतिशत है–
(a) 15 (b) 18
(c) 20 (d) 25

11. एक रेडियों को ₹ 680 में बेचने पर एक दुकानदार को ₹ 120 का घाटा होता है। ₹ 120 का लाभ कमाने के लिए, रेडियो को कितने में बेचना चाहिए?
(a) ₹ 720 (b) ₹ 800
(c) ₹ 820 (d) ₹ 920

12. एक सीलिंग फैन को ₹ 750 में खरीदकर 18% लाभ पर बेचा जाता है, तो विक्रय मूल्य ज्ञात कीजिए।
(a) ₹ 850 (b) ₹ 885
(c) ₹ 860 (d) ₹ 855

13. एक दुकानदार ने 15 मेज, ₹ 500 प्रति मेज के भाव से तथ 20 कुर्सियाँ ₹ 300 प्रति कुर्सी के भाव से खरीदी उसने उनकी ढुलाई पर ₹ 40 व्यय किए, उसने मेजों तथा कुर्सियों में से प्रत्येक को ₹ 380 के भाव से बेच दिया। उसका लाभ अथवा हानि क्या है?
(a) ₹ 240 की हानि
(b) ₹ 240 की लाभ
(c) ₹ 250 की हानि
(d) ₹ 250 की लाभ

14. आलोक ने एक रेडियो ₹ 1000 में खरीदकर ₹ 1200 में बेची। उसका प्रतिशत लाभ ज्ञात कीजिए।
(a) 20 (b) 10
(c) 25 (d) 40

15. एक दुकानदार ने दो दर्जन ब्रश ₹ 10 प्रति दर्जन खरीदे। यदि वह ₹ 1 प्रति ब्रश बेचे, तो उसे कितना लाभ होगा?
(a) ₹ 4 (b) ₹ 7
(c) ₹ 6 (d) ₹ 9

16. मोहन ने ₹ 18 प्रति दर्जन के हिसाब से 4 दर्जन कॉपी खरीदी। भाव कम हो जाने के कारण ₹ 16 प्रति दर्जन के हिसाब से 3 दर्जन और ₹ 16.50 प्रति दर्जन के हिसाब से शेष 1 दर्जन कॉपी बेची। प्रतिशत हानि ज्ञात कीजिए।
(a) $10\frac{5}{12}$ (b) $10\frac{6}{13}$
(c) $10\frac{7}{12}$ (d) $10\frac{4}{9}$

17. एक कार को ₹ 45000 में बेचने पर 10% हानि होती है। कार का क्रय मूल्य बताइए।
(a) ₹ 40000 (b) ₹ 45000
(c) ₹ 50000 (d) ₹ 60000

18. घड़ी को ₹ 440 में बेचने पर 10% लाभ होता है। घड़ी का क्रय मूल्य बताइए।
(a) ₹ 360 (b) ₹ 400
(c) ₹ 500 (d) ₹ 480

19. राम ने एक घोड़ा ₹ 450 में खरीदा। उसने उस घोड़े को 10% लाभ पर श्याम को बेच दिया। श्याम ने 20% लाभ पर मोहन को बेच दिया। बताइए मोहन ने उस घोड़े को कितने रुपए में खरीदा?
(a) ₹ 495 (b) ₹ 594
(c) ₹ 500 (d) ₹ 550

20. 12% हानि पर एक घड़ी ₹ 440 में बेची गई। घड़ी का क्रय मूल्य ज्ञात कीजिए।
(a) ₹ 300 (b) ₹ 400
(c) ₹ 500 (d) ₹ 600

21. किसी वस्तु का क्रय मूल्य ₹ 250 और विक्रय मूल्य ₹ 220 है। प्रतिशत हानि बताइए–
(a) 10 (b) 15
(c) 17 (d) 20

22. हरी ने एक बैल ₹ 480 में खरीदा। वह उसे कितने में बेचे कि उसे 12% का लाभ हो जाए?
(a) ₹ 540 (b) ₹ 537
(c) ₹ 537.60 (d) ₹ 540.60

23. राम ने एक गाय ₹ 450 में खरीदी तथा ₹ 380 में बेची। उसे कितनी हानि हुई?
(a) ₹ 60 (b) ₹ 70
(c) ₹ 80 (d) ₹ 90

24. राम ने ₹ 120 की साइकिल खरीदकर ₹ 135 में बेच दी। बताइए उसे कितने प्रतिशत लाभ हुआ?
(a) 12.5 (b) 13.5
(c) 13 (d) 14

25. राम ने ₹ 500 में खरीदी हुई गया श्याम को 15% लाभ पर बेच दी, तो उसे कितना विक्रय मूल्य प्राप्त हुआ?
(a) ₹ 560 (b) ₹ 600
(c) ₹ 575 (d) ₹ 525

26. एक रंगीन टेलीविजन को ₹ 5060 में बेचने पर 10% लाभ होता है। यदि टेलीविजन को ₹ 4370 में बेचा जाए, तो कितने प्रतिशत हानि होगी?
(a) 2 (b) 5
(c) 4 (d) 3

27. किसी वस्तु को ₹ 480 में बेचने पर 20% की हानि होती है। उसे कितने में बेचा जाए कि 30% का लाभ हो?
(a) ₹ 560 (b) ₹ 600
(c) ₹ 580 (d) ₹ 780

28. किसी वस्तु को ₹ 300 में बेचने पर 25% की हानि होती है, तो वस्तु का क्रय मूल्य क्या है?
(a) ₹ 400 (b) ₹ 440
(c) ₹ 500 (d) ₹ 560

29. यदि राम ₹ 500 की किसी वस्तु को श्याम को 20% लाभ पर, श्याम मोहन को 10% लाभ पर बेचता है, तो मोहन का क्रय मूल्य क्या है?
(a) ₹ 600 (b) ₹ 560
(c) ₹ 640 (d) ₹ 660

30. यदि 58 वस्तुओं का विक्रय मूल्य, 50 वस्तुओं के क्रय मूल्य के बराबर है, तो प्रतिशत लाभ अथवा हानि ज्ञात कीजिए–
(a) 14 (b) 24
(c) 34 (d) 13.8

31. यदि 10% की हानि पर कोई ₹ 720 में बेच दी गई हो, तो वस्तु का क्रय मूल्य क्या होगा?
(a) ₹ 800 (b) ₹ 900
(c) ₹ 1000 (d) 1₹ 100

32. एक व्यापारी अंकित मूल्य पर 23% कमीशन देकर भी 10% का लाभ उठाता है। उस वस्तु का अंकित मूल्य क्या है, जबकि क्रय मूल्य ₹ 210 है?
(a) ₹ 300 (b) ₹ 400
(c) ₹ 320 (d) ₹ 380

उत्तर (हल/संकेत)

1. (c) $\therefore$ दुकानदार को ₹ 30 पर ₹ 10 का लाभ होता है।

अत: 1 दर्जन पेंसिल का क्रय मूल्य

$= 30 - 10 =$ ₹ 20

$\therefore$ प्रतिशत लाभ $= \frac{\text{लाभ} \times 100}{\text{क्रय मूल्य}}$

$= \frac{10 \times 100}{20} = 50\%$

2. (c) वाशिंग मशीन का विक्रय मूल्य = ₹ 13489

वॉशिंग मशीन पर दी गई छूट = 18%

माना वॉशिंग मशीन पर अंकित मूल्य = ₹ x

$\because \quad x - \frac{x \times 18}{100} = 13489$

$\Rightarrow \quad 100x - 18x = 1348900$

$\Rightarrow \quad 82x = 1348900$

$x = \frac{1348900}{82}$

= ₹ 16450

3. (a) सेलफोन का क्रय मूल्य = ₹ 500

सेलफोन का विक्रय मूल्य = ₹ 1650

सेलफोन पर लाभ = विक्रय मूल्य - क्रय मूल्य

$= 1650 - 1500 =$ ₹ 150

अत: लाभ प्रतिशत $= \frac{\text{लाभ} \times 100}{\text{क्रय मूल्य}}$

$= \frac{150 \times 100}{1500}$

$= 10\%$

4. (a) पुस्तक का क्रय मूल्य = ₹ 150

पुस्तक का विक्रय मूल्य = ₹ 180

पुस्तक पर प्राप्त लाभ

$= 180 - 150 =$ ₹ 30

अत: लाभ प्रतिशत $= \frac{30}{150} \times 100 = 20\%$

5. (c) स्वाति द्वारा खरीदे गए पेन के पैकेट

= 2 पैकेट

स्वाति द्वारा अलग से खरीदे गए पेन = 4

स्वाति द्वारा खरीदे गए कुल पेन = 24

$\because$ 1 बॉलपेन का मूल्य = ₹ 12

$\therefore$ 4 बॉलपेन का मूल्य $= 12 \times 4 =$ ₹ 48

$\because$ 1 पैकेट (10 बॉलपेन) का मूल्य

= ₹ 100

$\therefore$ 2 पैकेट (20 बॉलपेन) का मूल्य

$= \frac{100 \times 20}{10}$

अत: 24 बॉलपेनों का मूल्य

$= 200 + 48 =$ ₹ 248

6. (c) क्रय मूल्य = ₹ 1200

विक्रय मूल्य = ₹ 1500

लाभ $= 1500 - 1200$

= ₹ 300

प्रतिशत लाभ $= \frac{\text{लाभ}}{\text{क्रय मूल्य}} \times 100$

$= \frac{300}{1200} \times 100 = 25\%$

7. (b) प्रश्न से,

मकान का मूल्य = ₹ 200000

मकान के मरम्मत पर खर्च धन राशि

= ₹ 50000

$\therefore$ मकान की वास्तविक कीमत

$= 200000 + 500000 = 2500000$

अत: 20% लाभ पर मकान का विक्रय मूल्य

$= 250000 \times \frac{120}{100}$ = ₹ 300000

8. (b) प्रश्न से,

वस्तु के क्रय एवं विक्रय मूल्य का अनुपात

= 5 : 6

लाभ प्रतिशत

$= \frac{\text{विक्रय मूल्य} - \text{क्रय मूल्य}}{\text{क्रय मूल्य}} \times 100$

$= \frac{6x - 5x}{5x} \times 100$

$= \frac{x}{5x} \times 100 = 20\%$

9. (c) प्रति किग्रा. क्रय मूल्य $= \frac{16}{0.8} =$ ₹20

$\therefore$ 10% लाभ के लिए विक्रय मूल्य

$= 20 \times 1.1 =$ ₹ 22

10. (c) साइकिल का क्रय मूल्य = 450

साइकिल की मरम्मत पर खर्च धन राशि

= 58

साइकिल की कुल कीमत = ₹ 500

अत: अभीष्ट लाभ

$= \frac{\text{विक्रय मूल्य} - \text{क्रय मूल्य}}{\text{क्रय मूल्य}} \times 100$

$= \frac{600 - 500}{500} \times 100$

$= \frac{100}{500} \times 100 = 20\%$

11. (d) प्रश्न से,

रेडियो का क्रय मूल्य

$= 680 + 120 =$ ₹ 800

अत: अभीष्ट विक्रय मूल्य

$= 800 + 120 =$ ₹ 920

12. (b) प्रश्न से,

सीलिंग फैन का क्रय मूल्य = ₹ 750

सीलिंग फैन के विक्रय मूल्य पर लाभ प्रतिशत = 18%

विक्रय मूल्य

$= \frac{\text{क्रय मूल्य} \times (100 + \text{प्रतिशत लाभ})}{100}$

$= \frac{750 \times (100 + 18)}{100}$

$= \frac{750 \times 118}{100}$

= ₹ 885

13. (a) प्रश्नानुसार,

15 मेजों का क्रय मूल्य $= 500 \times 15 =$ ₹ 7500

20 कुर्सियों का क्रय मूल्य $= 300 \times 20 =$ ₹ 6000

ढुलाई पर व्यय = ₹ 40

कुल क्रय मूल्य $= 7500 + 6000 + 40$

= ₹ 13540

कुल विक्रय मूल्य $= 380 \times (15 + 20)$

$= 380 \times 35$

= ₹ 13300

हानि = क्रय मूल्य - विक्रय मूल्य

$= 13540 - 13300 =$ ₹ 240

14. (a) रेडियो का क्रय मूल्य = ₹ 1000

रेडियो का विक्रय मूल्य = ₹ 1200

लाभ = विक्रय मूल्य - क्रय मूल्य

$= 1200 - 1000 =$ ₹ 200

प्रतिशत लाभ $= \frac{\text{लाभ}}{\text{क्रय मूल्य}} \times 100$

$= \frac{200 \times 100}{1000} = 20\%$

15. (a) प्रश्नानुसार,

दो दर्जन = 24 ब्रश

ब्रश का क्रय मूल्य $= 10 \times 2 =$ ₹ 20

ब्रश का विक्रय मूल्य $= 24 \times 1 =$ ₹ 24

लाभ = विक्रय मूल्य - क्रय मूल्य
$= 24 - 20 =$ ₹ 4

16. (a) ∵ 1 दर्जन कॉपियों की कीमत = ₹ 18
∴ 4 दर्जन कॉपियों की कीमत
$= 18 \times 4 =$ ₹ 72
∵ 1 दर्जन कॉपियों का विक्रय मूल्य
= ₹ 16
∴ 3 दर्जन कॉपियों की कीमत
$= 16 \times 3 =$ ₹ 48
अंतिम 1 दर्जन कॉपियों का विक्रय मूल्य
= ₹ 16.50
कुल 4 दर्जन कॉपियों का विक्रय मूल्य
$= 48 + 16.50$
= ₹ 64.50
हानि $= 72 - 64.50 =$ ₹ 7.50
∵ ₹ 72 पर हानि = ₹ 7.50
∴ ₹ 100 पर हानि $= \frac{7.50 \times 100}{72}$
$= \frac{750}{72} = \frac{125}{12} = 10\frac{5}{12}\%$

17. (c) प्रश्नानुसार,
हानि =10%
अत: यदि क्रय मूल्य ₹ 100, तो विक्रय मूल्य ₹ 90 होगा।
∴ यदि विक्रय मूल्य ₹ 90 है, तो क्रय मूल्य ₹ 100 होगा।
∴ विक्रय मूल्य ₹ 45000 है, तो क्रय मूल्य
$= \frac{100 \times 45000}{90} =$ ₹ 50000
अत: कार का क्रय मूल्य ₹ 50000 होगा।

18. (b) प्रश्नानुसार
लाभ = 10%
यदि क्रय मूल्य ₹ 100, तो विक्रय मूल्य ₹ 110 होगा।
अत: यदि विक्रय मूल्य ₹ 110 है, तो क्रय मूल्य ₹ 100 होगा।
यदि विक्रय मूल्य ₹ 440 है, तो क्रय मूल्य
$= \frac{100 \times 440}{110}$
= ₹ 400
अत: घड़ी का क्रय मूल्य ₹ 400 होगा।

19. (b) प्रश्नानुसार,
घोड़े का क्रय मूल्य = ₹ 450
राम द्वारा बेचने पर घोड़े का विक्रय मूल्य
$=$ ₹$450 + 450 \times \frac{10}{100}$
= ₹ 495
अत: श्याम का क्रय मूल्य = ₹ 495
श्याम द्वारा बेचने पर घोड़े का विक्रय मूल्य
$=$ ₹$495 + 495 \times \frac{20}{100}$
= ₹ 594
मोहन का क्रय मूल्य = ₹ 594

20. (c) प्रश्न से,
घड़ी का विक्रय मूल्य = ₹ 440
x का 88% = 400
⇒ $x \times \frac{88}{100} = 440$
∴ $x \times \frac{440 \times 100}{88} =$ ₹500

21. (d) वस्तु का क्रय मूल्य = ₹ 250
वस्तु का विक्रय मूल्य = ₹ 200
विक्रय पर हानि $= 250 - 200 =$ ₹ 50
∴ ₹ 250 क्रय मूल्य पर हानि = ₹ 50
∴ ₹ 1 क्रय मूल्य पर हानि = ₹ $\frac{50}{250}$
∴ ₹ 100 क्रय मूल्य पर हानि
$= \frac{50 \times 100}{250} = 20\%$

22. (c) बैल का क्रय मूल्य = ₹ 480
ज्ञात करना है 12% लाभ हेतु - विक्रय मूल्य = ?
∴ लाभ $= 480 \times \frac{12}{100} =$ ₹ 57.60
अत: विक्रय मूल्य $= 480 + 57.60 =$ ₹ 537.60

23. (b) प्रश्न से
गाय का क्रय मूल्य = ₹ 450
गाय का विक्रय मूल्य = ₹ 380
हानि $= 450 - 380 =$ ₹ 70

24. (a) प्रश्न से,
साइकिल का क्रय मूल्य = ₹120
साइकि का विक्रय मूल्य = ₹ 135
कुल लाभ $= 135 - 120 =$ ₹ 15
प्रतिशत लाभ
$= \frac{15}{120} \times 100 = 12.5\%$

25. (c) क्रय मूल्य = ₹500
∴ लाभ =15%
विक्रय मूल्य
$= 500 + 500 \times \frac{15}{100}$
$= 500 + 75 =$ ₹ 575

26. (b) मान कि टी. वी. का क्रय मूल्य x है।
टी.वी. का विक्रय मूल्य =`5060
प्रश्न से,
x का 110%=5060
⇒ $x \times \frac{110}{100} = 5060$
⇒ $x \times \frac{5060 \times 100}{110} =$ ₹4600
टी.वी. का दूसरा विक्रय मूल्य = ₹ 4370
हानि $= 4600 - 4370 =$ ₹ 230
प्रतिशत हानि
$= \frac{230}{4600} \times 100 = 5\%$

27. (d) माना कि वस्तु का क्रय मूल्य ₹ x है।
प्रश्नानुसार,
x का 80% = 480
⇒ $x \times \frac{80}{100} = 480$
⇒ $x = \frac{480 \times 100}{80} =$ ₹600
30% लाभ पर बेचने के लिए
$600 \times \frac{30}{100} =$ ₹ 780

28. (a) माना कि वस्तु का क्रय मूल्य ₹ x है।
∴ x का $\frac{75}{100} = 300$
∴ $x = \frac{300 \times 100}{75} =$ ₹400

29. (d) 20% लाभ पर बेचने पर श्याम क्रय मूल्य
$= 500 + 500 \times \frac{20}{100}$
$= 500 + 100 =$ ₹ 600
10% लाभ पर बेचने पर मोहन का क्रय मूल्य
= 600 + 600 का 10%
$= 600 + 600 \times \frac{10}{100}$
$= 600 + 60 =$ ₹ 660

30. (d) माना कि 1 वस्तु का क्रय मूल्य = ₹ 1
∴ 50 वस्तुओं का क्रय मूल्य = ₹ 50
∴ 58 वस्तुओं का विक्रय मूल्य = ₹ 50
तथा 58 वस्तुओं का क्रय मूल्य = ₹ 58
∴ हानि = ₹ 58 – ₹ 50 = ₹ 8
∴ अत: प्रतिशत हानि

$= \frac{8}{58} \times 100\%$

= 13.8% हानि

31. (a) माना कि वस्तु का क्रय मूल्य ₹ 100 है। तो 10% की हानि पर विक्रय मूल्य

= 100 – 100 का 10%

= 100 – 10 = ₹ 90

∴ जब विक्रय मूल्य ₹ 90 है, तो क्रय मूल्य

= ₹ 100

∴ जब विक्रय मूल्य ₹ 1 है, तो क्रय मूल्य

= ₹ $\frac{100}{90}$

∴ जब विक्रय मूल्य ₹ 720 है, तो क्रय मूल्य

$= \frac{100}{90} \times 720 =$ ₹800

32. (a) माना कि वस्तु का अंकित मूल्य = ₹ x

कमीशन के बाद विक्रय मूल्य

= $x - x$ का 23%

$= x - \frac{23x}{100}$

$= \frac{100x - 23x}{100} = \frac{77x}{100}$

पुन:

वस्तु का क्रय मूल्य = ₹ 2015 तथा लाभ = 10%

अत: विक्रय मूल्य = 210 + 210 का 10%

= 210 + 21 = ₹ 231

प्रश्न से,

$\frac{77x}{100} = 231$

∴ $x = \frac{231 \times 100}{77} =$ ₹300

अभ्यास-2

1. एक व्यक्ति ने एक टी.वी. ₹ 18200 में खरीदा। उसने इस टी.वी. की मरम्मत पर ₹ 1800 खर्च किए। अब इसको कितने में बेचे कि उसको ₹ 3000 का लाभ हो?

(a) ₹ 20430 (b) ₹ 21200
(c) ₹ 23000 (d) ₹ 25200

2. एक घड़ी को ₹ 680 में बेचने पर एक दुकानदार को ₹ 120 का घाटा होता है। ₹ 120 का लाभ कमाने के लिए, घड़ी को कितने में बेचना चाहिए?

(a) ₹ 720 (b) ₹ 800
(c) ₹ 820 (d) ₹ 920

3. एक व्यक्ति ने एक पुरानी साइकिल ₹ 450 में खरीदी और उसकी मरम्मत पर ₹ 50 व्यय किए। यदि उसने पुरानी साइकिल ₹ 600 में बेची, तो उसका लाभ प्रतिशत है—

(a) 15% (b) 18%
(c) 20% (d) 25%

4. किसी वस्तु को ₹ 400 में खरीदा गया तथा 25% लाभ पर बेच दिया गया, तो वस्तु का विक्रय मूल्य क्या है?

(a) ₹ 450 (b) ₹ 475
(c) ₹ 500 (d) ₹ 550

5. एक घड़ी को ₹ 560 में बेचने पर 20% की हानि होती है। यदि इसको ₹ 840 में बेचा जाए, तो कितने प्रतिशत का लाभ होगा?

(a) 10% (b) 20%
(c) 15% (d) 18%

6. एक घड़ी ₹ 250 में खरीदकर 16% लाभ पर बेची जाती है, तो विक्रय मूल्य क्या है?

(a) ₹ 210 (b) ₹ 234
(c) ₹ 266 (d) ₹ 290

7. किसी वस्तु को 10% हानि पर बेचने से ₹ 135 मिलते हैं, तो वस्तु का क्रय मूल्य क्या होगा?

(a) ₹ 125 (b) ₹ 150
(c) ₹ 160 (d) ₹ 180

8. यदि क्र. मू. ₹ 240 और वि. मू. ₹ 200, तो हानि %—

(a) 15% (b) $16\frac{2}{3}\%$
(c) $12\frac{1}{2}\%$ (d) $16\frac{1}{3}\%$

9. एक व्यक्ति ने ₹ 20 प्रति दर्जन के भाव से अण्डे खरीदे तथा दो रुपए प्रति अण्डे के भाव से बेच दिए। सौदे में उसका प्रतिशत लाभ क्या है?

(a) 4 (b) $16\frac{2}{3}$
(c) 18 (d) 20

10. एक लड़के ने अपनी पुरानी पाठ्यपुस्तक 20% हानि पर ₹ 64 में बेची। पाठ्यपुस्तक का क्रय मूल्य क्या था?

(a) ₹ 78.80 (b) ₹ 80
(c) ₹ 100 (d) ₹ 120

11. एक व्यक्ति किसी वस्तु को बेचकर 15% का लाभ कमाता है। यदि उस वस्तु का विक्रय मूल्य ₹ 23 है, तो उसका क्रय मूल्य कितना है?

(a) ₹ 8 (b) ₹ 15
(c) ₹ 20 (d) ₹ 22

12. किसी वस्तु को 20%, हानि पर बेचने से 208 रु. मिलते हैं, तो वस्तु का क्रय मूल्य क्या होगा?

(a) ₹ 350 (b) ₹ 260
(c) ₹ 280 (d) ₹ 300

13. एक दुकानदार ने दो दर्जन ब्रुश ₹ 10 प्रति दर्जन के हिसाब से खरीदे। यदि वह एक रुपया प्रति ब्रुश बेचे, तो उसे कितना लाभ होगा?

(a) ₹ 9 (b) ₹ 7
(c) ₹ 6 (d) ₹ 4

14. एक घड़ी 275 रु. में खरीदी गई, तो ₹ 45 का लाभ प्राप्त करने के लिए किस मूल्य पर बेचना चाहिए?

(a) ₹ 320 (b) ₹ 340
(c) ₹ 360 (d) ₹ 370

15. एक व्यक्ति ने एक रेडियो ₹ 900 में खरीदकर 1,200 रुपए में बेचा। उसका प्रतिशत लाभ ज्ञात कीजिए—

(a) 20% (b) 25%
(c) 30% (d) $33\frac{1}{3}\%$

16. यदि 5 वस्तुओं का विक्रय मूल्य, 3 वस्तुओं के लागत मूल्य के बराबर हो, तो लाभ या हानि का प्रतिशत बताइए—

(a) 20% हानि (b) 25% हानि
(c) 33.3% हानि (d) 40% हानि

17. एक सब्जी वाले ने 80 सन्तरे ₹ 3 प्रति सन्तरा के हिसाब से खरीदे। उनमें से उसने 10 सन्तरे भिखारियों को मुफ्त बाँट दिए और शेष सन्तरों को ₹ 4 प्रति सन्तरा के भाव से बेच दिया। उसका लाभ प्रतिशत कितना था?

(a) $8\frac{2}{3}\%$ (b) $16\frac{2}{3}\%$
(c) $33\frac{1}{3}\%$ (d) $33\frac{2}{3}\%$

18. एक खिलौना ₹ 60 का खरीद कर 25% लाभ पर बेचा गया। खिलौने का विक्रय मूल्य क्या है?

(a) ₹ 80 (b) ₹ 45
(c) ₹ 75 (d) ₹ 65

19. एक पुस्तक को ₹ 120 में खरीदकर ₹ 150 में बेचा गया। लाभ प्रतिशत क्या है?

(a) 25% (b) 20%
(c) 30% (d) 10%

20. एक व्यक्ति ने एक साइकिल ₹ 1,200 में खरीदकर ₹ 1500 में बेच दी। लाभ का प्रतिशत है—

(a) 30% (b) 20%
(c) 25% (d) 28%

उत्तर (हल/संकेत)

1. (c) टीवी की कीमत = ₹ (18200 + 1800)
= ₹ 20000

∵ लाभ = ₹ 3000 (दिया है)

हम जानते हैं कि,

विक्रय मूल्य = क्रय मूल्य + लाभ
= 20000 + 3000
= ₹ 23000

2. (b) घड़ी का क्रय मूल्य = 680 – 120 = ₹ 560

घड़ी का अभीष्ट विक्रय मूल्य = 560 + 240
= ₹ 800

3. (c) साइकिल की कीमत (क्रय मूल्य)
= 450 + 50 = ₹ 500

∴ अत: अभीष्ट लाभ

$= \frac{\text{विक्रय मूल्य – क्रय मूल्य}}{\text{क्रय मूल्य}} \times 100$

$= \frac{600-500}{500} \times 100$

$= \frac{100}{500} \times 100 = 20\%$

4. (c) वस्तु का क्र.मू. ₹ 400 क्र.मू. लाभ प्रतिशत = 25%

वस्तु का वि. मू.

$= 400 = \frac{125}{100} = ₹\ 500$

5. (b) माना क्रय मूल्य = x

प्रश्नानुसार,

$\frac{x \times 80}{100} = ₹\ 560$

$x = \frac{560 \times 100}{80}$

$x = ₹\ 700$

पुन: लाभ% = $\frac{\text{लाभ}}{\text{क्रय मूल्य}} \times 100$

$= \frac{140}{700} \times 100$

= 20%

6. (d) घड़ी का क्र.मू. = ₹ 250

क्र.मू. पर लाभ प्रतिशत = 16%

$\frac{250 \times 116}{100} = ₹\ 290$

7. (b) माना कि क्रय मूल्य = ₹ 100

∴ विक्रय मूल्य = ₹ (100 – 10) = ₹ 90

∴ जब ₹ 90 विक्रय मूल्य है तो क्रय मूल्य
= ₹ 100

∴ जब ₹ 1 विक्रय मूल्य है तो क्रय मूल्य

$= \frac{100}{90}$

∴ ₹ 135 विक्रय मूल्य है तो क्रय मूल्य

$= \frac{100}{90} \times 135 = ₹\ 150$

8. (b) ∵ क्रय मूल्य = ₹ 240

विक्रय मूल्य = ₹ 200

∴ हानि % = $\frac{\text{हानि}}{\text{क्रय मूल्य}} \times 100$

$= \frac{40}{240} \times 100 = 16\frac{2}{3}\%$

9. (d) एक दर्जन अण्डों का क्रय मूल्य = ₹ 20

एक अण्डे का विक्रय मूल्य = ₹ 2

∴ एक दर्जन अण्डों का विक्रय मूल्य
= ₹ 12 × 2
= 24

∴ लाभ = 24 – 20
= ₹ 4

प्रतिशत लाभ = $\frac{\text{लाभ}}{\text{क्रय मूल्य}} \times 100$

$= \frac{4}{20} \times 100 = 20\%$

10. (b) माना कि क्रय मूल्य = 100

∴ विक्रय मूल्य = ₹ 80

∵ जब विक्रय मूल्य ₹ 80 है तो
क्रय मूल्य = ₹ 100

∴ जब विक्रय मूल्य ₹ 64 है तो

क्रय मूल्य = $\frac{100}{80} \times 64 = ₹\ 80$

11. (c) वस्तु का क्रय मूल्य

$= \left(\frac{100}{100 + \text{लाभ}}\right) \times$ विक्रय मूल्य

$= \frac{100}{100+15} \times 23$

$= \frac{100}{115} \times 23 = 20$

12. (b) माना अभीष्ट क्रय मूल्य = ₹ x

तो $x - x$ का $\frac{20}{100} = 208$

या, $\frac{100x - 20x}{100} = 208$

या, $\frac{80x}{100} = 208$

या, $x = \frac{208 \times 100}{80} = 260$

∴ अभीष्ट क्रय मूल्य = ₹ 260

13. (d) दो दर्जन ब्रुश का क्रय मूल्य = 2 × 10 = ₹ 20

∵ एक ब्रुश का विक्रय मूल्य = ₹ 1

∴ दो दर्जन = 24 ब्रुश का विक्रय मूल्य
= 1 × 24 = ₹ 24

अत: लाभ = 24 – 20 = ₹ 4

14. (a) अभीष्ट वि. मू. = क्र. मू. + लाभ
= 275 + 45
= ₹ 320

15. (d) रेडियो का क्रय मूल्य = ₹ 900

विक्रय मूल्य = ₹ 1,200

लाभ = वि. मू. – क्र. मू.
= 1,200 – 900 = ₹ 300

∴ लाभ % $= \frac{300}{900} \times 100$

$= 33\frac{1}{3}\%$

16. (d) प्रश्नानुसार,

5 × विक्रय मूल्य = 3 × क्रय मूल्य

$\Rightarrow \frac{\text{विक्रय मूल्य}}{\text{क्रय मूल्य}} = \frac{3}{5}$

यदि क्रय मूल्य > विक्रय मूल्य हो, तो हानि होगी।

∴ हानि प्रतिशत = $\frac{5-3}{5} \times 100$

$= \frac{2}{5} \times 100 = 40\%$

अत: इस प्रश्न में हानि हुई 40%

17. (b) 80 सन्तरों का क्रय मूल्य
= ₹ (80 × 3) = ₹ 240

शेष सन्तरों की संख्या (80 – 10) = 70

70 सन्तरों का विक्रय मूल्य = ₹ (70 × 4) = ₹ 280

लाभ = (280 – 240) = ₹ 40

लाभ % = $\frac{40 \times 100}{240} = 16\frac{2}{3}\%$

18. (c) खिलौने का क्र.मू. = ₹ 66

विक्रय मूल्य पर लाभ प्रतिशत = 25%

खिलौने का विक्रय मूल्य

$= \left(60 + \frac{60 \times 25}{100}\right) = (60 + 15) = ₹\ 75$

19. (a) पुस्तक का क्रय मूल्य = ₹ 120

पुस्तक का विक्रय मूल्य = ₹ 150

लाभ = ₹ (150 – 120)
= ₹ 30

लाभ % = $\frac{30 \times 100}{120}$
= 25%

20. (c) साइकिल का क्रय मूल्य = ₹ 1200

साइकिल का विक्रय मूल्य = ₹1500

लाभ = ₹ (1500 – 1200) = ₹ 300

लाभ = $\left(\frac{300 \times 100}{1200}\right)\% = 25\%$

❑❑❑

अध्याय

13

साधारण ब्याज

- **साधारण ब्याज (Simple Interest) :** यदि सम्पूर्ण ऋण अवधि के दौरान मूलधन समान बना रहता हो, तो उस पर ब्याज, साधारण ब्याज कहलाता है।
- **मूलधन (Principal) :** किसी बैंक, व्यक्ति, या साहूकार द्वारा उधार लिया गया धन मूलधन कहलाता है। इसे 'P' से प्रदर्शित करते हैं।
- **समय (Time period) :** धन जितने समय के लिए धन उधार लिया जाता है उसे ब्याज अवधि कहते हैं। इसे 'T' से प्रदर्शित करते हैं।
- **ब्याज की दर (Rate of interest) :** ₹ 100 पर एक वर्ष के लिए ब्याज को ब्याज दर या दर प्रतिशत वार्षिक कहते हैं। इसे 'R' से प्रदर्शित करते है।
- **मिश्रधन (Amount) :** ब्याज सहित लौटाई गई राशि को मिश्रधन कहते है। इसे 'A' से प्रदर्शित करते हैं।

  मिश्रधन = मूलधन + ब्याज

महत्वपूर्ण सूत्र

यदि मूलधन ₹ P ब्याज दर $R\%$ वार्षिक तथा समय T वर्ष हो, तब

साधारण ब्याज $(S.I) = \frac{P \times R \times T}{100}$

(i) $P = \frac{100 \times S.I.}{RT}$ (ii) $R = \frac{100 \times S.I.}{PT}$

(iii) $T = \frac{100 \times S.I.}{PR}$ (iv) $P = \frac{100 \times S.I.}{r \times t}$

हल सहित उदाहरण

उदाहरण 1. ₹ 471 पर 7 महीने का 2 पैसे प्रति रुपए प्रति माह की दर से साधारण ब्याज है-

(a) ₹ 65.94 (b) ₹ 66.67
(c) ₹ 68.25 (d) ₹ 70

हल: (a) साधारण ब्याज = $\frac{\text{मूलधन} \times \text{दर} \times \text{समय}}{100}$

$= \frac{471 \times 2 \times 7}{100} =$ ₹ 65.94

उदाहरण 2. 6 वर्षों में किसी राशि पर ₹ 1500 साधारण ब्याज प्राप्त होता है। यदि दो वर्षों के बाद ब्याजदर दोगुनी कर दी जाए, तो कितना साधारण ब्याज प्राप्त होगा?

(a) ₹ 2400 (b) ₹ 2100
(c) ₹ 2500 (d) ₹ 1800

हल: (c) 6 वर्षों में किसी राशि पर प्राप्त साधारण ब्याज ₹ 1500

$\therefore$ 2 वर्षों के लिए प्राप्त साधारण ब्याज = $\left(\frac{1500 \times 2}{6}\right) =$ ₹ 500

प्रश्नानुसार

2 वर्ष बाद ब्याज दर दोगुनी हो जाती है-

$\therefore$ अगले चार वर्षों का ब्याज = ₹ $(250 \times 4 \times 2)$

= ₹ 2000

$\therefore$ 6 वर्ष बाद कुल साधाण ब्याज = ₹ $(2000 + 500)$

= ₹ 2500

उदाहरण 3. किस सरल ब्याज दर से कोई मूलधन 20 वर्षों में दो गुना हो जायेगा?

(a) ₹ $7\frac{1}{2}\%$ (b) ₹ 6%
(c) ₹ 5% (d) ₹ $5\frac{1}{2}\%$

हल: (c) माना धनराशि ₹ x तथा ब्याज दर $r\%$ वार्षिक है।

$\therefore$ 20 वर्ष पश्चात् धनराशि = ₹ $2x$

$\therefore$ 20 वर्ष पश्चात् साधारण ब्याज = ₹ $(2x - x) =$ ₹ x

साधारण ब्याज = $\frac{\text{मूलधन} \times \text{दर} \times \text{समय}}{100}$

$x = \frac{x \times r \times 20}{100} \Rightarrow r = \frac{100}{20}\% = 5\%$ वार्षिक

उदाहरण 4. कोई धनराशि साधारण ब्याज की दर से $\frac{1}{4}$ वर्ष में स्वयं $\frac{41}{40}$ हो जाती है। वार्षिक ब्याज की दर है-

(a) $8\frac{1}{2}\%$ (b) 8%
(c) $7\frac{1}{2}\%$ (d) 10%

हल: (d) माना धनराशि ₹ x तथा ब्याज दर $r\%$ वार्षिक हैं

$\therefore \frac{1}{4}$ वर्ष में धनराशि = ₹ $\frac{41}{40}x$

प्रश्नानुसार

$\frac{x \times r \times 1}{100 \times 4} + x = \frac{41}{40}x$

$\Rightarrow \frac{xr}{400} + x = \frac{41}{40}x$

$\Rightarrow \frac{xr}{400} = \frac{41}{40}x - x$

$\Rightarrow \frac{xr}{400} = \frac{x}{40}$

$\Rightarrow r = 10\%$

उदाहरण 5. ₹ 2000 की राशि का पहले 3 वर्षों में 4% साधारण ब्याज की दर से फिर बाद के 4 वर्षों में 7% की दर से तथा अंतिम 6 वर्षों में 8% ब्याज की दर से साधारण ब्याज है–

(a) ₹ 1650 (b) ₹ 1760
(c) ₹ 1780 (d) ₹ 1820

हल: (b) अभीष्ट साधारण ब्याज

$$= \left(\frac{2000\times3\times4}{100}+\frac{2000\times4\times7}{100}+\frac{2000\times6\times8}{100}\right)$$

$= (240 + 560 + 9610) =$ ₹ 1760

उदाहरण 6. 12 प्रतिशत प्रतिवर्ष की दर से साधारण ब्याज पाने के लिए विमला 5 वर्ष के लिए ₹ 45,800 जमा करती है। 5 वर्ष के अन्त में विमला को कुल कितनी राशि मिलेगी?

(a) ₹ 73280 (b) ₹ 74580
(c) ₹ 74580 (d) ₹ 75150

हल: (a) 5 वर्ष के अंत में विमला को ब्याज के रूप में प्राप्त राशि

$$= \frac{PRT}{100} = \left(\frac{45800\times12\times5}{100}\right)$$

= ₹ 27480

∴ 5 वर्ष के अंत में विमला को प्राप्त कुल राशि

= ₹ (45800 + 27480)

= ₹ 73280

उदाहरण 7. ₹ 8000 में से कुछ राशि 6% प्रतिवर्ष की दर से उधार दी जाती है तथा शेष राशि को 4% प्रतिवर्ष की दर से उधार दिया जाता है। यदि 5 वर्षों के बाद ब्याज के रूप में कुल ₹ 1800 प्राप्त हो, तो 4% प्रतिवर्ष की दर से उधार दी गई राशि है।

(a) ₹ 5800 (b) ₹ 6000
(c) ₹ 5500 (d) ₹ 5600

हल: (b) माना 6% प्रतिवर्ष की दर से उधार दिया गया धन = ₹ x

तब, 4% प्रतिवर्ष की दर से उधार दिया गया धन = ₹ $(8,000 - x)$

प्रश्नानुसार, $\frac{6\times5\times x}{100}+\frac{(8000-x)\times4\times5}{100} = 1,800$

$\Rightarrow \quad 30x + 1,60,000 - 20x = 1,80,000$

$\Rightarrow \quad 10x = 20,000$

$\therefore \quad x =$ ₹ 2,000

∴ 4% प्रतिवर्ष की दर से उधार दिया गया धन = (8,000 – 2,000)

= ₹ 6,000

उदाहरण 8. ₹ 1000 को दो अलग-अलग बैंकों में 2 वर्षों के लिए जमा किया जाता है। इन दोनों बैंकों से प्राप्त ब्याज में ₹ 25 का अंतर है, तो इनके ब्याज दरों का अंतर है–

(a) ₹ 1.45% (b) ₹ 1.5%
(c) ₹ 1.25% (d) ₹ 1.75%

हल: (c) माना पहले बैंक की ब्याज दर r_1% व दूसरे बैंक की ब्याज दर r_2% है।

तब प्रश्नानुसार, $I_1 = \frac{1000\times2\times r_1}{100} = 20r_1$

$I_2 = \frac{1000\times2\times r_2}{100} = 20r_2$

$\Rightarrow \quad I_1 - I_2 = 20r_1 - 20r_2$

$\because \quad 20(r_1 - r_2) = 25$

$\Rightarrow \quad (r_1 - r_2) = \frac{25}{20} = 1.25\%$

उदाहरण 9. ₹ 5000 को दो हिस्सों में इस प्रकार बांटा जाता है कि यदि एक हिस्से को 4% की दर से तथा दूसरे हिस्से को 8% की दर से निवेश किया जाता है, तो वर्ष के अंत में ब्याज के रूप में ₹ 300 प्राप्त होते हैं। प्रत्येक हिस्सा है–

(a) ₹ 2400 (b) ₹ 2550
(c) ₹ 2500 (d) ₹ 2600

हल: (c)

माना 4% वार्षिक दर से निवेशित किया गया धन = ₹ x

∴ 8% वार्षिक दर से निवेशित धन = ₹ $(5000 - x)$

प्रश्नानुसार,

$$\frac{x\times4\times1}{100}+\frac{(5000-x)\times8\times1}{100} = ₹\ 300$$

$\Rightarrow \quad 4x + 40,000 - 8x =$ ₹ 30,000

$\Rightarrow \quad x =$ ₹ $\frac{10,000}{4} =$ ₹ 2,500

अत: 4% वार्षिक दर पर निवेशित राशि = ₹ 2,500

8% वार्षिक दर पर निवेशित राशि = (5000 – 2500) = ₹ 2,500

अभ्यास–1

1. एक व्यक्ति ₹ 20000, 2 वर्ष के लिए साधारण ब्याज पर उधार लेता है। 2 वर्ष के बाद वह ब्याज के सहित ₹ 24800 वापस करता है। तो वार्षिक दर क्या है?

(a) 48% (b) 24%
(c) 12% (d) 6%

2. वह दर, जिस पर ₹ 17500 की राशि साधारण ब्याज पर 2 वर्षों में ₹ 19250 हो जाएगी, है–

(a) $12\frac{1}{2}$% (b) 10%
(c) $7\frac{1}{2}$% (d) 5%

3. एक राशि 25% वार्षिक की दर से साधारण ब्याज पर कितने समय में अपने से तीन गुनी हो जाएगी?

(a) 4 वर्ष (b) 6 वर्ष
(c) 8 वर्ष (d) 10 वर्ष

4. कितने समय में ₹ 4250, 8% वार्षिक दर से साधारण ब्याज पर ₹ 5610 हो जाएँगे?

(a) 8 वर्ष (b) 6 वर्ष
(c) 5 वर्ष (d) 4 वर्ष

5. किस वार्षिक दर प्रतिशत से ₹ 2500, साधारण ब्याज पर 4 वर्ष में ₹ 3300 हो जाएँगे?

(a) 5 (b) 6
(c) 8 (d) 10

6. कितनी राशि पर 5% वार्षिक दर से निवेश करने पर 7 वर्ष 8 महीने में ₹ 575 ब्याज मिलेगा?
(a) ₹ 1500 (b) ₹ 1600
(c) ₹ 1675 (d) ₹ 2075

7. एक व्यक्ति ने घर की मरम्मत के लिए ₹ 20000 उधार लिए जो उसे 10% वार्षिक ब्याज पर 2 वर्ष में वापिस करने हैं। ब्याज सहित 2 वर्ष बाद उसने जो राशि वापिस की है वो है–
(a) ₹ 21000 (b) ₹ 22000
(c) ₹ 24000 (d) ₹ 4000

8. ₹ 2000 की जमा राशि पर 5 वर्ष बाद एक बैंक ₹ 3000 वापस करता है। साधारण ब्याज की प्रतिशत दर क्या है?
(a) 20% (b) 15%
(c) 10% (d) 5%

9. एक व्यक्ति ने अपने मित्र से ₹ 600 उधार लिए, उसने उसे 8% वार्षिक साधारण ब्याज की दर से 8 महीने में लौटाने का वायदा किया, उसे कितनी राशि वापस करनी है?
(a) ₹ 32 (b) ₹ 384
(c) ₹ 984 (d) ₹ 632

10. ₹ 300 का 6% वार्षिक साधारण ब्याज की दर से $2\frac{1}{2}$ वर्ष का ब्याज होगा–
(a) ₹ 18 (b) ₹ 36
(c) ₹ 40 (d) ₹ 45

11. कितने धन का साधारण ब्याज 5% वार्षिक ब्याज की दर से 5 वर्ष में ₹ 75 हो जाएगा?
(a) ₹ 200 (b) ₹ 300
(c) ₹ 400 (d) ₹ 500

12. कितने समय में $6\frac{1}{4}\%$ वार्षिक ब्याज की दर से कोई धन दोगुना हो जाएगा?
(a) 16 वर्ष (b) 14 वर्ष
(c) 12 वर्ष (d) 10 वर्ष

13. कितने समय में ₹ 2600 का 8% वार्षिक ब्याज की दर से साधारण ब्याज ₹ 288 हो जाएगा?
(a) $1\frac{5}{13}$ वर्ष (b) $1\frac{4}{13}$ वर्ष
(c) $1\frac{3}{13}$ वर्ष (d) $1\frac{2}{13}$ वर्ष

14. ₹ 800 का $2\frac{1}{2}$ वर्ष में मिश्रधन ₹ 2250 हो जाता है, दर प्रतिशत ज्ञात कीजिए?
(a) 5 (b) 7
(c) 8 (d) 10

15. महेश ने एक दुकानदार से ₹ 600, 12% वार्षिक ब्याज की दर से 2 वर्ष के लिए उधार लिए। उसने 2 वर्ष बाद, ₹ 640 वापस कर दिए। बताइए उसे अभी और कितने रुपए वापस करने हैं?
(a) 101 (b) 102
(c) 104 (d) 106

16. ₹ 450 का 5% वार्षिक ब्याज की दर से 3 वर्ष का मिश्रधन ज्ञात कीजिए–
(a) ₹ 516.50 (b) ₹ 518.50
(c) ₹ 517.50 (d) ₹ 519.50

17. किस धन का 6% वार्षिक ब्याज की दर से $4\frac{1}{2}$ वर्ष में साधारण ब्याज ₹ 324 होगा?
(a) ₹ 1100 (b) ₹ 1200
(c) ₹ 1300 (d) ₹ 1400

18. विवेक ने ₹ 1200 महेश से 4% ब्याज की दर से उधार लिए। 5 वर्ष बाद, उसने कर्जा ₹ 1000 नकद व एक घड़ी देकर चुकाया। घड़ी का मूल्य ज्ञात कीजिए–
(a) ₹ 200 (b) ₹ 240
(c) ₹ 280 (d) ₹ 320

19. कितने समय में ₹ 1200 का साधारण ब्याज ₹ 288 होगा, यदि ब्याज की दर 8% है?
(a) 3 वर्ष (b) 4 वर्ष
(c) 5 वर्ष (d) 6 वर्ष

20. कितने समय में 10% वार्षिक दर से कोई धन अपने धन का तीन गुना हो जाएगा?
(a) 10 वर्ष (b) 15 वर्ष
(c) 17.5 वर्ष (d) 20 वर्ष

21. कितने समय में 4% वार्षिक ब्याज की दर से ₹ 50 का मिश्रधन ₹ 55 हो जाएगा?
(a) 2 वर्ष (b) $2\frac{1}{2}$ वर्ष
(c) 3 वर्ष (d) $3\frac{1}{2}$ वर्ष

22. ₹ 1800 का $2\frac{1}{2}$ वर्ष में मिश्रधन ₹ 2250 हो जाता है, दर प्रतिशत ज्ञात कीजिए–
(a) 10 (b) 5
(c) 4 (d) 6

23. वार्षिक दर ज्ञात कीजिए, जबकि मिश्रधन ₹ 794,50, मूलधन ₹ 700 और समय $1\frac{1}{2}$ वर्ष हो–
(a) 6% (b) 8%
(c) 7% (d) 9%

24. समय बताइए, जबकि मूलधन ₹ 350, ब्याज ₹ 52.50 और ब्याज की दर 6% वार्षिक हो–
(a) $2\frac{1}{2}$ वर्ष (b) 3 वर्ष
(c) 2 वर्ष (d) $3\frac{1}{2}$ वर्ष

25. ₹ 1100 कितने समय में $5\frac{1}{4}\%$ वार्षिक ब्याज की दर से ₹ 1331 हो जाएँगे?
(a) 3 वर्ष (b) $3\frac{1}{2}$ वर्ष
(c) 4 वर्ष (d) $4\frac{1}{4}$ वर्ष

26. एक बैंक के स्थिर खाते में 2 वर्ष के लिए धन जमा करने पर $8\frac{1}{2}\%$ वार्षिक साधारण ब्याज मिलता है। रमेश ने इस खाते में कितनी रकम जमी की, जिससे उसे 2 वर्ष पश्चात् ₹ 2340 मिलें?
(a) ₹ 2000 (b) ₹ 2100
(c) ₹ 2250 (d) ₹ 2050

27. किस धन का मिश्रधन 5% वार्षिक ब्याज की दर से 2 वर्ष 6 माह में ₹ 360 हो जाएगा?
(a) ₹ 300 (b) ₹ 310
(c) ₹ 305 (d) ₹ 320

उत्तर (हल/संकेत)

1. (c) ∵ मिश्रधन = ₹ 24800, मूलधन = ₹ 20000

∴ साधारण ब्याज = (मिश्रधन – मूलधन)

= 24800 – 20000 = ₹ 4800

$$\text{दर} = \frac{\text{साधारण ब्याज} \times 100}{\text{मूलधन} \times \text{समय}}$$

$$= \frac{4800 \times 100}{20000 \times 2} = 12\%$$

2. (d) माना कि साधारण ब्याज की दर r % है तो,

$$\text{साधारण ब्याज} = \frac{\text{मूलधन} \times \text{दर} \times \text{समय}}{100}$$

$$19250 - 17500 = \frac{17500 \times r \times 2}{100}$$

(∵ साधारण ब्याज = मिश्रधन – मूलधन)

$$\Rightarrow \quad 1750 = \frac{17500 \times r \times 2}{100}$$

$\Rightarrow \quad r = \frac{1750 \times 100}{17500 \times 2}$

$\therefore \quad r = 5\%$

3. (c) माना कि मूलधन = ₹ P

तब मिश्रधन = 3P

$\therefore$ साधारण ब्याज = 3P – = ₹ 2P

$\because$ साधारण ब्याज $= \frac{\text{मूलधन} \times \text{दर} \times \text{समय}}{100}$

$\Rightarrow \quad 2P = \frac{P \times 25 \times \text{समय}}{100}$

$\therefore$ समय $= \frac{100 \times 2}{25} = 8$ वर्ष

4. (d) प्रश्नानुसार,

मूलधन = ₹ 4250, दर = 8%

मिश्रधन = ₹ 5610

ज्ञात करना है समय = ?

समय $= \frac{100 \times \text{साधारण ब्याज}}{\text{मूलधन} \times \text{दर}}$

[यहाँ, साधारण ब्याज = मिश्रधन - मूलधन]

= 5610 – 4250 = ₹ 1360

अत: समय $= \frac{100 \times 1360}{4250 \times 8}$

$= \frac{32}{8} = 4$ वर्ष

5. (c) प्रश्नानुसार,

मूलधन = ₹ 2500

मिश्रधन = ₹ 3300

समय = 4 वर्ष

ज्ञात करना है ब्याज दर

ब्याज $= \frac{\text{मूलधन} \times \text{दर} \times \text{समय}}{100}$

ब्याज = मिश्रधन - मूलधन

= 3300 – 2500 = ₹ 800

$800 = \frac{2500 \times \text{दर} \times 4}{100}$

दर $= \frac{800 \times 100}{2500 \times 4} = 8\%$

6. (a) प्रश्नानुसार,

ब्याज दर = 5 वार्षिक

समय = 7 वर्ष 8 माह

ब्याज = ₹ 575

ज्ञात करना है = मूलधन

समय = 7 वर्ष 8 महीने

$= 7\frac{2}{3}$ वर्ष $= \frac{23}{3}$ वर्ष

दर = 5% वार्षिक

साधारण ब्याज $= \frac{\text{मूलधन} \times \text{दर} \times \text{समय}}{100}$

$575 = \frac{\text{मूलधन} \times 5 \times 23}{3 \times 100}$

अत: मूलधन

$= \frac{575 \times 3 \times 100}{5 \times 23} = ₹1500$

7. (c) प्रश्नानुसार,

ऋण ली गई राशि = ₹ 20000

ब्याज दर = 10% वार्षिक

समय = 2 वर्ष

ज्ञात करना है = मिश्रधन

2 वर्ष का साधारण ब्याज

$= \frac{\text{मूलधन} \times \text{दर} \times \text{समय}}{100}$

$= \frac{200000 \times 10 \times 2}{100} = ₹4000$

अत: 2 वर्ष के पश्चात् कुल देय धन राशि

= 20000 + 4000

= ₹ 24000

8. (c) माना कि साधारण ब्याज की प्रतिशत दर r है, तो प्रश्न से,

मिश्रधन = ₹ 3000

मूलधन = ₹ 2000

साधारण ब्याज = (मिश्रधन - मूलधन)

= 3000 – 2000

= 1000

दर $= \frac{\text{साधारण ब्याज} \times 100}{\text{मूलधन} \times \text{समय}}$

$\therefore \quad r = \frac{1000 \times 100}{2000 \times 5} = 10\%$

9. (d) मूलधन = ₹ 600

ब्याज की दर = 8% वार्षिक

समय = 8 महीने

$= \frac{8}{12} = \frac{2}{3}$ वर्ष

ब्याज $= \frac{\text{मूलधन} \times \text{दर} \times \text{समय}}{100}$

$= \frac{600 \times 2 \times 8}{100 \times 3} = ₹32$

अत: मिश्रधन = मूलधन + ब्याज

= 600 + 32 = ₹ 632

10. (d) प्रश्नानुसार,

मूलधन = ₹ 3000

समय =

दर = 6% वार्षिक

ज्ञात करना है = साधारण ब्याज

साधारण ब्याज

$= \frac{\text{मूलधन} \times \text{दर} \times \text{समय}}{100}$

$= \frac{300 \times 5 \times 6}{2 \times 100} = ₹45$

11. (b) प्रश्नानुसार,

ब्याज दर = 5% वार्षिक

समय = 5 वर्ष

ब्याज = ₹ 75

ज्ञात करना है = मूलधन

मूलधन $= \frac{100 \times \text{साधारण ब्याज}}{\text{समय} \times \text{दर}}$

$= \frac{100 \times 75}{5 \times 5} = ₹300$

अत: मूलधन ₹ 300 होगा।

12. (a) माना कि धन ₹ 1000 है।

$\because$ मिश्रधन = ₹ 200

$\therefore$ साधारण ब्याज

= 200 – 100 = ₹ 100

दर $= \frac{25}{4}\%$

समय $= \frac{100 \times 100 \times 4}{100 \times 25} = 16$ वर्ष

13. (a) प्रश्नानुसार,

मूलधन = ₹ 2600

दर = 8%

ब्याज = ₹ 288

समय $= \frac{100 \times \text{साधारण ब्याज}}{\text{मूलधन} \times \text{दर}}$

समय $= \frac{100 \times 288}{2600 \times 8}$

$= \frac{18}{13} = 1\frac{5}{13}$ वर्ष

अत: $1\frac{5}{13}$ वर्ष में ₹ 26000 का साधारण ब्याज ₹ 288 हो जाएगा।

14. (d) प्रश्नानुसर,

मूलधन = ₹ 1800

मिश्रधन = ₹ 2250

साधारण ब्याज = मिश्रधन - मूलधन

= 2250 – 1800

= 450

अत: साधारण ब्याज

समय $= 2\frac{1}{2} = \frac{5}{4}$ वर्ष

दर $= \frac{100 \times \text{साधारण ब्याज}}{\text{मूलधन} \times \text{दर}}$

$= \frac{100 \times 450 \times 2}{1800 \times 5} = 10\%$

15. (c) प्रश्न से,

ऋण ली गई राशि = ₹ 600

ब्याज दर = 12% वार्षिक दर

समय = 2 वर्ष

साधारण ब्याज

$= \frac{\text{मूलधन} \times \text{दर} \times \text{समय}}{100}$

$= \frac{600 \times 12 \times 2}{100} = ₹144$

अत: मिश्रधन = 600 + 144 = ₹ 744

कुल वापस की गई राशि = ₹ 640

अत: अब महेश 744 – 640 = ₹ 104 और वापस करेगा।

16. (c) मूलधन = ₹ 450

दर = 5% वार्षिक

समय = 3 वर्ष

साधारण ब्याज

$= \frac{\text{मूलधन} \times \text{दर} \times \text{समय}}{100}$

साधारण ब्याज $= \frac{450 \times 5 \times 3}{100}$

$= ₹ \frac{135}{2} = ₹ 67.50$

मिश्रधन = मूलधन + ब्याज

= 450 + 67.50 = ₹ 517.50

17. (b) प्रश्न से,

ब्याज = ₹ 324

दर = 6%

समय $= \frac{9}{2}$ वर्ष

मूलधन = ?

∵ मूलधन $= \frac{100 \times \text{साधारण ब्याज}}{\text{समय} \times \text{दर}}$

$= \frac{100 \times 324 \times 2}{6 \times 9} = ₹1200$

18. (b) प्रश्नानुसार,

मूलधन = ₹ 1200

दर = 4%

समय = 5 वर्ष

ब्याज $= \frac{1200 \times 4 \times 5}{100} = ₹240$

नकद = ₹ 1000

घड़ी का मूल्य = 1200 – 1000

= ₹ 240

19. (a) प्रश्न में दिया गया है,

ब्याज = ₹ 288

मूलधन = ₹ 1200

दर = 8%

ज्ञात करना है = समय

समय $= \frac{288 \times 100}{1200 \times 8}$

$= \frac{28800}{9600} = 3$ वर्ष

20. (d) माना कि मूलधन = ₹ 100

मिश्रधन = ₹ 300

साधारण ब्याज = मिश्रधन - मूलधन

साधारण ब्याज = 300 – 100 = ₹ 200

दर = 10%

समय = ?

समय $= \frac{200 \times 100}{100 \times 10} = 20$ वर्ष

21. (b) प्रश्न से,

मूलधन = ₹ 50

मिश्रधन = ₹ 55

दर = 4%

साधारण ब्याज = मिश्रधन - मूलधन

ब्याज = 55 – 50 = ₹ 5

समय = ?

समय $= \frac{\text{साधारण ब्याज} \times 100}{\text{मूलधन} \times \text{दर}}$

समय $= \frac{5 \times 100}{50 \times 4} = 2\frac{1}{2}$ वर्ष

22. (a) प्रश्नानुसार,

मूलधन = ₹ 1800

मिश्रधन = ₹ 2250

ब्याज = मिश्रधन - मूलधन

ब्याज = 2250 – 1800 = ₹ 450

समय $= \frac{5}{2}$ वर्ष

दर = ?

दर $= \frac{\text{साधारण ब्याज} \times 100}{\text{मूलधन} \times \text{समय}}$

दर $= \frac{450 \times 100 \times 2}{1800 \times 5} = 10\%$

23. (d) प्रश्न से,

मूलधन = ₹ 700

मिश्रधन = ₹ 794.50

समय $= \frac{3}{2}$ वर्ष

दर = ?

ब्याज = 794.50 – 700 = ₹ 94.50

दर $= \frac{\text{साधारण ब्याज} \times 100}{\text{मूलधन} \times \text{समय}}$

दर $= \frac{94.50 \times 100 \times 2}{700 \times 3}$

$= \frac{18900}{2100} = 9\%$

24. (a) प्रश्नानुसार,

मूलधन = ₹ 350

ब्याज = ₹ 52.50

दर = 6%

समय = ?

समय $= \frac{\text{साधारण ब्याज} \times 100}{\text{मूलधन} \times \text{समय}}$

समय $= \frac{52.50 \times 100}{350 \times 6}$

$= \frac{5250}{2100} = 2\frac{1}{2}$ वर्ष

25. (c) प्रश्न से,

मूलधन = ₹ 350

मिश्रधन = ₹ 1331

दर $= \frac{21}{4}\%$

समय = ?

ब्याज = 1331 – 1100 = ₹ 231

समय $= \frac{\text{साधारण ब्याज} \times 100}{\text{मूलधन} \times \text{दर}}$

समय $= \frac{231 \times 100 \times 4}{1100 \times 21}$

$= \frac{92400}{23100} = 4$ वर्ष

26. (a) मूलधन = ?

मिश्रधन = ₹ 2340

समय = 2 वर्ष

दर $= \frac{17}{2}\%$

माना कि मूलधन ₹ x है।

तो साधारण ब्याज

$$= \frac{x \times 2 \times 17}{100 \times 2} = ₹ \frac{17x}{100}$$

प्रश्न से

$$x + \frac{17x}{100} = 2340$$

$$\Rightarrow \quad \frac{117x}{100} = 2340$$

अत: $x = \frac{2340 \times 100}{117} = ₹ 2000$

27. (d) मूलधन = ?

मिश्रधन = ₹ 360

समय = $2\frac{1}{2}$ वर्ष

दर = 5%

माना कि मूलधन ₹ x है।

तो साधारण ब्याज

$$= \frac{x \times 5 \times 5}{100 \times 2} = ₹ \frac{x}{8}$$

प्रश्न से

$$x + \frac{x}{8} = 360$$

$$\Rightarrow \quad \frac{9x}{8} = 360$$

अत: $x = \frac{360 \times 8}{9} = ₹ 320$

अभ्यास-2

1. ₹ 3500 की राशि 6% वार्षिक ब्याज की दर से कितने वर्षों में साधारण ब्याज पर ₹ 4130 हो जाएगी?

(a) 4 वर्ष (b) 3 वर्ष

(c) 6 वर्ष (d) 5 वर्ष

2. किसी मूलधन पर 4 वर्षों में 4% की दर से ₹ 180 ब्याज मिलता है, तो वह मूलधन क्या है?

(a) ₹ 980 (b) ₹ 1050

(c) ₹ 1100 (d) ₹ 1125

3. 9% वार्षिक साधारण ब्याज की दर से एक धन ₹ 2180 हो जाता है, तो धन क्या है?

(a) ₹ 2,000 (b) ₹ 1,983.80

(c) ₹ 2,376.20 (d) ₹ 2,189.00

4. कितने समय में ₹ 800 का ब्याज 4% की दर से ₹ 160 हो जाएगा?

(a) 2 वर्ष (b) 3 वर्ष

(c) 4 वर्ष (d) 5 वर्ष

5. ₹ 1600 बैंक में जमा कराये $12\frac{1}{2}$% वार्षिक दर पर, कितना रुपया 3 वर्ष बाद मिलेगा?

(a) ₹ 2000 (b) ₹ 2200

(c) ₹ 2400 (d) ₹ 2500

6. साधारण ब्याज ₹ 200 पर 10% की दर से, 2 वर्ष के लिए—

(a) ₹ 40 (b) ₹ 30

(c) ₹ 50 (d) ₹ 60

7. ₹ 2,000 की जमा राशि पर 5 वर्ष बाद एक बैंक ₹ 3,000 वापस करता है। ब्याज की प्रतिशत दर क्या है?

(a) 20% (b) 15%

(c) 10% (d) 5%

8. ₹ 300 का 5% साधारण ब्याज की दर से $2\frac{1}{2}$ वर्ष का ब्याज होगा—

(a) ₹ $37\frac{1}{2}$ (b) ₹ 35

(c) ₹ 40 (d) ₹ 45

9. ₹ 1800 पर 10% वार्षिक की दर से 10 वर्ष का साधारण ब्याज है—

(a) ₹ 3600 (b) ₹ 1800

(c) ₹ 360 (d) ₹ 10

10. कितने समय में ₹ 600 का ब्याज 4% की दर से ₹ 120 हो जाएगा—

(a) 3 वर्ष (b) 4 वर्ष

(c) 5 वर्ष (d) 6 वर्ष

11. एक व्यक्ति ने अपने मित्र से ₹ 600 उधार लिए, उसने उसे 8% वार्षिक साधारण ब्याज की दर से 8 महीने में लौटाने का वायदा किया। उसे कितनी राशि वापस करनी है?

(a) ₹ 32 (b) ₹ 384

(c) ₹ 984 (d) ₹ 632

12. ₹ 900 पर 6% वार्षिक की दर से 3 वर्ष का ब्याज है—

(a) ₹ 142 (b) ₹ 148

(c) ₹ 152 (d) ₹ 162

13. कितने वर्ष में ₹ 500 साधारण ब्याज पर 5% वार्षिक की दर से ₹ 600 हो जाएँगे?

(a) 3 वर्ष (b) 4 वर्ष

(c) 5 वर्ष (d) 6 वर्ष

14. एक व्यक्ति ने 3 वर्ष के लिए ₹ 3,000 साधारण ब्याज पर 9% वार्षिक की दर से उधार लिए। 2 वर्ष के पश्चात् उसने ₹ 3,000 नकद तथा एक मेज देकर उधार चुकता किया। मेज का मूल्य है—

(a) ₹ 450 (b) ₹ 480

(c) ₹ 540 (d) ₹ 600

15. कितनी धनराशि 12% प्रति वर्ष ब्याज की दर से $2\frac{1}{2}$ वर्ष में साधारण ब्याज पर ₹ 1,300 हो जाएगी?

(a) ₹ 1,200 (b) ₹ 1,100

(c) ₹ 900 (d) ₹ 1,000

16. यदि ₹ 5,000 पर 2 वर्ष का साधारण ब्याज किसी दर से ₹ 500 है, तो उसी दर से 3 वर्ष के लिए ₹ 12,000 पर ब्याज क्या है?

(a) ₹ 500 (b) ₹ 1,000

(c) ₹ 1,500 (d) ₹ 1,800

17. ₹ 8,000 पर 9% वार्षिक की दर से 2 वर्षों का साधारण ब्याज है—

(a) ₹ 1,420 (b) ₹ 1,440

(c) ₹ 1,240 (d) ₹ 720

18. किस वार्षिक दर प्रतिशत से ₹ 2500 साधारण ब्याज पर 4 वर्ष में ₹ 3300 हो जाएंगे?

(a) 5% (b) 6%

(c) 8% (d) 10%

उत्तर (हल/संकेत)

1. (b) दिया है,

मूलधन = 3500,

दर = 6% तथा

मिश्रधन = 4130

4130 − 3500 = 630

∴ साधारण ब्याज = मिश्रधन − मूलधन

अब, साधारण ब्याज = $\frac{\text{मूलधन} \times \text{दर} \times \text{समय}}{100}$ से

$$630 = \frac{3500 \times 6 \times \text{समय}}{100}$$

$$\therefore \text{समय} = \frac{630}{210} = 3 \text{ वर्ष}$$

2. (d) मूलधन

$$= \frac{\text{ब्याज} \times 100}{\text{समय} \times \text{दर}} = \frac{180 \times 100}{4 \times 4}$$

= ₹ 1125

3. (a) मिश्रधन = मूलधन + ब्याज

मिश्रधन = ₹ 2180 मूलधन = x ब्याज = 9%

समय = 1 वर्ष

मिश्रधन $= x + \frac{x \times 9 \times 1}{100}$

$2180 = x + \frac{9x}{100} \Rightarrow 2180 = \frac{190x}{100}$

$\Rightarrow x = \frac{190x}{100} \Rightarrow x = \frac{2180 \times x}{109} =$ ₹ 2000

4. (d) समय = $\frac{\text{ब्याज} \times 100}{\text{मूलधन} \times \text{दर}}$

$= \frac{160 \times 100}{800 \times 4} = 5$ वर्ष

5. (b) मूलधन = ₹ 1600

दर = $12\frac{1}{2}\%$

समय = 3 वर्ष

∵ साधारण ब्याज = $\frac{\text{मूलधन} \times \text{दर} \times \text{समय}}{100}$

$= \frac{1600 \times \frac{25}{2} \times 3}{100}$

$= \frac{1600 \times 25 \times 3}{200}$

= ₹ 600

मिश्रधन = मूलधन + ब्याज

= 1600 + 600 = ₹ 2,200

6. (a) मूलधन = ₹ 200

दर = 10%

समय = 2 वर्ष

∵ साधारण ब्याज = $\frac{\text{मूलधन} \times \text{दर} \times \text{समय}}{100}$

$= \frac{200 \times 10 \times 2}{100} =$ ₹ 40

7. (c) मूलधन = ₹ 2000

मिश्रधन = ₹ 3000

∴ ब्याज = (₹ 3000 – 2000) = ₹ 1000

समय = 5 वर्ष

दर = ?

दर = $\frac{\text{ब्याज} \times 100}{\text{मूलधन} \times \text{समय}}$

$= \frac{1000 \times 100}{2000 \times 5} = 10$

दर = 10%

8. (a) साधारण ब्याज

$= \frac{\text{मूलधन} \times \text{दर} \times \text{समय}}{100}$

$= \frac{300 \times 5 \times 5}{100 \times 2} =$ ₹ $37\frac{1}{2}$

9. (b) मूलधन = ₹ 1,800,

दर = 10% वार्षिक, समय = 10 वर्ष

साधारण ब्याज = $\frac{\text{मूलधन} \times \text{दर} \times \text{समय}}{100}$

$= \frac{1,800 \times 10 \times 10}{100} = 1,800$ रुपए

10. (c) मूलधन = ₹ 600

ब्याज दर = 4%

ब्याज = ₹ 120

समय = ?

समय = $\frac{\text{ब्याज} \times 100}{\text{मूलधन} \times \text{दर}} = \frac{120 \times 100}{600 \times 4}$

अभीष्ट समय = 5 वर्ष

11. (d) ऋण ली गई राशि = ₹ 600

ब्याज दर = 8%

समय = 8 माह

∵ साधारण ब्याज = $\frac{600 \times 8 \times 8}{12 \times 100} =$ ₹ 32

∴ कुल वापस किया गया धन

= 600 + 32 = ₹ 632

12. (d) मूलधन = ₹ 900

दर = 6%

समय = 3 वर्ष

ब्याज = $\frac{\text{मूलधन} \times \text{दर} \times \text{समय}}{100}$

$= \frac{900 \times 3 \times 6}{100}$

= ₹ 162

13. (b) मूलधन = ₹ 500,

मिश्रधन = ₹ 600

दर = 5% वार्षिक

ब्याज = 600 – 500 = ₹ 100

∴ समय = $\frac{100 \times 100}{500 \times 5} = 4$ वर्ष

14. (c) मूलधन = ₹ 3,000, दर = 9%,

समय = 2 वर्ष

साधारण ब्याज = $\frac{\text{मूलधन} \times \text{दर} \times \text{समय}}{100}$

$= \frac{3000 \times 9 \times 2}{100} =$ ₹ 540

कुल देय धन = ₹ (3000 + 540)

= ₹ 3540

मेज का मूल्य = (₹ 3540 – ₹ 3000)

= ₹ 540

15. (d) माना कि धनराशि ₹ P है

साधारण ब्याज = $\frac{\text{मूलधन} \times \text{दर} \times \text{समय}}{100}$

$= \frac{P \times 12 \times 5}{2 \times 100}$

$= \frac{3P}{10}$

∵ मिश्रधन = मूलधन + ब्याज

प्रश्नानुसार,

$P + \frac{3P}{10} = 1300$

∴ $\frac{13P}{10} = 1300$

∴ $13P = 13000$

$P =$ ₹ 1000

16. (d) मूलधन = ₹ 5000, समय = 2 वर्ष

∴ दर = $\frac{\text{ब्याज} \times 100}{\text{मूलधन} \times \text{समय}}$

$= \frac{500 \times 100}{5000 \times 2} = 5\%$

मूलधन = ₹ 12000, समय = 3 वर्ष

साधारण ब्याज = $\frac{P \times R \times T}{100}$

साधारण ब्याज = $\frac{12000 \times 5 \times 3}{100}$

= ₹ 1800

17. (b) मूलधन = ₹ 8000

ब्याज दर = 9% वार्षिक

समय = 2 वर्ष

साधारण ब्याज = $\frac{\text{मूलधन} \times \text{दर} \times \text{समय}}{100}$

$= \frac{8000 \times 9 \times 2}{100} =$ ₹ 1440

18. (c) मूलधन = ₹ 2500

मिश्रधन = ₹ 3300

समय = 4 वर्ष

साधारण ब्याज = (मिश्रधन – मूलधन)

= ₹ (3300 – 2500)

= ₹ 800

दर = $\frac{100 \times \text{साधारण ब्याज}}{\text{मूलधन} \times \text{समय}}$

$= \frac{100 \times 800}{2500 \times 4} = 8\%$

❑❑❑

अध्याय

14

अनुपात तथा समानुपात

अनुपात

समान प्रकार की दो राशियों/वस्तुओं के बीच संबंध को अनुपात कहते हैं। अर्थात् दो राशियों का अनुपात एक भिन्न होता है जो यह प्रदर्शित करता है कि एक राशि दूसरी राशि से कितने गुना कम या अधिक है।

दो राशियों a और b के बीच अनुपात को $a : b$ से प्रदर्शित करते हैं। यहां a को अग्रपद (Antecedent) तथा b को पश्चपद (Consequent) कहते हैं।

अनुपात के प्रकार

(*i*) **वर्गानुपात (Duplicate Ratio)**– दो संख्याओं के वर्गों के अनुपात को उन संख्याओं का वर्गानुपात कहते हैं। दो संख्याओं a व b के बीच अनुपात $a : b$ के बीच अनुपात $a : b$ का वर्गानुपात $a^2 : b^2$ है।

जैसे– 5 : 3 का वर्गानुपात 25 : 9

(*ii*) **वर्गमूलनुपात (Sub-Duplicate Ratio)**– दो संख्याओं के वर्गमूलों के अनुपात को उन संख्याओं का वर्गमूलानुपात कहते हैं। जैसे–दो संख्याओं a व b के बीच अनुपात $a : b$ का वर्गमूलानुपात $\sqrt{a}:\sqrt{b}$ है।

(*iii*) **घनानुपात (Triplicate Ratio)**– दो संख्याओं के घनों के अनुपात को उन संख्याओं का घनानुपात कहते हैं। जैसे–दो संख्याओं a व b के बीच अनुपात $a : b$ का घननुपात $a^3 : b^3$ है।

(*iv*) **घनमूलानुपात (Sub-Triplicate Ratio)**– दो संख्याओं के घनमूलों के अनुपात को उन संख्याओं का घनमूलानुपात कहते है। दो संख्याओं a व b के बीच अनुपात $a : b$ का घनमूलानुपात $\sqrt[3]{a}:\sqrt[3]{b}$ है।

(*v*) **विलोमानुपात (Inverse Ratio)**– किसी अनुपात को आपस में बदल देने पर प्राप्त अनुपात विलोमानुपात कहलाता है। दो संख्याओं a व b के बीच अनुपात $a : b$ का विलोमानुपात $b : a$ है।

जैसे– 5 : 6 विलोमानुपात 6 : 5 होगा।

समानुपात (Proportion) – जब दो अनुपात परस्पर समान होते हैं, तो वे समानुपाती कहलाते है।

जैसे–$a : b = c : d$ तब $a, b, c,$ व d समानुपाती है। तथा इन्हें $a : b :: c : d$ के रूप में व्यक्त किया जाता है।

यहां a व d को बाह्य पद तथा b व c को मध्यपद कहते हैं।

अतः समानुपात की स्थिति में,

बाह्य पदों का गुणनफल = मध्य पदों का गुणनफल

$$a \times d = b \times c$$

(*i*) **मध्यानुपाती (Mean Proportional)**– माना दो संख्याओं a व b का मध्यानुपाती x है, तब

$a : x :: b : x$

$\Rightarrow \quad x^2 = ab \Rightarrow x = \sqrt{ab}$

(*ii*) **तृतीयानुपाती (Third Proportional)**– माना दो संख्याओं a व b का तृतीयानुपाती x है, तब

$a : b :: b : x$

$\Rightarrow \quad ax = b^2 \Rightarrow x = \dfrac{b^2}{a}$

(*iii*) **चतुर्थानुपाती (Fourth Proportional)**– यदि तीन संख्याओं a, b व c का चतुर्थानुपाती x है, तब

$a : b : : c : x$

$\Rightarrow \quad ax = bc \Rightarrow x = \dfrac{bc}{a}$

अतः तीन संख्याओं a, b व c का चतुर्थानुपाती $\dfrac{bc}{a}$ होगा।

हल सहित उदाहरण

उदाहरण 1. दो संख्याओं के बीच 3 : 2 का अनुपात है। यदि इन संख्याओं का योग 45 हो, तो संख्याएं ज्ञात कीजिए।

(a) 17 व 18 (b) 27 व 18
(c) 7 व 27 (d) 18 व 7

हलः (b) माना संख्याएं क्रमशः $3x$ व $2x$ है।

$\therefore \quad 3x + 2x = 45$

$\Rightarrow \quad 5x = 45$

$\Rightarrow \quad x = 9$

अतः संख्याएं क्रमशः 27 व 18 होंगी।

उदाहरण 2. तीन संख्याएं 3 : 3 : 5 के अनुपात में है। उनके वर्गों का योग 1862 है। इन तीनों संख्याओं में सबसे छोटी संख्या ज्ञात कीजिए।

(a) 14 (b) 21
(c) 35 (d) 15

हलः (a) माना संख्याएं क्रमशः $3x, 2x$ व $5x$ हैं।

$\therefore \quad (3x)^2 + (2x)^2 + (5x)^2 = 1862$

$\Rightarrow \quad 9x^2 + 4x^2 + 25x^2 = 1862$

$\Rightarrow \quad 38x^2 = 1862$

$\Rightarrow \quad x^2 = 49$

$\Rightarrow \quad x = 7$

$\therefore$ सबसे छोटी संख्या = (2 × 7) = 14

उदाहरण 3. यदि $A : B = 2 : 3$ तथा $B : C = \dfrac{4}{5}$ हो, तो $A : C$ का मान ज्ञात कीजिए।

(a) 9 : 15 (b) 8 : 9
(c) 8 : 15 (d) 15 : 9

हलः (c) $\dfrac{A}{C} = \left(\dfrac{A}{B}\times\dfrac{B}{C}\right) = \left(\dfrac{2}{3}\times\dfrac{4}{5}\right) = \dfrac{8}{15}$

$\therefore \quad A : C = 8 : 15$

उदाहरण 4. ₹ 53 को A, B व C में इस प्रकार विभाजित किया गया है कि A को B से ₹ 7 अधिक मिलते है और B को C से ₹ 8 अधिक मिलते हैं। तो A, B व C के हिस्सों का अनुपात ज्ञात कीजिए।

(a) 25 : 18 : 10 (b) 18 : 10 : 20
(c) 20 : 10 : 18 (d) 25 : 10 : 16

हल: (a) माना C को ₹ x मिलते हैं।

तब, B का हिस्सा = ₹ $(x + 8)$

A का हिस्सा = ₹ $(x + 15)$

$\therefore \quad x + (x + 8) + (x + 15) = 53$

$\Rightarrow \quad 3x + 23 = 53$

$\Rightarrow \quad 3x = 30$

$\Rightarrow \quad x = 10$

$\therefore \quad A : B : C = (x + 15) : (x + 8) : x = 25 : 18 : 10$

उदाहरण 5. $\frac{a}{3} = \frac{b}{4} = \frac{c}{7}$ **हो, तो** $\frac{a+b+c}{c}$ **का मान ज्ञात कीजिए।**

(a) 4 (b) 5 (c) 2 (d) 3

हल: (c) माना $\frac{a}{3} = \frac{b}{4} = \frac{c}{7} = K$

$\Rightarrow \quad a = 3K, b = 4k$ तथा $c = 7K$

$\therefore \quad \frac{a+b+c}{c} = \frac{3K + 4K + 7K}{7K} = \frac{14K}{7K} = 2$

उदाहरण 6. राम और श्याम की आय का अनुपात 7 : 2 तथा व्यय का अनुपात 4 : 1 है, यदि प्रत्येक ₹ 1,000 बचाता हो, तो राम और श्याम की आय ज्ञात कीजिए।

(a) ₹ 21000 व ₹ 6000 (b) ₹ 6000 व ₹ 21000
(c) ₹ 8000 व ₹ 15000 (d) ₹ 20000 व ₹ 27000

हल: (a) माना राम और श्याम की आय क्रमशः ₹ $7x$ व ₹ $2x$ है।

राम और श्याम का खर्च क्रमशः ₹ $4y$ व ₹ y है।

तब, प्रश्नानुसार

$$7x - 4y = 1000 \quad \ldots(i)$$
$$2x - y = 1000 \quad \ldots(ii)$$

समीकरण (i) व (ii) को हल करने पर x = ₹ 300, y = ₹ 500

$\therefore$ राम की आय = ₹ (7×300) = ₹ 21,000

श्याम की आय = ₹ (2×300) = ₹ 6,000

अभ्यास-1

1. दो संख्याओं का अनुपात 2 : 3 है। यदि प्रत्येक में 9 जोड़ दिया जाए, तो अनुपात 3 : 4 हो जाएगा, तो संख्याएँ होंगी–
(a) 12, 28 (b) 18, 27
(c) 8, 12 (d) 10, 15

2. ₹ 9861 को तीन व्यक्तियों A, B व C में 3 : 11 : 5 के अनुपात में बाँटा जाना है। B का हिस्सा (₹ में) कितना होगा?
(a) 4671 (b) 5709
(c) 6228 (d) 7266

3. सीमा, किरण एवं ऊषा की आयु का अनुपात 2 : 3 : 4 है तथा किरण और ऊष्मा की आयु का अंतर 5 वर्ष है, तो सीमा की आयु कितनी होगी?
(a) 10 वर्ष (b) 15 वर्ष
(c) 20 वर्ष (d) 25 वर्ष

4. दो संख्याओं का अनुपात क्रमशः 4 : 5 है। दोनों संख्याओं में से 5 घटा लिया जाए, तो उनका अनुपात 3 : 4 हो जाता है, उन दोनों संख्याओं के वर्गों का योगफल निकालिए–
(a) 825 (b) 925
(c) 1025 (d) 1125

5. राम और श्याम की वर्तमान आयु का योगफल 45 वर्ष है तथा 6 वर्ष पूर्व उनकी आयु का अनुपात क्रमशः 5 : 6 था, तो राम की आयु कितने वर्ष है?
(a) 19 (b) 21
(c) 24 (d) 31

6. 30 आदमी किसी काम को 60 दिनों में करते हैं, तो 20 आदमी उस काम को कितने दिनों में करेंगे?
(a) 60 (b) 90
(c) 35 (d) 30

7. एक पार्टी में कुल 42 पुरुषों और महिलाओं ने भाग लिया। यदि पुरुषों और महिलाओं की संख्या में 4 : 3 का अनुपात हो, तो पार्टी में कुल कितनी महिलाएँ सम्मिलित हुई?
(a) 18 (b) 19
(c) 20 (d) 21

8. ₹ 1000 को 7 : 3 के अनुपात में बाँटे?
(a) ₹ 300, ₹ 700
(b) ₹ 200, ₹ 400
(c) ₹ 700, ₹ 300
(d) ₹ 100, ₹ 700

9. यदि रवि और साहू की मासिक आय क्रमशः ₹ 6000 तथा ₹ 7000 है, तो दोनों की आयों का अनुपात क्या है?
(a) 60 : 70 (b) 3 : 5
(c) 6 : 7 (d) 5 : 8

10. ₹ 200 को 8 : 7 : 5 के अनुपात में बाँटे?
(a) ₹ 70, ₹ 80, ₹ 50
(b) ₹ 80, ₹ 70, ₹ 50
(c) ₹ 30, ₹ 40, ₹ 40
(d) ₹ 20, ₹ 30, ₹ 60

11. 10, 20 तथा 30 का चतुर्थानुपाती ज्ञात कीजिए–
(a) 60 (b) 70
(c) 80 (d) 90

12. ₹ 5 और 50 पैसे का अनुपात होगा–
(a) 1 : 10 (b) 10 : 1
(c) 5 : 1 (d) 1 : 5

13. यदि 10, 20, x, 40 एक समानुपात बनाते हो, तो x का मान होगा–
(a) 5 (b) 20
(c) 30 (d) 48

14. यदि 20 मजदूर प्रतिदिन 10 घंटे काम करके एक मकान को 30 दिनों में बना सकते हैं, तो कितने मजदूर 8 घंटे प्रतिदिन काम करके उस मकान को 15 दिनों में बना सकेंगे?
(a) 30 (b) 40
(c) 50 (d) 60

15. 4 तथा 8 का तृतीयानुपाती ज्ञात कीजिए–
(a) 16 (b) 17
(c) 20 (d) 25

16. एक कक्षा में लड़कों और लड़कियों में 5 : 3 का अनुपात है। यदि कक्षा में कुल 24 लड़कियाँ हैं, तो कक्षा में लड़कों की संख्या ज्ञात कीजिए–
(a) 20 (b) 30
(c) 40 (d) 50

17. मयंक प्रतिमाह ₹ 2600 कमाता है और ₹ 2000 खर्च करता है, उसकी आमदनी और खर्च में अनुपात में ज्ञात कीजिए–
(a) 5 : 6 (b) 13 : 10
(c) 10 : 13 (d) 6 : 5

18. 64 और 225 के बीच मध्य अनुपाती संख्या क्या होगी?
(a) 30 (b) 60
(c) 90 (d) 120

19. 50, 100 तथा x, 150 समानुपाती है, तो x का मान निकालिए–
(a) 75 (b) 80
(c) 85 (d) 90

20. A : B = 6 : 7, B : C = 3 : 4, तो A : B : C का मान निकालिए–
(a) 15 : 16 : 17 (b) 12 : 13 : 14
(c) 14 : 15 : 16 (d) 18 : 21 :28

21. दो संख्याओं का अनुपात 7 : 3 है तथा उनका योग 630 है। इनमें छोटी संख्या है–

(a) 630
(b) 189
(c) 441
(d) 231

22. 2 : 3, 5 : 6 तथा 8 : 9 का मिश्रित अनुपात क्या होगा?

(a) 50 : 78 (b) 81 : 50
(c) 40 : 81 (d) 81 : 60

23. 5 : 25 : : 15 : x में x का मान निकालिए–

(a) 60 (b) 65
(c) 70 (d) 75

24. 7 सेब और 4 संतरों की कीमत उतनी ही है, जितनी कि 5 सेब और 9 संतरों की। 1 सेब व 1 संतरे की कीमत में अनुपात है–

(a) 5 : 2
(b) 12 : 13
(c) 2 : 5
(d) 3 : 4

उत्तर (हल/संकेत)

1. (b) यदि संख्याएँ $2x$ तथा $3x$ है।

तब $\frac{2x+9}{3x+9}=\frac{3}{4}$

$\Rightarrow$ $4(2x+9)=3(3x+9)$

$\Rightarrow$ $8x+36=9x+27$

$\Rightarrow$ $9x-8x=36-27$

$\Rightarrow$ $x=9$

$\therefore$ वह संख्याएँ $=2\times 9=18$

$=3\times 9=27$

2. (b) B का भाग

$=\frac{9861\times 11}{(3+11+5)}$

$=\frac{9861\times 11}{19}=$ ₹ 5709

3. (a) माना कि सीमा, किरण तथा ऊषा की आयु क्रमशः $2x$ वर्ष, $3x$ वर्ष तथा $4x$ वर्ष हैं।

प्रश्न से,

$4x-3x=5$

$\therefore$ $x=5$ वर्ष

$\therefore$ सीमा की आयु

$=2\times 5=10$ वर्ष

4. (c) माना कि दोनों संख्याएँ क्रमशः $4x$, व $5x$ हैं, तब

प्रश्न से,

$\frac{4x-5}{5x-5}=\frac{3}{4}$

$16x-20=15x-15$

$16x-15x=20-15$

$x=5$

अतः संख्याएँ 20 व 25 होंगी।

$\therefore$ उनके वर्गों का योगफल

$=20^2+25^2$

$=400+625=1025$

5. (b) माना कि राम की वर्तमान आयु x वर्ष है।

$\therefore$ श्याम की आयु $=(45-x)$ वर्ष

$=\frac{x-6}{39-x}=\frac{5}{6}$

$\Rightarrow$ $6x-36=195-x$

$6x+5x=195+36$

$\Rightarrow$ $6x-36=195-5x$

$\Rightarrow$ $11x=231$

$\therefore$ $x=21$ वर्ष

6. (b) माना कि 20 व्यक्ति काम को x दिनों में करेंगे।

$\therefore$ $30:20::x:60$

$\Rightarrow$ $\frac{30}{20}=\frac{x}{60}$

$\Rightarrow$ $x=\frac{30\times 60}{20}$

$=90$ दिन

7. (a) माना कि पुरुषों की संख्या $4x$ तथा महिलाओं की संख्या $3x$ है।

अब प्रश्न से,

$\Rightarrow$ $4x+3x=42$

$\Rightarrow$ $7x=42$

$x=\frac{42}{7}$

$\therefore$ $x=6$

महिलाओं की संख्या $=3\times 6=18$

अतः पार्टी में शामिल महिलाओं की संख्या 18 है।

8. (c) अनुपात के पदों का योग $=7+3=10$

प्रथम भाग $=1000\times\frac{7}{10}=$ ₹ 700

द्वितीय भाग $=1000\times\frac{3}{10}=$ ₹ 300

अतः ₹ 1000 का 7 : 3 अनुपात 700 व 300 होगा।

9. (c) रवि व साहू की आय का अनुपात

$=\frac{\text{रवि की आय}}{\text{साहू की आय}}$

$=\frac{6000}{7000}=6:7$

10. (b) अनुपात के पदों का योग

$=8+7+5=20$

प्रथम भाग $=200\times\frac{8}{20}=$ ₹80

दूसरा भाग $=200\times\frac{7}{20}=$ ₹70

तीसरा भाग $=200\times\frac{5}{20}=$ ₹50

$\therefore$ अभीष्ट राशि = ₹ 80, ₹ 70, ₹ 50

अतः ₹ 200 का 8 : 7 : 5 का अनुपात ₹ 80, 70, ₹ 50 होगा।

11. (a) माना कि 10, 20 व 30 का चतुर्थानुपाती x है।

$\therefore$ $10:20::30:x$

$\Rightarrow$ $\frac{10}{20}=\frac{30}{x}$

$\Rightarrow$ $x=\frac{30\times 20}{10}=60$

$x=60$

12. (b) ₹ 5 = 500 पैसे

$\therefore$ अभीष्ट अनुपात $=\frac{500}{50}=10:1$

13. (b) $10:20::x:40$

प्रश्न के अनुसार

$10\times 40=20\times x$

$\Rightarrow$ $x=\frac{40\times 10}{20}=20$

14. (c)

घण्टा	दिन	मजदूर
10 ↑	30 ↑	20 ↓
8	15	x

$\left.\begin{array}{l}8:10\\15:30\end{array}\right\}::20:x$

$\Rightarrow$ $8\times 15:10\times 30::20:x$

$\Rightarrow$ $8\times 15\times x$

$=10\times 30\times 20$

$\therefore$ $x=\frac{10\times 30\times 20}{8\times 15}$

$=50$ मजदूर

15. (a) माना कि तृतीयानुपाती x है।

$\Rightarrow$ $4:8::8:x$

$\Rightarrow$ $4\times x=8\times 8$

$x = \frac{8 \times 8}{4}$

$x = \frac{64}{4} = 16$

$x = 16$

16. (c) माना कि कक्षा में लड़कों तथा लड़कियों की संख्या = $5x$ तथा $3x$

$\therefore \quad 3x = 24$

$x = \frac{24}{3} = 8$

$x = 8$

लड़कों की संख्या = $5x = 5 \times 8 = 40$

17. (b) आमदनी एवं खर्च का अनुपात

$= \frac{2600}{2000}$

$= \frac{13}{10} = 13:10$

18. (d) दो संख्याओं के बीच मध्यानुपाती

$= \sqrt{\text{पहली संख्या} \times \text{दूसरी संख्या}}$

$= \sqrt{64 \times 225} = 120$

अत: 64 व 225 के मध्यानुपाती संख्या 120 है।

19. (a) 50 : 100 :: x : 150

$\Rightarrow \quad 50 \times 150 = 100 \times x$

$\Rightarrow \quad x = \frac{50 \times 150}{100} = 75$

20. (d)

$$\begin{array}{ll} A:B & 6:7 \\ \underline{B:C} & \underline{3:4} \\ A:B:C & 18:21:28 \end{array}$$

21. (b) दोनों आनुपातिक पदों का कुल योग

$= 7 + 3 = 10$

पहला भाग $= \frac{7}{10} \times 630 = 441$

दूसरा भाग $= \frac{3}{10} \times 630 = 189$

अत: छोटी संख्या = 189

22. (c) मिश्रित अनुपात

$= 2 \times 5 \times 8 : 3 \times 6 \times 9 = 80 : 162$

$= \frac{80}{162} = \frac{40}{81}$

$= 40 : 81$

23. (d) 5 : 25 :: 15 : x

$\Rightarrow \quad \frac{5}{25} = \frac{15}{x}$

$\therefore \quad x = \frac{25 \times 15}{5} = 75$

24. (a) माना कि 1 सेब और 1 संतरे का मूल्य क्रमश: ₹ x तथा ₹ y है। तब

प्रश्न से,

$7x + 4y = 5x$

$\Rightarrow \quad 7x - 5x = 9y - 4y$

$\Rightarrow \quad 2x = 5y$

$\Rightarrow \quad \frac{x}{y} = \frac{5}{2} = 5:2$

अभ्यास-2

1. ₹ 7581 को तीन व्यक्तियों A, B व C में 5 : 7 : 9 के अनुपात में बाँटा जाना है। C का हिस्सा (₹ में) लगभग कितना होगा?

(a) ₹ 6454 (b) ₹ 3249

(c) ₹ 3249 (d) ₹ 8545

2. 64 और 225 के बीच मध्य अनुपाती संख्या क्या होगी?

(a) 30 (b) 60

(c) 90 (d) 120

3. 2 : 3, 4 : 7 तथा 5 : 8 में कौन-सा अनुपात बड़ा है?

(a) $\frac{1}{5}$ (b) $\frac{1}{3}$

(c) $\frac{2}{1}$ (d) $\frac{2}{3}$

4. 5 और 45 का मध्यानुपाती ज्ञात कीजिए—

(a) 10 (b) 25

(c) 15 (d) 12

5. यदि 10 : 13 :: x : 26 हो, तो x का मान है—

(a) 60 (b) 30

(c) 20 (d) 10

उत्तर (हल/संकेत)

1. (b) आनुपातिक योग = 5 + 7 + 9 = 21

C का भाग $= \frac{9}{21} \times 7581$

= ₹ 3249 (लगभग)

2. (d) मध्य अनुपाती संख्या

$= \sqrt{\text{पहली संख्या} + \text{दूसरी संख्या}}$

$= \sqrt{64 \times 225} = 8 \times 15 = 120$

3. (d) $\frac{2}{3}, \frac{4}{7}$ तथा $\frac{5}{8}$

तुलना करने पर, $\frac{2}{3} \times \frac{4}{7} \Rightarrow 14 > 12$

यहाँ, $\frac{4}{7}$ से $\frac{2}{3}$ बड़ा है।

अत: $\frac{2}{3} \times \frac{5}{8} \Rightarrow 16 > 15$

यहाँ, $\frac{5}{8}$ से $\frac{2}{3}$ बड़ा है।

अत: $\frac{2}{3}$ सबसे बड़ा है।

4. (c) मध्य अनुपाती संख्या

$= \sqrt{\text{पहली संख्या} + \text{दूसरी संख्या}}$

5 और 45 का मध्यानुपाती $= \sqrt{5 \times 45}$

$= \sqrt{225} = 15$

5. (c) 10 : 13 : : x : 26

$\Rightarrow 13 \times x = 26 \times 10$

$\therefore x = \frac{26 \times 10}{13} = 2 \times 10 = 20$

□□□

अध्याय

15

एकिक नियम

एकिक नियम

एक वस्तु के मान से ज्ञात की जाने वाली निश्चित वस्तुओं के मान को निकालने की विधि एकिक नियम कहलाती है। एकिक नियम पर आधारित प्रश्न दो प्रकार के होते हैं–

(1) अनुक्रमानुपात संबंध–दो राशियां परस्पर अनुक्रमानुपाती कहलाती हैं, यदि किसी एक राशि में वृद्धि या कमी करने पर दूसरी राशि में भी समान प्रभाव पड़ता है। अर्थात् किसी सामान की मात्रा बढ़ने पर उसका मूल्य भी बढ़ेगा।

(2) विलोमानुपात संबंध–दो राशियां परस्पर विलोमानुपाती कहलाती हैं, यदि किसी एक राशि में कमी या वृद्धि होने पर दूसरी राशि में विपरीत प्रभाव पड़ता है। अर्थात्

(i) किसी वाहन की चाल बढ़ने पर यात्रा का समय घटेगा।

(ii) मजदूरों की संख्या बढ़ाने पर काम कम समय में समाप्त होगा।

हल सहित उदाहरण

उदाहरण 1. 12 आमों का मूल्य ₹ 216 है, तो 2 दर्जन आमों का मूल्य है-

(a) ₹ 432 (b) ₹ 316

(c) ₹ 448 (b) ₹ 468

हल: (a) $\because$ 12 आम अर्थात् 1 दर्जन आम

$\because$ 1 दर्जन आम का मूल्य = ₹ 216

$\therefore$ 2 दर्जन आम का मूल्य = ₹ (216 × 2) = ₹ 432

उदाहरण 2. 8 व्यक्तियों का 24 दिनों का भत्ता ₹ 3040 है, तो 4 व्यक्तियों का 18 दिनों का है-

(a) ₹ 1150 (b) ₹ 740

(c) ₹ 980 (b) ₹ 1140

हल: (d) माना भत्ता = x, तब

आदमी	दिन	भत्ता
8 ↓	24 ↓	3040 ↓
4	18	x

$\therefore \frac{x}{3040} = \frac{18}{24} \times \frac{4}{8} \Rightarrow x = \frac{18}{24} \times \frac{4}{8}$

$\Rightarrow x =$ ₹ 1140

उदाहरण 3. 9 मजदूर 180 मीटर लम्बा रास्ता 6 दिन में बना सकते हैं; तो 6 मजदूर 150 मीटर लम्बा रास्ता कितने दिन में बनाएगें?

(a) 7 दिन (b) 8 दिन

(c) $7\frac{1}{2}$ दिन (b) $7\frac{1}{4}$ दिन

हल: (c) माना रास्ता x दिन में बनेगा।

मजदूर	रास्ते की लम्बाई	दिन
9 ↑	180 ↓	6 ↓
6	150	x

$\therefore \quad \frac{x}{6} = \frac{150}{200} \times \frac{9}{6}$

$\Rightarrow \quad x = \frac{150}{180} \times \frac{9}{6} \times 6$

$= 7\frac{1}{2}$ दिन में

अभ्यास–1

1. यदि बिस्कुटों के 12 पैकेटों का मूल्य ₹ 240 है, तो बिस्कुटों के 8 पैकेटों का मूल्य होगा–

(a) ₹ 160 (b) ₹ 140

(c) ₹ 120 (d) ₹ 240

2. 12 किग्रा. आलू का मूल्य ₹ 360 है। 8 किग्रा. आलू का मूल्य है–

(a) ₹ 180 (b) ₹ 240

(c) ₹ 300 (d) ₹ 120

3. एक कमीज के लिए 2 मी. 75 सेमी. कपड़ा चाहिए। ऐसी 6 कमीजों के लिए कितना कपड़ा लेना होगा?

(a) 15 मी. 50 सेमी.

(b) 16 मी. 50 सेमी.

(c) 18 मी.

(d) 21 मी.

4. एक माली ₹ 9 प्रति दर्जन की दर से 240 गुलाब कितने रुपए में खरीदता है?

(a) 108 (b) 120

(c) 140 (d) 180

5. एक ट्रक 175 बोरे सीमेण्ट ले जा सकता है, 58275 बोरों को ले जा सकने के लिए कितने ट्रकों की आवश्यकता होगी?

(a) 57950 (b) 53000

(c) 55900 (d) 333

6. एक मोपेड़ का मूल्य ₹ 7250 हैं तथा एक स्कूटर का मूल्य उससे ₹ 3750 अधिक है, दोनों मिलाकर मूल्य क्या है?

(a) ₹ 18250 (b) ₹ 11000
(c) ₹ 14750 (d) ₹ 3500

7. एक बर्तन दो-तिहाई भरा हुआ है। यदि इस बर्तन का पूरा भरने के लिए 50 लीटर और चाहिए, तो बर्तन की क्षमता क्या होगी?
(a) 100 लीटर (b) 120 लीटर
(c) 150 लीटर (d) 90 लीटर

8. 12 आदमी किस खेत को 4 दिनों में काटते हैं, तो 4 आदमी उसी खेत को कितने दिनों में काटेंगे?
(a) 12 (b) 15
(c) 20 (d) इनमें से कोई नहीं

9. 20 आदमी किसी सड़क को 25 दिनों में बनाते हैं। 16 आदमी उसी सड़क को कितने दिनों में बनाएँगे?
(a) 30 (b) 32
(c) $31\frac{1}{4}$ (d) इनमें से कोई नहीं

10. एक गोली 99 मी./से की गति से चलती है, 1 किमी. 89 मी. जाने में उसे कितना समय लगेगा?
(a) 9 सेकण्ड (b) 10 सेकण्ड
(c) 11 सेकण्ड (d) 12 सेकण्ड

11. 4 आदमी एक काम को 3 दिनों में पूरा करते हैं, 1 आदमी उसी काम को कितने दिनों में पूरा करेगा?
(a) 12 (b) 10
(c) 11 (d) 9

12. एक किले में 96 आदमियों के लिए 40 दिनों की रसद है, 60 आदमियों के लिए वहीं रसद कितने दिन और चलेगी?
(a) 60 (b) 62
(c) 63 (d) 64

13. एक फौजी कैम्प में 1200 आदमियों के लिए 20 दिनों की भोजन सामग्री है, 400 आदमी और आ जाने से सामग्री कितने दिन और चलेगी–
(a) 15 (b) 16
(c) 17 (d) 18

14. एक किले में 100 आदमियों के लिए 50 दिनों की भोजन सामग्री है, 10 दिनों के बाद 20 आदमी बाहर चले जाने पर वह भोजन सामग्री कितने दिन और चलेगी?
(a) 40 (b) 50
(c) 60 (d) 80

15. 4 आदमी एक काम को 3 दिनों में करते हैं, 6 आदमी उसी काम को कितने दिनों में करेंगे?
(a) 1 (b) 3
(c) 2 (d) 4

16. यदि 7 आदमी एक दीवार को 4 दिनों में बना सकते हैं, तो 2 आदमी उसी दीवार को कितने दिनों में पूरा करेंगे?
(a) 14 (b) 15
(c) 16 (d) 17

17. रेखा एक काम को 6 दिनों में, बिंदु उसी काम को 8 दिनों में और दीपक उसी काम को 10 दिनों में पूरा करता है, वे तीनों मिलकर उसी काम को कितने दिनों में पूरा करेंगे?
(a) 110 (b) 111
(c) 112 (d) $\frac{120}{47}$

18. हरी ने ₹ 180 में तीन दर्जन कॉपियाँ खरीदी, ₹ 55 में हरी कितनी कॉपियाँ खरीदेगा?
(a) 12 (b) 13
(c) 11 (d) 14

19. 3 मी. कपड़े का मूल्य ₹ 24.90 है। 7 मी. कपड़े का मूल्य निकालिए–
(a) ₹ 58.10 (b) ₹ 48
(c) ₹ 46.40 (d) ₹ 55

20. 21 आदमी एक काम को कितने दिनों में पूरा करेंगे, यदि 14 आदमी उस काम को 12 दिनों में कर सकते हैं?
(a) 5 (b) 6
(c) 7 (d) 8

21. ₹ 20 प्रति दर्जन की दर से 30 कॉपियों का मूल्य बताइए?
(a) ₹ 30 (b) ₹ 40
(c) ₹ 45 (d) ₹ 50

22. यदि 4 मजदूर मिलकर किसी काम को 12 दिनों में करते हों, तो 8 मजदूर उस काम को कितने दिनों में करेंगे?
(a) 4 (b) 5
(c) 6 (d) 7

उत्तर (हल/संकेत)

1. (a) प्रश्नानुसार

बिस्कुट के 12 पैकेटों की कीमत = ₹ 240

ज्ञात करना है बिस्कुट के 1 पैकेट की कीमत

∴ बिस्कुट के 1 पैकेट की कीमत

$= \frac{240}{12} = ₹ 20$

अत: बिस्कुट के 8 पैकेट की कीमत

$= 20 \times 8 = ₹ 160$

2. (b) प्रश्नानुसार

12 किग्रा. आलू की कीमत = ₹ 360

∴ 1 किग्रा. आलू की कीमत $= ₹ \frac{360}{12}$

अत: 8 किग्रा. आलू की कीमत

$= \frac{360}{12} \times 8 = ₹ 240$

3. (b) प्रश्नानुसार

1 कमीज के लिए माप = 2.75 मी.

∴ 6 कमीजों के लिए माप

= 6 × 2.75 मी. = 16.5 मी.

=16 मी. 50 सेमी. (∵ 1 मी. = 100 सेमी.)

4. (d) ∵ 12 गुलाबों की कीमत

∴ 1 गुलाब की कीमत $= ₹ \frac{9}{12}$

240 गुलाबों की कीमत

$= \frac{240 \times 9}{12}$

= 20 × 9 = ₹ 180

5. (d) ∵ सीमेण्ट के 175 बोरे ले जाने में 1 ट्रक लगता है।

∴ सीमेण्ट का 1 बोरा ले जाने $\frac{1}{175}$ ट्रक लगेगा।

अत: सीमेण्ट का 58275 बोरे ले जाने में लगेंगे।

$= \frac{58275}{175} = 333$ ट्रक

6. (a) ∵ मोपेड की कीमत = ₹ 7250

स्कूटर की कीमत

= 7250 + 3750 = ₹ 11000

अत: मोपेड और स्कूटर की कुल कीमत

= 7250 + 11000 = ₹ 18250

7. (c) बर्तन का खाली भाग

$= 1 - \frac{2}{3} = \frac{3-2}{3} = \frac{1}{3}$ भाग

प्रश्न से,

$\frac{1}{3}$ भाग = 50 लीटर

∴ पूरा भाग $= \frac{50 \times 3}{1}$

= 150 लीटर

अत: बर्तन की क्षमता = 150 लीटर

8. (a) प्रश्नानुसार

∵ 12 आदमियों द्वारा खेत काटा जाता है

= 4 दिन में

∴ 1 आदमी द्वारा खेत काटा जाएगा

$= 4 \times 12$ दिन में

∴ 4 आदमी उसी खेत को $\frac{4\times12}{4}$

$= 12$ दिन में काटेंगे।

9. (c) प्रश्नानुसार

∵ 20 आदमियों द्वारा सड़क बनाई जाती है।

$= 25$ दिन में

∴ 1 आदमी द्वारा सड़क बनाई जाएगी

$= 25 \times 20$ दिन में

∴ 16 आदमी उसी सड़क को

$\frac{25\times20}{16} = \frac{125}{4}$

$= 31\frac{1}{4}$ दिन में बनाएँगे।

10. (c) गोली की चाल = 99 मी./से

1 किमी. 89 मी. = 1089 मी.

∵ 99 मी. की दूरी गोली द्वारा तय की जाती है = 1 सेकण्ड में

∴ 1 मी. की दूरी गोली तय होगी

$= \frac{1}{99}$ सेकण्ड में

∴ 1089 मी. की दूरी गोली द्वारा तय होगी

$= \frac{1089}{99} = 11$ सेकण्ड में

11. (a) ∵ 4 आदमी 1 काम को 3 दिन में पूरा करते हैं।

∴ 1 आदमी 1 काम को $4 \times 3 = 12$ दिन में पूरा करेगा।

12. (d) ∵ 96 आदमियों के लिए रसद है

$= 40$ दिनों की

∴ 1 आदमी के लिए रसद है

$= 96 \times 40$ दिनों की

∴ 60 आदमियों के लिए

$= \frac{96\times40}{60}$

$= 64$ दिनों की रसद है।

13. (a) $1200 + 400 = 1600$

∴ 1200 आदमियों के लिए रसद है

$= 20$ दिनों की

∴ 1 आदमी के लिए रसद है

$= 20 \times 1200$ दिनों की

∴ 1600 आदमियों के लिए

$= \frac{20\times1200}{1600}$

$= 15$ दिनों की रसद है।

14. (b) प्रश्नानुसार

किले में आदमियों की संख्या = 100

20 आदमियों के जाने के बाद संख्या = 80

अतः 100 आदमी अब सामग्री $50 - 10$

$= 40$ दिनों में खाएँगे।

∴ 1 आदमी उसी सामग्री को खाएगा

$= 100 \times 40$ दिनों में

∴ 80 आदमी उसी सामग्री को खाएँगे।

$= \frac{100\times40}{80}$

$= 50$ दिनों पूरा करेगा।

15. (c) ∵ 4 व्यक्ति 1 काम को पूरा करते है

$= 3$ दिन में

∴ 1 व्यक्ति 1 काम को पूरा करेगा

$= 4 \times 3$ दिन में

∴ 6 व्यक्ति 1 काम को पूरा करेगा

$= \frac{4\times3}{6} = 2$ दिन में

16. (a) ∵ 7 व्यक्ति एक दीवार को बनाते हैं

$= 4$ दिनों में

∴ 1 व्यक्ति एक दीवार को बनाएगा

$= 7 \times 4$ दिनों में

∴ 2 व्यक्ति एक दीवार को बनाएँगे

$= \frac{7\times4}{2} = 14$ दिनों में

17. (d) ∴ रेखा एक काम को पूरा करती है

$= 6$ दिनों में

∴ रेखा का एक दिन का काम

$= \frac{1}{6}$

इसी प्रकार, बिंदु एक दिन में काम करेगी।

$= \frac{1}{8}$

इसी प्रकार, दीपक एक दिन में काम करेगा।

$= \frac{1}{10}$

अतः रेखा, बिंदु और दीपक मिलकर एक दिन में काम करेंगे

$= \frac{1}{6} + \frac{1}{8} + \frac{1}{10}$

$= \frac{20+15+12}{120} = \frac{47}{120}$

∴ तीनों मिलकर पूरा काम करेंगे।

$\frac{120}{47}$ दिनों में

18. (c) ∵ ₹ 180 में 36 कॉपियाँ खरीदी जाती है।

∴ ₹ 1 में $\frac{36}{180}$ कॉपियाँ जाती है।

∴ ₹ 55 में $\frac{36}{180} \times 5$

$= 11$ कॉपियाँ खरीदी गई।

19. (a) ∵ 3 मी. कपड़े की कीमत = ₹ 24.90

∴ 1 मी. कपड़े की कीमत $=$ ₹ $\frac{24.90}{3}$

∴ 7 मी. कपड़े की कीमत

$= \frac{24.90}{3} \times 7 =$ ₹ 58.10

अतः 7 मी. कपड़े की कीमत = ₹ 58.10 है।

20. (d) ∵ 14 व्यक्ति किसी काम को करते हैं।

$= 12$ दिनों में

∴ 1 व्यक्ति उसी काम को करता है

$= 12 \times 14$ दिनों में

∴ 21 व्यक्ति उसी काम को पूरा करेंगे।

$= \frac{12\times14}{21} = 8$ दिनों में

21. (d) ∵ 12 कॉपियों की कीमत = ₹ 20

∴ 1 कॉपी की कीमत = ₹ $\frac{20}{12}$

∴ 30 कॉपियों की कीमत

$= \frac{20}{12} \times 30 =$ ₹ 50

22. (c) ∵ 4 मजदूर किसी कार्य को करते हैं।

$= 12$ दिनों में

∴ 1 मजूदर उसी कार्य को करेगा

$= 4 \times 12$ दिनों में

अंतः 8 मजदूर उसी कार्य को पूरा करेंगे।

$= \frac{4\times12}{8} = 6$ दिन में

अभ्यास–2

1. यदि एक मीटर के डण्डे की छाया 75 सेण्टीमीटर है, तो उस वृक्ष की ऊँचाई क्या होगी, जिसकी छाया 15 मीटर है?

(a) 15 मीटर (b) 20 मीटर
(c) 22 मीटर (d) 45 मीटर

2. एक व्यक्ति प्रति घण्टा काम के लिए ₹ 15 पाता है। यदि वह 8 घण्टे प्रति दिन काम करके 5 दिन काम करता है, तो उसकी कुल कमाई होगी—

(a) ₹ 75 (b) ₹ 120
(c) ₹ 500 (d) ₹ 600

3. यदि 4 मीटर लम्बे डण्डे की छाया 5 मीटर है, तो उस वृक्ष की ऊँचाई क्या होगी, जिसकी छाया 20 मीटर है?

(a) 15 मी. (b) 16 मी.
(c) 18 मी. (d) 25 मी.

4. एक इंजन 1 घण्टे में 84,500 लीटर पानी बाहर निकालता है। यदि वह एक दिन में 10 घण्टे काम करे, तो 5 दिनों में वह कितने लीटर पानी बाहर निकालेगा?

(a) 169 (b) 4225
(c) 42250 (d) 4225000

5. यदि 36 दर्जन केलों का मूल्य ₹ 720 है, तो 18 केलों का मूल्य क्या है?

(a) ₹ 360 (b) ₹ 720
(c) ₹ 240 (d) ₹ 30

उत्तर (हल/संकेत)

1. (b) 75 सेमी. छायावाला डण्डा = 100 सेमी.

$\therefore$ 1 सेमी. छायावाला डण्डा = $\frac{100}{75}$ सेमी.

$\therefore$ 1500 सेमी. छायावाला डण्डा

= $\frac{100\times1500}{75}$ सेमी.

= 20 मीटर

2. (d) किए गए काम का कुल समय

= 8 × 5 = 40 घण्टे

$\because$ 1 घण्टे की मजदूरी = ₹ 15

$\therefore$ 40 घण्टे की मजदूरी = 15 × 40 = ₹ 600

अत: 5 दिन काम करने के बाद उसकी कुल कमाई ₹ 600 होगी।

3. (b) डण्डे की छाया में गुणात्मक वृद्धि = $\frac{5}{4}$

माना, कि अभीष्ट ऊँचाई = x मी.

तो $x\times\frac{5}{4}=20$ मी.

$\therefore x=\frac{20\times4}{5}=16$ मी.

अभीष्ट ऊँचाई = 16 मी.

4. (d) इंजन द्वारा 1 घण्टे में निकाला गया पानी

= 84,500 लीटर

इंजन द्वारा 10 घण्टे में निकाला गया पानी

= 84,500 × 10 लीटर

इंजन द्वारा 1 दिन में फेंका गया पानी

= 8,45,000 लीटर

इंजन द्वारा 5 दिन में फेंका गया पानी

= 8,45,000 × 5 लीटर

= 4225000 लीटर

5. (d) 1 दर्जन = 12 केले

$\therefore$ 18 केले = $\frac{18}{2}$ दर्जन = 1.5 दर्जन

प्रश्नानुसार,

36 दर्जन केलों का मूल्य = ₹ 720

$\therefore$ 1 दर्जन केलों का मूल्य = $\frac{720}{36}$

$\therefore$ 1.5 दर्जन केलों का मूल्य = $\left(\frac{720}{36}\times1.5\right)$

= ₹ 30

❑❑❑

अध्याय

16

कार्य और समय

महत्वपूर्ण सूत्र

- यदि एक व्यक्ति किसी काम को a दिनों में पूरा करता है तब, व्यक्ति द्वारा किया गया 1 दिन का काम $= \frac{1}{a}$
- यदि एक व्यक्ति किसी काम का $\frac{1}{a}$ भाग 1 दिन में पूरा करता है तब, व्यक्ति द्वारा पूरा कार्य समाप्त करने में लगा समय $= a$ दिन
- यदि A अपने काम में B की अपेक्षा n गुना अधिक दक्ष हैं, तो A द्वारा काम पूरा करने में लगा समय $= \frac{1}{n} \times B$
- यदि M_1 व्यक्ति W_1 कार्य D_1 दिनों में तथा M_2 व्यक्ति W_2 कार्य D_2 दिनों में पूरा करते हैं। तो इनके बीच एक सामान्य सूत्र स्थापित होता है। जो निम्नलिखित है–

$$M_1D_1W_2 = M_2D_2W_1$$

- यदि M_1 व्यक्ति H_1 घण्टे प्रतिदिन कार्य करके W_1 कार्य D_1 दिनों में तथा M_2 व्यक्ति H_2 घण्टे प्रतिदिन कार्य करके W_2 कार्य D_2 दिनों में पूरा करते हैं। तब, सामान्य सूत्र निम्न प्रकार से होगा–

$$M_1H_1D_1W_2 = M_2H_2D_2W_1$$

- यदि दो व्यक्तियों A और B की कार्यक्षमताओं का अनुपात $x : y$ हो, तो उसके द्वारा लिए गए समय का अनुपात $y : x$ होगा।

महत्वपूर्ण संक्षिप्त विधियां

(*i*) A और B मिलकर किसी काम को क्रमशः x दिन व y दिन में पूरा कर सकते हैं। यदि दोनों एक साथ मिलकर कार्य करें, तब

काम पूरा होने में लगा समय $= \left(\frac{xy}{x+y}\right)$ दिन

(*ii*) A, B व C किसी काम को क्रमशः x दिन y दिन व z दिन में पूरा करते हैं। यदि वे तीनों मिलकर एक साथ काम करें तब,

काम पूरा होने में लगा समय $= \left[\frac{xyz}{xy+yz+zx}\right]$ दिन

(*iii*) A और B मिलकर किसी काम को x दिनों में पूरा करते हैं, यदि A अकेले उस काम को y दिनों में पूरा करें तब,

B द्वारा अकेले काम पूरा करने में लगा समय

$$= \left[\frac{xy}{y-x}\right] \text{दिन}$$

(*iv*) यदि M_1 आदमी या B_1 लड़के किसी काम को D दिन में पूरा करते हैं, तो M_2 आदमी और B_2 लड़कों द्वारा उस काम को पूरा करने में लगा अभीष्ट समय

$$= \left[\frac{DM_1B_1}{M_1B_2 + M_2B_1}\right] \text{दिन}$$

(*v*) यदि M_1 पुरुष एक काम को x दिनों में तथा W_1 महिलाएं उसी काम को y दिनों में पूरा करती है, तो M_2 पुरुष और W_2 महिलाओं द्वारा उस कार्य को पूरा करनें में–

$$\text{लगा अभीष्ट समय} = \left[\frac{1}{\frac{M_2}{M_1x} + \frac{W_2}{W_1y}}\right] \text{दिन}$$

हल सहित उदाहरण

उदाहरण 1. A किसी काम को 10 दिन में तथा B, 15 दिन में कर सकता है, यदि दोनों मिलकर काम करें, तो काम पूरा होने में कितना समय लगेगा?

(a) 6 (b) 8
(c) 7 (d) 5

हलः (a) A का 1 दिन का काम $= \frac{1}{10}$

B का 1 दिन का काम $= \frac{1}{15}$

$\therefore (A+B)$ का 1 दिन का काम $= \left(\frac{1}{10} + \frac{1}{15}\right) = \frac{5}{30} = \frac{1}{6}$

अतः A और B मिलकर काम को 6 दिन में पूरा कर लेंगे।

उदाहरण 2. A और B मिलकर किसी काम को 10 दिन में पूरा करते हैं यदि A अकेला काम को 25 दिन में पूरा करता है। तो B अकेले उस काम को कितने दिनों में पूरा करेगा?

(a) 16 दिन (b) $16\frac{2}{3}$ दिन
(c) $16\frac{1}{3}$ दिन (d) 18 दिन

हलः (b) $(A+B)$ का 1 दिन का काम $\frac{1}{10}$

A का 1 दिन का काम $= \frac{1}{25}$

$\therefore$ B का 1 दिन का काम $= \left(\frac{1}{10}-\frac{1}{25}\right)=\frac{3}{50}$

$\therefore$ B अकेले उस काम को $\frac{50}{3}$ दिन में $= 16\frac{2}{3}$ दिन में पूरा कर लेगा।

उदाहरण 3. 12 महिलाएं एक काम को 5 दिन में पूरा कर सकती हैं, जबकि 3 महिलाएं और 9 बच्चे मिलकर यही काम 10 दिन में पूरा कर सकते हैं। तो 36 बच्चे यह काम कितने दिन में पूरा कर पाएंगे?

(a) 3 (b) 4
(c) 5 (d) 6

हलः (c) प्रश्नानुसार,

(12 × 5) महिलाएं = 10 × (3 महिलाएं + 9 बच्चे)

$\Rightarrow$ 60 महिलाएं = 30 महिलाएं + 90 बच्चे

$\Rightarrow$ 30 महिलाएं = 90 बच्चे

$\Rightarrow$ 1 महिला = 3 बच्चे

$\because$ 12 महिलाएं किसी काम को 5 दिन में पूरा करती हैं।

परंतु 12 महिलाएं = (12 × 3) बच्चे = 36 बच्चे

$\therefore$ 36 बच्चे यह काम 5 दिन में पूरा कर लेगें।

उदाहरण 4. 5 आदमी या 10 बच्चे किसी का काम को 20 दिन में पूरा कर सकते है, तो 10 आदमी और 10 बच्चे उस काम को कितने दिन में पूरा करेगें?

(a) $6\frac{2}{3}$ (b) $6\frac{1}{3}$

(c) $5\frac{1}{3}$ (d) $5\frac{2}{3}$

हलः (a) अभीष्ट समय $= \left[\frac{DM_1B_1}{M_1B_2+B_1M_2}\right]$

$= \left[\frac{20\times5\times10}{5\times10+10\times10}\right]$

$= \frac{1000}{150}$ दिन $= 6\frac{2}{3}$ दिन

उदाहरण 5. 10 व्यक्ति एक काम को 15 दिन में पूरा कर सकते है, तो 25 व्यक्ति उससे दोगुने काम को कितने समय में पूरा करेंगे?

(a) 14 (b) 10
(c) 15 (d) 12

हलः (d) सामान्य सूत्र–

$M_1D_1W_2 = M_2D_2W_1$ से

$\Rightarrow$ $10 \times 15 \times 2 = 25 \times D_2 \times 1$

$\Rightarrow$ $D_2 = \left(\frac{10\times15\times2}{25}\right)$ दिन = 12 दिन

अतः अभीष्ट समय = 12 दिन

अभ्यास–1

1. 12 पुरुष अथवा 15 स्त्रियाँ एक कार्य को 10 दिनों में समाप्त कर सकते हैं। उसी कार्य को 7 पुरुष तथा 10 स्त्रियाँ मिलकर कितने दिनों में समाप्त करेंगे?

(a) 12 (b) 10
(c) 9 (d) 8

2. एक व्यक्ति 8 घंटे प्रतिदिन कार्य करके एक कार्य को 12 दिनों में समाप्त कर सकता है। यदि वह 6 घंटे प्रतिदिन कार्य करे, तो वह काम समाप्त करेगा?

(a) 12 दिनों में (b) 14 दिनों में
(c) 16 दिनों में (d) 18 दिनों में

3. एक कार्य 12 व्यक्ति या 15 औरतें 20 दिन में पूरा करते हैं। वही कार्य 4 व्यक्ति तथा 5 औरतें कितने दिनों में पूरा करेंगे?

(a) 15 (b) 25
(c) 30 (d) 40

4. यदि 4 पुरुष या 8 लड़के किसी एक कार्य को 15 दिनों में कर सकते हैं, तो 3 पुरुष और 4 लड़कें उस कार्य को कितने दिनों में करेंगे?

(a) 8 (b) 9
(c) 10 (d) 12

5. एक व्यक्ति अपने प्रति घंटे कार्य के लिए ₹ 15 पाता है। यदि वह 8 घंटे प्रतिदिन कार्य करके 5 दिन कार्य करता है, तो उसकी कुल कमाई होगा–

(a) ₹ 75 (b) ₹ 120
(c) ₹ 500 (d) ₹ 600

6. A किसी कार्य को 5 दिनों में, B, 10 दिनों में तथा C 15 दिनों में करता है। यदि तीनों एकसाथ कार्य शुरू करें, तो कार्य कितने दिनों में समाप्त हो जाएगा?

(a) $2\frac{8}{11}$ (b) $2\frac{7}{12}$

(c) $2\frac{8}{13}$ (d) $2\frac{11}{14}$

7. किसी कार्य $A + B$, 6 दिनों में, $B + C$, 12 दिनों में तथा $C + A$, 24 दिनों में करते हैं, तो A, B, C तीनों मिलकर उस कार्य को कितने दिनों में करेंगे?

(a) $6\frac{5}{7}$ (b) $6\frac{6}{7}$

(c) $6\frac{5}{8}$ (d) $6\frac{9}{11}$

8. यदि 42 व्यक्ति किसी कार्य को 15 दिनों में समाप्त कर सकें, तो 30 व्यक्ति इस कार्य को कितने दिनों में समाप्त कर सकेंगे?

(a) 24 (b) 28
(c) 21 (d) 20

9. यदि 12 व्यक्ति एक कुएँ को 20 दिनों में खोद सकें, तो 15 दिनों में इस कुएँ को खोदने के लिए व्यक्ति लगाने होंगे?

(a) 15 (b) 16
(c) 18 (d) 13

10. राम, भरत और घनश्याम तीनों अलग-अलग किसी कार्य को क्रमशः 20, 25 और 30 दिनों में करते हैं। यदि तीनों मिलकर उस कार्य को करें, तो पूरा कार्य कितने दिनों में समाप्त हो जाएगा?

(a) $8\frac{4}{37}$ (b) $8\frac{3}{37}$

(c) $8\frac{4}{35}$ (d) $8\frac{3}{31}$

11. अ, ब, स मिलकर एक कार्य को 6 दिनों में करते हैं, 'अ' अकेला उसे 12 दिनों

में, 'ब' अकेला उसे 30 दिनों में करता है, तो बताइए 'स' अकेला उसे कितने दिनों में करेगा?
(a) 10 (b) 12
(c) 15 (d) 20

12. 'क' किसी कार्य को 6 दिनों में करता है। 'ख' के कार्य करने की गति 'ग' की तीन गुनी है। यदि 'क' के कार्य करने की गति 'ख' की गति का $\frac{2}{3}$ हो, तो 'क', 'ख' और 'ग' उस कार्य को एकसाथ कितने दिनों में करेंगे?
(a) 1 (b) $\frac{1}{2}$
(c) 2 (d) $2\frac{1}{2}$

13. 'क' एक कार्य को 12 दिनों में करता है। यदि 'ख', 'क' से डेढ़ गुना तेज कार्य करता है, तो बताइए 'ख' दोगुने कार्य को कितने दिनों में कर लेगा?
(a) 16 (b) 17
(c) 18 (d) 19

14. यदि 6 आदमी या 8 लड़के किसी कार्य को 18 दिनों में कर सकते हों, तो 3 आदमी और 5 लड़के उसे कितने दिनों में करेंगे?
(a) 13 (b) 14
(c) 15 (d) 16

15. *A* और *B* एक कार्य को 4 दिनों में, *B* और *C* उसे 6 दिनों में तथा *A* और *C* उसे 8 दिनों में कर सकते हैं। वे सब मिलकर कार्य को कितने दिनों में समाप्त का लेंगे?
(a) $3\frac{9}{13}$ (b) 4
(c) 3 (d) $4\frac{1}{12}$

16. राम किसी कार्य का $\frac{2}{5}$ भाग 9 दिनों में समाप्त करता है। तब वह मोहन को बुलाता है और दोनों मिलकर कार्य को 6 दिनों में समाप्त करते हैं। बताइए कि मोहन उस कार्य को अकेला कितने दिनों में समाप्त करेगा?
(a) 9 (b) 18
(c) 12 (d) 36

17. राम किसी कार्य का $\frac{5}{8}$ भाग 15 दिनों में समाप्त कर लेता है तथा महेश शेष कार्य 5 दिनों में समाप्त कर लेता है। यदि दोनों एकसाथ कार्य शुरू करें, तो कार्य कितने दिनों में समाप्त हो जाएगा?
(a) $9\frac{1}{8}$ (b) $8\frac{4}{7}$
(c) $12\frac{3}{7}$ (d) $11\frac{4}{7}$

18. राम किसी कार्य का $\frac{2}{5}$ भाग 12 दिनों में तथा मोहन इस कार्य का $\frac{3}{4}$ भाग 15 दिनों में कर सकता है। दोनों मिलकर इस कार्य को कितने दिनों में समाप्त कर लेंगे?
(a) 8 (b) 9
(c) 12 (d) $9\frac{1}{4}$

19. महेश किसी कार्य को 20 दिनों में समाप्त कर सकता है। यदि वह 10 दिनों तक कार्य करे, तो कितना भाग कार्य होगा?
(a) $\frac{2}{3}$ (b) $\frac{3}{4}$
(c) $\frac{1}{2}$ (d) $\frac{2}{5}$

20. राम किसी कार्य को 5 दिनों में तथा मोहन 10 दिनों में करता है, तो दोनों मिलकर तीन गुने कार्य को कितने दिनों में करेंगे?
(a) 10 (b) 12
(c) 9 (d) 18

21. एक आदमी किसी कार्य को 6 घंटे करके 36 दिनों में पूरा करता है। बताइए वह 9 घंटे प्रतिदिन कार्य करके उसे कितने दिनों में समाप्त करेगा?
(a) 18 (b) 24
(c) 36 (d) 21

22. जो भोजन 42 सैनिकों के लिए 12 दिनों तक चलता है, तो वह 14 सैनिकों के लिए कितने दिनों तक चलेगा?
(a) 18 (b) 9
(c) 36 (d) 42

उत्तर (हल/संकेत)

1. (d) ∴ 12 पुरुष = 15 स्त्रियाँ
⇒ 4 पुरुष = 5 स्त्रियाँ
तब 10 स्त्रियाँ = 8 पुरुष
प्रश्न से,
12 पुरुषों द्वारा एक काम किया जाता है = 10 दिन में
तब 1 पुरुष द्वारा उस काम किया जाएगा = 120 दिन में
अत: (7 + 8) पुरुष उस काम को करेंगे
$= \frac{120}{7+8} = \frac{120}{15}$
= 8 दिन में

2. (c) $M_1 = 1, H_1 = 8, D_1 = 12, W_1 = 1$
$M_2 = 1, H_2 = 8, D_2 = ?, W_2 = 1$
सूत्र $\frac{M_1D_1H_1}{W_1} = \frac{M_2D_2H_2}{W_2}$
$\frac{1\times12\times8}{1} = \frac{1\times D_2\times6}{1}$
⇒ $D_2 = \frac{12\times8}{6}$
= 16 दिन

3. (c) 12 व्यक्ति = 15 औरतें
1 व्यक्ति $= \frac{15}{12}$ औरतें
4 व्यक्ति $= \frac{15\times4}{12}$
= 5 औरतें

औरतें	दिन
15 ↑	20 ↓
10	x

⇒ $\frac{x}{20} = \frac{15}{10}$
∴ $x = \frac{15\times20}{10}$
= 30 दिन

4. (d) 4 पुरुष = 8 लड़के
3 पुरुष = 6 लड़के

लड़के	दिन
8 ↑	15 ↓
(6 + 4)	x

∴ $x = \frac{15\times8}{10}$ = 12 दिन

5. (d) अभीष्ट कमाई $= 8 \times 5 \times 15 = ₹600$

6. (a) A का 1 दिन का काम $= \frac{1}{5}$ भाग

B का 1 दिन का काम $= \frac{1}{10}$ भाग

C का 1 दिन का काम $= \frac{1}{15}$ भाग

$\therefore$ $A + B + C$ का 1 दिन का काम

$= \frac{1}{15} + \frac{1}{10} + \frac{1}{15}$ भाग

$= \frac{6+3+2}{30} = \frac{11}{30}$

$\therefore$ $A + B + C$, 1 काम को $\frac{30}{11}$

$= 2\frac{8}{11}$ दिनों में करेंगे।

7. (b) $A + B$ के 1 दिन का काम $= \frac{1}{6}$ भाग

$B + C$ के 1 दिन का काम $= \frac{1}{12}$ भाग

$C + A$ के 1 दिन का काम $= \frac{1}{24}$ भाग

तीनों को लम्बवत् जोड़ने पर,

$2A + 2B + 2C$ के 1 दिन का काम

$= \frac{1}{6} + \frac{1}{12} + \frac{1}{24}$ भाग

$\Rightarrow$ $2(A + B + C)$ के 1 दिन का काम

$= \frac{4+2+1}{24}$ भाग

$A + B + C$ के 1 दिन का काम

$= \frac{7}{24 \times 2} = \frac{7}{48}$ भाग

$\therefore$ $A + B + C$ द्वारा काम को $\frac{48}{7}$ दिनों में किया जाएगा।

अत: $A + B + C$ द्वारा उस काम को $6\frac{6}{7}$ दिनों में किया जाएगा।

8. (c) 42 व्यक्तियों द्वारा कार्य पूर्ण किया जाता है

$= 15$ दिनों में

$\therefore$ $30 : 42 :: 15 : x$

अर्थात् $x = \left(\frac{42 \times 15}{30}\right) = 21$ दिन

9. (b) 12 व्यक्तियों द्वारा कुआँ खोदा जाता है

$= 20$ दिनों में

$\therefore$ $15 : 20 :: 12 : x$

अर्थात $x = \left(\frac{20 \times 12}{15}\right) = 16$ व्यक्ति

10. (a) $\because$ राम कार्य समाप्त करता है

$= 20$ दिनों में

$\therefore$ राम 1 दिन में कार्य समाप्त करता है

$= \frac{1}{20}$

$\because$ भरत कार्य समाप्त करता है।

$= 25$ दिनों में

$\therefore$ भरत 1 दिन में कार्य करेगा

$= \frac{1}{25}$

घनश्याम पूरा कार्य करता है

$= 30$ दिनों में

$\therefore$ घनश्याम 1 दिन में कार्य करेगा

$= \frac{1}{30}$

$\therefore$ तीनों मिलकर कार्य करेंगे

$= \frac{1}{20} + \frac{1}{25} + \frac{1}{30}$

$= \frac{15+12+10}{300}$

$= \frac{37}{300}$ कार्य एक दिन में करेंगे।

$\therefore$ तीनों मिलकर पूरा कार्य करेंगे।

$= \frac{300}{37}$

अत: कार्य के पूरा होने का समय

$= \frac{300}{37} = 8\frac{4}{37}$ दिन।

11. (d) माना कि 'स' अकेले उस कार्य को पूरा करता है। $= x$ दिनों में

$\because$ 'अ' अकेले उस कार्य को करता है।

$= 12$ दिनों में

$\therefore$ 'अ' अकेले 1 दिन में कार्य करेगा।

$= \frac{1}{12}$ भाग

इसी प्रकार,

'ब' अकेले 1 दिन में कार्य करेगा

$= \frac{1}{30}$ भाग

तथा 'स' अकेले 1 दिन में कार्य करेगा।

$= \frac{1}{x}$ भाग

$\because$ तीनों मिलकर पूरा कार्य करते हैं

$= 6$ दिनों में

$\therefore$ 1 दिन में तीनों कार्य करेंगे

$= \frac{1}{6}$ भाग

$\therefore$ $\frac{1}{12} + \frac{1}{30} + \frac{1}{x} = \frac{1}{6}$

$\Rightarrow$ $\frac{1}{12} + \frac{1}{30} - \frac{1}{6} = -\frac{1}{x}$

$\Rightarrow$ $\frac{5+2-10}{60} = -\frac{1}{x}$

$\Rightarrow$ $-\frac{3}{60} = -\frac{1}{x}$

$\Rightarrow$ $\frac{1}{20} = \frac{1}{x}$

$\therefore$ $x = 20$

अत: 'स' अकेले उस कार्य को 20 दिनों में समाप्त कर देगा।

12. (c) $\because$ 'क' 1 कार्य करता है

$= 6$ दिन में

$\therefore$ 'क' 1 दिन में कार्य करेगा $= \frac{1}{6}$

$\because$ 'क' के कार्य करने की गति 'ख' की गति का है $= \frac{2}{3}$

$\therefore$ 'ख' 1 दिन में कार्य करेगा

$= \frac{1}{6} \times \frac{3}{2} = \frac{1}{4}$

पुन: 'ख' के कार्य करने की गति 'ग' की तीन गुनी है।

$\therefore$ 'ग' 1 दिन में कार्य करेगा।

$= \frac{1}{4} \times \frac{1}{3} = \frac{1}{12}$

$\therefore$ 'क' + 'ख' + 'ग' 1 दिन में कार्य करेंगे

$= \frac{1}{6} + \frac{1}{4} = \frac{1}{12}$

$= \frac{2+3+1}{12}$

$= \frac{6}{12} = \frac{1}{2}$

$\therefore$ तीनों मिलकर कार्य को 2 दिन में समाप्त कर देंगे।

13. (a) $\because$ 'क' 1 कार्य करता है।
=12 दिनों में

$\therefore$ 'क' 1 दिन में कार्य करेगा $=\frac{1}{12}$

$\therefore$ प्रश्नानुसार, 'ख' 1 दिन में कार्य करेगा

$=\frac{1}{12}\times\frac{3}{2}=\frac{1}{8}$

$\because$ 'ख' 1 दिन में कार्य करता है $=\frac{1}{8}$

$\therefore$ 'ख' 1 कार्य करेगा = 8 दिनों में

$\therefore$ 'ख' 2 कार्य करेगा $= 8\times 2 = 16$ दिनों में

14. (d) $\because$ 6 आदमी = 8 लड़के

$\therefore$ 1 आदमी $=\frac{8}{6}$ लड़के

$\therefore$ 3 आदमी $=\frac{8}{6}\times 3 = 4$ लड़के

$\therefore$ 3 आदमी + 5 लड़के
= 4 लड़के + 5 लड़क
= 9 लड़के

$\because$ किसी कार्य को 8 लड़के कर सकते हैं
= 18 दिनों में

$\therefore$ 1 लड़का उसी कार्य को कर सकता है।
$= 18\times 8$ दिनों में

$\therefore$ 9 लड़के उसी कार्य को कर सकते हैं

$=\frac{18\times 8}{9}$

= 16 दिनों

15. (a) $\because$ $A+B$, 1 कार्य करते हैं।
= 4 दिनों में

$\therefore$ A + B, 1 दिन में कार्य करेंगे $=\frac{1}{4}$

पुनः $B+C$, 1 कार्य करते हैं = 6 दिनों में

$\therefore$ $B+C$, 1 दिन में कार्य करेंगे $=\frac{1}{6}$

$\because$ $A+C$, 1 कार्य करेंगे = 8 दिनों में

$\therefore$ $A+C$, 1 दिन में कार्य करेंगे $=\frac{1}{8}$

तब $(A+B)+(B+C)+(A+C)$ का 1 दिन में कार्य $=\frac{1}{4}+\frac{1}{6}+\frac{1}{8}$

$\Rightarrow$ $2A+2B+2C$

$=\frac{6+4+3}{24}$

$\Rightarrow$ $2(A+B+C)$

$=\frac{13}{24}$

$\therefore$ $A+B+C$

$=\frac{13}{24}\times\frac{1}{2}=\frac{13}{48}$

$\therefore$ A, B तथा C को कार्य पूरा करने में लगा समय $=\frac{48}{13}=3\frac{9}{13}$ दिन

16. (b) $\because$ राम 9 दिनों में कार्य समाप्त करता है

$=\frac{2}{5}$

$\therefore$ राम 1 दिन में कार्य का भाग समाप्त करेगा।

$=\frac{2}{5}\times\frac{1}{9}=\frac{2}{25}$

शेष कार्य $=1-\frac{2}{5}=\frac{5-2}{5}=\frac{3}{5}$ भाग

$\because$ राम तथा मोहन दोनों 6 दिनों में शेष कार्य अर्थात् $\frac{3}{5}$ भाग समाप्त करते हैं।

$\therefore$ राम तथा मोहन 1 दिन में कार्य समाप्त करेंगे $=\frac{3}{5}\times\frac{1}{6}=\frac{1}{10}$ भाग

$\therefore$ मोहन ने 1 दिन में कार्य किया

$=\frac{1}{10}-\frac{2}{45}=\frac{9-4}{90}=\frac{5}{90}$ भाग

$\therefore$ कार्य समाप्त करने में मोहन द्वारा लगा समय $=\frac{90}{5}=18$ दिन

17. (b) $\because$ राम 15 दिनों में कार्य करता है।

$=\frac{5}{8}$

$\therefore$ राम 1 दिन में कार्य $=\frac{5}{8\times 15}$

$=\frac{1}{24}$ कार्य

$\therefore$ शेष कार्य $=-\frac{5}{8}=\frac{8-5}{8}=\frac{3}{8}$

$\because$ मोहन 5 दिनों में कार्य करता है –

$\therefore$ मोहन 1 दिन में कार्य करेगा

$=\frac{3}{8\times 5}=\frac{3}{40}$

$\therefore$ दोनों का 1 दिन का कार्य

$=\frac{1}{24}+\frac{3}{40}=\frac{5+9}{120}$

$=\frac{14}{120}=\frac{7}{60}$ भाग

$\therefore$ दोनों को कार्य समाप्त करने में लगा समय

$=\frac{60}{7}=8\frac{4}{7}$ दिन

18. (c) $\because$ राम 12 दिनों में कार्य करता है।

$=\frac{2}{5}$

$\therefore$ राम 1 दिन में कार्य करेगा

$=\frac{2}{5}\times\frac{1}{12}=\frac{1}{30}$

फिर मोहन 15 दिनों में कार्य करता है $=\frac{3}{4}$

$\therefore$ मोहन 1 दिन में कार्य करेगा

$=\frac{3}{4}\times\frac{1}{15}=\frac{1}{20}$

$\therefore$ राम तथा मोहन का 1 दिन का कार्य

$=\frac{1}{30}+\frac{1}{20}$

$=\frac{2+3}{60}=\frac{5}{60}$

$\because$ दोनों 1 दिन में कार्य करते हैं $=\frac{5}{60}$

$\therefore$ कार्य समाप्त होगा $=\frac{60}{5}$

= 12 दिनों में

19. (c) $\because$ महेश 1 कार्य पूरा करता है।
= 20 दिनों में

$\therefore$ महेश 1 दिन में कार्य करेगा $=\frac{1}{20}$

$\therefore$ महेश 10 दिनों में कार्य करेगा

$=\frac{1}{20}\times 10=\frac{1}{2}$

20. (a) $\because$ राम 1 कार्य करता है = 5 दिन में

$\therefore$ राम 1 दिन में कार्य करेगा $=\frac{1}{5}$

तथा मोहन 1 कार्य करता है
= 10 दिनों में

$\therefore$ मोहन 1 दिन में भाग कार्य करेगा $=\frac{1}{10}$

राम तथा मोहन दोनों 1 दिन में कार्य करते हैं।

$= \frac{1}{5} + \frac{1}{10} = \frac{2+1}{10} = \frac{3}{10}$

∵ राम तथा मोहन 1 दिन में करते हैं $= \frac{3}{10}$

∴ राम तथा मोहन 1 कार्य करेगा $= \frac{10}{3}$

∴ राम तथा मोहन 3 कार्य $= \frac{10}{3} \times 3$

= 10 दिन में करेंगे।

21. (b) ∵ आदमी 6 घंटे प्रतिदिन कार्य करके उसे पूरा करता है = 36 दिनों में

∴ आदमी प्रतिदिन 1 घंटे कार्य करके उसे पूरा करेगा = 36 × 6 दिनों में

∴ आदमी प्रतिदिन 9 घंटे कार्य करके उसे पूरा करेगा $= \frac{36 \times 6}{9} = 24$ दिनों में

22. (c) ∵ 42 सैनिकों के लिए भोजन था = 12 दिनों का

∴ 1 सैनिक के लिए भोजन था = 12 × 42 दिनों का

∴ 14 सैनिकों के लिए भोजन था $= \frac{12 \times 42}{14}$

= 36 दिन का

अभ्यास-2

1. 12 पुरुष अथवा 15 औरतें एक कार्य को 21 दिनों में पूरा कर पाते हैं। उसी कार्य को 6 पुरुष तथा 10 औरतें कितने दिनों में पूरा करेंगे?

(a) 15 (b) 18
(c) 21 (d) 244

2. राम 5 दिनों में कोई काम करता है। रघु उसी काम को 8 दिनों में करता है, तो दोनों मिलकर उस काम को कितने दिनों में पूरा करेंगे?

(a) $4\frac{2}{7}$

(b) $4\frac{5}{8}$

(c) $3\frac{1}{13}$

(d) $3\frac{4}{9}$

3. राम किसी काम को 6 दिनों में तथा मोहन उसी काम को 8 दिनों में कर सकता है। यदि दोनों काम को एक साथ करना शुरू करें तो काम कितने दिनों में समाप्त हो जाएगा?

(a) $2\frac{1}{6}$ दिन (b) $3\frac{3}{7}$ दिन

(c) $3\frac{1}{5}$ दिन (d) 7 दिन

4. 15 व्यक्ति एक कार्य को 10 दिन में पूरा कर सकते हैं। इसी कार्य को 50 दिनों में करने के लिए कितने व्यक्ति चाहिए?

(a) 2 (b) 3
(c) 4 (d) 5

5. एक कार्य 12 व्यक्ति या 15 औरतें 20 दिन में पूरा करते हैं। वही कार्य 4 व्यक्ति तथा 5 औरतें कितने दिनों में पूरा करेंगे?

(a) 15 दिन
(b) 25 दिन
(c) 30 दिन
(d) 40 दिन

उत्तर (हल/संकेत)

1. (b) दिया है, 12 पुरुष = 15 औरतें

या 6 पुरुष $= \frac{15}{2}$ औरत

6 पुरुष + 10 औरत $= \frac{15}{2}$ औरत + 10 औरत

$= \frac{35}{2}$ औरत

अब, $M_1 = 15, M_2 = -\frac{35}{2}$,

$W_1 = W_2 = 1, D_1 = 21$

$D_2 = ?$

सूत्र के अनुसार, $M_1D_1W_2 = M_2D_2W_1$

$= 21 \times 15 \times 1 = \frac{35}{2} \times D_2 \times 1$

$D_2 = \frac{21 \times 15 \times 2}{35} = \frac{3 \times 15 \times 2}{5}$

= 3 × 3 × 2 = 18 दिन

2. (c) ∵ राम 5 दिनों में 1 काम करता है।

∴ राम 1 दिन में $\frac{1}{5}$ काम करता है।

इसी प्रकार, रघु 1 दिन में $\frac{1}{8}$ काम करता है।

अतः दोनों मिलकर उस काम को 1 दिन में $\frac{1}{5} + \frac{1}{8}$ भाग पूरा करते हैं।

$\frac{1}{5} + \frac{1}{8} = \frac{8+5}{40} = \frac{13}{40}$

∵ राम और रघु $\frac{13}{40}$ काम 1 दिन में करते हैं।

∴ राम और रघु 1 काम $\frac{40}{30}$ दिन में करते हैं।

∴ अभीष्ट दिन $= 3\frac{1}{13}$ दिन

3. (b) राम के 1 दिन का काम $= \frac{1}{6}$ भाग

मोहन के 1 दिन का काम $= \frac{1}{8}$ भाग

दोनों के 1 दिन का काम $= \frac{1}{6} + \frac{1}{8}$

$= \frac{4+3}{24} = \frac{7}{24}$ भाग

काम पूरा होने में लगा समय

$= \frac{24}{7}$ दिन $= 3\frac{3}{7}$ दिन

4. (b) 10 दिन में एक कार्य पूरा करते हैं = 15 व्यक्ति

∴ 1 दिन में एक कार्य पूरा करेंगे = 15 × 10 = 150 व्यक्ति

∴ 50 दिन में एक कार्य पूरा करेंगे $= \frac{150}{50}$

= 3 व्यक्ति

5. (c) 12 व्यक्ति = 15 औरतें

∴ 4 व्यक्ति = 5 औरतें

4 व्यक्ति और 5 औरतें = (5 + 5) = 10 औरतें

∵ 15 औरतें एक काम को पूरा करती हैं = 20 दिन में

∴ 1 औरत उसी काम को पूरा करेगी = (15 × 20) दिन में

∴ 10 औरतें उसी काम को पूरा करेंगी $= \frac{15 \times 20}{10} = 30$ दिन में

❑❑❑

अध्याय

17

दूरी एवं चाल

चाल

किसी व्यक्ति या वस्तु द्वारा एकांक समय में तय की गई दूरी को, उसकी चाल कहते हैं।

$\therefore$ चाल = $\frac{\text{दूरी}}{\text{समय}}$

सूत्र की सहायता से दो अन्य परिणाम–

(1) समय = $\frac{\text{दूरी}}{\text{चाल}}$ (2) दूरी = चाल × समय

महत्वपूर्ण बिंदु

- यदि चाल किमी॰/घण्टा में दी गई हो, तो इसे मी॰/से॰ में बदलने के लिए $\frac{5}{18}$ का गुणा किया जाता है।

  जैसे-x किमी॰/घण्टा $= \left(x \times \frac{5}{18}\right)$ मी॰/से॰

- यदि चाल मी॰/से॰ में दी गई हो, तो इसे किमी॰/घण्टा में बदलने के लिए $\frac{18}{5}$ का गुणाँ किया जाता है।

  जैसे-y मीटर/सेकण्ड $= \left(y \times \frac{18}{5}\right)$ किमी॰/घण्टा

- यदि दो गाड़ियां क्रमशः x किमी॰/घण्टा व y किमी॰/घण्टा की चाल से समान दिशा में चल रही हो, तो।

  उनकी सापेक्ष चाल $= (x - y)$ किमी॰/घण्टा जबकि $x > y$

- यदि दो गाड़ियां क्रमशः x किमी॰/घण्टा व y किमी॰/घण्टा को चाल से एक दूसरे के विपरीत दिशा में चल रहीं हो, तो,

  उनकी सापेक्ष चाल $= (x + y)$ किमी॰/घण्टा

- जब कोई रेलगाड़ी किसी स्थिर व्यक्ति, खंभा, पेड़, मीनार आदि को पार करती है। तो, रेलगाड़ी को अपनी लंबाई के बराबर दूरी तय करनी पड़ती है।

  जब कोई रेलगाड़ी किसी प्लेटफार्म, पुल, सुरंग या किसी दूसरी रेलगाड़ी को पार करती है। तो रेलगाड़ी को अपनी लंबाई और पार की जाने वाली वस्तु की लंबाई के योग के बराबर दूरी तय करनी पड़ती है।

  पार करने में लगा समय

  $= \frac{\text{प्लेटफार्म की लंबाई + रेलगाडी की लंबाई}}{\text{लंबाई की चाल}}$

महत्वपूर्ण संक्षिप्त विधियां

(*i*) एक व्यक्ति किसी स्थान तक पैदल जाने तथा वापस वाहन द्वारा आने में x घंटे का समय लेता है। यदि वह दोनों ओर वाहन का प्रयोग करता है, तो उसे y घण्टे कम समय लगता हैं। तब,

(*a*) दोनों ओर पैदल जाने में लगा समय $= (x + y)$ घण्टे

(*b*) दोनों ओर वाहन से जाने में लगा समय $= (x - y)$ घण्टे

(*ii*) एक व्यक्ति/वाहन x_1 किमी॰/घण्टा की चाल से कोई निश्चित यात्रा t_1 घण्टे में तथा x_2 किमी॰/घण्टा की चाल से t_2 घण्टे में तय करता है। तब इसके बीच एक सामान्य सूत्र स्थापित होता है।

$$x_1t_1 = x_2t_2$$

(*iii*) दो व्यक्ति/वाहन विपरीत दिशा में एक ही समय दो भिन्न स्थानों से चलना प्रारंभ करते हैं तथा एक दूसरे से मिलने के बाद क्रमशः t_1 व t_1 घण्टे में अपनी यात्रा पूरी करते हैं। तब,

$$\frac{\text{पहले व्यक्ति की चाल}}{\text{दूसरे व्यक्ति की चाल}} = \sqrt{\frac{t_2}{t_1}}$$

(*iv*) एक व्यक्ति अपनी सामान्य चाल की चाल $\frac{x}{y}$ चाल से चले, तो वह किसी स्थान समय पहले या बाद में पहुंचती है तो उसे वास्तविक चाल से पहुंचने में लगा समय

$$= \left[\frac{xy}{x - y}\right] \text{ इकाई}$$

(*v*) यदि कोई व्यक्ति किसी निश्चित स्थान पर जाते समय x किमी॰/घण्टा की चाल से तथा वापस लौटते समय y किमी॰/घंटा की चाल से कोई निश्चित दूरी तय करे, तो पूरी यात्रा के दोरान व्यक्ति की औसत चाल

$$= \left(\frac{2xy}{x + y}\right) \text{ किमी॰/घण्टा}$$

(*vi*) एक व्यक्ति x किमी॰/घण्टा की चाल से चलता है, तो उसे निश्चित दूरी तय करने में t_1 घण्टे अधिक समय लगता है। परंतु यदि y किमी॰/घण्टा की चाल से चलने पर t_2 घण्टे कम समय लगता है, तब

$$\text{निश्चित दूरी} = \left[\frac{xy(t_1 - t_2)}{y - x}\right] \text{ किमी॰}$$

(*vii*) एक रेलगाड़ी l_1 मीटर लंबे प्लेटफार्म को t_1 सेकण्ड में तथा l_2 मीटर लंबे प्लेटफार्म को t_2 सेकण्ड में पार करती है। तब,

$$\text{रेलगाड़ी की लंबाई} = \left[\frac{l_1t_2 - l_2t_1}{t_1 - t_2}\right] \text{ मीटर}$$

हल सहित उदाहरण

उदाहरण 1. अपनी सामान्य चाल की $\frac{4}{5}$ चाल से चलने पर एक व्यक्ति अपने गतंव्य स्थान पर 20 मिनट देरी से पहुंचता है। तो सामान्य चाल से गतंव्य स्थान पर पहुंचने में उसे कितना समय लगेगा?

(a) 60 मिनट (b) 90 मिनट
(c) 120 मिनट (d) 100 मिनट

हलः (d) संक्षिप्त विधि द्वारा–

$$\text{अभीष्ट समय} = \left[\frac{xt}{x-y}\right] \text{मिनट}$$

$$= \frac{x \times 20}{x - \frac{4}{5}x} = \frac{x \times 20 \times 5}{5x - 4x} = 100 \text{ मिनट}$$

उदाहरण 2. एक व्यक्ति 6 किमी॰/घण्टा की चाल से चलकर ऑफिस 5 मिनट देरी से पहुंचता है तथा 8 किमी॰/घण्टा की चाल से चलकर ऑफिस 5 मिनट जल्दी पहुंच जाता है। व्यक्ति की प्रारंभिक स्थान से ऑफिस की दूरी कितनी है?

(a) 2 किमी (b) 4 किमी
(c) 6 किमी (d) 8 किमी

हलः (b) माना प्रारंभिक स्थान से ऑफिस की दूरी $= x$ किमी॰

तब, प्रश्नानुसार, $\frac{x}{6} - \frac{x}{8} = \frac{(5+5)}{60}$

$\Rightarrow$ $4x - 3x = \left(\frac{1}{6} \times 24\right)$

$\Rightarrow$ $x = 4$

उदाहरण 3. एक व्यक्ति 9 किमी/घण्टा की चाल से चलता है प्रत्येक घण्टे के बाद 9 मिनट आराम करता है। तो 27 किमी॰ ही दूरी तय करने के लिए इसे कितना समय लगेगा?

(a) 3 घण्टे 20 मिनट (b) 3 घण्टे 25 मिनट
(c) 3 घण्टे 18 मिनट (d) 3 घण्टे 30 मिनट

हलः (c) बिना विश्राम के 27 किमी॰ की दूरी तय करने में लगभग

$$= \frac{27}{9} = 3 \text{ घण्टे}$$

अतः 27 किमी॰ की दूरी तय करने में यह 2 बार विश्राम करेगा।

$\therefore$ विश्राम की अवधि $= (2 \times 9)$ मिनट $= 18$ मिनट

$\therefore$ कुल अभीष्ट समय = 3 घण्टे 18 मिनट

उदाहरण 4. 200 मी॰ लंबी रेलगाड़ी स्टेशन पर खड़े व्यक्ति को 36 किमी॰/घण्टा की चाल से कितने समय में पार कर लेगी?

(a) 20 सेकण्ड (b) 30 सेकण्ड
(c) 40 सेकण्ड (d) 18 सेकण्ड

हलः (a) रेलगाड़ी की चाल $= \left(36 \times \frac{5}{18}\right)$ मी॰/से॰ = 10 मी॰/से॰

$\therefore$ व्यक्ति को पार करने में लगा समय $= \frac{200}{10}$ सेकण्ड = 20 सेकण्ड

उदाहरण 5. एक रेलगाड़ी एक खंभे को 15 सेकण्ड में तथा 100 मीटर लंबे प्लेटफार्म को 25 सेकण्ड में पार कर जाती है। रेलगाड़ी की लंबाई ज्ञात कीजिए।

(a) 20 मी. (b) 150 मी.
(c) 180 मी. (d) 200 मी.

हलः (b) माना रेलगाड़ी की लंबाई $= x$ मी॰

$\therefore$ रेलगाड़ी द्वारा तय की गई दूरी $= (x + 100)$ मी॰

तब, प्रश्नानुसार, $25 = \frac{(x+100)}{x} \times 15$

$\Rightarrow$ $25x = 15x + 1500$

$\Rightarrow$ $10x = 1500$

$\Rightarrow$ $x = 150$ मी॰

अभ्यास–1

1. एक रेलगाड़ी 75 किमी./घंटा की गति से दौड़ रही है। 350 किमी. की दूरी तय करने में उसे कितना समय लगेगा?

(a) 4 घंटे
(b) 5 घंटे
(c) 4 घंटे 30 मिनट
(d) 4 घंटे 40 मिनट

2. एक निश्चित दूरी की यात्रा का $\frac{1}{3}$ भाग 25 किमी./घंटा की चाल से, $\frac{1}{4}$ भाग 30 किमी./घंटा की चाल से तथा शेष भाग 50 किमी./घंटा की चाल से तय किया जाता है। सम्पूर्ण यात्रा की औसत चाल है–

(a) 30 किमी./घंटा
(b) 33 किमी./घंटा
(c) $33\frac{1}{3}$ किमी./घंटा
(d) 32 किमी./घंटा

3. एक बस 9:45 बजे प्रातः 80 किमी./घंटा की चाल से चली। वह अपने गन्तव्य से 300 किमी. दूर है, पर कितने बजे पहुँचेगी?

(a) 12 बजे दोपहर
(b) 12 : 30 बजे दोपहर बाद
(c) 1 : 30 बजे दोपहर बाद
(d) 2 : 45 बजे दोपहर बाद

4. 1 किमी. की एक दौड़ प्रतियोगिता में A, B को 36 मी. या 18 सेकण्ड से हराता है। A ने पूरी दूरी तय करने में कितना समय (सेकण्ड में) लिया?

(a) 500 (b) 582
(c) 460 (d) 482

5. दो व्यक्ति प्रातः 7:30 बजे एक-दूसरे की ओर चलना आरम्भ करते हैं। यदि उनकी चाल 4 किमी./घंटा तथा 6 किमी./घंटा हैं एवं प्रारम्भ में उनके बीच की दूरी 25 किमी. है, तो वे कितने बजे आपस में मिलेंगे?

(a) 8 : 30 प्रातः (b) 9 : 30 प्रातः
(c) 10 : 00 प्रातः (d) 10 : 30 प्रातः

6. एक बस 8 घंटे में 400 किमी. की दूरी तय करती है। बस की औसत चाल है–

(a) 30 किमी./घंटा

(b) 50 किमी./घंटा

(c) $50\frac{1}{2}$ किमी./घंटा

(d) 60 किमी./घंटा

7. एक व्यक्ति 600 मी. लम्बा पुल 5 मिनट में पूरा पार कर लेता है। व्यक्ति गति (किमी./घंटा में) होगी।

(a) 3.6 (b) 7.2

(c) 8.4 (d) 9.6

8. एक रेलगाड़ी जो 54 किमी./घंटा की गति से चल रही है, एक 90 मी. प्लेटफॉर्म को कितने सेकण्ड में पार करेगी?

(a) 10 (b) 8

(c) 6 (d) 5

9. किसी यात्रा के आरम्भ में एक कार का मीटर 678.3 किमी. दर्शाता है, यात्रा के अंत में वह 913.5 किमी. दर्शाता है, इस यात्रा में कार ने कितनी दूरी तय की?

(a) 687.3 किमी.

(b) 931.5 किमी.

(c) 1591.8 किमी.

(d) 235.2 किमी.

10. एक कार 150 किमी. की दूरी 6 घंटे में तय करती है, तो 600 किमी. की दूरी कितने घंटे में तय होगी?

(a) 20

(b) 22

(c) 24

(d) इनमें से कोई नहीं

11. 80 किमी./घंटा की चाल से चलती हुई एक मोटरकार दिल्ली से पटना के बीच की दूरी 10 घंटे में पूरी करती है। यदि मोटरकार मार्ग में 2 घंटा 30 मिनट रुकती है, तो दिल्ली से पटना की दूरी ज्ञात कीजिए–

(a) 500 किमी.

(b) 400 किमी.

(c) 300 किमी.

(d) 600 किमी.

12. एक रेलगाड़ी नई दिल्ली से सुबह 8 बजे आगरा के लिए रवाना होती है। वह आगरा कितने बजे पहुँचेगी, यदि आगरा और नई दिल्ली के बीच 200 किमी. की दूरी हो। रेलगाड़ी की गति 40 किमी./घंटा है?

(a) 1 (b) 2

(c) 3 (d) 4

13. 40 किमी./घंटा की गति से चलती हुई 1500 मी. लम्बी एक रेलगाड़ी 2500 मी. लम्बे एक प्लेटफॉर्म को कितने समय में पार करेगी?

(a) 3 मिनट

(b) 4 मिनट

(c) 5 मिनट

(d) 6 मिनट

14. 60 किमी./घंटा की चाल से चलती हुई एक रेलगाड़ी 2 किमी. लम्बे एक प्लेटफॉर्म को कितने मिनट में पार करेगी?

(a) 1 (b) 2

(c) 3 (d) 4

15. 60 किमी./घंटा की गति को किमी./मिनट में बदलिए–

(a) 1 (b) 2

(c) 60 (d) 3

16. 40 किमी./घंटा की गति से चलती हुई एक रेलगाड़ी $2\frac{1}{2}$ घंटे में कितनी दूरी तय करेगी?

(a) 70 किमी.

(b) 80 किमी.

(c) 90 किमी.

(d) 100 किमी.

17. 60 किमी./घंटा की चाल को मी./से में बदलिए–

(a) 16.6 (b) 16.8

(c) 15.4 (d) 17.5

18. एक रेलगाड़ी 20 मी./से की चाल से जा रही है। उसकी चाल किमी./घंटा में ज्ञात कीजिए–

(a) 60 (b) 65

(c) 70 (d) 72

19. 50 किमी./घंटा की चाल से चलती हुई एक 1500 मी. लम्बी गाड़ी 500 मी. लम्बे पुल के कितने समय में पार करेगी?

(a) 140 मी./से

(b) 144 मी./से

(c) 150 मी./से

(d) 155 मी./से

20. 54 किमी./घंटा की गति को मी./से में बदलिए–

(a) 13 (b) 14

(c) 15 (d) 16

21. एक भाप से चलने वाला जहाज 30 दिनों मे 4650 किमी. जाता है। जहाज की प्रतिदिन की औसत गति ज्ञात कीजिए–

(a) 155 किमी.

(b) 160 किमी.

(c) 165 किमी.

(d) 170 किमी.

22. यदि 3600 किमी. की दूरी तय करने में किसी हवाई जहाज को 5 घंटे का समय लगता है, तो उसकी गति होगी–

(a) 700 किमी./घंटा

(b) 650 किमी./घंटा

(c) 720 किमी./घंटा

(d) 820 किमी./घंटा

23. टूण्डला और आगरा के मध्य 40 किमी. दूरी है। यदि कोई कार आधी दूरी 60 किमी./घंटा की रफ्तार से तथा शेष आधी दूरी 40 किमी./घंटा की रफ्तार से तय करती है, तो कुल समय यात्रा में कितना लगा?

(a) 1 मिनट

(b) 50 मिनट

(c) 40 मिनट

(d) 30 मिनट

24. 120 किमी./घंटा की रफ्तार से चलने वाली राजधानी एक्सप्रसे नई दिल्ली से टूण्डला पहुँचने में घंटे का समय लेती है, तो नई दिल्ली और टूण्डला के मध्य की दूरी ज्ञात कीजिए–

(a) 200 किमी.

(b) 250 किमी.

(c) 300 किमी.

(d) इनमें से कोई नहीं

25. यदि कोई रेलगाड़ी 200 किमी. की दूरी 4 घंटे में तय करती है, तो उसकी गति होगी–

(a) 40 किमी.

(b) 45 किमी.

(c) 50 किमी.

(d) इनमें से कोई नहीं

उत्तर (हल/संकेत)

1. (d) प्रश्नानुसार,

रेलगाड़ी की गति = 75 किमी./घंटा

दूरी = 350 किमी.

$\therefore$ समय $= \frac{\text{दूरी}}{\text{चाल}}$

$= \frac{350}{75} = \frac{70}{15} = \frac{14}{3}$

$= 4\frac{2}{3} =$ 4 घंटे 40 मिनट

अत: रेलगाड़ी 4 घंटे 40 मिनट में 350 किमी. की दूरी तय करेगी।

2. (c) माना कि कुल दूरी = d किमी.

$\frac{d}{3}$ किमी. के लिए चाल

= 25 किमी./घंट

$\frac{d}{4}$ किमी. के लिए चाल

= 30 किमी./घंटा

शेष $d - \frac{d}{3} - \frac{d}{4}$

$= \frac{5d}{12}$ के लिए चाल

= 50 किमी./घंटा

सम्पूर्ण यात्रा के लिए चाल

$= \frac{\text{यात्रा में तय की गई कुल दूरी}}{\text{यात्रा में लिया गया कुल समय}}$

$= \frac{d}{\frac{d}{3\times 25} + \frac{d}{4\times 30} + \frac{5d}{12\times 50}}$

$= \frac{d}{\frac{3d}{100}} = \frac{100}{3}$

$= 33\frac{1}{3}$ किमी./घंटा

3. (c) बस द्वारा लिया गया कुल समय

$= \frac{\text{दूरी}}{\text{चाल}} = \frac{300}{80}$

=3.75 घंटे या 3 घंटे 45 मिनट

तब बस के गन्तव्य स्थान पर पहुँचने का समय

9 : 45 + 3 : 45 = 13:30

या 1: 30 बजे दोपहर बाद

4. (d) B, 36 मी. दौड़ता है =18 सेकण्ड में

B, 1000 मी. दौड़ेगा

$= \frac{18}{36} \times 1000$

= 500 सेकण्ड में

तब दौड़ को पूरी करने में A द्वारा लिया गया समय = 500 – 18 = 482 सेकण्ड

5. (c) दोनों व्यक्तियों की सापेक्षिक चाल

= 4 + 6 = 10 किमी./घंटा

अब 25 किमी. की दूरी को पूरा करने में लगा समय

$= \frac{25}{10} =$ 2 घंटा 30 मिनट

अत: दोनों व्यक्तियों का मिलने का समय

= 7 : 30 + 2 : 30 = 10 : 00 प्रात:

6. (b) बस द्वारा तय की गई दूरी = 400 किमी.

बस द्वार लिया गया समय = 8 घंटे

बस की औसत चाल

$= \frac{400}{8}$ किमी./घंटा

= 50 किमी./घंटा

7. (b) पुल की कुल लम्बाई =600 मी.

पुल पार करने में लिया गया समय

= 5 मिनट = 5 × 60 सेकण्ड

= 300 सेकण्ड

$\therefore$ चाल $= \frac{\text{दूरी}}{\text{चाल}}$

व्यक्ति की चाल

$= \frac{600}{300} =$ 2 मी/से

$= 2 \times \frac{18}{5}$ किमी/घंटा

$= \frac{36}{5}$ किमी/घंटा

= 7.2 किमी./घंटा

8. (c) रेलगाड़ी की चाल = 54 किमी./घंटा

$= 54 \times \frac{5}{18}$ मी/से

= 15 मी./से

प्लेटफॉर्म की कुल लम्बाई (दूरी) = 90 मी.

रेलगाड़ी द्वारा प्लेटफॉर्म को पार करने में लिया गया कुल समय $= \frac{90}{15}$ = 6 सेकण्ड

9. (d) प्रश्न से

यात्रा के आरंभ में कार का मीटर

= 678.3 किमी.

यात्रा के अंत में कार का मीटर

= 913.5 किमी.

यात्रा के दौरान तय की गई दूरी

= 913.5 – 678.2

= 235.2 किमी.

10. (c) $\because$ 150 किमी. की दूरी तय करती है

= 6 घंटे में

$\therefore$ 1 किमी. की दूरी तय करेगी

$= \frac{6}{150}$ घंटे में

$\therefore$ 600 किमी. की दूरी तय करेगी

$= \frac{6}{150} \times 600$

= 24 घंटे में

11. (d) यात्रा में लगा कुल समय

$= \left(10 - 2\frac{1}{2}\right)$ घंटा

$= 7\frac{1}{2}$ घंटा $= \frac{15}{2}$ घंटा

दूरी = गति × समय

$\therefore$ $= 80 \times \frac{15}{2} =$ 600 किमी.

अत: दिल्ली और पटना के बीच की दूरी 600 किमी. है।

12. (a) रेलगाड़ी द्वारा तय की गई दूरी

= 200 किमी.

रेलगाड़ी की गति = 40 किमी./घंटा

समय $= \frac{\text{दूरी}}{\text{चाल}}$,

समय $= \frac{200}{40}$

समय = 5 घंटा

अत: रेलगाड़ी 8 + 5 = 13 बजे (दोपहर 1 बजे) आगरा पहुँचेगी।

13. (d) प्रश्न से,

रेलगाड़ी की लम्बाई = 1500 मी.

प्लेटफॉर्म की लम्बाई = 2500 मी.

तय की जाने वाली कुल दूरी

$= 1500 + 2500 = 4000$ मी.

$= 4$ किमी.

समय $= \frac{\text{दूरी}}{\text{चाल}}$

$= \frac{4}{40} = \frac{1}{10}$ घंटा

$= 6$ मिनट

14. (b) प्रश्न से,

प्लेटफॉर्म की लम्बाई $= 2$ किमी.

रेलगाड़ी की गति $= 60$ किमी./घंटा

समय $= \frac{\text{दूरी}}{\text{चाल}} = \frac{2}{60}$ घंटा

$= \frac{2 \times 60}{60}$ मिनट $= 2$ मिनट

अत: रेलगाड़ी प्लेटफॉर्म को 2 मिनट में पार करेगी।

15. (a) गति $= 60$ किमी./घंटा

गति $= \frac{60}{60}$ किमी/मिनट

$= 1$ किमी./मिनट

16. (d) प्रश्न से,

रेलगाड़ी की गति $= 40$ किमी./घंटा

समय $= 22\frac{1}{2}$ घंटे

दूरी $=$ चाल $\times$ समय

$= 40 \times \frac{5}{2}$

दूरी $= 100$ किमी.

17. (a) $60 \times \frac{5}{18} = 16.6$ मी./से

18. (d) $20 \times \frac{18}{5} = 72$ किमी./घंटा

19. (b) प्रश्न से,

रेलगाड़ी की लम्बाई $= 150$ किमी.

पुल की लम्बाई $= 500$ मी.

कुल लम्बाई $= 1500 + 500$

$= 2000$ मी.

गाड़ी की चाल $= 20$ मी./से.

गाड़ी की चाल

$= 50 \times \frac{5}{18} = \frac{250}{18}$ मी/से

पुल को पार करने में लगा समय

$= 2000 \times \frac{18}{250}$

$= 144$ मी./से

20. (c) $54 \times \frac{5}{18} = 15$ मी./से

21. (a) औसत गति (प्रतिदिन)

$= \frac{4650}{30} = 155$ किमी.

22. (c) जहाज द्वारा तय की गई दूरी

$= 3600$ किमी.

यात्रा में लगा सयम $= 5$ घंटे

गति $= \frac{3600}{5}$

$= 720$ किमी./घंटा

23. (b) कुल दूरी $= 40$ किमी.

20 किमी. तय करने में लगा समय

$= 20$ मिनट

20 किमी. तय करने में लगा समय

$= 30$ मिनट

कुल समय $= 20 + 30$

$= 50$ मिनट

24. (c) $\therefore$ 1 घंटे में 120 किमी. जाती है।

$\therefore$ $2\frac{1}{2}$ घंटे में $120 \times \frac{5}{2}$

$= 300$ किमी.

25. (c) गति $= \frac{200}{4}$

$= 50$ किमी./घंटा

अभ्यास–2

1. एक व्यक्ति एक दिन में $47\frac{1}{2}$ किमी चला। वह $29\frac{1}{3}$ किमी. स्कूटर से, $8\frac{5}{6}$ किमी. साइकिल से तथा शेष पैदल चला। वह पैदल कितना चला?

(a) $8\frac{1}{3}$ किमी. (b) $10\frac{1}{3}$ किमी.

(c) $9\frac{1}{3}$ किमी. (d) $12\frac{2}{3}$ किमी.

2. एक बस $1\frac{1}{2}$ घण्टे में 54 किमी जाती है, तो उसकी चाल क्या है?

(a) 24 किमी/घण्टा (b) 30 किमी/घण्टा

(c) 36 किमी/घण्टा (d) 45 किमी/घण्टा

3. जोसेफ 60 सेकेण्ड में 150 मीटर तैर सकता है। उसकी गति किमी प्रति घण्टा में क्या है?

(a) 9 (b) 90

(c) 900 (d) 9000

4. 180 मी. लम्बी रेलगाड़ी 54 किमी/घण्टे की चाल से किसी खम्भे को कितने समय में पार कर जाएगी?

(a) 20 से. (b) 15 से.

(c) 12 से. (d) 10 से.

5. एक गाड़ी 75 किमी प्रति घण्टा की समान गति से चलती है। 350 किमी दूरी तय करने में उसे कितना समय लगेगा ?

(a) 4 घण्टा (b) 5 घण्टा

(c) 4 घण्टा 30 मिनट (d) 4 घण्टा 40 मिनट

6. 200 मीटर लम्बी एक गाड़ी एक खंभे को 60 किमी/घण्टा की गति से कितने समय में पार करेगी?

(a) 5 सेकण्ड

(b) 6 सेकण्ड

(c) 12 सेकण्ड

(d) 20 सेकण्ड

7. एक कार 200 मी. की दूरी 10 सेकण्ड में, जबकि एक ट्रेन 300 मी. की दूरी 18 सेकण्ड में तय करती है। कौन-सी सेवाएँ अधिक तेज हैं तथा कितनी (मी/से. में)?

(a) कार; $\frac{10}{3}$ (b) कार; 4

(c) ट्रेन; 4 (d) ट्रेन; $\frac{10}{3}$

8. एक बत्तख पहले 3 घण्टे 18 किमी प्रति घण्टा की चाल से उड़ी तथा अगले 2 घण्टे में उसकी चाल 15 किमी प्रति घण्टा थी। बत्तख किस औसत चाल से उड़ी?

(a) 33 किमी प्रति घण्टा

(b) $16\frac{1}{2}$ किमी प्रति घण्टा

(c) $16\frac{4}{5}$ किमी प्रति घण्टा

(d) $16\frac{3}{5}$ किमी प्रति घण्टा

9. यदि एक बस $3\frac{1}{4}$ घण्टों में 104 किमी दूरी तय करती है, तो इसके द्वारा 1 घण्टे में तय की गई दूरी है–

(a) 30 किमी
(b) 45 किमी
(c) 40 किमी
(d) 32 किमी

10. एक धावक एक 800 मीटर लम्बे प्लेटफॉर्म को पार करने में 6 मिनट 40 सेकण्ड का समय लेता है। धावक की चाल है–

(a) 80 मी/से (b) 2 मी/से
(c) 4 मी/से (d) 40 मी/से

11. एक रेलगाड़ी, जो 54 किमी प्रति घण्टा की गति से चल रही है, एक 90 मीटर प्लेटफार्म को कितने सेकण्ड में पार करेगी?

(a) 10 (b) 8
(c) 6 (d) 5

उत्तर (हल/संकेत)

1. (c) स्कूटर और साइकिल द्वारा तय की गई कुल दूरी

$$= 29\frac{1}{3}+8\frac{5}{6}=\frac{88}{3}+\frac{53}{2}$$

$$= \frac{176+53}{6}=\frac{229}{6} \text{ किमी.}$$

∴ पैदल तय की गई दूरी

= कुल दूरी – स्कूटर और साइकिल द्वारा तय की कुल दूरी

$$= 47\frac{1}{2}-\frac{229}{6}=\frac{95}{2}-\frac{229}{6}=\frac{285-229}{6}$$

$$=\frac{56}{6}=\frac{28}{3}=9\frac{1}{3} \text{ किमी.}$$

2. (c) $1\frac{1}{2}$ घण्टा = $\frac{3}{2}$ घण्टा

$$\text{चाल} = \frac{\text{दूरी}}{\text{समय}} = \frac{54 \text{ किमी}}{3/2 \text{ घण्टा}}$$

$$= \frac{54 \times 2}{3} \text{ किमी / घण्टा}$$

= 36 किमी/घण्टा

3. (a) दूरी = 150 मीटर

$$= \frac{150}{1000} \text{ किमी}$$

समय = 60 सेकेण्ड

$$= \frac{60}{60 \times 60} \text{ घण्टा}$$

$$= \frac{1}{60} \text{ घण्टा}$$

$$\text{चाल} = \frac{\text{दूरी}}{\text{समय}} = \frac{150 \times 60}{1000 \times 1}$$

= 9 किमी/घण्टा

4. (c) रेलगाड़ी की चाल मीटर प्रति सेकेण्ड में

$$= 54 \times \frac{5}{18} = 15 \text{ मीटर प्रति सेकेण्ड}$$

$$\text{अभीष्ट समय} = \frac{180}{5} \text{ सेकेण्ड} = 12 \text{ सेकेण्ड}$$

5. (d) यात्रा पूरी करने का अभीष्ट समय

$$= \frac{\text{तय की गई दूरी}}{\text{गाड़ी की चाल}} = \frac{350 \text{ किमी}}{75 \text{ किमी / घण्टा}}$$

$$= \frac{14}{3} = 4\frac{2}{3} \text{ घण्टे}$$

= 4 घण्टे 40 मिनट

6. (c) $\text{समय} = \frac{\text{दूरी}}{\text{गति}}$

गाड़ी की चाल = 60 किमी./घण्टा

$$=\left(\frac{60\times1000}{3600}\right) \text{ मीटर/से.}$$

$$\therefore \quad \text{समय} = \frac{200}{\left(\frac{60\times1000}{3600}\right)}$$

$$=\left(\frac{200\times3600}{60\times1000}\right) \text{सेकण्ड}$$

= 12 सेकण्ड

7. (a) कार की गति = $\frac{200}{10}$ मी./सेकण्ड

= 20 मी. प्रति सेकण्ड

ट्रेन की गति = $\frac{300}{18}$ मी. प्रति सेकण्ड

$= \frac{50}{3}$ मी. प्रति सेकण्ड

$$\text{गतियों में अन्तर} = \left(20-\frac{50}{3}\right)$$

$$= \left(\frac{60-50}{3}\right)$$

$= \frac{10}{3}$ मी. प्रति सेकण्ड

अत: कार की गति ट्रेन की गति से $\frac{10}{3}$ मी./सेकण्ड अधिक है।

8. (c) 3 घण्टे में बत्तख द्वारा तय की गई दूरी

= 3 × 18 = 54 किमी

2 घण्टे में बत्तख द्वारा तय की गई दूरी = 30 किमी

बत्तख द्वारा कुल तय की गई दूरी = 84 किमी

कुल समय = (3 + 2) = 5 घण्टे

$$\text{औसत चाल} = \frac{84}{5}$$

$= 16\frac{4}{5}$ किमी प्रति घण्टा

9.(d) $3\frac{1}{4}$ घण्टा $= \frac{13}{4}$ घण्टा

बस द्वारा 1 घण्टे में चली दूरी = $\frac{104\times4}{13}$ = 32 किमी

10. (b) धावक द्वारा प्लेटफार्म को पार कने में लगा समय = 6 मिनट 40 सेकण्ड

= (6 × 60 + 40) सेकण्ड

= (360 + 40) सेकण्ड

= 400 सेकण्ड

धावक द्वारा तय की गई दूरी = 800 मीटर

$$\text{चाल} = \frac{\text{दूरी}}{\text{समय}}$$

$$\therefore \quad \text{धावक की चाल} = \frac{800}{400}$$

= 2 मीटर प्रति सेकण्ड

11. (c) रेलगाड़ी की गति = 54 किमी प्रति घण्टा

$$=\left(54\times\frac{5}{18}\right) \text{ मी/से}$$

= 15 मी/से

रेलगाड़ी द्वारा प्लेटफार्म पार करने में लगा समय

$$=\frac{90}{15} \text{ सेकण्ड} = 6 \text{ सेकण्ड}$$

❑❑❑

अध्याय 18

क्षेत्रफल, परिमाप तथा आयतन

क्षेत्रफल (Area) : किसी समतल आकृति द्वारा घेरे गए क्षेत्र की माप को उस आकृति का क्षेत्रफल कहते हैं। क्षेत्रफल को लम्बाई की वर्ग इकाईयों में मापा जाता है।

परिमाप (Perimeter) : किसी आकृति की लम्बाईयों के योगफल को उस आकृति का परिमाप कहते हैं। परिमाप को लम्बाई की इकाईयों में मापा जाता है।

आयतन (Volume) : किसी ठोस वस्तु द्वारा घेरा गया स्थान उसका आयतन कहलाता है। आयतन को लम्बाई की घन इकाईयों में मापा जाता है।

महत्वपूर्ण सूत्र

1. **आयत (Rectangle) :** ऐसी आकृति जिसके आमने-सामने की भुजाएं बराबर तथा प्रत्येक कोण 90° का हो, आयत कहलाता है।

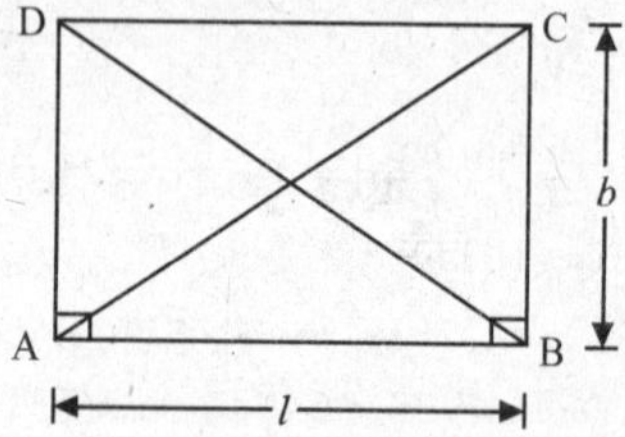

यदि एक आयत की लम्बाई l सेमी. तथा चौड़ाई b सेमी. हो, तब

(i) आयत का क्षेत्रफल = (लम्बाई × चौड़ाई)
= lb वर्ग सेमी.

(ii) आयत का परिमाप = 2 (लम्बाई + चौड़ाई)
= $2(l + b)$ सेमी.

(iii) आयत का विकर्ण = $\sqrt{(\text{लम्बाई})^2 + (\text{चौड़ाई})^2}$
= $\sqrt{l^2 + b^2}$ सेमी.

2. **वर्ग (Square) :** ऐसी आकृति जिसकी चारों भुजाएं आपस में बराबर तथा सभी कोण 90° के हों, वर्ग कहलाता है।

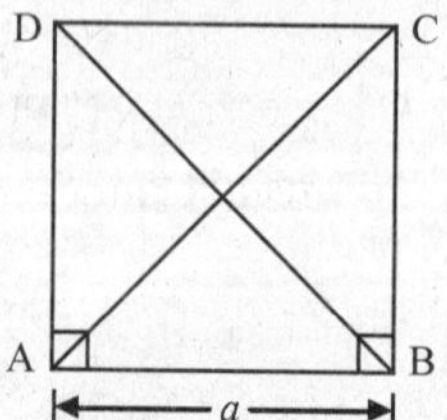

यदि वर्ग की प्रत्येक भुजा a सेमी. हो तब,

(i) वर्ग का क्षेत्रफल = $(\text{भुजा})^2 = a^2$ वर्ग सेमी.

(ii) वर्ग का परिमाप = $4 \times$ भुजा = $4a$ सेमी.

(iii) वर्ग का विकर्ण = $\sqrt{2} \times$ भुजा = $\sqrt{2}\, a$ सेमी.

(iv) वर्ग का क्षेत्रफल = $\frac{1}{2}$ (विकर्ण)^2 वर्ग सेमी.

3. **घनाभ (Cuboid) :** घनाभ एक ठोस आकृति होती है, इसके पृष्ठों की संख्या 6, शीर्षों की संख्या 8 तथा किनारों की संख्या 12 होती है। माचिस संदूक आदि इसके उदाहरण हैं।
यदि एक घनाभ की लम्बाई l सेमी., चौड़ाई a सेमी. तथा ऊंचाई h सेमी. हो तब,

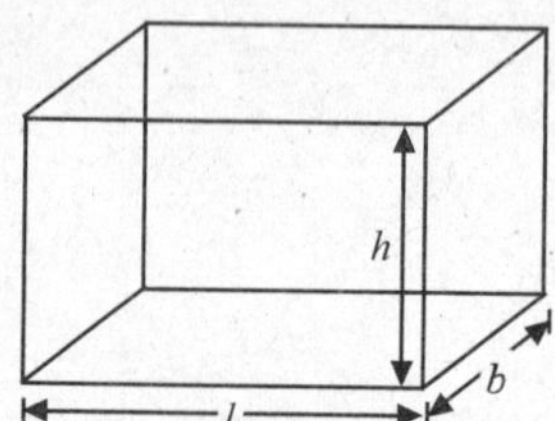

(i) घनाभ का आयतन = lbh घन सेमी.

(ii) घनाभ का संपूर्ण पृष्ठीय क्षेत्रफल = $2(lb + bh + hl)$ वर्ग सेमी.

(iii) घनाभ का विकर्ण = $\sqrt{l^2 + b^2 + h^2}$ सेमी.

4. **घन (Cube) :** यदि किसी घनाभ की लम्बाई, चौड़ाई व ऊंचाई समान हो तो वह घन कहलाता है। पासा, वर्गाकार बॉक्स आदि इसके उदाहरण हैं।
अत: $l = b = h = a$

(i) घन का आयतन = a^3 घन सेमी.

(ii) घन का संपूर्ण पृष्ठीय क्षेत्रफल = $6a^2$ वर्ग सेमी.

(iii) घन का विकर्ण = $\sqrt{3}a$ सेमी.

विशेष

- एक ही आधार पर बने समान क्षेत्रफल वाले त्रिभुजों की ऊंचाई समान होती है।
- यदि किसी त्रिभुज और समांतर चतुर्भुज के आधार एवं ऊंचाई एक ही हों, तो त्रिभुज का क्षेत्रफल समांतर चतुर्भुज के क्षेत्रफल का आधा होता है।
- किसी वर्ग के विकर्ण पर बने वर्ग का क्षेत्रफल एवं मूल वर्ग के क्षेत्रफल का अनुपात 2 : 1 होता है।
- वृत्त की सबसे बड़ी जीवा वृत्त का व्यास होती है।
- यदि किसी वृत्त की त्रिज्या या व्यास को x गुना कर दिया जाए, तो वृत्त की परिधि x गुनी तथा क्षेत्रफल x^2 गुना हो जाता है।
- यदि किसी आयत, वृत्त, चतुर्भुज व त्रिभुज के परिमाप समान हों, तो इन चारों में से वृत्त का क्षेत्रफल सबसे अधिक होता है।
- यदि किसी त्रिभुज और आयत के आधार एवं ऊंचाई समान हों, तो त्रिभुज का क्षेत्रफल आयत के क्षेत्रफल का आधा होता है।

ट्रिकी सूत्र–1 : यदि A किसी कार्य को a दिन में पूरा करता है

- यदि किसी घनाभ के तीन संलग्न फलकों का क्षेत्रफल a, b तथा c हो घनाभ का आयतन (V) = $\sqrt{abc}$
- एक गोलाकार ठोस एवं इसमें से अधिकतम आयतन के काटे जाने वाले घन के आयतन में अनुपात = $\pi\sqrt{3}:2$
- घनाकार ठोस एवं इसमें से अधिकतम आयतन के काटे जाने वाले गोलाकार ठोस के आयतन का अनुपात = $6:\pi$

हल सहित उदाहरण

उदाहरण 1. एक आयताकार खेत की चौड़ाई उसकी लम्बाई की $\frac{2}{3}$ है और उसकी परिमिति 160 मीटर है, तो खेत का क्षेत्रफल है-

(a) 1536 मी.^{2} (b) 1680 मी.^{2}
(c) 1750 मी.^{2} (d) 1590 मी.^{2}

हल: (a) माना आयताकार खेत की लम्बाई $= x$ मीटर

$\therefore$ आयताकार खेत की चौड़ाई $= \frac{2}{3}x$ मीटर

प्रश्नानुसार,

आयताकार खेत का परिमाप = 2 (लम्बाई + चौड़ाई)

$$160 = 2\left(x+\frac{2}{3}x\right)$$

$$\Rightarrow 80 = \frac{(3x+2x)}{3}$$

$$\Rightarrow 5x = 80 \times 3$$

$$\Rightarrow x = \frac{80\times 3}{5} = 48 \text{ मीटर}$$

$\therefore$ आयताकार खेत का क्षेत्रफल = लम्बाई × चौड़ाई

$$= \left(x\times\frac{2}{3}x\right) = \left(48\times\frac{2}{3}\times 48\right)(32\times 48) \text{ मीटर} = 1536 \text{ मीटर}^2$$

उदाहरण 2. एक वर्गाकार मैदान का विकर्ण 110 मीटर है। इस मैदान का क्षेत्रफल होगा-

(a) 5680 मी.^{2} (b) 6050 मी.^{2}
(c) 5750 मी.^{2} (d) इनमें से कोई नहीं

हल: (b) वर्ग का विकर्ण $= \sqrt{2}\times$ भुजा

$\Rightarrow 110 = \sqrt{2}\times$ भुजा

$\therefore$ भुजा $= \frac{110}{\sqrt{2}} = 55\sqrt{2}$ मीटर

$\therefore$ वर्ग का क्षेत्रफल = (भुजा)^2

$= \left(55\sqrt{2}\right)^2$ मी.^{2} = 6050 मी.^{2}

उदाहरण 3. एक घनाभ की लम्बाई, चौड़ाई तथा ऊंचाई का योग 19 सेमी. है तथा इसके विकर्ण की लम्बाई $5\sqrt{5}$ सेमी. है। घनाभ के संपूर्ण पृष्ठ का मान है-

(a) 236 सेमी.^{2} (b) 240 सेमी.^{2}
(c) 245 सेमी.^{2} (d) 250 सेमी.^{2}

हल: (a) माना घनाभ की लम्बाई, चौड़ाई व ऊंचाई क्रमशः l सेमी., b सेमी. व h सेमी. है।

तब, $l+b+h = 19$

तथा $\sqrt{l^2+b^2+h^2} = 5\sqrt{5}$

$\therefore l^2+b^2+h^2 = 125$

$\therefore (l+b+h)^2 = l^2+b^2+h^2+2(lb+bh+hl)$

$\Rightarrow (19)^2 = 125+2(lb+bh+hl)$

$\Rightarrow 2(lb+bh+hl) = (361-125)$ वर्ग सेमी.

$= 236$ वर्ग सेमी.

उदाहरण 4. 15 सेमी. कोर वाले घन को एक आयताकार बर्तन में पानी में पूरा डुबो दिया जाता है। यदि बर्तन की तली की लम्बाई 20 सेमी. तथा चौड़ाई 15 सेमी. हो, तो पानी की सतह में कितनी वृद्धि होगी?

(a) 12.15 सेमी. (b) 11.25 सेमी.
(c) 15.5 सेमी. (d) 16.25 सेमी.

हल: (b) माना पानी की सतह में वृद्धि $= x$ सेमी.

$\therefore$ पानी के आयतन में वृद्धि = घन का आयतन

$\therefore 20\times 15\times x = 15\times 15\times 15$

$$\Rightarrow x = \left(\frac{15\times 15\times 15}{20\times 15}\right) \text{ सेमी.}$$

$= 11.25$ सेमी.

उदाहरण 5. किसी वर्ग का क्षेत्रफल तथा इसके विकर्ण पर खींचे गए वर्ग के क्षेत्रफल का अनुपात क्या होगा?

(a) 1:3 (b) 1:2
(c) 2:1 (d) 3:1

हल: (b) माना वर्ग की प्रत्येक भुजा $= a$ सेमी.

$\therefore$ वर्ग का क्षेत्रफल $= a^2$ वर्ग सेमी.

वर्ग का विकर्ण $= \sqrt{2}a$ सेमी.

$\therefore$ विकर्ण पर बने वर्ग का क्षेत्रफल $= \left(\sqrt{2}a\right)^2$ वर्ग सेमी. $= 2a^2$ वर्ग सेमी.

$\therefore$ अभीष्ट अनुपात $= a^2 : 2a^2 = 1:2$

उदाहरण 6. 20 सेमी. लंबाई तथा 14 सेमी. चौड़ाई वाले आयत के अंतर्गत खींचे जाने वाले सबसे बड़े वृत्त का क्षेत्रफल है-

(a) 140 सेमी.^{2} (b) 151 सेमी.^{2}
(c) 154 सेमी.^{2} (d) इनमें से कोई नहीं

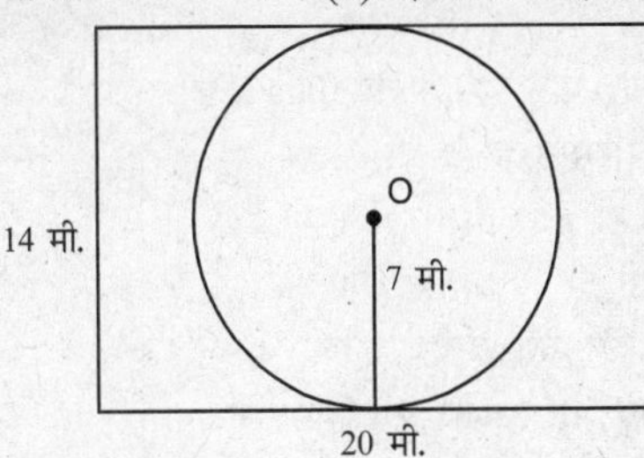

हल: (c) चित्र से स्पष्ट है वृत्त का व्यास आयत की चौड़ाई होगी।

$\therefore$ वृत्त की त्रिज्या $= \left(\frac{1}{2}\times 14\right)$ सेमी.

$= 7$ सेमी.

वृत्त का क्षेत्रफल $= \pi r^2 = \left[\frac{22}{7}\times(7)^2\right]$ वर्ग सेमी.

$= 154$ वर्ग सेमी.

अभ्यास–1

1. एक बक्से का आयतन क्या होगा, यदि उसके किनारे की लम्बाई 3 मी. हो?
(a) 54 मी^{3} (b) 27 मी^{3}
(c) 18 मी^{3} (d) 9 मी^{3}

2. एक वर्ग का क्षेत्रफल निकालें, जिसका परिमाप 48 मी. हो?
(a) 48 मी^{2} (b) 144 मी^{2}
(c) 1152 मी^{2} (d) 2304 मी^{2}

3. नीचे दी गई आकृति में दिए गए आयत *ABCD* में *AB* की लम्बाई कितनी है?

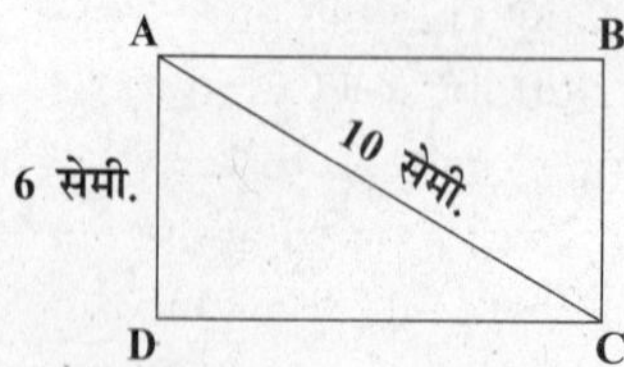

(a) 8 सेमी. (b) 10 सेमी.
(c) 12 सेमी. (d) 16 सेमी.

4. एक हॉल की विमाएँ 20 मी. × 12 मी. है। 4 मी. भुजा वाली वर्गाकार टाइलों की संख्या, जिनसे फर्श पाटा जा सके, है–
(a) 10 (b) 15
(c) 24 (d) 12

5. एक हॉल की विमाएँ 4.8 मी. × 3.6 मी. हैं। 1.2 मी. भुजा वाली कितनी वर्गाकार टाइलें उसके फर्श को पाट सकती है?
(a) 26 (b) 12
(c) 40 (d) 20

6. एक आयताकार पार्क की विमाएँ 100 मी. × 60 मी. हैं। एक 2 मी. चौड़ा पथ पार्क के चारों ओर बनाया गया है। पथ का क्षेत्रफल (वर्ग मी. में) है–
(a) 324 (b) 656
(c) 675 (d) 780

7. एक वर्गाकार पार्क की भुजा 100 मी. है। पार्क का परिमाप है–
(a) 1000 मी. (b) 400 मी.
(c) 200 मी. (d) 800 मी.

8. यदि एक वर्ग की प्रत्येक भुजा दोगुनी कर दी जाए, तो इसका परिमाप होगा–
(a) 2 गुना (b) 3 गुना
(c) 4 गुना (d) 8 गुना

9. एक वर्गाकार पार्क, जिसका परिमाप 72 मी. है, का क्षेत्रफल है–
(a) 144 वर्ग मी. (b) 2376 वर्ग मी.
(c) 1296 वर्ग मी. (d) 324 वर्ग मी.

10. एक त्रिभुज की भुजाएँ 3 : 5 : 7 के अनुपात में हैं। यदि इसका परिमाप 60 सेमी. है, तो इसकी भुजाएँ (सेमी. में) है–
(a) 9, 15, 21 (b) 12, 21, 27
(c) 12, 20, 28 (d) 15, 20, 25

11. एक आयत की लम्बाई इसकी चौड़ाई की $\frac{6}{5}$ गुनी है। यदि आयत का परिमाप 132 मी. है, तो इसका क्षेत्रफल है–
(a) 640 वर्ग मी. (b) 1080 वर्ग मी.
(c) 1620 वर्ग मी. (d) 2160 वर्ग मी.

12. 100 सेमी. लम्बे तार से आयत बनता है। इस आयत का अधिकतम क्षेत्रफल क्या हो सकता है?
(a) 100 वर्ग मी. (b) 400 वर्ग मी.
(c) 625 वर्ग मी. (d) 10000 वर्ग मी.

13. अरुण, 60, 1 सेमी. किनारे वाले घनों से, एक घनाभ बनाता है। इस घनाभ का क्षेत्रफल क्या होगा?
(a) 30 घन सेमी. (b) 60 घन सेमी.
(c) 75 घन सेमी. (d) 90 घन सेमी.

14. एक घनाभ का आयतन 36000 सेमी. है तथा उसकी चौड़ाई एवं ऊँचाई क्रमशः 30 सेमी. तथा 40 सेमी. है। उसकी लम्बाई क्या है?
(a) 20 सेमी. (b) 30 सेमी.
(c) 40 सेमी. (d) 50 सेमी.

15. दी गई आकृति में छायांकित भाग का क्षेत्रफल क्या है?

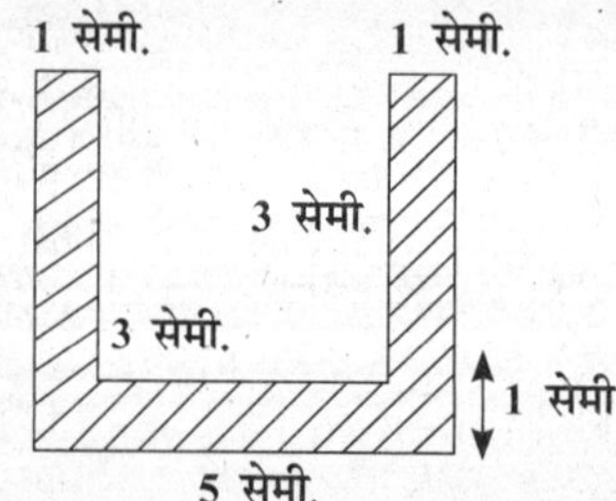

(a) 11 वर्ग सेमी. (b) 9 वर्ग सेमी.
(c) 13 वर्ग सेमी. (d) 8 वर्ग सेमी.

16. एक साबुन की टिकिया की लम्बाई 7 सेमी., चौड़ाई 5 सेमी. तथा ऊँचाई 2.5 सेमी. है। गत्ते के डिब्बे में, जिसकी लम्बाई, चौड़ाई तथा ऊँचाई क्रमशः 56 सेमी., 40 सेमी. तथा 25 सेमी. है, ऐसी कितनी टिकियाँ रखी जा सकती है?
(a) 64 (b) 640
(c) 6400 (d) 6440

17. 15 सेमी. भुजा वाली वर्गाकार टाइलों की संख्या, जो एक कमरे के फर्श, जिसकी माप 3.6 मी. × 45 मी. है, को बनाने में लगेंगी, होगी–
(a) 720 (b) 360
(c) 10800 (d) 5400

18. एक आयताकार मैदान की विमाएँ 120 मी. × 160 मी. है। इसमें से 30 मी. × 40 मी. विमाओं वाले कितने आयताकार मैदान काटे जा सकते हैं?
(a) 20 (b) 8
(c) 16 (d) 2

19. एक कमरा 10 मी. लम्बा, 8 मी. चौड़ा और 6 मी. ऊँचा है। कमरे की दीवारों का क्षेत्रफल बताइए–
(a) 216 वर्ग मी. (b) 218 वर्ग मी.
(c) 219 वर्ग मी. (d) 220 वर्ग मी.

20. एक वर्गाकार खेत का क्षेत्रफल बताइए, जिसकी परिमिति 60 मी. है–
(a) 220 वर्ग मी. (b) 227 वर्ग मी.
(c) 225 वर्ग मी. (d) 230 वर्ग मी.

21. एक आयताकार खेत की लम्बाई उसकी चौड़ाई की $1\frac{1}{2}$ गुनी है। यदि खेत की चौड़ाई 14 मी. हो, तो खेत का क्षेत्रफल ज्ञात कीजिए–
(a) 300 वर्ग मी. (b) 314 वर्ग मी.
(c) 316 वर्ग मी. (d) 294 वर्ग मी.

22. उस वर्गाकार खेत का परिमाप और क्षेत्रफल ज्ञात कीजिए, जिसकी एक भुजा 15 मी. है–
(a) 62 मी., 224 वर्ग मी.
(b) 60 मी., 225 वर्ग मी.
(c) 70 मी., 225 वर्ग मी.
(d) 72 मी., 230 वर्ग मी.

23. एक आयताकार बाग की लम्बाई 400 मी. और चौड़ाई 300 मी. है। बाग का परिमाप ज्ञात कीजिए–
(a) 1200 वर्ग मी. (b) 700 वर्ग मी.
(c) 120000 वर्ग मी. (d) 1400 वर्ग मी.

24. एक टैंक 5 मी. लम्बा व 4 मी. चौड़ा और 3 मी. ऊँचा है, उसमें कितना पानी आ सकता है?
(a) 60 मी.^{3} (b) 70 मी.^{3}
(c) 80 मी.^{3} (d) 90 मी.^{3}

25. उस वर्गाकार खेत की लम्बाई बताइए, जिसका क्षेत्रफल 2025 वर्ग मी. हो, इस खेत का परिमाप भी ज्ञात कीजिए–
(a) 160 मी. (b) 48 मी.
(c) 180 मी. (d) 90 मी.

26. उस वर्गाकार खेत की भुजा तथा परिमाप ज्ञात कीजिए, जिसका क्षेत्रफल 169 वर्ग मी. है–

(a) 13 मी., 52 मी.
(b) 26 मी., 108 मी.
(c) 14 मी., 56 मी.
(d) 16 मी., 64 मी.

27. एक आयताकार मैदान की लम्बाई तथा चौड़ाई क्रमशः 150 मी. तथा 125 मी. है। मैदान का परिमाप है–

(a) 450 मी. (b) 550 मी.
(c) 650 मी. (d) 750 मी.

28. एक वर्गाकार मैदान का क्षेत्रफल 220 वर्ग मी. है। इस वर्ग का विकर्ण क्या होगा?

(a) 20 मी. (b) 30 मी.
(c) 40 मी. (d) 50 मी.

29. 25 सेमी. के घन से 5 सेमी. के कितने घन काटे जा सकते हैं?

(a) 225 (b) 150
(c) 100 (d) 125

30. 6 सेमी. लम्बाई, 4 सेमी. चौड़ाई तथा 5 सेमी. ऊँचाई वाले एक घनाभ से कितने 1 सेमी. वाले घन बनाए जा सकते हैं?

(a) 100 (b) 120
(c) 360 (d) 30

उत्तर (हल/संकेत)

1. (b) बक्से के किनारे की लम्बाई $(a) = 3$ मी.

अतः बक्से का आयतन $= a^3 = 3^3 = 27$ मी.^{3}

2. (b) वर्ग का परिमाप $= 4\times$ भुजा

$48 = 4 \times$ भुजा

$\therefore$ भुजा $= \frac{48}{4} = 12$ मी.

$\therefore$ वर्ग का क्षेत्रफल $= (a)^2 = (12)^2$

$= 144$ मी.^{2}

3. (a) $\therefore AD = BC = 6$ सेमी.

अब, ΔABC में $AC = 10$ सेमी.

तथा $BC = 6$ सेमी.

अतः पाइथागोरस प्रेमय के अनुसार

$[\text{आधार}]^2 = [\text{कर्ण}]^2 - [\text{लम्ब}]^2$

$\Rightarrow (AB)^2 = (AC)^2 - (BC)^2$

$\Rightarrow (AB)^2 = (10)^2 - (6)^2$

$\Rightarrow (AB)^2 = 100 - 36$

$\Rightarrow AB = \sqrt{64}$

$\therefore AB = 8$ सेमी.

4. (b) हॉल का क्षेत्रफल $= (20 \times 12)$ मी.^{2}

वर्गाकार टाइल का क्षेत्रफल $= (4\times4)$ मी.

अतः संख्या $= \frac{\text{हॉल का क्षेत्र.}}{\text{एक टाइल का क्षेत्र.}}$

$= \frac{20\times12}{4\times4} = 15$

5. (b) हॉल का क्षेत्रफल $= (4.8 \times 3.6)$ मी.^{2}

वर्गाकार टाइल का क्षेत्रफल

$= (1.2 \times 1.2)$ मी.^{2}

अतः कुल टाइलों की संख्या

$= \frac{4.8\times3.6}{1.2\times1.2} = 12$

6. (b)

100 मी.
60 मी.
2 मी.

$\because$ आयताकार पार्क का क्षेत्रफल

$= (100 \times 60)$ मी.^{2}

$= 6000$ मी.^{2}

पथ सहित आयताकार पार्क का क्षेत्रफल

$= (100 + 2 \times 2) \times (60 + 2 \times 2)$

$= 104 \times 64 = 6656$ मी.^{2}

अतः पथ का क्षेत्रफल

$= (6656 - 6000)$ मी.^{2}

$= 656$ मी.^{2}

7. (b) प्रश्नानुसार,

वर्गाकार पार्क की भुजा $= 100$ मी.

$\therefore$ वर्गाकार पार्क का परिमाप $= 4\times$ भुजा

$= 4 \times 100 = 400$ मी.

8. (a) माना कि मूल वर्ग की भुजा a इकाई है,

तब वर्ग का परिमाप $= 4 \times$ भजा

$= 4a$ इकाई

प्रश्न से,

वर्ग की नई भुजा $= 2 \times a$

तब परिमाप $= 4 \times 2a = 8a$

$= 2 \times (4a) = 2 \times$ मूल परिमाप

अतः नया परिमाप दोगुना हो जाएगा।

9. (d) माना कि वर्गाकार पार्क की लम्बाई

$= x$ मी.

वर्गाकार पार्क का परिमाप $=4x$ मी.

$\Rightarrow 4x = 72$

$x = \frac{72}{4} = 18$

$\therefore x = 18$ मी.

वर्गाकार पार्क का क्षेत्रफल $= (18)^2$

$= 324$ वर्ग मी.

10. (c) माना कि त्रिभुज की भुजाएँ क्रमशः $3x$, $5x$ तथा $7x$ सेमी. है।

प्रश्नानुसार,

$3x + 5x + 7x = 60$ सेमी.

$\Rightarrow 15x = 60$

$\Rightarrow x = \frac{60}{15}$

$\Rightarrow x = 4$ सेमी.

अतः त्रिभुज की भुजाएँ हैं

$3x = 3 \times 4 = 12$ सेमी.

$5x = 5 \times 4 = 20$ सेमी.

$7x = 7 \times 4 = 28$ सेमी.

11. (b) माना कि आय की चौड़ाई $= x$मी.

तथा आयत की लम्बाई $x = \frac{6}{5}x$ मी.

प्रश्न से,

आयत का परिमाप $= 132$ मी.

2 (लम्बाई + चौड़ाई) $= 132$

$2\left(\frac{6}{5}x + x\right) = 132$

$\frac{11x}{5} = \frac{132}{2}$

$\Rightarrow \frac{11x}{5} = 66$

$\Rightarrow x = \frac{5\times66}{11} = 30$ मी.

$\therefore$ आयत की लम्बाई

$= \frac{6}{5}\times30 = 36$ मी.

तथा आयत की चौड़ाई $=30$ मी.

अतः आयत का क्षेत्रफल

$=$ लम्बाई $\times$ चौड़ाई

$= 30 \times 30 = 1080$ वर्ग मी.

12. (c) अधिकतम क्षेत्रफल वाला आयत, एक वर्ग हो सकता है।

∴ वर्ग का परिमाप

$= 100$ (a - वर्ग की भुजा)

$a = \frac{100}{4} = 25$ सेमी.

∴ आयत का अधिकतम क्षेत्रफल

= वर्ग का क्षेत्रफल

$= 25 \times 25$

= 625 सेमी.^{2}

13. (b) जब हम 60, 1 सेमी. वाले घनों को एक क्रम में लगाएंगे, तब

घनाभ की लम्बाई (l) = 60 सेमी.

घनाभ की चौड़ाई (b) = 1 सेमी.

घनाभ की ऊँचाई (h) = 1 सेमी.

∴ अत: घनाभ का आयतन

$= l \times b \times h$

$= 60 \times 1 \times 1$

= 60 सेमी.^{3}

14. (b) माना कि घनाभ की लम्बाई b सेमी. है तो प्रश्न के अनुसार

घनाभ का आयतन = 36000 घन सेमी.

∴ $b \times 30 \times 40 = 36000$

∴ $b = \frac{36000}{30 \times 40} = 30$ सेमी.

15. (a) छायांकित भाग का क्षेत्रफल

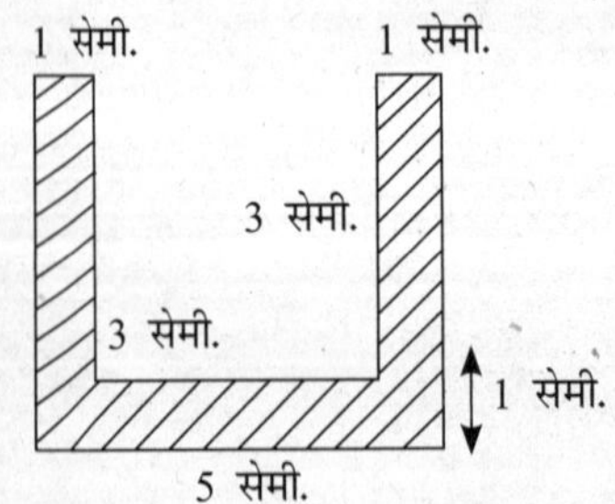

$= (1 \times 3 + 1 \times 3 + 1 \times 5)$

$= 3 + 3 + 5$

= 11 वर्ग सेमी.

16. (b) टिकिया का आयतन

$= 7 \times 5 \times 2.5$ घन सेमी.

गत्ते के डिब्बे का आयतन

$= 56 \times 40 \times 25$ घन सेमी.

∴ अत: टिकियों की संख्या

$= \frac{56 \times 40 \times 25}{7 \times 5 \times 2.5} = 640$

17. (a) कमरे के फर्श का क्षेत्रफल

$= 36 \times 4.5$ मी.

वर्गाकार टाइल का क्षेत्रफल = 15 सेमी.^{2}

टाइलों की संख्या

$= \frac{\text{फर्श का क्षेत्रफल}}{\text{टाइल का क्षेत्रफल}}$

$= \frac{360 \times 450}{15 \times 15} = 720$

18. (c) अभीष्ट आयताकार मैदानों की संख्या

$= \frac{120 \times 60}{30 \times 40} = 16$

19. (a) प्रश्न से,

कमरे की लम्बाई = 10 मी.

कमरे की चौड़ाई = 8 मी.

कमरे की ऊँचाई = 6 मी.

दीवारों का क्षेत्रफल

= 2 (लम्बाई + चौड़ाई) × ऊँचाई

$= 2(10 + 8) \times 6 = 216$ वर्ग मी.

20. (c) वर्गाकार खेत का परिमाप = 4 × भुजा

अत: वर्गाकार खेत की एक भुजा

$= \frac{60}{4} = 15$ मी.

∴ वर्गाकार खेत का क्षेत्रफल

$= 15 \times 15$

= 225 वर्ग मी.

21. (d) प्रश्न से,

आयताकार खेत की लम्बाई, चौड़ाई से $1\frac{1}{2}$ गुना अधिक आयतकार खेत की चौड़ाई = 14 मी.

खेत की लम्बाई $= \frac{3}{2} \times$ चौड़ाई

खेत की चौड़ाई $= \frac{3}{2} \times 14$

= 21 मी.

∴ खेत का क्षेत्रफल $= 21 \times 14$

= 294 वर्ग मी.

22. (b) वर्गाकार खेत की भुजा = 5मी.

वर्गाकार खेत का परिमाप = 4 × भुजा

$= 4 \times 15 = 60$ मी.

वर्गाकार खेत का क्षेत्रफल

$= 15 \times 15 = 225$ वर्ग मी.

23. (d) आयतकार बाग की लम्बाई = 400मी.

आयतकार बाकी चौड़ाई = 300 मी.

बाग का परिमाप = 2 (लम्बाई + चौड़ाई)

$= 2(400 + 300)$

= 2 (700) = 1400 मी.

24. (a) प्रश्न से,

टैंक की लम्बाई = 5 मी.

टैंक की चौड़ाई = 4 मी.

टैंक की ऊँचाई = 3 मी.

टैंक का कुल आयतन

$= 5 \times 4 \times 3 = 60$मी.^{3}

25. (c) वर्ग का क्षेत्रफल = 2025 वर्ग मी.

वर्ग की भुजा $= \sqrt{2025} = 45$ मी.

वर्ग का परिमाप $= 45 \times 4 = 180$ मी.

26. (a) वर्गाकार खेत का क्षेत्रफल = 169 मी.^{2}

खेत की भुजा $= \sqrt{\text{क्षेत्रफल}}$

$= \sqrt{169} = 13$ मी.

खेत का परिमाप $= 13 \times 4 = 52$ मी.

27. (b) प्रश्न से,

आयताकार मैदान की लम्बाई

= 150 मी.

आयतकार मैदान की चौड़ाई

= 125 मी.

मैदान का परिमिति

= 2 (लम्बाई + चौड़ाई)

$= 2(150 + 125) = 2 \times 275$

= 550 मी.

28. (a) वर्गाकार मैदान का क्षेत्रफल = 200मी^{2}

वर्गाकार मैदान का विकर्ण

$= \sqrt{2 \times \text{क्षेत्रफल}}$

$= \sqrt{2 \times 200} = \sqrt{400} = 20$ मी.

= 20 मी.

29. (d) 5 सेमी. भुजा वाले घनों की संख्या

$= \frac{25 \times 25 \times 25}{5 \times 5 \times 5} = 125$

अत: 25 सेमी. के घन से 5 सेमी. वाले 125 घन काटे जा सकते हैं।

30. (b) प्रश्न से,

घन की लम्बाई = 6 सेमी.

घन की चौड़ाई = 4 सेमी.

घन की ऊँचाई = 5 सेमी.

1 सेमी. वाले घनों की संख्या

$= \frac{\text{घनाभ का आयतन}}{\text{घन का आयतन}}$

$= \frac{6 \times 4 \times 5}{1 \times 1 \times 1} = 120$

अभ्यास-2

1. एक आयताकार भूखण्ड, जिसकी सीमाएँ 100 मी. × 80 मी. हैं, के चारों ओर तीन बार बाड़ लगाने में कितना तार लगेगा?
(a) 180 मी. (b) 1080 मी.
(c) 360 मी. (d) 720 मी.

2. एक मछली के टैंक की लम्बाई 40 सेमी. चौड़ाई 60 सेमी. तथा ऊँचाई 50 सेमी. है। इसमें 50 लीटर पानी भरा है। इस टैंक को पानी से पूरा भरने के लिए कितना लीटर पानी और डालना पड़ेगा?
(a) 50 लीटर (b) 60 लीटर
(c) 70 लीटर (d) 120 लीटर

3. अरुण 60 एक-एक सेमी. किनारे वाले घनों से, एक घनाभ बनाता है। इस घनाभ का क्षेत्रफल क्या होगा?
(a) 30 घन सेमी. (b) 60 घन सेमी.
(c) 75 घन सेमी. (d) 90 घन सेमी.

4. 100 सेमी. लम्बे तार से एक आयत बनता है। इस आयत का अधिकतम क्षेत्रफल क्या हो सकता है?
(a) 100 वर्ग सेमी.
(b) 400 वर्ग सेमी.
(c) 625 वर्ग सेमी.
(d) 10000 वर्ग सेमी.

5. 12 सेमी. लम्बी व 6.5 सेमी. चौड़ी आयत का क्षेत्रफल क्या होगा?
(a) 78 वर्ग सेमी.
(b) 78 घन सेमी.
(c) 37 घन सेमी.
(d) 37 सेमी.

6. यदि किसी पेटी की लम्बाई 5 मी., चौड़ाई 4 मी. तथा ऊँचाई 3 मी. हो, तो उसका आयतन कितना होगा?
(a) 60 मी. (b) 70 घन मी.
(c) 60 घन मी. (d) 80 मी.

7. एक वर्गाकार आँगन का क्षेत्रफल 196 वर्गमीटर है, तो उसकी परिमिति क्या होगी?
(a) 40 मीटर (b) 50 मीटर
(c) 56 मीटर (d) 60 मीटर

8. एक आयत का परिमाप 40 सेमी है। उसकी विमाएँ (सेमी में) क्या होंगी, यदि उसका क्षेत्रफल अधिकतम हो?
(a) 1, 19 (b) 4, 10
(c) 5, 10 (d) 10, 10

9. एक घनाभ का आयतन 36,000 सेमी^{3} है तथा उसकी चौड़ाई तथा ऊँचाई क्रमशः 30 सेमी तथा 40 सेमी है। उसकी लम्बाई क्या है?
(a) 20 सेमी (b) 30 सेमी
(c) 40 सेमी (d) 50 सेमी

10. एक वर्गाकार आंगन का क्षेत्रफल 196 वर्गमीटर है, तो उसकी परिमति क्या होगी?
(a) 40 मीटर (b) 50 मीटर
(c) 56 मीटर (d) 60 मीटर

11. यदि एक वर्ग की भुजा 50 मी. है, तो उसकी परिमाप है—
(a) 50 मी. (b) 100 मी.
(c) 200 मी. (d) 2500 मी.

12. किसी यात्रा के आरम्भ में एक कार का मीटर 678·3 किमी दर्शाता है। यात्रा के अन्त में यह 913·5 किमी दर्शाता है। इस यात्रा में कार ने कितनी दूरी तय की?
(a) 687·3 किमी (b) 931·5 किमी
(c) 1591·8 किमी (d) 235·2 किमी

13. यदि एक साइकिल सवार 8 घण्टा में 56 किमी की दूरी तय करता है, तो उसकी औसत चाल क्या है?
(a) 5 किमी/घण्टा
(b) 7 किमी/घण्टा
(c) 9 किमी/घण्टा
(d) 13 किमी/घण्टा

14. विमाओं 40 मी × 60 मी वाले कितने आयताकार प्लाट एक आयताकार मैदान, जिसकी विमाएँ 120 मी × 160 मी हैं, में से काटे जा सकते हैं?
(a) 2 (b) 3
(c) 4 (d) 8

15. एक आयत का क्षेत्रफल 96 वर्ग मी है। यदि इस आयत की एक भुजा 12 मी है, तो उसका परिमाप होगा—
(a) 25 मी (b) 32 मी
(c) 40 मी (d) 48 मी

16. एक कमरे की लम्बाई, चौड़ाई तथा ऊँचाई क्रमशः 8.25 मी, 6.75 मी तथा 4.50 मी हैं। बड़ी-से-बड़ी टेप की लम्बाई ज्ञात कीजिए, जो तीनों विमाओं को पूर्णतया माप सके।
(a) 125 मी (b) 75 मी
(c) 25 मी (d) 225 मी

17. सलीम के पास 1 सेमी भुजा वाले 60 घन हैं। इनसे निम्न विमाओं वाला कौन-सा घनाभ नहीं बन सकता?
(a) 5 सेमी लम्बा, 4 सेमी चौड़ा, 3 सेमी ऊँचा
(b) 2 सेमी लम्बा, 3 सेमी चौड़ा, 10 सेमी ऊँचा
(c) 4 सेमी लम्बा, 4 सेमी चौड़ा, 4 सेमी ऊँचा
(d) 6 सेमी लम्बा, 5 सेमी चौड़ा, 2 सेमी ऊँचा

18. जोसेफ 3 चित्रों को फ्रेम करना चाहता है। प्रत्येक चित्र की लम्बाई 3.5 मीटर तथा चौड़ाई 2.5 मीटर है। फ्रेम के लिए कुल आवश्यक लकड़ी की लम्बाई है—
(a) 30 मी (b) 18 मी
(c) 12 मी (d) 36 मी

19. आयत ABCD, जिसकी विमाएँ 15 सेमी × 8 सेमी. हैं, में से चार वर्ग, जिनमें से प्रत्येक की भुजा 2 सेमी है तथा एक अन्य 3 सेमी भुजा का वर्ग काट लिए जाते हैं (जैसा आकृति में दिखाया गया है)। रेखांकित भाग का क्षेत्रफल है—

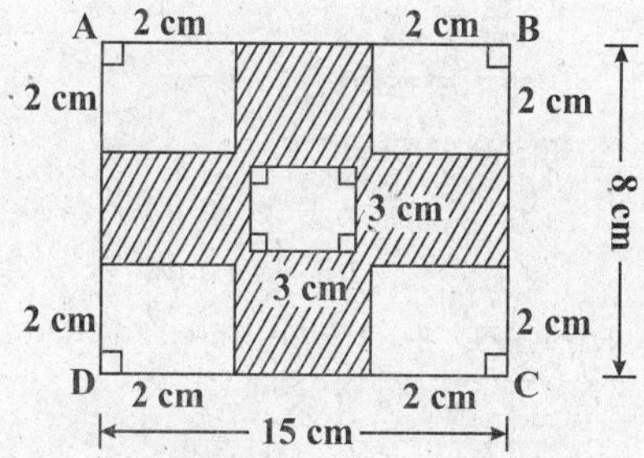

(a) 104 सेमी^{2} (b) 100 सेमी^{2}
(c) 95 सेमी^{2} (d) 92 सेमी^{2}

20. l = 12 सेमी, b = 10 सेमी तथा h = 8 सेमी वाले एक घनाभ का आयतन है—
(a) 960 घन सेमी
(b) 480 घन सेमी
(c) 960 घन सेमी
(d) 30 घन सेमी

21. एक आयताकार बाग का क्षेत्रफल 512 वर्ग सेमी है। यदि इसकी लम्बाई, इसकी चौड़ाई की दोगुनी है, तो इस बाग का परिमाप क्या है?
(a) 48 सेमी (b) 24 सेमी
(c) 72 सेमी (d) 96 सेमी

22. एक वर्गाकार पार्क, जिसका परिमाप 72 मीटर है, का क्षेत्रफल है—
(a) 144 वर्ग मीटर
(b) 2376 वर्ग मीटर
(c) 1296 वर्ग मीटर
(d) 324 वर्ग मीटर

उत्तर (हल/संकेत)

1. (b) दिया है, आयत की लम्बाई (l) और चौड़ाई (b) क्रमश: 100 मी. और 80 मी. है।

हम जानते हैं कि

आयत का परिमाप = 2 [लम्बाई + चौड़ाई]

= 2 [100 + 80] = 360 मी.

∵ भूखण्ड में तीन बार तार लगाते हैं।

∴ भूखण्ड में लगा तार = 3 × 360 = 1080 मी.

2. (c) टंकी का आयतन = (40 × 60 × 50) सेमी.

= 120000 सेमी.

∴ टंकी की धारिता = $\frac{120000}{1000}$ ली. = 120 ली.

टंकी में 50 ली. पानी भरा है, तो टंकी को पूरा भरने के लिए डाला गया पानी = 120 – 50 = 70 ली.

3. (b) जब हम 60, एक-एक सेमी. वाले घनों को एक क्रम में लगातार लगाते हैं, तब

घनाभ की लम्बाई (l) = 20 सेमी.

घनाभ की चौड़ाई (b) = 1 सेमी.

घनाभ की ऊँचाई (h) = 3 सेमी.

∴ अत: घनाभ का आयतन = $l \times b \times h$

= 20 × 1 × 3

= 60 सेमी.^{3}

4. (c) आयत के अन्दर अधिकतम-से-अधिकतम वाला क्षेत्रफल एक वर्ग हो सकता है।

∴ वर्ग का परिमाप = 100 सेमी.

4 × a = 100 (a = वर्ग की भुजा)

$a = \frac{100}{4}$ = 25 सेमी.

∴ अत: आयत का अधिकतम क्षेत्रफल

= वर्ग का क्षेत्रफल सेमी.

= 25 × 25 = 625 सेमी.^{2}

5. (a) आयत का क्षेत्रफल = लम्बाई × चौड़ाई

= 12 × 6.5 सेमी.^{2}

= 78 सेमी.^{2}

6. (c) आयतन = लम्बाई × चौड़ाई × ऊँचाई

= 5 मी. × 4 मी. × 3 मी. = 60 घन मी.

7. (c) वर्गाकार आँगन की एक भुजा

= $\sqrt{\text{क्षेत्रफल}}$ = 196 = 14 मीटर

वर्गाकार क्षेत्र की परिधि = 4 × भुजा

= 14 × 4 = 56 मी.

8. (d) आयत का परिमाप = 2 (ल. + चौ.)

= 2 (ल. + चौ.) = 40

अत: उत्तर विकल्प 'b' तथा 'c' गलत हैं।

अब उत्तर विकल्प संख्या 'a' के अनुसार

2 (1 + 19) = 40

सही हो सकता है, लेकिन क्षेत्रफल = 19 वर्ग सेमी. जबकि उत्तर विकल्प 'd' के अनुसार

2 (10 + 10) = 40

∴ ऐसी स्थिति में 10 × 10 = 100 वर्ग सेमी यह अधिकतम है।

9. (b) घनाभ का आयतन = 36000 सेमी.^{3}

घनाभ की चौड़ाई = 30 सेमी.

ऊँचाई = 40 सेमी.

घनाभ की लम्बाई = $\frac{36000}{30 \times 40}$ = 30 सेमी.

10. (c) वर्गाकार आँगन की भुजा = $\sqrt{\text{क्षेत्रफल}}$

= $\sqrt{196}$ = 14 मीटर

वर्गाकार आँगन का परिमाप = 4 × भुजा

= 4 × 14 = 56 मीटर

11. (c) वर्ग का परिमाप = 4 × भुजा

= 4 × 50 = 200 मीटर

12. (d) कार द्वारा कुल चली दूरी

= 913·5 – 678·3 = 235·2 किलोमीटर

13. (b) औसत चाल

= $\frac{\text{कुल दूरी}}{\text{कुल समय}} = \frac{56 \text{ किमी}}{8 \text{ घण्टा}}$

= 7 किमी/घण्टा

14. (d) 40 × 60 = 2,400 मी^{2} ...(i)

120 × 160 = 19,200 मी^{2} ...(ii)

∴ आयताकार प्लॉटों की संख्या

= $\frac{19,200}{2,400}$ = 8

15. (c) आयत का क्षेत्रफल = 96 × ल. × चौ.

∴ 96 = 12 × चौ.

⇒ चौड़ाई = $\frac{96}{12}$ = 8 मी

परिमाप = 2 × (8 + 12) = 40 मी

16. (b) 8.25 मी = 825 सेमी., 6.75 सेमी.

= 675 सेमी.

कमरे की ऊंचाई = 4.50 मी = 450 सेमी.

बड़ी-से-बड़ी टेप की लम्बाई = 825, 675 और 450 का म.स.

```
675) 825 (1          75) 450 ( 6
     675                 450
    ----                ----
    150) 675 (4            ×
         600
        ----
        75) 150 (2
            150
           ----
             ×
```

टेप की लम्बाई = 75 मी.

17. (c) 1 सेमी भुजा वाले एक घन का आयतन

= 1 × 1 × 1 सेमी.^{3} = 1 सेमी^{3}

∴ 60 घनों का आयतन = 60 सेमी.^{3}

विकल्प (c) में सभी भुजाएँ समान हैं। अत: यह घनाभ नहीं बन सकता है।

18. (d) प्रत्येक फ्रेम का परिमाप

= (लम्बाई + चौड़ाई)

= 2 × (3.5 + 2.5)

= 2 × 6 = 12 मी

अत: 3 चित्रों के फ्रेम बनवाने में आवश्यक लकड़ी

= (3 × 12) = 36 मी

19. (c) आयत का कुल क्षेत्रफल

= (15 × 8) वर्ग सेमी.

= 120 वर्ग सेमी.

⇒ पाँच कटे हुए वर्गों का क्षेत्रफल

= (4 × 4 + 3 × 3) वर्ग सेमी.

= 25 वर्ग सेमी.

∴ छायांकित क्षेत्र का क्षेत्रफल = (120 – 25) वर्ग सेमी.

= 95 वर्ग सेमी.

20. (a) घनाभ का आयतन = लम्बाई × चौड़ाई × ऊँचाई

= 12 × 10 × 8 घन सेमी

= 960 घन सेमी

21. (d) माना बाग की चौड़ाई = x सेमी.

∴ बाग की लम्बाई = $2x$ सेमी.

प्रश्नानुसार,

∴ बाग का क्षेत्रफल = $2x \times x = 2x^2$

∴ $2x^2 = 512$

$x^2 = 256$

$x^2 = \frac{572}{2}$

∴ $x = \sqrt{256}$

∴ $x = 16$

अत: बाग की परिमाप = 2 (ल. + च.)

= 2 $(2x + x)$

= 2 × $3x$ = $6x$

= 6 × 16 = 96 सेमी.

22. (d) वर्गाकार पार्क का परिमाप = 72 मी

∴ वर्गाकार पार्क की एक भुजा

= $\frac{72}{4}$ = 18 मीटर

वर्गाकार पार्क का क्षेत्रफल = (भुजा)^2

= $(18)^2$ वर्ग किमी. = 324 वर्ग मीटर

□□□

अध्याय

19

पैटर्न

पैटर्न के अन्तर्गत ऐसे प्रश्न दिए जाते हैं, जो चित्रों, संख्याओं अथवा अंग्रेजी अक्षरों की श्रेणी के रूप में होते हैं। ये सभी एक विशेष नियम का अनुसरण करते हैं, जिसके आधार पर उनके नियमों को पहचानकर परीक्षार्थी को उनके आगे के पैटर्न का पता लगाना होता है।

हल सहित उदाहरण

उदाहरण 1: दी गई संख्या श्रेणी का अगला पद क्या होगा?

2, 4, 8, 16, 32, ?

(a) 38. (b) 64.
(c) 76 (d) 80

हल: (b)

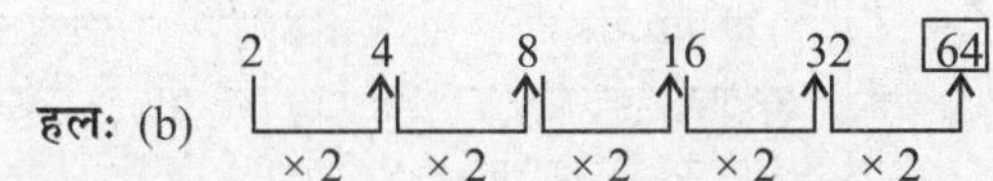

अत: संख्या श्रेणी की अगला पद = 64

उदाहरण 2: पैटर्न का अध्ययन करके शृंखला का प्रश्न चिह्न प्रतिस्थापित करें।

ΔO⊕, ΔΔO⊕, ΔΔΔO⊕, ?

(a) ΔOOΔΔ⊕ (b) ΔOΔOΔΔ⊕
(c) ΔΔΔΔO⊕ (d) इनमें से कोई नहीं

हल: (c) दिए गए चित्रों की श्रेणी में प्रत्येक अगले पद में एक त्रिभुज बढ़ जाता है। अत: अभीष्ट लुप्त पद = ΔΔΔΔO⊕

उदाहरण 3: दी गई अक्षर श्रेणी का अगला पद है–

A, F, K, P, U, ?

(a) F (b) S
(c) U (d) Z

हल: (d)

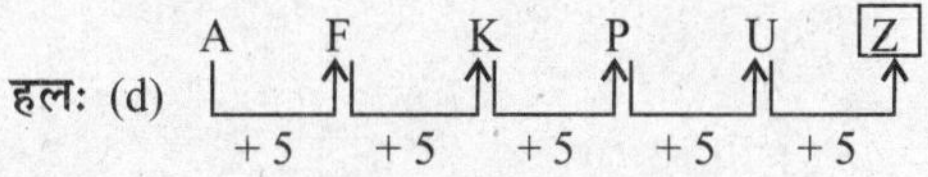

अत: श्रेणी का अगला पद = Z

उदाहरण 4: नीचे दिए गए पैटर्न का अगला पद क्या है?

2 = 2 × 2
232 = 22 × 22
2342 = 222 × 222
2345432 = ...

(a) 2222 × 1221 (b) 2222 × 1111
(c) 2222 × 2222 (d) 2222 × 1212

हल: (c)

2 = 2 × 2
232 = 22 × 22
2342 = 222 × 222

इसी प्रकार 2345432 = 2222 × 2222

अभ्यास–1

1. शृंखला 258, 130, 66, 34, 18, ... का रिक्त या अगला पद है–

(a) 12 (b) 10
(c) 8 (d) 13

2. श्रेणी 3, 4, 6, 9, 13, ... का अगला पद है–

(a) 18 (b) 17
(c) 14 (d) 19

3. श्रेणी 1, 2, 4, 8, ... का अगला पद है–

(a) 12 (b) 16
(c) 10 (d) 11

4. यदि प्रत्येक पंक्ति, स्तम्भ तथा विकर्ण का योग समान है, तो *x*, *y*, *z* तथा *w* के मान हैं, क्रमशः

8	*x*	*z*
y	5	*w*
4	9	2

(a) 4, 6, 8, 7 (b) 1, 3, 6, 7
(c) 1, 6, 3, 7 (d) 3, 6, 7, 1

5. संख्या पैटर्न 80, 10, 70, 15, 60, ... का अगला पद है–

(a) 20 (b) 25
(c) 30 (d) 50

6. निम्न पैटर्न में सख्याओं की अगली पंक्ति क्या है?

40 45 50
55 60 65
70 75 80
– – –

(a) 75, 80, 85 (b) 85, 90, 95
(c) 90, 95, 100 (d) 70, 75, 85

7. निम्न श्रेणी का अगला पद क्या है?

–1 + 2 – 3 + 4 – 5 + 6– 7 + 8 – 9 ?

(a) + 8 (b) – 10
(c) + 10 (d) – 8

8. निम्न संख्या श्रेणी में कौन-सा पद गलत है?

1, 8, 27, 64, 100, 216

(a) 64 (b) 100
(c) 216 (d) 27

9. निम्न पैटर्न का अध्ययन करके अगला पद बताइए–

5	15	25	35	45	
×5	×15	×25	×35	×45	?
25	225	625	1225	2025	

(a) 55 × 55 = 2825 (b) 55 × 55 = 3225
(c) 55 × 55 = 3025 (d) 55 × 55 = 10025

उत्तर (हल/संकेत)

1. (b) प्रश्न में दी गई शृंखला में प्रत्येक संख्या को 2 से भाग देकर भागफल में 1 जोड़ा गया है। यथा –

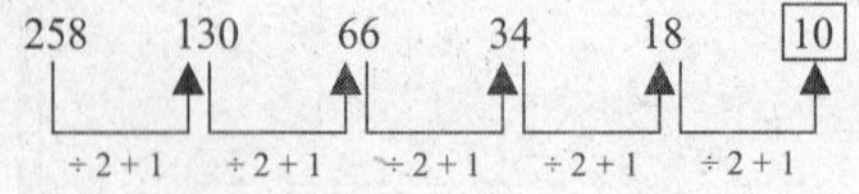

अत: अगला पद 10 होगा।

2. (a)

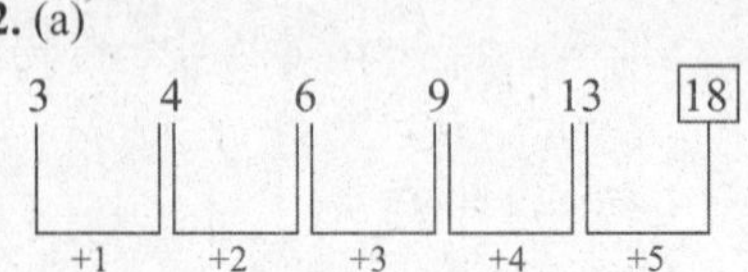

अत: श्रेणी का अगला पद 18 होगा।

3. (b) दी गई शृंखला में प्रत्येक संख्या को 2 से गुणा किया गया।

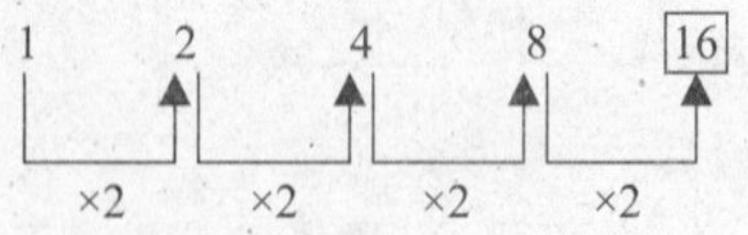

अत: श्रेणी का अगला पद 16 होगा।

4. (b) यहाँ पंक्ति, स्तम्भ एवं विकर्णों का योग

$8 + 5 + 2 = 15$ है।

तब $4 + 5 + z = 15; z = 15 \Rightarrow z = 6$

$8 + x + z = 15$

$8 + x + 6 = 15$

$x = 15 - 14$

$\Rightarrow x = 1$

$\Rightarrow z + w + 2 = 15$

$6 + w + 2 = 15$

$w = 15 - 8$

$\Rightarrow w = 7$

$y + 5 + w = 15$

$y + 5 + 7 = 15$

$y = 15 - 12$

$\Rightarrow y = 3$

अत: x, y, z तथा $w = 1, 3, 6$ तथा 7

5. (a) दी गई शृंखला में पहली, तीसरी व पाँचवी संख्या में तथा दूसरी, चौथी व छठी संख्या में 5 जोड़ा गया है। यथा–

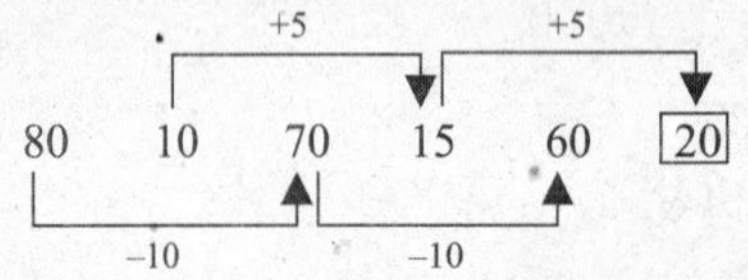

अत: लुप्त पद 20 होगा।

6. (b) 40 45 50

55 60 65

70 75 80

आरोही क्रम से,

$80 + 5 = 85$ या $70 + 15 = 85$

$85 + 5 = 90$ या $75 + 15 = 90$

$90 + 5 = 95$ या $80 + 15 = 95$

अत: अगली पंक्ति 85 90 95 होगी।

7. (c) संख्या लगातार क्रम में बढ़ती जाती है तथा क्रमश: + तथा – आते रहते हैं। अत: 9 के बाद अगली संख्या + 10 है।

8. (b)

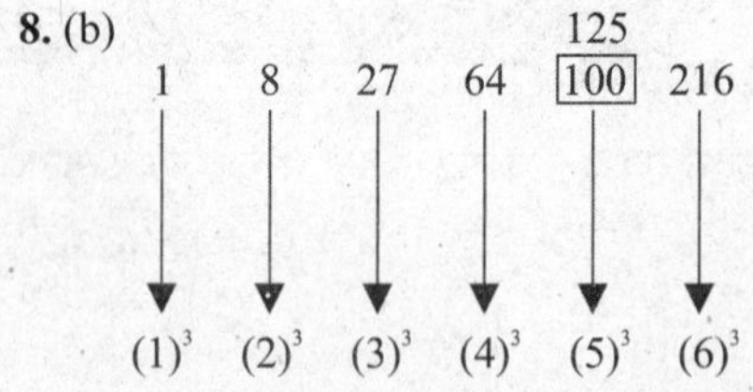

दी गई संख्याएँ 1, 2, 3, 4 के क्रम में बढ़ती हुई संख्याओं के घन हैं। 100, 10 का वर्ग है, उसके स्थान पर 5 का घन 125 आएगा।

9. (c) $55 \times 55 = 3025$

अभ्यास–2

1. श्रेणी 9, 13, 17, 21, 25 ...... में अगली संख्या क्या है?

(a) 26 (b) 27
(c) 29 (d) 33

2. निम्नलिखित संख्या-शृंखला की अगली संख्या क्या है?

120, 60, 20, 5..........

(a) 0 (b) 1
(c) 2 (d) – 2

3. अगली पंक्ति में संख्याओं का कौन-सा समूह होगा?

4	**24**	**424**
5	**30**	**530**
6	**36**	**636**
—	—	—

(a)	7	42	784
(b)	7	42	742
(c)	8	48	848
(d)	7	49	749

4. संख्याओं की अगली पंक्ति क्या है?

2, 4, 8
3, 9, 27
4, 16, 64

(a) 5, 10, 15 (b) 5, 15, 20
(c) 5, 25, 125 (d) 5, 30, 150

5. 5, 10, 15, 20, 25, ...(?) प्रश्न चिह्न के स्थान पर कौन-सा अंक आएगा?

(a) 30 (b) 15
(c) 40 (d) 45

6. निम्नलिखित श्रेणी का अगला पद ज्ञात कीजिए—

2 3 5 7 11.............

(a) 12 (b) 13
(c) 15 (d) 21

7. निम्नलिखित पैटर्न में संख्याओं की अगली पंक्ति क्या है?

4, 16, 64
6, 36, 216
8, 64, 512

(a) 8, 68, 518 (b) 10, 100, 1000
(c) 10, 200, 2000 (d) 10, 500, 5000

8. अगली संख्या पंक्ति होगी—

25 50 53
26 52 55
27 54 57
— — —

(a) 28 54 57 (b) 28 56 59
(c) 28 56 60 (d) 30 60 63

9. यदि प्रत्येक पंक्ति, प्रत्येक स्तम्भ तथा प्रत्येक विकर्ण में लिखी संख्याओं का योग समान है, तो a, b तथा c के क्रमश: मान लिखिए—

8	**1**	a
3	b	c
4	**9**	**2**

(a) 6, 5, 7 (b) 5, 6, 7
(c) 7, 6, 5 (d) 6, 7, 5

10. संख्याक्रम 12, 15, 19, 24, 30, ... का अगला पद है।

(a) 35 (b) 36
(c) 37 (d) 38

11. अन्तिम पंक्ति में सही संख्या है—

1 × 1	=	**1**
11 × 11	=	**121**
111 × 111	=	**12321**
1111 × 1111	=	**1234321**
11111 × 11111	=	**........**

(a) 123123123 (b) 123445321
(c) 123555321 (d) 123454321

12. दिए गए संख्या पैटर्न की अगली संख्या है—

16110, 16106, 16102,...

(a) 16098 (b) 16008
(c) 16108 (d) 16198

13. निम्न पैटर्न में अंकों की अगली पंक्ति है—

30	**45**	**60**
42	**57**	**72**
54	**69**	**84**
...	...	...

(a) 60 65 70 (b) 60 75 90
(c) 66 81 96 (d) 66 86 106

14. निम्न पैटर्न का अध्ययन करके दूसरी आकृति के रिक्त पद का चयन करें—

5
10
15 30 45
20
25

3
6
9 (?) 27
12
15

(a) 15 (b) 21
(c) 18 (d) 20

15. संख्या क्रम की अगली पंक्ति क्या है?

25	**50**	**520**
27	**54**	**420**
29	**58**	**320**
—	—	—

(a) 30 60 320
(b) 31 62 220
(c) 30 60 220
(d) 32 64 320

16. निम्नलिखित संख्या पैटर्न की अगली पंक्ति कौन-सी है?

81	**74**	**63**
108	**101**	**90**
135	**128**	**117**
...	...	...

(a) 150, 143, 132
(b) 162, 143, 132
(c) 162, 144, 133
(d) 162, 155, 144

17. संख्याओं की अगली पंक्ति है—

40	**45**	**50**
55	**60**	**65**
70	**75**	**80**

(a) 75, 80, 85
(b) 85, 90, 95
(c) 90, 95, 100
(d) 70, 75, 85

18. यदि प्रत्येक पंक्ति, स्तम्भ तथा कर्ण का योग समान है, तो क्रमशः *a, b, c* तथा *d* के मान हैं—

a	**1**	**b**
3	**5**	**d**
c	**9**	**2**

(a) 8, 6, 4, 7
(b) 6, 8, 4, 7
(c) 7, 8, 6, 4
(d) 4, 6, 7, 8

उत्तर (हल/संकेत)

1. (c) शृंखला का पैटर्न निम्नवत् है।

9 + 4 = 13 ; 13 + 4= 17 ; 17 + 4 = 21

21 + 4 = 25; 25 + 4 = [29]

2. (b) शृंखला 120 60 20 5 1

2× 3× 4× 5×

अतः अगली संख्या 1 होगी।

3. (b) जिस प्रकार,

$4 \Rightarrow 4 \times 6 = 24 \Rightarrow 424$

$5 \Rightarrow 5 \times 6 = 30 \Rightarrow 530$

$6 \Rightarrow 6 \times 6 = 36 \Rightarrow 636$

उसी प्रकार,

$\therefore \quad 7 \Rightarrow 7 \times 6 = 42 \Rightarrow 742$

4. (c) संख्याओं को नियम (क्रम) के अनुसार लिखा गया है। पहली पंक्ति में संख्याएँ क्रमशः 2, 4, 8 हैं।

$2 \times 2 = 4,$
$4 \times 2 = 8,$

दूसरी पंक्ति में संख्याएँ 3, 9, 27 हैं।

$3 \times 3 = 9,$
$9 \times 3 = 27$

तीसरी पंक्ति में संख्याएँ 4, 16, 64 हैं,

$4 \times 4 = 16,$
$16 \times 4 = 64,$

प्रत्येक पंक्ति में संख्याएँ एक अंक से बढ़ रही हैं। 2, 3, 4 क्रमशः पहली पंक्ति, दूसरी पंक्ति और तीसरी पंक्ति के प्रारम्भ में आ रही हैं। अतः चौथी पंक्ति में पहली संख्या 5 होगी। अतः चौथी पंक्ति में 5, 25, 125 संख्याएँ आएंगी।

5. (a) 5 के गुणजों को क्रम में रखा गया है। अतः प्रश्न चिह्न के स्थान पर 30 आएगा।

6. (b) श्रेणी 2, 3, 5, 7, 11 में दी गई सभी संख्याएँ अभाज्य संख्याएँ हैं, अतः श्रेणी का अगला पद, अगली अभाज्य संख्या 13 होगी।

7. (b)

4 →×4→ 16 →×4→ 64

6 →×6→ 36 →×6→ 216

8 →×8→ 64 →×8→ 512

[10 →×10→ 100 →×10→ 1000]

8. (b) प्रथम कॉलम में संख्या एक अंक बढ़ रही है, अतः अगली संख्या = 28

द्वितीय कॉलम में संख्या दो अंक बढ़ रही है, अतः अगली संख्या = 56

तृतीय कॉलम में भी संख्या दो अंक बढ़ रही है, अतः अगली संख्या = 59

∴ अगली पंक्ति = 28, 56, 59

9. (a) पहले स्तम्भ का योग = 8 + 3 + 4 = 15

दूसरे स्तम्भ का योग $= 1 + b + 9$

$= 10 + b$

$\therefore \quad 10 + b = 15$

$\therefore \quad b = (15 - 10)$

$\therefore \quad b = 5$

पहली पंक्ति का योग $= 8 + 1 + a$

$= 9 + a$

$\therefore \quad 9 + a = 15$

$\therefore \quad a = (15 - 9)$

$\therefore \quad a = 6$

तीसरे स्तम्भ का योग $= a + c + 2$

$\therefore \quad a + c + 2 = 15$

$6 + c + 2 = 15$

$\therefore \quad c + 8 = 15$

$\therefore \quad c = (15 - 8)$

$\therefore \quad c = 7$

10. (c)

12 15 19 24 30 [37]

+3 +4 +5 +6 +7

11. (d) प्रश्नानुसार,

$1 \times 1 = 1$

$11 \times 11 = 121$

$111 \times 111 = 12321$

$1111 \times 1111 = 1234321$

$\therefore \quad 11111 \times 11111 = 123454321$

12. (a)

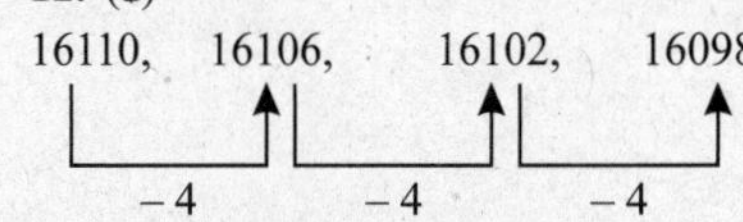

अतः अगली संख्या 16098 होगी।

13. (c) प्रथम स्तम्भ से,

30 + 12 = 42, 42 + 12 = 54

अतः 54 + 12 = [66]

दूसरे स्तम्भ से,

45 + 12 = 57, 57 + 12 = 69

अत: संख्या $69 + 12 = \boxed{81}$

तीसरे स्तम्भ से,

$60 + 12 = 72, 72 + 12 = 84$

अत: संख्या $84 + 12 = \boxed{96}$

अत: अगली पंक्ति में संख्याएं

66, 81 और 96 होंगी।

14. (c) जिस प्रकार,

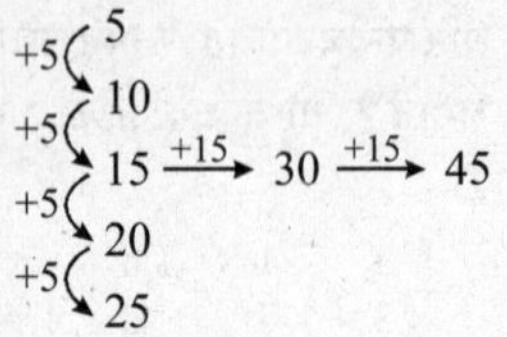

$5 \xrightarrow{+5} 10 \xrightarrow{+5} 15 \xrightarrow{+5} 20 \xrightarrow{+5} 25$

$15 \xrightarrow{+15} 30 \xrightarrow{+15} 45$

उसकी प्रकार

$3 \xrightarrow{+3} 6 \xrightarrow{+3} 9 \xrightarrow{+3} 12 \xrightarrow{+3} 15$

$9 \xrightarrow{+9} \textcircled{18} \xrightarrow{+9} 27$

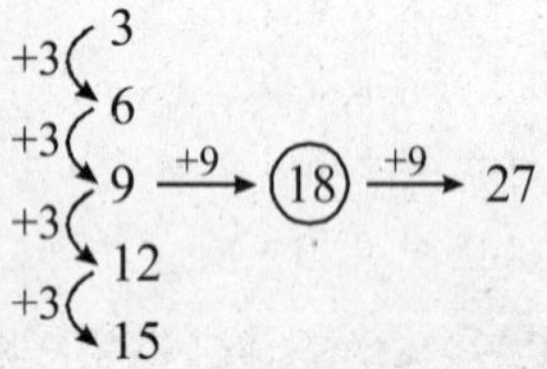

अत: ? = 18

15. (b) पहले स्तम्भ में संख्या क्रम से 2 के योग में बढ़ रही है।

$\therefore \quad 25 + 2 = 27$

$27 + 2 = 29$

इसी प्रकार, $29 + 2 = \boxed{31}$

दूसरे स्तम्भ में संख्या क्रम से 4 के योग में बढ़ रही है।

$\therefore \quad 50 + 4 = 54$

$54 + 4 = 58$

इसी प्रकार, $58 + 4 = \boxed{62}$

तीसरे स्तम्भ में संख्या क्रम से 100 के अंतर में घट रही है।

$\therefore \quad 520 - 100 = 420$

$420 - 100 = 320$

इसी प्रकार, $320 - 100 = \boxed{220}$

16. (d) पहले स्तम्भ में,

$81 + 27 = 108$

$108 + 27 = 135$

इसी प्रकार $135 + 27 = \boxed{162}$

दूसरे स्तम्भ में,

$75 + 27 = 101$

$101 + 27 = 128$

इसी प्रकार $128 + 27 = \boxed{155}$

तीसरे स्तम्भ में,

$63 + 27 = 90$

$90 + 27 = 117$

इसी प्रकार, $117 + 27 = \boxed{144}$

17. (b) प्रथम स्तम्भ में,

$40 + 15 = 55$

$55 + 15 = 70$

इसी प्रकार, $70 + 15 = \boxed{85}$

द्वितीय स्तम्भ में,

$45 + 15 = 60$

$60 + 15 = 75$

इसी प्रकार, $75 + 15 = \boxed{90}$

तीसरे स्तम्भ में,

$50 + 15 = 65$

$65 + 15 = 80$

इसी प्रकार, $80 + 15 = \boxed{95}$

18. (a) दूसरे स्तम्भ का योग

$= 1 + 5 + 9 = 15$

दूसरी पंक्ति का योग $= 3 + 5 + d = d + 8$

अत: $d + 8 = 15$

$\therefore \quad d = (15 - 8)$

$\therefore \quad d = 7$

तीसरे स्तम्भ का योग $= b + d + 2$

$\therefore \quad b + 7 + 2 = 15$

$\therefore \quad b + 9 = 15$

$\therefore \quad b = (15 - 9)$

$\therefore \quad b = 6$

पहली पंक्ति का योग

$a + 1 + b = 15$

$a + 1 + 6 = 15$

$a + 7 = 15$

$\therefore \quad a = (15 - 7)$

$\therefore \quad a = 8$

तीसरी पंक्ति का योग

$c + 9 + 2 = 15$

$\therefore \quad c + 11 = 15$

$\therefore \quad c = (15 - 11)$

$\therefore \quad c = 4$

अत: $a, b, c,$ व $d = 8, 6, 4, 7$

❑❑❑

अध्याय 20

आंकड़ों का चित्रमय प्रदर्शन

डाटा

डाटा: किसी जानकारी अथवा तथ्यों और किसी घटना के विवरण जैसे–किसी बल्लेबाज द्वारा एक क्रिकेट मैच में बनाए गए रनों की संख्या, किसी एक विज़य में उत्तीर्ण विद्यार्थियों की संख्या या किसी विशेष दिन पढ़ी जाने वाली पुस्तकों की कुल संख्या आदि को इकट्ठा करना 'डाटा' (Data) कहलाता है।

डाटा, गुणात्मक या मात्रात्मक होता है, जिस प्रकार किसी विद्यार्थी द्वारा परीक्षा में अर्जित अंक मात्रात्मक डाटा व पसन्दीदा भोजन, जगह या रंग गुणात्मक डाटा के उदाहरण हैं।

आंकड़ों का प्रदर्शन

विभिन्न प्रकार के आँकड़ों के प्रदर्शन (Representation of Data) के लिए भिन्न-भिन्न तरीके अपनाए जाते हैं। आँकड़ों का प्रस्तुतीकरण, उनकी प्रकृति तथा चरों की उपलब्धता पर निर्भर होता है अर्थात् जैसे आँकड़े ज्ञात होंगे, वैसे ही उनको प्रदर्शित किया जाएगा।

आँकड़ों के प्रदर्शन के कुछ प्रमुख प्रकार निम्न हैं–

आयत चित्र

क्षैतिज अक्ष पर प्रेक्षणों के समूहों (अर्थात् वर्ग अन्तरालों) को दण्ड रूप में प्रदर्शित करना ही दण्ड चित्र का आरेखीय निरूपण कहलाता है। इस आरेखीय निरूपण में बनाए गए दण्डों को ही दण्ड चित्र कहा जाता है। वहाँ दण्ड की लम्बाई वर्ग अन्तराल की बारम्बारता को दर्शाती है। साथ ही यहाँ दण्डों के बीच में कोई रिक्तता नहीं है, क्योंकि वर्ग अन्तरालों के बीच में कोई रिक्तता नहीं है।

60 विद्यार्थियों द्वारा गणित टेस्ट में प्राप्त किए गए अंकों के वर्गीकृत बारम्बारता बंटन पर पुन: विचार करें।

वर्ग अन्तराल	बारम्बारता
0-10	2
10-20	10
20-30	21
30-40	19
40-50	7
50-60	1
योग	**60**

दी गई सारणी को निम्न आरेख के रूप में निरूपित करके प्रदर्शित किया जाता है।

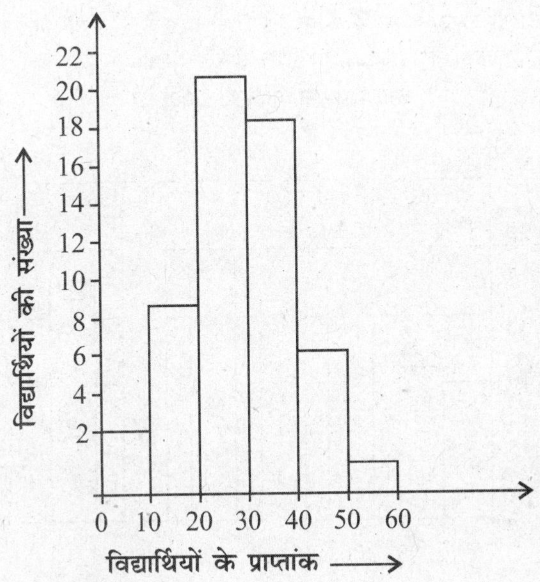

आवृत्ति बहुभुज

आयत चित्र के ऊपरी भाग के मध्य बिन्दुओं को मिलाने से आवृत्ति बहुभुज प्राप्त होता है।

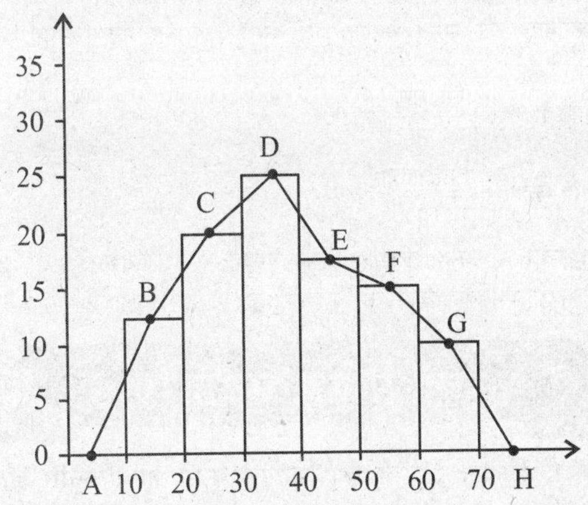

उपरोक्त चित्र में ABCDEFGH एक आवृत्ति बहुभुज है।

दण्ड आरेख (Bar Graph): दण्ड आरेख आँकड़ों को निरूपित करने का सबसे आसान एवं सर्वाधिक प्रयुक्त किया जाने वाला आरेख है। एक दण्ड आरेख में आयताकार दण्ड/स्तम्भ की लम्बाई संख्यात्मक मान के अनुक्रमानुपाती होती है। ये एकविमीय आकृति होती है अर्थात् दण्ड आरेख में आँकड़ों का मान केवल ऊँचाई पर निर्भर करता है न कि चौड़ाई पर।

यह सांख्यिकीय आँकड़ों को प्रस्तुत करने का ऐसा चित्रात्मक प्रारूप है, जिसे देखने पर वस्तु की स्थिति की पूर्ण जानकारी हो जाती हे। सारणी की भाँति यहाँ भी प्रत्येक दण्ड आरेख का एक शीर्षक होता है, जो दण्ड आरेख के विज़य को दर्शाता है। शीर्षक आरेख के ऊपर या नीचे दिया जाता है। प्रत्येक दण्ड आरेख में निरपेक्ष (स्वतन्त्र) चर सशि से सम्बन्धित आँकड़ों को एक अक्ष (Y-अक्ष) पर तथा निर्भर (अस्वतन्त्र) चर राशि से सम्बन्धित आँकड़ों को दूसरे अक्ष (X-अक्ष) पर निरूपित करते हैं। इसके अतिरिक्त, अधिकतर दण्ड आरेखों में कई प्रकार के संक्षेप सूचक (Brief index) दिए होते हैं।

जैसे–छाया, रेखा तथा रंग जो आरेख में प्रयुक्त होते हैं, जोकि दण्ड आरेख में प्रयुक्त होने वाले विभिन्न चरों को समझने तथा उनके विश्लेषण में सहायता करते हैं। दण्ड आरेख से सम्बन्धित प्रश्नों को हल करते समय दोनों अक्षों पर निरूपित आँकड़ों की इकाइयों को ध्यान में रखना चाहिए।

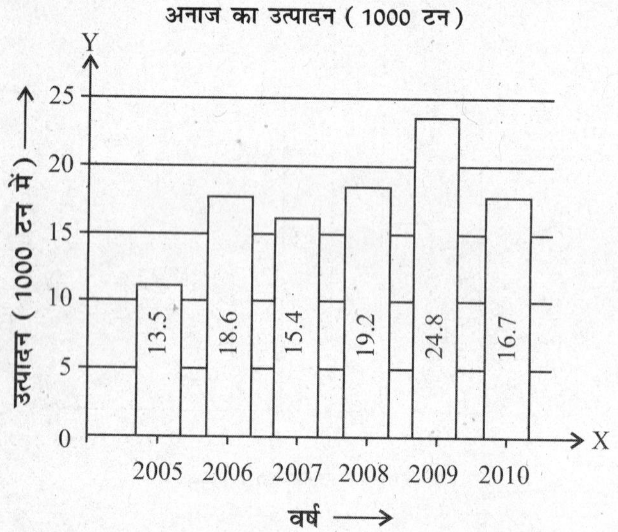

पाई चार्ट: आँकड़ों का तुलनात्मक अध्ययन करने के लिए वृत्तों का प्रयोग किया जाता है। इसके अन्तर्गत सभी चरों का कुल मान डिग्री के रूप में 360° तथा प्रतिशत के रूप में 100% होता है। वृत्त चित्र के अन्तर्गत एक या दो वृत्त चित्र दिए गए होते हैं, जिन पर आधारित प्रश्न पूछे जाते हैं।

प्रतिशतता एवं संगत कोण ज्ञात करने के लिए निम्न सूत्रों का प्रयोग करते हैं–

1. प्रतिशतता $= \dfrac{\text{संगत मान}}{\text{कुल मान}} \times 100°$

2. संगत कोण $= \dfrac{\text{प्रतिशतता}}{100} \times 360°$

वृत्त चित्र में अन्तः विभाजन को दर्शाते समय विभिन्न भागों को घटते हुए क्रम में प्रारम्भ कर घड़ी की सूई की चलने की दिशा में बनाया जाता है।

हल सहित उदाहरण

उदाहरण 1. मिलान चिह्नों का उपयोग करते हुए निम्नलिखित में से कौन-सा चिह्न संख्या 5 को प्रदर्शित करता है?

(a) ||||　　(b) √√√√√

(c) ~~||~~|　　(d) ~~||||~~

हलः (d) मिलान चिन्ह ~~||||~~ संख्या 5 को प्रदर्शित करता है।

निर्देश (उदाहरण 2-5): सप्ताह के विभिन्न दिवसों पर एक विज्ञान प्रदर्शनी के दर्शकों की संख्या निम्न प्रकार है-

दिन	दर्शकों की संख्या = 100 दर्शक
सोमवार	
मंगलवार	
बुधवार	
बृहस्पतिवार	
शुक्रवार	
शनिवार	

उदाहरण 2. सोमवार से शुक्रवार तक विज्ञान प्रदर्शनी में दर्शकों की संख्या कितनी है?

(a) 4150　　(b) 4000

(c) 4280　　(d) 4250

हलः (b) सोमवार से शुक्रवार तक दर्शकों की कुल संख्या
= 550 + 700 + 1000 + 900 + 850
= 4000

उदाहरण 3. किस दिन दर्शकों की संख्या सर्वाधिक थी?

(a) शनिवार　　(b) शुक्रवार

(c) मंगलवार　　(d) सोमवार

हलः (a) तालिका से स्पष्ट है, विज्ञान प्रदर्शनी में दर्शकों की संख्या शनिवार को सर्वाधिक थी, जो कि 1250 थी।

उदाहरण 4. शनिवार को विज्ञान प्रदर्शनी देखने आए दर्शकों एवं सोमवार को विज्ञान प्रदर्शनी देखने आए दर्शकों के बीच अंतर है-

(a) 675　　(b) 600

(c) 650　　(d) 700

हलः (d) सोमवार को दर्शकों की संख्या = 550

शनिवार को दर्शकों की संख्या = 1250

∴ अभीष्ट अंतर = (1250 – 550) = 700

उदाहरण 5. सोमवार और बुधवार को मिलाकर दर्शकों की संख्या का शनिवार को दर्शकों की संख्या से अनुपात है-

(a) 25 : 31　　(b) 31 : 25

(c) 11 : 25　　(d) 25 : 11

हलः (b) सोमवार और बुधवार को मिलाकर दर्शकों की संख्या
= (550 + 1000) = 1550

शनिवार को दर्शकों की संख्या = 1250

∴ अभीष्ट अनुपात = 1550 : 1250 = 31 : 25

निर्देश (उदाहरण 6–7) : दण्डग्राफ किसी छात्र द्वारा एक परीक्षा में प्रत्येक विषय में 100 अंकों में से प्राप्त अंक दर्शाता है। ग्राफ का ध्यानपूर्वक अध्ययन करके पूछे गए प्रश्नों के उत्तर दीजिए।

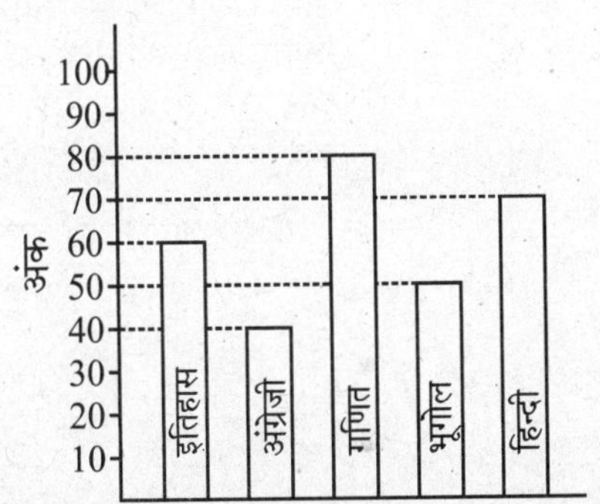

उदाहरण 6. गणित और इतिहास के अंकों का अनुपात ज्ञात कीजिए—

(a) 6 : 5 (b) 8 : 5

(c) 3 : 4 (d) 4 : 3

हलः (d) गणित में प्राप्त अंक = 80

इतिहास में प्राप्त अंक = 60

∴ अभीष्ट अनुपात = 80 : 60 = 4 : 3

उदाहरण 7. हिन्दी और अंग्रेजी के औसत प्राप्तांक ज्ञात कीजिए—

(a) 65 (b) 50

(c) 55 (d) 60

हलः (c) अभीष्ट औसत प्राप्तांक = $\left(\frac{70+40}{2}\right) = 55$

निर्देश (उदाहरण 8–10) : निम्नलिखित आरेख का ध्यानपूर्वक अध्ययन करके इस पर आधारित प्रश्नों के उत्तर दीजिए।

अवकाश के दिनों में एक विशिष्ट कक्षा के विद्यार्थियों द्वारा प्रतिदिन टेलीविजन (टीवी) देखने का समय (घण्टों में)

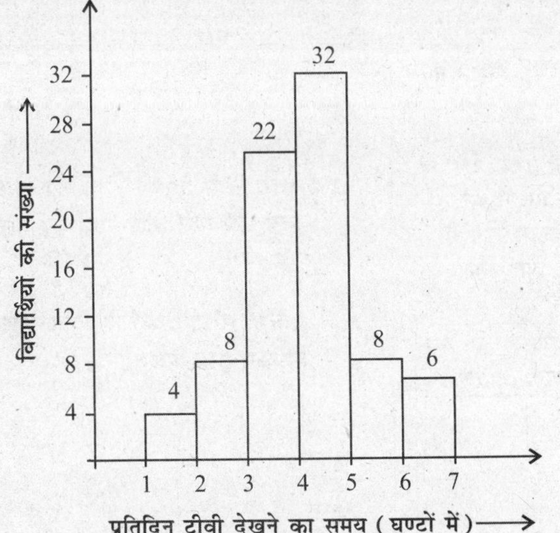

उदाहरण 8. अधिकतम विद्यार्थियों ने कितने घण्टों तक टीवी देखा?

(a) (3–4) घण्टे (b) (5–6) घण्टे

(c) (4–5) घण्टे (d) (6–7) घण्टे

हलः (c) अधिकतम विद्यार्थियों ने (4–5) घण्टे टीवी देखा।

उदाहरण 9. 4 घण्टे से कम समय तक कितने विद्यार्थियों ने टीवी देखा?

(a) 32 (b) 34

(c) 28 (d) 31

हलः (b) 4 घण्टे से कम समय टीवी देखने वाले विद्यार्थियों की संख्या

= 22 + 8 + 4 = 34

उदाहरण 10. कितने विद्यार्थियों ने टीवी देखने में 5 घण्टे से अधिक का समय व्यतीत किया?

(a) 10 (b) 12

(c) 14 (d) 11

हलः (c) 5 घण्टे से अधिक टीवी देखने वाले विद्यार्थियों की संख्या

= 8 + 6 = 14

निर्देश (उदाहरण 11–12) : एक प्रकाशन कम्पनी द्वारा 2011 में एक पुस्तक प्रकाशित करने के लिए किए गए विभिन्न व्यय नीचे दिए गए हैं। चार्ट का अध्ययन करें और दिए गए प्रश्नों के उत्तर दें—

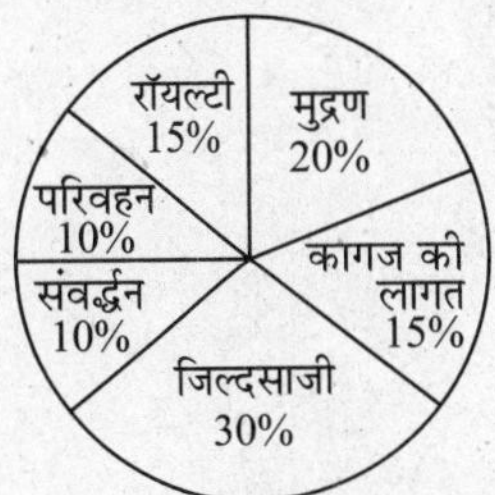

उदाहरण 11. एक पुस्तक की कीमत लागत कीमत से 20% अधिक है। यदि अंकित कीमत ₹ 180 है, तो एक प्रति के लिए कागज की लागत (₹ में) क्या है?

(a) 44·25 (b) 36

(c) 22·50 (d) 42

हलः (c) एक प्रति के लिए पुस्तक का विक्रय मूल्य

$=\left(\frac{180}{120}\times100\right)$ = ₹ 150

∴ कागज की लागत = $\left(150\times\frac{15}{100}\right)$ = ₹ 22·50

उदाहरण 12. किसी पुस्तक का स्वत्व शुल्क (रॉयल्टी) उसकी मुद्रण- लागत से कितना कम है?

(a) 25% (b) 5%

(c) $33\frac{1}{3}\%$ (d) 70%

हलः (a) अभीष्ट प्रतिशत = $\left(\frac{20-15}{20}\right)\times100\% = 25\%$

अभ्यास-1

1. नीचे दी गई सूचना को ध्यानपूर्वक पढ़िए तथा प्रश्न का सही उत्तर चुनिए।

महीने	बेचे गए केले
मार्च	
अप्रैल	
मई	
जून	
जुलाई	

[यहाँ, = 5 दर्जन]

दिए गए महीनों के अंतर्गत बेचे गए केलों की कुल संख्या कितनी है?

(a) 1180 (b) 1380
(c) 1250 (d) 1450

2. निम्नांकित ग्राफ का अध्ययन करके प्रश्न का सही उत्तर दीजिए।

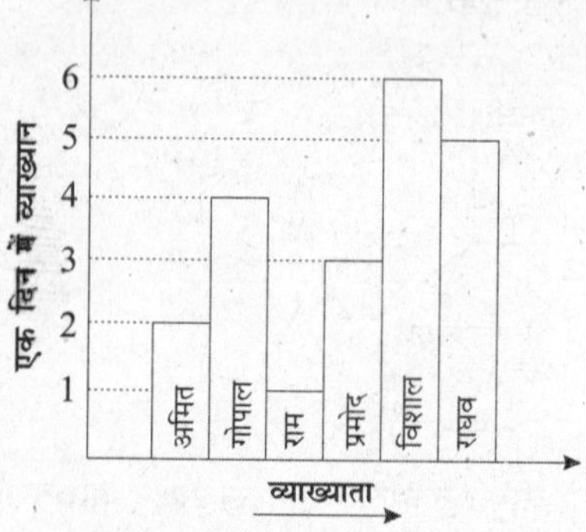

एक सप्ताह में अमित और राघव द्वारा दिए गए कुल व्याख्यानों का गोपाल तथा प्रमोद द्वारा दिए गए व्याख्यानों से कितना अंतर है?

(a) 42 (b) 7
(c) 35 (d) 0

3. नीचे दिए गए दण्ड चार्ट, जोकि श्याम द्वारा S1 परीक्षा में विभिन्न विषयों में 100 अंकों में से प्राप्त अंकों को दर्शाता है।

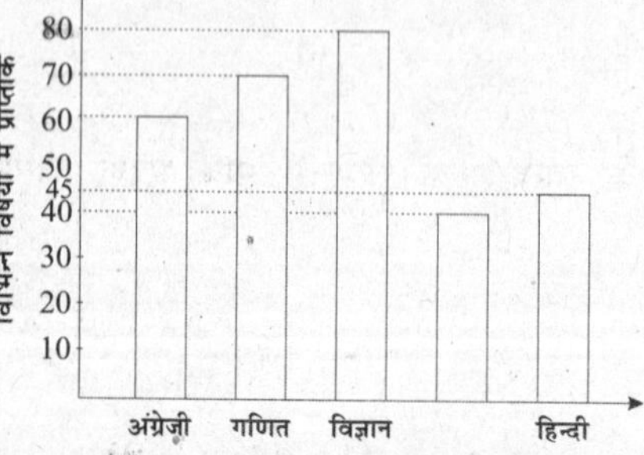

श्याम के विज्ञान में प्रतिशत अंक है–

(a) 50 (b) 80
(c) 70 (d) 60

4. एक गैराज में सोमवार से शुक्रवार तक जितनी कारें धुलाई तथा रिपेयर के लिए आई को नीचे दिए गए चित्रालेख में दर्शाया गया है–

दिन	गैराज में कारों की संख्या
सोमवार	
मंगलवार	
बुधवार	
गुरुवार	
शुक्रवार	

(जहाँ 1 कार 100 कारों को दर्शाती है।)

बुधवार को धुलाई तथा रिपेयर के लिए आई कारों की संख्या है–

(a) 700 (b) 600
(c) 400 (d) 300

5. नीचे दिए गए आरेख का अध्ययन करके प्रश्न का उत्तर दीजिए।

विद्यार्थियों द्वारा खेले गए खेल

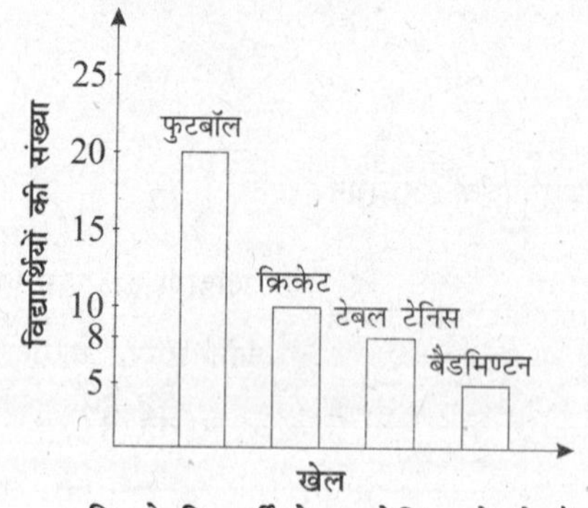

कितने विद्यार्थी टेबल टेनिस खेलते हैं?

(a) 10 (b) 8
(c) 18 (d) 20

निर्देश: निम्नलिखित प्रश्नों के उत्तर देने के लिए नीचे दी गई सारणी को ध्यान से पढ़िए–

दिए गए पेशों में लगे कुल 12,000 लोग और (इनमें) महिलाओं और पुरुषों का प्रतिशत

पेशा	लोगों का प्रतिशत	महिलाओं का प्रतिशत	पुरुषों का प्रतिशत
मेडिकल	12	45	55
इंजीनियरिंग	16	50	50
विधि	11	35	65
अध्यापन	25	75	25
बैंकिंग	22	25	75
प्रबंधन	14	20	80

6. इंजीनियरिंग के पेशे में लगी महिलाएं प्रबंधन के पेशे में लगी महिलाओं का लगभग कितने प्रतिशत हैं?

(a) 71 (b) 125
(c) 111 (d) 286

7. निम्न चित्रालेख एक रेहड़ी वाले द्वारा चार दिनों में एक संतरे के डिब्बे में से बेचे गए संतरों की बिक्री दर्शाता है।

दिन	बेचे गए संतरों की संख्या
सोमवार	
बुधवार	
शुक्रवार	
रविवार	

15 संतरों को निरूपित करता है।

यदि रेहड़ी वाले के डिब्बे में अभी भी 25 संतरे बचे हुए है, तो डिब्बे में कुल कितने संतरे थे?

(a) 200 (b) 225
(c) 250 (d) 300

8. एक कक्षा पार्क में गई और वहाँ पर कुछ जानवर तथा पक्षी देखें। उन्होंने इन जानवरों तथा पक्षियों की संख्या को लिखकर एक बार ग्राफ बनाया।

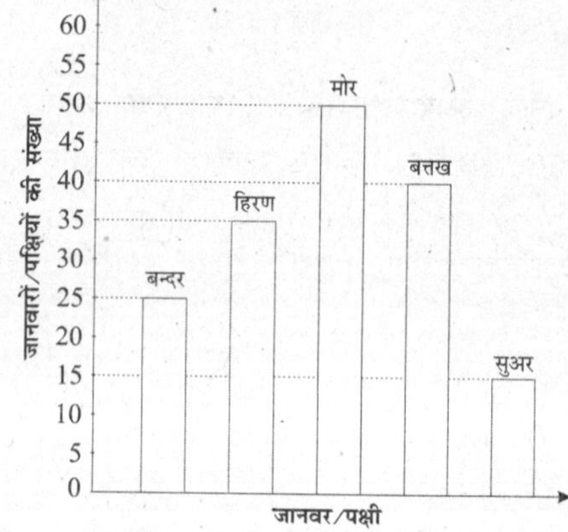

बंदरों तथा हिरणों दोनों की संख्या का योग एवं मोरों की संख्या का अंतर है–

(a) 25 (b) 15
(c) 10 (d) 5

9. आरेख से ज्ञात कीजिए कितने बच्चों 20 से कम अंक पाए?

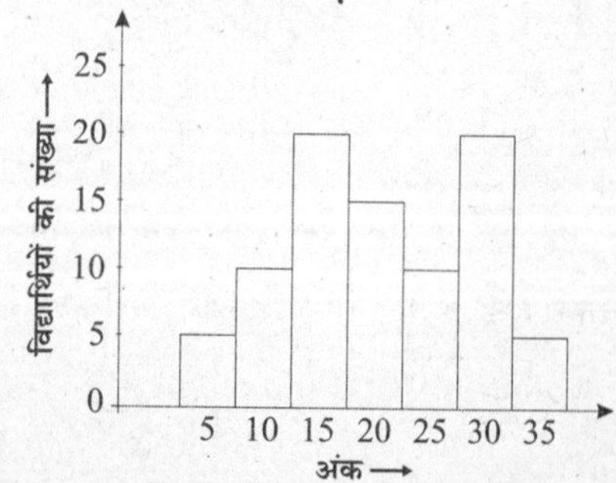

(a) 35 (b) 45
(c) 65 (d) 85

10. नीचे दर्शाए गए आरेख से वर्ष 2005 तथा 2007 में लगाए गए कुल पेड़ों की संख्या ज्ञात कीजिए।

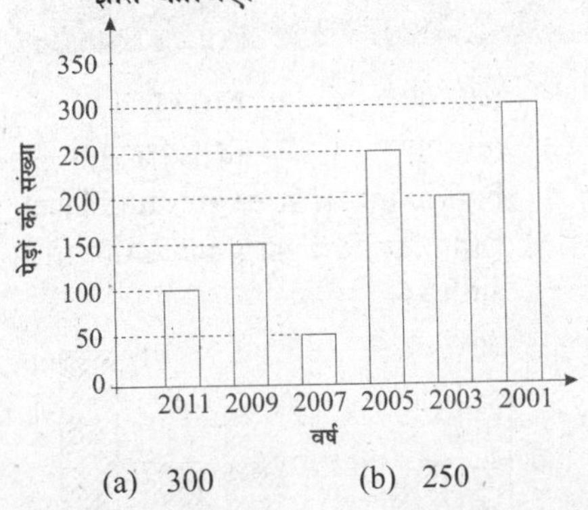

(a) 300 (b) 250
(c) 350 (d) 500

11. निम्न आरेख में एक विद्यार्थी के प्राप्तांक दर्शाए गए है।

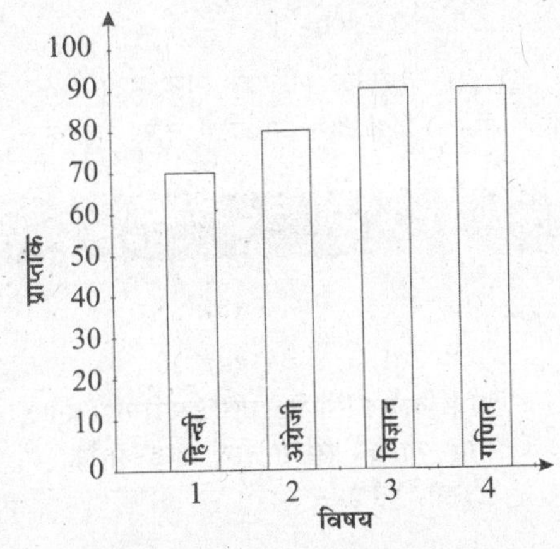

किन विषयों में उसे काम कम अंक प्राप्त हुए?

(a) हिन्दी, गणित
(b) विज्ञान, गणित
(c) हिन्दी, अंग्रेजी
(d) अंग्रेजी, विज्ञान

12. निम्न आरेख की सहायता से बताएँ कि कौन-से विद्यार्थी ने सबसे अधिक अंक प्राप्त किए?

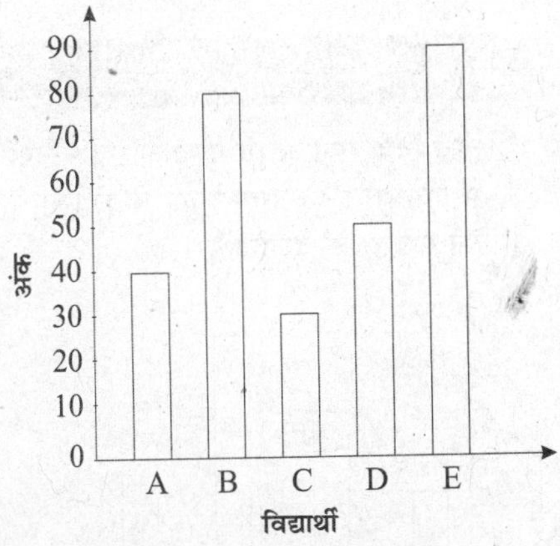

(a) A (b) B
(c) C (d) E

उत्तर (हल/संकेत)

1. (b) प्रश्नानुसार,

मार्च माह में विक्रित केलों की संख्या
$= 5 \times 12 \times 6 = 360$

अप्रैल माह में विक्रित केलों की संख्या
$= 5 \times 12 \times 3 = 180$

मई माह में विक्रित केलों की संख्या
$= 5 \times 12 \times 5 = 300$

जून माह में विक्रित केलों की संख्या
$= 5 \times 12 \times 2 = 120$

जुलाई माह में विक्रित केलों की संख्या
$= 5 \times 12 \times 7 = 420$

अत: कुल केलों की संख्या = 1380

2. (d) अमित द्वारा एक दिन में लिए गए व्याख्या
$= 2$

राघव द्वारा एक दिन में लिए गए व्याख्यान
$= 5$

अमित व राघव के 1 दिन के कुल व्याख्या
$= 2 + 5 = 7$

एक सप्ताह में कुल व्याख्यान
$= 7 \times 6 = 42$

गोपाल द्वारा 1 दिन में लिए गए व्याख्या=4

प्रमोद द्वारा 1 दिन में लिए गए व्याख्यान
$= 3$

गोपाल व प्रमोद द्वारा 1 दिन में लिए गए व्याख्या
$= 4 + 3 = 7$

एक सप्ताह में कुल व्याख्यान $= 7 \times 6 = 42$

$\therefore$ अभीष्ट अंतर $= 42 - 42 = 0$

3. (b) दण्ड आरेख से यह स्पष्ट है कि श्याम ने विज्ञान विषय में 80 अंक प्राप्त किए।

अत: अभीष्ट प्रतिशत

$$= \frac{\text{विज्ञान विषय में प्राप्त अंक}}{\text{विज्ञान विषय के कुल अंक}} \times 100$$

$$= \frac{80}{100} \times 100 = 80\%$$

अत: विज्ञान विषय में श्याम ने 80% अंक प्राप्त किए।

4. (b) बुधवार को धुलाई के लिए आई कारों की संख्या है। $= 6 \times 100 = 600$

5. (b) दिए गए आरेख से यह स्पष्ट होता है कि 8 विद्यार्थी टेबल टेनिस खेलते हैं।

6. (c) साइकिल का प्रयोग करने वाले छात्र
$= 2 \times 50 = 100$

स्कूटर का प्रयोग करने वाले छात्र
$= 3 \times 50 = 150$

कार का प्रयोग करने वाले छात्र
$= 4 \times 50 = 200$

स्कूल बस का प्रयोग करने वाले छात्र
$= 5 \times 50 = 250$

छात्रों की संख्या
$= 100 + 150 + 200 + 250 = 700$

स्कूल बस का प्रयोग करने वाले छात्रों की संख्या
$= 5 \times 50 = 250$

अत: अभीष्ट प्रतिशत $= \frac{250}{700} \times 100 = 35.71\%$

7. (c) सोमवार को विक्रित संतरे $= 15 \times 2 = 30$

बुधवार को विक्रित संतरे $= 15 \times 3 = 45$

शुक्रवार को विक्रित संतरे $= 15 \times 6 = 90$

रविवार में बेचे गए संतरे $= 15 \times 4 = 60$

बेचे गए संतरों का कुल योग = 225

डिब्बे में बचे हुए संतरे = 25

अत: डिब्बे में कुल संतरे थे
$= 225 + 25 = 250$

8. (c) पार्क में बंदरों की संख्या = 25

पार्क में हिरणों की संख्या = 35

बंदरों एवं हिरणों की संख्या का योग
$= 35 + 25 = 60$

मोरों की संख्या = 50

अत: अभीष्ट अंतर $= 60 - 50 = 10$

9. (a) आरेख के आधार पर,

20 से कम अंक प्राप्त करने वाले छात्रों की संख्या
$= 5 + 10 + 20 = 35$

10. (a) वर्ष 2005 में वृक्ष लगाए गए = 250

वर्ष 2007 में वृक्ष लगाए गएं = 50

अत: 2005 तथा 2007 में कुल वृक्ष लगाए गए = 250 + 50 = 300

11. (c) दिए गए ग्राफ से स्पष्ट होता है कि विद्यार्थी को हिंदी तथा अंग्रेजी में कम अंक प्राप्त हुए हैं।

12. (d) आरेख से यह स्पष्ट है कि E विद्यार्थी ने सर्वाधिक अंक प्राप्त किए।

अभ्यास–2

1. नीचे दिया गया अधूरा दण्ड आरेख 5 दिनों में एक बर्गर बेचने वाले की बिक्री (बर्गरों की संख्या) को दर्शाता है।

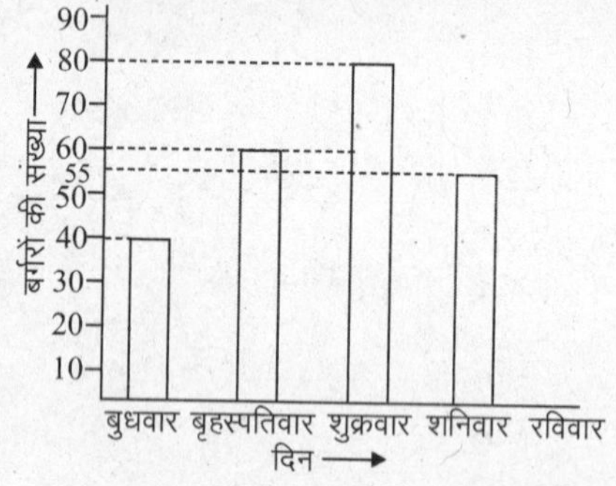

बर्गरों की कुल बिक्री 320 है। रविवार को कितने बर्गर बिके?

(a) 85 (b) 80
(c) 75 (d) 90

2. निम्न चित्रालेख एक नर्सरी द्वारा सोमवार से शुक्रवार तक बेचे गए पौधों की संख्या को दर्शाता है—

दिन	बेचे गए पौधे
सोमवार	🌱🌱
मंगलवार	🌱🌱🌱🌱
बुधवार	🌱🌱🌱🌱🌱
बृहस्पतिवार	🌱🌱🌱🌱
शुक्रवार	🌱🌱🌱🌱🌱

🌱 = 20 पौधे

सोमवार से शुक्रवार तक बेचे गए कुल पौधों की संख्या है—

(a) 19 (b) 190
(c) 250 (d) 400

3. ग्राफ का अध्ययन करके बताएँ कि शुक्रवार को कितने छात्र उपस्थित थे?

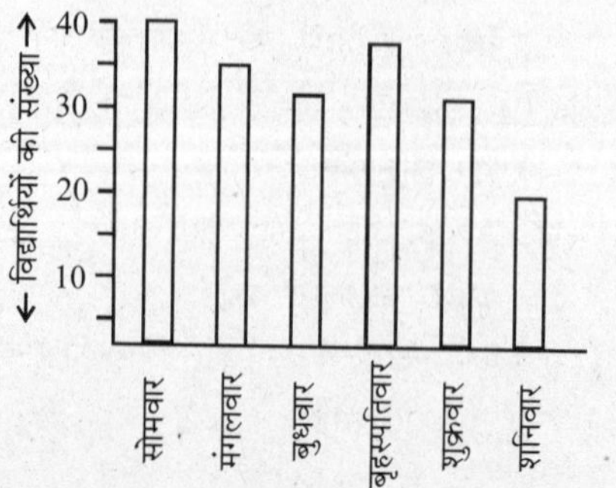

(a) 40 (b) 35
(c) 30 (d) 20

4. एक क्रिकेट खिलाड़ी द्वारा 5 पारियों में बनाए गए रनों की संख्या नीचे दण्ड-आरेख में दिखाई गई है—

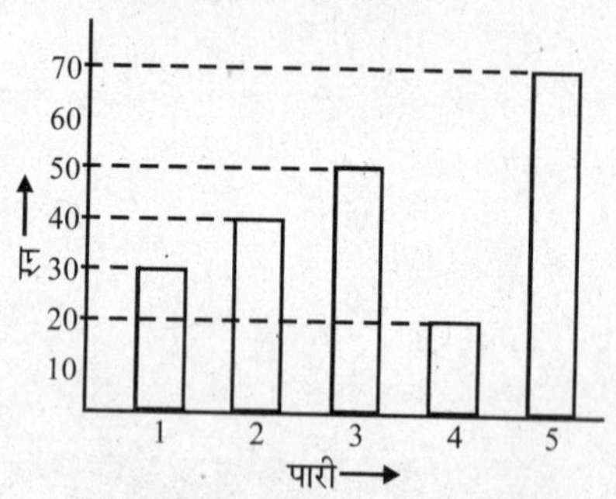

खिलाड़ी ने किस पारी में सबसे कम रन बनाए?

(a) 2 (b) 3
(c) 4 (c) 5

5. ग्राफ को देखकर विनोद का कद बताएँ, जब वह 5 वर्ष की आयु का था—

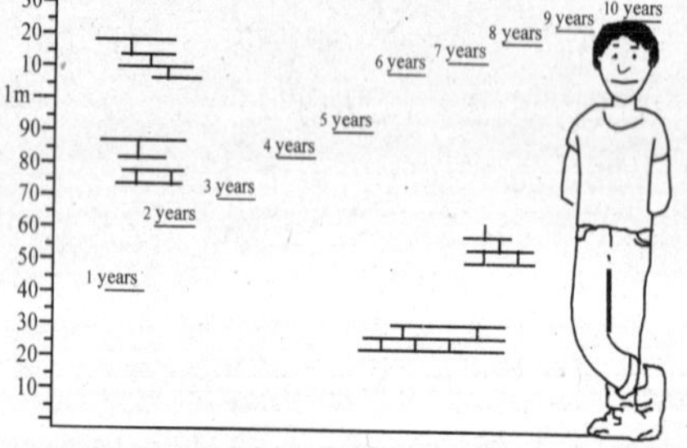

(a) 70 सेमी.
(b) 100 सेमी.
(c) 90 सेमी.
(d) 85 सेमी.

6. एक विद्यालय की लाइब्रेरी में विभिन्न विषयों पर पुस्तकें निम्न चित्रालेख में दिखाई गई हैं—

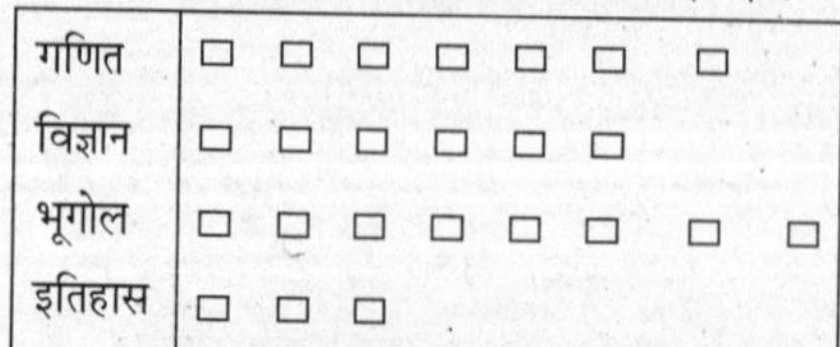

गणित	□ □ □ □ □ □ □
विज्ञान	□ □ □ □ □ □
भूगोल	□ □ □ □ □ □ □ □
इतिहास	□ □ □

एक □ 50 पुस्तकें दर्शाता है।

उपर्युक्त चित्रालेख को पढ़कर बताइए कि किस विषय में पुस्तकें सबसे कम हैं?

(a) गणित (b) विज्ञान
(c) भूगोल (d) इतिहास

7. निम्नोक्त ग्राफ में से वह वर्ग ज्ञात कीजिए, जिसमें विद्यार्थियों की संख्या किसी दूसरे से आधी है—

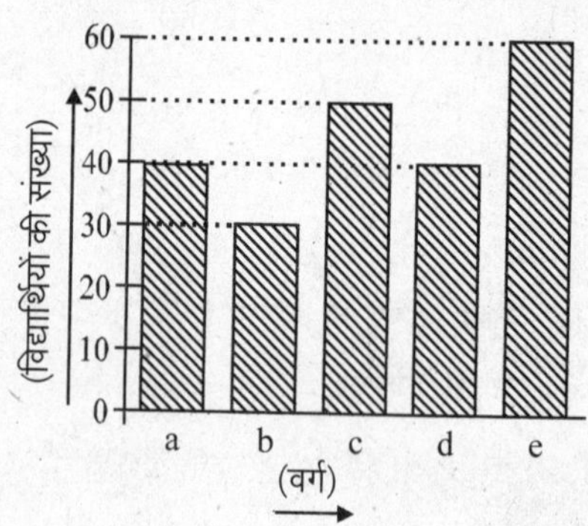

(a) a (b) b
(c) c (d) d

8. निम्न दंड आरेख को पढ़कर दिए गए प्रश्न का उत्तर दीजिए—

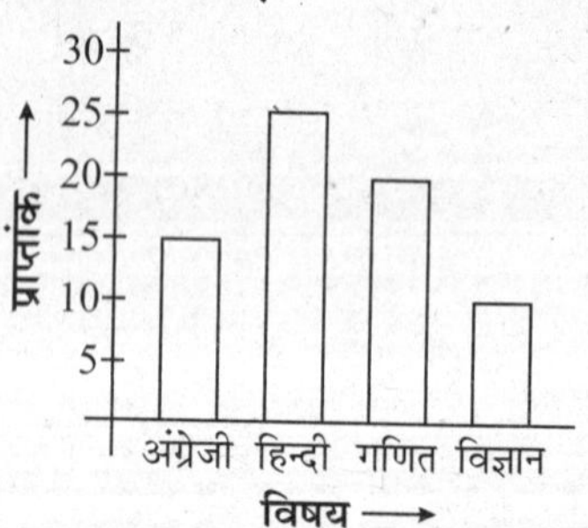

किस विषय में सबसे अधिक अंक आए हैं?

(a) विज्ञान (b) गणित
(c) हिन्दी (d) अंग्रेजी

9. निम्न चित्रालेख एक व्यापारी द्वारा सप्ताह के प्रथम चार दिनों में बेची गई आम की टोकरियाँ दर्शाता है—

🧺 आम की एक टोकरी दर्शाता है

सोमवार	🧺🧺🧺🧺🧺
मंगलवार	🧺🧺🧺🧺🧺🧺🧺
बुधवार	🧺🧺🧺🧺
गुरुवार	🧺🧺🧺

यदि व्यापारी के पास अभी भी आम की 31 टोकरियाँ हैं, तो प्रारम्भ में उसके पास होने

वाली आम की टोकरियों की संख्या तथा बिकने वाली टोकरियों का % ज्ञात कीजिए।

(a) 50, 38%

(b) 40, 28%

(c) 45, 30%

(d) 60, 35%

10. निम्न आरेख की सहायता से बताइए कि विद्यार्थी ने सब विषयों में कुल कितने अंक प्राप्त किए—

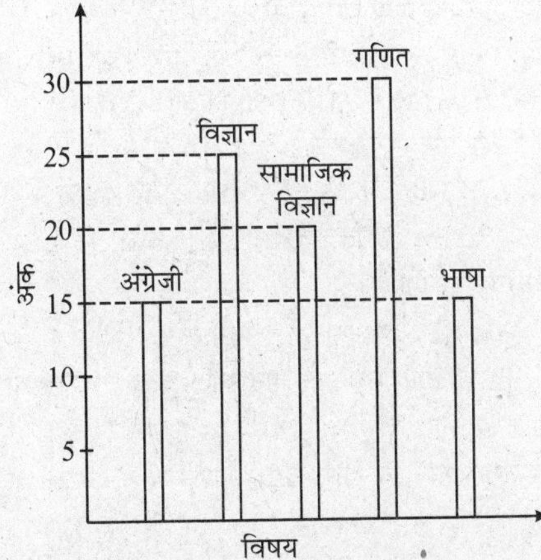

(a) 75 (b) 85

(c) 95 (d) 105

11. एक कॉलोनी में विभिन्न भाषाओं को बोलने वाले परिवारों की संख्या इस प्रकार है—

हिन्दी	तमिल	बंगाली	मलयालम
500	450	250	150

अन्य भाषाओं को बोलने वाले 250 परिवार हैं। कॉलोनी में परिवारों की कुल संख्या है—

(a) 1700

(b) 1600

(c) 1650

(d) 1750

12. दिए गए आलेख के अनुसार, किन दो क्रमागत महीनों में, ऑटो सेल्स (ऑटो बिक्री) में बदलाव सबसे अधिक था?

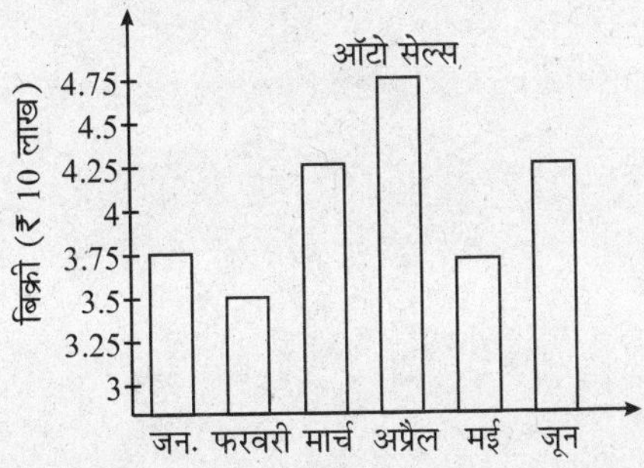

(a) अप्रैल-मई

(b) मई-जून

(c) जनवरी-फरवरी

(d) फरवरी-मार्च

13. दंड-चार्ट का प्रयोग करके बताइए उस दिन कक्षा VII के विद्यार्थियों की उपस्थिति कितनी है?

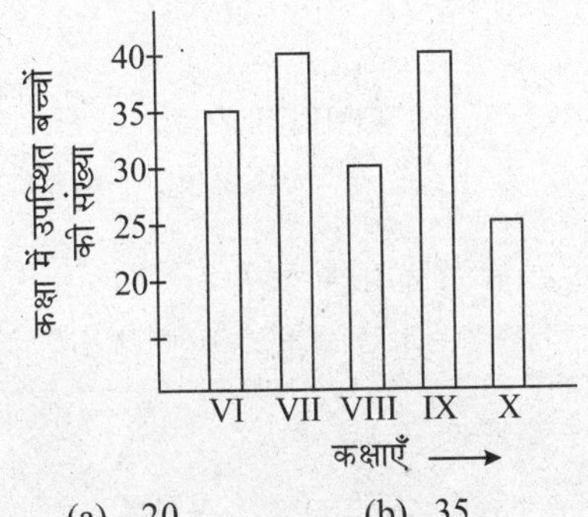

(a) 20 (b) 35

(c) 30 (d) 40

14. निम्नलिखित चित्रालेख में सप्ताह के प्रथम चार दिनों में किसी व्यापारी द्वारा बेची गई आम की पेटियाँ दर्शाई गई हैं—

दिन	बेची गई आम की पेटियों की संख्या
सोमवार	OOOOO
मंगलवार	OOO
बुधवार	OOOOOO
गुरुवार	OOOOOOOO

यदि O पाँच पेटियों को दर्शाता है तथा उसके पास शुरुआत में 150 पेटियाँ थीं, तो गुरुवार के बाद बचने वाली पेटियों की संख्या है—

(a) 110 (b) 90

(c) 70 (d) 40

15. विभिन्न कक्षाओं में विद्यार्थियों की संख्या को निम्नलिखित बार चार्ट में दिया गया है—

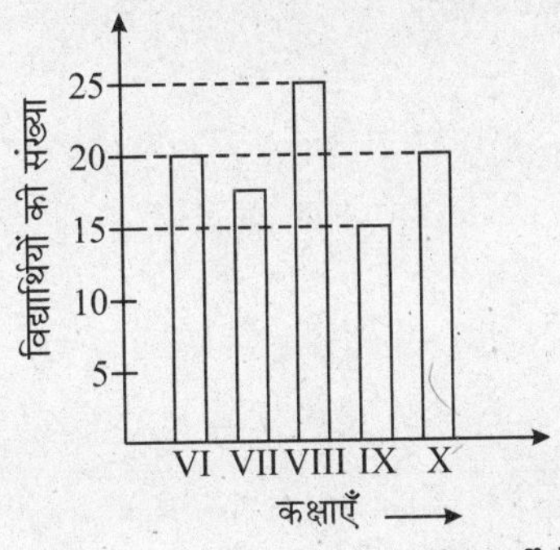

किस कक्षा में सबसे अधिक विद्यार्थी हैं?

(a) VI (b) VIII

(c) IX (d) X

16. निम्नलिखित चित्रग्राफ एक व्यापारी द्वारा सप्ताह के चार दिनों में बेचे गए सेब की पेटियाँ दर्शाता है—

सोमवार	○○○○○○○	
मंगलवार	○○○○○	○ = 25 पेटिया
बुधवार	○○○	
गुरुवार	○ ○ ○ ○ ○	

यदि 4 दिन पश्चात् व्यापारी के पास 75 सेब की पेटियाँ बच जाती हैं, तो आरम्भ में उसके पास कितनी पेटी सेब थे?

(a) 500

(b) 550

(c) 575

(d) 625

17. एक स्कूल की लाइब्रेरी में विभिन्न विषयों पर उपलब्ध पुस्तकें निम्न क्रम में दिखाई गई हैं—

विषय	■ → 10 पुस्तकें
गणित	■■■■■■■
विज्ञान	■■■■■■■■
हिन्दी	■■■■
अंग्रेजी	■■■■■■■■■
इतिहास	■■

कितने विषयों की पुस्तकों की संख्या 50 से अधिक है?

(a) 2

(b) 3

(c) 1

(d) 4

18. दण्ड चार्ट से ज्ञात कीजिए कि कितने बच्चों ने 15 से अधिक अंक पाए?

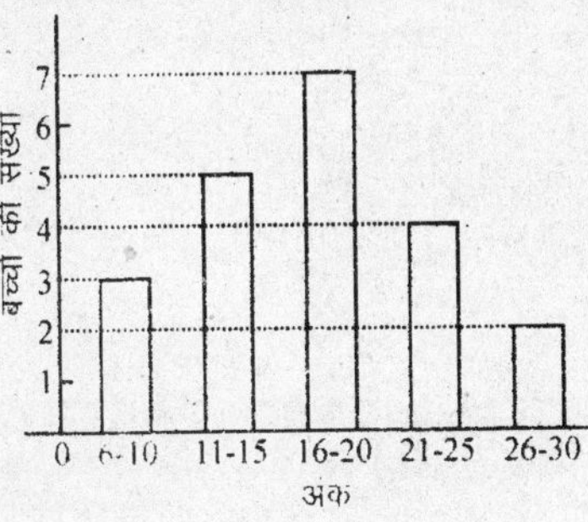

(a) 3 (b) 8

(c) 13 (d) 15

उत्तर (हल/संकेत)

1. (a) बर्गरों की कुल बिक्री = 320 [दिया है]

$\therefore$ रविवार को बेचे गए कुल बर्गर

= 320 – [40 + 60 + 80 +55]

= 320 – 235 = 85

अत: रविवार को कुल 85 बर्गर बेचे गए।

2. (d) सोमवार से शुक्रवार तक बेचे गए कुल पौधों की संख्या

= 20 × [2 + 4 + 5 + 4 + 5]

= 20 (20) = 400 पौधे

3. (c) शुक्रवार को 30 छात्र उपस्थित थे।

4. (c) खिलाड़ी ने चौथी पारी में सबसे कम 20 रन बनाए।

5. (c) विनोद का 5 वर्ष की आयु में कद = 90 सेमी

6. (d) सबसे कम पुस्तकें इतिहास में हैं = 150

7. (b) ग्राफ के अनुसार, वर्ग E की संख्या 60 है, तो वर्ग B की संख्या 30 है, जो कि वर्ग E की आधी है।

8. (c) दण्ड चार्ट से स्पष्ट है कि सबसे अधिक अंक हिन्दी में आए हैं।

9. (a) व्यापारी द्वारा बेची गई आम की टोकरियों की संख्या = (5 + 7 + 4 + 3) = 19

बची हुई टोकरियों की संख्या = 31

प्रारम्भ में टोकरियों की कुल संख्या

= (31 + 19) = 50

अभीष्ट प्रतिशत = $\left(\frac{19}{50}\times 100\right)\%$ = 38%

10. (d) विद्यार्थी द्वारा सभी प्रश्नों में प्राप्त अंक

= (15 + 15 + 20 + 25 + 30)

= 105

11. (b) कुल परिवारों की संख्या

= (500 + 450 + 250 + 150 + 250)

= 1600

12. (a) अप्रैल-मई में बदलाव

= 4.75 – 3.75 = 1.00 × 10 लाख = 10 लाख (सर्वाधिक)

मई-जून में बदलाव

= 4.25 – 3.75 = 0.5 × 10 लाख = 5 लाख

जनवरी-फरवरी में बदलाव

= 3.75 – 3.5 = 0.25 × 10 लाख = 2.5 लाख

फरवरी-मार्च में बदलाव

= 425 – 3.5 = 0.75 × 10 लाख = 7.5 लाख

अत: उपरोक्त से स्पष्ट है कि अप्रैल-मई महीनों में सर्वाधिक

₹ 10 लाख बिक्री का बदलाव आया।

13. (d) दण्ड चार्ट के अनुसार, कक्षा VII में उस दिन उपस्थित बच्चों की संख्या = 40

14. (d) गुरुवार तक कुल बेची गई आम की पेटियों की कुल संख्या = 22 × 5 = 110

कुल आम की पेटियाँ = 150

गुरुवार के बाद कुल बची हुई पेटियों की संख्या

= (150 – 110) = 40

15. (b) आकृति से स्पष्ट है कि कक्षा VIII में विद्यार्थियों की संख्या सबसे अधिक है।

16. (c) चार दिनों में बेंची गई पेटियों की संख्या

= (20 × 25) = 500 पेटियाँ

शेष पेटियों की संख्या = 75

कुल पेटियों की संख्या = (500 + 75) = 575

17. (b) गणित, विज्ञान तथा अंग्रेजी पर 50 से अधिक पुस्तकें हैं।

18. (c) दण्ड चार्ट के अनुसार—

15 से अधिक अंक पाने वाले बच्चों की संख्या ज्ञात करने के लिए 16 – 20, 21 – 25 और 26 – 30 अन्तराल के अंक प्राप्त करने वाले बच्चों की संख्या का योग करना पड़ेगा।

अत: 15 से अधिक अंक प्राप्त करने वाले कुल बच्चों की संख्या = 7 + 4 + 2 = 13

❑❑❑

खण्ड–II
मानसिक योग्यता परीक्षण

अध्याय

1

भिन्न आकृति परीक्षण

भिन्न आकृति परीक्षण में चार आकृतियाँ दी जाती है, जिनमें से तीन आकृतियाँ गुणों या लक्षणों के आधार पर समान होती है तथा एक आकृति भिन्न होती है, हमें समान गुणों वाली आकृतियों को एक समूह में करके भिन्न आकृति को अलग करना होता है। इस प्रकार के प्रश्नों को हल करने के लिए विद्यार्थियों को यह पहचानने की आवश्यकता है, कि चार में से तीन आकृतियाँ आपस में किस प्रकार समान हैं तथा उनको हम किस प्रकार एक ही समूह में रख सकते हैं। जो आकृति उस समूह से भिन्न हो उसका चयन उत्तर के रूप में करना होता है। विद्यार्थियों को आसानी से समझाने के लिए भिन्न आकृति परीक्षण के अंतर्गत आने वाले प्रश्नों के सभी प्रकारों के व्याख्या सहित हल उदाहरण सहित दिए जा रहे हैं।

हल सहित उदाहरण

प्रकार : 1

ज्यामितीय आकृतियों पर आधारित : इसके अंतर्गत आने वाले प्रश्नों में चार ज्यामितीय आकृतियाँ दी जाती हैं। इनमें से तीन आकृतियाँ गुणों के आधार पर समानता प्रदर्शित करती हैं तथा एक आकृति भिन्न होती है। यही भिन्न आकृति दिए गए प्रश्न का उत्तर होगी।

उदाहरण 1. भिन्न आकृति का चयन कीजिए।

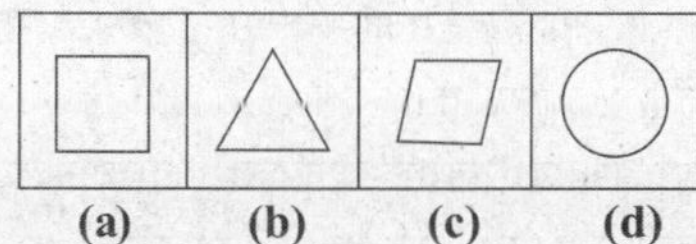

(a) (b) (c) (d)

हल (d): आकृति (d) को छोड़कर अन्य सभी ज्यामितीय आकृतियाँ सीधी रेखाओं से बनी हुई हैं। अत: आकृति (d) अन्य तीनों ज्यामितीय आकृतियों से भिन्न है।

उदाहरण 2. भिन्न आकृति का चयन कीजिए।

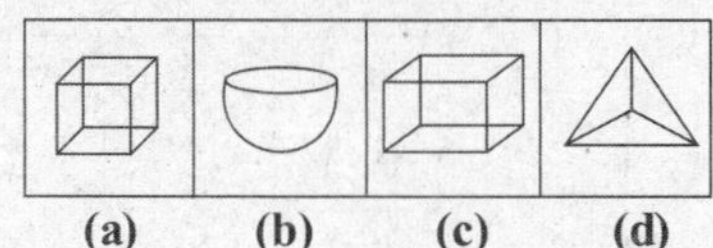

(a) (b) (c) (d)

हल (b): आकृति (a) घन, आकृति (b) अर्द्धगोला, आकृति (c) घनाभ तथा आकृति (d) प्रिस्म है। इनमें से अर्द्धगोले को छोड़कर अन्य सभी ज्यामितीय ठोस आकृतियाँ सरल रेखाओं से मिलकर बनी हैं।

प्रकार : 2

आकृतियों के घूर्णन पथ पर आधारित : इसके अंतर्गत आने वाले प्रश्नों में भिन्न आकृति का चयन उसकी घूर्णन पथ की स्थिति के आधार पर करते हैं। इन प्रश्नों में चार आकृतियों में से तीन आकृतियाँ एक समान दिशा में (दक्षिणावर्त या वामावर्त) घूर्णन करती हैं, जबकि एक आकृति की घूर्णन दिशा अन्य तीनों के विपरीत होती है। यही भिन्न आकृति दिए गए प्रश्न का उत्तर होगी।

उदाहरण 1. भिन्न आकृति का चयन कीजिए।

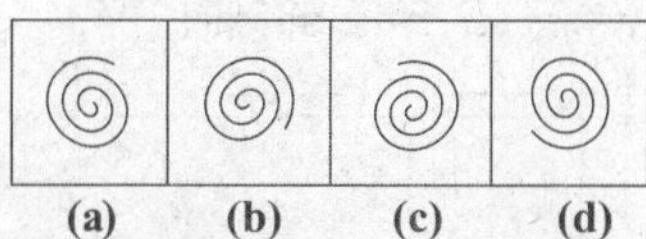

(a) (b) (c) (d)

हल (c): आकृतियाँ (a), (b) तथा (d) घड़ी की सुई की दिशा में अर्थात् दक्षिणावर्त घूर्णन कर रही हैं, जबकि आकृति (c) इन तीनों आकृतियों के विपरीत अर्थात् घड़ी की सुई के विपरीत दिशा में (वामावर्त) घूर्णन कर रही है।

उदाहरण 2. भिन्न आकृति का चयन कीजिए।

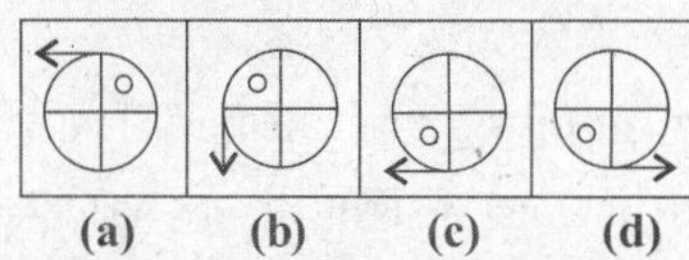

(a) (b) (c) (d)

हल (c): आकृति (c) को छोड़कर अन्य तीनों आकृतियाँ घड़ी की सुई के विपरीत दिशा में अर्थात् वामावर्त घूम रही है, जबकि आकृति (c) इन तीनों आकृतियों के विपरीत दक्षिणावर्त दिशा में घूम रही है।

प्रकार : 3

समान विभाजन पर आधारित : इसके अंतर्गत इस प्रकार के प्रश्न आते हैं कि प्रश्न में दी गई चार आकृतियों में से तीन आकृतियाँ समान भागों में विभाजित होती हैं, जबकि एक आकृति का विभाजन समान नहीं होता है। यही भिन्न आकृति दिए गए प्रश्न का उत्तर होगी।

उदाहरण 1. भिन्न आकृति का चयन कीजिए।

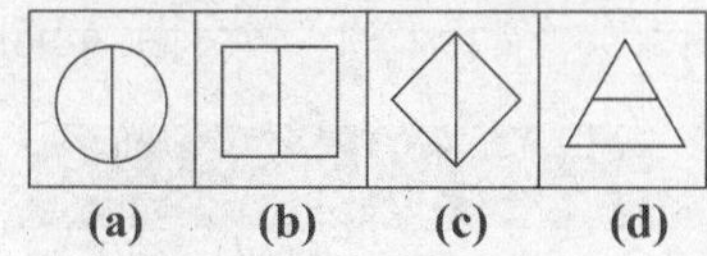

(a) (b) (c) (d)

हल (d): आकृतियों की स्थिति से स्पष्ट है, आकृति (a), (b) तथा (c) दो बराबर भागों में विभाजित हो रही है, जबकि आकृति (d) को बराबर भागों में विभाजित नहीं है।

उदाहरण 2. भिन्न आकृति का चयन कीजिए।

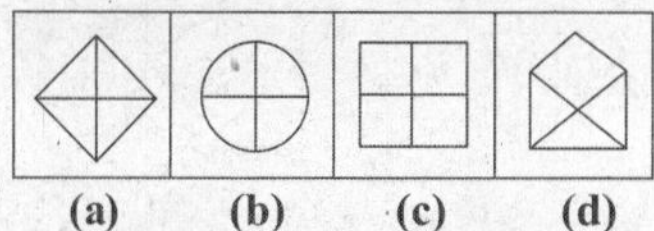

(a) (b) (c) (d)

हल (d): आकृतियाँ (a), (b) तथा (c) चार बराबर-बराबर भागों में विभाजित होती हैं, जबकि आकृति (d) चार बराबर भागों में विभाजित नहीं होती है।

प्रकार : 4

आकृतियों के प्रारुप की समानता पर आधारितः इसके अंतर्गत दिए गए चार प्रश्नों में से तीन प्रश्नों का प्रारुप (पैटर्न) समान होता है, जबकि एक आकृति का पैटर्न अन्य तीनों से भिन्न होता है। यही भिन्न आकृति दिए गए प्रश्न का उत्तर होगी।

उदाहरण 1. भिन्न आकृति का चयन कीजिए।

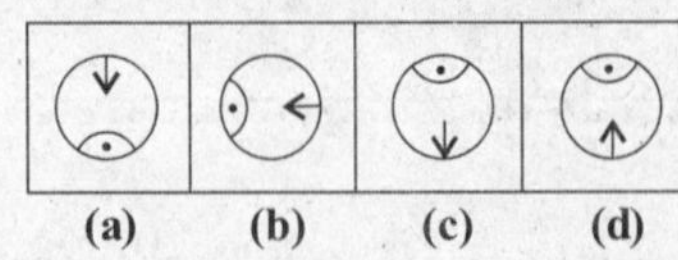

(a) (b) (c) (d)

हल (c): आकृति (a), (b) तथा (d) में तीर की दिशा बिंदु की ओर है जबकि आकृति (c) में तीर की दिशा बिंदु के विपरीत है।

उदाहरण 2. भिन्न आकृति का चयन कीजिए।

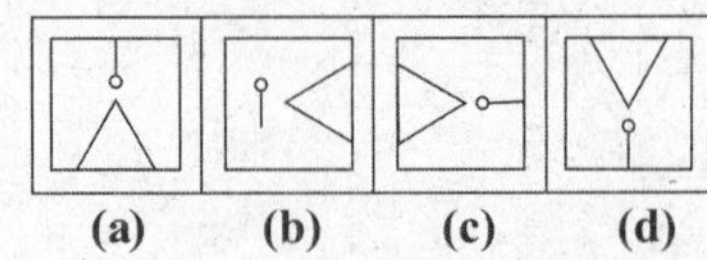

(a) (b) (c) (d)

हल (b): आकृति (a), (c) तथा (d) में (⫯) चिह्न त्रिभुज की ओर है, जबकि आकृति (b) में ऐसा नहीं है। आकृति (b) दिए गए पैटर्न का अनुसरण नहीं करती है।

प्रकार : 5

अंग्रेजी वर्णमाला पर आधारित : इसके अंतर्गत आने वाले प्रश्नों में अंग्रेजी वर्णमाला के चार अक्षर दिए जाते हैं, जिनमें से तीन अक्षरों को बिना पेन उठाए लिखा जा सकता है, या इसके विपरीत पेन उठाकर लिखा जा सकता है, जबकि एक अक्षर में इन तीनों के विपरीत स्थिति होती है।

उदाहरण 1. भिन्न आकृति का चयन कीजिए।

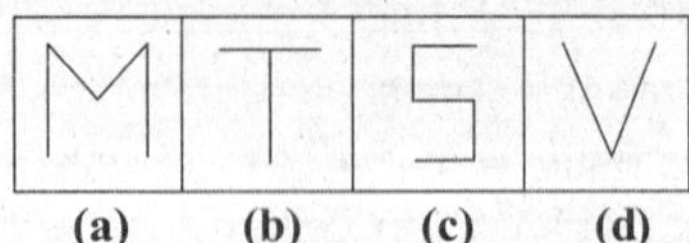

(a) (b) (c) (d)

हल (b) आकृति (a), (c) तथा (d) में दिए अक्षरों को लिखने के लिए पेन उठाने की आवश्यकता नहीं पड़ती है, जबकि आकृति (b) में दिए गए अक्षर में पेन उठाने की आवश्यकता पड़ेगी।

उदाहरण 2. भिन्न आकृति का चयन कीजिए।

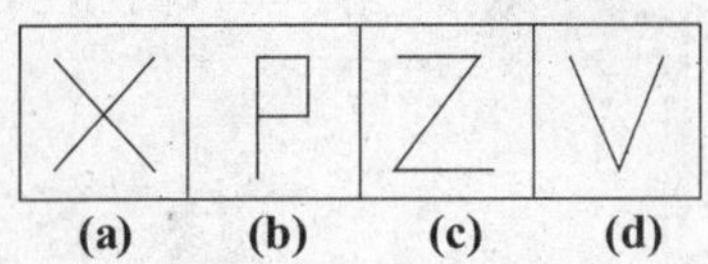

(a) (b) (c) (d)

हल (a): आकृति (b), (c) तथा (d) में दिए गए अक्षरों को लिखने के लिए पेन उठाने की आवश्यकता नहीं पड़ेगी, जबकि आकृति (a) में दिए गए अक्षर को लिखने के लिए पेन उठाने की आवश्यकता पड़ेगी।

प्रकार : 6

वस्तुओं की समानता/असमानता पर आधारित प्रश्नः इसके अंतर्गत प्रश्न में चार वस्तुएँ (औजार/कपड़े/खेल का सामान आदि) दी जाती हैं, जिसमें से तीन वस्तुएं एक विशेष क्रम में समानता प्रदर्शित करती है, जबकि एक वस्तु इन तीनों से भिन्न होती है।

उदाहरण 1. भिन्न आकृति का चयन कीजिए।

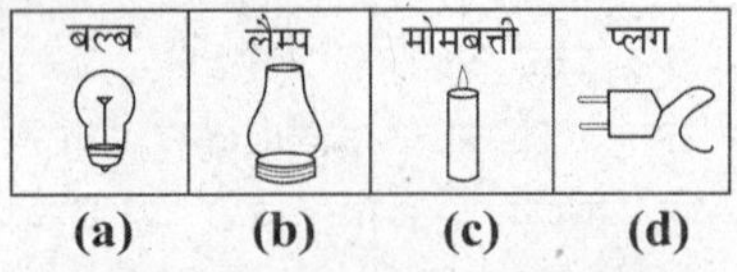

(a) (b) (c) (d)

हल (d): आकृति (d) को छोड़कर अन्य सभी रोशनी पैदा करते हैं, जबकि आकृति (d) में दिया गया प्लग रोशनी उत्पन्न नहीं करता है।

उदाहरण 2. भिन्न आकृति का चयन कीजिए।

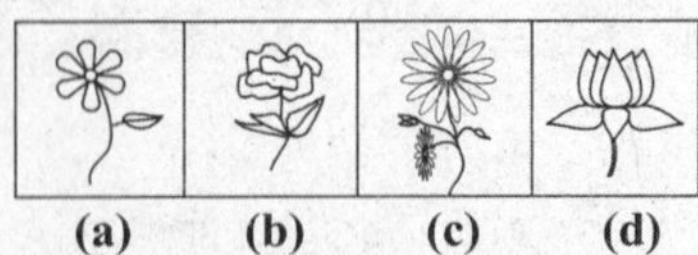

(a) (b) (c) (d)

हल (d): 'कमल' को छोड़कर अन्य सभी जमीन पर उगने वाले फूल हैं, जबकि 'कमल' कीचड़ में खिलता है।

आवश्यक सुझाव :

- सर्वप्रथम प्रश्न में दी गई आकृतियों में बारीकी से समान गुणों वाली आकृतियों का पता लगाकर उसका एक समूह बनाइए एवं भिन्न आकृति को उत्तर के रूप में अलग कीजिए।
- भिन्न आकृति परीक्षण से संबंधित प्रश्नों को हल करने के लिए ज्यामितीय आकृतियों, अंग्रेजी वर्णमाला के अक्षरों, आकृतियों के घूर्णन पथ तथा आकृतियों के प्रारुप (पैटर्न) पर आधारित प्रश्नों का निरंतर अभ्यास करें।

अभ्यास–1

निर्देश (प्र. सं. 1-50) : नीचे दिए गए प्रश्नों में प्रत्येक प्रश्न में चार आकृतियाँ दी गई हैं। इन चार आकृतियों में से तीन किसी रूप में समान हैं और एक भिन्न है। भिन्न आकृति का चयन कीजिए।

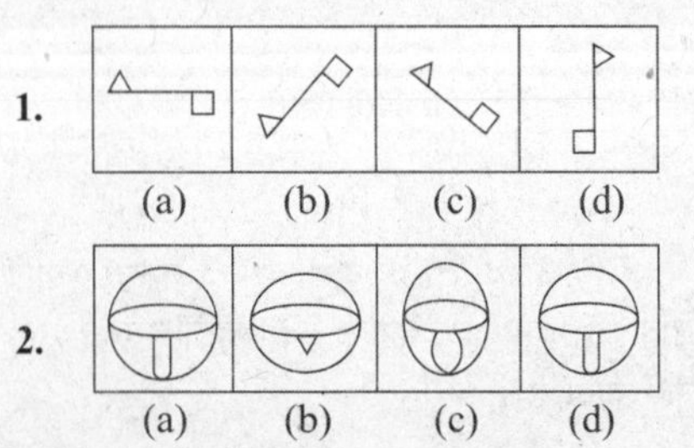

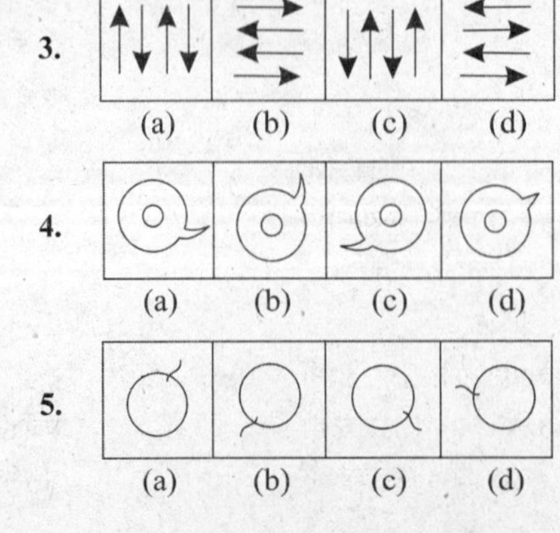

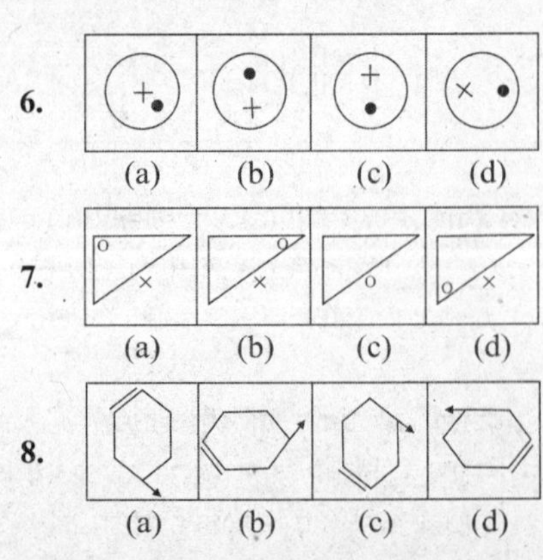

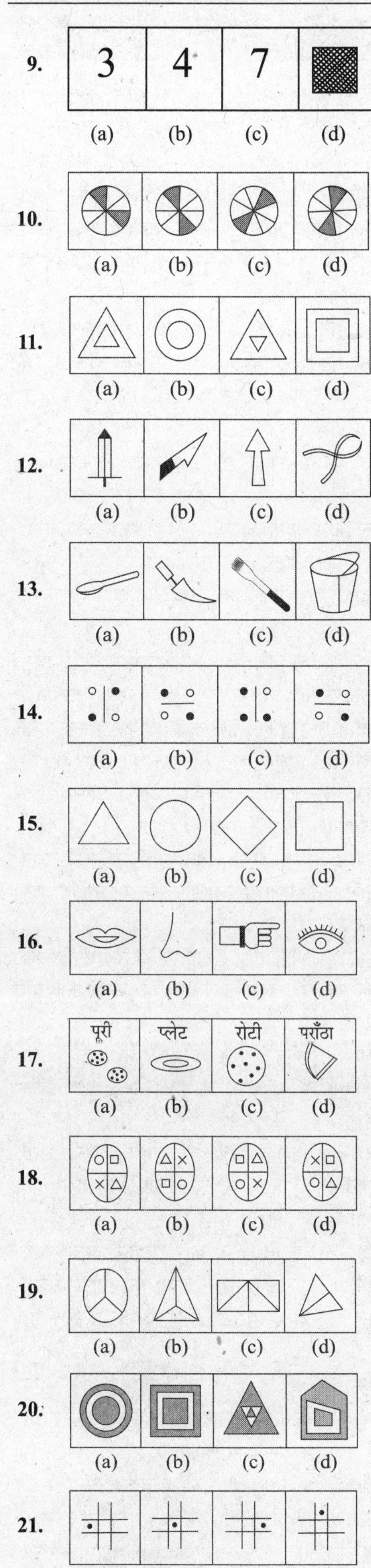
9.
3
4
7
10.
11.
12.
13.
14.
15.
16.
पूरी
प्लेट
रोटी
पराँठा
17.
18.
19.
20.
21.

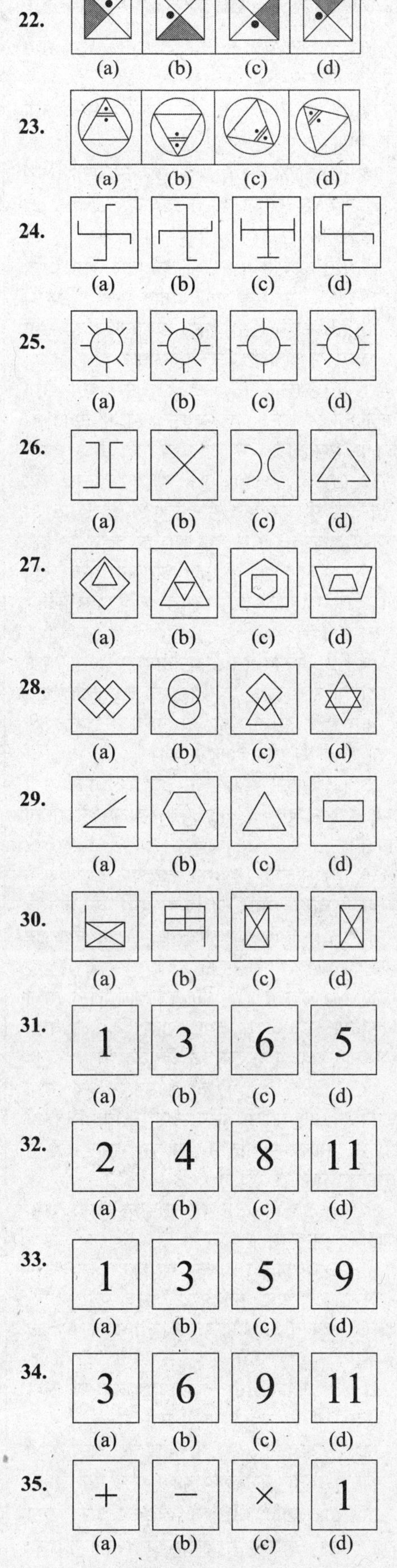
22.
23.
24.
25.
26.
27.
28.
29.
30.
31.
1
3
6
5
32.
2
4
8
11
33.
1
3
5
9
34.
3
6
9
11
35.
+
−
×
1

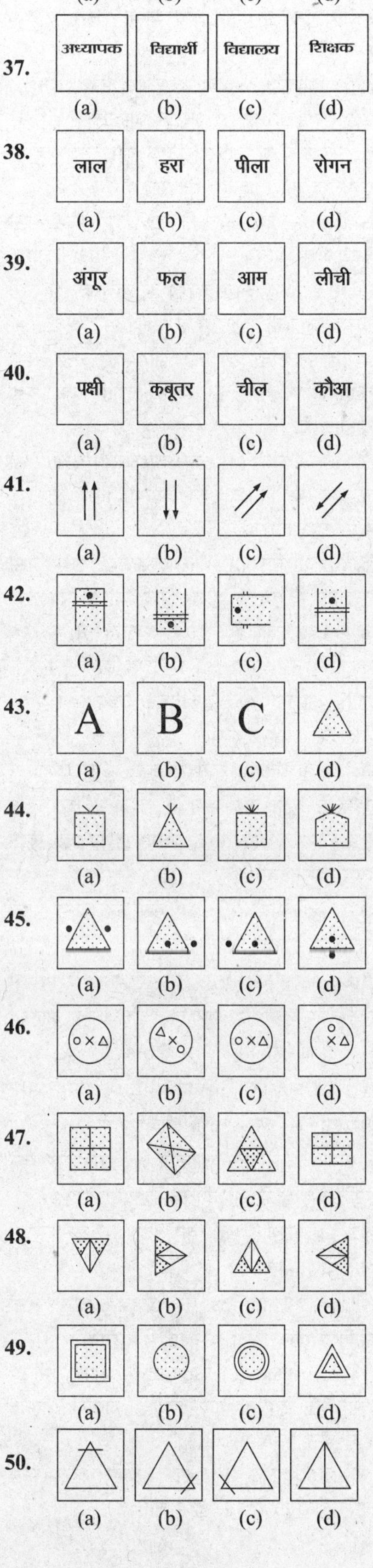
36.
कलम
पेन
पेन्सिल
कागज
37.
अध्यापक
विद्यार्थी
विद्यालय
शिक्षक
38.
लाल
हरा
पीला
रोगन
39.
अंगूर
फल
आम
लीची
40.
पक्षी
कबूतर
चील
कौआ
41.
42.
43.
A
B
C
44.
45.
46.
47.
48.
49.
50.

उत्तर (हल/संकेत)

1. (c) आकृति (c) में डिजाइन △ और □ रेखा के एक ही ओर हैं जबकि अन्य में यह एक-दूसरे के विपरीत है।

2. (b) आकृति (b) को छोड़कर अन्य किसी में कोई सरल रेखा नहीं हैं जबकि आकृति (b) में दो सरल रेखाएँ हैं जो आपस में एक दूसरे को छोड़कर एक त्रिभुजनुमा आकृति बना रही हैं।

3. (b) आकृति (b) को छोड़कर अन्य सभी आकृतियों में प्रत्येक अगले तीर का मुख विपरीत दिशा में है किंतु आकृति (b) में बीच के दो तीरों का मुख एक ही दिशा में है।

4. (d) आकृति (d) को छोड़कर, अन्य सभी आकृतियों में वृत्त के बाहर स्थित वक्र रेखा एकसमान है।

5. (d) आकृति (d) को छोड़कर, अन्य सभी आकृतियाँ एक निश्चित क्रम क्रमशः 180°, 90° के क्रम में घूम रहीं है।

6. (d) आकृति (d) को छोड़कर, अन्य सभी आकृतियों में वृत्त के अंदर एक काला बिंदु तथा जोड़ (+) का चिह्न है, जबकि आकृति (d) में एक काला बिंदु तथा गुणा (×) का चिह्न है।

7. (c) आकृति (c) को छोड़कर, अन्य सभी में '×' तथा 'O' का चिह्न उपस्थित है।

8. (c) आकृति (c) को छोड़कर, अन्य सभी में षट्भुज से जुड़ा तीर वामावर्त दिशा में घूर्णन कर रहा है, जबकि आकृति (c) में यह दक्षिणावर्त दिशा में घूर्णन कर रहा है।

9. (d) आकृति (d) को छोड़कर अन्य सभी आकृतियों में अंक संख्या हैं।

10. (a) आकृति (a) को छोड़कर, शेष में आमने-सामने के भाग छायांकित है। जबकि आकृति (a) में ऐसा नहीं है।

11. (c) आकृति (c) को छोड़कर अन्य सभी आकृतियों में अंदर तथा बाहर की आकृतियाँ एकसमान हैं। जबकि आकृति (c) में अंदर की आकृति बाहर की आकृति के विपरीत है।

12. (d) आकृति (d) को छोड़कर अन्य सभी आकृतियाँ नुकीली हैं।

13. (d) आकृति (d) को छोड़कर अन्य सभी आकृतियाँ खाने वाली वस्तुओं से सम्बंधित हैं।

14. (c) आकृति (c) को छोड़कर अन्य सभी में दो सादे वृत्त तथा दो काले बिंदु हैं। जबकि आकृति (c) में तीन काले वृत्त हैं।

15. (b) आकृति (b) को छोड़कर अन्य सभी आकृतियाँ सरल रेखाओं द्वारा बनी हैं।

16. (c) आकृति (c) को छोड़कर अन्य सभी आकृतियाँ मानव के चेहरे के भाग हैं।

17. (b) आकृति (b) को छोड़कर अन्य सभी आकृतियाँ खाने की वस्तुएँ हैं।

18. (d) आकृति (d) को छोड़कर शेष अन्य डिजाइन में विकर्णवत दो-दो डिजाइनें '△-○' व '□-×' समान हैं।

19. (d) आकृति (d) को छोड़कर शेष अन्य आकृतियों के आंतरिक भाग में तीन सरल रेखाएँ हैं।

20. (d) आकृति (d) को छोड़कर अन्य सभी आकृतियों में तीनों डिजाइन एकसमान हैं।

21. (b) आकृति (b) को छोड़कर अन्य सभी आकृतियों में काला वृत्त बाहरी भाग में स्थित है। जबकि आकृति (b) में यह मध्य भाग में स्थित है।

22. (a) आकृति (a) को छोड़कर अन्य सभी आकृतियों में छायांकित भाग बिंदु के दाईं ओर है। जबकि आकृति (a) में यह बिंदु के बाईं ओर है।

23. (b) आकृति (b) को छोड़कर अन्य सभी आकृतियों में काला बिंदु त्रिभुज के एकदम किनारे में स्थित है।

24. (d) आकृति (d) को छोड़कर अन्य सभी आकृतियों में योग के चिह्न पर बनी लघु रेखाएँ एक ही क्रम में हैं या तो घड़ी की सुइयों के चलने की दिशा में या विपरीत दिशा में हैं।

25. (a) आकृति (a) को छोड़कर अन्य सभी आकृतियों में वृत्त के बाहर की रेखाओं की संख्या सम है।

26. (d) आकृति (d) को छोड़कर अन्य सभी में दो डिजाइनें समान एवं एक-दूसरे के विपरीत दिशा में है। जबकि आकृति (d) में दोनों डिजाइनें एक-दूसरे के आमने-सामने हैं।

27. (a) आकृति (a) को छोड़कर अन्य सभी आकृतियों में अंदर तथा बाहर की डिजाइनें एकसमान तथा एक-दूसरे के विपरीत हैं।

28. (c) आकृति (c) को छोड़कर अन्य सभी आकृतियाँ आपस में बराबर-बराबर विभाजित हो रही हैं, जबकि आकृति (c) में यह समान रूप से विभाजित नहीं हो रही है।

29. (a) आकृति (a) को छोड़कर अन्य सभी आकृतियाँ बन्द है।

30. (b) आकृति (b) को छोड़कर अन्य सभी आकृतियों में झण्डे के अंदर त्रिभुज बन रहे हैं, जबकि आकृति (b) में झण्डे के अंदर वर्ग बन रहे हैं।

31. (c) आकृति (c) को छोड़कर अन्य सभी आकृतियों में विषम संख्याएँ लिखी हुई हैं।

32. (d) आकृति (d) को छोड़कर अन्य सभी आकृतियों में सम संख्याओं को दर्शाया गया है।

33. (d) आकृति (d) को छोड़कर अन्य सभी आकृतियों में अभाज्य संख्याओं को दर्शाया गया है।

34. (d) आकृति (d) को छोड़कर अन्य सभी आकृतियों में दी गई संख्याएँ 3 से विभाज्य हैं।

35. (d) आकृति (d) को छोड़कर अन्य सभी आकृतियों में गणितीय चिह्नों को प्रदर्शित किया गया है।

36. (d) आकृति (d) को छोड़कर अन्य सभी आकृतियों में दी गई वस्तुओं का प्रयोग लिखने में किया जाता है।

37. (c) आकृति (c) को छोड़कर अन्य सभी आकृतियों में अध्ययन से सम्बंधित व्यक्तियों के नामों को दर्शाया गया है।

38. (d) आकृति (d) को छोड़कर अन्य सभी आकृतियों में रंगों के नामों को दर्शाया गया है।

39. (b) आकृति (b) को छोड़कर अन्य सभी आकृतियों में फलों के नामों को प्रदर्शित किया गया है।

40. (a) आकृति (a) को छोड़कर अन्य सभी आकृतियों में पक्षियों के नामों को प्रदर्शित किया गया है।

41. (d) आकृति (d) को छोड़कर अन्य सभी आकृतियों में दोनों तीरों के मुँह एक ही ओर हैं।

42. (d) आकृति (d) को छोड़कर अन्य सभी आकृतियों में काला वृत्त डिजाइन के अंदर है।

43. (d) आकृति (d) को छोड़कर अन्य सभी आकृतियों में अंग्रेजी भाषा के अक्षर हैं।

44. (a) आकृति (a) को छोड़कर अन्य सभी आकृतियों में भुजाओं की संख्या के बराबर डिजाइन के ऊपर लघु रेखाएँ हैं।

45. (a) आकृति (a) को छोड़कर अन्य सभी आकृतियों में एक बिंदु त्रिभुज के अंदर निश्चित ही दिया गया है।

46. (d) आकृति (d) को छोड़कर अन्य सभी आकृतियों में × का चिह्न △ और ○ के बीच में है।

47. (c) आकृति (c) को छोड़कर अन्य सभी आकृतियों के अंदर की दो रेखाएँ एक-दूसरे को मध्य बिंदु पर काटती हैं।

48. (b) आकृति (b) को छोड़कर अन्य सभी आकृतियों में त्रिभुज के अंदर की तीनों रेखाएँ त्रिभुज के आधार पर एक ही उभयनिष्ठ बिंदु पर मिलती हैं।

49. (b) आकृति (b) को छोड़कर अंदर तथा बाहर की आकृतियाँ समान है, जबकि आकृति (b) में केवल एक ही आकृति दी गई है।

50. (d) आकृति (d) को छोड़कर अन्य सभी आकृतियों में त्रिभुज के एक कोण को एक सरल रेखा काटती है, जबकि आकृति (d) में रेखा त्रिभुज को दो भागों में विभाजित करती है।

अभ्यास–2

निर्देश—(प्र.सं. 1-86) प्रत्येक प्रश्न में चार आकृतियाँ (a), (b), (c) तथा (d) दी गई हैं। इन चार आकृतियों में से तीन आकृतियाँ कुछ हद तक समान हैं तथा एक आकृति इनसे भिन्न है। भिन्न आकृति को पहचान कर सही उत्तर का चयन कीजिए।

प्रश्न–आकृतियाँ

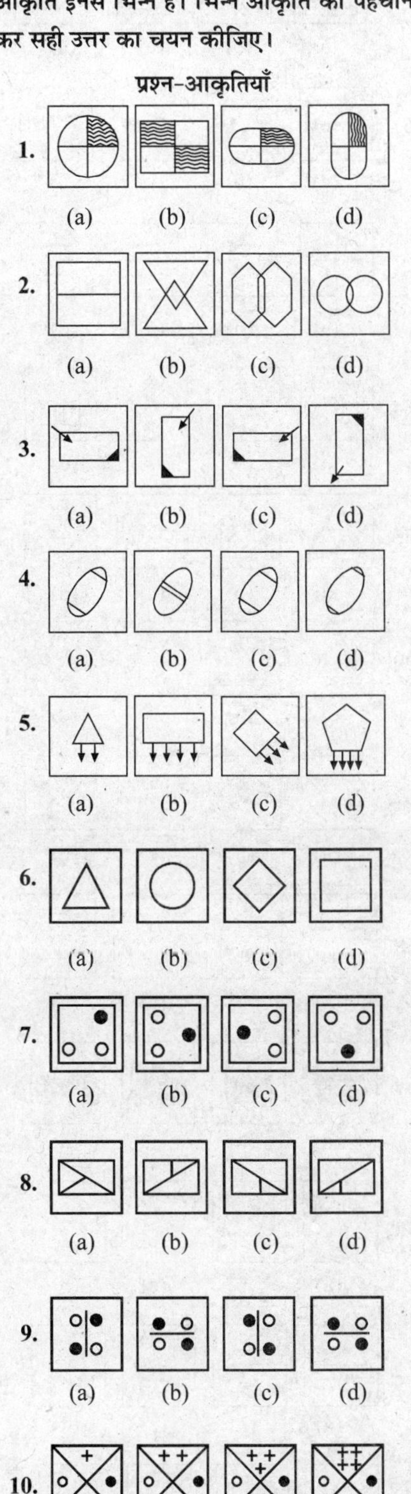

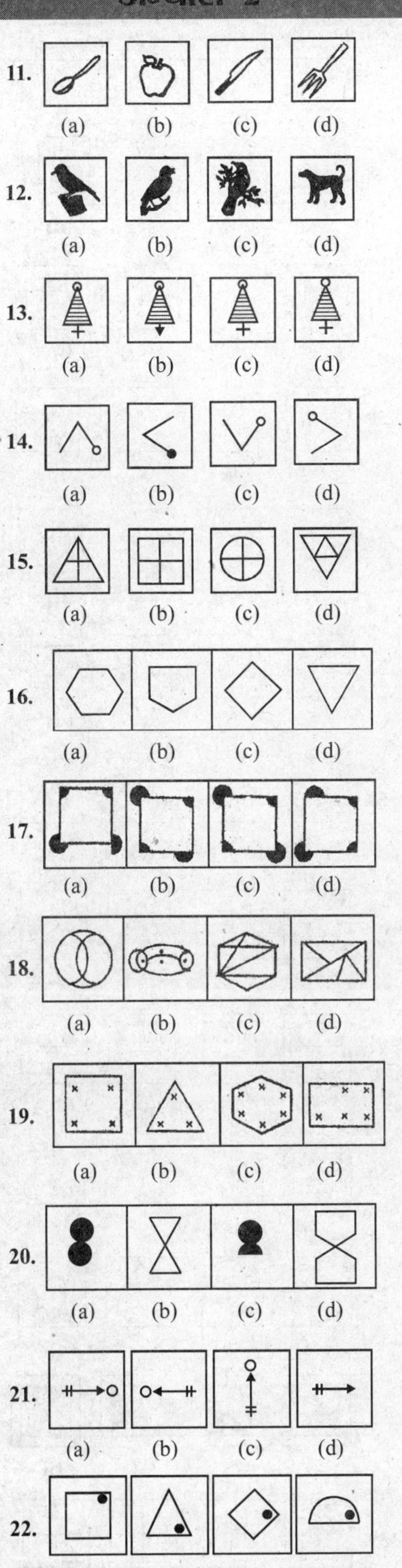

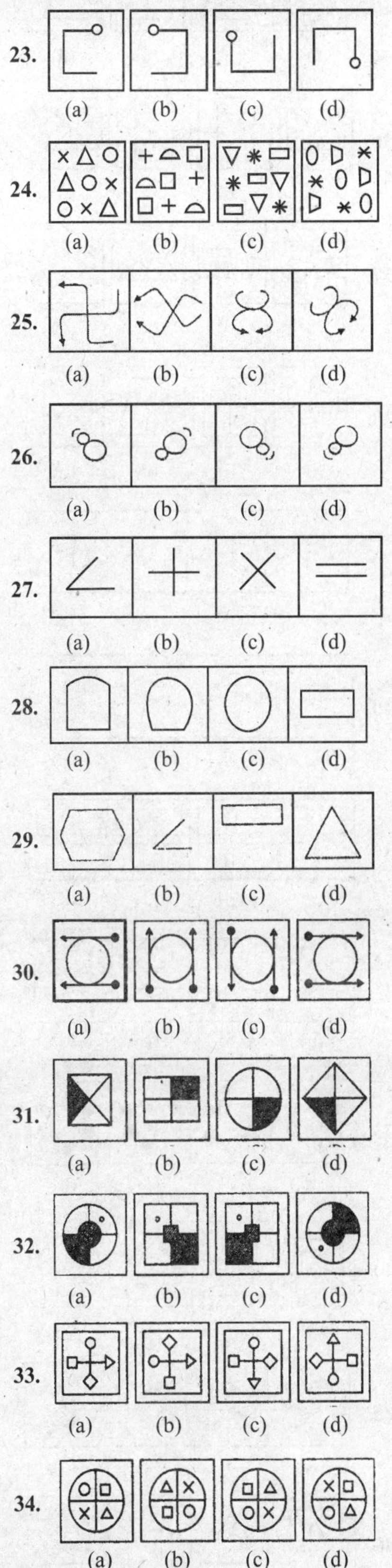

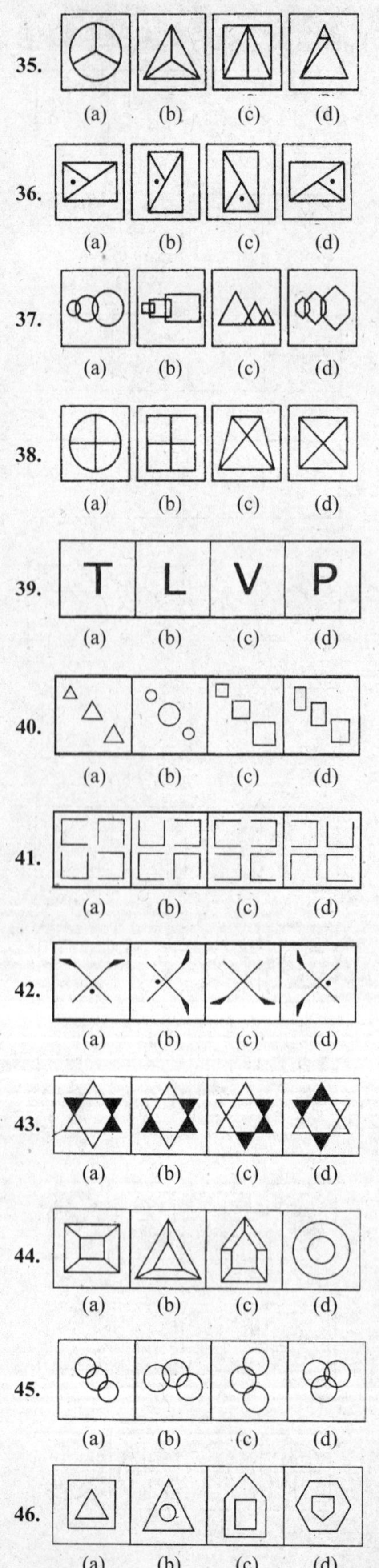
35.
(a) (b) (c) (d)
36.
(a) (b) (c) (d)
37.
(a) (b) (c) (d)
38.
(a) (b) (c) (d)
39.
T L V P
(a) (b) (c) (d)
40.
(a) (b) (c) (d)
41.
(a) (b) (c) (d)
42.
(a) (b) (c) (d)
43.
(a) (b) (c) (d)
44.
(a) (b) (c) (d)
45.
(a) (b) (c) (d)
46.
(a) (b) (c) (d)

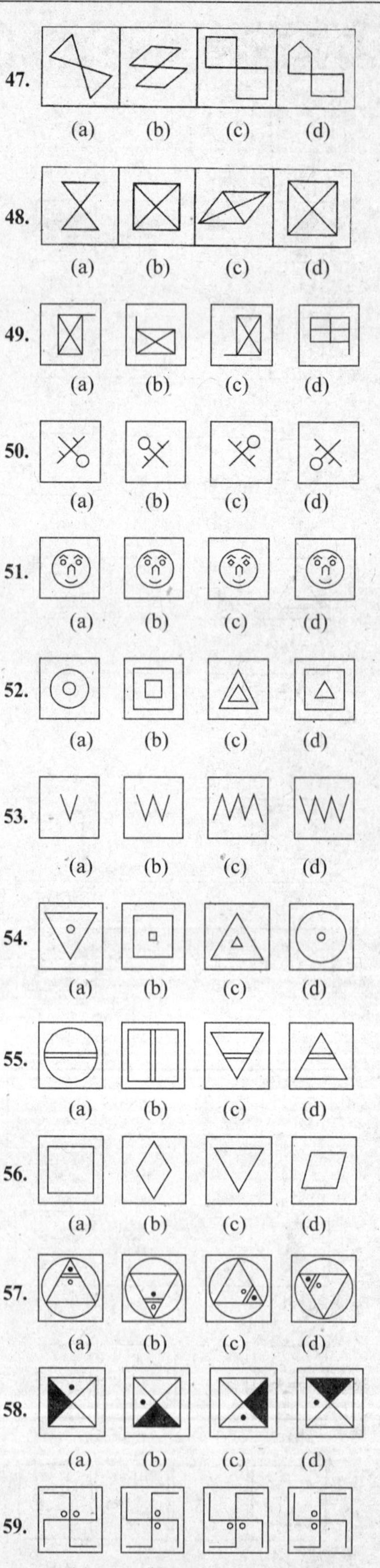
47.
(a) (b) (c) (d)
48.
(a) (b) (c) (d)
49.
(a) (b) (c) (d)
50.
(a) (b) (c) (d)
51.
(a) (b) (c) (d)
52.
(a) (b) (c) (d)
53.
(a) (b) (c) (d)
54.
(a) (b) (c) (d)
55.
(a) (b) (c) (d)
56.
(a) (b) (c) (d)
57.
(a) (b) (c) (d)
58.
(a) (b) (c) (d)
59.
(a) (b) (c) (d)

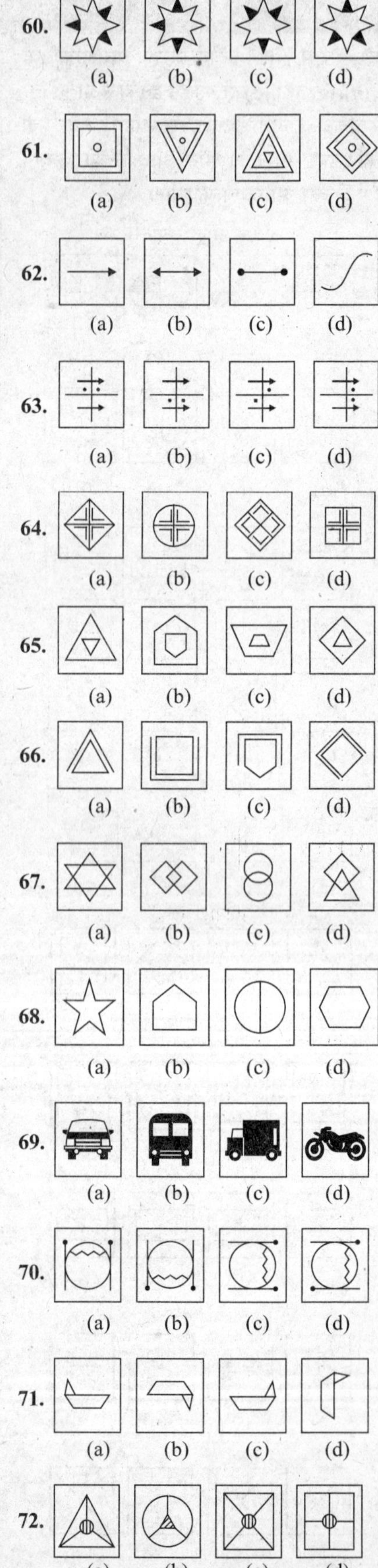
60.
(a) (b) (c) (d)
61.
(a) (b) (c) (d)
62.
(a) (b) (c) (d)
63.
(a) (b) (c) (d)
64.
(a) (b) (c) (d)
65.
(a) (b) (c) (d)
66.
(a) (b) (c) (d)
67.
(a) (b) (c) (d)
68.
(a) (b) (c) (d)
69.
(a) (b) (c) (d)
70.
(a) (b) (c) (d)
71.
(a) (b) (c) (d)
72.
(a) (b) (c) (d)

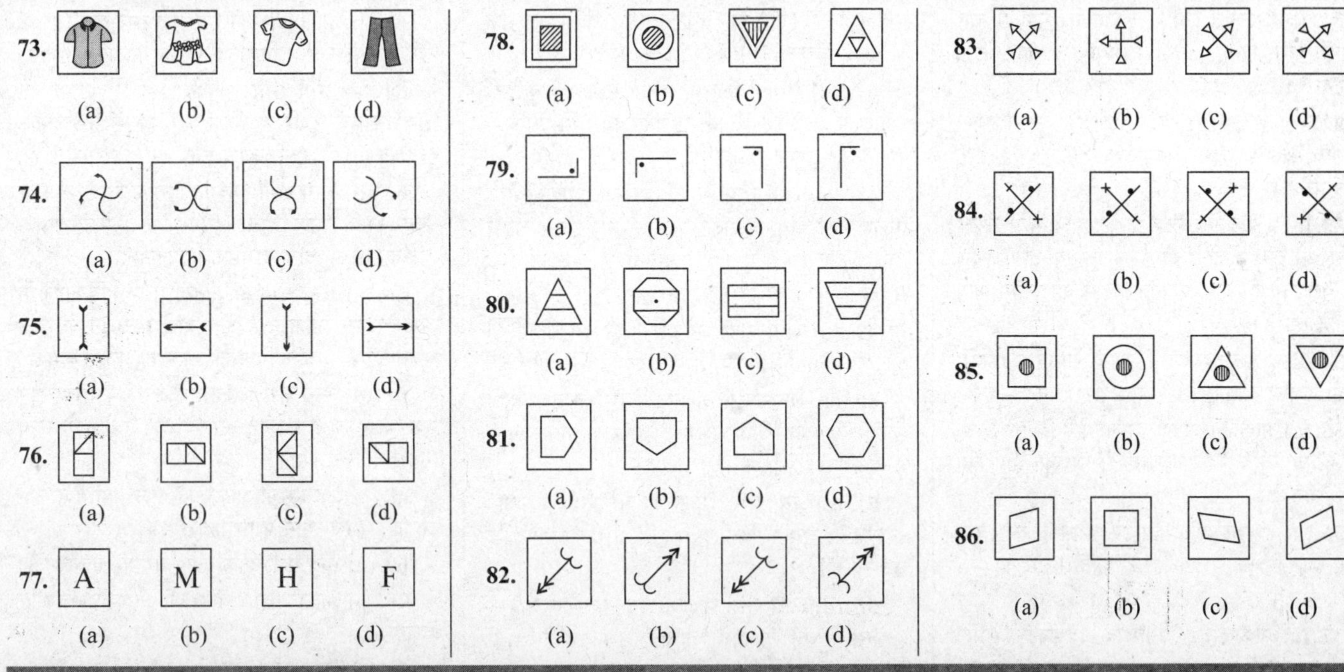

उत्तर (हल/संकेत)

1. (b) दी गई चारों आकृतियों में से आकृति (b) अन्य तीन से भिन्न है।

2. (a) दी गई आकृतियों में से आकृति संख्या (a) भिन्न है।

3. (d) दी गई आकृतियों में से आकृति संख्या (d) भिन्न है।

4. (b) दी गई आकृतियों में से आकृति संख्या (b) भिन्न है।

5. (b) दी गई आकृतियों में से आकृति संख्या (b) भिन्न है।

6. (b) अन्य सभी आकृतियाँ एक से अधिक सरल रेखाओं से बनी हुई हैं, जबकि आकृति (d) में दी गई आकृति सरल रेखाओं से निर्मित नहीं है।

7. (a) आकृति (a) को छोड़कर अन्य सभी में छोटी रेखा समान रूप से विकर्ण से लगी हुई हैं तथा समकोण त्रिभुज बनाती है।

8. (a) आकृति (a) को छोड़कर अन्य सभी में छोटी रेखा समान रूप से विकर्ण से लगी हुई हैं तथा समकोण त्रिभुज बनाती है।

9. (c) आकृति को दक्षिणावर्त घुमाने पर नई आकृति प्राप्त होती है। आकृति (b) को दक्षिणवर्त्त घुमाने पर बिन्दुओं की स्थिति परिवर्तित हो जाती है। अत: आकृति (c) अन्य आकृतियों से भिन्न है।

10. (d) आकृति (d) को छोड़कर अन्य सभी में चार तत्व हैं।

11. (b) आकृति (b) को छोड़कर अन्य सभी औजार हैं।

12. (d) आकृति (d) को छोड़कर अन्य सभी पक्षी हैं।

13. (b) आकृति (b) में नीचे की तरफ त्रिभुज का निशान है।

14. (b) आकृति (b) में एक तरफ काला बिन्दु है।

15. (d) आकृति (d) को छोड़कर अन्य सभी आकृतियाँ चार भागों में बँटी हुई हैं, जबकि आकृति (d) में त्रिभुज के अन्दर त्रिभुज है।

16. (a) सभी आकृतियों के शीर्ष या कोण नीचे की ओर हैं, जबकि आकृति (a) आधार पर बनती है।

17. (c) सभी आकृतियों में बाहर की दो काली आकृतियों में से एक आकृति आधार या भुजा पर बनती है, जबकि दूसरी आकृति कोण पर बनती है, परन्तु आकृति (c) में बाहरवाली दोनों आकृतियाँ कोण पर ही बनती हैं।

18. (c) सभी आकृतियाँ पाँच भागों में बँटी हुई हैं, जबकि आकृति (c) छ: भागों में बँटी हुई है।

19. (d) सभी आकृतियों में जितनी भुजाएँ हैं, उतने ही क्रॉस हैं, जबकि आकृति (d) में चार भुजाएँ हैं तथा पाँच क्रॉस हैं।

20. (c) अन्य सभी आकृतियों में दोनों आकृतियाँ समान हैं, परन्तु आकृति (c) में दोनों आकृतियाँ भिन्न हैं।

21. (d) अन्य सभी आकृतियों में तीर के पास एक छोटा वृत्त जबकि आकृति (d) में तीर के साथ वृत्त नहीं है।

22. (d) अन्य सभी आकृतियों में दी गई आकृतियाँ पूरी-पूरी हैं तथा केवल सरल रेखाओं से बनी हैं, जबकि आकृति (d) एक अर्द्धवृत्त है, एक सरल और एक वक्र रेखा से बनी है।

23. (b) अन्य सभी आकृतियाँ घड़ी की सूई की दिशा में यानी दक्षिणावर्त घूम रही हैं, जबकि विकल्प आकृति (b) में यह वामावर्त यानी घड़ी की सुई की विपरीत दिशा में घूम रही है।

24. (d) अन्य सभी आकृतियों में ऊपर दायें कोने से विकर्णवत् रूप से व्यवस्थित डिजाइन समान हैं, जबकि आकृति (d) में ऊपर दायें कोने से विकर्णवत् रूप से व्यवस्थित डिजाइन में से कोई भी दो डिजाइन समान नहीं है।

25. (b) अन्य सभी आकृतियों में दोनों तीर एक-दूसरे की विपरीत दिशा में है, जबकि आकृति (b) में दोनों तीरों की दिशा एक ही है। अत: आकृति (b) अन्य तीनों आकृति से भिन्न है।

26. (b) अन्य सभी आकृतियों में चाप (arc) लघु वृत्त की तरफ स्थित है, जबकि आकृति (b) में चाप (arc) दीर्घ वृत्त की ओर ऊपर में स्थित है। अत: आकृति (b) अन्य तीनों आकृतियों से भिन्न है।

27. (d) अन्य सभी आकृतियों में दोनों रेखाएँ आपस में मिल रही हैं या एक-दूसरे को काट रही हैं, जबकि आकृति (d) में दोनों रेखाएँ आपस में समानान्तर हैं। अत: आकृति (d) अन्य तीनों से भिन्न है।

28. (d) अन्य सभी आकृतियों में आकृति के एक सिरे या दोनों सिरे पर की भुजा वक्र है। जबकि आकृति (d) में आकृति एक चतुर्भुज है। अत: आकृति (d) अन्य तीनों से संख्या भिन्न है।

29. (b) अन्य सभी आकृतियाँ, एक पूर्ण आकृति है तथा भुजाओं और कोणों की संख्या समान है, जबकि आकृति (b) में आकृति अपूर्ण है तथा भुजाओं और कोणों की संख्या भी असमान है। अत: आकृति (b) अन्य तीनों से भिन्न है।

30. (c) सभी आकृतियों में वृत्त के दोनों ओर लगे तीरों की दिशाएँ समान हैं, वहीं आकृति (c) में ये तीर अलग-अलग दिशाओं में हैं।

31. (b) आकृति (b) में छायांकित भाग में चार कोने हैं, वहीं शेष आकृतियों में छायांकित भाग लगभग तिकोना है।

32. (c) आकृति (c) में छोटा वृत्त अलग स्थान पर अवस्थित है वहीं, अन्य आकृतियों में यह उसी स्थान पर है।

33. (a) प्रत्येक आकृति में दोनों रेखाओं में से प्रत्येक के सिरे पर क्रमशः दोनों चौकोर आकृतियाँ तथा त्रिभुज और वृत्त लगे हुए हैं। आकृति (a) में यह नियम लागू नहीं हो रहा है।

34. (d) प्रत्येक आकृति में गुणा के सामने के खाने में वर्ग है, जबकि आकृति (d) में गुणा के सामने त्रिभुज है।

35. (c) आकृति (c) को चार भागों में विभक्त किया गया है, जबकि अन्य आकृतियों में विभक्त भागों की संख्या तीन है।

36. (b) सभी आकृतियों में छोटा काला बिन्दु सबसे छोटे त्रिभुज में है, वहीं आकृति (b) में यह बड़े त्रिभुज में है।

37. (c) आकृति (c) में उपस्थित 3 त्रिभुज एक समान आधार पर रखे हैं, वहीं अन्य आकृतियों में उपस्थित वृत्त, आयत एवं षट्भुज एक आधार पर नहीं हैं।

38. (c) सभी आकृतियाँ 4 समान भागों में विभाजित हैं। आकृति (c) 4 असमान भागों में विभाजित है।

39. (d) दी गई आकृतियों में विकल्प (a), (b), (c) में बनी आकृतियाँ T, L तथा V दो सीधी रेखाओं से बनी हैं, चौथी आकृति P में सीधी रेखा केवल एक है। अतः उत्तर विकल्प (d) है।

40. (b) दी गई आकृतियों में विकल्प (a), (c) तथा (d) में दी गई आकृतियाँ अपने आकार के अनुसार क्रम में व्यवस्थित हैं, जबकि आकृति (b) में ऐसा नहीं है।

41. (c) उत्तर आकृति में स्थित डिजाइन (c) परस्पर विपरीत अवस्था में है तथा अन्य विकल्पों में ऐसा नहीं हो रहा है।

42. (c) विकल्प (a), (b) तथा (d) में निर्मित प्रत्येक आकृति में काला बिन्दु (●) उपथित है, जबकि आकृति (c) में यह बिन्दु गायब है।

43. (c) विकल्प (a), (b) तथा (d) में उपस्थित आकृति में प्रत्येक आकृति के छः किनारों में से दो किनारे क्रम से तथा एक किनारा एक छोड़कर गहरे छायांकित हैं,जबकि उत्तर विकल्प (c) में क्रम से तीन किनारे क्रम से छायांकित हैं।

44. (d) विकल्प (a), (b) तथा (c) में स्थित आयत, त्रिभुज तथा पंचभुज के बाहर भी वही आकृति है तथा ये आकृतियाँ प्रत्येक पर किनारे पर एक रेखा द्वारा आपस में जुड़ी हुई हैं, वहीं विकल्प (d) में स्थित आकृतियाँ आपस में जुड़ी नहीं है।

45. (d) विकल्प (a), (b) तथा (c) में उपस्थित वृत्त श्रृंखलाबद्ध होकर एक-दूसरे से जुड़े हैं। वहीं विकल्प (d) में उपस्थित वृत्त आपस में इस प्रकार जुड़े हुए हैं कि तीनों की सतह एक-दूसरे को छू रही है।

46. (b) विकल्प (a), (c) तथा (d) में क्रमशः चार, पाँच तथा छः भुजाओं वाली आकृतियों के अन्दर इनसे एक भुजा कम (तीन, चार तथा पाँच भुजा वाली) आकृति है, किन्तु विकल्प (b) में त्रिभुज के अन्दर वृत्त है।

47. (d) सभी विकल्पों में दो समान आकृतियाँ आपस में जुड़ी हुई हैं, किन्तु विकल्प (d) में दो भिन्न आकृतियाँ आपस में जुड़ी हैं।

48. (a) सभी विकल्पों में 4 समान आकृतियों ने मिलकर एक संयुक्त आकृति का निर्माण किया है। वहीं उत्तर विकल्प (a) में दो आकृतियों से मिलकर एक संयुक्त आकृति का निर्माण हुआ है।

49. (d) अन्य सभी आकृतियों में आकृति ⊠ आई है, जबकि विकल्प (d) में आकृति ⊞ आई है।

50. (a) अन्य सभी आकृतियों में वृत्त तथा दोनों छोटी रेखाएँ एक ही तरफ आए हैं, जबकि विकल्प (a) में दोनों विपरीत दिशा में हैं।

51. (c) अन्य सभी आकृतियों में आँखों के स्थान पर वृत्त हैं, जबकि विकल्प (c) में आँखों के स्थान पर चतुर्भुज हैं।

52. (d) अन्य सभी में दोनों आकृतियाँ एक जैसी हैं, जैसे दो वृत्त, दो वर्ग तथा दो त्रिभुज जबकि (d) में एक वर्ग तथा एक त्रिभुज है।

53. (c) अन्य सभी आकृतियों में '∨' की श्रृंखलाएँ हैं, जबकि विकल्प (c) में '∧' की श्रृंखला है।

54. (a) सभी आकृतियों में बड़ी आकृति व छोटी आकृति एक जैसी हैं। आकृति (a) में छोटी आकृति एक वृत्त है और बड़ी आकृति एक त्रिभुज है।

55. (b) सभी आकृतियों में दो समान्तर रेखाएँ क्षैतिज दिशा में हैं, आकृति (b) में समान्तर रेखाएँ ऊर्ध्वाधर दिशा में हैं। अतः आकृति (b) भिन्न आकृति है।

56. (c) सभी आकृतियों में सरल रेखाएँ चतुर्भज का निर्माण करती है, जबकि आकृति (c) में रेखाएँ एक त्रिभुज का निर्माण करती हैं।

57. (b) त्रिभुज के सिरे के पास पहले छायाकृत वृत्त बना है, फिर दो समानान्तर रेखाएँ उसके पश्चात् छोटा वृत्त आता है। यह क्रम (नियम) आकृति (b) में नहीं है। अतः आकृति (b) अन्य आकृतियों से भिन्न है।

58. (d) छायाकृत वृत्त व छायाकृत त्रिभुज क्रमशः एक-एक स्थान से घड़ी की सुइयों की विपरीत दिशा में चल रहे हैं। यह क्रम आकृति (d) में नहीं है। अतः आकृति (d) अन्य आकृतियों से भिन्न है।

59. (a) आकृति (a) में स्वास्तिक चिह्न उल्टा बना हुआ है, जबकि सभी आकृतियों में स्वास्तिक चिह्न सीधा बना हुआ है।

60. (b) आकृति (a), (c) व (d) में छायांकित भाग ऊपर रखी गई आकृति के दो, दो व एक सिरों के बाद दिखाई देते हैं, किन्तु आकृति (b) में में एक-एक व तीन सिरों के बाद दिखाई देते हैं। अतः आकृति (b) अन्य से भिन्न है।

61. (c) आकृतियों (a), (b) और (d) में दोनों समान आकृतियों के अन्दर एक छोटा-सा वृत्त है, जबकि आकृति (c) में एक छोटा-सा त्रिभुज है।

62. (d) आकृति (d) एक वक्र रेखा है, जबकि अन्य आकृतियाँ सरल रेखाओं से बनी हैं।

63. (b) आकृति (b) में छायाकृत छोटे वृत्त रेखा के नीचे हैं जबकि अन्य आकृतियों में रेखा के ऊपर-नीचे हैं।

64. (c) अन्य सभी आकृतियों में 'L' प्रकार की डिजाइन एक-दूसरे से विपरीत दिशा में है, जबकि विकल्प (c) में 'L' डिजाइन एक-दूसरे के सम्मुख है।

65. (d) अन्य सभी आकृतियों में एक डिजाइन के अन्दर उसके समान डिजाइन विपरीत दिशा में है, जबकि विकल्प (d) में दोनों असमान डिजाइनें हैं।

66. (c) अन्य सभी आकृतियों में एक डिजाइन के अन्दर समान डिजाइन है और बाह्य डिजाइन की एक भुजा कम है, जबकि विकल्प (c) में दो भुजाएँ कम हैं।

67. (d) अन्य सभी आकृतियों में, समान डिजाइन एक-दूसरे को विच्छेदित कर रही हैं, जबकि विकल्प (d) में दोनों असमान डिजाइन हैं।

68. (c) अन्य सभी आकृतियाँ, एक भाग में हैं तथा आकृति (c) दो भाग में विभाजित है।

69. (d) अन्य सभी आकृतियाँ, चार पहिया वाहन हैं।

70. (d) आकृति (d) में बाहर की दोनों छड़ी विपरीत दिशा में हैं।

71. (d) अन्य सभी आकृतियों, लेटी हुई अवस्था में है।

72. (b) अन्य सभी आकृतियों में, भीतर की आकृति वृत्त है।

73. (d) दी गई आकृतियों में से आकृति (d) अलग है क्योंकि आकृति (d) पैंट है, जो शरीर के निचले हिस्से में पहनी जाती हैं जबकि अन्य आकृतियों में दिए गए वस्त्र शरीर के ऊपरी हिस्से में पहनी जाते हैं।

74. (a) अन्य सभी आकृतियाँ, विपरीत दिशा की तरफ जुड़ी हुई हैं।

75. (a) अन्य सभी आकृतियाँ तीर के रूप में हैं।

76. (c) अन्य सभी आकृतियाँ, तीन भागों में बँटी हुई हैं।

77. (b) अन्य सभी आकृतियाँ, तीन रेखा से बनी हुई हैं।

78. (d) अन्य सभी आकृतियाँ, छायावित भीतरी आकृति का बड़ा रूप है।

79. (d) अन्य सभी आकृतियाँ, छोटी बिन्दी एक कोने में है।

80. (b) आकृति (b) के मध्य में बिन्दु है, जबकि अन्य सभी आकृतियाँ केवल तीन भागों में विभाजित हैं।

81. (d) अन्य सभी आकृतियाँ, पाँच भुजाओं की आकृति हैं।

82. (b) अन्य सभी आकृतियों में तीर के नीचे का भाग बाहर की ओर मुड़ा हुआ है।

83. (c) आकृति (c) में, त्रिभुज विपरीत दिशा में जुड़े हुए हैं।

84. (a) आकृति (a) में छोटी बिन्दी '+' के विपरीत दिशा में है।

85. (b) आकृति (c) में, भीतरी आकृति का छोटा छायातित रूप है।

86. (b) आकृति (b) एक सीधा वर्ग है।

❑❑❑

अध्याय 2

समान आकृति परीक्षण

समान आकृति परीक्षण में, एक समस्या आकृति तथा उसके दाईं ओर चार उत्तर आकृतियाँ दी जाती है। विद्यार्थी को दी गई उत्तर आकृतियों में से उस आकृति का चयन करना होता है, जो समस्या आकृति के समान हो।

समान आकृति परीक्षण के अंतर्गत आने वाले प्रश्नों को हल करने के लिए अत्यंत एकाग्रता की आवश्यकता होती है, क्योंकि समस्या आकृति के दाईं ओर दी गई चार उत्तर आकृतियों में से एक उत्तर आकृति बिल्कुल समस्या आकृति के समान होती है, जबकि अन्य तीन आकृतियों में बहुत ही मामूली अंतर होता है। अत: परीक्षार्थियों को बहुत ही सावधानी पूर्वक समस्या आकृति के समान उत्तर आकृति का चयन करना होता है।

दिए गए हम कुछ उदाहरणों के माध्यम से प्रश्नों को हल करने के तरीके को समझाने का प्रयास किया गया है।

हल सहित उदाहरण

निर्देश (उदाहरण 1-4) : नीचे प्रत्येक प्रश्न में एक समस्या आकृति दी गई है तथा उसके दाईं ओर चार उत्तर आकृतियाँ दी गई हैं। उस उत्तर आकृति का चयन कीजिए, जो समस्या आकृति के बिल्कुल समान हो।

उदाहरण 1. समस्या आकृति — उत्तर आकृतियाँ

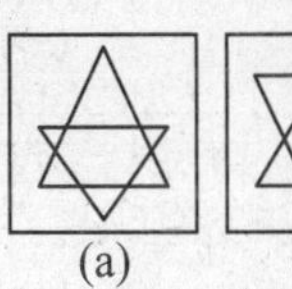
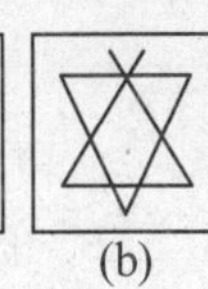
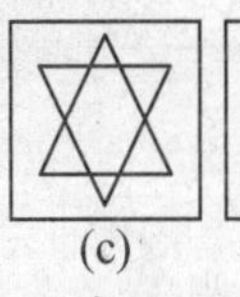
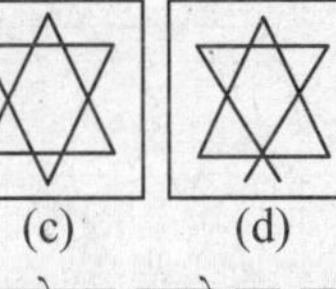

(a) (b) (c) (d)

हल (c): दी गई उत्तर आकृतियों का ध्यानपूर्वक अवलोकन करने पर यह स्पष्ट होता है कि उत्तर आकृति (c) दी गई समस्या आकृति के बिल्कुल समान है।

उदाहरण 2. समस्या आकृति — उत्तर आकृतियाँ

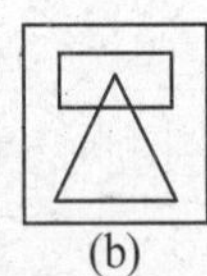

(a) (b) (c) (d)

हल (c): दी गई उत्तर आकृतियों का ध्यानपूर्वक अवलोकन करने पर यह स्पष्ट होता है कि उत्तर आकृति (c) दी गई समस्या आकृति के बिल्कुल समान है।

उदाहरण 3. समस्या आकृति — उत्तर आकृतियाँ

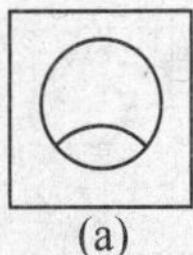
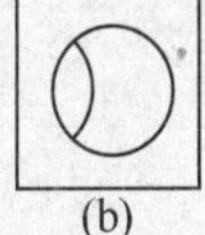
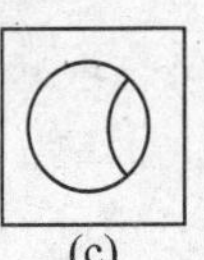
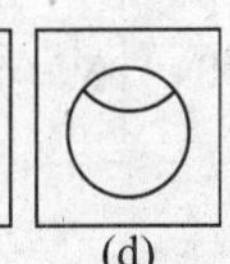

(a) (b) (c) (d)

हल (d) दी गई उत्तर आकृतियों का ध्यानपूर्वक अवलोकन करने पर यह स्पष्ट होता है कि उत्तर आकृति (d) दी गई समस्या आकृति के बिल्कुल समान है।

उदाहरण 4. समस्या आकृति — उत्तर आकृतियाँ

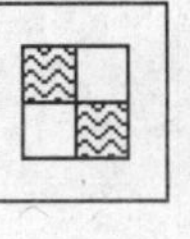
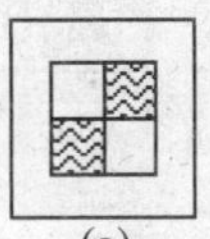
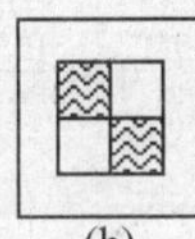
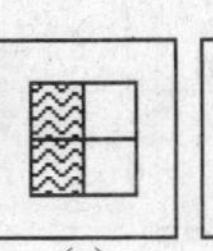
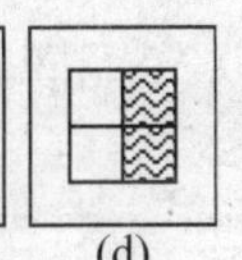

(a) (b) (c) (d)

हल (b) दी गई उत्तर आकृतियों का ध्यानपूर्वक अवलोकन करने पर, यह स्पष्ट होता है कि उत्तर आकृति (b) दी गई समस्या आकृति के समान है।

अभ्यास-1

निर्देश (प्र. सं. 1-50) : नीचे प्रश्नों में बाईं ओर एक समस्या आकृति दी गई है। उसके दाईं ओर (a), (b), (c) तथा (d) अक्षरांक वाली चार उत्तर आकृतियाँ भी दी गई हैं। उस उत्तर आकृति को चुनिए जो समस्या के एकदम सदृश है।

1. समस्या आकृति — उत्तर आकृतियाँ

(a) (b) (c) (d)

2.

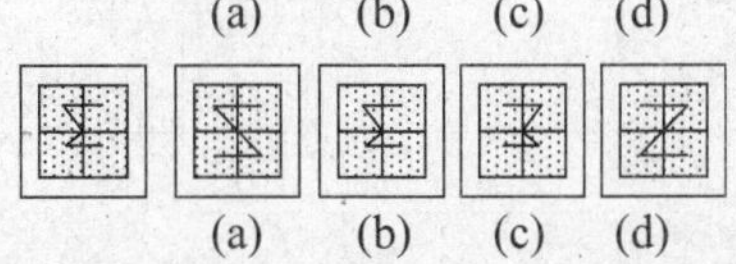

(a) (b) (c) (d)

3.

(a) (b) (c) (d)

4.

(a) (b) (c) (d)

5.

(a) (b) (c) (d)

6.

(a) (b) (c) (d)

7.

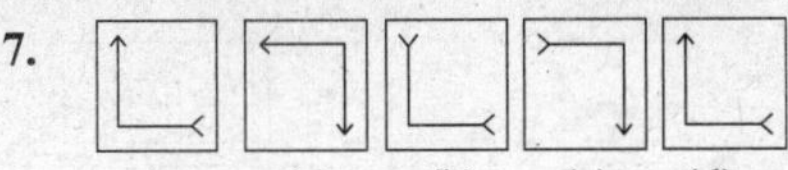

(a) (b) (c) (d)

8.

(a) (b) (c) (d)

9.

(a) (b) (c) (d)

10.

(a) (b) (c) (d)

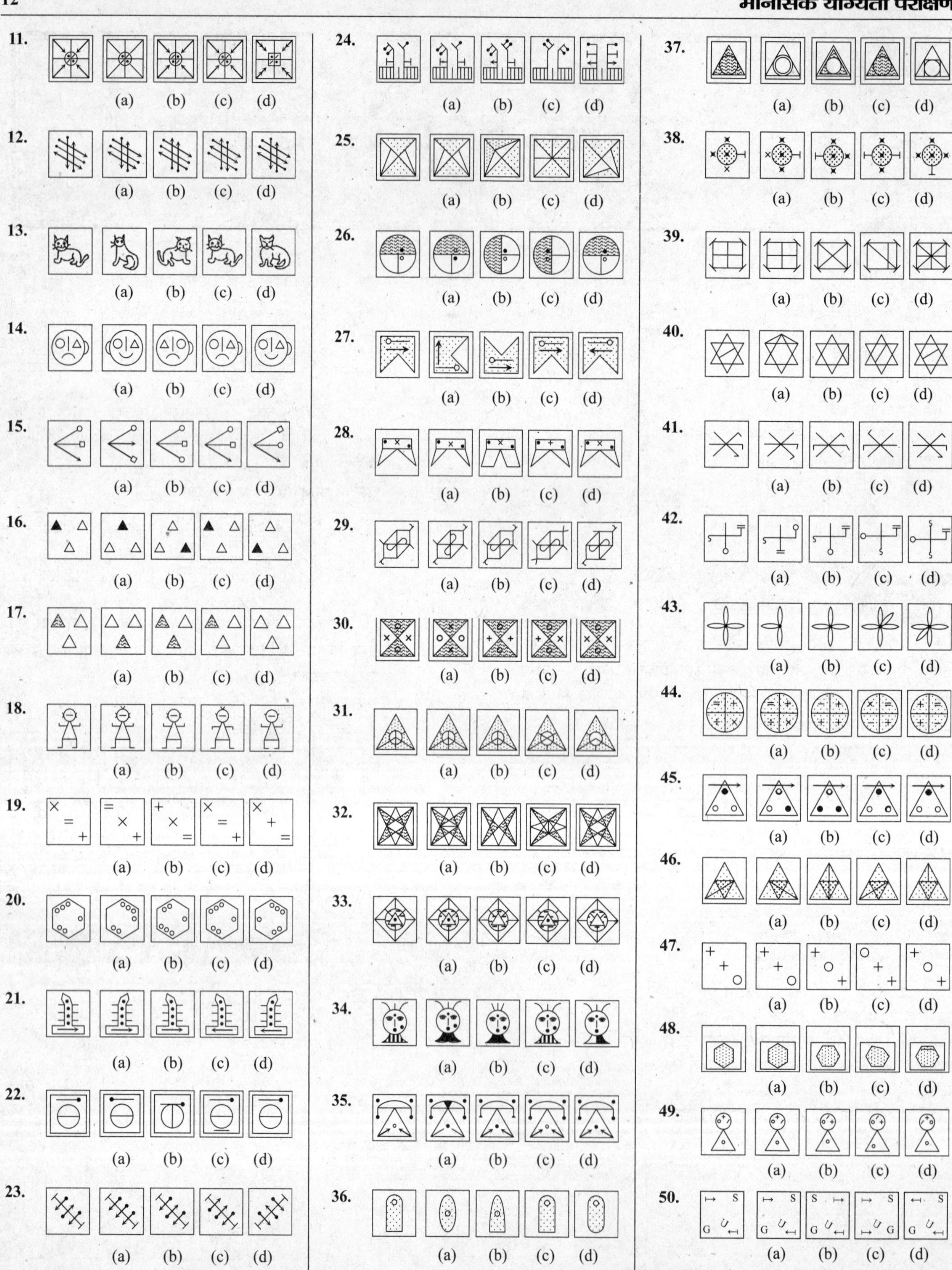
11.
12.
13.
14.
15.
16.
17.
18.
19.
20.
21.
22.
23.
24.
25.
26.
27.
28.
29.
30.
31.
32.
33.
34.
35.
36.
37.
38.
39.
40.
41.
42.
43.
44.
45.
46.
47.
48.
49.
50.
(a) (b) (c) (d)

उत्तर (हल/संकेत)

1. (b) दी गई उत्तर आकृतियों का ध्यानपूर्वक अवलोकन करने पर उत्तर आकृति (b) दी गई समस्या आकृति के बिल्कुल समान प्राप्त होती है।

प्रश्न–आकृति **उत्तर–आकृति**

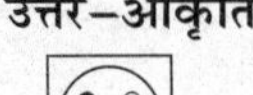

(b)

2. (b) दी गई उत्तर आकृतियों का ध्यानपूर्वक अवलोकन करने पर उत्तर आकृति (b) दी गई समस्या आकृति के बिल्कुल समान प्राप्त होती है।

प्रश्न–आकृति **उत्तर–आकृति**

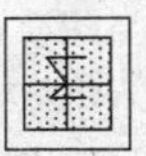
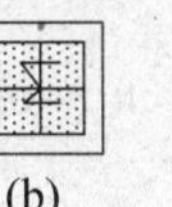

(b)

3. (c) दी गई उत्तर आकृतियों का ध्यानपूर्वक अवलोकन करने पर उत्तर आकृति (c) दी गई समस्या आकृति के बिल्कुल समान प्राप्त होती है।

प्रश्न–आकृति **उत्तर–आकृति**

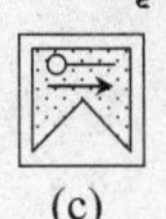

(c)

4. (c) दी गई उत्तर आकृतियों का ध्यानपूर्वक अवलोकन करने पर उत्तर आकृति (c) दी गई समस्या आकृति के बिल्कुल समान प्राप्त होती है।

प्रश्न–आकृति **उत्तर–आकृति**

(c)

5. (c) दी गई उत्तर आकृतियों का ध्यानपूर्वक अवलोकन करने पर उत्तर आकृति (c) दी गई समस्या आकृति के बिल्कुल समान प्राप्त होती है।

प्रश्न–आकृति **उत्तर–आकृति**

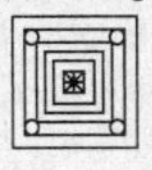
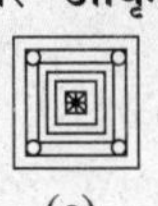

(c)

6. (b) दी गई उत्तर आकृतियों का ध्यानपूर्वक अवलोकन करने पर उत्तर आकृति (b) दी गई समस्या आकृति के बिल्कुल समान प्राप्त होती है।

प्रश्न–आकृति **उत्तर–आकृति**

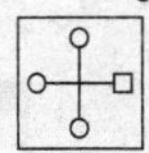
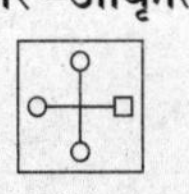

(b)

7. (d) दी गई उत्तर आकृतियों का ध्यानपूर्वक अवलोकन करने पर उत्तर आकृति (d) दी गई समस्या आकृति के बिल्कुल समान प्राप्त होती है।

प्रश्न–आकृति **उत्तर–आकृति**

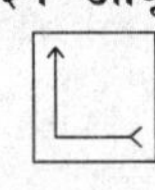
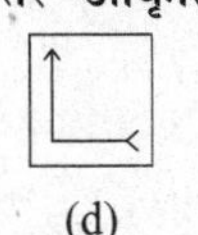

(d)

8. (d) दी गई उत्तर आकृतियों का ध्यानपूर्वक अवलोकन करने पर उत्तर आकृति (d) दी गई समस्या आकृति के बिल्कुल समान प्राप्त होती है।

प्रश्न–आकृति **उत्तर–आकृति**

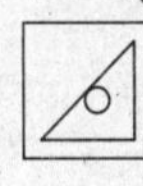
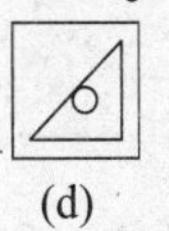

(d)

9. (c) दी गई उत्तर आकृतियों का ध्यानपूर्वक अवलोकन करने पर उत्तर आकृति (c) दी गई समस्या आकृति के बिल्कुल समान प्राप्त होती है।

प्रश्न–आकृति **उत्तर–आकृति**

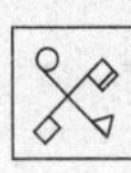

(c)

10. (c) दी गई उत्तर आकृतियों का ध्यानपूर्वक अवलोकन करने पर उत्तर आकृति (c) दी गई समस्या आकृति के बिल्कुल समान प्राप्त होती है।

प्रश्न–आकृति **उत्तर–आकृति**

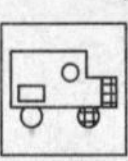

(c)

11. (c) दी गई उत्तर आकृतियों का ध्यानपूर्वक अवलोकन करने पर उत्तर आकृति (c) दी गई समस्या आकृति के बिल्कुल समान प्राप्त होती है।

प्रश्न–आकृति **उत्तर–आकृति**

(c)

12. (b) दी गई उत्तर आकृतियों का ध्यानपूर्वक अवलोकन करने पर उत्तर आकृति (b) दी गई समस्या आकृति के बिल्कुल समान प्राप्त होती है।

प्रश्न–आकृति **उत्तर–आकृति**

(b)

13. (c) दी गई उत्तर आकृतियों का ध्यानपूर्वक अवलोकन करने पर उत्तर आकृति (c) दी गई समस्या आकृति के बिल्कुल समान प्राप्त होती है।

प्रश्न–आकृति **उत्तर–आकृति**

(c)

14. (c) दी गई उत्तर आकृतियों का ध्यानपूर्वक अवलोकन करने पर उत्तर आकृति (c) दी गई समस्या आकृति के बिल्कुल समान प्राप्त होती है।

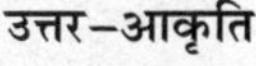

प्रश्न–आकृति **उत्तर–आकृति**

(c)

15. (c) दी गई उत्तर आकृतियों का ध्यानपूर्वक अवलोकन करने पर उत्तर आकृति (c) दी गई समस्या आकृति के बिल्कुल समान प्राप्त होती है।

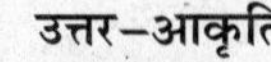

प्रश्न–आकृति **उत्तर–आकृति**

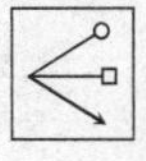
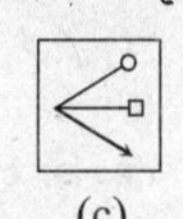

(c)

16. (c) दी गई उत्तर आकृतियों का ध्यानपूर्वक अवलोकन करने पर उत्तर आकृति (c) दी गई समस्या आकृति के बिल्कुल समान प्राप्त होती है।

प्रश्न–आकृति **उत्तर–आकृति**

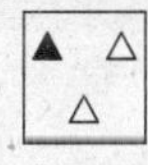
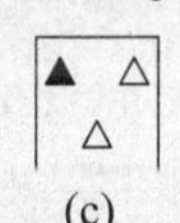

(c)

17. (c) दी गई उत्तर आकृतियों का ध्यानपूर्वक अवलोकन करने पर उत्तर आकृति (c) दी गई समस्या आकृति के बिल्कुल समान प्राप्त होती है।

प्रश्न–आकृति **उत्तर–आकृति**

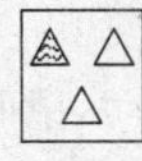
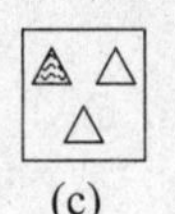

(c)

18. (b) दी गई उत्तर आकृतियों का ध्यानपूर्वक अवलोकन करने पर उत्तर आकृति (b) दी गई समस्या आकृति के बिल्कुल समान प्राप्त होती है।

प्रश्न–आकृति **उत्तर–आकृति**

(b)

19. (c) दी गई उत्तर आकृतियों का ध्यानपूर्वक अवलोकन करने पर उत्तर आकृति (c) दी गई समस्या आकृति के बिल्कुल समान प्राप्त होती है।

प्रश्न–आकृति **उत्तर–आकृति**

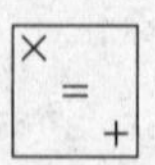 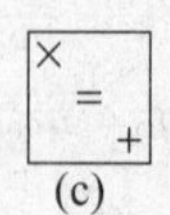

(c)

20. (c) दी गई उत्तर आकृतियों का ध्यानपूर्वक अवलोकन करने पर उत्तर आकृति (c) दी गई समस्या आकृति के बिल्कुल समान प्राप्त होती है।

प्रश्न–आकृति **उत्तर–आकृति**

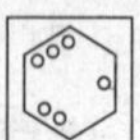 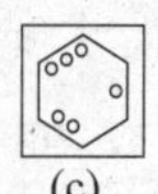

(c)

21. (b) दी गई उत्तर आकृतियों का ध्यानपूर्वक अवलोकन करने पर उत्तर आकृति (b) दी गई समस्या आकृति के बिल्कुल समान प्राप्त होती है।

प्रश्न–आकृति **उत्तर–आकृति**

 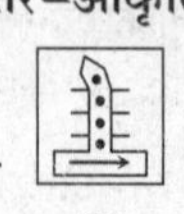

(b)

22. (d) दी गई उत्तर आकृतियों का ध्यानपूर्वक अवलोकन करने पर उत्तर आकृति (d) दी गई समस्या आकृति के बिल्कुल समान प्राप्त होती है।

प्रश्न–आकृति **उत्तर–आकृति**

(d)

23. (b) दी गई उत्तर आकृतियों का ध्यानपूर्वक अवलोकन करने पर उत्तर आकृति (b) दी गई समस्या आकृति के बिल्कुल समान प्राप्त होती है।

प्रश्न–आकृति **उत्तर–आकृति**

 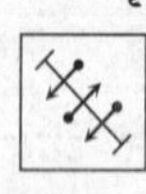

(b)

24. (a) दी गई उत्तर आकृतियों का ध्यानपूर्वक अवलोकन करने पर उत्तर आकृति (a) दी गई समस्या आकृति के बिल्कुल समान प्राप्त होती है।

प्रश्न–आकृति **उत्तर–आकृति**

(a)

25. (a) दी गई उत्तर आकृतियों का ध्यानपूर्वक अवलोकन करने पर उत्तर आकृति (a) दी गई समस्या आकृति के बिल्कुल समान प्राप्त होती है।

प्रश्न–आकृति **उत्तर–आकृति**

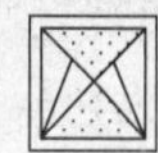 

(a)

26. (d) दी गई उत्तर आकृतियों का ध्यानपूर्वक अवलोकन करने पर उत्तर आकृति (d) दी गई समस्या आकृति के बिल्कुल समान प्राप्त होती है।

प्रश्न–आकृति **उत्तर–आकृति**

 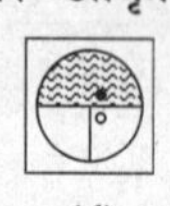

(d)

27. (c) दी गई उत्तर आकृतियों का ध्यानपूर्वक अवलोकन करने पर उत्तर आकृति (c) दी गई समस्या आकृति के बिल्कुल समान प्राप्त होती है।

प्रश्न–आकृति **उत्तर–आकृति**

(c)

28. (c) दी गई उत्तर आकृतियों का ध्यानपूर्वक अवलोकन करने पर उत्तर आकृति (c) दी गई समस्या आकृति के बिल्कुल समान प्राप्त होती है।

प्रश्न–आकृति **उत्तर–आकृति**

 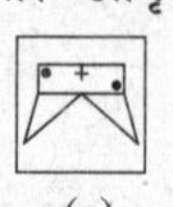

(c)

29. (b) दी गई उत्तर आकृतियों का ध्यानपूर्वक अवलोकन करने पर उत्तर आकृति (b) दी गई समस्या आकृति के बिल्कुल समान प्राप्त होती है।

प्रश्न–आकृति **उत्तर–आकृति**

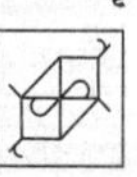 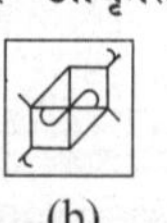

(b)

30. (d) दी गई उत्तर आकृतियों का ध्यानपूर्वक अवलोकन करने पर उत्तर आकृति (d) दी गई समस्या आकृति के बिल्कुल समान प्राप्त होती है।

प्रश्न–आकृति **उत्तर–आकृति**

(d)

31. (a) दी गई उत्तर आकृतियों का ध्यानपूर्वक अवलोकन करने पर उत्तर आकृति (a) दी गई समस्या आकृति के बिल्कुल समान प्राप्त होती है।

प्रश्न–आकृति **उत्तर–आकृति**

(a)

32. (d) दी गई उत्तर आकृतियों का ध्यानपूर्वक अवलोकन करने पर उत्तर आकृति (d) दी गई समस्या आकृति के बिल्कुल समान प्राप्त होती है।

प्रश्न–आकृति **उत्तर–आकृति**

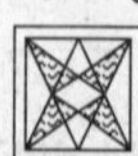 

(d)

33. (b) दी गई उत्तर आकृतियों का ध्यानपूर्वक अवलोकन करने पर उत्तर आकृति (b) दी गई समस्या आकृति के बिल्कुल समान प्राप्त होती है।

प्रश्न–आकृति **उत्तर–आकृति**

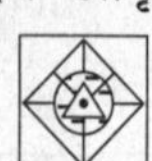 

(b)

34. (c) दी गई उत्तर आकृतियों का ध्यानपूर्वक अवलोकन करने पर उत्तर आकृति (c) दी गई समस्या आकृति के बिल्कुल समान प्राप्त होती है।

प्रश्न–आकृति **उत्तर–आकृति**

(c)

35. (c) दी गई उत्तर आकृतियों का ध्यानपूर्वक अवलोकन करने पर उत्तर आकृति (c) दी गई समस्या आकृति के बिल्कुल समान प्राप्त होती है।

प्रश्न–आकृति **उत्तर–आकृति**

(c)

36. (c) दी गई उत्तर आकृतियों का ध्यानपूर्वक अवलोकन करने पर उत्तर आकृति (c) दी गई समस्या आकृति के बिल्कुल समान प्राप्त होती है।

प्रश्न–आकृति **उत्तर–आकृति**

(c)

37. (c) दी गई उत्तर आकृतियों का ध्यानपूर्वक अवलोकन करने पर उत्तर आकृति (c) दी गई समस्या आकृति के बिल्कुल समान प्राप्त होती है।

प्रश्न–आकृति **उत्तर–आकृति**

(c)

38. (a) दी गई उत्तर आकृतियों का ध्यानपूर्वक अवलोकन करने पर उत्तर आकृति (a) दी गई समस्या आकृति के बिल्कुल समान प्राप्त होती है।

प्रश्न–आकृति **उत्तर–आकृति**

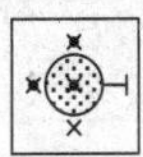
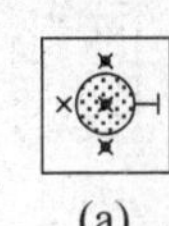

(a)

39. (a) दी गई उत्तर आकृतियों का ध्यानपूर्वक अवलोकन करने पर उत्तर आकृति (a) दी गई समस्या आकृति के बिल्कुल समान प्राप्त होती है।

प्रश्न–आकृति **उत्तर–आकृति**

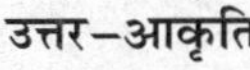

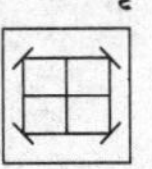
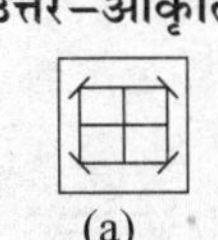

(a)

40. (d) दी गई उत्तर आकृतियों का ध्यानपूर्वक अवलोकन करने पर उत्तर आकृति (d) दी गई समस्या आकृति के बिल्कुल समान प्राप्त होती है।

प्रश्न–आकृति **उत्तर–आकृति**

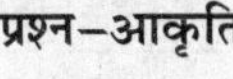
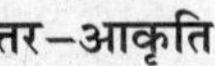

(d)

41. (d) दी गई उत्तर आकृतियों का ध्यानपूर्वक अवलोकन करने पर उत्तर आकृति (d) दी गई समस्या आकृति के बिल्कुल समान प्राप्त होती है।

प्रश्न–आकृति **उत्तर–आकृति**

(d)

42. (b) दी गई उत्तर आकृतियों का ध्यानपूर्वक अवलोकन करने पर उत्तर आकृति (b) दी गई समस्या आकृति के बिल्कुल समान प्राप्त होती है।

प्रश्न–आकृति **उत्तर–आकृति**

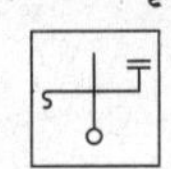
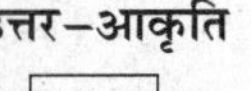
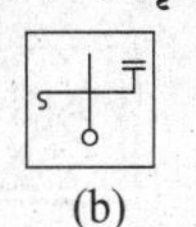

(b)

43. (b) दी गई उत्तर आकृतियों का ध्यानपूर्वक अवलोकन करने पर उत्तर आकृति (b) दी गई समस्या आकृति के बिल्कुल समान प्राप्त होती है।

प्रश्न–आकृति **उत्तर–आकृति**

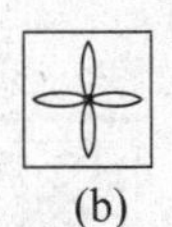

(b)

44. (a) दी गई उत्तर आकृतियों का ध्यानपूर्वक अवलोकन करने पर उत्तर आकृति (a) दी गई समस्या आकृति के बिल्कुल समान प्राप्त होती है।

प्रश्न–आकृति **उत्तर–आकृति**

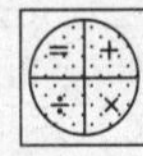
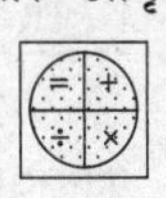

(a)

45. (d) दी गई उत्तर आकृतियों का ध्यानपूर्वक अवलोकन करने पर उत्तर आकृति (d) दी गई समस्या आकृति के बिल्कुल समान प्राप्त होती है।

प्रश्न–आकृति **उत्तर–आकृति**

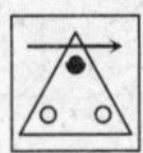
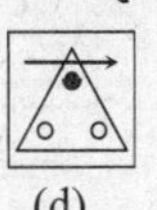

(d)

46. (c) दी गई उत्तर आकृतियों का ध्यानपूर्वक अवलोकन करने पर उत्तर आकृति (c) दी गई समस्या आकृति के बिल्कुल समान प्राप्त होती है।

प्रश्न–आकृति **उत्तर–आकृति**

(c)

47. (a) दी गई उत्तर आकृतियों का ध्यानपूर्वक अवलोकन करने पर उत्तर आकृति (a) दी गई समस्या आकृति के बिल्कुल समान प्राप्त होती है।

प्रश्न–आकृति **उत्तर–आकृति**

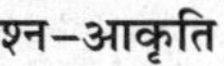

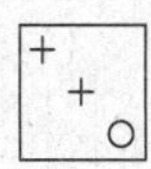
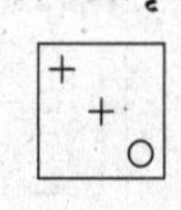

(a)

48. (a) दी गई उत्तर आकृतियों का ध्यानपूर्वक अवलोकन करने पर उत्तर आकृति (a) दी गई समस्या आकृति के बिल्कुल समान प्राप्त होती है।

प्रश्न–आकृति **उत्तर–आकृति**

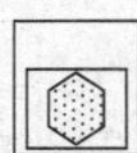
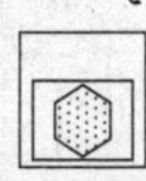

(a)

49. (a) दी गई उत्तर आकृतियों का ध्यानपूर्वक अवलोकन करने पर उत्तर आकृति (a) दी गई समस्या आकृति के बिल्कुल समान प्राप्त होती है।

प्रश्न–आकृति **उत्तर–आकृति**

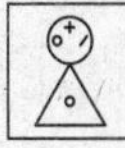

(a)

50. (a) दी गई उत्तर आकृतियों का ध्यानपूर्वक अवलोकन करने पर उत्तर आकृति (a) दी गई समस्या आकृति के बिल्कुल समान प्राप्त होती है।

प्रश्न–आकृति **उत्तर–आकृति**

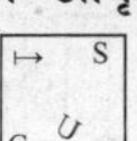

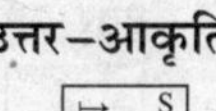

(a)

अभ्यास–2

निर्देश–(प्र.सं. 1-92) प्रत्येक प्रश्न में बाईं ओर एक प्रश्न आकृति एवं दाईं ओर चार उत्तर आकृतियां दी गई हैं। दी गई उत्तर आकृतियों में से प्रश्न आकृति के बिल्कुल सदृश दिखाई देने वाली आकृति को पहचान कर सही उत्तर का चयन कीजिए।

1. प्रश्न–आकृति

उत्तर–आकृतियाँ

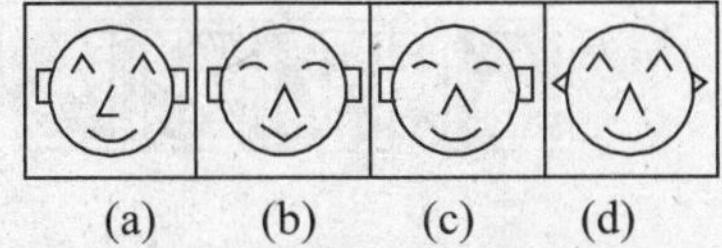

(a) (b) (c) (d)

2. प्रश्न–आकृति

उत्तर–आकृतियाँ

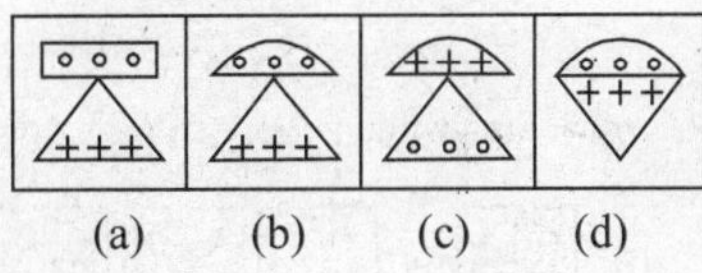

(a) (b) (c) (d)

3. प्रश्न–आकृति

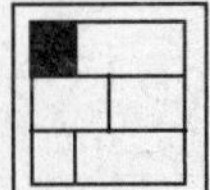

उत्तर–आकृतियाँ

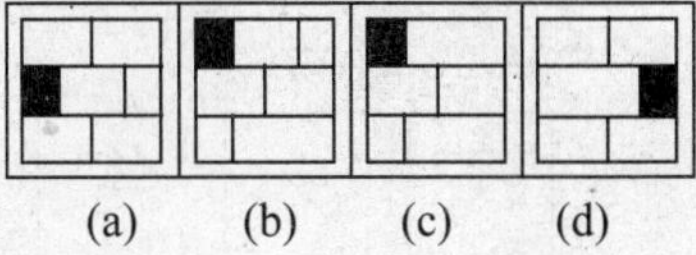

(a) (b) (c) (d)

4. प्रश्न–आकृति

उत्तर–आकृतियाँ

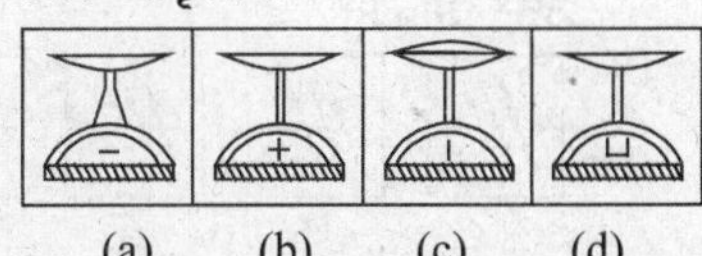

(a) (b) (c) (d)

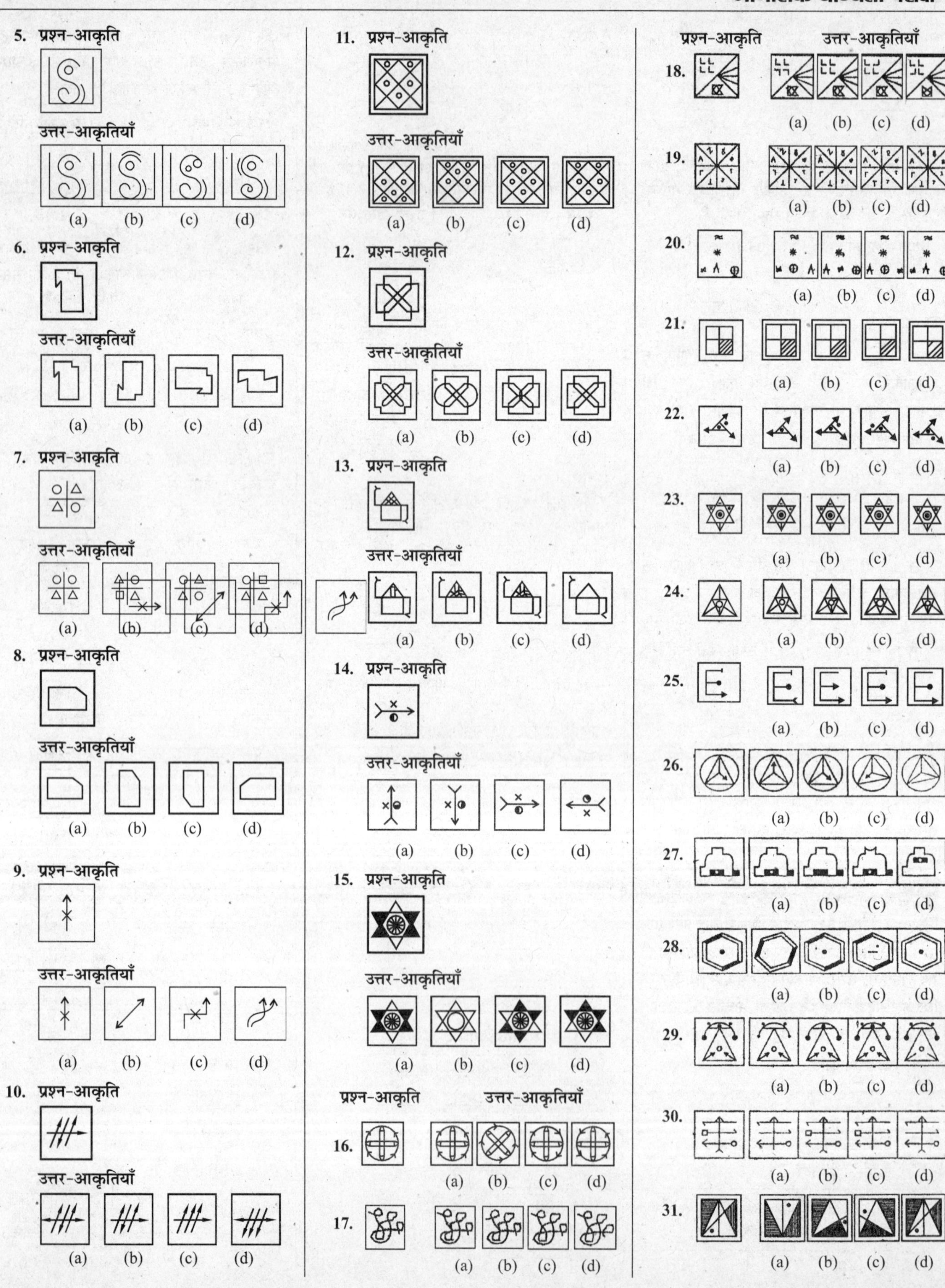
5. प्रश्न-आकृति
उत्तर-आकृतियाँ
(a) (b) (c) (d)
6. प्रश्न-आकृति
उत्तर-आकृतियाँ
(a) (b) (c) (d)
7. प्रश्न-आकृति
उत्तर-आकृतियाँ
(a) (b) (c) (d)
8. प्रश्न-आकृति
उत्तर-आकृतियाँ
(a) (b) (c) (d)
9. प्रश्न-आकृति
उत्तर-आकृतियाँ
(a) (b) (c) (d)
10. प्रश्न-आकृति
उत्तर-आकृतियाँ
(a) (b) (c) (d)
11. प्रश्न-आकृति
उत्तर-आकृतियाँ
(a) (b) (c) (d)
12. प्रश्न-आकृति
उत्तर-आकृतियाँ
(a) (b) (c) (d)
13. प्रश्न-आकृति
उत्तर-आकृतियाँ
(a) (b) (c) (d)
14. प्रश्न-आकृति
उत्तर-आकृतियाँ
(a) (b) (c) (d)
15. प्रश्न-आकृति
उत्तर-आकृतियाँ
(a) (b) (c) (d)
प्रश्न-आकृति उत्तर-आकृतियाँ
16. (a) (b) (c) (d)
17. (a) (b) (c) (d)
प्रश्न-आकृति उत्तर-आकृतियाँ
18. (a) (b) (c) (d)
19. (a) (b) (c) (d)
20. (a) (b) (c) (d)
21. (a) (b) (c) (d)
22. (a) (b) (c) (d)
23. (a) (b) (c) (d)
24. (a) (b) (c) (d)
25. (a) (b) (c) (d)
26. (a) (b) (c) (d)
27. (a) (b) (c) (d)
28. (a) (b) (c) (d)
29. (a) (b) (c) (d)
30. (a) (b) (c) (d)
31. (a) (b) (c) (d)

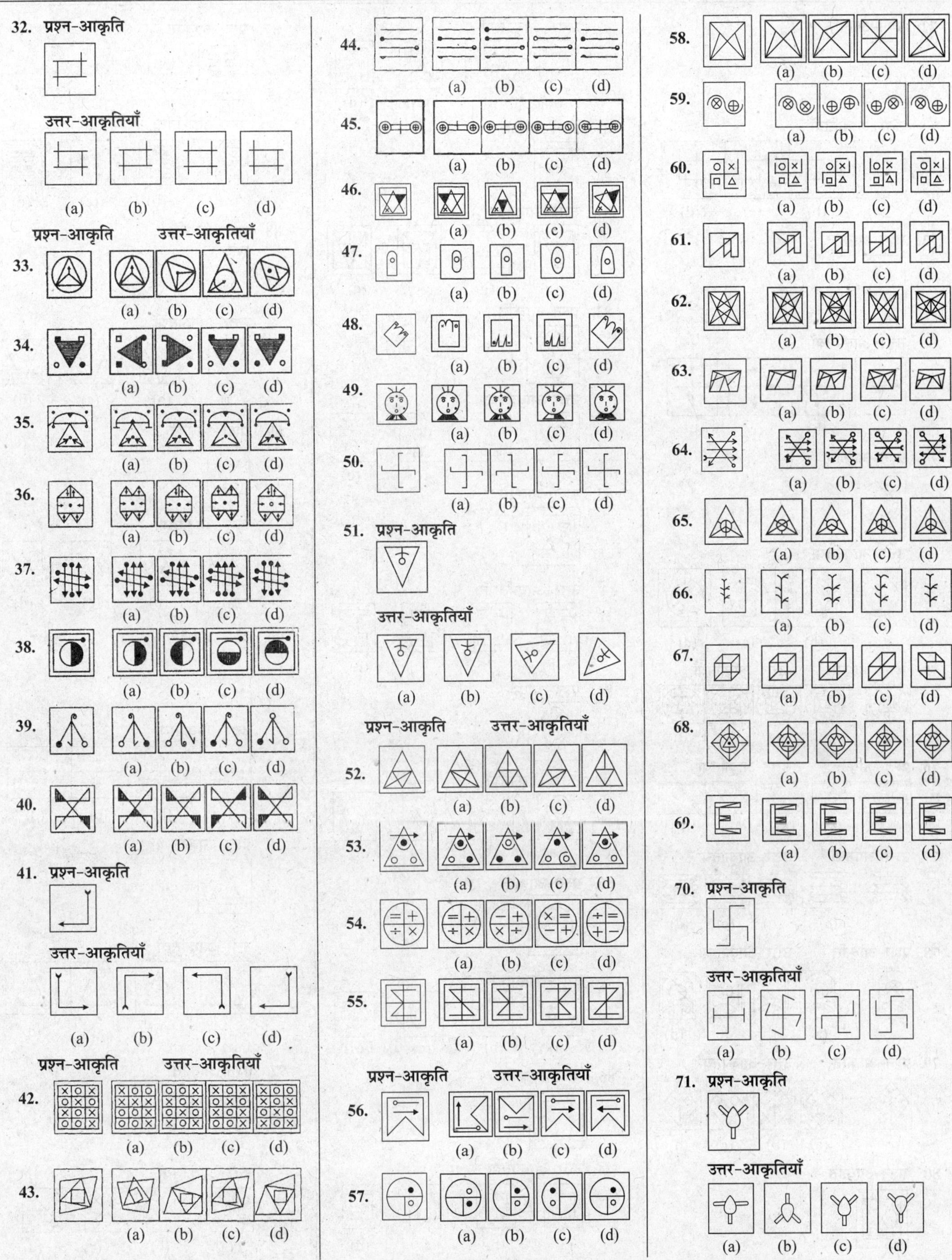
32. प्रश्न-आकृति
उत्तर-आकृतियाँ
(a) (b) (c) (d)
प्रश्न-आकृति उत्तर-आकृतियाँ
33. (a) (b) (c) (d)
34. (a) (b) (c) (d)
35. (a) (b) (c) (d)
36. (a) (b) (c) (d)
37. (a) (b) (c) (d)
38. (a) (b) (c) (d)
39. (a) (b) (c) (d)
40. (a) (b) (c) (d)
41. प्रश्न-आकृति
उत्तर-आकृतियाँ
(a) (b) (c) (d)
प्रश्न-आकृति उत्तर-आकृतियाँ
42. (a) (b) (c) (d)
43. (a) (b) (c) (d)
44. (a) (b) (c) (d)
45. (a) (b) (c) (d)
46. (a) (b) (c) (d)
47. (a) (b) (c) (d)
48. (a) (b) (c) (d)
49. (a) (b) (c) (d)
50. (a) (b) (c) (d)
51. प्रश्न-आकृति
उत्तर-आकृतियाँ
(a) (b) (c) (d)
प्रश्न-आकृति उत्तर-आकृतियाँ
52. (a) (b) (c) (d)
53. (a) (b) (c) (d)
54. (a) (b) (c) (d)
55. (a) (b) (c) (d)
प्रश्न-आकृति उत्तर-आकृतियाँ
56. (a) (b) (c) (d)
57. (a) (b) (c) (d)
58. (a) (b) (c) (d)
59. (a) (b) (c) (d)
60. (a) (b) (c) (d)
61. (a) (b) (c) (d)
62. (a) (b) (c) (d)
63. (a) (b) (c) (d)
64. (a) (b) (c) (d)
65. (a) (b) (c) (d)
66. (a) (b) (c) (d)
67. (a) (b) (c) (d)
68. (a) (b) (c) (d)
69. (a) (b) (c) (d)
70. प्रश्न-आकृति
उत्तर-आकृतियाँ
(a) (b) (c) (d)
71. प्रश्न-आकृति
उत्तर-आकृतियाँ
(a) (b) (c) (d)

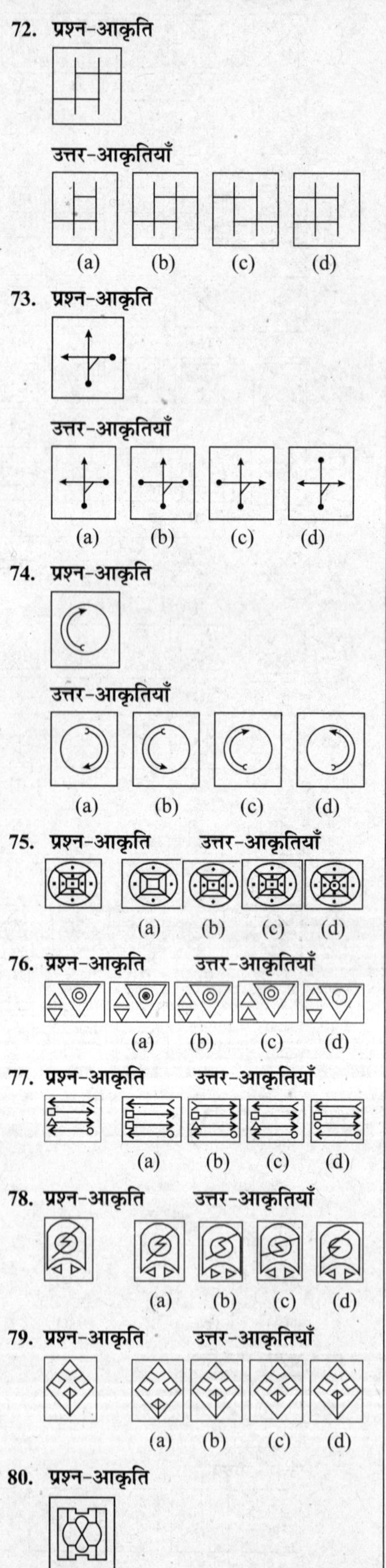
72. प्रश्न-आकृति
उत्तर-आकृतियाँ
(a) (b) (c) (d)
73. प्रश्न-आकृति
उत्तर-आकृतियाँ
(a) (b) (c) (d)
74. प्रश्न-आकृति
उत्तर-आकृतियाँ
(a) (b) (c) (d)
75. प्रश्न-आकृति उत्तर-आकृतियाँ
(a) (b) (c) (d)
76. प्रश्न-आकृति उत्तर-आकृतियाँ
(a) (b) (c) (d)
77. प्रश्न-आकृति उत्तर-आकृतियाँ
(a) (b) (c) (d)
78. प्रश्न-आकृति उत्तर-आकृतियाँ
(a) (b) (c) (d)
79. प्रश्न-आकृति उत्तर-आकृतियाँ
(a) (b) (c) (d)
80. प्रश्न-आकृति

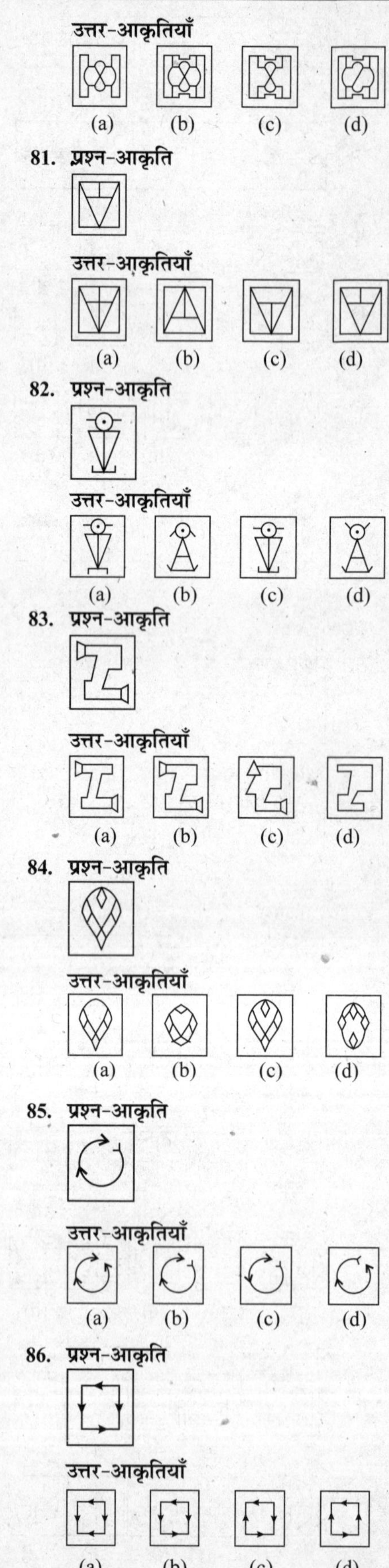
उत्तर-आकृतियाँ
(a) (b) (c) (d)
81. प्रश्न-आकृति
उत्तर-आकृतियाँ
(a) (b) (c) (d)
82. प्रश्न-आकृति
उत्तर-आकृतियाँ
(a) (b) (c) (d)
83. प्रश्न-आकृति
उत्तर-आकृतियाँ
(a) (b) (c) (d)
84. प्रश्न-आकृति
उत्तर-आकृतियाँ
(a) (b) (c) (d)
85. प्रश्न-आकृति
उत्तर-आकृतियाँ
(a) (b) (c) (d)
86. प्रश्न-आकृति
उत्तर-आकृतियाँ
(a) (b) (c) (d)

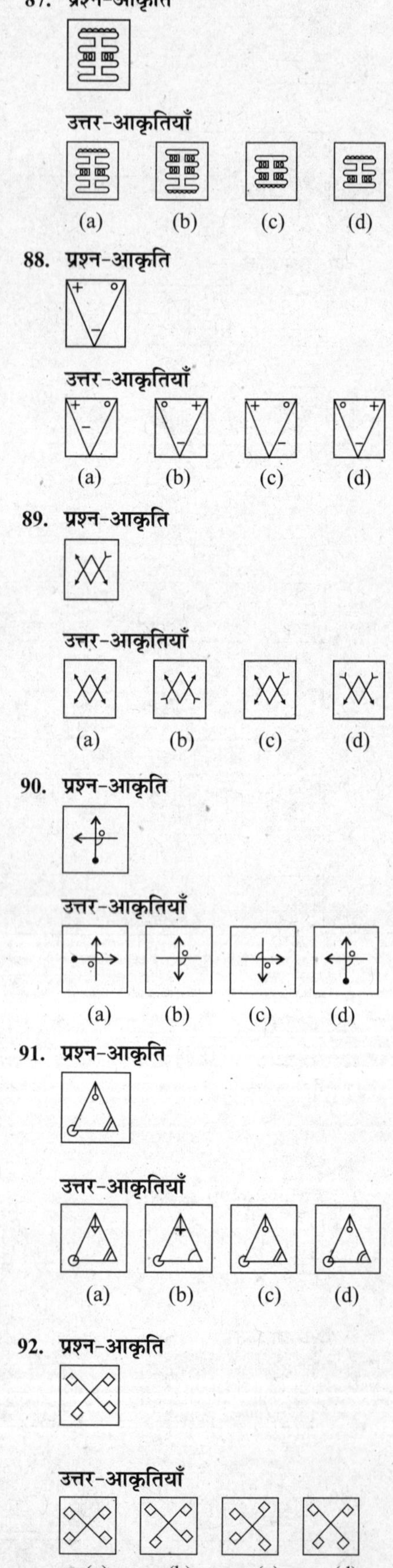
87. प्रश्न-आकृति
उत्तर-आकृतियाँ
(a) (b) (c) (d)
88. प्रश्न-आकृति
उत्तर-आकृतियाँ
(a) (b) (c) (d)
89. प्रश्न-आकृति
उत्तर-आकृतियाँ
(a) (b) (c) (d)
90. प्रश्न-आकृति
उत्तर-आकृतियाँ
(a) (b) (c) (d)
91. प्रश्न-आकृति
उत्तर-आकृतियाँ
(a) (b) (c) (d)
92. प्रश्न-आकृति
उत्तर-आकृतियाँ
(a) (b) (c) (d)

उत्तर (हल/संकेत)

1. (c) उत्तर आकृति (c) दी गई प्रश्न आकृति के समान है।

2. (b) उत्तर आकृति (b) दी गई प्रश्न आकृति के समान है।

3. (c) उत्तर आकृति (c) दी गई प्रश्न आकृति के समान है।

4. (d) उत्तर आकृति (d) दी गई आकृति के समान है।

5. (a) उत्तर आकृति (a) दी गई प्रश्न आकृति के समान है।

6. (a) **7.** (c) **8.** (a) **9.** (a) **10.** (b)
11. (d) **12.** (d) **13.** (c) **14.** (c) **15.** (a)
16. (a) **17.** (c) **18.** (b) **19.** (b) **20.** (d)
21. (a) **22.** (b) **23.** (a) **24.** (d) **25.** (c)
26. (b) **27.** (a) **28.** (b) **29.** (c) **30.** (b)

31. (d) उत्तर आकृति (d) समस्या आकृति के समान है।

32. (b) तीरों की स्थिति को ध्यान में रखने पर आकृति 'B' समस्या आकृति के समान मिलती है।

33. (a) उत्तर आकृति (a) समस्या आकृति के समरूप है।

34. (c) उत्तर आकृति (c) समस्या आकृति के समान है।

35. (b) उत्तर आकृति (b) समस्या आकृति के समान है।

36. (b) उत्तर आकृति (b) समस्या आकृति के समान है।

37. (d) उत्तर आकृति (d) समस्या आकृति के समान है।

38. (a) उत्तर आकृति (a) समस्या आकृति के समान है।

39. (c) उत्तर आकृति (c) समस्या आकृति के समान है।

40. (b) उत्तर आकृति (b) समस्या आकृति के समान है।

41. (d) **42.** (c) **43.** (c) **44.** (a) **45.** (b)
46. (c) **47.** (b) **48.** (d) **49.** (b) **50.** (d)
51. (a) **52.** (c) **53.** (d) **54.** (a) **55.** (b)
56. (c) **57.** (d) **58.** (a) **59.** (d) **60.** (d)
61. (d) **62.** (a) **63.** (b) **64.** (b) **65.** (c)
66. (d) **67.** (a) **68.** (c) **69.** (c) **70.** (d)
71. (c) **72.** (b) **73.** (a) **74.** (c) **75.** (c)
76. (b) **77.** (c) **78.** (a) **79.** (b) **80.** (b)
81. (d) **82.** (c) **83.** (b) **84.** (c) **85.** (b)
86. (b) **87.** (a) **88.** (a) **89.** (c) **90.** (d)
91. (c) **92.** (b)

❑❑❑

अध्याय 3

आकृति पूर्ति परीक्षण

आकृति पूर्ति परीक्षण में एक समस्या आकृति दी जाती है, जिसका कुछ भाग लुप्त होता है। लुप्त भाग वाला हिस्सा दाईं ओर दी गई चार उत्तर आकृतियों में से किसी एक आकृति में दर्शाया जाता है। परीक्षार्थियों को दी गई चार उत्तर आकृतियों में से उस आकृति का चयन करना होता है, जो दी गई समस्या आकृति के रिक्त भाग में रखने पर समस्या आकृति का ढाँचा पूर्ण करती हो।

इस अध्याय के अंतर्गत पूछे जाने वाले प्रश्नों में दी जाने वाली समस्या आकृति का अधिकतर एक-चौथाई हिस्सा लुप्त होता है। वह एक चौथाई हिस्सा दाईं ओर दी गई चार उत्तर आकृतियों में से किसी एक आकृति में दिया जाता है। परीक्षार्थियों को दी गई समस्या आकृति के पैटर्न की पहचान करके खाली स्थान पर आने वाली उत्तर आकृति का पता लगाना है। इस प्रश्नों को हल करने के लिए समस्या आकृति के पैटर्न का ध्यानपूर्वक अवलोकन करना चाहिए।

नीचे कुछ उदाहरणों के माध्यम से इन प्रश्नों का स्पष्टीकरण किया जा रहा है।

हल सहित उदाहरण

निर्देश (उदाहरण 1-4) : नीचे दिए गए प्रश्नों में बाईं ओर एक समस्या आकृति तथा इसके दाईं ओर चार उत्तर आकृतियाँ दी गई हैं। दी गई उत्तर आकृतियों का ध्यानपूर्वक अवलोकन करके उस आकृति का पता लगाइए, जो बिना दिशा परिवर्तन के समस्या आकृति के रिक्त भाग में रखने पर समस्या आकृति का ढ़ाँचा पूर्ण करती हो।

उदाहरण 1. **समस्या आकृति**

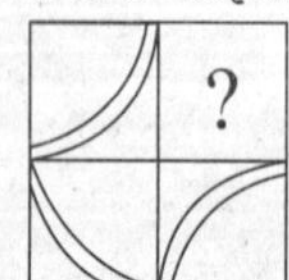

उत्तर आकृतियाँ

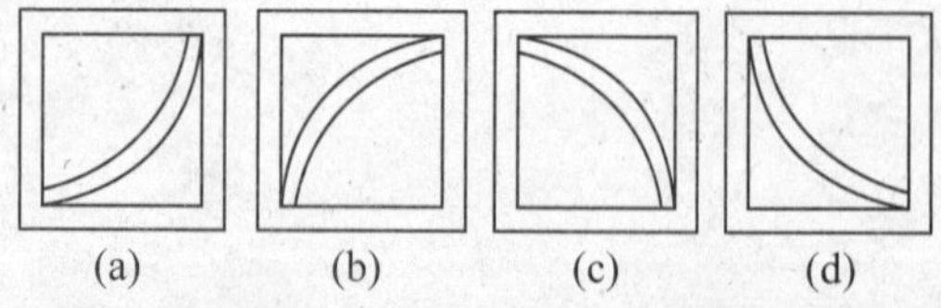

(a) (b) (c) (d)

हल (c) दी गई समस्या आकृति के रिक्त भाग में उत्तर आकृति (c) को रखने पर समस्या आकृति का ढ़ाँचा पूर्ण हो जाता है, जो निम्नवत् है:

उदाहरण 2. **समस्या आकृति**

उत्तर आकृतियाँ

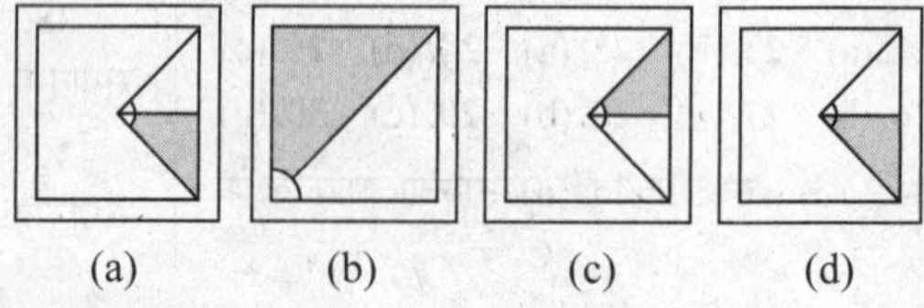

(a) (b) (c) (d)

हल (b) दी गई समस्या आकृति के रिक्त भाग में उत्तर आकृति (b) को रखने पर समस्या आकृति का पैटर्न पूर्ण हो जाता है, जो निम्नवत् है:

उदाहरण 3. **समस्या आकृति**

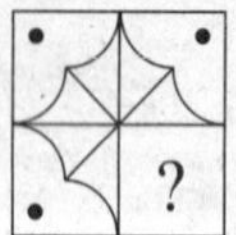

उत्तर आकृतियाँ

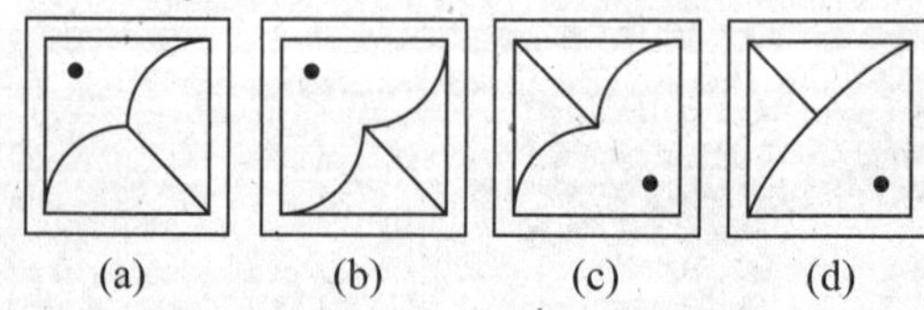

(a) (b) (c) (d)

हल (c) दी गई समस्या आकृति के रिक्त भाग में उत्तर आकृति (c) को रखने पर समस्या आकृति का ढ़ाँचा पूर्ण हो जाता है, जो निम्नवत् है:

उदाहरण 4. **समस्या आकृति**

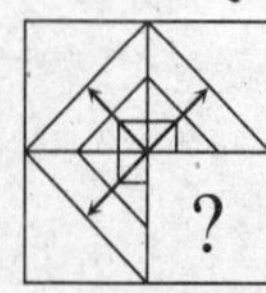

उत्तर आकृतियाँ

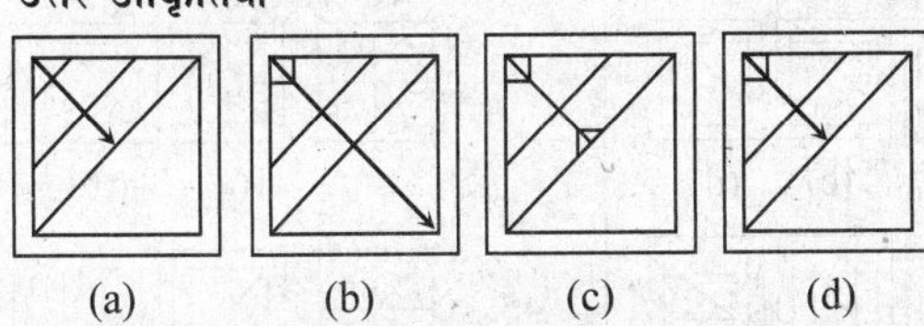

(a) (b) (c) (d)

हल (d) दी गई समस्या आकृति के रिक्त भाग में उत्तर आकृति (d) को रखने पर समस्या आकृति का ढाँचा पूर्ण हो जाता है, जो निम्नवत् है:

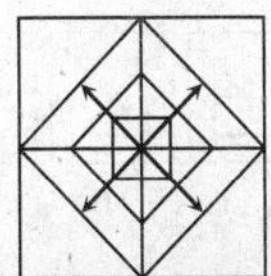

सुझाव

- इसके अंतर्गत आने वाले प्रश्नों में दी गई समस्या आकृति का अधिकतर $1\frac{1}{4}$ भाग ही लुप्त होता है।
- समस्या आकृति मुख्यत: चार भागों में विभाजित होती है, जिसमें से तीन भाग मौजूद होते हैं तथा केवल एक भाग लुप्त होता है।
- आसानी से समस्या आकृति के रिक्त भाग का पता लगाने के लिए हमें समस्या आकृति के मौजूद तीन भागों में विकर्णवत् संबंध देखना चाहिए।
- प्रश्नों के त्रुटिरहित उत्तर प्राप्त करने के लिए निरंतर अभ्यास करना चाहिए।

अभ्यास-1

निर्देश (प्र. सं. 1-50) : दिए गए प्रश्नों में बाईं ओर एक समस्या आकृति दी गई है। दाईं ओर की चारों उत्तर आकृतियों को ध्यानपूर्वक देखिए, उनमें से उस आकृति का पता लगाइए जो बिना दिशा परिवर्तन के प्रश्न आकृति के खाली अंश में इस तरह सही बैठती हो कि समस्या आकृति का ढाँचा पूर्ण हो जाए।

1. समस्या आकृति उत्तर आकृतियाँ

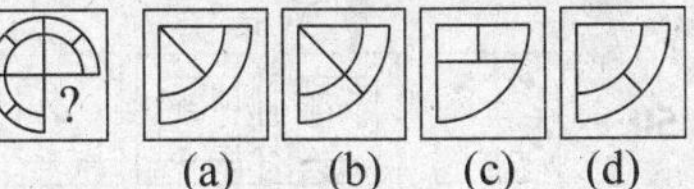

(a) (b) (c) (d)

2.

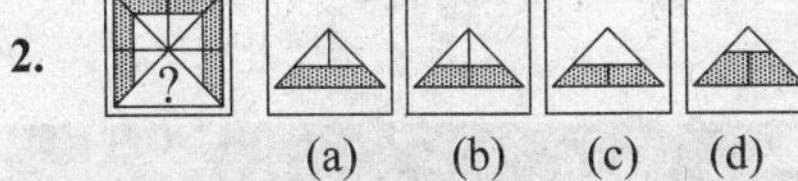

(a) (b) (c) (d)

3.

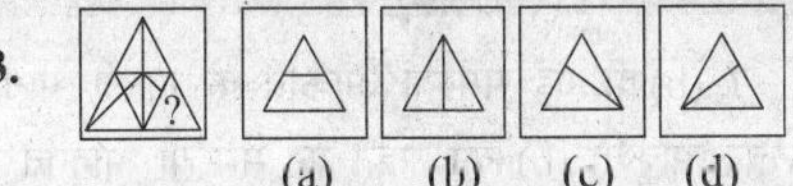

(a) (b) (c) (d)

4.

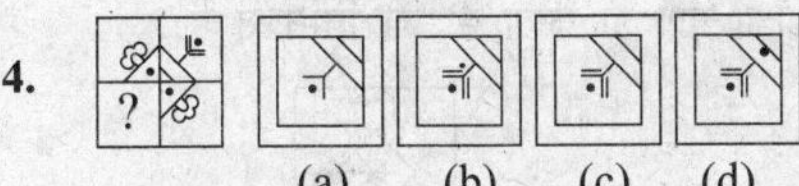

(a) (b) (c) (d)

5.

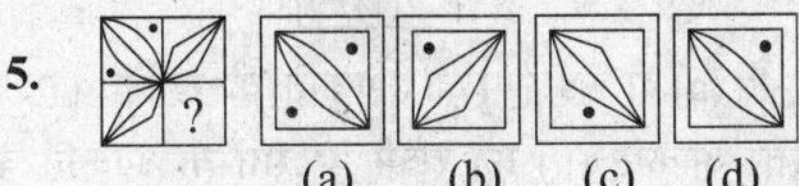

(a) (b) (c) (d)

6.

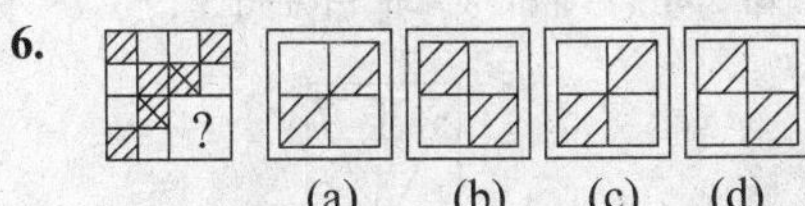

(a) (b) (c) (d)

7.

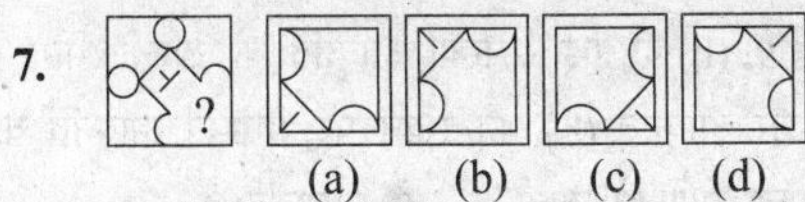

(a) (b) (c) (d)

8.

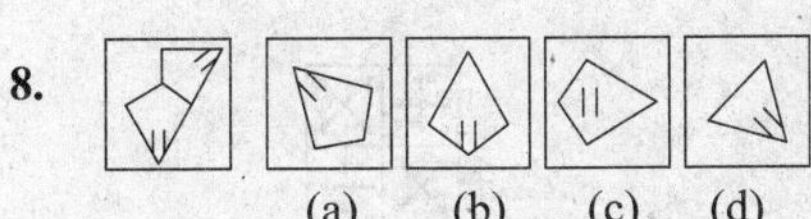

(a) (b) (c) (d)

9. समस्या आकृति उत्तर आकृतियाँ

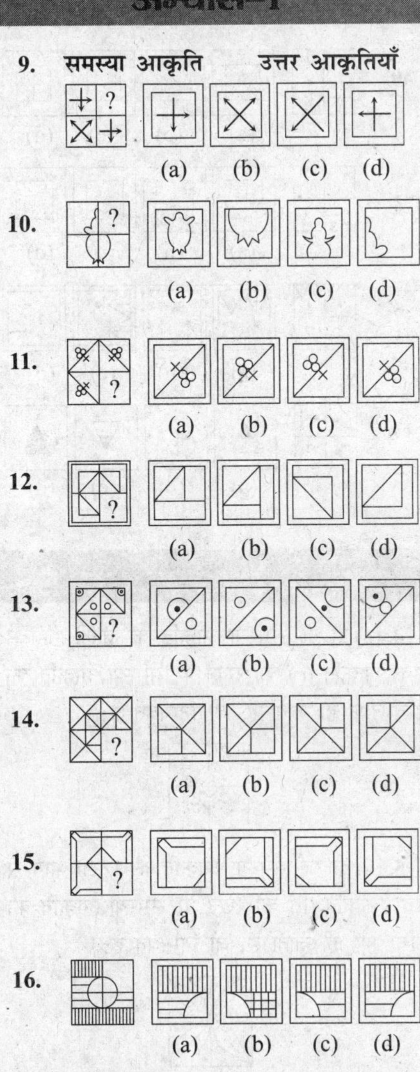

19. समस्या आकृति उत्तर आकृतियाँ

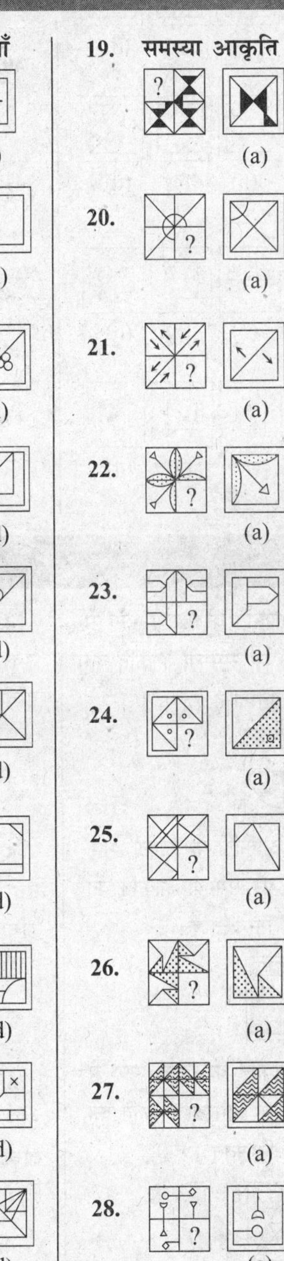

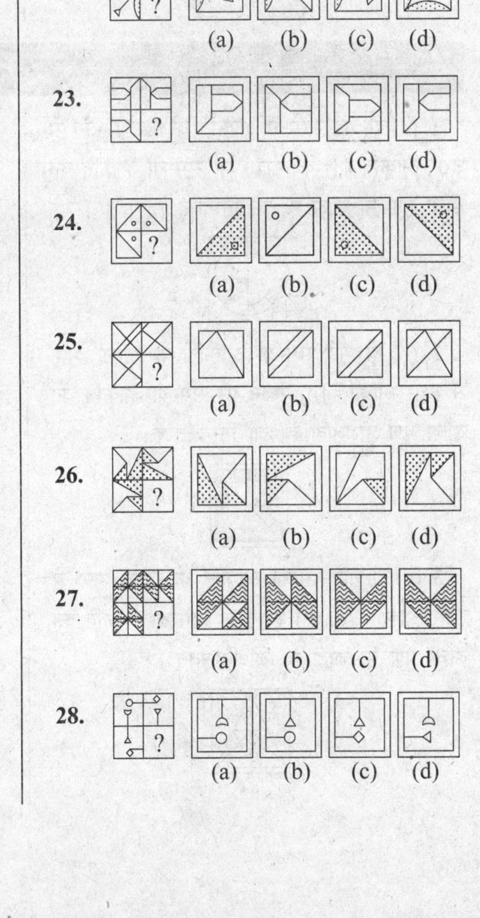

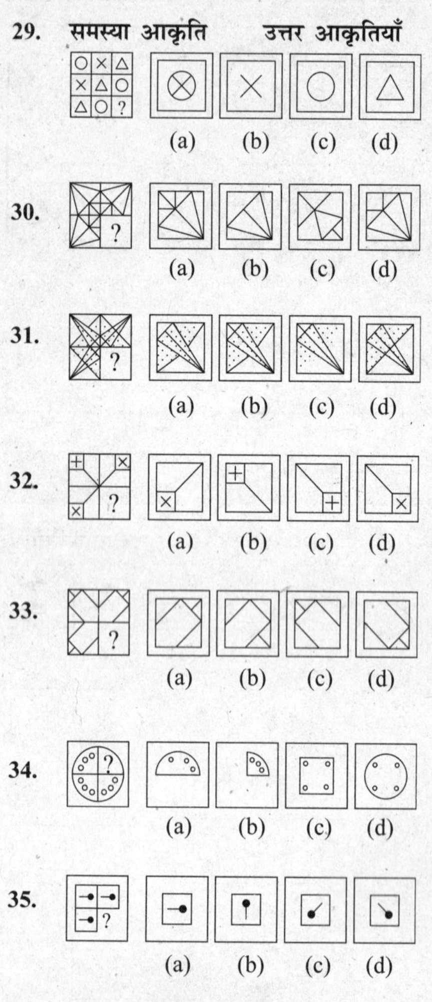

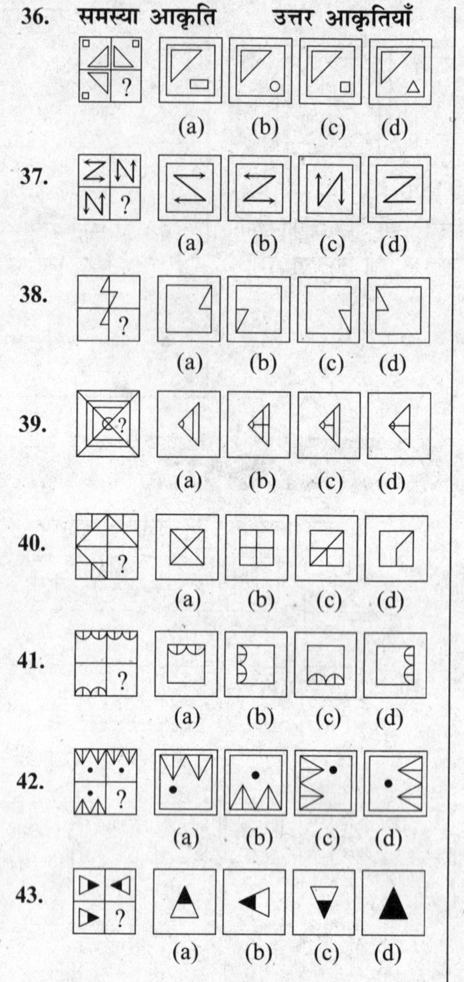

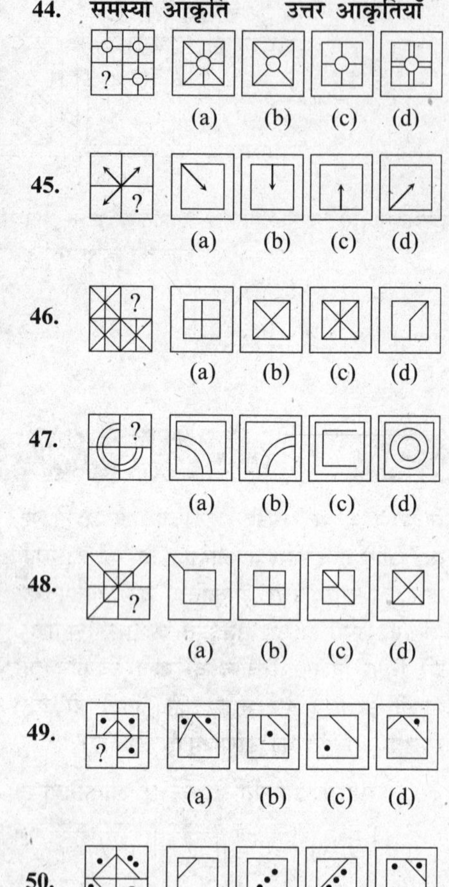

उत्तर (हल/संकेत)

1. (d) दी गई समस्या आकृति के खाली भाग में उत्तर आकृति (d) को रखने पर समस्या आकृति का ढाँचा पूर्ण हो जाता है, जो निम्नवत् है:

2. (b) दी गई समस्या आकृति के खाली भाग में उत्तर आकृति (b) रखने पर समस्या आकृति का ढाँचा पूर्ण हो जाता है, जो निम्नवत् है:

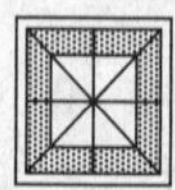

3. (c) दी गई समस्या आकृति के खाली भाग में उत्तर आकृति (c) को रखने पर समस्या आकृति का ढाँचा पूर्ण हो जाता है, जो निम्नवत् है:

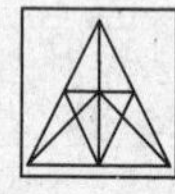

4. (c) दी गई समस्या आकृति के खाली भाग में उत्तर आकृति (c) को रखने पर समस्या आकृति का ढाँचा पूर्ण हो जाता है, जो निम्नवत् है:

5. (a) दी गई समस्या आकृति के खाली भाग में उत्तर आकृति (a) को रखने पर समस्या आकृति का ढाँचा पूर्ण हो जाता है, जो निम्नवत् है:

6. (b) दी गई समस्या आकृति के खाली भाग में उत्तर आकृति (b) को रखने पर समस्या आकृति का ढाँचा पूर्ण हो जाता है, जो निम्नवत् है:

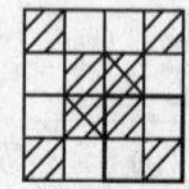

7. (b) दी गई समस्या आकृति के खाली भाग में उत्तर आकृति (b) को रखने पर समस्या आकृति का ढाँचा पूर्ण हो जाता है, जो निम्नवत् है:

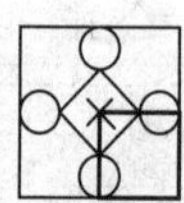

8. (a) दी गई समस्या आकृति के खाली भाग में उत्तर आकृति (a) को रखने पर समस्या आकृति का ढाँचा पूर्ण हो जाता है, जो निम्नवत् है:

9. (b) दी गई समस्या आकृति के खाली भाग में उत्तर आकृति (b) को रखने पर समस्या आकृति का ढाँचा पूर्ण हो जाता है, जो निम्नवत् है:

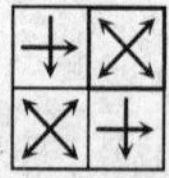

10. (d) दी गई समस्या आकृति के खाली भाग में उत्तर आकृति (d) को रखने पर समस्या आकृति का ढाँचा पूर्ण हो जाता है, जो निम्नवत् है:

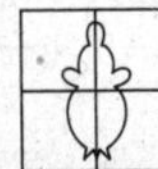

11. (d) दी गई समस्या आकृति के खाली भाग में उत्तर आकृति (d) को रखने पर समस्या आकृति का ढाँचा पूर्ण हो जाता है, जो निम्नवत् है:

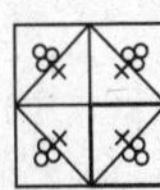

12. (d) दी गई समस्या आकृति के खाली भाग में उत्तर आकृति (d) को रखने पर समस्या आकृति का ढाँचा पूर्ण हो जाता है, जो निम्नवत् है:

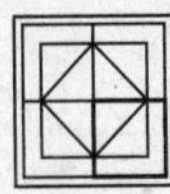

13. (b) दी गई समस्या आकृति के खाली भाग में उत्तर आकृति (b) को रखने पर समस्या आकृति का ढाँचा पूर्ण हो जाता है, जो निम्नवत् है:

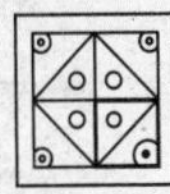

14. (d) दी गई समस्या आकृति के खाली भाग में उत्तर आकृति (d) को रखने पर समस्या आकृति का ढाँचा पूर्ण हो जाता है, जो निम्नवत् है:

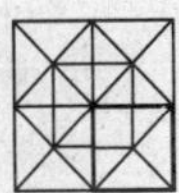

15. (b) दी गई समस्या आकृति के खाली भाग में उत्तर आकृति (b) को रखने पर समस्या आकृति का ढाँचा पूर्ण हो जाता है, जो निम्नवत् है:

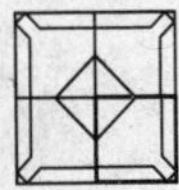

16. (c) दी गई समस्या आकृति के खाली भाग में उत्तर आकृति (c) को रखने पर समस्या आकृति का ढाँचा पूर्ण हो जाता है, जो निम्नवत् है:

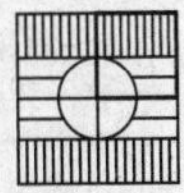

17. (a) दी गई समस्या आकृति के खाली भाग में उत्तर आकृति (a) को रखने पर समस्या आकृति का ढाँचा पूर्ण हो जाता है, जो निम्नवत् है:

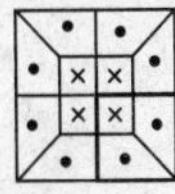

18. (b) दी गई समस्या आकृति के खाली भाग में उत्तर आकृति (b) को रखने पर समस्या आकृति का ढाँचा पूर्ण हो जाता है, जो निम्नवत् है:

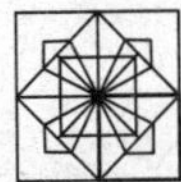

19. (b) दी गई समस्या आकृति के खाली भाग में उत्तर आकृति (b) रखने पर समस्या आकृति का ढाँचा पूर्ण हो जाता है, जो निम्नवत् है:

20. (d) दी गई समस्या आकृति के खाली भाग में उत्तर आकृति (d) को रखने पर समस्या आकृति का ढाँचा पूर्ण हो जाता है, जो निम्नवत् है:

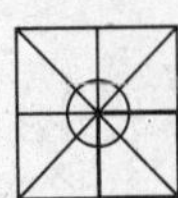

21. (d) दी गई समस्या आकृति के खाली भाग में उत्तर आकृति (d) को रखने पर समस्या आकृति का ढाँचा पूर्ण हो जाता है, जो निम्नवत् है:

22. (c) दी गई समस्या आकृति के खाली भाग में उत्तर आकृति (c) को रखने पर समस्या आकृति का ढाँचा पूर्ण हो जाता है, जो निम्नवत् है:

23. (d) दी गई समस्या आकृति के खाली भाग में उत्तर आकृति (d) को रखने पर समस्या आकृति का ढाँचा पूर्ण हो जाता है, जो निम्नवत् है:

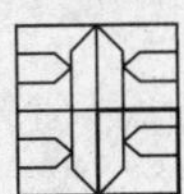

24. (b) दी गई समस्या आकृति के खाली भाग में उत्तर आकृति (b) को रखने पर समस्या आकृति का ढाँचा पूर्ण हो जाता है, जो निम्नवत् है:

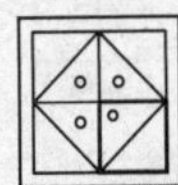

25. (b) दी गई समस्या आकृति के खाली भाग में उत्तर आकृति (b) को रखने पर समस्या आकृति का ढाँचा पूर्ण हो जाता है, जो निम्नवत् है:

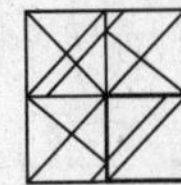

26. (d) दी गई समस्या आकृति के खाली भाग में उत्तर आकृति (d) को रखने पर समस्या आकृति का ढाँचा पूर्ण हो जाता है, जो निम्नवत् है:

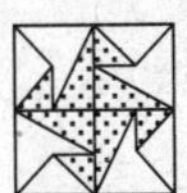

27. (c) दी गई समस्या आकृति के खाली भाग में उत्तर आकृति (c) को रखने पर समस्या आकृति का ढाँचा पूर्ण हो जाता है, जो निम्नवत् है:

28. (a) दी गई समस्या आकृति के खाली भाग में उत्तर आकृति (a) को रखने पर समस्या आकृति का ढाँचा पूर्ण हो जाता है, जो निम्नवत् है:

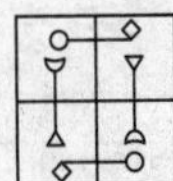

29. (b) दी गई समस्या आकृति के खाली भाग में उत्तर आकृति (b) को रखने पर समस्या आकृति का ढाँचा पूर्ण हो जाता है, जो निम्नवत् है:

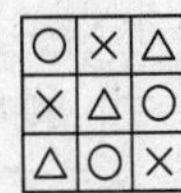

30. (d) दी गई समस्या आकृति के खाली भाग में उत्तर आकृति (d) को रखने पर समस्या आकृति का ढाँचा पूर्ण हो जाता है, जो निम्नवत् है:

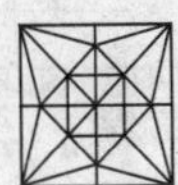

31. (b) दी गई समस्या आकृति के खाली भाग में उत्तर आकृति (b) को रखने पर समस्या आकृति का ढाँचा पूर्ण हो जाता है, जो निम्नवत् है:

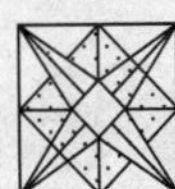

32. (c) दी गई समस्या आकृति के खाली भाग में उत्तर आकृति (c) को रखने पर समस्या आकृति का ढाँचा पूर्ण हो जाता है, जो निम्नवत् है:

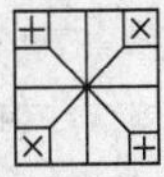

33. (d) दी गई समस्या आकृति के खाली भाग में उत्तर आकृति (d) को रखने पर समस्या आकृति का ढाँचा पूर्ण हो जाता है, जो निम्नवत् है:

34. (b) दी गई समस्या आकृति के खाली भाग में उत्तर आकृति (b) को रखने पर समस्या आकृति का ढाँचा पूर्ण हो जाता है, जो निम्नवत् है:

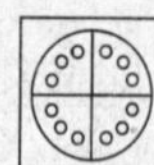

35. (a) दी गई समस्या आकृति के खाली भाग में उत्तर आकृति (a) को रखने पर समस्या आकृति का ढाँचा पूर्ण हो जाता है, जो निम्नवत् है:

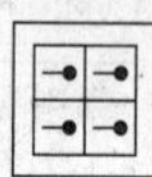

36. (c) दी गई समस्या आकृति के खाली भाग में उत्तर आकृति (c) को रखने पर समस्या आकृति का ढाँचा पूर्ण हो जाता है, जो निम्नवत् है:

37. (b) दी गई समस्या आकृति के खाली भाग में उत्तर आकृति (b) को रखने पर समस्या आकृति का ढाँचा पूर्ण हो जाता है, जो निम्नवत् है:

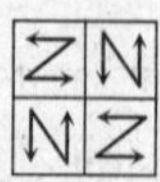

38. (b) दी गई समस्या आकृति के खाली भाग में उत्तर आकृति (b) को रखने पर समस्या आकृति का ढाँचा पूर्ण हो जाता है, जो निम्नवत् है:

39. (a) दी गई समस्या आकृति के खाली भाग में उत्तर आकृति (a) को रखने पर समस्या आकृति का ढाँचा पूर्ण हो जाता है, जो निम्नवत् है:

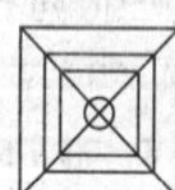

40. (c) दी गई समस्या आकृति के खाली भाग में उत्तर आकृति (c) को रखने पर समस्या आकृति का ढाँचा पूर्ण हो जाता है, जो निम्नवत् है:

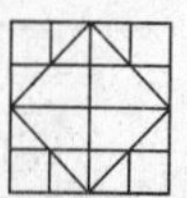

41. (c) दी गई समस्या आकृति के खाली भाग में उत्तर आकृति (c) को रखने पर समस्या आकृति का ढाँचा पूर्ण हो जाता है, जो निम्नवत् है:

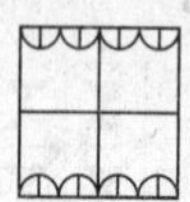

42. (b) दी गई समस्या आकृति के खाली भाग में उत्तर आकृति (b) को रखने पर समस्या आकृति का ढाँचा पूर्ण हो जाता है, जो निम्नवत् है:

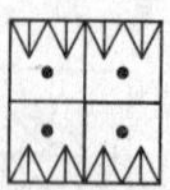

43. (b) दी गई समस्या आकृति के खाली भाग में उत्तर आकृति (b) को रखने पर समस्या आकृति का ढाँचा पूर्ण हो जाता है, जो निम्नवत् है:

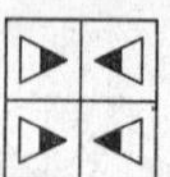

44. (c) दी गई समस्या आकृति के खाली भाग में उत्तर आकृति (c) को रखने पर समस्या आकृति का ढाँचा पूर्ण हो जाता है, जो निम्नवत् है:

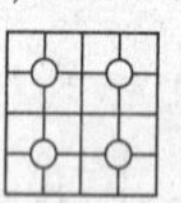

45. (a) दी गई समस्या आकृति के खाली भाग में उत्तर आकृति (a) को रखने पर समस्या आकृति का ढाँचा पूर्ण हो जाता है, जो निम्नवत् है:

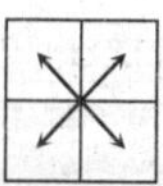

46. (c) दी गई समस्या आकृति के खाली भाग में उत्तर आकृति (c) को रखने पर समस्या आकृति का ढाँचा पूर्ण हो जाता है, जो निम्नवत् है:

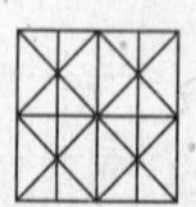

47. (a) दी गई समस्या आकृति के खाली भाग में उत्तर आकृति (a) को रखने पर समस्या आकृति का ढाँचा पूर्ण हो जाता है, जो निम्नवत् है:

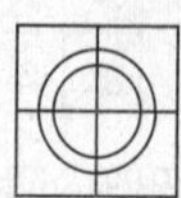

48. (c) दी गई समस्या आकृति के खाली भाग में उत्तर आकृति (c) को रखने पर समस्या आकृति का ढाँचा पूर्ण हो जाता है, जो निम्नवत् है:

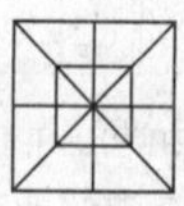

49. (b) दी गई समस्या आकृति के खाली भाग में उत्तर आकृति (b) को रखने पर समस्या आकृति का ढाँचा पूर्ण हो जाता है, जो निम्नवत् है:

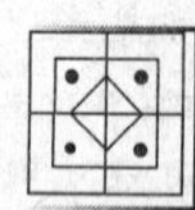

50. (c) दी गई समस्या आकृति के खाली भाग में उत्तर आकृति (c) को रखने पर समस्या आकृति का ढाँचा पूर्ण हो जाता है, जो निम्नवत् है:

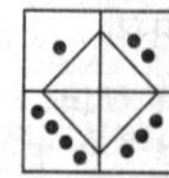

अभ्यास–2

निर्देश—(प्र. सं. 1-96): दिए गए प्रश्नों में रेखा के बाईं तरफ एक प्रश्न आकृति दी गई है। इस आकृति का भाग रिक्त है। दाईं तरफ दी गई (a), (b), (c) तथा (d) उत्तर आकृतियों को देखें। उस आकृति को ढूँढें, जो बिना दिशा बदले समस्या आकृति के रिक्त भाग में इस तरह ठीक बैठती है कि प्रश्न आकृति का पैटर्न पूरी तरह बन जाता है। उत्तर आकृति को पहचानकर सही उत्तर का चयन कीजिए।

1. प्रश्न-आकृति

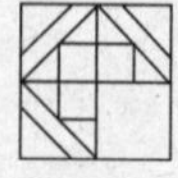

उत्तर-आकृतियाँ

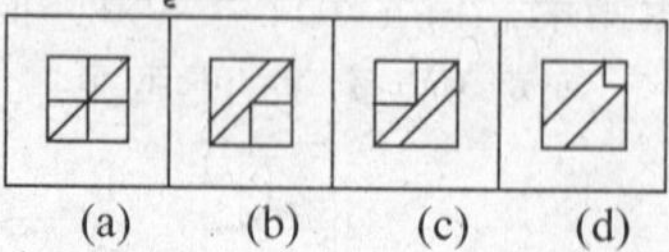

(a) (b) (c) (d)

2. प्रश्न-आकृति

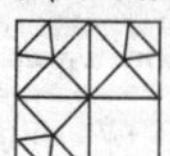

उत्तर-आकृतियाँ

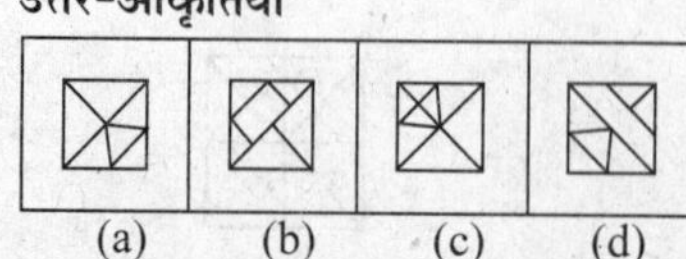

(a) (b) (c) (d)

3. प्रश्न-आकृति

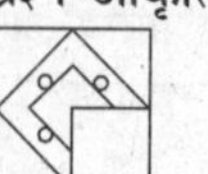

उत्तर-आकृतियाँ

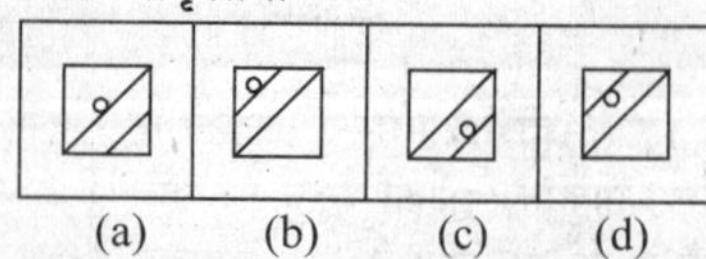

(a) (b) (c) (d)

4. प्रश्न-आकृति

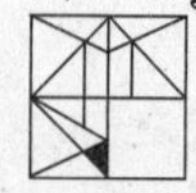

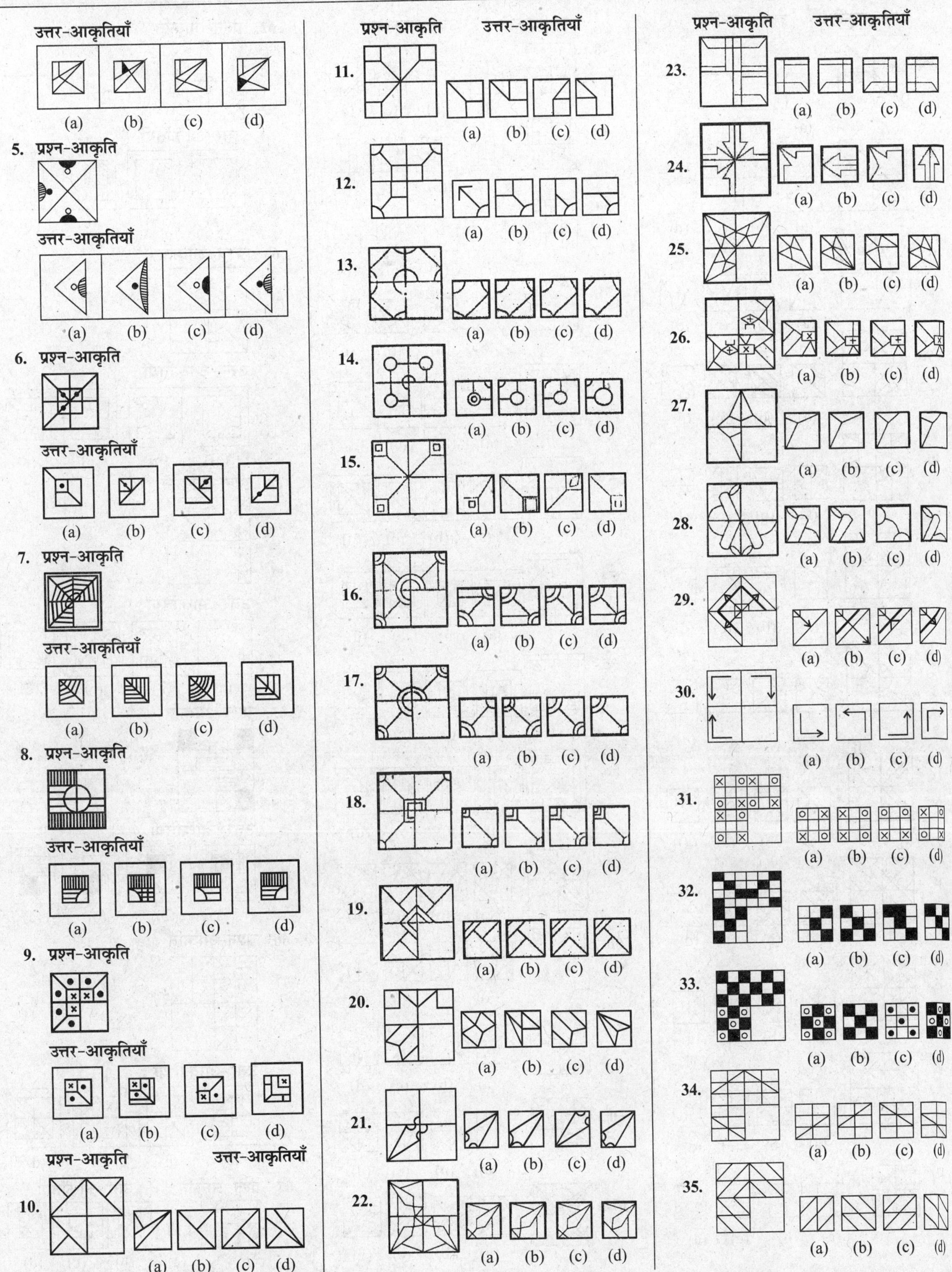

उत्तर-आकृतियाँ
(a) (b) (c) (d)
5. प्रश्न-आकृति
उत्तर-आकृतियाँ
(a) (b) (c) (d)
6. प्रश्न-आकृति
उत्तर-आकृतियाँ
(a) (b) (c) (d)
7. प्रश्न-आकृति
उत्तर-आकृतियाँ
(a) (b) (c) (d)
8. प्रश्न-आकृति
उत्तर-आकृतियाँ
(a) (b) (c) (d)
9. प्रश्न-आकृति
उत्तर-आकृतियाँ
(a) (b) (c) (d)
प्रश्न-आकृति उत्तर-आकृतियाँ
10. (a) (b) (c) (d)
प्रश्न-आकृति उत्तर-आकृतियाँ
11. (a) (b) (c) (d)
12. (a) (b) (c) (d)
13. (a) (b) (c) (d)
14. (a) (b) (c) (d)
15. (a) (b) (c) (d)
16. (a) (b) (c) (d)
17. (a) (b) (c) (d)
18. (a) (b) (c) (d)
19. (a) (b) (c) (d)
20. (a) (b) (c) (d)
21. (a) (b) (c) (d)
22. (a) (b) (c) (d)
प्रश्न-आकृति उत्तर-आकृतियाँ
23. (a) (b) (c) (d)
24. (a) (b) (c) (d)
25. (a) (b) (c) (d)
26. (a) (b) (c) (d)
27. (a) (b) (c) (d)
28. (a) (b) (c) (d)
29. (a) (b) (c) (d)
30. (a) (b) (c) (d)
31. (a) (b) (c) (d)
32. (a) (b) (c) (d)
33. (a) (b) (c) (d)
34. (a) (b) (c) (d)
35. (a) (b) (c) (d)

प्रश्न-आकृति उत्तर-आकृतियाँ

36.
(a) (b) (c) (d)

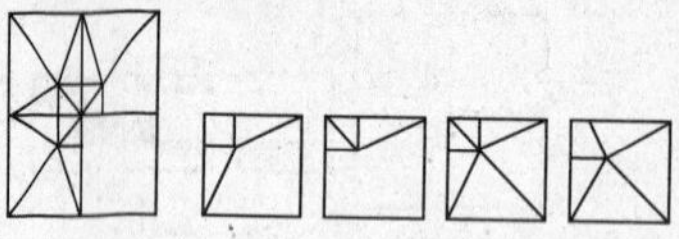

37.
(a) (b) (c) (d)

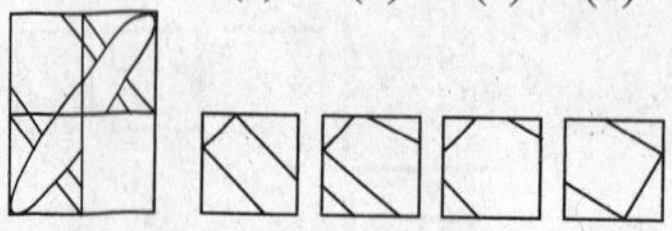

38.
(a) (b) (c) (d)

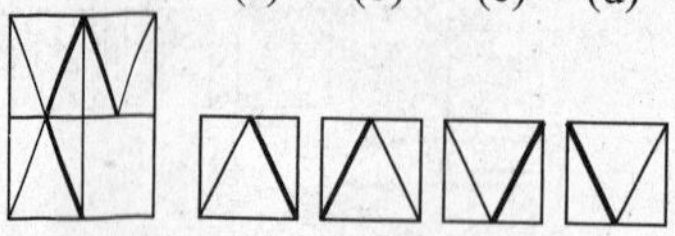

39.
(a) (b) (c) (d)

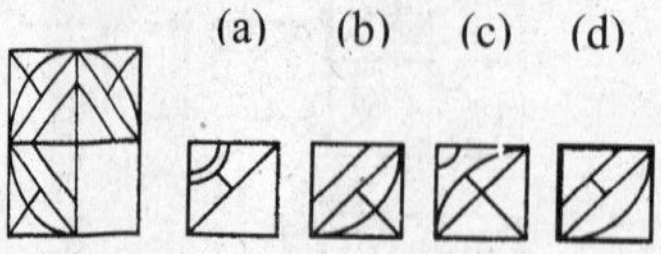

40.
(a) (b) (c) (d)

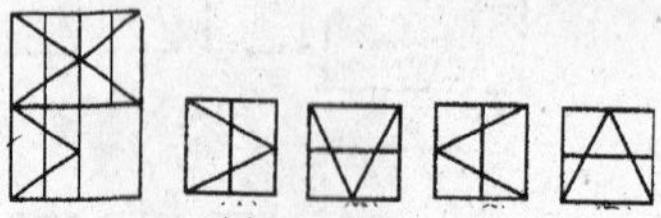

41.
(a) (b) (c) (d)

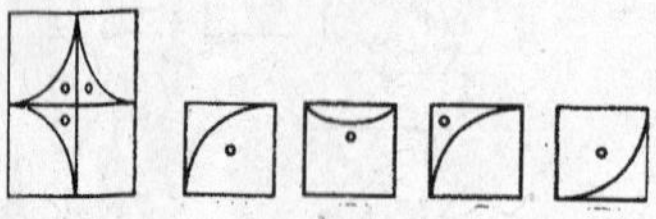

42.
(a) (b) (c) (d)

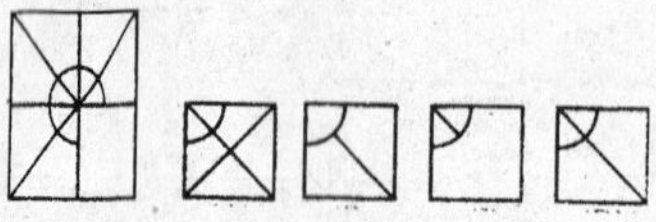

43.
(a) (b) (c) (d)

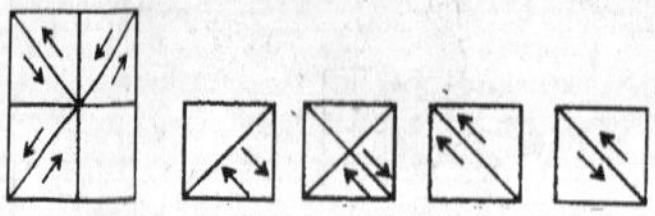

44.
(a) (b) (c) (d)

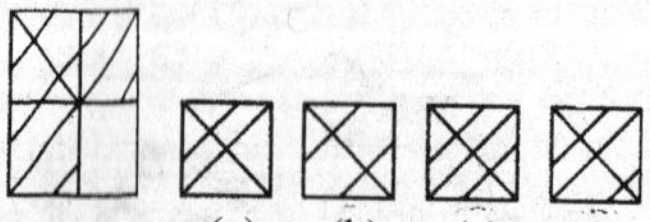

45.
(a) (b) (c) (d)

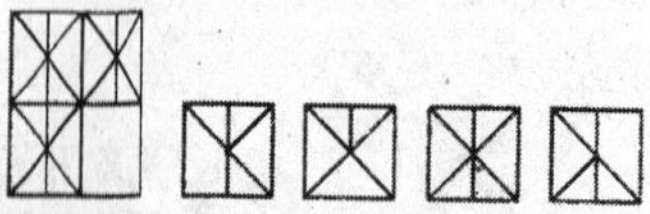

46.
(a) (b) (c) (d)

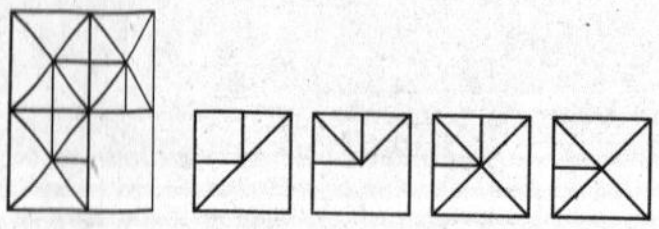

47.
(a) (b) (c) (d)

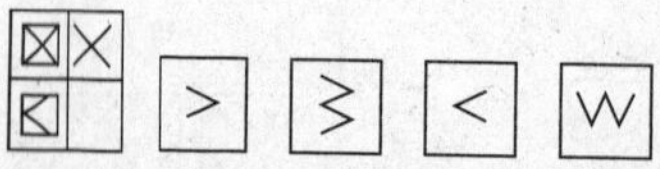

प्रश्न-आकृति उत्तर-आकृतियाँ

48.
(a) (b) (c) (d)

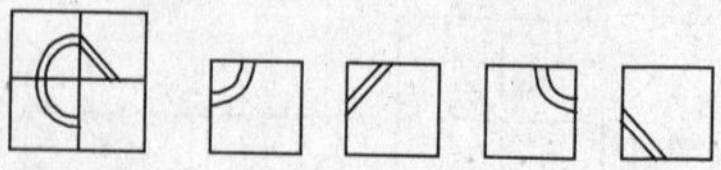

49.
(a) (b) (c) (d)

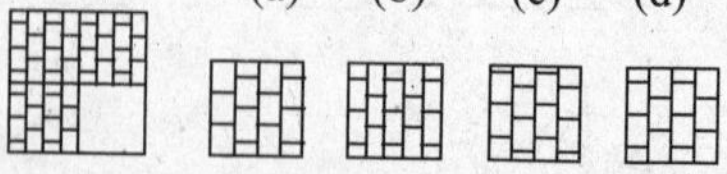

50.
(a) (b) (c) (d)

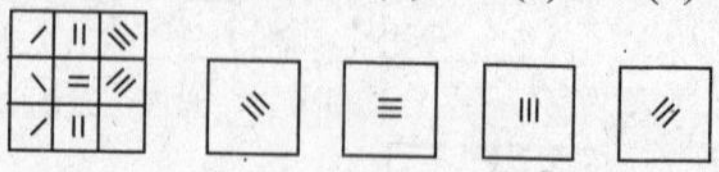

51.
(a) (b) (c) (d)

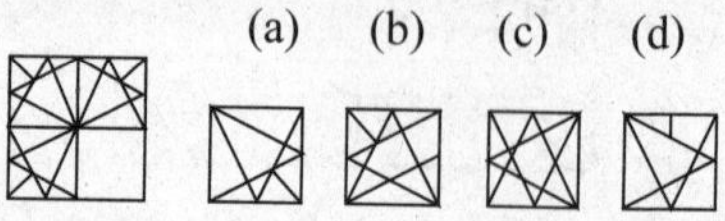

52.
(a) (b) (c) (d)

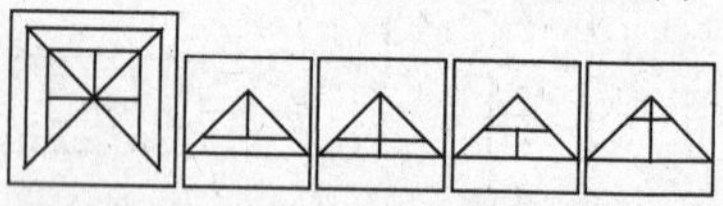

53.
(a) (b) (c) (d)

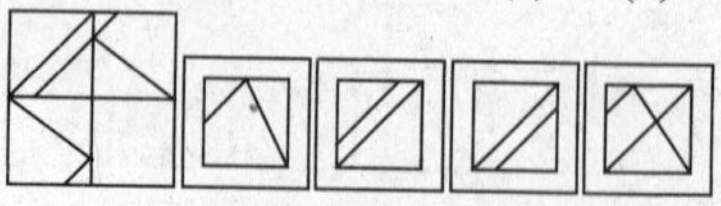

54.
(a) (b) (c) (d)

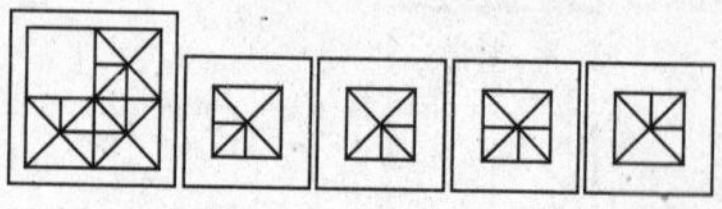

55.
(a) (b) (c) (d)

56.
(a) (b) (c) (d)

57.
(a) (b) (c) (d)

58.
(a) (b) (c) (d)

59.
(a) (b) (c) (d)

60.
(a) (b) (c) (d)

61.
(a) (b) (c) (d)

62. प्रश्न-आकृति
उत्तर-आकृतियाँ
(a) (b) (c) (d)

63. प्रश्न-आकृति
उत्तर-आकृतियाँ
(a) (b) (c) (d)

64. प्रश्न-आकृति
उत्तर-आकृतियाँ
(a) (b) (c) (d)

65. प्रश्न-आकृति
उत्तर-आकृतियाँ
(a) (b) (c) (d)

66. प्रश्न-आकृति
उत्तर-आकृतियाँ
(a) (b) (c) (d)

67. प्रश्न-आकृति उत्तर-आकृतियाँ
(a) (b) (c) (d)

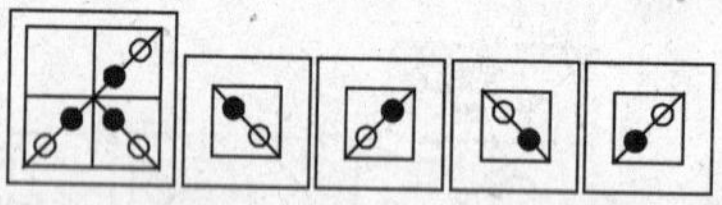

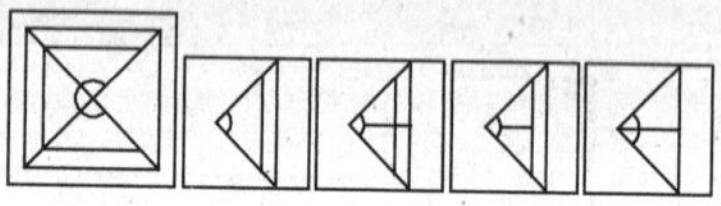

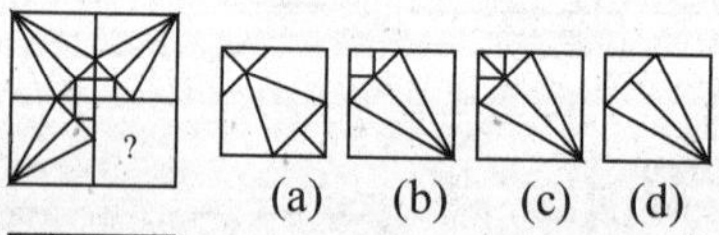

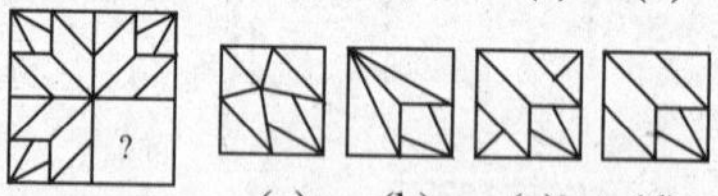

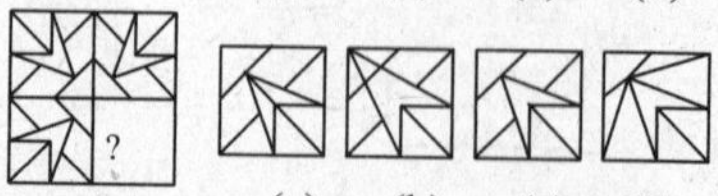

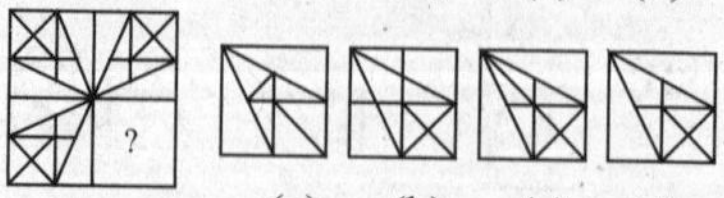

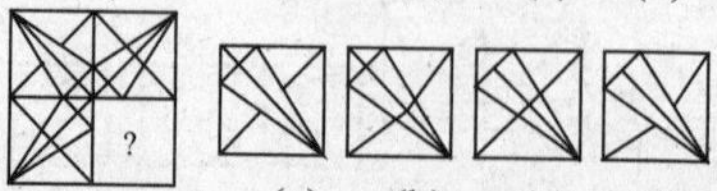

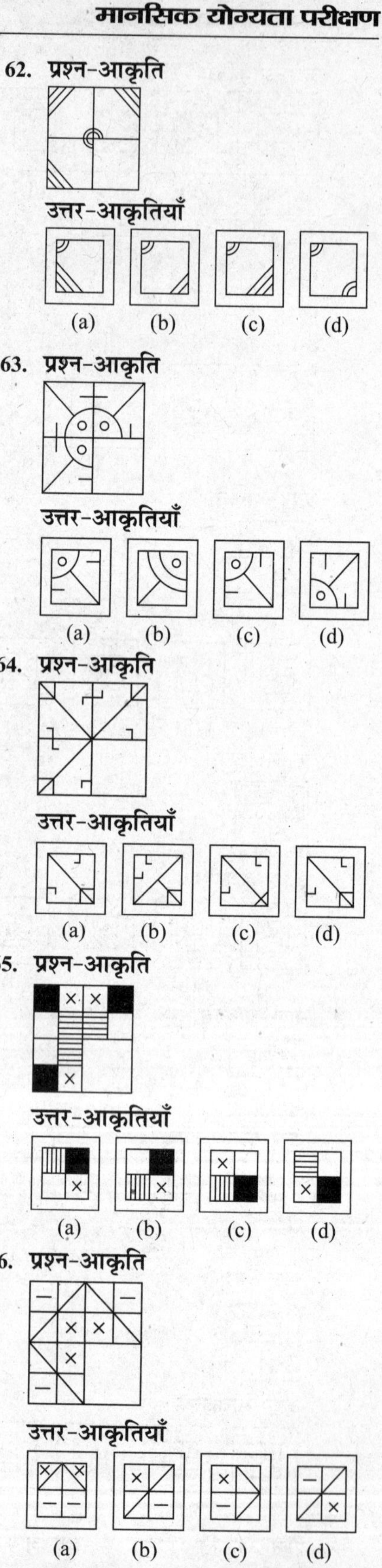

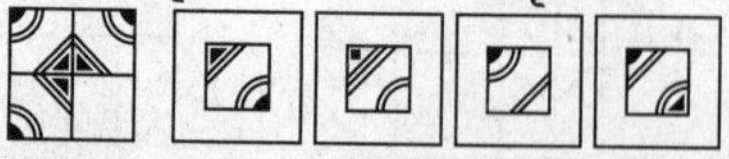

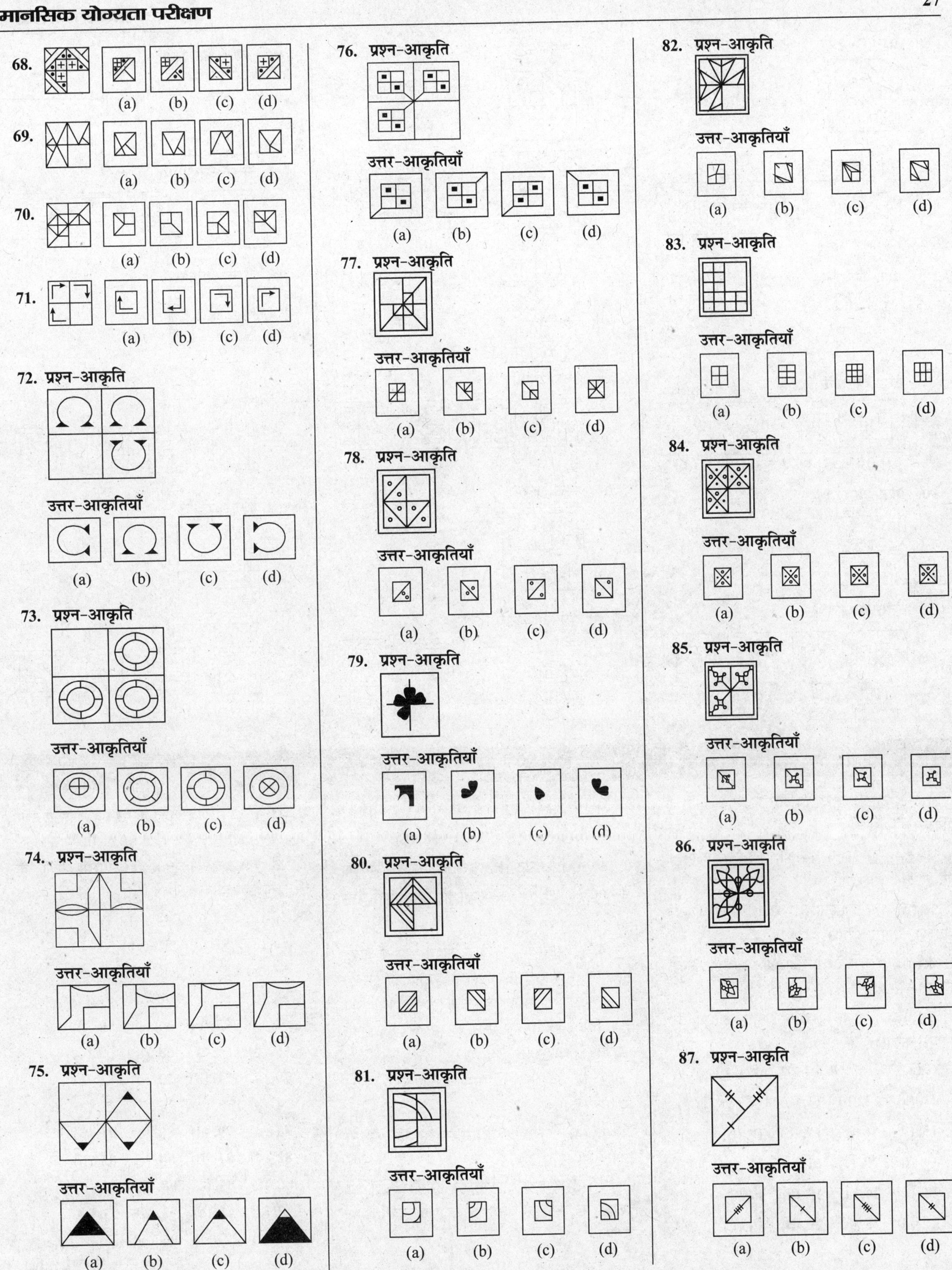
68.
(a) (b) (c) (d)
69.
(a) (b) (c) (d)
70.
(a) (b) (c) (d)
71.
(a) (b) (c) (d)
72. प्रश्न-आकृति
उत्तर-आकृतियाँ
(a) (b) (c) (d)
73. प्रश्न-आकृति
उत्तर-आकृतियाँ
(a) (b) (c) (d)
74. प्रश्न-आकृति
उत्तर-आकृतियाँ
(a) (b) (c) (d)
75. प्रश्न-आकृति
उत्तर-आकृतियाँ
(a) (b) (c) (d)
76. प्रश्न-आकृति
उत्तर-आकृतियाँ
(a) (b) (c) (d)
77. प्रश्न-आकृति
उत्तर-आकृतियाँ
(a) (b) (c) (d)
78. प्रश्न-आकृति
उत्तर-आकृतियाँ
(a) (b) (c) (d)
79. प्रश्न-आकृति
उत्तर-आकृतियाँ
(a) (b) (c) (d)
80. प्रश्न-आकृति
उत्तर-आकृतियाँ
(a) (b) (c) (d)
81. प्रश्न-आकृति
उत्तर-आकृतियाँ
(a) (b) (c) (d)
82. प्रश्न-आकृति
उत्तर-आकृतियाँ
(a) (b) (c) (d)
83. प्रश्न-आकृति
उत्तर-आकृतियाँ
(a) (b) (c) (d)
84. प्रश्न-आकृति
उत्तर-आकृतियाँ
(a) (b) (c) (d)
85. प्रश्न-आकृति
उत्तर-आकृतियाँ
(a) (b) (c) (d)
86. प्रश्न-आकृति
उत्तर-आकृतियाँ
(a) (b) (c) (d)
87. प्रश्न-आकृति
उत्तर-आकृतियाँ
(a) (b) (c) (d)

88. प्रश्न-आकृति

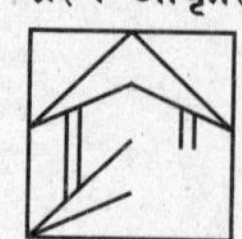

उत्तर-आकृतियाँ

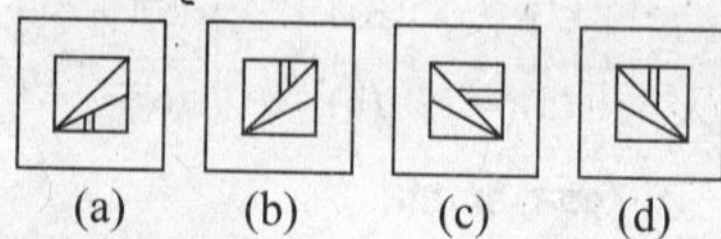

(a) (b) (c) (d)

89. प्रश्न-आकृति

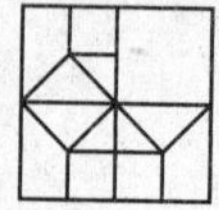

उत्तर-आकृतियाँ

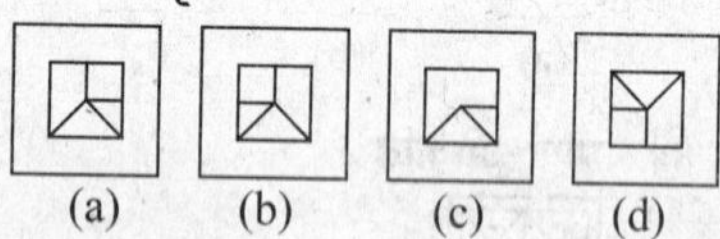

(a) (b) (c) (d)

90. प्रश्न-आकृति

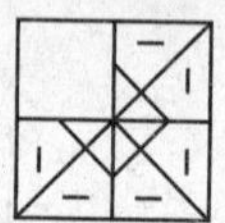

उत्तर-आकृतियाँ

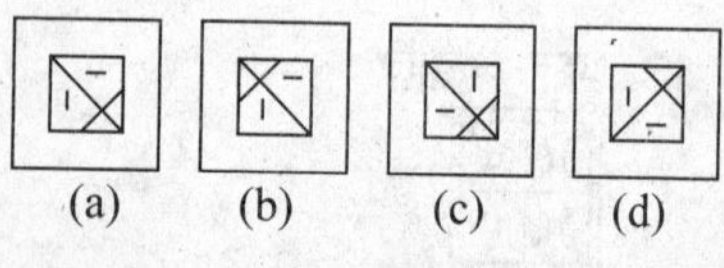

(a) (b) (c) (d)

91. प्रश्न-आकृति

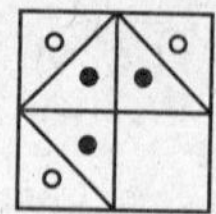

उत्तर-आकृतियाँ

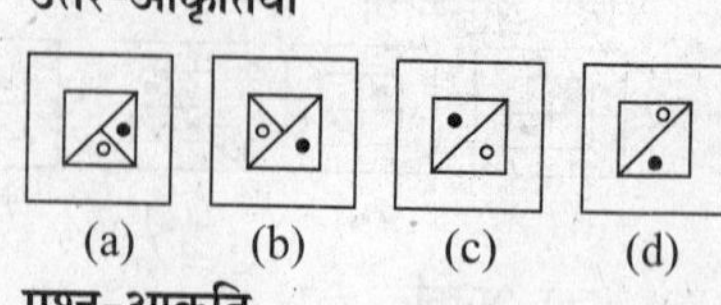

(a) (b) (c) (d)

92. प्रश्न-आकृति

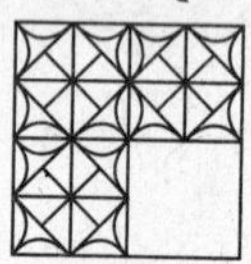

उत्तर-आकृतियाँ

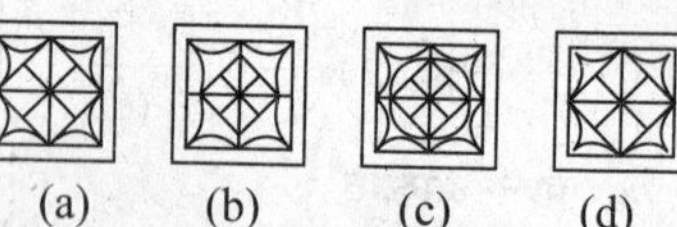

(a) (b) (c) (d)

93. प्रश्न-आकृति

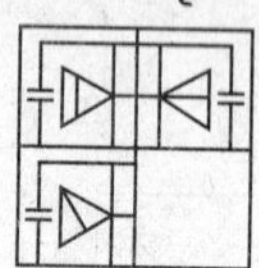

उत्तर-आकृतियाँ

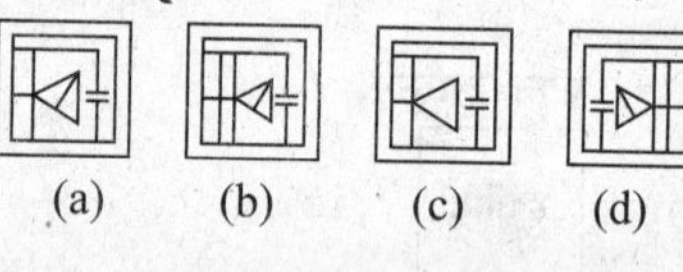

(a) (b) (c) (d)

94. प्रश्न-आकृति

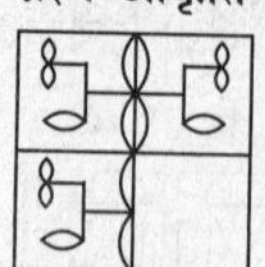

उत्तर-आकृतियाँ

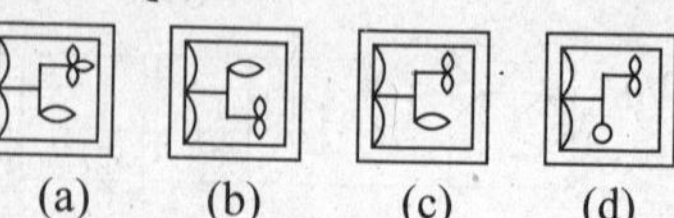

(a) (b) (c) (d)

95. प्रश्न-आकृति

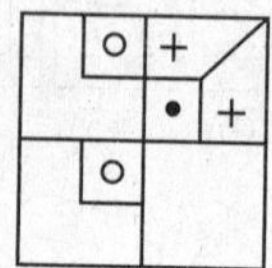

उत्तर-आकृतियाँ

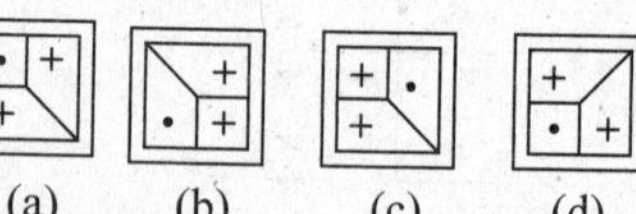

(a) (b) (c) (d)

96. प्रश्न-आकृति

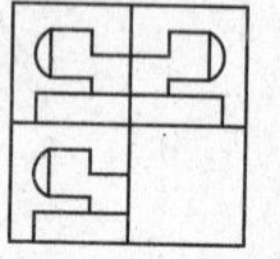

उत्तर-आकृतियाँ

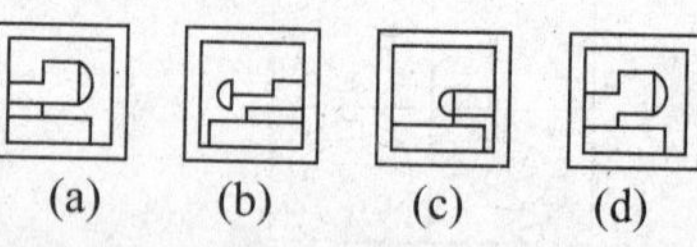

(a) (b) (c) (d)

उत्तर (हल/संकेत)

1. (c) उत्तर आकृति (c) दी गई प्रश्न आकृति के प्रतिरूप को पूरा करेगी।

2. (a) उत्तर आकृति (a) दी गई प्रश्न आकृति के प्रतिरूप को पूरा करेगी।

3. (d) उत्तर आकृति (d) दी गई प्रश्न आकृति प्रतिरूप को पूरा करेगी।

4. (d) उत्तर आकृति (d) दी गई प्रश्न आकृति प्रतिरूप को पूरा करेगी।

5. (d) उत्तर आकृति (d) दी गई प्रश्न आकृति प्रतिरूप को पूरा करेगी।

6. (a) **7.** (a) **8.** (c) **9.** (a) **10.** (c)
11. (a) **12.** (b) **13.** (b) **14.** (b)
15. (d) **16.** (c) **17.** (c) **18.** (b)
19. (d) **20.** (c) **21.** (a) **22.** (b)
23. (c) **24.** (a) **25.** (a) **26.** (d)
27. (d) **28.** (a) **29.** (d) **30.** (c)
31. (d) **32.** (d) **33.** (d) **34.** (a)
35. (c) **36.** (c) **37.** (c) **38.** (b)

39. (b) आकृति (b) बिना दिशा बदले समस्या आकृति के पैटर्न को पूरा करती है। अत: सही उत्तर (b) है।

40. (c) समस्या आकृति के ऊपरी भाग में आयत के दो विकर्ण एक-दूसरे को काटतें हुए दिखाए गए हैं। आयत को तीन रेखाओं द्वारा चार समान भागों में विभाजित किया गया है। अत: इस पैटर्न को पूरा करने के लिए आकृति (c) आएगी।

41. (c) आकृति (c) समस्या आकृति के पैटर्न को पूरा करती है।

42. (d) आकृति (d) ही समस्या आकृति को पूरा करेगी।

43. (d) समस्या आकृति के तीरों के चिह्नों की दिशाओं के पैटर्न पूरा करने के लिए आकृति (d) ही उपयुक्त है।

44. (b) समस्या आकृति के पैटर्न के अनुसार उत्तर आकृति (b) ही रिक्त स्थान को पूरा करेगी।

45. (c) उत्तर आकृति (c) ही समस्या आकृति के पैटर्न को पूरा करेगी।

46. (c) **47.** (c) **48.** (b) **49.** (d)
50. (a) **51.** (a) **52.** (a) **53.** (b)
54. (b) **55.** (c) **56.** (a) **57.** (b)
58. (d) **59.** (c) **60.** (d) **61.** (a)
62. (c) **63.** (c) **64.** (d) **65.** (d)
66. (b) **67.** (a) **68.** (d) **69.** (c)
70. (d) **71.** (b) **72.** (c) **73.** (c)
74. (c) **75.** (c) **76.** (d) **77.** (c)
78. (d) **79.** (d) **80.** (c) **81.** (b)
82. (d) **83.** (b) **84.** (c) **85.** (b)
86. (a) **87.** (c) **88.** (d) **89.** (b)
90. (a) **91.** (c) **92.** (a) **93.** (a)
94. (c) **95.** (a) **96.** (d)

□□□

अध्याय 4

शृंखला

'शृंखला' का अर्थ है, एक निश्चित पैटर्न (प्रतिरूप) बनाते हुए क्रमागत रूप से आगे बढ़ना। इस अध्याय के अन्तर्गत आने वाले प्रश्नों में बाईं ओर समस्या आकृति के रूप में एक शृंखला दी जाती है, जिसके चार भाग हैं, प्रथम तीन भागों में आकृतियाँ उपस्थित होती हैं, जबकि चौथा या अन्तिम भाग लुप्त होता है, इसी लुप्त या खाली भाग का पता लगाने के लिए दाईं ओर उत्तर–आकृतियों के रूप में चार आकृतियाँ दी जाती हैं। समस्या आकृति में दी गई शृंखला एक निश्चित पैटर्न का पालन करती हुई आगं बढ़ती है। परीक्षार्थियों को इसी पैटर्न का पता लगाकर दी गई चार उत्तर–आकृतियों में से उस उत्तर–आकृति का चयन करना है, जो शृंखला के पैटर्न का पालन करते हुए उस शृंखला को पूर्ण करती है।

इस प्रश्नों को हल करने के लिए कुछ विशेष नियमों को ध्यान में रखने की आवश्यकता है।

नियम-1 वर्गाकार घूर्णन : इसके अन्तर्गत घूमने में दाएँ तथा बाएँ की स्थिति का पता लगाया जा सकता है।

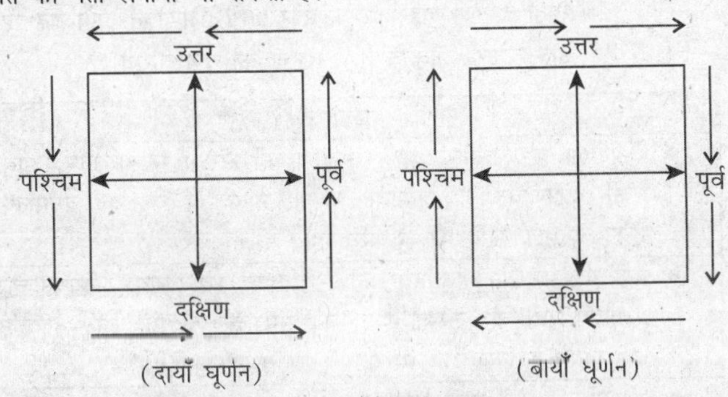

नियम-2 वृत्ताकार घूर्णन: इसके अन्तर्गत वृत्ताकार पथ पर घड़ी की सुई की दिशा में (दक्षिणावर्त) तथा घड़ी कीं सुई की विपरीत दिशा में (वामावर्त) घूर्णन का पता लगाया जा सकता है।

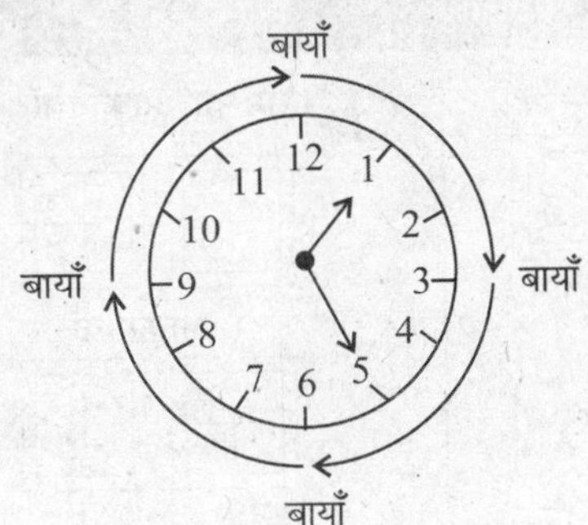

दक्षिणावर्त घूर्णन (clockwise)
(घड़ी की सुई की दिशा में घूर्णन)

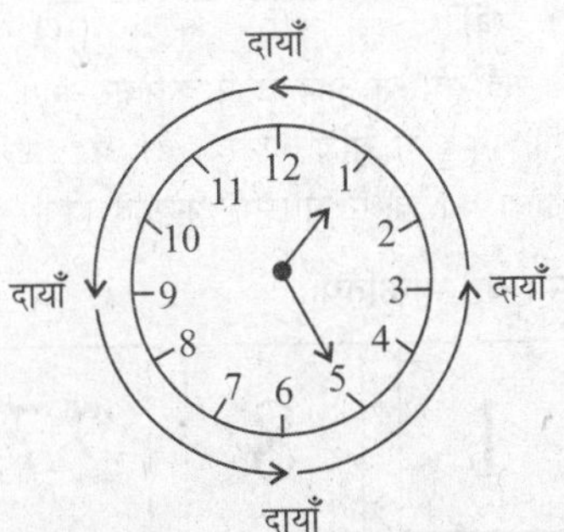

वामावर्त घूर्णन (Anticlockwise) (घड़ी की सुई के विपरीत दिशा में घूर्णन)

नियम-3 अक्षीय घूर्णन : इसके अन्तर्गत एक अक्ष के परिता एक निश्चित कोण (डिग्री में) बनाते हुए घूर्णन करना अक्षीय घूर्णन कहलाता है।

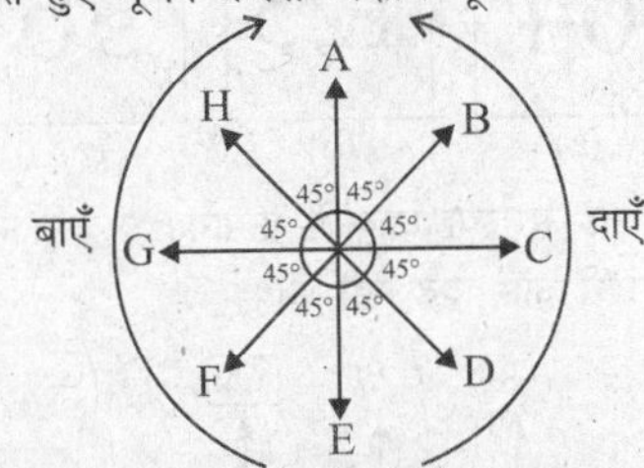

A से B तक घूर्णन	AB = 45°
A से C तक घूर्णन	AC = (AB + BC) = (45 + 45°) = 90°
A से D तक घूर्णन	AD = (AB + CD) = (90 + 45°) = 135°
A से E तक घूर्णन	AE = (AD + DE) = (135° + 45°) = 180°
A से F तक घूर्णन	AF = (AE + EF) = (180° + 45°) = 225°
A से G तक घूर्णन	AG = (AF + GF) = (225° + 45°) = 270°
A से H तक घूर्णन	AH = (AG + GH) = (270° + 45°) = 315°
A से A तक घूर्णन	AA = (AH + HA) = (315° + 45°) = 360°

अत: A से A तक घूर्णन से यह, स्पष्ट होता है कि पूरा एक चक्कर 360° का होता है।

दिए गए कुछ उदाहरणों के माध्यम से शृंखला परीक्षण के अन्तर्गत आने वाले प्रश्नों को समझाने का प्रयास किया जा रहा है।

हल सहित उदाहरण

निर्देश (उदाहरण 1-4) : नीचे प्रत्येक प्रश्न में बाईं ओर तीन समस्या आकृतियाँ दी गई हैं तथा चौथी आकृति के लिए स्थान खाली है। समस्या आकृतियाँ एक निश्चित क्रम में आगे बढ़ रही हैं। दाईं ओर दी गई उत्तर–आकृतियों में से उस आकृति का चयन कीजिए, जो समस्या आकृति के क्रम को पूर्ण करती हो।

उदाहरण 1. **समस्या आकृतियाँ**

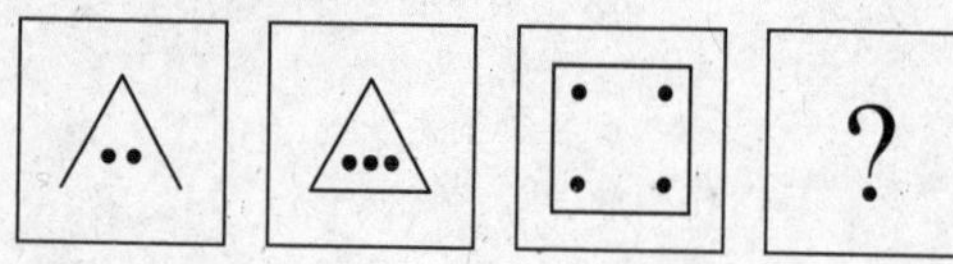

उत्तर आकृतियाँ

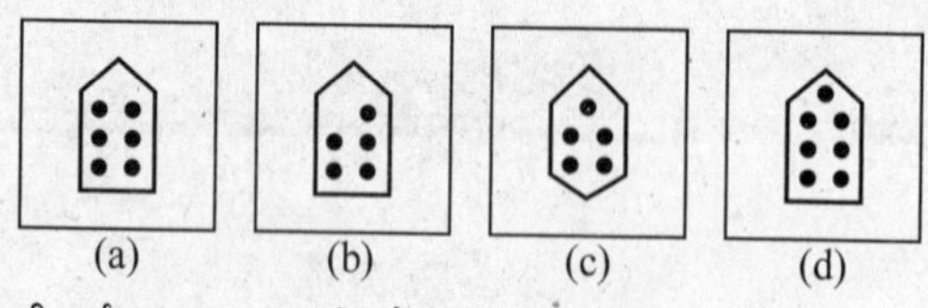

(a) (b) (c) (d)

हल (b) दी गई समस्या आकृति में क्रमवार आगे बढ़ने पर एक रेखा तथा एक बिन्दु में वृद्धि हो रही है। अतः उत्तर–आकृति (b) दी गई शृंखला की चौथी समस्या आकृति होगी।

उदाहरण 2. **समस्या आकृतियाँ**

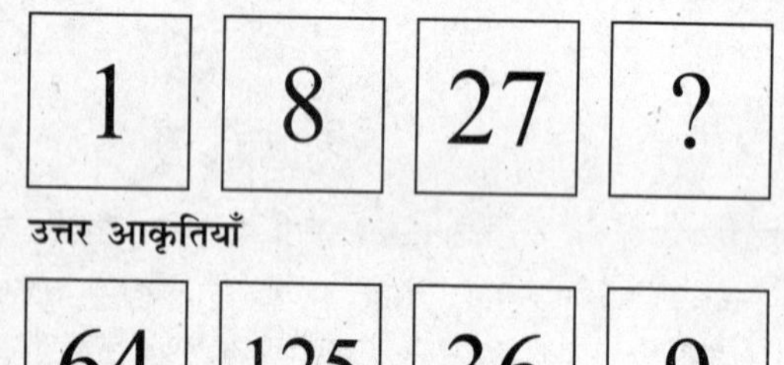

(a) (b) (c) (d)

हल (a) दी गई समस्या आकृति क्रमागत प्राकृतिक संख्याओं के घन के रूप में आगे बढ़ रही हैं।

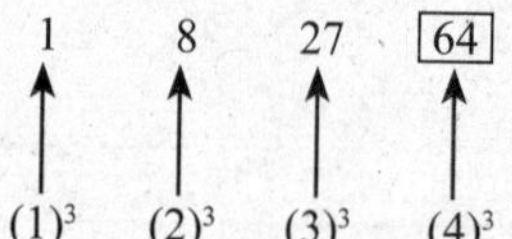

उदाहरण 3. **समस्या आकृतियाँ**

उत्तर आकृतियाँ

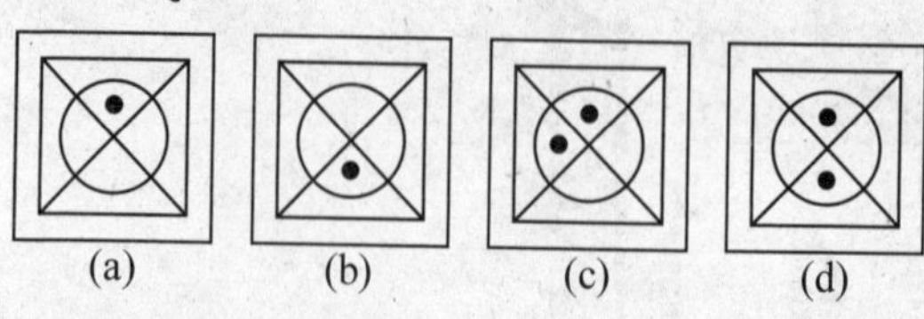

(a) (b) (c) (d)

हल (a): दी गई समस्या आकृतियों में क्रमवार बढ़ने पर आकृतियों की स्थिति में कोई परिवर्तन नहीं हो रहा है, केवल बिन्दु वामावर्त दिशा में एक खाने आगे बढ़ रहा है। अतः उत्तर–आकृति (a) दी गई शृंखला को पूर्ण करेगी।

उदाहरण 4. **समस्या आकृतियाँ**

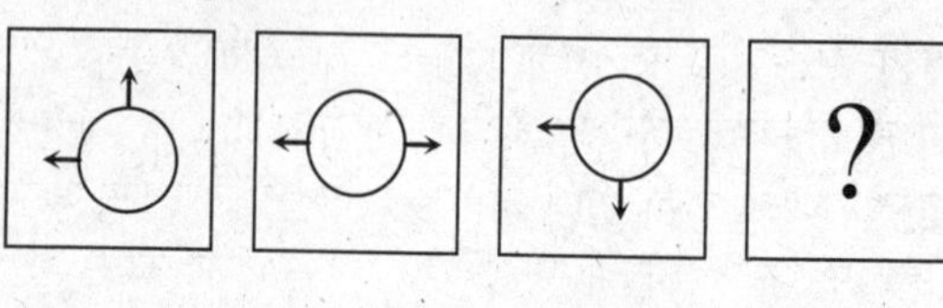

उत्तर आकृतियाँ

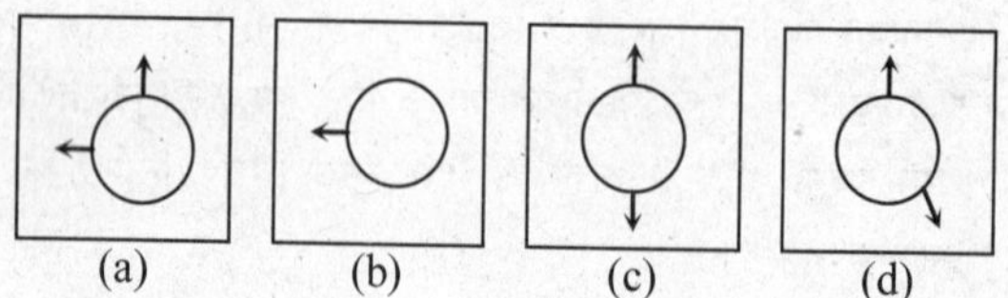

(a) (b) (c) (d)

हल (b) दी गई आकृतियों में क्रमवार बढ़ने पर बाईं ओर का तीर स्थिर रहता है तथा दाईं ओर का तीर 90° दक्षिणावर्त आगे बढ़ रहा है। अतः उत्तर–आकृति (b) शृंखला को पूर्ण करेगी।

सुझाव

- शृंखला पर आधारित प्रश्न भुजाओं की संख्या में परिवर्तन, आकृति की दक्षिणावर्त या वामावर्त घूर्णन, संख्याओं के वर्ग–वर्गमूल या घन–घनमूल आदि पर आधारित होते हैं।
- दी गई समस्या आकृतियों की स्थिति का ध्यानपूर्वक अध्ययन करना चाहिए तत्पश्चात् उसके पैटर्न को समझकर दी गई उत्तर–आकृतियों से गायब समस्या आकृति का चुनाव करना चाहिए।
- प्रश्नों के सही उत्तर प्राप्त करने के लिए प्रश्नों का निरंतर अभ्यास आवश्यक है।

अभ्यास–1

निर्देश (प्र. सं. 1-50) नीचे प्रश्नों में बाईं ओर तीन समस्या आकृतियाँ दी गई हैं तथा चौथी आकृति के लिए स्थान रिक्त छोड़ दिया गया है। समस्या आकृतियाँ एक क्रम में हैं। पता लगाइए कि दाईं ओर दी गई उत्तर–आकृतियों में कौन-सी आकृति इस क्रम को पूरा करती है? उस आकृति का अक्षरांक ही आपका उत्तर होगा।

1. **समस्या आकृतियाँ**

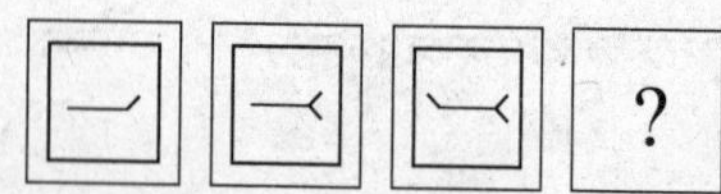

उत्तर आकृति

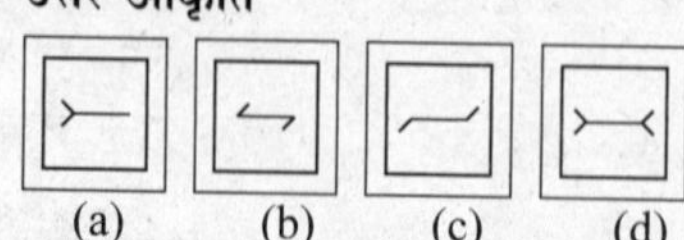

(a) (b) (c) (d)

2. **समस्या आकृतियाँ**

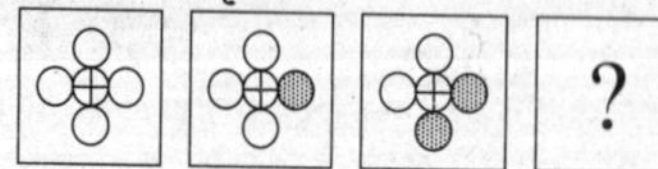

उत्तर आकृतियाँ

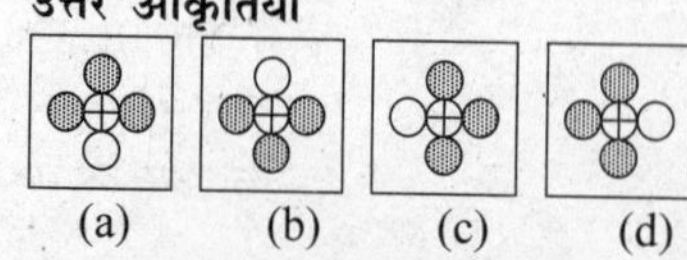

(a) (b) (c) (d)

3. **समस्या आकृतियाँ**

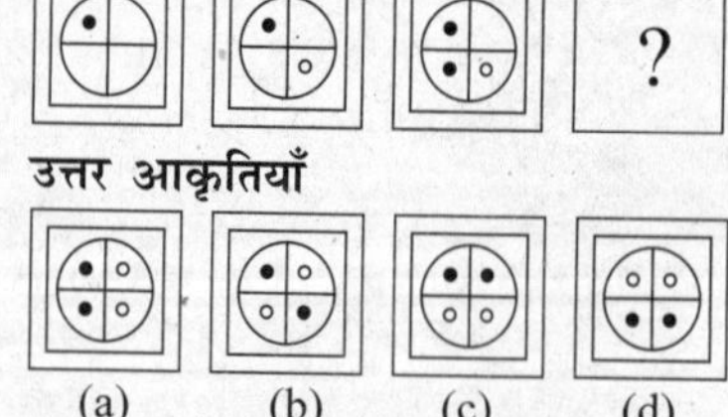

4. **समस्या आकृतियाँ**

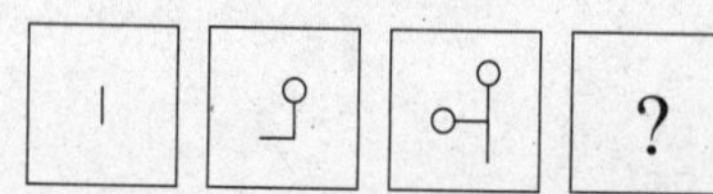

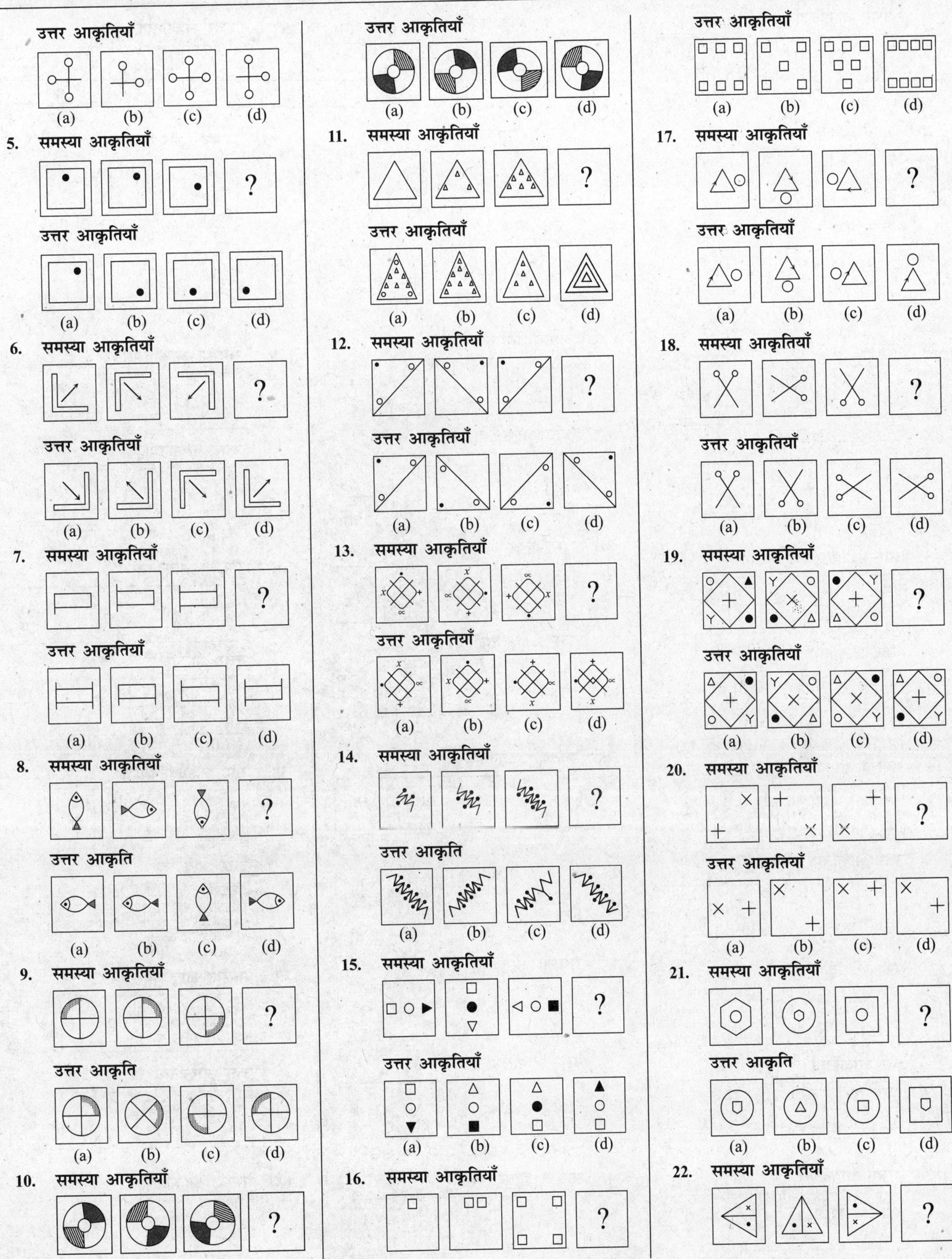
उत्तर आकृतियाँ
(a) (b) (c) (d)
5. समस्या आकृतियाँ
?
उत्तर आकृतियाँ
(a) (b) (c) (d)
6. समस्या आकृतियाँ
?
उत्तर आकृतियाँ
(a) (b) (c) (d)
7. समस्या आकृतियाँ
?
उत्तर आकृतियाँ
(a) (b) (c) (d)
8. समस्या आकृतियाँ
?
उत्तर आकृति
(a) (b) (c) (d)
9. समस्या आकृतियाँ
?
उत्तर आकृति
(a) (b) (c) (d)
10. समस्या आकृतियाँ
?
उत्तर आकृतियाँ
(a) (b) (c) (d)
11. समस्या आकृतियाँ
?
उत्तर आकृतियाँ
(a) (b) (c) (d)
12. समस्या आकृतियाँ
?
उत्तर आकृतियाँ
(a) (b) (c) (d)
13. समस्या आकृतियाँ
?
उत्तर आकृतियाँ
(a) (b) (c) (d)
14. समस्या आकृतियाँ
?
उत्तर आकृति
(a) (b) (c) (d)
15. समस्या आकृतियाँ
?
उत्तर आकृतियाँ
(a) (b) (c) (d)
16. समस्या आकृतियाँ
?
उत्तर आकृतियाँ
(a) (b) (c) (d)
17. समस्या आकृतियाँ
?
उत्तर आकृतियाँ
(a) (b) (c) (d)
18. समस्या आकृतियाँ
?
उत्तर आकृतियाँ
(a) (b) (c) (d)
19. समस्या आकृतियाँ
?
उत्तर आकृतियाँ
(a) (b) (c) (d)
20. समस्या आकृतियाँ
?
उत्तर आकृतियाँ
(a) (b) (c) (d)
21. समस्या आकृतियाँ
?
उत्तर आकृति
(a) (b) (c) (d)
22. समस्या आकृतियाँ
?

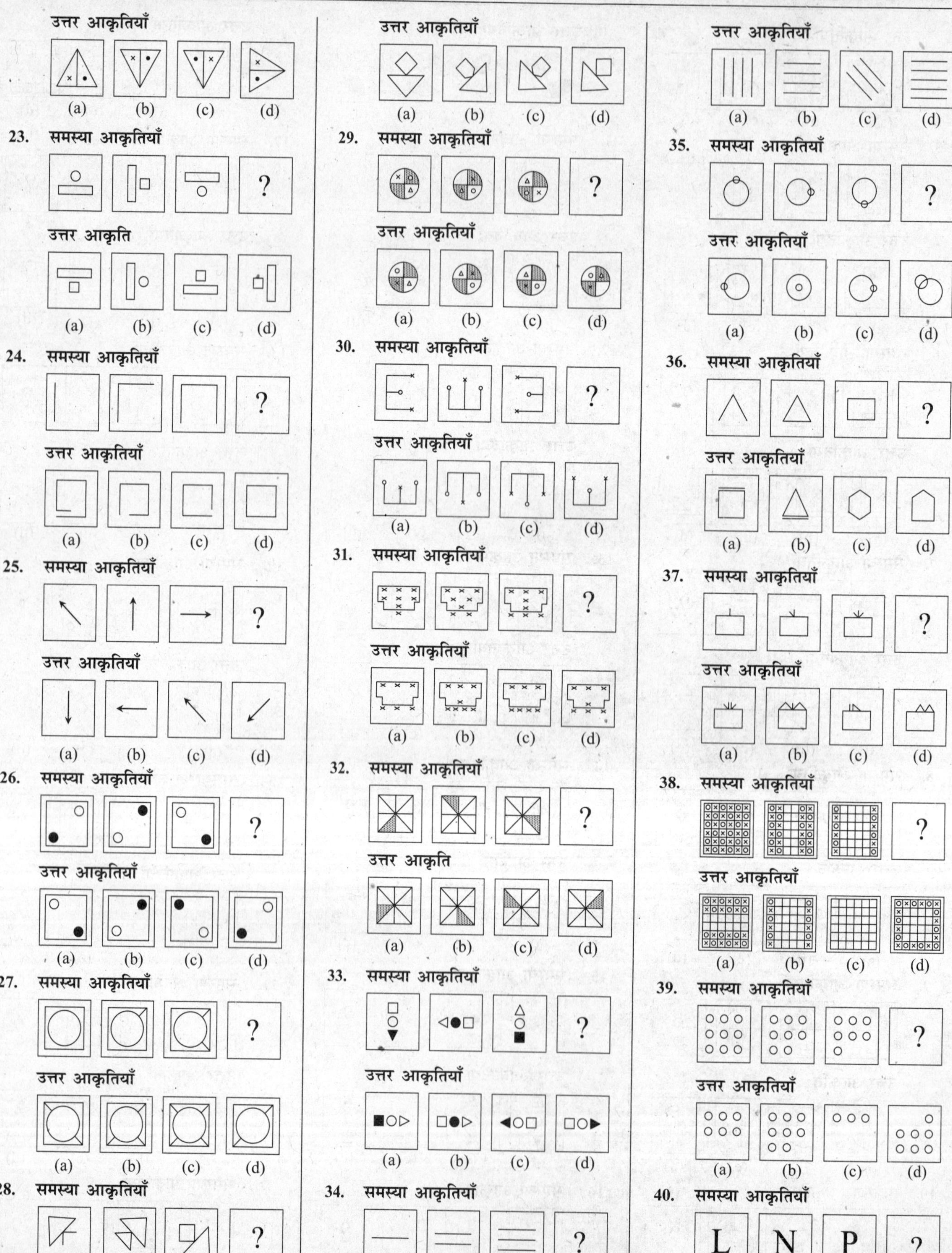
उत्तर आकृतियाँ
(a) (b) (c) (d)
23. समस्या आकृतियाँ
?
उत्तर आकृति
(a) (b) (c) (d)
24. समस्या आकृतियाँ
?
उत्तर आकृतियाँ
(a) (b) (c) (d)
25. समस्या आकृतियाँ
?
उत्तर आकृतियाँ
(a) (b) (c) (d)
26. समस्या आकृतियाँ
?
उत्तर आकृतियाँ
(a) (b) (c) (d)
27. समस्या आकृतियाँ
?
उत्तर आकृतियाँ
(a) (b) (c) (d)
28. समस्या आकृतियाँ
?
उत्तर आकृतियाँ
(a) (b) (c) (d)
29. समस्या आकृतियाँ
?
उत्तर आकृतियाँ
(a) (b) (c) (d)
30. समस्या आकृतियाँ
?
उत्तर आकृतियाँ
(a) (b) (c) (d)
31. समस्या आकृतियाँ
?
उत्तर आकृतियाँ
(a) (b) (c) (d)
32. समस्या आकृतियाँ
?
उत्तर आकृति
(a) (b) (c) (d)
33. समस्या आकृतियाँ
?
उत्तर आकृतियाँ
(a) (b) (c) (d)
34. समस्या आकृतियाँ
?
उत्तर आकृतियाँ
(a) (b) (c) (d)
35. समस्या आकृतियाँ
?
उत्तर आकृतियाँ
(a) (b) (c) (d)
36. समस्या आकृतियाँ
?
उत्तर आकृतियाँ
(a) (b) (c) (d)
37. समस्या आकृतियाँ
?
उत्तर आकृतियाँ
(a) (b) (c) (d)
38. समस्या आकृतियाँ
?
उत्तर आकृतियाँ
(a) (b) (c) (d)
39. समस्या आकृतियाँ
?
उत्तर आकृतियाँ
(a) (b) (c) (d)
40. समस्या आकृतियाँ
L N P ?

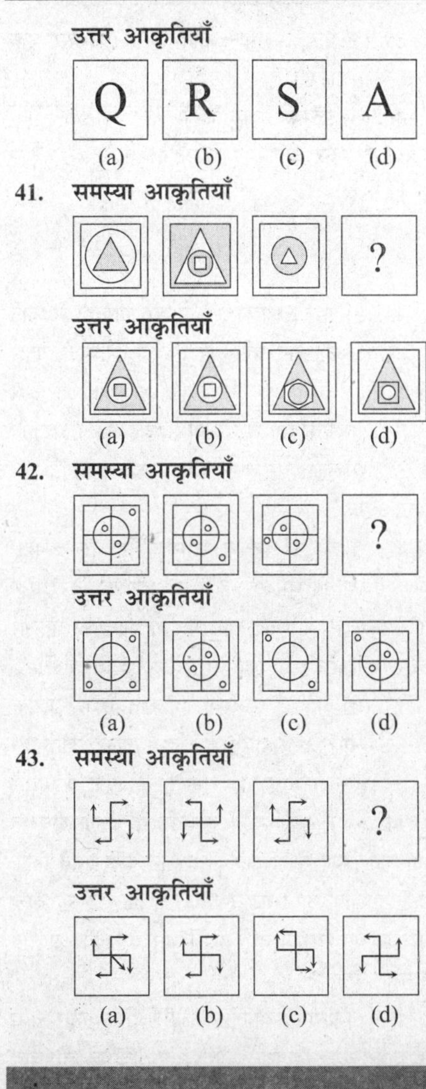

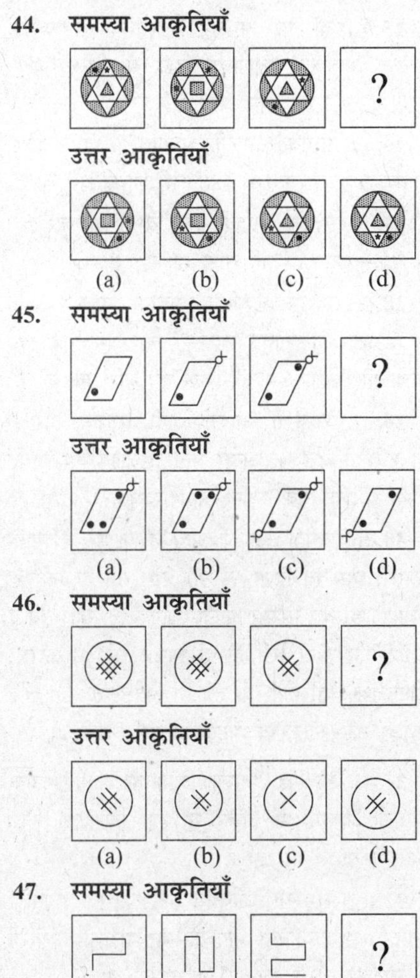

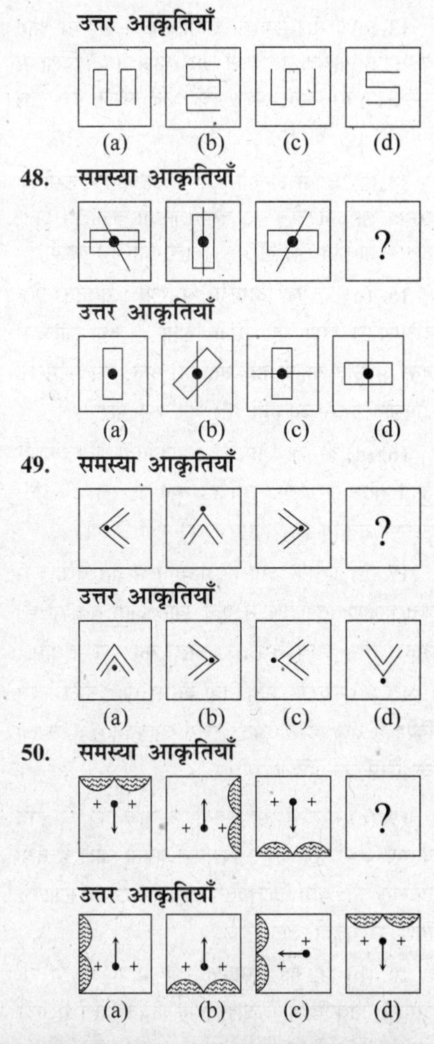

उत्तर (हल/संकेत)

1. (d) दी गई समस्या आकृतियों में क्रमागत आगे बढ़ने पर प्रत्येक अगली आकृति में एक लघु रेखा की वृद्धि हो रही है। अत: उत्तर–आकृति (d) शृंखला को पूर्ण करेगी।

2. (b) दी गई समस्या आकृतियों में क्रमागत आगे बढ़ने पर प्रत्येक अगली आकृति में घड़ी की सुइयों के चलने की दिशा में एक लघु वृत्त काला होता जा रहा है। अत: उत्तर–आकृति (b) शृंखला को पूर्ण करेगी।

3. (a) रिक्त स्थान पर एक सफेद वृत्त जुड़ जाएगा तथा काले वृत्त अपने नियत स्थान पर रहेंगे। अत: उत्तर–आकृति (a) शृंखला को पूर्ण करेगी।

4. (a) दी गई समस्या आकृतियों में क्रमवार आगे बढ़ने पर एक रेखा तथा एक छोटा वृत्त जुड़ रहा है। इस प्रकार उत्तर–आकृति (a)शृंखला को पूर्ण करेगी

5. (b) दी गई समस्या आकृतियों में क्रमागत आगे बढ़ने पर प्रत्येक अगली समस्या आकृति में काला बिन्दु 45° दक्षिणावर्त्त घूम रहा है। अत: उत्तर–आकृति (b) शृंखला को पूरा करती है।

6. (b) दी गई समस्या आकृतियों में क्रमागत आगे बढ़ने पर पूरी डिजाइन क्रम से 90° दक्षिणावर्त (घड़ी की सुई की दिशा में) घूम रही है। अत: उत्तर–आकृति (b) शृंखला को पूरा करती है।

7. (a) दी गई समस्या आकृतियों में क्रमागत बढ़ने पर प्रत्येक समस्या आकृति में आयत के बाहर एक छोटी रेखा लम्बवत् रूप में बढ़ जाती है। अत: उत्तर–आकृति (a) शृंखला को पूर्ण करती है।

8. (a) दी गई समस्या आकृतियों में क्रमागत आगे बढ़ने पर प्रत्येक समस्या आकृति 90° दक्षिणावर्त्त दिशा में घूमती जाती है। अत: उत्तर–आकृति (a) शृंखला के पैटर्न को पूर्ण करेगी।

9. (c) दी गई समस्या आकृतियों में क्रमागत बढ़ने पर प्रत्येक समस्या आकृति में छायांकित भाग एक स्थान दक्षिणावर्त्त दिशा में घूम जाता है। अत: उत्तर–आकृति (c) शृंखला में प्रश्नचिह्न के स्थान पर आयेगी।

10. (c) दी गई समस्या आकृतियों में क्रमागत आगे बढ़ने पर प्रत्येक अगली आकृति में छायांकित भाग एक स्थान दक्षिणावर्त्त दिशा में खिसक जाता है। अत: प्रश्न चिह्न के स्थान पर उत्तर–आकृति (c) प्राप्त होगी।

11. (b) शृंखला की प्रत्येक अगली आकृति में बड़े त्रिभुज के अन्दर छोटे त्रिभुजों की संख्या में तीन की वृद्धि हो जाती है। अत: उत्तर–आकृति (b) शृंखला के पैटर्न को पूर्ण करेगी।

12. (d) दी गई शृंखला में आकृति (a) तथा आकृति (c) समान हैं। इसी प्रकार आकृति (b) तथा आकृति (d) भी समान होगी। अत: उत्तर आकृति (d) शृंखला के पैटर्न को पूर्ण करेगी।

13. (c) दी गई समस्या आकृतियों में क्रमवार आगे बढ़ने पर प्रत्येक डिजाइन 90° दक्षिणावर्त्त दिशा में घूम रही है। अत: प्रश्न चिह्न के स्थान पर उत्तर आकृति (c) होगी।

14. (a) प्रत्येक अगली समस्या आकृति में उसी के समान आकृति नीचे की तरफ जुड़ती जाती है। अत: उत्तर–आकृति (a) दी गई श्रृंखला को पूर्ण करती है।

15. (d) प्रत्येक अगली समस्या आकृति 90° दक्षिणावर्त्त दिशा में घूमती जाती है तथा पीछे से एक आकृति काली हो जाती है। अत: इस पैटर्न के अनुसार उत्तर–आकृति (d) को पूर्ण करेगी।

16. (d) दी गई समस्या आकृतियों में क्रमवार आगे बढ़ने पर छोटा वर्ग दो गुना हो रहा है। अत: उत्तर–आकृति (d) श्रृंखला को पूर्ण करेगी।

17. (a) प्रत्येक अगली आकृति में तीर तथा लघु वृत्त दक्षिणावर्त दिशा में एक खाने आगे बढ़ रहे हैं। अत: उत्तर–आकृति (a) श्रृंखला को पूर्ण करेगी।

18. (c) समस्या आकृतियाँ क्रमश: 90° दक्षिणावर्त्त दिशा में बढ़ रही है अत: उत्तर–आकृति (c) श्रृंखला के पैटर्न को पूर्ण करेगी।

19. (c) समस्या आकृतियों में बीच की आकृति क्रमश: 45° दक्षिणावर्त्त दिशा में बढ़ती जाती है तथा किनारे की चारों आकृतियाँ एक स्थान दक्षिणावर्त्त दिशा में बढ़ती जाती है।

20. (b) दी गई समस्या आकृतियों में प्रत्येक अगली आकृति में डिजाइन दक्षिणावर्त दिशा में एक स्थान घूम रही है। अत: उत्तर–आकृति (b) श्रृंखला को पूर्ण करेगी।

21. (c) जिस प्रकार पहली समस्या आकृति से दूसरी आकृति में अंदर वाली आकृति बाहर तथा बाहर वाली आकृति अंदर आ जाती है। उसी प्रकार तीसरी आकृति से चौथी आकृति में जाने पर बाहर वाली आकृति अंदर तथा अंदर वाली आकृति बाहर आ जायेगी और उत्तर–आकृति (c) प्राप्त होगी।

22. (b) दी गई समस्या आकृतियों में प्रत्येक अगली आकृति में डिजाइन 90° दक्षिणावर्त्त (घड़ी की सुई के चलने की दिशा में) घूम रही है।

23. (d) प्रत्येक अगली आकृति में आयत दक्षिणावर्त्त 90° घूम जाता है तथा एकान्तर क्रम में वर्ग व वृत्त बनता जाता है। अत: उत्तर आकृति (d) दी गई श्रृंखला को पूर्ण करेगी।

24. (d) दी गई समस्या आकृतियों में क्रमवार आगे बढ़ने पर प्रत्येक अगली आकृति में एक रेखा दक्षिणावर्त जुड़ रही है। अत: उत्तर–आकृति (d) श्रृंखला के पैटर्न को पूर्ण करेगी।

25. (d) दी गई समस्या आकृतियों में प्रत्येक अगली आकृति दक्षिणावर्त्त दिशा में क्रमश: 45°, 90°, 135°, ... घूम जाती है।

26. (c) प्रत्येक अगली आकृति में काले तथा सफेद लघु वृत्त क्रम से 180° दक्षिणावर्त घूम रहे हैं।

27. (b) प्रत्येक अगली आकृति में क्रमवार वृत्त में एक-एक रेखा की वृद्धि हो रही है।

28. (c) समस्या आकृति की प्रत्येक अगली आकृति में डिजाइनें दक्षिणावर्त दिशा में 90° घूमती हैं तथा नीचे की डिजाइन में एक रेखा की वृद्धि हो रही है।

29. (d) समस्या आकृति की प्रत्येक अगली आकृति में वृत्त के अन्दर बनी डिजाइन दक्षिणावर्त दिशा में एक-एक स्थान आगे खिसक रही हैं।

30. (b) प्रत्येक अगली आकृति में मूल आकृति क्रमश: वामावर्त दिशा में 90° घूम रही है और '×' तथा 'O' हर बार परस्पर अपना स्थान बदल रहे हैं। बड़ी रेखाएँ और छोटी रेखा भी हर बार आकार में क्रमश: छोटी तथा बड़ी होती जा रही हैं। अत: उत्तर–आकृति (b) दी गई श्रृंखला के पैटर्न को पूर्ण करती है।

31. (b) दी गई समस्या आकृतियों की प्रत्येक अगली आकृति में अन्दर से एक गुणा का चिह्न क्रमवार बाहर आ रहा है।

32. (a) समस्या आकृति की प्रत्येक अगली आकृति में छायांकित भाग क्रमवार दक्षिणावर्त दिशा में चलकर तीसरे खाने में पहुँच रहा है।

33. (d) समस्या आकृति की प्रत्येक अगली आकृति घड़ी की सुइयों के चलने की दिशा में 90° घूम रही है तथा छायांकित भाग हर बार पीछे हो रहा है।

34. (b) प्रत्येक अगली आकृति में क्रमवार एक क्षैतिज रेखा की वृद्धि हो रही है।

35. (a) प्रत्येक अगली आकृति दक्षिणावर्त दिशा में 90° घूम रही है।

36. (d) दी गई समस्या आकृतियों में प्रत्येक आकृति में क्रम से एक-एक रेखा जुड़ रही है।

37. (a) दी गई समस्या आकृतियों में प्रत्येक अगली आकृति में चतुर्भुज के ऊपर एक रेखा की वृद्धि हो रही है। अत: उत्तर–आकृति (a) दी गई श्रृंखला को पूर्ण करेगी।

38. (c) प्रथम आकृति में पहले छ: स्थानों में क्रमश: O और × के चिह्न स्थित हैं। दूसरी आकृति में 4 स्थानों में O और × के चिह्न हैं। तीसरी में 2 स्थानों में O और × के चिह्न है। इसी क्रम को जारी रखने पर चौथी आकृति में सभी चिह्न समाप्त हो जाएगें।

39. (d) प्रत्येक अगली आकृति में क्रमवार एक वृत्त कम हो रहा है।

40. (b) प्रत्येक आकृति में अक्षर क्रमवार एक स्थान छोड़कर आगे बढ़ रहा है।

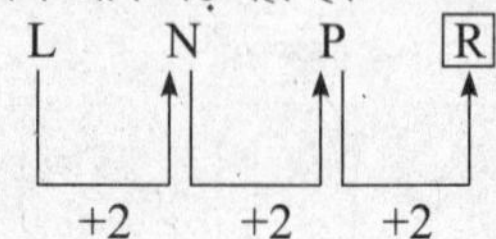

41. (b) पहली आकृति से दूसरी आकृति में जाने पर पहली आकृति की अंदर वाली आकृति बाहर तथा बाहर वाली आकृति अंदर आ जाती है और सबसे अंदर एक वर्ग जुड़ जाता है। यही पैटर्न आकृति 3 से 4 में जाने पर बनेगा और उत्तर–आकृति (b) प्राप्त होगी।

42. (d) दी गई प्रत्येक समस्या आकृति क्रमश: 90° दक्षिणावर्त घूम रही है तथा बाहर का बिन्दु एक खाने क्रमवार आगे बढ़ रहा है। इसी पैटर्न के अनुसार उत्तर–आकृति (d) चौथी समस्या आकृति होगी।

43. (d) दी गई समस्या आकृतियों में प्रत्येक अगली आकृति में तीरों की दिशा पलट जाती है। अत: उत्तर–आकृति (d) श्रृंखला को पूर्ण करेगी।

44. (a) प्रत्येक अगली आकृति में काला लघुवृत्त वामावर्त दिशा में दो खाने तथा तारा दक्षिणावर्त दिशा में एक खाना आगे बढ़ रहे हैं और आकृति के बीच में एक बार त्रिभुज तथा दूसरी बार वर्ग की आकृति क्रमवार बनती है

45. (c) प्रत्येक अगली आकृति में एकांतर क्रम में बाहर एक डिजाइन और अंदर एक काले बिन्दु में वृद्धि हो रही है।

46. (d) प्रत्येक अगली आकृति में एक रेखा गायब हो रही है। अत: उत्तर आकृति (d) दी गई श्रृंखला को पूर्ण करती है।

47. (c) प्रत्येक अगली आकृति में एक रेखा की वृद्धि हो रही है। तथा आकृति घड़ी की सुइयों के चलने की विपरीत दिशा में 90° घूम रही है।

48. (c) प्रत्येक अगली आकृति में रेखा घड़ी की सुइयों के चलने की दिशा में 45° तथा आयत की आकृति घड़ी की सुइयों के चलने की दिशा में 90° घूम रही है।

49. (d) प्रत्येक अगली आकृति में डिजाइन घड़ी की सुइयों के चलने की दशि़ा में 90° घूम रही है तथा काला बिन्दु क्रमश: अन्दर तथा बाहर आ–जा रहे हैं।

50. (a) प्रत्येक अगली आकृति में दोनों काले अर्द्धवृत्त घड़ी की सुइयों के चलने की दिशा में एक खाना आगे बढ़ रहे हैं तथा तीर अपने स्थान पर पलट जाते हैं।

अभ्यास-2

निर्देश—(प्र. सं. 1-114): दिए गए प्रश्नों में रेखा के बाईं तरफ तीन प्रश्न आकृतियाँ दी गई हैं तथा चौथे के लिए, स्थान रिक्त रखा गया है। प्रश्न आकृतियाँ एक शृंखला में हैं। ढूँढें कि रेखा के दाईं तरफ दी गई उत्तर आकृतियों (a), (b), (c) तथा (d) में से कौन-सी आकृति इस शृंखला को पूरा करती है। उत्तर आकृति को पहचानकर सही उत्तर का चयन कीजिए।

1. प्रश्न-आकृतियाँ

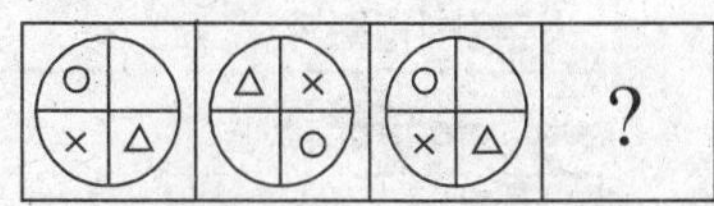

उत्तर-आकृतियाँ

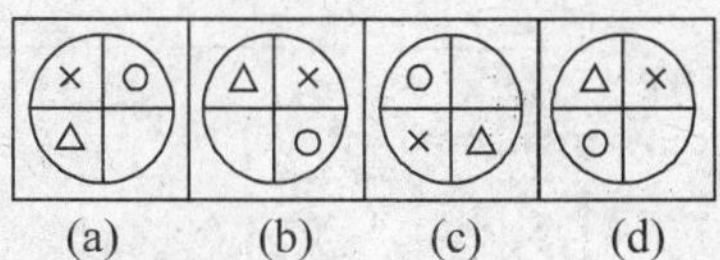

(a) (b) (c) (d)

2. प्रश्न-आकृतियाँ

उत्तर-आकृतियाँ

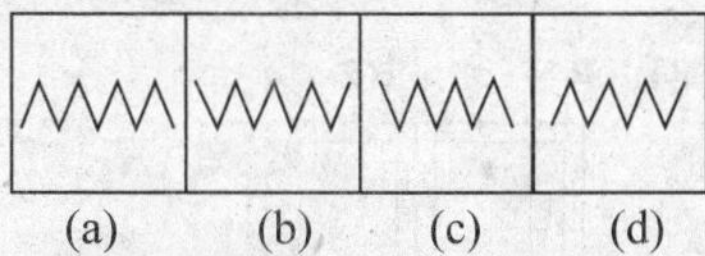

(a) (b) (c) (d)

3. प्रश्न-आकृतियाँ

उत्तर-आकृतियाँ

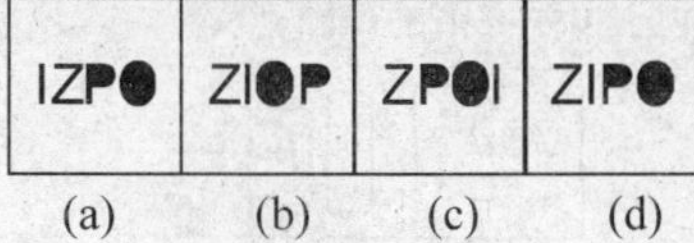

(a) (b) (c) (d)

4. प्रश्न-आकृतियाँ

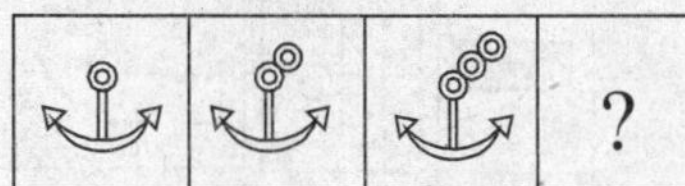

उत्तर-आकृतियाँ

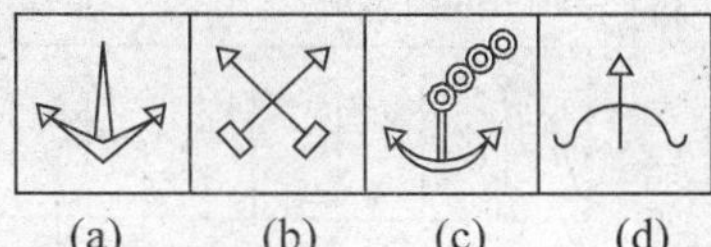

(a) (b) (c) (d)

5. प्रश्न-आकृतियाँ

उत्तर-आकृतियाँ

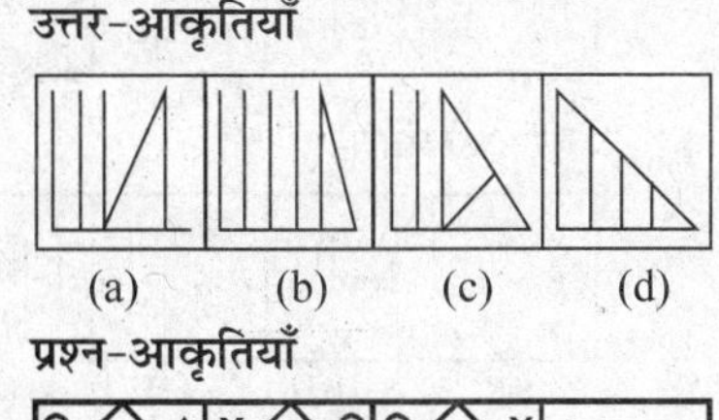

(a) (b) (c) (d)

6. प्रश्न-आकृतियाँ

उत्तर-आकृतियाँ

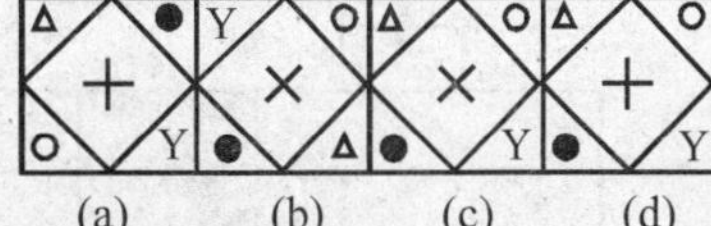

(a) (b) (c) (d)

7. प्रश्न-आकृतियाँ

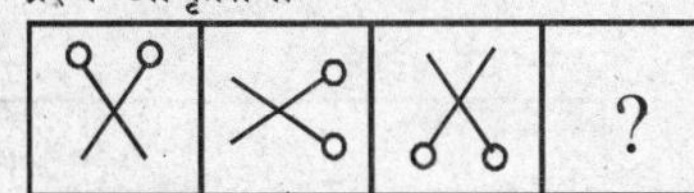

उत्तर-आकृतियाँ

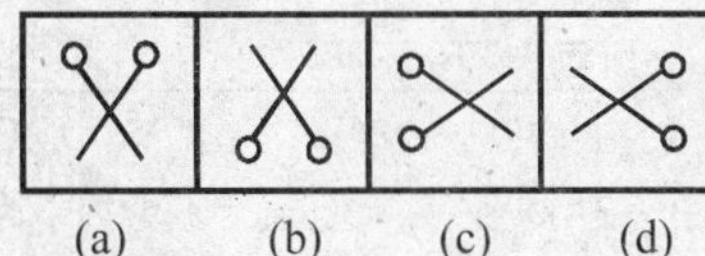

(a) (b) (c) (d)

8. प्रश्न-आकृतियाँ

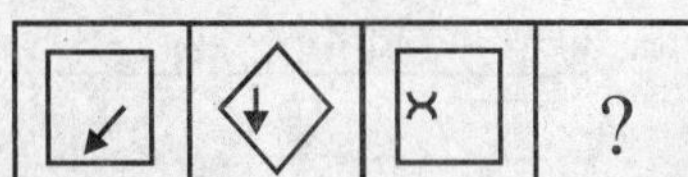

उत्तर-आकृतियाँ

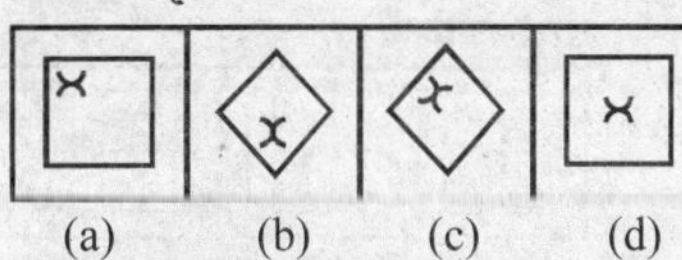

(a) (b) (c) (d)

9. प्रश्न-आकृतियाँ

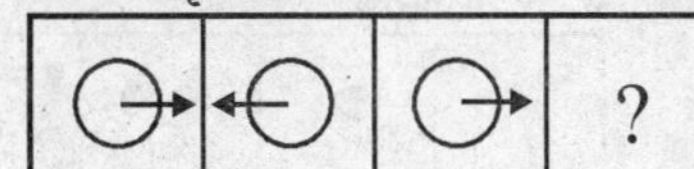

उत्तर-आकृतियाँ

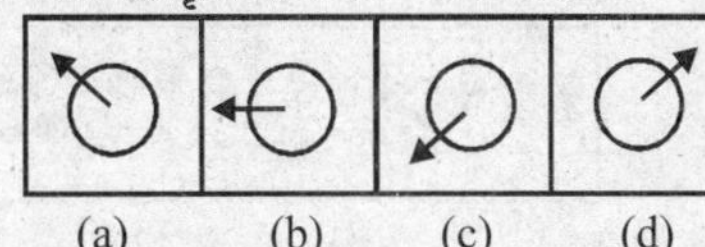

(a) (b) (c) (d)

10. प्रश्न-आकृतियाँ

उत्तर-आकृतियाँ

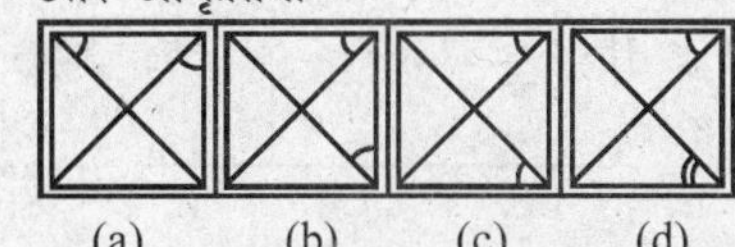

(a) (b) (c) (d)

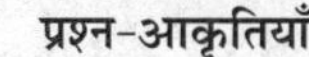

प्रश्न-आकृतियाँ

11.

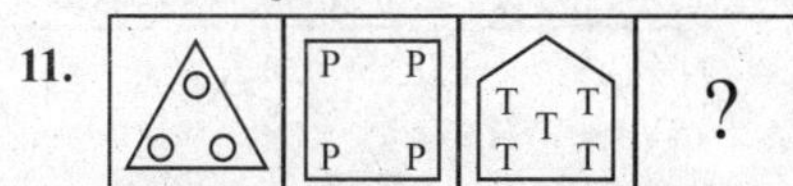

उत्तर-आकृतियाँ

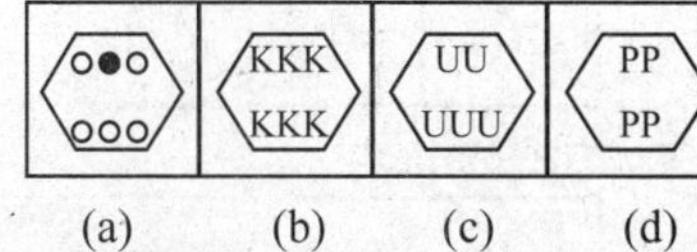

(a) (b) (c) (d)

प्रश्न-आकृतियाँ

12.

उत्तर-आकृतियाँ

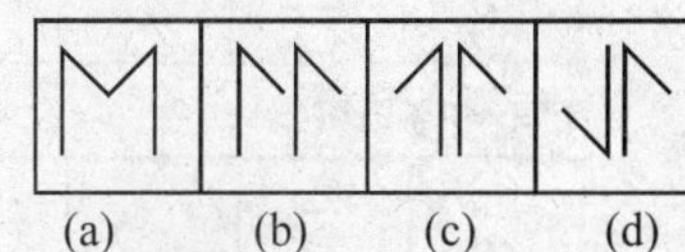

(a) (b) (c) (d)

13. प्रश्न-आकृतियाँ

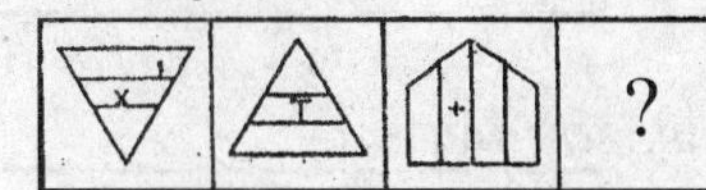

उत्तर-आकृतियाँ

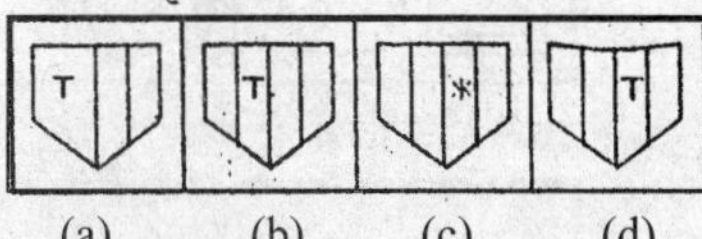

(a) (b) (c) (d)

14. प्रश्न-आकृतियाँ

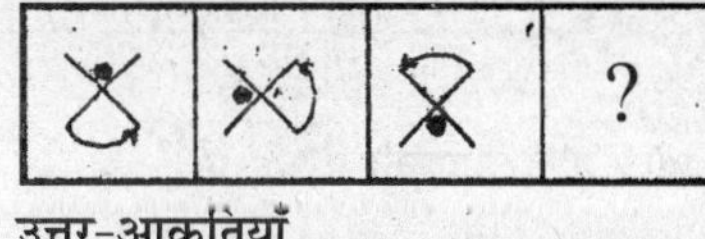

उत्तर-आकृतियाँ

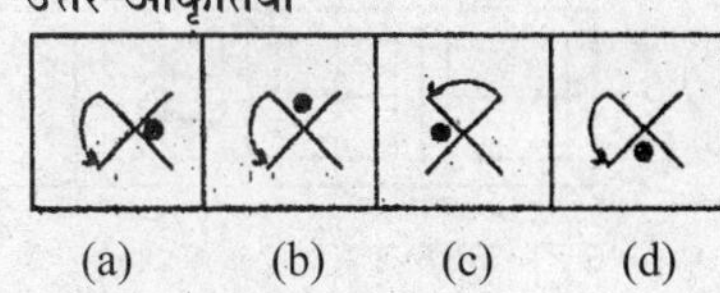

(a) (b) (c) (d)

15. प्रश्न-आकृतियाँ

उत्तर-आकृतियाँ

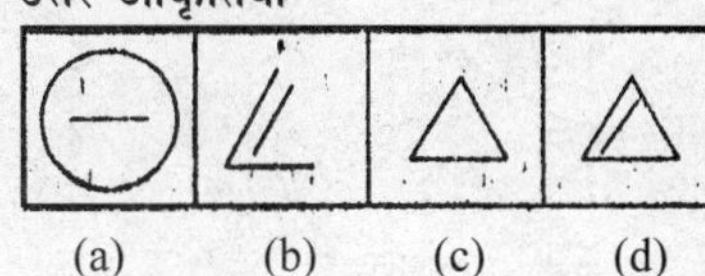

(a) (b) (c) (d)

16. प्रश्न-आकृतियाँ

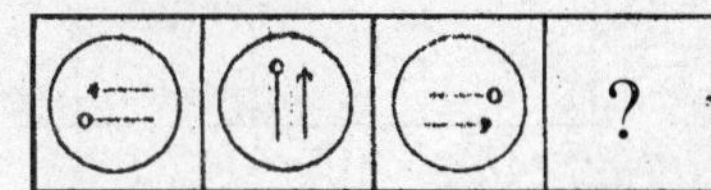

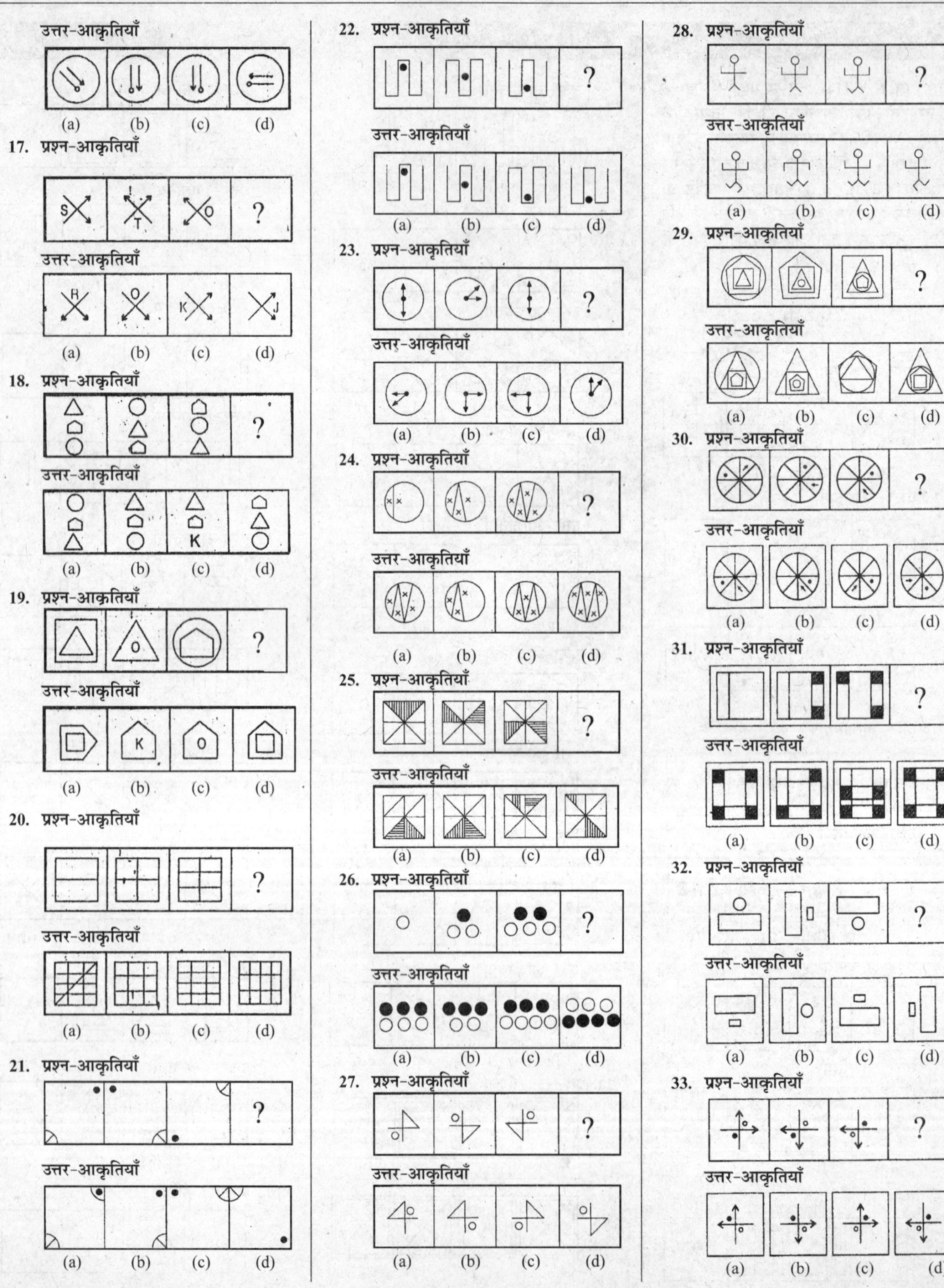
उत्तर-आकृतियाँ
(a) (b) (c) (d)
17. प्रश्न-आकृतियाँ
S
T
O
?
उत्तर-आकृतियाँ
R
O
K
J
(a) (b) (c) (d)
18. प्रश्न-आकृतियाँ
?
उत्तर-आकृतियाँ
K
(a) (b) (c) (d)
19. प्रश्न-आकृतियाँ
O
?
उत्तर-आकृतियाँ
K
O
(a) (b) (c) (d)
20. प्रश्न-आकृतियाँ
?
उत्तर-आकृतियाँ
(a) (b) (c) (d)
21. प्रश्न-आकृतियाँ
?
उत्तर-आकृतियाँ
(a) (b) (c) (d)
22. प्रश्न-आकृतियाँ
?
उत्तर-आकृतियाँ
(a) (b) (c) (d)
23. प्रश्न-आकृतियाँ
?
उत्तर-आकृतियाँ
(a) (b) (c) (d)
24. प्रश्न-आकृतियाँ
?
उत्तर-आकृतियाँ
(a) (b) (c) (d)
25. प्रश्न-आकृतियाँ
?
उत्तर-आकृतियाँ
(a) (b) (c) (d)
26. प्रश्न-आकृतियाँ
?
उत्तर-आकृतियाँ
(a) (b) (c) (d)
27. प्रश्न-आकृतियाँ
?
उत्तर-आकृतियाँ
(a) (b) (c) (d)
28. प्रश्न-आकृतियाँ
?
उत्तर-आकृतियाँ
(a) (b) (c) (d)
29. प्रश्न-आकृतियाँ
?
उत्तर-आकृतियाँ
(a) (b) (c) (d)
30. प्रश्न-आकृतियाँ
?
उत्तर-आकृतियाँ
(a) (b) (c) (d)
31. प्रश्न-आकृतियाँ
?
उत्तर-आकृतियाँ
(a) (b) (c) (d)
32. प्रश्न-आकृतियाँ
?
उत्तर-आकृतियाँ
(a) (b) (c) (d)
33. प्रश्न-आकृतियाँ
?
उत्तर-आकृतियाँ
(a) (b) (c) (d)

34. प्रश्न-आकृतियाँ

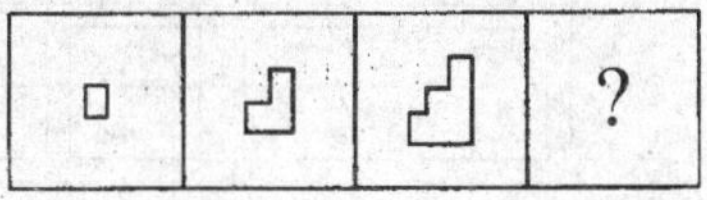

?

उत्तर-आकृतियाँ

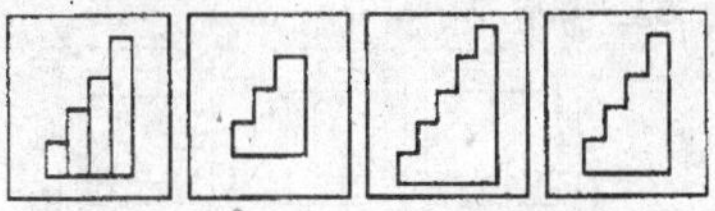

(a) (b) (c) (d)

35. प्रश्न-आकृतियाँ

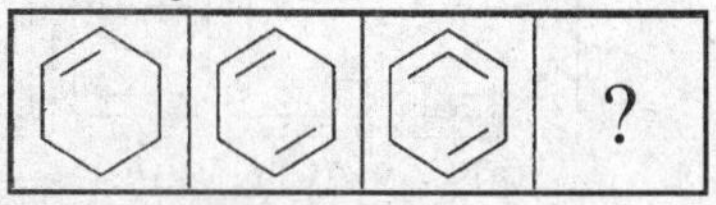

?

उत्तर-आकृतियाँ

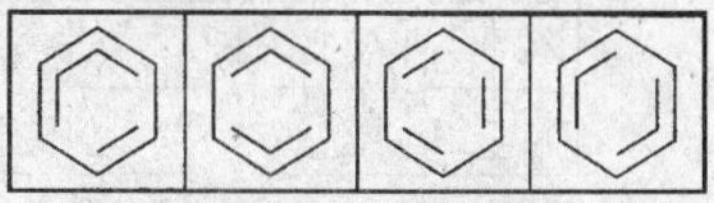

(a) (b) (c) (d)

36. प्रश्न-आकृतियाँ

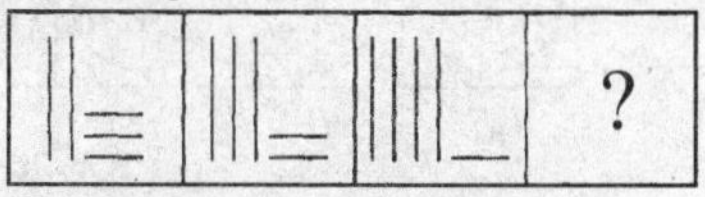

?

उत्तर-आकृतियाँ

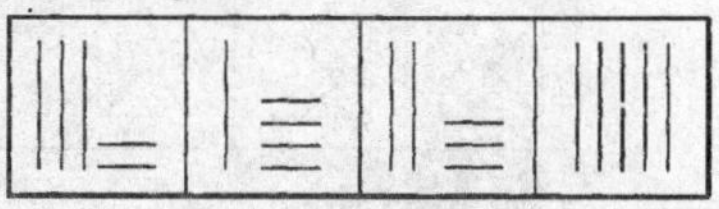

(a) (b) (c) (d)

37. प्रश्न-आकृतियाँ

?

उत्तर-आकृतियाँ

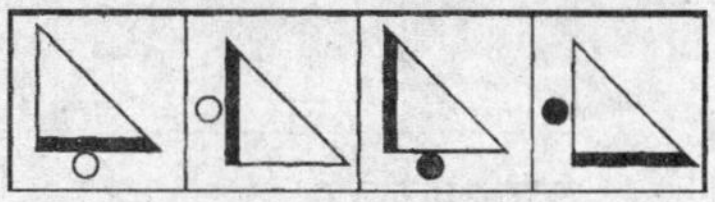

(a) (b) (c) (d)

38. प्रश्न-आकृतियाँ

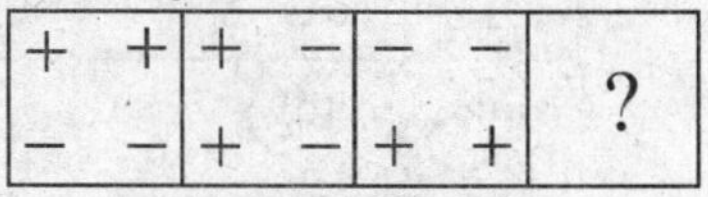

+ +	+ −	− −	?
− −	+ −	+ +	

उत्तर-आकृतियाँ

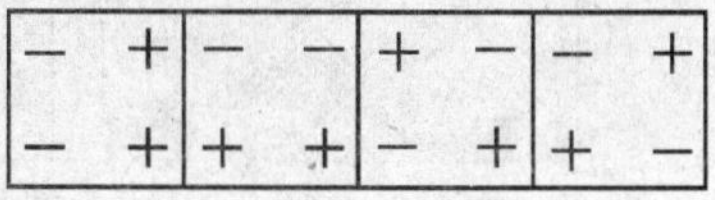

− +	− −	+ −	− +
− +	+ +	− +	+ −
(a)	(b)	(c)	(d)

39. प्रश्न-आकृतियाँ

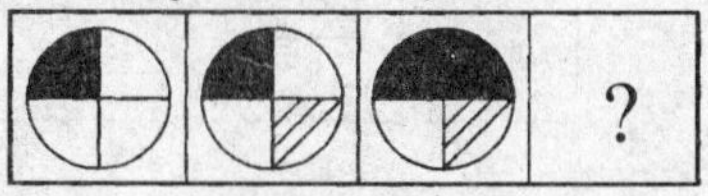

?

उत्तर-आकृतियाँ

(a) (b) (c) (d)

40. प्रश्न-आकृतियाँ

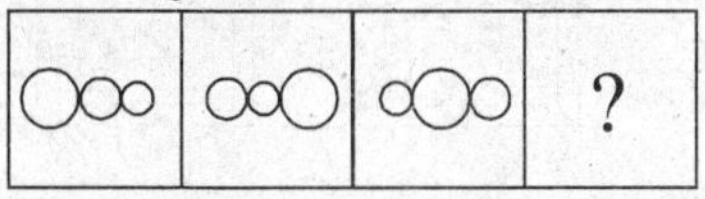

?

उत्तर-आकृतियाँ

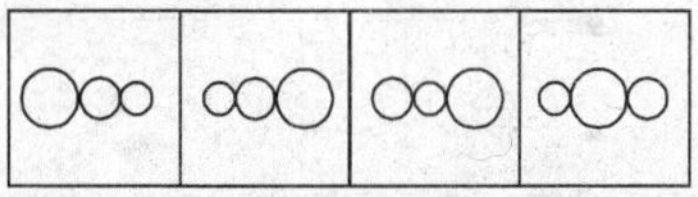

(a) (b) (c) (d)

41. प्रश्न-आकृतियाँ

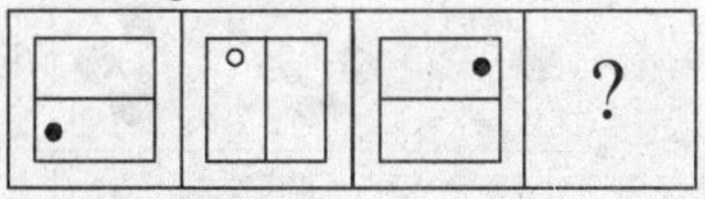

?

उत्तर-आकृतियाँ

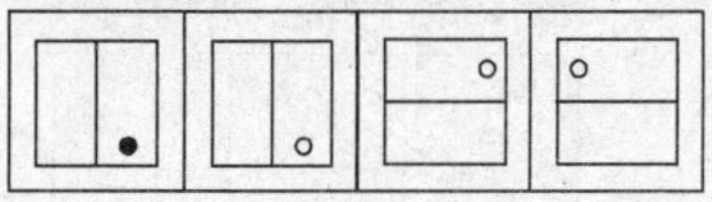

(a) (b) (c) (d)

42. प्रश्न-आकृतियाँ

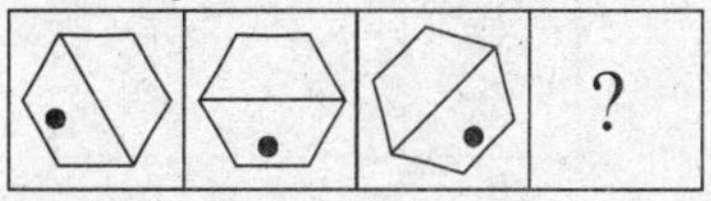

?

उत्तर-आकृतियाँ

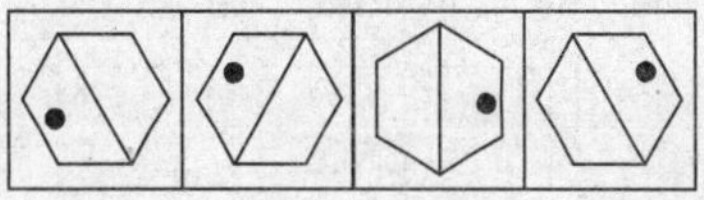

(a) (b) (c) (d)

43. प्रश्न-आकृतियाँ

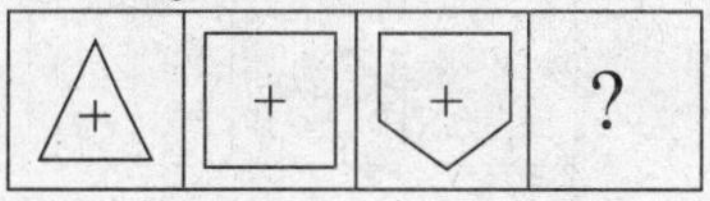

?

उत्तर-आकृतियाँ

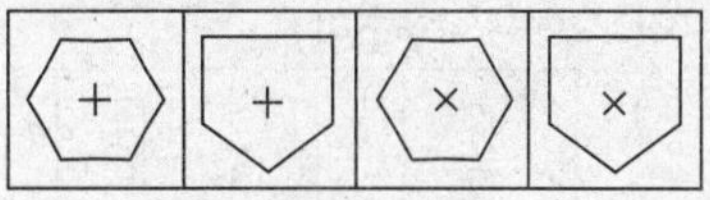

(a) (b) (c) (d)

44. प्रश्न-आकृतियाँ

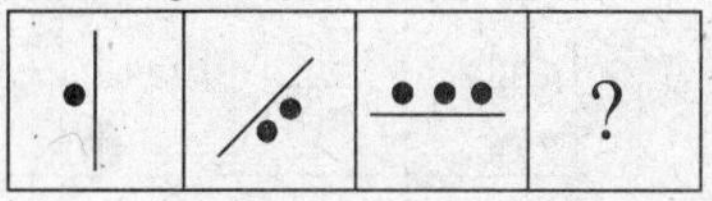

?

उत्तर-आकृतियाँ

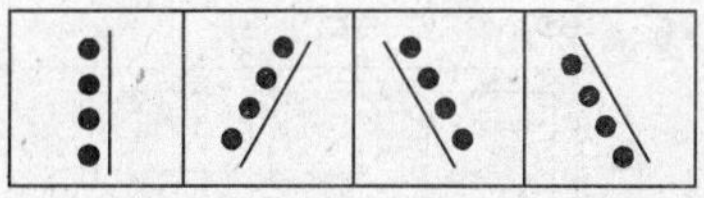

(a) (b) (c) (d)

45. प्रश्न-आकृतियाँ

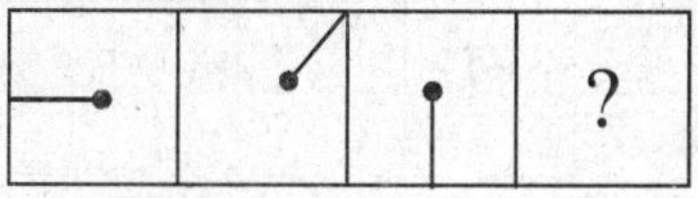

?

उत्तर-आकृतियाँ

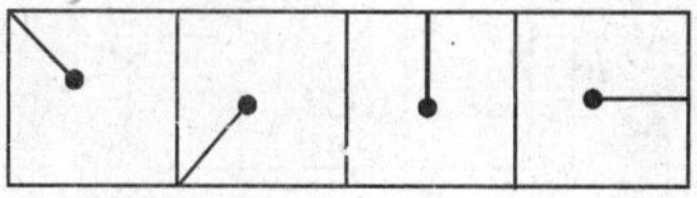

(a) (b) (c) (d)

46. प्रश्न-आकृतियाँ

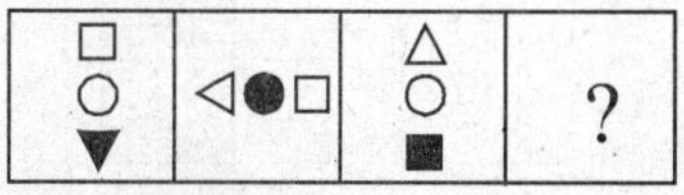

?

उत्तर-आकृतियाँ

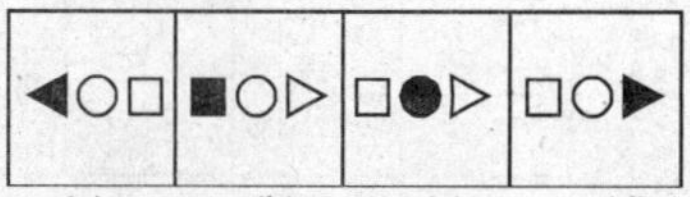

(a) (b) (c) (d)

47. प्रश्न-आकृतियाँ

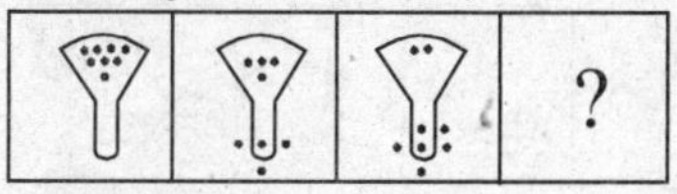

?

उत्तर-आकृतियाँ

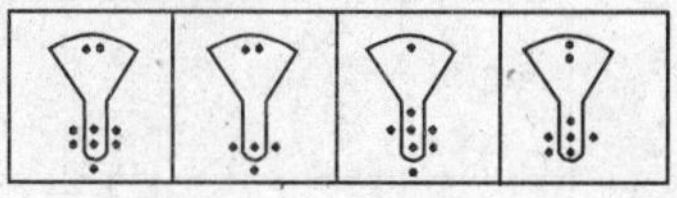

(a) (b) (c) (d)

48. प्रश्न-आकृतियाँ

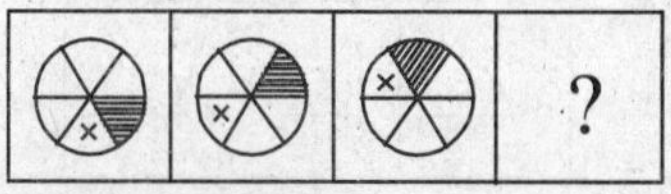

?

उत्तर-आकृतियाँ

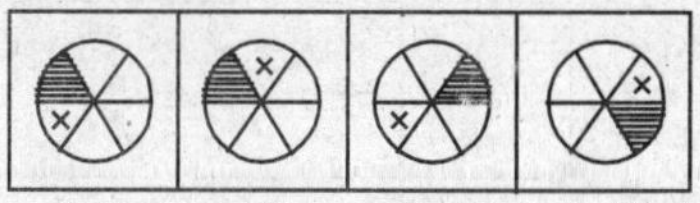

(a) (b) (c) (d)

49. प्रश्न-आकृतियाँ

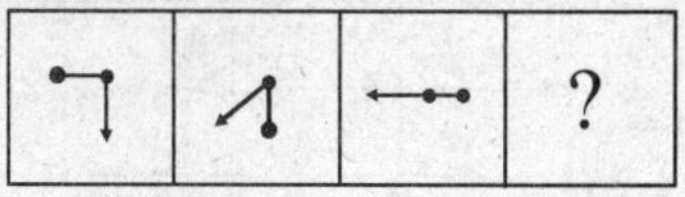

?

उत्तर-आकृतियाँ

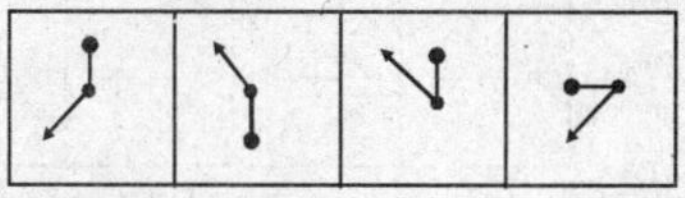

(a) (b) (c) (d)

50. प्रश्न-आकृतियाँ

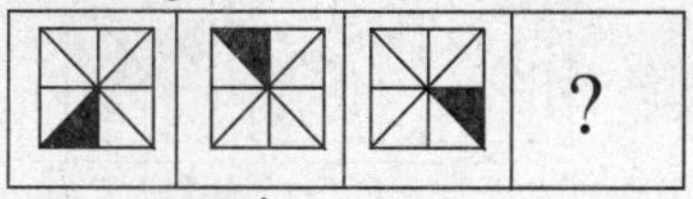

?

उत्तर-आकृतियाँ

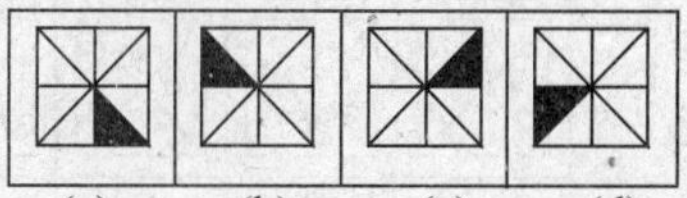

(a) (b) (c) (d)

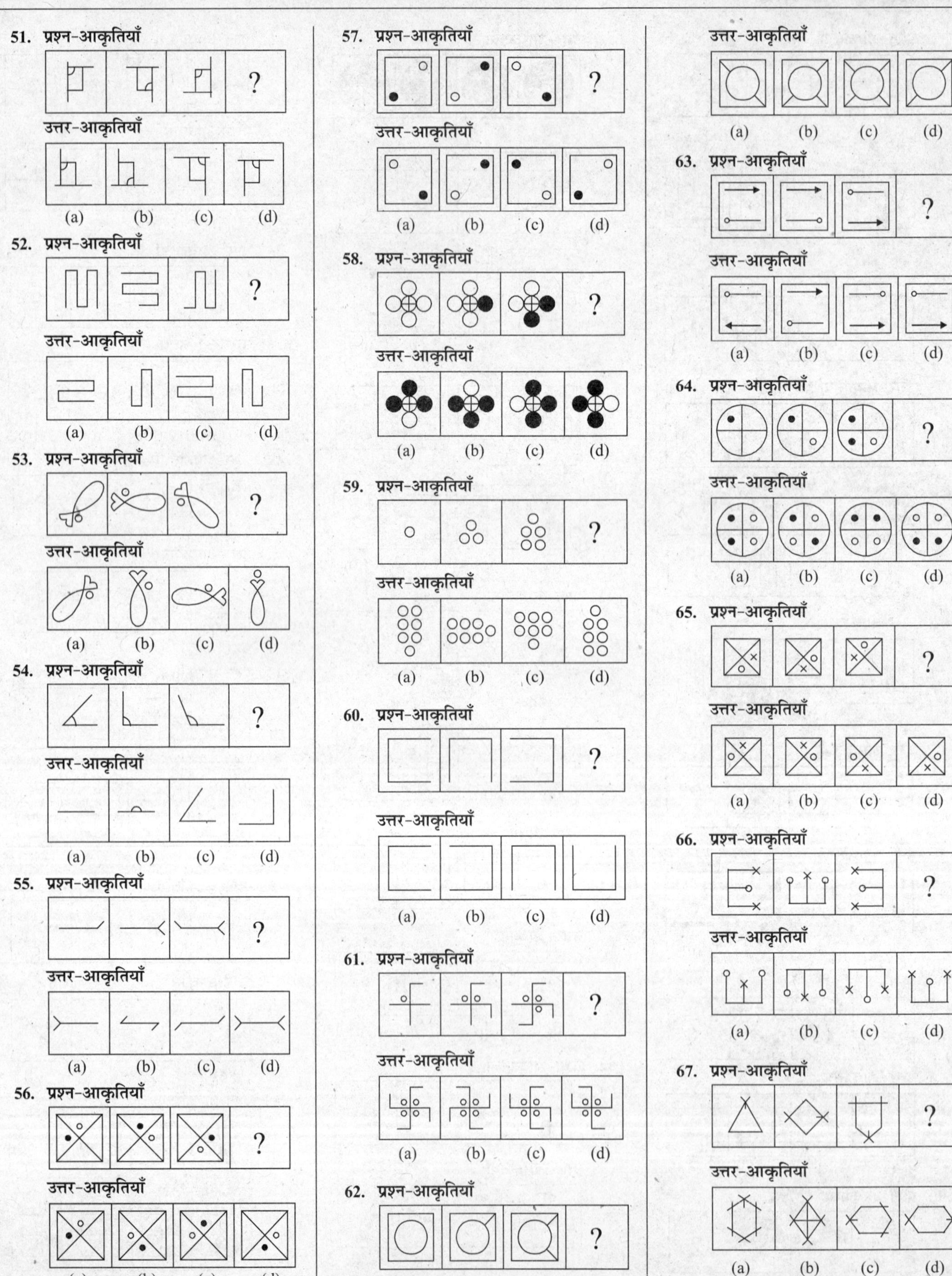
51. प्रश्न-आकृतियाँ
उत्तर-आकृतियाँ
52. प्रश्न-आकृतियाँ
उत्तर-आकृतियाँ
53. प्रश्न-आकृतियाँ
उत्तर-आकृतियाँ
54. प्रश्न-आकृतियाँ
उत्तर-आकृतियाँ
55. प्रश्न-आकृतियाँ
उत्तर-आकृतियाँ
56. प्रश्न-आकृतियाँ
उत्तर-आकृतियाँ
57. प्रश्न-आकृतियाँ
उत्तर-आकृतियाँ
58. प्रश्न-आकृतियाँ
उत्तर-आकृतियाँ
59. प्रश्न-आकृतियाँ
उत्तर-आकृतियाँ
60. प्रश्न-आकृतियाँ
उत्तर-आकृतियाँ
61. प्रश्न-आकृतियाँ
उत्तर-आकृतियाँ
62. प्रश्न-आकृतियाँ
उत्तर-आकृतियाँ
63. प्रश्न-आकृतियाँ
उत्तर-आकृतियाँ
64. प्रश्न-आकृतियाँ
उत्तर-आकृतियाँ
65. प्रश्न-आकृतियाँ
उत्तर-आकृतियाँ
66. प्रश्न-आकृतियाँ
उत्तर-आकृतियाँ
67. प्रश्न-आकृतियाँ
उत्तर-आकृतियाँ

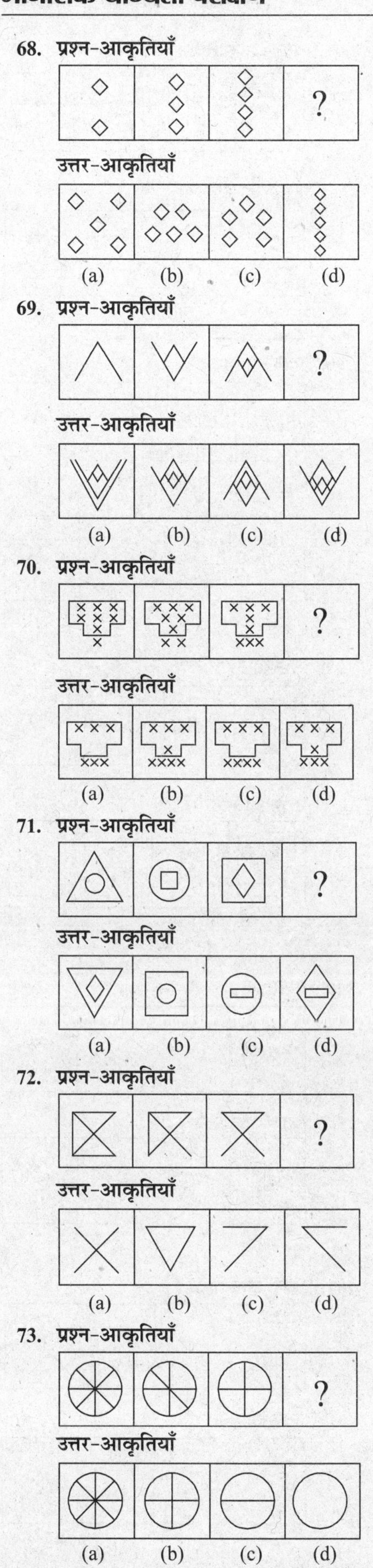

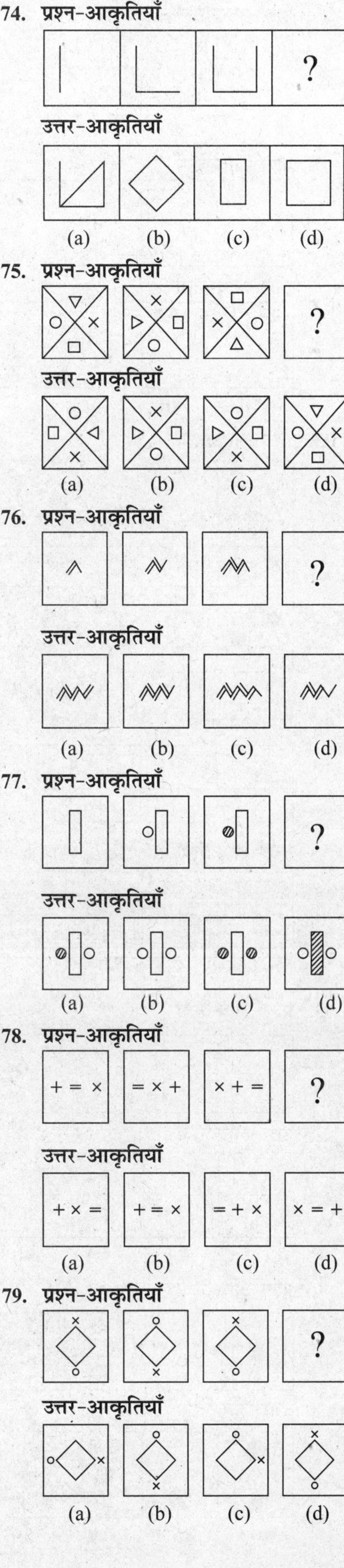

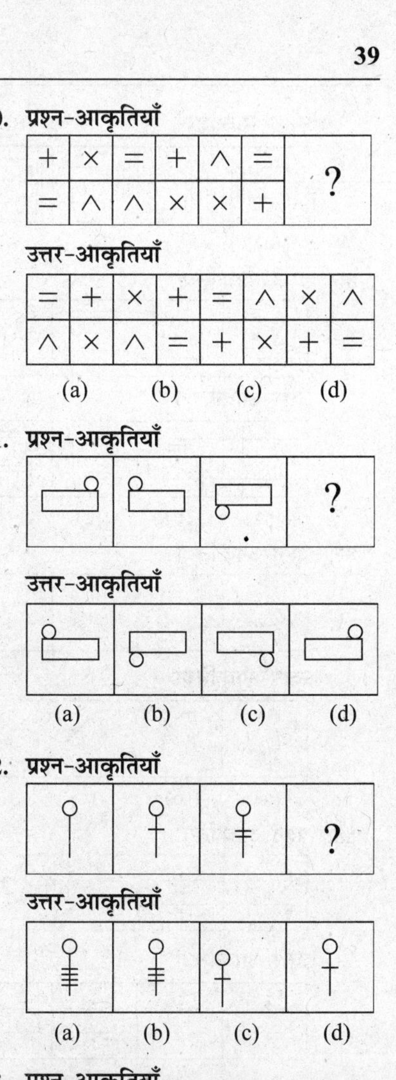

83. प्रश्न-आकृतियाँ

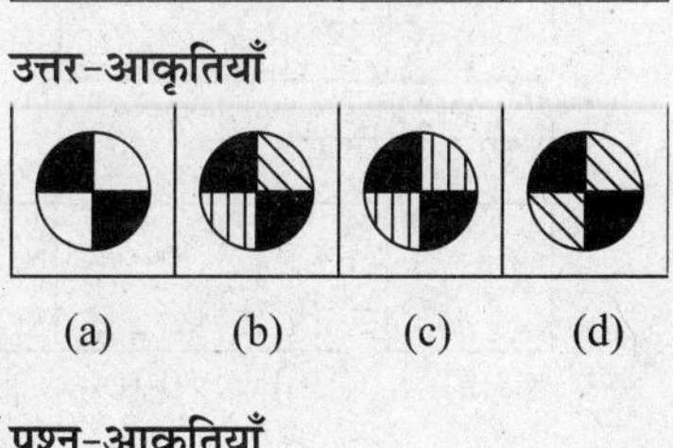

84. प्रश्न-आकृतियाँ

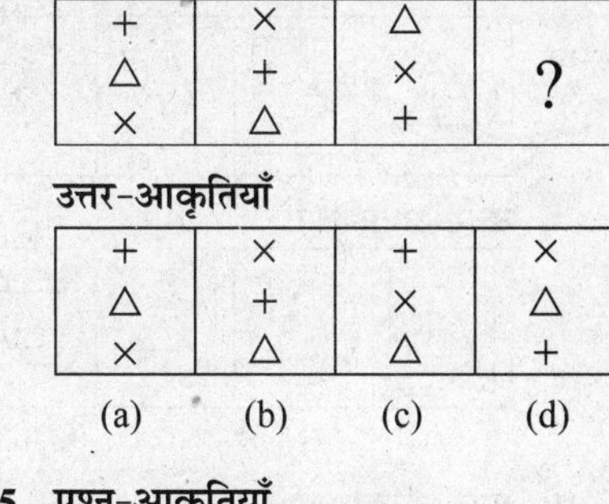

85. प्रश्न-आकृतियाँ

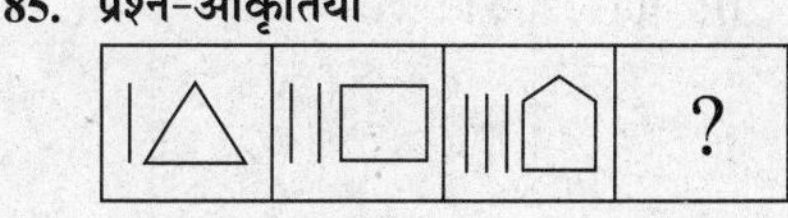

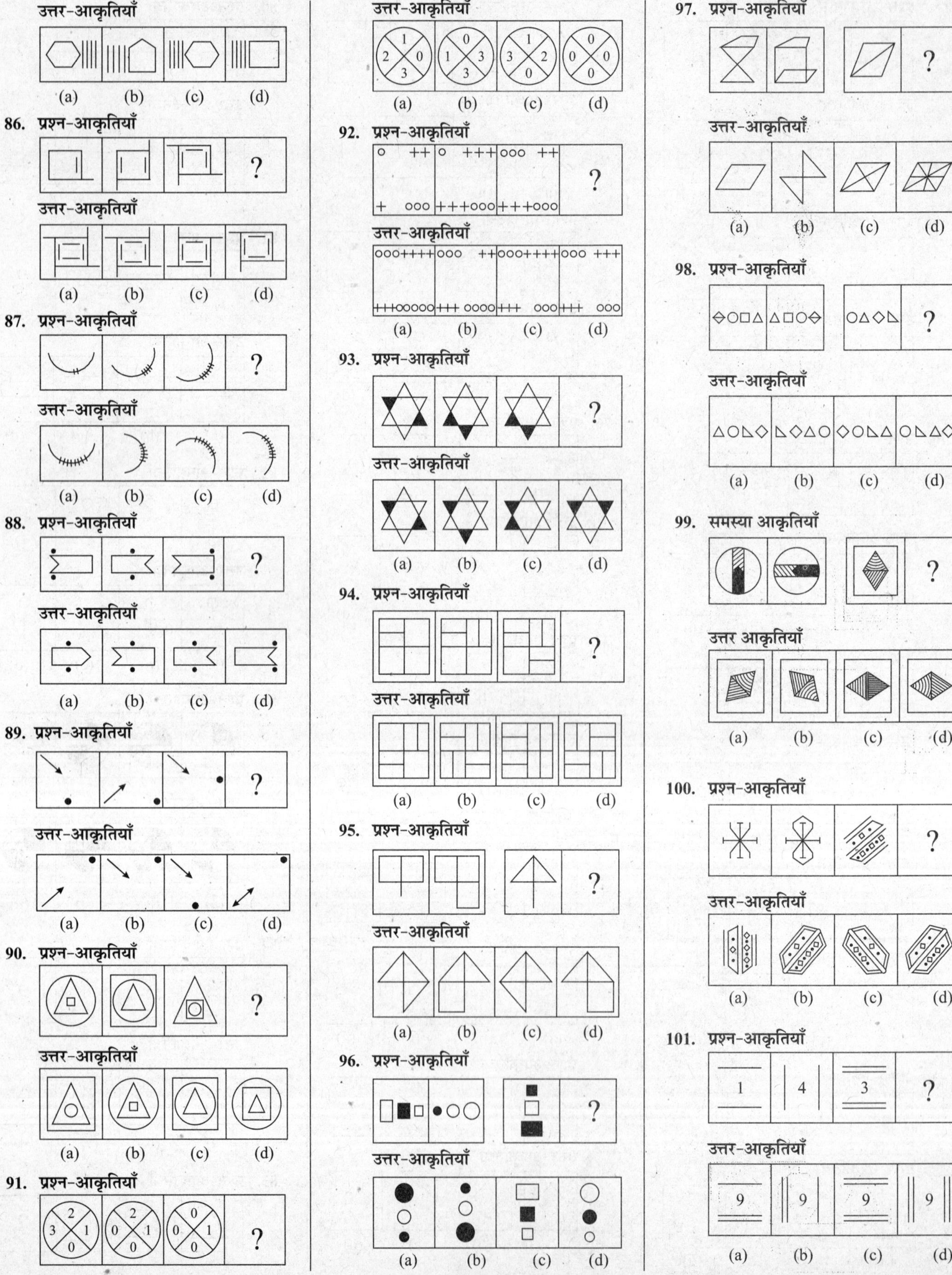
उत्तर-आकृतियाँ
(a) (b) (c) (d)
86. प्रश्न-आकृतियाँ
उत्तर-आकृतियाँ
87. प्रश्न-आकृतियाँ
उत्तर-आकृतियाँ
88. प्रश्न-आकृतियाँ
उत्तर-आकृतियाँ
89. प्रश्न-आकृतियाँ
उत्तर-आकृतियाँ
90. प्रश्न-आकृतियाँ
उत्तर-आकृतियाँ
91. प्रश्न-आकृतियाँ
उत्तर-आकृतियाँ
92. प्रश्न-आकृतियाँ
उत्तर-आकृतियाँ
93. प्रश्न-आकृतियाँ
उत्तर-आकृतियाँ
94. प्रश्न-आकृतियाँ
उत्तर-आकृतियाँ
95. प्रश्न-आकृतियाँ
उत्तर-आकृतियाँ
96. प्रश्न-आकृतियाँ
उत्तर-आकृतियाँ
97. प्रश्न-आकृतियाँ
उत्तर-आकृतियाँ
98. प्रश्न-आकृतियाँ
उत्तर-आकृतियाँ
99. समस्या आकृतियाँ
उत्तर आकृतियाँ
100. प्रश्न-आकृतियाँ
उत्तर-आकृतियाँ
101. प्रश्न-आकृतियाँ
उत्तर-आकृतियाँ

102. प्रश्न-आकृतियाँ

?

उत्तर-आकृतियाँ

(a) (b) (c) (d)

103. प्रश्न-आकृतियाँ

?

उत्तर-आकृतियाँ

(a) (b) (c) (d)

104. प्रश्न-आकृतियाँ

?

उत्तर-आकृतियाँ

(a) (b) (c) (d)

105. प्रश्न-आकृतियाँ

+ − ○ ×	○ + × −	× ○ − +	?

उत्तर-आकृतियाँ

− × ○ +	− × + ○	○ − + ×	× − + ○
(a)	(b)	(c)	(d)

106. प्रश्न-आकृतियाँ

?

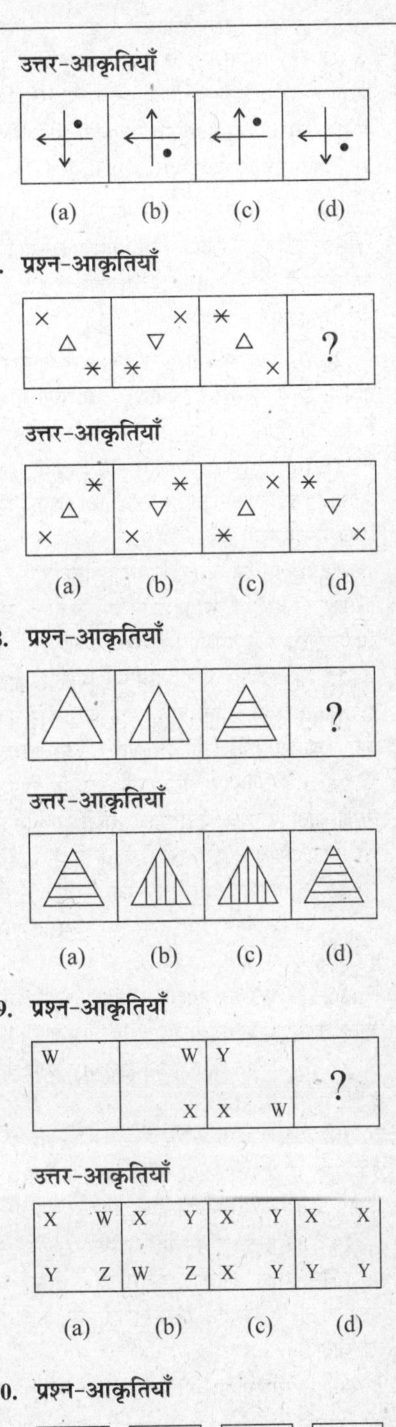

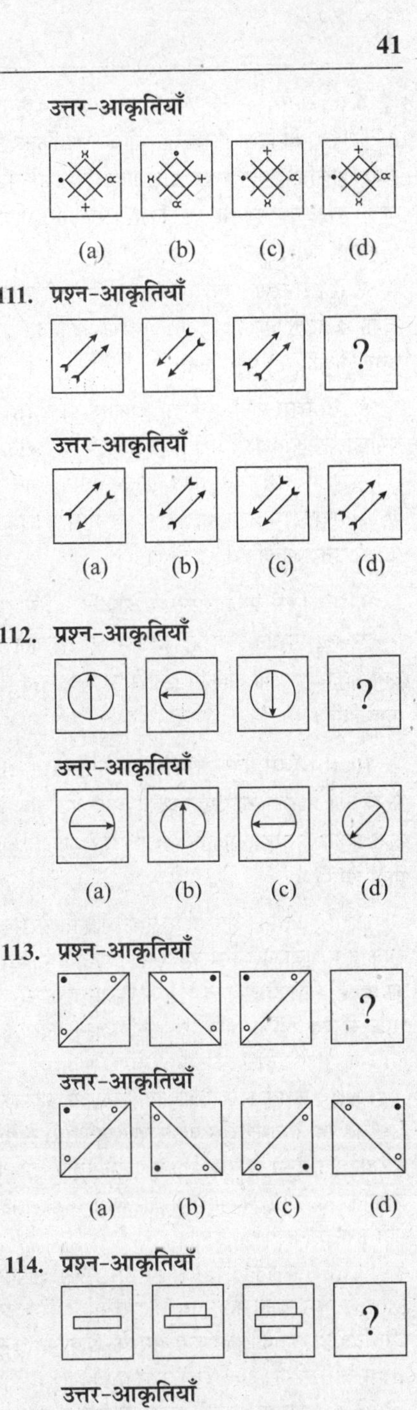

उत्तर (हल/संकेत)

1. (b) दी गई आकृतियों में प्रत्येक चिह्न विकर्षवत् अपने स्थान को परिवर्तित कर रहे हैं। इस नियम का अनुसरण करने पर उत्तर आकृति (b) शृंखला को पूर्ण करेगी।

2. (b) दी गई आकृतियों में 'V' चिह्न की प्रत्येक आकृति में क्रमागत वृद्धि हो रही है। इस नियम का अनुसरण करने पर उत्तर आकृति (b) शृंखला को पूर्ण करेगी।

3. (d) दी गई आकृतियों में अंग्रेजी वर्णमाला का प्रथम वर्ण अगली आकृति में अंतिम स्थान ग्रहण कर लेता है। इस नियम का अनुसरण करने पर उत्तर आकृति (d) शृंखला को पूर्ण करेगी।

4. (c) दी गई आकृतियों में प्रत्येक आकृति में एक वृत्त बढ़ रहा है। इस नियम का अनुसरण करने पर उत्तर आकृति (c) शृंखला को पूर्ण करेगी।

5. (b) दी गई आकृतियों में प्रत्येक आकृति में एक ऊर्ध्वाधर रेखा बढ़ रही है। इस नियम का अनुसरण करने पर उत्तर आकृति (b) शृंखला को पूर्ण करेगी।

6. (c) समस्या आकृतियों में बीच की आकृति क्रमशः 45° दक्षिणावर्त दिशा में बढ़ती जाती है तथा किनारे की चारों आकृतियाँ एक स्थान दक्षिणावर्त दिशा में बढ़ती जाती है। अतः समस्या आकृति (c) से उत्तर आकृति (c) प्राप्त होगी।

7. (c) समस्या आकृतियाँ क्रमशः 90° दक्षिणावर्त दिशा में बढ़ती जाती है। अतः समस्या आकृति (c) से उत्तर आकृति (c) प्राप्त होगी।

8. (c) जिस प्रकार समस्या आकृति (a) से (b) में वर्गाकार आकृति 45° दक्षिणावर्त दिशा में घूम जाती है तथा साथ में अन्दर की छोटी आकृति अपने स्थान पर 45° वामावर्त घूम जाती है , उसी प्रकार समस्या आकृति (c) से उत्तर आकृति (c) प्राप्त होगी।

9. (b) जिस प्रकार समस्या आकृति (a) से (b) में तीर का निशान विपरीत दिशा में चला जाता है, उसी प्रकार समस्या आकृति (c) से उत्तर आकृति (b) प्राप्त होगी।

10. (b) जिस प्रकार समस्या आकृति (a) से (b) में विकर्ण से सटा चाप एक स्थान आगे बढ़ जाता है, उसी प्रकार समस्या आकृति (c) से उत्तर आकृति (b) प्राप्त होगी।

11. (b) प्रत्येक अगली समस्या आकृति में मुख्य आकृति में भुजाओं की संख्या क्रमशः एक-एक बढ़ती जा रही है, साथ ही आकृति के मध्य डिजाइनों की संख्या भी 1 से बढ़ रही है और हर बार डिजाइन बदल रहा है। अतः सही उत्तर विकल्प (b) होगा।

12. (b) प्रत्येक अगली आकृति में रेखाओं की संख्या 1 से बढ़ रही है तथा जिस प्रकार प्रश्नाकृति (a) से (b) में रेखा एक-दूसरे से मिल रही है, उसी प्रकार समस्या आकृति (c) से (d) में भी यही क्रम जारी रहेगा। अतः सही उत्तर विकल्प (b) होगा।

13. (c) प्रश्नाकृति (a) से (b) में मुख्य आकृति 180° से घूम जाती है, साथ ही मध्य का डिजाइन परिवर्तित हो रहा है। यही क्रम समस्या आकृति (c) से (d) में जारी रहेगा। अतः सही उत्तर (c) होगा।

14. (a) प्रत्येक अगली प्रश्नाकृति पूर्णतः 90° से घड़ी की सुई की विपरीत दिशा में घूम जाती है। अतः सही उत्तर विकल्प (a) होगा।

15. (b) प्रत्येक अगली प्रश्नाकृति में बाहरी एवं भीतरी आकृति की भुजाओं की संख्या क्रमशः 1 से घट रही है। अतः सही उत्तर विकल्प (b) होगा।

16. (c) प्रत्येक अगली प्रश्नाकृति में मध्य के डिजाइन 90° से घड़ी की सुई की दिशा में घूम रहे हैं। अतः सही उत्तर विकल्प (c) होगा।

17. (a) प्रत्येक अगली प्रश्नाकृति में मुख्य आकृति 90° से घड़ी की सुई की विपरीत दिशा में घूम रही है, साथ ही डिजाइन नये रूप में बदल रही है। अतः सही उत्तर विकल्प (a) होगा।

18. (b) प्रत्येक अगली समस्या आकृति में नीचे का डिजाइन ऊपर, ऊपर का मध्य एवं मध्य वाला डिजाइन सबसे नीचे जा रहा है। यही क्रम आगे भी जारी रहेगा। अतः सही उत्तर विकल्प (b) होगा।

19. (d) प्रत्येक अगली समस्याकृति में अन्दर का डिजाइन बाहर आ जाता है तथा भीतर एक नया डिजाइन आ जाता है, यही क्रम आगे भी जारी है। अतः सही उत्तर विकल्प (d) होगा।

20. (b) प्रत्येक अगली समस्या आकृति के मध्य में क्रमशः उदय (लम्बवत्) क्षैतिज, उदय रेखा सम्मिलित होती जाती है। सही विकल्प (b) होगा।

21. (d) प्रत्येक अगली समस्या आकृति में दी गई आकृति और काला गोला 90° घड़ी की सुई की विपरीत दिशा में घूम जाते हैं।

22. (c) प्रत्येक अगली समस्या आकृति में आकृति 180° घड़ी की सुई की दिशा में घूम जाती है, साथ ही काला गोला नीचे की ओर खिसक जाता है।

23. (a) प्रत्येक अगली आकृति में छोटी सुई 90° दक्षिणावर्त घूमती जाती है, जबकि बड़ी सुई एकान्तर क्रम से क्रमशः 135° और 45° वामावर्त घूमती जाती है।

24. (d) प्रत्येक अगली समस्या आकृति में एक रेखा बढ़ती जाती है, साथ ही प्रत्येक अगली आकृति में '×' की संख्या भी एक-एक बढ़ती जाती है।

25. (b) प्रत्येक अगली समस्या आकृति में वर्ग के दोनों छायांकित भाग एक-दूसरे की विपरीत दिशा में एक एक स्थान आगे बढ़ रहे हैं।

26. (c) प्रत्येक अगली समस्या आकृति में एक काला तथा एक सफेद गोला बढ़ता जा रहा है।

27. (b) प्रत्येक अगली आकृति 90° घड़ी की सुई की दिशा में घूम रही है।

28. (c) प्रत्येक अगली समस्या-आकृति में एक-एक छोटी रेखा ऊपर-नीचे बारी-बारी तथा एक विशेष क्रम से जुड़ती जाती है।

29. (d) प्रत्येक अगली समस्या आकृति में दी गई सबसे बाहरी आकृति सबसे छोटी होकर अन्दर चली जाती है, जबकि अन्य आकृतियों का आकार बढ़ जाता है।

30. (c) समस्या आकृति की शृंखला में पहले स्थान की आकृति में वृत्त व तीर के निशान को दो खाने आगे खिसकाते हैं, जिससे दूसरे स्थान की आकृति प्राप्त होती है। शृंखला की तीसरी आकृति वृत्त व तीर के चिह्न को एक खाना आगे खिसकाने से प्राप्त होती है। अतः शृंखला की चौथी आकृति शृंखला की तीसरी आकृति को एक खाना नीचे खिसकाने से प्राप्त होगी।

31. (a) प्रत्येक चरण में एक रेखा की संख्या बढ़ रही है। अतः छायांकित भाग की संख्या अगले चरण में चार हो जाएगी।

32. (d) समस्या आकृति की शृंखला में वृत्त व आयत की दिशा बदल जाती है और वृत्त के स्थान पर छोटा आयत आ जाता है। शृंखला आकृति में पहले से दूसरे चरण में यह परिवर्तन होता है। इसी क्रम में समस्या आकृति की तीसरी आकृति में आयत पुनः स्थान बदलता है।

33. (c) आकृति दो में तीर के चिह्न 180° घूम रहे हैं तथा दोनों छोटे वृत्त आकृति एक के समान अपने स्थान पर ही हैं। आकृति तीन में तीर अपने स्थान पर ही है और दोनों वृत्त आपस में अपना स्थान बदल लेते हैं। इस नियम का अनुसरण करने पर आकृति (c) उत्तर आकृति होगी।

34. (d) समस्या आकृतियों में सीढ़ियों की संख्या में निरन्तर वृद्धि हो रही है। अतः उत्तर आकृति (d) ही शृंखला को पूरा करेगी।

35. (b) अगली आकृति में पिछली आकृति के सम्मुख समान भुजा की वृद्धि होती है।

36. (d) प्रत्येक अगली आकृति में लम्बवत् रेखा की संख्या में वृद्धि हो रही है, जबकि क्षैतिज रेखा की संख्या कम हो रही है।

37. (c) त्रिभुज की गहरी रेखा वामावर्त घूमती है तथा सफेद बिन्दु दक्षिणावर्त घूमते हुए प्रत्येक अगली आकृति में क्रमशः काला तथा फिर सफेद हो जाता है।

38. (a) धन के चिह्न वामावर्त घूम रहे हैं तथा उनके ठीक सम्मुख ऋण के चिह्न हैं।

39. (d) अर्द्धवृत्त से पूर्ण काले होने की स्थिति की पुनः आवृत्ति होगी तथा आधा वृत्त रेखाओं से घिरा होगा।

40. (a) प्रत्येक वृत्त एक निश्चित क्रम में बाईं ओर एक स्थान सरकता है।

41. (b) आकृति दक्षिणावर्त घूम रही है तथा बिन्दु का रंग अगली आकृति में परिवर्तित हो जाता है।

42. (c) प्रत्येक षट्कोणीय आकृति 45° वामावर्त घूम रही है।

43. (c) प्रत्येक अगली आकृति में एक भुजा की वृद्धि हो रही है।

44. (d) 45° घूमती रेखा में प्रत्येक बार एक काले बिन्दु की विपरीत दिशा में वृद्धि हो रही है।

45. (a) प्रत्येक अगली समस्या आकृति में आकृति घड़ी की सुई के घूमने की दिशा में 135° आगे बढ़ जाती है, इसी क्रम में अगली आकृति (a) होगी।

46. (d) प्रत्येक अगली समस्या आकृति में पूरा डिजाइन घड़ी की सुई के घूमने की दिशा में 90° घूम जाता है तथा त्रिभुज, वृत्त तथा वर्ग क्रमशः एक-एक करके काले होते जाते हैं, इसी क्रम में अगली आकृति (d) होगी।

47. (c) प्रत्येक अगली समस्या आकृति में मुख्य आकृति के ऊपरी भाग में स्थित बिन्दुओं की संख्या पहले की आधी रह जाती है, इसी क्रम में अगली आकृति (c) होगी।

48. (b) प्रत्येक अगली समस्या आकृति में X घड़ी की सुई के घूमने की दिशा में एक-एक खाना आगे बढ़ता जाता है तथा रेखांकित भाग घड़ी के सुई के घूमने की दिशा में विपरीत एक-एक खाना आगे बढ़ता जाता है, इसी क्रम में अगली आकृति (b) होगी।

49. (c) प्रत्येक अगली समस्या आकृति में आकृति '●—' घड़ी की सुई के घूमने की विपरीत दिशा में 90° तथा आकृति '↓' घड़ी की सुई के घूमने की दिशा में 45° घूम जाती है। इसी क्रम में अगली आकृति (c) होगी।

50. (d) प्रत्येक अगली समस्या आकृति में कालांकित भाग घड़ी की सुई के घूमने की दिशा में तीन-तीन खाने आगे बढ़ता जाता है। इसी क्रम में अगली आकृति (d) होगी।

51. (b) प्रत्येक अगली समस्या आकृति में छोटा वृत्तखण्ड विकर्ण रूप में सामने वाली भुजाओं पर आ जाता है। इसी क्रम में अगली आकृति (b) होगी।

52. (a) प्रत्येक अगली समस्या आकृति में मुख्य आकृति घड़ी की सुई के घूमने की दिशा में 90° घूम जाती है तथा साथ ही आधी भुजा लुप्त हो जाती है। इसी क्रम में अगली आकृति (a) होगी।

53. (b) प्रत्येक अगली समस्या आकृति में मुख्य आकृति घड़ी की सुई के घूमने की दिशा में 45° घूम जाती है तथा छोटा वृत्त दाएँ, बाँए अपना स्थान बदलता रहता है। इसी क्रम में अगली आकृति (b) होगी।

54. (b) प्रत्येक अगली समस्या आकृति में कोण 45° बढ़ता जा रहा है (45°, 90°, 135°.........) इसी क्रम में अगला कोण 180° होगा। अतः अगली आकृति (b) होगी।

55. (d) **56.** (b) **57.** (c) **58.** (b) **59.** (d)

60. (d) प्रश्न आकृति (1) प्रश्न आकृति (2) को घड़ी की सुईयों की दिशा में 90° के कोण से घुमाने पर प्राप्त होती है, अतः उत्तर आकृति (d) शृंखला को पूरी करेगी।

61. (a) प्रश्न आकृतियों में जोड़ के चिह्न के सिरों पर क्रमशः 1, 2 और 3 समकोण एक विशेष पैटर्न से बने हुए हैं। साथ-ही-साथ वृत्तों की संख्या प्रत्येक आकृति में बढ़ रही है, अतः उत्तर आकृति (a) ही शृंखला को पूरी करेगी।

62. (b) समस्या आकृतियों में वृत्त को क्रमशः एक लाइन, दो लाइनें वर्ग के सिरों को मिला रही हैं, अतः उत्तर आकृति (b) शृंखला को पूरी करेगी।

63. (a) प्रश्न आकृति (1) व (2) में नीचे की लाइनों में विपरीत दिशाओं में समान आकृति जुड़ी है, अतः शृंखला पूरा करने के लिए उत्तर आकृति (a) उपयुक्त होगी।

64. (a) प्रश्न आकृति (1) व (2) में छायाकृत वृत्त की संख्या एक रहती है, लेकिन समस्या आकृति (3) में छायाकृत वृत्तों की संख्या दो हो जाती है। यही क्रम दूसरे वृत्त में है, लेकिन यह खाली वृत्त प्रश्न आकृति (2) में आता है, अतः प्रश्न आकृति की शृंखला के अन्त में दो छायाकृत व दो खाली वृत्त होंगे। अतः उत्तर आकृति (a) शृंखला को पूरी करेगी।

65. (a) प्रत्येक अगली आकृति में डिजाइन 'O' वामावर्त और डिजाइन 'X' दक्षिणावर्त दिशा में अगले भाग में सरक रहे हैं।

66. (b) प्रत्येक अगली आकृति वामावार्त 90° घूम रही है तथा उसके सिरों के चिह्न क्रमशः बदल रहे हैं।

67. (c) प्रत्येक अगली आकृति दक्षिणावर्त दिशा में 90° घूम रही है तथा उसमें एक भुजा की वृद्धि हो रही है।

68. (d) प्रत्येक अगली आकृति में एक वर्ग की वृद्धि होते हुए सभी वर्ग एक रेखीय हो जाते हैं।

69. (b) प्रत्येक अगली आकृति में डिजाइन के समान नई डिजाइन में एक डिजाइन 'V' और जुड़ जाती है।

70. (b) प्रत्येक अगली आकृति में हर एक 'X' चिह्न अन्दर से बाहर आ रहा है।

71. (d) प्रत्येक अगली आकृति में अन्दर की डिजाइन बाहर आ रही है तथा अन्दर नई डिजाइन बनती है।

72. (a) प्रत्येक अगली आकृति की डिजाइन में से दक्षिणावर्त्त दिशा में प्रत्येक बार एक भुजा कम हो रही है।

73. (c) प्रत्येक अगली आकृति में वृत्त के व्यास रेखाएँ एक-एक करके कम हो रही हैं।

74. (d) प्रत्येक अगली आकृति में वामावर्त दिशा में एक भुजा की वृद्धि हो रही है।

75. (a) **76.** (b) **77.** (c) **78.** (b)
79. (b) **80.** (d) **81.** (c) **82.** (b)
83. (d) **84.** (a) **85.** (c) **86.** (b)
87. (d) **88.** (c) **89.** (a) **90.** (b)
91. (d) **92.** (b) **93.** (a) **94.** (b)
95. (a) **96.** (a) **97.** (d) **98.** (b)
99. (d) **100.** (b) **101.** (d) **102.** (b)
103. (b) **104.** (c) **105.** (b) **106.** (c)
107. (b) **108.** (b) **109.** (b) **110.** (c)
111. (c) **112.** (a) **113.** (d) **114.** (a)

❑❑❑

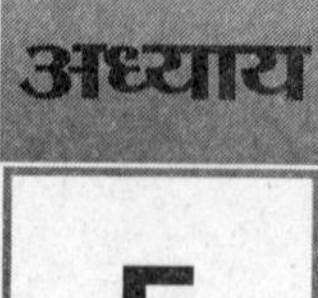

अध्याय 5

सादृश्यता

'सादृश्यता' से अभिप्राय है, 'गुणों में समानता' दूसरे अर्थ में यह कह सकते हैं, कि दो आकृतियाँ जो आपस में गुणों, अवयवों या डिजाइनों में समानता रखती हों, समरूप या सादृश्य आकृतियाँ कहलाती हैं। सादृश्यता के अंतर्गत आने वाले प्रश्नों में दो भाग दिए जाते हैं, बाईं ओर का भाग प्रश्न–आकृतियाँ तथा दाईं ओर का भाग उत्तर आकृतियाँ कहलाता है। दी गई प्रश्न–आकृतियाँ इस प्रकार दो भागों में बँटी रहती हैं, कि पहली दो आकृतियाँ एक साथ तथा अंतिम दो आकृतियाँ एक साथ हों। लेकिन प्रश्न आकृतियों में केवल तीन आकृतियाँ ही दी जाती हैं, चौथी आकृति को दी गई उत्तर आकृतियों में से भरना होता है। प्रश्न–आकृति में दी गई पहली दो आकृतियाँ आपस में किसी न किसी प्रकार से समानता या संबंध-प्रदर्शित करती हैं और यही संबंध तीसरी और चौथी आकृति के मध्य भी होता है। अत: अभ्यार्थियों को दी गई उत्तर आकृतियों में से उस आकृति का चयन करना होता है, जो तीसरी और चौथी आकृति के मध्य वही संबंध स्थापित करती हो, जो संबंध पहली और दूसरी आकृति के मध्य स्थापित हो रहा है।

दिए गए कुछ उदाहरणों के माध्यम से सादृश्यता से संबंधित प्रश्नों को समझाने का प्रयास किया जा रहा है।

हल सहित उदाहरण

निर्देश (उदाहरण 1-4) : नीचे प्रश्नों में तीन प्रश्न–आकृतियों के पश्चात् चौथी आकृति के स्थान पर एक प्रश्नवाचक चिह्न (?) दिया गया है। जो संबंध पहली और दूसरी प्रश्न–आकृतियों के मध्य है, वही संबंध तीसरी और चौथी आकृतियों के मध्य होना चाहिए।

दी गई उत्तर आकृतियों में से उस आकृति का चयन कीजिए, जो प्रश्न चिह्न के स्थान पर ठीक बैठती हो।

उदाहरण 1. प्रश्न–आकृतियाँ

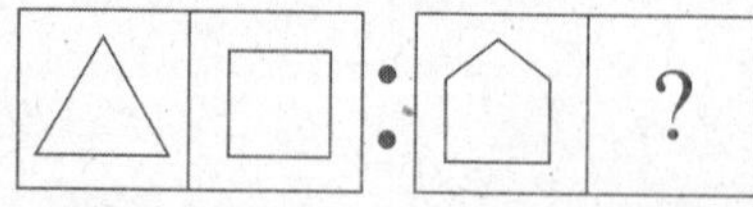

उत्तर–आकृतियाँ

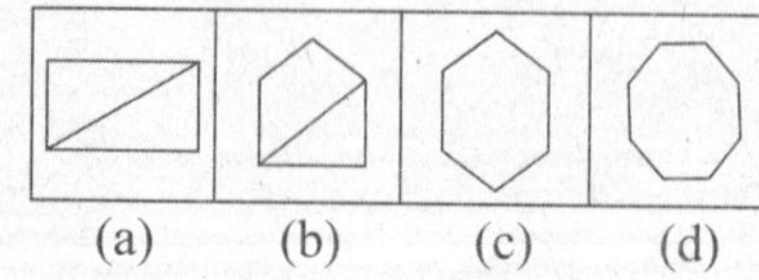

(a) (b) (c) (d)

हल (c) पहली प्रश्न–आकृति से दूसरी आकृति में जाने पर भुजाओं की संख्या में 1 की वृद्धि हो रही है अर्थात् भुजाएँ 3 से चार हो रही हैं। यही संबंध तीसरी और चौथी आकृति के मध्य स्थापित करने पर चौथी आकृति में प्रश्नचिह्न के स्थान में उत्तर आकृति (c) आएगी।

उदाहरण 2. प्रश्न–आकृतियाँ

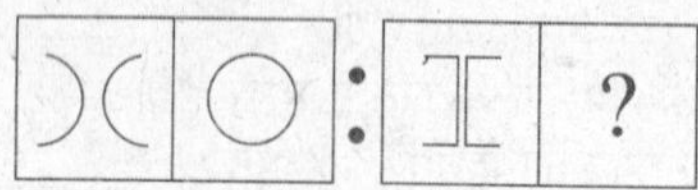

उत्तर–आकृतियाँ

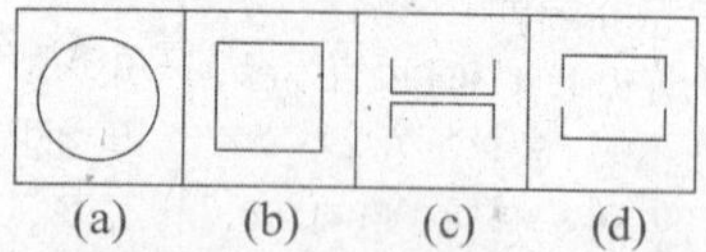

(a) (b) (c) (d)

हल (b) जिस प्रकार पहली आकृति के दो भागों को पलटकर जोड़ने से प्रश्न–आकृति-2 एक वृत्त के रूप में प्राप्त होती है, उसी प्रकार तीसरी आकृति के दोनों भागों को पलटकर जोड़ने पर प्रश्न–आकृति-4 एक चतुर्भुज (वर्ग, आयत) के रूप में प्राप्त होती है।

उदाहरण 3. प्रश्न–आकृतियाँ

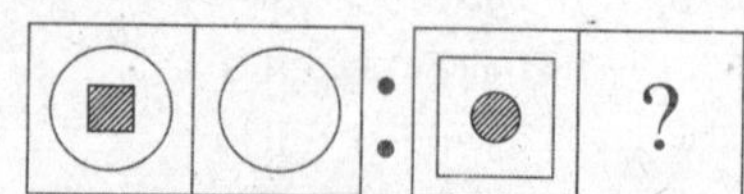

उत्तर–आकृतियाँ

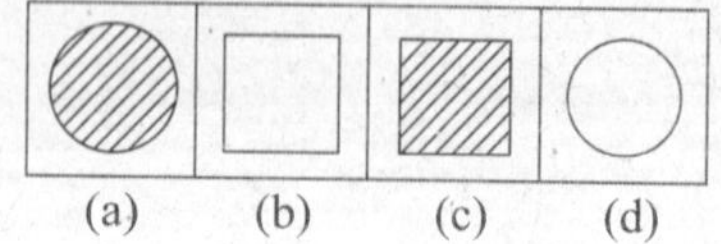

(a) (b) (c) (d)

हल (b) जिस प्रकार पहली प्रश्न–आकृति से दूसरी आकृति में जाने पर, पहली आकृति के अंदर की छायांकित डिजाइन गायब हो जाती है और शेष बची आकृति प्रश्न–आकृति-2 बन जाती है। यही संबंध तीसरी आकृति से चौथी आकृति में स्थापित करने पर उत्तर आकृति (b) चौथी आकृति होगी।

उदाहरण 4. प्रश्न–आकृति

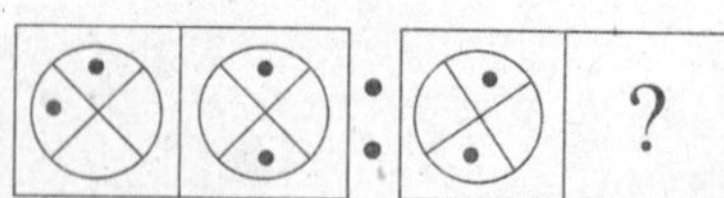

उत्तर–आकृतियाँ

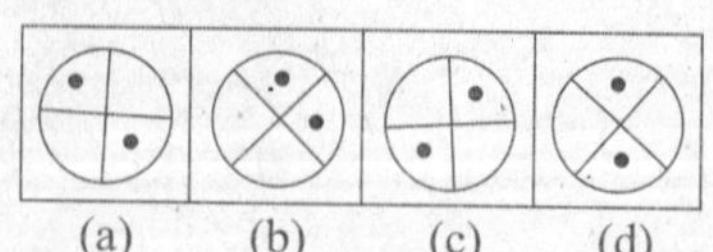

(a) (b) (c) (d)

हल (b) पहली प्रश्न–आकृति का एक काला बिंदु दूसरी आकृति में 90° वामावर्त (घड़ी की सुई के विपरीत) घूम जाता है। यही संबंध आकृति-3 से आकृति-4 के मध्य स्थापित करने पर उत्तर आकृति (b) चौथी आकृति होगी।

विशेष

- सादृश्यता परीक्षण पर आधारित प्रश्नों को हल करने के लिए पहली और दूसरी समस्या आकृति के मध्य संबंध का ध्यानपूर्वक अवलोकन करना चाहिए तभी विद्यार्थी तीसरी और चौथी समस्या आकृति के संबंध की पहचान कर सकेंगे।
- सादृश्यता परीक्षण के अंतर्गत आने वाले प्रश्नों में मुख्यत: निम्न प्रकार के प्रश्न होते हैं:
  (i) संख्या क्रम में परिवर्तन
  (ii) आकृतियों के घूर्णन की स्थिति
  (iii) आकार में परिवर्तन
- इन प्रश्नों को त्वरित गति से हल करने के लिए अभ्यर्थियों को प्रश्नों की स्थिति का पता लगाकर उससे संबंधित उत्तर की खोज दी गई उत्तर आकृतियों से करनी चाहिए।

अभ्यास-1

निर्देश (प्र. सं. 1-50) : नीचे प्रश्नों में तीन प्रश्न–आकृतियों के बाद चौथी के स्थान पर प्रश्नसूचक चिह्न (?) दिया गया है। पहली और दूसरी प्रश्न–आकृतियों में जिस प्रकार का सम्बंध है, ठीक उसी प्रकार का सम्बंध तीसरी और चौथी आकृति में भी होना चाहिए। उत्तर आकृतियों में से उस सबसे उपयुक्त आकृति को चुनिए, जो प्रश्न चिह्न (?) के स्थान पर ठीक बैठ कर उपरोक्त सम्बंध को निरूपित करे।

1. प्रश्न–आकृतियाँ

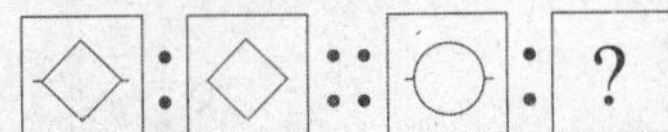

उत्तर–आकृतियाँ

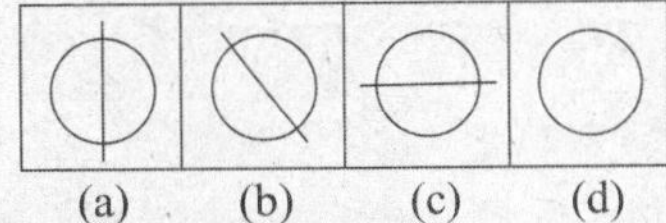

(a) (b) (c) (d)

2. प्रश्न–आकृतियाँ

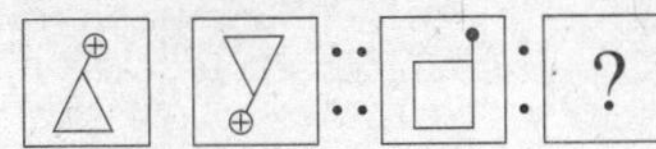

उत्तर–आकृतियाँ

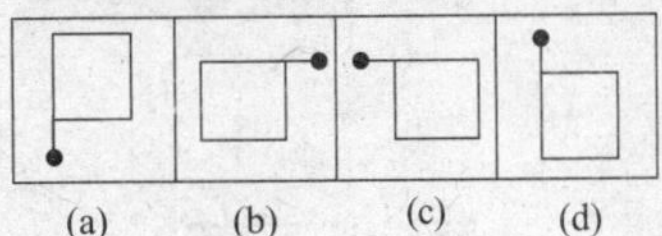

(a) (b) (c) (d)

3. प्रश्न–आकृतियाँ

उत्तर–आकृतियाँ

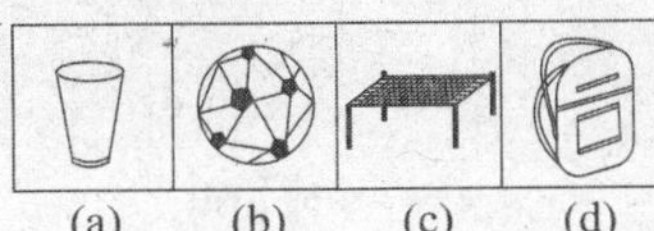

(a) (b) (c) (d)

4. प्रश्न–आकृतियाँ

उत्तर–आकृतियाँ

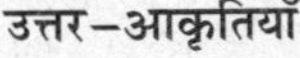

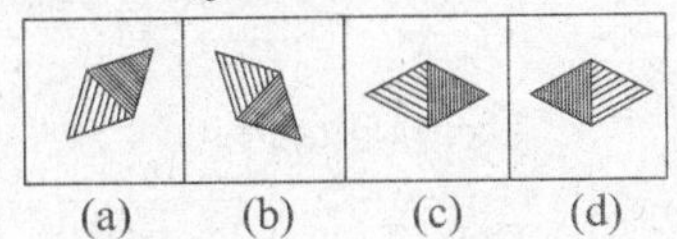

(a) (b) (c) (d)

5. प्रश्न–आकृतियाँ

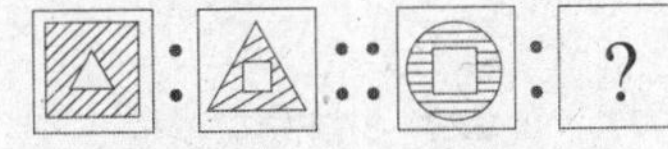

उत्तर–आकृतियाँ

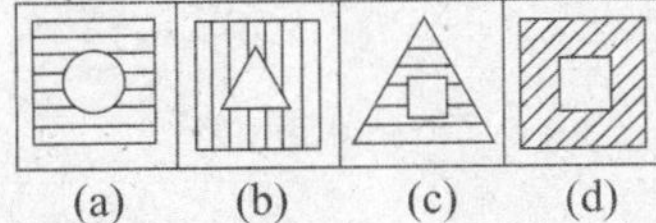

(a) (b) (c) (d)

6. प्रश्न–आकृतियाँ

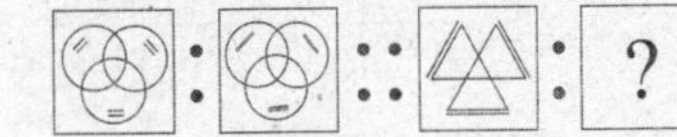

उत्तर–आकृतियाँ

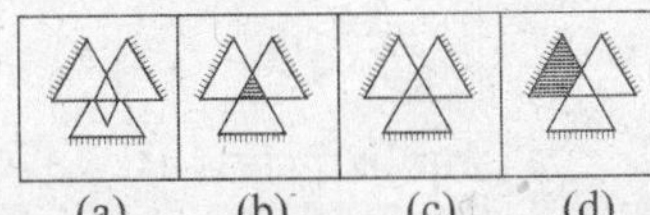

(a) (b) (c) (d)

7. प्रश्न–आकृतियाँ

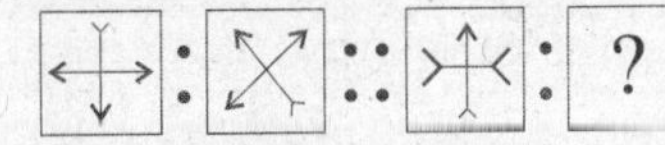

उत्तर–आकृतियाँ

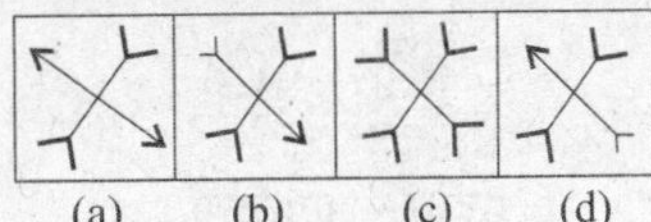

(a) (b) (c) (d)

8. प्रश्न–आकृतियाँ

उत्तर–आकृतियाँ

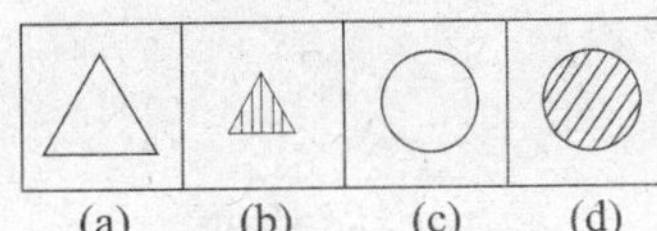

(a) (b) (c) (d)

9. प्रश्न–आकृतियाँ

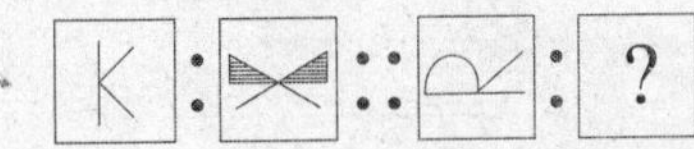

उत्तर–आकृतियाँ

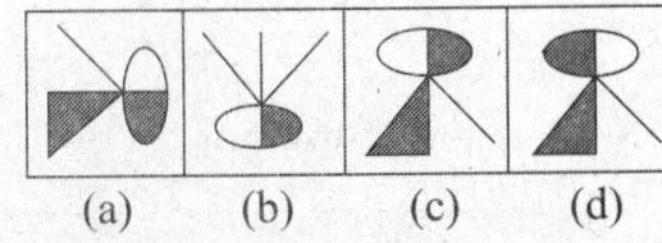

(a) (b) (c) (d)

10. प्रश्न–आकृतियाँ

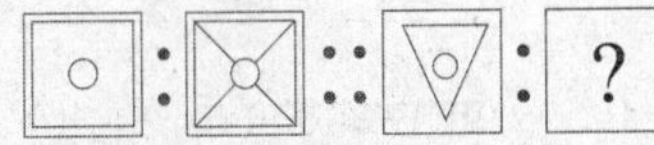

उत्तर–आकृतियाँ

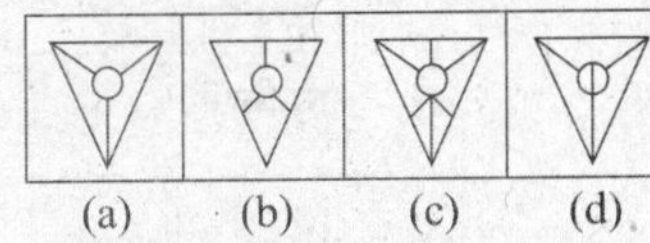

(a) (b) (c) (d)

11. प्रश्न–आकृतियाँ

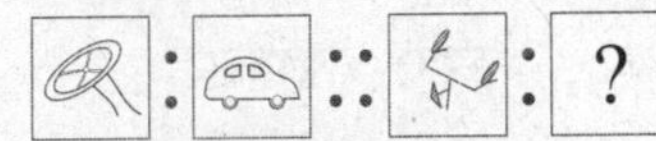

उत्तर–आकृतियाँ

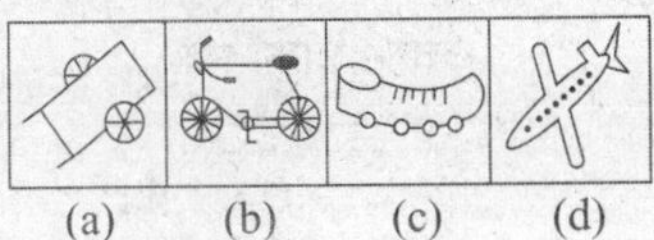

(a) (b) (c) (d)

12. प्रश्न–आकृतियाँ

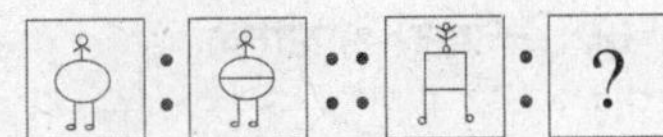

उत्तर–आकृतियाँ

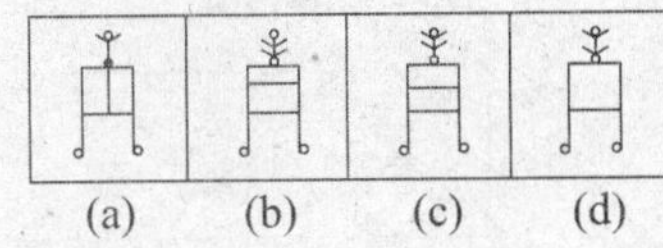

(a) (b) (c) (d)

13. प्रश्न–आकृतियाँ

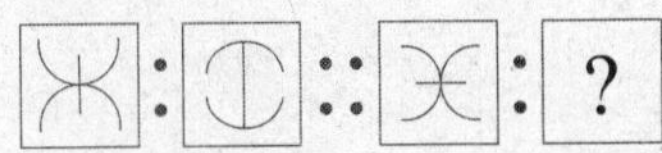

उत्तर–आकृतियाँ

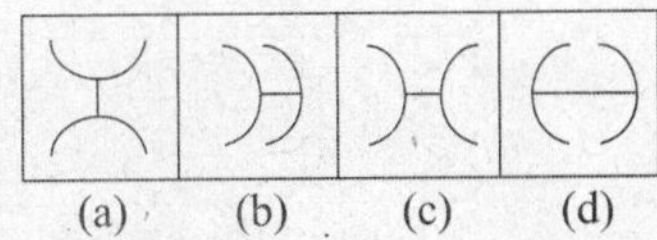

(a) (b) (c) (d)

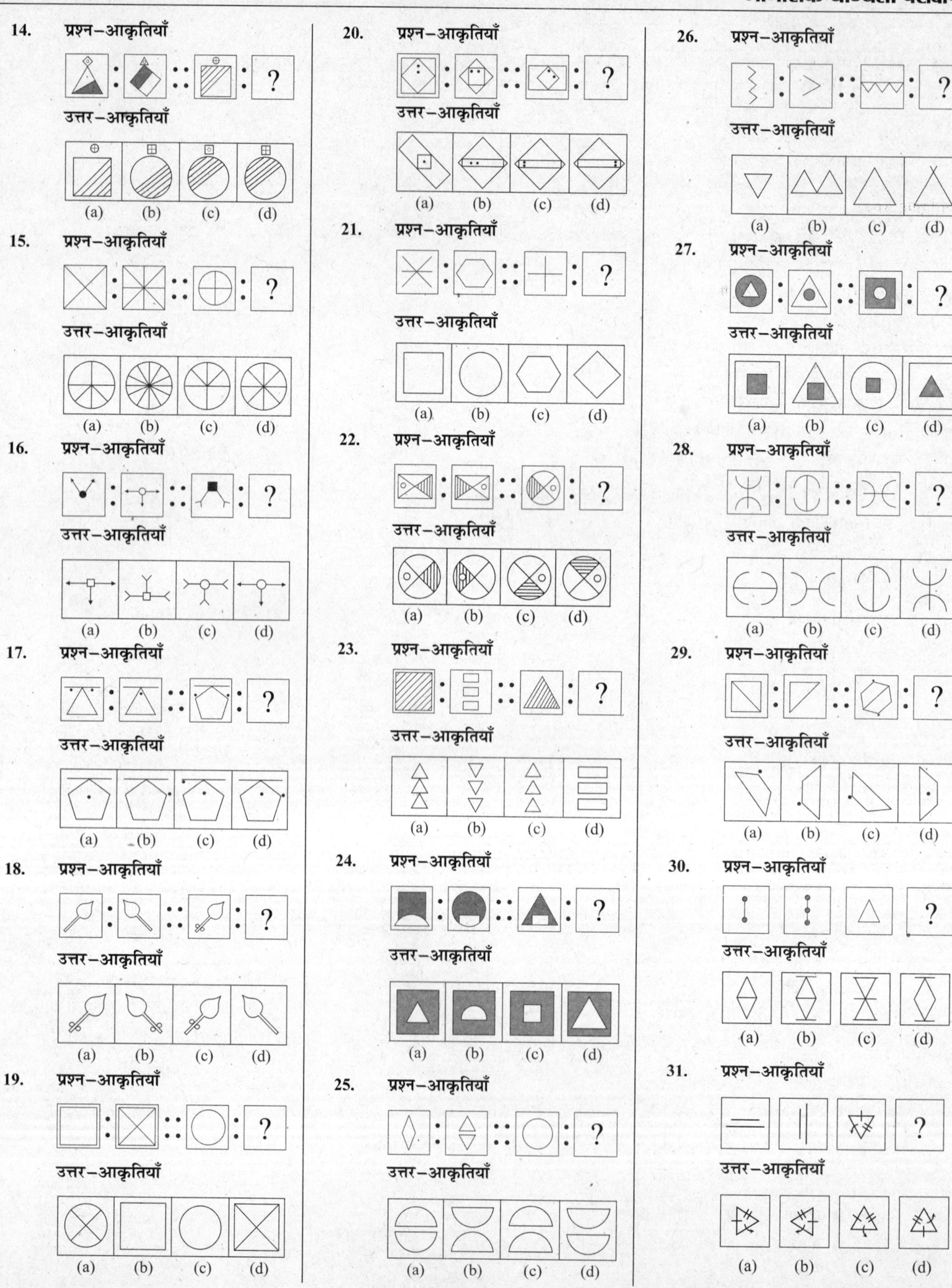
14. प्रश्न–आकृतियाँ
?
उत्तर–आकृतियाँ
(a) (b) (c) (d)
15. प्रश्न–आकृतियाँ
?
उत्तर–आकृतियाँ
(a) (b) (c) (d)
16. प्रश्न–आकृतियाँ
?
उत्तर–आकृतियाँ
(a) (b) (c) (d)
17. प्रश्न–आकृतियाँ
?
उत्तर–आकृतियाँ
(a) (b) (c) (d)
18. प्रश्न–आकृतियाँ
?
उत्तर–आकृतियाँ
(a) (b) (c) (d)
19. प्रश्न–आकृतियाँ
?
उत्तर–आकृतियाँ
(a) (b) (c) (d)
20. प्रश्न–आकृतियाँ
?
उत्तर–आकृतियाँ
(a) (b) (c) (d)
21. प्रश्न–आकृतियाँ
?
उत्तर–आकृतियाँ
(a) (b) (c) (d)
22. प्रश्न–आकृतियाँ
?
उत्तर–आकृतियाँ
(a) (b) (c) (d)
23. प्रश्न–आकृतियाँ
?
उत्तर–आकृतियाँ
(a) (b) (c) (d)
24. प्रश्न–आकृतियाँ
?
उत्तर–आकृतियाँ
(a) (b) (c) (d)
25. प्रश्न–आकृतियाँ
?
उत्तर–आकृतियाँ
(a) (b) (c) (d)
26. प्रश्न–आकृतियाँ
?
उत्तर–आकृतियाँ
(a) (b) (c) (d)
27. प्रश्न–आकृतियाँ
?
उत्तर–आकृतियाँ
(a) (b) (c) (d)
28. प्रश्न–आकृतियाँ
?
उत्तर–आकृतियाँ
(a) (b) (c) (d)
29. प्रश्न–आकृतियाँ
?
उत्तर–आकृतियाँ
(a) (b) (c) (d)
30. प्रश्न–आकृतियाँ
?
उत्तर–आकृतियाँ
(a) (b) (c) (d)
31. प्रश्न–आकृतियाँ
?
उत्तर–आकृतियाँ
(a) (b) (c) (d)

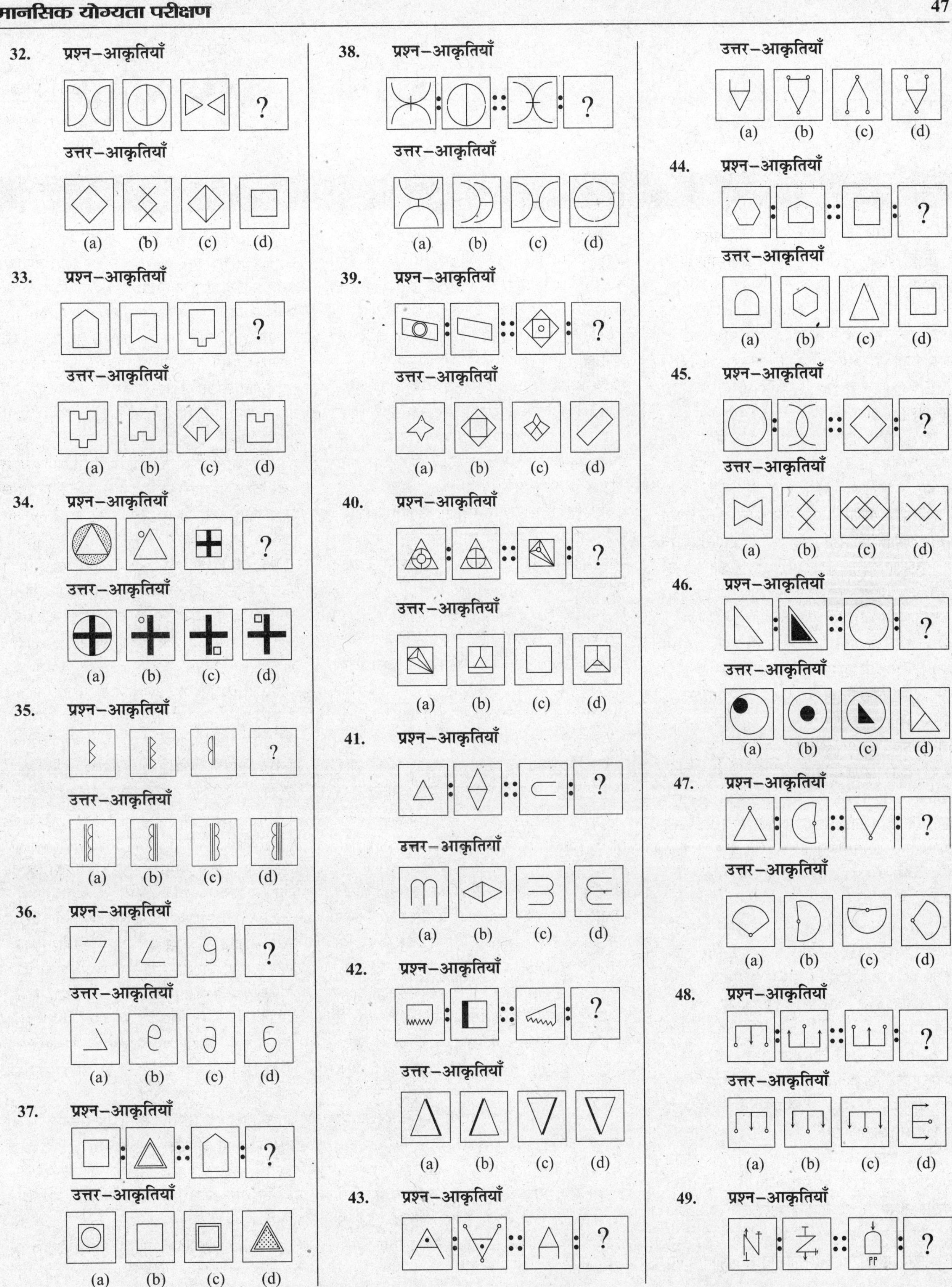
32. प्रश्न–आकृतियाँ
?
उत्तर–आकृतियाँ
(a) (b) (c) (d)
33. प्रश्न–आकृतियाँ
?
उत्तर–आकृतियाँ
(a) (b) (c) (d)
34. प्रश्न–आकृतियाँ
?
उत्तर–आकृतियाँ
(a) (b) (c) (d)
35. प्रश्न–आकृतियाँ
?
उत्तर–आकृतियाँ
(a) (b) (c) (d)
36. प्रश्न–आकृतियाँ
?
उत्तर–आकृतियाँ
(a) (b) (c) (d)
37. प्रश्न–आकृतियाँ
?
उत्तर–आकृतियाँ
(a) (b) (c) (d)
38. प्रश्न–आकृतियाँ
?
उत्तर–आकृतियाँ
(a) (b) (c) (d)
39. प्रश्न–आकृतियाँ
?
उत्तर–आकृतियाँ
(a) (b) (c) (d)
40. प्रश्न–आकृतियाँ
?
उत्तर–आकृतियाँ
(a) (b) (c) (d)
41. प्रश्न–आकृतियाँ
?
उत्तर–आकृतिगाँ
(a) (b) (c) (d)
42. प्रश्न–आकृतियाँ
?
उत्तर–आकृतियाँ
(a) (b) (c) (d)
43. प्रश्न–आकृतियाँ
?
उत्तर–आकृतियाँ
(a) (b) (c) (d)
44. प्रश्न–आकृतियाँ
?
उत्तर–आकृतियाँ
(a) (b) (c) (d)
45. प्रश्न–आकृतियाँ
?
उत्तर–आकृतियाँ
(a) (b) (c) (d)
46. प्रश्न–आकृतियाँ
?
उत्तर–आकृतियाँ
(a) (b) (c) (d)
47. प्रश्न–आकृतियाँ
?
उत्तर–आकृतियाँ
(a) (b) (c) (d)
48. प्रश्न–आकृतियाँ
?
उत्तर–आकृतियाँ
(a) (b) (c) (d)
49. प्रश्न–आकृतियाँ
?

उत्तर–आकृतियाँ

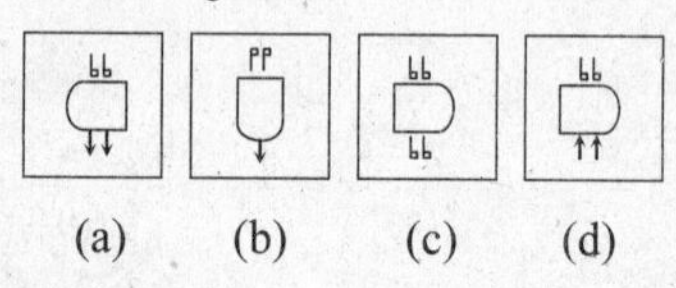

(a) (b) (c) (d)

50. प्रश्न–आकृतियाँ

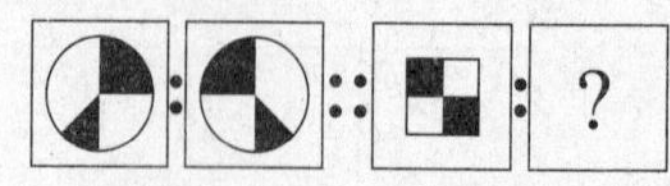

उत्तर–आकृतियाँ

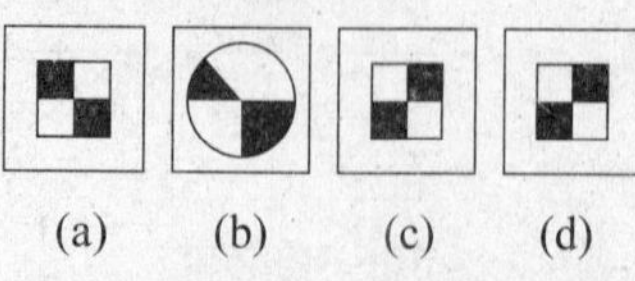

(a) (b) (c) (d)

उत्तर (हल/संकेत)

1. (d) स्पष्ट है, पहली प्रश्न–आकृति का जल प्रतिबिम्ब दूसरी आकृति है, उसी प्रकार तीसरी आकृति का जल प्रतिबिम्ब चौथी आकृति होगी।

2. (a) पहली प्रश्न–आकृति को 180° दक्षिणावर्त (घड़ी की सुई की दिशा में) घुमाने पर आकृति-2 प्राप्त होती है। इसी संबंध को तीसरी तथा चौथी प्रश्न–आकृतियों के मध्य स्थापित करने पर उत्तर आकृति (a) प्राप्त होगी।

3. (a) जिस प्रकार लकड़ी के गट्टे से बैट प्राप्त किया जा सकता है, उसी प्रकार ड्रम के सदृश छोटे आकार से गिलास प्राप्त होगा।

4. (d) पहली प्रश्न–आकृति से दूसरी प्रश्न–आकृति में आने पर आकृति की डिजाइन 90° दक्षिणावर्त घूम जाती है। उसी प्रकार, तीसरी प्रश्न–आकृति की डिजाइन 90° दक्षिणावर्त्त घूमकर उत्तर आकृति (d) जैसी दिखाई देगी।

5. (a) पहली प्रश्न–आकृति से दूसरी प्रश्न–आकृति में अंदर का अछायांकित भाग बाहर तथा बाहर का भाग अंदर हो जाता है। उसी प्रकार, तीसरी प्रश्न–आकृति में यही परिवर्तन होने के बाद उत्तर आकृति (a) प्राप्त होगी।

6. (c) पहली प्रश्न–आकृति से दूसरी प्रश्न–आकृति में, आकृति के अंदर ऊपर-नीचे की दोनों रेखाएँ पूर्णत: छायांकित हो जाती हैं। उसी प्रकार तीसरी प्रश्न–आकृति से चौथी प्रश्न–आकृति में यही संबंध स्थापित करने पर उत्तर आकृति (c) प्राप्त होगी।

7. (b) प्रश्न–आकृति 1 से 2 में दोनों ओर तीर वाली डिजाइन 45° वामावर्त्त तथा एक तीर वाली डिजाइन 135° दक्षिणावर्त्त दिशा में घूम जाती है। यही संबंध प्रश्न–आकृति 3 से 4 में जाने पर लागू होगा।

8. (b) प्रश्न–आकृति 1 से 2 में पूरी आकृति छोटी होकर छायांकित हो जाती है। यही संबंध प्रश्न–आकृति 3 से 4 में स्थापित करने पर उत्तर आकृति (b) प्राप्त होगी।

9. (d) प्रश्न–आकृति 1 से 2 में सम्पूर्ण आकृति 90° दक्षिणावर्त्त दिशा में घूम जाती है तथा इसकी विपरीत दिशा में दो छायांकित डिजाइनें आ जाती हैं। उसी प्रकार का संबंध प्रश्न–आकृति 3 से 4 में स्थापित करने पर उत्तर आकृति (d) प्राप्त होगी।

10. (a) प्रश्न–आकृति (1) से (2) में वर्ग के अंदर छोटे वृत्त को चार रेखाएँ घेर लेती हैं। उसी प्रकार का संबंध प्रश्न–आकृति (3) व आकृति 4 के मध्य स्थापित करने पर उत्तर आकृति (a) प्राप्त होगी।

11. (b) जिस प्रकार स्टेयरिंग से कार को नियंत्रित किया जाता है। उसी प्रकार हैंडल से साइकिल को नियंत्रित किया जाता है।

12. (c) प्रश्न–आकृति 1 में अंदर एक क्षैतिज रेखा खींचने पर आकृति 2 प्राप्त होती है। यही संबंध आकृति 3 से 4 में लागू करने पर उत्तर आकृति (c) प्राप्त होगी।

13. (d) जिस प्रकार पहली आकृति को 90° घुमाने पर तीसरी आकृति प्राप्त होती है, उसी प्रकार दूसरी आकृति को 90° घुमाने पर आकृति 4 प्राप्त होती है, जो उत्तर आकृति (d) है।

14. (b) जिस प्रकार, प्रश्न–आकृति (1) से (2) में बड़ा डिजाइन छोटा तथा छोटा डिजाइन बड़ा हो जाता है तथा छायांकित भाग ऊपर चला जाता है। उसी प्रकार, प्रश्न–आकृति (3) से आकृति (4) में जाने पर उत्तर आकृति (b) प्राप्त होगी।

15. (d) जिस प्रकार, प्रश्न–आकृति (1) से (2) में डिजाइन के अंदर दो रेखाएँ खींची जाती हैं। यही संबंध प्रश्न–आकृति (3) से आकृति (4) में स्थापित करने पर उत्तर आकृति (d) प्राप्त होगी।

16. (b) पहली प्रश्न–आकृति का काला वृत्त दूसरी आकृति में सफेद हो जाता है तथा एक तीर की वृद्धि हो जाती है, उसी प्रकार तीसरी आकृति का काला वर्ग चौथी आकृति में सफेद हो जाएगा तथा एक तीर की वृद्धि हो जाएगी। इस संबंध के अनुसार उत्तर आकृति (b) चौथी प्रश्न–आकृति होगी।

17. (a) जिस प्रकार पहली प्रश्न–आकृति के दो काले छोटे बिंदु दूसरी आकृति में एक हो जाते हैं तथा डिजाइन के अंदर चले जाते हैं, उसी प्रकार तीसरी आकृति के दो काले छोटे बिंदु चौथी आकृति में एक हो जाएँगे तथा डिजाइन के अंदर चले जाएँगे। इस प्रकार उत्तर आकृति (a) चौथी प्रश्न–आकृति होगी।

18. (b) जिस प्रकार प्रश्न–आकृति (1) से (2) में जाने पर आकृति 90° वामावर्त दिशा में घूम जाती है, उसी प्रकार प्रश्न–आकृति (3) से आकृति 4 में जाने पर आकृति 90° घूम जाएगी और उत्तर आकृति (b) प्राप्त होगी।

19. (a) जिस प्रकार प्रश्न–आकृति (1) से (2) में आकृति को चार बराबर भागों में बाँटा गया है, उसी प्रकार प्रश्न–आकृति (3) को चार बराबर भागों में बाँटने पर उत्तर आकृति (a) प्राप्त होगी।

20. (b) पहली प्रश्न–आकृति के अंदर की डिजाइन दूसरी आकृति में बाहर वाली डिजाइन तथा बाहर वाली डिजाइन अंदर वाली डिजाइन बन गई है तथा बिंदु क्षैतिज हो गए हैं, उसी प्रकार तीसरी आकृति के अंदर की डिजाइन चौथी आकृति, में बाहर वाली आकृति तथा बाहर वाली आकृति अंदर वाली आकृति बन जाएगी तथा बिंदु क्षैतिज हो जाएंगे। इस प्रकार उत्तर आकृति (b) चौथी प्रश्न–आकृति होगी।

21. (d) पहली प्रश्न–आकृति की रेखाओं को मिलाकर दूसरी आकृति का निर्माण किया गया है। उसी प्रकार तीसरी प्रश्न–आकृति की रेखाओं को मिलाकर चौथी आकृति बनाई जाएगी। जो उत्तर आकृति (d) होगी।

22. (b) प्रथम प्रश्न–आकृति से द्वितीय आकृति में छोटा वृत्त अपने विपरीत भाग में आ जाता है। इसी प्रकार, तीसरी आकृति से चौथी आकृति में भी लघुवृत्त विपरीत दिशा में आ जाएगा।

23. (c) जिस प्रकार, प्रथम आकृति से द्वितीय आकृति में एक रेखांकित, आयत से तीन साधारण आयत आकृति बनते हैं। उसी प्रकार तीसरी छायांकित आकृति त्रिभुज से तीन साधारण त्रिभुज बनेगें, जो उत्तर आकृति (c) में हैं।

24. (a) जिस प्रकार, पहली प्रश्न–आकृति से दूसरी आकृति में अंदर की आधी डिजाइन बाहर होकर पूर्ण हो जाती है तथा बाहर की पूर्ण डिजाइन अंदर जाकर आधी हो जाती है, उसी प्रकार तीसरी आकृति से चौथी आकृति में अंदर की आधी डिजाइन बाहर होकर पूर्ण हो जाएगी तथा बाहर की पूर्ण डिजाइन अंदर जाकर आधी हो जाएगी। जिससे उत्तर आकृति (a) प्राप्त होगी।

25. (a) जिस प्रकार, पहली प्रश्न–आकृति को दो बराबर भागों में बाँटने पर आकृति 2 प्राप्त होती है। उसी प्रकार, आकृति 3 को दो बराबर भागों में बाँटने पर आकृति 4 प्राप्त होती है, जो उत्तर आकृति (a) है।

26. (a) जिस प्रकार, पहली प्रश्न–आकृति के दोनों किनारे वाले भाग हट जाते हैं, और यह

प्रश्न–आकृति 2 बन जाती है। उसी प्रकार तीसरी आकृति के दोनों किनारे वाले भाग हटाने पर उत्तर आकृति (a) प्राप्त होगी।

27. (c) जिस प्रकार, पहली प्रश्न–आकृति की बाहर वाली आकृति दूसरी आकृति में अंदर वाली आकृति तथा अंदर वाली आकृति बाहर वाली आकृति बन जाती है, उसी प्रकार तीसरी आकृति की बाहर वाली आकृति चौथी आकृति में अंदर वाली आकृति तथा अंदर वाली आकृति, बाहर वाली आकृति बन जाएगी। इस प्रकार उत्तर आकृति (c) प्राप्त होगी।

28. (a) जिस प्रकार, पहली प्रश्न–आकृति के दोनों अर्द्धवृत्त दूसरी आकृति में उलट गए हैं, उसी प्रकार तीसरी आकृति के दोनों अर्द्धवृत्त चौथी आकृति में उलट जाएँगे।

29. (c) जिस प्रकार, पहली प्रश्न–आकृति से दूसरी आकृति में डिजाइन घड़ी की सुई के चलने के विपरीत दिशा में 90° घूम जाती है और फिर उसका आधा भाग लुप्त हो जाता है, उसी प्रकार प्रश्न–आकृति की तीसरी आकृति से चौथी आकृति में डिजाइन घड़ी की सुई के चलने के विपरीत (वामावर्त) दिशा में 90° घूम जाएगी तथा उसका आधा भाग लुप्त हो जाएगा।

30. (b) जिस प्रकार पहली प्रश्न–आकृति से एक लट्टू जोड़ने पर प्रश्न–आकृति 2 प्राप्त होती है। उसी प्रकार प्रश्न–आकृति 3 में एक त्रिभुजाकार डिजाइन जोड़ने पर आकृति 4 प्राप्त होगी।

31. (a) पहली प्रश्न–आकृति से दूसरी प्रश्न–आकृति में डिजाइन घड़ी की सुई के विपरीत (वामावर्त) दिशा में 90° घूम जाती है, उसी प्रकार, तीसरी प्रश्न–आकृति से चौथी आकृति में डिजाइन घड़ी की सुई के विपरीत (वामावर्त) होती है। अत: इस प्रकार उत्तर आकृति (a) सही आकृति होगी।

32. (c) पहली प्रश्न–आकृति की दोनों डिजाइनें पलटकर ज़ोड़ने पर दूसरी प्रश्न–आकृति बन जाती है, उसी प्रकार तीसरी प्रश्न–आकृति के दोनों डिजाइनें पलटकर जोड़ने पर चौथी आकृति बन जाएगी।

33. (d) जिस प्रकार, प्रश्न–आकृति की पहली आकृति को पलटकर तिरछी रेखाओं को बाहर की बजाय अंदर मोड़कर दूसरी आकृति बनी है, उसी प्रकार प्रश्न–आकृति की तीसरी आकृति को पलटकर बाहरी रेखाओं को बाहर की बजाय अंदर मोड़कर चौथी आकृति प्राप्त होती है।

34. (d) जिस प्रकार, पहली प्रश्न–आकृति की बाहर वाली आकृति दूसरी आकृति में छोटी होकर ऊपर बाएँ कोने में चली जाती है, उसी प्रकार तीसरी प्रश्न–आकृति की बाहर वाली आकृति चौथी आकृति में छोटी होकर ऊपर बाएँ कोने में चली जाएगी। और इस प्रकार उत्तर आकृति (d) प्रश्न–आकृति की चौथी आकृति होगी।

35. (b) जिस प्रकार, पहली प्रश्न–आकृति के दो त्रिभुज, दूसरी आकृति में तीन त्रिभुज हो जाते हैं तथा एक लम्ब रेखा की वृद्धि हो जाती है, उसी प्रकार, तीसरी आकृति के दो अर्द्धवृत्त चौथी आकृति में तीन अर्द्धवृत्त हो जाएँगे तथा एक लम्ब रेखा की वृद्धि हो जाएगी। इस प्रकार उत्तर आकृति (b) दी गई प्रश्न–आकृतियों की चौथी आकृति होगी।

36. (d) पहली प्रश्न–आकृति को 180° घुमाने पर दूसरी आकृति बन जाती है, उसी प्रकार तीसरी प्रश्न–आकृति को 180° घुमाने पर आकृति (d) बन जाएगी। अत: उत्तर आकृति (d) दी गई प्रश्न–आकृतियों की चौथी आकृति होगी।

37. (c) पहली प्रश्न–आकृति की एक भुजा कम होकर दूसरी आकृति में 2 आकृतियाँ बन जाती हैं। उसी प्रकार तीसरी आकृति की एक भुजा कम होकर चौथी आकृति में 2 आकृतियाँ बन जाती हैं।

38. (d) जिस प्रकार, पहली प्रश्न–आकृति के वृत्त के उल्टे चापों को सीधा करने तथा खड़ी रेखा को बढ़ाने से दूसरी आकृति बनी है, उसी प्रकार तीसरी आकृति के वृत्त के उल्टे चापों को सीधा करने तथा खड़ी रेखा को बढ़ाने से चौथी आकृति बनेगी।

39. (d) जिस प्रकार, पहली प्रश्न–आकृति के अंदर स्थित आकृतियाँ दूसरी आकृति में गायब हो जाती है, ठीक उसी प्रकार तीसरी आकृति के अंदर स्थित आकृतियाँ भी चौथी आकृति में गायब हो जाएँगी तथा उत्तर आकृति (d) प्राप्त होगी।

40. (a) जिस प्रकार, पहली प्रश्न–आकृति की सबसे अंदर वाली डिजाइन गायब हो गई है तथा रेखाएं आपस में जुड़ रही हैं। यही संबंध तीसरी और चौथी आकृतियों के मध्य स्थापित करने पर उत्तर आकृति (a) प्राप्त होगी।

41. (d) जिस प्रकार पहली प्रश्न–आकृति में वैसी ही एक आकृति उल्टी करके नीचे से जोड़ने से दूसरी आकृति प्राप्त होती है, एसी प्रकार प्रश्न–आकृति की तीसरी आकृति में वैसी ही एक आकृति उल्टी करके नीचे जोडने से चौथी आकृति प्राप्त होती है।

42. (b) पहली प्रश्न–आकृति, दूसरी आकृति में घड़ी की सुइयों के चलने की दिशा में 90° घूम गई है तथा कटे भाग काले हो जाते हैं, उसी प्रकार तीसरी आकृति, चौथी आकृति में घड़ी की सुइयों के चलने की दिशा में 90° घूम जाएगी तथा कटे भाग काले हो जाएँगे। अत: उत्तर आकृति (b) चौथी प्रश्न–आकृति होगी।

43. (d) जिस प्रकार, पहली प्रश्न–आकृति, दूसरी आकृति में पलट गई है तथा उसके तीनों कोनों पर छोटे वृत्त जुड़ जाते हैं। इसी प्रकार तीसरी आकृति, चौथी आकृति में पलट जाएगी तथा तीन छोटे वृत्त जुड़ जाएगें।

44. (c) जिस प्रकार, पहली प्रश्न–आकृति में एक भुजा घटाने पर दूसरी आकृति प्राप्त होती है, उसी प्रकार तीसरी प्रश्न–आकृति की एक भुजा घटाने पर चौथी आकृति प्राप्त होगी।

45. (b) जिस प्रकार पहली प्रश्न–आकृति के वृत्त को काटकर विपरीत दिशा में पलटकर सटाने पर दूसरी आकृति प्राप्त होती है। उसी प्रकार तीसरी आकृति को दो समान भागों में काटकर विपरीत दिशा में पलटकर सटाने पर चौथी आकृति प्राप्त होगी।

46. (b) पहली प्रश्न–आकृति के अंदर समान छायांकित आकृति आने से दूसरी आकृति प्राप्त होती है। उसी प्रकार तीसरी प्रश्न–आकृति के अंदर समान छायांकित आकृति आने से चौथी प्रश्न–आकृति प्राप्त होती है।

47. (b) जिस प्रकार, पहली प्रश्न–आकृति को दक्षिणावर्त दिशा में 90° घुमाकर बाहरी रेखा को गोलाकार वक्र बनाकर तथा शेष दोनों रेखाओं को छोटा करके दूसरी आकृति बनाई गई है, उसी प्रकार तीसरी आकृति को दक्षिणावर्त दिशा में 90° घुमाकर बाहरी रेखा को गोलाकार वक्र बनाकर तथा शेष दोनों रेखाओं को छोटा करके चौथी आकृति प्राप्त होगी।

48. (c) जिस प्रकार, पहली प्रश्न–आकृति को उलटकर, बाहर वाली दोनों भुजाओं को छोटा करके, लघुवृत्त की जगह तीर लगाकर बीच वाली छोटी रेखा को बड़ा करके तथा तीर की जगह लघुवृत्त लगाकर दूसरी आकृति बनाई गई है, उसी प्रकार तीसरी आकृति को उलटकर, बाहर वाली दोनों भुजाओं को बड़ा करके, लघुवृत्त की जगह तीर लगाकर, बीच वाली बड़ी रेखा को छोटा करके तथा तीर की जगह लघुवृत्त लगाकर चौथी आकृति बनाई जाएगी।

49. (c) जिस प्रकार, प्रश्न–आकृति की पहली आकृति में बनी मुख्य आकृति दूसरी आकृति में दक्षिणावर्त दिशा में 90° घूम गई है तथा अन्य आकृतियाँ परस्पर स्थान परिवर्तन कर पलट गई हैं, उसी प्रकार तीसरी आकृति में बनी मुख्य आकृति चौथी आकृति में दक्षिणावर्त दिशा में 90° घूम जाएगी तथा अन्य आकृतियाँ परस्पर स्थान परिवर्तन कर पलट जाएँगी।

50. (d) जिस प्रकार, प्रश्न–आकृति की पहली आकृति का दर्पण प्रतिबिम्ब दूसरी आकृति है, उसी प्रकार तीसरी आकृति का दर्पण प्रतिबिम्ब चौथी आकृति होगी।

अभ्यास-2

निर्देश—(प्र. सं. 1-102): दिए गए प्रश्नों में तीन प्रश्न आकृतियों के बाद चौथे स्थान पर एक प्रश्नसूचक चिह्न बना हुआ है। पहली दो प्रश्न आकृतियों में परस्पर एक सम्बन्ध है। इसी प्रकार तीसरी तथा चौथी प्रश्न आकृतियों के बीच भी वैसा ही सम्बन्ध होना चाहिए। उत्तर आकृतियों (a), (b), (c) तथा (d) में से वह आकृति चुनें, जो प्रश्नचूचक चिह्न वाले स्थान पर ठीक बैठ सके। उत्तर आकृति को पहचानकर सही उत्तर का चयन कीजिए।

1. प्रश्न-आकृतियाँ

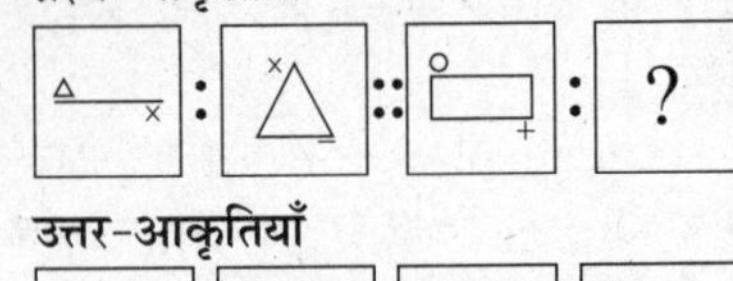

उत्तर-आकृतियाँ

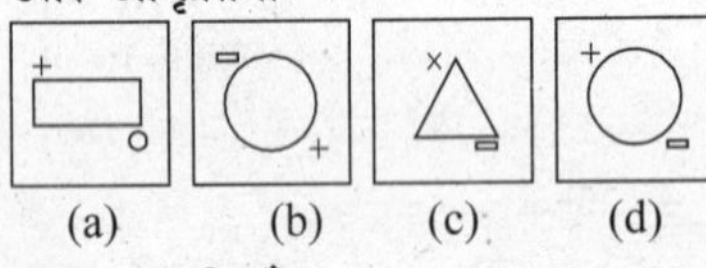

(a) (b) (c) (d)

2. प्रश्न-आकृतियाँ

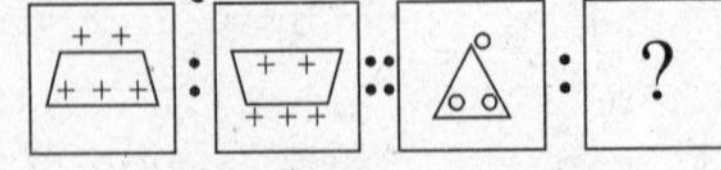

उत्तर-आकृतियाँ

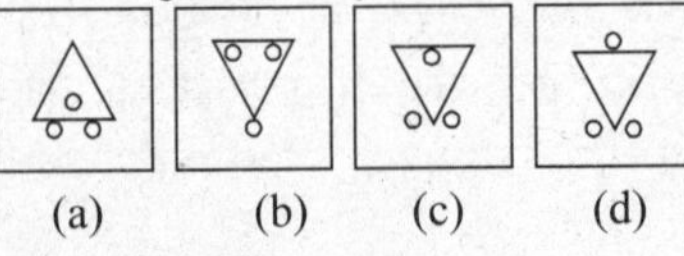

(a) (b) (c) (d)

3. प्रश्न-आकृतियाँ

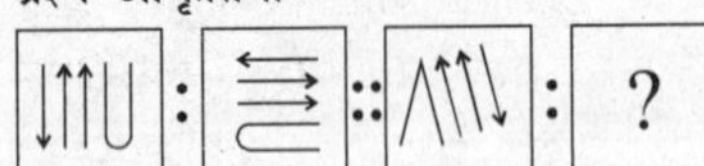

उत्तर-आकृतियाँ

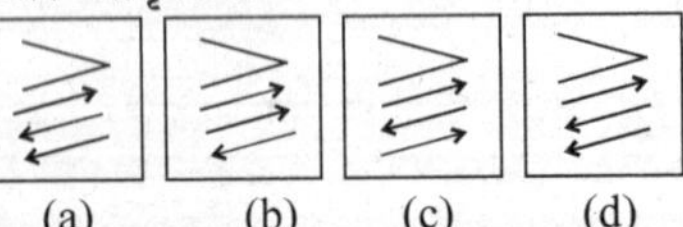

(a) (b) (c) (d)

4. प्रश्न-आकृतियाँ

उत्तर-आकृतियाँ

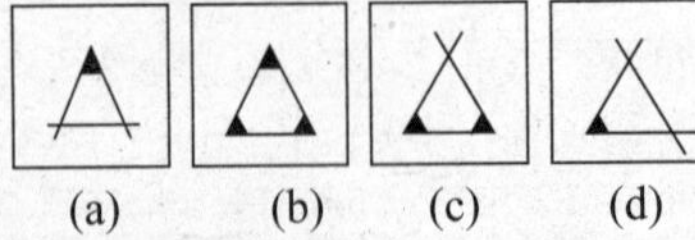

(a) (b) (c) (d)

5. प्रश्न-आकृतियाँ

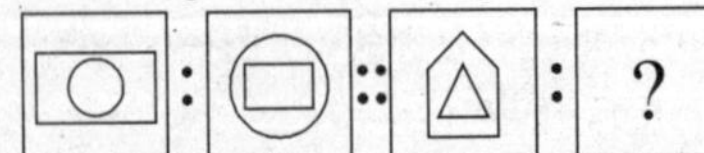

उत्तर-आकृतियाँ

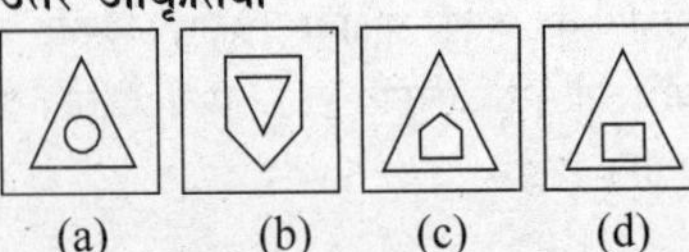

(a) (b) (c) (d)

6. प्रश्न-आकृतियाँ

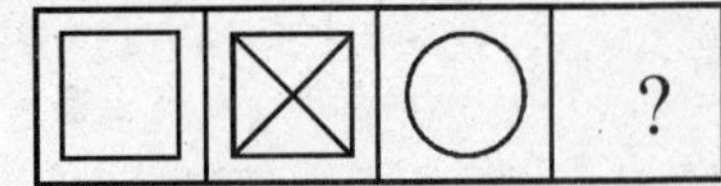

उत्तर-आकृतियाँ

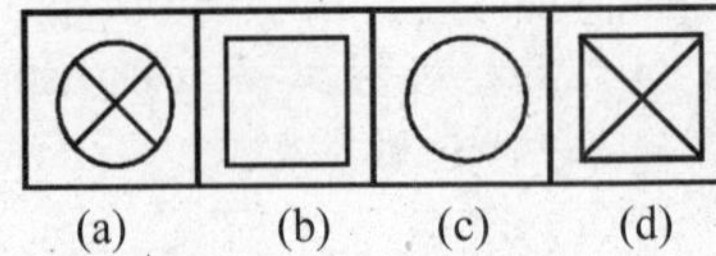

(a) (b) (c) (d)

7. प्रश्न-आकृतियाँ

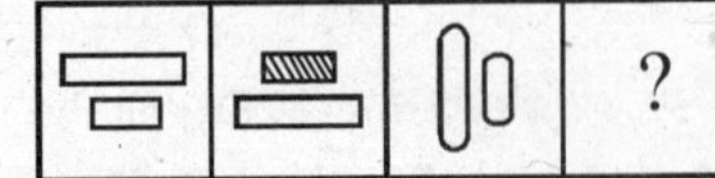

उत्तर-आकृतियाँ

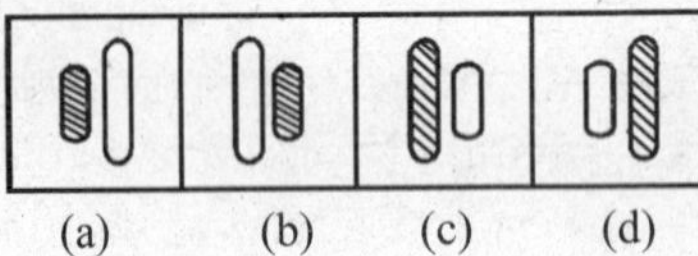

(a) (b) (c) (d)

8. प्रश्न-आकृतियाँ

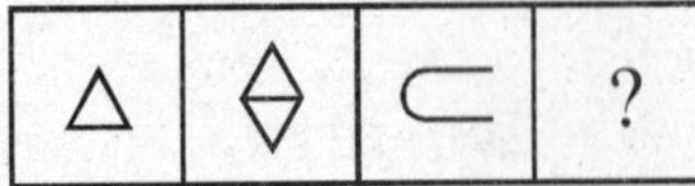

उत्तर-आकृतियाँ

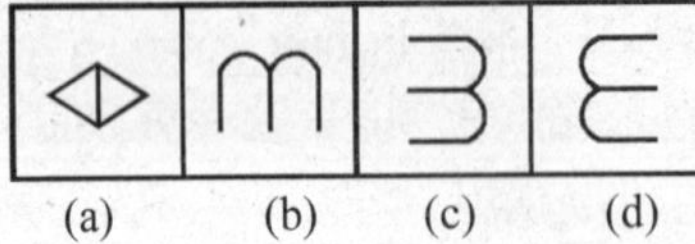

(a) (b) (c) (d)

9. प्रश्न-आकृतियाँ

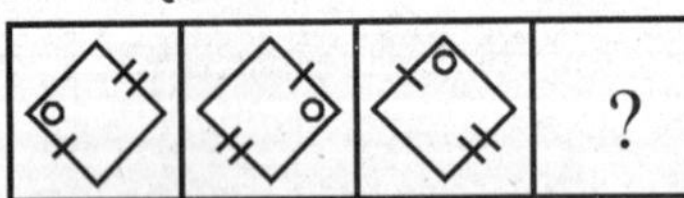

उत्तर-आकृतियाँ

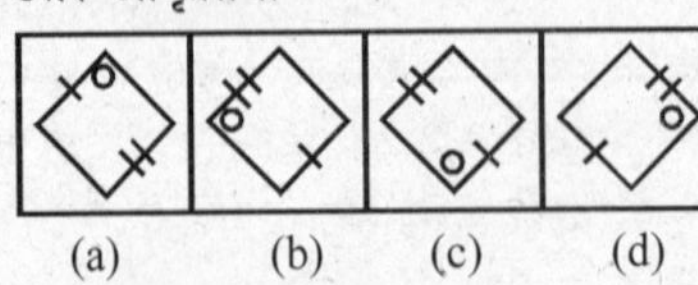

(a) (b) (c) (d)

10. प्रश्न-आकृतियाँ

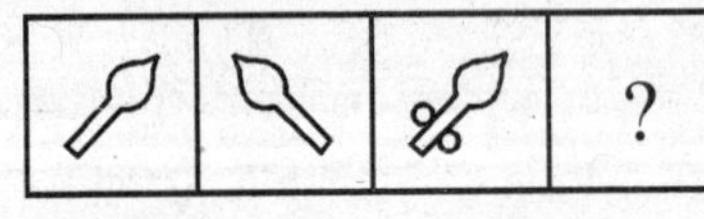

उत्तर-आकृतियाँ

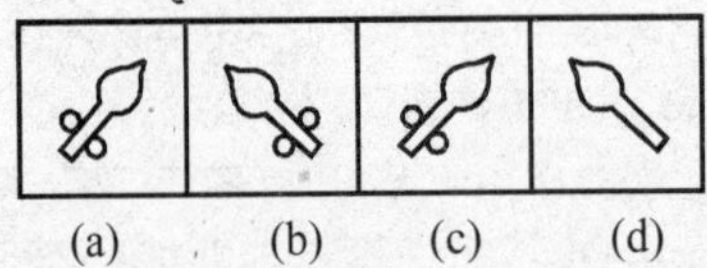

(a) (b) (c) (d)

11. प्रश्न-आकृतियाँ

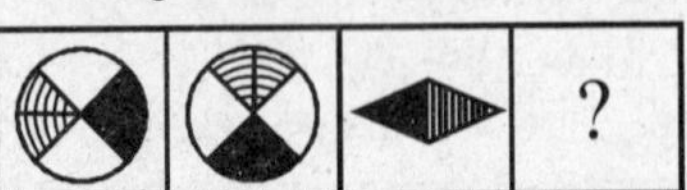

उत्तर-आकृतियाँ

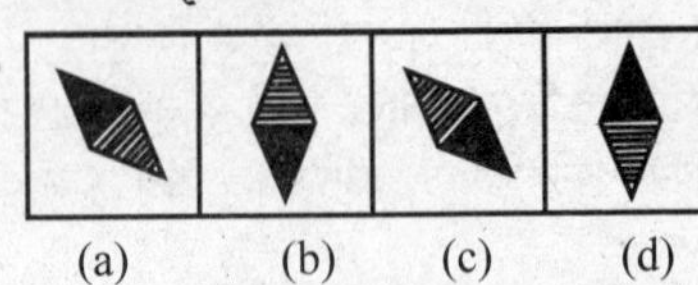

(a) (b) (c) (d)

12. प्रश्न-आकृतियाँ

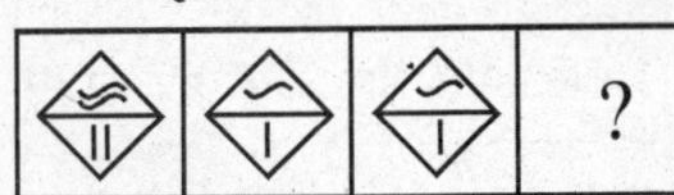

उत्तर-आकृतियाँ

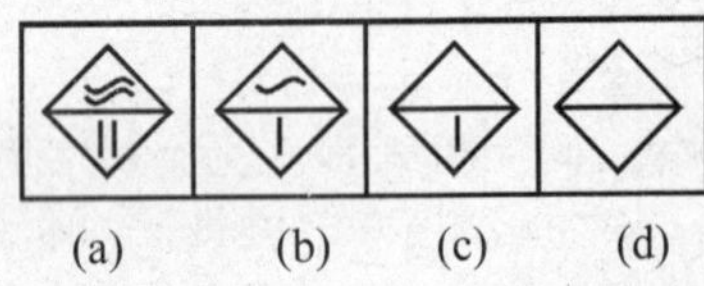

(a) (b) (c) (d)

13. प्रश्न-आकृतियाँ

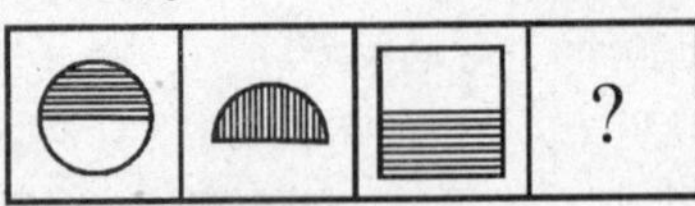

उत्तर-आकृतियाँ

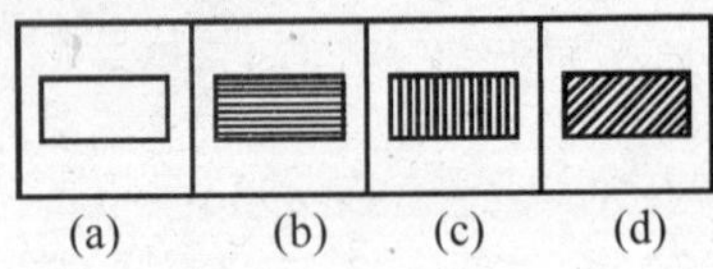

(a) (b) (c) (d)

14. प्रश्न-आकृतियाँ

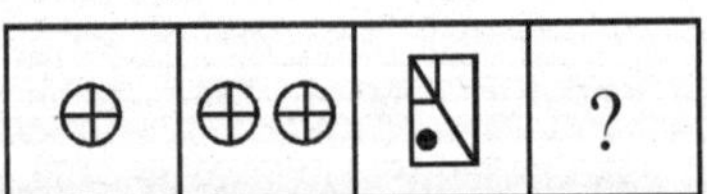

उत्तर-आकृतियाँ

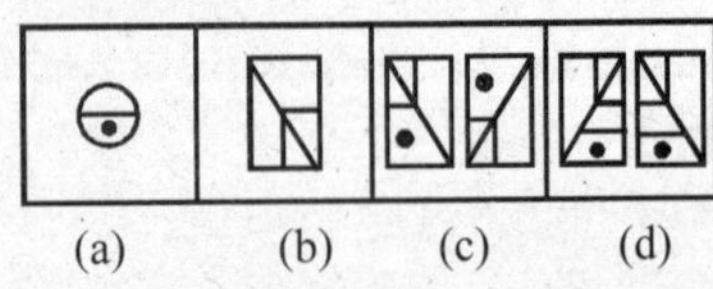

(a) (b) (c) (d)

15. प्रश्न-आकृतियाँ

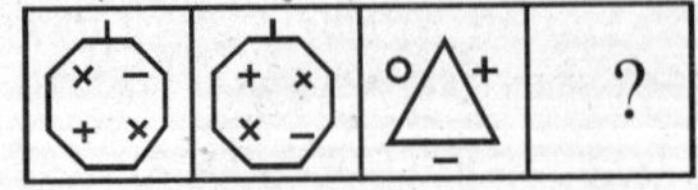

उत्तर-आकृतियाँ

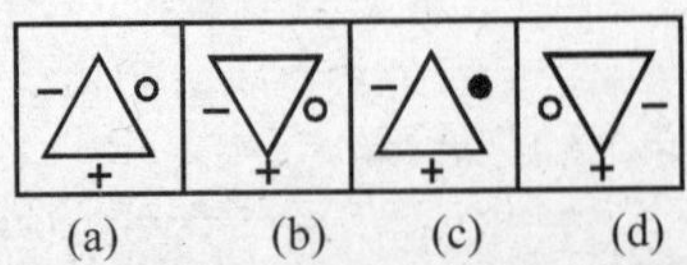

(a) (b) (c) (d)

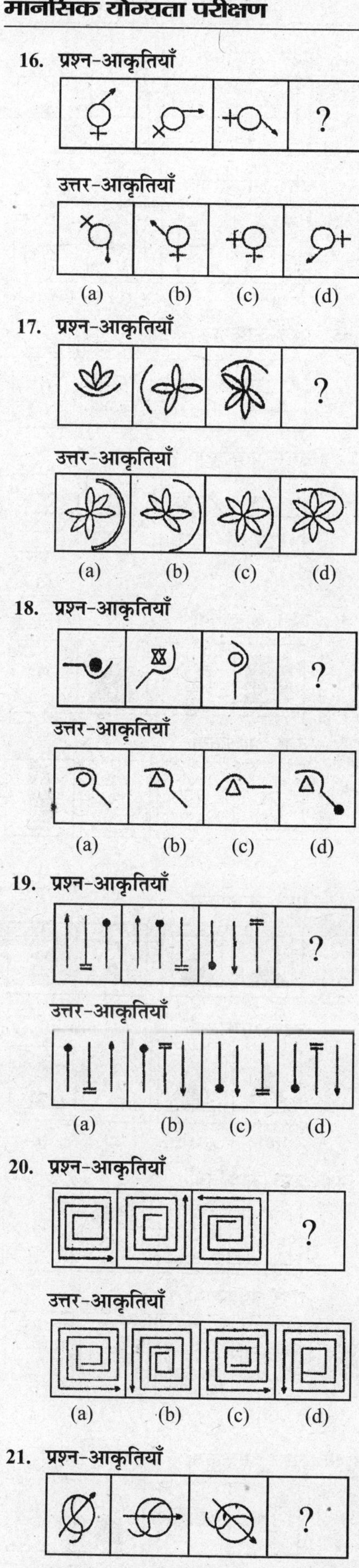
16. प्रश्न-आकृतियाँ
?
उत्तर-आकृतियाँ
(a) (b) (c) (d)
17. प्रश्न-आकृतियाँ
?
उत्तर-आकृतियाँ
(a) (b) (c) (d)
18. प्रश्न-आकृतियाँ
?
उत्तर-आकृतियाँ
(a) (b) (c) (d)
19. प्रश्न-आकृतियाँ
?
उत्तर-आकृतियाँ
(a) (b) (c) (d)
20. प्रश्न-आकृतियाँ
?
उत्तर-आकृतियाँ
(a) (b) (c) (d)
21. प्रश्न-आकृतियाँ
?

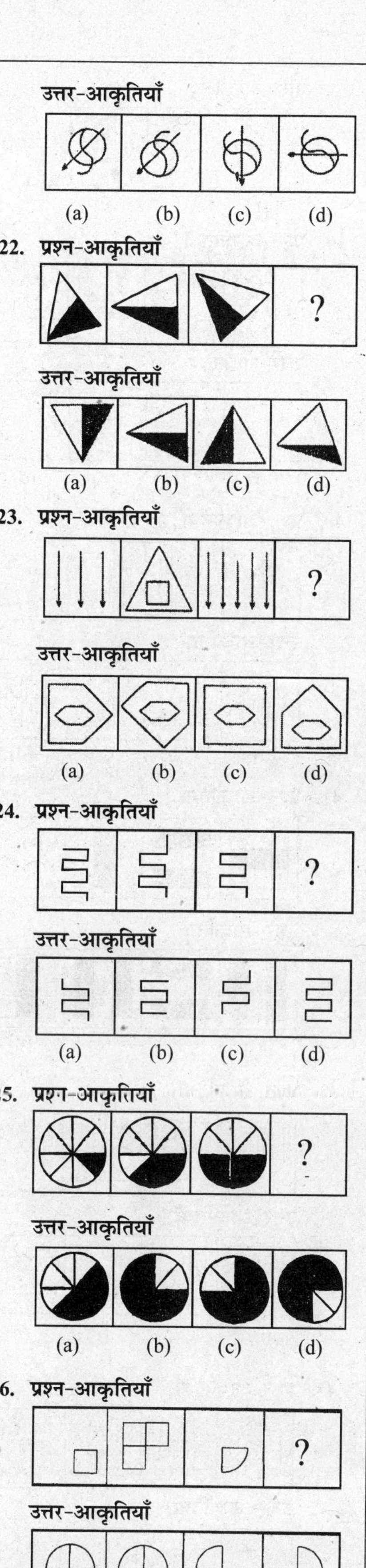
उत्तर-आकृतियाँ
(a) (b) (c) (d)
22. प्रश्न-आकृतियाँ
?
उत्तर-आकृतियाँ
(a) (b) (c) (d)
23. प्रश्न-आकृतियाँ
?
उत्तर-आकृतियाँ
(a) (b) (c) (d)
24. प्रश्न-आकृतियाँ
?
उत्तर-आकृतियाँ
(a) (b) (c) (d)
25. प्रश्न-आकृतियाँ
?
उत्तर-आकृतियाँ
(a) (b) (c) (d)
26. प्रश्न-आकृतियाँ
?
उत्तर-आकृतियाँ
(a) (b) (c) (d)

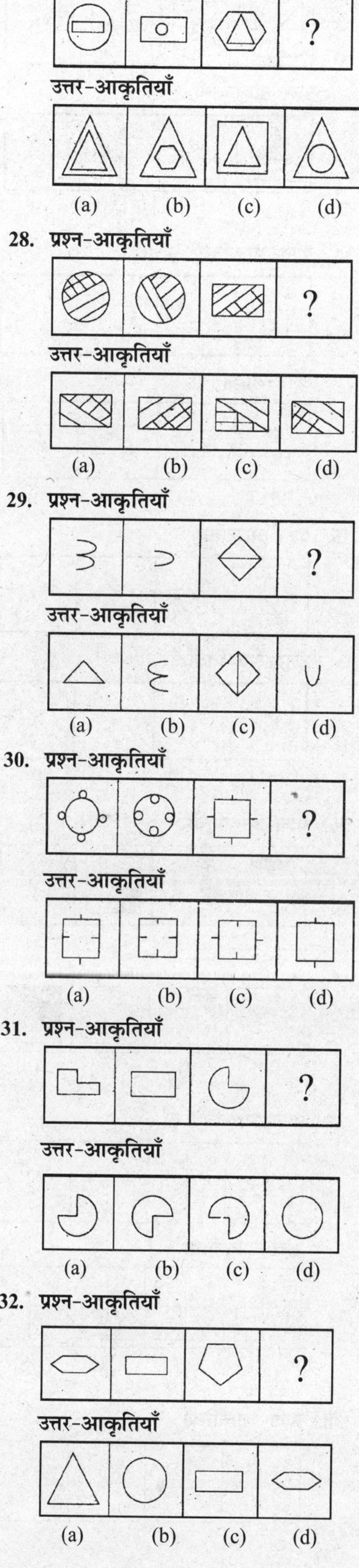
27. प्रश्न-आकृतियाँ
?
उत्तर-आकृतियाँ
(a) (b) (c) (d)
28. प्रश्न-आकृतियाँ
?
उत्तर-आकृतियाँ
(a) (b) (c) (d)
29. प्रश्न-आकृतियाँ
?
उत्तर-आकृतियाँ
(a) (b) (c) (d)
30. प्रश्न-आकृतियाँ
?
उत्तर-आकृतियाँ
(a) (b) (c) (d)
31. प्रश्न-आकृतियाँ
?
उत्तर-आकृतियाँ
(a) (b) (c) (d)
32. प्रश्न-आकृतियाँ
?
उत्तर-आकृतियाँ
(a) (b) (c) (d)

33. प्रश्न-आकृतियाँ

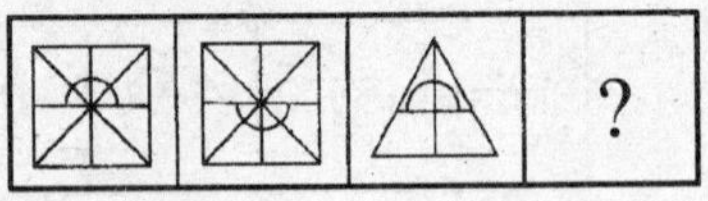

?

उत्तर-आकृतियाँ

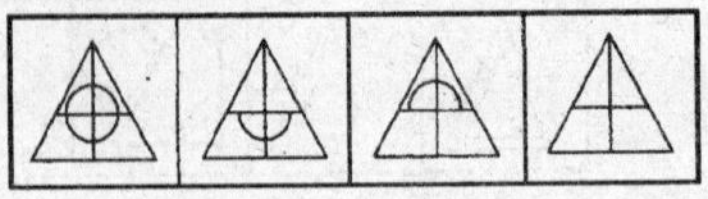

(a) (b) (c) (d)

34. प्रश्न-आकृतियाँ

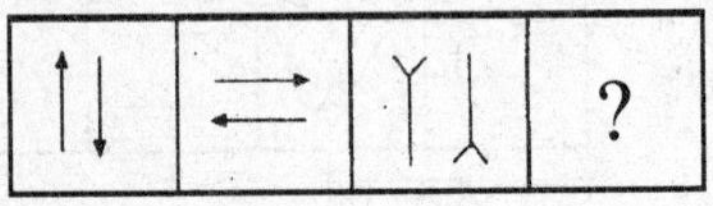

?

उत्तर-आकृतियाँ

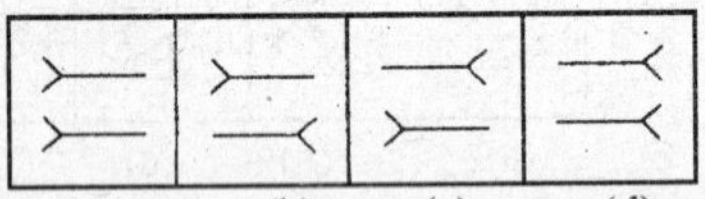

(a) (b) (c) (d)

35. प्रश्न-आकृतियाँ

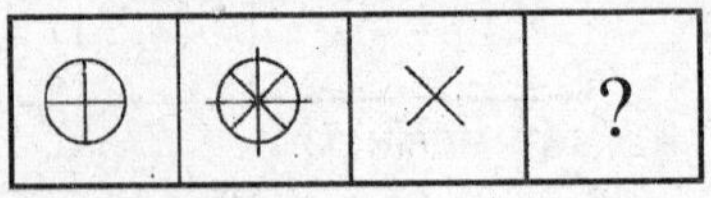

?

उत्तर-आकृतियाँ

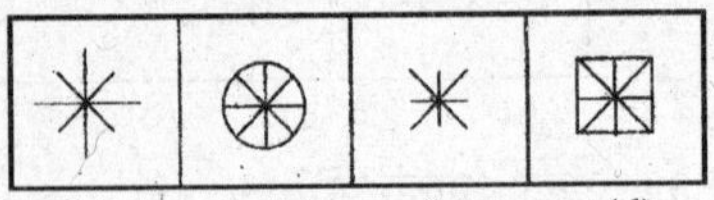

(a) (b) (c) (d)

36. प्रश्न-आकृतियाँ

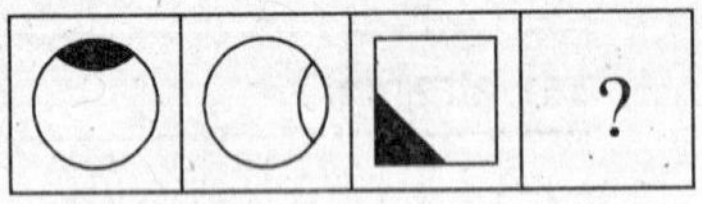

?

उत्तर-आकृतियाँ

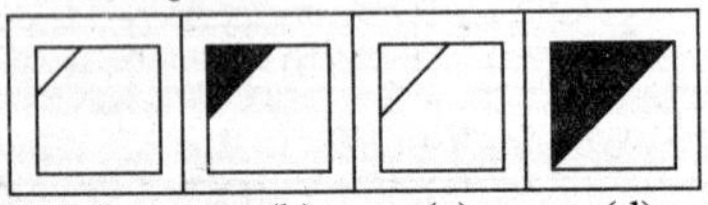

(a) (b) (c) (d)

37. प्रश्न-आकृतियाँ

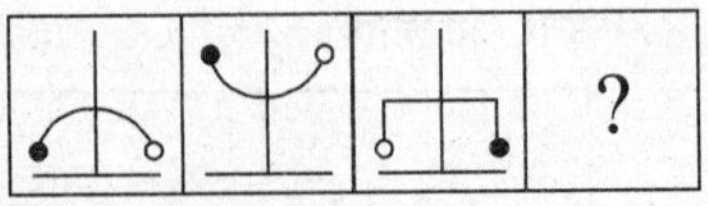

?

उत्तर-आकृतियाँ

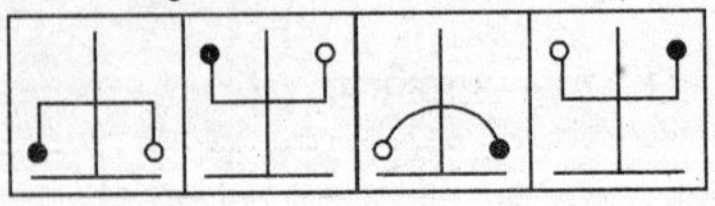

(a) (b) (c) (d)

38. प्रश्न-आकृतियाँ

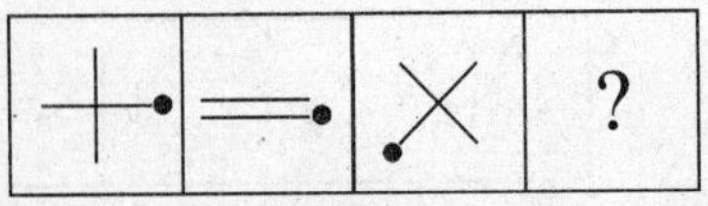

?

उत्तर-आकृतियाँ

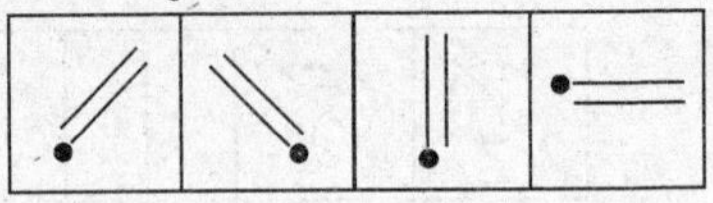

(a) (b) (c) (d)

39. प्रश्न-आकृतियाँ

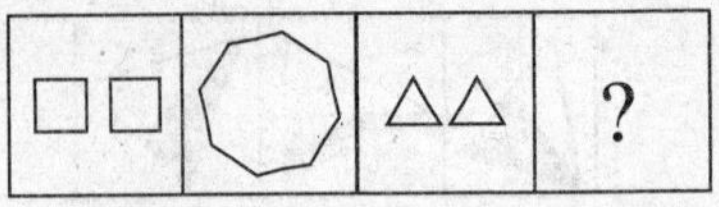

?

उत्तर-आकृतियाँ

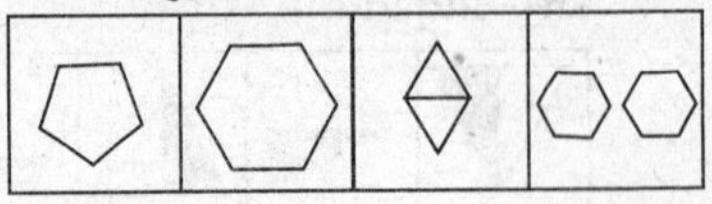

(a) (b) (c) (d)

40. प्रश्न-आकृतियाँ

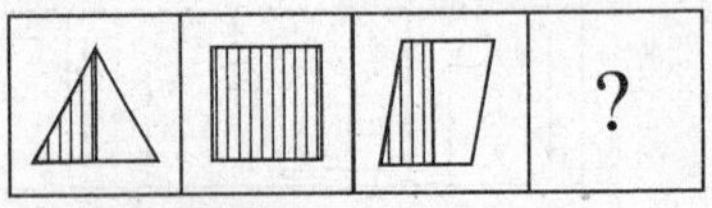

?

उत्तर-आकृतियाँ

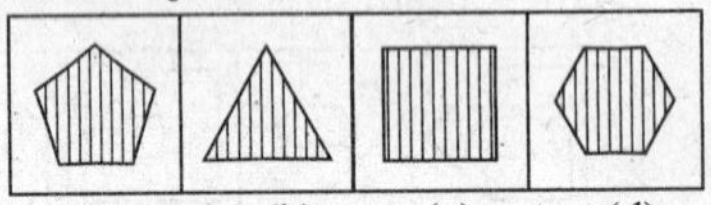

(a) (b) (c) (d)

41. प्रश्न-आकृतियाँ

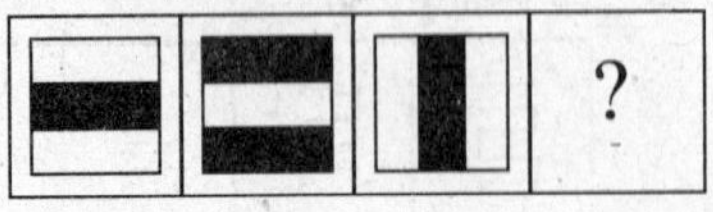

?

उत्तर-आकृतियाँ

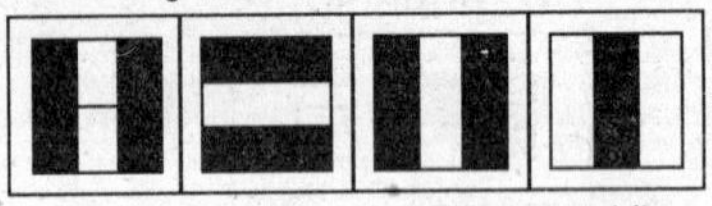

(a) (b) (c) (d)

42. प्रश्न-आकृतियाँ

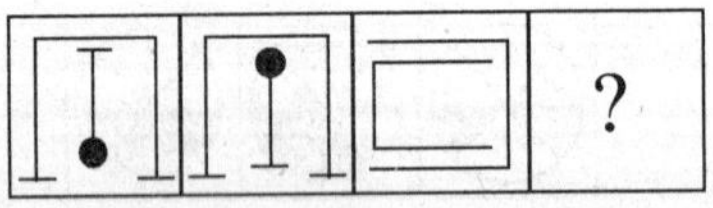

?

उत्तर-आकृतियाँ

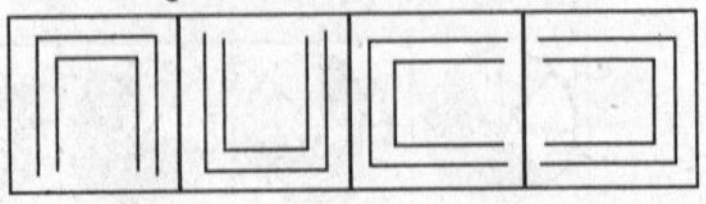

(a) (b) (c) (d)

43. प्रश्न-आकृतियाँ

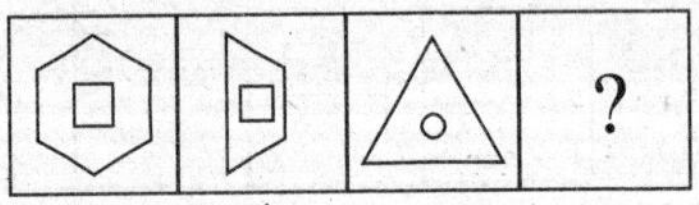

?

उत्तर-आकृतियाँ

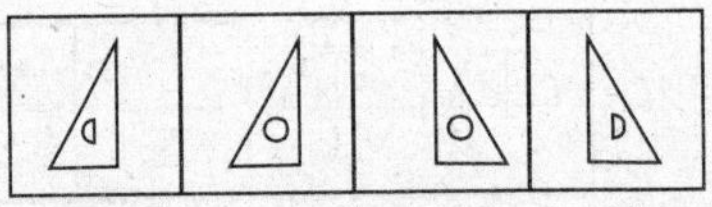

(a) (b) (c) (d)

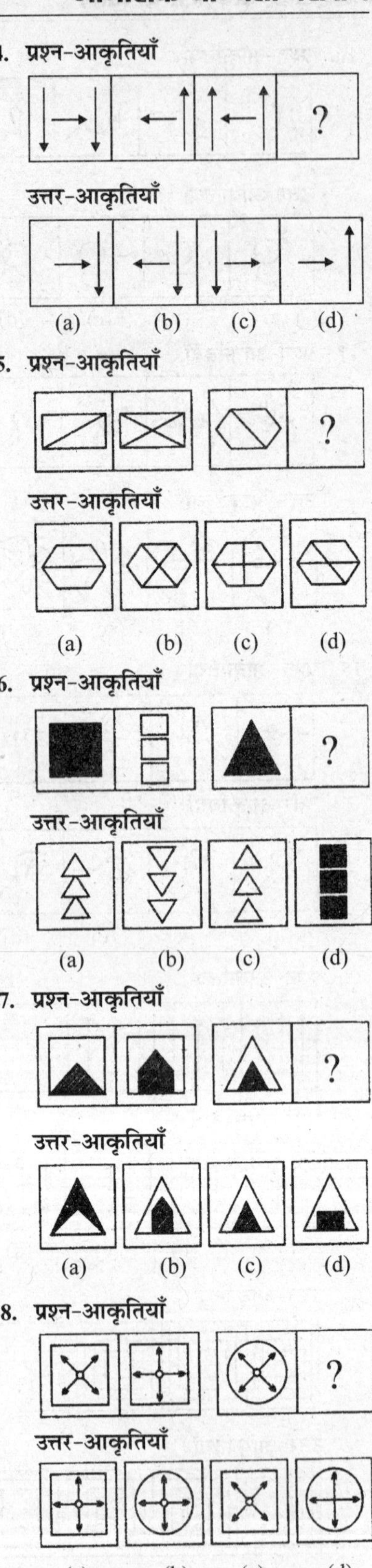

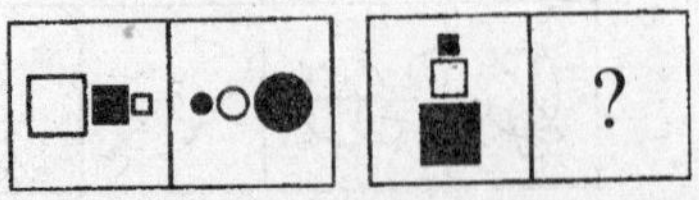

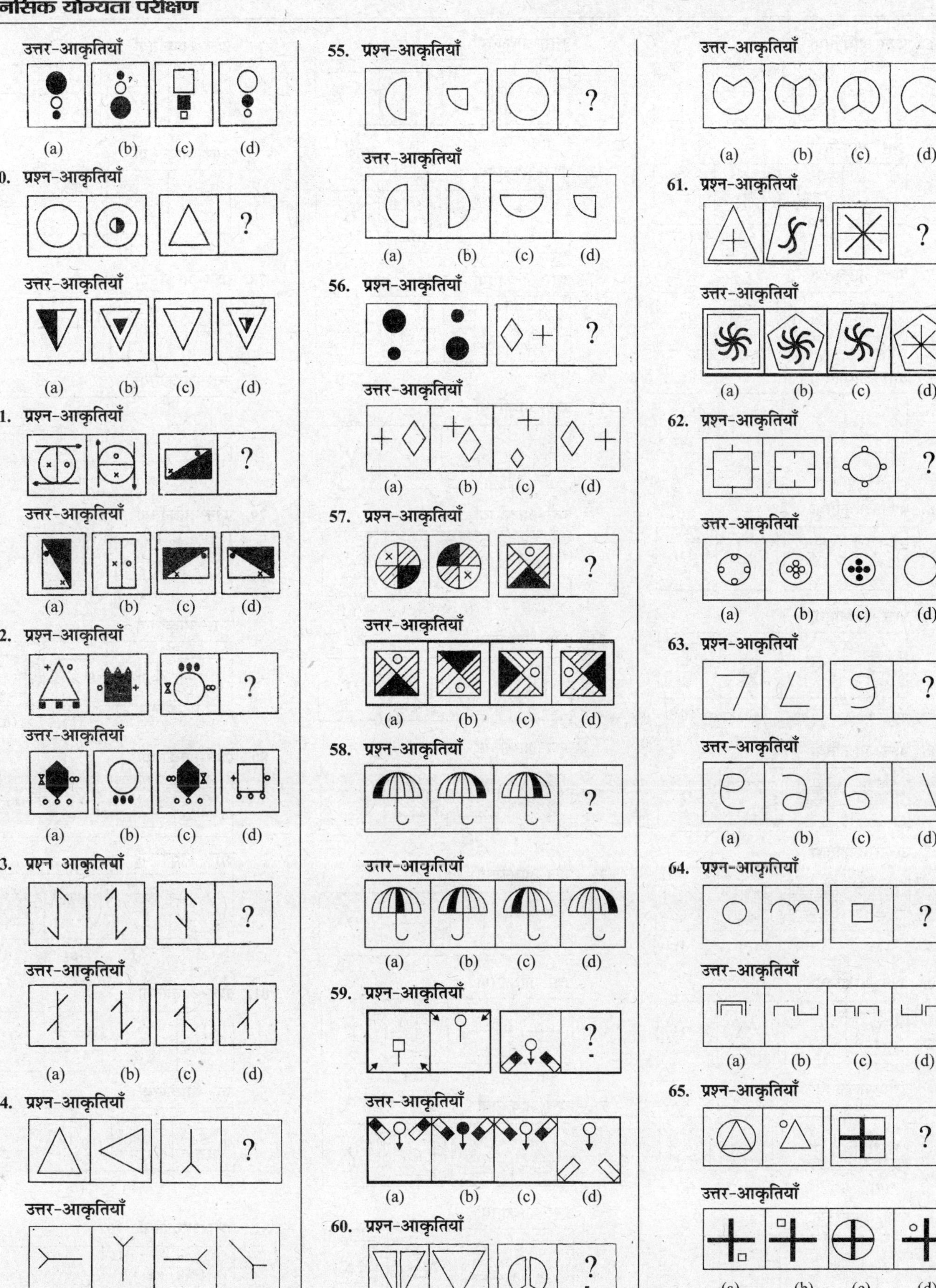
उत्तर-आकृतियाँ
(a) (b) (c) (d)
50. प्रश्न-आकृतियाँ
?
उत्तर-आकृतियाँ
(a) (b) (c) (d)
51. प्रश्न-आकृतियाँ
?
उत्तर-आकृतियाँ
(a) (b) (c) (d)
52. प्रश्न-आकृतियाँ
?
उत्तर-आकृतियाँ
(a) (b) (c) (d)
53. प्रश्न आकृतियाँ
?
उत्तर-आकृतियाँ
(a) (b) (c) (d)
54. प्रश्न-आकृतियाँ
?
उत्तर-आकृतियाँ
(a) (b) (c) (d)
55. प्रश्न-आकृतियाँ
?
उत्तर-आकृतियाँ
(a) (b) (c) (d)
56. प्रश्न-आकृतियाँ
?
उत्तर-आकृतियाँ
(a) (b) (c) (d)
57. प्रश्न-आकृतियाँ
?
उत्तर-आकृतियाँ
(a) (b) (c) (d)
58. प्रश्न-आकृतियाँ
?
उत्तर-आकृतियाँ
(a) (b) (c) (d)
59. प्रश्न-आकृतियाँ
?
उत्तर-आकृतियाँ
(a) (b) (c) (d)
60. प्रश्न-आकृतियाँ
?
उत्तर-आकृतियाँ
(a) (b) (c) (d)
61. प्रश्न-आकृतियाँ
?
उत्तर-आकृतियाँ
(a) (b) (c) (d)
62. प्रश्न-आकृतियाँ
?
उत्तर-आकृतियाँ
(a) (b) (c) (d)
63. प्रश्न-आकृतियाँ
?
उत्तर-आकृतियाँ
(a) (b) (c) (d)
64. प्रश्न-आकृतियाँ
?
उत्तर-आकृतियाँ
(a) (b) (c) (d)
65. प्रश्न-आकृतियाँ
?
उत्तर-आकृतियाँ
(a) (b) (c) (d)

66. प्रश्न-आकृतियाँ

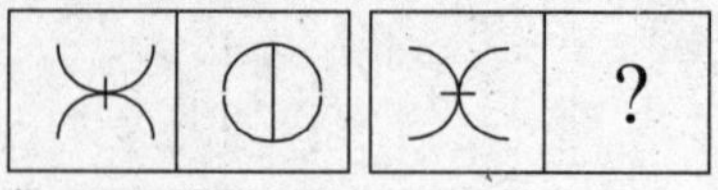

?

उत्तर-आकृतियाँ

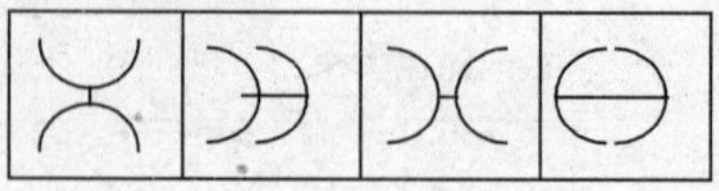

(a) (b) (c) (d)

67. प्रश्न-आकृतियाँ

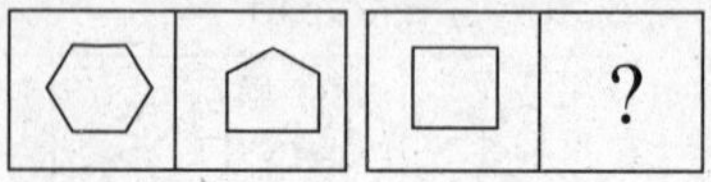

?

उत्तर-आकृतियाँ

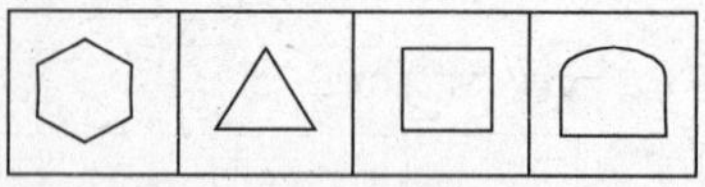

(a) (b) (c) (d)

68. प्रश्न-आकृतियाँ

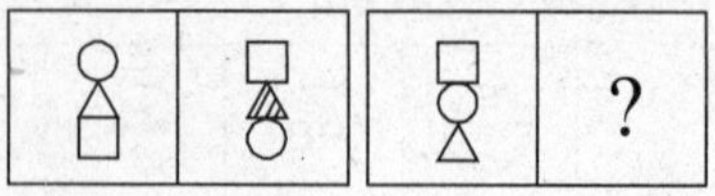

?

उत्तर-आकृतियाँ

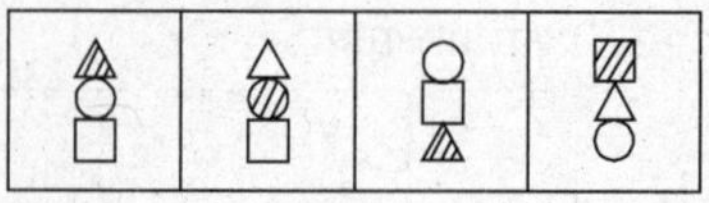

(a) (b) (c) (d)

68. प्रश्न-आकृतियाँ

?

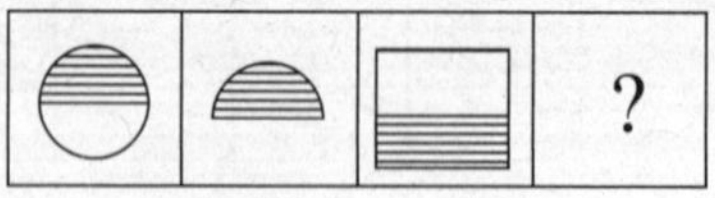

उत्तर-आकृतियाँ

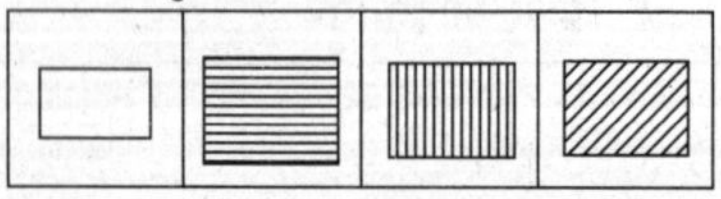

(a) (b) (c) (d)

70. प्रश्न-आकृतियाँ

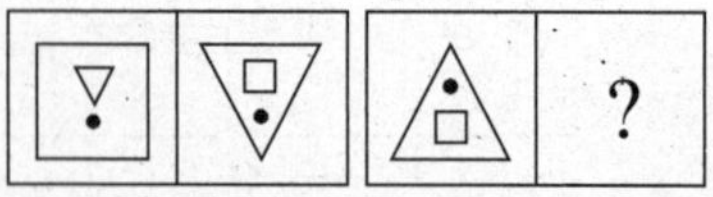

?

उत्तर-आकृतियाँ

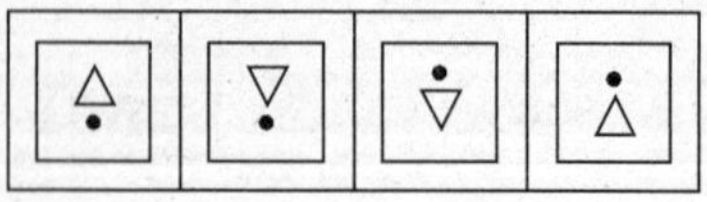

(a) (b) (c) (d)

71. प्रश्न-आकृतियाँ

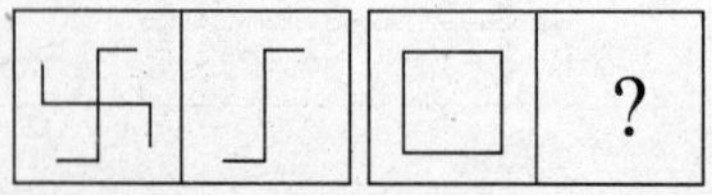

?

उत्तर-आकृतियाँ

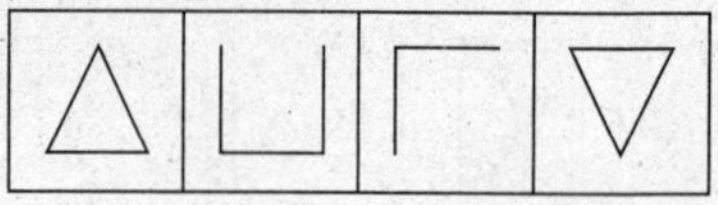

(a) (b) (c) (d)

72. प्रश्न-आकृतियाँ

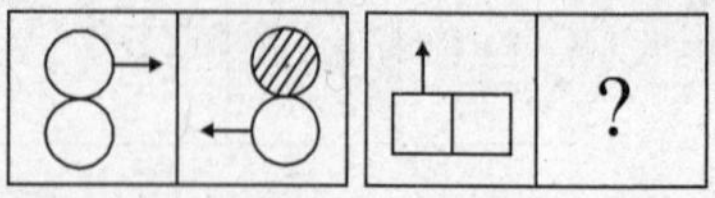

?

उत्तर-आकृतियाँ

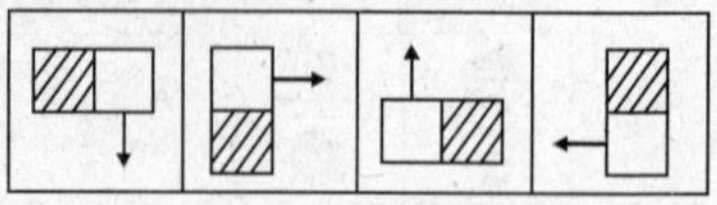

(a) (b) (c) (d)

73. प्रश्न-आकृतियाँ

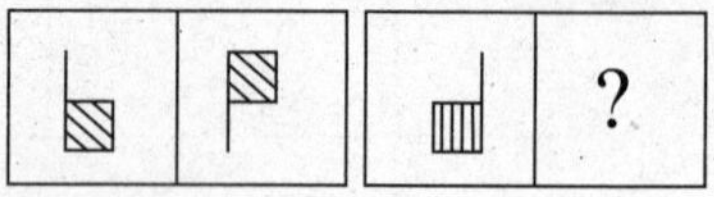

?

उत्तर-आकृतियाँ

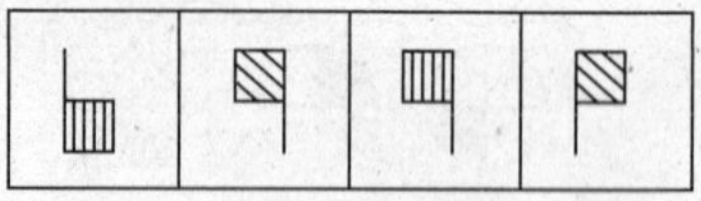

(a) (b) (c) (d)

74. प्रश्न-आकृतियाँ

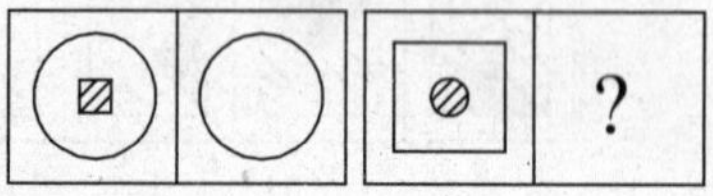

?

उत्तर-आकृतियाँ

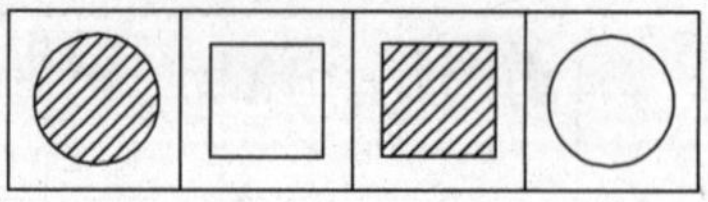

(a) (b) (c) (d)

75. प्रश्न-आकृतियाँ

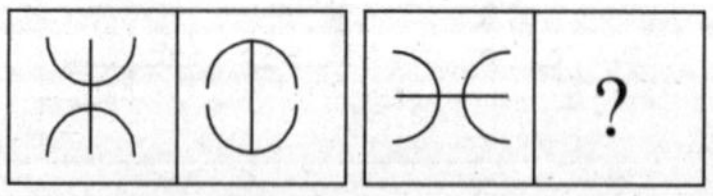

?

उत्तर-आकृतियाँ

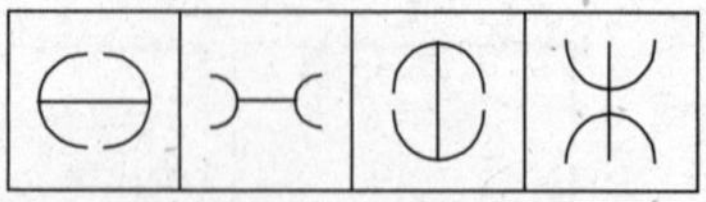

(a) (b) (c) (d)

76. प्रश्न-आकृतियाँ

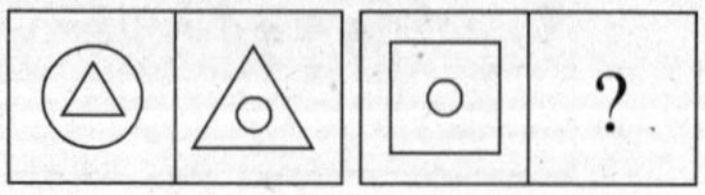

?

उत्तर-आकृतियाँ

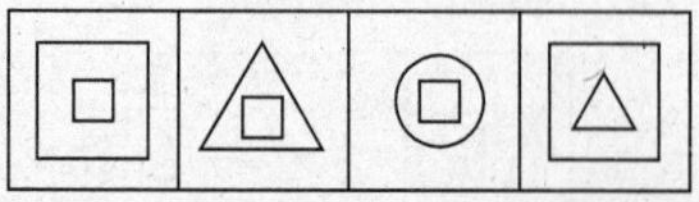

(a) (b) (c) (d)

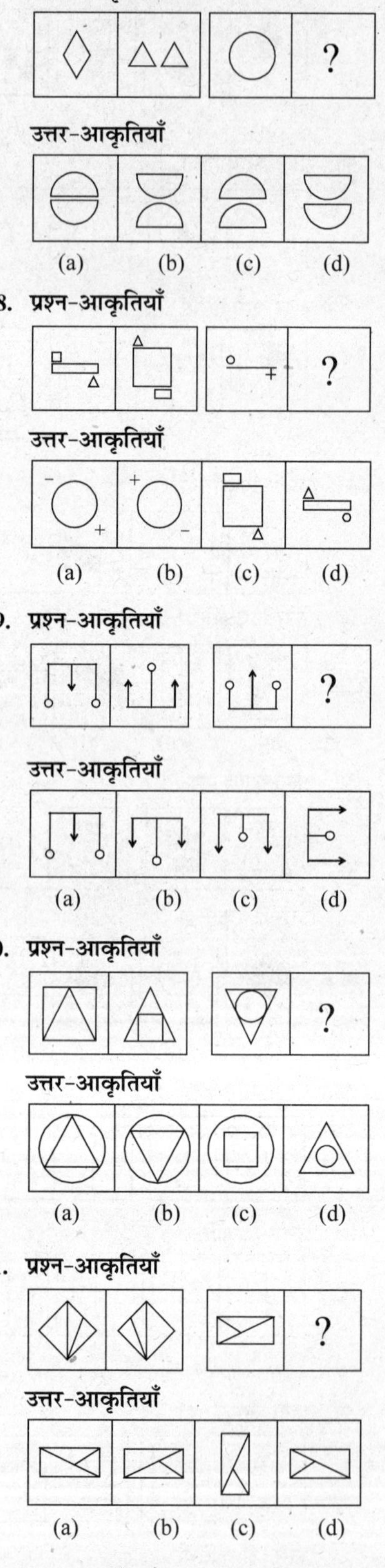

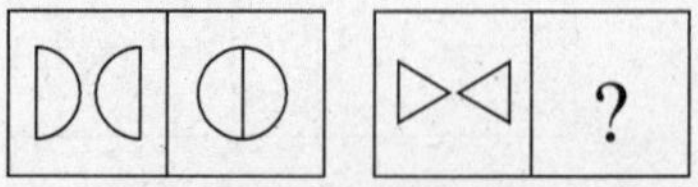

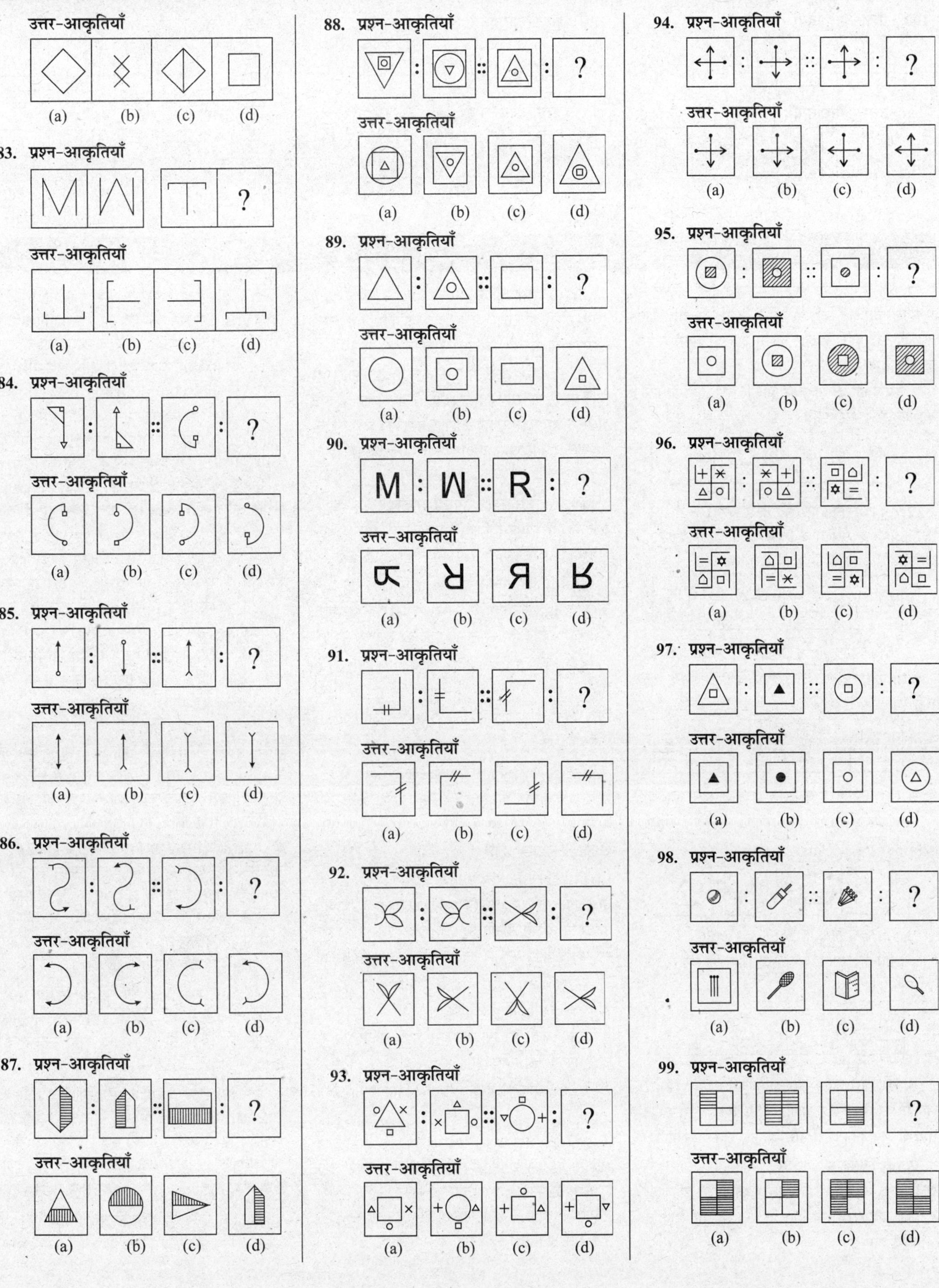
उत्तर-आकृतियाँ
(a) (b) (c) (d)
83. प्रश्न-आकृतियाँ
उत्तर-आकृतियाँ
(a) (b) (c) (d)
84. प्रश्न-आकृतियाँ
उत्तर-आकृतियाँ
(a) (b) (c) (d)
85. प्रश्न-आकृतियाँ
उत्तर-आकृतियाँ
(a) (b) (c) (d)
86. प्रश्न-आकृतियाँ
उत्तर-आकृतियाँ
(a) (b) (c) (d)
87. प्रश्न-आकृतियाँ
उत्तर-आकृतियाँ
(a) (b) (c) (d)
88. प्रश्न-आकृतियाँ
उत्तर-आकृतियाँ
(a) (b) (c) (d)
89. प्रश्न-आकृतियाँ
उत्तर-आकृतियाँ
(a) (b) (c) (d)
90. प्रश्न-आकृतियाँ
M : W :: R : ?
उत्तर-आकृतियाँ
(a) (b) (c) (d)
91. प्रश्न-आकृतियाँ
उत्तर-आकृतियाँ
(a) (b) (c) (d)
92. प्रश्न-आकृतियाँ
उत्तर-आकृतियाँ
(a) (b) (c) (d)
93. प्रश्न-आकृतियाँ
उत्तर-आकृतियाँ
(a) (b) (c) (d)
94. प्रश्न-आकृतियाँ
उत्तर-आकृतियाँ
(a) (b) (c) (d)
95. प्रश्न-आकृतियाँ
उत्तर-आकृतियाँ
(a) (b) (c) (d)
96. प्रश्न-आकृतियाँ
उत्तर-आकृतियाँ
(a) (b) (c) (d)
97. प्रश्न-आकृतियाँ
उत्तर-आकृतियाँ
(a) (b) (c) (d)
98. प्रश्न-आकृतियाँ
उत्तर-आकृतियाँ
(a) (b) (c) (d)
99. प्रश्न-आकृतियाँ
उत्तर-आकृतियाँ
(a) (b) (c) (d)

100. प्रश्न-आकृतियाँ

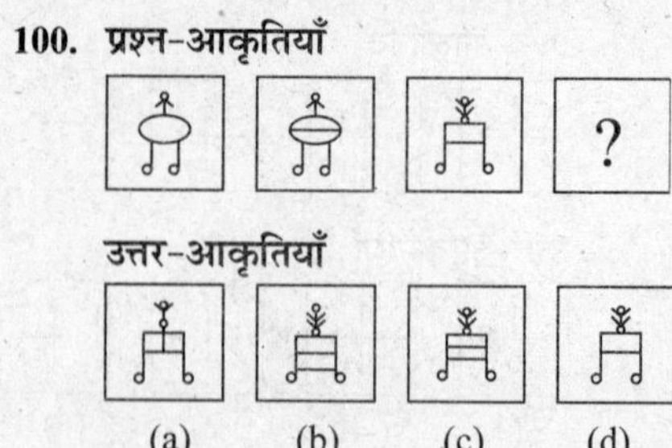

101. प्रश्न-आकृतियाँ

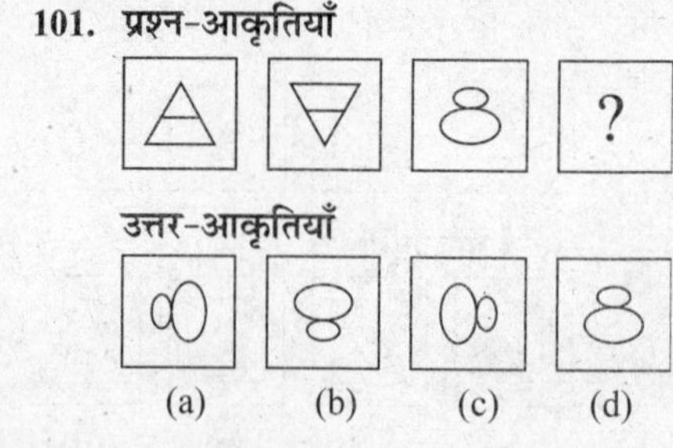

102. प्रश्न-आकृतियाँ

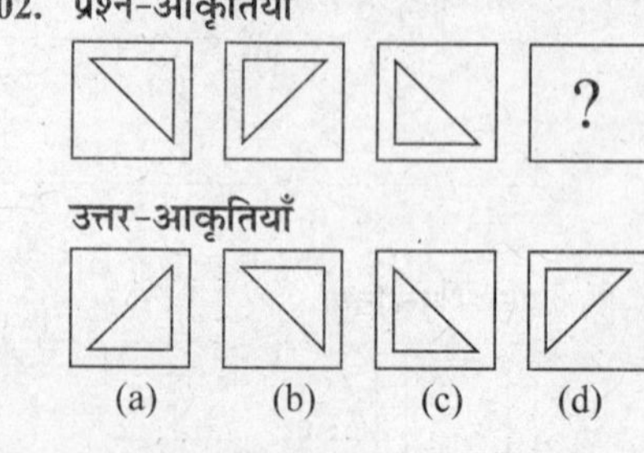

उत्तर (हल/संकेत)

1. (d) दी गई प्रश्न आकृति में, पहले दोनों आकृतियों में पहली आकृति बड़ी हो रही है, दूसरी आकृति नीचे की ओर आ जाती है और तीसरी आकृति सबसे ऊपर जा रही है।

उस प्रकार दी गई उत्तर आकृति में, (d) उसी पैटर्न का अनुसरण कर रही है।

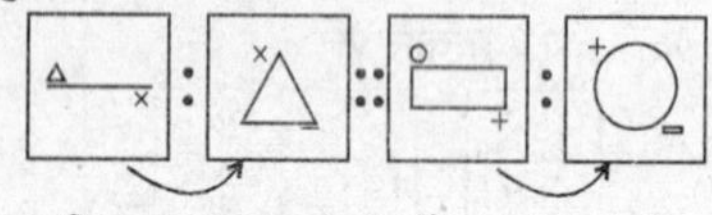

2. (c) दिए गए प्रश्न आकृति में, अन्दर के सारे '+' चिह्न बाहर और बाहर के चिन्ह '+' अन्दर की ओर आ रहे हैं, और आकृति उलट जा रही है।

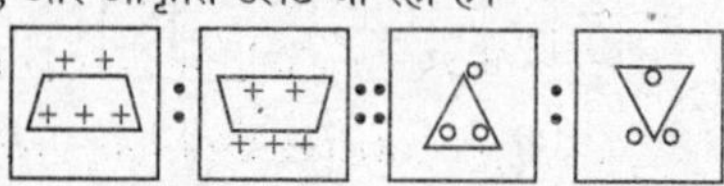

3. (b) आकृति 90° घड़ी की दिशा में घूम जाती है। इसी प्रकार दी गई आकृति में आकृति संख्या (b) सही है।

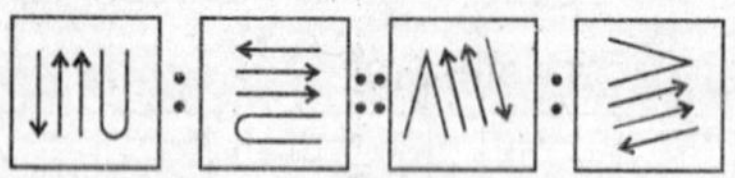

4. (b) आकृति के सभी कोनों को रंग दिया गया है।

इस प्रकार, दी गई उत्तर आकृति में आकृति संख्या (b) सही है।

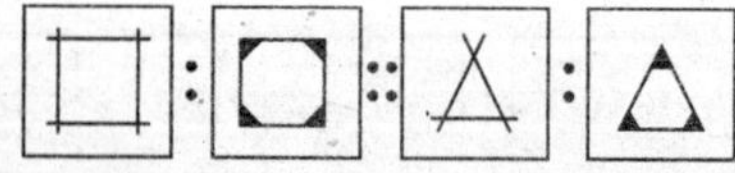

5. (c) दोनों आकृति के स्थान बदल रहे हैं।

इस प्रकार, दी गई उत्तर आकृति में आकृति संख्या (c) सही है।

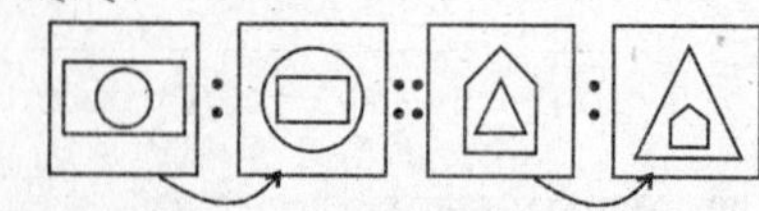

6. (a) जिस प्रकार समस्या आकृति (1) से (2) में आकृति को चार बराबर भागों में बाँटा गया है, उसी प्रकार समस्या आकृति (3) से उत्तर आकृति (a) प्राप्त होगी।

7. (a) जिस प्रकार समस्या आकृति (1) से (2) में नीचे वाली आकृति ऊपर आकर छायांकित हो जाती है, उसी प्रकार समस्या आकृति (3) से उत्तर आकृति (a) प्राप्त होगी।

8. (d) जिस प्रकार समस्या आकृति (1) से (2) स्वयं की आकृति नीचे आकर जुड़ जाती है, उसी प्रकार समस्या आकृति (3) से उत्तर आकृति (d) प्राप्त होगी।

9. (c) जिस प्रकार समस्या आकृति (1) से (2) में कोने पर स्थित वृत्त विपरीत दिशा में चला जाता है तथा भुजाओं पर पड़ी रेखाएँ आपस में स्थान बदल लेती है। उसी प्रकार समस्या आकृति (3) से उत्तर आकृति (c) प्राप्त होगी।

10. (b) जिस प्रकार समस्या आकृति (1) से (2) में आकृति 90° वामावर्त दिशा में घूम जाती है, उसी प्रकार समस्या आकृति (3) से उत्तर आकृति (b) प्राप्त होगी।

11. (d) जिस प्रकार समस्या आकृति (1) से (2) में आकृति 90° दक्षिणावर्त दिशा में घूम जाती है, उसी प्रकार समस्या आकृति (3) से उत्तर आकृति (d) प्राप्त होगी।

12. (d) जिस प्रकार समस्या आकृति (1) से (2) में ऊपर तथा नीचे से एक-एक रेखा लुप्त हो जाती है, उसी प्रकार समस्या आकृति (3) से उत्तर आकृति (d) प्राप्त होती है।

13. (c) जिस प्रकार समस्या आकृति (1) से (2) में छायांकित भाग की प्रकृति लम्बवत् रेखाओं के रूप में हो जाती है, उसी प्रकार समस्या आकृति (3) से उत्तर आकृति (c) प्राप्त होगी।

14. (c) जिस प्रकार समस्या आकृति (1) से (2) में उसी प्रकार की एक नयी आकृति आ जाती है, लेकिन अन्दर से उसकी प्रकृति विपरीत होती है। उसी प्रकार समस्या आकृति (3) से उत्तर आकृति (c) प्राप्त होगी।

15. (a) जिस प्रकार समस्या आकृति (1) से (2) में अन्दर की चारों आकृतियाँ एक स्थान दक्षिणावर्त दिशा में खिसक जाती है, उसी प्रकार समस्या आकृति (3) से उत्तर आकृति (a) प्राप्त होगी।

16. (a) क्रम को देखने पर उत्तर आकृति (a) सही उत्तर है।

17. (c) जिस प्रकार समस्या आकृति 1 से 2 में आकृति 45° से घड़ी की सुई की दिशा में घूम रही है, साथ ही फलों की, पत्तियों की संख्या क्रमश: 1 से बढ़ती जा रही है, उसी प्रकार का परिवर्तन समस्याकृति 3 से 4 में भी होगा। अत: सही उत्तर विकल्प (c) होगा।

18. (b) जिस प्रकार समस्या आकृति 1 से 2 में आकृति 45° से घड़ी की सुई की विपरीत दिशा में घूम रही है, साथ ही आकृति के बीच का डिजाइन हर बार बदल रहा है। इसी प्रकार का परिवर्तन समस्या आकृति 3 से 4 में भी होगा। अत: सही उत्तर विकल्प (b) होगा।

19. (d) जिस प्रकार समस्या आकृति 1 से 2 में बायीं ओर से एक डिजाइन यानी तीर को छोड़कर बाकी दोनों डिजाइन अपना स्थान बदल रहे हैं, उसी प्रकार समस्या आकृति 3 से 4 में भी दाईं ओर की दोनों आकृतियाँ अपना स्थान बदल लेंगी। अत: सही उत्तर विकल्प (d) होगा।

20. (b) जिस प्रकार समस्या आकृति 1 से 2 में 'तीर' की दिशा में बाहरी रेखा 1 पर से आगे बढ़ती जा रही है, उसी प्रकार का परिवर्तन समस्या आकृति 3 से 4 में भी रहेगा। अत: सही उत्तर विकल्प (b) होगा।

21. (c) जिस प्रकार समस्या आकृति 1 से 2 में मूल आकृति 45° से घड़ी की सुई की दिशा में घूम रही है, उसी प्रकार की प्रक्रिया आकृति 3 से 4 में भी होगी। अत: सही उत्तर विकल्प (c) होगा।

22. (c) जिस प्रकार समस्या आकृति 1 से 2 में आकृति 45° से घड़ी की सुई की दिशा में घूम जाती है, उसी प्रकार समस्या आकृति 3 से 4 में भी आकृति 45° से घड़ी की सुई की दिशा में घूम जाएगी। अत: सही उत्तर विकल्प (c) होगा।

23. (d) जिस प्रकार समस्या आकृति 1 से 2 में तीरों की संख्या के बराबर भुजाओं वाली ज्यामितीय आकृति बनती है, साथ ही उसके अन्दर मुख्य आकृति से एक अधिक भुजा वाली ज्यामितीय आकृति बन जाती है, उसी प्रकार प्रश्नाकृति 3 से 4 में भी परिवर्तन होगा। अत: सही उत्तर विकल्प (d) होगा।

24. (a) जिस प्रकार समस्या आकृति 1 से 2 में ऊपर से एक भुजा घट जाती है, उसी प्रकार की प्रक्रिया आकृति 3 से 4 में भी होगी। अत: सही उत्तर विकल्प (a) होगा।

25. (b) जिस प्रकार समस्या आकृति 1 से 2 में छायांकित भाग में घड़ी की सुई के चलने की दिशा में 2 की वृद्धि हो जाती है, उसी प्रकार आकृति 3 से 4 में भी छायांकित भाग घड़ी की सुई के चलने की दिशा में 2 से बढ़ जाएगी। अत: सही उत्तर विकल्प (b) होगा।

26. (b) जिस प्रकार किसी पूर्ण वर्ग का एक भाग प्रथम समस्या आकृति में तथा शेष भाग दूसरी समस्या

आकृति में दर्शाया गया है, उसी प्रकार वृत्त का एक भाग तृतीय समस्या-आकृति में तथा शेष भाग उत्तर-आकृति में प्राप्त होगा।

27. (b) जिस प्रकार पहली से दूसरी समस्या आकृति में दी गयी बड़ी आकृति छोटी होकर अंदर तथा छोटी आकृति बड़ी होकर बाहर आ जाती है, उसी प्रकार तृतीय समस्या आकृति में दी गयी बड़ी आकृति छोटी होकर उत्तर आकृति में अंदर तथा छोटी आकृति बड़ी होकर बाहर आ जाएगी।

28. (d) जिस प्रकार प्रथम समस्या आकृति से दूसरी समस्या आकृति में मूल आकृति 90° घड़ी की सुई की दिशा में घूम जाती है तथा उसमें कुल दो (आगे और पीछे से एक) रेखाएँ कम हो जाती हैं, उसी प्रकार का परिवर्तन तीसरी समस्या आकृति से उत्तर-आकृति में होगा।

29. (a) जिस प्रकार पहली समस्या-आकृति से दूसरी समस्या-आकृति में मूल आकृति के भागों में से एक भाग गायब हो जाता है, उसी प्रकार तृतीय समस्या-आकृति से उत्तर-आकृति में मूल आकृति के भागों में से एक भाग गायब हो जाएगा।

30. (b) जिस प्रकार पहली समस्या आकृति की मूल आकृति में बाहर से जुड़ी लघु आकृतियाँ दूसरी समस्या आकृति में मूल आकृति के भीतर आ जाती हैं, उसी प्रकार तीसरी समस्या आकृति की मूल आकृति में स्थित लघु आकृतियाँ उत्तर आकृति में मूल आकृति के भीतर आ जाएँगी।

31. (d) जिस प्रकार पहली समस्या आकृति में आयत का छूटा हुआ भाग दूसरी समस्या आकृति में पूरा हो जाता है, उसी प्रकार तीसरी समस्या आकृति में वृत्त का छूटा हुआ भाग उत्तर आकृति में पूरा हो जाएगा।

32. (a) जिस प्रकार पहली से दूसरी समस्या आकृति में दो भुजाओं की कमी हुई है, उसी प्रकार तीसरी समस्या आकृति में दो भुजाओं की कमी होने पर उत्तर आकृति प्राप्त होगी।

33. (b) जिस प्रकार पहली समस्या आकृति में बीच की अर्द्धवृत्त की आकृति दूसरी समस्या आकृति में नीचे आकर 180° घूम जाती है, उसी प्रकार तीसरी समस्या आकृति में अर्द्धवृत्त की आकृति उत्तर आकृति में नीचे आकर 180° घूम जाएगी।

34. (c) जिस प्रकार पहली से दूसरी समस्या आकृति में दोनों रेखाकृतियाँ (तीर) 90° घड़ी की सुई की दिशा में घूम जाती, उसी प्रकार तीसरी से चौथी समस्या आकृति में दोनों आकृतियाँ 90° घड़ी की सुई की दिशा में घूम जाएँगी।

35. (c) जिस प्रकार पहली से दूसरी प्रश्न आकृति में मूल आकृति में स्थित जोड़ का निशान (+) का आकार थोड़ा बड़ा हो जाता है, तथा एक गुणा का चि (×) उसमें जुड़ जाता है, उसी प्रकार तीसरी से चौथी प्रश्न आकृति में गुणा के निशान (×) के आकार में थोड़ी वृद्धि हो जाएगी तथा एक जोड़ का चि (+) उसमें जुड़ जाएगा, जैसा कि उत्तर आकृति (c) में है।

36. (c) पहली आकृति में वृत्त के अन्दर का कालांकित भाग दूसरी आकृति में 90° दक्षिणावर्त दिशा में चली जाती है और सफेद हो जाती है। अत: उत्तर आकृति में चतुर्भुज के अन्दर का कालांकित भाग 90° दक्षिणावर्त्त दिशा में चला जाएगा और सफेद हो जाएगा।

37. (d) पहली आकृति की अर्द्धवृत्त दूसरी आकृति में अपने स्थान पर उलट जाता है। अत: उत्तर आकृति में चतुर्भुज का अर्द्धांश अपने स्थान पर उलट जाएगा और सफेद हो जाएगा।

38. (a) पहली आकृति का अर्द्धवृत्त दूसरी आकृति में अपने स्थान पर उलट जाता है। अत उत्तर आकृति में तीसरी आकृति आड़ी रूप में समानान्तर स्थिति में आएगी और बिन्दु अपने स्थान पर ही रहेगा।

39. (b) पहली आकृति के दोनों चतुर्भुज, दूसरी आकृति में अष्टभुज बन गए हैं। अत: उत्तर के लिए तीसरी आकृति के दोनों त्रिभुज षष्टभुज बन जाएँगे।

40. (a) पहली आकृति का त्रिभुज दूसरी आकृति में चतुर्भुज बन गया है। अत: उत्तर आकृति के लिए चतुर्भुज, पंचभुज में बदल जाएगा।

41. (c) पहली आकृति और दूसरी आकृति में चतुर्भुज के मध्य की काली पट्टी ऊपर-नीचे हो गई है। अत: उत्तर के लिए तीसरी आकृति के चतुर्भुज के मध्य की काली पट्टी दाएँ-बाएँ चली जाएगी।

42. (d) पहली आकृति के अन्दर का चित्र, दूसरी आकृति में अपने स्थान पर उलट गया है। अत: उत्तर के लिए तीसरी आकृति के अन्दर का चित्र अपने स्थान पर उलट जाएगा।

43. (c) आकृति एक से आकृति दो में बाहर का चित्र 'षट्भुज' के दाहिनी तरफ का आधा भाग है और अन्दर का चतुर्भुज, उस आधे भाग के अन्दर में है। अत: उत्तर आकृति तीन के बाहर का चित्र त्रिभुज के दाहिनी तरफ का आधा भाग रहेगा तथा अन्दर का वृत्त उस आधे भाग के अन्दर में रहेगा।

44. (c) आकृति एक से आकृति दो में मध्य एवं दाईं ओर का तीर अपने स्थान पर उलट गया है तथा बाईं ओर का तीर लुप्त हो गया है। अत: उत्तर के लिए मध्य एवं दाईं ओर का तीर अपने स्थान पर उलट जाएगा तथा बाईं ओर का तीर लुप्त हो जाएगा।

45. (b) समस्या आकृति पहली में आयत में एक विकर्ण है। समस्या आकृति दूसरी में अयत में दो विकर्ण हैं। अत: उत्तर आकृति में षट्भुज में दो विकर्णवत रेखाएँ होंगी।

46. (c) समस्या आकृति पहली में एक छायाकृत वर्ग है। समस्या आकृति दूसरी में तन खाली आयत हैं। समस्या आकृति के इसी नियम के अनुसार खाली स्थान पर तीन त्रभुजाकार आकृतियाँ ही उपयुक्त होंगी।

47. (b) पहली समस्या आकृति में छायाकृत त्रिभुज बना है। दूसरी समस्या आकृति में एक छायाकृत पंचभुज बना है। अत: छायांकित भाग त्रिभुजाकार से पंचभुजाकार हो जाता है।

48. (b) पहले से दूसरे खाने में समस्या आकृति 45° चलती है। अत: सही उत्तर 'b' होगा।

49. (d) समस्या आकृति की पहली व दूसरी आकृतियाँ क्रमश: वर्ग व वृत्त एक नियमानुसार हैं, पलटकर छायाकृत की गई हैं। इसी क्रम में उत्तर आकृति (d) ही समस्या आकृति की शृंखला को पूरा करेगी।

50. (d) प्रश्न आकृति से स्पष्ट है कि उत्तर आकृति (d) ही समस्या आकृति की शृंखला को पूर्ण करेगी।

51. (a) समस्या आकृति की पहली आकृति को घड़ी की सुइयों की दिशा के विपरीत 90° के कोण से घुमाने से दूसरी आकृति प्राप्त होती है। इसी नियम के अनुसार उत्तर आकृति (a) ही समस्या आकृति के खाली स्थान पर आएगी।

52. (c) पहली समस्या आकृति में एक त्रिभुज है। उसके आधार के नीचे तीन छायाकृत वर्ग हैं। भुजाओं के आसपास + और O बना है। दूसरी समस्या आकृति में एक बड़ा वर्ग है। उसके ऊपर के हिस्से में तीन त्रिभुज हैं और अन्य दोनों भुजाओं के आसपास O और + के चिह्न बने हैं। इसी नियम का अनुपालन करने पर उत्तर आकृति 'c' समस्या आकृति के रिक्त स्थान पर आएगी।

53. (b) क्रम से पलटने पर उत्तर आकृति (b) प्राप्त होगी।

54. (c) आकृति की दिशा वामावर्त घूम रही है। उसी प्रकार चौथी आकृति की दिशा (c) के समान होगी।

55. (c) दूसरी आकृति पहली आकृति की आधी है। अत: चौथी आकृति (c) के समान होगी।

56. (a) दूसरी आकृति में पिछली आकृति से बड़ा एवं छोटा काला बिन्दु पूर्व स्थिति के विपरीत स्थान पर स्थित हैं।

57. (b) क्रम से वामावर्त्त एक स्थान बढ़ने पर उत्तर आकृति (b) प्राप्त होगी।

58. (c) आकृति c प्रश्नवाचक चिह्न को स्थानांतरित करेगी क्योंकि छायांकित हिस्सा विपरीत दिशा में घूम रहा है।

59. (c) दूसरी आकृति के समान चौथी आकृति में भी समान परिवर्तन होगा।

60. (d) दूसरी आकृति में पहली आकृति के दोनों अर्द्धांश जुड़ गए हैं।

61. (b) दूसरी आकृति में एक रेखा बढ़ रही है तथा अन्दर वाली आकृति घूमी हुई हैं।

62. (a) जिस प्रकार पहली से दूसरी समस्या आकृति में वर्ग के बाहर की छोटी रेखाएँ वर्ग के अन्दर आ जाती हैं, उसी प्रकार तीसरी से चौथी आकृति में वृत्त के बाहर के छोटे वृत्त, बड़े वृत्त के अन्दर आ जाएँगे।

63. (c) जिस प्रकार पहली से दूसरी समस्या आकृति में मुख्य आकृति घड़ी की सुई के घूमने की दिशा में 180°

घूम जाती है, उसी प्रकार तीसरी से चौथी समस्या आकृति में भी मुख्य आकृति दक्षिणावर्त 180° घूम जाएगी।

64. (c) जिस प्रकार पहली से दूसरी समस्या आकृति में वृत्त दो अर्द्धवृत्तों में बँट जाता है तथा दोनों भाग एक ही दिशा में एक-दूसरे के बगल में आ जाते हैं, उसी प्रकार तीसरी से चौथी आकृति में वर्ग के दोनों भाग एक ही दिशा में एक-दूसरे के बगल में आ जाएँगे।

65. (b) जिस प्रकार पहली से दूसरी समस्या आकृति में वृत्त के अन्दर का त्रिभुज बाहर आ जाता है तथा वृत्त छोटा होकर त्रिभुज के बाईं ओर चला जाता है, इसी प्रकार तीसरी से चौथी आकृति में '+' वर्ग से बाहर आ जाएगा तथा वर्ग छोटा होकर इसके बाईं तरफ चला जाएगा।

66. (d) जिस प्रकार पहली से दूसरी समस्या आकृति में दो अर्द्धवृत्त अपने-अपने स्थान पर पलट जाते हैं तथा छोटी रेखा बड़ी होकर उसके मध्य में आ जाती है, उसी प्रकार तीसरी से चौथी आकृति में भी दोनों अर्द्धवृत्त अपने-अपने स्थान पर पलट जाएँगे तथा छोटी रेखा बड़ी होकर उनके मध्य में आ जाएगी।

67. (b) जिस प्रकार पहली से दूसरी समस्या आकृति में षटभुज पंचभुज में परिवर्तित हो जाता है, उसी प्रकार तीसरी से चौथी आकृति में चतुर्भुज, त्रिभुज में परिवर्तित हो जाएगा।

68. (b) समस्या आकृति (1) के ऊपर व नीचे के चित्र आपस में बदलकर समस्या आकृति (2) हो जाते हैं। समस्या आकृति (1) के बीच का त्रिभुज स्थान नहीं बदलता है, लेकिन रेखांकित होकर समस्या आकृति (2) में आ जाता है, इसी नियम के अनुसार उत्तर आकृति (b) रिक्त स्थान पर आएगी।

69. (c) जिस प्रकार प्रश्न आकृति (1) से (2) में छायांकित भाग की प्रकृति लम्बवत् रेखाओं के रूप में हो जाती है, उसी प्रकार प्रश्न आकृति (3) से उत्तर आकृति (c) प्राप्त होगी।

70. (d) समस्या आकृति (1) के त्रिभुज का चित्र बड़ा हो जाता है और उसके अन्दर समस्या आकृति (1) के वर्ग के आकार छोटा होकर आ जाता है। काला वृत्त उसी स्थान पर रहता है। इस नियम के अनुसार उत्तर आकृति (d) रिक्त स्थान पर आएगी।

71. (c) समस्या आकृति दो समस्या आकृतियों को आधा काटकर बनाई गई है। इस नियम के अनुसार उत्तर आकृति (c) रिक्त स्थान पर आएगी।

72. (a) समस्या आकृति दो समस्या आकृति एक के ऊपर के वृत्त को छायाकृत करके और ऊपर के तीर के निशान को नीचे लाने से प्राप्त होती है। इसी नियम के अनुसार उत्तर आकृति (a) रिक्त स्थान पर आएगी।

73. (c) समस्या आकृति की दूसरी आकृति, पहली आकृति के छायाकृत वर्ग के ऊपर खिसकाने पर प्राप्त होती है। इसी क्रमानुसार उत्तर आकृति (c) रिक्त स्थान पर आएगी।

74. (b) समस्या आकृति की दूसरी आकृति में पहली आकृति का छायाकृत वर्ग गायब है। इसी नियमानुसार आकृति (b) रिक्त स्थान पर आएगी।

75. (a) दूसरी समस्या आकृति पहली आकृति को पलटकर और ऊपर की ओर आगे खिसकाकर बनी हुई है। इसी नियम के अनुसार आकृति (a) रिक्त स्थान पर आएगी।

76. (c) समस्या आकृति प्रथम से द्वितीय में वृत्त के अन्दर बना हुआ त्रिभुज द्वितीय आकृति में बड़ा हो जाता और वृत्त छोटा रूप धारण कर त्रिभुज के अन्दर आ जाता है, यही क्रम समस्या आकृति तृतीय से उत्तर आकृति (c) में बैठता है, जिससे प्रश्न चिह्न के स्थान पर उत्तर आकृति (c) होगी।

77. (c) समस्या आकृति प्रथम में चतुर्भुज को दो समान त्रिभुजों में काटकर दूसरी आकृति बनाई गई है। दूसरे त्रिभुज को पलटकर रखा गया है। इसी नियम के अनुसार वृत्त को दो भागों में काटने पर नीचे वाले भाग को पलटने पर उत्तर आकृति (c) प्राप्त होगी।

78. (b) समस्या आकृतियों में पहली दो आकृतियाँ एक निश्चित नियमानुसार अपने आकार व स्थान बदल रही हैं। पहली समतल आकृति के ऊपर बना छोटा वर्ग दूसरी समस्या आकृति में आकार में बड़ा हो जाता है, छोटा व लम्बा आयत आधा होकर नीचे आ जाता है और पहली समस्या आकृति में सबसे नीचे की आकृति एक छोटा त्रिभुज दूसरी समस्या आकृति में ऊपर आ जाता है। इसी नियम व क्रम के अनुसार उत्तर आकृति (b) का सम्बन्ध समस्या आकृति (b) से होगा।

79. (c) जिस प्रकार प्रथम आकृति की डिजाइन अपने स्थान पर विपरीत दिशा में पलटकर तथा उनकी मध्य की भुजा बढ़कर और तीनों सिरे चिह्न बदलकर द्वितीय आकृति की डिजाइन का निर्माण करती है। उसी प्रकार तीसरी आकृति से चौथी आकृति (c) का निर्माण करेगी।

80. (b) जिस प्रकार प्रथम आकृति में अन्दर की डिजाइन बाहर और बाहर की डिजाइन अन्दर आकर द्वितीय आकृति का निर्माण करती हैं, उसी प्रकार तीसरी आकृति में वृत्त बाहर और त्रिभुज, वृत्त के अन्दर होकर चौथी आकृति का निर्माण करेगा।

81. (a) जिस प्रकार आकृति दर्पण के सामने रखने पर प्रतिबिम्ब द्वितीय आकृति में मिलता है। उसी प्रकार तृतीय आकृति दर्पण सामने रखने पर चौथी आकृति (a) प्राप्त होगी।

82. (c) जिस प्रकार प्रथम आकृति के अर्द्ध वृत्त पलटकर द्वितीय आकृति में वृत्त का निर्माण करते हैं, उसी प्रकार तृतीय आकृति के त्रिभुज पलटकर चौथी आकृति में चतुर्भुज आकृति (c) का निर्माण करेंगे।

83. (a) प्रथम आकृति को पलटकर द्वितीय आकृति मिलती है। उसी प्रकार तीसरी को पलटकर चौथी आकृति (a) मिलेगी।

84. (c) **85.** (d) **86.** (d) **87.** (c) **88.** (d)
89. (b) **90.** (d) **91.** (d) **92.** (b) **93.** (d)
94. (c) **95.** (c) **96.** (c) **97.** (b) **98.** (b)
99. (a) **100.** (c) **101.** (b) **102.** (a)

❑❑❑

अध्याय 6

ज्यामितीय आकृति पूर्ति परीक्षण

इस अध्याय के अंतर्गत ज्यामितीय आकृतियों (वर्ग, त्रिभुज, वृत्त आदि) को पूर्ण करने से संबंधित प्रश्न पूछे जाते हैं। मुख्यत: दी गई ज्यामितीय आकृति वर्ग के रूप में ही होती है। इस प्रकार के प्रश्नों में सर्वप्रथम बाईं ओर समस्या आकृति के रूप में एक ज्यामितीय आकृति दी जाती है, जिसका कुछ या अधिकांश भाग कटा होता है, जो दाईं ओर चार उत्तर आकृतियों में से किसी एक आकृति के रूप में होता है। अभ्यर्थियों को इसी उत्तर आकृति की पहचान करनी होती है, जिसे समस्या आकृति के कटे हुए भाग में रखने पर दी गई वर्गाकार ज्यामितीय आकृति पूर्ण हो जाती है।

नीचे हम अभ्यर्थियों को कुछ ज्यामितीय आकृतियों के बारे में चित्र के माध्यम से अवगत करा रहे हैं।

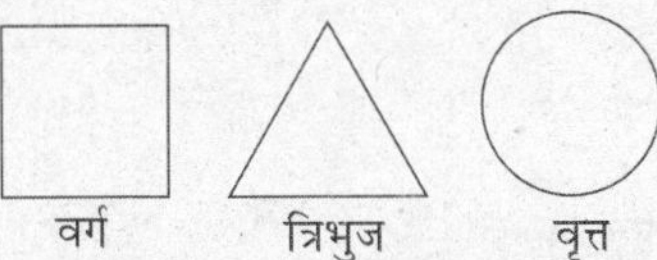

दिए गए कुछ उदाहरणों के माध्यम से ज्यामितीय आकृति पूर्ति परीक्षण के प्रश्नों को समझने का प्रयास करेंगे।

हल सहित उदाहरण

निर्देश (उदाहरण 1–4) : नीचे प्रश्नों में समस्या आकृति के रूप में बाईं ओर ज्यामितीय आकृति का एक भाग दिया गया है तथा उसके दाईं ओर चार उत्तर आकृतियाँ दी गई हैं। दी गई उत्तर आकृतियों में से उस आकृति का चयन कीजिए, जो दी गई ज्यामितीय समस्या आकृति को पूर्ण करती हो।

उदाहरण 1. समस्या आकृतियाँ

उत्तर आकृतियाँ

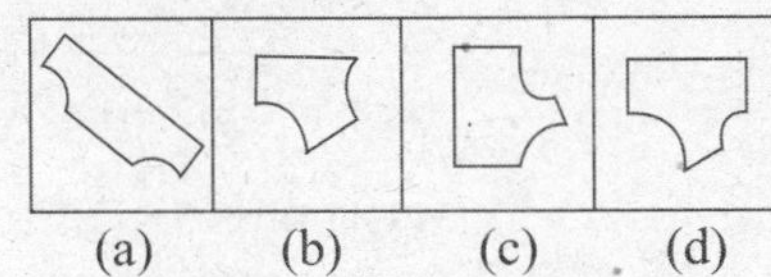

हल (b) उत्तर आकृति (b) को समस्या आकृति में दी गई वर्गाकार ज्यामितीय आकृति के अधूरे भाग में रखने पर ज्यामितीय आकृति पूर्ण हो जाती है।

उदाहरण 2. समस्या आकृति

उत्तर आकृतियाँ

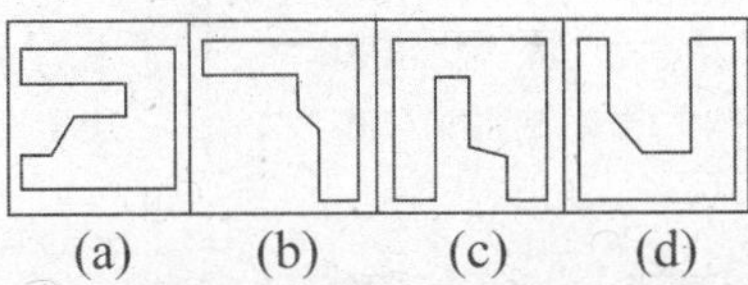

हल (c) उत्तर आकृति (c) को समस्या आकृति में दी गई वर्गाकार ज्यामितीय आकृति के अधूरे भाग में रखने पर ज्यामितीय आकृति पूर्ण हो जाती है।

उदाहरण 3. समस्या आकृति

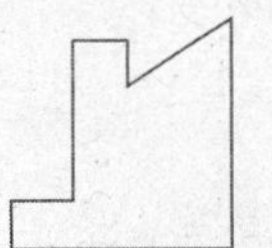

उत्तर आकृतियाँ

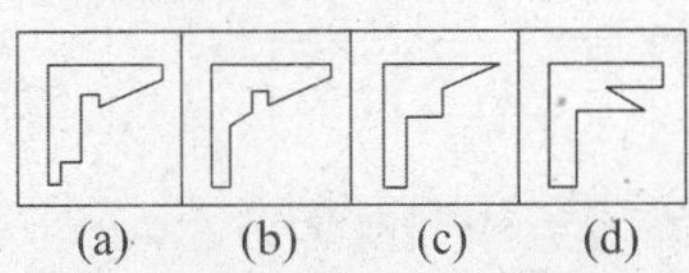

हल (a) उत्तर आकृति (a) को समस्या आकृति के कटे हुए भाग में रखने पर वर्गाकार ज्यामितीय आकृति पूर्ण हो जाती है।

उदाहरण 4. समस्या आकृति

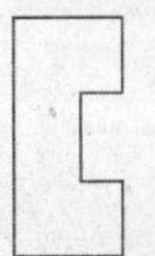

उत्तर आकृतियाँ

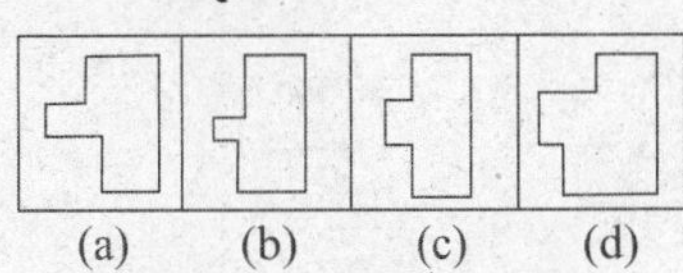

हल (c) उत्तर आकृति (c) को समस्या आकृति में दी गई वर्गाकार ज्यामितीय आकृति के अधूरे भाग में रखने पर ज्यामितीय आकृति पूर्ण हो जाती है।

विशेष

- ज्यामितीय आकृति पूर्ति परीक्षण के अंतर्गत प्रश्नों में कोई नियम लागू नहीं होता है। केवल अभ्यर्थियों को समस्या आकृति के रूप में दी गई ज्यामितीय आकृति के कटे हुए भाग को ध्यानपूर्वक देखकर यह पता लगाना है, कि कौन-सी उत्तर आकृति को उस अधूरे भाग में रखने पर ज्यामितीय आकृति पूर्ण हो जाएगी।

- इसके अंतर्गत आने वाले प्रश्नों में समस्या आकृति के दाईं ओर दी गई उत्तर आकृतियों में सही उत्तर आकृति और अन्य तीन गलत उत्तर आकृतियों के मध्य बहुत ही बारीक अतंर होता है। अत: सही उत्तर चुनने में पूर्णत: सावधानी बर्तनी चाहिए।

- इसके अंतर्गत आने वाले प्रश्नों में अधिकांशत: प्रश्न वर्गाकार ज्यामितीय आकृति पर आधारित होते हैं। प्रश्नों का 100% त्रुटिरहित उत्तर प्राप्त करने के लिए निरंतर अभ्यास करना चाहिए।

अभ्यास-1

निर्देश (प्र. सं. 1-50): नीचे प्रश्नों में ज्यामितीय आकृति (त्रिभुज, वर्ग, वृत्त) का एक भाग बाईं ओर दिया गया है और शेष भाग दाईं ओर की चार आकृतियों (a), (b), (c) और (d) में है। दाईं ओर की उस आकृति को पहचानिए जो बाईं ओर दी हुई ज्यामितीय आकृति को पूरा करती हो।

1. समस्या आकृति उत्तर आकृतियाँ 
(a) (b) (c) (d)

2. समस्या आकृति उत्तर आकृतियाँ 
(a) (b) (c) (d)

3. समस्या आकृति उत्तर आकृतियाँ 
(a) (b) (c) (d)

4. समस्या आकृतियाँ उत्तर आकृतियाँ 
(a) (b) (c) (d)

5. समस्या आकृति उत्तर आकृतियाँ 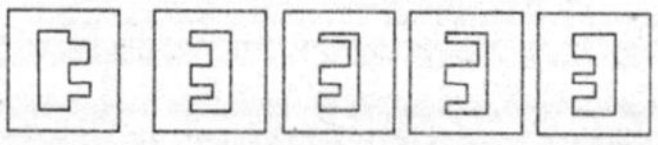
(a) (b) (c) (d)

6. समस्या आकृति उत्तर आकृतियाँ 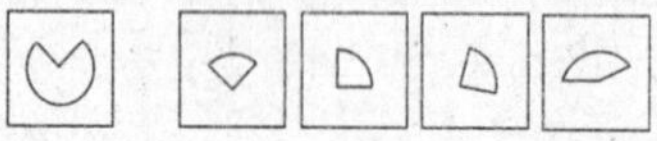
(a) (b) (c) (d)

7. समस्या आकृति उत्तर आकृतियाँ 
(a) (b) (c) (d)

8. समस्या आकृति उत्तर आकृतियाँ 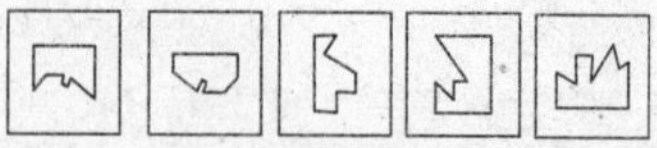
(a) (b) (c) (d)

9. समस्या आकृति उत्तर आकृतियाँ 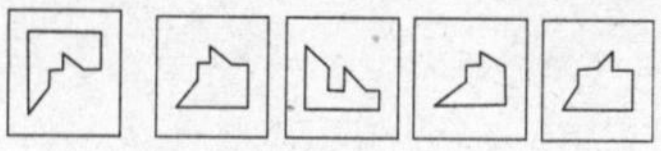
(a) (b) (c) (d)

10. समस्या आकृति उत्तर आकृतियाँ 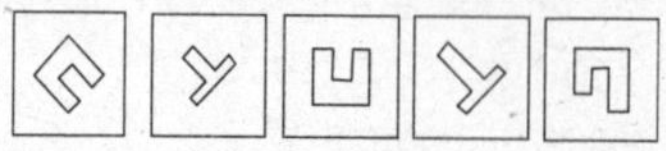
(a) (b) (c) (d)

11. समस्या आकृति उत्तर आकृतियाँ 
(a) (b) (c) (d)

12. समस्या आकृति उत्तर आकृतियाँ 
(a) (b) (c) (d)

13. समस्या आकृति उत्तर आकृतियाँ 
(a) (b) (c) (d)

14. समस्या आकृति उत्तर आकृतियाँ 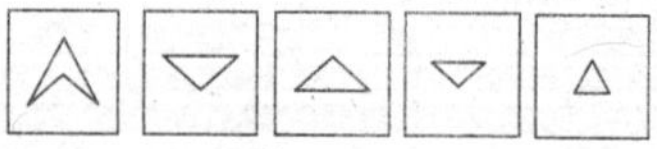
(a) (b) (c) (d)

15. समस्या आकृति उत्तर आकृतियाँ 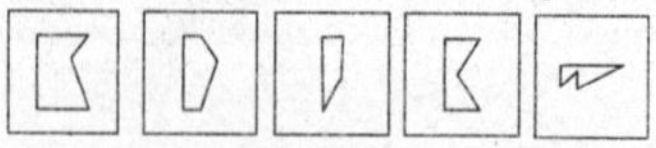
(a) (b) (c) (d)

16. समस्या आकृति उत्तर आकृतियाँ 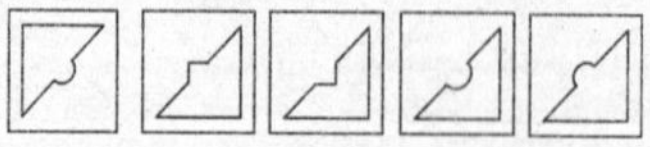
(a) (b) (c) (d)

17. समस्या आकृति उत्तर आकृतियाँ 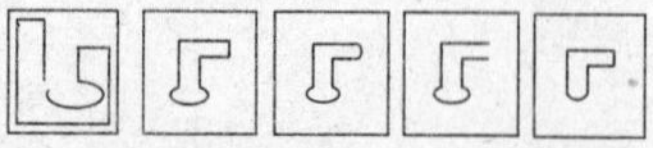
(a) (b) (c) (d)

18. समस्या आकृति उत्तर आकृतियाँ 
(a) (b) (c) (d)

19. समस्या आकृति उत्तर आकृतियाँ 
(a) (b) (c) (d)

20. समस्या आकृति उत्तर आकृतियाँ 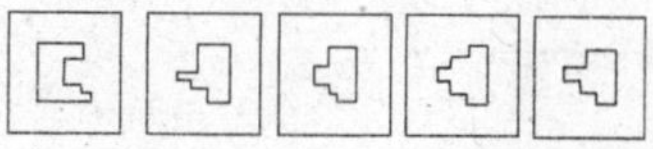
(a) (b) (c) (d)

21. समस्या आकृति उत्तर आकृतियाँ 
(a) (b) (c) (d)

22. समस्या आकृति उत्तर आकृतियाँ 
(a) (b) (c) (d)

23. समस्या आकृति उत्तर आकृतियाँ 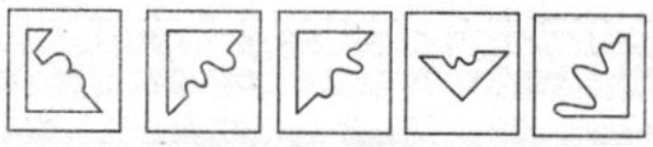
(a) (b) (c) (d)

24. समस्या आकृति उत्तर आकृतियाँ 
(a) (b) (c) (d)

25. समस्या आकृति उत्तर आकृतियाँ 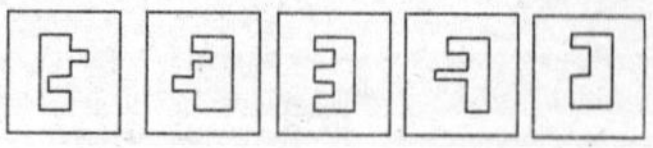
(a) (b) (c) (d)

26. समस्या आकृति उत्तर आकृतियाँ 
(a) (b) (c) (d)

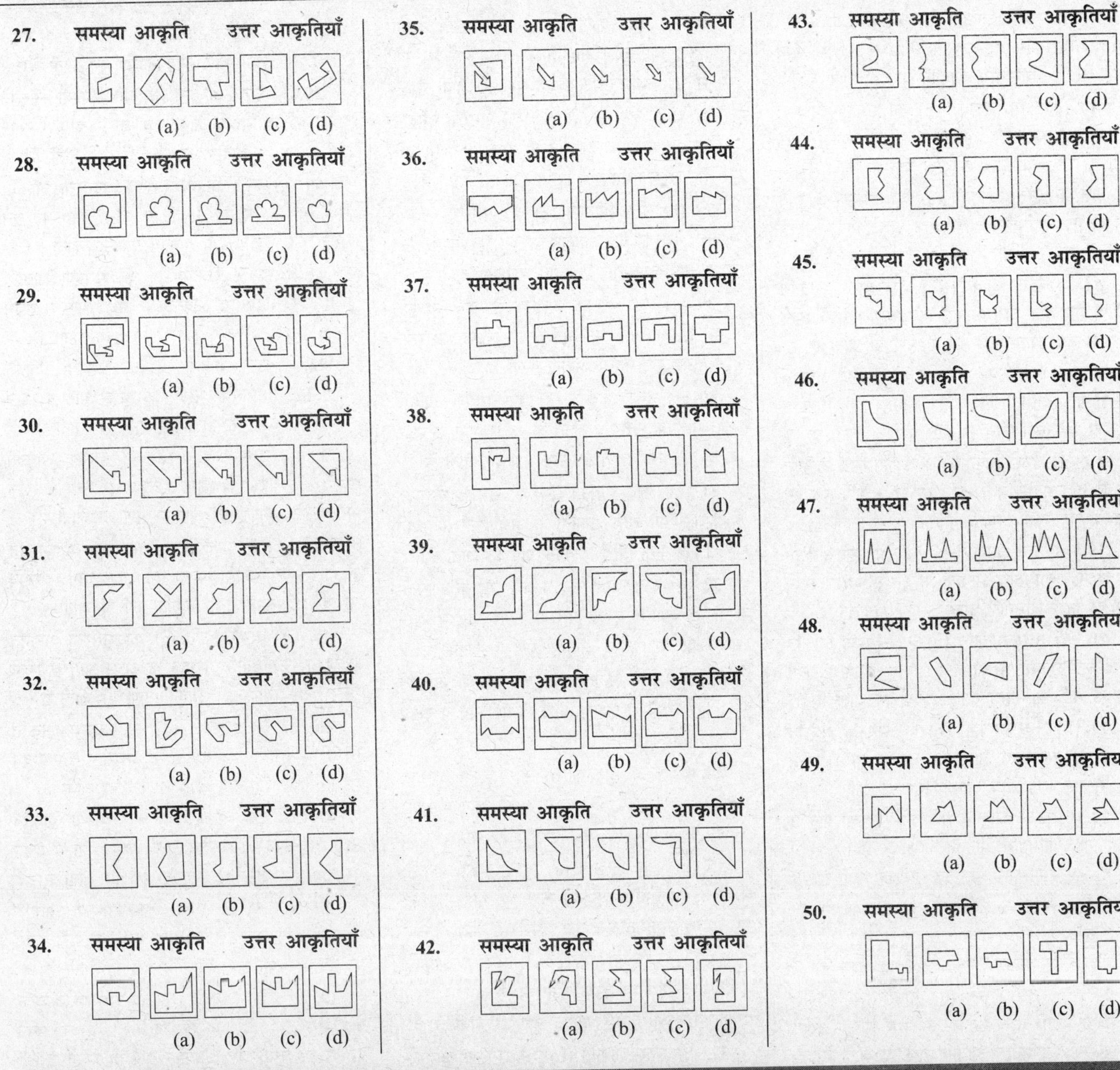

उत्तर (हल/संकेत)

1. (b) उत्तर आकृति (b) को समस्या आकृति में दी गई ज्यामितीय आकृति के अधूरे भाग में रखने पर दी गई ज्यामितीय आकृति पूर्ण हो जाती है।

2. (d) उत्तर आकृति (d) को समस्या आकृति में दी गई ज्यामितीय आकृति के अधूरे भाग में रखने पर दी गई ज्यामितीय आकृति पूर्ण हो जाती है।

3. (b) उत्तर आकृति (b) को समस्या आकृति में दी गई ज्यामितीय आकृति के अधूरे भाग में रखने पर दी गई ज्यामितीय आकृति पूर्ण हो जाती है।

4. (a) उत्तर आकृति (a) को समस्या आकृति में दी गई ज्यामितीय आकृति के अधूरे भाग में रखने पर दी गई ज्यामितीय आकृति पूर्ण हो जाती है।

5. (a) उत्तर आकृति (a) को समस्या आकृति में दी गई ज्यामितीय आकृति के अधूरे भाग में रखने पर दी गई ज्यामितीय आकृति पूर्ण हो जाती है।

6. (a) उत्तर आकृति (a) को समस्या आकृति में दी गई ज्यामितीय आकृति के अधूरे भाग में रखने पर दी गई ज्यामितीय आकृति पूर्ण हो जाती है।

7. (c) उत्तर आकृति (c) को समस्या आकृति में दी गई ज्यामितीय आकृति के अधूरे भाग में रखने पर दी गई ज्यामितीय आकृति पूर्ण हो जाती है।

8. (a) उत्तर आकृति (a) को समस्या आकृति में दी गई ज्यामितीय आकृति के अधूरे भाग में रखने पर दी गई ज्यामितीय आकृति पूर्ण हो जाती है।

9. (a) उत्तर आकृति (a) को समस्या आकृति में दी गई ज्यामितीय आकृति के अधूरे भाग में रखने पर दी गई ज्यामितीय आकृति पूर्ण हो जाती है।

10. (a) उत्तर आकृति (a) को समस्या आकृति में दी गई ज्यामितीय आकृति के अधूरे भाग में रखने पर दी गई ज्यामितीय आकृति पूर्ण हो जाती है।

11. (b) उत्तर आकृति (b) को समस्या आकृति में दी गई ज्यामितीय आकृति के अधूरे भाग में रखने पर दी गई ज्यामितीय आकृति पूर्ण हो जाती है।

12. (d) उत्तर आकृति (d) को समस्या आकृति में दी गई ज्यामितीय आकृति के अधूरे भाग में रखने पर दी गई ज्यामितीय आकृति पूर्ण हो जाती है।

13. (a) उत्तर आकृति (a) को समस्या आकृति में दी गई ज्यामितीय आकृति के अधूरे भाग में रखने पर दी गई ज्यामितीय आकृति पूर्ण हो जाती है।

14. (b) उत्तर आकृति (b) को समस्या आकृति में दी गई ज्यामितीय आकृति के अधूरे भाग में रखने पर दी गई ज्यामितीय आकृति पूर्ण हो जाती है।

15. (a) उत्तर आकृति (a) को समस्या आकृति में दी गई ज्यामितीय आकृति के अधूरे भाग में रखने पर दी गई ज्यामितीय आकृति पूर्ण हो जाती है।

16. (c) उत्तर आकृति (c) को समस्या आकृति में दी गई ज्यामितीय आकृति के अधूरे भाग में रखने पर दी गई ज्यामितीय आकृति पूर्ण हो जाती है।

17. (a) उत्तर आकृति (a) को समस्या आकृति में दी गई ज्यामितीय आकृति के अधूरे भाग में रखने पर दी गई ज्यामितीय आकृति पूर्ण हो जाती है।

18. (a) उत्तर आकृति (a) को समस्या आकृति में दी गई ज्यामितीय आकृति के अधूरे भाग में रखने पर दी गई ज्यामितीय आकृति पूर्ण हो जाती है।

19. (a) उत्तर आकृति (a) को समस्या आकृति में दी गई ज्यामितीय आकृति के अधूरे भाग में रखने पर दी गई ज्यामितीय आकृति पूर्ण हो जाती है।

20. (b) उत्तर आकृति (b) को समस्या आकृति में दी गई ज्यामितीय आकृति के अधूरे भाग में रखने पर दी गई ज्यामितीय आकृति पूर्ण हो जाती है।

21. (b) उत्तर आकृति (b) को समस्या आकृति में दी गई ज्यामितीय आकृति के अधूरे भाग में रखने पर दी गई ज्यामितीय आकृति पूर्ण हो जाती है।

22. (b) उत्तर आकृति (b) को समस्या आकृति में दी गई ज्यामितीय आकृति के अधूरे भाग में रखने पर दी गई ज्यामितीय आकृति पूर्ण हो जाती है।

23. (c) उत्तर आकृति (c) को समस्या आकृति में दी गई ज्यामितीय आकृति के अधूरे भाग में रखने पर दी गई ज्यामितीय आकृति पूर्ण हो जाती है।

24. (c) उत्तर आकृति (c) को समस्या आकृति में दी गई ज्यामितीय आकृति के अधूरे भाग में रखने पर दी गई ज्यामितीय आकृति पूर्ण हो जाती है।

25. (a) उत्तर आकृति (a) को समस्या आकृति में दी गई ज्यामितीय आकृति के अधूरे भाग में रखने पर दी गई ज्यामितीय आकृति पूर्ण हो जाती है।

26. (c) उत्तर आकृति (c) को समस्या आकृति में दी गई ज्यामितीय आकृति के अधूरे भाग में रखने पर दी गई ज्यामितीय आकृति पूर्ण हो जाती है।

27. (b) उत्तर आकृति (b) को समस्या आकृति में दी गई ज्यामितीय आकृति के अधूरे भाग में रखने पर दी गई ज्यामितीय आकृति पूर्ण हो जाती है।

28. (b) उत्तर आकृति (b) को समस्या आकृति में दी गई ज्यामितीय आकृति के अधूरे भाग में रखने पर दी गई ज्यामितीय आकृति पूर्ण हो जाती है।

29. (a) उत्तर आकृति (a) को समस्या आकृति में दी गई ज्यामितीय आकृति के अधूरे भाग में रखने पर दी गई ज्यामितीय आकृति पूर्ण हो जाती है।

30. (c) उत्तर आकृति (c) को समस्या आकृति में दी गई ज्यामितीय आकृति के अधूरे भाग में रखने पर दी गई ज्यामितीय आकृति पूर्ण हो जाती है।

31. (c) उत्तर आकृति (c) को समस्या आकृति में दी गई ज्यामितीय आकृति के अधूरे भाग में रखने पर दी गई ज्यामितीय आकृति पूर्ण हो जाती है।

32. (c) उत्तर आकृति (c) को समस्या आकृति में दी गई ज्यामितीय आकृति के अधूरे भाग में रखने पर दी गई ज्यामितीय आकृति पूर्ण हो जाती है।

33. (a) उत्तर आकृति (a) को समस्या आकृति में दी गई ज्यामितीय आकृति के अधूरे भाग में रखने पर दी गई ज्यामितीय आकृति पूर्ण हो जाती है।

34. (b) उत्तर आकृति (b) को समस्या आकृति में दी गई ज्यामितीय आकृति के अधूरे भाग में रखने पर दी गई ज्यामितीय आकृति पूर्ण हो जाती है।

35. (a) उत्तर आकृति (a) को समस्या आकृति में दी गई ज्यामितीय आकृति के अधूरे भाग में रखने पर दी गई ज्यामितीय आकृति पूर्ण हो जाती है।

36. (c) उत्तर आकृति (c) को समस्या आकृति में दी गई ज्यामितीय आकृति के अधूरे भाग में रखने पर दी गई ज्यामितीय आकृति पूर्ण हो जाती है।

37. (b) उत्तर आकृति (b) को समस्या आकृति में दी गई ज्यामितीय आकृति के अधूरे भाग में रखने पर दी गई ज्यामितीय आकृति पूर्ण हो जाती है।

38. (b) उत्तर आकृति (b) को समस्या आकृति में दी गई ज्यामितीय आकृति के अधूरे भाग में रखने पर दी गई ज्यामितीय आकृति पूर्ण हो जाती है।

39. (b) उत्तर आकृति (b) को समस्या आकृति में दी गई ज्यामितीय आकृति के अधूरे भाग में रखने पर दी गई ज्यामितीय आकृति पूर्ण हो जाती है।

40. (a) उत्तर आकृति (a) को समस्या आकृति में दी गई ज्यामितीय आकृति के अधूरे भाग में रखने पर दी गई ज्यामितीय आकृति पूर्ण हो जाती है।

41. (b) उत्तर आकृति (b) को समस्या आकृति में दी गई ज्यामितीय आकृति के अधूरे भाग में रखने पर दी गई ज्यामितीय आकृति पूर्ण हो जाती है।

42. (a) उत्तर आकृति (a) को समस्या आकृति में दी गई ज्यामितीय आकृति के अधूरे भाग में रखने पर दी गई ज्यामितीय आकृति पूर्ण हो जाती है।

43. (c) उत्तर आकृति (c) को समस्या आकृति में दी गई ज्यामितीय आकृति के अधूरे भाग में रखने पर दी गई ज्यामितीय आकृति पूर्ण हो जाती है।

44. (a) उत्तर आकृति (a) को समस्या आकृति में दी गई ज्यामितीय आकृति के अधूरे भाग में रखने पर दी गई ज्यामितीय आकृति पूर्ण हो जाती है।

45. (a) उत्तर आकृति (a) को समस्या आकृति में दी गई ज्यामितीय आकृति के अधूरे भाग में रखने पर दी गई ज्यामितीय आकृति पूर्ण हो जाती है।

46. (a) उत्तर आकृति (a) को समस्या आकृति में दी गई ज्यामितीय आकृति के अधूरे भाग में रखने पर दी गई ज्यामितीय आकृति पूर्ण हो जाती है।

47. (a) उत्तर आकृति (a) को समस्या आकृति में दी गई ज्यामितीय आकृति के अधूरे भाग में रखने पर दी गई ज्यामितीय आकृति पूर्ण हो जाती है।

48. (b) उत्तर आकृति (b) को समस्या आकृति में दी गई ज्यामितीय आकृति के अधूरे भाग में रखने पर दी गई ज्यामितीय आकृति पूर्ण हो जाती है।

49. (b) उत्तर आकृति (b) को समस्या आकृति में दी गई ज्यामितीय आकृति के अधूरे भाग में रखने पर दी गई ज्यामितीय आकृति पूर्ण हो जाती है।

50. (d) उत्तर आकृति (d) को समस्या आकृति में दी गई ज्यामितीय आकृति के अधूरे भाग में रखने पर दी गई ज्यामितीय आकृति पूर्ण हो जाती है।

अभ्यास–2

निर्देश—(प्र. सं. 1–107): दिए गए प्रश्नों में एक अर्द्ध-ज्यामितिय आकृति दी गई है जिसे चार उत्तर आकृतियों (a), (b), (c), व (d) में से एक आकृति पूर्ण बनाती है। सही आकृति को पहचानकर सही उत्तर का चयन कीजिए।

1. समस्या-आकृति

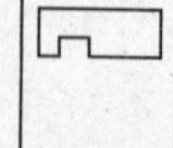

उत्तर-आकृतियाँ

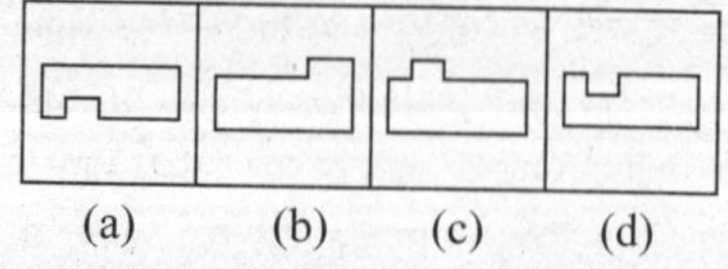

(a) (b) (c) (d)

2. समस्या-आकृति

उत्तर-आकृतियाँ

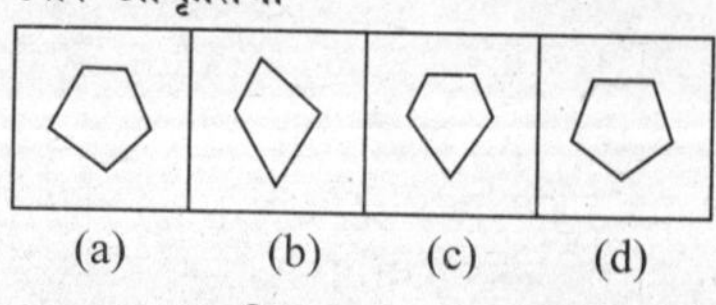

(a) (b) (c) (d)

3. समस्या-आकृति

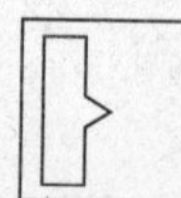

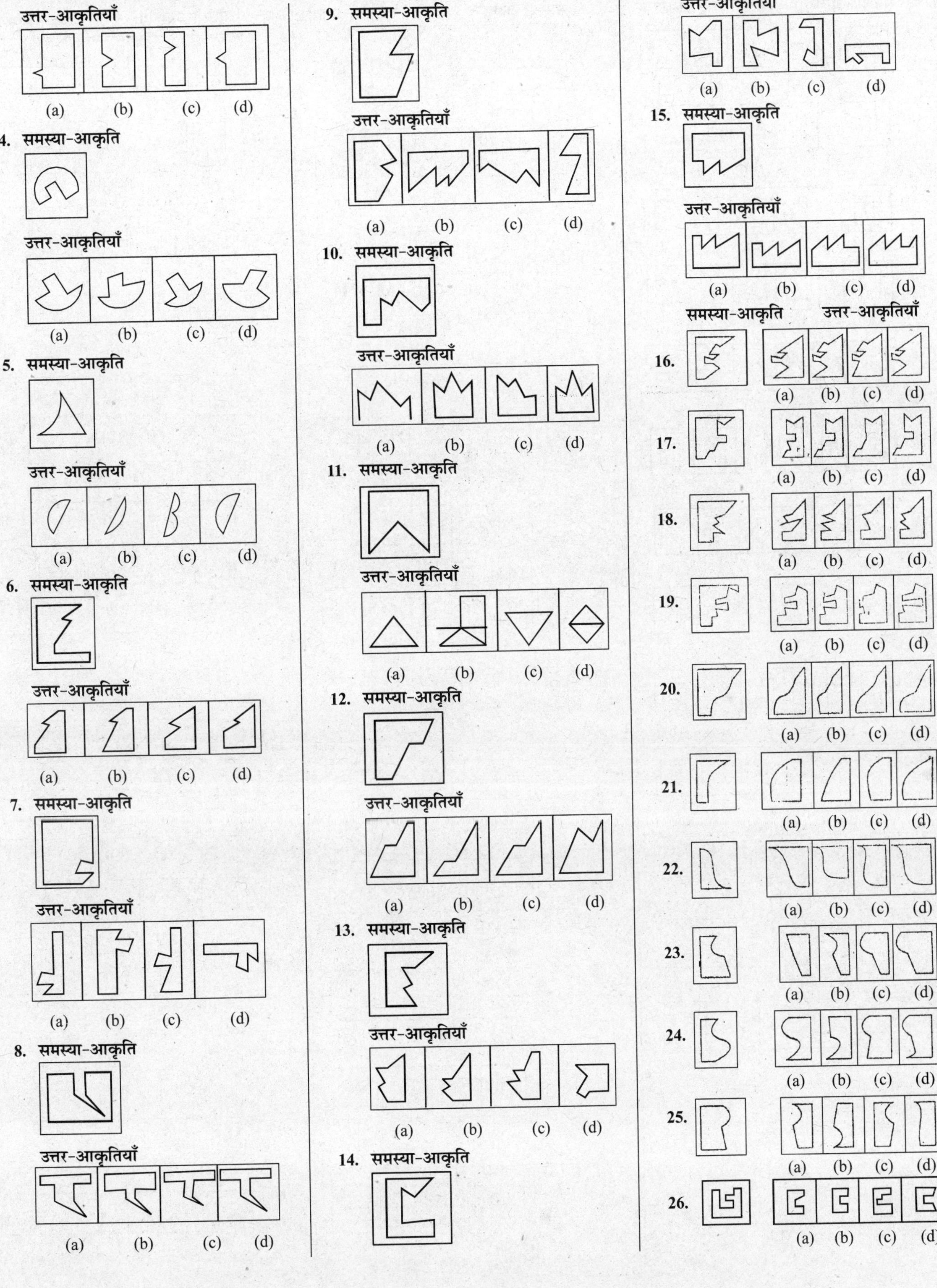
उत्तर-आकृतियाँ
(a) (b) (c) (d)
4. समस्या-आकृति
उत्तर-आकृतियाँ
(a) (b) (c) (d)
5. समस्या-आकृति
उत्तर-आकृतियाँ
(a) (b) (c) (d)
6. समस्या-आकृति
उत्तर-आकृतियाँ
(a) (b) (c) (d)
7. समस्या-आकृति
उत्तर-आकृतियाँ
(a) (b) (c) (d)
8. समस्या-आकृति
उत्तर-आकृतियाँ
(a) (b) (c) (d)
9. समस्या-आकृति
उत्तर-आकृतियाँ
(a) (b) (c) (d)
10. समस्या-आकृति
उत्तर-आकृतियाँ
(a) (b) (c) (d)
11. समस्या-आकृति
उत्तर-आकृतियाँ
(a) (b) (c) (d)
12. समस्या-आकृति
उत्तर-आकृतियाँ
(a) (b) (c) (d)
13. समस्या-आकृति
उत्तर-आकृतियाँ
(a) (b) (c) (d)
14. समस्या-आकृति
उत्तर-आकृतियाँ
(a) (b) (c) (d)
15. समस्या-आकृति
उत्तर-आकृतियाँ
(a) (b) (c) (d)
समस्या-आकृति उत्तर-आकृतियाँ
16. (a) (b) (c) (d)
17. (a) (b) (c) (d)
18. (a) (b) (c) (d)
19. (a) (b) (c) (d)
20. (a) (b) (c) (d)
21. (a) (b) (c) (d)
22. (a) (b) (c) (d)
23. (a) (b) (c) (d)
24. (a) (b) (c) (d)
25. (a) (b) (c) (d)
26. (a) (b) (c) (d)

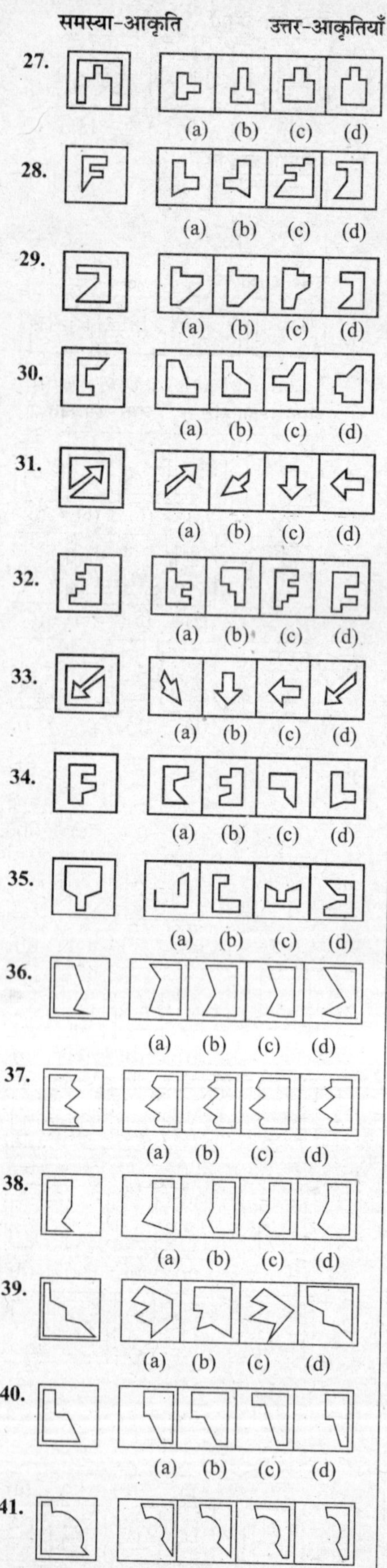
समस्या-आकृति
उत्तर-आकृतियाँ
27. (a) (b) (c) (d)
28. (a) (b) (c) (d)
29. (a) (b) (c) (d)
30. (a) (b) (c) (d)
31. (a) (b) (c) (d)
32. (a) (b) (c) (d)
33. (a) (b) (c) (d)
34. (a) (b) (c) (d)
35. (a) (b) (c) (d)
36. (a) (b) (c) (d)
37. (a) (b) (c) (d)
38. (a) (b) (c) (d)
39. (a) (b) (c) (d)
40. (a) (b) (c) (d)
41. (a) (b) (c) (d)

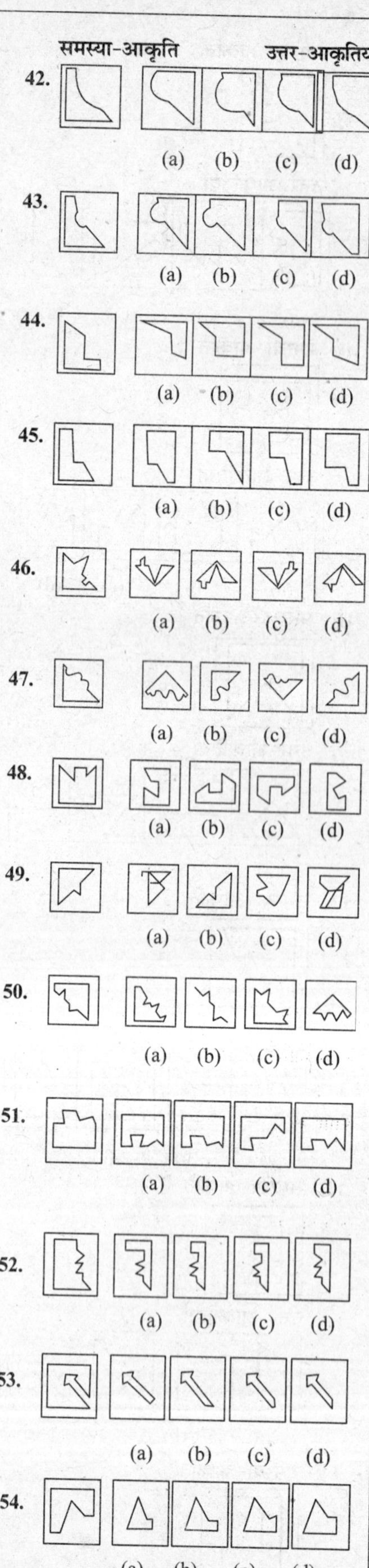
समस्या-आकृति
उत्तर-आकृतियाँ
42. (a) (b) (c) (d)
43. (a) (b) (c) (d)
44. (a) (b) (c) (d)
45. (a) (b) (c) (d)
46. (a) (b) (c) (d)
47. (a) (b) (c) (d)
48. (a) (b) (c) (d)
49. (a) (b) (c) (d)
50. (a) (b) (c) (d)
51. (a) (b) (c) (d)
52. (a) (b) (c) (d)
53. (a) (b) (c) (d)
54. (a) (b) (c) (d)

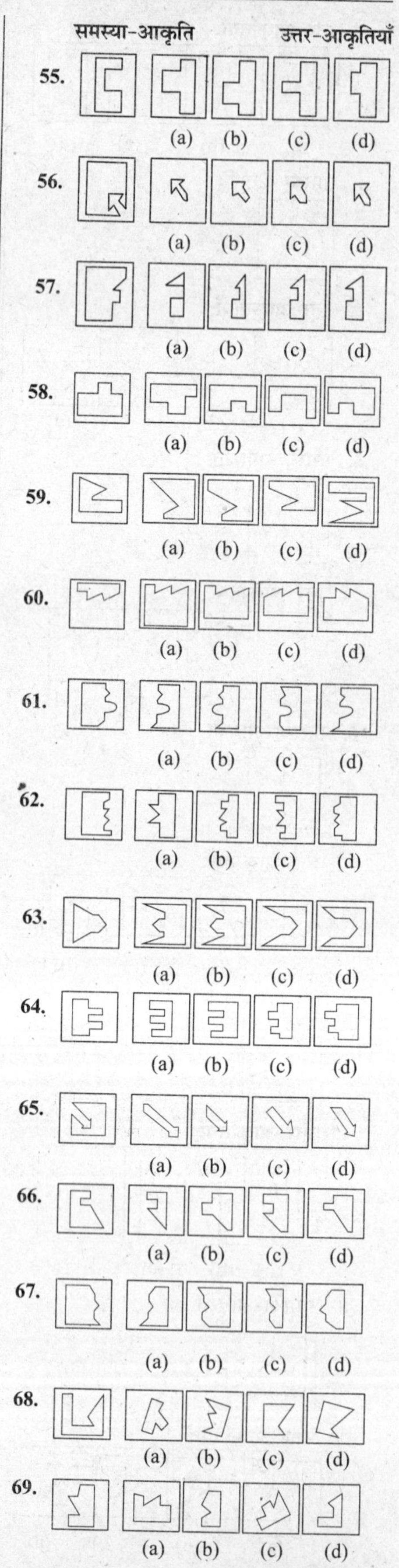
समस्या-आकृति
उत्तर-आकृतियाँ
55. (a) (b) (c) (d)
56. (a) (b) (c) (d)
57. (a) (b) (c) (d)
58. (a) (b) (c) (d)
59. (a) (b) (c) (d)
60. (a) (b) (c) (d)
61. (a) (b) (c) (d)
62. (a) (b) (c) (d)
63. (a) (b) (c) (d)
64. (a) (b) (c) (d)
65. (a) (b) (c) (d)
66. (a) (b) (c) (d)
67. (a) (b) (c) (d)
68. (a) (b) (c) (d)
69. (a) (b) (c) (d)

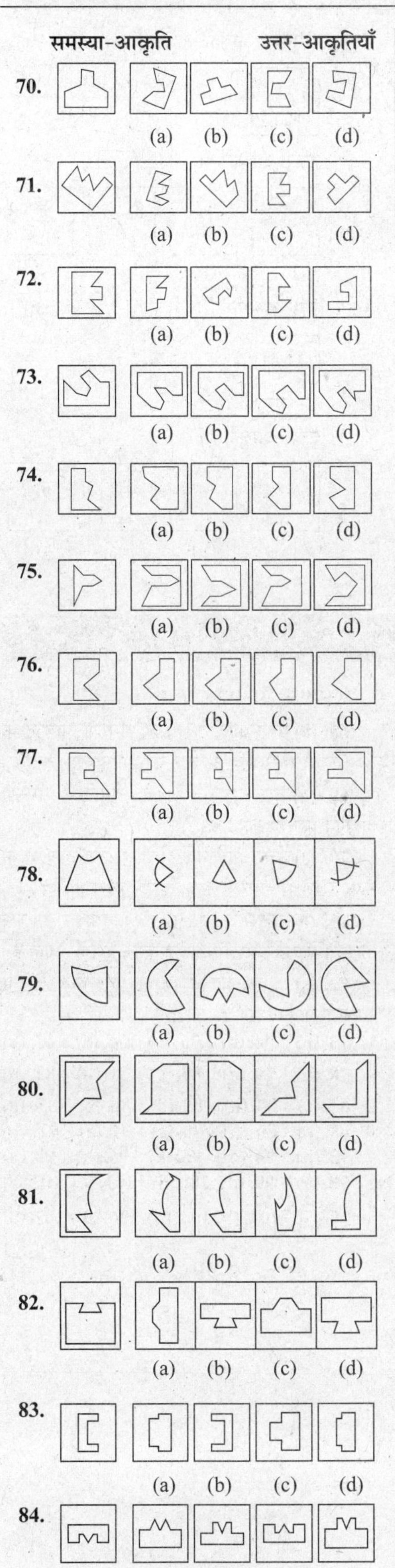
समस्या-आकृति
उत्तर-आकृतियाँ
70.
71.
72.
73.
74.
75.
76.
77.
78.
79.
80.
81.
82.
83.
84.
(a)
(b)
(c)
(d)

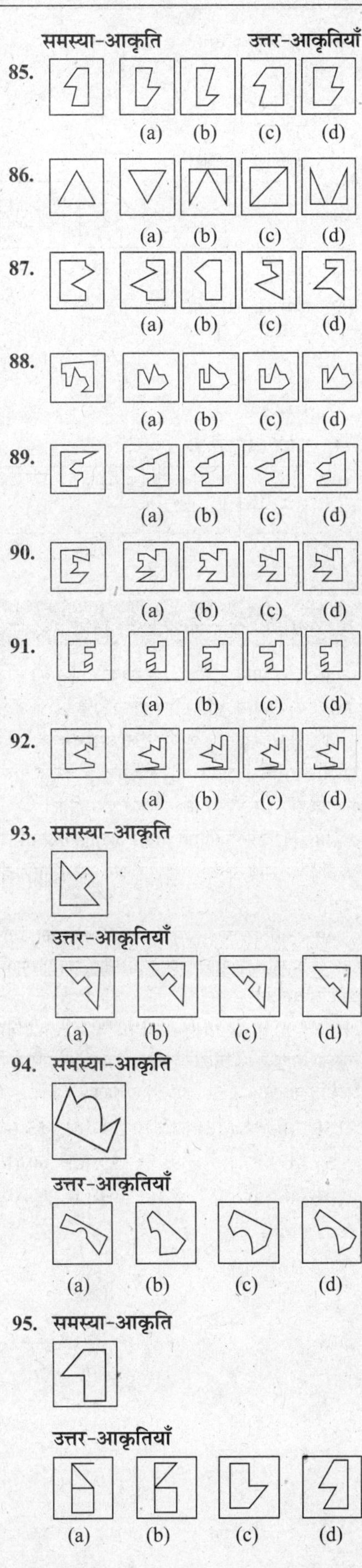
समस्या-आकृति
उत्तर-आकृतियाँ
85.
86.
87.
88.
89.
90.
91.
92.
93. समस्या-आकृति
उत्तर-आकृतियाँ
94. समस्या-आकृति
उत्तर-आकृतियाँ
95. समस्या-आकृति
उत्तर-आकृतियाँ
(a)
(b)
(c)
(d)

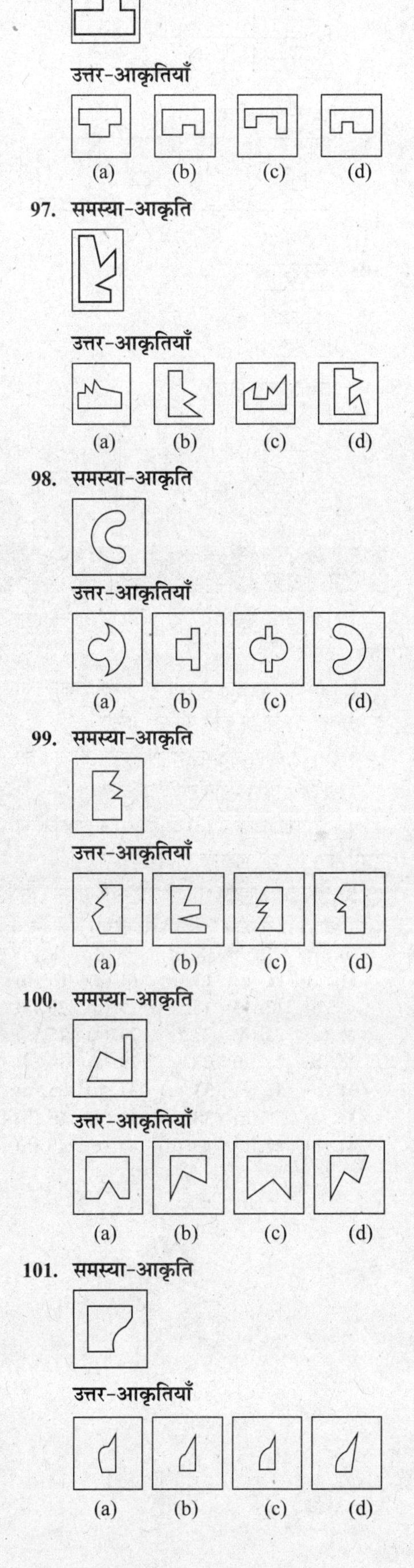
96. समस्या-आकृति
उत्तर-आकृतियाँ
97. समस्या-आकृति
उत्तर-आकृतियाँ
98. समस्या-आकृति
उत्तर-आकृतियाँ
99. समस्या-आकृति
उत्तर-आकृतियाँ
100. समस्या-आकृति
उत्तर-आकृतियाँ
101. समस्या-आकृति
उत्तर-आकृतियाँ
(a)
(b)
(c)
(d)

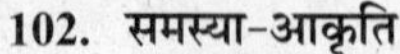

102. समस्या-आकृति

उत्तर-आकृतियाँ

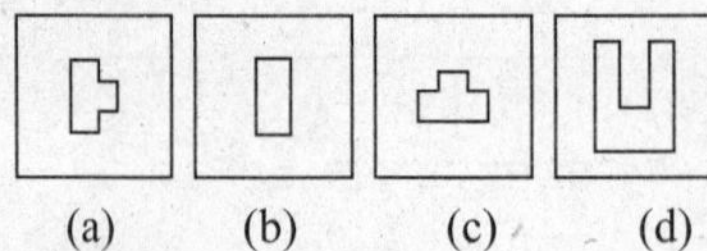

(a) (b) (c) (d)

103. समस्या-आकृति

उत्तर-आकृतियाँ

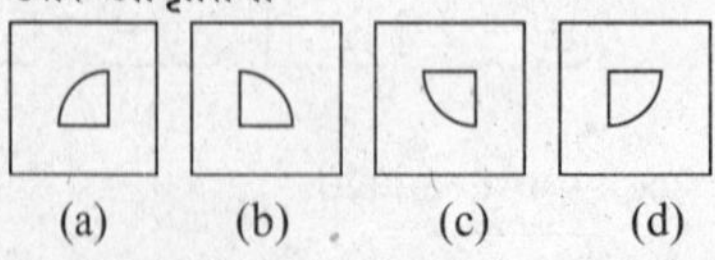

(a) (b) (c) (d)

104. समस्या-आकृति

उत्तर-आकृतियाँ

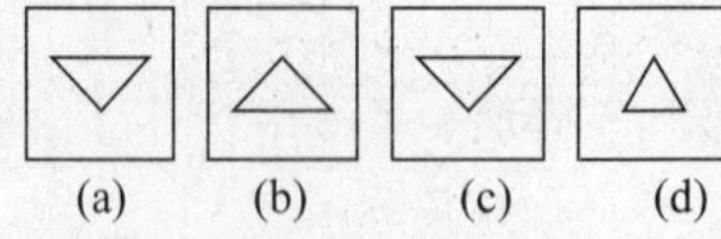

(a) (b) (c) (d)

105. समस्या-आकृति

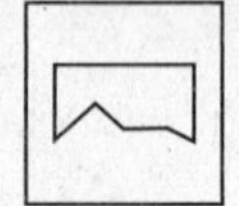

उत्तर-आकृतियाँ

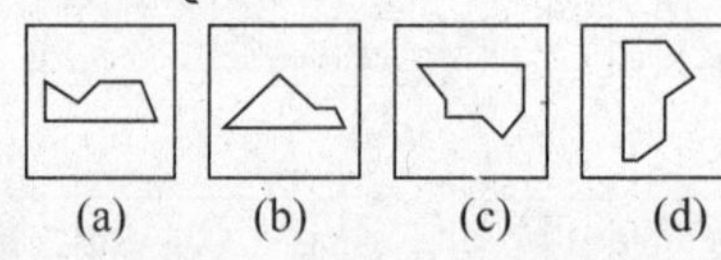

(a) (b) (c) (d)

106. समस्या-आकृति

उत्तर-आकृतियाँ

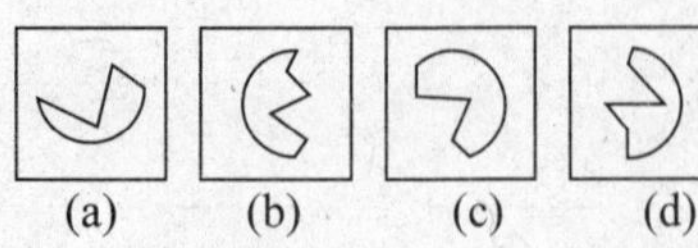

(a) (b) (c) (d)

107. समस्या-आकृति

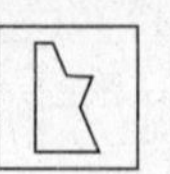

उत्तर-आकृतियाँ

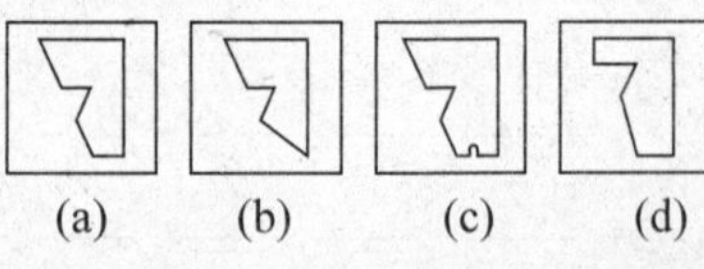

(a) (b) (c) (d)

उत्तर (हल/संकेत)

1. (c) उत्तर आकृति (c) दी गई प्रश्न आकृति का दूसरा भाग है।

2. (c) उत्तर आकृति (c) दी गई प्रश्न आकृति का दूसरा भाग है। जो आकृति को पूर्ण करेगा।

3. (b) उत्तर आकृति (b) दी गई प्रश्न आकृति का दूसरा भाग है। जो आकृति को पूर्ण करेगा।

4. (a) उत्तर आकृति (a) दी गई प्रश्न आकृति का दूसरा भाग है। जो आकृति को पूर्ण करेगा।

5. (b) उत्तर आकृति (b) दी गई प्रश्न आकृति का दूसरा भाग है। जो आकृति को पूर्ण करेगा।

6. (a)	**7.** (a)	**8.** (d)	**9.** (d)	**10.** (a)
11. (a)	**12.** (a)	**13.** (a)	**14.** (a)	**15.** (b)
16. (b)	**17.** (b)	**18.** (d)	**19.** (b)	**20.** (a)
21. (a)	**22.** (d)	**23.** (c)	**24.** (a)	**25.** (a)
26. (b)	**27.** (d)	**28.** (c)	**29.** (a)	**30.** (d)
31. (a)	**32.** (c)	**33.** (d)	**34.** (b)	**35.** (c)
36. (c)	**37.** (a)	**38.** (c)	**39.** (d)	**40.** (b)
41. (b)	**42.** (d)	**43.** (d)	**44.** (c)	**45.** (a)

46. (b) समस्या आकृति में विकल्प (b) को साथ जोड़ने पर पूर्ण वर्ग का निर्माण हो जाता है।

47. (c) आकृति (c) में एक अर्द्धचन्द्र है फिर उसकी विपरीत दिशा में दो अर्द्धचन्द्र हैं जिन्हें प्रश्न आकृति से जोड़ने पर एक पूर्ण वर्ग प्राप्त होगा।

48. (c) विकल्प तीन में दी गई आकृति को समस्या आकृति के साथ जोड़ने पर पूर्ण वर्ग का निर्माण हो जाता है।

49. (b) विकल्प (b) में दी गई आकृति को अगर समस्या आकृति के साथ जोड़ दिया जाए, जो परिणामी आकृति वर्गाकार होगी।

50. (b) विकल्प (b) में दी गई आकृति को जब समस्या आकृति से मिलान किया जाता है, तो परिणामी आकृति का आकार वर्गाकार प्राप्त होता है।

51. (b)	**52.** (d)	**53.** (d)	**54.** (d)	**55.** (a)
56. (d)	**57.** (c)	**58.** (b)	**59.** (c)	**60.** (b)
61. (a)	**62.** (d)	**63.** (c)	**64.** (a)	**65.** (b)

66. (d) **67.** (c)

68. (c) उत्तर आकृति (c) को समस्या आकृति के ऊपर रखने से समस्या आकृति का वर्ग पूर्ण हो जाता है।

69. (a) उत्तर आकृति (a) को घुमाने से समस्या आकृति पूर्ण हो जाती है।

70. (c) उत्तर आकृति (c) को समस्या आकृति के ऊपर रखने से समस्या आकृति पूर्ण हो जाती है।

71. (b) उत्तर आकृति (b) को घुमाकर समस्या आकृति में रखने पर समस्या आकृति पूर्ण हो जाती है।

72. (c) उत्तर आकृति (c) को पलटकर रखने में समस्या आकृति पूर्ण हो जाती है।

73. (b)	**74.** (b)	**75.** (c)	**76.** (a)	**77.** (c)
78. (b)	**79.** (c)	**80.** (c)	**81.** (b)	**82.** (b)
83. (c)	**84.** (b)	**85.** (d)	**86.** (b)	**87.** (a)
88. (c)	**89.** (b)	**90.** (c)	**91.** (a)	**92.** (b)
93. (b)	**94.** (c)	**95.** (b)	**96.** (b)	**97.** (d)
98. (a)	**99.** (d)	**100.** (b)	**101.** (c)	**102** (b)
103. (d)	**104.** (b)	**105.** (d)	**106.** (a)	**107.** (a)

❑❑❑

अध्याय

7

दर्पण प्रतिबिम्ब

किसी वस्तु, अक्षर, संख्या, आकृति आदि को दर्पण के सामने रखने पर जो प्रतिबिम्ब बनता है उसे दर्पण प्रतिबिम्ब कहते हैं। इस अध्याय से पूछे जाने वाले प्रश्न प्राय: दो प्रकार के होते हैं–

- **जब दर्पण वस्तु के दाएँ, बाएँ, ऊपर या नीचे रखा हो:** यदि दर्पण वस्तु के दाएँ या बाएँ रखा हो, तो वस्तु के ऊपर का तथा निचला भाग सदैव स्थिर रहता है, परंतु वस्तु का दायाँ भाग दर्पण प्रतिबिम्बि में बाईं ओर तथा बायाँ भाग दाईं ओर हो जाता है।

जैसे–

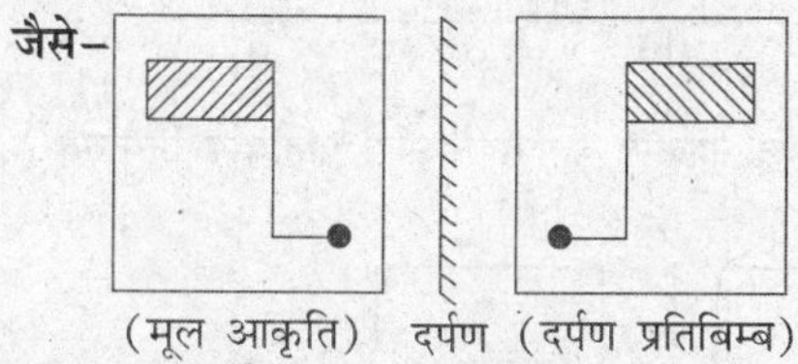

(मूल आकृति) दर्पण (दर्पण प्रतिबिम्ब)

यदि दर्पण वस्तु के ऊपर या नीचे रखा जाए, तो दर्पण प्रतिबिम्ब में वस्तु के ऊपर का भाग नीचे तथा नीचे का भाग ऊपर हो जाता है।

जैसे– (वस्तु के नीचे दर्पण)(वस्तु के ऊपर दर्पण)

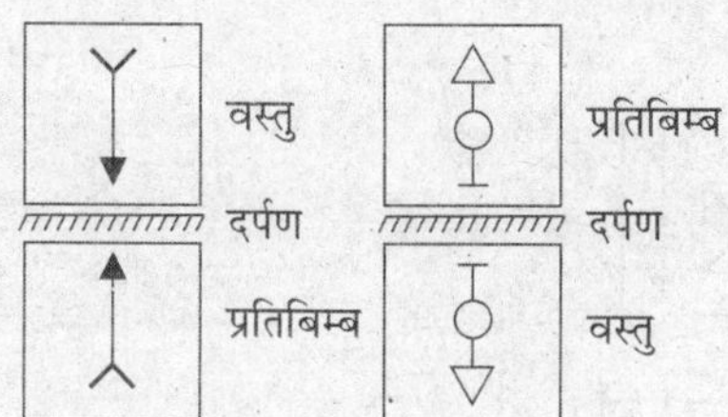

दर्पण प्रतिबिम्ब से संबधित प्रश्नों को हल करने के लिए कुछ महत्वपूर्ण तथ्यों की जानकारी होना अतिआवश्यक है।

- **0 से 9 तक के अंको के दर्पण प्रतिबिम्ब**

अंक	दर्पण प्रतिबिम्ब	अंक	दर्पण प्रतिबिम्ब
0	0	5	Ƽ
1	I	6	მ
2	Ƨ	7	ᒣ
3	Ɛ	8	8
4	ᔭ	9	୧

स्पष्ट है 0 से 9 तक के अंकों के दर्पण प्रतिबिम्ब से विद्यार्थी सभी संख्याओं के दर्पण प्रतिबिम्ब प्राप्त कर सकते हैं।

- **अंग्रेजी वर्णमाला के बड़े अक्षरों के दर्पण प्रतिबिम्ब**

अक्षर	दर्पण प्रतिबिम्ब	अक्षर	दर्पण प्रतिबिम्ब
A	A	N	И
B	ꓭ	O	O
C	Ɔ	P	ꟼ
D	ᗡ	Q	Ϙ
E	Ǝ	R	Я
F	ꟻ	S	Ƨ
G	ᘐ	T	T
H	H	U	U
I	I	V	V
J	ᒐ	W	W
K	ꓘ	X	X
L	⅃	Y	Y
M	M	Z	ᘔ

- **अंग्रेजी वर्णमाला के छोटे अक्षरों के दर्पण प्रतिबिम्ब**

अक्षर	दर्पण प्रतिबिम्ब	अक्षर	दर्पण प्रतिबिम्ब
a	ɒ	n	n
b	d	o	o
c	ɔ	p	q
d	b	q	p
e	ɘ	r	ɿ
f	ɟ	s	ƨ
g	ϱ	t	ƚ
h	ʜ	u	u
i	i	v	v
j	į	w	w
k	ʞ	x	x
l	l	y	γ
m	m	z	z

नोट–अक्षर A, H, I, M, O, T, U, V, W, व X के दर्पण प्रतिबिम्ब नहीं बदलते हैं। अर्थात् जो अक्षर की वास्तविक स्थिति है वहीं रहती है।

समान दर्पण प्रतिबिम्ब वाली आकृतियाँ

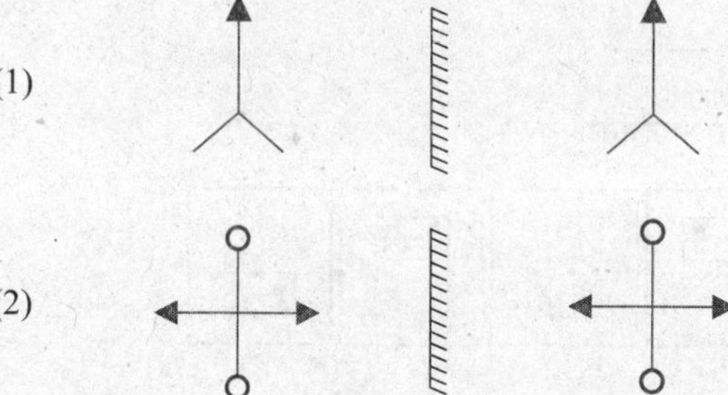

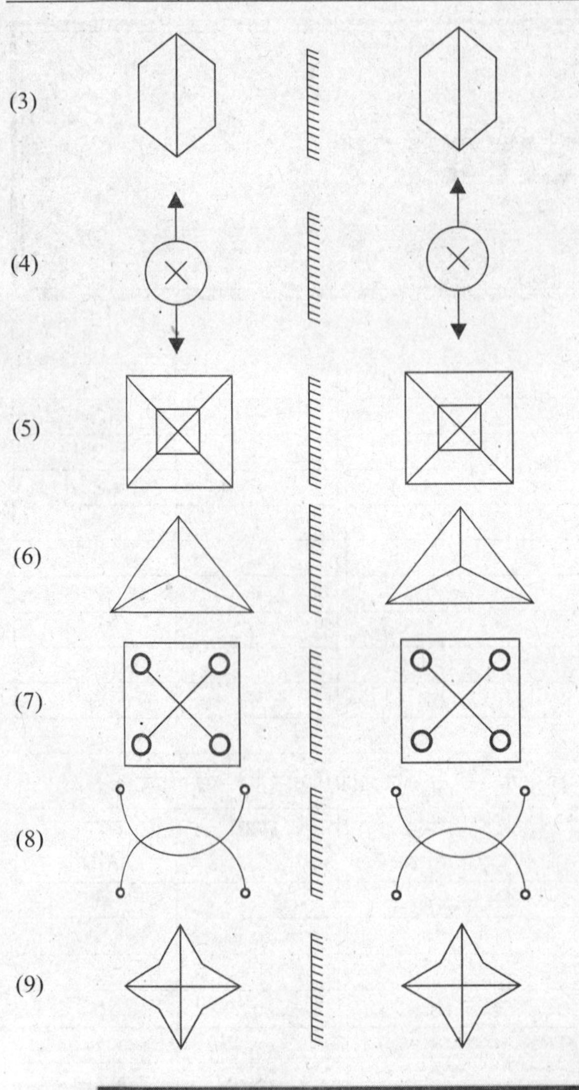

हल सहित उदाहरण

निर्देश (उदाहरण 1-4) : नीचे दिए गए प्रत्येक प्रश्न में एक प्रश्न आकृति तथा चार उत्तर आकृतियाँ (a), (b), (c) तथा (d) दी गई है। उत्तर आकृतियों में से उस उत्तर आकृति का चयन करें, जो प्रश्न आकृति का सही दर्पण प्रतिबिम्ब है।

उदाहरण 1. **प्रश्न आकृति**

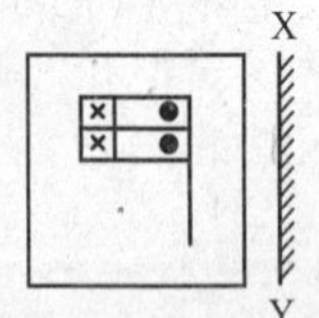

उत्तर आकृतियाँ

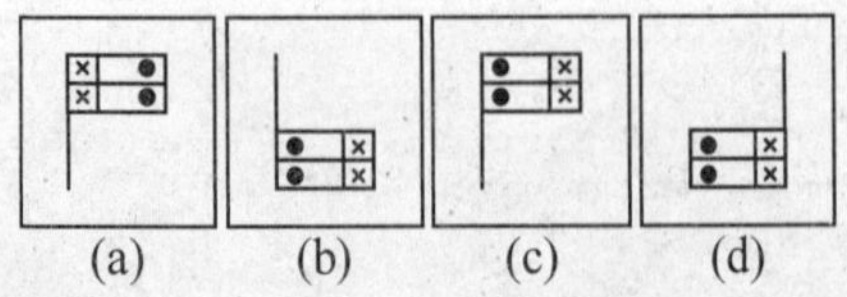

हल (c) दी गई प्रश्न आकृति का सही दर्पण प्रतिबिम्ब निम्नवत् है:

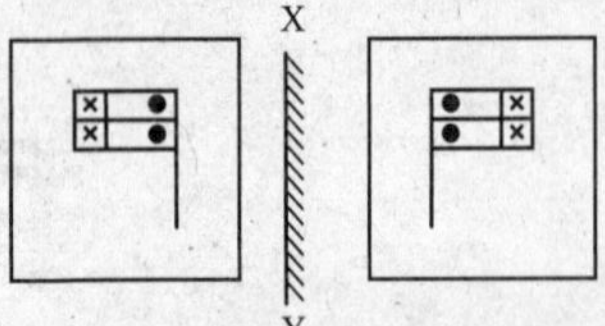

उदाहरण 2. **प्रश्न आकृतियाँ**

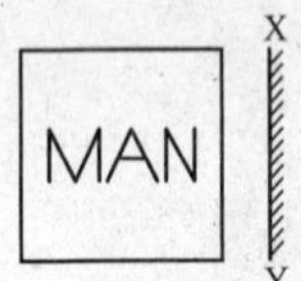

उत्तर आकृतियाँ

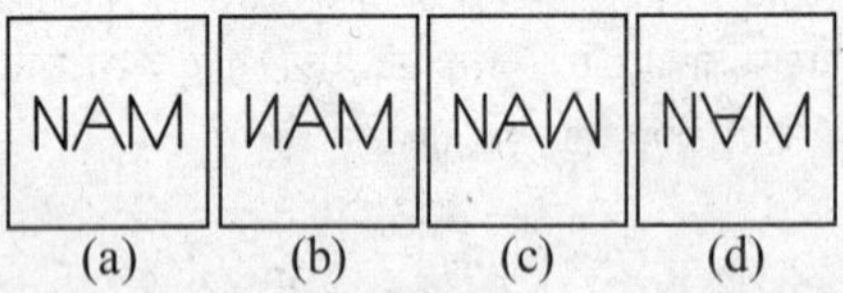

हल (b) दी गई प्रश्न आकृति का सही दर्पण प्रतिबिम्ब निम्नवत् है:

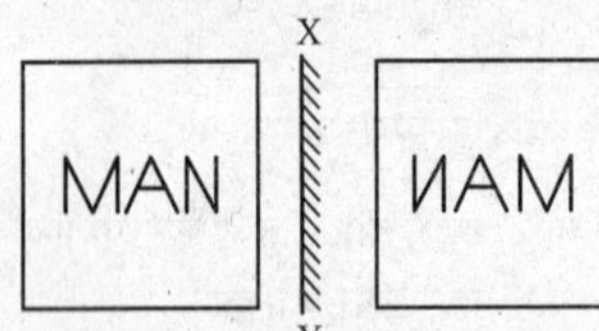

उदाहरण 3. **प्रश्न आकृति**

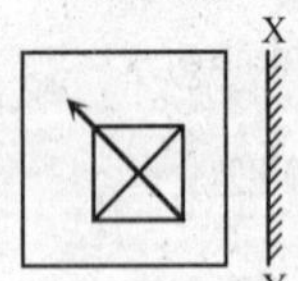

उत्तर आकृतियाँ

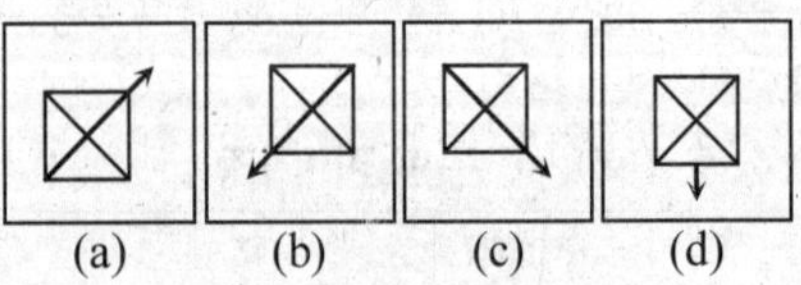

हल (a) दी गई प्रश्न आकृति का सही दर्पण प्रतिबिम्ब निम्नवत् है:

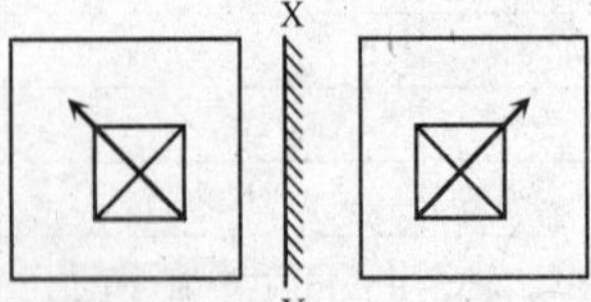

उदाहरण 4. **प्रश्न आकृति**

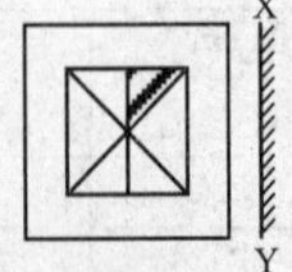

उत्तर आकृतियाँ

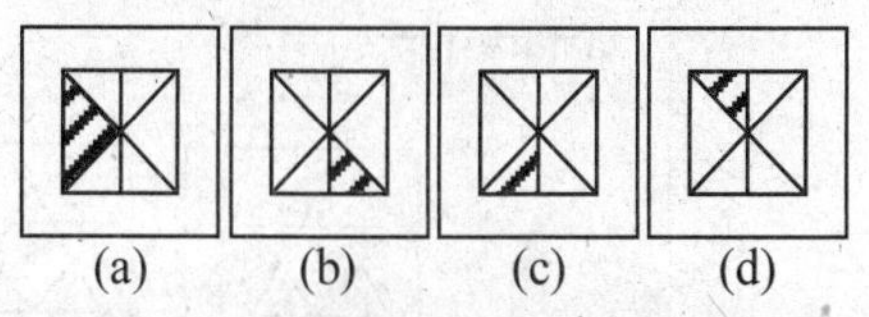

हल (d) दी गई प्रश्न आकृति का सही दर्पण प्रतिबिम्ब निम्नवत् है:

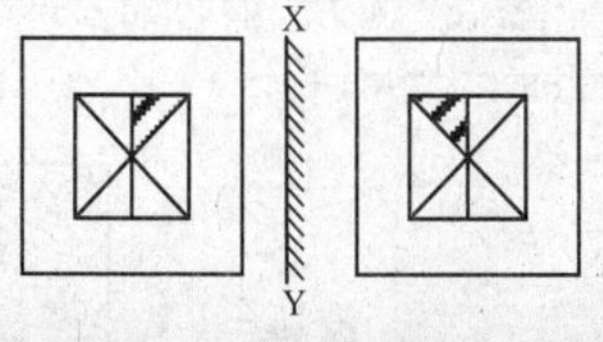

विशेष

- दर्पण प्रतिबिम्ब पर आधारित प्रश्नों को हल करने के लिए अंग्रेजी वर्णमाला के अक्षरों के प्रतिबिम्ब एवं संख्याओं 0 से 9 तक के प्रतिबिम्बों की जानकारी आवश्यक है। 0 से 9 तक की संख्याओं के दर्पण प्रतिबिम्ब के आधार पर हम सभी संख्याओं के दर्पण प्रतिबिम्ब आसानी से प्राप्त कर सकते हैं।
- दर्पण प्रतिबिम्ब पर आधारित प्रश्नों को हल करने के लिए यह देखना आवश्यक है, कि दर्पण वस्तु के दाएँ, बाएँ या ऊपर या नीचे है।
- इस पर आधारित प्रश्नों को त्रुटि रहित तरीके से हल करने के लिए ज्यादा से ज्यादा अभ्यास करना चाहिए।

अभ्यास-1

निर्देश (प्र. सं. 1-12) निम्नलिखित प्रश्नों में एक प्रश्न आकृति तथा चार उत्तर आकृतियाँ (a), (b), (c) व (d) दी गई हैं। उस उत्तर आकृति को चुनिए जो प्रश्न आकृति की दर्पण आकृति के बिल्कुल सदृश हो, जब दर्पण को XY पर रखा गया हो।

1. प्रश्न आकृति उत्तर आकृतियाँ

PHS | SHP SPH ꟼHS SHꟼ

(a) (b) (c) (d)

2. प्रश्न आकृति उत्तर आकृतियाँ

TXL

(a) (b) (c) (d)

3. प्रश्न आकृति उत्तर आकृतियाँ

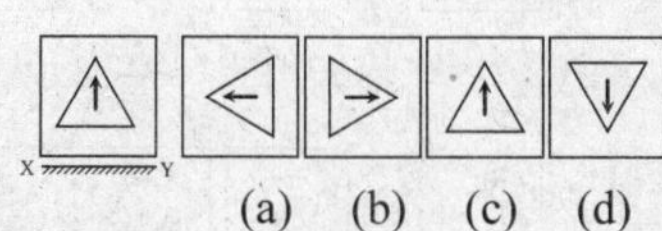

(a) (b) (c) (d)

4. प्रश्न आकृति उत्तर आकृतियाँ

(a) (b) (c) (d)

5. प्रश्न आकृति उत्तर आकृतियाँ

WHY | YHW

(a) (b) (c) (d)

6. प्रश्न आकृति उत्तर आकृतियाँ

(a) (b) (c) (d)

7. प्रश्न आकृति उत्तर आकृतियाँ

(a) (b) (c) (d)

8. प्रश्न आकृति उत्तर आकृतियाँ

(a) (b) (c) (d)

9. प्रश्न आकृति उत्तर आकृतियाँ

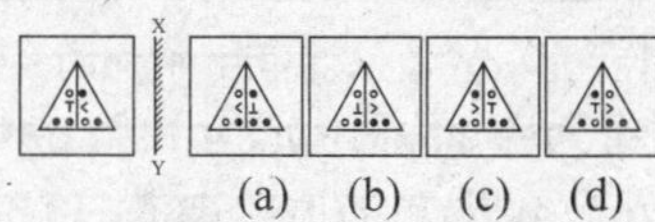

(a) (b) (c) (d)

10. प्रश्न आकृति उत्तर आकृतियाँ

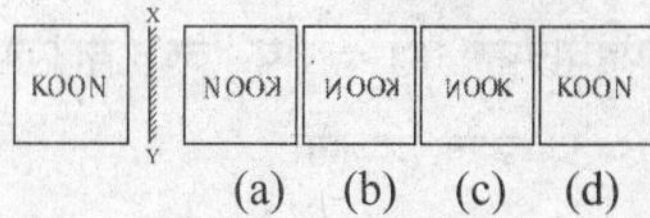

(a) (b) (c) (d)

11. प्रश्न आकृति उत्तर आकृतियाँ

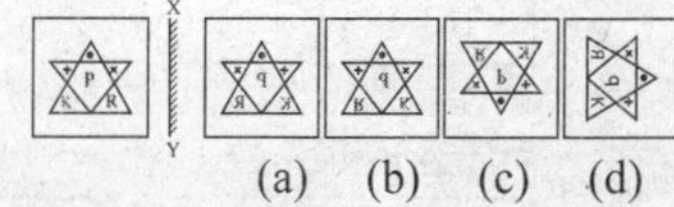

(a) (b) (c) (d)

12. प्रश्न आकृति उत्तर आकृतियाँ

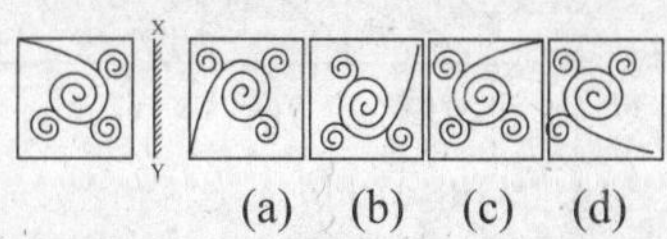

(a) (b) (c) (d)

उत्तर (हल/संकेत)

1. (d) दी गई प्रश्न आकृति का सही दर्पण प्रतिबिम्ब निम्नवत् है:

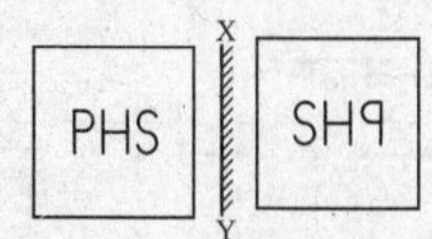

2. (c) दी गई प्रश्न आकृति का सही दर्पण प्रतिबिम्ब निम्नवत् है:

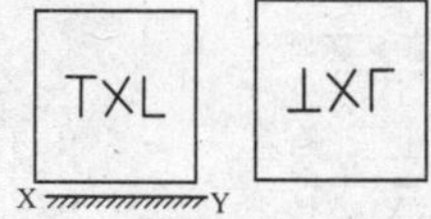

3. (d) दी गई प्रश्न आकृति का सही दर्पण प्रतिबिम्ब निम्नवत् है:

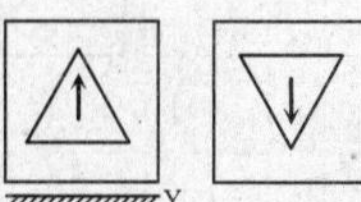

4. (c) दी गई प्रश्न आकृति का सही दर्पण प्रतिबिम्ब निम्नवत् है:

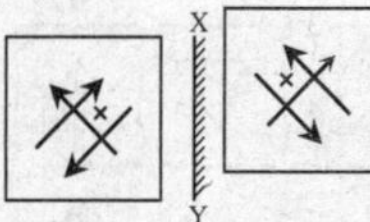

5. (c) दी गई प्रश्न आकृति का सही दर्पण प्रतिबिम्ब निम्नवत् है:

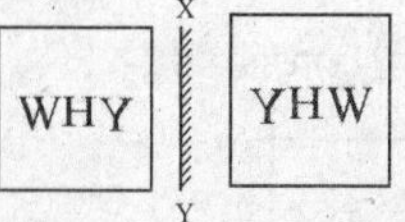

6. (c) दी गई प्रश्न आकृति का सही दर्पण प्रतिबिम्ब निम्नवत् है:

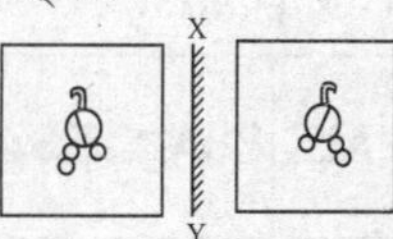

7. (c) दी गई प्रश्न आकृति का सही दर्पण प्रतिबिम्ब निम्नवत् है:

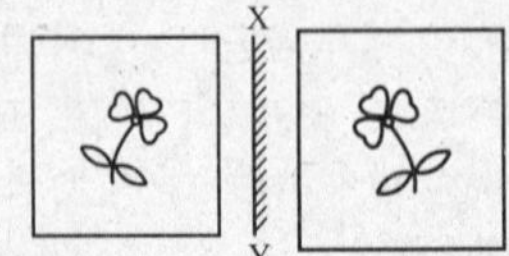

8. (c) दी गई प्रश्न आकृति का सही दर्पण प्रतिबिम्ब निम्नवत् है:

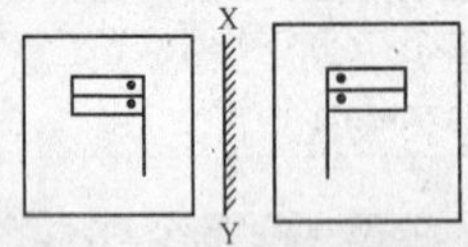

9. (c) दी गई प्रश्न आकृति का सही दर्पण प्रतिबिम्ब निम्नवत् है:

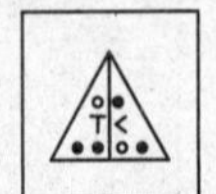
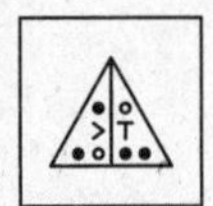

10. (b) दी गई प्रश्न आकृति का सही दर्पण प्रतिबिम्ब निम्नवत् है:

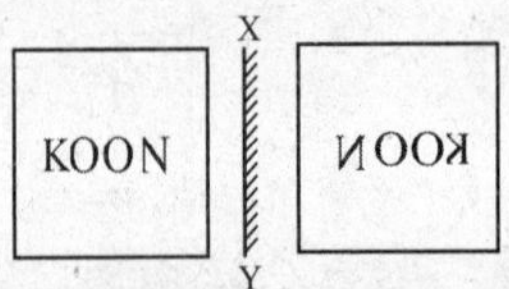

11. (a) दी गई प्रश्न आकृति का सही दर्पण प्रतिबिम्ब निम्नवत् है:

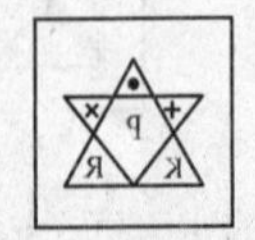

12. (c) दी गई प्रश्न आकृति का सही दर्पण प्रतिबिम्ब निम्नवत् है:

अभ्यास–2

निर्देश—(प्र. सं. 1-30) दिए गए प्रत्येक प्रश्न में एक ओर प्रश्न आकृति तथा दूसरी ओर उत्तर आकृतियाँ (a), (b), (c) तथा (d) दी गई हैं। उस उत्तर आकृति को चुनें, जो प्रश्न आकृति के बिल्कुल सदृश हो जब दर्पण XY रखा गया हो। उत्तर आकृति को पहचानकर सही उत्तर का चयन कीजिए।

1. प्रश्न-आकृति

उत्तर-आकृतियाँ

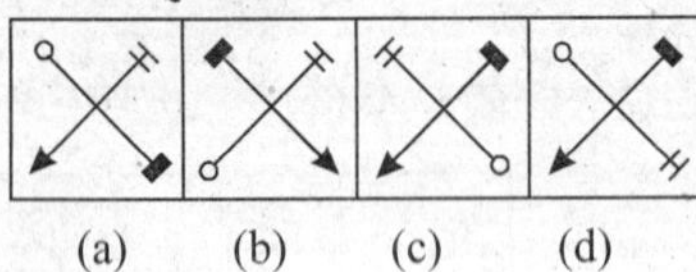

(a) (b) (c) (d)

2. प्रश्न-आकृति

उत्तर-आकृतियाँ

(a) (b) (c) (d)

3. प्रश्न-आकृति

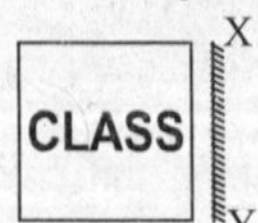

उत्तर-आकृतियाँ

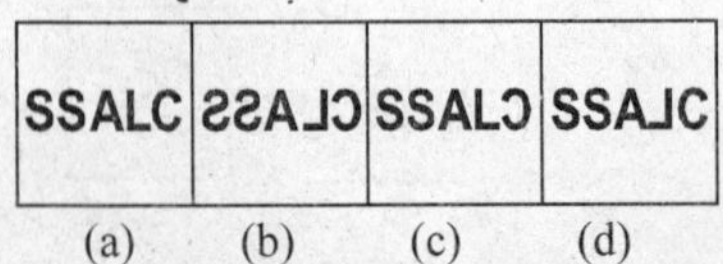

(a) (b) (c) (d)

4. प्रश्न-आकृति

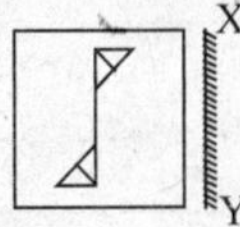

उत्तर-आकृतियाँ

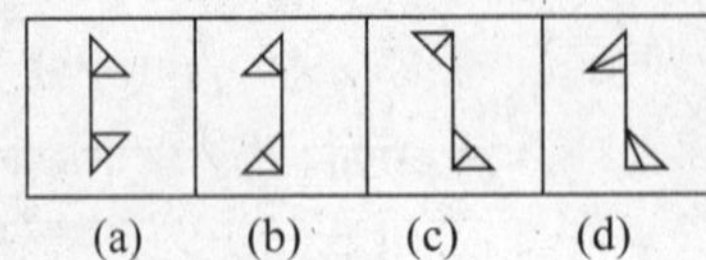

(a) (b) (c) (d)

5. प्रश्न-आकृति

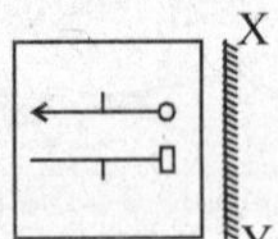

उत्तर-आकृतियाँ

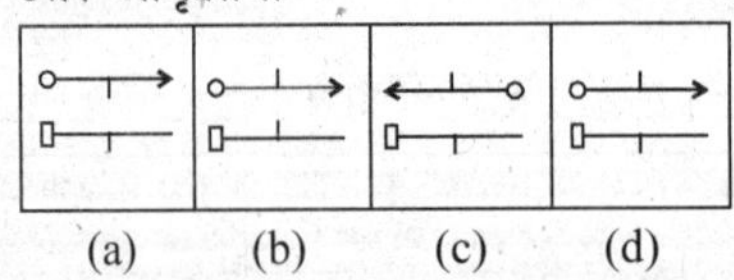

(a) (b) (c) (d)

6. प्रश्न-आकृति **उत्तर-आकृतियाँ**

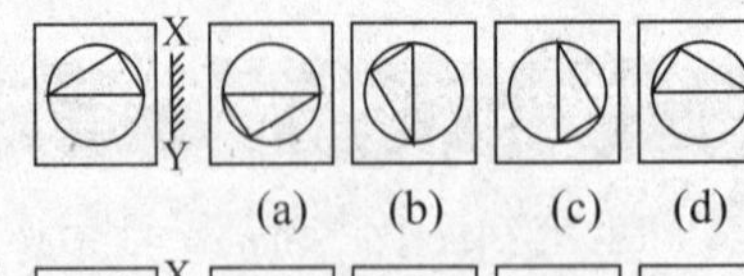

(a) (b) (c) (d)

7.

(a) (b) (c) (d)

8.

(a) (b) (c) (d)

9.

(a) (b) (c) (d)

10.

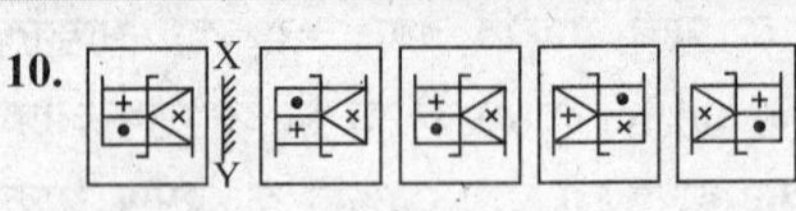

(a) (b) (c) (d)

11.

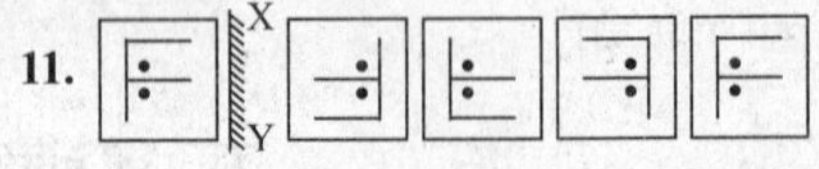

(a) (b) (c) (d)

12.

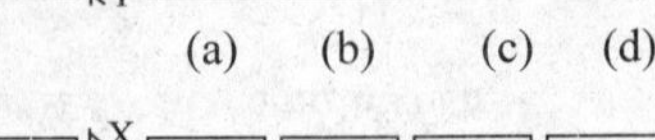

(a) (b) (c) (d)

13.

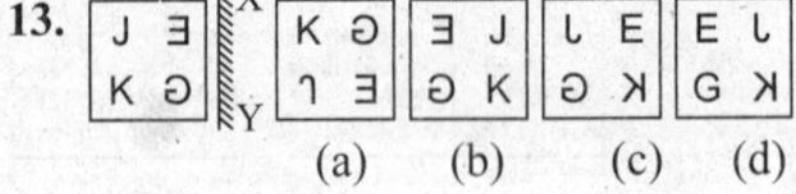

(a) (b) (c) (d)

14.

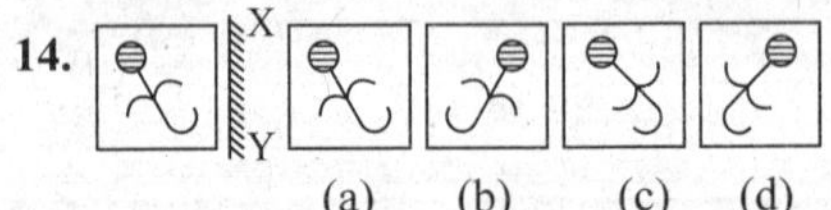

(a) (b) (c) (d)

15.

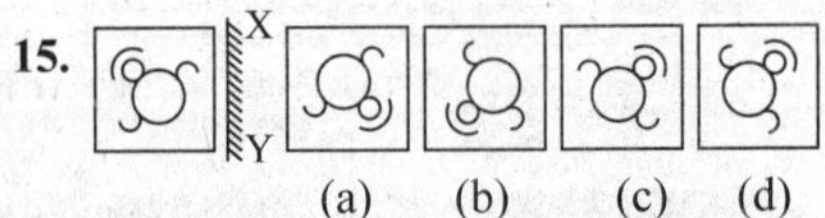

(a) (b) (c) (d)

16. प्रश्न-आकृति

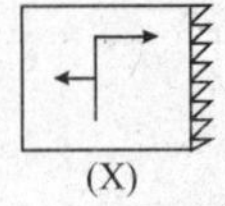

(X)

उत्तर-आकृतियाँ

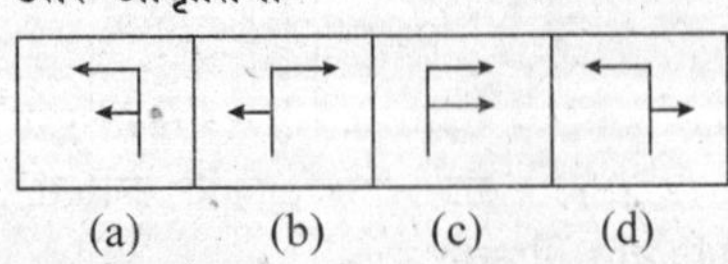

(a) (b) (c) (d)

17. प्रश्न-आकृति

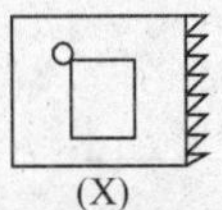

(X)

उत्तर-आकृतियाँ

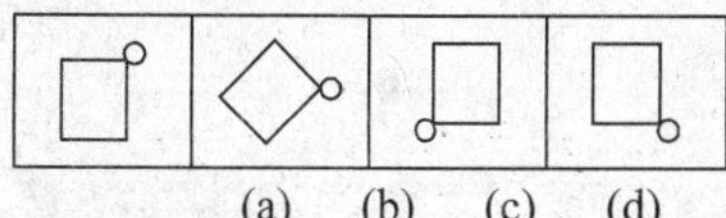

(a) (b) (c) (d)

18. प्रश्न-आकृति

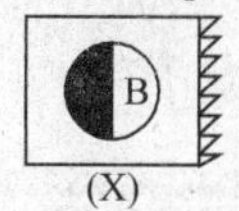

(X)

उत्तर-आकृतियाँ

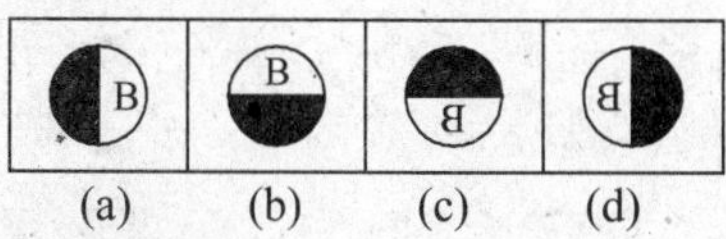

(a) (b) (c) (d)

19. प्रश्न-आकृति

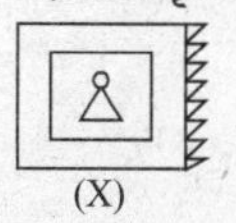

(X)

उत्तर-आकृतियाँ

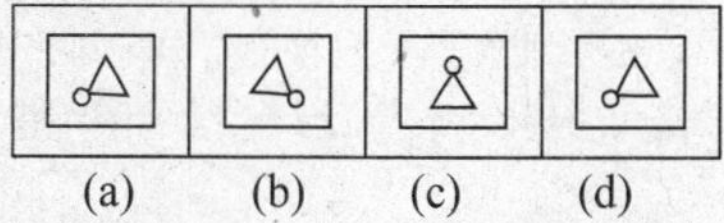

(a) (b) (c) (d)

20. प्रश्न-आकृति

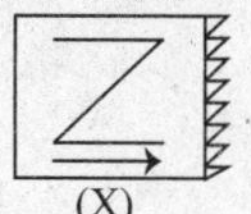

(X)

उत्तर-आकृतियाँ

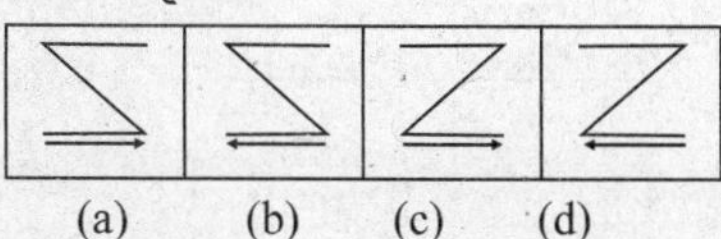

(a) (b) (c) (d)

21. प्रश्न-आकृति

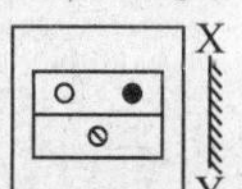

उत्तर-आकृतियाँ

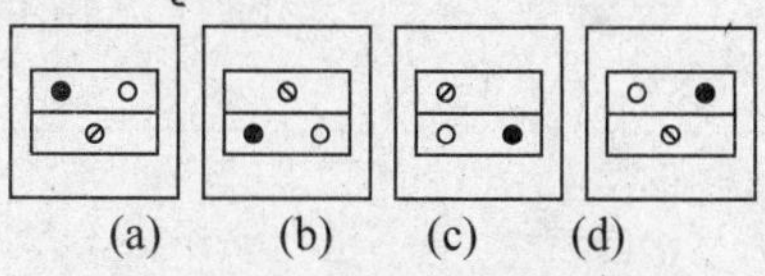

(a) (b) (c) (d)

22. प्रश्न-आकृति

उत्तर-आकृतियाँ

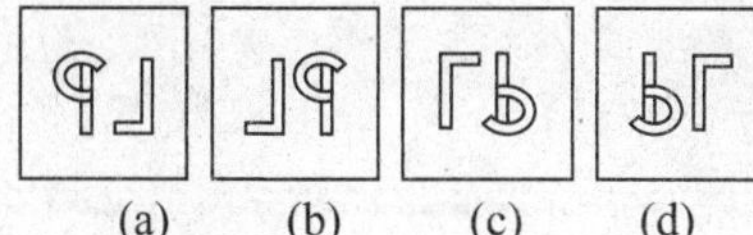

(a) (b) (c) (d)

23. प्रश्न-आकृति

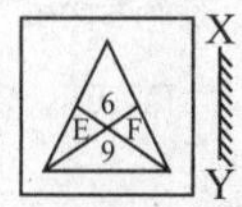

उत्तर-आकृतियाँ

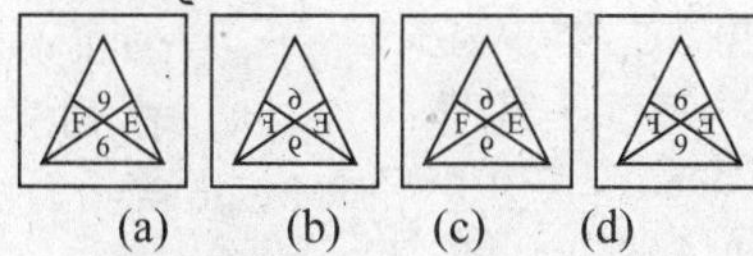

(a) (b) (c) (d)

24. प्रश्न-आकृति

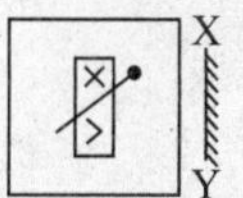

उत्तर-आकृतियाँ

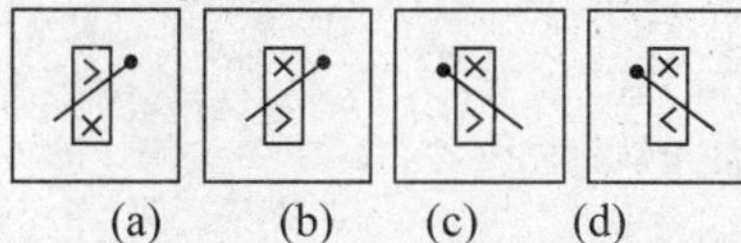

(a) (b) (c) (d)

25. प्रश्न-आकृति

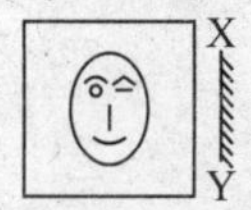

उत्तर-आकृतियाँ

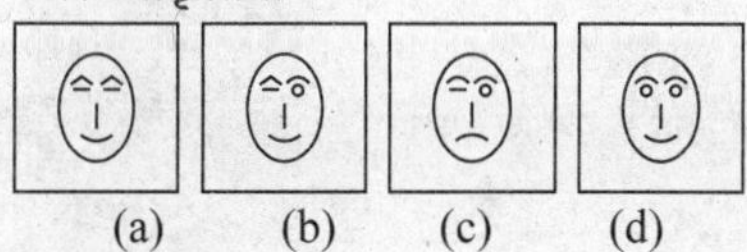

(a) (b) (c) (d)

26. प्रश्न-आकृति

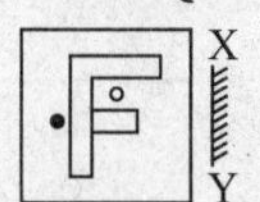

उत्तर-आकृतियाँ

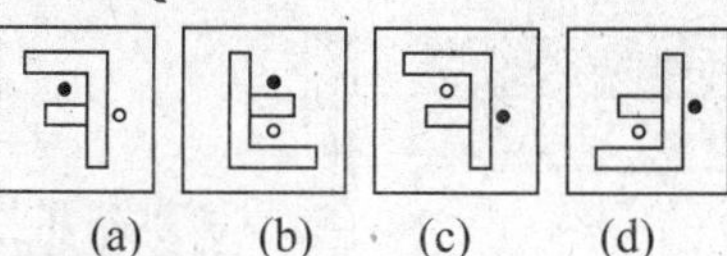

(a) (b) (c) (d)

27. प्रश्न-आकृति

उत्तर-आकृतियाँ

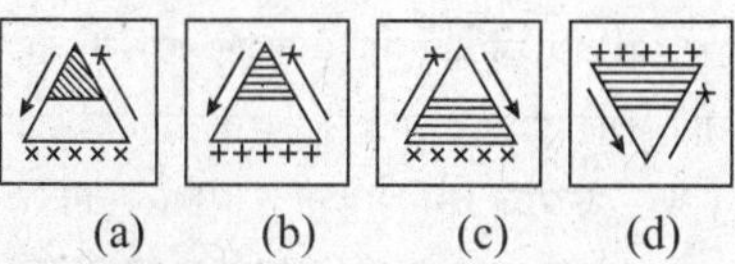

(a) (b) (c) (d)

28. प्रश्न-आकृति

उत्तर-आकृतियाँ

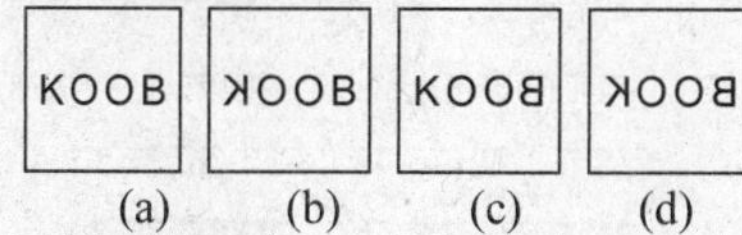

(a) (b) (c) (d)

29. प्रश्न-आकृति

उत्तर-आकृतियाँ

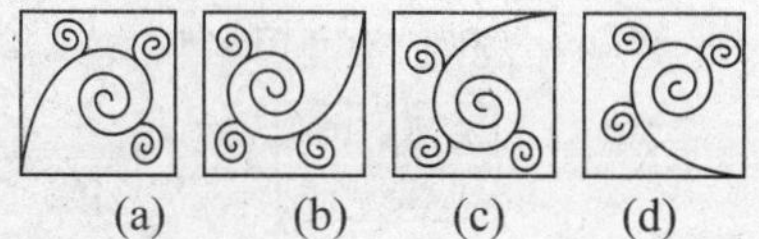

(a) (b) (c) (d)

30. प्रश्न-आकृति

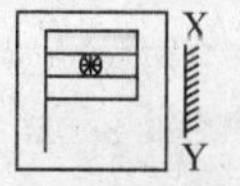

उत्तर-आकृतियाँ

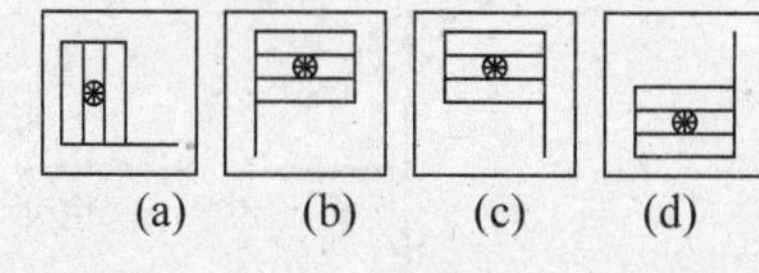

(a) (b) (c) (d)

उत्तर (हल/संकेत)

1. (d) उत्तर आकृति (d) दी गई प्रश्न आकृति का सही प्रतिबिम्ब है।

2. (b) उत्तर आकृति (b) दी गई प्रश्न आकृति का सही प्रतिबिम्ब है।

3. (b) उत्तर आकृति (b) दी गई प्रश्न आकृति का सही प्रतिबिम्ब है।

4. (c) उत्तर आकृति (c) दी गई प्रश्न आकृति का सही प्रतिबिम्ब है।

5. (d) उत्तर आकृति (d) दी गई प्रश्न आकृति का सही प्रतिबिम्ब है।

6. (d) **7.** (a) **8.** (d) **9.** (b) **10.** (d)
11. (c) **12.** (b) **13.** (d) **14.** (b) **15.** (c)
16. (d) **17.** (a) **18.** (d) **19.** (c) **20.** (b)
21. (a) **22.** (b) **23.** (b) **24.** (d) **25.** (b)
26. (c) **27.** (b) **28.** (d) **29.** (c) **30.** (c)

❑❑❑

अध्याय

8

कागज को मोड़ना तथा काटना

इस अध्याय के अंतर्गत विद्यार्थी कागज को मोड़ने तथा काटने पर आधारित पूछे जाने वाले प्रश्नों को हल करने की विधि का अध्ययन करेंगे।

- **कागज को मोड़ना :** इसके अंतर्गत आने वाले प्रश्नों में एक प्रश्न–आकृति तथा चार उत्तर आकृतियाँ दी जाती है। प्रश्न–आकृति में एक कागज को दर्शाया जाता है, जिस पर बिंदुमय रेखाओं द्वारा यह दर्शाया जाता है कि कागज को किस प्रकार मोड़ा जाना है। प्रश्न–आकृति में कागज पर दर्शायी गई बिंदुमय रेखा कागज को दो भागों में बाँटती है। इससे तात्पर्य यह है कि बिंदुमय रेखा से कागज के दोनों भागों में से एक भाग को मोड़ना है। इस प्रकार मोड़ने पर उसका आधा भाग दूसरे भाग के ऊपर चढ़ जाएगा। इसके अंतर्गत अभ्यर्थियों को यह ज्ञात करना होता है कि प्रश्न–आकृति में कागज को मोड़ने के पश्चात् वह दी गई उत्तर आकृतियों में से किसके जैसी दिखाई देगी।

विशेष नियम–

नियम-1 : दिए गए वर्गाकार कागज पर अंकित बिंदुमय रेखा पर एक दर्पण (Mirror) मानकर उस आधे भाग के लिए दर्पण प्रतिबिम्ब की कल्पना करनी चाहिए जिसे मोड़ना है।

प्रश्न–आकृति

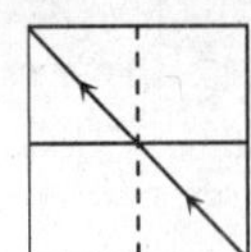

नियम–2 : जब कागज को मोड़ा जाता है, तो उसका आधा भाग दूसरे भाग पर चढ़ जाता है तथा अंकित डिजाइन दर्पण प्रतिबिम्ब के रूप में शेष आधे भाग पर चला जाएगा।

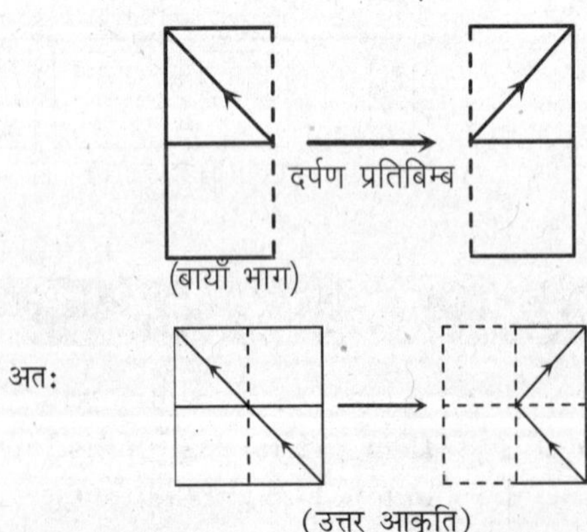

(उत्तर आकृति)

- **कागज का काटना :** इसके अंतर्गत दो या तीन प्रश्न–आकृतियाँ जो ज्यामितीय आकृतियों (वर्ग, त्रिभुज, वृत्त, पंचभुज) आदि के रूप में होती है। पहली प्रश्न–आकृति में कागज का एक टुकड़ा किसी आकार में दर्शाया जाता है, दूसरी प्रश्न–आकृति में उसको दो भागों में मोड़कर दिखाया जाता है। जिस भाग को मोड़कर दूसरे भाग में चढ़ा देते हैं उसे बिंदुमय (Dotted Line) के रूप में दर्शाते हैं। तीसरी प्रश्न–आकृति में पुनः कागज को दो बार मोड़कर तथा इसका कुछ भाग कैंची से काटकर दर्शाया जाता है। अभ्यर्थियों को यह पता लगाना है कि तीसरी आकृति को खोलने पर वह किस उत्तर आकृति जैसी दिखाई देगी।

विशेष नियम–

नियम–1 : इस प्रकार के प्रश्नों में प्रश्न–आकृतियों को तीर से कागज के टुकड़ों को मुड़ता हुआ दिखाया जाता है। इन प्रश्नों में यह ध्यान रखने की आवश्यकता है, कि कागज के टुकड़ें को कितनी बार मोड़ा गया है।

प्रश्न–आकृति

जैसे

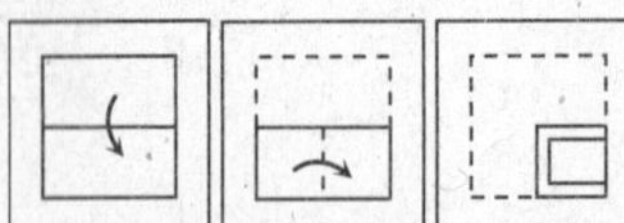

नियम–2 : कागज के टुकड़ें को मोड़े जाने पर उसमें जितने मोड़ होगें उसको खोलने पर उतनी ही कटी हुई डिजाइने होगी।

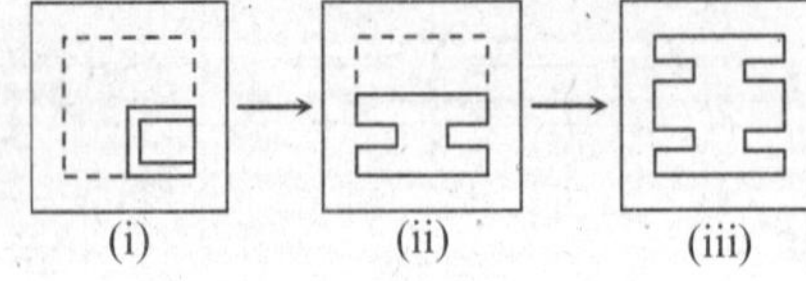

विशेष
• पेपर को काटने एवं मोड़ने से संबंधित प्रश्नों को हल करने का कोई विशेष नियम नहीं है।
• अध्याय में कुछ नियम दिए गए हैं तथा चित्र के माध्यम से इन नियमों को समझाने का भी प्रयास किया गया है।
• अभ्यर्थियों को यह सुझाव दिया जाता है कि वे इन नियमों को बारीकी से समझकर अधिक से अधिक प्रश्नों का अभ्यास करें।
• प्रश्नों के अभ्यास के लिए पुस्तक में प्रैक्टिस प्रश्नमाला को अलग से समाहित किया गया है।

हल सहित उदाहरण

निर्देश (उदाहरण 1-4) : नीचे दिए गए प्रश्नों में एक वर्गाकार पारदर्शक कागज एक नमूने की आकृति के साथ दिया गया है। दी गई उत्तर आकृतियों में से उस आकृति का चयन करें, जो पारदर्शी कागज को बीच की बिंदुमय रेखा पर मोड़ने पर प्राप्त होगी।

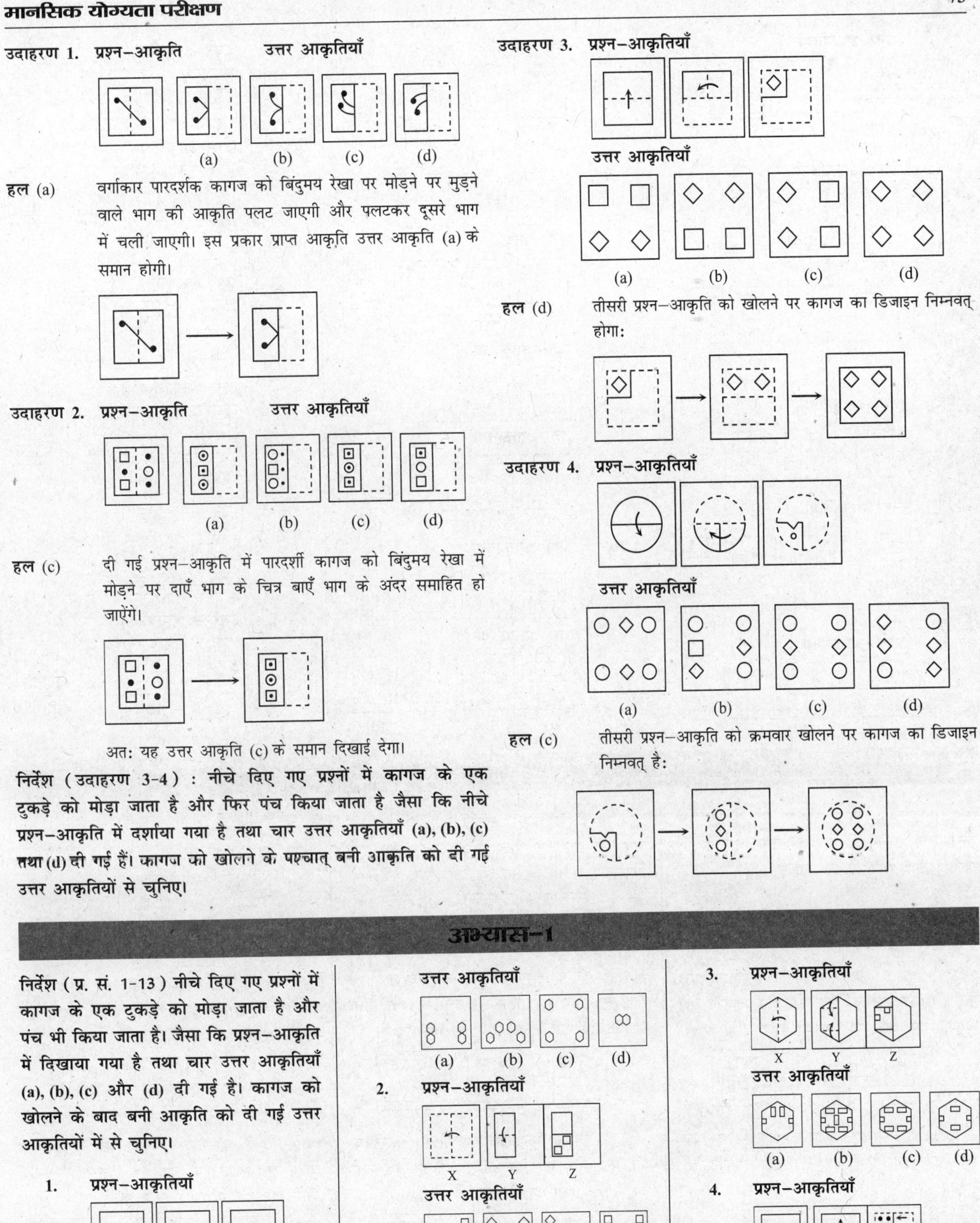

उदाहरण 1. प्रश्न–आकृति उत्तर आकृतियाँ

(a) (b) (c) (d)

हल (a) वर्गाकार पारदर्शक कागज को बिंदुमय रेखा पर मोड़ने पर मुड़ने वाले भाग की आकृति पलट जाएगी और पलटकर दूसरे भाग में चली जाएगी। इस प्रकार प्राप्त आकृति उत्तर आकृति (a) के समान होगी।

उदाहरण 2. प्रश्न–आकृति उत्तर आकृतियाँ

(a) (b) (c) (d)

हल (c) दी गई प्रश्न–आकृति में पारदर्शी कागज को बिंदुमय रेखा में मोड़ने पर दाएँ भाग के चित्र बाएँ भाग के अंदर समाहित हो जाऐंगे।

अत: यह उत्तर आकृति (c) के समान दिखाई देगा।

निर्देश (उदाहरण 3-4) : नीचे दिए गए प्रश्नों में कागज के एक टुकड़े को मोड़ा जाता है और फिर पंच किया जाता है जैसा कि नीचे प्रश्न–आकृति में दर्शाया गया है तथा चार उत्तर आकृतियाँ (a), (b), (c) तथा (d) दी गई हैं। कागज को खोलने के पश्चात् बनी आकृति को दी गई उत्तर आकृतियों से चुनिए।

उदाहरण 3. प्रश्न–आकृतियाँ

उत्तर आकृतियाँ

(a) (b) (c) (d)

हल (d) तीसरी प्रश्न–आकृति को खोलने पर कागज का डिजाइन निम्नवत् होगा:

उदाहरण 4. प्रश्न–आकृतियाँ

उत्तर आकृतियाँ

(a) (b) (c) (d)

हल (c) तीसरी प्रश्न–आकृति को क्रमवार खोलने पर कागज का डिजाइन निम्नवत् है:

अभ्यास–1

निर्देश (प्र. सं. 1-13) नीचे दिए गए प्रश्नों में कागज के एक टुकड़े को मोड़ा जाता है और पंच भी किया जाता है। जैसा कि प्रश्न–आकृति में दिखाया गया है तथा चार उत्तर आकृतियाँ (a), (b), (c) और (d) दी गई है। कागज को खोलने के बाद बनी आकृति को दी गई उत्तर आकृतियों में से चुनिए।

1. प्रश्न–आकृतियाँ

X Y Z

उत्तर आकृतियाँ

(a) (b) (c) (d)

2. प्रश्न–आकृतियाँ

X Y Z

उत्तर आकृतियाँ

(a) (b) (c) (d)

3. प्रश्न–आकृतियाँ

X Y Z

उत्तर आकृतियाँ

(a) (b) (c) (d)

4. प्रश्न–आकृतियाँ

X Y Z

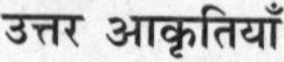

उत्तर आकृतियाँ

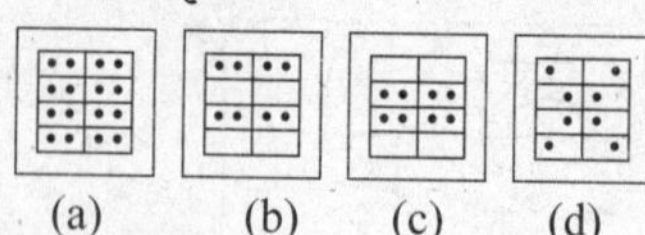

5. प्रश्न–आकृतियाँ

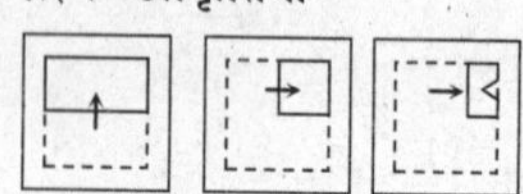

उत्तर आकृतियाँ

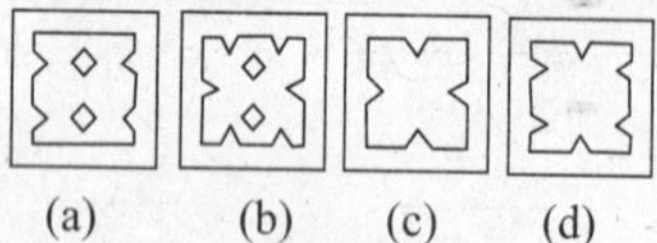

6. प्रश्न–आकृतियाँ

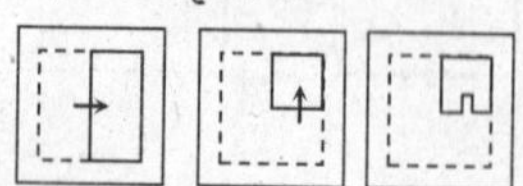

उत्तर आकृतियाँ

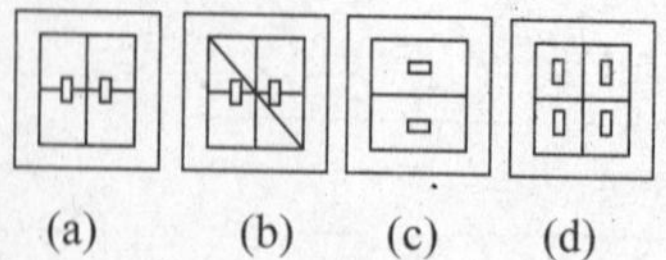

7. प्रश्न–आकृतियाँ

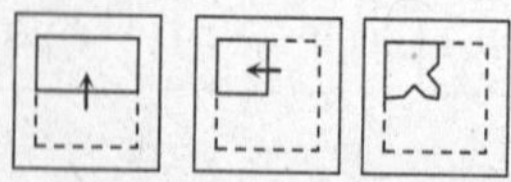

उत्तर आकृतियाँ

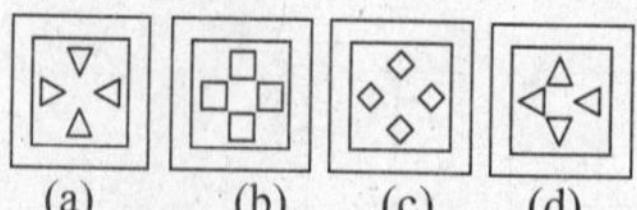

8. प्रश्न–आकृतियाँ

उत्तर आकृतियाँ

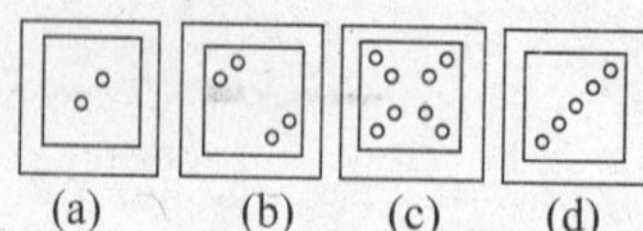

9. प्रश्न–आकृतियाँ

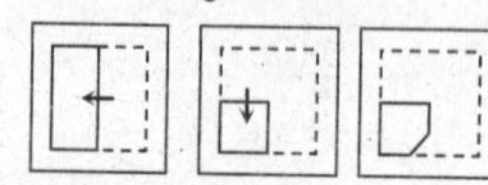

उत्तर आकृतियाँ

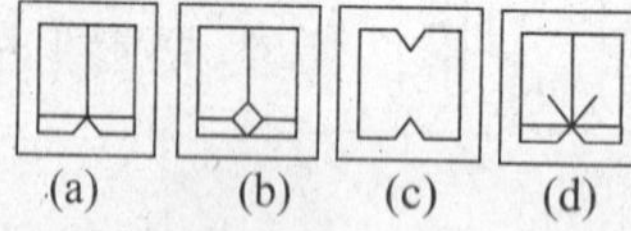

10. प्रश्न–आकृतियाँ

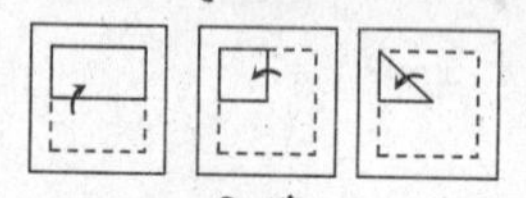

उत्तर आकृतियाँ

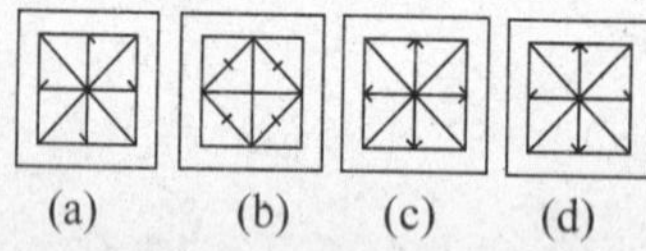

11. प्रश्न–आकृतियाँ

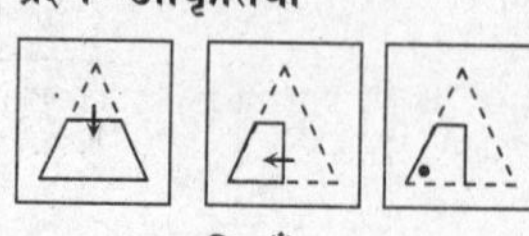

उत्तर आकृतियाँ

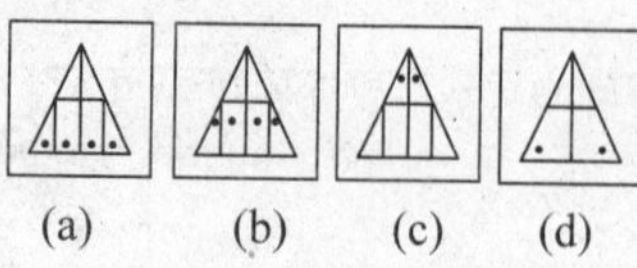

12. प्रश्न–आकृतियाँ

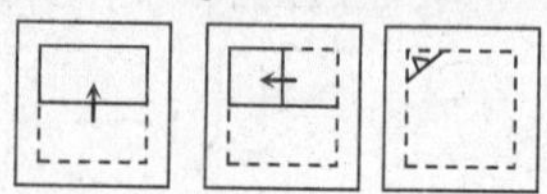

उत्तर आकृतियाँ

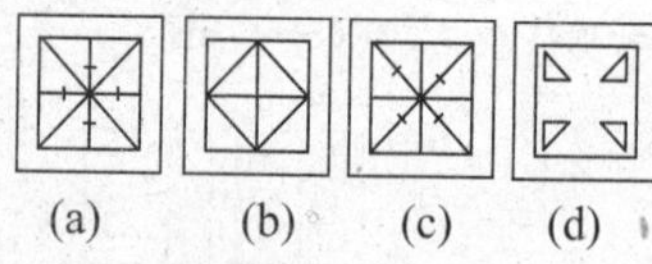

13. प्रश्न–आकृतियाँ

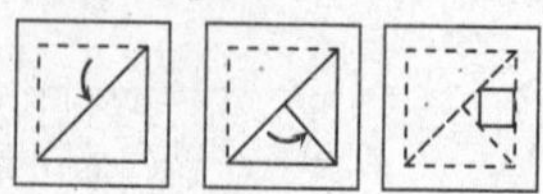

उत्तर आकृतियाँ

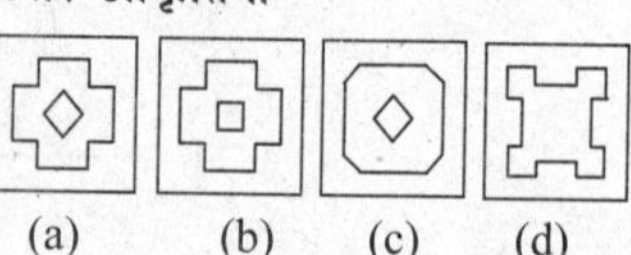

उत्तर (हल/संकेत)

1. (b) दी गई प्रश्न–आकृति को मोड़ने, पंच करने तथा खोलने के बाद वह उत्तर आकृति (b) जैसी दिखाई देगी, जो निम्नवत् है:

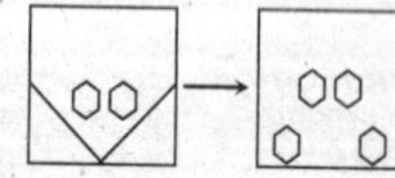

2. (d) दी गई प्रश्न–आकृति को मोड़ने, पंच करने तथा खोलने के बाद वह उत्तर आकृति (d) दिखाई जैसी देगी, जो निम्नवत् है:

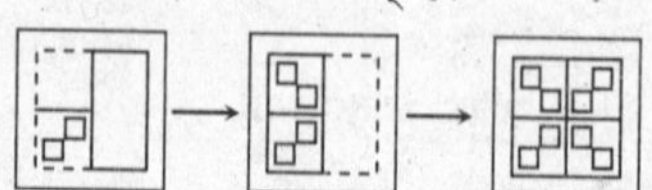

3. (a) दी गई प्रश्न–आकृति को मोड़ने, पंच करने तथा खोलने के बाद वह उत्तर आकृति (a) दिखाई जैसी देगी, जो निम्नवत् है:

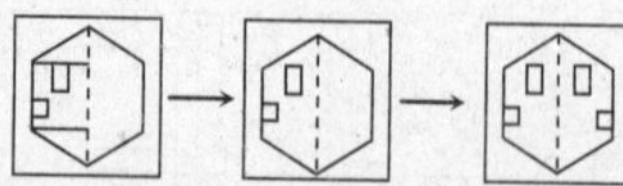

4. (a) दी गई प्रश्न–आकृति को पंच करने के बाद पुनः मोड़े गए पैटर्न में खोलने पर वह उत्तर आकृति (a) जैसी दिखाई देगी, जो निम्नवत् है:

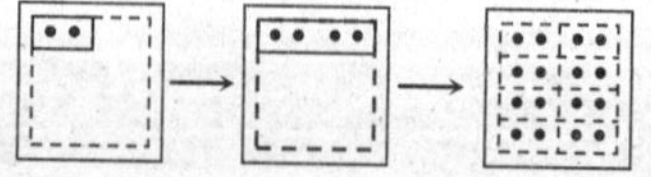

5. (a) दी गई प्रश्न–आकृति को पंच करने के बाद पुनः मोड़े गए पैटर्न में खोलने पर वह उत्तर आकृति (a) जैसी दिखाई देगी, जो निम्नवत् है:

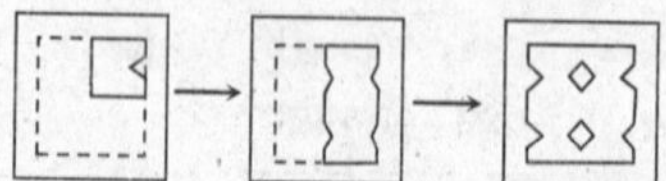

6. (a) दी गई प्रश्न–आकृति को पंच करने के बाद पुनः मोड़े गए पैटर्न में खोलने पर वह उत्तर आकृति (a) जैसी दिखाई देगी, जो निम्नवत् है:

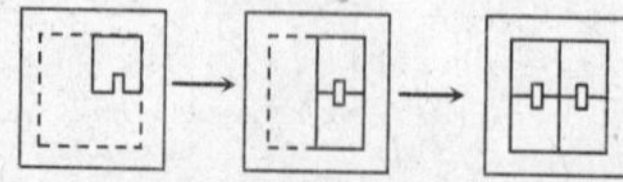

7. (c) दी गई प्रश्न–आकृति को मोड़ने, पंच करने तथा खोलने के बाद वह उत्तर आकृति (c) जैसी दिखाई देगी, जो निम्नवत् है:

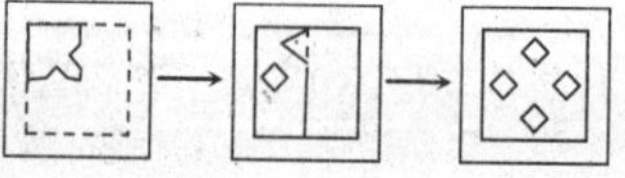

8. (c) दी गई प्रश्न–आकृति को मोड़ने, पंच करने तथा खोलने के बाद वह उत्तर आकृति (c) जैसी दिखाई देगी, जो निम्नवत् है:

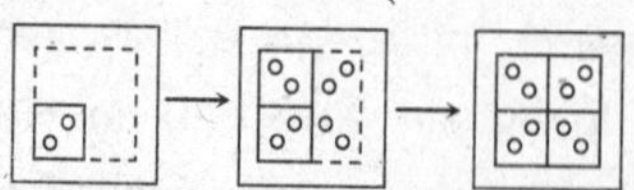

9. (c) दी गई प्रश्न–आकृति को मोड़ने, पंच करने तथा खोलने के बाद वह उत्तर आकृति (c) जैसी दिखाई देगी, जो निम्नवत् है:

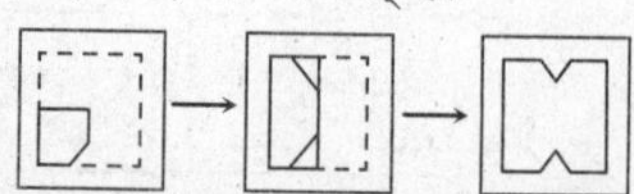

10. (c) कागज को खोलने पर कागज की आकृति उत्तर आकृति (c) जैसी दिखाई देगी।

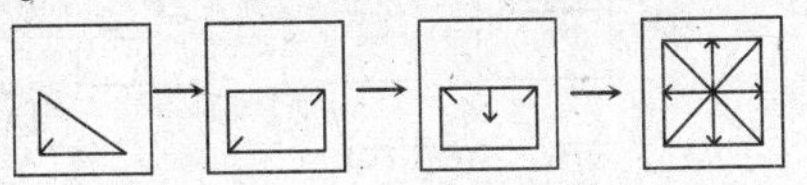

11. (d) कागज को खोलने पर कागज की आकृति उत्तर आकृति (d) जैसी दिखाई देगी।

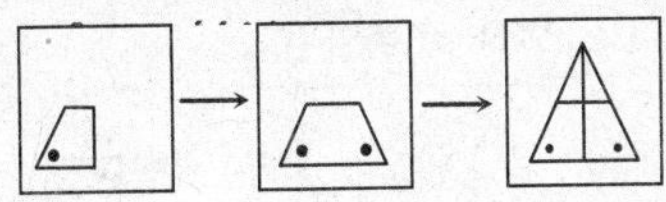

12. (d) दी गई प्रश्न–आकृति का ध्यानपूर्वक अवलोकन करने पर पाते हैं कि कागज के टुकड़े को दिए गए ढंग से मोड़ने, छेद करने तथा खोलने पर वह उत्तर आकृति (d) के समान दिखाई देगी।

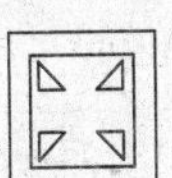

13. (d) दी गई प्रश्न–आकृति का ध्यानपूर्वक अवलोकन करने पर पाते हैं कि कागज के टुकड़े को दिए गए ढंग से मोड़ने, छेद करने तथा खोलने पर वह उत्तर आकृति (d) के समान दिखाई देगी।

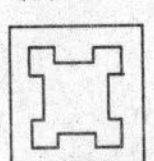

अभ्यास–2

निर्देश—(प्र. सं. 1-30) दिए गए प्रश्नों में कागज के एक टुकड़े को मोड़ा जाता है और पंच भी किया जाता है। प्रश्न में चार उत्तर आकृतियाँ (a), (b), (c) तथा (d) दी गई हैं। जिनमें से एक आकृति कागज के खोलने के बाद बनी आकृति के समान है। दी गई आकृतियों में से उत्तर आकृति को पहचानकर सही उत्तर का चयन कीजिए।

1. प्रश्न-आकृतियाँ

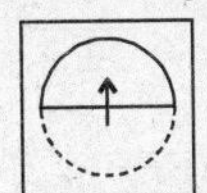
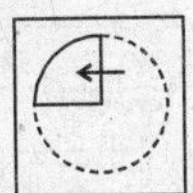
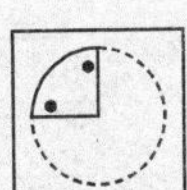

उत्तर-आकृतियाँ

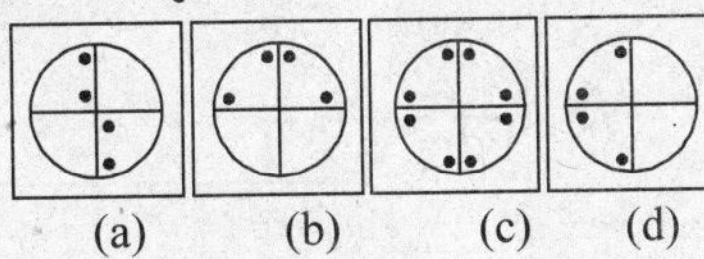

(a) (b) (c) (d)

2. प्रश्न-आकृतियाँ

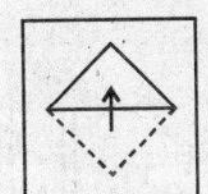
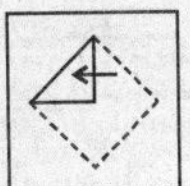

उत्तर आकृतियाँ

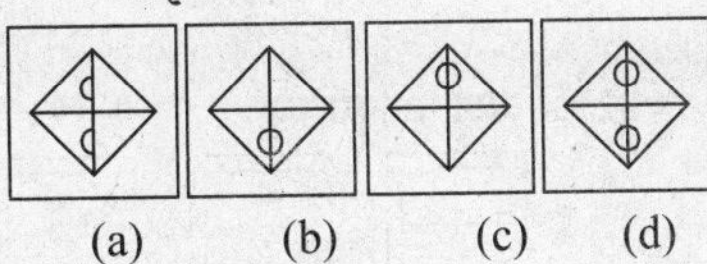

(a) (b) (c) (d)

3. प्रश्न-आकृतियाँ

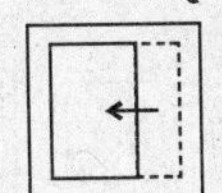
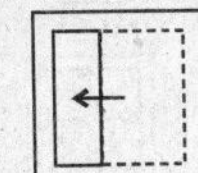
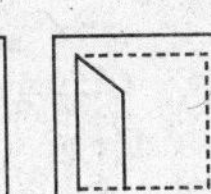

उत्तर-आकृतियाँ

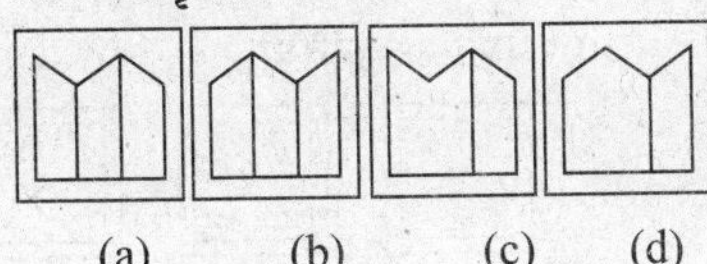

(a) (b) (c) (d)

4. प्रश्न-आकृतियाँ

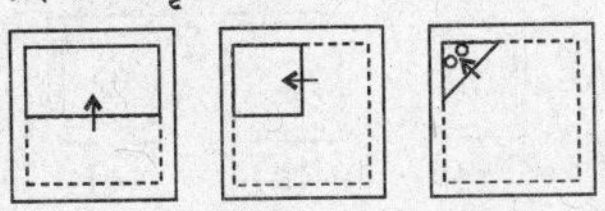

उत्तर-आकृतियाँ

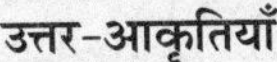
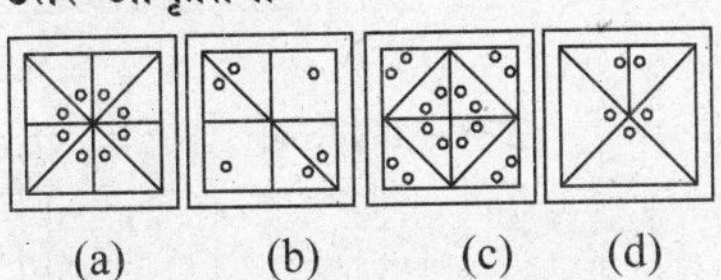

(a) (b) (c) (d)

5. प्रश्न-आकृतियाँ

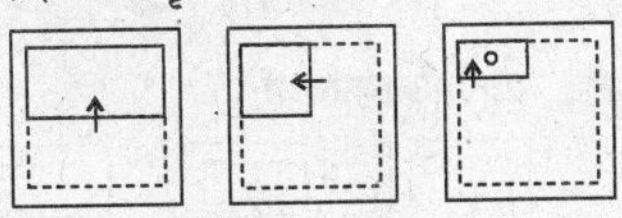

उत्तर—आकृतियाँ

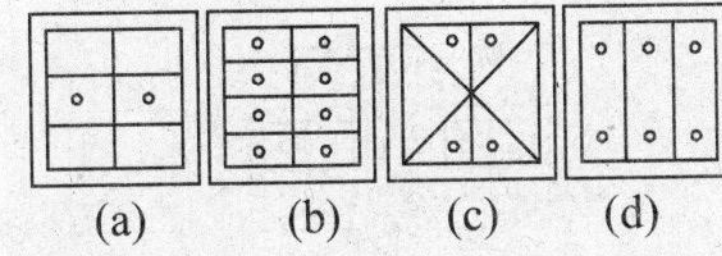

(a) (b) (c) (d)

6. प्रश्न-आकृति

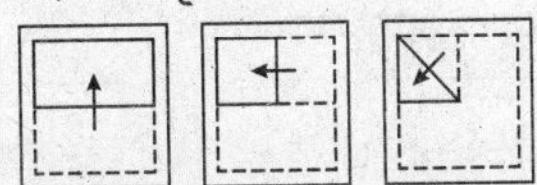

उत्तर-आकृतियाँ

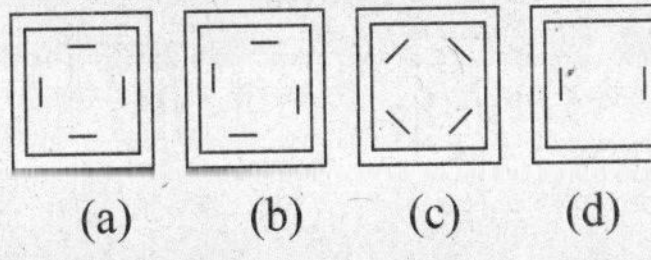

(a) (b) (c) (d)

7. प्रश्न-आकृति

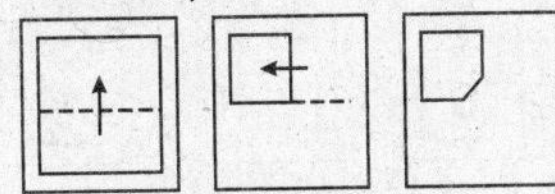

उत्तर-आकृतियाँ

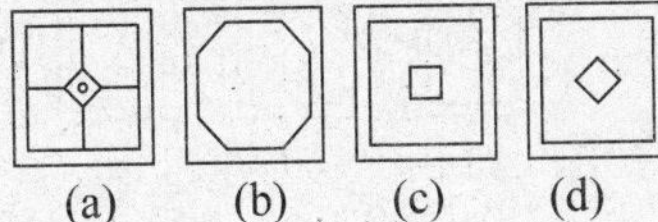

(a) (b) (c) (d)

8. प्रश्न-आकृति

उत्तर-आकृतियाँ

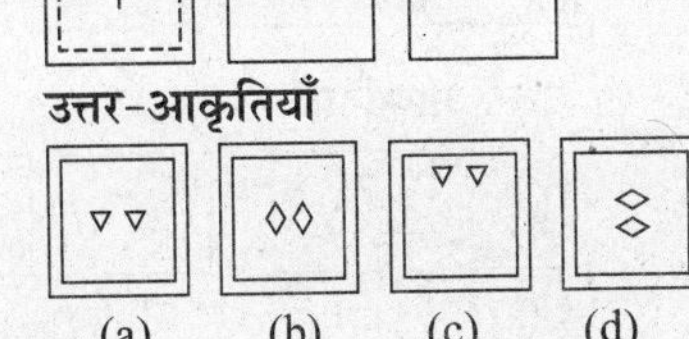

(a) (b) (c) (d)

9. प्रश्न-आकृति

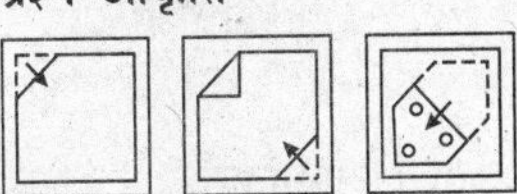

उत्तर-आकृतियाँ

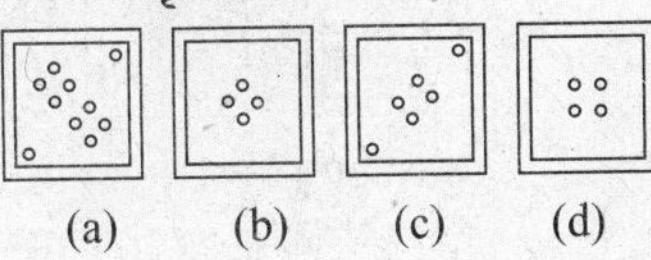

(a) (b) (c) (d)

10. प्रश्न-आकृति

उत्तर-आकृतियाँ

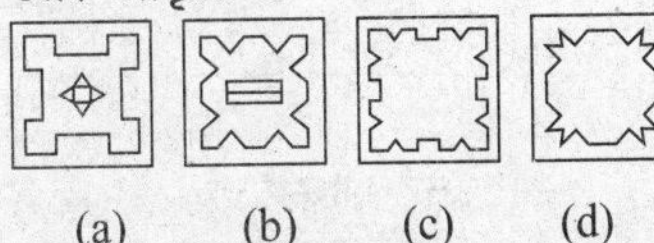

(a) (b) (c) (d)

11. प्रश्न-आकृतियाँ

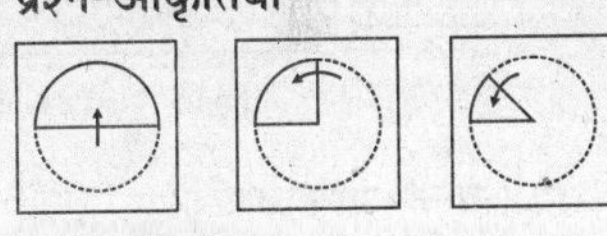

उत्तर-आकृतियाँ

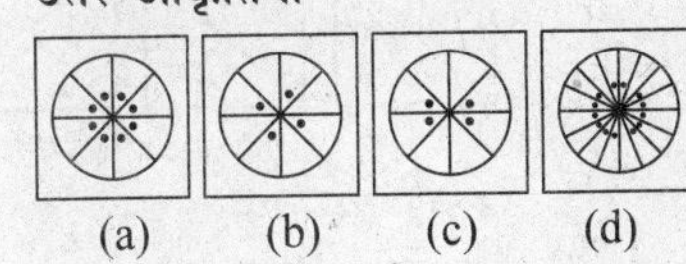

(a) (b) (c) (d)

12. प्रश्न-आकृतियाँ

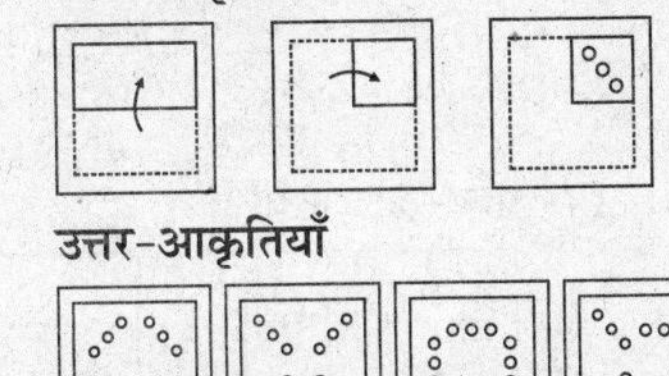

उत्तर-आकृतियाँ

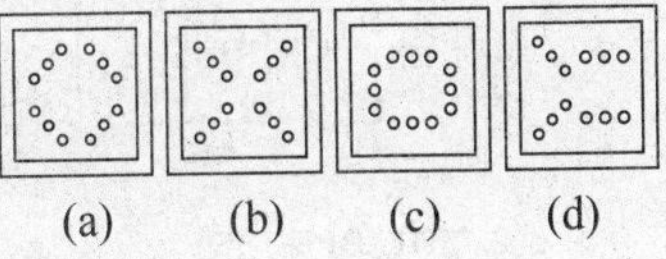

(a) (b) (c) (d)

13. प्रश्न-आकृतियाँ

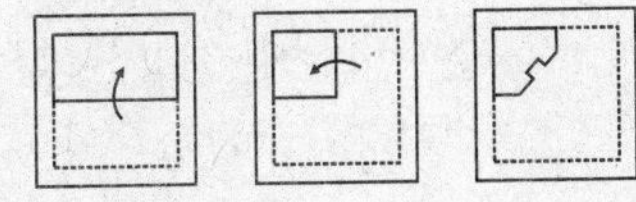

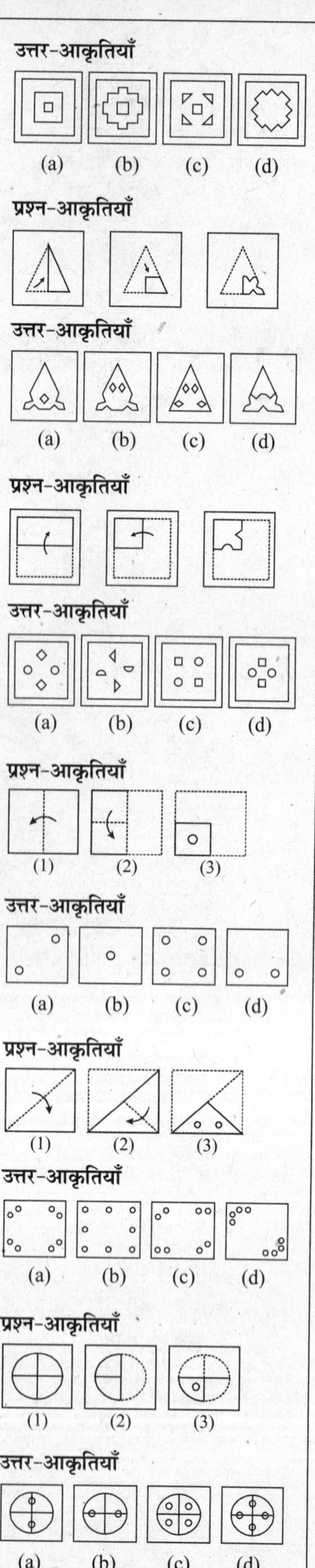
उत्तर-आकृतियाँ
(a) (b) (c) (d)
14. प्रश्न-आकृतियाँ
उत्तर-आकृतियाँ
(a) (b) (c) (d)
15. प्रश्न-आकृतियाँ
उत्तर-आकृतियाँ
(a) (b) (c) (d)
16. प्रश्न-आकृतियाँ
(1) (2) (3)
उत्तर-आकृतियाँ
(a) (b) (c) (d)
17. प्रश्न-आकृतियाँ
(1) (2) (3)
उत्तर-आकृतियाँ
(a) (b) (c) (d)
18. प्रश्न-आकृतियाँ
(1) (2) (3)
उत्तर-आकृतियाँ
(a) (b) (c) (d)

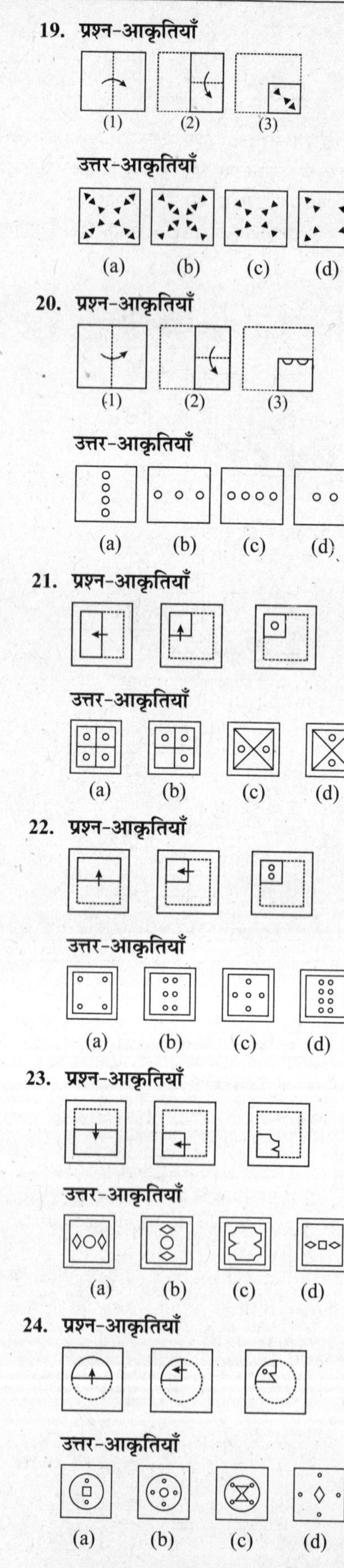
19. प्रश्न-आकृतियाँ
(1) (2) (3)
उत्तर-आकृतियाँ
(a) (b) (c) (d)
20. प्रश्न-आकृतियाँ
(1) (2) (3)
उत्तर-आकृतियाँ
(a) (b) (c) (d)
21. प्रश्न-आकृतियाँ
उत्तर-आकृतियाँ
(a) (b) (c) (d)
22. प्रश्न-आकृतियाँ
उत्तर-आकृतियाँ
(a) (b) (c) (d)
23. प्रश्न-आकृतियाँ
उत्तर-आकृतियाँ
(a) (b) (c) (d)
24. प्रश्न-आकृतियाँ
उत्तर-आकृतियाँ
(a) (b) (c) (d)

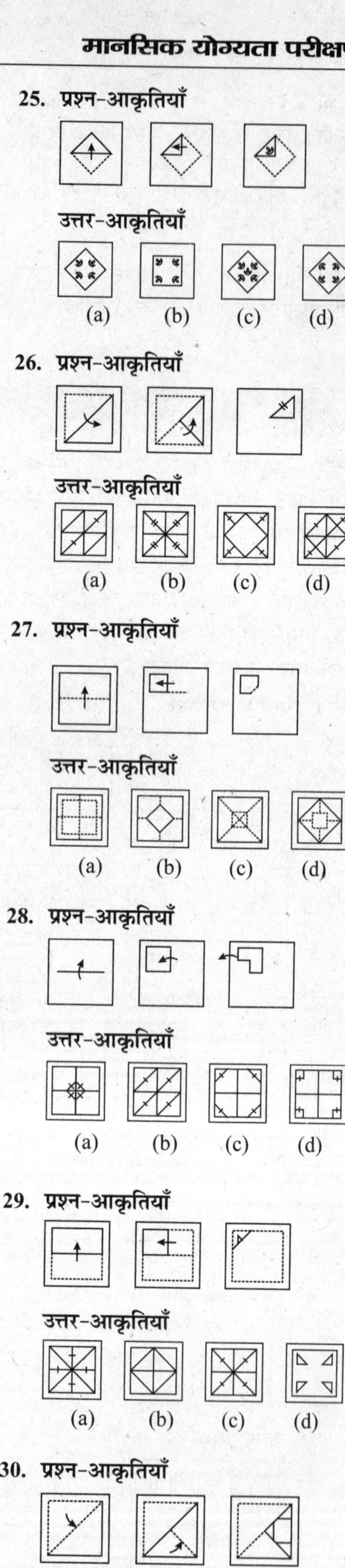
25. प्रश्न-आकृतियाँ
उत्तर-आकृतियाँ
(a) (b) (c) (d)
26. प्रश्न-आकृतियाँ
उत्तर-आकृतियाँ
(a) (b) (c) (d)
27. प्रश्न-आकृतियाँ
उत्तर-आकृतियाँ
(a) (b) (c) (d)
28. प्रश्न-आकृतियाँ
उत्तर-आकृतियाँ
(a) (b) (c) (d)
29. प्रश्न-आकृतियाँ
उत्तर-आकृतियाँ
(a) (b) (c) (d)
30. प्रश्न-आकृतियाँ
उत्तर-आकृतियाँ
(a) (b) (c) (d)

उत्तर (हल/संकेत)

1. (c) दी गई प्रश्न आकृति को खोलने के बाद उत्तर आकृति (c) जैसी दिखाई देगी।

2. (d) दी गई प्रश्न आकृति को खोलने के बाद उत्तर आकृति (d) जैसी दिखाई देगी।

3. (a) दी गई प्रश्न आकृति को खोलने के बाद उत्तर आकृति (a) जैसी दिखाई देगी।

4. (c) दी गई प्रश्न आकृति को खोलने के बाद उत्तर आकृति (c) जैसी दिखाई देगी।

5. (b) दी गई प्रश्न आकृति को खोलने के बाद उत्तर आकृति (b) जैसी दिखाई देगी।

6. (c) **7.** (d) **8.** (b) **9.** (a) **10.** (c)

11. (a) **12.** (a) **13.** (d) **14.** (b) **15.** (a)

16. (c) **17.** (a) **18.** (c) **19.** (a) **20.** (c)

21. (a) **22.** (d) **23.** (b) **24.** (c) **25.** (a)

26. (b) **27.** (b) **28.** (d) **29.** (d) **30.** (d)

❑❑❑

अध्याय 9

आकृति निर्माण परीक्षण

इस अध्याय में पूछे जाने आने वाले प्रश्नों में प्रश्न आकृति में अलग-अलग डिजाइनों के छोटे-छोटे टुकड़े दिए जाते हैं तथा उसके साथ चार उत्तर आकृतियाँ दी जाती हैं। अभ्यर्थियों को दी गई प्रश्न–आकृति में छोटे-छोटे टुकड़ों को इस प्रकार से जोड़ना है कि प्राप्त आकृति, दी गई चार उत्तर आकृतियों में से किसी एक आकृति के समान दिखाई दे। इसके अंतर्गत आने वाले प्रश्नों को हल करने के लिए दी गई प्रश्न–आकृति के सभी टुकड़ों का ध्यानपूर्वक निरीक्षण करके दी गई उत्तर आकृतियों को ध्यान में रखकर जोड़ें।

दिए गए कुछ उदाहरणों के माध्यम से अभ्यर्थी आकृति निर्माण परीक्षण पर आधारित प्रश्नों को समझाने का प्रयास कर रहे हैं।

हल सहित उदाहरण

निर्देश (उदाहरण 1-4) : नीचे दिए गए प्रत्येक प्रश्न में एक प्रश्न–आकृति तथा चार उत्तर आकृतियाँ (a), (b), (c) तथा (d) दी गई हैं। प्रश्न–आकृति में दिए गए कटे हुए टुकड़ों से बनी उत्तर आकृति का चयन कीजिए।

उदाहरण 1. प्रश्न–आकृति

उत्तर आकृतियाँ

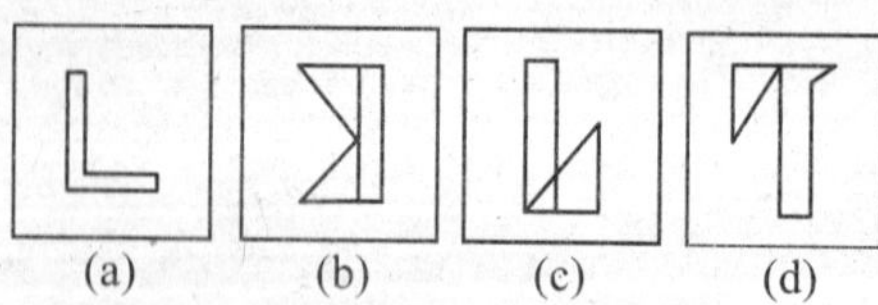

(a) (b) (c) (d)

हल (b) प्रश्न–आकृति में दिए गए टुकड़ों से उत्तर आकृति (b) बनाई जा सकती है।

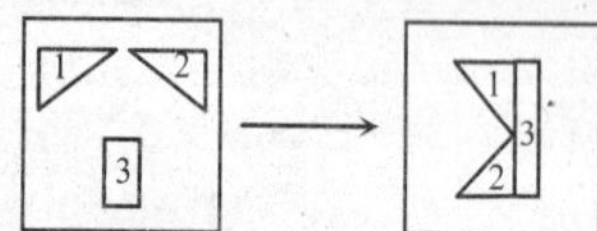

उदाहरण 2. प्रश्न–आकृति

उत्तर आकृतियाँ

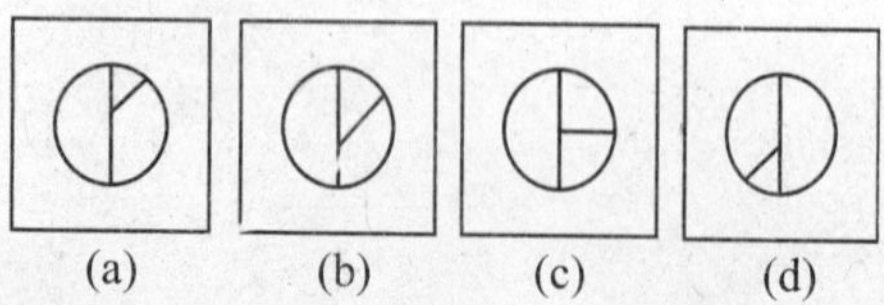

(a) (b) (c) (d)

हल (a) प्रश्न–आकृति के सभी टुकड़ों को जोड़कर उत्तर आकृति (a) बनाई जा सकती है।

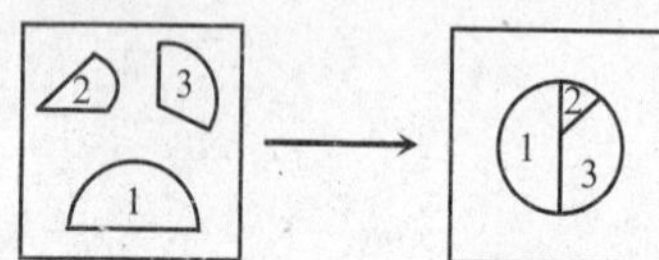

उदाहरण 3. प्रश्न–आकृति

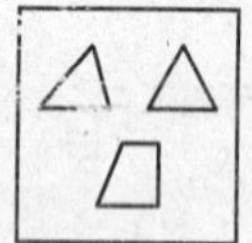

उत्तर आकृतियाँ

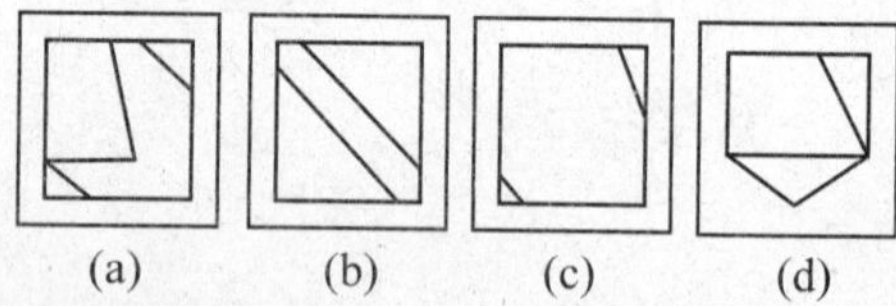

(a) (b) (c) (d)

हल (d) दी गई प्रश्न–आकृति में सभी टुकड़ों को जोड़कर उत्तर आकृति (d) बनाई जा सकती है।

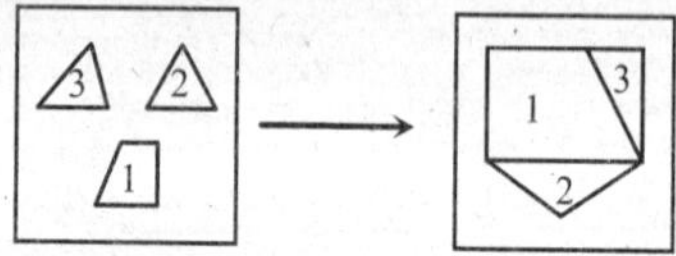

उदाहरण 4. प्रश्न–आकृति

उत्तर आकृतियाँ

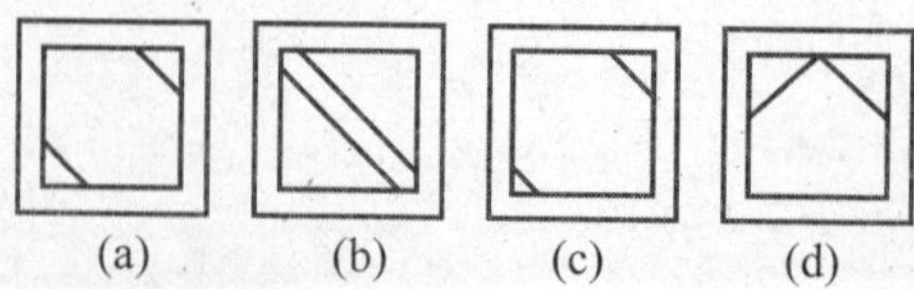

(a) (b) (c) (d)

हल (a): प्रश्न–आकृति के सभी टुकड़ों को जोड़कर उत्तर आकृति (a) प्राप्त की जा सकती है।

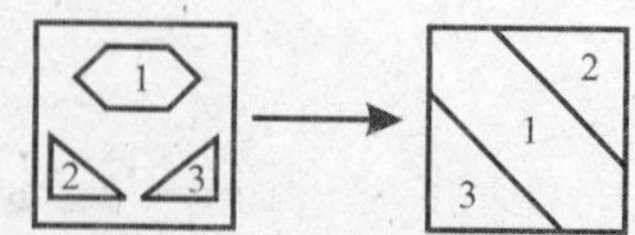

विशेष

- आकृति निर्माण पर आधारित प्रश्नों को आसानी से हल करने के लिए प्रश्न–आकृति में दिए टुकड़ों में संख्या 1, 2, 3 ...... आदि डालकर उन्हें दी गई उत्तर आकृतियों को ध्यान में रखकर जोड़ें।
- प्रश्न–आकृति में दिए गए टुकड़ों के डिजाइनों का ध्यान पूर्वक अवलोकन करें और यह सुनिश्चित करें कि इन डिजाइनों को जोड़ने पर कौन-सी उत्तर आकृति प्राप्त हो रही है।
- प्रश्नों का निरंतर अभ्यास करें जिससे सही उत्तर प्राप्त करने में कोई त्रुटि न हो।

अभ्यास–1

निर्देश (प्र. सं. 1-12): निम्नलिखित प्रश्नों में ऊपर की ओर एक प्रश्न–आकृति तथा नीचे की ओर चार उत्तर आकृतियाँ (a), (b), (c) तथा (d) दी गई हैं। प्रश्न–आकृति में दिए गए कटे हुए टुकड़े से बनी उत्तर आकृति को चुनिए।

1. **प्रश्न–आकृति उत्तर आकृतियाँ**

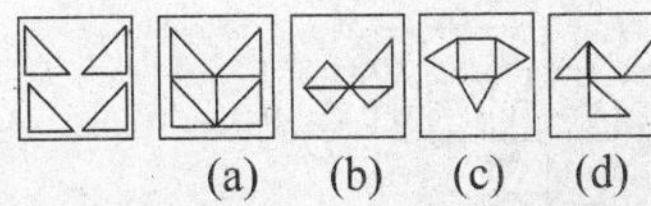

(a) (b) (c) (d)

2. **प्रश्न–आकृति उत्तर आकृतियाँ**

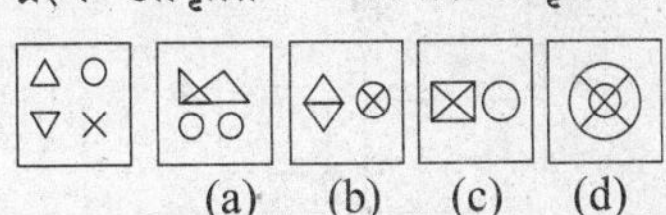

(a) (b) (c) (d)

3. **प्रश्न–आकृति उत्तर आकृतियाँ**

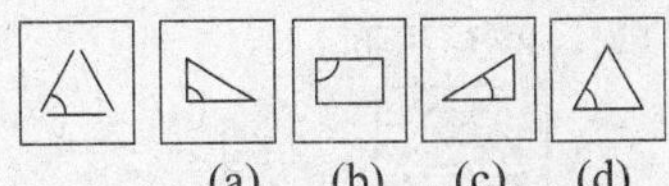

(a) (b) (c) (d)

4. **प्रश्न–आकृति उत्तर आकृतियाँ**

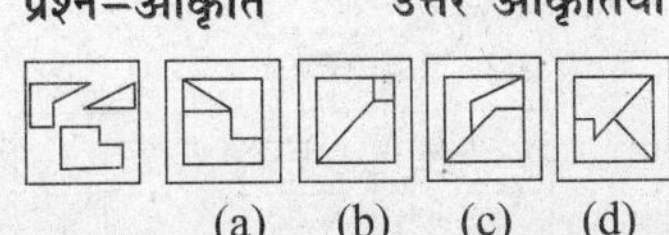

(a) (b) (c) (d)

5. **प्रश्न–आकृति उत्तर आकृतियाँ**

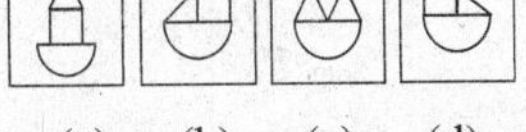

(a) (b) (c) (d)

6. **प्रश्न–आकृति उत्तर आकृतियाँ**

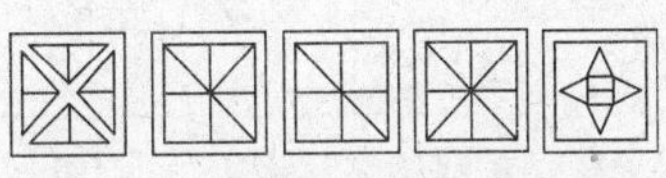

(a) (b) (c) (d)

7. **प्रश्न–आकृति उत्तर आकृतियाँ**

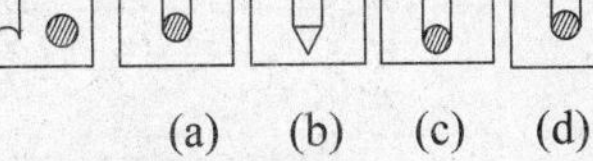

(a) (b) (c) (d)

8. **प्रश्न–आकृति उत्तर आकृतियाँ**

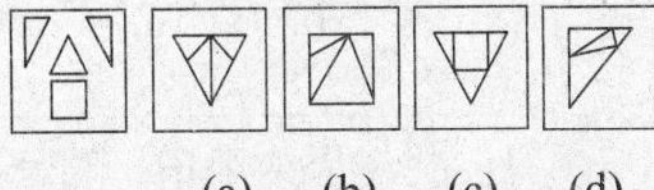

(a) (b) (c) (d)

9. **प्रश्न–आकृति उत्तर आकृतियाँ**

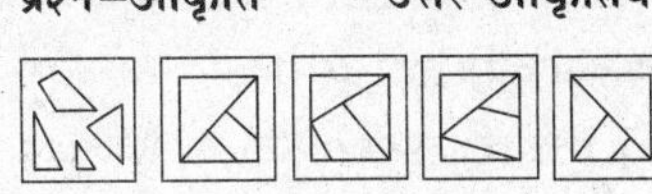

(a) (b) (c) (d)

10. **प्रश्न–आकृति उत्तर आकृतियाँ**

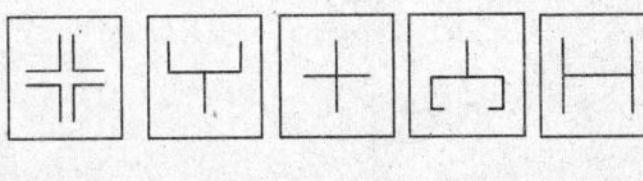

(a) (b) (c) (d)

11. **प्रश्न–आकृति उत्तर आकृतियाँ**

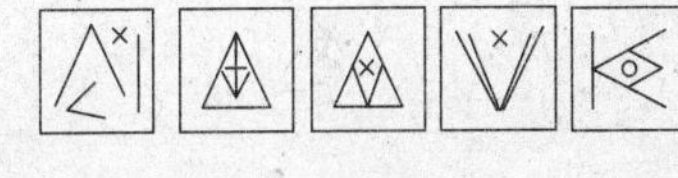

(a) (b) (c) (d)

12. **प्रश्न–आकृति उत्तर आकृतियाँ**

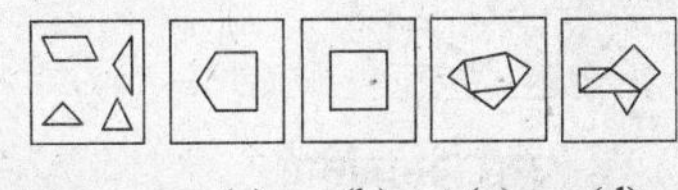

(a) (b) (c) (d)

उत्तर (हल/संकेत)

1. (d) दी गई प्रश्न–आकृति में दिए गए टुकड़ों को जोड़कर उत्तर आकृति (d) बनाई जा सकती है।

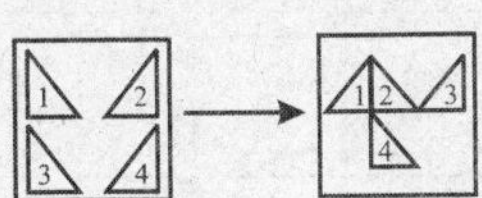

2. (b) दी गई प्रश्न–आकृति में दिए गए टुकड़ों को जोड़कर उत्तर आकृति (b) बनाई जा सकती है।

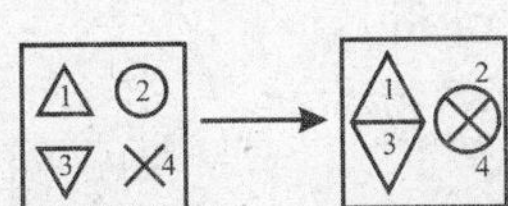

3. (d) दी गई प्रश्न–आकृति में दिए गए टुकड़ों को जोड़कर उत्तर आकृति (d) बनाई जा सकती है।

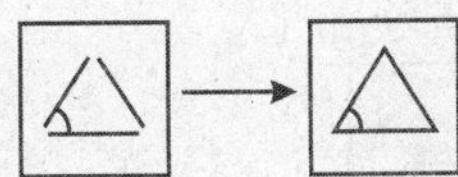

4. (a) दी गई प्रश्न–आकृति में दिए गए टुकड़ों को जोड़कर उत्तर आकृति (a) बनाई जा सकती है।

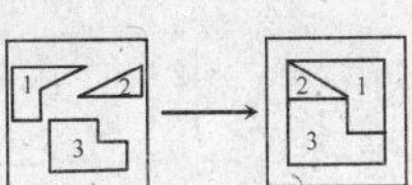

5. (a) प्रश्न–आकृति में दिए गए टुकड़ों को जोड़कर उत्तर आकृति (a) बनाई जा सकती है।

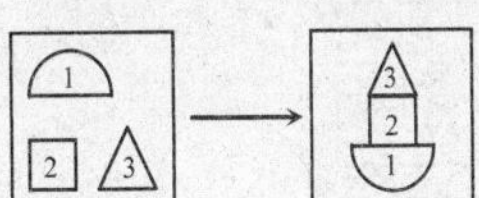

6. (c) प्रश्न–आकृति में दिए गए टुकड़ों को जोड़कर उत्तर आकृति (c) बनाई जा सकती है।

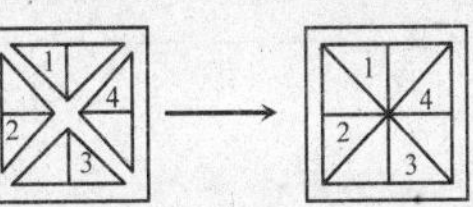

7. (d) प्रश्न–आकृति में दिए गए टुकड़ों को जोड़कर उत्तर आकृति (d) बनाई जा सकती है।

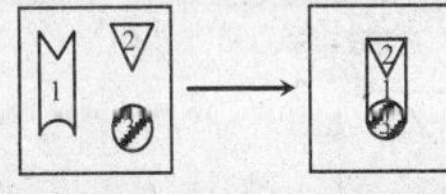

8. (c) प्रश्न–आकृति में दिए गए टुकड़ों को जोड़कर उत्तर आकृति (c) बनाई जा सकती है।

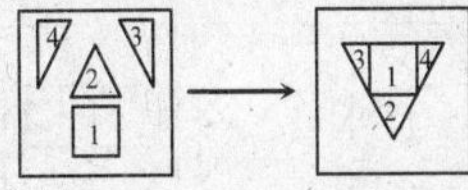

9. (b) प्रश्न–आकृति में दिए गए टुकड़ों को जोड़कर उत्तर आकृति (b) बनाई जा सकती है।

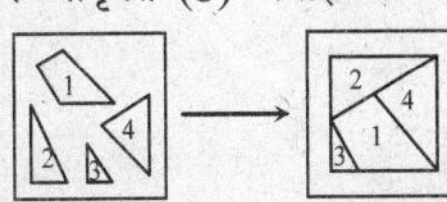

10. (b) प्रश्न–आकृति के सभी टुकड़ों को जोड़कर उत्तर आकृति (b) बनाई जा सकती है।

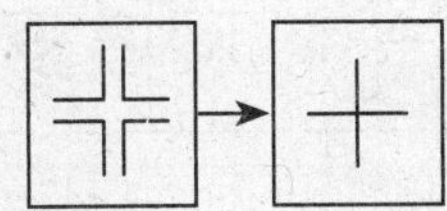

11. (b) प्रश्न–आकृति के सभी टुकड़ों को जोड़कर उत्तर आकृति (b) बनाई जा सकती है।

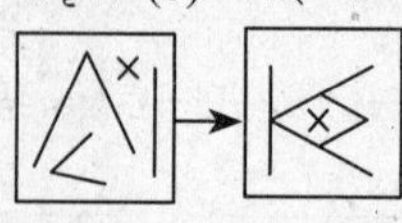

12. (c) प्रश्न–आकृति के सभी टुकड़ों को जोड़कर उत्तर आकृति (c) बनाई जा सकती है।

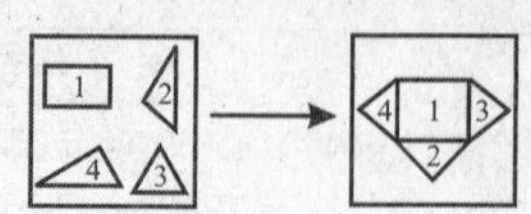

अभ्यास–2

निर्देश—(प्र. सं. 1-23): दिए गए प्रश्नों में एक ओर प्रश्न आकृति तथा दूसरी ओर चार उत्तर-आकृतियाँ (a), (b), (c), तथा (d) दी गई हैं। प्रश्न आकृति में दिए गए कटे हुए टुकड़ों से बनी उत्तर आकृति को पहचानकर सही उत्तर का चयन कीजिए।

1. प्रश्न-आकृति

उत्तर-आकृतियाँ

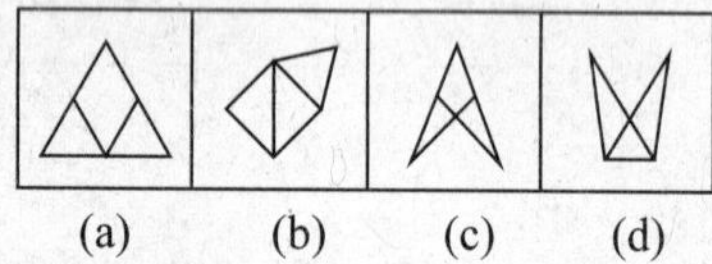

(a) (b) (c) (d)

2. प्रश्न-आकृति

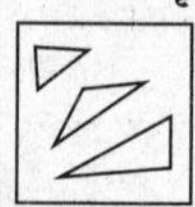

उत्तर-आकृतियाँ

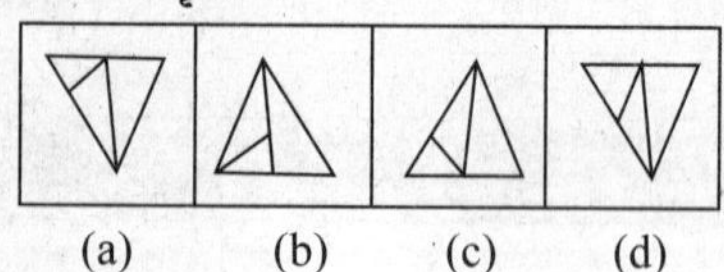

(a) (b) (c) (d)

3. प्रश्न-आकृति

उत्तर-आकृतियाँ

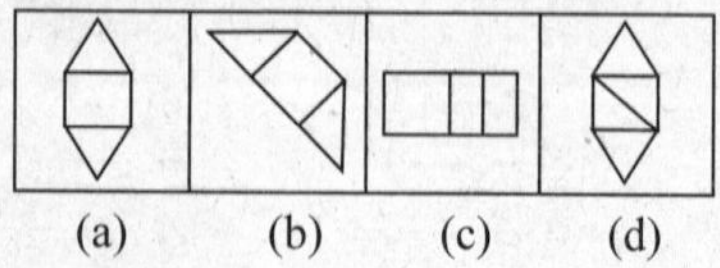

(a) (b) (c) (d)

4. प्रश्न-आकृति

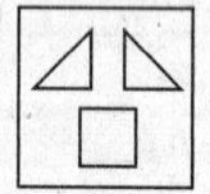

उत्तर आकृतियाँ

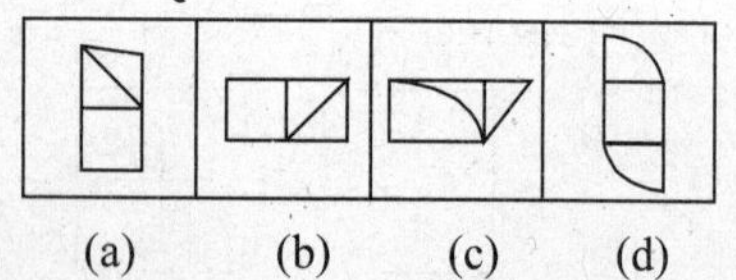

(a) (b) (c) (d)

5. प्रश्न-आकृति

उत्तर-आकृतियाँ

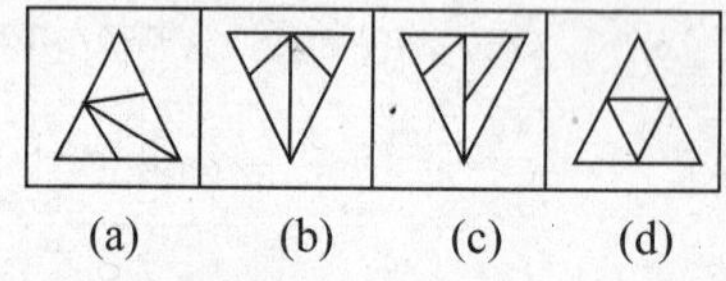

(a) (b) (c) (d)

6. प्रश्न-आकृति **उत्तर-आकृतियाँ**

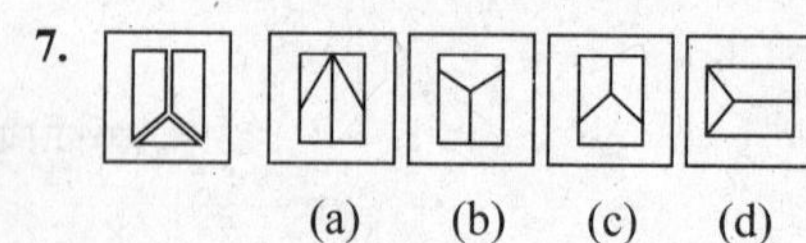

(a) (b) (c) (d)

7.

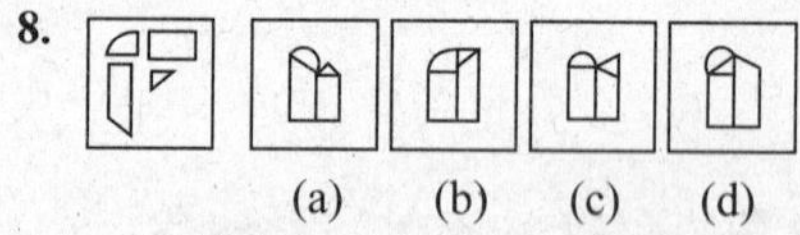

(a) (b) (c) (d)

8.

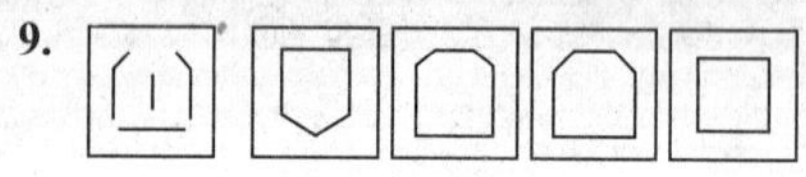

(a) (b) (c) (d)

9.

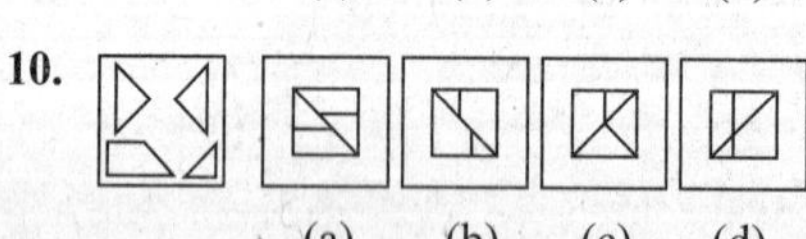

(a) (b) (c) (d)

10.

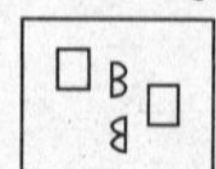

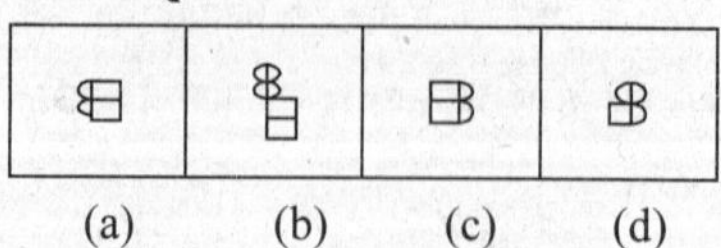

(a) (b) (c) (d)

11. प्रश्न-आकृति

उत्तर-आकृतियाँ

(a) (b) (c) (d)

12. प्रश्न-आकृति

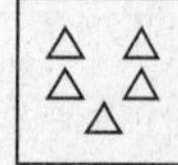

उत्तर-आकृति

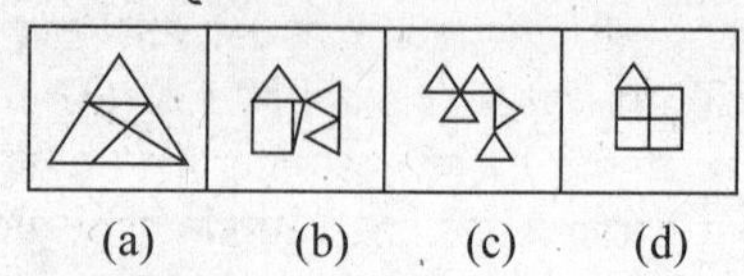

(a) (b) (c) (d)

13. प्रश्न-आकृति

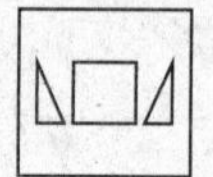

उत्तर-आकृतियाँ

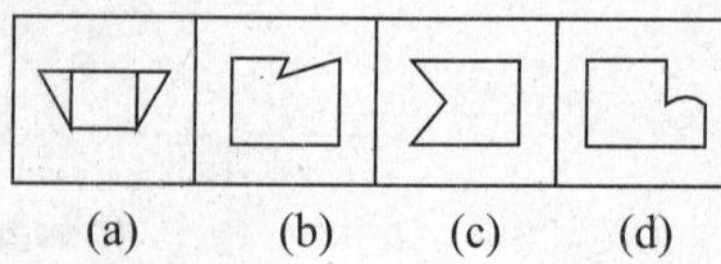

(a) (b) (c) (d)

14. प्रश्न-आकृति

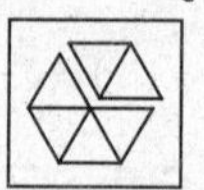

उत्तर-आकृतियाँ

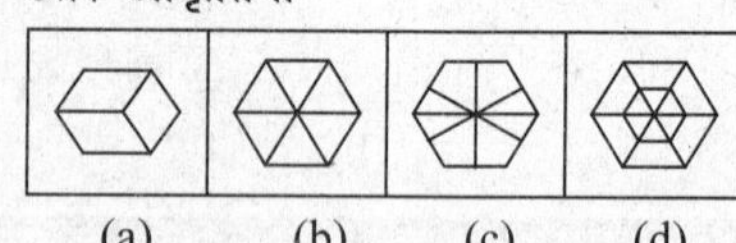

(a) (b) (c) (d)

15. प्रश्न-आकृति

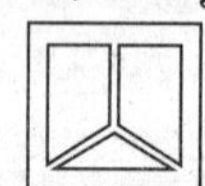

उत्तर-आकृतियाँ

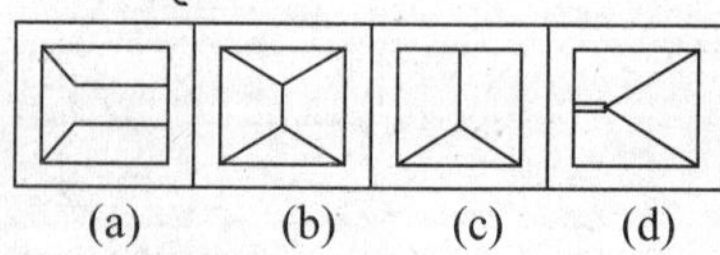

(a) (b) (c) (d)

16. प्रश्न-आकृति

उत्तर-आकृतियाँ

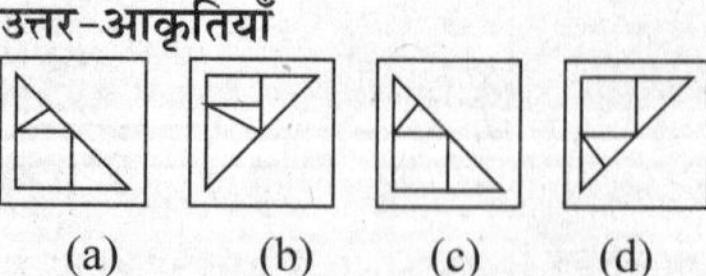

(a) (b) (c) (d)

17. प्रश्न-आकृति

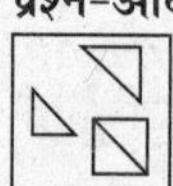

उत्तर-आकृतियाँ

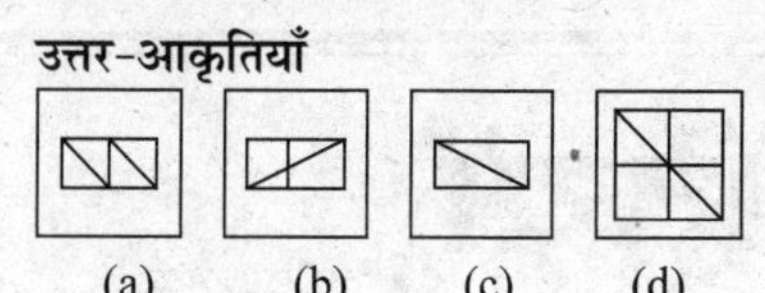

(a) (b) (c) (d)

18. **प्रश्न-आकृति**

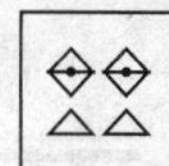

उत्तर-आकृतियाँ

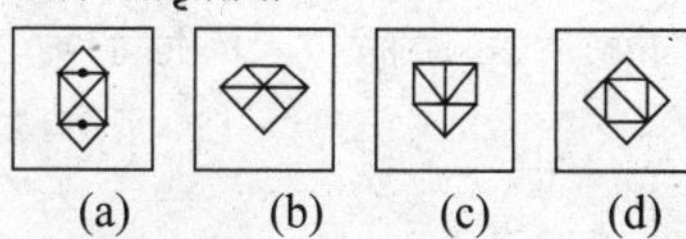

(a) (b) (c) (d)

19. **प्रश्न-आकृति**

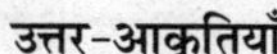

उत्तर-आकृतियाँ

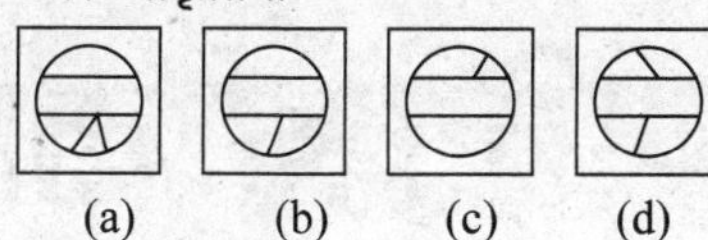

(a) (b) (c) (d)

20. **प्रश्न-आकृति**

उत्तर-आकृतियाँ

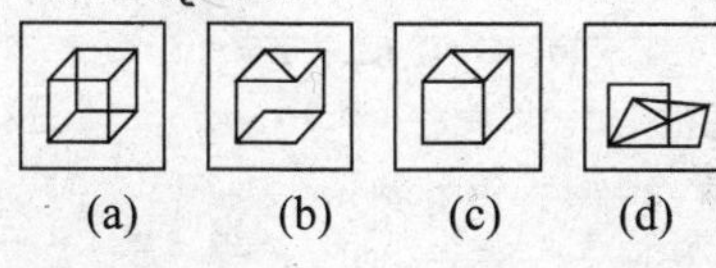

(a) (b) (c) (d)

21. **प्रश्न-आकृति**

उत्तर-आकृतियाँ

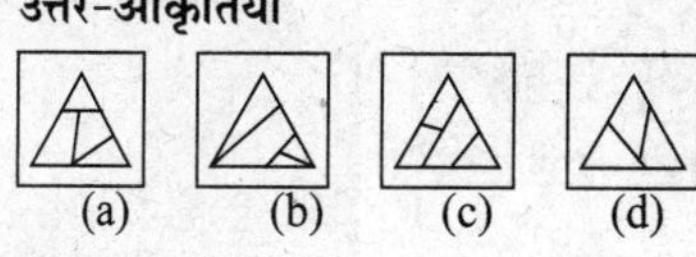

(a) (b) (c) (d)

22. **प्रश्न-आकृति**

उत्तर-आकृतियाँ

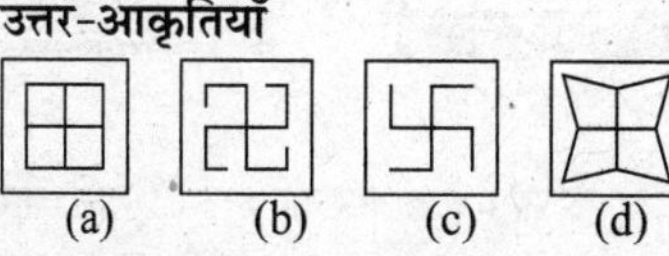

(a) (b) (c) (d)

23. **प्रश्न-आकृति**

उत्तर-आकृतियाँ

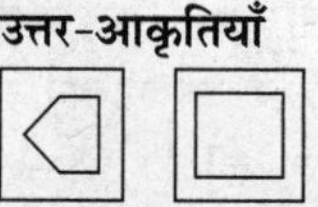

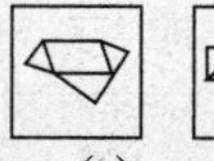

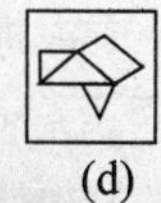

(a) (b) (c) (d)

उत्तर (हल/संकेत)

1. (a) दी गई प्रश्न आकृति में दिए गए आकृतियों को जोड़ने के बाद उत्तर आकृति (a) बनेगी।

2. (d) दी गई प्रश्न आकृति में दिए गए आकृतियों को जोड़ने के बाद उत्तर आकृति (d) बनेगी।

3. (b) दी गई प्रश्न आकृति में दिए गए आकृतियों को जोड़ने के बाद उत्तर आकृति (b) बनेगी।

4. (b) दी गई प्रश्न आकृति में दिए गए आकृतियों को जोड़ने के बाद उत्तर आकृति (b) बनेगी।

5. (a) दी गई प्रश्न आकृति में दिए गए आकृतियों को जोड़ने के बाद उत्तर आकृति (a) बनेगी।

6. (d) **7.** (d) **8.** (b) **9.** (c) **10.** (c)
11. (b) **12.** (c) **13.** (a) **14.** (b) **15.** (c)
16. (c) **17.** (a) **18.** (a) **19.** (c) **20.** (c)
21. (b) **22.** (c) **23.** (c)

❑❑❑

अध्याय 10

छिपी हुई आकृतियों की पहचान

इस अध्याय में, एक प्रश्न–आकृति तथा चार उत्तर आकृतियाँ दी जाती हैं। दी गई प्रश्न–आकृति, चारों उत्तर आकृतियों में से किसी एक आकृति में छिपी रहती है। अभ्यर्थी को उस उत्तर आकृति की पहचान करनी है, जिसमें प्रश्न आकृति पूर्णतः छिपी (निहित) हो। दी गई प्रश्न–आकृति की दिशा उत्तर आकृति में भिन्न हो सकती है परंतु उसकी संरचना में कोई बदलाव नहीं होता है।

दिए गए कुछ उदाहरणों के माध्यम से इस अध्याय के अंतर्गत आने वाले प्रश्नों की जानकारी दी जा रही है।

हल सहित उदाहरण

निर्देश (उदाहरण 1-4) : नीचे दिए गए प्रश्नों में एक प्रश्न–आकृति तथा चार उत्तर आकृतियाँ (a), (b), (c) तथा (d) दी गई हैं। उस उत्तर आकृति को चुनिए, जिसमें प्रश्न–आकृति छिपी हुई है।

उदाहरण 1. प्रश्न–आकृति

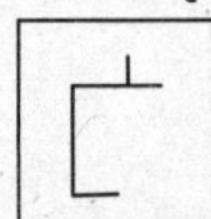

उत्तर आकृतियाँ

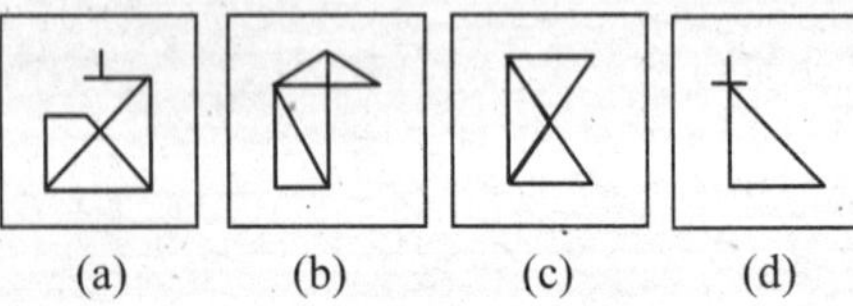

(a) (b) (c) (d)

हल (b): दी गई प्रश्न–आकृति, उत्तर आकृति (b) में छिपी हुई है, जो निम्नवत् है:

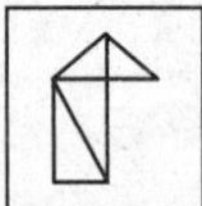

उदाहरण 2. प्रश्न–आकृति

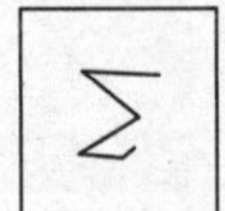

उत्तर आकृतियाँ

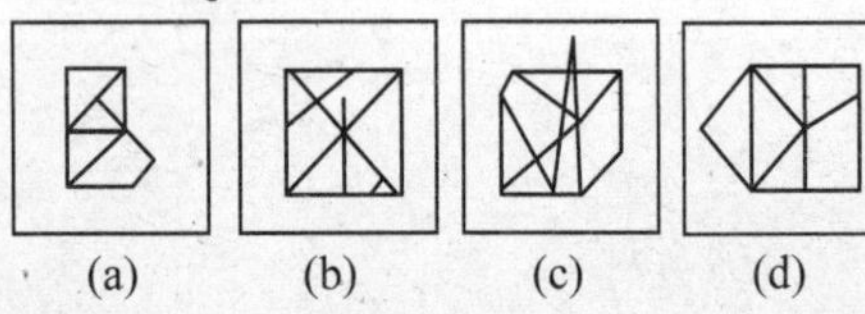

(a) (b) (c) (d)

हल (c): दी गई प्रश्न–आकृति, उत्तर आकृति (c) में छिपी हुई है, जो निम्नवत् है:

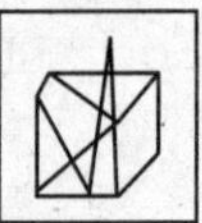

उदाहरण 3. प्रश्न–आकृति

उत्तर आकृतियाँ

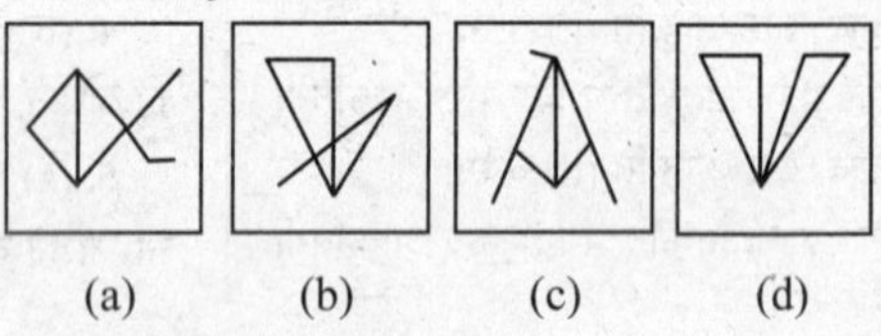

(a) (b) (c) (d)

हल (d): दी गई प्रश्न–आकृति, उत्तर आकृति (d) में छिपी हुई है, जो निम्नवत् है:

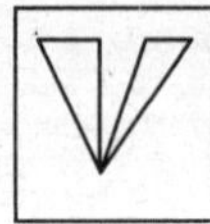

उदाहरण 4. प्रश्न–आकृति

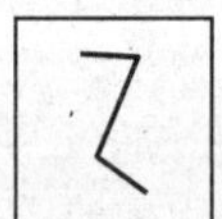

उत्तर आकृतियाँ

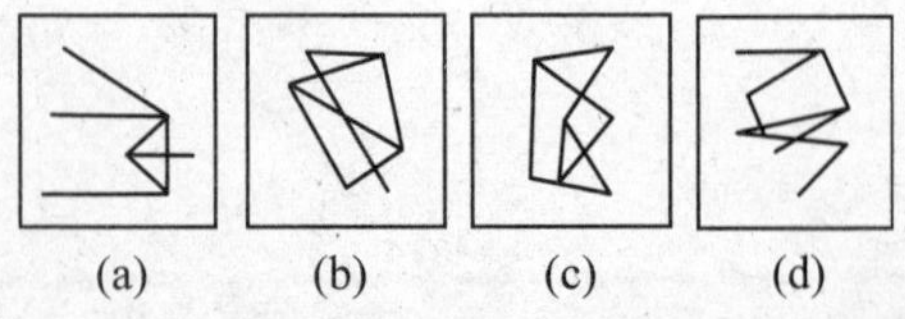

(a) (b) (c) (d)

हल (c): दी गई प्रश्न–आकृति, उत्तर आकृति (c) में छिपी हुई है, जो निम्नवत् है:

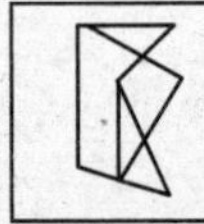

विशेष

- इस अध्याय के अंतर्गत प्रश्नों में कोई विशेष नियम लागू नहीं होता है। केवल अभ्यर्थियों को दी गई प्रश्न–आकृति का ध्यानपूर्वक अवलोकन करके दी गई चार उत्तर आकृतियों में से उस आकृति का चयन करना है, जिसमें प्रश्न–आकृति पूर्णत: छिपी है।
- इन प्रश्नों को त्रुटि रहित तरीके से हल करने के लिए निरंतर अभ्यास करना चाहिए।
- इस पुस्तक में अभ्यास के लिए प्रैक्टि्स प्रश्नावली अलग से दी गई है, जिससे अभ्यर्थी अधिक से अधिक प्रैक्टि्स कर सकें।

अभ्यास–1

निर्देश (प्र. सं. 1-13): निम्नलिखित प्रश्नों में ऊपर की ओर एक प्रश्न–आकृति दी गई है तथा नीचे की ओर चार उत्तर आकृतियाँ (a), (b), (c) तथा (d) दी गई हैं। उस उत्तर आकृति को चुनिए जिसमें प्रश्न–आकृति छिपी है।

1. **प्रश्न–आकृति**

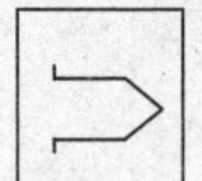

उत्तर आकृतियाँ

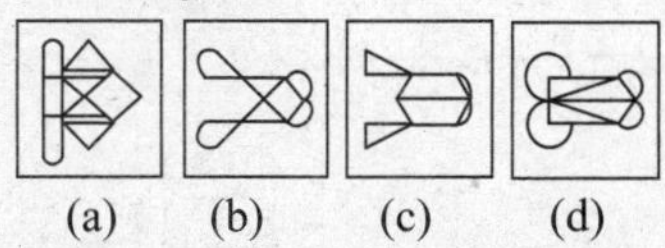

(a) (b) (c) (d)

2. **प्रश्न–आकृति**

उत्तर आकृतियाँ

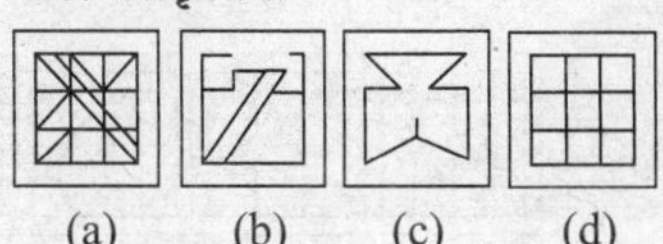

(a) (b) (c) (d)

3. **प्रश्न–आकृति**

उत्तर आकृतियाँ

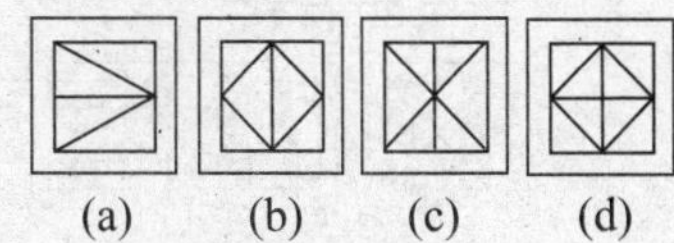

(a) (b) (c) (d)

4. **प्रश्न–आकृति**

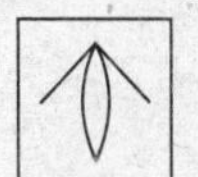

उत्तर आकृतियाँ

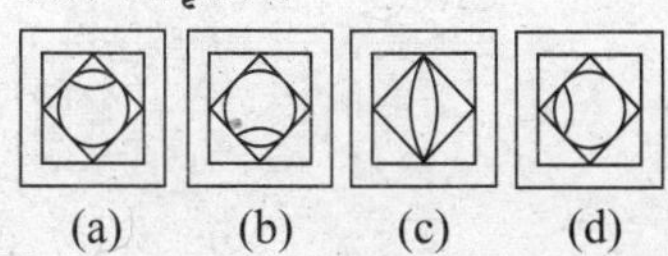

(a) (b) (c) (d)

5. **प्रश्न–आकृति**

उत्तर आकृतियाँ

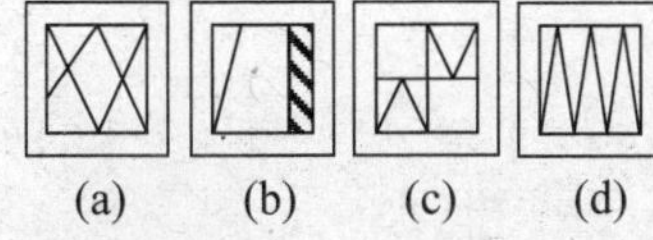

(a) (b) (c) (d)

6. **प्रश्न–आकृति**

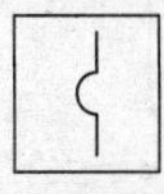

उत्तर आकृतियाँ

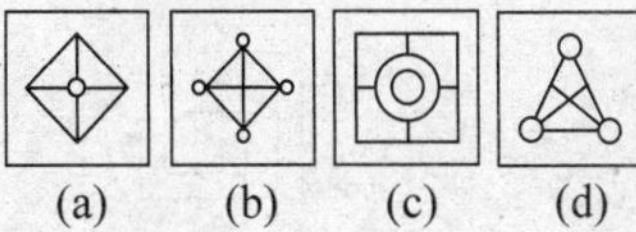

(a) (b) (c) (d)

7. **प्रश्न–आकृति**

उत्तर आकृतियाँ

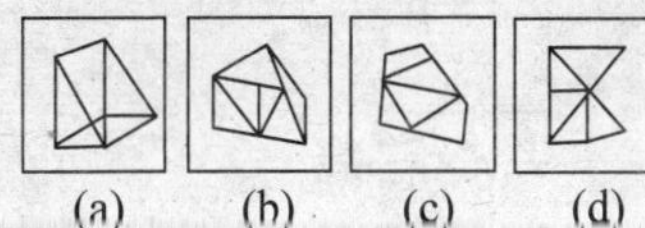

(a) (b) (c) (d)

8. **प्रश्न–आकृति**

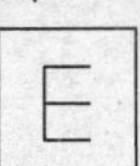

उत्तर आकृतियाँ

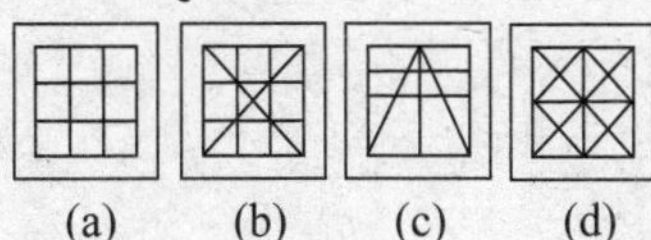

(a) (b) (c) (d)

9. **प्रश्न–आकृति**

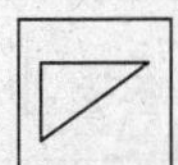

उत्तर आकृतियाँ

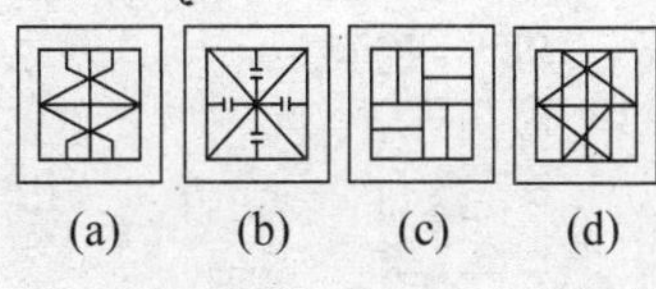

(a) (b) (c) (d)

10. **प्रश्न–आकृति**

उत्तर आकृतियाँ

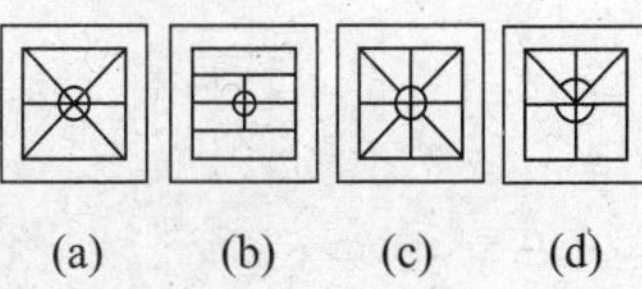

(a) (b) (c) (d)

11. **प्रश्न–आकृति**

उत्तर आकृतियाँ

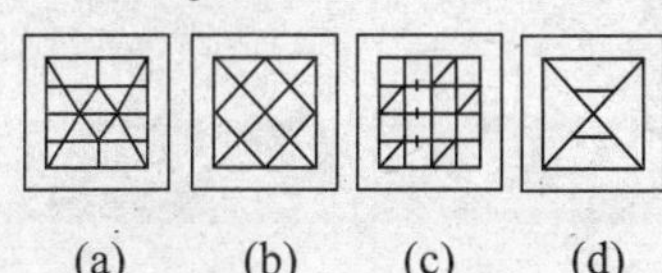

(a) (b) (c) (d)

12. **प्रश्न–आकृति**

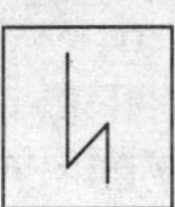

उत्तर आकृतियाँ

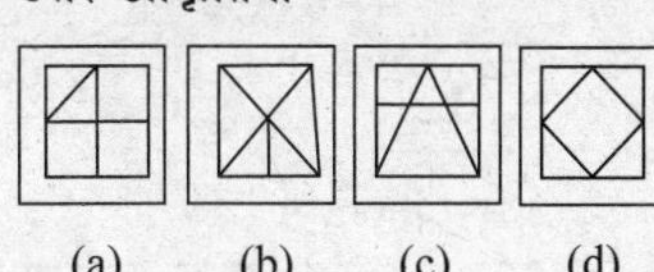

(a) (b) (c) (d)

13. **प्रश्न–आकृति**

उत्तर आकृतियाँ

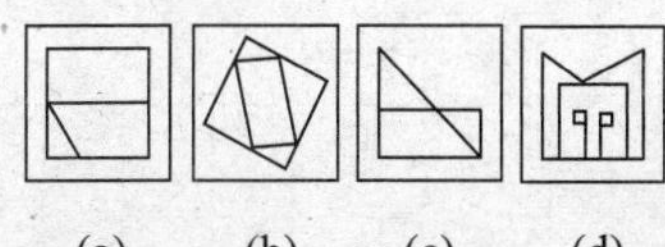

(a) (b) (c) (d)

उत्तर (हल/संकेत)

1. (a) दी गई प्रश्न–आकृति, उत्तर (a) में छिपी हुई है, जो निम्नवत् है:

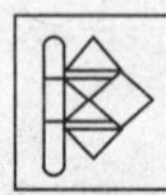

2. (a) दी गई प्रश्न–आकृति, उत्तर (a) में छिपी हुई है, जो निम्नवत् है:

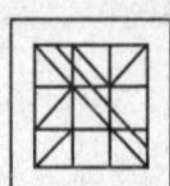

3. (c) दी गई प्रश्न–आकृति, उत्तर (c) में छिपी हुई है, जो निम्नवत् है:

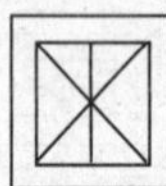

4. (c) दी गई प्रश्न–आकृति, उत्तर (c) में छिपी हुई है, जो निम्नवत् है:

5. (d) दी गई प्रश्न–आकृति, उत्तर (d) में छिपी हुई है, जो निम्नवत् है:

6. (c) दी गई प्रश्न–आकृति, उत्तर (c) में छिपी हुई है, जो निम्नवत् है:

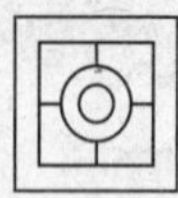

7. (b) दी गई प्रश्न–आकृति, उत्तर (b) में छिपी हुई है, जो निम्नवत् है:

8. (a) दी गई प्रश्न–आकृति, उत्तर (a) में छिपी हुई है, जो निम्नवत् है:

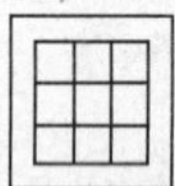

9. (a) दी गई प्रश्न–आकृति, उत्तर (a) में छिपी हुई है, जो निम्नवत् है:

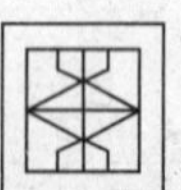

10. (c) दी गई प्रश्न–आकृति, उत्तर (c) में छिपी हुई है, जो निम्नवत् है:

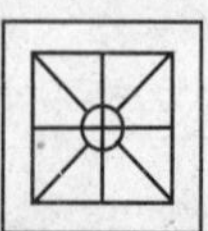

11. (a) दी गई प्रश्न–आकृति, उत्तर (a) में छिपी हुई है, जो निम्नवत् है:

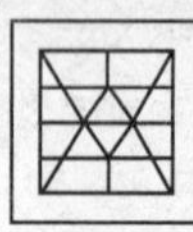

12. (c) दी गई प्रश्न–आकृति, उत्तर (c) में छिपी हुई है, जो निम्नवत् है:

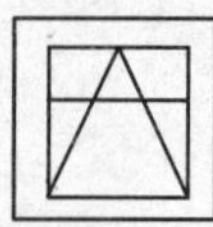

13. (d) दी गई प्रश्न–आकृति, उत्तर (d) में छिपी हुई है, जो निम्नवत् है:

अभ्यास–2

निर्देश–(प्र. सं. 1–30): दिए गए प्रश्नों में एक ओर एक प्रश्न आकृति दी गई है तथा दूसरी ओर चार उत्तर आकृतियाँ (a), (b), (c) तथा (d) दी गई हैं। उस उत्तर आकृति को पहचानिए, जिसमें प्रश्न आकृति छिपी है तथा सही उत्तर का चयन कीजिए।

1. प्रश्न-आकृति

उत्तर-आकृतियाँ

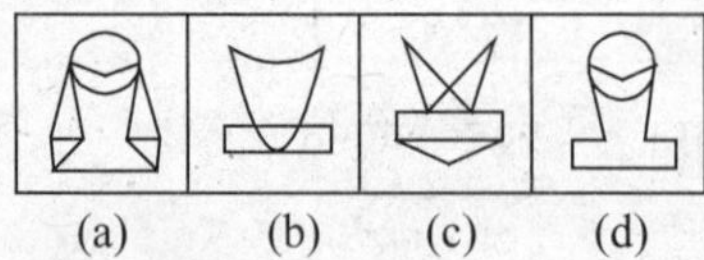

(a) (b) (c) (d)

2. प्रश्न-आकृति

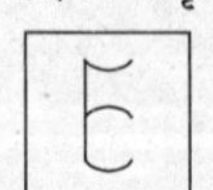

उत्तर-आकृतियाँ

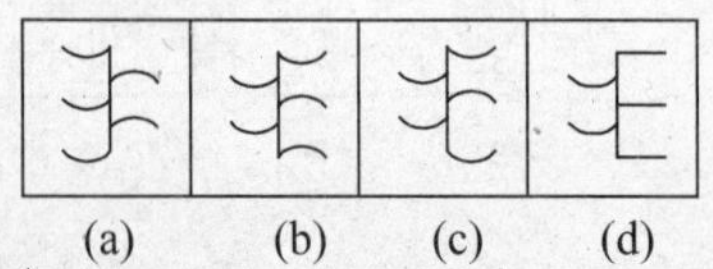

(a) (b) (c) (d)

3. प्रश्न-आकृति

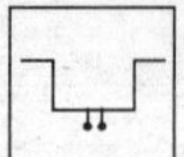

उत्तर-आकृतियाँ

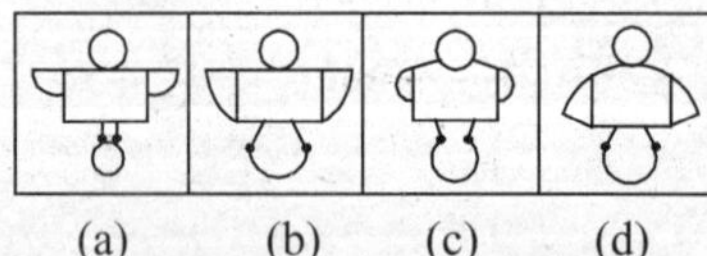

(a) (b) (c) (d)

4. प्रश्न-आकृति

उत्तर-आकृतियाँ

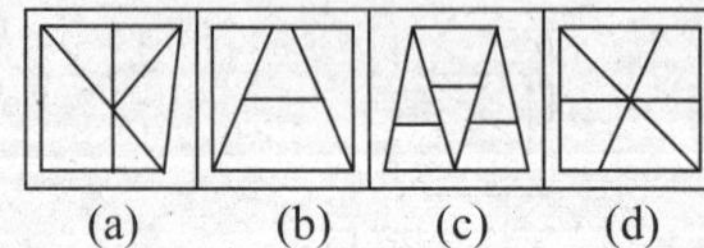

(a) (b) (c) (d)

5. प्रश्न-आकृति

उत्तर-आकृतियाँ

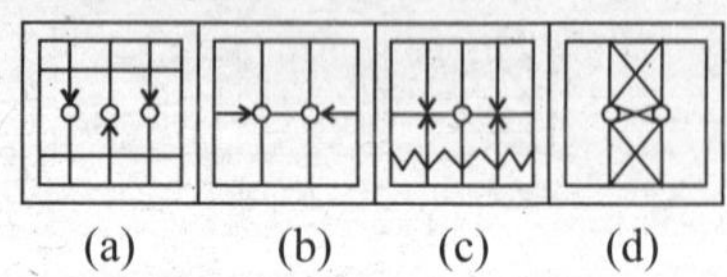

(a) (b) (c) (d)

6. प्रश्न—आकृति

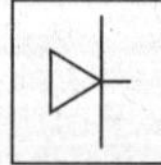

उत्तर आकृतियाँ

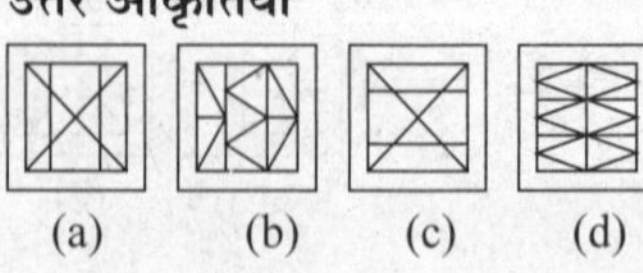

(a) (b) (c) (d)

7. प्रश्न—आकृति

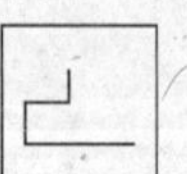

उत्तर आकृतियाँ

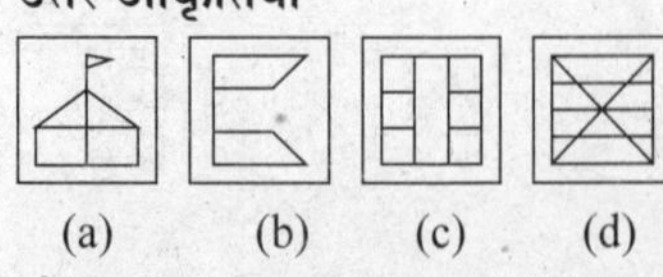

(a) (b) (c) (d)

8. प्रश्न—आकृति

उत्तर आकृतियाँ

(a) (b) (c) (d)

9. प्रश्न—आकृति

उत्तर आकृतियाँ

(a) (b) (c) (d)

10. प्रश्न—आकृति

उत्तर आकृतियाँ

(a) (b) (c) (d)

11. प्रश्न-आकृति उत्तर-आकृतियाँ

(a) (b) (c) (d)

12.

(a) (b) (c) (d)

13.

(a) (b) (c) (d)

14.

(a) (b) (c) (d)

15.

(a) (b) (c) (d)

16. प्रश्न-आकृति

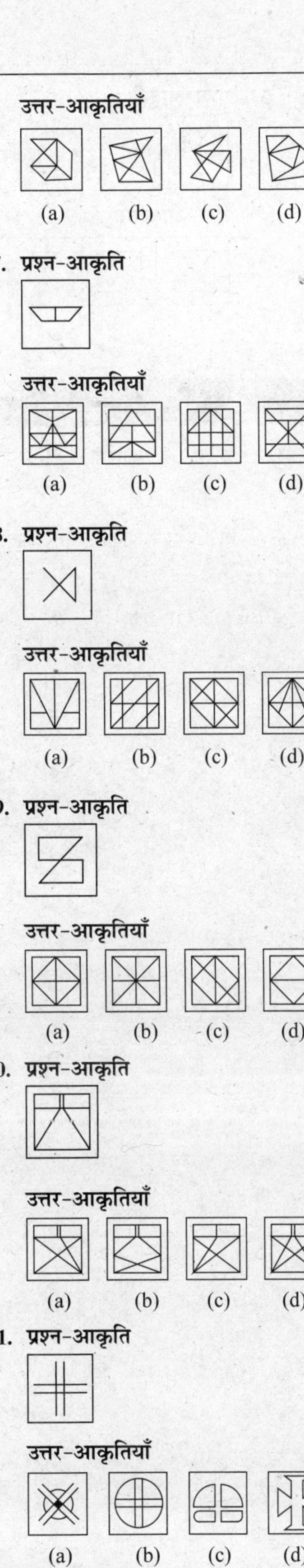

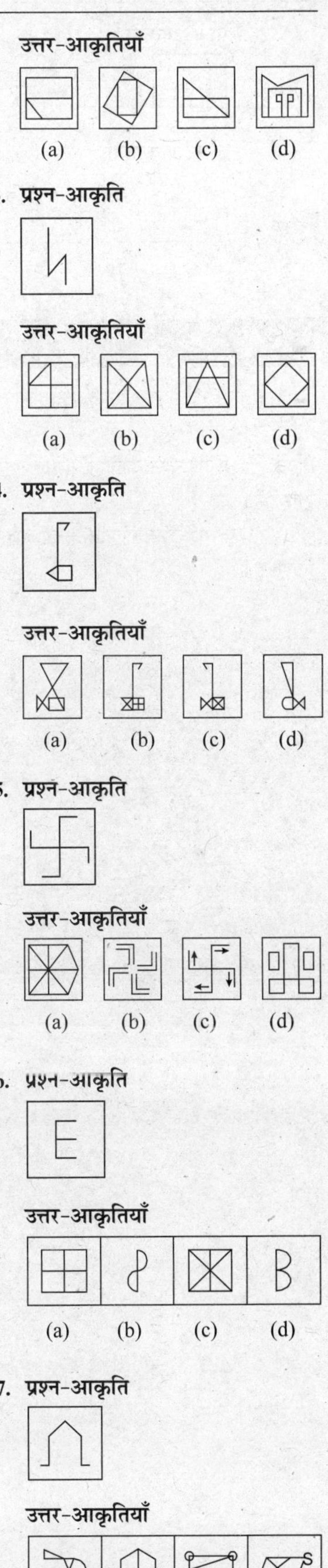

28. प्रश्न-आकृति

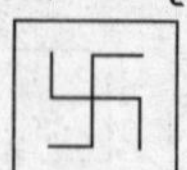

उत्तर-आकृतियाँ

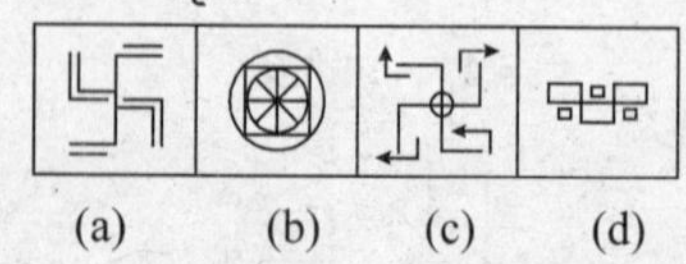

(a) (b) (c) (d)

29. प्रश्न-आकृति

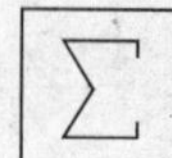

उत्तर-आकृतियाँ

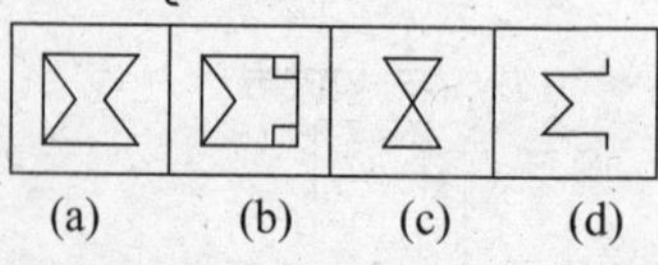

(a) (b) (c) (d)

30. प्रश्न-आकृति

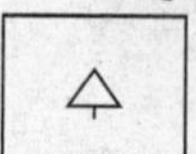

उत्तर-आकृतियाँ

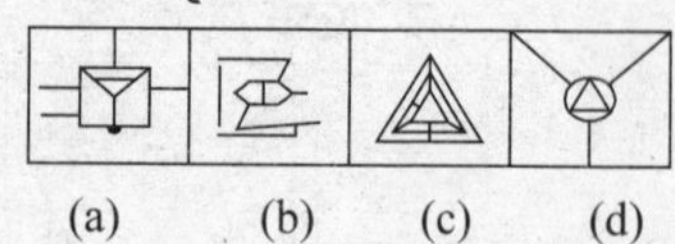

(a) (b) (c) (d)

उत्तर (हल/संकेत)

1. (a) दी गई प्रश्न आकृति, उत्तर आकृति (a) में निहित है।

2. (c) दी गई प्रश्न आकृति, उत्तर आकृति (c) में निहित है।

3. (a) दी गई प्रश्न आकृति, उत्तर आकृति (a) में निहित है।

4. (c) दी गई प्रश्न आकृति, उत्तर आकृति (c) में निहित है।

5. (c) दी गई प्रश्न आकृति, उत्तर आकृति (c) में निहित है।

6. (b) 7. (a) **8.** (b) **9.** (b) **10.** (a)

11. (d) **12.** (c) **13.** (c) **14.** (c) **15.** (d)

16. (a) **17.** (a) **18.** (c) **19.** (b) **20.** (d)

21. (b) **22.** (a) **23.** (b) **24.** (b) **25.** (a)

26. (a) **27.** (a) **28.** (b) **29.** (b) **30.** (c)

❑❑❑

खण्ड–III
भाषा–परीक्षण

भाषा-परीक्षण

जवाहर नवोदय विद्यालय प्रवेश-परीक्षा में हिंदी भाषा के ज्ञान की परीक्षा भी ली जाती है। इस परीक्षा के द्वारा अभ्यर्थी के हिंदी भाषा-ज्ञान को आँका जाता है। भाषा-परीक्षण के खण्ड से प्रवेश परीक्षा में चार अनुच्छेद आते हैं तथा प्रत्येक अनुच्छेद से पाँच प्रश्न पूछे जाते हैं। अनुच्छेद में प्रत्येक प्रश्न के चार सम्भावित उत्तर दिए गए हैं, जिनके अक्षरांक (a), (b), (c) और (d) हैं। दिए गए विकल्पों में से कोई एक उत्तर सही होता है। अभ्यर्थी को सही उत्तर चुनकर उसका अक्षरांक उत्तर-पत्रिका में सम्बन्धित प्रश्न संख्या के सामने दिए गए बॉक्स में लिखना होता है।

अभ्यास

निर्देश : इस अनुभाग में 65 अनुच्छेद हैं। प्रत्येक अनुच्छेद को ध्यान से पढिए और उस पर आधारित प्रश्नों के उत्तर दीजिए। प्रत्येक अनुच्छेद के बाद में पाँच प्रश्न पूछे गए हैं। प्रत्येक प्रश्न के चार सम्भावित उत्तर हैं, जिन्हें a, b, c और d अक्षरांक दिया गया है। इनमें से केवल एक उत्तर ही सही है। प्रत्येक प्रश्न का सही विकल्प चुनकर उत्तर दीजिए।

अनुच्छेद-1

बिशन को भारी-भरकम जूतों की आवाज सुनाई दी, जो तेजी से उसके पास आती जा रही थी। पीछे से आ रहा शिकारी गुस्से में जोर-जोर से चिल्ला रहा था, मैं तुझे देख लूँगा, तू मेरा शिकार चुराकर नहीं ले जा सकता। बिशन के लिए आगे निकल भागने का रास्ता नहीं था। अगर वह सड़क से जाता तो शिकारी को दिखाई दे जाता। इसलिए उसने खेतों के छोटे रास्ते से जाना तय किया। खेतों से आगे के रास्तें में काँटेदार झाड़ियाँ थीं। बिशन उसी रास्ते पर घुटनों के बल चलने लगा। बहुत संभलकर चलने पर भी उसके हाथ-पाँव पर काँटों की बहुत-सी खरोंचें उभर आईं। खरोंचों से खून भी निकलने लगा। उसकी कमीज की एक आस्तीन भी फट गई।

वह जानता था कि कमीज फटने पर उसे माँ से डाँट खानी पडेगी। पर बिशन को इस बात का संतोष था कि वह अब तक तीतर की जान बचाने में कामयाब रहा। झाड़ी से बाहर आकर वह सोचने लगा कि कैसे पहाड़ी के कोने-से फिसलकर नीचे पहुँचा जाए, लेकिन उस कोने में घास बहुत काटेंदार थी और ओस के कारण फिसलन भी। बिशन थककर वहीं एक किनारे बैठ गया। अभी वह बैठा ही था कि उसे पाँवों की आहट सुनाई दी। आहट सुनते ही वह उठकर दौड़ पड़ा। दौड़ते-दौड़ते वह आधी पहाड़ी पार कर चुका था। उसके कपड़े पसीने से तर-ब-तर हो गए, फिर भी वह रुका नहीं और किसी तरह कर्नल के फार्म हाउस के पिछवाड़े पहुँच ही गया। पिछवाड़े दरवाजा खुला था। उसने ताड़ के पेड़ का सहारा लिया और फार्म हाउस के अंदर पहुँच गया। तीतर को वह बड़ी सावधानी के साथ अपने सीने से लगाए हुए था।

1. बिशन क्यों भाग रहा था?
(a) शिकारी से अपनी जान बचाने के लिए
(b) शिकारी से तीतर की जान बचाने के लिए
(c) शिकारी की बंदूक चुराने के कारण
(d) शिकारी से बकरी के प्राण बचाने के लिए

2. बिशन ने खेतों के छोटे रास्ते से जाना क्यों तय किया?
(a) शिकारी से बचने के लिए
(b) कर्नल से बचने के लिए
(c) ताकि वह घर जल्दी पहुँच सके
(d) क्योंकि सड़क खराब थी

3. खेतों का रास्ता कैसा था?
(a) लहलहाती फसलों वाला
(b) कटीली झाड़ियों वाला
(c) छायादार वृक्षों वाला
(d) ज़हरीले कीड़ों वाला

4. कमीज की आस्तीन फटने पर भी बिशन को किस बात की खुशी थी?
(a) वह घर समय से पहुँच गया था
(b) बकरी के प्राण बचाने के कारण
(c) मुर्गी के प्राण बचाने के कारण
(d) तीतर के प्राण बचाने के कारण

5. बिशन फार्म हाउस के अन्दर किसके सहारे से पहुँचा?
(a) नीम के पेड़ के सहारे
(b) नारियल के पेड़ के सहारे
(c) ताड़ के पेड़ के सहारे
(d) आम के पेड़ के सहारे

अनुच्छेद-2

लोनपो गार तिब्बत के बत्तीसवें राजा सौनगवसैन गांपो के मंत्री थे। वे अपनी चालाकी और हाजिरजवाबी के लिए दूर-दूर तक मशहूर थे। कोई उनके सामने टिकता न था। चैन से जिंदगी चल रही थी। मगर जब से उनका बेटा बड़ा हुआ था उनके लिए चिंता का विषय बना हुआ था। कारण यह था कि वह बहुत भोला था। होशियारी उसे छूकर भी नहीं गई थी। लोनपो गार ने सोचा "मेरा बेटा बहुत सीधा-सादा है। मेरे बाद इसका काम कैसे चलेगा।" एक दिन लोनपो गार ने अपने बेटे को सौ भेड़ें देते हुए कहा, "तुम इन्हें लेकर शहर जाओ। मगर इन्हें मारना या बेचना नहीं। इन्हें वापस लाना सौ जौ के बोरों के साथ। वरना मैं तुम्हें घर में नहीं घुसने दूँगा।'' इसके बाद उन्होंने बेटे को शहर की तरफ रवाना किया।

1. लोनपो गार कौन था?
(a) राजा (b) मंत्री
(c) सेनापति (d) इतिहासकार

2. लोनपो गार क्यों प्रसिद्ध था?
(a) हाजिर जबाबी के लिए
(b) सरल स्वभाव के लिए
(c) तिब्बत राज्य का मंत्री होने के कारण
(d) युद्ध-कौशल में निपुणता के लिए

3. लोनपो गार की चिंता का विषय क्या था?
(a) बेटे का भोलापन
(b) राजा का अत्यधिक विश्वास
(c) सौनगवसैन का आक्रमण
(d) बेटी का भोलापन

4. **लोनपो गार का बेटा कैसा था?**
   (a) होशियार
   (b) चतुर
   (c) सीधा
   (d) हाजिर जवाब
5. **लोनपो गार ने अपने बेटे को सौ भेड़े देते हुए क्या करने को कहा?**
   (a) जौ के सौ बोरे लाने के लिए
   (b) भेड़ों को शहर छोड़ने के लिए
   (c) भेड़ों को बेचने के लिए
   (d) भेड़ व जौ के बोरों के साथ वापस आने के लिए

अनुच्छेद-3

डॉ. कलाम दृढ़ इच्छाशक्ति वाले वैज्ञानिक थे। वे भारत को विकसित देश बनाने का सपना संजोए हुए थे। उनका मानना था कि भारतवासियों को व्यापक दृष्टि से सोचना चाहिए। हमें सपने देखने चाहिए। सपनों को विचारों में बदलना चाहिए। विचारों को कार्यवाही के माध्यम से हकीकत में बदलना चाहिए। डॉ. कलाम तीसरे ऐसे वैज्ञानिक हैं, जिन्हें भारत का सर्वोच्च सम्मान 'भारत रत्न' दिया गया। उन्हें 'पद्मभूषम' तथा 'पद्मविभूषण' से भी सम्मानित किया गया। भारत को उन पर गर्व है। इतनी उपलब्धियाँ प्राप्त करने के बावजूद अहंकार कलाम जी को छू तक नहीं पाया। वे सहज स्वभाव के एक भावुक व्यक्ति थे। उन्हें कविताएँ लिखना, वीणा बजाना तथा बच्चों के साथ रहना पसंद था। वे सादा जीवन उच्च विचार में विश्वास रखते थे। कलाम साहब का जीवन हम सभी के लिए प्रेरणादायक है। कलाम जी तपस्या और कर्मठता की प्रतिमूर्ति हैं। राष्ट्रपति पद की शपथ लेते समय दिए गए भाषण में उन्होंने कबीरदास जी के इस दोहे का उल्लेख किया था- 'काल करे सो आज कर, आज करे सो अब'।

1. **डॉ. कलाम ने भारत को क्या बनाने का सपना देखा था?**
   (a) अल्प विकसित देश
   (b) विकसित देश
   (c) निर्मित देश
   (d) विकासशील देश
2. **डॉ. कलाम किस प्रवृत्ति के व्यक्ति थे?**
   (a) असहज (b) दयालु
   (c) भावुक (d) क्रूर
3. **डॉ. कलाम एक दृढ़ इच्छाशक्ति वाले ______ थे?**
   (a) वैज्ञानिक
   (b) कलाकार
   (c) साहित्यकार
   (d) इनमें से कोई नहीं
4. **डॉ. कलाम को क्या बेहद पसंद था?**
   (a) कविता लिखना
   (b) वीणा बजाना
   (c) बच्चों के साथ रहना
   (d) उपर्युक्त सभी
5. **राष्ट्रपति पद की शपथ लेते समय उन्होंने ______ के दोहे का उल्लेख किया।**
   (a) रैदास
   (b) तिरुवल्लुवर
   (c) कबीरदास
   (d) गुरुनानक

अनुच्छेद-4

दिसंबर 1984 को भोपाल में एक फैक्ट्री से मिथाइल आइसोसाइनेट नामक एक बेहद जहरीली एवं जानलेवा गैस रिसकर हवा में मिल गई। इस गैस का रिसाव इतनी जल्दी हुआ कि फैक्ट्री के आस-पास रहने वाले लोग भाग भी न सके। वैसे भी यह रात के समय हुआ था। इस जहरीली गैस की मात्रा इतनी अधिक थी कि लोगों को उसी समय साँस लेने में परेशानी होने लगी। लोगों ने वहाँ से भागना चाहा पर वे भाग न सके और असमय मौत का शिकार बन गए। लाखों लोग श्वसन तंत्र की बीमारियों का शिकार बन गए और बाद में भी की लोग मर गए। यहाँ तक कि उस समय के बाद कुछ सालों तक अपंग बच्चे पैदा हुए या उन्हें श्वास संबंधी कोई रोग था। पेड़-पौधों के पत्ते काले होते गए और वे नष्ट हो गए। आज इतने सालों बाद भी लोग इन बिमारियों का परिणाम भुगत रहे हैं।

1. **लोग किस बीमारी का शिकार हो गए?**
   (a) श्रवण संबंधी (b) नेत्र संबंधी
   (c) श्वसन संबंधी (d) मुख संबंधी
2. **1984 में भोपाल में फैक्ट्री से कौन-सी गैस का रिसाव हुआ?**
   (a) मिथाइल गैस का
   (b) मिथाइल आइसो साइनेट गैस का
   (c) मिथाइल कार्बोनेट गैस का
   (d) उपर्युक्त में से कोई नहीं
3. **लोग चाहकर भी क्यों न भाग सके?**
   (a) फैक्ट्री के पास होने कारण
   (b) साँस लेने में कठिनाई के कारण
   (c) घटना का रात में घटित होने के कारण
   (d) उपर्युक्त सभी
4. **रात का पर्यायवाची है–**
   (a) दिन (b) निशा
   (c) प्रसून (d) कुसुम
5. **प्रथम पंक्ति में 'गैस' के लिए प्रयुक्त विशेषण है–**
   (a) जहरीली (b) बेहद
   (c) साइनेट (d) रिसना

अनुच्छेद-5

चने जोर गरम और अनारदाने का चूर्ण! हाँ, चने जोर गरम की पुड़िया जो तब थी, वह अब भी नजर आती है। पुराने कागजों से बनाई हुई इस पुड़िया में निरा हाथ का कमाल है। नीचे से तिरछी लपेटते हुए ऊपर से इतनी चौड़ी कि चने आसानी से हथेली पर पहुँच जाएँ। एक वक्त था जब फिल्म का गाना-चना जोर गरम बाबू मैं लाया मजेदार, चना जोर गरम-यह गाना उन दिनों स्कूल के हर बच्चे को आता था।

कुछ बच्चे पुड़िया पर तेज मसाला बुरकवाते। पूरा गिरजा मैदान घूमने तक यह पुड़िया चलती। एक-एक चना-पापड़ी मुँह में डालने और कदम उठाने में एक खास ही लय-रफ्तार होती थी।

1. **लेखिका को अपने बचपन की कौन-सी बातें आज भी याद आती हैं?**
   (a) चने की पुड़िया की
   (b) मेला घुमने की
   (c) स्कूल जाने की
   (d) फिल्में देखने की
2. **पुड़िया किस चीज से बनाई जाती थी?**
   (a) कपड़े से
   (b) कागज से
   (c) प्लास्टिक से
   (d) उपर्युक्त सभी से
3. **'पुराना-नीचा' शब्द युग्मों का विलोम शब्द युग्म है–**
   (a) प्राचीन-ऊँचा
   (b) नवीन-अद्यतन
   (c) नया- ऊँचा
   (d) ऊँचा-नया
4. **'बच्चे पुड़िया पर तेज नमक बुरकवाते।' वाक्य में रेखांकित शब्द है–**
   (a) संज्ञा (b) विशेषण
   (c) प्रविशेषण (d) सर्वनाम

5. **पूरा गिरजा मैदान घूमने पर भी क्या खत्म नहीं होती थी?**
   (a) मटर की पुड़िया
   (b) चने की पुड़िया
   (c) अनारदाने की पुड़िया
   (d) गुड़सेव की पुड़िया

अनुच्छेद-6

व्यायाम करने में शरीर के अन्दर की गंदगी पसीने के रास्ते बाहर निकल जाती है और रक्त शुद्ध हो जाता है। व्यायाम करने वालों का शरीर चमकता रहता है। अच्छे स्वास्थ्य से अनेक प्रकार की सुख सुविधाएँ प्राप्त की जा सकती हैं। व्यायाम न करने वाले मनुष्य आलसी बन जाते हैं। आलस्य को मनुष्य का सबसे बड़ा शत्रु कहा गया है। आलसी व्यक्ति जीवन में हर क्षेत्र में असफल रहतें हैं। व्यायाम के अभाव में शरीर बोझ-सा प्रतीत होने लगता है।

1. **व्यायाम न करने वाले मनुष्य–**
   (a) जीवन में सफल होते हैं
   (b) आलसी नहीं होते हैं
   (c) स्वस्थ होते हैं
   (d) आलसी होते हैं
2. **मनुष्य का सबसे बड़ा शत्रु है–**
   (a) आलस्य (b) असफलता
   (c) उसके मित्र (d) कुविचार
3. **प्रतिदिन व्यायाम करने से–**
   (a) रक्त शुद्ध होता है
   (b) शरीर बोझ-सा प्रतीत होता है
   (c) सुख-सुविधाओं से वंचित होता है
   (d) समय बर्बाद होता है
4. **'शरीर' का पर्यायवाची है–**
   (a) आत्मा (b) मन
   (c) देह (d) स्वेद
5. **'आलसी' शब्द में प्रत्यय है–**
   (a) आ (b) सी
   (c) लसी (d) ई

अनुच्छेद-7

कम्प्यूटर ने फाइलों की संख्या को कम कर दिया है। कम्प्यूटर कार्यकुशल होते हैं। इनके संचालन में गलती की सम्भावना बहुत कम होती है। लाखों-करोड़ों जटिल गणनाएँ, जोड़ना, घटाना, भाग, बिल्कुल ठीक और अतिशीघ्र करने के लिए कम्प्यूटर की सहायता ली जा सकती है। संसार को जोड़ने का स्वप्न केवल कम्प्यूटर ने ही पूर्ण किया है। आज इंटरनेट पर 'वर्ल्ड वाइड वेब' के माध्यम से हम समूचे विश्व के अंग बन सकते हैं। इंटरनेट ने हर प्रांत, हर नगर की दीवारों को ध्वस्त करते हुए हमें विश्व से जोड़ दिया है। अब हम विश्व नागरिक बनने की ओर अग्रसर हैं। हम कोई भी सूचना विश्व किसी भी स्थान में लगे कम्प्यूटर पर भेज सकते हैं इस सूचना व्यवस्था को 'ई-मेल' कहते हैं।

1. **कम्प्यूटर**
   (a) कार्यकुशल होते हैं
   (b) गणनाओं को बहुत जल्दी कर लेते हैं
   (c) सूचना भेजने में सहायक हैं
   (d) उपर्युक्त सभी
2. **'WWW' का पूर्ण रूप है–**
   (a) वाइड वर्ल्ड वेब
   (b) वर्ल्ड वाइड वेब
   (c) विश्व व्यापक वेब
   (d) इनमें से कोई नहीं
3. **कम्प्यूटर ने हमें–**
   (a) स्वयं तक सीमित कर दिया है
   (b) मनुष्य की कार्य कुशलता समाप्त कर दी है
   (c) विश्व नागरिक बनाया है
   (d) बच्चों को आलसी बनाया है
4. **'सूचना व्यवस्था' को कहते हैं–**
   (a) कम्प्यूटर (b) वर्ल्ड वाइड वेब
   (c) इंटरनेट (d) ई-मेल
5. **'नागरिक' शब्द में मूल शब्द व प्रत्यय है–**
   (a) नगर, इक (b) नागर, इक
   (c) नगर, ईक (d) नागर, ईक

अनुच्छेद-8

मुक्त आकाश में विचरण करने वाले पंछी सोने के पिंजरे में भी रहना नहीं चाहते। बंधन से वह मुक्ति चाहता है। खुली हवा में साँस लेना मनुष्य को ही नहीं पक्षियों को भी बेहद प्रिय लगता है। आजादी सभी को प्रिय लगती है। हमारे देश के इतिहास में आजादी पाने के लिए अपने प्राणों का बलिदान देने वाले वीरों के असंख्य उदाहरण मिलते हैं। सन् 1947 से पूर्व हमारा देश परतंत्र था। अंग्रेजों ने हमें दासता की जंजीरों में जकड़ रखा था। भारत के लोगों ने स्वतन्त्रता प्राप्ति के लिए निरंतर संघर्ष किया।

1. **मुक्त आकाश में विचरण करने वाले पंछी सोने के पिंजरे में भी क्यों रहना नहीं चाहते?**
   (a) पिंजरा दासता का बोध कराता है
   (b) पंछी बंधन से मुक्ति चाहता है
   (c) उन्हें भी स्वतंत्रता अत्यधिक प्रिय है
   (d) उपर्युक्त सभी
2. **पक्षी किस प्रकार का जीवन चाहते हैं?**
   (a) बंधन रहित (b) बंधन सहित
   (c) परतंत्र (d) ऐश्वर्य पूर्ण
3. **'पक्षियों को भी <u>बेहद</u> प्रिय लगता है।' वाक्य में रेखांकित शब्द है–**
   (a) विशेषण (b) प्रविशेषण
   (c) क्रिया विशेषण (d) सर्वनाम
4. **गद्यांश में से 'स्वतंत्र' शब्द के विपरीतार्थक शब्द का चयन कीजिए**
   (a) बंधन (b) आजादी
   (c) परतंत्र (d) दासता
5. **गद्यांश के अनुसार भारत किसका गुलाम था?**
   (a) अंग्रेजों का (b) मुगलों का
   (c) पुर्तगालियों का (d) अमेरिकियों का

अनुच्छेद-9

चौराहे पर खड़ा है, सदा से ठूँठ नहीं है। दिन थे जब वह हरा भरा था और उस जनसंकुल चौराहे पर अपनी छतनार डालियों से बटोहियों की थकान अनजाने दूर करता था। पर मैंने उसे सदा ठूँठ ही देखा है। पत्रहीन, शाखाहीन, निरवलंब, जैसे पृथ्वी रूपी आकाश से सहसा निकलकर अधर में ही टंग गया हो। रात में वह काले भूत-सा लगता है, दिन में उसकी छाया इतनी गहरी नहीं हो पाती जितना काला उसका जिस्म है और अगर चितेरे को छायाचित्र बनाना हो तो शायद उसका-सा 'अभिप्राय' और न मिलेगा। प्रचंड धूप में भी उसका सूखा शरीर उतनी ही गहरी छाया जमीन पर डालता जैसे रात की उजियारी चांदनी में।

जब से होश संभाला है, जब से आंख खोली है, देखने का अभ्यास किया है, तब से बराबर मुझे उसका निस्पंद, नीरस, अर्थहीन शरीर ही दिख पड़ा है। पर पिछली पीढी के जानकार कहते हैं कि एक जमाना था जब पीपल और बरगद भी उसके सामने शरमाते थे और उसके पत्तों से, उसकी टहनियों और डालों से टकराती हवा की सरसराहट दूर तक सुनाई पड़ती थी। पर आज वह नीरव है, उस चौराहे का जवाब जिस पर उत्तर-दक्षिण, पूरब-पश्चिम चारों और की राहें मिलती हैं और जिनके सहारे जीवन अविरल बहता है। जिसने कभी जल को जीवन की संज्ञा दी, उसने निश्चय जाना

होगा की प्राणवान जीवन भी जल की ही भांति विकल, अविरल बहता है। सो प्राणवान जीवन, मानव संस्कृति का उल्लास उपहार लिए उन चारों राहों की संधि पर मिलता था जिसके एक कोण में उस प्रवाह से मिल एकांत शुष्क आज वह ठूँठ खड़ा है। उसके अभाग्यों परंपरा में संभवत: एक ही सुखद अपवाद है- उसके अंदर का स्नेहरस सूख जाने से संख्या का लोप हो जाना। संज्ञा लुप्त हो जाने से कष्ट की अनुभूति कम हो जाती है।

1. जनसंकुल का क्या आशय है?

(a) जनसंपर्क

(b) भीड़भरा

(c) जनसमूह

(d) जनजीवन

2. आम की छतनार डालियों के कारण होता था?

(a) यात्रियों को ठंडक मिलती थी

(b) यात्रियों को विश्राम मिलता था

(c) यात्रियों की थकान मिटती थी

(d) यात्रियों को हवा मिलती थी

3. शाखाहीन, रसहीन व शुष्क वृक्ष को क्या कहा जाता है?

(a) नीरस वृक्ष (b) जड वृक्ष

(c) ठूँठ वृक्ष (d) हीन वृक्ष

4. आम के वृक्ष के सामने पीपल और बरगद के शरमाने का क्या कारण था?

(a) उसका अधिक हरा-भरा और सघन होना

(b) हवा की आवाज सुनाई देना

(c) अधिक फल-फूल लगना

(d) अधिक ऊँचा होना

5. आम के अभागेपन में संभवत: एक ही सुखद अपवाद था–

(a) उसका नीरस हो जाना

(b) संज्ञा लुप्त हो जाना

(c) सूखकर ठूँठ हो जाना

(d) अनुभूति कम हो जाना

अनुच्छेद-10

जल में अनेक पदार्थ घुल जाते हैं, जैसे-चीनी, नमक आदि। जल ऐसा द्रव है, जिसमें किसी भी अन्य द्रव की अपेक्षा पदार्थ को घोलने की क्षमता बहुत अधिक होती है। अधिकतर पदार्थों की कुछ-न-कुछ मात्रा जल में घुल सकती है। भोजन के उन सभी भाग का हमारे शरीर में पाचन होता है, जो जल में घुलनशील होता है। इस घोल का पूरे शरीर में पाचन होता है। जल के घोलक गुण की कुछ हानियाँ भी हैं। यदि हमें टिन की बाल्टी में जल रख दें और 3-4 घंटे बाद उसको पिएँ तो जल में टिन का स्वाद आने लगता है।

1. जल में किस प्रकार के पदार्थ घुल जाते हैं।

(a) चीनी

(b) पत्थर

(c) लोहा

(d) लकड़ी

2. जल ऐसा द्रव है, जिसमें किसी भी अन्य द्रव की अपेक्षा पदार्थ को घोलने की क्षमता होती है।

(a) बहुत कम

(b) बिलकुल नहीं

(c) बहुत अधिक

(d) थोड़ा अधिक

3. भोजन के उन सभी भाग का हमारे शरीर में पाचन होता है, जो जल में ________ होता है।

(a) परिवर्तनशील

(b) घुलनशील

(c) तैलीय

(d) इनमें से कोई नहीं

4. जल के घोलक गुण की कुछ ________ भी हैं।

(a) बाधाएँ

(b) हानियाँ

(c) हदें

(d) कामनाएँ

5. टिन की बाल्टी में रखे जल से 3-4 घंटे बाद पीने पर स्वाद आने लगता है।

(a) खट्टा स्वाद

(b) मीठा स्वाद

(c) टिन का स्वाद

(d) कड़वा स्वाद

अनुच्छेद-11

हड्डियों के बीच के भाग मज्जा में ऐसे बहुत से कारखाने होते हैं जो रक्त कणों के निर्माण-कार्य में लगे रहते हैं। इनके लिए इन कारखानों को प्रोटीन, लौहतत्व और विटामिन रूपी कच्चे माल की जरूरत होती है। यह पौष्टिक आहार लेते हो? हरी सब्जी, फल, दूध, अंडा और गोश्त में ये तत्व उपयुक्त मात्र में होते हैं। यदि कोई व्यक्ति उचित आहार ग्रहण नहीं करता तो इन कारखानों को आवश्यकतानुसार कच्चा माल नहीं मिल पाता। प्राय: यह समझा जाता है कि रक्तदान करने से कमजोरी हो जाएगी, किंतु यह विचार बिलकुल निराधार है। हमारा शरीर इतना रक्त तो कुछ ही दिनों में बना लेता है। वैसे भी शरीर में लगभग पाँच लीटर खून होता है। इसमें से यदि कुछ रक्त किसी जरूरतमंद व्यक्ति के लिए जीवन-दान बन जाए तो इससे बड़ी बात क्या होगी। दीदी समझाते हुए बोलीं।

1. रक्त कणों की रचना कहाँ होती है?

(a) हृदय में

(b) मज्जा में

(c) गुर्दे में

(d) यकृत में

2. रक्त निर्माण के लिए किस कच्चे माल की आवश्यकता होती है?

(a) प्रोटीन, कार्बोहाइड्रेट, विटामिन

(b) प्रोटीन, लौहतत्त्व, कार्बोहाइड्रेट

(c) प्रोटीन, विटामिन, लौहतत्त्व

(d) विटामिन, लौहतत्त्व, कार्बोहाइड्रेट

3. रक्त के लिए कच्चा माल न मिलने पर क्या होता है?

(a) एनीमिया

(b) स्कर्वी

(c) बेरी-बेरी

(d) घेंघा

4. रक्तदान करने के बाद रक्त की कमी किस प्रकार पूरी हो जाती है?

(a) व्यायाम करने से

(b) पौष्टिक आहार ग्रहण करने से

(c) केवल प्रोटीन युक्त भोजन ग्रहण करने से

(d) दवाइयाँ खाने से

5. 'निराधार' शब्द का अर्थ है

(a) विमूल

(b) महत्वपूर्ण

(c) प्रभावशाली

(d) आवश्यक

अनुच्छेद-12

संतुलित आहार लेने मात्र से हम एनीमिया से बचे रह सकते हैं, यह कहना काफी हद तक सही है। यों तो एनीमिया बहुत से कारणों से हो सकता है, किन्तु हमारे देश में इसका सबसे बड़ा कारण पौष्टिक आहार की कमी है। इसके अलावा इस रोग का एक और बड़ा कारण है पेट में कीड़ों का हो

जाना। ये कीड़े प्रायः दूषित जल और खाद्य पदार्थों द्वारा हमारे शरीर में प्रवेश करते हैं। अतः इससे बचने के लिए यह आवश्यक है कि हम पूरी सफाई से बनाए गए खाद्य पदार्थ को ग्रहण करें। भोजन करने से पूर्व अच्छी तरह से हाथ धो लें और साफ पानी ही पिएँ। और हाँ, एक किस्म के कीडे भी है, जिनके अंडे जमीन की ऊपरी सतह में पाए जाते हैं। इन अण्डों से उत्पन्न हुए लार्वे त्वचा के रास्ते शरीर में प्रवेश कर आँतों में अपना घर बना लेते हैं। इनसे बचने का सहज उपाय है कि शौच के लिए हम शौचालय का ही प्रयोग करें और इधर-उधर नंगे पैर न घूमें।

1. भारतवर्ष में एनीमिया का मुख्य कारण क्या है?
(a) दूषित जल
(b) दूषित खाद्य पदार्थ
(c) पौष्टिक आहार की कमी
(d) उपर्युक्त सभी

2. पेट में कीड़ों के होने का क्या कारण है?
(a) दूषित खाद्य पदार्थ
(b) अंडों से उत्पन्न लार्वा
(c) रक्त की कमी
(d) प्रोटीन युक्त भोजन ग्रहण न करना

3. नंगे पैर घूमने से क्या होता है?
(a) पैर गंदे हो जाते हैं
(b) विभिन्न सूक्ष्म जीवाणु शरीर में प्रवेश कर जाते हैं
(c) पेट में कीड़े हो जाते हैं
(d) त्वचा संबंधी रोग हो जाते हैं

4. एनीमिया से बचने का/के उपाए हैं–
(a) पौष्टिक आहार
(b) शारीरिक स्वच्छता
(c) अस्वच्छ जल का उपयोग न करना
(d) उपर्युक्त सभी

5. 'पौष्टिक' व 'ऊपरी' में प्रत्यय हैं–
(a) इक, इ
(b) ईक, ई
(c) इक, ई
(d) ईक, इ

अनुच्छेद-13

गर्मी की छुटियाँ थीं। दोपहर के समय दिनेश घर में बैठा कोई कहानी पढ़ रहा था। तभी पेड़ के पत्तों को हिलाती हुई कोई वस्तु धम से घर के पीछे वाले बगीचे में गिरी। दिनेश आवाज से पहचान गया कि वह वस्तु क्या हो सकती है। वह एकदम से उठकर बरामदे की चिक सरका कर बगीचे की ओर भागा। अरे अरे, बेटा कहाँ जा रहा है? बाहर लू चल रही है। दिनेश की माँ मशीन चलाते-चलाते एकदम जोर से बोली। परन्तु दिनेश रुका नहीं। उसने पैरों में चप्पल भी नहीं पहनी। जून का महीना था। धरती तवे की तरह तप रही थी। पर दिनेश को पैरों के जलने की भी चिंता नहीं थी। वह जहाँ से आवाज आई थी, उसी ओर भाग चला। सामने की क्यारी में भिंडियों के ऊँचे-ऊँचे पौधे थे। एक ओर सीताफल की घनी बेल फैली हुई थी। क्यारियों के चारों ओर हरे-हरे केले के वृक्ष लहरा रहे थे। दिनेश ने जल्दी-जल्दी भिंडियों के पौधों को उलटना-पलटना आरम्भ किया। जब वहाँ कुछ नहीं मिला तो उसने सारी सीताफल की बेल छान मारी बराबर में ही छोटे-छोटे गड्डे बना रखे थे। ढूँढते-ढूँढते जब उसकी निगाह उधर गई तो उसने देखा कि गड्डे के ऊपर ही एक बिल्कुल नई चमचमाती किरमिच की गेंद पड़ी है।

1. दिनेश घर में बैठा क्या कर रहा था?
(a) कविता पढ़ रहा था
(b) कहानी पढ़ रहा था
(c) टी.वी. देख रहा था
(d) गेंद से खेल रहा था

2. दिनेश आवाज सुनकर किस ओर भागा?
(a) बरामदे की ओर
(b) दरवाजे की ओर
(c) बगीचे की ओर
(d) छत की ओर

3. सामने की क्यारियों में किसके पौधे लगे हुए थे?
(a) सीताफल
(b) मटर
(c) चने
(d) भिंडी

4. क्यारियों के चारों ओर क्या लगा हुआ था?
(a) केले के वृक्ष
(b) आम के वृक्ष
(c) सीताफल की बेल
(d) भिंडी के पौधे

5. दिनेश को किरमिच की गेंद कहाँ मिली?
(a) केले के पेड पर
(b) भिंडी के पौधों के बीच
(c) सीताफल की बेल की बीच
(d) इनमें से कोई नहीं

अनुच्छेद-14

हमारी यह धरती लगभग पाँच अरब साल पुरानी है। दो-तीन अरब साल तक इस धरती पर किसी प्रकार के जीव-जंतु नहीं थे। फिर करोड़ों साल तक केवल जानवरों और वनस्पतियों का ही इस धरती पर राज्य रहा। आदमी ने इस धरती पर कोई पाँच लाख साल पहले जन्म लिया। धीरे-धीरे उसका विकास हुआ।

अक्षरों की खोज के साथ एक नए युग की शुरुआत हुई। आदमी अपने विचार और अपने हिसाब-किताब को लिखकर रखने लगा। तबसे मानव को 'सभ्य' कहा जाने लगा। आदमी ने जबसे लिखना शुरू किया तबसे 'इतिहास' आरंभ हुआ। किसी भी कौम या देश का इतिहास तब से शुरू होता है जबसे आदमी के लिखे हुए लेख मिलने लग जाते हैं। इस प्रकार, इतिहास को शुरू हुए मुश्किल से छत हजार साल हुए हैं।

1. धरती पर सबसे अंत में कौन आया?
(a) जीव-जन्तु
(b) वनस्पति
(c) मनुष्य
(d) पक्षी

2. धरती पर छः हजार वर्ष किसे हुए है?
(a) मनुष्य को
(b) जीव-जन्तुओं को
(c) वनस्पतियों को
(d) इतिहास को

3. मानव का धरती पर आगमन कब हुआ?
(a) पाँच लाख साल पहले
(b) पाँच अरब साल पहले
(c) तीन अरब साल पहले
(d) पाँच करोड़ साल पहले

4. अक्षरों की खोज मनुष्य की सबसे बड़ी खोज कैसे है?
(a) अपने विचार लिखने के कारण
(b) इतिहास लिखने के कारण
(c) विचारों को मौखिक रूप से प्रकट करने के कारण
(d) उपर्युक्त सभी

5. गद्यांश के अनुसार एक पीढ़ी के ज्ञान का लाभ दूसरी पीढ़ी को कैसे मिलता है?
(a) लिखित इतिहास के द्वारा
(b) मौखिक इतिहास के द्वारा
(c) विचारों को अभिव्यक्त करके
(d) अपने-आप

अनुच्छेद-15

हुदहुद एक बहुत ही सुन्दर पंछी है। इसके शरीर का सबसे सुंदर भाग इसके सिर की कलगी होती है। वैसे तो यह इसे समेटे रहता है। पर जैसे ही किसी तरह की आवाज होती है, यह चौकन्ना होकर परों को फैला लेता है। तब यह कलगी देखने में हू-ब-हू किसी सुंदर पंखी जैसी लगने लगती है। हुदहुद का सारा शरीर रंग-बिरंगा और चटकीला होता है। पंख काले-काले होते हैं जिन पर मोटी सफेद धारियाँ बनी होती हैं। गर्दन का अगला हिस्सा बादामी रंग का होता है। चोटी भी बादामी रंग की होती है, मगर उसके सिरे काले और सफेद होते हैं। दुम का भीतरी हिस्सा सफेद और बाहरी हिस्सा काले रंग का होता है। चोंच पतली, लंबी तथा तीखी होती है। इस चोंच से यह आसानी से जमीन के भीतर छिपे हुए कीड़े मकोड़ों को ढूँढ निकालता है। इसकी चोंच नाखून काटने वाली 'नहरनी' से बहुत मिलती है और शायद इसीलिए कहीं-कहीं इसे 'हजामिन चिड़िया' के नाम से भी पुकारते हैं। हुदहुद हमारे देश के सभी भागों में पाए जाते हैं।

1. हुदहुद के शरीर का सबसे सुन्दर अंग कौन-सा है?

(a) पंख
(b) गर्दन
(c) कलगी
(d) चोंच

2. किसी आवाज को सुनकर हुदहुद क्या करता है?

(a) पंख फैला लेता है
(b) गर्दन को पंखों में छिपा लेता है
(c) घोंसले में छिप जाता है
(d) उड़ जाता है

3. हुदहुद के पंख कैसे होते हैं?

(a) सफेद धारियों से युक्त काले रंग के
(b) काली धारियों से युक्त सफेद रंग के
(c) बादामी रंग के
(d) सफेद रंग के

4. हुदहुद अपनी चोंच से किन्हें ढूँढ निकालता है?

(a) छिपकली को
(b) कीड़े-मकोड़ों को
(c) मछली को
(d) साँप को

5. हुदहुद को 'हजामिन चिड़िया' के नाम से क्यों पुकारा जाता है?

(a) सिर की कलगी के कारण
(b) सुंदर पंखों के कारण
(c) सुंदर गर्दन के कारण
(d) नहरनी चोंच के कारण

अनुच्छेद-16

मीरा बहन का जन्म इंग्लैंड में हुआ था। गांधी जी के विचारों का उन पर इतना असर हुआ कि वे अपना घर और अपने माता-पिता को छोड़कर भारत आ गई और गांधी जी के साथ काम करने लगीं। आजादी के पांच साल बाद उन्होंने उत्तर प्रदेश के एक पहाड़ी गाँव, गेंवली में गोपाल आश्रम की स्थापना की। उस आश्रम में मीरा बहन का बहुत सारा समय पालतू पशुओं की देखभाल में बीतता था लेकिन गेंवली गाँव के आसपास के जंगलों में बाघ जैसे खतरनाक जानवर भी रहते थे। पहाड़ी गाँवों में अक्सर बाघ का डर बना रहता है। जंगल कटने के कारण शिकार की तलाश में बाघ कभी-कभी गाँव तक पहुँच जाते हैं। गेंवली गाँव में एक बार यही हुआ। एक बाघ ने गाँव में घुसकर एक गाय को मार डाला। सुबह होते ही यह खबर गाँव में फैल गई। गाँव के डरे हुए लोग गोपाल आश्रम गए और उन लोगों ने मीरा बहन को अपनी चिंता बताई।

1. मीरा बहन किसे छोड़कर भारत आ गई थी?

(a) अपने पति को
(b) अपने माता-पिता को
(c) अपने भाई-बहन को
(d) अपने मित्रों को

2. मीरा बहन किसके साथ काम करने लगीं?

(a) गाँधी जी
(b) नेहरू जी
(c) अम्बेडकर
(d) सुभाष चन्द्र बोस

3. मीरा बहन ने किस आश्रम की स्थापना की?

(a) कृष्ण आश्रम
(b) गोपाल आश्रम
(c) राधा-कृष्ण आश्रम
(d) गोविंद आश्रम

4. आजादी के कितने साल के बाद मीरा बहन ने आश्रम की स्थापना की थी?

(a) 3 वर्ष बाद
(b) 4 वर्ष बाद
(c) 5 वर्ष बाद
(d) 6 वर्ष बाद

5. लोगों की चिन्ता का क्या कारण था?

(a) जंगलों की कटाई होना
(b) हिंसक पशुओं का गाँव में आना
(c) भालू का गाँव में आना
(d) बाघ का गाँव में आना

अनुच्छेद-17

वैसे तो मेरे मामा के गाँव का होने के कारण मुझे बदलू को 'बदलू मामा' कहना चाहिए था परंतु मैं उसे 'बदलू मामा' न कहकर बदलू काका कहा करता था जैसा कि गाँव के सभी बच्चे उसे कहा करते थे। बदलू का मकान कुछ ऊँचे पर बना था। मकान के सामने बड़ा-सा सहन था जिसमें एक पुराना नीम का वृक्ष लगा था। उसी के नीचे बैठकर बदलू अपना काम किया करता था। बगल में भट्ठी दहकती रहती जिसमें वह लाख पिघलाया करता। सामने एक लकड़ी की चौखट पड़ी रहती जिस पर लाख के मुलायम होने पर वह उसे सलाख के समान पतला करके चूड़ी का आकार देता। पास में चार-छह विभिन्न आकार की बेलननुमा मुंगेरियाँ रखी रहतीं जो आगे से कुछ पतली और पीछे से मोटी होतीं। लाख की चूड़ी का आकार देकर वह उन्हें मुँगेरियों पर चढ़ाकर गोल और चिकना बनाता और तब एक-एक कर पूरे हाथ की चूड़ियाँ बना चुकने के पश्चात वह उन पर रंग करता।

1. लेखक को बदलू को किस संबोधन से पुकारता था।

(a) मामा
(b) चाचा
(c) काका
(d) ताऊ

2. 'वृक्ष' और 'गोल' के पर्यायवाची हैं–

(a) बरगद, वृत्त
(b) गाछ, चक्र
(c) पेड़, शून्य
(d) तरू, द्रुम

3. बदलू अपना काम कहाँ करता था?

(a) पीपल के वृक्ष के नीचे
(b) आम के वृक्ष के नीचे
(c) नीम के वृक्ष के नीचे
(d) वट के वृक्ष के नीचे

4. बदलू अपना कौन-सा काम करता था?

(a) चूड़ी बनाने का
(b) चौखट बनाने का
(c) लोहे की छड़ बनाने का
(d) मुंगेरियाँ बनाने का

5. वह चूड़ी किससे बनाता था?
(a) काँच से
(b) प्लास्टिक से
(c) लाख से
(d) पीतल से

अनुच्छेद-18

"मैं और गहराई की खोज में किनारों से दूर गई तो मैंने एक ऐसी वस्तु देखी कि मैं चौंक पड़ी। अब तक समुद्र में अँधेरा था, सूर्य का प्रकाश कुछ ही भीतर तक पहुँच पाता था और बल लगाकर देखने के कारण मेरे नेत्र दुखने लगे थे। मैं सोच रही थी कि यहाँ पर जीवों को कैसे दिखाई पड़ता होगा कि सामने ऐसा जीव दिखाई पड़ा मानो कोई लालटेन लिए घूम रहा हो। यह एक अत्यंत सुंदर मछली थी। इसके शरीर से एक प्रकार की चमक निकलती थी जो इसे मार्ग दिखलाती थी। इसका प्रकाश देखकर कितनी छोटी-छोटी अनजान मछलियाँ इसके पास आ जाती थीं और यह जब भूखी होती थी तो पेट भर उनका भोजन करती थी।"

इसी स्थान के आस-पास एक दुर्घटना होते-होते बची। हम लोग अपनी इस खोज से इतने प्रसन्न थे कि अंधा-धुँध बिना मार्ग देखे बढे जाते थे। इससे अचानक एक ऐसी जगह जा पहुँचे जहाँ तापक्रम बहुत ऊँचा था। यह हमारे लिए असह्य था। हमारे अगुवा काँपे और देखते-देखते उनका शरीर ओषजन और हद्रजन में विभाजित हो गया। इस दुर्घटना से मेरे कान खड़े हो गए। मैं अपने और बुद्धिमान साथियों के साथ एक ओर निकल भागी।

1. बूँद कहाँ गई थी?
(a) नदी के भीतर
(b) समुद्र के भीतर
(c) तालाब के भीतर
(d) झरने के भीतर

2. बूँद को कैसा जीव दिखाई दिया?
(a) चमकने वाली मछली
(b) विशालकाय मछली
(c) तारा मछली
(d) छोटी-छोटी मछलियाँ

3. 'कान खड़े होना' मुहावरे का अर्थ है-
(a) भयभीत होना
(b) सावधान होना
(c) सहम जाना
(d) क्रोधित होना

4. बूँद क्यों काँप उठी?
(a) तापमान में कमी के कारण
(b) अत्यधिक वायु वेग के कारण
(c) लहरों के आने के कारण
(d) तापमान में वृद्धि के कारण

5. 'भीतर' व 'विभाजित' के विलोम शब्द हैं-
(a) अंदर, खंडित
(b) अंदर, क्षणिक
(c) अंदर, अविभाजित
(d) बाहर, अविभाजित

अनुच्छेद-19

हमारे देश का नाम भारत है। इसकी संस्कृति बहुत पुरानी है। प्राचीन काल में इसे सोने की चिड़िया कहा जाता था और दूर-दूर के देशों के लोग यहाँ व्यापार करने आते थे। इसके उत्तर में हिमालय है, जो दुनिया का सबसे ऊँचा पर्वत है। इसके दक्षिण में विशाल हिंद महासागर है। हिमालय से अनेक पवित्र नदियाँ निकलती हैं। ये नदियाँ देश को हरा-भरा रखती हैं। हमारे देश में छह ऋतुएँ होती हैं। हमारे देश में राम-कृष्ण जैसे वीर, बुद्ध, विवेकानंद और गाँधी जी जैसे महान पुरुषों ने जन्म लिया। आपसी फूट के कारण हम सैंकड़ों वर्षों तक गुलाम रहे। आज आजाद हैं। भारत में अनेक धर्म और जातियों के लोग रहते हैं। हमें ध्यान रखना चाहिए कि हम पहले भारतीय हैं, फिर और कुछ।

1. 'इसके दक्षिण में विशाल हिंद महासागर है' वाक्य में रेखांकित शब्द है-
(a) संज्ञा
(b) विशेषण
(c) प्रविशेषण
(d) अव्यय

2. दूसरे देशों के लोग यहाँ क्या करने आते थे?
(a) व्यापार करने
(b) भ्रमण करने
(c) शिक्षा ग्रहण करने
(d) युद्ध-कौशल सीखने

3. भारत के उत्तर और दक्षिण में क्या-क्या है?
(a) हिमालय व अरब सागर
(b) हिमालय व बंगाल की खाड़ी
(c) हिमालय व केरल
(d) हिमालय व हिंद महासागर

4. भारत में कितनी ऋतुएँ होती है?
(a) तीन
(b) चार
(c) छः
(d) आठ

5. व्यक्तिवाचक संज्ञा है-
(a) नदी
(b) महासागर
(c) जातियाँ
(d) हिमालय

अनुच्छेद-20

अंग्रेजों के यहाँ आने के बहुत पहले करनाल विख्यात हो चुका था। कहा जाता है कि इसे महाभारत के महान युद्ध में कौरवों के वीर योद्धा राजा कर्ण ने बसाया था। यह वही जगह है, जहाँ फारस के हमलावर नादिरशाह ने मुगल बादशाह मुहम्मद शाह को 1739 में पराजित किया था। यह युद्ध दो घंटे तक लड़ा गया और इसमें बादशाह के बीस हजार सिपाही मारे गए। अगले दिन नादिरशाह दिल्ली की ओर बढ़ गया ताकि शहर को लूट सके और कत्लेआम कर सके। करनाल अंग्रेजों के कब्जे में सन् 1897 में आया। लगभग तीस वर्षों के बाद करनाल की तकरीबन सारी आबादी हैजा और मलेरिया के प्रकोप से साफ हो गई। आज करनाल पंजाब या हरियाणा के किसी भी दूसरे शहर जैसा स्वस्थ है।

1. करनाल का संस्थापक किसे कहा जाता है?
(a) अंग्रेज सम्राट को
(b) कर्ण को
(c) नादिरशाह को
(d) मुहम्मद शाह को

2. कर्ण कौन था?
(a) पांडवों का मित्र
(b) कौरवों का वीर योद्धा
(c) दिल्ली का सम्राट
(d) अंग्रेज़ राजा

3. करनाल की आबादी किसने साफ कर दी?
(a) कौरवों और पांडवों ने
(b) नादिरशाह और मुहम्मद शाह ने
(c) बारिश और बाढ़ ने
(d) हैजा और मलेरिया ने

4. **नादिरशाह दिल्ली की ओर बढ़ गया, क्योंकि वह चाहता था–**
   (a) उसे बनाना
   (b) उसे जीतना
   (c) उसे लूटना
   (d) उसे छोड़ना

5. **'कत्लेआम' शब्द का अर्थ होता है–**
   (a) एक बड़ी लूट
   (b) नर-संहार
   (c) अच्छा शिकार
   (d) लाठी चार्ज

अनुच्छेद-21

किसी मकान में एक बिल्ली ने बहुत से चूहों को मार डाला। एक शाम को एक बुजुर्ग चूहे ने सब चूहों से कहा, "आज रात सभी चूहों को मेरे बिल में आना है। हम सोचेंगे कि इस बिल्ली के बारे में क्या किया जाए।"

सभी चूहे आए। कई चूहों ने इस समस्या पर भाषण दिए, लेकिन कोई हल न निकला। अंत में एक नौजवान चूहा उठ खड़ा हुआ और बोला, "हम लोगों को बिल्ली के गले में एक घंटी बाँध देनी चाहिए। जब भी वह पास आएगी, हम लोग घंटी की आवाज सुनकर सजग हो जाएँगे और दौड़कर छिप जाएँगे। इस तरह वह किसी चूहे को पकड़ नहीं पाएगी।"

बुजुर्ग चूहे ने पुछा, "लेकिन बिल्ली के गले में घंटी बाँधेगा कौन?"

किसी चूहे ने जवाब नहीं दिया।

बुजुर्ग चूहे ने काफी इंतजार किया, लेकिन कोई न बोला। अंत में बुजुर्ग चूहे ने कहा, "सलाह देना कठिन नहीं होता, लेकिन करके दिखाना उससे बहुत कठिन होता है।"

1. **कहांनी की सीख है कि–**
   (a) बिल्ली के गले में घंटी नहीं बाँधी जा सकती।
   (b) नौजवान लोग अच्छी सलाह देते हैं।
   (c) सुझाव देना आसान है, लेकिन करके दिखाना कठिन है।
   (d) कोई भी समस्या सुलझाने के लिए सभा बुलाना जरूरी होता है।

2. **'चूहा' का बहुवचन है–**
   (a) चुहिया
   (b) चूहे
   (c) मूषक
   (d) मूस

3. **चूहों के सामने क्या समस्या थी?**
   (a) खाने के लिए भोजन की कमी थी।
   (b) रहने के लिए जगह की कमी थी।
   (c) बिल्ली ने बहुत-से चूहों को मार डाला था।
   (d) बुजुर्ग चूहे ने उन्हें धमकी दी थी।

4. **बुजुर्ग चूहे ने सब चूहों को इसलिए बुलाया ताकि–**
   (a) उन्हें सावधान कर सके।
   (b) उन्हें नौजवान चूहे से परिचित करा सके।
   (c) समस्या का हल ढूँढ़ सके।
   (d) चूहों के मरने पर शोक व्यक्त कर सके।

5. **नौजवान चूहे ने क्या सुझाया?**
   (a) बिल्ली को मार डालो
   (b) बिल्ली के गले में घंटी बाँधो
   (c) मकान छोड़ दो
   (d) अपना नेता बदल डालो

अनुच्छेद-22

जानवरों की तरह पौधे चलते-फिरते नहीं हैं वे अपनी जड़ों से मिट्टी में स्थिर रहते हैं। जड़ पानी खींचती है, जिसमें पौधों की खुराक घुली रहती है। जड़ मिट्टी से खुराक खींचकर पौधे के अन्य भागों तक भेजती है। डेलिया और गाजर की तरह कुछ पौधों की जड़ें खाद्य-पदार्थ का भंडारण करती हैं। पौधे अपने तने के सहारे खड़े रहते हैं, जिससे पत्तों को धूप व हवा मिल सके। तना खाद्य-नलिका का काम भी करता है वह जड़ से खाद्य ले लेता है। पत्ते धूप व हवा का इस्तेमाल कर पौधे को जीवित रखने के लिए आवश्यक भोजन का निर्माण करते हैं। पत्तों में बारीक छिद्र होते हैं, जो पौधों की नमी को दूर करते हैं। इन्हीं छिद्रों से पत्ते ऑक्सीजन खींचकर साँस लेते हैं। फूल बीजों का निर्माण करता है, जिससे नए पौधे निकलते हैं।

1. **नए पौधे बनते हैं–**
   (a) पुराने पौधों से
   (b) उपजाऊ मिट्टी से
   (c) फूलों द्वारा बनाए गए बीजों से
   (d) वर्षा-जल से

2. **नीचे लिखी बातों में कौन-सी सच नहीं है?**
   (a) जड़ें पौधे को मिट्टी से बाँधकर स्थिर रखती हैं।
   (b) पौधे भी चल-फिर सकते हैं।
   (c) तने के सहारे पौधे खड़े रहते हैं।
   (d) पत्ते भोजन बनाते हैं।

3. **किसी पौधे के सारे पत्तों को यदि तोड़ डालें, तो क्या होगा?**
   (a) वह तेजी से बढ़ेगा।
   (b) वह तेजी से साँस लेगा।
   (c) वह खाद्य-भंडारण करेगा।
   (d) वह शीघ्र ही मर जाएगा।

4. **पौधे किससे मिट्टी में स्थिर रहते हैं?**
   (a) जड़ों से
   (b) तने से
   (c) पत्तों से
   (d) फूलों से

5. **तने को खाद्य-नलिका भी कहते हैं, क्योंकि**
   (a) वह नलिका जैसा दिखता है।
   (b) वह जड़ों से खुराक खींचता है।
   (c) वह खाद्य का निर्माण करता है।
   (d) वह खोखला होता है।

अनुच्छेद-23

बहुत दिन पूर्व मालवा में एक राजपूत राजा रहता था। उसका राज्य छोटा और शांतिपूर्ण था। उसमें विशेष लड़ाइयाँ या राजनीतिक समस्याएँ नहीं थीं। इसलिए उसके जीवन का एक ही लक्ष्य था-अपनी प्रजा को प्रसन्न रखना।

एक साल वहाँ भयंकर सूखा पड़ा। खेत सूख गए और चटक गए, पेड़ गंजे हो गए। धरती पर किसी भी प्रकार के फूल, फल या फसलें नहीं बचीं। राजा सोचने लगा कि अपनी प्रजा को दुर्भिक्ष से कैसे बचाया जाए।

वह नर्मदा नदी के पास गया, झुका और प्रार्थना की, "हे पवित्र नर्मदा, हमें वर्षा का वरदान दो। मेरी प्रजा को दुर्भिक्ष से बचाओ। मैं तुम्हें अपना पहला बच्चा दान दे दूँगा।"

थोड़े ही समय में आकाश बादलों से घिर गया। भारी वर्षा हुई गीली धरती पर हल चलाया गया। बीज बोए गए। कुछ ही महीने बाद भरपूर फसल हुई लोगों ने खूब आनन्द मनाया।

1. **राजा की समस्या क्या थी?**
   (a) लड़ाइयाँ
   (b) शांति
   (c) दुर्भिक्ष
   (d) हलचल

2. किस कथन से प्रकट होता है कि राजपूत राजा अपनी प्रजा को प्यार करता था?

(a) राजा ने अपने पहले बच्चे को नर्मदा को दान देने का वचन दिया।

(b) उसने अपनी प्रजा के लिए अन्न के सरकारी भंडार खोल दिए।

(c) उसने पड़ोसी राज्यों पर दबाव डाला कि वे भोजन का दान करें।

(d) भूखों को भोजन कराने के लिए उसने सहायता-शिविर खोले।

3. जब सूखा पड़ता है, तो

(a) वर्षा सूख जाती है।

(b) धरती सूख जाती है और चटक जाती है।

(c) लोग बड़े प्रसन्न होते हैं।

(d) लोग बीज बोते हैं।

4. राजा ने नर्मदा से प्रार्थना की

(a) अनाज के लिए

(b) दुर्भिक्ष के लिए

(c) वर्षा के लिए

(d) एक बच्चे के लिए

5. 'नदी' का पर्यायवाची है–

(a) अनंता

(b) सरिता

(c) गंगा

(d) तरनि

अनुच्छेद-24

दो मित्र जंगल में थे। उन्होंने एक भालू को अपनी ओर आते देखा। बड़ा लड़का डर के मारे जल्दी से पेड़ पर चढ़ गया और अपने मित्र को भूल गया। छोटा लड़का ठीक से चढ़ नहीं सकता था। वह धरती पर लेट गया और उसने मरे होने का बहाना किया। भालू आया। वह उसके चारों ओर घूमा। उसने अपना चेहरा बच्चे के चेहरे के काफी निकट लगाया। उसे सूंघा, देखा और अंततः उसे छोड़ कर चला गया।

बड़ा लड़का पेड़ से उतरा। अपने मित्र की ओर दौड़ा और उससे पूछा, "अरे, तुम ठीक-ठाक हो? भालू क्या कर रहा था?"

मित्र ने उत्तर दिया, "वह मुझसे बातें कर रहा था। उसने मुझे कहा-ऐसे मित्र का भरोसा मत करो, जो संकट के समय तुम्हारी मदद न करे।"

1. बड़ा लड़का पेड़ पर चढ़ गया, क्योंकि

(a) वह जंगल में अकेला था।

(b) वह भालू से अपने को बचाना चाहता था।

(c) वह पेड़ पर आसानी से चढ़ सकता था।

(d) उसने सोचा वह भालू को आसानी से गोली मार देगा।

2. 'मरे होने का बहाना किया' का आशय है

(a) भयभीत दिखाई पड़ा।

(b) ऐसा दिखा जैसे मर गया हो।

(c) धरती पर चित पड़ गया।

(d) लगभग जीवनहीन।

3. भालू ने छोटे लड़के को कोई हानि नहीं पहुँचाई, क्योंकि–

(a) उसने सोचा लड़का मर गया है।

(b) उसे दया आ गई।

(c) वह लड़के से डर गया।

(d) वह पेड़ पर नहीं चढ़ा।

4. कहानी में सबसे चालाक कौन था?

(a) भालू

(b) बड़ा लड़का

(c) बड़ा लड़का और भालू

(d) छोटा लड़का

5. कहानी की सीख क्या है?

(a) जो संकट के समय धोखा न दे, वही सच्चा मित्र है।

(b) जो अपने हितों की रक्षा करे, वही सच्चा मित्र है।

(c) जो सदा मीठा व्यवहार करे, वही सच्चा मित्र है।

(d) जो खुशी के दिनों में आपके साथ रहे, वही सच्चा मित्र है।

अनुच्छेद-25

छः नेत्रहीन व्यक्ति थे। उन्होंने हाथी को कभी नहीं देखा था, किंतु वे जानना चाहते थे कि हाथी कैसा दिखाई पड़ता है। इसलिए वे एक हाथी के निकट गए।

पहला नेत्रहीन हाथी की बगल से टकराया। उसने तुरन्त कहा, "हाथी दीवार की तरह होता है।" दूसरे नेत्रहीन के हाथ हाथी का दाँत लगा। वह चिल्लाया, "अरे हाथी भाले जैसा होता है।" तीसरे नेत्रहीन के हाथ में हाथी की सूँड़ आई। उसने बड़े विश्वास से कहा, "हाथी निश्चय साँप जैसा होता है।" चौथे ने अपने हाथ फैलाए और हाथी की टाँग को छुआ। उसने कहा, "हाथी पेड़ के तने जैसा होता है।" संयोग से पाँचवें ने हाथी का कान छुआ। उसने कहा, "हाथी पंखे जैसा होता है।" छठे और अंतिम नेत्रहीन के हाथ उसकी पूँछ आई। वह चिल्लाया, "हाथी रस्सी के समान होता है।"

वे नेत्रहीन बहस करते रहे। प्रत्येक ने जो कहा वह ठीक था। पर वास्तव में सभी गलत थे।

1. छः नेत्रहीन लोग एक हाथी के निकट क्या पता करने गए थे–

(a) हाथी का स्वरूप

(b) हाथी की सूँड़ का आकार

(c) हाथी का रंग

(d) हाथी की पूँछ

2. पहले नेत्रहीन को हाथी प्रतीत हुआ–

(a) एक भाले जैसा।

(b) पेड़ के तने जैसा।

(c) दीवार जैसा।

(d) पंखे जैसा।

3. तीसरे नेत्रहीन ने कहा- हाथी साँप जैसा होता है, क्योंकि उसने छुआ था–

(a) हाथी की टाँग को।

(b) हाथी के कान को।

(c) हाथी के दाँत को।

(d) हाथी की सूँड़ को।

4. सभी छः नेत्रहीन यह बताने में गलती कर रहे थे कि हाथी कैसा दिखाई देता है, क्योंकि–

(a) प्रत्येक ने हाथी का केवल एक अंग छुआ।

(b) प्रत्येक ने विश्वास के बिना उत्तर दिया।

(c) उन्होंने अपने दृष्टिकोण पर बार-बार बहस की।

(d) उन्होंने तय कर लिया था कि एक-दूसरे का विरोध करेंगे।

5. 'संयोग से पाँचवें ने हाथी का कान छुआ'– यहाँ 'संयोग से' का क्या अर्थ है?

(a) जानबूझकर

(b) अचानक

(c) कहे जाने पर

(d) पसंद से

अनुच्छेद-26

बहुत समय पहले एक वन में एक विशाल और ऊँचा लाल लकड़ी वाला पेड़ खड़ा था। उस पेड़ ने पूछा, "मैं यहाँ क्यों हूँ?" किन्तु खेद है कि किसी ने उसे सुना नहीं। लाल लकड़ी वाला पेड़ वहाँ और भी अनेक वर्षों तक खड़ा रहा। उसकी पत्तियाँ हरी और सुई जैसी थीं और वह साल भर हरा-भरा रहता था। यही कारण था कि चिड़ियाँ उस पेड़ को बहुत

चाहती थीं। वे बड़ी हुई और उनके बच्चे हुए। वे सब-के-सब उस लाल लकड़ी वाले पेड़ पर रहे।

लगभग दो सौ पक्षी-परिवार उसे अपना घर कहते थे। सूर्यास्त के समय घोंसलों पर बैठी चिड़ियों की आवाज इतनी ऊँची होती की हिरन उस पेड़ के तने से अपनी पीठ खुजला नहीं पाते थे। चिड़ियों का शोर उनके कानों को चुभता था।

एक दिन पेड़ ने वही प्रश्न पूछा जो वह इतने दिनों से पूछता आया था। "मैं यहाँ क्यों हूँ? मेरी इच्छा है कि कोई मुझे काट डाले और मेरी लकड़ी से दस घरों का निर्माण करे। तब मैं किसी काम आ सकूँगा।"

एक काली चिड़िया ने पेड़ की आवाज सुन ली। वह धरती से पेड़ की चोटी पर बैठ गई और दूसरी चिड़ियों को कहने लगी, "हमारा यह पेड़ जंगल को छोड़ना चाहाता है। हमारा पेड़ समझता है कि वह कोई अच्छा काम नहीं कर रहा है। आओ, हम सब मिलकर पेड़ से कहें" उन्होंने कहा, "आज तुम दो सौ घरों वाले हो, दस घर नहीं बल्कि दस के बीस गुना अधिक! तुम हम सबसे लिए घर हो कृपया इस जंगल को मत छोड़ो।" उस दिन वह पेड़ यह जानकर बहुत खुश हुआ कि वह वहाँ क्यों है?

1. चिड़ियाँ लाल लकड़ी वाले पेड़ को चाहती थीं, क्योंकि–

(a) वे उसके बीज खा सकती थीं और डालियों पर बैठ सकती थीं।

(b) वह सारे साल हरा-भरा रहता था और उसकी पत्तियाँ सुई जैसी थीं।

(c) वे जमीन के निकट रह सकती थीं।

(d) वे शिखर के समीप रह सकती थीं।

2. पेड़ उदास रहता था, क्योंकि–

(a) वह जंगल में अकेला था।

(b) वह चाहता था कि उसकी लकड़ी से घर बनें।

(c) पेड़ से हिरन अपनी पीठ खुजलाते थे।

(d) चिड़ियों का शोर उसके कानों को चुभता था।

3. 'धरती से चोटी पर' कथन का आशय है–

(a) पेड़ के नीचे

(b) धरती से पेड़ के मध्य भाग तक

(c) धरती से पेड़ के सबसे ऊपरी भाग तक

(d) पेड़ के मध्य भाग से सबसे ऊपरी भाग तक

4. लेखक ने यह कहानी मुख्यतः यह बताने के लिए लिखी है कि–

(a) लाल लकड़ी वाले पेड़ जंगल के लिए महत्त्वपूर्ण क्यों हैं?

(b) लोगों को घर बनाने के लिए लाल लकड़ी वाले पेड़ खरीदवाना।

(c) चिड़ियों को खुश रखना।

(d) वे तथ्य बताना कि लाल लकड़ी वाले पेड़ अप्रसन्न क्यों रहते हैं।

5. कहानी के अन्त में लाल लकड़ी वाला पेड़ कैसा अनुभव करता है?

(a) क्रोध (b) प्रसन्नता

(c) भय (d) दिल्लगी

अनुच्छेद–27

लगभग तीन सौ पचास वर्ष पूर्व भारत में शाहजहाँ नाम का एक सम्राट् था। उसकी एक सुन्दर और समझदार रानी थी, जिसे वह बहुत प्यार करता था। उसका नाम था मुमताज महल। इसके संक्षिप्त रूप ताजमहल का अर्थ है– 'महल का गौरव'। सन् 1630 में सम्राट की प्रिय पत्नी का देहान्त हो गया। पत्नी के प्रति प्रेम के कारण सम्राट् ने उसके लिए एक बहुत सुन्दर मकबरा बनाने का निश्चय किया, जो अभी तक नहीं देखा गया। शाहजहाँ ने भारत, तुर्की, फारस और अरब के श्रेष्ठ कलाकारों और शिल्पियों को मकबरे की रूपरेखा बनाने के लिए एकत्रित किया। भारत की इस सर्वश्रेष्ठ इमारत ताजमहल के निर्माण में 20,000 से अधिक मजदूरों को 18 वर्ष से अधिक समय लगा।

1. ताजमहल के निर्माण का कारण था–

(a) मुमताज महल के प्रति प्रेम

(b) मुमताज महल की बुद्धिमानी

(c) दुनिया को बताना कि मुमताज महल सुन्दर थी

(d) मुमताज महल की शत्रुओं से रक्षा

2. निम्नलिखित जोड़ों में से किसका सम्बन्ध इमारतों से नहीं है?

(a) रंगसाज और बढ़ई

(b) अध्यापक और चिकित्सक

(c) शिल्पी ओर इंजीनियर

(d) राजमिस्त्री और नलसाज

3. निम्नलिखित में से कौन-सा कार्य 'वास्तुशिल्पी' का है?

(a) राजा को परामर्श देना।

(b) किसी महल का निर्माण करना।

(c) किसी इमारत की रूपरेखा बनाना।

(d) भोजन बनाने के कार्य की देखभाल।

4. उस एक कथन की पहचान कीजिए जो अनुच्छेद से मेल खाता हो–

(a) शाहजहाँ अपने लिए कई महल बनाना चाहता था।

(b) भारत के कलाकारों और शिल्पियों ने शाहजहाँ से अपने लिए काम माँगा।

(c) 'महल का गौरव' कथन का अर्थ है 'शाहजहाँ'।

(d) शाहजहाँ ने अपनी प्रिय पत्नी के लिए एक सुन्दर मकबरा बनाने का निश्चय किया।

5. लोग ताजमहल को मानते हैं–

(a) एक बड़ी नदी

(b) भारत की सबसे सुन्दर इमारत

(c) एक बहुत ऊँची इमारत

(d) एक सम्राट् का स्मारक

अनुच्छेद–28

आधुनिक मानव के संसार में आज मनुष्य द्वारा निर्मित उपग्रहों का बड़ा महत्त्व है। इनसे अन्तरिक्ष के अध्ययन में सहायता मिलती है, जिसने सदियों से मनुष्य को लुभाया और प्रेरित किया है। ये पृथ्वी और हमारे सौरमण्डल के बारे में अधिक जानकारी पाने में भी सहायता कर रहे हैं। उपग्रह तकनीकी में विकास इतना विस्तृत हो गया है कि इससे हमारे जीवन का स्वरूप सुधर गया है। उपग्रह संसार में कहीं भी लोगों से सम्पर्क रखने में, मौसम की भविष्यवाणी में, मौसमी परिवर्तनों पर नजर रखने में और आपदाओं को मॉनीटर करने (टोह लेने) में हमारे सहायक हैं। आज प्रायः प्रत्येक व्यक्ति उपग्रह तकनीकी का उपयोग करता है। क्रेडिट कार्ड से भुगतान करने में या ए०टी०एम० का उपयोग करने में प्रतिदिन उपग्रह तकनीक का ही प्रयोग होता है। इस प्रकार उपग्रह आज के मानव के जीवन में अनिवार्य अंग बन गए हैं।

1. उपग्रह किसके अध्ययन में सहायक हैं?

(a) पशु (b) अन्तरिक्ष

(c) प्लास्टिक (d) जीवाणु

2. अनुच्छेद में प्रयुक्त 'लुभाया' शब्द का आशय है–

(a) प्रसन्न किया

(b) दिलचस्पी बढ़ाई

(c) प्रभावित किया

(d) उत्साहित किया

3. अनुच्छेद के उल्लेख के अनुसार निम्नलिखित में से कौन-सा क्रम सही है?
(a) तकनीकी-मॉनीटर करना-अध्ययन करना
(b) मॉनीटर करना-अध्ययन करना-तकनीकी
(c) अध्ययन करना-मॉनीटर करना-तकनीकी
(d) तकनीकी-अध्ययन करना-मॉनीटर करना

4. 'आधुनिक मानव' कथन का आशय है–
(a) उपस्थित मनुष्य
(b) प्रतिदिन मौजूद मनुष्य
(c) प्रतिदिन का मनुष्य
(d) आज का मनुष्य

5. उपग्रह तकनीकी का उपयोग नहीं हो सकता–
(a) अमरीका में रहने वाले मित्र से बातचीत में
(b) कपड़े धोने और सुखाने में
(c) बैंक से रुपया निकालने में
(d) तूफान की चेतावनी देने में

अनुच्छेद-29

मरुस्थल वह स्थान है जहाँ चारों ओर रेत ही रेत होती है। यह स्थान गर्म और सूखा होता है। मरुस्थलों में बहुत कम वर्षा होती है। इसलिए वहाँ बहुत कम वृक्ष उगते हैं। मरुस्थलों में उगने वाले पौधे हैं कैक्टस, खजूर और काँटेदार झाड़ियाँ, जिन्हें बढ़ने के लिए अधिक जल की आवश्यकता नहीं होती।

'सहारा' संसार का सबसे बड़ा मरुस्थल है। यह पूरे उत्तरी अफ्रीका में फैला हुआ है। अरब का मरुस्थल भी बहुत बड़ा है। भारत में भी राजस्थान में थार नाम का एक मरुस्थल है। मरुस्थल में जीवन कठोर होता है। दिन बहुत गर्म होते हैं और रातें बहुत ठंडी।

1. संसार में सबसे बड़ा मरुस्थल है–
(a) भारत में
(b) अफ्रीका में
(c) अरब में
(d) अमरीका में

2. खजूर पैदा होता है–
(a) मैदानों में
(b) पहाड़ी क्षेत्रों में
(c) मरुस्थलों में
(d) बर्फीले क्षेत्रों में

3. मरुस्थलीय क्षेत्रों में–
(a) वर्षा नहीं होती है।
(b) भारी वर्षा होती है।
(c) पर्याप्त वर्षा होती है।
(d) बहुत कम वर्षा होती है।

4. मरुस्थल की जलवायु है–
(a) मनोहर (b) कठोर
(c) आरामदायक (d) शीतल

5. मरुस्थलों में पेड़ बहुत कम उगते हैं, क्योंकि–
(a) अधिकांश पेड़ों को पानी की जरूरत होती है।
(b) चारों ओर रेत-ही-रेत होती है।
(c) रातें बहुत ठंडी होती हैं।
(d) पेड़ों की देखभाल करने वाला कोई नहीं होता।

अनुच्छेद-30

सुनील के मित्र उसके यहाँ अपनी छुट्टियाँ बिता रहे थे। सुनील ने अपने पिता से उन्हें सर्कस ले जाने की अनुमति ली। वे कुल 6 लोग थे। सुनील, उसके माता-पिता, बहिन वीना और मित्र गीता और राजू। वे बाहर निकले और बस की देर तक प्रतीक्षा की। सुनील के पिता ने तय किया कि वे उन्हें अपने स्कूटर पर ले जाएँगे। सुनील और राजू सामने खड़े हो गए और वीना अपने पिता और माँ के बीच में बैठ गई। गीता सुनील की माँ के पीछे बची थोड़ी-सी जगह पर बैठ गई। वाहन अतिभार से दबा था। टायर पंचर हो जाने से वह रास्ते में ही रुक गया। वे उदास होकर घर लौट आए। सुनील के पिता ने अपनी गलती महसूस की।

1. सुनील जाना चाहता था–
(a) चिड़ियाघर (b) सर्कस
(c) पार्क (d) स्कूल

2. .... और .... सुनील के मित्र थे।
(a) राजू और वीना
(b) वीना और गीता
(c) गीता और राजू
(d) गीता और रहीम

3. सुनील सर्कस नहीं जा सका, क्योंकि–
(a) वर्षा हो रही थी।
(b) पिता जी काम में व्यस्त थे।
(c) उसकी तबीयत ठीक नहीं थी।
(d) स्कूटर का टायर पंचर हो गया था।

4. सुनील के पिता के स्कूटर पर कितने लोग गए?
(a) चार (b) छह
(c) तीन (d) पाँच

5. सुनील के पिता ने गलती की–
(a) सर्कस जाने की योजना बनाकर
(b) बस की प्रतीक्षा करके
(c) स्कूटर पर अधिक भार ढोकर
(d) सुनील के मित्रों को सर्कस ले जाकर

अनुच्छेद-31

ओलम्पिक में भारतीय खिलाड़ियों को गलतियाँ करते देखना दुःखद दृश्य है। विश्व के सबसे बड़े खेल समारोह से मात्र एक स्वर्ण पदक लेकर लौटना दिल में बेचैनी पैदा करने वाली बात है। भारतीय-दल के औसत से भी कम प्रदर्शन के पीछे योजना की कमी, पर्याप्त प्रशिक्षण का अभाव और विदेशी परिस्थितियों के प्रति खुलेपन का अभाव आदि को माना जा सकताा है। जहाँ तक प्रतिभा का प्रश्न है, उसकी कोई कमी नहीं है। एक करोड़ से अधिक जनसंख्या में प्रतिभा की अधिक तलाश नहीं करनी पड़ती। अब सौ टके का सवाल यह है कि इस प्रतिभा को ओलम्पिक के मंच पर क्या हो जाता है? केवल एक ही स्पष्टीकरण सम्भव है-धन की अधिकता या उसकी कमी ही भारत के दर्द का मूल कारण है।

1. इस अनुच्छेद में प्रयुक्त 'बेचैनी' शब्द का अर्थ है–
(a) चिन्ता
(b) बाधा
(c) उद्विग्नता
(d) घबराहट

2. सबसे बड़ा खेल समारोह किसे कहा गया है?
(a) पर्याप्त प्रशिक्षण
(b) खेलों को देखना
(c) ओलम्पिक
(d) पदक जीतना

3. भारतीय खिलाड़ियों के मामूली प्रदर्शन के क्या कारण हैं?
(a) योजना, प्रशिक्षण और विदेशी परिस्थितियों के प्रति खुलेपन का अभाव।
(b) खाने की आदतें, पर्याप्त प्रशिक्षण सुविधाएँ और योजना की कमी।
(c) विदेशी स्थितियों के प्रति खुलापन, प्रशिक्षण के तरीके और पर्याप्त प्रशिक्षण सुविधाएँ।
(d) प्रशिक्षण समय, योजना की कमी और विदेशी परिस्थितियों के प्रति खुलापन।

4. 'सौ टके का सवाल' मुहावरे का अर्थ है–

(a) जिस प्रश्न के उत्तर से सौ रुपये प्राप्त हों

(b) बहुत महत्त्वपूर्ण और प्रासंगिक प्रश्न

(c) सौ रुपये मूल्य का प्रश्न

(d) सौ रुपये पाने पर, जिसका उत्तर दिया जा सके

5. ओलम्पिक के मंच पर भारतीय प्रतिभा की असफलता का मूल कारण क्या है?

(a) योजना

(b) धन

(c) धन की कमी

(d) धन की अधिकता या उसकी कमी।

अनुच्छेद–32

आज लोगों की स्वास्थ्य समस्याओं में सबसे बड़ी समस्या है- मोटापा। मोटापा जीवन-शैली में खानपान, गतिशीलता, स्वास्थ्य और पोषण में परिवर्तन से आता है। इसके परिणामस्वरूप अस्थिवात, मधुमेह, कुछ प्रकार के कैंसर, दिल के रोग और निम्न आत्म-सम्मान या अवसाद जैसे रोग हो सकते हैं। इसलिए हमें शारीरिक रूप से सक्रिय रहकर और उचित मात्रा में कार्बोहाइड्रेट्स, प्रोटीन, वसा और रेशे, विटामिन और खनिजों से सन्तुलित आहार लेकर अपनी जीवन-शैली में बदलाव लाना चाहिए। योग्य आहारविज्ञानी लोगों के स्वाद, वरीयता, जीवन-शैली और कार्य को ध्यान में रखकर मदद कर सकता है।

1. लेखक के अनुसार मोटापा है–

(a) बीमारी

(b) जीवन-शैली

(c) एलर्जी

(d) दिमागी समस्या

2. निम्नलिखित में से किन में मोटापा कम रहने की सम्भावना है?

(a) जो होटलों, रेस्तरांओं में भोजन करते हैं।

(b) जो कार्यालयों में देर तक काम करते हैं।

(c) जो वातानुकूलित वातावरण में रहते हैं।

(d) खिलाड़ी जो बहुत खेलते रहते हैं।

3. कार्बोहाइड्रेट्स, प्रोटीन, विटामिन और खनिज ये सभी प्रकार हैं–

(a) दवाओं के

(b) रसायनों के

(c) भोजन के

(d) बलवर्धक दवा के

4. आहारविज्ञानी उसे कहते हैं, जो–

(a) वजन घटाने के लिए उपयुक्त व्यायाम सिखाता है।

(b) हमें परामर्श देता है कि हम किस प्रकार का भोजन करें।

(c) अनेक रोगों का इलाज करता है।

(d) वजन कम करने वाले लोगों के लिए कम वसा वाला भोजन बनाता है।

5. लेखक लोगों को अपनी 'जीवन-शैली' बदलने का परामर्श देता है। यह तब बदली जा सकती है जब लोग–

(a) शहरों से गाँवों की ओर जाएँ।

(b) काम पर जाने के लिए वातानुकूलित कार के बजाय पैदल चलें।

(c) बीमार होने पर डॉक्टर को देने के लिए पैसा बचाएँ।

(d) अपनी भोजन आदतें बदलें और अधिक व्यायाम करें।

अनुच्छेद–33

घोड़े कठिन परिश्रम करने वाले पशु हैं, जिन्होंने मनुष्य की सेवा की है और इतिहास को बदला है। मनुष्य ने उन्हें 5000 वर्षों से पालतू बना रखा है। घोड़ों ने मनुष्य को गतिशील बने रहने में सहायता की है। घोड़ों के कारण दूर-दराज के शहरों में जानकारी को बाँटा जा सकता है और वस्तुओं का व्यापार किया जा सकता है। घोड़ों का उपयोग किसानों द्वारा अन्न उगाने में भी किया जाता रहा है, क्योंकि वे खेत को अच्छा जोत सकते हैं। असल में घोड़े इतने शक्तिमान होते हैं कि वाहनों की शक्ति 'हॉर्सपावर' मे मापी जाती है। घुड़सवार लोगों ने युद्ध में सदा उन्हें जीता जिनके पास घोड़े नहीं थे, क्योंकि घोड़े तेज होते हैं और सैनिकों को ऊँचाई तक ले जा सकते हैं। अन्त में घोड़े सुन्दर और तेज चाल वाले होते हैं तथा बहुत से लोग मौज के लिए उन पर सवारी करते हैं। पीठ पर सवार के बैठे होने पर भी वे बाधाओं को लाँघ कर चल सकते हैं।

1. लगभग 5000 वर्षों से घोड़ों को–

(a) मारा गया है

(b) लड़ाया गया है

(c) पालतू बनाया गया है

(d) दौड़ाया गया है

2. कोई व्यक्ति या वस्तु जो इधर-उधर चल-फिर सकता है, उसे कहा जाता है–

(a) घोड़े जैसा (b) गतिशील

(c) तेज (d) मजबूत

3. निम्नलिखित में से किसके लिए घोड़ों की आवश्यकता नहीं है?

(a) गाँवों के बीच संचार

(b) टूटी चीजें जोड़ना

(c) कृषि

(d) युद्ध जीतना

4. 'हॉर्सपावर' से नापी जाती है–

(a) कौन-सा घोड़ा बलवान है।

(b) घोड़े पर कितने लोग सवारी कर सकते हैं।

(c) वाहनों की शक्ति।

(d) बिजली का रूप।

5. घोड़ों का सबसे अच्छा वर्णन किससे किया जा सकता है?

(a) शक्तिमान

(b) सुन्दर

(c) उपयोगी

(d) उपर्युक्त सभी।

अनुच्छेद–34

हृदय एक विशिष्ट मांसपेशी है, जो पम्प का कार्य करता है। इसके कार्य में कभी रुकावट नहीं डाली जा सकती। इसका काम है शरीर में ऑक्सीजनयुक्त रक्त को प्रवाहित रखना। शरीर की सारी कोशिकाओं को, विशेषकर मस्तिष्क की कोशिकाओं को, निरन्तर ऑक्सीजन चाहिए। मस्तिष्क की कोशिकाओं को ऑक्सीजन न मिले तो वे केवल चार-पाँच मिनट ही जीवित रह पाती हैं और फिर सारा शरीर ही मृत हो जाता है।

1. हृदय के बारे में निम्नलिखित में से कौन-सा कथन असत्य है?

(a) इसका प्रमुख काम है, शरीर की सभी कोशिकाओं को ऑक्सीजन देना।

(b) हृदय एक विशिष्ट मांसपेशी है।

(c) इसका कोई आकार नहीं होता है।

(d) इसे रात-दिन बिना रुके शरीर के अन्य अंगों को रक्त पहुँचाना होता है।

2. किसी व्यक्ति के हृदय के कार्य में थोड़ी देर के लिए रुकावट आ जाए, तो क्या होगा?

(a) वह कुछ ही मिनटों में मर जाएगा।

(b) वह बेहोश हो जाएगा।

(c) उसके शरीर में दर्द होने लगेगा।

(d) उसका रंग पीला पड़ जाएगा।

3. **इस अनुच्छेद में प्रयुक्त 'निरन्तर' शब्द का अर्थ है–**
(a) सदा एक ही संख्या बनी रहना
(b) बिना रुके कार्य करते रहना
(c) कभी न बदलने वाली कोई वस्तु
(d) बार-बार होते रहने वाली घटना

4. **हृदय जिन अंगों को रक्त पहुँचाता है उनमें सबसे महत्त्वपूर्ण अंग है–**
(a) हाथ-पैर
(b) शरीर की सभी कोशिकाएँ
(c) फेफड़े
(d) मस्तिष्क

5. **पूरे शरीर में रक्त को पम्प करने के अतिरिक्त हृदय का दूसरा कार्य है–**
(a) आश्वस्त करना कि तन्त्रिका तन्त्र काम करता रहे और शरीर लकवाग्रस्त न हो।
(b) ऑक्सीजन मिलाकर रक्त को शुद्ध करना और शरीर के सब अंगों तक पहुँचाना।
(c) मनुष्यों को सही ढंग से साँस लेने में मदद करना ताकि हृदय को अधिक ऑक्सीजन मिले।
(d) लोगों को चलने-फिरने में मदद करना ताकि वे हमेशा चुस्त रहें।

अनुच्छेद-35

तरबूज मनुष्य का बहुत प्राचीन काल से ज्ञात फलों में से एक है। दुनियाभर के 96 देशों में इस रसीले मीठे फल की खेती होती है। माना जाता है कि लगभग 5000 वर्ष पूर्व अफ्रीका में तरबूज की खेती खूब होती थी। कहा जाता है कि भारत में भी तरबूज की खेती तभी से हो रही है, जब से अफ्रीका में। यह फल केवल रसीला और स्वादिष्ट ही नहीं, अपितु स्वास्थ्य के लिए भी अच्छा है। यह विटामिन-सी का अच्छा स्रोत है। तरबूज के बीज रक्तचाप कम करने में सहायक होते हैं। चीनी लोग एक लीटर पानी में एक चम्मच तरबूज के बीज उबालकर चाय बनाते हैं।

1. **5000 वर्ष पूर्व तरबूज की खेती होती थी–**
(a) भारत और अफ्रीका में
(b) भारत में
(c) अफ्रीका में
(d) एशिया में

2. **अनुच्छेद से वह अंश छाँटिए, जिसका अर्थ है– 'उगाया जाता था'।**
(a) कम करना
(b) खेती होती थी
(c) माना जाता था
(d) उबालना

3. **तरबूज के बीज सहायक होते हैं–**
(a) रोगों के उपचार में
(b) चाय बनाने में
(c) पानी उबालने में
(d) रक्तचाप कम करने में

4. **इनमें किस विशेषता के कारण तरबूज स्वास्थ्यवर्धक फल है?**
(a) व्यापक रूप से उगाया जाना
(b) रसीला होना
(c) विटामिन-सी का स्रोत होना
(d) स्वादिष्ट होना

5. **चीनी लोग चाय बनाते हैं, तरबूज के–**
(a) छिलके से
(b) रस से
(c) गूदे से
(d) बीजों से

अनुच्छेद-36

प्रवासी पक्षी उन्हें कहा जाता है, जो मौसम अनुकूल न रहने पर अपने निवास स्थानों को छोड़कर अन्यत्र चले जाते हैं। अधिक ठण्डे स्थानों में उनके लिए जीना कठिन हो जाता है, इसलिए वे ऐसा करते हैं। ये पक्षी आमतौर पर कीड़े-मकोड़े खाते हैं और जाड़ों में उनका भोजन दुर्लभ हो जाता है। कुछ पक्षी गर्म स्थानों से दक्षिण के ठण्डे स्थानों की ओर चले जाते हैं। पक्षियों के कुछ समूह निचले क्षेत्रों से ऊँचे स्थानों की ओर चले जाते हैं। पक्षी दिन की लम्बाई देखकर आने वाले मौसम का अनुमान लगा लेते हैं। पक्षियों में एक विशेष ग्रन्थि होती है, जिससे मौसम का परिवर्तन समझने में उन्हें सहायता मिलती है। कुछ वैज्ञानिकों का मानना है कि पक्षी पृथ्वी के चुम्बकीय क्षेत्र के बारे में अधिक संवेदनशील होते हैं और इसी संवदेनशीलता के कारण वे यह निर्धरित कर सकते हैं कि वे कहाँ से आए हैं।

1. **पक्षी प्रवास क्यों करते हैं?**
(a) भोजन ढूँढ़ने के लिए
(b) गरम मौसम के लिए
(c) ठण्डे मौसम के कारण
(d) अपने अनुकूल मौसम न रहने के कारण

2. **जाड़ों में पक्षियों के भोजन का क्या हो जाता है?**
(a) संचित किया जाता है
(b) खूब मिलता है
(c) नहीं मिलता है
(d) दुर्लभ हो जाता है

3. **दिन की लम्बाई देखकर पक्षी अनुमान लगा लेते हैं–**
(a) बादलों में परिवर्तन का
(b) मौसम में परिवर्तन का
(c) हवा में परिवर्तन का
(d) वर्षा में परिवर्तन का

4. **पक्षियों का कौन-सा अंग मौसम परिवर्तन समझने में सहायक होता है?**
(a) गुर्दा
(b) आँखें
(c) विशेष ग्रन्थि
(d) आवरण

5. **"वे निर्धारित कर सकते हैं कि वे कहाँ से आए।" इस वाक्य में 'निर्धारित करना' का अर्थ है–**
(a) निर्णय करना
(b) तय करना
(c) वर्णन करना
(d) समझना

अनुच्छेद-37

अनिल को फिर से स्कूल के लिए देर हो गई। उसे सुबह 7 : 45 बजे बस स्टॉप पर होना चाहिए था। पर, जब अनिल बस. स्टॉप पर पहुँचा, तो सुबह के 7 : 55 हो चुके थे। बस को अपने लिए इंतजार करता देखकर वह खुश हुआ। ड्राइवर ने उससे कहा, "कल से मैं तुम्हारे लिए इंतज़ार नहीं करूँगा।" उसकी माँ सदा उसे चेतावनी देती रहती थी कि यदि उसने अपनी आदत नहीं बदली, तो किसी दिन बड़ी मुसीबत में पड़ जाएगा। अनिल ने किसी राय या चेतावनी की परवाह नहीं की। वह क्रिकेट का अच्छा खिलाड़ी था। अभ्यास करने के लिए हमेशा देर से पहुँचता था। एक दिन स्कूल की टीम चुने जाने की घोषणा हुई। हमेशा की तरह अनिल देर से पहुँचा। उसके कोच ने कहा– "क्षमा करना अनिल, चुनाव हो चुका है।" अनिल को बहुत बुरा लगा। अगले दिन वह सुबह 7 : 40 पर बस स्टॉप पर था।

1. **अनिल बस स्टॉप पर .... देरी से पहुँचा।**
   (a) सदा
   (b) कई बार
   (c) केवल एक बार
   (d) कभी-कभी
2. **स्कूल टीम में अनिल नहीं चुना गया, क्योंकि–**
   (a) उसकी स्कूल बस छूट गई थी।
   (b) वह अच्छा नहीं खेलता था।
   (c) वह मैच के चुनाव में देर से पहुँचा।
   (d) कोच उससे नाराज था।
3. **अनिल को अपनी भूल का पता चला–**
   (a) जब उसके दोस्त उस पर हँसे
   (b) जब बस ड्राइवर ने उसे फटकारा
   (c) जब उसकी माँ ने उसे समझाया
   (d) जब स्कूल क्रिकेट टीम में उसको नहीं चुना गया
4. **अनिल को बस स्टॉप पर होना चाहिए था–**
   (a) 7 : 30 पर (b) 7 : 40 पर
   (c) 7 : 55 पर (d) 7 : 45 पर
5. **यह अवतरण हमें महत्त्व बताता है–**
   (a) बड़ों की बात मानने का
   (b) समय की पाबंदी का
   (c) समय पर बस स्टॉप पर पहुँचने का
   (d) क्रिकेट खेलने का

अनुच्छेद-38

अपने पिता की मृत्यु के बाद अशोक राजगद्दी पर बैठा। अशोक भारत के अति महत्त्वपूर्ण शासकों में से एक था। शासन की बागडोर सँभालने के बाद उसने उड़ीसा में अपनी सेना का नेतृत्व किया। वहाँ शत्रु की सेना को पराजित कर उसने अपने साम्राज्य का विस्तार किया, परन्तु अपने इस एकमात्र युद्ध में दोनों पक्षों के अनेक सैनिकों की हत्या देखकर वह दहल उठा। वह यह देखकर तो और भी विचलित हो गया कि ऐसे निर्दोष लोग भी मारे जा रहे थे जो सेना में थे ही नहीं। वे सिर्फ इसलिए भी मारे-काटे जा रहे थे कि सेना के रास्ते में पड़ रहे थे।

1. **सम्राट अशोक एक शक्तिशाली राजा था। हम यह कह सकते हैं, क्योंकि–**
   (a) वह अधिक-से-अधिक युद्ध लड़कर अपने साम्राज्य का विस्तार करना चाहता था।
   (b) उसने अपने जीवन का पहला और एकमात्र युद्ध वीरता से लड़ा और विजय पायी।
   (c) उसने आगे कोई लड़ाई न लड़ने का दृढ़ निश्चय किया।
   (d) भोले-भाले लोगों का मारा जाना देखकर वह उदास हो गया।
2. **अपनी पहली विजय के बाद उसने आगे युद्ध न लड़ने का निर्णय लिया, क्योंकि–**
   (a) उसे डर था कि वह किसी युद्ध में मारा जाएगा।
   (b) युद्ध लड़ने के तरीकों का उसे ज्ञान न था और उन पर विश्वास भी नहीं था।
   (c) वह बहुत कमजोर था।
   (d) बहुत सारे भोले-भाले लोगों का मारा जाना वह सह नहीं सका।
3. **अनुच्छेद में आए 'हत्या' शब्द का आशय है–**
   (a) सैनिकों और पशुओं को युद्ध के लिए प्रशिक्षित करना।
   (b) अनेक सैनिकों का मारा जाना।
   (c) युद्ध के दौरान लोगों और जानवरों की चिकित्सा।
   (d) सैकड़ों मनुष्य और जानवरों को गोलियों से मार डालना।
4. **सम्राट अशोक ने अन्त में निर्णय लिया कि–**
   (a) विश्वविद्यालय जाकर धर्म का अध्ययन करेगा।
   (b) बुद्ध का अनुयायी बन जाएगा।
   (c) राजगद्दी छोड़कर सन्त बन जाएगा।
   (d) बौद्ध भिक्षुओं के साथ किसी मठ में रहेगा।
5. **निम्नलिखित में से किस वाक्य में 'निर्दोष' शब्द उसी अर्थ में प्रयुक्त हुआ जिस अर्थ में अनुच्छेद में प्रयुक्त हुआ है?**
   (a) न्यायधीश ने कहा कि जिसे गिरफ्तार किया गया था, वह निर्दोष है।
   (b) मैंने बच्चे के निर्दोष चेहरे को देखा और उसे चूमना चाहा।
   (c) भीड़भाड़ वाली जगहों पर बम विस्फोटों से रोजाना हजारों निर्दोष लोग मारे जा रहे हैं।
   (d) वह इतनी सरल और निर्दोष है कि किसी को कष्ट देने की बात सोच नहीं सकती।

अनुच्छेद-39

चींटा और टिड्डा पड़ोसी थे। वे एक-दूसरे से बिल्कुल भिन्न थे। चींटा और उसका परिवार बहुत परिश्रमी था। वे लोग सारा दिन मेहनत करते थे। वे चावल, चीनी, आटा इकट्ठा करते, जितनी जरूरत हो उतना खाते और बाकी संग्रह कर रख लेते। चींटियों को बिना काम के घूमने या गप्पें लड़ाने की फुरसत नहीं थी। दूसरी ओर टिड्डे के परिवार के लोग अपने समय का एक-एक क्षण मस्ती में गुजारते, जब मौसम अच्छा होता, तो वे पार्टियों में जाते और नाचते-गाते रहते। वे चींटियों का मजाक उड़ाते, जो कोई मौज-मस्ती नहीं करती थीं। उस साल सर्दियों में कड़ाके की ठंड पड़ी। टिड्डे और चींटियाँ बाहर जाकर भोजन की तलाश नहीं कर सकते थे। टिड्डियों के पास तो भोजन था ही नहीं, क्योंकि उन्होंने कुछ भी बचाकर ही नहीं रखा था। श्रीमान टिड्डा जी श्रीमान चींटे जी से बोले, "क्या आप मुझे कुछ खाना दे सकते हैं? मेरा परिवार भूखों मर रहा है।" श्रीमान चींटा जी ने कहा, "मैं दे सकता था, पर मैंने कठिन परिश्रम किया है। यह भोजन मेरे और मेरे परिवार के लिए है। सारे वसंत और गरमी के मौसम में तुम लोग क्या करते रहे?"

श्रीमान टिड्डा जी ने कहा, "मौसम इतना सुहाना था कि हम सारे मौसम नाचते-गाते ही रहे।"

श्रीमान चींटा जी बोले, "तो जाओ और जाड़ा भी नाचने में बिता दो, याद रखो कठिन परिश्रम आसान तो नही है, पर उसका फल मीठा होता है।"

1. **चींटे का परिवार था–**
   (a) आलसी
   (b) मौज-मस्ती वाला
   (c) कठोर परिश्रमी
   (d) नाचने वाला
2. **जाड़े के मौसम में क्या हुआ?**
   (a) टिड्डे पार्टी में गए।
   (b) टिड्डों के पास बहुत भोजन था।
   (c) टिड्डे जोश और मजे में थे।
   (d) टिड्डे भूख से बेहाल थे।
3. **अनुच्छेद में किस शब्द का अर्थ 'इकट्ठा करना' है?**
   (a) रख लेना
   (b) एकत्र करना
   (c) परिश्रम करना
   (d) काम करना
4. **चींटों ने टिड्डों की मदद क्यों नहीं की?**
   (a) वे लालची थे।
   (b) वे निर्दयी थे।

(c) वे अपना सारा भोजन अपने पास रखना चाहते थे।

(d) वे टिड्डों को सबक सिखाना चाहते थे।

5. कहानी से आपको क्या संदेश मिलता है?

(a) कुछ खाना संग्रह करो।

(b) मौज-मस्ती करो।

(c) कठिन परिश्रम करना आसान नहीं, पर इसका फल मीठा होता है।

(d) केवल कठिन परिश्रम करना ही अच्छा है।

अनुच्छेद-40

स्वामी दयानंद महान संत थे। एक दिन पवित्र गंगा में स्नान कर वे सीढ़ियाँ चढ़ रहे थे। दूसरी ओर से एक आदमी आया। वह स्वामी जी की महानता से परिचित न था। वह स्वामी जी को गालियाँ देने लगा। स्वामी जी ने उसे अनसुना कर दिया।

इसी बीच एक अपरिचित व्यक्ति वहाँ पहुँचा। उसने स्वामी जी से कहा, "यह आदमी काफी देर से आपको गालियाँ दे रहा है। आप इतने बलवान हो फिर भी उसे क्यों सहन कर रहे हो? उसे एक झापड़ मारिए।"

स्वामी जी ने मुस्कराकर कहा, "प्यारे दोस्त, यदि आपको कोई कुछ वस्तु दे रहा हो और आप उसे न लो, तो क्या होगा?"

"वह वस्तु उसी देने वाले के पास रहेगी" उसने उत्तर दिया।

स्वामी जी ने कहा, "ठीक कहा आपने। मैंने उसकी गालियाँ लेने से इनकार कर दिया है, तो वे उसी के पास रह जाएँगी।" यह सुनकर गाली देने वाले ने खेद व्यक्त किया और स्वामी जी से क्षमा माँगी।

1. स्वामी दयानंद कौन थे?

(a) नेता (b) राजनीतिक

(c) संत (d) मित्र

2. सामने की ओर से आने वाले आदमी ने क्या किया?

(a) स्वामी जी की प्रशंसा की।

(b) स्वामी जी को अपने घर निमंत्रित किया।

(c) स्वामी जी को गालियाँ दी।

(d) स्वामी जी की हँसी उड़ाई।

3. अपरिचित व्यक्ति ने स्वामी जी से क्या करने को कहा?

(a) गालियाँ सहने को।

(b) गालियाँ न सहने को।

(c) उसे एक झापड़ लगाने को।

(d) उसे कुछ दे देने को।

4. गालियों से स्वामी जी पर क्या प्रतिक्रिया हुई?

(a) उन्होंने भी पलटकर गाली दी।

(b) उसे माफ कर दिया।

(c) उसके पैर छू लिए।

(d) उस पर मुस्कराए।

5. स्वामी जी से उस अजनबी ने और गाली देने वाले ने क्या सीखा?

(a) क्षमादान से दुष्ट को भी सुधारा जा सकता है।

(b) दूसरों की बुराई नहीं करनी चाहिए।

(c) सहनशील होना चाहिए।

(d) सबसे प्यार करना चाहिए।

अनुच्छेद-41

हमारी सभ्यता का एक बड़ा दोष यह है कि उसे यह नहीं पता कि वह अपने ज्ञान का क्या करें? जैसा कि हम देखते हैं कि विज्ञान ने हमें दैवीय शक्तियाँ प्रदान की हैं, लेकिन हम उनका प्रयोग छोटे बच्चे की भाँति करते हैं, उदाहरणार्थ हम अपनी मशीनों का प्रबन्ध करना नहीं जानते। मशीनों को आदमी का सेवक बनाया गया था, लेकिन वह मशीनों पर इतना निर्भर हो गया है कि वे बहुत सीमा तक उनकी मालिक बन गई हैं। अधिकतर आदमी अपना समय मशीनों की देख-रेख एवं उनके रखरखाव में ही व्यतीत करता है। इसके अतिरिक्त मशीनें बड़ी कठोर स्वामी होती हैं। उन्हें खाने के लिए कोयला, पीने के लिए पेट्रोल एव सफाई के लिए तेल अवश्य चाहिए और उन्हें सही तापमान में रखा जाना चाहिए। अगर उन्हें समय पर भोजन न मिले तो अपना काम करना बन्द कर देंगी या क्रोध में आकर विस्फोट कर देंगी।

1. लेखक ने हमारी सभ्यता को दोषी क्यों माना है?

(a) क्योंकि वह हमें सही रास्ता नहीं दिखाती है।

(b) क्योंकि उसे यह नहीं पता है कि वह अपने ज्ञान का क्या करे?

(c) क्योंकि उसने हमें मशीनें प्रदान की हैं।

(d) क्योंकि उसका आधार विज्ञान है।

2. हम विज्ञान की दैवीय शक्तियों का प्रयोग किस प्रकार करते हैं?

(a) वैज्ञानिकों की तरह

(b) जानवरों की तरह

(c) मनुष्यों की तरह

(d) छोटे बच्चों की तरह

3. 'हम अपनी मशीनों का प्रबन्ध करना नहीं जानते', अनुच्छेद में ऐसा क्यों कहा गया है?

(a) क्योंकि हमारी सभ्यता में दोष है।

(b) हम अयोग्य हैं।

(c) क्योंकि हम उनका प्रयोग छोटे बच्चों की तरह करते हैं।

(d) क्योंकि मशीनें बहुत बड़ी होती हैं।

4. मशीनें बहुत सीमा तक आदमी की मालिक बन गई हैं, क्योंकि–

(a) मशीनों को आदमी का सेवक बनाया था।

(b) हम उनका प्रबन्ध करना नहीं जानते हैं।

(c) आदमी मशीनों पर निर्भर हो गया है।

(d) उसकी देख-रेख करने में बहुत समय व्यतीत करता है।

5. मशीनों को खाने-पीने के लिए क्या चाहिए?

(a) उन्हें खाने के लिए कोयला तथा पीने के लिए पेट्रोल चाहिए।

(b) मशीन न कुछ खाती है न पीती है।

(c) उन्हें खाने के लिए भोजन तथा पीने के लिए पानी चाहिए।

(d) उन्हें खाने-पीने के लिए सही तापमान चाहिए।

अनुच्छेद-42

एक बार महात्मा गांधी ने कहा था कि इस पृथ्वी पर सभी लोगों की आवश्यकता के लिए पर्याप्त संसाधन हैं, लेकिन व्यक्ति के लालच के लिए नहीं। जब हम कम समय में अधिक लाभ कमाने के लिए हरे-भरे वृक्षों को जल्दबाजी में काटने लग जाते हैं तब हम अपने स्वयं के अस्तित्व की जड़ों पर प्रहार करते हैं। बढ़ती हुई जनसंख्या से वनों पर इतना बोझ पड़ा है कि वे हरे-भरे नहीं रह सकते। औद्योगीकरण एवं लड़की काटने के मशीनी साधनों के कारण वनों को काटने की गति बढ़ी है। कृषि तथा लोगों के आवास के लिए भूमि उपलब्ध कराने के लिए वनों को काटा जा रहा है।

1. किसके कारण वन हरे-भरे नहीं रह सकते?

(a) बढ़ती हुई जनसंख्या के कारण

(b) जड़ सूख जाने के कारण

(c) मशीनी संसाधनों के कारण

(d) वनों को काटने के कारण

2. गांधीजी ने कहा है कि वनों को काटा जा रहा है, क्योंकि–
(a) कृषि तथा लोगों के आवास के लिए भूमि उपलब्ध कराई जा सके।
(b) वनों पर काफी बोझ पड़ रहा है।
(c) लकड़ी काटने के लिए मशीनी संसाधन उपलब्ध हैं।
(d) वन अपने स्वयं की जड़ों पर प्रहार करते हैं।

3. लाभ कमाने के लिए जल्दबाजी में हम वन काटते हैं तब–
(a) हम अपने स्वयं के अस्तित्व की जड़ों पर प्रहार करते हैं।
(b) हमारा लालच और बढ़ जाता है।
(c) कृषि की अधिकता व महत्व बढ़ जाता है।
(d) लकड़ी काफी मात्रा में प्राप्त होती है।

4. "पृथ्वी पर सभी लोगों के लिए पर्याप्त संसाधन हैं, लेकन किसी व्यक्ति के लालच के लिए नहीं।" इसका आशय निम्नलिखित में से क्या है?
(a) लालच पाप का कारण है।
(b) अधिकता दुखदायी होती है।
(c) साधनों का सदुपयोग करें।
(d) साधनों से आनन्द प्राप्त होता है।

5. वनों को काटने की गति बढ़ी है, क्योंकि–
(a) लकड़ी अधिक चाहिए।
(b) भूमि की कमी है।
(c) हरे-भरे वन अच्छे नहीं लगते हैं।
(d) औद्योगीकरण एवं लकड़ी काटने के मशीनी साधन उपलब्ध हैं।

अनुच्छेद-43

लिंकन के सम्बन्ध में सबसे प्रथम वस्तु जो सभी को प्रभावित करती थी, वह था उनका अनोखा व्यक्तित्व। वह सदैव काले वस्त्र पहनते थे, बड़ी काली टाई बाँधते थे, जो प्राय: ढीली होती थी, या गलत स्थान पर लगी रहती थी। उनके वस्त्र ऐसे दिखते थे जैसे मानो किसी और के लिए सिले गए हैं। ये प्राय: नए वस्त्र नहीं होते थे। उनके पैर बहुत लम्बे थे और वैसे ही उनके हाथ थे जो प्राय: राजकीय अवसरों पर सफेद बकरी के चमड़े के बने दस्तानों से ढके रहते थे। जाड़े में ओवरकोट के स्थान पर बड़ा भूरा रंग का शॉल ओढ़ते थे। एक दिन कुछ मित्र लिंकन तथा डगलस के सम्बन्ध में वार्तालाप कर रहे थे तथा उनकी ऊँचाई की तुलना कर रहे थे। जब लिंकन अपने कमरे में आए तो किसी ने पूछा, "आदमी के पैर कितने लम्बे होने चाहिए?" इतने लम्बे कि शरीर से पृथ्वी तक पहुँच जाएं। लिंकन ने शान्त भाव से उत्तर दिया।

1. लिंकन के सम्बन्ध में ऐसी कौन-सी बात थी जो सभी को प्रभावित करती थी?
(a) उनका चेहरा
(b) उनके कपड़े
(c) उनके पैर व हाथ
(d) उनका अनोखा व्यक्तित्व

2. लिंकन के वस्त्र ऐसे दिखते थे जैसे मानो और किसी अन्य के लिए सिले गए हों," क्योंकि–
(a) वस्त्र धुले हुए नहीं होते थे।
(b) वस्त्र काले रंग के होते थे।
(c) वह बड़ी काली टाई बाँधते थे जो प्राय: ढीली होती थी या गलत स्थान पर लगी रहती थी।
(d) उनके हाथ पैर बहुत लम्बे होते थे।

3. वह राजकीय अवसरों पर प्राय: क्या पहनते थे?
(a) ओवर कोट
(b) सफेद रंग का शॉल
(c) सफेद बकरी के चमड़े के दस्ताने
(d) काले रंग की लम्बी टाई

4. कुछ मित्र लिंकन तथा डगलस के सम्बन्ध में क्या बातें कर रहे थे?
(a) उनकी ऊँचाई के बारे में
(b) उनके कपड़ों के बारे में
(c) उनकी आदतों के बारे में
(d) उनके व्यक्तित्व के बारे में

5. जब लिंकन कमरे में घुसे, तो किसी व्यक्ति ने उनसे क्या पूछा?
(a) आदमी के हाथ कितने लम्बे होने चाहिए।
(b) आदमी के पैर कितने लम्बे होने चाहिए।
(c) आदमी की ऊँचाई कितनी होनी चाहिए।
(d) आदमी को कैसे कपड़े पहनने चाहिए।

अनुच्छेद-44

भारत की सभ्यता संसार की प्राचीनतम सभ्यताओं में से एक है। विद्या का केंद्र होने के कारण अनेक देशों के लोग यहाँ के महान गुरुओं के पास शिक्षा प्राप्त करने आते थे। उन दिनों भारत व्यापार एवं वाणिज्य का केंद्र था। भारतीय वस्तुएँ विश्वभर में प्रसिद्ध थीं। पूर्व तथा पश्चिम से व्यापारी स्थल मार्ग तथा समुद्री मार्ग से भारतीय माल खरीदने आते थे। भारत अब फिर से वाणिज्य और उद्योग का केंद्र बन रहा है। अनेक देशों को भारतीय वस्तुएँ भेजी जा रही हैं। भारतीय तकनीशियन तथा वैज्ञानिक भारत से बाहर अनेक देशों में काम कर रहे हैं।

1. लोग भारत क्या करने के लिए आते थे?
(a) शिक्षा प्राप्त करने के लिए
(b) शिक्षा देने के लिए
(c) तैयार माल बेचने के लिए
(d) आनंद करने के लिए

2. भारत विद्या का केंद्र था, क्योंकि–
(a) यह एक केंद्रीय स्थान था।
(b) इसकी सभ्यता बहुत पुरानी थी।
(c) यहाँ महान् गुरु रहते थे।
(d) यहाँ के कारीगर बहुत कुशल थे।

3. भारत इनका भी केंद्र था।
(a) कला एवं संस्कृति
(b) व्यापार एवं वाणिज्य
(c) विज्ञान एवं प्रौद्योगिकी
(d) संगीत एवं नृत्य

4. व्यापारी भारतीय वस्तुएँ खरीदने आते थे, क्योंकि वह वस्तुएँ–
(a) महँगी थीं।
(b) सस्ती थीं।
(c) उपयोगी थीं।
(d) प्रसिद्ध थीं।

5. इस गद्यांश के लिए उपयुक्त शीर्षक होगा–
(a) भारत जो महान् था
(b) विद्या का केंद्र भारत
(c) भारत में व्यापार और वाणिज्य
(d) भारत में आने वाले विदेशी यात्री

अनुच्छेद-45

एक किसान को एक दिन तीसरे पहर अपने रसोईघर में एक साँप दिखाई दिया। उसे साँप मारना नहीं आता था। इसलिए उसने साँप को एक बरतन से ढँक दिया। फिर वह अपने मित्रों से मिलने चला गया। उस रात उसके घर कुछ चोर आए। रसोईघर में रखे हुए उस बरतन को देखकर वे खुशी से चिल्ला कर बोले, "ओहो! किसान ने इस बरतन में कोई मूल्यवान वस्तु छिपा रखी है। क्यो न हम इसे ले जाएँ" जैसे ही उन्होंने वह बरतन उठाया साँप उन्हें डसने के लिए बढ़ा। चोर घबराकर घर

से भाग निकले। वे किसान के घर से कुछ भी नहीं चुरा पाए।

1. किसान को अपने घर में क्या मिला?

(a) साँप
(b) बरतन
(c) चोर
(d) घर

2. किसान ने साँप को बरतन से क्यों ढँक दिया था?

(a) वह चोरों को डराना चाहता था।
(b) वह साँप को पालना चाहता था।
(c) उसने सोचा कि वह उपयोगी रहेगा।
(d) उसे साँप मारना नहीं आता था।

3. उस रात किसान के घर में कौन आए?

(a) व्यापारी
(b) चोर
(c) मित्र
(d) सपेरा

4. चोरों ने बरतन को इसलिए उठाया क्योंकि–

(a) वे उसे लेना चाहते थे।
(b) वह उन्हें दिखाई दे गया था।
(c) उनके विचार से उसमें कोई मूल्यवान वस्तु थी।
(d) वे साँप को लेना चाहते थे।

5. चोर घर से भाग निकले, क्योंकि–

(a) किसान जाग गया था।
(b) वे साँप से डर गए थे।
(c) वे कुछ भी चुराना नहीं चाहते थे।
(d) रसोईघर में खाने को कुछ नहीं था।

अनुच्छेद-46

आजादी से पूर्व पत्रकारिता का स्वरूप कुछ भिन्न था। हर पत्रकार, संपादक व रचनाकार का एकमात्र उद्देश्य था- भारत की आजादी। प्रत्येक पत्र-पत्रिका प्राय: इसी उद्देश्य को लेकर निकाली जाती थी। सन् 1947 में आजादी की प्राप्ति के बाद पत्रकारिता में एक मोड़ आया। जहाँ पहले सेवा भावना की प्रधानता थी, वहीं अब पत्रकारिता में धन प्राप्ति यानी व्यवसाय का पल्ला भारी हो गया।

1. आजादी के पूर्व प्रत्येक लेखक एवं पत्रकार का ध्येय था–

(a) भारत का गुणगान
(b) भारतीय समाज की दशा का वर्णन
(c) भारत की आजादी
(d) रोजी-रोटी कमाना

2. आजादी के पहले प्रत्येक पत्र में–

(a) आजादी की भावना थी।
(b) सेवा-भावना थी।
(c) गुलामी की भावना थी।
(d) राजा के गुणगान की भावना थी।

3. आजादी के बाद पत्रकारिता का ध्येय–

(a) यश की प्राप्ति हो गया।
(b) राज्य में नौकरी-प्राप्ति हो गया।
(c) नेताओं की खुशामद करना हो गया।
(d) धन की प्राप्ति हो गया।

4. आजादी के बाद पत्रों में–

(a) व्यवसाय का पल्ला भारी हो गया।
(b) भारत के विकास का पल्ला भारी हो गया।
(c) भारत के समाज-सुधार का पल्ला भारी हो गया।
(d) परस्पर कलह का पल्ला भारी हो गया।

5. निम्नलिखित में से जातिवाचक संज्ञा नहीं है–

(a) भारत
(b) पत्रकार
(c) सम्पादक
(d) व्यवसाय

अनुच्छेद-47

हिंदी के प्रसिद्ध कवि निराला एक बार रिक्शा पर बैठकर जा रहे थे। उन्हें अपनी कविता की एक पुस्तक पर एक हजार रुपये मिले थे। उन्होंने देखा कि एक औरत सड़क के किनारे बैठकर भीख माँग रही थी। निराला जी ने रिक्शा रुकवाया और उसके पास गए।

"आज तुम्हे कितनी भीख मिली?"

"सबेरे से कुछ नहीं मिला, बेटा।"

निराला सोचने लगे, अगर इस औरत के मेरी तरह कोई बेटा होता, तो क्या इन्हें इस तरह भीख माँगनी पड़ती? उन्होंने उनको एक रुपया दिया और बोले-"माँ! अब तुम्हें कितने दिन भीख नहीं माँगनी पड़ेगी?"

"तीन दिन बेटे।"

"मान लो, यदि मैं तुम्हें दस रुपये दे दूँ तो?"

"बीस या पच्चीस दिन।"

"मान लो, मैं तुम्हें एक सौ रुपये दे दूँ तो?"

"चार या पाँच महीने।"

सूरज की भीषण गर्मी में निराला प्रश्न करते रहे और वह बुढ़िया उन्हें उत्तर देती रही। रिक्शा चालक भौंचक्का-सा देखता रहा। जब निराला जी ने अपना अंतिम रुपया भी उस औरत के भिक्षा-पात्र में डाल दिया, तो वह खुशी से चिल्ला उठी, "बेटा, अब मुझे भीख नहीं माँगनी पड़ेगी।"

निराला जी ने राहत की साँस ली। उन्होंने उस औरत के पाँव छुए और रिक्शे पर बैठकर अपने घर चले गए।

1. निराला जी रुककर उस बुढ़िया से बातें करने लगे, क्योंकि–

(a) उनके पास एक हजार रुपये थे।
(b) वे जानना चाहते थे कि भीख माँगने वाली औरत प्रतिदिन कितना प्राप्त कर लेती है।
(c) वे भीख माँगने वाली औरत की मदद करना चाहते थे।
(d) उसके पुत्र थे।

2. उस बुढ़िया को निराला ने कितने रुपये दिए?

(a) एक रुपया
(b) दस रुपये
(c) एक सौ रुपये
(d) एक हजार रुपये

3. रिक्शा चालक को बहुत आश्चर्य हुआ, क्योंकि–

(a) एक प्रसिद्ध कवि एक भीख माँगने वाली औरत से बात कर रहा था।
(b) निराला सूरज की भीषण गर्मी में खड़े थे।
(c) निराला ने भीख माँगने वाली औरत के पाँव छुए।
(d) निराला ने बहुत सारा धन उस भीख माँगने वाली औरत को दे दिया।

4. निम्नलिखित मे से इस कहानी का सबसे उपयुक्त शीर्षक कौन-सा है?

(a) भीख
(b) उदार हृदयी निराला
(c) एक लालची भिखारी
(d) एक आज्ञाकारी पुत्र

5. निराला जी सन्तुष्ट हो गए थे, क्योंकि–

(a) उन्होंने एक बुढ़िया के पाँव छुए थे।
(b) उन्होंने अपना पैसा भीख में दे दिया था।
(c) उन्हें उनकी माँ मिल गई थी।
(d) उन्होंने बुढ़िया को भीख माँगने से बचा लिया था।

अनुच्छेद-48

आज की दुनिया की हालत ऐसे दो पागल हाथियों की तरह हो गई है जो आपस में लड़ रहे हैं और क्रमशः दल-दल में धँसते जा रहे हैं। जब बच्चे आपस में लड़ते हैं तब सायने लोग समझाते हैं कि ऐसा मत करो, परन्तु जब सयाने लोग ही लड़ने लगें तब उनको कौन समझाएगा? आज लोग बातें तो करते हैं दुनिया को स्वर्ग में बदलने की, परन्तु बदल देते हैं उसको मरघट में। ताज्जुब यह है कि मरघटों के पुजारी पूज्य बन गए हैं। जो जितना अधिक कपटी है, वह उतना ही महान बन गया है।

1. आज दुनिया की हालत हो गई है–

(a) आपस में लड़ने वाले दो पागल हाथियों की तरह।

(b) आपस में लड़ने वाले दो पागल आदमियों की तरह।

(c) लड़ने वाले दो भैंसों की तरह।

(d) आपस में लड़ने वाले दो जवानों की तरह।

2. जब दो सयाने लोग आपस में लड़ते हैं, तब–

(a) उन्हें बच्चे समझा सकते हैं।

(b) उन्हें कोई नहीं समझा सकता है।

(c) सब तमाशा देखते हैं।

(d) समाज का सर्वनाश होता है।

3. आज लोग दुनिया को बनाने में लगे हैं–

(a) स्वर्ग

(b) नरक

(c) मरघट

(d) रामराज्य

4. जो मरघट के पुजारी हैं, वे हमारे लिए–

(a) पूज्य बन गए हैं

(b) देवता बन गए हैं

(c) महान बन गए हैं

(d) सब कुछ बन गए हैं

5. आजकल महानता की पहचान है–

(a) सेवा-भाव

(b) धन-दौलत

(c) कपट

(d) झूठ

अनुच्छेद-49

स्वामी दयानंद सरस्वती का जन्म गुजरात में 1824 ई० में हुआ था। वे सच्ची राह से नहीं डिगते थे। जिस बात को सच समझते थे, उसके लिए मृत्यु को भी वह कुछ नहीं समझते थे। सत्य के लिए उन्होंने क्रांति मचा दी। स्वामी जी लगन के पक्के थे। बीहड़ जंगलों में बिना राह की राह तय कर और जंगली पशुओं से मुठभेड़ करते हुए वे नर्मदा का उद्गम देख आए थे और बद्रिकाश्रम से घूम-फिर आए थे। सर सैय्यद अहमद ने एक बार इस बात पर शक प्रकट किया था कि हवन से वायु शुद्ध हो सकती है। इस पर स्वामी जी चुप रहे। किसी दूसरे दिन फिर सर अहमद उनसे मिलने आए। स्वामीजी ने पूछा, "आपके यहाँ कितने आदमी रोज खाते हैं और उनके लिए कितनी दाल रोज पकती है?" उत्तर मिला– "69–70 आदमी खाते हैं और 6–7 सेर दाल पकती है।" स्वामी जी ने पूछा– "उतनी दाल में कितनी हींग पड़ती है?" उत्तर मिला– "एक तोले के क़रीब।" स्वामी जी ने झट से कहा– "जैसे एक तोला हींग में इतनी दाल सुगंधित हो जाती है, वैसे ही धूप-घी के हवन से भी वायु सुगंधित और शुद्ध हो जाती है।" स्वामीजी ने छुआछूत को अपने व्यवहार में स्थान नहीं दिया। क्या छोटे, क्या बड़े सभी की सेवा अपने हाथों से करके वे लोगों को अचरज में डाल देते। भारत की नई रूपरेखा में स्वामी जी का बहुत बड़ा हाथ था। उन्होंने अपनी पढ़ाई के जमाने में अंग्रेजों को पंजाब पर अधिकार करते देखा और अंग्रेजी झण्डे को गड़ते देखा। उनके समय में 1857 ई० की क्रांति हुई। स्वामी जी ने पाया कि गुलामी के कारण भारतीय समाज और धर्म में घुन लग गए हैं।

1. स्वामी दयानन्द सरस्वती का जन्म कहाँ हुआ था?

(a) महाराष्ट्र (b) गुजरात

(c) मध्य प्रदेश (d) पंजाब

2. स्वामी जी के समय अंग्रेजों ने किस प्रांत पर अपनी हुकूमत का झंडा गाड़ा था?

(a) उत्तर प्रदेश (b) बंगाल

(c) गुजरात (d) पंजाब

3. बीहड़ जंगलों में जंगली पशुओं से जूझते स्वामी जी किस नदी का उद्गम देख आए थे?

(a) गंगा (b) यमुना

(c) नर्मदा (d) सरस्वती

4. स्वामी जी ने अपनी तर्कबुद्धि से किस व्यक्ति का शक दूर किया था कि हवन से वायु शुद्ध होती है?

(a) महात्मा गांधी

(b) सर सुल्तान अहमद

(c) सर टॉमस रो

(d) सर सैय्यद अहमद

5. स्वामी जी के समय में कौन-सी क्रान्ति हुई?

(a) 1857

(b) 1917

(c) 1885

(d) 1820

अनुच्छेद-50

बहादुरशाह की विदाई की सवारी दिल्ली से निकल रही थी। सड़क पर अपार भीड़ थी। दिल्ली की गलियाँ ओर कूचे सूने हो रहे थे। लाखों आँखें अपने बादशाह के मुख पर जमी हुई थीं। सबकी आँखों में से आँसू टपक रहे थे। बन्दी बादशाह सदा के लिए चला जा रहा था अपने देश से दूर, जहाँ उसका कोई न था।

रंगून ले जाकर वह तंग और अँधेरी कोठरी में डाल दिया गया। वह दिन भर अपनी कोठरी में पड़ा-पड़ा हुक्का गुड़गुड़ाता रहता था।

1. बादशाह बहादुरशाह की विदाई देखने के लिए–

(a) कोई नहीं था।

(b) अपार भीड़ थी।

(c) केवल बच्चे थे।

(d) एक भी बच्चा नहीं था।

2. बादशाह की विदाई के समय–

(a) सब लोग रो रहे थे।

(b) खुशियाँ मना रहे थे।

(c) लोग अपने घरों में बन्द थे।

(d) लोग अपनी खैर मना रहे थे।

3. बंदी बादशाह चला जा रहा था–

(a) किले की तरफ

(b) जेल खाने की तरफ

(c) अपने देश से बहुत दूर

(d) अपने महल की तरफ

4. बहादुरशाह को पहुँचा दिया गया–

(a) अज्ञातवास में

(b) दिल्ली से बहुत दूर अकेले स्थान में

(c) उसकी राजधानी से बहुत दूर

(d) रंगून की एक जेल में

5. बहादुरशाह जेल की तंग अँधेरी कोठरी में–

(a) रोया करता था।

(b) किताबें पढ़ता रहता था।

(c) हुक्का गुड़गुड़ाया करता था।

(d) कविता लिखता रहता था।

अनुच्छेद-51

टेलीफोन ने समय और दूरी के फासले में परिवर्तन कर दिखाया है। मैदान में खड़े होकर हम जोर से चिल्लाएँ, तो हमारी आवाज ज्यादा-से-ज्यादा एक सौ गज तक पहुँच पाएगी, लेकिन टेलीफोन पर धीरे से बोलें तो हजारों मिल की दूरी तक आवाज आसानी से पहुँच जाती है। दरअसल टेलीफोन की आवाज बिजली की लहरों के जरिए भेजी जाती है, लहरों की रफ्तार आवाज की रफ्तार से लाख गुना ज्यादा है। टेलीफोन ने हमारी आवाज में मानों पंख लगा दिए हैं। टेलीफोन के आविष्कार की कहानी बड़ी मनोरंजक है। इसे समझने के लिए आवाज के बारे में थोड़ी जानकारी हासिल कर लेनी जरूरी है। चोट करने पर नगाड़े के चमड़े का पर्दा कंपन करने लगता है और तभी आवाज पैदा होती है। थाली में डंडे से चोट करने पर थाली में कंपकंपी पैदा होती है और आवाज सुनाई पड़ती है। सितार के तार पर जब मिजराब से चोट करते हैं, तब तार भी काँपने लगता है और उससे आवाज पैदा होती है। इस कंपकंपी से हवा में कंपन पैदा होती है। जिसे आवाज की लहरें कहते हैं। हवा में उत्पन्न होने वाली ये लहरें जब हमारे कान के पर्दे पर चोट करती हैं, तो पर्दे में हरकत पैदा होती है और हमें आवाज सुनाई पड़ने लगती है।

1. मैदान में चिल्लाने से हमारी आवाज ज्यादा-से-ज्यादा कितने गज दूर पहुँचेगी?

(a) एक सौ (b) दो सौ
(c) तीन सौ (d) चार सौ

2. टेलीफोन ने हमारी आवाज में मानो लगा दिए हैं–

(a) हवाई जहाज (b) बिजली
(c) पंख (d) घोड़े

3. हवा में उत्पन्न होने वाली लहरें हमारे कानों के पर्दे पर चोट करती हैं, तो पर्दे में क्या पैदा होती है?

(a) खुजली (b) जलन
(c) पीड़ा (d) हरकत

4. सितार के तार पर किस वस्तु से चोट की जाती हैं?

(a) उँगली (b) झंडे
(c) मिजराब (d) जुराब

5. टेलीफोन पर धीरे से बोलने पर आवाज आसानी से कितनी दूर पहुँच जाती है?

(a) कुछ दूरी तक
(b) हजारों मील की दूरी तक
(c) एक गाँव से दूसरे गाँव तक
(d) सिर्फ पास बैठे व्यक्ति तक

अनुच्छेद-52

जो व्यक्ति नगर में रहता है, वह नगर-निवासी होता है। जो मनुष्य कुछ कर्तव्यों का पालन करता है, वह नागरिक कहा जाता है। जो नागरिक के कर्तव्यों का पालन नहीं करता है, वह समाज और देश के किसी काम का नहीं रहता है। कुछ लोगों की राय में तो वह पशु है। समाज उन्हीं व्यक्तियों का आदर करता है, जो अच्छे नागरिक बनकर जीवन व्यतीत करते हैं। अत: हमें अच्छा नागरिक बनना चाहिए।

1. जो नगर में रहता है, उसे–

(a) नागरिक कहा जाता है।
(b) उसे नागर कहा जाता है।
(c) उसे नगर-निवासी कहा जाता है।
(d) उसको नगरी कहा जाता है।

2. नागरिक वह है–

(a) जो कुछ कर्तव्यों का पालन करे।
(b) जो किसी की परवाह न करे।
(c) जो नगर में रहे।
(d) जिसे उच्च शिक्षा प्राप्त हो।

3. हमें चाहिए कि–

(a) हम कर्तव्यों का पालन करें।
(b) अच्छे नागरिक बनें।
(c) दूसरों को नागरिक बनाएँ।
(d) अधिकारों की माँग करें।

4. जो नागरिक के नियमों का पालन नहीं करता है–

(a) वह महान बन जाता है।
(b) वह पशुवत माना जाता है।
(c) लोग उसका सम्मान नहीं करते हैं।
(d) वह नेता बन जाता है।

5. समाज उन्हीं लोगों का सम्मान करता है, जो–

(a) ईमानदार हैं।
(b) सबको भड़काते हैं।
(c) सबको उपदेश देते हैं।
(d) अच्छे नागरिक बनकर रहते हैं।

अनुच्छेद-53

हैदराबाद आंध्र प्रदेश की राजधानी है। मुगल शासकों ने बहुत समय तक हैदराबाद पर शासन किया। इस कारण यहाँ की सभ्यता पर मुस्लिम संस्कृति का प्रभाव पड़ा। यह प्रभाव यहाँ की इमारतों व महत्वपूर्ण स्थलों में देखा जा सकता है। हैदराबाद का 'उस्मानिया विश्वविद्यालय' शिक्षा के क्षेत्र में सुविख्यात है। हैदराबाद के निवासियों की मुख्य भाषा उर्दू मिश्रित तेलुगू है। हैदराबाद के समीप फैली विशाल झील हुसैन सागर इस शहर की सुंदरता में चार चाँद लगा देती है। हैदराबाद के पास एक पहाड़ी पर स्थित श्वेत मंदिर है। पहाड़ी की दूसरी तरफ काली चट्टानों वाला 'नौबत पहाड', स्थित है। हैदराबाद शहर के आठ किलोमीटर पश्चिम में स्थित गोलकुंडा दुर्ग है। गोलकुंडा को 'कोहिनूर की धरती' कहते हैं, क्योंकि इस हीरे को यहीं तराशा गया था।

1. हैदराबाद के निवासियों की मुख्य भाषा है–

(a) तेलुगू
(b) संस्कृत
(c) उर्दू मिश्रित तेलुगू
(d) हिंदी

2. मुस्लिम संस्कृति का प्रभाव–

(a) गोलकुंडा में देखा जा सकता है।
(b) हुसैन सागर झील में देखा जा सकता है।
(c) लोगों के पहनावे में देखा जा सकता है।
(d) इमारतों व महत्वपूर्ण स्थलों में देखा जा सकता है।

3. उस्मानिया विश्वविद्यालय–

(a) तकनीकी शिक्षा का केन्द्र है।
(b) इसमें 'कोहिनूर' रखा हुआ है।
(c) शिक्षा के क्षेत्र में प्रसिद्ध है।
(d) क्रिकेट के खेल के लिए प्रसिद्ध है।

4. गोलकुंडा को 'कोहिनूर की धरती' कहते हैं, क्योंकि–

(a) यहाँ कोहिनूर हीरे की दुकानें हैं।
(b) यहाँ कोहिनूर हीरा दुर्ग में रखा गया था।
(c) यहाँ कोहिनूर हीरा तराशा गया था।
(d) यहाँ के धनाढ्य आदमियों के पास कोहिनूर हीरे हैं।

5. किन शासकों ने हैदराबाद पर बहुत समय तक शासन किया?

(a) तुगलक
(b) मुगल
(c) चौहान
(d) लोदी

अनुच्छेद-54

पतंगबाजी का शौक पूरे भारत में है, किंतु इसका केंद्र-बिंदु लखनऊ ही रहा है। वहाँ पतंग उड़ाने से अधिक पतंग लड़ाने का शौक चल निकला है।

ऐसी जोरदार तुक्कलें बनाई जातीं, जिनको साधारण व्यक्ति मुश्किल से सँभाल सकता था। लड़ाई की यह शान थी कि दोनों तुक्कलें चक्कर खाती हुई ऊपर चढ़तीं और बुलंद होती चली जातीं। लखनऊ के इस शौक का अंदाजा इस बात से लगाया जा सकता है कि नवाब आसफउद्दौला की तुक्कल को जो लूटकर जाता, उसे पाँच रुपये दिए जाते और तुक्कल वापस ले ली जाती।

1. लखनऊ में पतंग उड़ाने से लड़ाने का .... चल निकला है।

(a) शौक (b) जूनून

(c) इच्छा (d) ख्वाहिश

2. पतंगबाजी का केंद्र है–

(a) भारत

(b) लखनऊ

(c) अयोध्या

(d) इनमें से कोई नहीं।

3. ऐसी तुक्कलें बनाई जातीं, जिन्हें साधारण व्यक्ति–

(a) मुश्किल से उठा पाता।

(b) आसानी से उड़ा न पाता।

(c) देखता ही रह जाता।

(d) मुश्किल से सँभाल पाता।

4. नवाब आसफउद्दौला की तुक्कल को जो लूट कर लाता–

(a) उसको पाँच रुपये और तुक्कल मिलती।

(b) उसको पाँच रुपये मिलते और तुक्कल ले ली जाती।

(c) उसको नई तुक्कल मिलती।

(d) उससे तुक्कल ले ली जाती और कुछ इनाम दे दिया जाता।

5. निम्नलिखित में से भाववाचक संज्ञा को चुनिए–

(a) नवाब (b) लखनऊ

(c) शौक (d) पाँच

अनुच्छेद-55

एक बार राष्ट्रपति डगलस, अब्राहिम लिंकन के शहर में दास-प्रथा के पक्ष में लोगों को समझाने आए। लिंकन ने इसका विरोध किया। अब्राहिम ने कहा– "गुलामी एक तरह का पाप है। किसी को यह हक नहीं है कि वह दूसरों को दास बनाकर रखे।" इस झगड़े में अब्राहिम लिंकन को काफी प्रसिद्धि मिली। वे राष्ट्रपति पद के लिए चुनाव लड़े और उसमें उनकी जीत हुई। लिंकन अमेरिका के राष्ट्रपति बन गए। उनकी पत्नी का स्वप्न साकार हो गया। जिस समय लिंकन राष्ट्रपति हुए, उस समय उत्तरी अमेरिका और दक्षिणी अमेरिका के बीच घोर विरोध चल रहा था। अब्राहिम लिंकन अमेरिका की अखंडता को कायम रखना चाहते थे। उन्होंने निश्चय किया वे देश को एक सूत्र में बाँध रखेंगे और दास-प्रथा को जड़ से उखाड़ देंगे। इसके लिए उन्हें काफी संघर्ष करना पड़ा। अन्त में इन दोनों उद्देश्यों की पूर्ति में उन्हें सफलता मिली। अब्राहिम लिंकन के आगे बढ़ने में मैरी का बड़ा हाथ रहा। उसने लिंकन से विवाह किया था। वह बहुत सुंदर और सुशिक्षित थी। अपनी सहेलियों से वह कहा करती थी कि वह अमेरिका के भावी राष्ट्रपति से विवाह करेगी। यह बात सुनकर सहेलियाँ उसकी हँसी उड़ाया करती थीं।

1. अब्राहिम लिंकन ने किसके कथन का विरोध किया?

(a) महात्म गांधी

(b) राष्ट्रपति डगलस

(c) सर विलियम बेंटिक

(d) सर टॉमस रो

2. लिंकन कहाँ के राष्ट्रपति बन गए?

(a) फ्रांस (b) इंग्लैण्ड

(c) इटली (d) अमेरिका

3. लिंकन की पत्नी का नाम क्या था?

(a) एलिजाबेथ

(b) मार्था

(c) मैरी

(d) स्पार्टा डूम

4. लिंकन विरोधी थे–

(a) पूंजीवाद के

(b) दास-प्रथा के

(c) अश्वेतों के

(d) इनमें से कोई नहीं।

5. किसकी बात सुनकर सहेलियाँ उसकी हँसी उड़ाती थीं?

(a) मार्था की

(b) एलिजाबेथ की

(c) मैरी की

(d) जूली की

अनुच्छेद-56

मालती मुरझाने लगी थी। उसे सहारे की जरूरत का अनुभव होने लगा था। वह सोचने लगी थी कि अब किसी के सहारे की उम्मीद नहीं है और वह दुखी होने लगी थी। तभी हल्की हवा चली और पास में लगी हुई चमेली की डाल उसके मुँह को छूने लगी। मानो वह मालती के कान में कह रही थी-निराश मत हो। तलाश जारी रख। जो कोशिश करते हैं, उनको सफलता अवश्य मिलती है। चमेली की डाल की बात सुनकर मालती खिल उठी।

1. मालती को किस बात की जरूरत का अनुभव होने लगा था?

(a) साथी का

(b) सहारे का

(c) भाई का

(d) एक सच्चे दोस्त का

2. उसको किसकी उम्मीद नहीं थी?

(a) सहारे की (b) चिट्ठी की

(c) संदेश की (d) नौकरी की

3. मालती के मुख का स्पर्श किसने किया?

(a) हवा ने

(b) भ्रमर ने

(c) चमेली की डाल ने

(d) चमेली के फूल ने

4. चमेली की डाल ने मालती से क्या कहा?

(a) चुपचाप बैठो

(b) दुखी मत हो

(c) सहारे की बात छोड़ो

(d) निराश मत हो

5. सफलता उनको मिलती है, जो–

(a) भगवान पर भरोसा करते हैं।

(b) कोशिश करते हैं।

(c) अपना दुखड़ा रोते रहते हैं।

(d) चुपचाप घर में बैठते हैं।

अनुच्छेद-57

'तिरंगा' हमारा राष्ट्रीय झण्डा है। हमारी राष्ट्रीय अस्मिता का प्रतीक है। हमारा तिरंगा झण्डा 3 : 2 के अनुपात में एक आयताकार कपड़े पर बना होता है। केसरिया, सफेद व हरी पट्टियों के बीच 24 तीलियों वाला एक चक्र होता है। यह चक्र अशोक स्तंभ से लिया गया है। तीनों पट्टियाँ समान चौड़ाई की होती हैं। केसरिया रंग वाली पट्टी झण्डे के ऊपरी भाग में, सफेद रंग की पट्टी बीच में और हरे रंग की पट्टी नीचे होती है। चक्र बीच की सफेद पट्टी में बीचों-बीच होता है। चक्र हमारी गति का प्रतीक है। केसरिया रंग हमारे शौर्य का प्रतीक है। सफेद रंग हमारी शांतिप्रियता एवं हरा रंग हमारी धरती माँ की हरियाली का प्रतीक है। 15

अगस्त व 26 जनवरी को तिरंगा झण्डा फहराया जाता है। सभी भारतवासियों को अपने राष्ट्रीय झण्डे पर गर्व है। उन्हें यह प्राणों से भी प्यारा है।

1. तिरंगा झण्डा कब फहराया जाता है?
(a) प्रतिदिन प्रातःकाल
(b) 15 अगस्त को प्रतिवर्ष
(c) 26 जनवरी को प्रतिवर्ष
(d) 15 अगस्त व 26 जनवरी को प्रतिवर्ष

2. चक्र तिरंगे झण्डे के–
(a) बीच में होता है।
(b) सफेद पट्टी में बीचों-बीच होता है।
(c) केसरिया रंग की पट्टी में होता है।
(d) हरे रंग की पट्टी में बीचों-बीच होता है।

3. हमारा तिरंगा झंडा–
(a) त्रिभुजाकार है।
(b) वर्गाकार है।
(c) आयताकार है।
(d) गोलाकार है।

4. केसरिया रंग हमारे–
(a) शौर्य का प्रतीक है।
(b) गति का प्रतीक है।
(c) हरियाली का प्रतीक है।
(d) शांति का प्रतीक है।

5. केसरिया, सफेद व हरी पट्टियों के बीच कितनी तीलियों वाला चक्र होता है?
(a) 20 (b) 22
(c) 26 (d) 24

अनुच्छेद-58

सूर्य की धूप के आधार पर समय बताने का एक उपकरण बनाया जाता था, इन्हें वेधशाला कहते हैं। आज भी अनेक लोगों को ये अजूबा मालूम पड़ती है। वेधशाला में खड़े ढाँचे अजीब से लगते हैं। लोग समझ ही नहीं पाते हैं कि ये क्या काम करते हैं? वेधशाला को आज भी लोग जंतर-मंतर कहते हैं। इस नाम से एक अजीब प्रकार का डर लगने लगता है। जयपुर की वेधशाला बहुत प्रसिद्ध है।

1. वेधशाला क्या होती है?
(a) एक प्रकार का जादूगर
(b) एक प्रकार की प्रयोगशाला
(c) एक प्रकार का उपकरण
(d) धूप द्वारा समय बताने का एक उपकरण

2. वेधशाला में क्या खड़े रहते हैं?
(a) ढाँचे (b) पहरेदार
(c) घड़ीनुमा उपकरण (d) घंटा बजाने वाले

3. वेधशाला को जन्तर-मन्तर कहने से क्या लगता है?
(a) आश्चर्य
(b) भय
(c) तमाशा
(d) तीरन्दाजी की जगह

4. वेधशाला के ढाँचे लोगों को कैसे लगते हैं?
(a) व्यर्थ की वस्तु
(b) नए प्रकार की मूर्तियाँ
(c) शिलालेख
(d) अजूबे की चीजें।

5. वेधशाला का उपयोग क्या है?
(a) समय बताना
(b) वास्तुकला का नमूना प्रस्तुत करना
(c) प्राचीन ज्योतिष का परिचय कराना
(d) मनोरंजन करना

अनुच्छेद-59

शिवाजी की बढ़ती हुई शक्ति को देखकर बीजापुर का सुल्तान सशंकित हो उठा। उसने अफजल खाँ नामक व्यक्ति को शिवाजी पर आक्रमण करने को भेजा। शिवाजी प्रतापगढ़ के दुर्ग में विद्यमान थे। अफजाल खाँ ने दुर्ग को चारों तरफ से घेर लिया। प्रतापगढ़ का दुर्ग ऐसे स्थान पर स्थित था कि न तो वहाँ पर खुल्लम-खुल्ला युद्ध हो सकता था न युद्ध का संचालन। फलतः संधि की बातचीत हुई शिवाजी अफजल खाँ से मिलने उसके डेरे पर गए। अफजल खाँ शिवाजी को धोखे से मारना चाहता था। शिवाजी बहुत ही चतुर और बहादुर थे। शिवाजी अपने कपड़ों के नीचे कवच पहने हुए थे और हाथ में बघनखा छिपी हुई थी। अफजल खाँ ने गले मिलने के बहाने शिवाजी को धर दबोचा। शिवाजी ने बघनखा से अफजल खाँ का पेट फाड़ दिया। पास ही छिपी हुई मराठा सेना संकेत पाकर मुगल सेना पर टूट पड़ी। मुगल सेना भाग खड़ी हुई। विजयश्री शिवाजी के हाथ लगी।

1. अफजल खाँ–
(a) बीजापुर का सुल्तान था।
(b) प्रतापगढ़ का सुल्तान था।
(c) शिवाजी को धोखे से मारना चाहता था।
(d) शिवाजी को पकड़ना चाहता था।

2. शिवाजी की बढ़ती हुई शक्ति को देखकर–
(a) अफजल खाँ डर गया।
(b) दिल्ली का बादशाह डर गया।
(c) बीजापुर का सुल्तान भाग गया।
(d) बीजापुर का सुल्तान सशंकित हो उठा।

3. शिवाजी अफजल खाँ से मिलने–
(a) बीजापुर गए
(b) प्रतापगढ़ गए
(c) अफजल खाँ के डेरे पर गए
(d) नहीं गए

4. कौन-सा तथ्य सही नहीं है?
(a) अफजल खाँ ने प्रतापगढ़ का दुर्ग घेर लिया था।
(b) शिवाजी ने अफ़जल खाँ का सर तलवार से काट दिया था।
(c) शिवाजी अपने कपड़ों के नीचे कवच पहने हुए थे।
(d) संकेत पाकर मराठा सेना मुगल सेना पर टूट पड़ी।

5. शिवाजी ने किस चीज से अफजल खाँ का पेट फाड़ दिया?
(a) तलवार से (b) भाले से
(c) बघनखा से (d) तीर से

अनुच्छेद-60

सूरदास हिंदी के बहुत प्रसिद्ध भक्त कवि थे। उन्होंने भगवान् श्रीकृष्ण की लीलाओं का बहुत ही सुंदर वर्णन किया है। कहा जाता है कि उन्होंने 25 ग्रंथ लिखे थे, परन्तु उनके तीन ग्रंथ प्रामाणिक माने जाते हैं– सूरसागर, साहित्य लहरी और सूर सारावली। सूरसागर उनका सबसे अधिक प्रसिद्ध ग्रंथ है। वह जन्म से अंधे थे। उनके वर्णन पढ़कर आश्चर्य होता है। उन पर भगवान श्रीकृष्ण की कृपा थी।

1. सूरदास कौन थे?
(a) एक गायक
(b) हिंदी के प्रसिद्ध कवि
(c) संगीतज्ञ
(d) उपदेशक

2. सूरदास का प्रसिद्ध ग्रंथ है–
(a) रामचरितमानस
(b) सूर सारावली
(c) सूरसागर
(d) श्रीकृष्ण गीतावली

3. सूरदास के प्रामाणिक ग्रंथ हैं–
(a) तीन
(b) पच्चीस
(c) तेरह
(d) केवल एक

4. **सूरदास–**
(a) जन्म से अंधे थे।
(b) युवावस्था में अंधे हो गए थे।
(c) वृद्धावस्था में अंधे हो गए थे।
(d) एक आँख से अंधे थे।

5. **सूरदास पर–**
(a) गुरुदेव की कृपा थी।
(b) भगवान राम की कृपा थी।
(c) वल्लभाचार्य की कृपा थी।
(d) भगवान कृष्ण की कृपा थी।

अनुच्छेद-61

जब तुम साफ रात्रि में आकाश की ओर देखते होंगे, तो तुम्हे दूर-दूर तक हजारों तारे टिमटिमाते हुए दिखाई देते होंगे। उन्हें देखकर लगता है, जैसे किसी ने उन्हें आकाश की काली पृष्ठभूमि पर चिपका रखा है। कई बार तुम्हे अचंभा हुआ होगा कि वे हर रात एक ही जगह पर कैसे बने रहते हैं, गिर क्यों नहीं जाते। रोचक तथ्य तो यह है कि तारे वास्तव में एक जगह स्थिर नहीं रहते हैं, वे भी उसी प्रकार अपने पथ पर धीरे-धीरे चलते रहते हैं। तुम्हें लगता है कि तारे एक ही जगह स्थिर रहते हैं, क्योंकि तुम उन्हें चलते हुए नहीं देख सकते हो। इसका कारण यह है कि वे हमसे हजारों-हजारों किलोमीटर दूर हैं। जब वे चलते हुए भी होते हैं, तब भी ऐसा लगता है कि वे एक ही जगह पर हैं। इसके अतिरिक्त एक शक्ति है जिसे हम गुरुत्वाकर्षण शक्ति कहते हैं, जिसके कारण चलते समय भी तारे अपने पथ पर बने हुए प्रतीत होते हैं। यह उनको एक-दूसरे से टकराने से भी बचाती है।

1. **साफ रात्रि में आकाश की ओर देखने पर तुम्हें दिखाई देता है कि–**
(a) तारे एक पथ पर धीरे-धीरे चल रहे हैं।
(b) ग्रह अपने पथ पर चल रहे हैं।
(c) दूर आकाश में तारे टिमटिमा रहे हैं।
(d) तारे एक-दूसरे के बहुत पास दिखाई दे रहे हैं।

2. **इस गद्यांश में किस रोचक तथ्य का उल्लेख किया गया है?**
(a) तारे आकाश में चिपका दिए गए हैं।
(b) तारे एक जगह स्थिर नहीं रहते हैं।
(c) ग्रह सूर्य के इर्द-गिर्द घूमते हैं।
(d) गुरुत्वाकार्षण शक्ति तारों को अपने स्थान पर स्थिर रखती है।

3. **हम तारों को चलते हुए नहीं देख सकते, क्योंकि–**
(a) वे हमसे बहुत दूर हैं।
(b) वे टिमटिमाते हैं।
(c) गुरुत्वाकर्षण शक्ति ने उन्हें अपने स्थान पर स्थिर कर दिया है।
(d) रात्रि को आकाश साफ नहीं होता है।

4. **'यह उनको एक-दूसरे से टकराने से भी बचाती है।' इस वाक्य में 'यह' से तात्पर्य है–**
(a) आकाश
(b) सूर्य
(c) विशाल दूरी
(d) गुरुत्वाकर्षण शक्ति

5. **तारों के चलते समय अपने पथ पर बने रहने का कारण है–**
(a) उनकी बहुत दूरी
(b) उनका न गिरना
(c) उनकी धीमी गति
(d) गुरुत्वाकर्षण शक्ति

अनुच्छेद-62

अवकाश प्राप्त करने के पश्चात् आज विधिवत् उसका विदाई समारोह किया गया। समारोह से लौटकर वह घर आई और सीधे अपने कमरे में जाकर आराम कुर्सी पर लेट गई। उनका मन उदास था। वह भारी थकान का अनुभव कर रही थी। उसने सरकारी बड़ा लैंप बुझा दिया और जीरो वॉट का बल्ब जला लिया। वह आँखें बंद करके लेट गई। कल तक कार्यालय से आते हुए वह थकती नहीं थी और घर आकर भी कुछ-न-कुछ काम करती थी परंतु न मालूम क्यों वह आज इतनी थकान महसूस कर रही थी, मानो कई मील पैदल चलकर आई हो। आँखें बंद करने से उसे कुछ चैन मिला, परंतु तरकमाल अपने अतीत और भविष्य पर विचार करने लगी।

1. **विदाई समारोह से घर आने पर उसने क्या किया?**
(a) कमरे में जाकर आराम कुर्सी पर लेट गई।
(b) गरम-गरम चाय पी।
(c) हाथ-मुँह धोए।
(d) नौकरानी से बातें करने लगी।

2. **उसका मुँह क्यों लटका हुआ था?**
(a) उसकी नौकरी समाप्त हो गई थी।
(b) वह भारी थकान का अनुभव कर रही थी।
(c) वह बहुत दुखी थी।
(d) दफ्तर में उसका झगड़ा हो गया था।

3. **उसने बड़ा बल्ब क्यों बुझा दिया?**
(a) उसमें बिजली बहुत खर्च होती है।
(b) उससे आँखों को चौंध लगती है।
(c) सरकारी बिजली खर्च करने का अधिकार समाप्त हो गया था।
(d) वह अँधेरे में सोना चाहती थी।

4. **उसको थोड़ी-सी राहत कब मिली?**
(a) जब उसने भगवान का ध्यान किया।
(b) जब उसने आँखें बंद कर लीं।
(c) अपनी सफलताओं का ध्यान किया।
(d) अपनी नौकरानी से बातें की।

5. **आँखें बन्द करके वह किस पर विचार करने लगी?**
(a) अपने अतीत पर।
(b) अपने भविष्य पर।
(c) अपने एकाकी जीवन पर।
(d) अपने अतीत और भविष्य पर।

अनुच्छेद-63

भारत की सभ्यता संसार की प्राचीनतम सभ्यताओं में से एक है। विद्या का केंद्र होने के कारण अनेक देशों से लोग यहाँ के महान गुरुओं के पास शिक्षा प्राप्त करने आते थे। उन दिनों भारत व्यापार एवं वाणिज्य का भी केंद्र था। भारतीय वस्तुएँ विश्वभर में प्रसिद्ध थीं। पूर्व तथा पश्चिम से व्यापारी स्थल मार्ग तथा समुद्री मार्ग से भारतीय माल खरीदने आते थे। भारत अब फिर से वाणिज्य और उद्योग का केन्द्र बन रहा है। अनेक देशों को भारतीय वस्तुएँ भेजी जा रही हैं। भारतीय तकनीशियन तथा वैज्ञानिक भारत से बाहर अनेक देशों में काम कर रहे हैं।

1. **लोग भारत आते थे–**
(a) शिक्षा प्राप्त करने के लिए
(b) शिक्षा देने के लिए
(c) आनंद लेने के लिए
(d) माल बेचने के लिए

2. **भारत विद्या का केन्द्र था, क्योंकि–**
(a) यह एक केंद्रीय स्थान था।
(b) इसकी सभ्यता प्राचीन थी।
(c) यहाँ महान गुरु थे।
(d) यहाँ अत्यंत कुशल कारीगर थे।

3. **भारत इनका भी केंद्र था–**
(a) कला एवं संस्कृति का
(b) व्यापार एवं वाणिज्य का
(c) विज्ञान एवं प्रौद्योगिकी का
(d) संगीत एवं नृत्य का

4. **व्यापारी भारतीय वस्तुएँ खरीदने आते थे, क्योंकि वे वस्तुएँ–**
(a) महँगी थीं
(b) सस्ती थीं
(c) उपयोगी थीं
(d) प्रसिद्ध थीं

5. **इस गद्यांश के लिए कौन-सा शीर्षक सबसे अधिक उपयुक्त है?**
(a) भारत जो महान् था
(b) विद्या का केंद्र भारत
(c) भारत में व्यापार और वाणिज्य
(d) भारत में आनेवाले विदेशी यात्री

अनुच्छेद-64

मुरझाया हुआ चेहरा लेकर प्रसाद ने आश्रम में प्रवेश किया। ऐसा लगता था कि वह बड़ी विपत्ति में है, परंतु उसने कुछ कहा नहीं। उसने ठीक किया। मन की बात कहने से क्या लाभ होता है? कोई सहायता तो करता नहीं है, दूसरे मजाक बनाते हैं। मनुष्य के मन में बहुत से भाव उठते रहते हैं। वे अपने आप समाप्त हो जाते हैं। मनुष्य को चाहिए कि वह मन की बात किसी के सामने बहुत सोच-समझकर कहे।

1. **प्रसाद ने जब आश्रम में प्रवेश किया, तब उसकी क्या दशा थी?**
(a) वह प्रसन्नचित्त था।
(b) उसका चेहरा मुरझा रहा था।
(c) वह बहुत अच्छे कपड़े पहने हुआ था।
(d) वह बहुत अच्छा भजन गा रहा था।

2. **प्रसाद को देखकर क्या लगता था?**
(a) वह भारी विपत्ति में है।
(b) वह चोट खाकर आया है।
(c) वह चोरी करके भागा है।
(d) वह किसी से मिलने को आया है।

3. **किसी से मन की बात नहीं कहनी चाहिए, क्योंकि–**
(a) किसी के पास समय नहीं है।
(b) सबकी अपनी दिक्कते हैं।
(c) लोग जड़वत् हो गये हैं।
(d) कोई सहायता तो करता नहीं, उल्टा मजाक बनाते हैं।

4. **मनुष्य के मन में क्या उठते रहते हैं?**
(a) बहुत से विचार (b) बहुत से भाव
(c) अनेक तूफान (d) अनेक बादल

5. **मनुष्य को सोच-समझकर क्या करना चाहिए?**
(a) किसी से मित्रता
(b) किसी से शत्रुता
(c) किसी से मन की बात कहना
(d) अपने मन को मैला करना

अनुच्छेद-65

बच्चों और खिलौनों का सम्बन्ध सदैव से ही रहा है। हम यह भी कह सकते हैं कि खिलौनों के बिना हम बच्चों की दुनिया की कल्पना भी नहीं कर सकते हैं। चाहे हम बच्चों को खिलौने खरीदकर दें या न दें। बच्चे अपने किसी-न-किसी चीज (चाहे वे टूटे-फूटे डिब्बे हों या इसी तरह की अन्य सामग्री) को खिलौने की शक्ल दे देते हैं।

हम बच्चों को एकदम छुटपन से ही मुँह से या खिलौने से अजीबों-गरीब आवाजें निकाल कर बहलाते हैं और बच्चे बहल भी जाते हैं। यही बच्चे जैसे-जैसे बड़े होते जाते हैं, खुद भी चीजों को तोड़-तोड़कर खिलौने बनाने में अपनी रचनात्मक ऊर्जा का खूब इस्तेमाल करते हैं। इसलिए भी यह जरूरी हो जाता है कि बच्चों की इस रचनात्मक ऊर्जा को उभारने के लिए उन्हें भरपूर मौके दिए जाएँ।

पहले हम गौर करें कि बच्चे अपने रोजमर्रा के जीवन में कौन-कौन सी चीजें बनाते हैं? इसके लिए हम अपने अतीत में गोता लगाएँ और अपने बचपन की दुनिया में झांके तो तरह-तरह के खिलौने का खजाना हमारी स्मृति में से निकलकर आता है-ढेर सारी माचिस की खाली डिब्बियों को बिलकुल सरल तरीके से जोड़कर रेलगाड़ी बनाना, कागज से बनाई जाने वाली ढेरों चीजें जैसे नाव, हवाई जहाज, तितली नाग आदि क्या-क्या नहीं बनाते थे।

1. **अनुच्छेद में इस बात की ओर संकेत किया गया है कि–**
(a) बच्चों को खिलौने खरीदकर देने की आवश्यकता नहीं है
(b) बच्चे अपने आस-पास की चीजों को खिलौने बना लेते हैं
(c) पुराने जमाने में बच्चे केवल कागज की नाव से ही खेलते थे
(d) बच्चों को टूटी-फूटी चीजें ही देनी चाहिए

2. **जैसे-जैसे बच्चे बड़े होते हैं–**
(a) उन्हें टूटे-फूटे डिब्बे पसन्द नहीं आते
(b) उनका खिलौनों के प्रति आकर्षण समाप्त होने लगता है
(c) खिलौने बनाने में अपनी रचनात्मक ऊर्जा का प्रयोग करने लगते हैं।
(d) चीजों को तोड़कर खिलौने बनाने लगते हैं

3. **खिलौने बच्चों की .... को बढ़ाते हैं।**
(a) भावनाओं
(b) सृजनात्मकता
(c) सामाजिकता
(d) ऊर्जा

4. **निम्नलिखित में से कौन-सी चीज बच्चे के लिए दूरबीन बन सकती है?**
(a) चूड़ी
(b) टूथपेस्ट का खाली डिब्बा
(c) माचिस
(d) पेन्सिल

5. **बच्चों की रचनात्मक ऊर्जा को उभारने के लिए–**
(a) घर का सारा सामान उन्हें दे देना चाहिए
(b) अनुपयोगी परन्तु सुरक्षित सामान दे सकते हैं
(c) सारा टूटा-फूटा सामान दे देना चाहिए
(d) उन्हें खिलौने बनाने का औपचारिक प्रशिक्षण देना चाहिए

उत्तरमाला

अनुच्छेद संख्या					
1.	1.(b)	2.(a)	3.(b)	4.(d)	5.(c)
2.	1.(b)	2.(a)	3.(a)	4.(c)	5.(d)
3.	1.(b)	2.(c)	3.(a)	4.(d)	5.(c)
4.	1.(c)	2.(b)	3.(d)	4.(b)	5.(a)
5.	1.(a)	2.(b)	3.(c)	4.(b)	5.(b)
6.	1.(d)	2.(a)	3.(a)	4.(c)	5.(d)
7.	1.(d)	2.(b)	3.(c)	4.(d)	5.(a)
8.	1.(d)	2.(a)	3.(a)	4.(c)	5.(a)
9.	1.(b)	2.(c)	3.(c)	4.(a)	5.(b)
10.	1.(a)	2.(c)	3.(b)	4.(b)	5.(c)
11.	1.(b)	2.(c)	3.(a)	4.(b)	5.(a)
12.	1.(d)	2.(a)	3.(b)	4.(d)	5.(c)
13.	1.(b)	2.(c)	3.(d)	4.(a)	5.(d)
14.	1.(c)	2.(d)	3.(a)	4.(a)	5.(a)
15.	1.(c)	2.(a)	3.(a)	4.(b)	5.(d)
16.	1.(b)	2.(a)	3.(b)	4.(c)	5.(d)
17.	1.(c)	2.(c)	3.(c)	4.(a)	5.(c)
18.	1.(b)	2.(a)	3.(b)	4.(d)	5.(d)
19.	1.(b)	2.(a)	3.(d)	4.(c)	5.(d)

20.	1.(b)	2.(b)	3.(d)	4.(c)	5.(b)
21.	1.(c)	2.(b)	3.(c)	4.(c)	5.(b)
22.	1.(c)	2.(b)	3.(d)	4.(a)	5.(b)
23.	1.(c)	2.(a)	3.(b)	4.(c)	5.(b)
24.	1.(b)	2.(b)	3.(a)	4.(d)	5.(a)
25.	1.(a)	2.(c)	3.(d)	4.(a)	5.(b)
26.	1.(b)	2.(b)	3.(c)	4.(a)	5.(b)
27.	1.(a)	2.(b)	3.(c)	4.(d)	5.(b)
28.	1.(b)	2.(b)	3.(c)	4.(d)	5.(b)
29.	1.(b)	2.(c)	3.(d)	4.(b)	5.(a)
30.	1.(b)	2.(c)	3.(d)	4.(b)	5.(c)
31.	1.(a)	2.(c)	3.(a)	4.(b)	5.(d)
32.	1.(a)	2.(d)	3.(c)	4.(b)	5.(d)
33.	1.(c)	2.(b)	3.(b)	4.(c)	5.(d)
34.	1.(c)	2.(b)	3.(b)	4.(d)	5.(c)
35.	1.(a)	2.(b)	3.(d)	4.(c)	5.(d)
36.	1.(d)	2.(d)	3.(b)	4.(c)	5.(b)
37.	1.(a)	2.(c)	3.(d)	4.(d)	5.(b)
38.	1.(b)	2.(d)	3.(b)	4.(b)	5.(c)
39.	1.(c)	2.(d)	3.(b)	4.(d)	5.(c)
40.	1.(c)	2.(c)	3.(c)	4.(b)	5.(c)
41.	1.(b)	2.(d)	3.(c)	4.(c)	5.(a)
42.	1.(a)	2.(a)	3.(a)	4.(c)	5.(d)
43.	1.(d)	2.(c)	3.(c)	4.(a)	5.(b)
44.	1.(a)	2.(c)	3.(b)	4.(d)	5.(a)
45.	1.(a)	2.(d)	3.(b)	4.(c)	5.(b)
46.	1.(c)	2.(b)	3.(d)	4.(a)	5.(a)
47.	1.(c)	2.(d)	3.(b)	4.(b)	5.(d)
48.	1.(a)	2.(b)	3.(c)	4.(a)	5.(c)
49.	1.(b)	2.(d)	3.(c)	4.(d)	5.(a)
50.	1.(b)	2.(a)	3.(c)	4.(d)	5.(c)
51.	1.(a)	2.(c)	3.(d)	4.(c)	5.(b)
52.	1.(c)	2.(a)	3.(b)	4.(b)	5.(d)
53.	1.(c)	2.(d)	3.(c)	4.(c)	5.(b)
54.	1.(a)	2.(b)	3.(d)	4.(b)	5. (c)
55.	1.(b)	2.(d)	3.(c)	4.(b)	5.(c)
56.	1.(b)	2.(a)	3.(c)	4.(d)	5.(b)
57.	1.(d)	2.(b)	3.(c)	4.(a)	5.(d)
58.	1.(d)	2.(a)	3.(b)	4.(d)	5.(a)
59.	1.(c)	2.(d)	3.(c)	4.(b)	5.(c)
60.	1.(b)	2.(c)	3.(a)	4.(a)	5.(d)
61.	1.(c)	2.(b)	3.(a)	4.(d)	5.(d)
62.	1.(a)	2.(a)	3.(c)	4.(b)	5.(d)
63.	1.(a)	2.(c)	3.(b)	4.(d)	5.(a)
64.	1.(b)	2.(a)	3.(d)	4.(b)	5.(c)
65.	1.(b)	2.(c)	3.(b)	4.(b)	5.(b)

❑❑❑